ACCESO GRATIS ***a la Lectura en la Nube***

Para visualizar el libro electrónico en la nube de lectura envíe junto a su nombre y apellidos una fotografía del código de barras situado en la contraportada del libro y otra del ticket de compra a la dirección:

ebooktirant@tirant.com

En un máximo de 72 horas laborales le enviaremos el código de acceso con sus instrucciones.

ESTUDIOS SOBRE EL AUMENTO Y LA REDUCCIÓN DEL CAPITAL EN LAS SOCIEDADES ANÓNIMAS Y LIMITADAS

ESTUDIOS SOBRE EL AUMENTO Y LA REDUCCIÓN DEL CAPITAL EN LAS SOCIEDADES ANÓNIMAS Y LIMITADAS

CRISTÓBAL ESPÍN
JAVIER JUSTE
TERESA MARTINEZ
Dirección

ISABEL FERNÁNDEZ TORRES
MÓNICA FUENTES
FERNANDO MARÍN DE LA BÁRCENA
DAVID PÉREZ MILLÁN
Coordinación

Prólogo de Carmen Alonso

tirant lo blanch
Valencia, 2024

En caso de erratas y actualizaciones, la Editorial Tirant lo Blanch publicará la pertinente corrección en la página web www.tirant.com.

Obra financiada por la Comunidad de Madrid a través del Convenio Plurianual con la Universidad Complutense de Madrid en su línea Programa de Excelencia para el profesorado universitario, en el marco del V PRICIT (V Plan Regional de Investigación Científica e Innovación Tecnológica).

This work has been supported by the Madrid Government (Comunidad de Madrid-Spain) under the Multiannual Agreement with Universidad Complutense de Madrid in the line Excellence Programme for university teaching staff, in the context of the V PRICIT (Regional Programme of Research and Technological Innovation).

COLECCIÓN DERECHO DE SOCIEDADES
Director:
Juan Ignacio Peinado Gracia
Catedrático de Derecho mercantil de la Universidad de Málaga,
Of Counsel en J&A Garrigues.

EDITA: TIRANT LO BLANCH
C/ Artes Gráficas, 14 - 46010 - Valencia
TELFS.: 96/361 00 48 - 50
FAX: 96/369 41 51
Email: tlb@tirant.com
www.tirant.com
Librería virtual: www.tirant.es
DEPÓSITO LEGAL: V-675-2024
ISBN: 978-84-1197-892-7
MAQUETA: Innovatext

Si tiene alguna queja o sugerencia, envíenos un mail a: *atencioncliente@tirant.com*. En caso de no ser atendida su sugerencia, por favor, lea en *www.tirant.net/index.php/empresa/politicas-de-empresa* nuestro procedimiento de quejas.

Responsabilidad Social Corporativa: http://www.tirant.net/Docs/RSCTirant.pdf

AUTORES

GEORGINA ÁLVAREZ MARTÍNEZ
Profesora Permanente Laboral de Derecho Mercantil UCM

JOSÉ LUIS COLINO MEDIAVILLA
Profesor Titular de Derecho Mercantil. UCM

CRISTÓBAL ESPÍN GUTIÉRREZ
Catedrático de Derecho Mercantil. UCM

ISABEL FERNÁNDEZ TORRES
Profesora Titular de Derecho Mercantil. UCM

MÓNICA FUENTES NAHARRO
Profesora Titular de Derecho Mercantil. UCM

ASCENSIÓN GALLEGO CÓRCOLES
Profesora Titular de Derecho Merdcantil. UCLM

LUZ MARÍA GARCÍA MARTÍNEZ
Profesora Ayudante Doctor de Derecho Mercantil. UCM

JOSÉ CARLOS GONZÁLEZ VÁZQUEZ
Profesor Titular de Derecho Mercantil. UCM

CRISTINA GUERRERO TREVIJANO
Contratada doctora de Derecho Mercantil. UCM

JAVIER JUSTE MENCÍA
Catedrático de Derecho Mercantil. UCM

FERNANDO MARÍN DE LA BÁRCENA GARCIMARTÍN
Profesor Titular de Derecho Mercantil. UCM

MARÍA TERESA MARTÍNEZ MARTÍNEZ
Catedrática de Derecho Mercantil. UCM.

JAVIER MEGÍAS LÓPEZ
Profesor Titular de Derecho Mercantil. UCM

DAVID PÉREZ MILLÁN
Profesor Titular de Derecho Mercantil. UCM

JUANA PULGAR EZQUERRA
Catedrática de Derecho Mercantil. UCM

EVA RECAMÁN GRAÑA
Contratada doctora de Derecho Mercantil. UCM

JUAN SÁNCHEZ-CALERO GUILARTE
Catedrático de Derecho Mercantil. UCM

ADOLFO SEQUEIRA MARTÍN
Catedrático de Derecho Mercantil. UCM

ÍNDICE

Capítulo IV

AUMENTO CON APORTACIONES NO DINERARIAS

Ascensión Gallego Córcoles

Capítulo V

AUMENTO DE CAPITAL SOCIAL POR COMPENSACIÓN DE CRÉDITOS

Isabel Fernández Torres

Capítulo VI

EL AUMENTO DE CAPITAL CONDICIONADO

Fernando Marín de la Bárcena

Capítulo VII

EL AUMENTO DE CAPITAL CON CARGO A RESERVAS (Y UNA REFERENCIA A LOS "SCRIP DIVIDENDS")

Mónica Fuentes Naharro

Capítulo X

LOS EFECTOS SUSTANTIVOS DE LA IMPUGNACIÓN DE ACUERDOS DE AUMENTO DE CAPITAL

David Pérez Millán

Capítulo XI

LA REDUCCIÓN DEL CAPITAL SOCIAL: DEFINICIÓN, MODALIDADES Y RÉGIMEN GENERAL

Cristóbal Espín Gutiérrez

Capítulo XII

LA REDUCCIÓN DEL CAPITAL PARA RESTABLECER EL EQUILIBRIO PATRIMONIAL

Cristóbal Espín Gutiérrez

Capítulo XIII

LAS MODALIDADES DE REDUCCIÓN EFECTIVA DEL CAPITAL

Luz M.ª García Martínez

Capítulo XIV

LA REDUCCIÓN DE CAPITAL NO PARITARIA

Eva Recamán Graña

Capítulo XV

REDUCCIÓN DE CAPITAL Y MECANISMOS DE PROTECCIÓN DE ACREEDORES EN SOCIEDADES DE CAPITAL

Juana Pulgar Ezquerra

Capítulo XVI

LA REDUCCIÓN Y EL AUMENTO DEL CAPITAL SIMULTÁNEOS EN LA LEY DE SOCIEDADES DE CAPITAL (ARTS. 343 A 345 DE LA LEY DE SOCIEDADES DE CAPITAL)

Adolfo Sequeira Martín

Capítulo XVII

LA REDUCCIÓN DEL CAPITAL DERIVADA DE LA SEPARACIÓN O EXCLUSIÓN DE SOCIOS

José Luis Colino Mediavilla

Capítulo XVIII

LA OFERTA PÚBLICA DE ADQUISICIÓN POR REDUCCIÓN DE CAPITAL MEDIANTE ADQUISICIÓN DE ACCIONES PROPIAS

Georgina Álvarez Martínez

Capítulo XIX

LA INSCRIPCIÓN REGISTRAL DEL AUMENTO Y LA REDUCCIÓN DEL CAPITAL SOCIAL

José Carlos González Vázquez

PRÓLOGO

En un momento en el que proliferan las publicaciones dedicadas a lo que podríamos considerar "cuestiones de moda" como la sostenibilidad y sus implicaciones sea en el ámbito del Derecho de sociedades, del Derecho del sistema financiero, o en otros, o las relativas a la digitalización, sorprende agradablemente encontrarse con un libro de temática muy distinta como el que el lector tiene entre sus manos.

Es de agradecer, por ello, que un grupo de profesores de Derecho Mercantil, miembros en su abrumadora mayoría del Departamento de Derecho Mercantil y Financiero de la Universidad Complutense de Madrid, hayan dedicado su tiempo y su esfuerzo a reflexionar sobre unas materias que se podrían considerar "clásicas", como son el aumento y reducción de capital en las sociedades de este nombre. Y digo que es de agradecer, porque el aumento y reducción del capital constituyen operaciones corporativas de suma trascendencia que, aunque no constituyan una materia totalmente novedosa, puesto que ya se cuenta con algunas valiosas aportaciones doctrinales sobre ellas, no es un tema totalmente cerrado que, por tanto, todavía suscita numerosos interrogantes y problemas prácticos, por lo que no ha perdido interés ni actualidad. Más bien al contrario.

En efecto, son dos, fundamentalmente, las razones que justifican llevar a cabo un estudio detenido sobre las modificaciones del capital. De una parte, las sucesivas reformas normativas que se han venido realizando en la Ley de Sociedades de Capital desde su implantación en 2010, entre ellas, las llevadas a cabo por la reciente Ley 5/2021, por la que se transpuso la Directiva en materia de implicación a largo plazo de los accionistas, y, de otra, el recurso a estas operaciones para llevar a cabo reestructuraciones empresariales en el marco de la nueva normativa concursal.

Ambas cuestiones ponen de manifiesto no solo la importancia teórica de la materia sino también la trascendencia práctica de estas operaciones. Así lo demuestran las abundantes resoluciones de la Dirección General de Seguridad Jurídica y Fe Pública y las Decisiones jurisprudenciales que versan sobre estas cuestiones.

Por todo ello, creo que resulta sumamente oportuno este libro. En primer lugar, porque a diferencia de lo que hasta ahora ha venido siendo habitual, que ha sido ocuparse de forma aislada e independiente de algunas de las operaciones de aumento o reducción del capital, bien en las escasas monografías existentes o bien al hilo de los distintos preceptos que las regulan en los Comentarios a la Ley de Sociedades de Capital, este libro tiene la ventaja de reunir en un mismo volumen, y de forma sistemática, las distintas modalidades de aumento y reducción lo que, indudablemente, facilita al interesado el acercamiento a estas figuras.

En segundo lugar, porque en el libro se analizan las distintas materias de las que trata no solo con sumo rigor, como es propio de los trabajos académicos serios, sino con una perspectiva diferente y una visión práctica de las mismas que hace que salgan a la luz y se pongan de relieve aspectos o matices que hasta ahora no habían sido tratados o lo habían sido sin establecer las oportunas conexiones.

Así, sucede, por ejemplo, en relación con las singularidades que se plantean con ocasión de un procedimiento preconcursal: capitalización de deudas en el marco de los planes de reestructuración, en la toma de decisión del aumento o respecto a la reducción de capital en dichos planes y la protección dispensada a los acreedores. Pero no solo resulta novedoso en este ámbito. En el libro también se abordan cuestiones tales como el aumento de capital al servicio de la conversión de instrumentos financieros, o el siempre problemático aumento mixto de capital o los llamados *"scrip dividens"* e, incluso, los efectos sustantivos de la impugnación de los acuerdos de aumento. Cuestiones todas ellas que hasta ahora no habían ido objeto de tratamiento sistemático.

El lector encontrará, pues, un examen exhaustivo de las diversas cuestiones que en torno a estas operaciones corporativas se suscitan. Así, tras una parte que podríamos considerar general o introductoria en la que se delimitan el concepto, la función económica y las modalidades de aumento de capital, se analiza con detenimiento el acuerdo de la junta general que decide el aumento, incluyendo la delegación a los administradores para aumentar el capital en la cuantía y en el tiempo establecidos. A continuación, se estudia el aumento de capital con cargo a aportaciones dinerarias, con expresa referencia al derecho de preferencia y a su exclusión total o parcial. A esto le sigue el aumento mediante aportaciones no dinerarias en el que se contempla también el caso de las sociedades limitadas emisoras de obligaciones e instrumentos similares. Luego se analizan el aumento de capital por compensación de créditos y el aumento con cargo a reservas o beneficios, supuestos de gran transcendencia en el tráfico que son analizados con precisión y rigor, así como el aumento para la conversión de instrumentos financieros. Finaliza la parte destinada al aumento del capital con dos capítulos. El primero, dedicado a la ejecución del aumento en el que se pasa revista a la suscripción y el desembolso de las aportaciones y, en su caso, a la resolución de la suscripción con la consiguiente devolución de las aportaciones. El segundo, al examen de los efectos sustantivos de la impugnación de los acuerdos de aumento de capital, al que ya hemos hecho referencia.

Se pasa acto seguido al análisis de la reducción del capital con un primer capítulo de carácter general en el que se pasa revista a las diversas modalidades y al régimen general de la reducción, para seguir con otro en el que se aborda minuciosamente el estudio de la reducción para restablecer el equilibrio patrimonial. A continuación, se dedican dos capítulos al análisis de los supuestos especiales de reducción de capital: devolución de aportaciones, condonación de aportaciones pendientes o dotación de reservas y a la reducción no paritaria. A estos les siguen el capítulo relativo a los mecanismos de protección de los acreedores y el dedicado a la llamada operación acordeón, esto es, a la reducción y aumento simultáneos de capital, de tanta significación en la praxis. La parte dedicada a la reducción del capital se termina con sendos capítulos en los que se estudian, respectivamente, la reducción como consecuencia de la separación o exclusión de socios y, en el campo de las sociedades cotizadas, la OPA por reducción de capital mediante adquisición de acciones propias. El libro concluye con el análisis de la inscripción registral.

A la vista de este breve y necesariamente incompleto repaso al contenido del libro, creo que queda patente la utilidad de la obra y el provecho que puede reportar a quien se anime a leerlo.

Pero, sobre todo, a través de su lectura, creo que puede quedar patente también algo que a menudo pasa desapercibido, o a lo que no se presta la atención debida, como es la necesidad de replantearse algunas cuestiones fundamentales en torno al capital social y a sus modificaciones, a su significado y alcance; en definitiva, a interrogarnos sobre cuáles son las funciones que en la actualidad cumple el capital social como técnica de organización del poder en las sociedades de capital y como técnica de tutela de los acreedores sociales, en particular en las sociedades de responsabilidad limitada. Las recientes reformas realizadas en este ámbito: capital mínimo de un euro, posibilidad de eludir el control de las aportaciones dinerarias, falta de adecuación del capital a la empresa que se pretende constituir, inexistencia de garantías para demostrar la viabilidad de la empresa que se va a desarrollar, etc., socavan claramente esa función de tutela de acreedores que tradicionalmente se ha asignado al capital y, por tanto, se impone la necesidad de pensar en su sustitución por otra técnica distinta, al menos en este tipo social.

No tiene mucho sentido mantener un importante aparato legal para regular una sociedad de responsabilidad limitada que tanto puede desarrollar una empresa de gran envergadura como constituirse con una cifra irrisoria de capital, todo lo cual repercute directamente en las modificaciones que la cifra de capital pueda experimentar sin que se hayan hecho los ajustes correspondientes una vez que se rebaja la cifra de capital mínimo a un euro. Creo, por tanto, que es preciso hacer un llamamiento al legislador para que lleve a cabo los cambios necesarios para poner en consonancia esa regulación con la realidad social en la que conviven, bajo la misma vestidura jurídica, una multiplicidad de empresas de variadas dimensiones y características, por lo que se requiere de una mayor flexibilidad normativa para permitir que cada una pueda ajustar el modelo a sus concretas especificidades.

En fin, termino este pequeño prólogo porque no creo que el libro requiera de más presentación; y tampoco sus autores, todos ellos destacados mercantilistas sobradamente conocidos por sus espléndidos trabajos anteriores, lo que es garantía de calidad de lo realizado en este. Vaya pues mi sincera felicitación a todos ellos por haber tenido tan buena iniciativa y por haberla ejecutado con tanto éxito. Y espero que no sea la última ya que, con esta obra, lo que se pone de manifiesto, además de la importancia de su contenido, es el espíritu de equipo y el buen hacer que debe impregnar la tarea universitaria lo que, lamentablemente, no puede decirse que siempre se mantenga.

Acabo, pues, esta breve introducción como empecé, agradeciendo a los miembros del Departamento de Derecho Mercantil, Financiero y Tributario de la Universidad Complutense de Madrid, que nos hayan facilitado este magnífico trabajo que, sin duda, contribuirá a enriquecer la literatura jurídica sobre las modificaciones del capital social y del que todos aquellos que se acerquen a su lectura podrán sacar provechosas enseñanzas.

Madrid, junio 2023

Carmen Alonso Ledesma

Capítulo I

AUMENTO DE CAPITAL: CONCEPTO. FUNCIÓN ECONÓMICA Y MODALIDADES. AUMENTO MIXTO

Cristina Guerrero Trevijano
Prof.ª Contratada Doctor
Universidad Complutense de Madrid

SUMARIO: I. CONSIDERACIONES PREVIAS. II. CONCEPTO Y FUNCIÓN ECONÓMICA. III. CLASES DE AUMENTO. 1. En función de la modalidad o procedimiento técnico. 1.1. Aumento por creación o emisión de nuevas participaciones o acciones. 1.2. Aumento por elevación del valor nominal de las acciones o participaciones preexistentes. 2. En función del contravalor. 2.1. Aumento con cargo a aportaciones dinerarias. 2.2. Aumento con cargo a aportaciones no dinerarias. 2.3. Aumento por compensación de créditos. 2.4. Aumento por conversión de obligaciones en acciones. 2.5. Aumento con cargo a reservas o beneficios. IV. AUMENTO MIXTO. V. BIBLIOGRAFÍA.

I. CONSIDERACIONES PREVIAS

El capital social es el elemento característico de las sociedades de capital, su nota definitoria, que opera como rasgo diferenciador respecto de las sociedades de personas, como evidencia el artículo 1 LSC[1]. Es, por lo tanto, una de las menciones obligatorias de los estatutos de toda sociedad de capital (artículo 23.d) LSC) y se conforma con las aportaciones de los socios.

El capital social cumple esencialmente tres funciones[2]. La primera es la función organizativa, que supone que las aportaciones de los socios, con las

1 VAQUERIZO ALONSO, A. "Artículo 1. Sociedades de capital", en ROJO, A. y BELTRÁN. E. (Dirs.). *Comentario de la ley de sociedades de capital*, Tomo I, Civitas Thomson Reuters, 2011, p. 187.

2 Es clásica la distinción de estas tres funciones del capital como generalmente aceptadas y estudiadas por la doctrina, si bien pudiendo variar la denominación de estas, pero siempre centradas en esta trilogía funcional. A este respecto, entre muchos otros, ESPÍN GUTIERREZ, C. "El capital, el patrimonio neto y la significación patrimonial de las variaciones de capital en la sociedad anónima" en AAVV *Estudios de derecho de Sociedades y derecho Concursal: Libro homenaje al Profesor Rafael García Villaverde, Vol. 1.* Marcial Pons, Madrid, 2007, p.453 y ss.; SÁNCHEZ RUS, H. *El capital social. Presente y futuro*, Civitas, 2012; MARINA GARCIA-TUÑON, A. *Protección del capital y principios configuradores: una aproximación*, Aranzadi, 2015.

que se conforma el capital, representan el porcentaje de propiedad de cada uno y, consecuentemente, su cuota de poder dentro de la sociedad a la hora de tomar decisiones[3]. La segunda es la función económica, esto es, la función de explotación pues el capital permite desarrollar el objeto social constituyendo la vía principal de financiación propia de la sociedad. La tercera de las funciones del capital es la de servir como cifra de retención patrimonial[4]. En este sentido, las sociedades deben mantener en su patrimonio siempre, al menos, una cifra equivalente al capital social fijado estatutariamente lo que pretende servir de garantía frente a acreedores pues, recuérdese, este tipo de sociedades tienen una responsabilidad limitada a su propio patrimonio lo que obliga a que, en base a la cifra de capital que conste en sus estatutos, deban retener siempre una cuantía al menos equivalente para hacer frente a las deudas. Obligación que se complementa con las previsiones de la propia LSC respecto al mantenimiento de esa equivalencia patrimonio-capital y que exige llevar a cabo operaciones como reducciones de capital o incluso la propia disolución de la sociedad cuando ese equilibrio se altere dejando el patrimonio por debajo del capital social. En todo caso, y aunque no es este el momento oportuno para entrar a analizar en detalle esta cuestión, no debe obviarse que son numerosas las voces que, desde hace décadas y con gran intensidad, cuestionan la función de garantía del capital[5], más aún si se tiene

3 MASSAGUER FUENTES, J. "El capital nominal. Un estudio del capital de la sociedad anónima como mención estatutaria", en *Revista General de Derecho*, 1990, n.º 550-551, pp. 5547-5603.

4 DE LA CÁMARA, M. *El Capital social en la sociedad anónima, su aumento y disminución*, Colegios Notariales de España, Madrid, 1996, pp. 14-16.

5 Son muy relevantes los trabajos que, sobre todo a raíz de la Segunda Directiva de Derecho de Sociedades, se han pronunciado cuestionando la validez del capital social conforme a su concepción tradicional. Destacadamente, vid. por todos, ALONSO LEDESMA, C. "Algunas reflexiones sobre la función (la utilidad) del capital social como técnica de protección de los acreedores" en *Estudios de derecho de Sociedades y derecho Concursal: Libro homenaje al Profesor Rafael García Villaverde, Vol. 1.* Marcial Pons, Madrid, 2007, p.127-158; Id. "Derecho de sociedades vs. Derecho Concursal. Técnicas alternativas o complementarias de protección de los acreedores" en AAVV *La modernización del Derecho de Sociedades de capital en España. Cuestiones pendientes de reforma*, Tomo II, Aranzadi, 2011, p.67 y ss. Igualmente, analizando el debate en torno al capital social, FERNÁNDEZ DEL POZO, L. "Aplicación de resultados y defensa del capital social. De nuevo sobre la crisis (presunta) de la noción de capital social", en *Revista General de Derecho*, 1996, n.º 622-623, pp. 8543-8588; GARCÍA VILLAVERDE, R. "La constitución y el capital de las sociedades en la CEE (primera y segunda directrices)", *CDC*, n°5, 1989, pp. 82 y ss. Posteriormente, con amplia revisión del problema, puede verse GARCÍA MANDALONIZ, M. "El cuestionado sentido del régimen jurídico del capital social", en HIERRO ANIBARRO, S. (Dir.) *Simplificar el derecho de sociedades*, Marcial Pons, 2010, p. 321; MARINA GARCÍA-TUÑON, A. "Una reflexión sobre el capital social desde la perspectiva contable y societaria" en AAVV *Derecho de sociedades y de los mercados financieros. Libro homenaje a Carmen Alonso Ledesma*, Iustel, 2018, p.537 y ss. esp. p.546 y

en cuenta que la mayoría de sociedades, en especial las SL, se constituyen con el capital mínimo legal[6], pero operan con otras vías de financiación. Y, ni que decir tiene, que la mayoría de acreedores que pretenden contratar con una sociedad no atienden en sus negociaciones a la cifra de capital, sino a los estados financieros de la entidad, reveladores de su verdadero estado patrimonial, y no al capital social, que queda en muchas ocasiones relegado simplemente a esa función organizativa.

Sea como fuere, precisamente, para garantizar estas funciones del capital, en especial la función de garantía, la LSC establece una serie de obligaciones que deben regir el funcionamiento del capital y que se conocen como *principios del capital social*[7]: principio de determinación, de correspondencia entre

ss. donde se hace una revisión de la cuestión y se abordan las alternativas a la "operatividad garantista del capital".

A nivel comparado, es especialmente destacable el trabajo editado por LUTTER, M. *Legal Capital of Public Companies in Europe*, De Gruyter, ECFLR Special Volume, 2006, que recoge las contribuciones del grupo de expertos que lo elaboraron, en concreto analizando la efectividad del capital es las sociedades europeas. En línea similar, MIOLA, M. "Tutela de los acreedores en las sociedades de capital y técnicas alternativas. El debate entre la tradición europea y el punto de vista anglosajón" en AAVV *La modernización del Derecho de Sociedades de capital en España. Cuestiones pendientes de reforma*, Tomo II, Aranzadi, 2011, p.19 y ss.

Sea como fuere, gran parte del debate en torno a la utilidad del capital legal y, muy especialmente en lo que respecta a su pretendida función de garantía, se ha desarrollado sobre la base de una falta de armonización europea en materia de insolvencia (y preinsolvencia), así como por las diferencias con sistemas anglosajones que, como es bien sabido ya no se da con tanta intensidad como consecuencia del Brexit y de la Directiva de Reestructuraciones (Directiva (UE) 2019/1023 del Parlamento Europeo y del Consejo, de 20 de junio de 2019, sobre marcos de reestructuración preventiva, exoneración de deudas e inhabilitaciones, y sobre medidas para aumentar la eficiencia de los procedimientos de reestructuración, insolvencia y exoneración de deudas, y por la que se modifica la Directiva (UE) 2017/1132 (Directiva sobre reestructuración e insolvencia)).

6 Téngase muy en cuenta este respecto, la reciente modificación de la Ley de Sociedades de Capital por la Ley 18/2022, de 28 de septiembre, de creación y crecimiento de empresas que, con el objetivo de facilitar la creación de sociedades, fija el capital mínimo para la constitución de sociedades de responsabilidad limitada en un euro. Volveremos sobre esta cuestión más adelante, al hablar sobre el principio de capital mínimo.

7 Así, HENAO, L. "Hacia un nuevo modelo de capital social", *Revista de Derecho Privado*, Universidad Externado de Colombia, n.º 28, julio-diciembre de 2014, pp. 237-273, esp. p.240 quien afirma que "Esta función de garantía se encuentra proyectada ampliamente en los principios de efectividad, integridad y estabilidad del capital social, en las normas sobre aportaciones sociales, reducción de capital, sobre aplicación de resultados del ejercicio y las relativas a la disolución de la sociedad de capital en caso de pérdidas. De esta forma el capital social determina la estructura financiera de la compañía al actuar como una cifra de retención del patrimonio social, como un límite al aumento del capital que puede ser acordado por los administradores, al determinar la obligatoriedad de la disolución de la sociedad

capital y patrimonio (también llamado de conservación y que incluye los principios de realidad e integridad), de estabilidad y de capital mínimo.

El *principio de correspondencia* entre capital y patrimonio exige que durante la vida de la sociedad (y, desde luego, en el momento de constitución) deba existir una mínima correspondencia entre capital y patrimonio. Para ello, se exige la efectividad de las aportaciones de los socios (artículo 59 LSC) y la realidad de éstas (artículos 62 y 63 LSC), así como la suscripción íntegra y el desembolso mínimo de todas las acciones o participaciones (artículos 78 y 79 LSC). Este principio de correspondencia está destinado, en gran medida, a cumplir con la función de garantía frente a terceros.

Por lo que se refiere al *principio de capital mínimo*, la LSC establece (artículos 4 y 5 LSC) la cifra mínima de capital exigido para la constitución de sociedades prohibiendo, además, su creación por debajo del mínimo establecido[8]. En todo caso, existen distintas corrientes que cuestionan la utilidad del principio del capital mínimo y, como consecuencia de estas reflexiones, la propia legislación ha ido moderando dicho requisito. A este respecto, la reciente Ley 18/2022, de 28 de septiembre, de creación y crecimiento de empresas, ha establecido la posibilidad de crear sociedades de responsabilidad limitada con un capital de un euro[9], imponiendo, no obstante, una serie de obligaciones destinadas a garantizar el interés de los acreedores[10].

en caso de pérdidas, al establecer el umbral de la distribución de dividendos y al imponer el monto de la reserva legal".

8 Sobre el principio de capital mínimo, vid. DE LA CÁMARA *El Capital social en la sociedad anónima*... cit. p.17 y ss.

9 La Exposición de Motivos de la Ley 18/2022 establece que "*la eliminación de la exigencia de 3.000 euros de capital social mínimo vigente hasta la fecha tiene por objeto promover la creación de empresas mediante el abaratamiento de sus costes de constitución y pretende, asimismo, ampliar las opciones de los socios fundadores respecto al capital social que desean suscribir en función de sus necesidades y preferencias.*
Estos planteamientos son consistentes con el hecho de que en la mayoría de los países no se requiera un importe mínimo de capital para crear una sociedad de responsabilidad limitada, entre ellos Estados Unidos, Japón, China, Canadá, India, Méjico, Rusia, Sudáfrica o Reino Unido. Tampoco en diez de los veintisiete Estados miembros de la UE, entre ellos, Irlanda y Holanda, y otros países con una tradición latina más similar a la española como Francia, Portugal e Italia".
Antes de la Ley 18/2022, nuestro legislador ya había dado importantes pasos en cuanto a la flexibilización de los requisitos de capital mínimo para la constitución de sociedades de capital a través de la Sociedad de Responsabilidad Limitada de Formación Sucesiva, introducida en nuestro ordenamiento por la Ley 14/2013, de 27 de septiembre, de apoyo a los emprendedores y su internacionalización. Sin embargo, debido a su muy escasa utilización, esta figura ha sido finalmente suprimida por el legislador a través de la Ley 18/2022.

10 La Ley 18/2022 modifica el artículo 4 de la LSC para establecer que las SL se podrán constituir con un capital de un euro. Sin embargo, cuando las SL tengan un capital inferior a 3.000

Finalmente, y a los efectos del presente trabajo, nos interesan especialmente los principios de determinación y estabilidad del capital. El *principio de determinación* implica que la cifra de capital debe estar debidamente establecida en los estatutos (artículo 23.d) LSC), siendo una de las menciones obligatorias cuya ausencia determina la nulidad de la sociedad (artículo 56.1. f LSC), debiendo expresar también las participaciones o las acciones en que se divida, su valor nominal y su numeración correlativa. Esto significa que el capital es una cifra fija, pero ello no implica que no pueda alterarse, sino que para hacerlo habrá que atenderse al proceso propio de la modificación estatutaria. El *principio de estabilidad* pretende precisamente esto: que la cifra de capital no pueda aumentarse ni disminuirse salvo que se haga cumpliendo los requisitos legalmente establecidos, los propios de las modificaciones de los estatutos.

El legislador es consciente de que los cambios en la estructura del capital son muchas veces necesarios en las sociedades, de ahí que haya regulado un procedimiento específico para los aumentos (y reducciones) de capital. Procedimiento que busca proteger los intereses de aquellos que se puedan ver afectados por cambios en la estructura del capital social, fundamentalmente socios y acreedores.

En el caso de los aumentos de capital, y en atención a la función económica que los justifica, el legislador ordena un detallado sistema donde regula las modalidades de aumento, el acuerdo, la ejecución y la inscripción de este (artículos 295-316 LSC), previendo las tutelas necesarias para garantizar que la modificación no altere de manera injustificada la estructura organizativa de la sociedad y, consecuentemente, los derechos de los socios.

En las próximas páginas abordaremos el concepto y la función económica del aumento de capital y haremos una breve revisión de las diferentes fórmulas que el legislador ha previsto para poder llevar a cabo un aumento de capital, en atención a la función que pretendan cumplir, sin entrar a analizar ninguna de ellas en profundidad, pues existen en la presente obra capítulos específicos dedicados a cada una de las modalidades.

euros, se prevén dos medidas destinadas a salvaguardar los intereses de los acreedores: la primera, que deberá destinarse a reserva legal al menos el 20 % del beneficio hasta que la suma de la reserva legal y el capital social alcance el importe de 3.000 euros y, la segunda, que en caso de liquidación, si el patrimonio de la sociedad fuera insuficiente para atender el pago de las obligaciones sociales, los socios responderán solidariamente de la diferencia entre el importe de 3.000 euros y la cifra del capital suscrito.

II. CONCEPTO Y FUNCIÓN ECONÓMICA

El aumento de capital consiste en elevar la cifra de capital social fijada en los estatutos, previo acuerdo de la junta —o del órgano de administración en caso del capital autorizado (artículo 297 LSC)—, conforme a los requisitos del artículo 296 LSC y su ejecución por los administradores y posterior elevación a público e inscripción en el Registro Mercantil. Esto supone que estamos, en todo caso, ante una modificación estatutaria y que se deben respetar las normas establecidas para toda modificación de los estatutos. Pero, además, se trata de una modificación especial que cuenta con su propia regulación (a través del proceso reglado de los artículos 295 a 316 LSC) y que depende de la modalidad escogida para llevar a cabo el aumento. Es una modificación de estatutos cuya efectividad exige más que el acuerdo de la junta general para aumentar el capital requiriendo, además, la ejecución del aumento y su inscripción registral[11].

Los aumentos de capital no son, en todo caso, meras modificaciones estatutarias, sino que son operaciones societarias más complejas[12] que suelen responder, por norma general, a la búsqueda de nuevos fondos e incremento patrimonial de la sociedad. Así, la función más habitual que se persigue con los aumentos de capital es la obtención de recursos propios adicionales para el mejor desarrollo de proyectos o estrategias empresariales. Esta función de financiación de la sociedad puede ser directa, por creación de nuevas acciones o participaciones asumidas por los socios actuales o dando entrada a nuevos socios, o también por elevación del valor nominal de las existentes con nuevas aportaciones de los que ya eran socios.

Sin embargo, los aumentos de capital pueden responder a otras funciones que van más allá del mero incremento patrimonial directo y que se corresponden con las diferentes clases de aumento previstas por la Ley[13].

---

11 GONZÁLEZ VÁZQUEZ, J.C. "Aumento de capital social" en ALONSO LEDESMA, C. (Dir.) *Diccionario de Derecho de Sociedades*, IUSTEL, 2006, p.263 y ss.

12 En efecto, ROJO FERNÁNDEZ-RÍO, A. "El acuerdo de aumento del capital de la Sociedad Anónima" en IGLESIAS PRADA, J.L. (Coord.) *Estudios Jurídicos en Homenaje al Profesor Aurelio Menéndez*, T.II, Madrid, 1996, pp. 2339-2392, esp. p.2339 cuando afirma que: "Concebir el aumento de capital como una simple categoría de las modificaciones estatutarias constituye una simplificación. En realidad, el aumento de capital es una «operación societaria»"

13 CASTELLANO, M.ª J. "Artículo 295. Modalidades de aumento" en ROJO, A. y BELTRÁN. E. (Dirs.). *Comentario de la ley de sociedades de capital*, Tomo II, Civitas Thomson Reuters, 2011, pp.2185 y ss., esp. pp.2186-2187; CASTAÑO CASANOVA, J. "Artículo 295. Modalidades de aumento" en PRENDES, MARTÍNEZ ECHEVARRÍA y CABANAS (Dirs.) *Tratado de sociedades de capital: comentario judicial, notarial, registral y doctrinal de la Ley de sociedades de capital*, Vol. 1, Aranzadi, 2017, p.1747 y ss. esp. p.1748.

En efecto, se puede buscar la mejora de la situación patrimonial de la sociedad de manera indirecta convirtiendo pasivo en fondos propios por la vía de la conversión de deuda en capital (artículo 301 LSC).

El objetivo de la operación de aumento puede ser también el de solventar concretas necesidades financieras o comerciales de la sociedad que se satisfagan a través de la aportación no dineraria de bienes o derechos necesarios o convenientes para el desarrollo de determinada actividad.

Igualmente, la operación de aumento puede consistir en una alternativa al reparto de beneficios entre los socios cuando consista en el incremento con cargo a beneficios distribuibles o incluso reservas disponibles de la sociedad, implicando un cambio de afectación de esos fondos propios de la sociedad que pasan a convertirse en capital y, por lo tanto, actuando como nueva cifra de retención patrimonial. Esto es lo que se conoce como aumento de capital nominal, donde no se produce verdadero incremento patrimonial (artículos 295.2 y 303 LSC).

Las operaciones de aumento de capital funcionan también en ocasiones como paso previo necesario de otras operaciones más complejas. Piénsese, por ejemplo, en la admisión a cotización de una SA que exige gran dispersión accionarial y cifras de capital por encima de determinados umbrales. Esto implica que, como exigencia previa a la admisión a cotización, se deberá llevar a cabo un aumento de capital. Una situación semejante se produce también en los aumentos de capital necesarios para la emisión de obligaciones convertibles. La operación principal es la de la emisión de deuda, pero como su devolución se hará por la vía de la conversión en acciones, se exige previamente un aumento de capital que permita que la sociedad cuente con las acciones necesarias para ser entregadas como contraprestación a esas obligaciones (artículo 414 LSC).

Existen, finalmente, otros supuestos en que el aumento de capital será, en realidad, una operación auxiliar de operaciones más complejas como sucede ante modificaciones estructurales como la fusión por absorción, que exige un aumento de capital en la sociedad absorbente para la integración de la absorbida (Artículo 34.2 de la nueva normativa sobre modificaciones estructurales[14]), o los aumentos de capital en el marco de OPAs de control (Real

14 Real Decreto-ley 5/2023, de 28 de junio, por el que se adoptan y prorrogan determinadas medidas de respuesta a las consecuencias económicas y sociales de la Guerra de Ucrania, de apoyo a la reconstrucción de la isla de La Palma y a otras situaciones de vulnerabilidad; de transposición de Directivas de la Unión Europea en materia de modificaciones estructurales de sociedades mercantiles y conciliación de la vida familiar y la vida profesional de los progenitores y los cuidadores; y de ejecución y cumplimiento del Derecho de la Unión Europea.

Decreto 1066/2007, de 27 de julio, sobre el régimen de las ofertas públicas de adquisición de valores, esp. artículo 13).

III. CLASES DE AUMENTO

Los aumentos de capital pueden responder a diferentes motivaciones y, por esta razón, existen también distintas alternativas para llevar a cabo el aumento que se ajusten de manera más efectiva a la funcionalidad pretendida. En efecto, el aumento de capital puede responder a un incremento patrimonial de la sociedad que implique la entrada en el patrimonio social de nuevos fondos (ya sea por nuevas aportaciones, ya sea por reducciones del pasivo social), pero también puede responder a una reorganización del estado patrimonial de la sociedad, sin que ello suponga un incremento de éste, adecuando la cifra de capital al verdadero estado patrimonial (por ejemplo, por la vía de conversión de reservas en capital).

Consciente de esta realidad, el legislador ha recogido, en el artículo 295 LSC, una doble vía para realizar este aumento y que podrá llevarse a cabo, bien creando nuevas acciones o participaciones, o bien elevando el valor nominal de las ya existentes. Es decir, se establecen dos procedimientos distintos para proceder al aumento y, en ambos casos, ese aumento podrá satisfacerse con cargo a nuevas aportaciones dinerarias o no dinerarias al patrimonio social, incluida la aportación de créditos contra la sociedad, o con cargo a beneficios o reservas que ya figurasen en el último balance aprobado.

Esto permite clasificar los aumentos en torno a dos criterios: en función del procedimiento y en función del contravalor[15]. Adicionalmente, algún sector alude a un tercer criterio que se refiere al órgano que apruebe el aumento, distinguiendo entre los que acuerda la junta general y los que pueda —excepcionalmente— acordar el órgano de administración (capital autorizado)[16].

---

15 Algún autor sostiene que el artículo 295 LSC se refiere a dos únicas modalidades de aumento en el numeral primero (por creación de nuevas acciones/participaciones o por elevación del valor nominal), en tanto que el segundo numeral del artículo hace referencia a los procedimientos técnicos de ejecución de la ampliación, AVILA DE LA TORRE, A. "Artículo 295. Modalidades de aumento" en GARCÍA CRUCES, J.A y SANCHO GARGALLO, I. (Dirs.) *Comentario de la Ley de Sociedades de Capital,* Tomo IV, Tirant LoBlanch, 2021, p.4125 y ss., esp. p. 4126.

16 ANDREU MARTÍ, M.ª M. "Modificación de estatutos. Aumento y reducción del capital" en EMBID, J.M. (Dir.) *Introducción al Derecho de Sociedades de Capital, Estudio de la Ley de Sociedades de capital y legislación complementaria,* Marcial Pons, 2013, p.275 y ss. esp. pp.284 y 291, considera el "órgano competente" como un tercer criterio de clasificación de los aumentos de capital, junto con el procedimiento y el contravalor. Igualmente, GONZÁLEZ VAZQUEZ, J.C. "Aumento de capital social" cit. p.265. En sentido similar, GARNACHO CA-

En todo caso, nosotros nos centraremos en esa doble clasificación modalidad-contravalor[17] y en la posibilidad de que se combinen estas modalidades en el llamado aumento mixto (vid. epígrafe IV *infra*).

1. En función de la modalidad o procedimiento técnico

Esta clasificación de los aumentos de capital en virtud del procedimiento utilizado se refiere, en realidad, a la forma de reflejar el aumento de capital en las partes alícuotas en que este se divide, es decir, en las acciones o participaciones[18].

A este respecto, el legislador prevé dos posibilidades, por un lado, emitiendo nuevas acciones o participaciones y, por otro lado, aumentando el valor nominal de las ya existentes.

1.1. Aumento por creación o emisión de nuevas participaciones o acciones

Los aumentos de capital por creación de nuevas acciones o participaciones son, sin duda, la fórmula más habitual para realizar aumentos. En estos casos, la sociedad decide emitir nuevas acciones o participaciones que, o bien serán asumidas por los socios preexistentes de manera proporcional a su porcentaje de capital, o bien serán la vía para la entrada de nuevos socios en la sociedad, reorganizando la estructura de propiedad preexistente.

BANILLAS, L. "Modificación de estatutos. Aumento y reducción de capital" en ALONSO LEDESMA, C. (Dir.) *Derecho de* sociedades, Atelier, 4.ª ed., 2022, pp. 307 y ss., esp. p. 315, afirma que, a pesar de que el legislador no lo establece en todos los casos expresamente, a "efectos didácticos" conviene clasificar los aumentos atendiendo a los criterios de legitimación, variación patrimonial, modalidad del aumento y contravalor, incluyendo, por lo tanto, también, al órgano legitimado como clase de aumento.

No obstante, otros autores se limitan a ajustarse a la doble clasificación (procedimiento y contravalor) que se deduce del artículo 295 LSC. Así, por ejemplo, ALONSO LEDESMA C. "La modificación de los estatutos sociales. Aumento y reducción de capital" en *RdS*, n.º 36, 2011, p.175 y ss., esp. p.180, en el análisis del TRLSC menciona como el legislador regula las fases del aumento de capital en cuatro secciones y dedica la primera a "enumerar las modalidades de aumento en razón del procedimiento de ejecución y en razón de la contraprestación que se vaya a efectuar", sin que pueda entenderse, creemos, que el órgano competente deba considerarse como otro criterio de clasificación. En sentido análogo, CASTELLANO, M.ª J. "Artículo 295. Modalidades de aumento" cit. afirma que el artículo 295 LSC se "encarga de tipificar las diferentes modalidades de aumento de capital conforme a dos distintos criterios: el criterio de la repercusión que la ampliación del capital social habrá de tener sobre las acciones o participaciones de la sociedad (apartado 1) y el criterio del contravalor [...]. Este catálogo de tipos y de clases de aumento del capital legalmente reconocidos constituye un *numerus clausus*...".

17 Sobre el órgano legitimado para acordar el aumento y, en concreto, el capital autorizado, vid. *infra* MEGÍAS LÓPEZ, J. Capítulo 5 "Procedimiento. Capital autorizado".

18 GONZÁLEZ VAZQUEZ, J.C. "Aumento de capital social", cit., p.264.

La primera de las alternativas recibe especial atención por parte del legislador como manifestación de la tutela de los derechos de los socios que prima en las modificaciones del capital (junto con la tutela de acreedores) y que busca evitar que las reestructuraciones de capital puedan usarse como instrumento para diluir la participación de los socios contra su voluntad. Prueba de ello es que la propia Ley prevé a lo largo del articulado diversas previsiones aplicables a los casos de aumento por emisión de nuevas acciones o participaciones como el reconocimiento del derecho de preferencia o el de asignación gratuita (artículo 304 LSC). Ha de tenerse en cuenta, en todo caso, que cuando el aumento se haga por creación de nuevas acciones o participaciones éstos podrán sufragarse tanto por nuevas aportaciones dinerarias, como con cargo a reservas o beneficios, naciendo en estos casos el derecho de preferencia y el de asignación gratuita respectivamente. No obstante, no cabe olvidar que también podrá costearse dicho aumento por la vía de las aportaciones no dinerarias, incluida la compensación de créditos, en cuyo caso, no nacerá ese derecho, como tampoco nacerá cuando se deba a la absorción de otra sociedad; a la absorción de todo o parte del patrimonio escindido de otra o a la conversión de obligaciones en acciones (artículo 304.2 LSC).

El derecho de preferencia, así como el de asignación gratuita, cumple una función primordial y es la de mantener el *status quo* en la sociedad. Es decir, con este derecho se permite que los socios mantengan su proporción de propiedad en la sociedad, evitando la dilución que inevitablemente tiene lugar cuando entran nuevos socios o accionistas en el capital social. No obstante, y precisamente para facilitar la entrada de nuevos socios, el propio legislador ha previsto la posibilidad de transmitir este derecho (artículo 306 LSC), así como incluso de que la Junta lo pueda excluir total o parcialmente (artículo 308 LSC), además de la posibilidad de exclusión tácita por la vía del no ejercicio del derecho por parte de los socios[19].

En las sociedades anónimas, el aumento de capital por emisión de nuevas acciones puede realizarse a través de acciones que tengan el mismo valor nominal que las preexistentes o, en cambio, con un valor nominal diferente, creando una nueva serie de acciones o, incluso, emitiendo nuevas acciones de diferentes valores nominales entre ellas a través de diferentes series. Esta posibilidad se deduce del artículo 309.1.c) LSC que regula el proceso de sus-

19 Puesto que existe en esta obra un capítulo dedicado al estudio del derecho de preferencia, remitimos al lector al mismo para profundizar en la cuestión. Vid. *infra* MARTÍNEZ MARTÍNEZ, M.ª T. "Capítulo 6. Aumento del capital con aportaciones dinerarias. Derecho de preferencia".

cripción pública de acciones y específicamente se refiere a la posibilidad de existencia de acciones de diferentes series con distinto valor nominal, por lo que parece evidente que se puedan crear acciones nuevas con distinto valor nominal más allá de los supuestos de oferta pública de suscripción de acciones. En todo caso, la posibilidad de crear, también en la sociedad de responsabilidad limitada, participaciones con distinto valor nominal en un aumento de capital está fuera de toda duda en tanto la DGSJFP lo ha venido admitiendo (RDGRN de 13 de diciembre de 2006, *Tol1038157*).

Del mismo modo, las nuevas acciones o participaciones podrán conferir distintos derechos. En el caso de la sociedad anónima se exigirá la creación de clases de acciones (artículo 166 RRM, por remisión al artículo 122 RRM). Esto implica que las nuevas acciones podrán ser ordinarias o privilegiadas. Si las acciones fueran privilegiadas, se integrarán en la clase preexistente que corresponda y, si no existiera previamente, deberá crearse una nueva clase de acciones que exprese los derechos conferidos a los socios. En todo caso, debe tenerse en cuenta que la creación de acciones que supongan una afectación de los derechos de los socios preexistentes exige, *ex* artículo 293 LSC, que los socios afectados hayan votado a favor del acuerdo por mayoría. Es decir, en caso de que la emisión de nuevas acciones vaya a afectar a una clase de acciones, será necesario, además del acuerdo de la junta, un acuerdo separado aprobado por la mayoría de las acciones afectadas.

Como decíamos, también en la sociedad de responsabilidad limitada se podrán crear participaciones que confieran distintos derechos. En tal caso, se deberán expresar los derechos que cada una atribuya a los titulares (artículo 184 RRM, por remisión del artículo 198 RRM). Además, al afectar a los derechos individuales de los socios preexistentes, será necesario que, para la aprobación de un aumento de capital por creación de participaciones que otorguen a sus titulares derechos diferentes, se cuente con el consentimiento individualizado de todos los socios afectados (artículo 292 LSC). A este respecto, la ya citada RDGRN de 13 de diciembre de 2006 (*Tol 1038157*), entendió que pese a que en las sociedades limitadas, a diferencia de las anónimas, no se contempla una normativa específica que permita distinguir entre clases y series de participaciones, ello no impide que con carácter voluntario puedan establecerse mayores diferenciaciones por grupo, clase o serie de participaciones.

Sea como fuere, entendemos que esto aplica al supuesto de creación de nuevas acciones y participaciones "privilegiadas", como también en los casos de acciones o participaciones sin voto, en tanto implican la supresión de un derecho esencial del socio y conceden un derecho de dividendo preferente como contraprestación a la ausencia de voto.

Otras de las cuestiones que se plantea en los aumentos de capital con nuevas acciones o participaciones es la relativa al precio de la emisión. A este respecto, se reconoce expresamente que la sociedad podrá fijar libremente el precio de la emisión o creación de acciones o participaciones siempre que se respete lo previsto en el artículo 59.2 LSC, que prohíbe la creación de participaciones o la emisión de acciones por una cifra inferior a la de su valor nominal. La sociedad podrá determinar que el precio de adquisición de las nuevas acciones o participaciones sea equivalente a su valor nominal o superior, es decir, crear o emitir participaciones o acciones con prima (artículo 298 LSC)[20]. Esta posibilidad de emisión con prima será una vía de financiación adicional de la sociedad que deberá ser asumida por los socios o accionistas preexistentes en caso de ejercicio del derecho de preferencia, o bien por los nuevos socios o accionistas, siendo esta última una fórmula muy habitual de entrada de nuevos socios en las sociedades de capital. Es decir, la prima tiene una clara funcionalidad económica que justifica su existencia, especialmente en sede de aumentos de capital[21]. En efecto, con la prima se pretende que el adquirente de las nuevas acciones o participaciones no cubra únicamente su proporción de capital, sino que con el desembolso haga frente también a la parte proporcional de las reservas de la sociedad, de manera que no se pro-

20 La emisión de acciones o participaciones con prima está sólo reconocida de manera expresa para los aumentos de capital, a diferencia de lo que sucedía antes de la refundición de la normativa de SA y SL, donde se recogía solo en sede de constitución de sociedades, pero se aplicaba por analogía también a los aumentos. No obstante, no puede negarse que esta posibilidad existe también en la propia constitución de la sociedad, como acertadamente ha señalado la doctrina más autorizada. A este respecto, vid. ALONSO LEDESMA, C. "La modificación de estatutos sociales..." cit. p.180, cuando afirma que "Lo que sí constituye una novedad en este punto es la referencia que ahora se hace en el artículo 298 al aumento de capital con prima, algo que antes se consideraba implícito en el caso de aumento de capital, por haber sido admitido por la Ley al tratar de la emisión de las acciones (artículo 47 LSA) y que ahora, en cambio, se omite en esa sede. Esta omisión, sin embargo, no puede llevar a la errónea conclusión de que sólo puedan emitirse acciones o participaciones con prima en caso de aumento de capital ya que, tanto puede hacerse en el momento constitutivo de la sociedad como en un momento posterior a través del aumento. Por eso, quizás hubiera sido preferible mantener en su anterior sede la creación de acciones con prima".

21 En efecto, señala AVILA DE LA TORRE, A. ""Artículo 298. Aumentos con prima" en GARCÍA CRUCES, J.A y SANCHO GARGALLO, I. (Dirs.) *Comentario de la Ley de Sociedades de Capital*, cit., p.4164 entienden que está justificado el cambio de ubicación del reconocimiento de la posibilidad de crear o emitir acciones/participaciones con prima en sede de aumento y no en el momento fundacional, en tanto que es en los incrementos de capital donde este tipo de operaciones encuentran mayor justificación por su funcionalidad económica.

duzca una pérdida de valor por parte de los socios preexistentes. Es decir, la entrada de nuevos socios en la sociedad supone que esos nuevos socios van a adquirir una parte proporcional de algo (la sociedad) que tiene un valor superior al capital, pues al llevar tiempo en funcionamiento tendrá sus reservas (tanto las legales como, en su caso, las voluntarias) que incrementan su valor patrimonial. Precisamente, con la prima se trata de que los adquirentes contribuyan con el valor real de lo que adquieren y no solo atendiendo a la cifra de capital, es decir, que se equilibra la situación patrimonial de los nuevos socios con los preexistentes[22]. La prima de emisión opera así como mecanismo de protección frente a un acuerdo impuesto por la mayoría, junto con el derecho de preferencia[23], y que, en cierta medida, viene a compensar el efecto de dilución que se produce con la entrada de nuevos socios.

A este respecto, se plantea entonces si la prima de emisión en aumentos de capital es voluntaria o si, por el contrario, hay casos en los que no existe discrecionalidad para su establecimiento y la constitución de la prima es obligatoria. La literalidad del artículo 298 LSC en su apartado primero, dice que "será lícita" lo cual, *a priori* descarta que los aumentos con prima sean obligatorios. Sin embargo, este artículo debe ser interpretado junto con otros mecanismos de tutela previstos en la propia norma. En concreto, nos estamos refiriendo al supuesto de aumento de capital con exclusión del derecho de preferencia del artículo 308 LSC. Este precepto, en su apartado 2. c), contempla que cuando se quiera excluir el derecho de preferencia, *el valor nominal de las nuevas participaciones o de las nuevas acciones, más, en su caso, el importe de la prima, se corresponda con el valor real atribuido a las participaciones en el informe de los administradores en el caso de las sociedades de responsabilidad limitada o con el valor que resulte del informe del experto independiente en el caso de las sociedades anónimas*. De este precepto se desprende que en los casos en que se quiera excluir el derecho de preferencia y el valor nominal de las acciones o participaciones nuevas no sea equivalente al valor real de las existentes, la prima de emisión será obligatoria, protegiendo así la situación patrimonial de unos socios que no podrán evitar la dilución en el capital como consecuencia de la exclusión del derecho de preferencia[24]. De

22 Como afirma SÁENZ, J.C. "Artículo 298. Aumento con prima" en ROJO y BELTRÁN *Comentario de la Ley de Sociedades de Capital*, cit. p.2212 y ss. esp. p.2213 "La prima limita sus efectos, pues, a la nivelación de la situación patrimonial de los nuevos socios con los viejos...".

23 Así lo afirma ÁVILA DE LA TORRE, A. "Artículo 298. Aumento con prima" cit. p.4164

24 En este sentido, CASTAÑO CASANOVA, J. "Artículo 298. Aumento con prima" en PRENDES, MARTÍNEZ ECHEVARRÍA y CABANAS (Dirs.) *Tratado de sociedades de capital*... cit. p.1766 afirma que "En definitiva, cuando hay derecho preferente de suscripción, la sociedad es libre de emitir con prima o no hacerlo, mientras que cuando no existe este derecho preferente

este modo, parece confirmarse que el carácter dispositivo de la prima de emisión presenta ciertas limitaciones; en concreto, cuando exista exclusión del derecho de preferencia de los socios la Ley obligará a compensar los posibles desequilibrios entre valor nominal y valor real obligando a emitir las nuevas acciones o participaciones con prima para evitar que la dilución de propiedad, que inevitablemente se produce con la exclusión de la preferencia, se acompañe, además, de una dilución patrimonial para los socios preexistentes.

En todo caso, esa prima deberá satisfacerse íntegramente en el momento de su asunción o suscripción, de manera que no puede aplicarse el régimen de desembolsos pendientes (artículo 298.2 LSC). Pago que podrá realizarse conforme a cualquiera de los medios admitidos en derecho y que irá destinado a un fondo de reserva de naturaleza disponible, como se deduce del artículo 303 SLC que regula los aumentos de capital con cargo a reservas[25].

1.2. Aumento por elevación del valor nominal de las acciones o participaciones preexistentes

La segunda de las posibilidades relativa a las modalidades de aumento de capital en función del procedimiento se refiere a la elevación del valor nominal de las acciones o participaciones que ya existen en la sociedad. Esta modalidad es una fórmula mucho menos utilizada en la práctica de los aumentos de capital, por un lado, por las dificultades que la ejecución de estos aumentos plantean frente a la creación o emisión de nuevas participaciones o acciones. Por otro lado, por su funcionalidad económica, puesto que esta

necesariamente se ha de emitir con prima de emisión, y no con cualquier prima, sino con el importe suficiente para suplir la función del derecho, siguiendo lo estipulado por la legislación, según el tipo de sociedad". Así lo entiende también, ÁVILA DE LA TORRE, A. "Artículo 298. Aumento con prima" cit. p.4165. En sentido análogo, GONZÁLEZ VÁZQUEZ, J.C. "Voz. Aumento de capital social" cit. p.267, cuando afirma que "Si las acciones o participaciones se emiten con prima ésta debe desembolsarse íntegramente en el momento de la suscripción (artículos 47.3 LSA y 166.4 2.º RRM), si bien dicha prima no tiene por qué existir en todo caso, ni coincidir con la cantidad necesaria que el valor de emisión corresponda al valor razonable de las viejas acciones o participaciones, salvo en el caso de suscripción preferente [cfr. artículo 159.l.c) LSA y artículo 76.c) LSRLJ, aunque evidentemente el sentido de la prima es evitar la dilución del valor de las acciones o participaciones cuando éste sea superior al nominal, fruto del mayor valor del patrimonio social respecto de la cifra de capital". (El subrayado es nuestro).

25 Sobre este proceso de aumento volveremos, simplemente como mención, cuando hablemos del contravalor de los aumentos. No obstante, existe en esta misma obra un capítulo dedicado al aumento de capital con cargo a reservas. Vid. *infra* FUENTES NAHARRO, M. "Capítulo 10. Aumento con cargo a reservas y derechos de asignación gratuita. Scrip dividend".

modalidad impide, por definición, la entrada de nuevos socios en el capital, ya que simplemente se procede a la elevación del valor nominal de las acciones o participaciones que ya están en poder de los socios que lo son en el momento de adopción del acuerdo de aumento.

Esta modalidad de aumento presenta, en todo caso, algunas particularidades relevantes. Al no crearse nuevas acciones o participaciones, el aumento por esta vía impone a los socios una nueva obligación de aportación a la sociedad del contravalor del aumento y, por este motivo, el legislador ha previsto que esta modalidad sólo pueda llevarse a cabo con el consentimiento de todos los socios *ex* artículo 296.2 LSC[26], lo que no es sino una manifestación de la regla especial de tutela de socios de cualquier modificación estatutaria que imponga nuevas obligaciones (artículo 291 LSC). No obstante, la propia norma contempla de manera directa una excepción a esta exigencia de consentimiento de todos los afectados. Se trata del supuesto en que el contravalor de ese aumento no exija el desembolso efectivo por parte de los socios; esto es, cuando el aumento se haga con cargo a beneficios o reservas que ya figurasen en el último balance aprobado (artículo 296.2 LSC). En estos casos, la voluntad mayoritaria expresada en junta prevalece por encima de los derechos individuales de cualquier socio en tanto no hay nuevas obligaciones ni afectación de sus derechos.

Sea como fuere, al margen de la mencionada excepción del aumento con cargo a reservas o beneficios, cabe plantearse si ese consentimiento exigido por el artículo 296.2 LSC debe interpretarse como la exigencia de adopción del acuerdo por unanimidad o si, por el contrario, el consentimiento puede ser interpretado de manera más flexible. A este respecto, los artículos 166 y 198 RRM, para anónimas y limitadas respectivamente, prevén que para la inscripción del aumento se expresará en la escritura pública que todos los accionistas han prestado su consentimiento a esta modalidad de aumento, a diferencia del criterio general exigido para inscribir modificaciones que impongan nuevas obligaciones a los socios que, conforme al artículo 158 RRM, exige la constancia en la escritura del consentimiento de los afectados o, al menos, su consentimiento expreso en el acta del acuerdo social con la firma de todos ellos. Podría parecer que la norma es menos exigente en estos casos de aumento por elevación del valor nominal, sin embargo, no debe olvidarse que la inscripción registral del aumento de capital exige tanto el acuerdo de

26 A este respecto, URÍA, R., *Derecho Mercantil*, Marcial Pons, Madrid, 28.ª ed., 2002, p.372 ha dicho que "los socios, al amparo del principio de responsabilidad limitada, cumplen desembolsando sus acciones, sin que se les pueda imponer, sin su aquiescencia, por la vía de la modificación estatutaria, obligaciones nuevas. La decisión de la mayoría no vinculara a los socios disconformes o que no muestren su aquiescencia".

aumento como la ejecución del mismo y ello implica, inevitablemente, que si un socio —aunque no conste expresamente su consentimiento en el acuerdo de aumento— ha procedido al desembolso de las aportaciones correspondientes al aumento del valor nominal, constando así en la escritura de ejecución, ese socio ha consentido esa modalidad de aumento[27]. La única duda se podría plantear, como ha señalado algún autor[28], respecto del improbable caso de un aumento de capital por elevación del valor nominal en una sociedad anónima, donde el capital previo al aumento correspondiera, al menos, al veinticinco por ciento del nuevo capital ampliado y quedando el capital aumentado como pendiente de desembolso conforme al régimen de dividendos pasivos. Se trataría, pues, de un supuesto en el que se elevaría el valor nominal de las acciones sin que ello supusiera, de momento, una necesidad de desembolso para los socios puesto que el capital anterior se correspondería al menos con el 25% de nuevo capital nominal[29]. En tal caso, efectivamente, como la ejecución del aumento se rige conforme al régimen de desembolsos pendientes, y no se ha producido aún una aportación efectiva de los socios sí debería exigirse la constancia expresa de su consentimiento a este proceso a fin de garantizar que efectivamente consienten esta operación que les impone una obligación de aportación a futuro.

En todo caso, el consentimiento de los socios a este aumento de capital debe ser sólo exigible en tanto esos socios se vean afectados por dicha operación. Es decir, la necesaria aquiescencia de todos los socios para llevar a cabo este tipo de aumentos por elevación del valor nominal será exigible en tanto dichos socios se vean efectivamente compelidos a realizar nuevas aportaciones como consecuencia del aumento. Esto plantea la duda de si un aumento de capital por elevación del valor nominal puede llevarse a cabo afectando sólo a alguno de los socios y no a todos.

27 En sentido análogo, ÁVILA LA TORRE, A. "Artículo 296. El acuerdo de aumento" en GARCÍA CRUCES, J.A y SANCHO GARGALLO, I. (Dirs.) *Comentario de la Ley de Sociedades de Capital,* cit., p.4144, quien sostiene, además, que exigir el consentimiento en escritura separada "nos situaría ante una hiperprotección no justificada e innecesaria al complicar la ejecución del aumento in fundamento para ello".
En contra, en cambio, considerando que es necesario el consentimiento individual de cada uno de ellos, CUESTA RUTE, J. M. "El aumento y la reducción del capital social" en ROJO, A (Dir.) *La reforma de la Ley de Sociedades Anónimas,* Civitas, 1987, pp.173 y ss. esp. p.175.

28 Vid. ÁVILA LA TORRE, A. "Artículo 296. El acuerdo de aumento" cit. p.4144

29 Este tipo de operaciones, aunque altamente improbables, han sido admitidas de manera generalizada por la doctrina. Así puede verse en ÁVILA LA TORRE, A. "Artículo 296. El acuerdo de aumento" cit. *supra.* Igualmente, MANZANO ARENAS, R. *Aumento y reducción de capital en sociedades anónimas,* CISS, Valencia, 1999, p.45.

A este respecto, y a pesar de que la Ley no lo establece expresamente, el aumento de capital por elevación del valor nominal de las acciones o participaciones exige un trato paritario a todos los socios para evitar que, como consecuencia del aumento, se alteren las proporciones de participación de los socios en el capital social. Ello implica también que, si existían acciones o participaciones con diferente valor nominal antes del aumento de capital, éste debe materializarse incrementando el valor nominal de las acciones y participaciones preexistentes de manera proporcional, respetando el principio de igualdad de trato de todos los socios.

No obstante lo anterior, se plantean principalmente dos problemas interpretativos íntimamente relacionados entre sí y referidos, por un lado, a la necesaria afectación de todas las acciones o participaciones y, por otro, en caso de admitirse la afectación desigual, a la exigencia de consentimiento de todos los socios o simplemente de todos los afectados.

Con relación a la posibilidad de afectación desigual a los socios, tanto parte de la doctrina[30], como la propia doctrina registral[31], se han mostrado favorables a admitir que, bajo ciertas condiciones, los aumentos de capital por elevación del valor nominal puedan no afectar por igual a todos los socios. En primer término, se exige en todo caso que la decisión esté justificada conforme al interés social, es decir, que la decisión encuentre justificación suficiente en la tutela del interés colectivo. A este respecto, se puede entender que estamos hablando de situaciones en las que el propio legislador ya permite una alteración del principio de proporcionalidad en los casos de emisión de nuevas acciones o participaciones, cuya defensa se articula de manera general a través del derecho de preferencia del artículo 304 LSC. Así pues, cuando

30 Así, entre otros, ALONSO ESPINOSA, F.J. "Modificación de estatutos y aumento y reducción del capital. (Una aproximación al capítulo VI de la Ley de Sociedades de Capital)" en *CDC*, n.º 8, 1990. pp.58 y ss.; SAENZ, J.C. "Artículo 296. El acuerdo de aumento" en ROJO y BELTRÁN *Comentario de la Ley de Sociedades de Capital*, cit. p.2198; igualmente, ÁVILA DE LA TORRE, A. "Artículo 296. El acuerdo de aumento" cit. pp.4143-4144.
En contra, en cambio, MANZANO ARENAS, R. *Aumento y reducción de capital...* cit. pp.45-46, entiende que el pronunciamiento legal del artículo 152.2 LSA, ahora reproducido en términos idénticos por el artículo 296.2 LSC, es rotundo y que no permite sino concluir que, "o bien se está excluyendo implícitamente la ampliación del valor nominal de tan sólo una parte de las acciones, —pues su "ratio legis" es precisamente evitar el nacimiento de obligaciones de desembolso para aquellos accionistas que no lo aceptasen expresamente, dando así por supuesto que el incremento del nominal se produce en relación con todas las acciones— o bien —tratándose de una ampliación efectiva—, aun admitiéndolo, se somete al visto bueno de todos los accionistas. Entender, por el contrario [...] nos parece una interpretación inaceptable".

31 RDGRN de 15 de noviembre de 1992 (*Tol* 223567)

el contravalor del aumento de capital sean aportaciones no dinerarias o la compensación de créditos de aquellos que ya son socios de la sociedad, el aumento podrá afectarles sólo a ellos. Al igual que no existe derecho de preferencia en estos supuestos si el aumento se lleva a cabo emitiendo nuevas acciones o participaciones, se admite que el aumento pueda llevarse a cabo elevando sólo el valor nominal de las acciones o participaciones titularidad de los socios afectados, siempre y cuando la medida esté justificada en atención al interés social.

En segundo término, y en relación con el derecho de preferencia, en tanto la Ley permite crear acciones y participaciones con distinto valor nominal, podría entenderse que es posible el aumento de capital por elevación del valor nominal sólo de parte de las acciones o participaciones, que pasarían a constituir una nueva serie. No obstante, ello supone una contravención del principio de paridad de trato entre los socios, por lo que no parece suficiente que se cuente con el consentimiento de los afectados que, entendemos, serán tanto los que deben sufragar el aumento (los que ven elevado el valor nominal de sus acciones o participaciones), como los que no sufren la elevación del valor nominal. Esta posibilidad equivaldría de *facto* a una exclusión parcial del derecho de preferencia, por lo que para poder admitirlo deberían adoptarse con las exigencias de la Ley para la exclusión de este derecho en todo caso[32].

Finalmente, podría admitirse el aumento por elevación del valor nominal de sólo algunas acciones o participaciones cuando, a pesar del trato desigual, no se produzca una efectiva alteración del principio de proporcionalidad. Esto sería posible siempre que se articulen mecanismos alternativos que permitan a los socios cuyas acciones o participaciones no incrementan su valor nominal mantener su proporción de participación en el capital porque, por ejemplo, se emiten nuevas participaciones o acciones para estos socios que pueden, por lo tanto, ser conservadas o transmitidas bajo el régimen del derecho de suscripción preferente. Esta fórmula permitiría llevar a cabo un aumento de capital por elevación del valor nominal que afectase exclusivamente a los socios que están de acuerdo con esta modalidad, mientras que los socios que no han prestado su consentimiento podrían adquirir las nuevas acciones o participaciones, lo que les permite no diluirse en el capital o, como mínimo, compensar económicamente la dilución con la venta de los derechos sobre

32 En este sentido se manifestaba, ya bajo la normativa de la LSA de 1989, ALONSO ESPINOSA, F.J. "Modificación de estatutos y aumento..." cit. pp.73-74.

las nuevas acciones o participaciones[33]. Se trata, en definitiva, de un aumento mixto, fórmula sobre la que volveremos más adelante (epígrafe IV *infra*).

2. En función del contravalor

Al igual que sucede en el momento de constitución de la sociedad, y en virtud de los principios del capital a los que ya nos hemos referido[34], toda modificación nominal de la cifra estatutaria de capital debe llevar aparejado un efectivo desembolso que figurará en el balance contable de la sociedad.

A este respecto, independientemente de cuál sea el procedimiento elegido para materializar el aumento (creación de nuevas acciones o participaciones o elevación del valor nominal), se permite que sea sufragado de distintas maneras. En concreto, el artículo 295.2 LSC prevé que podrá realizarse con cargo a nuevas aportaciones dinerarias o no dinerarias al patrimonio social, incluida la aportación de créditos contra la sociedad, o con cargo a beneficios o reservas que ya figurasen en el último balance aprobado. Además, y aunque no esté específicamente previsto en este precepto, el aumento podrá realizarse —si bien sólo en sociedades anónimas— a través de la conversión de obligaciones en acciones, conforme a lo previsto en los artículos 302 y 414 al 418 LSC.

Sea como fuere, no todas las modalidades de contravalor suponen en la práctica un verdadero incremento del activo de la sociedad, puesto que alguna

33 Así lo afirmo la RDGRN de 15 de noviembre de 1992 (*Tol 223567*), que admitió precisamente un acuerdo de aumento por elevación del valor nominal sin el consentimiento de todos los socios, solo el de los afectados, que, no obstante, también incluía la emisión de nuevas acciones a las que se reconocía un derecho de suscripción preferente a favor de los socios que no votaron a favor del acuerdo de aumento y que, por lo tanto, les permitía mantener su proporción de propiedad en la sociedad. En efecto, la DGRN afirma que "Desde este punto de vista, nada podrá oponerse a un acuerdo de elevación del valor nominal de acciones que tenga por objeto únicamente las que pertenecen a quienes prestan su consentimiento (con la consiguiente creación de distinta serie de acciones —v. artículo 49.2 Ley de Sociedades Anónimas—), siempre que además se respete el principio de proporcionalidad, es decir que a los socios cuyas acciones permanecen inalteradas se les permita mantener su cuota de participación en el capital social o, en su caso, obtener una compensación económica por la disminución de ésta. Esta exigencia queda cumplida en casos como el presente en que se acuerda la emisión de nuevas acciones reservadas, mediante el ejercicio del derecho de suscripción preferente, a los accionistas que no hayan consentido el acuerdo de elevación del valor nominal de las acciones preexistentes, quienes podrán así optar por participar en el aumento realizando nuevas aportaciones o transmitir su derecho de suscripción preferente para obtener la referida compensación económica"

34 Vid. *supra* epígrafe I

de ellas será en realidad una disminución de pasivo o, incluso, una mera modificación contable de la caracterización de unos fondos que ya estaban en la sociedad. En efecto, las nuevas aportaciones —dinerarias y no dinerarias— sí suponen una entrada de nuevo activo en el patrimonio social. En cambio, cuando el contravalor consista en la aportación de créditos a la sociedad estaremos hablando de una reducción del pasivo societario, al igual que sucede con la conversión de obligaciones en acciones. Finalmente, cuando el aumento se sufrague con cargo a beneficios o reservas, simplemente estaremos ante un cambio de afectación de fondos de la propia sociedad, es decir, que ya estaban en el patrimonio social. Así pues, en atención a la funcionalidad económica que pretenda el aumento de capital, se optará por una u otra fórmula.

En cualquier caso, se deberá garantizar la realidad y efectividad de las aportaciones como principios básicos del capital. De ahí que el legislador haya establecido una serie de requisitos concretos en función de la clase de contravalor. Cada una de estas modalidades merece un estudio pormenorizado de las implicaciones que tienen, para lo que remitimos al lector a los diferentes capítulos de la presente obra dedicados a cada una de las modalidades referidas. Ahora, simplemente mencionaremos las características más generales de cada una de ellas.

2.1. *Aumento con cargo a aportaciones dinerarias*

Al igual que sucede en el momento constitutivo, las aportaciones dinerarias son la vía más habitual de acudir a un aumento de capital, especialmente cuando lo que se busca es nueva financiación. A este respecto, además de las exigencias relativas al principio de realidad y efectividad del capital (artículos 61 y 62 LSC), el legislador ha previsto una particularidad en el caso de aportaciones dinerarias en aumentos de capital de sociedades anónimas. En concreto, se exige que, excepto en las entidades aseguradoras, no se podrá aumentar el capital social con cargo a aportaciones dineradas si no están totalmente desembolsadas las acciones anteriores, salvo que los desembolsos pendientes no excedan del tres por ciento del capital social (artículo 299 LSC). El objetivo es evitar que una sociedad pueda recabar nuevas aportaciones cuando existen aportaciones comprometidas aún no aportadas (dividendos pasivos).

2.2. *Aumento con cargo a aportaciones no dinerarias*

Cuando el aumento se vaya a satisfacer con cargo a aportaciones no dinerarias, se habrán de aplicar las reglas sobre valoración de aportaciones correspondientes a cada tipo social. A este respecto, en sede de sociedades anónimas será necesaria la valoración de la aportación por parte de un experto independiente, en los mismos términos que se exige en la fase de constitución de la sociedad (artículos 67 a 72 LSC). Por su parte, en sociedades de responsabilidad limitada, opera el régimen de responsabilidad solidaria de aportantes y administradores, excluible por la vía de la valoración experta de manera voluntaria (artículos 73 y ss. LSC).

En el caso de sociedades anónimas, serán igualmente aplicables las normas sobre desembolsos pasivos en caso de aportaciones no dinerarias previstas para la constitución, de manera que la escritura de aumento deberá expresar su naturaleza, valor y contenido, la forma y el procedimiento de efectuarlas, con mención expresa del plazo de su desembolso, que en ningún caso podrá exceder de los cinco años (artículo 80 LSC).

En atención a los potenciales riesgos que esta modalidad de aumentos puede plantear para socios y acreedores, el legislador ha previsto unas medidas de refuerzo de la información en este tipo de operaciones. Así, se exige que *al tiempo de la convocatoria de la junta se ponga a disposición de los socios un informe de los administradores en el que se describirán con detalle las aportaciones proyectadas, su valoración, las personas que hayan de efectuarlas, el número y valor nominal de las participaciones sociales o de las acciones que hayan de crearse o emitirse, la cuantía del aumento del capital social y las garantías adoptadas para la efectividad del aumento según la naturaleza de los bienes en que la aportación consista*, debiendo dejar constancia en la propia convocatoria del derecho de todos los socios a examinar en el domicilio social o recibir de forma gratuita tal documentación (artículo 300 LSC).

2.3. Aumento por compensación de créditos

Esta modalidad de aumento consiste, en realidad, en una conversión de acreedores en socios de modo que un acreedor acepta que el pago de su crédito frente a la sociedad se vea satisfecho por la entrega de acciones o participaciones. No obstante, no debe olvidarse que también podrá consistir en un aumento por elevación del valor nominal de las acciones o participaciones de un acreedor que ya era socio y que acepta que la satisfacción de su crédito se haga de esta manera.

Esta operación, conocida generalmente como capitalización de deuda (o de créditos), es propia de situaciones económicas desfavorables para la sociedad y es, en la práctica, una operación que reporta considerables beneficios. En este sentido, si bien no se produce una entrada de nuevos fondos, la reducción del pasivo permite que los fondos efectivamente disponibles se incrementen en la cuantía compensada.

Una de las cuestiones más controvertidas sobre este tipo de aportaciones ha sido sobre si deben ser consideradas como aportaciones dinerarias o como no dinerarias. La relevancia de este debate se debe a que, dependiendo de su consideración, se entenderá que existe o no derecho de preferencia, puesto que sólo existe en el caso de los aumentos dinerarios. En la actualidad, está generalmente aceptada su consideración como aportación no dineraria[35].

En todo caso, el legislador ha previsto una serie de medidas tuitivas de los principios de integridad y efectividad del capital que pueden resumirse en información a los socios y accionistas y efectividad del desembolso[36].

Por lo que se refiere a la información a los socios, en este tipo de aumentos se exige un informe de los administradores sobre la naturaleza y características de los créditos a compensar, la identidad de los aportantes, el número de participaciones o acciones que hayan de crearse o emitirse y la cuantía del aumento, señalando expresamente la concordancia de los datos relativos a los créditos con la contabilidad. Adicionalmente, en la sociedad anónima se exige certificación del auditor de cuentas de la sociedad (o si no existiera del que nombre el registrador mercantil) de la exactitud de los datos sobre los créditos ofrecidos por los administradores. También, en el anuncio de convocatoria de la junta se hará constar el derecho de todos los socios a examinar y a pedir la entrega o el envío gratuito del informe y, en su caso, de la certificación del auditor, debiendo incorporar todos estos documentos a la escritura pública de ejecución del aumento (artículo 301 LSC y artículos 168.3 y 199.3 RRM).

Con relación a las medidas destinadas a garantizar la efectividad del desembolso, se establece una diferencia en función del tipo social. En la sociedad de responsabilidad limitada, se exige que los créditos a compensar sean totalmente líquidos, vencidos y exigibles. Sin embargo, en sociedades anónimas

---

35 Resultan en este punto de especial interés los trabajos de SAENZ, J.C. "Artículo 301. Aumento por compensación de créditos" en ROJO y BELTRÁN *Comentario a la ley de sociedades de capital* cit. p.2229 y ss.; y ÁVILA DE LA TORRE, A. "Artículo 301. Aumento por compensación de créditos" en GARCÍA CRUCES, J.A y SANCHO GARGALLO, I. (Dirs.) *Comentario de la Ley de Sociedades de Capital,* cit. pp.4201 y 4209 y ss.
Sea como fuere, el debate parece zanjado por la doctrina administrativa que se ha pronunciado al respecto RRDGRN de 4 de febrero de 2012 (*Tol 2469453*) y de 6 de febrero de 2012 (*Tol 2469454*).

36 ALONSO ESPINOSA, F.J. "Modificación de estatutos y aumento..." cit. p.87

está exigencia se reduce a que, al menos, un veinticinco por ciento de los créditos a compensar deberán ser líquidos, estar vencidos y ser exigibles, y el vencimiento de los restantes no podrá ser superior a cinco años (artículo 301.1 LSC). Se trata, en consecuencia, del régimen sobre desembolso mínimo de capital aplicable a cada tipo societario.

2.4. Aumento por conversión de obligaciones en acciones

Como ya hemos señalado, esta opción es sólo posible en sociedades anónimas. Se trata, en realidad, de un supuesto específico de capitalización de deuda cuyas condiciones deben ajustarse a lo establecido en el acuerdo de emisión de las obligaciones (artículos 302 y 414-418 LSC), por lo tanto, limitado a los supuestos de obligaciones emitidas como convertibles.

2.5. Aumento con cargo a reservas o beneficios

La última de las opciones contempladas por el legislador para satisfacer un aumento de capital es el aumento con cargo a reservas o beneficios que figuren en el último balance aprobado.

La singularidad de este tipo de aumentos reside en que, en realidad, no se produce un incremento patrimonial sino un cambio de afectación de fondos patrimoniales de la sociedad.

A estos efectos, se podrán utilizar las reservas disponibles, las reservas por prima de asunción de participaciones o de emisión de acciones y la reserva legal en su totalidad, si la sociedad fuera de responsabilidad limitada, o en la parte que exceda del diez por ciento del capital ya aumentado, si la sociedad fuera anónima (artículo 303.1 LSC).

A la operación deberá servir de base un balance aprobado por la junta general referido a una fecha comprendida dentro de los seis meses inmediatamente anteriores al acuerdo de aumento del capital, verificado por el auditor de cuentas de la sociedad, o por un auditor nombrado por el Registro Mercantil a solicitud de los administradores, si la sociedad no estuviera obligada a verificación contable (artículo 303.2 LSC).

Esta operación presenta, en todo caso, ciertas particularidades en función del procedimiento de aumento que se utilice. Así pues, si la operación se hace emitiendo o creando nuevas acciones o participaciones, los socios tendrán reconocido el derecho de asignación gratuita (artículo 306.2 LSC). Si, en cambio, se realiza elevando el valor nominal, a diferencia de lo que sucede cuando el contravalor son nuevas aportaciones, aquí no será necesario el consentimiento de todos, sino que podrá adoptarse con la mayoría legalmente exigida para la modificación de estatutos según el tipo social porque, como ya hemos señalado, no se generan nuevas obligaciones para los socios.

IV. AUMENTO MIXTO

Tradicionalmente el aumento mixto de capital se define como aquel supuesto en que se combinan dos clases distintas de contravalor, incluida la posibilidad de combinar un aumento efectivo de capital con un aumento con cargo a fondos propios de la sociedad[37].

La posibilidad de combinar modalidades de contravalor no está expresamente contemplada en la LSC, sin embargo, es fácilmente deducible del artículo 168.2 RRM, que prevé que el contravalor se haga total o parcialmente con cargo a aportaciones no dinerarias.

En esta línea se ha pronunciado también en numerosas ocasiones la DGRN[38], afirmando que si la aportación mixta fuera dineraria y no dineraria (incluida la compensación de créditos y siendo, de hecho, la más habitual), la necesidad de determinar las participaciones asignadas a la parte no dineraria se resuelve mediante la determinación del porcentaje que en cada participación social corresponde a la parte dineraria y a la no dineraria[39].

En todo caso, la posibilidad de que el aumento mixto consista en que el aumento se materialice en parte con cargo a aportaciones dinerarias y en parte con cargo a reservas es la que más dudas ha suscitado, puesto que la norma no lo contemplaba, ni lo contempla, de manera expresa.

La combinación en un mismo aumento de parte del contravalor vía reservas y otra parte con cargo a nuevas aportaciones no tiene por qué ser siempre problemática. Es decir, si parte de las nuevas acciones, un determinado número de las nuevas acciones creadas, se emiten totalmente liberadas

---

37 RAE, *Diccionario panhispánico del español jurídico*, voz "aumento de capital mixto"

38 RRDGRN de 11 de octubre de 1993 (*Tol 273946*), de 20 de abril de 2012 (*Tol 2545735)*, de 7 de junio de 2012 (*Tol 2585157*) o de 20 de noviembre de 2013 (*Tol 4036310*).

39 RDGRN de 20 de abril de 2012 (*Tol 2545735*) F.ºD.º3: "Esta obligación de identificar la numeración de las participaciones sociales desembolsadas mediante aportación no dineraria puede cumplirse estableciendo la proporción, en relación con cada participación o participaciones sociales suscritas por cada socio, en que las mismas son desembolsadas con cargo a aportación dineraria y con cargo a aportación no dineraria"

(íntegramente con cargo a reservas) y la otra parte se emite con cargo a nuevas aportaciones, no se plantea ningún problema en tanto se respetan íntegramente los derechos de los socios. En concreto, el derecho de asignación gratuita de las nuevas acciones liberadas en la parte proporcional que les corresponda y el derecho de suscripción preferente para adquirir las nuevas acciones con cargo a aportaciones dinerarias que podrán adquirir o no, e incluso transmitir.

El problema, en cambio, se plantea ante dos escenarios distintos[40]. En primer lugar, cuando se decide que, para poder adquirir las acciones gratuitas, hay que acudir necesariamente al aumento dinerario. Es decir, se vincula la asignación gratuita al desembolso de las acciones no liberadas a través de aumentos escalonados. En segundo lugar, cuando cada acción que se emite está en parte liberada y en parte hay que pagarla. En estos dos supuestos, se estaría obligando al socio a desembolsar para poder mantener su cuota.

Parte de la doctrina se ha posicionado en contra de estas opciones no admitiendo los aumentos mixtos de reservas y aportación dineraria por considerar que se impone al socio la obligación de asumir nuevos desembolsos y que esto no puede hacerse sino con el consentimiento de todos ellos[41].

Sin embargo, este tipo de aumentos están generalmente aceptados por doctrina y jurisprudencia, como se ha puesto de manifiesto a través de resoluciones que se han posicionado en favor de esta posibilidad, destacando especialmente la STS de 28 de mayo de 1990 (*Tol 1729645*) y la RDGRN de 4 de febrero de 2003 (*Tol 268209*). En ambos casos, se aborda el segundo de los supuestos apuntados, el de que cada acción se emite en parte liberada y en parte hay que desembolsarla.

40 Sobre los distintos escenarios posibles de aumento mixto con cargo a reservas y aportación dineraria, PAZ-ARES, C. "El aumento mixto de capital (Notas en defensa de la figura)", *RDM*, 1992, pp. 7 y ss., esp. pp.9-12.

41 VICENT CHULIÁ, F. *Introducción al Derecho Mercantil*, 21.ª ed, Valencia, 2008, pp. 548 a 564 afirma: "Creemos, contra la opinión de un autorizado sector doctrinal, que el acuerdo mayoritario de «aumento de capital mixto» (salvo que sea consentido por todos los socios) no es válido y, por tanto, no debe ser inscrito en el Registro Mercantil".
Por otro lado, se ha planteado que estos aumentos de capital pueden incluso constituir un supuesto de asistencia financiera prohibido por la ley, tal y como alegó la parte recurrente en la RGRN de 4 de febrero de 2003 (*Tol 268209*). Analizando esta posibilidad, VAQUERIZO ALONSO, A. *Asistencia financiera para adquisición de acciones propias*, Civitas, Madrid, 2003, p.401. Igualmente, RETORTILLO ATIENZA, O., "Aumento de capital mixto, en parte con cargo a reservas y en parte mediante nuevas aportaciones. (A propósito de la RDGRN de 4 de febrero de 2003)", *RdS*, nº 22, 2004, pp. 293 y ss., esp. p.302 y ss.

El problema que plantean este tipo de aumentos mixtos reside en la forma de llevarlos a cabo. En particular, se cuestiona la suficiente protección de los derechos del socio en cada una de las dos modalidades y cuyo objetivo primordial es tutelar su posición jurídica. Concretamente, el derecho de suscripción preferente y el de asignación gratuita.

En el caso de los aumentos con cargo a nuevas aportaciones dinerarias con creación de nuevas acciones o participaciones, los socios tienen reconocido un derecho de asunción o suscripción preferente de acciones o participaciones. Derecho que puede transmitirse (artículo 306 LSC), así como excluirse total o parcialmente por parte de la Junta (artículo 308 LSC), además de la posibilidad de exclusión tácita por la vía del no ejercicio del derecho por parte de los socios[42].

En el caso del aumento con cargo a reservas, la Ley reconoce un derecho de asignación gratuita de las nuevas acciones o participaciones, derecho que según la norma (artículo 306.2 LSC) es igualmente transmisible. Sin embargo, no se prevé posibilidad de que este derecho de asignación gratuita pueda excluirse por decisión mayoritaria de los socios[43].

El debate se ha centrado en determinar si se vulnera la posición del socio por el hecho de que cada acción o participación que se crea debe ser en parte asignada de manera gratuita a los socios (por sufragarse con cargo a fondos propios), mientras que otra parte de cada acción o participación debe ser desembolsada. En definitiva, si esto supone imponer una obligación al socio donde su única alternativa si no desembolsa es perder poder económico y político en la sociedad. En cambio, los defensores de estos aumentos —y así lo reconocen la STS de 28 de mayo de 1990 y la RDGRN de 4 de febrero de 2003— entienden que, en tanto el derecho de suscripción preferente y el de asignación gratuita son derechos transmisibles, este tipo de aumentos no producen un daño al socio que no quiera acudir al aumento, puesto que conserva la posibilidad de no sufrir un daño patrimonial (o al menos no uno desproporcionado), ya que puede transmitir su derecho a recibir las nuevas acciones[44].

42 Vid. *infra* MARTÍNEZ MARTÍNEZ, M.ª T. "Capítulo 6. Aumento del capital con aportaciones dinerarias. Derecho de preferencia".

43 Vid. *infra* FUENTES NAHARRO, M. "Capítulo 10. Aumento con cargo a reservas y derechos de asignación gratuita. Scrip dividend".

44 Este es el enfoque de la STS de 28 de mayo de 1990 que entiende que los socios están suficientemente protegidos a través del derecho de suscripción preferente, en tanto que pueden obtener su parte correspondiente sobre las reservas de la sociedad bien ejercitando o bien transmitiendo su derecho de suscripción preferente, de forma que no se les expropia

En cambio, los detractores de este tipo de aumentos afirman que no se puede desconocer que el derecho de preferencia y el de asignación gratuita son mecanismos tuitivos que no tienen exactamente el mismo alcance[45]. Además, la enajenación del derecho de suscripción preferente plantea problemas prácticos en sociedades cerradas para las que no existe un mercado real de acciones o participaciones[46]. Cuestión que, no obstante, no ha sido considerada como motivo suficiente para negar la validez de los aumentos mixtos[47].

Finalmente, se ha afirmado que tampoco se puede limitar esta cuestión al mantenimiento de los derechos económicos y a su tutela o compensación, sino que en el aumento de capital se afecta, como ya hemos dicho, a la posición jurídica del socio, incluidos los derechos políticos que innegablemente se verán diluidos si esos socios no acuden a la parte del aumento con cargo a nuevas aportaciones. Es decir, que en un aumento mixto se estaría imponiendo la carga de un desembolso a los socios si quieren mantener su cuota de propiedad cuando parte del aumento se hace con fondos propios de la sociedad. De ahí que un importante sector doctrinal haya sostenido que estos aumentos exigen el consentimiento de todos los socios[48]. Sin embargo, lo cierto es que esta "imposición" para mantener la cuota se produce *de facto*

ilegítimamente derecho alguno. En el mismo sentido, PAZ-ARES, "El aumento mixto de capital..." cit. pp.17 y ss.

45 A este respecto, poniendo de manifiesto las diferencias del régimen jurídico entre la suscripción preferente y la asignación gratuita LÁZARO SÁNCHEZ, E. J., "El aumento mixto de capital en la sociedad anónima: contravalor en reservas y en nuevas aportaciones", *RDBB*, 1991, pp. 821 y ss.; y ya bajo la LSC de 2010, LARA, R. "Artículo 306.Transmisión del derecho de preferencia" en ROJO, A. y BELTRÁN, E. *Comentario de la Ley de Sociedades de Capital*, cit. p.2264-2265.

En contra, en cambio, PAZ-ARES, C. "El aumento mixto de capital..." cit. p.21 entiende que el derecho de asignación gratuita es un derecho circulante que exige que las acciones nuevas gratuitas deban ser suscritas por los socios, que no es algo automático, y ello hace que funcione igual que el derecho de preferencia y por este motivo la tutela es suficiente.

46 LÁZARO SÁNCHEZ, E. J., "El aumento mixto de capital en la sociedad anónima..." cit. pp.829-830

47 Así lo considera PAZ-ARES, "El aumento mixto de capital..." cit. pp.19-20. Opinión compartida por la RDGRN de 4 de febrero de 2003, cuando afirma que el argumento de que con la enajenación del derecho de preferencia no se obtiene normalmente una compensación equivalente al valor de los derechos que se transmiten no se puede admitir porque pone en tela de juicio las leyes objetivas del mercado; MARCOS FERNÁNDEZ, F. "Autonomía de la voluntad y contravalor del aumento del capital social: ¿hay algún límite a los aumentos mixtos? Comentario de la RDGRN de 4 de febrero de 2003", *RJN* n.º52, 2004, pp.115 y ss. esp. p.125.

48 GONZÁLEZ VÁZQUEZ, J.C. "Aumento de capital mixto" cit. p.257; SÁENZ, J.C. "Artículo 303. Aumento con cargo a reservas" cit. p.2247. También reconociendo que la unanimidad, evidentemente, acaba con todos estos problemas SÁENZ, J.C. "Artículo 303. Aumento con

en cualquier supuesto de aumento que reconozca el derecho de suscripción preferente[49].

Sea como fuere, y a pesar de las posiciones que matizan su funcionamiento, se entiende de manera generalizada que los aumentos mixtos con cargo a reservas y aportaciones dinerarias son perfectamente admisibles en tanto se reconozca un derecho de suscripción preferente a los socios[50].

Además, como vía de tutela de los socios minoritarios que se puedan ver afectados por este tipo de operaciones, siempre quedará la opción de la impugnación de los acuerdos de aumento así estructurados que se hayan adoptado con fines extrasociales y, fundamentalmente, abusivos en detrimento de la minoría *ex* artículo 204.1 LSC[51].

En cualquier caso, además de la opción de que el aumento mixto se refiera a mezclar formas de contravalor, se ha planteado también si el aumento mixto puede consistir incluso en la posibilidad de combinar procedimientos, es decir, mezclar aumento por elevación del valor nominal y por creación de nuevas acciones o participaciones. En particular, estaríamos hablando de un supuesto de aumento que prevé el aumento por elevación del valor nominal de acciones o participaciones existentes, afectando esta modalidad exclusivamente a los socios que han votado a favor, junto con un aumento por creación de nuevas acciones o participaciones destinadas a los socios que no aprobaron la elevación del valor nominal[52]. Estos segundos conservarían así un derecho de preferencia que, en caso de no ejercitar, podrían transmitir en el mercado. Esta alternativa permitiría mantener la tutela de los derechos de los socios que no quieren acudir al aumento. En definitiva, si la exigencia del consentimiento

cargo a reservas" en ROJO y BELTRÁN *Comentario a la ley de sociedades de capital* cit. pp. 2237 y ss. esp. pp.2246-2247

49 MARCOS FERNÁNDEZ, F. "Autonomía de la voluntad y contravalor del aumento del capital social..." cit. p.124

50 Así lo afirma EMBID IRUJO, J.M. "El aumento mixto de capital y los principios configuradores de la sociedad de responsabilidad limitada" en *Blog Commenda*, entrada de 2 de agosto de 2012, disponible en https://www.commenda.es/rincon-de-commenda/el-aumento-mixto-de-capital-y-los-principios-configuradores-de-la-sociedad-de-responsabilidad-limitada/, última consulta 25/01/2023. El autor trae a colación esta cuestión a propósito de la RDGRN 20 de noviembre de 2013, donde el centro directivo entiende "el aumento mixto como un arbitrio idóneo para resolver conflictos entre socios dentro de una sociedad de responsabilidad limitada"

51 PAZ-ARES, C. "El aumento mixto de capital..." cit. p.20; VELASCO SAN PEDRO, L.A., "Aumento de capital social mixto, en parte con nuevas aportaciones y en parte con cargo a reservas, y derechos de los accionistas", *CCJC*, 1991, pp. 675 y ss.

52 Sobre esto, vid. *supra* epígrafe III.1.2.

de todos los socios para acudir a un aumento por elevación del valor nominal (salvo que se haga íntegramente con cargo a reservas) es garantizar el trato paritario de todos ellos sin discriminar a ninguno, esta fórmula permitiría que los derechos básicos del socio no se vean afectados a través del reconocimiento de ese derecho de suscripción preferente transmisible[53].

En conclusión, los aumentos mixtos, ya sea por combinación de contravalor —incluido el aumento con cargo a reservas—, ya sea por combinación de procedimientos, están admitidos de manera generalizada, aún sin que se adopten de manera unánime por los socios, siempre que se reconozca el derecho de suscripción preferente. Este derecho se configura, así, como mecanismo de garantía suficiente para la tutela de la posición jurídica del socio, a salvo, por supuesto, de las acciones de impugnación en caso de acuerdos abusivos.

V. BIBLIOGRAFÍA

ALONSO ESPINOSA, F.J. "Modificación de estatutos y aumento y reducción del capital. (Una aproximación al capítulo VI de la Ley de Sociedades de Capital)" en *CDC*, n.º 8, 1990, pp.58 y ss.

53 En este sentido, la DGRN en su Resolución de 15 de noviembre de 1995 (*Tol* 223567) vino a admitir plenamente esta posibilidad al afirmar que "nada podrá oponerse a un acuerdo de elevación del valor nominal de acciones que tenga por objeto únicamente las que pertenecen a quienes prestan su consentimiento (con la consiguiente creación de distinta serie de acciones v. artículo 49.2 Ley de sociedades anónimas), siempre que además se respete el principio de proporcionalidad, es decir que a los socios cuyas acciones permanecen inalteradas se les permita mantener su cuota de participación en el capital social o, en su caso, obtener una compensación económica por la disminución de ésta. Esta exigencia queda cumplida en casos como el presente en que se acuerda la emisión de nuevas acciones reservadas, mediante el ejercicio del derecho de suscripción preferente, a los accionistas que no hayan consentido el acuerdo de elevación del valor nominal de las acciones preexistentes, quienes podrán así optar por participar en el aumento realizando nuevas aportaciones o transmitir su derecho de suscripción preferente para obtener la referida compensación económica. Por otra parte, tampoco es necesario el acuerdo mayoritario de estos accionistas ya que la modificación cuestionada no supone un trato discriminatorio entre las acciones pertenecientes a las distintas series (artículo 148.3 Ley de sociedades anónimas). Por todo ello, en el caso concreto, en que como reconoce en su decisión el propio Registrador sigue siendo igual la participación de todos los socios en el capital social, no puede mantenerse el defecto invocado".
Entre la doctrina, reconociendo esta posibilidad, RUEDA, J.A. "La sociedad de responsabilidad limitada. Cap. 7.º Las modificaciones estatutarias", en CAMPUZANO, A.B. (Coord.) *La sociedad de responsabilidad limitada*, Tirant lo Blanch, Valencia, 2008, pp. 543 a 604, especialmente apartado 4.2.2.3 El aumento mixto. Igualmente, AVILA DE LA TORRE, A. "Artículo 295. Modalidades de aumento" cit., p. 4126.

ALONSO LEDESMA, C. "Algunas reflexiones sobre la función (la utilidad) del capital social como técnica de protección de los acreedores" en *Estudios de derecho de Sociedades y derecho Concursal: Libro homenaje al Profesor Rafael García Villaverde, Vol. 1.* Marcial Pons, Madrid, 2007, pp.127 y ss.

— "La modificación de los estatutos sociales. Aumento y reducción de capital" en *RdS*, n.º 36, 2011, pp.175 y ss.

— "Derecho de sociedades vs. Derecho Concursal. Técnicas alternativas o complementarias de protección de los acreedores" en AAVV *La modernización del Derecho de Sociedades de capital en España. Cuestiones pendientes de reforma*, Tomo II, Aranzadi, 2011, pp.67 y ss.

ANDREU MARTÍ, M.ª M. "Modificación de estatutos. Aumento y reducción del capital" en EMBID, J.M. (Dir.) *Introducción al Derecho de Sociedades de Capital, Estudio de la Ley de Sociedades de capital y legislación complementaria*, Marcial Pons, 2013, pp.275 y ss.

AVILA DE LA TORRE, A. "Artículo 295. Modalidades de aumento" en GARCÍA CRUCES, J.A y SANCHO GARGALLO, I. (Dirs.) *Comentario de la Ley de Sociedades de Capital*, Tomo IV, Tirant LoBlanch, 2021, pp.4125 y ss.

— "Artículo 296. El acuerdo de aumento" en GARCÍA CRUCES, J.A y SANCHO GARGALLO, I. (Dirs.) *Comentario de la Ley de Sociedades de Capital* Tomo IV, Tirant LoBlanch, 2021, pp.4139 y ss.

— "Artículo 298. Aumentos con prima" en GARCÍA CRUCES, J.A y SANCHO GARGALLO, I. (Dirs.) *Comentario de la Ley de Sociedades de Capital*, Tomo IV, Tirant LoBlanch, 2021, pp.4163 y ss.

— "Artículo 301. Aumento por compensación de créditos" en GARCÍA CRUCES, J.A y SANCHO GARGALLO, I. (Dirs.) *Comentario de la Ley de Sociedades de Capital*, Tomo IV, Tirant LoBlanch, 2021, pp.4196 y ss.

CASTAÑO CASANOVA, J. "Artículo 295. Modalidades de aumento" en PRENDES, MARTÍNEZ ECHEVARRÍA y CABANAS (Dirs.) *Tratado de sociedades de capital: comentario judicial, notarial, registral y doctrinal de la Ley de sociedades de capital*, Vol. 1, Aranzadi, 2017, pp.1747 y ss.

— "Artículo 298. Aumento con prima" en PRENDES, MARTÍNEZ ECHEVARRÍA y CABANAS (Dirs.) *Tratado de sociedades de capital: comentario judicial, notarial, registral y doctrinal de la Ley de sociedades de capital*, Vol. 1, Aranzadi, 2017, pp.1766 y ss.

CASTELLANO, M.ª J. "Artículo 295. Modalidades de aumento" en ROJO, A. y BELTRÁN. E. (Dirs.). *Comentario de la ley de sociedades de capital*, Tomo II, Civitas Thomson Reuters, 2011, pp.2185 y ss.

CUESTA RUTE, J. M. "El aumento y la reducción del capital social" en ROJO, A (Dir.) *La reforma de la Ley de Sociedades Anónimas*, Civitas, 1987, pp.173 y ss.

DE LA CÁMARA, M. *El Capital social en la sociedad anónima, su aumento y disminución*, Colegios Notariales de España, Madrid, 1996.

EMBID IRUJO, J.M. "El aumento mixto de capital y los principios configuradores de la sociedad de responsabilidad limitada" en *Blog Commenda*, entrada de 2 de agosto de

2012, disponible en https://www.commenda.es/rincon-de-commenda/el-aumento-mixto-de-capital-y-los-principios-configuradores-de-la-sociedad-de-responsabilidad-limitada/

ESPÍN GUTIERREZ, C. "El capital, el patrimonio neto y la significación patrimonial de las variaciones de capital en la sociedad anónima" en AAVV *Estudios de derecho de Sociedades y derecho Concursal: Libro homenaje al Profesor Rafael García Villaverde, Vol. 1.* Marcial Pons, Madrid, 2007, p.453 y ss.

FERNÁNDEZ DEL POZO, L. "Aplicación de resultados y defensa del capital social. De nuevo sobre la crisis (presunta) de la noción de capital social", en *Revista General de Derecho*, 1996, n.º 622-623, pp. 8543-8588.

MASSAGUER FUENTES, J. "El capital nominal. Un estudio del capital de la sociedad anónima como mención estatutaria", en *Revista General de Derecho*, 1990, n.º 550-551, pp. 5547 y ss.

GARCÍA MANDALONIZ, M. "El cuestionado sentido del régimen jurídico del capital social", en HIERRO ANIBARRO, S. (Dir.) *Simplificar el derecho de sociedades*, Marcial Pons, 2010, pp.253 y ss.

GARCÍA VILLAVERDE, R. "La constitución y el capital de las sociedades en la CEE (primera y segunda directrices)", *CDC*, nº5, 1989, pp. 82 y ss.

GARNACHO CABANILLAS, L. "Modificación de estatutos. Aumento y reducción de capital" en ALONSO LEDESMA, C. (Dir.) *Derecho de* sociedades, Atelier, 4.ª ed., 2022, pp. 307 y ss.

GONZÁLEZ VÁZQUEZ, J.C. "Aumento de capital social" en ALONSO LEDESMA, C. (Dir.) *Diccionario de Derecho de Sociedades,* IUSTEL, 2006, pp.263 y ss.

— "Aumento de capital mixto" en *Diccionario de Derecho de Sociedades*, IUSTEL, 2006, pp. 256 y ss.

HENAO, L. "Hacia un nuevo modelo de capital social", *Revista de Derecho Privado*, Universidad Externado de Colombia, n.º 28, julio-diciembre de 2014, pp. 237-273.

LARA, R. "Artículo 306.Transmisión del derecho de preferencia" en ROJO, A. y BELTRÁN, E. *Comentario de la Ley de Sociedades de Capital, Comentario de la ley de sociedades de capital*, Tomo II, Civitas Thomson Reuters, 2011, pp.2261 y ss.

LÁZARO SÁNCHEZ, E. J., "El aumento mixto de capital en la sociedad anónima: contravalor en reservas y en nuevas aportaciones", *RDBB*, 1991, pp. 821 y ss.

LUTTER, M. *Legal Capital of Public Companies in Europe*, De Gruyter, ECFLR Special Volume, 2006.

MANZANO ARENAS, R. *Aumento y reducción de capital en sociedades anónimas,* CISS, Valencia, 1999.

MARCOS FERNÁNDEZ, F. "Autonomía de la voluntad y contravalor del aumento del capital social: ¿hay algún límite a los aumentos mixtos? Comentario de la RDGRN de 4 de febrero de 2003", *RJN* n.º52, 2004, pp.115 y ss.

MARINA GARCÍA-TUÑON, A. *Protección del capital y principios configuradores: una aproximación*, Aranzadi, 2015.

— "Una reflexión sobre el capital social desde la perspectiva contable y societaria" en AAVV *Derecho de sociedades y de los mercados financieros. Libro homenaje a Carmen Alonso Ledesma*, Iustel, 2018, pp.537 y ss.

MIOLA, M. "Tutela de los acreedores en las sociedades de capital y técnicas alternativas. El debate entre la tradición europea y el punto de vista anglosajón" en AAVV *La modernización del Derecho de Sociedades de capital en España. Cuestiones pendientes de reforma*, Tomo II, Aranzadi, 2011, pp.19 y ss.

PAZ-ARES, C. "El aumento mixto de capital (Notas en defensa de la figura)", *RDM*, 1992, pp. 7 y ss.

RAE, *Diccionario panhispánico del español jurídico*, voz "aumento de capital mixto".

RETORTILLO ATIENZA, O., "Aumento de capital mixto, en parte con cargo a reservas y en parte mediante nuevas aportaciones. (A propósito de la RDGRN de 4 de febrero de 2003)", *RdS*, nº 22, 2004, pp. 293 y ss.

ROJO FERNÁNDEZ-RÍO, A. "El acuerdo de aumento del capital de la Sociedad Anónima" en IGLESIAS PRADA, J.L. (Coord.) *Estudios Jurídicos en Homenaje al Profesor Aurelio Menéndez*, T.II, Madrid, 1996, pp. 2339-2392.

RUEDA, J.A. "La sociedad de responsabilidad limitada. Cap. 7.º Las modificaciones estatutarias", en CAMPUZANO, A.B. (Coord.) *La sociedad de responsabilidad limitada*, Tirant lo Blanch, Valencia, 2008, pp. 543 a 604.

SAENZ, J.C. "Artículo 296. El acuerdo de aumento" en ROJO, A. y BELTRÁN, E. *Comentario de la Ley de Sociedades de Capital, Comentario de la ley de sociedades de capital*, Tomo II, Civitas Thomson Reuters, 2011, pp.2193 y ss.

— "Artículo 298. Aumento con prima" en ROJO, A. y BELTRÁN, E. *Comentario de la Ley de Sociedades de Capital, Comentario de la ley de sociedades de capital*, Tomo II, Civitas Thomson Reuters, 2011, pp.2212 y ss.

— "Artículo 301. Aumento por compensación de créditos" en ROJO, A. y BELTRÁN, E. *Comentario de la Ley de Sociedades de Capital, Comentario de la ley de sociedades de capital*, Tomo II, Civitas Thomson Reuters, 2011, pp.2229 y ss.

— "Artículo 303. Aumento con cargo a reservas" en ROJO, A. y BELTRÁN, E. *Comentario de la Ley de Sociedades de Capital, Comentario de la ley de sociedades de capital*, Tomo II, Civitas Thomson Reuters, 2011, pp. 2237 y ss.

SÁNCHEZ RUS, H. *El capital social. Presente y futuro*, Civitas, 2012.

URÍA, R., *Derecho Mercantil*, Marcial Pons, Madrid, 28.ª ed., 2002.

VAQUERIZO ALONSO, A. *Asistencia financiera para adquisición de acciones propias*, Civitas, Madrid, 2003.

— "Artículo 1. Sociedades de capital", en ROJO, A. y BELTRÁN, E. *Comentario de la Ley de Sociedades de Capital, Comentario de la ley de sociedades de capital*, Tomo II, Civitas Thomson Reuters, 2011, pp. 187 y ss.

VELASCO SAN PEDRO, L.A., "Aumento de capital social mixto, en parte con nuevas aportaciones y en parte con cargo a reservas, y derechos de los accionistas", *CCJC*, 1991, pp. 675 y ss.

VICENT CHULIÁ, F. *Introducción al Derecho Mercantil*, 21.ª ed., Valencia, 2008, pp. 548 a 564.

Capítulo II

LA DECISIÓN DE AUMENTO DE CAPITAL: EL ACUERDO DE LA JUNTA GENERAL Y EL CAPITAL AUTORIZADO

Javier Megías López
Profesor Titular de Derecho Mercantil,
Universidad Complutense de Madrid

I. INTRODUCCIÓN

La rica variedad de causas que, desde una perspectiva económica o financiera, podrían motivar un incremento de la cifra de capital social presentan esta operación societaria con una gran relevancia práctica, cuya regulación debe atender adecuadamente a la tutela de los intereses principalmente afectados por ese aumento, singularmente el de los socios y los acreedores[1].

«Todo aumento de capital implica un proceso que se inicia con el acuerdo social correspondiente y culmina con su inscripción registral». Estas palabras

1 SACRISTÁN REPRESA, M., «El aumento de capital: modalidades, requisitos, el aumento de capital con nuevas aportaciones dinerarias y no dinerarias», en AA.VV., *Derecho de sociedades anónimas*, Tomo III, *Modificaciones de estatutos. Aumento y reducción del capital. Obligaciones*, Vol. 1, Madrid, Civitas, 1994, pp. 249 ss.

de la Dirección General de los Registros y del Notariado[2] ilustran a grandes rasgos el comienzo y el final del procedimiento al que se somete la operación, cuyo devenir concreto es, naturalmente, mucho más preciso. El proceso, en términos generales, ordena una serie de actos de naturaleza jurídica que responden a uno de los principios que ordenan la institución del capital social, como es el principio de determinación y estabilidad: la cifra de capital debe estar determinada en todo momento en los estatutos sociales [art. 23.d) LSC], con la consecuencia inmediata de su estabilidad, dado que solo podrá ser alterada —ampliada o reducida— a través de un procedimiento especial de modificación de los estatutos sociales (arts. 295 y ss. LSC). Esa modificación estatutaria debe confirmar una serie de actos de significado económico, que se entrelazan con los puramente jurídicos para mantener durante todo el proceso el respeto de las funciones que cumple la institución del capital social. Por este motivo, y al igual que las demás modificaciones estatutarias, el régimen formal y sustantivo de modificación del capital es de derecho imperativo, cuyas reglas constituyen a su vez presupuestos o requisitos de validez de la modificación, que si fueran contravenidas afectarían a la validez de la operación y abrirían la vía a su impugnación[3].

Como decimos, la operación de aumento de capital comienza con una fase deliberativa consistente en una decisión de la sociedad sobre la modificación de los estatutos en tal sentido adoptada por el órgano competente, ordinariamente la junta general, y con carácter extraordinario, y exclusivamente en sociedades anónimas, por el órgano de administración previa delegación por la junta bajo ciertos presupuestos. El procedimiento continúa con la ejecución del aumento a través de la suscripción o asunción correspondiente, el desembolso de la aportación comprometida, y la modificación de la cláusula estatutaria afectada, y finalmente la publicidad registral de todo ello a través de la inscripción en el Registro Mercantil.

En las páginas que siguen se analiza en particular el primero de esos pasos, relativo a la adopción de la decisión social por el órgano competente. Oportunamente, se abordará en primer lugar las particularidades del acuerdo por la junta general, como órgano con la competencia primaria de modificación de los estatutos sociales, también en lo correspondiente a este acuerdo. Seguidamente trataremos la posibilidad en sociedades anónimas de delegar dicha decisión en el órgano de administración. Aludiremos también a los ca-

2 V. la RDGRN de 26 de agosto de 1998.

3 FERNÁNDEZ DE LA GÁNDARA, L., *Derecho de sociedades*, Vol. I, Valencia, Tirant lo Blanch, 2010, p. 861.

sos en los que se prevé la necesidad de completar la decisión societaria con el consentimiento individual de los socios. Y, por último, mencionaremos cómo queda afectada precisamente la decisión societaria en los casos de concurso de acreedores o planes de reestructuración preconcursales. Los demás elementos procedimentales serán abordados en otros capítulos de esta obra.

II. EL ACUERDO DE AUMENTO POR LA JUNTA GENERAL

1. Mención a la distribución de competencias entre los órganos sociales

Antes de revisar las generalidades y singularidades del acuerdo de la junta de aumentar capital, resulta oportuno contextualizar brevemente la competencia orgánica atribuida al órgano de socios con carácter originario.

El art. 285.1 LSC, reafirmando lo señalado en el art. 160.c), parte de una máxima: «Cualquier modificación de los estatutos será competencia de la junta general»[4]. Prevé expresamente una excepción el siguiente párrafo, atribuyendo la competencia al órgano de administración para alterar el domicilio social dentro del territorio nacional[5]. No menciona dicho artículo las otras posibles excepciones a la competencia de la junta para alterar los estatutos, que precisamente atañen a la modificación de la cifra de capital: la autorización por la junta al órgano de administración para aumentar capital [art. 297.1.b) LSC], que nos corresponde tratar en este capítulo; y la reducción de la cifra de capital como consecuencia de una separación o exclusión de socios (art. 358.1 LSC). Insisten en esa competencia de la junta, pero ya en referencia inmediata a la alteración de la cifra de capital, los arts. 160.d), 296.1 y 318.1 LSC.

4 En la refundición operada en 2010, el legislador prefirió la fórmula prevista por la LSRL («cualquier modificación») frente a la indicada en la LSA («la modificación»), por ser más contundente y concreta, como resalta QUIJANO GONZÁLEZ, J., comentario al «Artículo 285. Competencia orgánica», en ROJO y BELTRÁN (coords.), *Comentario de la ley de sociedades de capital*, Madrid, Civitas, 2011, pág. 2107.

5 Originariamente la competencia del órgano de administración alcanzaba solo el cambio dentro del mismo término municipal, pero por motivos políticos se amplió a todo el territorio nacional por la Ley 9/2015, de 25 de mayo, y con nueva aclaración por el Real Decreto Ley 15/2017, de 6 de octubre, sin atender a las consecuencias negativas de ese cambio para los socios, especialmente minoritarios, que facilita la celebración de juntas clandestinas si se tiene en cuenta lo dispuesto en el art. 175 LSC; v. SAP de Barcelona (secc. 15) núm. 1966/2021, de 4 de octubre. Véase ALFARO ÁGUILA-REAL, J., «La reforma del art. 285.2 LSC», en línea, 26.05.2015, https://derechomercantilespana.blogspot.com/2015/05/la-reforma-del-art-2852-lsc.html (consulta: 15.10.2022).

La competencia orgánica para modificar los estatutos, con las excepciones indicadas, es un reflejo de la supremacía jerárquica del órgano de socios. Según una clasificación doctrinal tradicional, la competencia natural de la junta general distingue dos grandes grupos de materias: en primer lugar, los asuntos de importancia estructural para la sociedad y, en segundo lugar, el control general sobre la gestión social. Además, no es baladí un tercer grupo de materias, que no forma parte de su atribución originaria, como es su competencia en materia de gestión, a modo de intromisión en la competencia natural del órgano de administración[6].

La atribución competencial a la junta general de la alteración de los estatutos es del todo razonable, si entendemos estos como la norma constitucional de organización y funcionamiento de la sociedad que expresa la capacidad de autoorganización que los socios tienen en base a la autonomía de la voluntad, a la que, a su vez, se someten todos ellos, y cuya propia existencia cumple además una función de tutela de su posición individual. La modificación de sus términos, por tanto, debe ser lógicamente una decisión del órgano de socios[7]. Por supuesto, la modificación de la cifra de capital es protagonista en esta justificación de la distribución competencial, si tenemos en cuenta la función de organización de la sociedad que cumple la institución del capital, atribuyendo a los titulares de las partes alícuotas en que se divide no solo la condición de socio, sino además una posición jurídica concreta en la sociedad, que en términos generales hace depender buena parte de sus derechos políticos y económicos de la porción de capital detentada.

Por último, es una obviedad hoy en día que la competencia atribuida a la junta general se atribuye a cualquiera constituida de acuerdo con las normas que le resulten aplicables, sea ordinaria o extraordinaria (arts. 163-165 LSC), universal o convocada formalmente (arts. 178 y 166-177), e incluso previa solicitud por los socios minoritarios (arts. 168, 169.2 y 170). No será posible, sin embargo, que ciertas juntas acuerden el aumento, en particular las convo-

6 ALONSO LEDESMA, C., «El papel de la Junta General en el gobierno corporativo de las sociedades de capital», en ESTEBAN VELASCO, G., (coord.), *El gobierno de las sociedades cotizadas*, Madrid, Marcial Pons, 1999, pp. 637 ss.; ESTEBAN VELASCO, G., comentario al «Artículo 160. Competencia de la Junta», en ROJO, A., y BELTRÁN, E. (coords.), *Comentario de la ley de sociedades de capital*, Madrid, Civitas, 2011, pp. 1204 y ss. Antes, sobre la supremacía de la junta general, GIRÓN TENA, J., *Derecho de sociedades anónimas (según la Ley de 17 de julio de 1951)*, Valladolid, Publicaciones de los Seminarios de la Facultad de Derecho de la Universidad de Valladolid, 1952, pp. 274-276.

7 QUIJANO GONZÁLEZ, J., «La modificación de estatutos: requisitos y límites generales», en AA.VV., *Derecho de sociedades anónimas*, Tomo III, *Modificaciones de estatutos. Aumento y reducción del capital. Obligaciones*, Vol. 1, Madrid, Civitas, 1994, p. 33.

cadas por el Letrado de la Administración de Justicia o Registrador mercantil a solicitud de cualquier socio para celebrar junta ordinaria (art. 169.1), o las convocadas para cubrir una vacante sobrevenida en el órgano de administración que haya dejado el órgano incapacitado para actuar (art. 171), por las limitaciones en su orden del día. Veremos precisamente estas cuestiones a continuación, al tratar la convocatoria del órgano.

2. Convocatoria de la junta general

No se aprecian especialidades significativas sobre las diferentes cuestiones que suscita la convocatoria de la junta general llamada a aprobar un aumento de capital, más allá de la propia singularidad del acuerdo, que se refleja sobre todo en el contenido de la convocatoria. Alguna mención es oportuna, aun sin particularidad, sobre la competencia para convocar. Desde luego, no merece ningún comentario la forma de convocatoria, que no se ve en absoluto afectada por el asunto concreto.

En relación con la competencia para convocar dicha junta, como cualquier otra, esta recae en el órgano de administración (art. 166 LSC), quien por tanto detenta la iniciativa para incluir ese asunto en el orden del día de la convocatoria y delimitar así el alcance material del acuerdo que vaya a adoptarse.

Si bien, es posible que los socios que representen al menos el cinco por ciento del capital social lleven la iniciativa a través de la solicitud de convocatoria de junta dirigida al órgano de administración, incluyendo el aumento de capital en el orden del día a tratar, y generando la obligación del órgano de administración de convocar junta para celebrar en los dos meses siguientes con el tratamiento de dicho asunto (art. 168 LSC). La competencia subsidiaria de convocatoria por el Letrado de la Administración de Justicia o el Registrador mercantil para los casos en que el órgano de administración no atienda injustificadamente la solicitud de la minoría habrá de incluir en el orden del día los asuntos propuestos por aquella (arts. 169.2 y 170 LSC).

Y en sociedades anónimas, también pueden los socios de minoría llevar la iniciativa a través de un complemento que agregue a una convocatoria la deliberación sobre un aumento de capital, de acuerdo con los requisitos legalmente establecidos (art. 172)[8].

8 QUIJANO GONZÁLEZ, comentario al «Artículo 285...», *cit.*, p. 2108.

En estos dos casos de iniciativa de los socios de minoría, como veremos a continuación, serán los socios proponentes quienes deban dar cumplimiento a la información reforzada que es preceptiva *ex* art. 286 LSC.

Por el contrario, hay dos supuestos en los que la alteración de la competencia original del órgano de administración no permite la inclusión en el orden del día de la convocatoria del aumento de capital, por tratarse de juntas generales con los asuntos a tratar muy limitados. En primer lugar, la convocatoria por el Letrado de la Administración de Justicia o Registrador mercantil a solicitud de cualquier socio para dar cumplimiento a la obligación de convocar junta general ordinaria, o extraordinaria si se hubiera previsto tal obligación en los estatutos, para los casos de incumplimiento de dicha obligación por el órgano de administración (art. 169.1), deberá contener en el orden del día los asuntos propios de la junta ordinaria o extraordinaria correspondiente; por tanto, solo en el improbable caso de que los estatutos incluyeran la celebración obligatoria de junta extraordinaria para aumentar capital podría incluirse este asunto en la junta convocada por esta vía.

El segundo supuesto es en el caso de convocatoria de la junta general cuando se haya producido la muerte o el cese de miembros del órgano de administración en número tal que deje a este incapacitado para actuar y, por tanto, para convocar la junta; es decir, faltando el administrador único, todos los solidarios, uno de los mancomunados, o la mitad de los consejeros. En tales casos, se faculta a cualquier socio a solicitar la convocatoria de la junta al Letrado de la Administración de Justicia o Registrador mercantil, y, además, se permite también convocar a cualquier miembro que permanezca en el cargo del órgano de administración plural incapacitado para actuar. En ambos casos, el orden del día de la junta general convocada solo podrá contener un único asunto: el nombramiento de administradores que restablezcan la regularidad del órgano (art. 171 LSC).

Por lo que respecta al contenido de la convocatoria, este viene presidido por la finalidad de aportar una información reforzada a los socios, dada la importancia de las modificaciones estatutarias en la esfera societaria. Es necesario que en el orden de día se exprese «con la debida claridad» los aspectos estatutarios que vayan a modificarse, así como dejar constancia expresa en el anuncio de convocatoria del derecho de los socios a examinar en el domicilio social el texto íntegro de la modificación propuesta, y de su derecho a pedir la entrega o el envío gratuito de dicho texto (art. 287 LSC). En el caso del aumento de capital, lógicamente, el extremo a modificar será la cláusula estatutaria relativa al capital social, que eventualmente no solo indicará la cuantía, sino también las participaciones o las acciones en que se divide, su valor nominal y su numeración correlativa, así como si incorporan derechos diferentes, o, en anónima, clases o series de acciones, la forma de representación de las acciones, o la parte pendiente de desembolso [art. 23.d) LSC]; si este contenido se hubiera establecido en distintas cláusulas estatutarias, entonces habría de referir a todas las que fueran objeto de modificación.

Es un principio elemental de tutela de los socios que el acuerdo de la junta decide sobre un texto concreto propuesto por los que llevan la iniciativa de la modificación estatutaria (art. 286 LSC), cuya letra específica se ofrece a los socios para que sean conscientes de lo que se someterá a votación, bajo el conocimiento de que sin dicha propuesta de redacción estatutaria el acuerdo no sería válido[9]. Ello será oportuno cualquiera que sea el que haya llevado la iniciativa para la convocatoria o para la inclusión del asunto en el orden del día, de modo que, si la iniciativa proviniera de los socios minoritarios en virtud de los arts. 168 o 172 LSC, también deberá expresar debidamente la modificación propuesta y poner a disposición el texto íntegro de esa modificación; si los convocantes que atiendan dicha solicitud de la minoría (sea administradores, sea Letrado de la Administración de Justicia o Registrador mercantil) perciben alguna deficiencia en este sentido, deberían instar a los socios solicitantes la precisión necesaria[10].

El requisito referido a la debida claridad de la modificación que se propone es un juicio valorativo cuyo respeto habrá que analizar en cada supuesto concreto[11]. En todo caso, la redacción del orden del día ha de ser coherente con la dicción del texto íntegro de la modificación propuesta que deben redactar los proponentes en virtud del art. 286 LSC, y en conjunto aportar la información completa que sea necesario para tutelar la posición del socio[12]. En referencia a los acuerdos de aumento de capital, naturalmente no será suficiente la mención genérica a una modificación de la cifra de capital. Pero tampoco

9 ROJO FERNÁNDEZ-RÍO, Á., comentario al «Artículo 286. Propuesta de modificación», en ROJO y BELTRÁN (coords.), *Comentario de la ley de sociedades de capital*, Madrid, Civitas, 2011, p. 2111.

10 QUIJANO GONZÁLEZ, J., Comentario al «Artículo 287. Convocatoria de la junta general», en ROJO y BELTRÁN (coords.), *cit.*, p. 1120.

11 La RDGRN de 6 de febrero de 2015, reiterada por la de octubre de 2018, señala que «es preciso analizar el supuesto de hecho concreto para poder concluir si una determinada convocatoria, en atención a su contenido y a las circunstancias en que se ha producido, se ha llevado a cabo con violación de los derechos individuales del socio».

12 V. ÁVILA DE LA TORRE, A., comentario al «Artículo 287. Convocatoria de la junta general», en GARCÍA-CRUCES y SANCHO GARGALLO (dirs.), *Comentario de la Ley de sociedades de capital*, Tomo IV, *Las cuentas anuales. La modificación de los estatutos sociales*, Valencia, Tirant lo Blanch, 2021, pp. 4038-4039.

siquiera la referencia abierta a un aumento de capital sin mención mínima a las circunstancias o características y alcance del aumento que se pretende[13], comoquiera que las posibles distintas modalidades de aumento podrían ser determinantes de una diferente posición jurídica de los socios, que por tanto deben poder ser conscientes de las implicaciones del acuerdo ya desde el propio anuncio de la convocatoria de la junta llamada a adoptarlo[14].

Además, en relación con el derecho de información reforzado que se provee desde el anuncio de la convocatoria, es necesario que este ofrezca a los socios los informes que, en su caso, hayan debido elaborarse por exigencia legal, y a los que aludiremos en un apartado posterior, señalando expresamente el derecho de los socios a examinarlos en el domicilio social o a solicitar su envío gratuito. Tal es el caso del informe justificativo de los proponentes de la modificación estatutaria propuesta que se exige para las sociedades anónimas (art. 287, en relación con el art. 286 LSC); también el informe de los administradores sobre el aumento de capital con cargo a aportaciones no dinerarias (art. 300 LSC); y el informe de los administradores sobre el aumento de capital por compensación de créditos, incluyendo en anónimas la certificación del auditor de cuentas (art. 301.2, 3 y 4 LSC).

Hasta tal punto se entiende relevante el respeto de todo este contenido en el anuncio de convocatoria que su déficit sería susceptible de conducir a la nulidad del acuerdo afectado por vicio en la convocatoria, con independencia de que los socios ejerzan voluntariamente su derecho de información en

13 Véase la STS núm. 21/2008, de 24 de enero: «la convocatoria debe expresar con la debida claridad, los extremos a modificar (en el caso de la modificación de Estatutos), esto es, las características de la ampliación que se propone, empezando por la cifra de aumento. Y, en efecto, como señala la parte recurrente, la jurisprudencia de esta Sala ha venido exigiendo que se reseñen los extremos o circunstancias básicas del aumento, de modo que la debida claridad a que se refiere el precepto se traduzca, al menos, en la reseña de los extremos a modificar, habida cuenta (decía la STS de 29 de diciembre de 1999) que habrá accionistas que no asistan a la reunión y que queden sometidos a los acuerdos de la misma». También QUIJANO GONZÁLEZ, J., Comentario al «Artículo 287...», cit., p. 1120, «lo deseable es que el anuncio, además de referir las cláusulas concretas objeto de modificación, añada alguna indicación sobre su significado o alcance, especialmente si se trata de menciones esenciales y obligatorias de los estatutos (la cifra de capital, la denominación, el objeto social, etc.)».

14 Muy claras se pronuncian las RRDGRN de 6 de febrero de 2015 y de 25 de octubre de 2018, antes citadas, y que recoge también la RDGSJFP de 11 de febrero de 2022: «cuando como consecuencia del acuerdo a adoptar pueda verse comprometida la posición jurídica del socio, esta Dirección General ha exigido una mayor precisión en la convocatoria para evitar su adopción sin que los llamados tengan cabal conocimiento del alcance de los acuerdos respecto de los que son llamados a pronunciarse», indicando también la relevancia para los socios no asistentes a la junta. V. ÁVILA DE LA TORRE, A., comentario al «Artículo 296. El acuerdo de aumento», en GARCÍA-CRUCES y SANCHO GARGALLO, cit., pp. 4140-4141.

aplicación de los arts. 196 o 197 LSC para suplir tal falta, pues es un requisito objetivo insubsanable de la convocatoria[15]. No en vano, el propio anuncio de convocatoria es la base para un ejercicio adecuado del derecho de información en su vertiente de derecho de pregunta.

Por último, es necesaria una mención a cómo quedan afectados estos requisitos del anuncio de convocatoria de la junta general que vaya a adoptar el acuerdo de aumento de capital en los casos de junta universal. Por sus características propias, al prescindir de la necesidad de convocatoria previa a la constitución de la junta (art. 178 LSC), los requisitos anudados al anuncio de convocatoria no son exigibles, sin que su ausencia invalide en ningún caso la celebración de la reunión con carácter universal[16]. Ello incluso en los casos en que se hubiera realizado una convocatoria informal o sin cumplir alguno de sus presupuestos de validez (v.gr., forma, competencia, plazo previo), pues se entiende que los socios tienen en su mano una medida mucho más poderosa para proteger sus propios intereses: la necesidad de consentimiento unánime de la constitución del órgano, así como la aceptación por todos de los asuntos a tratar, ganando un derecho de veto sobre la celebración de la reunión que podrán ejercer si considerasen oportuno celebrar una reunión convocada bajo los requisitos establecidos para tutelar adecuadamente su posición[17].

15 QUIJANO GONZÁLEZ, J., comentario al «Artículo 287...», *cit.*, p. 2119. ROJO FERNÁNDEZ-RÍO, comentario al «Artículo 286...», *cit.*, p. 2111, en referencia a la propuesta de modificación estatutaria y, en el caso de sociedad anónima, el informe justificativo del art. 286 LSC, y sin que se hayan puesto a disposición de los socios en el anuncio de convocatoria, con constancia del derecho de examen o de envío gratuito. Es muy expresiva la RDGSGFP de 29 de diciembre de 2022: «En esta línea, la Dirección General de los Registros y del Notariado ha reiterado en numerosas ocasiones (vid., por todas, Resoluciones de 29 de noviembre de 2012, 28 de enero de 2019 y 12 de marzo de 2020) que el derecho de información de los accionistas o socios, en cuanto unitario, determina que la ausencia o falta de alguno de los requerimientos que debe comprender la convocatoria afecta a la totalidad. Por ello, y por el especial rigor con que se pronuncia el legislador, la omisión total o parcial de todos o algunos de los requerimientos que conforman el derecho de información implica un vicio de la convocatoria invalidando el acuerdo que sobre el particular se pueda adoptar (Resolución de 16 de noviembre de 2002, entre otras muchas). Es precisamente el carácter "mínimo" y esencial del derecho de información del accionista o socio el que ha provocado una dilatada doctrina que incide sobre su trascendencia y sobre la necesidad de extremar el rigor en su defensa hasta el punto de que se ha afirmado reiteradamente que en caso de duda procede actuar en su salvaguarda rechazando la inscripción (vid., por todas, Resolución de 8 de julio de 2005)».

16 De hecho, el art. 158.2 RRM excluye la necesidad de mención de tales requisitos en la escritura de modificación estatutaria en el caso de adoptarse el acuerdo en junta universal de una sociedad anónima; aunque parece olvidar la misma mención para las sociedades de responsabilidad limitada en el art. 195.

17 QUIJANO GONZÁLEZ, comentario al «Artículo 285...», *cit.*, p. 2108; también SÁENZ GARCÍA DE ALBIZU, J. C., comentario al «Artículo 296. El acuerdo de aumento», en ROJO y

3. Derecho de información reforzado de los socios

Como decíamos, el derecho de información de los socios se fortalece desde la misma redacción del anuncio de convocatoria de la junta general, y no solo con la puesta a disposición del texto íntegro de la modificación estatutaria propuesta, sino también con la necesidad de ofrecer determinados documentos referidos a la operación proyectada. Se trata de información cuya necesidad se ha previsto únicamente para ciertos supuestos, y por tanto no para la generalidad de las operaciones de aumento.

En primer lugar, con carácter exclusivo para sociedades anónimas, y en el contexto de cualquier modificación estatutaria proyectada, el art. 286 LSC obliga a los proponentes (administradores o socios minoritarios) que redacten un informe justificativo que explique las circunstancias, razones y oportunidad de la modificación, en nuestro caso en referencia a la operación de aumento de capital[18]. Si existieran varias propuestas sugeridas por el mismo o por distintos proponentes, sean alternativas o subsidiarias, habrá tantos informes como propuestas vayan a someterse a votación[19]. Naturalmente, la motivación de la operación expone los argumentos desde la perspectiva de los proponentes[20]. En cualquier caso, se exige del informe concreción y detalle, sin que se admitan explicaciones genéricas carentes de especificidad, dada la importancia de la modificación estatutaria en que consiste un aumento de capital para la posición jurídica de los socios en la sociedad. Así, señaladamente, habrá de detenerse en las razones económicas que justifican la operación, en conexión con la modalidad de aumento elegida, las implicaciones concretas para los socios y, en su caso, las fases en las que se materializará la operación.

Adicionalmente, se prevé la necesidad de redactar y poner a disposición de los socios sendos informes en dos modalidades de aumento en atención

BELTRÁN (coords.), *Comentario de la ley de sociedades de capital*, Tomo II, Madrid, Civitas, 2011, p. 2194; ROJO FERNÁNDEZ-RÍO, comentario al «Artículo 286...», *cit.*, p. 2112.

18 En su día, con ocasión de la aprobación de la LSRL 1995, ALONSO LEDESMA, C., «Aumento de capital. Derecho de asunción preferente de nuevas participaciones», en AA.VV., *Derecho de sociedades de responsabilidad limitada. Estudio sistemático de la Ley 2/1995*, Tomo II, Madrid, McGraw Hill, 1996, pág. 795, justificaba que no se exigiera en la sociedad de responsabilidad limitada por su carácter esencialmente cerrado: «En términos generales parece correcto no exigir mayores formalidades, dado que el carácter cerrado de la sociedad, así como el número de socios, previsiblemente pequeño a pesar de no haberse limitado su número, permite un contacto más estrecho entre ellos y sobre todo un acceso más fácil a la información».

19 ROJO FERNÁNDEZ-RÍO, comentario al «Artículo 286...», *cit.*, pp. 2112-2113.

20 QUIJANO GONZÁLEZ, «La modificación...», *cit.*, 1994, pp. 40-41.

al contravalor, como son en el caso de aumento con cargo a aportaciones no dinerarias y por compensación de créditos, sobre todo referidos a las características de la aportación correspondiente[21]. En el primer caso, se exige que el órgano de administración redacte un informe que describa «con detalle las aportaciones proyectadas, su valoración, las personas que hayan de efectuarlas, el número y valor nominal de las participaciones sociales o de las acciones que hayan de crearse o emitirse, la cuantía del aumento del capital social y las garantías adoptadas para la efectividad del aumento según la naturaleza de los bienes en que la aportación consista» (art. 300.1 LSC). Nótese cómo este informe deberá convivir además con el informe técnico elaborado por experto independiente sobre la aportación no dineraria, singularmente sobre su valoración, exigido en sociedades anónimas (art. 67 LSC), y voluntario en sociedades de responsabilidad limitada (*ex* art. 76 LSC).

Por su parte, en el caso de aumento de capital por compensación de créditos, es preceptivo que el órgano de administración redacte un informe que haga referencia a «la naturaleza y características de los créditos a compensar, la identidad de los aportantes, el número de participaciones sociales o de acciones que hayan de crearse o emitirse y la cuantía del aumento, en el que expresamente se hará constar la concordancia de los datos relativos a los créditos con la contabilidad social» (art. 301.2 LSC). Además, en sociedades anónimas, a este informe acompañará también una certificación del auditor de cuentas de la sociedad, o en su defecto de un auditor nombrado por el Registrador mercantil, que acredite la exactitud de los datos relativos a los créditos a compensar (art. 301.3).

Como puede apreciarse por la letra de los arts. 300 y 301, el contenido de estos informes de administradores no es justificativo de la operación, sino únicamente descriptivo de esta y de las características del contravalor, al contrario que el informe previsto por el art. 286 LSC para las sociedades anónimas, por lo que aquellos vendrán a complementar la motivación que sí presenta este último; y no tendrán que ofrecer ninguna justificación, ni siquiera en sociedades de responsabilidad limitada, donde no se requiere como sabemos el informe justificativo de la modificación estatutaria propuesta del art. 286 LSC[22]. Dicho de otro modo, se trata de informes diferentes, con ámbitos

21 La aproximación que ahora realizamos sobre este particular es limitada, particularmente por el tratamiento pormenorizado que se realiza sobre estas dos modalidades de aumento de capital en otros capítulos de la obra.

22 V., en cambio, SÁENZ GARCÍA DE ALBIZU, J. C., comentario al «Artículo 300. Aumento con cargo a aportaciones no dinerarias», en ROJO y BELTRÁN (coords.), *Comentario de la ley de sociedades de capital*, Tomo II, Madrid, Civitas, 2011, p. 2223, señalando que el informe del

de aplicación distintos y finalidades singulares no coincidentes, aunque orientados en general al refuerzo del derecho de información del socio, y deberán satisfacerse cada uno en sus justos términos, sin que la redacción de uno cubra y convalide el déficit del otro[23]. Ello no significa que deban prepararse en escritos separados, sino que podrá darse cumplimiento a sus exigencias de manera simultánea en el mismo informe.

4. Adopción del acuerdo

La adopción del acuerdo de aumento de capital por la junta general no ofrece ninguna especialidad respecto de cualquier acuerdo de modificación de estatutos (arts. 296.1 y 288 LSC). De modo que, en sociedades de responsabilidad limitada, será necesario que se apruebe con el voto favorable de más de la mitad de los votos correspondientes a las participaciones en que se divida el capital social [art. 199.a) LSC]. Mientras que en sociedades anónimas se requerirá, en primer lugar, la concurrencia de al menos el cincuenta por ciento del capital suscrito con derecho a voto en primera convocatoria, o del veinticinco en segunda (art. 194 LSC); y la adopción del acuerdo por mayoría absoluta a favor de los votos asistentes, o bien de mayoría de dos tercios a favor de asistentes si la junta se constituyó en segunda convocatoria

art. 301 LSC es «un informe justificativo de la concreta operación llevada a cabo a través de unas específicas aportaciones y destinado a poner de manifiesto la oportunidad y conveniencia de esa concreta operación».

23 Nos parece muy elocuente la afirmación de la RDGSJFP de 15 de noviembre de 2021, en referencia a la relación entre los informes de los arts. 286 y 301, y que entendemos también extensible al del art. 300 LSC: «Como ha indicado esta Dirección General (cfr. Resoluciones de 28 de enero de 2019 y 12 de marzo de 2020), la referencia en el anuncio de convocatoria a los artículos 272.2 y 287 de la Ley de Sociedades de Capital, como sucede en este caso, no puede "suplir o englobar el específico régimen legalmente establecido para la modificación de estatutos por aumento de capital por compensación de créditos sin desnaturalizar la exigencia legal del artículo 301 de la Ley de Sociedades de Capital que prevé un régimen específico y ampliado para tal supuesto". Basta leer con atención el precepto "para hacer patente la enorme importancia que el legislador le atribuye a este informe especial de los administradores (contrástese con el contenido del artículo 286 sobre informe de los administradores para modificaciones de estatutos en general que, además, limita su ámbito a las sociedades anónimas)". Por otra parte, no cabe hacer una interpretación que permita tener por cumplidos los requisitos especialmente previstos por la ley para la protección del derecho de información en supuestos especiales por la mera consignación de los requisitos previstos para supuestos generales. Si la ley ha considerado necesario exigir requisitos especiales es, precisamente, porque se considera que el derecho de información no está debidamente protegido en tales supuestos por los requisitos generales de protección».

concurriendo menos del cincuenta por ciento del capital suscrito con derecho a voto (art. 201.2).

5. Contenido del acuerdo

El contenido concreto del acuerdo de la junta general no se delimita en la Ley con carácter singular, aunque es posible deducir su contenido de diferentes normas, incluyendo lo que se puede extraer del contenido exigido a la escritura de aumento de capital (arts. 166 y 198 RRM). Así, el acuerdo indicará la cuantía nominal del aumento, que suele señalarse como cuantía máxima; la forma de realizarlo, sea por creación de nuevas acciones o participaciones, sea elevando el valor nominal de las existentes; en cada caso, el número y valor nominal de las creadas, o el incremento de valor de las existentes y su valor final; la prima de emisión; los derechos que incorporan; el contravalor del aumento; las condiciones y plazos para la ejecución, o su delegación en los administradores; las condiciones para el ejercicio del derecho de preferencia, o la indicación de su supresión; las consecuencias de un eventual aumento de capital incompleto, si se estima oportuno de acuerdo con lo dispuesto en los arts. 310 y 311 LSC. Y naturalmente la nueva redacción prevista para los estatutos sociales, en la cláusula o cláusulas referidas al capital y las demás cuestiones afectadas, que podría no ser definitiva en atención a la posibilidad de que se materialice un aumento incompleto válido y eficaz.

En todo caso, es determinante atender al contenido de la propuesta de aumento elaborada por los proponentes, puesta a disposición de los socios desde el mismo momento del anuncio de convocatoria de la junta en virtud de los arts. 286 y 287 LSC, pues es lo que se somete a aprobación por la junta, teniendo en cuenta incluso que podría haber varias propuestas sometidas a votación. Debe entenderse que la propuesta aprobada supone un límite infranqueable para el contenido del acuerdo de la junta general, que no podrá modificar sus términos sin riesgo de una impugnación exitosa por vulneración de la ley, pues la conexión entre el orden del día de la convocatoria, la propuesta y el contenido del acuerdo debe mantener en todo momento una nítida coherencia. Por tanto, si la propuesta sometida a votación fuera incompleta, la junta general no podrá completar y subsanar ese déficit sin exponerse a la nulidad del acuerdo de aumento por vulneración del derecho de información de los socios. Eso sí, ello no obsta para que la junta general pueda acordar incluir algún elemento accidental, accesorio o secundario, que no altere esencialmente el sentido del acuerdo propuesto, y que por tanto no sea susceptible de vulnerar el derecho de información[24]. Creemos que la valoración que corresponde en este punto es singularmente referida a la tutela del socio desde esa perspectiva informativa, comoquiera que la coherencia entre propuesta y orden del día, y, en sociedades anónimas, también el informe de administradores, se fundamenta en tal derecho. No será extraño, por tanto, que se controle la esencialidad de la diferencia en términos informativos en aplicación de lo dispuesto en el art. 204.3.b) LSC, aunque este aluda únicamente a «la incorrección o insuficiencia de la información facilitada por la sociedad en respuesta al ejercicio del derecho de información con anterioridad a la junta», que se entiende como ejercicio del derecho de pregunta previsto en los arts. 196 y 197 LSC[25].

Naturalmente, la aplicación literal del art. 286 LSC no está bien adaptada para la operación concreta relativa a la modificación al alza de la cifra de capital, pues ello haría que la exigencia de referir el texto íntegro de la modificación que se propone tuviera que contener sin matices la cifra de capital resultante de una operación todavía no ejecutada, y cuya redacción final podría no coincidir con la señalada en la propuesta y acordada en la reunión de la junta. Esto tiene relevancia en el contexto de los aumentos de capital incompletos, de acuerdo con el régimen que le resulte aplicable (arts. 310-311 LSC); régimen en el que, por cierto, el acuerdo de la junta

24 Seguimos a este respecto a ROJO FERNÁNDEZ-RÍO, Á., «El acuerdo de aumento del capital de la sociedad anónima», en AA.VV., *Estudios jurídicos en homenaje al profesor Aurelio Menéndez*, Vol. 2, Civitas, 1996, pp. 2354 y 2356-2358; y ROJO FERNÁNDEZ-RÍO, comentario al «Artículo 286...», *cit.*, pp. 2113 y ss. V. también SÁENZ GARCÍA DE ALBIZU, comentario al «Artículo 296...», cit., p. 2194. Y *vid.* también a QUIJANO GONZÁLEZ, «La modificación...», *cit.*, 1994, págs. 44-45: «la cuestión está en dar el adecuado alcance a esa relación propuesta-acuerdo de manera que haya vinculación directa entre una y otra (...), en el ámbito de la soberanía matizada de la junta», pues en otro caso «la función informativa de los requisitos previos quedaría menoscabada». En contra, admitiendo que la junta pueda adoptar una decisión modificando el contenido de la propuesta, GARCÍA DE ENTERRÍA LORENZO VELÁZQUEZ, J., «El régimen general de la modificación de estatutos en la nueva Ley de sociedades de responsabilidad limitada», en AA.VV., *Estudios de Derecho mercantil. Homenaje al profesor Justino Duque Domínguez*, Tomo I, Valladolid, pág. 373; y ÁVILA DE LA TORRE, A., comentario al «Artículo 286. Propuesta de modificación», en GARCÍA-CRUCES y SANCHO GARGALLO (dirs.), cit., pp. 4014-4017, quien entiende posible que «la alteración propuesta por la asamblea sea de tal magnitud que el resultado final de la decisión de la junta, versando sobre cláusulas estatutarias anunciadas en el orden del día, sea radicalmente diferente al texto fijado en la propuesta».

25 MARTÍNEZ MARTÍNEZ, M. T., «El cribado del carácter esencial o determinante de los motivos de impugnación de los acuerdos sociales, en los supuestos de improcedencia de la acción (art. 204.3 LSC)», en ESPÍN, C. y JUSTE, J. (coords.), *Estudios sobre órganos de las sociedades de capital: liber amicorum, Fernando Rodríguez Artigas, Gaudencio Esteban Velasco*, Vol. 1, Cizur Menor, Aranzadi, 2017, págs. 738-739.

general podría ser determinante, como es sabido, y en su caso debería formar parte tanto de la propuesta como del contenido del acuerdo[26]. No en vano hemos indicado que tanto la propuesta como el contenido del acuerdo suelen mencionar la cuantía máxima del aumento. Pero incluso se ha señalado que pequeñas variaciones sobre el valor indicado en la propuesta podrían ser admisibles como alteración secundaria por el acuerdo de la junta[27]. El propio legislador es consciente, si no en referencia al contenido del acuerdo de la junta general, sí en la fase de inscripción del aumento, pues el acuerdo de aumento de capital de la junta general autoriza por sí mismo a los administradores a redactar la cláusula estatutaria que deba recoger la nueva cifra de capital una vez se haya completado la ejecución de la operación de aumento (art. 303 LSC).

Por último, debe hacerse notar en este punto que la ley prevé para sociedades anónimas la posibilidad de prescindir de algunos de los elementos del contenido del acuerdo de la junta referidos a las condiciones de ejecución del aumento y delegar en los administradores su concreción posterior, sustituyendo así la previsión concreta por la delegación en aquellos [art. 297.1.a) LSC]. Es una cuestión que veremos a continuación.

III. LA DELEGACIÓN EN LOS ADMINISTRADORES EN LAS SOCIEDADES ANÓNIMAS

1. Cuestiones previas

Con carácter previo al análisis del acuerdo de aumento de capital por la junta general, hemos mencionado la justificación de la atribución competencial al órgano de socios sobre la base de su posición de supremacía jerárquica que explica su autoridad para decidir sobre las decisiones más importantes, estructurales, susceptibles de afectar de manera intensa a la posición de los socios. Esa competencia legal de la junta general para aumentar la cifra de

26 Sobre el aumento de capital incompleto puede verse, en esta obra colectiva, el capítulo de JUSTE MENCÍA, J., «Ejecución del aumento: suscripción, desembolso e inscripción».

27 Véase ROJO FERNÁNDEZ-RÍO, «El acuerdo de aumento...», cit., 1996, p. 2358, y mismo autor en comentario al «Artículo 286...», *cit*., pp. 2116-2118, calificándolo como «inmodificabilidad relativa» (*sic*), frente a la «inmodificalidad absoluta» (*sic*) de la modalidad de aumento y el contravalor, indicando que «algunos Registros mercantiles más significativos siguen como criterio el de considerar como límite permitido el 10% de la cifra de aumento que figure en la propuesta, admitiendo como válidos aquellos acuerdos que no difieran de dicha propuesta en más o menos dicho porcentaje».

capital no es disponible a través de los estatutos[28]. Sin embargo, como excepción a esa competencia exclusiva y excluyente de la junta, se contempla para las sociedades anónimas la posibilidad de que la propia junta delegue la adopción de la decisión de aumento en el órgano de administración [art. 297.1.b) LSC], simplificando así la tramitación de la modificación estatutaria correspondiente y agilizando la operación desde una perspectiva económica.

El reconocimiento voluntario de la competencia al órgano de administración tiene una significación de relieve en relación con la distribución interorgánica de competencias. Se reconoce con ello como un acto típico de gestión social orientado a la captación de nuevos recursos económicos, cuyo momento y condiciones se flexibiliza para aprovechar al máximo las necesidades y las circunstancias de acuerdo con la oferta y la demanda de financiación con recursos propios, para adecuarlo a la información que tienen los administradores, y confiando en su diligencia profesional en relación con las necesidades financieras de la sociedad[29]. Consecuentemente, al menos de manera implícita y parcial, se posterga la trascendencia que la operación tiene desde una perspectiva estructural u organizativa, sin que en realidad ello deba olvidarse con el fin de evitar abusos y una desvirtuación de la figura.

En todo caso, el capital autorizado no implica un traslado o cesión de la competencia, sino que se trata de la delegación de una competencia propia de la junta, que esta mantiene, creándose así una competencia concurrente de los dos órganos para la adopción de la decisión de aumento por el tiempo y bajo los límites de la delegación[30]. Es ilustrativo de ello la redacción del art. 167.2 RRM: «En todo caso se entenderá que la delegación subsiste en sus propios términos mientras no haya expirado el plazo fijado, aunque cambien los administradores y aunque la Junta acuerde con posterioridad a la dele-

28 V. RDGRN de 24 de julio de 2009.

29 FERNÁNDEZ DE LA GÁNDARA, L., «El capital autorizado», en AA.VV., *Derecho de sociedades anónimas*, Tomo III, *Modificaciones de estatutos. Aumento y reducción del capital. Obligaciones*, Vol. 1, Madrid, Civitas, 1994, pp. 200-201. CASTELLANO RAMÍREZ, M. J., comentario al «Artículo 297. Delegación en los administradores», en ROJO, A., y BELTRÁN, E. (coords.), *Comentario de la ley de sociedades de capital*, Tomo II, Madrid, Civitas, 2011, p. 2208. V. también, con una buena síntesis de la finalidad y los riesgos inherentes a la autorizaición, SÁNCHEZ ÁLVAREZ, M. M., «Reducción de capital y capital autorizado (¿un supuesto *praeter legem?*)», en *Revista de Derecho de Sociedades*, 42, 2014, pp. 212-214. Y ALCALÁ DÍAZ, M. Á., «La delegación en el consejo de administración del aumento de capital con emisión de nuevas acciones», AA.VV., *Sociedades cotizadas y Transparencia en los mercados*, Madrid, Aranzadi, 2019, Tomo II, pp. 46 ss., con particular mención a las sociedades cotizadas.

30 Según FERNÁNDEZ DE LA GÁNDARA, *Derecho de sociedades*, cit., p. 861, el capital autorizado crea un mecanismo de competencias concurrentes para la modificación estatutaria concreta en que consiste. CASTELLANO RAMÍREZ, *loc. cit.*

gación uno o varios aumentos del capital social». Por tanto, la junta podría en cualquier momento revocar la delegación concedida y dejarla sin efecto, recuperando la exclusividad, sometiéndose el acuerdo de revocación a los requisitos de asuntos ordinarios[31].

Además de la delegación de la facultad de aumentar capital al órgano de administración, la ley reconoce, también para sociedades anónimas, la posibilidad de delegar la facultad de completar las condiciones en las que un aumento de capital ya acordado por la junta ha de ser ejecutado [art. 297.1.a) LSC]. Como veremos a continuación, el alcance de esta delegación es mucho menor, y de hecho no forma parte de la decisión de aumentar capital estrictamente hablando.

Pero antes de tratar los requisitos y el alcance de la delegación en los administradores debemos hacer una mención breve a la cuestión tipológica, que aflora en esta materia con carácter singular. Como hemos mencionado, el art. 297 LSC solo permite expresamente las delegaciones a las que se refiere en sociedades anónimas. En la refundición de 2010, la LSC acogió en este caso el art. 153 de la LSA de 1989 con la mención explícita a su aplicación «en las sociedades anónimas», interpretando el silencio de la LSRL 1995 al respecto como una exclusión de tal régimen para las sociedades de responsabilidad limitada. Las razones para no permitir delegar en el órgano de administración la decisión de aumento de capital en las sociedades limitadas no son demasiado concluyentes; y, con mayor motivo por la menor relevancia, tampoco lo son las que impedirían la delegación para completar o definir las condiciones de ejecución. Es cierto que la constitución de la junta en sociedades limitadas no es, en principio, complicada ni costosa, y que en dichas sociedades la operación tiende a perder esa preferencia de su condición de decisión de gestión para captación de recursos y gana peso la perspectiva puramente estructural, por el carácter esencialmente cerrado de este tipo social; de modo que la agilidad pretendida por la institución de la delegación no es apremiante en atención a las exigencias de un mercado de financiación de este tipo. Sin embargo, no debe olvidarse que los caracteres de las sociedades cerradas pueden presentarse perfectamente también en sociedades anónimas, por lo que estas diferencias tipológicas han ido perdiendo peso con el paso del tiempo, y hoy en día pueden considerarse en buena medida superadas[32]. Así las

31 ALCALÁ DÍAZ, «La delegación...», cit., p. 40.

32 Véase para esta cuestión a ALONSO LEDESMA, «Aumento de capital...», 1996, cit., págs. 797-799, quien apuntó esa aparente justificación para el régimen restrictivo en la sociedad limitada: «en la SRL, por su carácter cerrado, no se dan las razones de estrategia económico-financiera para la colocación de los valores en el mercado de capitales que, normalmente,

cosas, lo cierto es que parte de la doctrina y alguna jurisprudencia menor han reconocido la posibilidad de delegar en los administradores la concreción de las condiciones de ejecución del aumento de capital ya acordado también en sociedades de responsabilidad limitada; pero no es posible la delegación de la decisión de aumentar capital o capital autorizado[33].

2. El acuerdo de delegación por la junta general

Como presupuesto de validez de las delegaciones permitidas, se exige que sean aprobadas en un acuerdo de la junta general que respete los requisitos establecidos para la modificación de los estatutos (art. 297.1 LSC); si bien, dichos requisitos habrán de ser adaptados debidamente, al no tratarse esta de una decisión de modificación de los estatutos propiamente dicha. El alcance de dicha adaptación no es idéntico en ambas delegaciones.

Naturalmente, el asunto a tratar deberá recogerse correctamente en el orden del día de la convocatoria de la junta, y se someterá a aprobación por las mayorías reforzadas indicadas, respetando igualmente el quórum de constitución previsto para los asuntos de especial importancia (v. arts. 194 y 201.2

justifican en las sociedades abiertas el recurso a este sistema», criticando sin embargo que la opción fuera tan rígida en contraste con la polivalencia funcional de la sociedad limitada, que «presenta la suficiente elasticidad para que esta forma social pueda ser utilizada para ejercitar empresas de dimensiones importantes, con un número de socios elevado, para las cuales puede ser muy útil». Véase cómo CASTELLANO RAMÍREZ, comentario al «Artículo 297...», cit., p. 2208, señalaba que el aumento de capital autorizado ha estado ligado «a las operaciones de financiación de las sociedades anónimas abiertas con acciones admitidas a cotización bursátil, si bien las ventajas que ofrece la misma respecto de la gestión financiera de la sociedad han prodigado también su utilización entre las medianas empresas constituidas en forma de sociedad anónima».

33 Así, ALONSO LEDESMA, *op. loc. ult. cit.* V. también, con un alegato a favor de permitir también la delegación de la decisión de aumento en sociedades limitadas, ALFARO ÁGUILA-REAL, J., «Completamiento de los términos del aumento de capital acordado por la junta y capital autorizado en la sociedad limitada», en línea, 9.4.2021, https://derechomercantilespana.blogspot.com/2021/04/completamiento-de-los-terminos-del.html (consulta: 15.10.2022), quien cita la SAP Madrid núm. 233/2014, de 18 de julio, permitiendo la delegación de las condiciones de ejecución del aumento de capital ya acordado. Por su parte, ROJO FERNÁNDEZ-RÍO, Á., «El aumento de capital en la sociedad de responsabilidad limitada», en PAZ-ARES (Coord.), *Tratando de la sociedad limitada*, Madrid, Fundación Cultural del Notariado, 1997, págs. 818-819, se posicionó en contra de ambas posibilidades, señalando que el Derecho español no permite en sociedades de responsabilidad limitada delegar en los administradores la decisión de aumento ni la concreción de las condiciones para la ejecución de un aumento ya acordado en junta.

LSC). Los matices aparecen en relación con el resto de exigencias, previstas como refuerzo del derecho de información de los socios.

Así, en el caso del acuerdo de delegación para completar las condiciones de ejecución del aumento ya acordado [art. 297.1.a)], los requisitos informativos quedarían absorbidos por los requisitos del acuerdo de aumento de capital de la junta, pues la propuesta de contenido de ese acuerdo y el informe justificativo puestos a disposición de los socios (arts. 286 y 287 LSC) deberían dejar claro qué elementos no van a incluirse como contenido del acuerdo por ser objeto de delegación a los administradores.

Mientras que en el caso del acuerdo de delegación para decidir el aumento de capital [art. 297.1.b)] será imprescindible elaborar por los proponentes un informe justificativo sobre la delegación propuesta, que habrá de ser puesto a disposición de los socios junto con la convocatoria de la junta (mismos arts. 286 y 287). Es relevante el mantenimiento de este requisito para tutelar la posición del socio y concederle la oportunidad de entender el alcance y consecuencias del acuerdo, tras el que se permitiría alterar un elemento estructural esencial como el capital, afectando sus intereses inmediatos sin necesidad de volver a someter la decisión a la junta. La justificación debe quedar clara en términos de agilidad para tomar la decisión en relación con las eventuales necesidades económicas, y con referencia a los límites que se señalen para los administradores. Es preciso indicar aquí, además, que los posibles aumentos de capital que decida el órgano de administración tras la autorización no requerirán de justificación adicional ni informe de ningún tipo, subsumiendo la fundamentación singular de cada operación en la justificación general provista con carácter previo al acuerdo de delegación de la junta[34].

Al contrario, y en relación con ello, no es coherente que se ponga a disposición de los socios la propuesta de redacción de la modificación estatutaria exigida por el art. 286 LSC como requisito general para las modificaciones de estatutos, pues el acuerdo de delegación no es ninguna modificación estatutaria, y no es posible avanzar la redacción que pudieran dar a los estatutos los administradores tras la eventual ejecución de una o varias operaciones de aumento. Esta ausencia no supone ningún déficit, pues como vamos a ver el acuerdo de delegación por la junta debe respetar unos límites cuantitativos, cualitativos y temporales que, indicados y explicados en el informe justificativo, tutelan adecuadamente la información del socio.

34 ROJO FERNÁNDEZ-RÍO, comentario al «Artículo 286...», *cit.*, p. 2111.

3. Mención a la delegación para integrar las condiciones de ejecución. La especialidad en sociedades cotizadas

Con un alcance menor, la ley prevé la posibilidad de que la junta general delegue en el órgano de administración la facultad de completar o integrar un acuerdo de aumento ya adoptado por la junta en lo referido a ciertas condiciones para su ejecución: «la fecha en que el acuerdo ya adoptado de aumentar el capital social deba llevarse a efecto en la cifra acordada y de fijar las condiciones del mismo en todo lo no previsto en el acuerdo de la junta» [art. 297.1.a) LSC].

Debe señalarse, en primer lugar, que no se concede por esta vía al órgano de administración la facultad de ejecución del aumento de capital acordado en junta, pues esa ejecución de los acuerdos de la junta general es una facultad que pertenece a la esfera de competencias del órgano de administración, sin que deba recibir una delegación expresa para ello. Al contrario, se trata de atribuir al órgano de administración la posibilidad de definir algunas de las circunstancias propias de la operación que en principio pertenecen a la esfera de competencia de la junta, quien está llamada a orientar o instruir a los administradores sobre cómo ejecutar la operación acordada. Con la delegación, la junta general se desprende de la necesidad de establecer esas condiciones de ejecución, y las atribuye a los administradores por la mejor posición de estos para determinar tales aspectos de cara a la ejecución del aumento[35]. Así, por ejemplo, la delegación de la fijación de la fecha en la que el aumento de capital acordado deba ejecutarse facilita a los administradores adaptarse a las diferentes circunstancias que pueden sugerir el momento concreto más oportuno[36]; se establece expresamente que el plazo máximo que puede conceder la junta es de un año desde la fecha del acuerdo de delegación, salvo en el caso de conversión de obligaciones en acciones, pues en este supuesto la junta establecerá el plazo máximo para la conversión (v. art. 418.2 LSC).

Bien es cierto que la norma no establece ulteriores límites al alcance de esta delegación, más allá de la mención a dicha fecha de ejecución, y a una referencia general a todas las condiciones no fijadas por el acuerdo de aumento de la junta. Es claro que algunos elementos no pueden ser objeto de delegación, por ser imprescindibles como contenido del acuerdo de la junta,

35 Señala ALCALÁ DÍAZ, «La delegación...», cit., p. 34, que no es necesario que el acuerdo de la junta mencione expresamente las materias objeto de delegación, de modo que se entenderán delegadas todas las que no hayan sido señaladas en el acuerdo, siempre que este refiera su contenido mínimo (no delegable).

36 CASTELLANO RAMÍREZ, comentario al «Artículo 297...», cit., p. 2206.

en relación con la propuesta del acuerdo que se lleva a votación: la cuantía del aumento, la modalidad de aumento, el contravalor, el valor nominal de las acciones creadas o bien el incremento de valor de las existentes y su valor final[37], la prima de emisión, los derechos anudados a las nuevas acciones, o las condiciones para el ejercicio del derecho de preferencia. Por tanto, parece que solo podría ser objeto de delegación, además de los plazos para realizar la suscripción, comprometer la aportación y efectuar el desembolso correspondiente, la determinación del lugar y la forma en que deban realizarse tales desembolsos. Y, en su caso, también la posibilidad de conceder eficacia parcial a un eventual aumento de capital incompleto, previsto como condiciones de la emisión (en relación con el art. 311 LSC)[38].

Por último, el contenido de esta delegación para integrar podría ser más amplio en sociedades cotizadas, teniendo en cuenta la redacción del art. 505 LSC por la Ley 5/2021, de 12 de abril, por la que se modifica el texto refundido de la Ley de Sociedades de Capital en lo que respecta al fomento de la implicación a largo plazo de los accionistas en las sociedades cotizadas. Así, para los casos en los que la junta general haya acordado un aumento de capital con exclusión del derecho de preferencia, la junta podrá delegar en el consejo de administración la fijación del precio de la emisión, además de la fecha y otras condiciones de dicha emisión ya permitidas por el art. 297.1.a) LSC. La especialidad frente a las sociedades no cotizadas, por tanto, permite eludir la necesidad de que el precio de emisión sea señalado por la junta que acuerda el aumento, y, por tanto, en la propuesta de acuerdo que se pone a disposición con la convocatoria de la junta. Se atribuye a los administradores, de este modo, la determinación directa del precio de emisión o a través del empleo de un procedimiento para su determinación basado en técnicas habituales de colocación, aproximando por tanto esta delegación para integrar a la finalidad que de hecho tiene la delegación de la decisión de aumentar capital en ese contexto de mercado abierto, que mencionaremos más adelante[39]. En tales casos, la norma exige que el precio de la emisión determinado

37 Parte de la doctrina interpreta que es posible delegar la determinación del valor nominal de las acciones creadas, ÁVILA DE LA TORRE, A., comentario al «Artículo 297. Delegación en los administradores», en GARCÍA-CRUCES y SANCHO GARGALLO (dirs.), cit., p. 4156.

38 V. así CASTELLANO RAMÍREZ, M. J., comentario al «Artículo 311. Aumento incompleto en las sociedades anónimas», en ROJO y BELTRÁN (coords.), *cit.*, p. 2300.

39 Sobre las diferentes técnicas de colocación de acciones en cotizadas, *vid.* ALONSO LEDESMA, C., «Aumentos de capital con exclusión del derecho de suscripción preferente: colocaciones aceleradas», AA.VV., *Sociedades cotizadas y Transparencia en los mercados*, Madrid, Aranzadi, 2019, Tomo II, pp. 68 ss., quien pone de relieve la escasa compatibilidad de esas técnicas con el mantenimiento del derecho de preferencia (pp. 73 ss.).

por los administradores, sea directamente o a través de un procedimiento para su determinación, se corresponda con el valor razonable, en coherencia con el requisito previsto para la supresión del derecho de preferencia en el régimen general [art. 308.2.c) LSC], en paralelo a la misma exigencia en los casos de delegación de la decisión de aumentar con exclusión del derecho de preferencia en cotizadas (art. 506.4 LSC), y en contraste con la especialidad en cotizadas que permite a la junta acordar la emisión por un valor inferior al valor razonable bajo ciertos requisitos (art. 504.4 LSC)[40]. Debe tenerse en cuenta el valor razonable puede descontar hasta un diez por ciento el valor de mercado establecido por la cotización bursátil (art. 504.3 LSC)[41].

4. La delegación de la adopción de la decisión o aumento de capital autorizado

Como venimos diciendo, la ley reconoce la facultad de la junta general de delegar en el órgano de administración la competencia para adoptar la decisión societaria de aumentar el capital social bajo los límites y requisitos que señale la propia junta, que a su vez se somete a los requisitos que establece la ley [art. 297.1.b) LS]. Una vez concedida la competencia, la decisión de la persona jurídica podrá adoptarla el órgano de administración de acuerdo con la forma de expresar su propia voluntad que resulte aplicable; en el caso de que el modo de organizar la administración fuera consejo de administración, la competencia sería a su vez indelegable en el órgano delegado que eventualmente se hubiera creado, salvo que la propia junta general lo hubiera autorizado expresamente [art. 249 bis.l) LSC].

En todo caso, se trata de una atribución de competencia decisoria que no altera las otras fases de promoción de la operación que, de ordinario, corresponden al órgano de administración, como son la de iniciativa y la ejecución. Así, naturalmente, los administradores valorarán en términos de gestión si la coyuntura del momento sugiere acudir a la financiación interna por esta vía. En situación ordinaria, sin delegación, elevarían su propuesta a la junta gene-

40 Sobre el régimen del art. 505 LSC tras la Ley 5/2021, de 12 de abril, v. VAQUERIZO ALONSO, A., «La nueva regulación de la exclusión del derecho de suscripción preferente en las sociedades anónimas cotizadas. A propósito de la reforma introducida por la Ley 5/2021, de 12 de abril, por la que se modifica el Texto Refundido de la Ley de Sociedades de Capital», en *Revista de derecho de sociedades*, 66, 2022, apartado VII (versión digital).

41 V. ALONSO LEDESMA, C., «Algunas cuestiones sobre el aumento de capital en la sociedad cotizada con exclusión del derecho de suscripción preferente», en *Derecho de Sociedades, Concursal y de los Mercados Financieros: libro homenaje al profesor Adolfo Sequeira Martín*, Madrid, Sepín, 2022, pp. 174-175.

ral para que adoptara el acuerdo de aumento, no siendo necesario si se les ha concedido esta competencia. Tras la decisión correspondiente, compete al órgano de administración la ejecución de la operación de aumento. De ello se desprende sin dificultad que la delegación no implica la necesidad de aumentar capital en el tiempo que dure la autorización concedida[42].

4.1. *Requisitos o límites: cuantitativo, cualitativo y temporal. La emisión de acciones privilegiadas*

La autorización que se concede al órgano de administración para decidir aumentar capital se somete a unos límites cuantitativo, cualitativo y temporal. Los límites de la cuantía y de tiempo operan en dos niveles, pues se impone por la ley la necesidad de que el acuerdo de la junta general respete unos máximos, y a su vez la propia junta podrá fijar límites más estrictos que necesariamente deberán cumplir los administradores. El Registrador mercantil controlará el respeto de ambos en la inscripción del aumento de capital, pues a la escritura de aumento deberá adjuntarse el acuerdo de delegación: «en la escritura pública otorgada por los administradores en uso de la facultad de aumentar el capital delegada por la Junta General, se expresarán, además de las circunstancias a que se refiere el artículo anterior, el contenido íntegro del acuerdo de delegación, la cuantía dispuesta respecto del límite de la delegación y la que queda por disponer» (art. 167.1 RRM). En caso de exceder los límites, la delegación por la junta o la decisión de los administradores sería inválida, y el Registrador deberá negarse a practicar la inscripción[43].

La junta general deberá fijar en el acuerdo de delegación el límite cuantitativo que señale la cuantía máxima concedida a los administradores para aumentar capital durante el tiempo que dure la delegación, no pudiendo establecer una cantidad superior a la mitad de la cifra de capital social suscrito en el momento en que se otorga la autorización. Ese límite fijado para los administradores es un límite global que no podrán superar ya sea en un único aumento, ya en varios. No se tiene en consideración el importe desembolsado, sino el capital suscrito. En principio, la letra de la norma señala que tampoco debe tenerse en cuenta las vicisitudes de la cifra de capital

42 FERNÁNDEZ DE LA GÁNDARA, «El capital autorizado», cit., p. 221; CASTELLANO RAMÍREZ, comentario al «Artículo 297...», cit., p. 2208; ALCALÁ DÍAZ, «La delegación...», cit., p. 39, quien señala que la delegación no es una instrucción a los administradores, de modo que su no ejecución sea en sí misma antijurídica y susceptible de generar responsabilidad.

43 FERNÁNDEZ DE LA GÁNDARA, «El capital autorizado», cit., p. 223. CASTELLANO RAMÍREZ, comentario al «Artículo 297...», cit., p. 2209.

después del acuerdo de autorización, no alterando la cuantía delegada por aumentos posteriores acordados en junta, ni reducciones posteriores acordadas en junta o incluso por los administradores en ejercicio de su facultad tras una separación o exclusión de socios; sin embargo, cabría preguntarse si en los casos de reducción de capital posterior a la autorización podría entenderse reducido implícitamente la cuantía de la autorización, atendiendo a la finalidad de la norma, particularmente en los casos de reducción por imperativo legal[44].

El límite cualitativo hace referencia al contravalor del aumento de capital autorizado, que habrá de ser siempre con cargo a aportaciones dinerarias, ya sea por emisión de nuevas acciones, ya por incremento del valor nominal de las existentes[45]. De esta manera, se excluye a *sensu contrario* la delegación referida a los demás contravalores posibles de un aumento, de modo que los administradores nunca estarán facultados a aumentar capital con aportaciones no dinerarias, con cargo a reservas o por compensación de créditos[46]. En este punto, el acuerdo de la junta no tiene margen de elección, es un límite legal que opera en términos absolutos, tanto para la junta como para el órgano de administración. La justificación de este límite está muy conectada al mantenimiento del derecho de preferencia solo en los aumentos de capital dinerarios (art. 304 LSC), de modo que la captación de recursos por los administradores sea únicamente de este tipo y sin que esa operación sea, por sí sola, susceptible de diluir la posición jurídica y económica de los socios en la sociedad[47].

Por lo que al límite temporal se refiere, la junta señalará también el tiempo concedido al órgano de administración para aumentar capital dinerario por la cuantía máxima total, no pudiendo superar ese tiempo los cinco años desde el acuerdo de delegación, caducando la autorización cuando expire el tiempo concedido. La temporalidad necesaria de la autorización refuerza la capacidad de control periódico que tiene la junta general sobre una decisión de esta importancia, susceptible de alterar la posición de los socios en la estructura

44 Por todos, trata esta cuestión SÁNCHEZ ÁLVAREZ, «Reducción de capital y capital autorizado...», cit., pp. 209 ss., que propone una interpretación finalista *praeter legem*.

45 Como mencionaremos más adelante, en caso de que el aumento de capital autorizado sea por incremento del valor nominal de las acciones o participaciones existentes, los administradores deberán recabar el consentimiento de todos los socios en aplicación del art. 296.2 LSC.

46 MARTÍNEZ NADAL, A., *El aumento de capital con cargo a reservas y beneficios en la sociedad anónima*, Madrid, McGraw Hill, 1996, p. 197.

47 Nótese que en sociedades cotizadas es posible delegar en los administradores no solo la competencia para aumentar capital, sino también la supresión del derecho de preferencia (art. 506 LSC), como mencionaremos a continuación.

del capital. Es cierto que la propia junta puede revocar o modificar en cualquier momento la autorización concedida, pero la limitación temporal es sin duda una opción adecuada al menos para la revisión de la delegación de cara a una renovación, atendiendo a las circunstancias eventualmente cambiantes de la sociedad.

Por último, no se señala como límite legal la necesidad de que el aumento de capital autorizado emita únicamente acciones ordinarias, por lo que sería posible que los administradores emitieran acciones privilegiadas, salvo que el acuerdo de delegación de la junta general hubiera vedado expresamente esa facultad[48]. Ahora bien, en el caso de que esa emisión de acciones privilegiadas en un aumento de capital autorizado lesione directa o indirectamente el privilegio de los socios pertenecientes a una clase de acciones preexistente, será imprescindible la aceptación previa de la mayoría a acciones de la clase afectada, por aplicación de las normas especiales previstas para la modificación de estatutos en estos casos (*ex* art. 293 LSC). Existe en este punto una laguna que debe ser integrada, pues la decisión del aumento de capital por los administradores no se somete a los requisitos previstos para la modificación de los estatutos, sino que es el acuerdo de delegación de la junta el que debe someterse a estos (art. 297.1). Por ello, una interpretación literal permitiría eludir esa tutela de los socios con acciones privilegiadas preexistentes. Sin embargo, parece más razonable la integración teleológica de la regulación, exigiendo por tanto la aceptación de la clase afectada como requisito de validez. De modo que, si el acuerdo de delegación de la junta no limita la emisión de acciones a las ordinarias, y por tanto faculta a los administradores para emitir privilegiadas, será necesario acompañar a esa delegación del acuerdo separado de la mayoría de las clases de acciones cuyo privilegio pudiera resultar afectado por un aumento de capital autorizado con acciones privilegiadas; o bien que los propios administradores convoquen, con carácter previo a la decisión de aumentar capital, la junta especial de la clase afectada para aprobar esa emisión de acciones privilegiadas.

48 La cuestión fue objeto de debate doctrinal porque la LSA 1951 preveía la necesidad de que, en los aumentos de capital autorizados, la emisión fuera de acciones ordinarias, mientras que la LSA 1989, durante su tramitación parlamentaria, suprimió ese requisito. Al respecto, véase por todos ROJO FERNÁNDEZ-RÍO, Á., «El acuerdo de aumento...», cit., 1996, págs. 2348-2351. V. también FERNÁNDEZ DE LA GÁNDARA, «El capital autorizado», cit., pp. 225-228, resaltando cómo la tutela de estos socios privilegiados preexistentes se habilita con el mantenimiento del derecho de preferencia.

4.2. *La delegación adicional de la exclusión del derecho de preferencia en cotizadas*

Procede en este punto hacer una mención a la posibilidad prevista en sociedades cotizadas de delegar por la junta general al órgano de administración la competencia para excluir el derecho de preferencia en relación con las nuevas acciones emitidas en una decisión de aumento de capital autorizado (art. 506 LSC), pues introduce algunas cuestiones de relevancia que discurren en paralelo a la autorización para aumentar capital, siendo así oportuna su alusión en conexión con el objeto de nuestro trabajo[49].

Esta posibilidad de delegar la exclusión del derecho de preferencia al órgano de administración se introdujo en 1998 en el art. 159.2 de la LSA 1989[50]. Su justificación descansa en los mismos fines de la figura del capital autorizado, como ya puso de manifiesto la doctrina que trató el capital autorizado antes de esta previsión[51].

Se trata de una posibilidad que se concede para su adopción voluntaria por la junta general, que podrá acordarlo o no con independencia de que haya decidido delegar el aumento de capital. Es cierto que esta delegación para suprimir el derecho de preferencia guarda cierta accesoriedad con el acuerdo de autorización para aumentar capital, pero se trata en todo caso de una delegación que, si fuera propuesta, habría de aprobarse en un acuerdo separado de la junta, figurando en el orden del día de la convocatoria como un asunto distinto a aquel (art. 506.2 LSC). En relación con ello, la letra de la norma sugiere que compete a la misma junta general que acuerda la autorización al órgano de administración para aumentar capital conceder la competencia

49 Ello sin perjuicio del tratamiento oportuno del derecho de preferencia y de esta especialidad en cotizadas en el Capítulo de esta obra preparado por MARTÍNEZ MARTÍNEZ, M. T., «Aumento del capital con aportaciones dinerarias. Derecho de preferencia».

50 Con ocasión de la reforma de la Ley 50/1998, 30 diciembre, de Medidas Fiscales, Administrativas y del Orden Social.

51 V., antes de la reforma, FERNÁNDEZ DE LA GÁNDARA, «El capital autorizado», cit., pp. 232-233, favorable incluso a dicha posibilidad por vía interpretativa. Recientemente, ALONSO LEDESMA, C., «Algunas cuestiones...», cit., 2022, p. 176: «la mayoría de las ampliaciones de capital en las sociedades cotizadas y, sustancialmente, las llevadas a cabo mediante la colocación acelerada de las acciones se llevan a cabo excluyendo el derecho de suscripción preferente puesto que el reconocimiento del derecho a los antiguos accionistas es totalmente incompatible con este tipo de ampliaciones: si los antiguos accionistas pudieran ejercitar su derecho nunca podrían ofrecerse las acciones a los inversores profesionales cuya entrada en la sociedad se pretende conseguir», quien posteriormente señala imprescindible que junto con la autorización para ampliar capital se delegue a los administradores «también la facultad conferida a la junta de excluir o limitar el derecho de suscripción preferente».

para excluir el derecho de suscripción preferente: «el anuncio de convocatoria de la junta general en el que figure la propuesta de delegar en los administradores la facultad de aumentar el capital social deberá, en su caso, contener expresamente la autorización a los mismos para excluir el derecho de suscripción preferente». Ahora bien, no encontramos inconveniente mayor para que, dentro del límite temporal concedido al órgano de administración para aumentar capital, otra junta general pueda acordar la delegación de la competencia para excluir el derecho de preferencia con los demás requisitos previstos. Ciertamente, lo habitual es prever ambas delegaciones en la misma junta general, pues de hecho es extraño que se acuerde de manera singular la delegación de la decisión de aumentar sin delegar a su vez la exclusión del derecho de preferencia, ya que la agilidad que confiere la primera quedaría neutralizada por las condiciones de ejercicio del derecho de preferencia[52].

Para acordar dicha delegación de la exclusión del derecho de preferencia es necesario que se ponga a disposición de los accionistas, desde el anuncio de convocatoria de la junta general, un informe de los administradores justificando la propuesta de delegación (art. 506.2, segundo inciso), que naturalmente se añade a la puesta a disposición del informe justificativo de la propuesta de delegación de la decisión de aumento de capital exigible *ex* arts. 286 y 287 LSC. Nada impide, claro está, que se dé cumplimiento a ambas exigencias a través de un único informe preparado por los administradores proponentes, siempre que su contenido permita al socio conocer las implicaciones de cada delegación individualmente considerada; no en vano, sería útil la elaboración conjunta para exponer las ventajas de la conjunción de medidas, sin duda complementarias.

Por otra parte, si bien las decisiones de aumento de capital autorizado adoptadas por los administradores no precisan en sí mismas de ninguna justificación ni informe adicional, como indicamos anteriormente, en los casos en que dichos aumentos sean con exclusión del derecho preferencia autorizado de conformidad con el régimen previsto para las sociedades cotizadas será imprescindible acompañar cada decisión de aumento con el informe justificativo de los administradores exigido por el art. 308.2.a) LSC (art. 506.3 LSC). Deberá hacerse explícito, por tanto, cuál es la ventaja que obtiene la sociedad con esta modalidad de aumento que excluye el derecho de preferencia frente a los perjuicios que le causa al accionista prescindir de dicho derecho, que particularmente serán más destacables en los casos de sociedades con propiedad concentrada o accionistas con posición estratégica que verían diluida su participación relativa

52 ALCALÁ DÍAZ, «La delegación...», cit., p. 53.

como consecuencia de la operación[53]. Dicho informe de los administradores deberá ser puesto a disposición de los accionistas y comunicado a la primera junta general que se celebre después de la decisión de aumento de capital (art. 506.4, *in fine*, LSC), al objeto de dar transparencia y permitir el contraste de la justificación de la decisión de aumento con la propia de la delegación de la exclusión.

Se exige además que el valor de las acciones a emitir se corresponda con el valor razonable (art. 506.4 LSC), para lo que deberá atenderse al valor de mercado establecido por referencia a la cotización bursátil, permitiendo descuento de hasta un diez por ciento al precio de dicha cotización (art. 504.3 LSC). Esto concuerda con la exigencia prevista en el régimen general de exclusión del derecho de preferencia [art. 308.2.c) LSC], y con el requisito de la delegación para integrar el precio de emisión en cotizadas (por su valor razonable) cuando se haya acordado la exclusión del derecho de preferencia por la junta (art. 505 LSC). De este modo, se entiende que la única competente para fijar un precio de emisión inferior al valor razonable es la junta general (art. 504.4 LSC)[54].

Por último, además de lo anterior, se ha previsto también un límite cuantitativo para aumentar capital con exclusión del derecho de preferencia, que juega en paralelo al límite cuantitativo general previsto para el capital autorizado: «la delegación para aumentar el capital con exclusión del derecho de suscripción preferente no podrá referirse a más del veinte por ciento del capital de la sociedad en el momento de la autorización» (art. 506.1, *in fine*). Dicho límite se introdujo por la Ley 5/2021, de 12 de abril, por la que se modifica el texto refundido de la Ley de Sociedades de Capital en lo que respecta al fomento de la implicación a largo plazo de los accionistas en las sociedades cotizadas[55]. El modo de redactar este límite se entiende no como un umbral máximo impuesto a la junta general para establecer el límite cuantitativo de la autorización que concede al consejo de administra-

53 ALONSO LEDESMA, C., «Aumentos de capital con exclusión del derecho de suscripción preferente: colocaciones aceleradas», *cit.*, 2019, pp. 90-91; ALCALÁ DÍAZ, «La delegación...», cit., pp. 60-61.

54 Expresamente así VAQUERIZO ALONSO, A., «La nueva regulación...», *cit.*, apartado VII (versión digital).

55 Además, su origen puede encontrarse en la rec. 5 del Código de Buen Gobierno de Sociedades Cotizadas de la CNMV (2020): «Que el consejo de administración no eleve a la junta general una propuesta de delegación de facultades, para emitir acciones o valores convertibles con exclusión del derecho de suscripción preferente, por un importe superior al 20 % del capital en el momento de la delegación». Dicha recomendación deviene inoperante tras la inclusión del límite en la ley.

ción, sino un límite legal que debe respetar el consejo dentro del límite fijado por la junta, que como hemos visto puede alcanzar hasta la mitad de la cifra de capital en virtud del art. 297.1.b) LSC. Con ello se limita el margen de discrecionalidad de los administradores no para la captación de recursos vía capital, sino para alterar la estructura accionarial de la sociedad, en perjuicio fundamentalmente de los inversores institucionales[56]. Es un límite, por cierto, que se aplica en conjunción con la emisión de obligaciones convertibles con exclusión también del derecho de preferencia cuando ambas decisiones (emisión y exclusión) se hayan delegado en los administradores; es decir, las acciones emitidas en virtud de un aumento de capital autorizado y las acciones en que pudieran resultar las obligaciones convertibles emitidas por el consejo previa delegación por la junta, cuando en ambos casos se haya delegado la exclusión del derecho de preferencia, «no podrá exceder del veinte por ciento del número de acciones integrantes del capital social en el momento de la autorización» (art. 511.1 LSC). Por lo demás, lógicamente no es un límite disponible al alza por la junta general, pero sí a la baja, pudiendo la junta reducir el umbral máximo por debajo del veinte por ciento legal, pero no incrementar dicho límite ni siquiera a través de regulación estatutaria.

IV. AUMENTO DE CAPITAL POR ELEVACIÓN DEL VALOR NOMINAL DE LAS ACCIONES O PARTICIPACIONES. EL CONSENTIMIENTO UNÁNIME DE LOS SOCIOS

Además de la decisión societaria del aumento de capital por el órgano competente, si la modalidad de aumento de capital elegida generase una obligación onerosa para los socios actuales se requerirá el consentimiento individual de todos ellos, pues una decisión mayoritaria no puede imponer la obligación de aportar de los socios. Es el caso de los aumentos realizados por elevación del valor nominal de las acciones o participaciones existentes, salvo

56 Por todos ALONSO LEDESMA, C., «Algunas cuestiones...», cit., 2022, pp. 176-179, quien critica y propone interpretación transitoria para las delegaciones previas a la introducción del límite en 2021: «si el acto de ejecución del acuerdo tiene lugar habiendo entrado en vigor la nueva normativa debe quedar sometido a esta, que es la vigente en el momento en que se ejecuta y, en consecuencia, que si se pretende excluir el derecho de suscripción preferente, solamente podría realizarse hasta el 20% del aumento sin necesidad, además, de contar con el informe del experto independiente que hasta esa cifra no se requiere». V. en el mismo sentido a VAQUERIZO ALONSO, A., «La nueva regulación...», *cit.*, apartado VII (versión digital).

que se realice con cargo a beneficios o reservas que ya figurasen en el último balance aprobado (art. 296.2 LSC), precisamente porque en este último caso no se impone la obligación de aportar a los socios[57].

Este requisito es una expresión directa de lo ya establecido en términos generales en el art. 291 LSC para cualquier modificación estatutaria que implique nuevas obligaciones para los socios, exigiendo el consentimiento de los afectados. Por este motivo, es criticable que no se haya ajustado adecuadamente a este régimen, exigiendo únicamente el consentimiento de los titulares de las acciones o participaciones que incrementen su valor nominal, situación que pudiera suceder si el contravalor del aumento fueran aportaciones no dinerarias o compensación de créditos por socios actuales[58].

El consentimiento de los socios podrá recabarse y obtenerse antes o después de la decisión societaria de aumentar capital, debiendo constar en la escritura pública de aumento de capital que todos los socios han prestado su consentimiento para dicho aumento de capital (arts. 166.3 y 198.3 RRM).

Por lo demás, queda claro que no se está requiriendo que el acuerdo de aumento de la junta general sea por unanimidad de los votos: este se somete a los requisitos de las modificaciones de estatutos, de conformidad con lo ya indicado, siendo un acuerdo sometido al principio de mayoría. Tampoco se exige siquiera que el «consentimiento de todos los socios» se exprese en la misma junta que acuerda el aumento, que por supuesto podría constituirse normalmente sin la asistencia de todos los socios.

Y como ya hemos mencionado, en sociedades anónimas es posible que esta modalidad de aumento de capital sea delegada por la junta a los administradores, que siempre deberán realizarla con cargo a aportaciones dinerarias, de acuerdo con el límite cualitativo del contravalor del capital autorizado [art. 297.1.b) LSC]. La delegación es únicamente de la competencia para emitir la decisión societaria de aumentar capital, por lo que para realizar esta modalidad de aumento se precisará siempre el consentimiento de todos los socios también en caso de capital autorizado[59].

57 MARTÍNEZ NADAL, cit., pp. 209-211.

58 SÁENZ GARCÍA DE ALBIZU, comentario al «Artículo 296...», cit., pp. 2197-2198.

59 Señala acertadamente ALCALÁ DÍAZ, «La delegación...», cit., p. 38, en la práctica no es demasiado coherente la agilidad pretendida por el aumento de capital autorizado con la demora inevitable que requiere esta modalidad de aumento de capital.

V. MENCIÓN A LAS ESPECIALIDADES EN LA DECISIÓN SOBRE AUMENTOS DE CAPITAL DE SOCIEDADES EN CONCURSO Y EN EJECUCIÓN DE UN PLAN DE REESTRUCTURACIÓN PRECONCURSAL

Nos parece relevante en el ámbito de este trabajo hacer una breve alusión a cómo las normas de Derecho concursal y preconcursal modifican la decisión societaria sobre el aumento de capital de la sociedad deudora, con diverso alcance: en unos casos, por la alteración competencial *ex lege*; en otros, por la modificación de las reglas aplicables al acuerdo de la junta; y, en casos extremos, por la posibilidad de obviar por completo la decisión societaria. En definitiva, el TRLC ha previsto en su reciente reforma de 2022 un régimen que altera en mayor o menor medida el Derecho de sociedades en lo relativo a las decisiones de aumento de capital, en un intento de coordinación excepcional para situaciones de crisis que lo precisen[60].

Así, el régimen concursal del aumento de capital prevé especialidades para los casos en que esta medida se hubiera previsto como contenido de un convenio. Particularmente, se indica que la adopción por la junta general de un acuerdo de aumento de capital por compensación de créditos concursales se someterá a los requisitos de los asuntos ordinarios (art. 328.1 TRLC). Esta norma, que ya existía antes de la reforma, no parece bien coordinada con la principal novedad al respecto introducida en 2022, y que señala que no será necesario acuerdo de la junta general cuando el convenio prevea un aumento de capital por compensación de créditos concursales y aquel sea aprobado por el juez del concurso, con la consecuencia de que los administradores de la sociedad deudora quedarán facultados para aumentar el capital en la medida necesaria para la conversión de los créditos (art. 399 bis.1 TRLC). La coordinación entre ambas disposiciones nos lleva a la esfera de los deberes de los administradores sociales, que en principio deberán convocar la junta para que esta apruebe el aumento de capital previsto como contenido del convenio, pero que, si esta no lo hiciera, deberían los propios administradores ejecutar el aumento incluso sin tal acuerdo ni autorización por la junta, sobre la base de la aprobación judicial del convenio. La finalidad de esta ejecución sería evitar el incumplimiento del convenio, que podría derivar en responsabilidad concursal de los propios administradores (arts. 455-456 TRLC) comoquiera que dicho incumplimiento es una presunción *iuris et de iure* de culpabilidad del concurso (art. 443.6.º TRLC).

60 Las novedades introducidas por la Ley 16/2022, de 5 de septiembre, de reforma del texto refundido de la Ley Concursal, han sido de gran calado en este sentido, intensificando las medidas de alteración del régimen de la decisión societaria que se preveían anteriormente.

Por su parte, las medidas en el contexto de la promoción de planes de reestructuración preconcursales guardan cierto paralelismo con las previstas en sede de concurso, pero son incluso más incisivas. En primer lugar, si el plan de reestructuración propuesto contiene medidas competencia de la junta general de la sociedad de capital deudora, como sería un aumento de capital, se prevén reglas especiales sobre el funcionamiento colegiado de la junta general llamada a aprobar el plan de reestructuración y, con él, las medidas incluidas (art. 631.2 TRLC)[61]. Se trata de unas reglas que pretenden una doble finalidad: de una parte, agilizar la adopción del acuerdo; de otra, evitar el bloqueo de los socios en aplicación de los refuerzos legales o estatutarios[62]. Las especialidades previstas para el acuerdo de la junta general se refieren exclusivamente al plazo previo de convocatoria, contenido del orden del día, y quórum y mayoría para la aprobación. Así, se reduce el plazo previo de convocatoria, que será de diez días —con independencia de si se trata de una sociedad anónima o de responsabilidad limitada—, o veintiún días en sociedades cotizadas (art. 631.2.1.ª TRLC). El único asunto que puede figurar en el orden del día de la convocatoria es la aprobación o rechazo del plan de reestructuración en todos sus términos, por lo que además el derecho de información de los socios se limita al contenido del plan (art. 631.2.3.ª TRLC). Y con independencia del contenido del plan de reestructuración, y en concreto de las medidas que sean competencia de la junta general, el quórum de constitución, en su caso, y la mayoría para la adopción del acuerdo será la exigida para los acuerdos ordinarios (art. 631.2.4.ª TRLC).

Pero sin duda la medida más agresiva prevista en el contexto de las soluciones preconcursales es la posibilidad de conseguir la homologación de un plan de reestructuración, y por tanto imponer que su contenido despliegue efectos, sin necesidad de aprobación por el deudor societario[63]. Aunque la redacción deja dudas, la interpretación sugiere que ello es posible en los casos de insolvencia inminente o actual, siendo imprescindible conformidad del

61 Al respecto puede verse JUSTE MENCÍA, J., «La junta de socios y los planes de reestructuración en el Derecho proyectado», *Revista General de Insolvencias y Reestructuraciones*, 6, 2022, *passim*; y MEGÍAS LÓPEZ, Comentario al «Artículo 631. Decisión de los socios sobre la aprobación del plan», en PULGAR EZQUERRA, J. (dir.), *Comentario a la Ley Concursal*, 3.ª ed., Las Rozas, La Ley, 2023, pp. 1092 ss.

62 GARCIMARTÍN ALFÉREZ, F., «Sobre el nuevo régimen aplicable a los planes de reestructuración (y algunas novedades en el Libro IV)», *Revista General de Insolvencias & Reestructuraciones (I&R)*, 7, 2022, pp. 70-71.

63 Debe indicarse que esta regulación se prevé como régimen general, pero en el régimen especial para empresas de menores dimensiones siempre requiere aprobación por el deudor en cualquier situación (art. 684.2 TRLC). Y también es así en los casos de los planes de continuación de las micropymes (art. 698.1 TRLC).

deudor societario en caso de probabilidad de insolvencia (art. 640.2 TRLC)[64]. El escenario es una situación no negociada entre deudor y acreedores, siendo estos quienes impulsan el plan de reestructuración y solicitan su homologación judicial (art. 643 TRLC). Para el caso que nos ocupa, ello implica que se puede imponer un aumento de capital sin decisión societaria, lo que va más allá de una simple alteración competencial[65]. Además, y para evitar un bloqueo por el deudor societario, se prevé igualmente una fórmula para facilitar la ejecución de las medidas societarias no aprobadas por la junta, con aplicación en el contexto de un aumento de capital: «los administradores de la sociedad y, si no lo hicieren, quien designe el juez a propuesta de cualquier acreedor legitimado, tendrán las facultades precisas para llevar a cabo los actos necesarios para su ejecución, así como para las modificaciones estatutarias que sean precisas. En estos casos, el auto de homologación será título suficiente para la inscripción en el Registro mercantil de las modificaciones estatutarias contenidas en el plan de reestructuración» (art. 650.2 TRLC).

VI. BIBLIOGRAFÍA

ALCALÁ DÍAZ, M. Á., «La delegación en el consejo de administración del aumento de capital con emisión de nuevas acciones», AA.VV., *Sociedades cotizadas y Transparencia en los mercados*, Madrid, Aranzadi, 2019, Tomo II, pp. 25-63.

64 Al respecto, MEGÍAS LÓPEZ, Comentario al «Artículo 640. Aprobación por el deudor y, en su caso, los socios», en PULGAR EZQUERRA (dir.), *cit*, pp. 1221 ss.

65 El interés de esta cuestión es, lógicamente, en un contexto de capitalización de créditos en una operación acordeón; por ello, también se prevé expresamente que en este tipo de aumentos no habrá derecho de preferencia (art. 631.4 TRLC). Es cierto que, por imperativo legal, en la operación acordeón debe respetarse el derecho de preferencia (art. 343.2 LSC), por lo que el aumento en tales operaciones siempre debería hacerse con aportaciones dinerarias, o bien acordando una ampliación de saneamiento con un contravalor mixto o estructurado por tramos que permita primero a los socios realizar aportaciones dinerarias en proporción a su participación y compensar créditos posteriormente, como señaló la RDGSJFP 5 de mayo de 2021. Por eso el nuevo art. 631.4 TRLC señala la exclusión del derecho de preferencia cualquiera que sea el contravalor del aumento, que, en la práctica, está incorporando una medida para excluir a los socios antiguos en las operaciones acordeón con reducción de capital a cero y particularmente cuando el aumento sea por compensación de créditos. V. las consideraciones de ROJO FERNÁNDEZ-RÍO, Á., «La conversión de créditos en acciones o participaciones en los planes de reestructuración», en *Anuario de Derecho Concursal*, 58, 2023, *passim*, especialmente apartado VI (versión digital). Esta posibilidad se ha puesto a prueba y confirmado con ocasión de la homologación del plan de reestructuración del Grupo Celsa, en el que se preveía una operación acordeón con reducción a cero y el aumento por capitalización de créditos sin derecho de preferencia que, en definitiva, excluía a los socios del capital, que pasa a manos de los acreedores que capitalizan sus créditos, v. Sentencia núm. 26/2023 del Juzgado de lo Mercantil de Barcelona, de 4 de septiembre (ECLI: ES:JMB:2023:1949).

ALFARO ÁGUILA-REAL, J., «Completamiento de los términos del aumento de capital acordado por la junta y capital autorizado en la sociedad limitada», en línea, 9.4.2021, https://derechomercantilespana.blogspot.com/2021/04/completamiento-de-los-terminos-del.html (consulta: 15.10.2022).

— «La reforma del art. 285.2 LSC», en línea, 26.05.2015, https://derechomercantilespana.blogspot.com/2015/05/la-reforma-del-art-2852-lsc.html (consulta: 15.10.2022).

ALONSO LEDESMA, C., «Algunas cuestiones sobre el aumento de capital en la sociedad cotizada con exclusión del derecho de suscripción preferente», en *Derecho de Sociedades, Concursal y de los Mercados Financieros: libro homenaje al profesor Adolfo Sequeira Martín*, Madrid, Sepín, 2022, pp. 169-183.

— «Aumentos de capital con exclusión del derecho de suscripción preferente: colocaciones aceleradas», AA.VV., *Sociedades cotizadas y Transparencia en los mercados*, Madrid, Aranzadi, 2019, Tomo II, pp. 65-97.

— «Aumento de capital. Derecho de asunción preferente de nuevas participaciones», en AA.VV., *Derecho de sociedades de responsabilidad limitada. Estudio sistemático de la Ley 2/1995*, Tomo II, Madrid, McGraw Hill, 1996, pp. 789-823.

ÁVILA DE LA TORRE, A., comentario al «Artículo 286. Propuesta de modificación», en GARCÍA-CRUCES, J. A., y SANCHO GARGALLO, I. (dirs.), *Comentario de la Ley de sociedades de capital*, Tomo IV, *Las cuentas anuales. La modificación de los estatutos sociales*, Valencia, Tirant lo Blanch, 2021, pp. 4013-4025.

— comentario al «Artículo 287. Convocatoria de la junta general», en GARCÍA-CRUCES, J. A., y SANCHO GARGALLO, I. (dirs.), *Comentario de la Ley de sociedades de capital*, Tomo IV, *Las cuentas anuales. La modificación de los estatutos sociales*, Valencia, Tirant lo Blanch, 2021, pp. 4027-4047.

— comentario al «Artículo 296. El acuerdo de aumento», en GARCÍA-CRUCES, J. A., y SANCHO GARGALLO, I. (dirs.), *Comentario de la Ley de sociedades de capital*, Tomo IV, *Las cuentas anuales. La modificación de los estatutos sociales*, Valencia, Tirant lo Blanch, 2021, pp. 4139-4147.

— comentario al «Artículo 297. Delegación en los administradores», en GARCÍA-CRUCES, J. A., y SANCHO GARGALLO, I. (dirs.), *Comentario de la Ley de sociedades de capital*, Tomo IV, *Las cuentas anuales. La modificación de los estatutos sociales*, Valencia, Tirant lo Blanch, 2021, pp. 4149-4161.

CASTELLANO RAMÍREZ, M. J., comentario al «Artículo 297. Delegación en los administradores», en ROJO, A., y BELTRÁN, E. (coords.), *Comentario de la ley de sociedades de capital*, Tomo II, Madrid, Civitas, 2011, pp. 2202-2212.

— comentario al «Artículo 311. Aumento incompleto en las sociedades anónimas», en ROJO, A., y BELTRÁN, E. (coords.), *Comentario de la ley de sociedades de capital*, Tomo II, Madrid, Civitas, 2011, pp. 2294-2305.

ESTEBAN VELASCO, G., comentario al «Artículo 160. Competencia de la Junta», en ROJO, A., y BELTRÁN, E. (coords.), *Comentario de la ley de sociedades de capital*, Tomo I, Madrid, Civitas, 2011, pp. 1200-1208.

FERNÁNDEZ DE LA GÁNDARA, L., *Derecho de sociedades*, Vol. I, Valencia, Tirant lo Blanch, 2010.

— «El capital autorizado», en AA.VV., *Derecho de sociedades anónimas*, Tomo III, *Modificaciones de estatutos. Aumento y reducción del capital. Obligaciones*, Vol. 1, Madrid, Civitas, 1994, pp. 195-236.

GARCÍA DE ENTERRÍA LORENZO VELÁZQUEZ, J., «El régimen general de la modificación de estatutos en la nueva Ley de sociedades de responsabilidad limitada», en AA.VV., *Estudios de Derecho mercantil. Homenaje al profesor Justino Duque Domínguez*, Tomo I, Valladolid, pp. 365-378.

GARCIMARTÍN ALFÉREZ, F., «Sobre el nuevo régimen aplicable a los planes de reestructuración (y algunas novedades en el Libro IV)», *Revista General de Insolvencias & Reestructuraciones (I&R)*, 7, 2022, pp. 51-91.

GIRÓN TENA, J., *Derecho de sociedades anónimas (según la Ley de 17 de julio de 1951)*, Valladolid, Publicaciones de los Seminarios de la Facultad de Derecho de la Universidad de Valladolid, 1952.

JUSTE MENCÍA, J., «La junta de socios y los planes de reestructuración en el Derecho proyectado», *Revista General de Insolvencias y Reestructuraciones*, 6, 2022, pp. 45-64.

MARTÍNEZ MARTÍNEZ, M. T., «El cribado del carácter esencial o determinante de los motivos de impugnación de los acuerdos sociales, en los supuestos de improcedencia de la acción (art. 204.3 LSC)», en ESPÍN, C. y JUSTE, J. (coords.), *Estudios sobre órganos de las sociedades de capital: liber amicorum, Fernando Rodríguez Artigas, Gaudencio Esteban Velasco*, Vol. 1, Cizur Menor, Aranzadi, 2017, pp. 721-746.

MARTÍNEZ NADAL, A., *El aumento de capital con cargo a reservas y beneficios en la sociedad anónima*, Madrid, McGraw Hill, 1996.

MEGÍAS LÓPEZ, J., comentario al «Artículo 631. Decisión de los socios sobre la aprobación del plan», en PULGAR EZQUERRA, J. (dir.), *Comentario a la Ley Concursal*, 3.ª ed., Las Rozas, La Ley, 2023, pp. 1088-1119.

— comentario al «Artículo 640. Aprobación por el deudor y, en su caso, los socios», en PULGAR EZQUERRA, J. (dir.), *Comentario a la Ley Concursal*, 3.ª ed., Las Rozas, La Ley, 2023, pp. 1213-1234.

QUIJANO GONZÁLEZ, J., comentario al «Artículo 285. Competencia orgánica», en ROJO, Á., y BELTRÁN, E. (coords.), *Comentario de la ley de sociedades de capital*, Tomo II, Madrid, Civitas, 2011, pp. 2103-2110.

— comentario al «Artículo 287. Convocatoria de la junta general», en ROJO, Á., y BELTRÁN, E. (coords.), *Comentario de la ley de sociedades de capital*, Tomo II, Madrid, Civitas, 2011, pp. 2118-2123.

— «La modificación de estatutos: requisitos y límites generales», en AA.VV., *Derecho de sociedades anónimas*, Tomo III, *Modificaciones de estatutos. Aumento y reducción del capital. Obligaciones*, Vol. 1, Madrid, Civitas, 1994, pp. 13-75.

ROJO FERNÁNDEZ-RÍO, Á., «La conversión de créditos en acciones o participaciones en los planes de reestructuración», en *Anuario de Derecho Concursal*, 58, 2023 (versión digital).

— comentario al «Artículo 286. Propuesta de modificación», en ROJO, Á., y BEL-

TRÁN, E. (coords.), *Comentario de la ley de sociedades de capital*, Tomo II, Madrid, Civitas, 2011, pp. 2110-2118.

— «El aumento de capital en la sociedad de responsabilidad limitada», en PAZ-ARES (Coord.), *Tratando de la sociedad limitada*, Madrid, Fundación Cultural del Notariado, 1997, págs. 809-860.

— «El acuerdo de aumento del capital de la sociedad anónima», en AA.VV., *Estudios jurídicos en homenaje al profesor Aurelio Menéndez*, Vol. 2, Civitas, 1996, pp. 2339-2392.

SACRISTÁN REPRESA, M., «El aumento de capital: modalidades, requisitos, el aumento de capital con nuevas aportaciones dinerarias y no dinerarias», en AA.VV., *Derecho de sociedades anónimas*, Tomo III, *Modificaciones de estatutos. Aumento y reducción del capital. Obligaciones*, Vol. 1, Madrid, Civitas, 1994, pp. 237-313.

SÁENZ GARCÍA DE ALBIZU, J. C., comentario al «Artículo 296. El acuerdo de aumento», en ROJO, A., y BELTRÁN, E. (coords.), *Comentario de la ley de sociedades de capital*, Tomo II, Madrid, Civitas, 2011, pp. 2193-2201.

— comentario al «Artículo 300. Aumento con cargo a aportaciones no dinerarias», en ROJO, A., y BELTRÁN, E. (coords.), *Comentario de la ley de sociedades de capital*, Tomo II, Madrid, Civitas, 2011, pp. 2220-2226.

SÁNCHEZ ÁLVAREZ, M. M., «Reducción de capital y capital autorizado (¿un supuesto *praeter legem*?)», en *Revista de Derecho de Sociedades*, 42, 2014, pp. 209-218.

VAQUERIZO ALONSO, A., «La nueva regulación de la exclusión del derecho de suscripción preferente en las sociedades anónimas cotizadas. A propósito de la reforma introducida por la Ley 5/2021, de 12 de abril, por la que se modifica el Texto Refundido de la Ley de Sociedades de Capital», en *Revista de derecho de sociedades*, 66, 2022 (versión digital).

Capítulo III

EL AUMENTO DE CAPITAL CON CARGO A APORTACIONES DINERARIAS. DERECHO DE PREFERENCIA[1]

M.ª Teresa Martínez Martínez
Catedrática de Derecho Mercantil
Miembro del Instituto Universitario de Derecho europeo e integración regional (IDEIR)
Universidad Complutense

I. INTRODUCCIÓN

Dentro de las modalidades del aumento de capital que contempla el art. 295 LSC, aquel «cuyo contravalor consista en nuevas aportaciones dinerarias al capital social», se configura como el supuesto prototípico de la operación de aumento. Quizá no tanto porque, como se ha sugerido, el legislador español muestra su preferencia hacia las aportaciones dinerarias respecto a las de

1 Este trabajo se realiza en el marco del Proyecto 2019-104019-RB100/AEI/10.13039/501100011033, sobre «Gobierno Corporativo: desafíos regulatorios ante la digitalización del derecho de sociedades».

otra naturaleza[2], sino porque cuando los recursos que respaldan el aumento de la cifra estatutaria de capital son plenamente líquidos, estamos ante el paradigma de un aumento efectivo, que atrae nuevos fondos al patrimonio de la sociedad[3].

La función económica que en abstracto tiene esta modalidad de aumento de capital se evidencia por sí sola: se trata de poner más dinero para sostener la realización del objeto —y del fin— social, sin tener por ello que incrementar el pasivo o la deuda, y en definitiva, recurrir al crédito. La situación económica y la coyuntura que exige o hace aconsejable el aumento variará en cada supuesto: puede tratarse de acometer nuevas inversiones, compensar pérdidas, hacer frente a obligaciones inminentes para las que no existe liquidez suficiente, o asegurar la continuidad de una sociedad en dificultades. Pero ya se trate de financiar la consolidación o expansión del negocio, o de sanear una economía empresarial maltrecha, el aumento de capital dinerario supone una inyección de liquidez al patrimonio social que se quiere someter al tratamiento típico de la inversión de los socios: el que corresponde a una modificación de los estatutos para incrementar la cifra del capital social. Se trata, por tanto, de una operación formalizada, sujeta a los requisitos procedimentales e informativos que la Ley exige para toda modificación de los estatutos en garantía de los intereses de los socios y de terceros (arts. 286 y ss. LSC).

Estos rasgos diferencian al aumento de capital dinerario de lo que suele conocerse como aportaciones suplementarias o a fondo perdido de los socios, asumidas con carácter voluntario para *reintegrar el capital* e incrementar los fondos propios, pero sin acometer la dilación y los costes de un aumento de capital[4]. Estas operaciones se dirigen a reponer el patrimonio que corresponde a la cifra de capital, pero no inciden sobre el número o valor nominal de las acciones o participaciones ya existentes ni pueden alterar, a diferencia de lo que sucede con el aumento de capital, la composición subjetiva de la sociedad y los porcentajes en ella de la participación de los socios. Ello sin perjuicio de que, en la medida en que puedan alterar las expectativas de los socios

2 Así SÁENZ, J. C., «Aumento con cargo a aportaciones dinerarias (Art. 299)», en ROJO, A. y BELTRÁN, E., *Comentario de la Ley de Sociedades de capital*, T. II, Civitas, Madrid, 2011, pp. 2216-17, reiterando lo que ya afirmaba con respecto al precedente de la norma en la LSA: «Artículo 154», en URÍA, R., MENÉNDEZ, A. y OLIVENCIA, M. (dirs.), *Comentario al régimen legal de las sociedades mercantiles*, T. VII, vol. 2.º, Aranzadi, Cizur Menor, 2006, p. 131.

3 Como afirma ÁVILA DE LA TORRE, A., «Artículo 299», en GARCÍA-CRUCES, J. A., y SANCHO GARGALLO, I. (dirs.), *Comentario de la Ley de sociedades de capital*, T. IV, Tirant lo Blanch, Valencia 2021, p. 4173.

4 MARÍN DE LA BÁRCENA, F., «Otras aportaciones de los socios (cuenta 118 PGC)», *RdS*, nº 63 (2021), pp. 89-126, 90.

sobre la atribución de valor que corresponde en el patrimonio social a sus participaciones respectivas, estas aportaciones suplementarias deban atraer las garantías (y por tanto, ciertos aspectos del régimen) que la Ley vincula a la operación del aumento de capital[5].

Al aumento de capital con nuevas aportaciones dinerarias dedica la LSC una única disposición específica, el art. 299. Aunque no lo anuncia así la rúbrica de la norma, ésta se aplica exclusivamente a la SA, que es precisamente el tipo societario al que conciernen las disposiciones de la Segunda Directiva de sociedades, objeto de diversas modificaciones y finalmente *codificada* en la Directiva (UE) 2017/1132 de 14 de junio de 2017. No obstante, el contenido del art. 299 LSC, cuyo precedente en la LSA (art. 154) ya era continuista con el régimen anterior de la SA, no procede de la Directiva ni ha debido adaptarse a ella, respondiendo a motivaciones autónomas del legislador español.

La simplicidad del régimen del aumento de capital con cargo a aportaciones dinerarias es menor, sin embargo, de la que pudiera deducirse del único artículo (el art. 299 LSC) reservado a esta modalidad de aumento cuando se produce en una SA. Resultan aplicables a esta modalidad de aumento diversas disposiciones generales para las sociedades de capital, y específicas para uno u otro tipo. Por lo que se refiere a las exigencias del contravalor con que se hace efectivo, se aplican las disposiciones sobre la realización de las aportaciones dinerarias (objeto, acreditación del desembolso, responsabilidad: arts. 61, 62, 77 a 79, 312 LSC). Por lo que se refiere a la repercusión del aumento sobre las acciones o participaciones, se aplica el art. 295.1, y especialmente si se pretende elevar el valor nominal de las acciones o participaciones precedentes, el art. 296.2 que exige el consentimiento de todos los socios, por cuanto el aumento de capital se realiza mediante la aportación de nuevos fondos y no «con cargo a beneficios o reservas que ya figurasen en el último balance aprobado». El aumento con cargo a aportaciones dinerarias se ve especialmente concernido por el régimen del capital autorizado, consistente en «la facultad de acordar en una o varias veces el aumento de capital social hasta una cifra determinada en la oportunidad y la cuantía» que decida el órgano de administración, por cuanto en este supuesto el aumento habrá de realizarse con aportaciones dinerarias [art. 297,1 b)].

5 Son supuestos especialmente problemáticos: el de las aportaciones de los socios ligadas a una ampliación de capital pero sin formalizarse como una prima de emisión, y el de las aportaciones no proporcionales a la participación del socio. Remito para el análisis de su problemática al trabajo ya citado de MARÍN DE LA BÁRCENA, pp. 109-112, y 116-120.

Otros institutos característicos de la complejidad del régimen del aumento de capital, en atención a los intereses que esta operación pone en riesgo, entran en juego, de manera prevalente o exclusiva, cuando el aumento se hace con aportaciones dinerarias. Mención especial debe hacerse al derecho de preferencia, que literalmente ha quedado circunscrito a esta clase de aumento cuando se produzca emitiendo nuevas participaciones sociales o acciones (art. 304). Al margen del antiguo debate sobre si el derecho de preferencia surge o no en el supuesto del aumento por compensación de créditos, que trae causa tanto de la dificultad de caracterizar (como aportación dineraria o *in natura*) este peculiar contravalor del aumento, como de la susceptibilidad de ser empleado con fines dilutorios, lo que no es discutible es que el derecho de preferencia surge siempre en los aumentos de capital dinerarios. Ello atrae a estos aumentos la problemática del régimen de este derecho y de su exclusión. Por conexión con ésta, es el aumento de capital dinerario el que más frecuentemente hace uso de la prima de emisión (art. 298 LSC), que resulta ser el remedio compensatorio que la Ley impone para tutelar a los socios que ya lo sean en el momento del aumento, del riesgo de dilución económica que comporta la entrada de nuevos socios [art. 308.2 a) y c)]. También por conexión con el derecho de preferencia, la interpretación sistemática conduce a sostener que el aumento dinerario de capital es el único (o para otros, el más idóneo) en una operación acordeón tipificada; esto es, cuando el aumento resulta ser la condición necesaria para un acuerdo de reducción de capital «a cero o por debajo de la cifra mínima legal» (art. 343)[6].

Corresponde a otros capítulos de esta obra el tratamiento del capital autorizado, la capitalización de créditos y la operación acordeón. Por este motivo la presente contribución tratará del *régimen general* del aumento dinerario y del derecho de preferencia en sociedades anónimas y limitadas, sin perjuicio de hacer ocasionales referencias a disposiciones aplicables a supuestos *especiales* cuando parezca necesario u oportuno para clarificar el sentido o alcance de alguna norma común.

II. MODALIDADES DEL AUMENTO DINERARIO. EL AUMENTO CON ELEVACIÓN DEL VALOR NOMINAL

Conforme al art. 295.1 LSC, «el aumento de capital social podrá realizarse por creación de nuevas participaciones o emisión de nuevas acciones o por

6 *Vid.* ESPÍN, C., *La operación de reducción y aumento del capital simultáneos en la sociedad anónima*, McGraw-Hill, Madrid, 1997, pp. 340-342.

elevación del valor nominal de las ya existentes». Y en ambos casos, añade el apartado 2 del mismo artículo, «podrá realizarse con cargo a nuevas aportaciones dinerarias» al patrimonio social. Invirtiendo la secuencia del planteamiento legal, lo anterior significa que cuando el contravalor del aumento de capital son nuevas aportaciones dinerarias, la sociedad puede optar entre fraccionar su importe en acciones o participaciones (también nuevas), o imputar el contravalor a un incremento del valor nominal de las que ya existen en el momento de acordarse el aumento de capital.

El supuesto del aumento dinerario con elevación del valor nominal de las acciones o de las participaciones sociales, poco usual en la práctica, tiene características peculiares. Esta modalidad de ampliación de capital sólo puede dirigirse a quienes ya son socios en el momento de acordarse el aumento, porque son ellos los titulares de las acciones o participaciones que ven incrementado su valor nominal. De ahí que cuando el contravalor consista en nuevas aportaciones, el acuerdo de aumento impone necesariamente nuevas obligaciones a los socios: estos no pueden sustraerse al aumento, y quedan comprometidos a realizar la aportación correspondiente al valor nominal incrementado de sus acciones o participaciones. En la lógica contractual de esta peculiar *modificación de los estatutos*, que se expresa en la norma general del art. 291 LSC, la asunción de nuevas obligaciones sólo puede resultar del consentimiento de los *afectados*. Y de acuerdo con art. 296.2, que se ocupa del acuerdo de aumento de capital con elevación del valor nominal, todos los socios deberán consentir el aumento salvo que se haga íntegramente con cargo a beneficios o reservas. La idea tradicional de que el aumento de capital constituye una fundación parcial de la sociedad[7], encontraría su máxima expresión en este supuesto. Es relevante señalar que en esta modalidad de aumento no surge el derecho de preferencia, cuya atribución legal a los socios se contrae a los supuestos de emisión de nuevas acciones o creación de nuevas participaciones con cargo a aportaciones dinerarias (art. 304).

7 CUESTA RUTE, J. M.ª, «El aumento y la reducción del capital social», en ROJO, A., *La reforma de la Ley de sociedades anónimas*, Civitas, Madrid, 1987, pp. 173-223, 188, la considera una opinión pacífica, que atrae al aumento de capital las normas previstas para la fundación de la sociedad. En la misma línea, pero advirtiendo de las diferencias con la fundación por la presencia en el aumento de capital del elemento corporativo, *vid.* SACRISTÁN, M., «El aumento de capital: modalidades, requisitos, el aumento de capital con nuevas aportaciones dinerarias y no dinerarias», en AA VV, *Derecho de sociedades anónimas*, III, *Modificación de estatutos. Aumento y reducción del capital. Obligaciones,* Vol. 1, Civitas, Madrid, 1994, pp. 237-313, 253.

Una interpretación sistemática y finalista de las normas y principios en juego, ofrece respuestas a los problemas de interpretación que plantea el supuesto de aumento con elevación del valor nominal. Se trata de saber si la LSC legitima solamente estos aumentos de capital cuando sean *paritarios*, es decir, cuando todos los socios mantengan tras el aumento su participación relativa en la sociedad. En otros términos, se trata de saber si la Ley prohíbe implícitamente los aumentos con elevación del valor nominal *selectivos*, discriminatorios o no proporcionales. Esta conclusión se infiere de algunos planteamientos doctrinales, que parecen concebir la exigencia del consentimiento de todos los socios del art. 296.2, como una concreción del requisito del consentimiento de los afectados que asumen nuevas obligaciones por la modificación de los estatutos (art. 291). A sostener esta conclusión contribuye también el hecho de que la Ley, cuando regula el supuesto del aumento oneroso con elevación del valor nominal, no ha considerado necesario preservar el valor de la participación de cada socio con alguna garantía (en la línea del derecho de preferencia o de asignación gratuita) de que el aumento será asumido por ellos proporcionalmente, esto es, de acuerdo con el porcentaje de capital que ya les correspondiera y que debe quedar inalterado tras el aumento[8].

Puede pensarse que esta conclusión es la que mejor se acomoda al principio de igualdad de trato; por más que, con respecto al aumento con elevación del valor nominal, la Ley no concrete este principio en términos tan elocuentes como los que expresan las normas que, para diversos supuestos de reducción del capital, protegen a los socios del riesgo de una reducción o supresión discriminatoria de su participación. Así, el art. 320, bajo la rúbrica de *Principio de paridad de trato*, exige que la reducción que tenga por finalidad el restablecimiento del equilibrio entre el capital y el patrimonio neto de la sociedad, disminuido por consecuencia de pérdidas, afecte «por igual a todas las participaciones sociales o a todas las acciones en proporción a su valor nominal». Y cuando una reducción de capital se realice con devolución de aportaciones, que es el supuesto exactamente inverso al del aumento de capital con cargo a nuevas aportaciones, la ley impone, por una

8 Entiendo que esta es la opinión de VELASCO SAN PEDRO, L., «El derecho de suscripción preferente», en *Derecho de sociedades anónimas*, III, pp. 517-601, 544 y 545, por lo que se sigue de sus planteamientos sobre lo innecesario de «introducir medidas para proteger la participación proporcional del socio...que por definición se mantendrá invariada tras el aumento». En fechas más recientes, entiende también ÁVILA DE LA TORRE, «Artículo 296», en *Comentario de la LSC*, IV, pp. 4140-4147, 4142, que cuando se produce un aumento por elevación del valor nominal «se está pensando solo en los casos en los que la medida afecta a todos los títulos».

parte, la regla de prorrata respecto al valor desembolsado de la aportación de cada socio, salvo acuerdo unánime en otro sentido (art. 330); y por otra, supedita cualquier devolución que no afecte por igual a todos los socios, al consentimiento individual de sus titulares y, en la sociedad anónima, al acuerdo separado de la mayoría de los accionistas interesados, en la forma prevista para la tutela de los derechos de las clases de acciones en el art. 293 LSC (art. 329).

Estas normas han dado lugar a interpretaciones autorizadas, en particular por parte de la DGRN, que subrayan la necesidad de perfilar el concepto de socios *interesados* en los supuestos de reducción que comportan una disparidad de trato, entendida como la posible dilución o supresión del porcentaje sobre el capital que correspondía a algunos socios con anterioridad a la adopción del acuerdo (RDGRN de 18 de mayo de 2018, FD segundo; RDGRN de 2 de septiembre de 2020, FD tercero). De manera que frente al argumento de «que, al exigir el artículo 329 'el consentimiento individual de los titulares de esas participaciones', se refiere a la socia titular de las participaciones que se amortizan y no a los titulares de las restantes», el Centro Directivo considera que «lo cierto es que existe disparidad de trato entre esa socia a quien se reembolsa el valor de su participación y los restantes socios, que no reciben nada y, por tanto, son afectados, toda vez que su posición en la sociedad queda alterada, de modo que debe aplicarse el artículo 292 de la Ley de Sociedades de Capital, que requiere el consentimiento unánime para cualquier modificación que afecte a los derechos individuales de cualquier socio». Y en definitiva, según afirma la Resolución de 20 de noviembre de 2013: «el socio posee el derecho fundamental de ser tratado igual que los demás, aunque esa igualdad implique diversidad; a que su parte del capital social no sea objeto de aguamiento o supresión, y a que su posición social, no mediando su consentimiento, sea mantenida —derecho de no decrecer en su parte social».

La idea de que el aumento de capital elevando el valor nominal, en aplicación del principio de igualdad de trato, debe afectar de manera proporcional a todos los socios resulta sugestiva por su simplicidad, pero carece de fundamentos concluyentes, y suscita diversas objeciones. De entrada, el art. 296.2, cuando exige el consentimiento de todos los socios en cualquier aumento oneroso con elevación del valor nominal de las acciones o participaciones, se aplica a cualquier supuesto de contravalor del aumento, incluyendo algunos que no están concebidos para que todos los socios puedan realizar sus aportaciones, como sucede en el caso de aportaciones *in natura* o créditos contra la sociedad.

Pero la mayor objeción es de principio, y se funda en el respeto a la autonomía decisoria de los socios, a la hora de determinar cómo les afecta una operación de aumento de capital. La especialidad *procedimental* para el supuesto de aumento oneroso elevando el valor nominal, que desplaza la regla corporativa propia de las modificaciones de estatutos (el acuerdo adoptado por una mayoría reforzada), a favor de la regla *contractual* (el consentimiento de todos los socios), supone una garantía formidable para los socios. *De facto*, esta regla otorga a cada socio un derecho de veto sobre la operación, y le permite defenderse contra cualquier agravio o perjuicio a su posición en la sociedad, denegando su consentimiento para el aumento.

Ponderando unos y otros argumentos, parece que hay que aceptar la licitud de una elevación selectiva y no paritaria del valor nominal de las acciones o participaciones. Así ha venido admitiéndose por la doctrina que ha afrontado los problemas interpretativos que suscita el art. 296.2 y sus precedentes en la LSA[9]; cuando afirma, como hace la propia Ley, que el aumento de capital elevando el valor nominal puede hacerse efectivo mediante aportaciones de bienes o créditos, que normalmente sólo algunos socios están en condiciones de transmitir a la sociedad. Más discutibles resultan, en mi opinión, las críticas vertidas hacia la exigencia de que el aumento *selectivo* deba ser consentido por todos los socios, y no sólo de aquellos que resultan obligados a la aportación[10]. Críticas que se matizan, sin embargo, cuando sus autores exigen alguna medida compensatoria para salvaguardar el principio de proporcionalidad, evitando la dilución de los socios no obligados a la aportación en el concreto aumento, y cuyo consentimiento, para esta doctrina, no sería exigible[11].

9 *Vid.* especialmente CUESTA, «El aumento y la reducción», cit., p. 175; SACRISTÁN, «El aumento de capital», cit., pp. 265-266, ROJO, A., «Artículo 152», en URÍA/MENÉNDEZ/OLIVENCIA, *Comentario,* T. VII, Vol. 2.º, pp. 47-81, 69 a 72, y ya bajo la LSC, SÁENZ, «Art. 296», en ROJO/BELTRÁN, *ComLSC*, II, pp. 2198-2199.

10 En esta línea, y con respecto al precedente de la norma en la LSA de 1989, VELASCO SAN PEDRO, «El derecho de suscripción preferente», cit., p. 545, considera la exigencia de unanimidad desproporcionada por cuanto veta de hecho la operación (el aumento oneroso con elevación del valor nominal) a las grandes sociedades de capital disperso. Por su parte ROJO, «Artículo 152», cit., pp. 68 a 70, admite sin reservas la necesidad del consentimiento unánime cuando el aumento sea dinerario, pero lo pone en duda en los supuestos de aportaciones no dinerarias o compensación de créditos, en cuyo caso «quizá debiera bastar...con la aplicación de la regla de la mayoría para la adopción del acuerdo de aumento, y con el consentimiento *sólo* de aquellos socios que deben aportar los bienes a cambio de la elevación del nominal».

11 ROJO, «Artículo 152», cit., pp. 70 y 71, y recientemente, ÁVILA DE LA TORRE, «Artículo 296», en *Comentario de la LSC*, IV, pp. 4142 y 4143, admitiendo que, aunque el aumento selectivo con elevación del valor nominal debe aceptarse en general, precisa de ciertas condiciones, como encontrar una clara justificación en el interés social y que se articulen mecanismos que permitan

La RDGRN de 15 de noviembre de 1995, que suele citarse en este contexto, consideró que «nada podrá oponerse a un acuerdo de elevación del valor nominal de acciones que tenga por objeto únicamente las que pertenecen a quienes prestan su consentimiento (con la consiguiente creación de distintas serie de acciones)», pero sólo a condición de que «se respete el principio de proporcionalidad, es decir que a los socios cuyas acciones permanecen inalteradas se les permita mantener su cuota de participación en el capital social o, en su caso, obtener una compensación económica por la disminución de esta». En el supuesto del que se ocupó esta Resolución, se evitó la dilución de los socios que no asistieron a la junta que acordó el aumento y no prestaron su consentimiento, mediante la emisión de nuevas acciones, reservadas libremente a la suscripción de estos socios mediante el ejercicio del derecho de preferencia. De manera que en este caso se combinaron las dos modalidades posibles de un aumento de capital, en cuanto a su incidencia en el número y el valor nominal de las acciones.

Admitida la validez de esta combinación poco frecuente, sigue sin respuesta la cuestión de en qué condiciones resulta lícito un aumento de capital que pretenda solamente elevar el valor nominal de ciertas acciones o participaciones[12]. A mi juicio la respuesta pasa por la estricta aplicación del art. 296.2, que hace ineludible el consentimiento de todos los socios. Esta exigencia puede parecer muy rígida, pero es la única conciliable con el hecho de que todos los socios resultan afectados, y no solamente los que ven incrementado el valor nominal de sus participaciones. Unos porque asumen la obligación de aportar, y deben consentir esta nueva obligación (art. 291); los otros, porque ven diluida su participación en la sociedad, y con ello, afectados sus derechos individuales (cfr. art. 292) y las expectativas vinculadas al valor de su participación. Para evitar el posible bloqueo por parte de cualquier socio, obligado o no aportar, a un aumento de capital con elevación del valor nominal de sólo una parte de las acciones o participaciones, bastará con plantear el aumento de

a los socios que no ven elevado el valor nominal de sus acciones o participaciones, mantener el valor de su participación.

12 Sobre las diferentes posturas doctrinales acerca de la posibilidad y las condiciones para un aumento con elevación selectiva del valor nominal, *vid*. PEÑAS MOYANO, B., «Aumento de capital social con emisión de nuevas acciones y con elevación del valor nominal de parte de las acciones existentes», *RdS*, nº 7, 1996, pp. 257-282, esp. 277-280. Tras ponderar las diversas tesis (casi tan diversas como los autores que las defienden), el autor considera que una elevación del valor nominal de algunas acciones ha de encuadrarse, en la línea de la RDGRN de 15 de noviembre de 1995, en una operación más compleja en la que también se emitan nuevas acciones reservadas a los accionistas que no consientan en la elevación del valor nominal (p. 280).

la manera más habitual, que es emitiendo nuevas acciones o creando nuevas participaciones. En este supuesto, la pretensión de reservar el aumento sólo a algunos de los socios con garantías satisfactorias para el resto, podría lograrse mediante la exclusión parcial del derecho de preferencia, como sostendremos llegado el momento[13].

III. EL CONTRAVALOR. LA APORTACIÓN EN MONEDA EQUIVALENTE AL EURO

De entre las modalidades del aumento de capital por su contravalor (art. 295.2 LSC), el aumento dinerario parece ser la más sencilla en cuanto a las exigencias relativas a la aportación y el desembolso. El dinero no suscita, en principio, los problemas de adecuación, liquidez y valoración que plantean otro tipo de aportaciones. Pero cuando el dinero que ha de aportarse se cifre en una «moneda» distinta al euro, como admite el art. 61.2 LSC, se suscita la cuestión de si toda moneda *convertible* resulta admisible como aportación dineraria. Finalmente, la moneda en la que se *establece* o cifra el importe del capital social es el euro (art. 4.1 LSC), y en caso de aportarse otra moneda, «se determinará su equivalencia en euros con arreglo a la ley» (art. 61.2).

La extraordinaria parquedad del art. 61.2, cuando legitima la aportación en moneda distinta del euro, ha suscitado siempre interrogantes, que actualmente se ven incrementados con la circulación de las criptomonedas. Para precisar qué clase de «otra moneda» resulta admisible como aportación dineraria, hay que pensar en las características que justifican su admisión como aportación dineraria equivalente al euro. La equivalencia con el euro ha de producirse en un doble plano: a efectos funcionales, como medio de pago por el socio de la adquisición (originaria) de acciones o participaciones o el incremento de su valor nominal; y a efectos de valoración, en garantía de las funciones que desempeña la cifra de capital. Y en esta línea, parece que la moneda que la Ley admite como equivalente del euro, debe reunir las características distintivas del dinero de curso legal: ser líquido, venir respaldado por un Banco central, y representar un valor de cambio relativamente estable (o al menos, no extremadamente volátil). En otros términos, debe tratarse de una «moneda oficial», que el Reglamento (UE) 2023/1114 del Parlamento europeo y del Consejo de 31 de mayo de 2023 relativo a los mercados de

13 De la posibilidad de acordar una exclusión parcial del derecho de preferencia que prive de él a algunos socios nos ocuparemos *infra*, V, 6.3.

criptoactivos, define [art. 3, 8)] como aquella moneda que es emitida por un banco central u otra autoridad monetaria.

En el momento actual las criptomonedas (como Bitcoin o Ether) que se crean y circulan empleando la tecnología *blockhain*, no reúnen estos requisitos[14]. Incluso si se admite su carácter de divisas virtuales, y su funcionalidad como medio de pago entre los operadores que las acepten, como afirmó el TJUE en su Sentencia de 22/10/2015 (Caso C.264/14; TOL 5.511.042) respecto al bitcoin, la ausencia de un tipo de cambio fiable impide, en general, su asimilación al dinero como objeto de aportación a una sociedad. El Banco de España y la CNMV, en un comunicado conjunto de 9 de febrero de 2021 que advertía sobre el riesgo de la inversión en criptomonedas, negaron expresamente que éstas puedan considerarse medio de pago a efectos legales, debido a que carecen «de la liquidez necesaria...especialmente porque ...la aceptación de las criptomonedas como medio de pago es aún muy limitada... Es necesario recordar que no existe obligación de aceptar Bitcoin o cualquier otro criptoactivo como medio de pago de deudas u otras obligaciones. El futuro Reglamento de MiCA no prevé que esto vaya a cambiar. Además, dada su elevada volatilidad, las criptomonedas no cumplen adecuadamente las funciones de unidad de cuenta y depósito de valor»[15]. En la misma línea se pronunció la Sentencia de la Sala 2.ª de TS 326/2019, de 20 de junio, en un caso de supuesta estafa con bitcoins, que ha sido profusamente citada para negar el carácter de dinero a las criptomonedas[16].

14 Sobre la cuestión *vid.* ampliamente ÁVILA DE LA TORRE, «Artículo 299», en *Comentario de la LSC*, IV, pp. 4175 a 4180. El Reglamento (UE) 2023/1114 relativo a los mercados de criptoactivos, define a estos como «una representación digital de un valor o de un derecho que puede transferirse y almacenarse electrónicamente, mediante la tecnología de registro distribuido o una tecnología similar».

15 En un comunicado más reciente, de 17 de marzo de 2022, junto con la Dirección General de Seguros, el Banco de España y la CMNV ratifican lo afirmado en 2021, y reiteran que los criptoactivos no resultan adecuados «como medio de pago o intercambio para la mayoría de consumidores minoristas».

16 «El bitcoin no es sino una unidad de cuenta de la red del mismo nombre... un activo es el que cada unidad de cuenta o su porción alcance por el concierto de la oferta y la demanda en la venta que de estas unidades se realiza a través de las plataformas de trading Bitcoin.

Aun cuando el precio de cada bitcoin se fija al costo del intercambio realizado, y no existe por tanto un precio mundial o único del bitcoin, el importe de cada unidad en las diferentes operaciones de compra (por las mismas reglas de la oferta y de la demanda), tiende a equipararse en cada momento. Este coste semejante de las unidades de cuenta en cada momento permite utilizar al bitcoin como un activo inmaterial de contraprestación o de intercambio en cualquier transacción bilateral en la que los contratantes lo acepten, pero en modo alguno es dinero, o puede tener tal consideración legal, dado que la Ley 21/2011, de 26 de julio, de dinero electrónico, indica en su artículo 1.2 que por dinero electrónico se entiende solo el valor monetario

Por todos estos motivos, puede descartarse que las criptomonedas no oficiales actualmente en circulación resulten aptas para considerarse aportaciones dinerarias. Cosa distinta es que, en cuanto que sí pueden considerarse «bienes o derechos patrimoniales susceptibles de valoración económica» puedan ser el contravalor de un aumento de capital con cargo a aportaciones no dinerarias.

IV. LA EXIGENCIA DEL DESEMBOLSO PLENO DE LAS ACCIONES YA EMITIDAS Y SUS EXCEPCIONES: EL ART. 299 LSC

1. Su aplicación (sólo) a las sociedades anónimas. El problema de los desembolsos en la sociedad limitada

1.1. Planteamiento

La LSC contiene una sola especialidad aplicable al «aumento de capital con cargo a aportaciones dinerarias». Se trata del art. 299, que bajo esta rúbrica, condiciona el aumento, con ciertas excepciones de las que trataremos más adelante, al «requisito previo» del total desembolso de las acciones anteriormente emitidas. Resulta pacífica la aplicación de esta exigencia a las dos *modalidades* de aumento de capital que precisa el art. 295: con emisión de nuevas acciones, o con elevación del valor nominal de las ya emitidas.

El art. 299.1, continuista con una larga tradición jurídica que se remonta al Código de Comercio, respondería, según la opinión común, a la lógica de que resulta innecesario proceder a un aumento de capital que añada nuevos recursos líquidos al patrimonio social, cuando todavía no se han hecho efectivos los desembolsos anteriormente comprometidos. En otros países con disposiciones similares, se aducen justificaciones complementarias. En Italia, se afirma que el art. 2438 del CCI que impide, sin excepción alguna, elevar el capital social cuando subsisten desembolsos pendientes, pretende evitar la apariencia de un capital de cierta entidad, compuesto en buena medida por

almacenado por medios electrónicos o magnéticos que represente un crédito sobre el emisor, que se emita al recibo de fondos con el propósito de efectuar operaciones de pago según se definen en el artículo 2.5 de la Ley 16/2009, de 13 de noviembre , de servicios de pago, y que sea aceptado por una persona física o jurídica distinta del emisor de dinero electrónico» (FD Tercero). La referencia a la norma que define qué es una operación de pago debe actualizarse, correspondiendo hoy al art. 3.26 del R.D-L 19/2018, de 23 de noviembre.

créditos hacia los socios, acaso de difícil realización[17]. En Alemania el &182.4 *AktG*, cuando exige el desembolso íntegro del capital que pretende aumentarse con cargo a nuevas aportaciones, dinerarias o no, se entiende que expresa una regla conocida como *principio de subsidiariedad*[18]. Su finalidad responde a la trascendencia del aumento de capital para la sociedad y los socios, y la consiguiente exigencia implícita de que la operación resulte necesaria[19]. Está ausente de la Segunda Directiva de sociedades, pero su reconocimiento es habitual en los países de nuestro entorno (art. 2438 CCI; art. L225-131.1 del *Code de Commerce*, aplicable también a la SAS; &182.4 de la *Aktiengesetz* alemana, entre otros).

La alusión a las *acciones* en el art. 299 LSC, revela que estamos ante una norma concebida sólo para las sociedades anónimas, lo que tradicionalmente se explicaba porque el supuesto de hecho al que se vincula, esto es, la pendencia de desembolsos sobre la cifra de capital, resultaba *inconcebible* para las sociedades limitadas.

Sin embargo, el rigor de esta norma contrasta vivamente con la laxitud de las exigencias actuales respecto al efectivo desembolso del capital en las sociedades limitadas. Siempre se ha dado por hecho, que no es necesario ni posible aplicar el art. 299 a estas sociedades (que son, recordémoslo, la inmensa mayoría de las que existen en España), porque en ellas el capital que se amplía estará necesariamente desembolsado. Pero este fundamento no responde a la realidad, ni siquiera a la realidad normativa. De manera progresiva y soterrada, y sin alterar las expresiones programáticas del principio de efectividad (o correspondencia mínima) del capital suscrito, la realidad (y por tanto la función) del capital social en la SL, que siempre ha sido escasa, se ha ido diluyendo hasta desaparecer prácticamente con las recientes reformas. Ya antes no faltaban inconsistencias entre las expresiones programáticas del principio de efectividad del capital suscrito, y las exigencias para lograrlo, singularmente en el caso de las aportaciones no dinerarias, cuyo desembol-

17 CAMPOBASSO, G. F. y CAMPOBASSO, M., *Diritto Commerciale, 2, Diritto delle società*, UTET, 10.ª ed., Milán, 2020, p. 507.

18 También en España ROJO, «El acuerdo de aumento de capital de la sociedad anónima», en IGLESIAS PRADA, J. L. (coord.), *Estudios jurídicos en homenaje al profesor Aurelio Menéndez*, Civitas, Madrid, 1996. Vol. 2, pp. 2339-2391, 2373 y 2374, denomina *regla de la subsidiariedad* a la exigencia que contenía el art. 154.1 LSA (y hoy el art. 299.1 LSC), de que las acciones anteriormente emitidas con cargo a aportaciones dinerarias se hayan desembolsado.

19 Por todos, *vid.* EKKENGA, J., «&182. Voraussetzungen», en *Kölner Kommentar zum Aktiengesetz*, B. 4-1, 3.ª ed, Carl Heymanns Verlag, Köln, 2017, p. 121, 72, con abundantes referencias bibliográficas en la misma línea.

so efectivo nunca ha sido obligatorio acreditar en las sociedades limitadas[20]. Pero hoy asistimos a un decidido desmantelamiento de las garantías (y por tanto, de la función) del capital social, y la traslación de las novedades sobre la acreditación de los desembolsos al régimen del aumento del capital, que ha permanecido invariable, plantea algunas incógnitas.

Las aportaciones al capital social deben ser efectivas (art. 59), de manera que es nula la creación de participaciones sociales (de igual manera que la emisión de acciones), cuando no corresponden a un valor como mínimo equivalente a su valor nominal. En coherencia con este principio angular del capital social, íntimamente relacionado con la característica diferencial de aquellas sociedades en las que los socios no responden personalmente de las deudas sociales, y que no en vano conocemos como sociedades de capital (art. 1 LSC), la Ley impone el desembolso íntegro de cada participación «en el momento de otorgar la escritura de constitución de la sociedad o de ejecución de aumento del capital» en una SL (art. 78 LSC); y decide que es causa (muy improbable) de nulidad de la SL ya inscrita, la falta de desembolso íntegro del capital social art. [56.1 g)]. Sin embargo, la reforma del art. 62 de la LSC por la Ley 11/2018, de 28 de diciembre, invita a cuestionar el alcance efectivo de estas disposiciones; y con ello, a plantear el supuesto de sociedades limitadas que acuerdan ampliar su capital con cargo a aportaciones

20 De ahí que, como afirman GALLEGO, E., «Aportaciones no dinerarias (art. 63)», en ROJO/ BELTRÁN, *ComLSC*, I, pp. 599 y 600, y EMPARANZA, «Artículo 63», en GARCÍA CRUCES/ SANCHO GARGALLO, *Comentario de la LSC*, I, p. 1021, los notarios y registradores deban limitarse a un control meramente formal del cumplimiento de las menciones obligatorias en la escritura, esto es, de la descripción y valoración en ella de tales aportaciones. Este *control* no permite garantizar la integridad originaria del capital social. En contrapartida, la Ley impone a los socios fundadores y a los sucesivos adquirentes de participaciones desembolsadas con estas aportaciones (art. 73.1), la responsabilidad por la realidad y la valoración de las aportaciones *in natura*. En el caso de que las aportaciones no dinerarias se acuerden como contravalor de un aumento de capital, en los supuestos habituales en los que no se incorpora un informe con la valoración pericial (art. 76), la responsabilidad la asumen quienes fueran socios en el momento de acordarse el aumento y no hubieran hecho constar en acta su oposición (al propio acuerdo o a la valoración de las aportaciones), y también los administradores, aunque sólo por la cuantía de la sobrevaloración (art. 73.2 y 3). En definitiva, como se ha afirmado desde la profesión notarial con ocasión de la reforma del art. 62 LSC sobre la acreditación de los desembolsos dinerarios en la SL, «la no justificación de la realidad y valor de las aportaciones sociales en las sociedades limitadas es ya la regla general en materia de aportaciones no dinerarias»: MARIÑO PARDO, F., «La no acreditación de las aportaciones dinerarias en la sociedad de responsabilidad limitada. El nuevo artículo 62.2 del TRLSC», disponible en http://www.iurisprudente.com/2019/01/la-no-acreditacion-de-las-aportaciones.html (consulta 14/3/2023).

dinerarias, sin que la cifra anterior hubiera sido plenamente desembolsada, o incluso sin que vaya a serlo el importe de la ampliación.

1.2. *Desembolso efectivo o responsabilidad de los socios en las sociedades limitadas*

La reforma del art. 62 LSC por la Ley 11/2018, extendió a todas las sociedades limitadas el criterio que se había establecido para dos supuestos especiales de fundación: las sociedades que optasen por el procedimiento de constitución telemática, y las que se acogieran al régimen de la llamada «fundación sucesiva»[21]. Tras esta reforma, el art. 62.2 LSC dispone que «no será necesario acreditar la realidad de las aportaciones dinerarias en la constitución de sociedades de responsabilidad limitada si los fundadores manifiestan en la escritura que responderán solidariamente frente a la sociedad y frente a los acreedores sociales de la realidad de las mismas».

21 Los arts. 15.4 y 16.2 de la Ley de Emprendedores (Ley 14/2013, de 27 de septiembre), eximieron a las sociedades limitadas que se constituyen telemáticamente (en un PAU a través del sistema CIRCE), de la exigencia de «acreditar la realidad de las aportaciones *dinerarias si los fundadores manifiestan en la escritura que responderán solidariamente frente a la sociedad y frente a los acreedores sociales de la realidad de las mismas*». La misma exención favorecía a las sociedades limitadas de formación sucesiva, introducidas por aquella Ley en el art. 4 bis de la LSC. Los fundadores de estas sociedades, con un capital inferior a 3000 euros, no debían acreditar la realidad de las aportaciones dinerarias de los socios, pero respondían solidariamente, como también los sucesivos adquirentes de las participaciones, de la *realidad* de las aportaciones frente a la sociedad y los acreedores sociales. Adviértase que el presupuesto para la responsabilidad de los socios, cuando no se acreditase el desembolso dinerario, era (incomprensiblemente) distinto en uno y otro supuesto. En el caso de las limitadas creadas por procedimientos telemáticos, la responsabilidad debía ser expresada por los socios en la escritura, mientras que en las sociedades acogidas al régimen de formación sucesiva, la responsabilidad se imponía *ex lege*, sin condicionarse a declaración alguna.
La llamada sociedad limitada de formación sucesiva ha sido suprimida por la Ley 18/2022, de 28 de septiembre, de creación y crecimiento de empresas, que elimina las alusiones a ella en el art. 4 LSC, en coherencia con la fijación de un capital mínimo de 1 euro para las sociedades limitadas. La defunción de la SL de formación sucesiva puede darse por segura, por más que los azarosos vaivenes de un proceder regulatorio disparatado, parezcan haberla resucitado pocos meses después. En efecto, como consecuencia de la DF Sexta de la Ley 6/2023, de 17 de marzo, de los Mercados de Valores y de los Servicios de Inversión, el art. 23 d) LSC, sobre la mención del capital social en los estatutos, vuelve a imponer a aquellas sociedades la publicidad de su condición, en tanto no alcancen el capital mínimo de 3000 euros. Se trata de un error evidente, y la norma reintroducida debe considerarse inaplicable.

Dependiendo de la modalidad de constitución empleada para la sociedad, el art. 62.2 se concreta en lo siguiente. En un procedimiento *convencional*, con escritura otorgada presencialmente, los socios fundadores de una sociedad limitada ya no están obligados, ni a presentar ante el notario un certificado bancario, con fecha no anterior a los dos últimos meses, que acredite el depósito de la cifra del capital a nombre de la sociedad en formación, ni a (opcionalmente) hacerle entrega de dicho importe en efectivo para que el Notario proceda al depósito. Cuando en cambio, la sociedad limitada se constituya, con arreglo al art. 22 bis LSC, por los procedimientos enteramente en línea que regula ahora el Capítulo III bis del Título II de la LSC[22], las aportaciones dinerarias «serán efectuadas mediante un instrumento de pago electrónico de amplia disposición en la Unión Europea», que proporcione un prestador de servicios de pago electrónico o entidad financiera establecida en un Estado miembro, y permita identificar a la persona que realizó el pago. En este supuesto, el instrumento que documentará las aportaciones dinerarias también será electrónico, y el notario, conforme a las reglas generales, «comprobará, cuando sea necesario, que se ha acreditado la realidad y, en su caso, la valoración de las aportaciones efectuadas al capital social de la sociedad» (art. 40 ter, 1 y 2 LSC). La salvedad que condiciona la acreditación de los desembolsos a «cuando sea necesario», tiene todo su sentido, por cuanto el art. 40 ter, 3, ofrece a los fundadores en el procedimiento en línea la opción que establece el art. 62.2, y por tanto, les exime de acreditar el desembolso de las aportaciones dinerarias cuando los fundadores manifiestan en la escritura que responderán solidariamente frente a la sociedad y frente a los acreedores sociales de la realidad de las mismas.

La supresión de las exigencias orientadas a acreditar el desembolso de las aportaciones dinerarias en la escritura de constitución (art. 62.2), que favorece ahora a todas las sociedades limitadas, se ha justificado con diversos argumentos. De entrada, se ha afirmado que responde al propósito de agilizar y abaratar los trámites constitutivos de las pequeñas sociedades; un argumento cuya certeza no es posible combatir, pero poco convincente por

22 Las disposiciones del art. 22 bis y de este nuevo capítulo de la LSC (arts. 40 bis a 40 quinquies) han sido introducidas por el art. 39 de la Ley 11/2023, de 8 de mayo, que ha transpuesto diversas Directivas de la UE y entre ellas, la Directiva (UE) 2019/1151 del Parlamento Europeo y del Consejo, de 20 de junio de 2019, por la que se modifica la Directiva (UE) 2017/1132 en lo que respecta a la utilización de herramientas y procesos digitales en el ámbito del Derecho de sociedades (conocida como «Directiva de digitalización de sociedades» o «Directiva de herramientas digitales»).

sí solo si se sopesan los inconvenientes de la opción[23]. También se ha defendido el art. 62.2 porque vendría a suprimir diferencias poco justificables entre distintos procedimientos (convencional y en línea) de constitución de sociedades limitadas, y entre las exigencias de acreditación de las aportaciones dinerarias y no dinerarias (éstas, como ya se ha dicho, nunca han estado sujetas a exigencias de acreditación)[24]. Por otra parte, es opinión común que las exigencias de acreditación del desembolso (art. 62.1) no garantizan que los fondos correspondientes permanezcan en la sociedad que está en proceso de constitución, y desde esta perspectiva, la reforma del art. 62.2 no habría supuesto un cambio apreciable. Sin embargo, algunos autores, cuya opinión suscribo, entienden que la posibilidad de no acreditar el desembolso de las aportaciones dinerarias, no resulta convincente ni tranquilizadora[25].

Acaso pueda pensarse que estos reparos han dejado de tener sentido, una vez se ha suprimido para la SL cualquier exigencia efectiva de un importe mínimo del capital social a través de la (conocida como) Ley Crea y Crece (Ley 18/2022, de 28 de septiembre). Pero creo que no es así. Por un lado, la sustitución en las sociedades limitadas del capital mínimo por un capital

23 Suscribo las apreciaciones de NOACK, U., y BEURSKENS, M., «Modernising the German GmbH ¬Mere Window Dressing of Fundamental Redesign?», en *European Business Organization Law Review*, nº 9, 2008, pp. 97-124, 108-109, expresadas durante la tramitación de la reforma que introdujo la sociedad con capital mínimo de un euro en Derecho alemán (el proyecto de la Ley conocida como *MoMiG*): «para un (hipotético) hombre de negocios razonable, incluso la vigente exigencia de 25.000 euros [para la sociedad limitada] probablemente no parece mucho, considerando el hecho de que *toda empresa* necesita ciertos activos operativos. Como el capital registrado es dinero invertido en el negocio, no puede ser contemplado como un "coste burocrático"», sino más bien como una garantía de que las nuevas sociedades cuentan con una base para operar saneadamente.

24 En esta línea, EMPARANZA, A., «Artículo 62», en *Comentarios de la LSC*, I, pp. 1013-14, advirtiendo sin embargo de que el régimen para ambos tipos de aportación no resulta idéntico: la ley impone a los socios (y administradores, en el caso de aumento del capital social) la responsabilidad por la realidad y la valoración de las aportaciones no dinerarias en la SL, mientras que en el caso de las aportaciones dinerarias la responsabilidad se vincula a su asunción expresa por los socios en la escritura. Lo que el autor interpreta, con razón, en el sentido de que, a falta de tal declaración, el Notario deberá exigirles la acreditación del desembolso en los términos previstos en el art. 62.1 LSC.

25 EMPARANZA, ob. y loc. ult. cits., expresa su desconcierto ante la supresión de unas exigencias (las de acreditación del desembolso), a las que estaban habituados los fundadores de sociedades limitadas y que no habían suscitado ninguna controversia. Más crítico se muestra VALPUESTA, E., *Comentarios a la Ley de sociedades de capital,* 4.ª ed., Barcelona, 2022, p. 173. En su opinión, la dudosa efectividad de los medios que la Ley prescribe para acreditar los desembolsos, que no impiden a los socios retirar el dinero depositado tras el otorgamiento de la escritura, no explicaría que la Ley suprima controles lógicos.

nimio[26], se acompaña de garantías sustitutivas: la responsabilidad solidaria de los socios por la diferencia entre la cifra de 3000 euros y el capital suscrito, cuando en caso de liquidación el patrimonio social resulte insuficiente para atender al pago de las obligaciones de la sociedad; y la obligación de dotar la reserva legal hasta el importe de 3000 euros, con una función de cifra de retención del patrimonio neto (art. 4.1 LSC) equivalente a la que antes desempeñaba el capital mínimo (pero sin haber tenido que comprometer su desembolso)[27].

Por otro lado, la reducción del capital mínimo a un euro, no altera el principio del desembolso íntegro de la cifra de capital, sea ésta de cualquier importe. Más que como una invitación a crear sociedades descapitalizadas, la exigencia de un capital nimio, que pretende mantener la función *organizativa* del capital social (asignar puestos de socio y una proporción relativa entre ellos como medida de sus derechos), en una línea ya extendida en los países de nuestro entorno, aparece como un elemento de flexibilidad que apenas empeora la situación anterior. La exigüidad del (anterior) capital mínimo de 3000 euros, con el que según revela la Estadística Mercantil, se creaban cerca de la mitad de las nuevas sociedades limitadas, apenas proporcionaba garantía alguna de la suficiencia cuantitativa del capital de explotación, ni contra los riesgos asumidos por los acreedores sociales[28].

26 Adoptando la ingeniosa (y acertada, formal y materialmente) expresión que emplea ECHEVARRÍA, M., «Capital social y solvencia: del capital mínimo al capital nimio», en PEÑAS MOYANO, M.ª J., *Estudios de Derecho de sociedades y de Derecho concursal. Libro en Homenaje al profesor Jesús Quijano González*, Universidad de Valladolid, 2023, pp. 219-237.

27 La dotación obligatoria de una reserva, por un importe equivalente a la cifra que tenía el capital mínimo antes de quedar reducido a 1 euro, cuenta con el precedente del Derecho alemán [*vid.* el &5a), sobre la *Unternhemensgesellschaft (haftungsbenchränk)*], y ha sido objeto de numerosas críticas. No podemos entrar en las propuestas alternativas que abogan por una capitalización adecuada y una supervisión de las decisiones arriesgadas de endeudamiento, de las que recientemente da cuenta ECHEVARRÍA, «Capital social y solvencia», cit., pp. 226 a 232, y que tampoco están exentas de críticas, como expone el mismo autor. Sobre la opción alemana, similar a la adoptada en España, MIOLA, M., «Tutela de los acreedores en las sociedades de capital y técnicas alternativas. El debate entre la tradición europea continental y el punto de vista anglosajón», en ALONSO LEDESMA y otros (dirs.), *La Modernización del Derecho de sociedades de capital en* España, T. II, Aranzadi, Cizur Menor, 2011, pp. 19-66, 28, consideró que este «modelo de afectación de los dividendos que aspira a convertirse en alternativo a la formación del capital inicial», y que impone una suerte de formación del capital en vía sucesiva, puede propiciar abusos por la práctica de distribuciones encubiertas, y resultar de hecho más oneroso que la exigencia de un capital social inicial.

28 Como recuerda ECHEVARRÍA, «Capital social y solvencia», p. 224, en un escenario de infracapitalización, los operadores económicos han sustituido la (en muchos casos) ilusoria garantía para los acreedores de la cifra de capital, por garantías accesorias y sis-

Todo ello es cierto, pero conviene advertir la diferencia que existe entre la posibilidad de crear una sociedad con un capital meramente simbólico, y la de revelar un importe de capital que no se ha tenido nunca. Desde esta perspectiva, la ausencia de acreditación de los desembolsos plantea más riesgos para los acreedores que la reducción del capital mínimo a un euro.

El régimen de la sociedad limitada asiste desde hace años, a una gradual sustitución de la protección *preventiva* de los acreedores que, entre otros mecanismos, exige la acreditación del desembolso (de todo el capital), por otro sistema fundado en la responsabilidad de socios y administradores, que contraría una característica tan distintiva como la que proclama el art. 1.2 LSC: «los socios...no responderán personalmente de las deudas sociales». El proceso se inició con el régimen de las aportaciones no dinerarias (art. 73), que no han de acreditarse ni someterse a una tasación pericial salvo que los socios así lo decidan (art. 76). Pasando por las reformas traídas de la Ley de emprendedores, hasta concluir con la reforma del art. 62.2 por la Ley 11/2018, de 28 de diciembre, la LSC proclama ahora la responsabilidad de los socios también por la *realidad* de las aportaciones dinerarias cuyo desembolso no resulte acreditado al otorgarse la escritura de constitución de una SL. Esta sustitución de técnicas de protección de los acreedores no parece objetable por principio. Pero sí lo es lo es la falta de coherencia entre las normas sobre la responsabilidad por las aportaciones, según sean dinerarias o *in natura*, y el carácter incompleto de estas normas, que hace muy difícil construir un régimen adecuado de responsabilidad de los socios, apenas regulado[29].

temas de autotutela al margen del régimen legal. Los acreedores no se fijan tanto en el capital como en otros indicadores de solvencia como los flujos de caja, y en la aptitud de socios y administradores de ofrecer garantías personales de los créditos concedidos a la sociedad.

29 Por ejemplo, resulta difícil posicionarse sobre la duración de la responsabilidad que asumen los socios por la *realidad* de las aportaciones dinerarias no acreditadas en la SL (art. 62.2). La analogía con el plazo de los cinco años previsto para la responsabilidad por la realidad y valoración de las aportaciones no dinerarias (art. 75) puede no estar justificada, como sostiene MARIÑO, en http://www.iurisprudente.com/2019/01/la-no-acreditacion-de-las-aportaciones.html (consulta 14/3/2023). Otros interrogantes que se plantean, y que dicho post analiza exhaustivamente, surgen respecto a los socios responsables: si lo son todos los fundadores, incluso los que hubieran declarado aportaciones no dinerarias; si la responsabilidad se transmite con las participaciones (como se prevé en caso de aportaciones no dinerarias, art. 73.1), o si alcanza a los administradores. Lo que sí parece claro es que la responsabilidad de los fundadores es limitada a la cuantía de la aportación, y posiblemente, subsidiaria a la de la propia sociedad.

1.3. *El supuesto de hecho del art. 299: sociedades anónimas con desembolsos aún no exigidos*

Tanto el tenor literal del art. 299.1 como su trayectoria histórica, revelan que la exigencia del desembolso (casi) íntegro del capital que pretende aumentarse con cargo a aportaciones dinerarias, está concebida para las sociedades anónimas y no para las sociedades limitadas.

Las sociedades anónimas son las únicas para las que la ley autoriza un desembolso parcial de capital social, por la cuantía mínima de la cuarta parte del valor nominal de cada acción, y que debe hacerse efectivo en el momento de escriturar la constitución de la sociedad o la ejecución de un aumento de capital (art. 79). Esta posibilidad queda confiada a los estatutos, que en caso de contemplarla, han de precisar la forma y el plazo máximo para hacer efectivos los desembolsos pendientes [arts. 23, d), tercero, y 81.1 LSC][30]. Su reclamación por la sociedad, la situación de los accionistas que incumplen la deuda correspondiente, y los recursos de la sociedad para lograr el desembolso de las acciones afectadas, son objeto de una regulación que en coherencia con lo anterior, resulta aplicable sólo a las sociedades anónimas (y por extensión, a las comanditarias por acciones: art. 3.2 LSC): arts. 81 a 85, sobre los «Desembolsos pendientes», denominados «Dividendos pasivos» en la LSA/1989. Las aportaciones no dinerarias diferidas son objeto, además, de la *norma especial* del art. 80, que nuevamente sólo se aplica a las sociedades anónimas, y que de acuerdo con el art. 9.2 de la Segunda Directiva de sociedades (hoy, art. 48

30 La jurisprudencia admite dar por extinguida la deuda de desembolso de las aportaciones de un accionista por compensación. La SAP de Cádiz (Secc. 5.ª) núm. 580/2011, de 12 de diciembre, afirma la competencia objetiva de los juzgados de lo mercantil para decidir que existe la compensación, al margen del posible carácter civil del crédito del accionista que se compensa con su deuda por los dividendos pasivos. Ello es posible «siempre que concurran los requisitos establecidos en los artículos 1.195 y 1.196 del Código Sustantivo —y en particular la existencia de créditos y deudas recíprocas (sentencia del T.S. de 28 de noviembre de 1986) y se trate de un crédito en dinero, líquido, vencido y exigible (sentencia de 30 de marzo de 1988)— en ausencia de una norma que expresamente lo prohíba, al no ocasionar perjuicio directo o indirecto a los acreedores sociales, ya que la compensación no opera disminución patrimonial alguna de la sociedad». En el caso de la SAP de Madrid (Secc. 28.ª) núm. 38/2018, de 15 de enero, la sentencia apelada había considerado que, de acuerdo con los estatutos sociales, la deuda de dividendos pasivos, que ascendía al 75% del valor de las acciones del demandante, sólo podía extinguirse mediante pago realizado en metálico. La Audiencia rechaza este argumento, apelando a que el pago no es, con arreglo al CC, el único mecanismo para la extinción de obligaciones pecuniarias, y que las disposiciones de los estatutos se refieren sólo a la extinción de la deuda mediante el pago de los desembolsos pendientes, pero no mediante otros mecanismos admisibles en Derecho.

segundo de la *Directiva codificada*), prohíbe fijar en la escritura un plazo de desembolso superior a cinco años.

No ha existido en nuestro Derecho societario régimen alguno sobre los desembolsos pendientes de las participaciones de sociedades limitadas, porque el principio de desembolso íntegro del capital suscrito hacía impensable (o mejor, ilícito) el supuesto. Tampoco existe ahora tal régimen, y los principios en que se asienta la función del capital social en la sociedad limitada permanecen incólumes: se proclama, bajo *sanción* de nulidad de las participaciones creadas, la efectividad de la aportación que las respalda (art. 59.1 LSC), se afirma la obligación de desembolso íntegro (art. 78), y la posible nulidad, en otro caso, de la sociedad ya inscrita [art. 56.1 g)][31]; y no existe, frente a lo dispuesto para las sociedades anónimas y comanditarias por acciones (cfr. art. 385.2) la obligación de exigir los desembolsos pendientes, en la liquidación societaria, hasta cubrir el valor nominal en la cuantía necesaria para pagar las deudas sociales.

La cuestión de los desembolsos no acreditados en la SL es conceptualmente distinta a la cuestión de los desembolsos pendientes. La obligación en esta sociedad del desembolso íntegro subsiste, y es su acreditación lo que ya no se exige. Que la elusión de un trámite procedimental pueda facilitar, de hecho, el incumplimiento de la obligación sustancial no es ninguna novedad. Pero no parece que un incumplimiento pueda resolverse aplicando una norma establecida para un supuesto de hecho lícito. Dicho en otros términos, el art. 299 no resulta aplicable cuando el problema es un desembolso deficitario o inexistente del capital de una sociedad limitada, como no lo es cuando el mismo problema se produzca en una sociedad anónima. El precepto no extrae consecuencia alguna de la carencia fáctica de un desembolso efectivo, sino de la pendencia formal de créditos de la sociedad contra sus socios por causa de las aportaciones al capital social.

31 La nulidad por esta causa, según tiene afirmado el TS, se produce sólo cuando en el acto constitutivo de la sociedad limitada no se hubiera alcanzado el pleno desembolso de las participaciones en que se divide el capital social. No puede declararse por circunstancias sobrevenidas que obliguen a resolver las aportaciones realizadas por los socios, porque «las causas de nulidad o bien concurren en el momento de la constitución, o ya no pueden producirse con efectos retroactivos» a aquel momento: Sentencias del TS (Sala 1.ª) núm. 875/2007, de 23 de julio, núm. 433/2012, de 5 de julio, recaídas, respectivamente, en supuestos en que la sociedad se consideró constituida en fraude de acreedores, y en que se aportaron bienes gananciales por uno de los cónyuges que actuó por el otro sin representación suficiente.

En efecto, el art. 299 se dirige a aquellas sociedades anónimas, que hubieran previsto en los estatutos un desembolso sólo parcial de las acciones en el momento constitutivo, y establecen cómo y cuándo se realizarán los desembolsos pendientes. Y prohíbe a estas sociedades aumentar su capital social mientras estos desembolsos no se hayan efectuado (o se hayan amortizado, en su caso, las acciones de los accionistas morosos: art. 84, 2 segundo). Del art. 299.1 no se deduce que tales desembolsos deban *permanecer* en la sociedad en el momento de procederse a aumentar el capital. Que sea posible ampliar capital para remover una causa de disolución, tan vinculada al principio de correspondencia efectiva con el patrimonio como es la de pérdidas cualificadas [art. 363.1 e)] resulta, en mi opinión, bastante elocuente en este sentido[32].

1.4. La acreditación de los desembolsos dinerarios correspondientes al aumento del capital

La norma que exime a los socios de sociedades limitadas, de acreditar el desembolso efectivo de las aportaciones dinerarias cuando se comprometan a responder de su *realidad* (art. 62.2 LSC), sólo se aplica en la constitución de la sociedad. No puede hacerse extensiva al desembolso del capital que ha sido aumentado con cargo a aportaciones dinerarias.

El desembolso de las acciones o participaciones creadas en un aumento dinerario de capital forma parte del proceso de ejecución del mismo. La LSC lo pone a cargo del socio que concurre al aumento «desde el momento mismo de la suscripción» (art. 312). Esta expresión no impide que se fije un plazo concreto (y diferido) para proceder a los desembolsos[33], como da a entender el art. 310.1, sobre el aumento incompleto en las sociedades limitadas, cuando alude al plazo «fijado al efecto» para proceder al desembolso. Esta última disposición contiene la exigencia implícita, de que la sociedad verifique si se ha producido o no el pleno desembolso íntegro del aumento de capital (esto

---

32 El criterio que expresa esta norma no es universal. En Italia, la opinión mayoritaria considera que en presencia de pérdidas que hacen obligatoria la reducción del capital, la sociedad no puede proceder a un aumento sin haber reducido antes el capital en el importe correspondiente a la pérdida: CAMPOBASSO, *Diritto della società*, p. 507 y nota 26, con abundantes referencias bibliográficas. Hay en cambio, opiniones discrepantes, que abogan por la posibilidad de reforzar los fondos propios procediendo a un aumento de capital, que es la opinión prevalente en España y que se funda, precisamente, en la posibilidad de eludir la disolución por pérdidas ampliando el capital: por todos ESPÍN, «Carácter obligatorio de la reducción (art. 327)» en ROJO/BELTRÁN, *ComLSC*, II, p. 2379.

33 *Vid.* CASTELLANO, M.ª J., «El desembolso en los aumentos del capital social (art. 312)», en ROJO/BELTRÁN, *ComLSC*, II, p. 312.

es, de las nuevas participaciones, o del incremento del valor nominal de las anteriores, en su caso), a los efectos de determinar la cuantía concreta del aumento incompleto, o en caso de que se haya descartado éste al acordarse el aumento, su ineficacia y la restitución de los desembolsos ya realizados. Jurídicamente, el desembolso íntegro del aumento de capital en una sociedad limitada, como el desembolso del mínimo acordado en una SA, actúa como una condición para que pueda otorgarse la escritura de ejecución del aumento de capital y proceder a la inscripción del mismo (art. 315.1 LSC)[34].

El propio art. 62 LSC, cuando establece la excepción, para las sociedades limitadas, de la exigencia de acreditar la «realidad» de las aportaciones ante el Notario que otorga la escritura, deja ver la necesidad de acreditar los desembolsos que corresponden a las participaciones creadas por una ampliación de capital. El ámbito de aquella excepción es más reducido que el de la norma general: si conforme al art. 62.1, la acreditación de los desembolsos resulta obligada «ante el notario autorizante de la *escritura de constitución o de ejecución de aumento de capital*», el art. 62.2 declara que la acreditación no es necesaria «en la *constitución* de sociedades de responsabilidad limitada si los fundadores manifiestan en la escritura que responderán solidariamente» de la *realidad* de las aportaciones[35]. Y tratándose de una excepción que socava la disciplina imperativa del capital social, no parece que pueda ser objeto de interpretación extensiva. Es cierto que la práctica desaparición del capital mínimo en la sociedad limitada supone aceptar, que el capital no desempeña eficazmente una función de garantía de solvencia para los acreedores sociales. Pero como ya se dijo, una cosa es proclamar, cuando se adopta un capital nimio, que la sociedad se financiará por otras vías (si es que pretende ser viable), o que no será capaz de asumir los riesgos vinculados a su actividad; y otra muy distinta e intolerable, es hacer pública una cifra de capital que no corresponde «a una efectiva aportación patrimonial a la sociedad» (art. 59.2 LSC)[36]. 117

34 *Vid.* CASTELLANO, «Artículo 312», cit., p. 2311, tras afirmar rotundamente el carácter obligacional (y no real) del negocio de suscripción o asunción de las nuevas acciones o participaciones, frente al que no es posible invocar las normas de control de la realidad y el valor de las aportaciones.

35 En la misma línea *vid.* ÁVILA DE LA TORRE, «Art. 299», cit., p. 4181. El autor entiende también que el principio mayoritario que rige en el acuerdo de ampliación del capital, es inoperante para imponer una responsabilidad solidaria a los socios (por la *realidad* las aportaciones) sin su aceptación expresa, conforme al art. 291 LSC. El argumento me parece sugerente, pero no decisivo. A mi juicio, puede dudarse de que el principio que expresa esta norma, y que exige el consentimiento personal para asumir nuevas obligaciones en la sociedad, resulte aplicable a la asunción de responsabilidades por el incumplimiento de una obligación de origen legal.

36 La cuestión de la publicidad se ha considerado importante en Alemania, como exponen NOACK/BEURSKENS, «Modernising the German GmbH», cit., p. 110, en el marco del deba-

2. La clase de aportaciones que han debido ser desembolsadas cuando se procede al aumento dinerario

El art. 299.1 exige, con las excepciones de las que trataremos después, que se haya producido el desembolso o liberación de las acciones anteriormente emitidas antes de proceder a un aumento de capital con cargo a aportaciones dinerarias.

El tenor del precepto no hace distinción alguna entre la clase de aportaciones que se hubieran establecido (en la escritura de constitución, o en la de un anterior aumento del capital social), como contravalor de las acciones ya suscritas. Pero en nuestra doctrina, una sólida corriente sostiene que la exigencia del pleno desembolso de estas acciones se limita a las aportaciones de dinero[37]. Esto significa que la pendencia de desembolsos que han de realizarse con aportaciones no dinerarias, no compromete la eficacia del aumento de capital en una SA.

Esta opinión apela a la distinta naturaleza y función económica que a menudo tienen una y otra clase de aportaciones: no parece lógico, y puede comprometer seriamente el recurso a la autofinanciación societaria cuando se afrontan dificultades de liquidez o se precisan nuevos fondos para la inversión, prohibir un aumento de capital que trata de captar dinero por el hecho de que ciertos bienes no hayan sido entregados a la sociedad[38]. Además, las disposiciones sobre el desembolso de las aportaciones no dinerarias en la sociedad anónima, a la que se aplica el art. 299, permiten diferirlo en los estatutos hasta un plazo máximo de cinco años (art. 80.2). Un período que puede ser demasiado largo, como para bloquear la captación de fondos propios en

te que suscitó el proyecto de la Ley (*MoMiG*) que introdujo un subtipo de sociedad limitada (la *Unternehmengesellschaft —haftungbeschränkt* o *UG*) con un capital mínimo de 1 euro. Con respecto al tipo tradicional de la *GmbH*, y tras haberse proyectado una reducción sustancial del capital mínimo y debatirse cuál sería el idóneo, la ley conservó finalmente el ya existente de 25.000 euros. Para estos autores, el capital mínimo no sólo proporciona una forma de protección (endeble) de los acreedores, sino que impone una suerte de «carga de ingreso» al privilegio de la responsabilidad limitada y un indicador de calidad e integridad del proyecto empresarial. El subtipo de sociedad limitada con capital mínimo de 1 euro, la *UG*, debe obligatoriamente incluir en su denominación, sin abreviar, la referencia a la responsabilidad limitada (*haftungbeschränkt*) [&5a (1) *GmbHG*], como una suerte de advertencia pública, en la firma social, de su singularidad.

37 Para ROJO, A., «El acuerdo de aumento de capital de la sociedad anónima», cit., p. 2373, si los desembolsos pendientes tienen carácter no dinerario, la ejecución de acuerdo de aumento de capital es válida, cualquiera que sea su contravalor.

38 En este sentido, por todos, SACRISTÁN, «Aumento de capital: modalidades, requisitos», cit., p. 297, SÁENZ, «Artículo 154», en URÍA/MENÉNDEZ/OLIVENCIA, *Comentario*, VII-2.º, pp. 141-42, y ya con respecto a la LSC, en «Artículo 299», en *ComLSC*, II, p. 2219.

dinero a sociedades que precisen de ellos. La alternativa pasaría por modificar los estatutos para acortar el término en que podría exigirse el desembolso de las aportaciones no dinerarias. Una modificación nada sencilla, si consideramos que le resultaría aplicable la norma de protección de los socios ante las modificaciones que les imponen nuevas obligaciones (art. 291 LSC), de manera que sólo podría lograrse con el consentimiento de los accionistas que verían adelantada por esta vía el cumplimiento de su prestación de desembolso.

Al margen de consideraciones pragmáticas, creo que el fundamento de la tesis que ciñe a las aportaciones dinerarias la exigencia del desembolso íntegro del capital que se pretende aumentar, está implícito en la *ratio* del propio art. 299 y en otras disposiciones del contexto. Como hemos visto, la regla del previo desembolso ha de ponerse en relación con el objetivo necesario de un aumento de capital dinerario. Al margen de que con él se pretendan otros fines (por ejemplo, la incorporación de nuevos socios), lo característico de esta modalidad de aumento, respecto a otras posibles por razón del contravalor (art. 295.2 LSC) es la finalidad de captar para la sociedad recursos financieros líquidos. La ley reconoce el impacto de la operación sobre la participación de los socios, fundamento del derecho de preferencia (y del régimen de su exclusión) en los aumentos dinerarios, y permite impugnar un acuerdo de aumento del capital que perjudica a la minoría cuando no responde a una necesidad razonable de la sociedad (art. 204.1, segundo). Desde esta óptica, cobra todo su sentido la justificación que usualmente se atribuye a la exigencia de la liberación de las acciones ya emitidas: si se trata de obtener financiación inmediata (en dinero), es preciso haber agotado los recursos habituales para hacer efectivos los desembolsos (también de dinero) ya comprometidos; en otro caso, la propia necesidad del aumento quedaría en entredicho. Las aportaciones *in natura* pueden muy bien no ser la clase de financiación que necesita la sociedad, y que justifica el recurso a una ampliación del capital que no es precisamente inocua para quienes ya son socios.

3. Excepciones cuantitativas y subjetivas

El art. 299 contempla dos salvedades o excepciones al requisito de la previa liberación de las acciones ya emitidas, que responden a motivaciones y tienen un alcance muy distinto.

Para todas las sociedades anónimas, y atenuando el rigor de la exigencia de la plena liberación de las acciones ya emitidas, el art. 299.2 permite proceder al aumento si existen desembolsos pendientes por un porcentaje que no exceda del tres por ciento de la cifra del capital anterior[39]. La rígida fijación de este porcentaje, ofrece la ventaja de proporcionar un criterio seguro para determinar la cuantía admisible de los desembolsos pendientes. Esta es al menos, la conclusión que arroja la disparidad de las interpretaciones a que se presta, en Alemania, la norma que contiene el &182.4 *AktG*, y que autoriza, como excepción al principio de subsidiariedad, proceder a un aumento de capital cuando subsistan desembolsos pendientes por un importe relativamente insignificante[40]. El inconveniente de la solución española radica en su escasa flexibilidad, porque el porcentaje del 3% es tan discutible como cualquier otro —siempre que no sea tan elevado como para desautorizar la regla general del desembolso íntegro.

Por otro lado, el art. 299.1 declara exentas de esta exigencia a las «entidades aseguradoras»; expresión un tanto sorprendente que, considerando su contexto, parece que hay que entender referida a las sociedades anónimas de seguros[41]. Esta excepción viene a reformular una salvedad antigua, presente ya en la LSA de 1951 (art. 89), que se inspiró seguramente en la *Aktiengesetz* alemana de 1937[42], y que se ha venido justificando en la *especialidad* del régimen de los recursos propios de las entidades aseguradoras[43]. Sin embargo, resulta bastante discutible la conveniencia de mantener esta especialidad, que permite

39 Como explica SÁENZ, «Art. 154», en *Comentario*, VII-2.º, p. 139, ya el Anteproyecto de Ley del IEP de 1947 admitía el aumento de capital cuando sólo quedase un «resto insignificante» por desembolsar. La LSA de 1951 no contempló, sin embargo, excepción alguna al desembolso previo, pero sí la LSA de 1989 de la que procede la norma actual.

40 *Vid.* EKKENGA, J., «&182», en *Kölner Kommentar zum Aktiengesetz*, p. 124, Rn. 75. El aspecto que se discute no es sólo o tanto qué porcentaje sobre la cuantía de los desembolsos debe considerarse «insignificante», sino respecto a qué importe. Una buena parte de la doctrina entiende que tal insignificancia relativa ha de ponerse en relación con el capital que pretende aumentarse, y admite desembolsos pendientes de hasta un 5% de su importe. No obstante, también parece plausible la opinión (como la del comentarista), de que la ponderación ha de hacerse con el importe de la ampliación de capital prevista, porque es este importe el que expresa las necesidades de financiación de la sociedad que no quedan cubiertas exigiendo los desembolsos pendientes.

41 En cambio, el &182.4 de la *AktG* alemana, autoriza a las sociedades de seguros a desplazar en sus estatutos la exigencia del pleno desembolso de las acciones anteriores.

42 *Vid.* TIRADO SUÁREZ, F. J., «El "privilegio" de las sociedades anónimas de seguros en el desembolso de los accionistas en caso de aumento de capital social con aportaciones dinerarias según el art. 299 LSC frente a la normativa sobre Solvencia II», en FERNÁNDEZ TORRES, I. y otros (coord.), *Derecho de sociedades y de los mercados financieros. Libro Homenaje a Carmen Alonso Ledesma*, Iustel, Madrid, 2018, pp. 1361-1380, 1374.

43 Recuerda SÁENZ, «Art. 154», en *Comentario*, VII-2.º, pp. 138 y 139, que los comentaristas de la LSA de 1951 explicaban la exención de la exigencia del desembolso previo a las sociedades de seguros, por la pretensión de priorizar la función del capital social como fondo de garantía para los asegurados.

a las sociedades de seguros, lo contemplen o no sus estatutos, aumentar un capital cuyo importe no esté todavía desembolsado[44].

4. Consecuencias del incumplimiento de la exigencia del pleno desembolso

La norma que exige el desembolso íntegro de las acciones anteriores para proceder a un aumento del capital debe considerarse imperativa o de Derecho necesario. Así lo ha declarado la jurisprudencia[45], invocando los principios informadores del capital social y la función del aumento dinerario de allegar recursos financieros a la sociedad[46]. Pero la propia jurisprudencia ha admitido excepciones al rigor de la norma.

Al margen de las concretas circunstancias de los supuestos litigiosos, esta jurisprudencia aborda una cuestión general sobre la que la Ley guarda silencio. Ciertamente, el art. 299 LSC prohíbe proceder al aumento de capital dinerario cuando subsisten desembolsos pendientes (hay que entender, también dinerarios) sobre el capital anterior, pero no precisa cuáles son las consecuencias del incumplimiento de esta exigencia. La cuestión que suscita más dudas es la posibilidad de impugnar por este motivo el propio acuerdo de aumento de capital, y es precisamente en el contexto del ejercicio de esta acción donde se han producido sentencias con interesantes precisiones.

El tema no se ha planteado sólo en España. El art. 2438 CCI determina expresamente que el incumplimiento de la exigencia del desembolso íntegro de las acciones anteriores, comporta la responsabilidad solidaria por el daño causado a socios y terceros. Pero deja a salvo «en todo caso» las obligaciones

44 *Vid.* TIRADO, «El "privilegio" de las sociedades anónimas de seguros», cit., pp. 1364 y 1380, proponiendo suprimir esta especialidad, que ya no estaba justificada cuando se introdujo en nuestro Derecho y lo está mucho menos en la actualidad. En esta línea, tanto el art. 252-4 del Anteproyecto del Código Mercantil, como anteriormente el art. 267 de la Propuesta de Código de Sociedades Mercantiles de 2002, omitieron toda referencia a las entidades de seguros al prohibir aumentos dinerarios cuando no se hubieran desembolsado (salvo en una cuantía máxima del 3%) el importe del capital anterior.

45 STS (Sala 1.ª), de 17 febrero 1992, FD Quinto; STS (Sala 1.ª) n.º 599/2006, de 14 de junio, FD Quinto, afirmando que el art. 154 LSA (precedente del art. 299 LSC), es «literosuficiente y taxativo en su contenido».

46 Como afirma la AP de Madrid (Secc. 28.ª), en su Sentencia n.º 134/2014, de 28 de abril «Tal precaución legal tiene pleno sentido en la medida en que el capital social opera como garantía para los intereses de acreedores y de terceros, además de que no se entendería fácilmente qué sentido pudiera tener el plantearse un aumento de capital si ni siquiera se hubiesen recaudado de sus socios los derechos pasivos que están comprometidos a desembolsar»

asumidas con la suscripción de las acciones emitidas violando la exigencia del desembolso de las anteriores[47]. En Alemania es pacífico negar que pueda declararse nulo el acuerdo de aumento por causa de la infracción de la *regla de subsidiariedad*, y muchos autores rechazan que tal acuerdo pueda impugnarse por este motivo; pero la opinión contraria parece ganar adeptos[48]. En Francia, la primera frase del actual art. L225-131 *CCom*, que ordena la liberación íntegra del capital antes de toda emisión de nuevas acciones con desembolso dinerario, se diferencia de su precedente en la Ley de sociedades mercantiles de 1966 precisamente por haber suprimido el inciso que sancionaba con la «nulidad de la operación» el incumplimiento del mandato.

Nuestra jurisprudencia ha admitido ocasionales salvedades a la exigencia del desembolso íntegro de las acciones antes de proceder a un aumento dinerario, con la consecuencia de no invalidar el acuerdo adoptado en defecto de un desembolso íntegro de las acciones ya emitidas. En primer lugar, se ha admitido que el propio acuerdo de aumento condicione expresamente su efectividad al previo desembolso de las acciones anteriores, que aún no se había producido en el momento de adoptarse el acuerdo (STS de 17 febrero 1992)[49]. En este supuesto «el cumplimiento de lo acordado se traslada a los administradores y bajo la responsabilidad de éstos, pero sin que el acuerdo en sí...infrinja el precepto imperativo».

La segunda salvedad, que admite la STS (Sala 1.ª) núm. 1225/2006 de 29 de noviembre [TOL1.019.031], invocando la tesis de la STS (Sala 1.ª) núm. 596/2006 de 14 de junio (en un proceso suscitado entre las mismas partes

---

47 Esta norma dejaría claro que la violación de la exigencia del desembolso íntegro de las acciones ya emitidas no comporta la nulidad del acuerdo de aumento: CAMPOBASSO, *Diritto della società*, cit., 507. La edición de septiembre de 2011 de los *Orientamenti del comitato triveneto dei notai*, contiene una precisión adicional, que figura como *massima* H.G.2. El organismo notarial ha determinado que el art. 2438 CCI, cuando prohíbe ejecutar (*eseguire*) un aumento hasta que las acciones precedentes no estén íntegramente liberadas, viene a aceptar de manera implícita que la ampliación de capital se acuerde sin que el capital que se aumenta esté desembolsado: *vid.* https://www.notaitriveneto.it/file/massime/41/1316098658_orientamenti_societari2011.pdf, p. 88.

48 *Vid.* EKKENGA, «&182», pp. 125-126, 78.

49 «El acuerdo de ampliación de capital con emisión de nuevas acciones implica una modificación estatutaria y afecta a acreedores y terceros, de ahí el requisito previo del total desembolso de la serie o series emitidas anteriormente y su carácter imperativo (...) lo cual no quiere decir que el acuerdo no pueda ser tomado sometiéndolo a que la emisión de las nuevas acciones se supedite al total desembolso de las anteriores, pero debiendo considerarse nulo dicho acuerdo cuando no se toma tal cautela, máxime si, como en el caso que nos ocupa, ya se fijan los plazos para la nueva suscripción que ha de producirse antes de aquel desembolso...» (FD Quinto).

y con el mismo objeto pero referido a otra ampliación de capital), se ha contemplado en supuestos en los que resultó imposible el desembolso previo del capital que pretende aumentarse. Las circunstancias del supuesto fáctico del que se ocupa la sentencia que admitió esta excepción son singulares, porque la buena fe no asistía a quienes reclamaban la nulidad de los acuerdos, ya que la falta del desembolso se debía precisamente a actuaciones previas de los demandantes[50].

Como ha afirmado la SAP de Madrid (Sección 28.ª), en su Sentencia núm. 134/2014 de 28 abril [TOL4.515.835], «el problema jurídico central» en estos litigios, al margen de las circunstancias concurrentes, es «si debe considerarse nulo el acuerdo de ampliación de capital porque a la fecha de adopción del mismo sólo estaba desembolsado» un porcentaje inferior al 97 por 100 del capital que pretendía aumentarse (en el caso de la sentencia, el desembolso ascendía al 32,50 % del capital social). Ante esta cuestión, la sentencia ratifica la regla general que prohíbe la ampliación dineraria de un capital no enteramente desembolsado, con la consecuencia, en caso de incumplirse, de invalidar el acuerdo que aumenta el capital. Las únicas salvedades a este planteamiento serían las ya contempladas por el TS, a saber: que el desembolso haya resultado imposible por un motivo justificado, y que se hubiera condicionado la eficacia del acuerdo de aumento al desembolso efectivo. Pero con el interesante añadido de que estas excepciones resultan admisibles «siendo necesaria por las circunstancias sociales el acometimiento de una operación de ampliación de capital».

50 En la STS de 29 de noviembre de 2006, la exigencia de desembolso previo (del art. 154 LSA, precedente del art. 299 LSC), no se cumplía por la suspensión cautelar decretada en un proceso sobre un aumento de capital anterior (objeto de la STS de 14 de junio), que había obligado a la sociedad a devolver los desembolsos realizados por los socios. En estas circunstancias, el TS entiende que «no se ha de interpretar el artículo 154 de la Ley de Sociedades Anónimas de una manera tan taxativa que no permita la existencia de excepciones a la rigidez del texto cuando el desembolso de las acciones anteriores resulta imposible por causas ajenas a la voluntad de los socios —en el caso concreto, la existencia de una medida cautelar de suspensión de la ampliación anterior adoptada por un Juzgado de Primera Instancia que motivó la devolución de los desembolsos ya realizados y la inejecución del acuerdo— siempre que los ulteriores acuerdos de ampliación de capital se hayan tomado cumpliendo todos los requisitos legales intrínsecos, y no exista abuso de derecho, pues entender lo contrario, como dice la referida Sentencia de 14 de junio de 2006, implica conceder a los socios que obtuvieron la suspensión la facultad de utilizar(la) abusivamente, impidiendo en la práctica la vida de la sociedad necesitada de ampliación de capital, utilizándose una minoría de bloqueo en contra de los intereses de la propia sociedad manifestados por la voluntad social aprobada en Junta».

En la doctrina, la postura dominante se formula en términos algo distintos, aunque coincide sustancialmente en las conclusiones sobre la posibilidad de impugnar la ampliación de capital. Un desembolso de las acciones ya emitidas inferior al 97% de las aportaciones comprometidas en dinero, no invalidaría tanto el propio acuerdo como la operación de aumento de capital, que no podría ser ejecutada ni inscrita por aquella carencia[51]. Ello supone descartar alguna autorizada opinión que sostenía que, como sucede en Ordenamientos próximos, la consecuencia del incumplimiento de la regla de subsidiariedad no sería la invalidez del aumento, sino la responsabilidad de los administradores[52].

En este ámbito de reflexiones, se ha planteado también el problema que suscitan las cláusulas estatutarias sobre el plazo para exigir a los socios los desembolsos pendientes sobre sus acciones [arts. 23 d), tercero y 81.1 LSC]. La existencia de estas cláusulas supone acotar uno o varios períodos, hasta cuyo término no sería posible proceder a ampliaciones de capital dinerarias. El art. 23 d) tercero, sólo alude a la previsión de un plazo máximo para proceder a los desembolsos pendientes, pero los estatutos podrían contemplar plazos más precisos, antes de cuyo transcurso no podría exigirse a los socios el pago de las cantidades pendientes de desembolso.

En el caso de que los administradores no puedan reclamar aún los dividendos pasivos, porque los estatutos no permiten hacerlo todavía, parece claro que no podrá procederse a un nuevo aumento del capital social con aportaciones dinerarias, a no ser que antes se modifiquen los estatutos para reducir el plazo o plazos determinados en ellos. Esta modificación precisaría, como ya tuvimos ocasión de exponer, y en aplicación del art. 291 LSC, además de la mayoría correspondiente, el consentimiento de los socios que verían así adelantado el plazo para el cumplimiento de su obligación de desembolso[53].

---

51 ROJO, «El acuerdo de aumento», cit., p. 2373, SÁENZ, en *Comentario*, VII-2.º, p. 145, y en «Art. 299», en ROJO/BELTRÁN, *ComoLSC*, p. 2219; y algunos matices, ÁVILA DE LA TORRE, «Art. 299», en GARCÍA CRUCES/SANCHO GARGALLO, *Comentarios de la LSC*, IV, p. 4184.

52 En esta línea SACRISTÁN, «Aumento de capital», p. 298, distanciándose de la postura expresada por GARRIGUES en el *Comentario a la Ley de Sociedades anónimas*, T. II, 3.ª ed., que consideraba que la infracción de la regla del desembolso íntegro de las acciones anteriores impedía la ejecución del aumento, y con ello la oferta de las nuevas acciones a sus suscriptores.

53 Coincido así con la opinión mayoritaria expresada, entre otros, por QUIJANO, J., «La modificación de estatutos: requisitos y límites generales», en *Derecho de sociedades anónimas*, III-1, pp. 13 y ss., 58; MARTÍNEZ FLOREZ, A., «Nuevas obligaciones de los socios (art. 291)», en ROJO/BELTRÁN, *ComLSC*, II, p. 2146, y en el tomo I de la misma obra, BELTRÁN, E., «Los desembolsos pendientes (art. 81)», p. 715. En contra, ÁVILA DE LA TORRE, «Artículo 81»,

Cuando el vencimiento de la obligación de desembolso de los socios está próximo, el acuerdo de aumento, en la línea señalada por la jurisprudencia, puede condicionar su eficacia a la percepción por la sociedad de los desembolsos pendientes[54]. Antes del cobro de éstos, no debería iniciarse la ejecución del aumento (y concretamente, la oferta de suscripción de las nuevas acciones)[55].

V. EL DERECHO DE PREFERENCIA

1. Función y régimen legal

Todo aumento de capital oneroso o con nuevas aportaciones, supone un beneficio patrimonial para la sociedad y para sus acreedores, sea porque incorpora nuevos recursos sin aumentar el pasivo (caso de aportaciones en dinero o bienes), sea porque disminuye el pasivo e incrementa así el patrimonio neto (caso de la compensación de créditos contra la sociedad), sin reducir los activos.

Para los socios, el aumento de capital oneroso puede tener futuros efectos favorables en la rentabilidad de la sociedad, por el incremento de los fondos aplicados a la explotación del objeto social. Pero de manera inmediata, cuando el aumento se hace efectivo mediante la emisión de nuevas acciones o participaciones, supone un empobrecimiento para los socios[56]. El incremento de la cifra de capital y del número de acciones o participaciones, supone que las que ya existen representarán un porcentaje inferior sobre el total; así que para mantener la participación que correspondía a los socios, deberán realizar nuevas aportaciones. Ello asumiendo que concurran al aumento, algo que no siempre es posible por diversas razones. De entrada, porque algunas modalidades del aumento de capital, por la naturaleza del contravalor de las nuevas acciones o participaciones, están *reservadas* a unos pocos socios (en

pp. 4078 y 4079, y «Artículo 299», p. 4183, en GARCÍA CRUCES/SANCHO GARGALLO, *Comentarios de la LSC*, IV, entiende que la protección que brinda a los socios el art. 291 debe interpretarse restrictivamente, refiriéndola sólo a las obligaciones nuevas, y confiando al principio mayoritario y su concreción del interés social la alteración de las condiciones de obligaciones preexistentes (como es el caso de la aportación ya comprometida), siempre que no tengan un régimen distinto: como sucede con la modificación de las prestaciones accesorias, que sí exige el consentimiento individual de los obligados (art. 89.1).

54 ÁVILA DE LA TORRE, «Art. 299», en *Comentario de la LSC*, cit., p. 4183.

55 ROJO, «El acuerdo de aumento», cit., pp. 2374-75.

56 SÁNCHEZ ANDRÉS, A., *El derecho de suscripción preferente del accionista*, Civitas, Madrid, 1973, pp. 73 a 76.

el mejor de los casos) o a terceros. Me refiero, claro está, a los aumentos con aportaciones no dinerarias y por compensación (o capitalización) de créditos, a los que concurrirán quienes estén en disposición de aportar determinados bienes, o fueran titulares de los créditos contra la sociedad. También en el caso de que el contravalor del aumento sea la más fungible de las aportaciones posibles, el dinero, *a priori* idóneo para ser aportado por (todos) los socios, diversas razones pueden aconsejar el ingreso de nuevos socios.

En cualquiera de estas situaciones, la consecuencia de un aumento del capital con las características descritas (oneroso, y con creación de nuevas participaciones o acciones) es la dilución del valor de la participación de quienes son socios en el momento del aumento. Esta dilución se produce, como es de sobra conocido, en un doble plano. Por un lado, todos los derechos graduables de los socios, esto es, los que recibe en la sociedad en proporción al número y valor nominal de sus acciones o participaciones (votos, participación en las ganancias, cuota de liquidación) experimentan una rebaja correlativa al incremento de acciones y participaciones (con sus correspondientes derechos) que resulta de la ampliación del capital. Pero además la entrada de nuevos socios, si se realiza *a la par*, es decir, suscribiendo las nuevas acciones o asumiendo las nuevas participaciones por el único importe de su aportación (su valor nominal), supone para los antiguos socios compartir con ellos el valor real superior de sus acciones o participaciones. Lo que se produce, típicamente, cuando la sociedad tenga reservas *expresas* (beneficios atesorados), pero también *ocultas*, esto es, incrementos de valor de activos no registrados en el balance[57].

Para evitar este efecto de dilución de la participación de los antiguos socios, la Ley les reconoce el derecho de suscripción o asunción preferente de las nuevas acciones o participaciones que han de ser desembolsadas mediante aportaciones dinerarias.

Se trata de uno de los derechos «mínimos» de los socios [art. 93 b) LSC], que tutela primordialmente su propio interés, y se beneficia del nivel de pro-

57 ROJÍ BUQUERAS, J. M.ª, «La protección del socio minoritario en los aumentos de capital social: una propuesta desde el buen gobierno corporativo», *RdS* n.º 60 (2020), pp. 397-419, 402, insiste en las diferencias que desde la óptica de la protección de los socios minoritarios en los aumentos de capital, existen entre los incrementos de valor de la sociedad según vengan expresados o no en las cuentas anuales. Cuando este incremento se debe a la dotación de reservas, es fácil de identificar, cuantificar y acreditar en un juzgado. Mucho más difícil es el conocimiento y prueba de los incrementos de valor que no registra el balance (un fondo de comercio por clientela, o una revalorización en el mercado de un inmueble o una marca), lo que redunda en una mayor desprotección de los socios minoritarios, que no pueden discernir las consecuencias de acudir o no a la ampliación del capital, o de impugnar el acuerdo por su posible carácter abusivo.

tección que expresa este precepto. Por tanto, el derecho de preferencia debe reconocerse en los términos que determina la LSC, y sólo admite ser restringido «en los casos en ella previstos». Ello le protege contra la incidencia de la mayoría, y contra la renuncia de los propios socios siempre que se produzca de manera apriorística o general: ni los estatutos pueden restringir la atribución o el contenido del derecho de preferencia[58], ni resulta eficaz una renuncia anticipada «que en su aceptación genérica no permite apreciar su trascendencia real»[59]. Para cumplir su función de salvaguardar la posición económica y decisoria de los socios, el derecho de preferencia no puede ser objeto de privilegio alguno, lo que explica su alcance necesariamente proporcional al porcentaje de participación que representa cada socio en la sociedad. Cualquier ruptura de este criterio comprometería la eficacia de la función que desempeña el derecho y su propio contenido legal, ya que el derecho consiste precisamente en permitir que el socio adquiera originariamente un número de participaciones o de acciones proporcional al valor nominal (conjunto) de las que posea (art. 304). De ahí la prohibición taxativa de crear participaciones o emitir acciones que de cualquier forma «directa o indirecta alteren la proporcionalidad entre el valor nominal y el derecho de preferencia» (art. 96.2 y 3 LSC).

Para garantizar la función protectora de la posición de socio que fundamenta el reconocimiento del derecho de preferencia, es muy importante que el legislador acierte en la regulación de dos cuestiones. Por un lado, los supuestos o modalidades del aumento de capital para los que reconoce este derecho; por otro lado, las condiciones en que puede ser limitado o descartado conforme a la Ley. Esta incidencia restrictiva sobre el derecho de preferencia sólo puede producirse en el contexto de un concreto aumento de capital, decidirse por el mismo órgano que lo aprueba, venir exigido por el interés social, y compensar el perjuicio causado a los socios mediante el ofrecimiento de las acciones o participaciones al precio que corresponda a su valor real, extremos todos ellos de los que debe informarse cumplidamente a los socios (art. 308).

El régimen del derecho de preferencia en España se explica, hasta cierto punto, por las disposiciones imperativas del Derecho europeo de la sociedad anónima[60]. Éste impone la necesidad de que la sociedad ofrezca preferentemente a sus accionistas, en proporción a la parte del capital representado por

58 Algo que afirmaba expresamente la Segunda Directiva de sociedades, y ahora 72.4 de la Directiva codificada, pero no la LSC.

59 SÁNCHEZ ANDRÉS, *El derecho de suscripción preferente*, cit., p. 70.

60 Del derecho de suscripción preferente se ocupaba el art. 29 de la Segunda Directiva de sociedades (Directiva 77/91, CEE de 13 de diciembre de 1976) y se ocupa hoy el art. 72 de la Directiva *codificada* 2017/1132 de 14 de junio.

sus acciones, las que se emitan en un aumento de capital suscrito con aportaciones dinerarias, y también las obligaciones convertibles en el momento de su emisión (art. 72.1 y 6 de la Directiva codificada). También la prohibición de limitar o suprimir este derecho en los estatutos, y la posibilidad de hacerlo mediante un acuerdo de la junta general, o del órgano habilitado en el caso del capital autorizado, con unas garantías mínimas: mayoría reforzada, e información sobre las razones de la supresión o limitación del derecho y el precio de emisión de las nuevas acciones (art. 72.4 y 5).

Sin embargo, el régimen del derecho de preferencia en España responde también a motivaciones autóctonas (y por tanto, autónomas). Ni siquiera para la SA el legislador español ha incorporado todas las opciones que permitía la Directiva[61]. Pero la decisión autónoma de mayor alcance es, seguramente, el reconocimiento y regulación de este derecho en la SL en términos similares a los de la SA, en todos los aspectos de su régimen salvo en aquellos condicionados por diferencias tipológicas: éstas no toleran, en particular, que a través de la transmisión del derecho de preferencia queden burladas las restricciones a la adquisición de participaciones en una sociedad típicamente *cerrada* (art. 306.1)[62].

Alguna de las cuestiones más polémicas sobre el régimen legal del derecho de preferencia, corresponden a supuestos de aumento de capital de los que se ocupan monográficamente otros capítulos de esta obra. Sucede así con el debate sobre su reconocimiento en el aumento por compensación de créditos; la competencia para excluir el derecho de preferencia en los supuestos de delegación del aumento en el órgano de administración, y su reconocimiento incondicional en la operación acordeón. Aquí nos ocuparemos sólo de aspectos básicos del régimen común del derecho de preferencia en los aumentos dinerarios, y también de ciertas diferencias según que la sociedad sea una anónima o una limitada; en otros términos, a describir el *status quaestionis* de los arts. 304 a 309 LSC, con mínimas alusiones a las singularidades de régimen propias de las sociedades cotizadas.

61 Puede verse, en síntesis, sobre el régimen del derecho de preferencia en la Segunda Directiva y las opciones de incorporación del legislador español, VELASCO SAN PEDRO, L. A., «El derecho de suscripción preferente», en *Derecho de sociedades anónimas*, III-1, pp. 517-601, 540 a 543.

62 No es éste el momento de repasar el complejo discurrir legislativo del derecho de preferencia en España, y las motivaciones que explican las peculiaridades de su régimen legal general y sus especialidades *tipológicas*. Precisamente nos hallamos ante el aspecto del régimen del aumento de capital que ha sido objeto de un mayor tratamiento doctrinal, al que hay que remitir en este momento.

2. Supuestos de reconocimiento y de no atribución

La titularidad del derecho de preferencia que surge en un aumento de capital dinerario con emisión de nuevas acciones o participaciones, «ordinarias o privilegiadas», corresponde a los socios individualmente [arts. 93 b) y 304 LSC], y en proporción a la cuota que las acciones o participaciones de cada socio alcanza en el capital social.

Como ya hemos explicado, el criterio de proporcionalidad imperativo que decide la atribución del derecho de preferencia viene dado por el valor nominal de las acciones o de las participaciones que pertenecen a cada socio (art. 96.3 LSC). Ello determinará diferencias cuantitativas en la atribución de los derechos de preferencia cuando las acciones o participaciones de la sociedad tengan distinto valor nominal [pertenezcan, en la terminología propia de las sociedades anónimas, a distintas *series*: arts. 23, d) tercero y 94.1 LSC]. Parece en cambio, que la existencia de distintas *clases* de acciones, o de participaciones que reconozcan derechos diferentes, es irrelevante para decidir la atribución del derecho de preferencia: el art. 304.1 lo reconoce a cada socio tanto si las acciones o las participaciones que se crean son ordinarias, como si son privilegiadas.

Según la opinión mejor fundada, al decidirlo así el legislador español habría renunciado a hacer uso de una opción que autorizaba la Segunda Directiva [art. 29.2 a); hoy art. 72.2 b) Directiva (UE) 2017/1132], para el supuesto de existir varias categorías de acciones con diferencias en cuanto a los derechos de voto, a los dividendos o a la cuota de liquidación. En este supuesto, los estados miembros pueden decidir que cuando el capital se aumente por la emisión de nuevas acciones en una sola de estas categorías, los accionistas de las demás categorías sólo puedan ejercitar el derecho de preferencia, después de que lo hayan hecho los accionistas de aquella a la que correspondan las nuevas acciones[63].

No obstante, la cuestión no parece del todo pacífica, como indica la reciente Sentencia de la AP de Madrid (Secc. 28ª) 396/2023, de 12 de mayo. En el caso litigioso, una SL con dos *clases* de participaciones aumentó el capital creando participaciones de una sola clase, y reconoció el derecho de preferencia únicamente a los titulares de participaciones de esa clase. Uno de los socios, con participaciones de ambas clases, impugnó el acuerdo de aumento por no haber podido ejercitar su derecho de preferencia correspondiente al porcentaje total de su participación en la sociedad. Las dos sentencias recaídas hasta el momento en el proceso respaldan la posición del demandante, pero no sin admitir que «un sector autorizado de la doctrina admite la posibilidad de reconocer un derecho de preferencia limitado a

63 VELASCO SAN PEDRO, «El derecho de suscripción preferente», cit., pp. 540-541.

las participaciones sociales de igual clase que las ya poseídas», cuando así lo contemplen los estatutos (SAP Madrid 396/2023, FD Cuarto, 5).

El problema no se plantea con ampliaciones de capital que crean acciones o participaciones de todas las clases ya existentes, y otorgan proporcionalmente a los socios el derecho a suscribir o asumir las de la clase que ya tenían. En este caso, la proporción relativa de los socios se mantiene[64]. El problema surge cuando las nuevas acciones o participaciones pertenecen sólo a una de las clases. La cuestión se ha planteado en España, sobre todo, respecto a las acciones o participaciones sin voto[65]. La mejor interpretación, a mi juicio, sostiene que el derecho de preferencia se atribuye a cada socio respecto a las nuevas acciones o participaciones, sean de la clase que sean (como expresa el art. 304.1), y que para limitarlo a una categoría de socios debería procederse a la exclusión (parcial) de este derecho en las condiciones del art. 308 LSC[66].

En ciertos casos, la Ley suspende o priva temporalmente de la posibilidad de ejercer el derecho de preferencia, como sucede con los accionistas morosos en el pago de desembolsos pendientes (art. 83.2), o en los supuestos de autocartera [art. 142.1 en la SL, y 148 a) en la SA]. En este último supuesto, el alcance y las consecuencias de dicha suspensión resultan controvertidos en ciertos aspectos: concretamente, si los derechos de preferencia de las acciones y de las participaciones propias acrecen al resto de los socios[67]; y si puede la sociedad transmitir estos derechos, aunque no pueda ejercitarlos[67].

64 Esta diversidad cualitativa en el derecho de preferencia no implicaría la ruptura de la proporcionalidad y podría establecerse en los estatutos: CAMPUZANO, A. B., «Otros derechos (art. 102)», en ROJO/BELTRÁN, *ComLSC*, I, p. 860.

65 El art. 102.3 LSC da a entender que los estatutos podrían regular la atribución del derecho de preferencia de los titulares de las acciones o participaciones sin voto, que «estarán sometidas a las normas estatutarias y supletorias legales sobre transmisión y derecho de asunción preferente».

66 En esta línea vid. ALFARO, J., *Interés social y derecho de suscripción preferente. Una aproximación económica*, Civitas, Madrid, 1995, pp. 112-113. El autor añade el importante matiz de que si con el aumento se emiten sólo acciones con voto (ordinarias), hay que entender justificada la exclusión parcial del derecho de preferencia consistente en privar de él a los accionistas sin voto.

67 A favor VELASCO SAN PEDRO, «El derecho de suscripción preferente», cit., p. 575, y con ciertas reservas SÁNCHEZ ANDRÉS, «La acción y los derechos del accionista», en URÍA/MENÉNDEZ/OLIVENCIA, *Comentario*, T. IV-1.º, *Las acciones*, Civitas, Madrid, 1994, p. 225. En la LSC las disposiciones son algo distintas para las acciones y las participaciones. Tratándose de acciones propias, el art. 148 a), segunda frase decide la atribución proporcional de los derechos *económicos* al resto de los socios, salvo el derecho de asignación gratuita. Respecto a la SL, el art. 142.1 decide la suspensión de «todos los derechos correspondientes» a las participaciones propias y las de la sociedad dominante. Antes de la LSC, sin embargo, el régimen sobre los derechos de acciones en autocartera, se aplicaba por remisión a la tenencia de participaciones propias (art. 40.3 LSRL).

El contenido económico del derecho de preferencia explica que la Ley atribuya al usufructuario de acciones o participaciones legitimación subsidiaria para su ejercicio (art. 129.1 LSC), así como el interés que ha suscitado éste en relación con la tutela del valor económico del titular de un derecho de garantía (prenda) sobre las acciones o participaciones. Las complejas cuestiones que plantean ambos supuestos exceden de las limitaciones de este trabajo, por lo que se impone una remisión a la bibliografía especializada.

Al margen de la atribución subjetiva —titularidad, y en su caso legitimación para el ejercicio del derecho de preferencia—, este derecho sólo surge o nace en determinados aumentos de capital[69]. El art. 304 delimita de manera positiva y negativa de cuáles se trata: al reconocimiento general del derecho de preferencia para los aumentos de capital con creación de nuevas acciones o participaciones con cargo a aportaciones dinerarias (art. 304.1), le sigue su expresa exclusión en algunos de los supuestos que estarían, en principio, comprendidos por la regla general (art. 304.2).

Respecto al supuesto de reconocimiento general, la tipificación parece nítida: cada socio tendrá derecho a adquirir originariamente (*asumir*, tratándose de sociedades limitadas, *suscribir* tratándose de anónimas) un número de participaciones o acciones proporcional al valor nominal de las que posea, en los aumentos de capital en los que concurran dos circunstancias: i) que el contravalor del aumento sean aportaciones dinerarias, y ii) que se creen nuevas acciones o participaciones.

De esta configuración del supuesto general atributivo del derecho de preferencia, se siguen algunas exclusiones implícitas. De entrada, el derecho de preferencia no surge en los aumentos de capital con elevación del valor nominal de las acciones o de las participaciones (supuesto del art. 296.1 LSC). Estos aumentos, cuando sean onerosos, deben ser consentidos por todos los

68 Varios autores consideran lícita la transmisión de los derechos de preferencia incorporados a las acciones o participaciones propias, considerando que el ejercicio del derecho y su cesión son cosas distintas. En esta línea, con respecto a la SL, *vid* PANTALEÓN, F. y PORTELLANO, P., «Derechos reales sobre las participaciones sociales y adquisición de las propias participaciones sociales», en URÍA/MENÉNDEZ/OLIVENCIA, *Comentario*, T. XIV-1.º B, *Régimen de las participaciones sociales en la sociedad de responsabilidad limitada*, Civitas, Madrid, 1999, p. 463, y FAYOS, J. B., *El derecho de asunción preferente en las sociedades de responsabilidad limitada*, Tirant lo Blanch, Valencia, 2013, p. 166; con respecto a las acciones *vid.* por todos SÁNCHEZ ANDRÉS, «La acción y los derechos del accionista», cit., pp. 226 y 227.

69 SÁNCHEZ ANDRÉS, «La acción», cit., pp. 219 y 220, descarta con argumentos convincentes que pueda hablarse de un derecho de preferencia «abstracto», ya que el nacimiento real del derecho de preferencia (que sólo es *concreto*) se vincula a las ampliaciones de capital dentro del ámbito de aplicación de la norma que lo reconoce.

socios y ello debería considerarse, como expusimos en su momento, suficiente para proteger sus intereses. Tampoco se reconoce la preferencia de los socios cuando el contravalor del aumento sean aportaciones no dinerarias, o beneficios o reservas que resulten del último balance aprobado (cfr. art. 295.2). En este último caso, el derecho a la asignación gratuita de las nuevas acciones o participaciones (art. 306.2 segunda frase) satisface las exigencias de tutela de los socios en términos similares a los del derecho de preferencia[70].

Especialmente controvertido ha sido el reconocimiento legal del derecho de preferencia en la modalidad de aumento que la LSC denomina por compensación de créditos (art. 301), con características híbridas entre el aumento dinerario y no dinerario. Aunque el tratamiento de la cuestión corresponde al capítulo que en esta obra se ocupa de aquella modalidad de aumento, hay que recordar que la tesis que afirma que en el aumento por compensación de créditos no surge este derecho (y no precisaría en ningún caso, ser excluido mediante acuerdo de la junta general o en su caso, decisión del órgano de administración), se ha visto reforzada a partir de la Resolución de la DGSJyFP de 7 de febrero de 2020. Tras un cuidadoso análisis de la evolución legislativa de la norma que hoy contiene el art. 304 LSC y de diversos precedentes jurisprudenciales, la Resolución confía la protección de los socios en estos aumentos a la posible impugnación del acuerdo.

Las excepciones expresas a la atribución del derecho de preferencia, que establece el art. 304.2, se refieren a dos supuestos netamente distintos, aunque con elementos en común: las nuevas acciones o participaciones tienen como destinatarios a determinados sujetos, porque el aumento de capital no es tanto un fin en sí mismo, cuanto un instrumento o un resultado necesario de otra operación[71].

Por un lado, no hay derecho de preferencia cuando las nuevas acciones o participaciones se adjudican como resultado de una modificación estructural consistente en «la absorción de otra sociedad o de todo o parte del patrimonio escindido de otra sociedad». En efecto, la absorción de un patrimonio procedente de otra sociedad se distancia claramente del supuesto general atributivo del derecho de preferencia. Las nuevas acciones o participaciones no se asignan a los socios que se incorporan a la sociedad resultante de la fusión, o beneficiaria de la escisión, a cambio de una aportación en dinero, sino como

70 Como explica SÁNCHEZ ANDRÉS, *El derecho de suscripción preferente*, p. 274, las diferencias de régimen jurídico entre el derecho de preferencia y el de asignación gratuita, no ocultan su procedencia de un principio común, que impone el respeto a la integridad de la cuota de participación del accionista.

71 VELASCO SAN PEDRO, «El derecho de suscripción preferente», cit., p. 548

resultado de la transmisión a esta sociedad, a título universal, de todo o parte del patrimonio de la sociedad que se extingue o escinde. Se trata de incorporar al capital de la sociedad absorbente o beneficiaria de la escisión el valor del patrimonio agregado, asignando las nuevas acciones o participaciones a sus destinatarios forzosos (los socios de las sociedades que se extinguen o escinden) de manera que se garantice la continuidad en su participación (art. 35.1 del Real Decreto-ley 5/2023, de 28 de junio). En estas circunstancias, la concesión de un derecho de preferencia a los socios de la sociedad absorbente o beneficiaria de la escisión, resulta incompatible con la finalidad y los efectos de la operación a la que sirve el aumento de capital[72]. La adjudicación de las nuevas acciones o participaciones se hace en estos supuestos conforme a un *tipo de canje*, para cuyo cálculo ha de atenderse al valor razonable del patrimonio de las sociedades implicadas (arts. 36.1, 59 y 60.1 RDL 5/2023). Estas garantías cumplen una función similar a la que tiene el derecho de preferencia en los aumentos de capital adoptados al margen de una fusión o escisión.

Los antiguos socios tampoco ven reconocido su derecho de preferencia cuando el aumento de capital se deba a la conversión de obligaciones en acciones. Lo que sucede en este caso es que, con el acuerdo de emisión de las obligaciones convertibles, ya se ha decidido un aumento de capital dinerario condicionado a la futura conversión, y los socios han podido ejercitar en ese momento su derecho de suscripción preferente[73]. Este planteamiento deriva de la Segunda Directiva, que en su art. 29.6 (ahora art. 72.6 de la Directiva codificada) declara aplicable el régimen del derecho de preferencia «en la emisión de todos los títulos convertibles en acciones o que se acompañen de un derecho de suscripción de acciones, pero no a la conversión de los títulos ni al ejercicio del derecho de suscripción»[74]. Y en efecto, el art. 416 LSC proclama el derecho de suscripción preferente de los accionistas sobre las obligaciones convertibles, derecho que ha de regirse por el régimen que corresponde a la SA en sede de aumento de capital (arts. 304 a 306), con ciertas salvedades en lo relativo a su exclusión (art. 417 LSC).

72 SÁNCHEZ ANDRÉS, «La acción y los derechos del accionista», cit., pp. 208 y 209.

73 SÁNCHEZ ANDRÉS, ob. ult. cit., p. 212.

74 Recordemos que la LSA de 1989 (art. 158) reconoció el derecho de suscripción preferente a los titulares de obligaciones convertibles de emisiones anteriores, lo que dio lugar a una condena al Reino de España por indebida transposición de la Segunda Directiva, en la STJUE de 18 de diciembre de 2008, que obligó a eliminar el derecho de preferencia de los obligacionistas. Esta condena y rectificación no han eliminado la polémica sobre el reconocimiento subsidiario de un derecho de preferencia a los titulares de obligaciones convertibles: *vid.* PEINADO, J. I., «Artículo 416. Derecho de suscripción preferente», en GARCÍA CRUCES/ SANCHO GARGALLO, *Comentario de la LSC*, T. V, p. 5800.

Fuera de la LSC, existen otros supuestos en que la Ley no reconoce a los socios el derecho de preferencia. En los planes de reestructuración que contengan aumentos de capital y se acuerden por la junta general estando la sociedad en situación de insolvencia actual o inminente, «los socios no tendrán derecho de preferencia en la suscripción de nuevas acciones o en la asunción de nuevas participaciones» (art. 631.4 TRLC). En la tesitura entre aplicar el Derecho de sociedades, con sus mecanismos de tutela de la posición de los socios, y el Derecho de la insolvencia que exige priorizar el interés (y el poder de decisión) de los acreedores, nuestra reciente legislación preconcursal se ha inclinado por acoger una de las opciones de la Directiva de Reestructuraciones [Directiva (UE) 2019/1023 del Parlamento Europeo y del Consejo, de 20 de junio de 2019], y atenúa las exigencias del Derecho societario cuando la junta de socios deba pronunciarse sobre las medidas que contiene el plan de reestructuración adoptado por una sociedad insolvente (o que lo será de forma inminente).

La supresión del derecho de preferencia en los planes de reestructuración, incluso en un supuesto en el que este derecho se reconoce de manera incondicional y sin posibilidad de supresión, como es el de la operación acordeón (art. 343.2 LSC), responde a la idea, muy presente en la Directiva, de que el control atribuido a los socios en la sociedad pierde toda justificación cuando ha desaparecido el valor de su inversión en ella[75]. De manera que, a diferencia de los supuestos de exclusión legal del derecho de preferencia que contempla la LSC, la normativa preconcursal impone la dilución forzosa de la participación de los socios. Permite aprobar aumentos de capital sin derecho de preferencia y sin cumplir los requisitos para su exclusión, lo que deja libertad para fijar el precio de las nuevas acciones o participaciones[76]. Pero hay que entender que ello es posible sólo en situación de insolvencia actual o inminente, cuando no existe una expectativa realista de revertir la insolvencia. Cuando ésta es sólo probable y todavía puede evitarse, debe entenderse, en cambio, que los socios mantienen sus derechos en la sociedad[77], incluido el derecho de preferencia en los aumentos de capital que puedan establecerse en el plan de reestructuración.

75 Sobre esta justificación, *vid.* detenidamente BUSTILLO, M.ª del M., «Derechos de preferencia en los planes de reestructuración dilutivos de sociedades de capital tras la reforma del TRLC por la Ley 16/2022», *Diario la Ley*, n.º 10198, diciembre de 2022, pp. 9 y ss. En situaciones de insolvencia actual o inminente la valoración de la empresa desplaza a los acreedores el riesgo empresarial, y con ello, la titularidad material de las acciones o participaciones, en sustitución de quienes la mantienen formalmente (los socios) sin sustrato económico real.

76 IRIBARREN, M., «Los socios en los planes de reestructuración en la reforma del Texto Refundido de la Ley Concursal», *Revista General de I&R*, n.º 6 (2022), pp. 97-137, 117.

77 BERMEJO, N., «Los socios y el reparto del excedente de la reestructuración», en GARNACHO, L. y ARIAS, F. J. (dir.), *El derecho concursal y la transposición de la Directiva sobre re-*

Más *tradicional* es la exclusión legal del derecho de preferencia en las sociedades profesionales que adopten un tipo capitalista, conforme a la norma (dispositiva) del art. 17.1 b) LSP. En este supuesto, el derecho de preferencia supone (o puede suponer) un obstáculo para el logro del fin causal de un aumento de capital que *sirva de cauce a la promoción profesional*, y que persigue asignar las nuevas acciones o participaciones a aquellas personas a quienes se pretende promocionar. Conforme indica el propio precepto, estas personas podrían ser ya socios, que verían así incrementada su participación anterior, o profesionales a los que se pretende incorporar como socios de esta categoría. El carácter esencialmente cerrado de las sociedades profesionales, con estrictas exigencias de composición subjetiva[78], la práctica de incentivar o fidelizar a los profesionales que prestan sus servicios en la sociedad incorporándoles como socios, y las limitaciones para la transmisión de la condición de socio profesional y para la autocartera [arts. 12, 17.1 e) y 16.2], justifican una norma aplicable a los aumentos de capital cuya finalidad no es tanto refinanciar a la sociedad, como permitir la promoción de personas con cualificación y aptitudes idóneas para el desarrollo de la actividad social[79].

La norma que excluye el derecho de preferencia de los socios en los aumentos de capital que sirvan de cauce para la promoción profesional en las sociedades de este carácter, es dispositiva y puede ser suprimida o modificada por los estatutos. También puede serlo la otra especialidad de los aumentos de capital con esta finalidad, y que consagra una mayor libertad de la sociedad a la hora de poner precio a las nuevas acciones y participaciones: en efecto, salvo disposición contraria de los estatutos, la sociedad podrá emitirlas «por el valor que estime conveniente, siempre que sea igual o superior al valor neto contable que les sea atribuible a las participaciones o acciones preexistentes y, en todo caso, al valor nominal» [art. 17.1 c) LSP].

---

estructuración preventiva, Wolters Kluwer, Madrid, 2022, pp. 199-232, 208, y en la misma línea, BUSTILLO, ob. cit., p. 15, e IRIBARREN, ob. cit., p. 102.

78 Cuando son sociedades de capital, la mayoría del capital y de los derechos de voto deben pertenecer a socios profesionales (art. 4.2 LSP).

79 En una sociedad de régimen común, esta finalidad podría lograrse por otros medios, y en particular, tratándose de una SA, mediante la adquisición por la sociedad de sus propias acciones. El art. 146.1 a) de la LSC, contempla el supuesto de una operación de autocartera para adquirir «acciones que hayan de ser entregadas directamente a los trabajadores o administradores de la sociedad», exigiendo que el acuerdo de la junta exprese que la autorización se concede para esta finalidad. Por su parte, la Ley 28/2022, de 21 de diciembre, de fomento del ecosistema de empresas emergentes (Ley de *startups*), amplía para las sociedades limitadas el marco de la autocartera permitida por la LSC, cuando la finalidad de la adquisición de participaciones propias, sea «su entrega a los administradores, empleados u otros colaboradores de la empresa, con la exclusiva finalidad de ejecutar un plan de retribución».

3. Ejercicio del derecho de preferencia

El derecho de preferencia ha de ejercitarse durante un plazo determinado, que conforme a la Ley no podrá ser inferior a un mes desde que los socios puedan conocer la oferta de asunción de las nuevas participaciones o de suscripción de las nuevas acciones (art. 305. 2 y 3 LSC). La Ley omite precisar la forma en que habrá de ejercitarse el derecho de preferencia, y se ocupa casi exclusivamente del plazo y de los medios por los que se dará a conocer a los socios el anuncio de la oferta de asunción o suscripción. Está oferta deberá publicarse en el BORME, excepto cuando, tratándose de sociedades limitadas o de anónimas con acciones nominativas, los administradores decidan sustituir la publicación de la oferta de suscripción o asunción, por su comunicación por escrito a cada socio y a los usufructuarios inscritos en el libro-registro.

Estas previsiones respecto al plazo mínimo de un mes y a la divulgación de la oferta de suscripción, siguen los criterios establecidos para las sociedades anónimas en la Segunda Directiva [hoy, en el art. 72.3 de la Directiva (UE) 2017/1132]. El legislador español optó por extenderlas a las sociedades limitadas, ampliando para ambas el plazo mínimo de catorce días que impone la Directiva para ejercitar la preferencia de los socios. Conforme al régimen general, el plazo será al menos de un mes, cuyo cómputo se inicia, también de acuerdo con la Directiva, en la fecha de la publicación del anuncio o del envío de la comunicación personal (art. 305.2 y 3)[80]. Según la opinión común, se trata de un plazo de caducidad, cuyo transcurso determina la extinción del derecho cualquiera que sea la causa (voluntaria o no) por la que no se hubiera ejercitado[81].

Por lo demás, la Ley omite concretar numerosas cuestiones, que hay que resolver considerando la función garantista que tiene para los socios la oferta de suscripción o asunción. Respecto a la fijación del plazo (superior a un mes) para ejercer el derecho de preferencia, el art. 305.1 atribuye la competencia a la junta general de las sociedades limitadas que acuerda el aumento, y a los administradores de las sociedades anónimas. La mejor opinión considera, no obstante, que la competencia de éstos no es excluyente, y que también en las sociedades anónimas puede la junta general, al acordar el aumento (normal-

80 En las sociedades cotizadas, el plazo mínimo es ahora de 14 días (art. 503 LSC).

81 SÁNCHEZ ANDRÉS, *El derecho de suscripción*, cit., p. 254, VELASCO, «El derecho de suscripción preferente», cit., p. 590, LARA, R., «Plazo para el ejercicio del derecho de preferencia (art. 305)», en ROJO/BELTRÁN, *ComLSC*, II, p. 2260, y con respecto a la SL, FAYOS, *El derecho de asunción preferente*, cit., p. 233.

mente, ratificando la propuesta de los administradores), determinar un plazo de ejercicio del derecho de preferencia[82].

Los arts. 166.2, 2.ª y 198.2, 2.ª del RRM exigen que conste la expresa mención del *plazo de suscripción* en la escritura del aumento de capital de una sociedad anónima, y tanto en una SA como en una SL, las «condiciones acordadas» para el ejercicio del derecho de preferencia por parte de los socios. Es dudoso que esta exigencia pueda considerarse imperativa; establecido por la Ley un plazo mínimo en garantía de los interesados, este plazo debería aplicarse supletoriamente, cuando no se hubiera determinado otro mayor[83]. Sin pronunciarse expresamente en este sentido, la jurisprudencia y la doctrina registral han rechazado, en ocasiones, interpretaciones demasiado formalistas, que conducirían a cuestionar la validez del acuerdo de aumento de capital que omite determinar el plazo para el ejercicio del derecho de preferencia. Así, la SAP A Coruña (Secc. 4.ª) núm. 370/2016, de 3 de noviembre, entendió que no podía anularse el acuerdo de aumento del capital, por haberse decidido el plazo para el ejercicio del derecho de preferencia en la votación correspondiente al siguiente punto del orden del día de la junta general (conexo con el acuerdo de aumento) (FD Tercero). Y la Resolución de la DGRN de 26 de febrero de 2014, rechazó que pudiera considerarse nulo un acuerdo de aumento de capital, por el mero hecho de no precisar el plazo para ejercitar el derecho de suscripción preferente, cuando esta omisión no impidió ni limitó tal ejercicio[84].

En las sociedades limitadas y en las anónimas con acciones nominativas, la Ley autoriza a los administradores a decidir entre la publicación en el BORME del plazo para el ejercicio de la preferencia, o su comunicación por escrito a cada socio y usufructuario registrado. Se entiende que esta competencia de los administradores, tampoco impide que la junta general decida la mejor opción al adoptar el acuerdo de aumento de capital. Más discutible es la posibilidad de omitir la publicación y también la comunicación del plazo para el ejercicio del derecho de preferencia. Entiendo que ello sólo podría admitirse si la renuncia a la publicación y a la comunicación se expresa por todos los socios y éstos están informados del plazo para ejercer el derecho de preferen-

---

82 Por todos *vid.* VELASCO, «El derecho de suscripción preferente», cit., p. 589, y LARA, «Artículo 305», cit., p. 2258.

83 SÁNCHEZ ANDRÉS, «La acción y los derechos del accionista», cit., p. 48, y LARA, «Artículo 305», cit., pp. 2259-2260.

84 En el supuesto del que se ocupa la Resolución, el plazo que se comunicó al único socio que no asistió a la junta general, fue de un mes desde la recepción de la notificación. El Centro Directivo aprecia que este plazo incrementa el mínimo legal (que computa desde el envío de la comunicación), y en consecuencia no perjudicó el derecho de preferencia del socio ausente.

cia. Se trataría, según expresa la DGRN de 7 de diciembre de 2011 «de dilucidar si la previsión del artículo 305 de la Ley de Sociedades de Capital opera también en los casos de junta universal o si puede entenderse sustituida o suplida por el conocimiento directo que tienen los socios del acuerdo». La tesis del Centro Directivo en esta Resolución fue que «en el supuesto concreto objeto del presente recurso en nada influye que el aumento de capital fuera acordado por junta universal a los efectos del deber de efectuar la publicación o notificación que prescriben el artículo 305 de la Ley de Sociedades de Capital que en todo caso será exigible». Y entendemos que es una tesis acertada, porque en el caso el acuerdo de aumento ni fue adoptado por unanimidad, ni se expresó renuncia al plazo para la comunicación o la publicación (elección que quedó confiada a los administradores). En el caso de admitirse esta renuncia, se plantearía el problema de no resultar aplicable el criterio legal que fija como día inicial del cómputo del plazo el de la fecha del BORME o la del envío de la notificación[85].

En el caso de que se opte por la notificación y no por la publicación en el BORME, el plazo para ejercitar el derecho de preferencia se inicia en la fecha del envío. Este criterio procede de la Segunda Directiva para las sociedades anónimas, y resulta algo paradójico, porque si la comunicación ha de considerarse recepticia en garantía de los titulares del derecho de preferencia, no se entiende bien que sus efectos (el inicio del plazo para ejercitar el derecho de preferencia), dependan de un acto de la sociedad (el envío), y no de la posibilidad del conocimiento efectivo del plazo por los socios[86]. En todo caso, el respeto por la sociedad del derecho de preferencia pone a cargo de los administradores la prueba del envío de la comunicación y de su fecha, y la elección diligente de una dirección donde el socio la reciba. Opino que la parquedad de la Ley en este punto, bien podría suplirse mediante la aplicación analógica de las exigencias para la comunicación personal y por escrito de la convocatoria de las juntas generales (art. 173.2 LSC), de manera que esta comunicación deba realizarse por un medio que asegure su recepción por todos los socios en el domicilio designado al efecto, o el que conste en la documentación de la sociedad.

85 Lo que conduce a LARA, «Artículo 305», cit., p. 2259 a sostener que corresponde fijar el día inicial del plazo para la suscripción, a la junta general (universal) que acuerda el aumento y en la que se expresa la renuncia de todos socios a la publicación o notificación de dicho plazo.

86 Tanto LARA, «Artículo 305», cit., p. 2259, como BLANCO, J. M.ª, «Artículo 305», en GARCÍA-CRUCES/SANCHO GARGALLO, *Comentario de la LSC*, T. IV, p. 4241, afirman rotundamente el carácter recepticio de la comunicación escrita. Este último autor advierte de que «una cosa es que el plazo comience a computarse desde el inicio de la comunicación, y otra bien distinta que baste el envío para ser eficaz».

Durante el plazo otorgado al efecto, el socio o legitimado para ejercitar el derecho de preferencia podrá manifestar su voluntad de hacerlo, en declaración dirigida a la sociedad y recepticia. Una cuestión un tanto confusa, es si la expresión por el legitimado de su voluntad de ejercitar la preferencia es distinta, en cuanto a su contenido, ejercicio y eficacia jurídica, del propio acto de suscripción o asunción. Existe una tendencia en la doctrina a afirmar la diferencia conceptual entre ambas, algo que suscita numerosos interrogantes, de los que suele decirse que son teóricos, porque habitualmente la comunicación por el socio de la voluntad de ejercer la preferencia tiene lugar, por hechos concluyentes, con la suscripción o asunción misma de (todas o parte de) las acciones o participaciones que le corresponden[87]. Según esta tesis, la expresión de la voluntad de suscribir del socio, que ha de producirse durante el plazo al que se refiere el art. 305, no equivale al consentimiento contractual en la suscripción (o asunción) propiamente dicha, que se producirá en los plazos a los que aluden los arts. 310 y 311 LSC (sobre el aumento incompleto)[88].

Jurídicamente la conclusión anterior es problemática. El art. 305.2 LSC vincula el plazo para ejercitar el derecho de preferencia, a la publicación o comunicación del anuncio «de la oferta de asunción de las nuevas participaciones o suscripción de las nuevas acciones». Esta precisión del contenido del anuncio, indica que la voluntad de ejercer el derecho de preferencia expresada por los legitimados para hacerlo, supone la aceptación de aquella oferta, y con ello la consumación consensual de la suscripción o asunción. Cosa distinta es el plazo de cumplimiento del deber de aportación o desembolso: de acuerdo con lo que expresa el art. 312 LSC, se entiende que el desembolso no precisa en general ser simultáneo a la declaración de suscripción o asunción[89].

87 Sobre los interrogantes que suscita disociar la declaración de la voluntad de ejercitar el derecho de preferencia, del acto de suscripción o asunción, *vid.* SÁNCHEZ ANDRÉS, *El derecho de suscripción preferente*, cit., pp. 250-252.

88 Así se deduce del planteamiento de SÁNCHEZ ANDRÉS, *El derecho de suscripción*, cit., p. 250, cuando distingue entre «la declaración de querer suscribir y la suscripción propiamente dicha», que habitualmente se confunden en la misma actuación. Ya con arreglo al Derecho vigente, CASTELLANO, «Aumento incompleto en las sociedades anónimas (art. 311)», en ROJO/BELTRÁN (dirs.), *ComLSC*, II, p. 2296, afirma que el plazo de suscripción al que alude el precepto sobre el aumento incompleto (en la SA) no debe identificarse necesariamente con el plazo o plazos (para el caso de sucesivos tramos de suscripción) fijado para el ejercicio del derecho de preferencia. Respecto a la SL, FAYOS, *El derecho de asunción preferente*, cit., p. 230 y nota al pie 430, afirma que son independientes «el acto de manifestación de querer asumir las participaciones, de la asunción misma».

89 Salvo en ciertos casos en que la Ley parece exigir que el desembolso se realice en el acto mismo de la suscripción, como sucede con las acciones rescatables (art. 502.2), y cuando

En consecuencia, parece más correcto entender que si otra cosa no se especifica, el plazo (o en su caso plazos) para ejercitar el derecho de preferencia que determine el acuerdo de aumento, es el término para realizar la suscripción o asunción. Ello no impide que el acuerdo de aumento, o las decisiones o acuerdos necesarios para su ejecución que adopte el órgano administrativo, puedan fijar uno o varios plazos sucesivos, otorgando en su caso un primer plazo para que los socios declaren su voluntad de suscribir o asumir, y un segundo plazo (o plazos, en el caso de contemplarse tramos sucesivos) para realizar la suscripción propiamente dicha, condicionada o no al desembolso simultáneo. En la doctrina se afirma también que la sociedad podría aceptar la suscripción o asunción fuera del plazo predeterminado para hacerlo, posibilidad que la STS (Civil) de 21 de mayo de 1984 consideró «un acto de condescendencia al que no venía constreñida la sociedad y que, desde luego, no le vincula como acto propio para aceptar cantidades recibidas con posterioridad»[90].

En cualquier caso, como también se ha señalado en la doctrina, la Ley impone un límite implícito a la duración del plazo para suscribir o asumir las nuevas acciones o participaciones. En las sociedades limitadas y en las anónimas no cotizadas, el art. 316 LSC concede a quienes hubieran asumido o suscrito las nuevas participaciones o acciones, el derecho a resolver la suscripción o asunción y a exigir la devolución de los desembolsos ya realizados, cuando transcurran seis meses desde la apertura del plazo para ejercitar el derecho de preferencia sin haberse presentado ante el RM los documentos que acrediten la ejecución del aumento[91]. Este plazo de seis meses ha de considerarse el límite máximo del período que puede fijarse para la suscripción o asunción[92], y también, para que la sociedad acepte por complacencia ejercicios tardíos del derecho de preferencia.

La Ley omite cualquier indicación sobre la forma en que ha de ejercitarse el derecho de preferencia, que podrá regularse en los estatutos, y en su defecto,

---

se emplea el boletín de suscripción, que debe hacer mención del «importe que abona el suscriptor con expresión, en su caso, de la parte que corresponda al valor nominal desembolsado y la que corresponda a la prima de emisión»: CASTELLANO, «El desembolso en los aumentos de capital (art. 312)», en ROJO/BELTRÁN (dirs.), *ComLSC*, II, 2307-2308.

90 SÁNCHEZ ANDRÉS, *El derecho de suscripción*, cit., pp. 217 y 218, advierte contra el riesgo de que la discrecionalidad de la sociedad, a la hora de admitir o no el ejercicio tardío del derecho de preferencia, cause diferencias injustificadas entre los antiguos socios y los terceros que hubieran adquirido el derecho de preferencia y trataran de ejercitarlo fuera de plazo.

91 El régimen es distinto para las sociedades cotizadas, a las que no se aplican las normas generales sobre la restitución de aportaciones cuando se hubiera superado el plazo máximo para solicitar la inscripción de la ejecución del aumento: cfr. art. 508.2 última frase de la LSC.

92 LARA, «Artículo 305», cit., p. 2259.

decidirse por la junta general al acordar el aumento de capital. Los arts. 166.2, 2.ª y 198.2, 2.ª del RRM exigen que conste en la escritura del aumento, la expresa mención de las condiciones acordadas para el ejercicio del derecho de preferencia por parte de los socios. La determinación de los procedimientos que deban emplearse dependerá de si se trata de acciones, cotizadas o no, o de participaciones, y de que se haya decidido (o resulte legalmente imprescindible) la simultaneidad de la suscripción o asunción y el desembolso[93]. En la doctrina se destaca, con razón, la primacía del principio de libertad de forma cuando los estatutos o los órganos sociales no hayan concretado la manera de ejercitar eficazmente el derecho de preferencia[94]. A lo que hay que añadir una precisión necesaria: las condiciones fijadas para ejercitar el derecho de preferencia no deben sujetarlo a exigencias que excedan de las que son razonablemente precisas para acreditar la legitimación del socio (o en su caso, del usufructuario de acciones o participaciones), la autenticidad de la voluntad de suscribir o asumir, y en su caso, la realidad del desembolso. En esta línea, la STS (Secc. 1.ª) núm. 593/2012, de 18 de octubre [TOL2.705.981], afirmó que «las formalidades exigidas para el ejercicio del derecho de adquisición preferente tienen como finalidad instrumental garantizar que el derecho se ejercite de forma efectiva y regularmente», rechazando lo que denominó de *ingeniería fraudatoria* para impedir el derecho de adquisición preferente del accionista a través de formalismos rígidos que excedan la finalidad de garantizarle su ejercicio[95].

4. Transmisión

Desde una óptica jurídica, la posibilidad de transmitir el derecho de preferencia es inherente a su titularidad, y supone reconocer la autonomía del

93 La STS (Civil) de 21 de mayo de 1984 entendió que era competencia de la junta general, como órgano soberano de la sociedad, unificar el tiempo de suscripción y el del pago (desembolso) de las nuevas acciones, «opción que al no conculcar la legalidad aplicable ni vulnerar los estatutos por ser una de las posibles alternativas a elegir, debe tenerse por válida y eficaz, por lo que la decisión del Consejo de Administración, que tuvo por renunciantes a las actoras respecto a la suscripción de las acciones cuyo importe no desembolsaron dentro del expresado plazo máximo, se acomodó al citado acuerdo de la Junta General», de manera que «con el transcurso del indicado plazo caducó su derecho preferente de suscripción, así como el de ceder tal derecho a otro accionista».

94 LARA, «Artículo 305», cit., p. 2260.

95 En el caso, el TS dio por buena la comunicación de la voluntad de suscribir, por vía notarial, a una persona del círculo de influencia de la administradora de la sociedad, que de acuerdo con las «reglas de normalidad, pudo y debió tener conocimiento del intento de ejercicio del derecho».

derecho respecto a las acciones o participaciones a las que se incorpora, así como su carácter eminentemente económico y no personalísimo[96].

Desde una óptica económica, la transmisión voluntaria *inter vivos* del derecho de preferencia permite a los socios que por cualquier motivo no pueden o quieren concurrir al aumento de capital (falta de recursos para afrontar el desembolso, desinterés en hacerlo, insuficiencia del número de acciones o participaciones necesarias) obtener con el precio de la venta una contrapartida a la pérdida de valor que sufrirán en la sociedad como consecuencia del aumento. Desde la óptica de los adquirentes, la adquisición puede permitir, cuando la hagan otros socios, superar el límite de la proporcionalidad de la participación que ya detentaban, redondear al alza la fracción que les correspondía por ella, o simplemente especular (cuando existe mercado de derechos de transmisión) con el previsible aumento del valor de mercado de las acciones por la ampliación de capital[97].

Lógicamente, la vitalidad (y viabilidad) práctica de la transmisión voluntaria *inter vivos* de los derechos de preferencia, depende de la existencia de mercados sobre las acciones o participaciones de las dimana este derecho, lo que se produce principalmente en el caso de las sociedades cotizadas, porque los derechos de preferencia vinculados a las acciones cotizadas también se negocian en la Bolsa. En realidad, y aunque la Ley se refiere en singular a la transmisión del derecho de preferencia (rúbrica del art. 306), hay que entender que pueden transmitirse separadamente, como pueden hacerlo las mismas acciones (o participaciones) a las que se vinculan. El propio art. 306 lo reconoce implícitamente así para las sociedades anónimas, aludiendo a la transmisión de los derechos de suscripción preferente (en plural) que se derivan de ellas, pero hay que entender que, aunque en condiciones normalmente más restrictivas, la misma posibilidad existe para los derechos de asunción preferente. Ello permite a cada socio optar por concurrir al aumento, en una proporción inferior a la que le garantiza su derecho de preferencia (unitariamente considerado), y tratar de rentabilizar el valor de la preferencia no ejercitada. Que la transmisión de una parte de los derechos de preferencia vinculados a las acciones o las participaciones de un socio resulte más o menos viable, dependerá también de la relación de cambio que se siga de la ampliación —esto es, la cantidad de acciones o participaciones ya existentes que son necesarias para suscribir o asumir un número dado de las nuevas. En este

96 SÁNCHEZ ANDRÉS, *El derecho de suscripción*, cit., p. 263.
97 *Vid.* SÁNCHEZ ANDRÉS, «La acción y los derechos del accionista», cit., p. 234, y LARA «Artículo 305», cit., p. 2260.

sentido, la *unidad de transmisión* de los derechos de preferencia resultará del número de acciones o participaciones necesarios para suscribir al menos una nueva, lo que a su vez estará en función de la cifra del capital anterior y la del aumento, y el valor nominal de las viejas y las nuevas acciones.

El art. 306 LSC pone en relación la posibilidad de transmitir el derecho de preferencia, con el régimen de libertad o restricción que corresponde a la transmisión de las acciones o las participaciones sociales. En la doctrina se ha planteado si este régimen de transmisión es el que corresponde (legal o estatutariamente) a las acciones o participaciones de las que dimana el derecho de preferencia, o al régimen establecido para las que se crean por el aumento de capital. La conclusión más aceptada es la primera, a la que apunta claramente la literalidad de la norma sobre la transmisión del derecho de preferencia en las sociedades anónimas: ésta se hará, indica el art. 306.2, en las mismas condiciones que las acciones *de que se deriven*[98].

La traslación del régimen transmisivo (sea libre o con restricciones) de las acciones a los derechos de suscripción preferente no ofrece ninguna salvedad. Cuando los estatutos sujeten la transmisión de las acciones nominativas a determinadas limitaciones o condicionamientos (art. 123 LSC), éstos serán aplicables, sin necesidad de expresa previsión estatutaria, a los derechos de suscripción (art. 306.2). El problema que plantea esta automática extensión de las cláusulas restrictivas de la transmisión de las acciones a los derechos de preferencia que deriven de ellas, es la posible discordancia entre el plazo que se hubiera concedido para la suscripción o asunción (un mes como mínimo desde la publicación o comunicación de la oferta por la sociedad), y el que establecen los estatutos para autorizar (expresamente, o por la ausencia de respuesta a la comunicación del socio) una transmisión condicionada a la conformidad de la sociedad[99]. Este último plazo, que el art. 123 permite prolongar hasta dos meses, puede ser más largo que el primero, lo que suscita el problema de que quizá, para cuando el socio recibe la respuesta a su solicitud de transmisión del derecho de preferencia (sea positiva o negativa), el plazo para ejercitarlo (tanto si lo hace el propio socio como el adquirente de la preferencia) haya transcurrido ya.

De entre las soluciones propuestas para solventar esta dificultad, la que parece ofrecer mayor certidumbre y protección a los titulares del derecho de suscripción preferente, propone entender que el plazo para ejercitarlo, cuando el socio hubiera solicitado de la sociedad la autorización para transmitirlo, queda

98 SÁNCHEZ ANDRÉS, «La acción», cit., pp. 234-235.
99 *Vid*. VELASCO, «El derecho de suscripción preferente», cit. p. 595.

prorrogado hasta que transcurra el término previsto en los estatutos para que la sociedad conceda la autorización; plazo al que habría que añadir el estrictamente necesario para que el adquirente del derecho de suscripción o el propio socio (según que la autorización se hubiera concedido o denegado) puedan todavía ejercerlo y proceder a la efectiva suscripción de las acciones[100].

La norma sobre la transmisibilidad del derecho de preferencia en la SL es algo distinta, porque el art. 306.1 LSC no hace siempre extensivo a la cesión de este derecho, el régimen establecido para transmitir voluntariamente *inter vivos* las participaciones sociales. El precepto liberaliza, en todo caso, la transmisión del derecho de preferencia a favor de las personas que puedan adquirir libremente las participaciones, conforme a la Ley (hay que entender, conforme al art. 107.1), o los estatutos (que pueden ampliar o estrechar el círculo de los sujetos que traza esta norma). Los estatutos pueden también admitir la transmisión del derecho de preferencia a otras personas, en cuyo caso se aplicarán las mismas condiciones establecidas para la transmisión de participaciones. En este punto, el legislador ha sido consciente de la posible asincronía entre el plazo para el ejercicio de la preferencia, y el que hayan podido establecer los estatutos para que la sociedad se pronuncie sobre la transmisión de las participaciones cuando ésta deba venir autorizada por ella. Esta es, al menos, la finalidad presumible del inciso que permite, como una salvedad a la extensión del régimen de transmisión restringida de las participaciones a la cesión del derecho de preferencia, modificar para ésta los plazos establecidos en el primero.

De este planteamiento legal resulta con claridad, que es posible en la sociedad limitada impedir la transmisión *inter vivos* de los derechos de preferencia a todas las personas que no pueden adquirir libremente las participaciones sociales. Para hacerlo, basta con que los estatutos omitan cualquier indicación sobre la transmisión del derecho de preferencia. En efecto, la transmisión a quienes suele designarse como *extraños* requiere una expresa cobertura estatutaria. Cuando los estatutos autoricen la transmisión a personas (físicas o jurídicas) ajenas al perímetro subjetivo de la libre transmisión *inter vivos* (por compraventa, permuta, donación, aportación a sociedad...) de las participaciones, será de aplicación el régimen dispuesto por los estatutos, o en su defecto, el régimen legal supletorio (art. 107.2), pero los estatutos podrán regular los plazos para ejercitar y transmitir el derecho de preferencia en términos distintos a los previstos para la transmisión de las participaciones sociales.

100 Es la solución que proponen ALONSO UREBA, A., y RONCERO, A., «Aplicación a la transmisión de derechos de suscripción preferente del régimen de restricción a la libre transmisibilidad de las acciones», *RdS*, n.º 45, 2015, II.2 (edición digital).

5. Preferencia en segunda vuelta o segundo grado

En las sociedades limitadas, una vez concluye el plazo para el ejercicio del derecho de preferencia, el art. 307 LSC establece un régimen supletorio para la adjudicación entre ciertos socios de las nuevas participaciones que no hubieran sido asumidas en el plazo (no inferior a un mes, art. 305.2) previsto al efecto al adoptar el acuerdo de aumento. Así, salvo que los estatutos dispongan otra cosa, los administradores ofertarán las participaciones sobrantes a los socios que hubieran ejercitado la preferencia, para que las asuman y desembolsen durante un período no superior a 15 días desde que concluyó el plazo inicialmente establecido. En caso de que varios de estos socios estuvieran interesados, las nuevas participaciones no asumidas se adjudicarán en proporción a las que cada uno (hay que entender, en términos no tanto de número como de valor nominal) tenga en la sociedad (hay que entender, en el momento de proceder a la segunda vuelta)[101]. Por esta vía, y para lograr el doble propósito de que el aumento resulte efectivo en la cuantía aprobada por la junta general sin dar entrada a extraños, los socios pueden superar las limitaciones que a la hora de concurrir al aumento les impone el derecho de preferencia ordinario, e incrementar así su porcentaje de participación respecto al que tenían antes de la ampliación del capital.

De este derecho de asunción preferente que la ley denomina *de segundo grado*, se ha afirmado que su configuración legal dispositiva resulta coherente con el carácter cerrado y personalista de la SL[102]. Ciertamente, conforme al art. 307, el órgano de administración deberá ofrecer las participaciones no asumidas a los socios, antes de poder adjudicar a *personas extrañas a la sociedad* las que no hayan sido asumidas y desembolsadas durante el breve plazo (no superior a 15 días) de que disponen los destinatarios de la oferta de asunción en segundo grado para aceptarla. Pero la opción regulatoria sobre el derecho de preferencia de segundo grado, ni es la única posible para preservar el carácter cerrado de la SL, ni parece del todo coherente con este carácter. De entrada, hay que observar que cuando se aplique el régimen legal, porque los estatutos no contengan otro distinto, las participaciones sobrantes tras el plazo ordinario de asunción no deben ofertarse a todos los socios, sino sólo a los que hubieran ejercitado su derecho de preferencia durante aquel plazo. No se contempla una posible segunda oferta a los socios que no ejercitaron

101 Sobre ambos aspectos del cálculo de la proporción que correspondería a cada aspirante a ejercer la preferencia de segundo grado, *vid.* FAYOS, *El derecho de asunción preferente*, cit., p. 243.

102 LARA, «Artículo 307. Derecho de preferencia en segundo grado», en ROJO/BELTRÁN, *ComLSC*, II, pp. 2266-2267. cit. p.

la preferencia inicialmente, y que acaso podrían replantearse su decisión en este momento.

Pero es que además, los términos del art. 307.1, que restringe la preceptiva oferta de asunción en segundo grado a los socios que hubieran ejercitado ya el derecho de preferencia, han permitido sostener que no tienen preferencia de segundo grado quienes, sin ser socios en el momento de ampliarse el capital, hubieran adquirido participaciones sociales durante el período ordinario de asunción (vgr. usufructuarios y personas a quienes puedan transmitirse libremente las participaciones conforme al régimen legal y estatutario, art. 306.1). Esta tesis suele fundamentarse en la opinión de que la asunción de las participaciones en primera vuelta, por parte de las personas que puedan ejercitar el derecho de preferencia sin ser socios, no les convierte en tales[103]. En mi opinión, sin embargo, las dudas sobre la titularidad del derecho de preferencia en segundo grado, pueden resolverse al margen de la tesis que se sostenga sobre cuál es el momento decisivo para adquirir la condición de socio en un aumento de capital, cuestión ésta que como se sabe no es pacífica.

La alusión a los «socios» en el art. 307 LSC, no tiene que entenderse de manera más literal y excluyente que cualquier otra referencia a ellos en las normas que regulan el ejercicio de los derechos de los socios, y que no impiden que otros posibles legitimados (como los usufructuarios, si así se contempla en los estatutos) puedan ejercitarlos. Las personas que hayan podido adquirir y ejercitar en plazo los derechos de preferencia, pueden no ser ciertamente socios, pero habitualmente tampoco son «personas extrañas» a la sociedad (cfr. art. 307.2), sino personas que están legitimadas para el ejercicio de los derechos de los socios (usufructuarios), o que los socios han decidido que pueden ingresar en ella (art. 306.1). Estas personas pueden ejercitar, o han adquirido, uno de los derechos disociables de la titularidad de las participaciones como es el derecho de asunción preferente, y si lo han ejercitado en plazo, no se entiende por qué no deba dirigirse a ellos la preceptiva oferta de asunción de las participa-

103 «Precisamente porque todavía no son socios, aunque hayan asumido nuevas participaciones, no tienen derecho de asumir las participaciones no asumidas quienes las hubieran asumido en el primer período como concesionarios de los derechos de uno varios socios»: ROJO, A., «El aumento de capital de la sociedad de responsabilidad limitada», en *Estudios de Derecho Mercantil. Homenaje al Profesor Justino F. Duque*, Valladolid, 1998, pp. 569 y ss., 583. En una línea similar se pronuncia LARA, «Artículo 307», cit., pp. 2269-70. En cambio FAYOS, ob. cit., p. 243, de manera coherente con la tesis que vincula la adquisición de la condición de socio en un aumento de capital, al desembolso prescrito para las acciones suscritas o al pleno desembolso de las participaciones asumidas, sostiene que tanto los usufructuarios que hubieran ejercitado la preferencia, como los cesionarios del derecho de asunción, podrán asumir las participaciones sobrantes cuando, por haber desembolsado las participaciones asumidas inicialmente, hayan devenido socios.

ciones que quedaron vacantes. Sobre todo, si tenemos en cuenta que una vez transcurre el plazo para aceptar esta oferta, si todavía quedan participaciones sobrantes, el art. 307.2 autoriza al órgano de administración a adjudicarlas a *extraños* sin cortapisa alguna. Esta adjudicación aparentemente discrecional a cualquier persona, sí que contrasta vivamente con el carácter esencialmente cerrado de las sociedades limitadas. Y no parece muy coherente, considerando el resultado final del proceso de asunción de las participaciones sociales, ser demasiado restrictivo a la hora de decidir quiénes pueden ejercitar el derecho de preferencia en segundo grado.

Por otra parte, el art. 307.1 no precisa si quienes podrán ejercitar el derecho de preferencia de segundo grado, son todos los socios que hubieran asumido participaciones en el período ordinario, o sólo los que hubieran asumido la totalidad de las que les *reservaba* su derecho de preferencia. En este punto, también me parece en exceso restrictiva la autorizada opinión doctrinal, que excluye de la preferencia de segundo grado a los socios que hubieran ejercitado en la primera vuelta sólo una parte de sus derechos de preferencia[104], en lo que algún autor considera una interpretación teleológica que desplazaría a la literal (y es que el art. 307 no distingue entre unos y otros socios)[105].

En cualquier caso, y como ya he mencionado, las restricciones en la atribución de la preferencia de segundo grado, contrastan vivamente con la posibilidad final de adjudicar «a personas extrañas a la sociedad» las participaciones todavía sin asumir, una vez transcurra el plazo para ejercitar aquella preferencia. Algo que no acaba de entenderse, porque en el diseño legal de la sociedad limitada parece más importante prevenir toda incorporación de *extraños* no consentida por los socios, que un posible aumento incompleto, que no comporta el fracaso de la operación salvo que así se hubiera decidido expresamente (art. 310.1 LSC). En cualquier caso, el órgano de administración podrá adjudicar a extraños las participaciones sobrantes; adjudicación que, lógicamente, queda condicionada a su asunción y desembolso por parte de los beneficiarios. Pero no viene obligado a hacerlo, ya que la libertad que confiere a los administradores el régimen dispositivo, les permite adoptar la decisión que consideren diligentemente como la más oportuna.

Los inconvenientes señalados pueden resolverse mediante la regulación estatutaria del derecho de preferencia de segundo grado, que puede tener diverso contenido: desde abolir este derecho de segundo grado, a modificar

104 *Vid.* ROJO, «El aumento de capital», cit. p. 583, que atribuye a la Ley la pretensión de incentivar a los socios para proceder a un aumento completo en la primera vuelta.

105 LARA, «Artículo 307», cit., p. 2270.

su régimen dispositivo, tanto respecto al plazo para ejercitarlo, como a los sujetos a quienes habrá de ofertarse la preferencia. La única limitación con respecto a los socios, vendrá dada por el principio de igualdad de trato, que impediría reconocer la preferencia de segundo grado sólo a algunos de los socios que la hubieran ejercido inicialmente, pero no a todos[106]. Con respecto a la oferta de las participaciones sobrantes a extraños, los estatutos son libres para reducir la discrecionalidad que la Ley acaba otorgando a los administradores, ciñendo el perímetro de quienes podrán finalmente asumir las participaciones sobrantes. Y desde luego, podrán los estatutos regular las cuestiones sobre el ejercicio del derecho de las que la Ley no se ocupa, como es la forma de comunicar a los socios la oferta de asunción en segunda vuelta[107].

La LSC omite cualquier referencia a una segunda vuelta para la suscripción de las acciones que no hayan sido adquiridas, tras finalizar el plazo para el ejercicio del derecho de preferencia. Ello significa que no existe un derecho de los accionistas, o en general de los adquirentes de los derechos de preferencia, a recibir una nueva oferta de suscripción cuando, finalizado el plazo otorgado para hacerlo, queden acciones sobrantes. Pero significa también que el órgano de administración podría ofertar tales acciones a socios o a terceros, salvo que lo impida una previsión legal o estatutaria, o dicha oferta resulte incompatible con las condiciones de la emisión[108]. Atendiendo a las disposiciones sobre el derecho de preferencia de segundo grado en la SL, que permiten al órgano de administración adjudicar a *extraños* las participaciones finalmente no asumidas (en segunda vuelta) por los socios, parece poco lógico sostener soluciones más restrictivas en una sociedad naturalmente abierta como la SA[109]. Los estatutos, o la junta general al aprobar el aumento, podrían limitar las facultades que hay que entender otorgadas al órgano de administración para adjudicar las acciones sobrantes, y en todo caso, respecto a una posible adjudicación a los socios, será necesario respetar el principio de paridad de trato[110].

106 ROJO, «El aumento de capital», cit., p. 582.

107 Entiende ROJO, ob. ult. cit., p. 583, que la forma de comunicación queda al arbitrio de los administradores, salvo que se hubiera empleado la notificación escrita y personal a los socios en la primera vuelta, en cuyo caso resulta preceptivo proceder de la misma forma.

108 En este sentido *vid.* LARA, «Artículo 307», cit., p. 2271, que alude al supuesto de la existencia de un plazo improrrogable para la suscripción que no podría ser ampliado.

109 *Vid.* en esta línea CASTELLANO, *La suscripción incompleta*, cit., p. 166 a 168, que añade otros argumentos, como el mayor margen de actuación que se reconoce a los administradores de sociedades anónimas en las operaciones de aumento de capital, y la mayor gravedad en estas de las consecuencias del aumento incompleto.

110 CASTELLANO, ob. ult. cit., p. 166, nota al pie 210.

6. La exclusión del derecho de preferencia por acuerdo de la junta general

6.1. *Presupuestos materiales e informativos*

La posible exclusión del derecho de preferencia mediante un acuerdo adoptado por misma junta general que aprueba el aumento (art. 308.1 LSC), ha sido objeto de numerosos estudios en nuestra doctrina (y también en la extranjera). Todos los aspectos del régimen de la exclusión del derecho de preferencia han suscitado un enorme interés: el rigor con el que se exige el presupuesto del «interés social» cuya prioridad justifica la exclusión; el alcance de tan tormentosa noción en este contexto; las condiciones de la exclusión, y en particular el precio de las nuevas acciones o participaciones ofertadas a terceros; y las garantías procedimentales (mayorías reforzadas, información documental) para la validez del acuerdo. Este interés se explica, porque sólo una cuidadosa determinación de las condiciones que autorizan la exclusión del derecho de preferencia garantiza, que a la (inevitable) dilución de los derechos de los socios en la sociedad, no se añada una arbitraria y evitable expropiación del valor económico de sus acciones o participaciones.

La junta general que acuerda un aumento de capital dinerario (art. 304), puede decidir suprimir total o parcialmente el derecho de preferencia cuando el interés social así lo exija. La imprecisa noción de interés social, sujeta a discrepancias conceptuales y a una necesaria concreción casuística, se erige así como presupuesto material para legitimar una medida que perjudica a los socios. Esta función del interés social no venía contemplada por la Segunda Directiva, que fía la legitimidad de la decisión de suprimir el derecho de preferencia al cumplimiento de sus condiciones procedimentales (en particular, la explicación de la medida en el informe de los administradores), y a la indemnidad económica de los antiguos socios mediante la determinación de un precio justificado. La incorporación del interés social como presupuesto de la exclusión del derecho de preferencia, por parte del legislador español en la LSA de 1989, se inspiró en la fórmula que expresa el art. 2441, quinto, del CCI.

Para ilustrar las dificultades que plantea la cláusula del interés social en este contexto, sirvan las consideraciones que contiene la SAP de Sevilla (Secc. 5.ª) de 18 febrero 2002: «ardua tarea es la de determinar cuál es el interés social de una entidad. Desde una óptica contractualista es el interés común de todos los socios. Desde una perspectiva institucionalista el interés social no es sólo el de los accionistas sino que está integrado por otros intereses vinculados a la actividad de la empresa. La determinación de cuál sea el interés social habrá de realizarse caso por caso teniendo en cuenta los criterios de adecuación, necesariedad y proporcionalidad que la mejor doctrina mercantilista entiende que deben concurrir para justificar la supresión del derecho de suscripción preferente de acciones»[111].

El significado del interés social en este contexto, y sobre todo, el margen que tiene la junta general para decidir el sacrifico del derecho de preferencia porque lo exige un interés social especifico y objetivo[112], han sido objeto de autorizadas discrepancias que estas líneas, necesariamente breves, no pueden contribuir a resolver[113]. La cuestión más problemática acaba siendo el alcance de la revisión judicial de un acuerdo (el que limita o excluye el derecho de preferencia), que resulta de una ponderación diligente de intereses cuyo resultado se decide por criterios de conveniencia u oportunidad empresarial. Esta cuestión se ha suscitado incluso en Ordenamientos, como el alemán, que no condicionan expresamente la exclusión del derecho de preferencia a exigencias del interés social[114]. En cualquier caso, en la necesaria ponderación

111 La colaboración en el proyecto empresarial de los antiguos asociados de un club deportivo, transformado en SA deportiva por imperativo legal, se consideró por la SAP de Sevilla un interés «en este caso concreto que justifica sobradamente la medida de suprimir el derecho de suscripción preferente de acciones, aunque los derechos de algunos accionistas tengan que padecer. Y es que es una medida adecuada e idónea para conseguir el fin de la fidelización y que el capital se reparta entre el mayor número de abonados posible». La consideración a los especiales fines de una SA deportiva justificaría en este caso adoptar una concepción institucionalista del interés social «cuyo fin primordial no es el lucro, sino el fomento de otros valores como el desarrollo de la actividad deportiva, el fomento del deporte entre la juventud» y proporcionar un referente de identidad colectiva «que aglutina pasiones, mueve sentimientos y moviliza a las aficiones. Esta concepción institucionalista no dejaría, con todo, de considerar el interés a largo plazo de los socios: «esta afición es de una importancia y trascendencia tal para la sociedad anónima deportiva que sin ella difícilmente podría mantenerse y subsistir»

112 Se trata de «delimitar la competencia de la junta en orden a la exclusión o, más exactamente, qué sentido cabe atribuir al término «podrá» con que la norma alude a la discrecionalidad de la asamblea en orden a la exclusión», ALONSO LEDESMA, C., *La exclusión del derecho de suscripción preferente en sociedades anónimas*, Madrid, 1995, p. 35.

113 Sigue siendo cierto lo que ya advirtiera SÁNCHEZ ANDRÉS, «La acción y los derechos del accionista», cit., p. 239 y 240, muy crítico con la opción española de supeditar el acuerdo de exclusión a un presupuesto material que no exigía la Segunda Directiva y que subvierte el juego habitual del interés social: en lugar de un límite negativo estaríamos ante un condicionante que debe apreciarse positivamente. Para el autor, estamos ante una cuestión que suscita discusiones interminables, y respecto a la que «son muchas las dudas que pueden abrigarse y bastantes pocas las certezas que se pueden transmitir».

114 Resulta ilustrativa de esta problemática, a pesar su relativa antigüedad, la exposición de ROSAPEPE, R., *L'esclusione del diritto di opzione degli azionisti*, *Quaderni di Giurprudenza Commerciale*, 96, Milán, 1988, pp. 18 y ss. Cuando la doctrina y la jurisprudencia alemanas se plantean la necesidad y proporcionalidad de la exclusión del derecho de preferencia, lo que está en cuestión es la siguiente disyuntiva: si la presencia de circunstancias objetivamente reconducibles al interés social es suficiente para legitimar un acuerdo de exclusión, o se requiere además que la exclusión resulte imprescindible para lograr el objetivo social perseguido por el aumento. Esta

entre los intereses de los socios y el interés social que justifica la decisión de excluir el derecho de preferencia, parece necesario tener muy en cuenta las características tipológicas de la sociedad y en particular, su carácter abierto o cerrado, porque el riesgo de dilución de la participación del socio tiene distinta entidad en unas y otras[115].

El tenor del art. 308.1, que permite la exclusión del derecho de *suscripción* preferente «al decidir el aumento de capital», resulta equívoco por cuanto sólo alude al derecho de preferencia en la SA, y no en la SL, para el que suele emplear el término de *asunción* (seguramente para evitar las connotaciones del término *suscripción*, vinculadas a la posible oferta pública de las acciones como valores negociables). La lógica y la reiterada alusión a las nuevas acciones o participaciones en el apartado 2 del art. 308, permiten descartar esta primera y falaz impresión. La posibilidad de excluir el derecho de preferencia existe tanto en la SA como en la SL, con un régimen similar, si bien alguno de sus condicionantes *informativos* es más riguroso en el primer caso, y paradójicamente, no por exigencias de la Segunda Directiva. Conforme a la Ley española, en las sociedades anónimas el acuerdo de exclusión requiere presentar un informe elaborado por un experto independiente cuya designación corresponde al Registrador mercantil. El informe debe ilustrar a los socios sobre tres extremos: el valor razonable de las acciones de la sociedad, el que corresponde al derecho de preferencia que se propone suprimir o limitar, y la razonabilidad de los datos que contiene el informe de los administradores.

última opinión restringe las opciones de la junta general, e inevitablemente atribuye a los jueces el cometido de supervisar si la exclusión del derecho de preferencia era necesaria, entrando así en decisiones que competen en exclusiva a la sociedad. Más allá de los límites de esta interferencia, el problema incide directamente en la atribución de la carga probatoria (entre la sociedad, y el socio que impugna el acuerdo), y exige precisar qué debe aducir y demostrar la sociedad para sostener la legitimidad del acuerdo (pp. 19 y 20).

115 En las sociedades anónimas abiertas de capital disperso, es casi irrelevante el peligro de lo que ALFARO, *Interés social y derecho de suscripción preferente,* cit., p. 85, denomina pérdida de protagonismo administrativo como consecuencia del aumento de capital, porque tal protagonismo no existe, y la dilución preocupante es la económica, que se impide con la exigencia de ofrecer las nuevas acciones por su valor real. En las sociedades cerradas, en cambio, el riesgo que hay que conjurar es el del ninguneo de la minoría, que a través de una estrategia de aumentos sucesivos con exclusión del derecho de preferencia se vería diluida a plazos, y que no tiene la opción de seguir invirtiendo en la sociedad adquiriendo acciones en la Bolsa (p. 102). De ahí que el control de si la presencia del interés social justifica la exclusión del derecho de preferencia, pueda ser mucho más laxo en las sociedades abiertas que en las cerradas (ALFARO, p. 89), y que el derecho de preferencia se conciba como un mecanismo de tutela poco eficiente en las sociedades abiertas. *Vid.* también en esta línea VÁZQUEZ ALBERT, D., *La exclusión del derecho de suscripción preferente,* Civitas, Madrid, 2000, pp. 90-91, y FAYOS, *El derecho de asunción preferente,* pp. 53 y 54.

El informe de los administradores sí que resultaba preceptivo, para las sociedades anónimas, conforme a la Segunda Directiva (hoy en el art. 72. 4 de la Directiva codificada). Nuestra Ley lo exige tanto en sociedades anónimas como limitadas [art. 308, 2 a) LSC], con un contenido común que excede (para las primeras) de lo que reclama la norma europea. En la Directiva, el informe de los administradores tiene la función explicativa de exponer las razones de limitar o de suprimir el derecho de preferencia, y justificar el precio de emisión propuesto. El art. 308.2 a) LSC exige, además de justificar «detalladamente la propuesta y la contraprestación a satisfacer con las nuevas participaciones o por las nuevas acciones», precisar el valor de las participaciones o de las acciones de la sociedad e indicar las personas a las que hayan de atribuirse las nuevas. Esta última exigencia no parece que requiera que el informe de los administradores designe de manera nominal a los titulares de las acciones o participaciones que se creen como consecuencia del aumento de capital[116]. En todo caso, como nuestra Ley sólo autoriza a excluir o limitar el derecho de preferencia cuando el interés social así lo exija, la exposición de este interés y la conveniencia de priorizarlo mediante la supresión (total o parcial) de aquel derecho, constituye un aspecto ineludible del informe de los administradores y del control de los socios sobre la oportunidad y proporcionalidad de la medida[117].

152 El informe de los administradores, más allá de procurar la adecuada información de los socios sobre los presupuestos y las consecuencias del acuerdo de exclusión del derecho de preferencia, tiene una trascendente función de control material[118], tanto de la justificación de la propuesta, como del tipo de emisión o creación de las nuevas acciones o participaciones. Cuestiones que son formalmente distintas, o si se quiere, distintas en cuanto al detalle de la información que debe proporcionarse a los socios, pero que sólo consideradas conjuntamente permiten valorar la corrección del acuerdo a la luz de lo que exige o aconseja el interés social, y su necesaria ponderación con los intereses de los socios[119].

116 ALONSO LEDESMA, *La exclusión*, pp. 86 y 87, y LARA, «Art. 308», cit. p. 2277.

117 Así lo reconoce la Resolución de 16 de junio de 2004 del ICAC cuando, acerca del procedimiento que han de seguir los auditores para verificar la razonabilidad de los datos contenidos en el informe de los administradores sobre la justificación de la propuesta, les exhorta a obtener «explicaciones sobre las justificaciones dadas por los Administradores en su informe sobre el interés de la sociedad para suprimir total o parcialmente el derecho de suscripción preferente» [9, e) i)].

118 VAZQUEZ ALBERT, *La exclusión*, cit., pp. 233-234.

119 En este sentido, ALFARO, *Interés social*, cit., p. 108, y VAZQUEZ ALBERT, *La exclusión*, cit., p. 237

El art. 308 c) condiciona la validez del acuerdo de exclusión del derecho de preferencia, a que la oferta de las nuevas acciones o participaciones se haga por un precio que corresponda al «valor real» que resulte del informe del experto independiente en el caso de las acciones, y del informe de los administradores en el caso de las participaciones. El precio resultará del valor nominal de las nuevas acciones o participaciones más, en su caso, una prima de emisión; de manera que quienes suscriben o asumen las nuevas acciones o participaciones, ingresen en el patrimonio social el importe necesario para la indemnidad económica de los antiguos socios. El ajuste de la prima de emisión, como la diferencia entre el valor nominal y el valor real de las nuevas acciones o participaciones, compensa a los antiguos socios de la dilución patrimonial o económica que supondría ofertar las nuevas acciones o participaciones a su valor nominal.

La rigidez que suele atribuirse a lo que muchos consideran una excesiva injerencia del legislador en cuanto al tipo de emisión de las nuevas acciones o participaciones, se ha atemperado en parte por la admisión de diversos criterios para determinar el valor real. Actualmente, estos criterios vienen precisados, al menos para las acciones, por la Resolución de 16 de junio de 2004 del Instituto de Contabilidad y Auditoría de Cuentas, que publica la Norma Técnica de elaboración del Informe Especial sobre exclusión del derecho de suscripción preferente, y que ha venido a sustituir a la anterior de 10 de mayo de 1991[120].

120 El apartado 7 de esta Resolución comienza advirtiendo de que los métodos y datos que han de emplear los auditores para determinar el valor razonable de las acciones, deben adecuarse a las circunstancias de cada caso y al contexto de la valoración. Tratándose de acciones que se negocian en mercados organizados, la mejor evidencia de su valor de mercado es, en general, el precio de cotización si se encuentra disponible. Para las sociedades no cotizadas se proponen, entre otros posibles, hasta tres métodos de valoración, cuya idoneidad dependerá de las circunstancias, y especialmente de la disponibilidad de información histórica y prospectiva: valor del activo neto real, valor de capitalización de resultados, y valor actual de flujos monetarios.

El apartado 9 d) de la Resolución del ICAC se pronuncia sobre el valor teórico de los derechos de suscripción que se pretenden suprimir o limitar. De lo que se trata es de calcular y desglosar en el informe pericial, la dilución que pudiera representar la emisión propuesta con referencia al valor teórico-contable de la sociedad, o grupo que encabece ésta, a la fecha de las últimas cuentas anuales o estados financieros auditados disponibles. En el caso de sociedades cotizadas, además del valor anterior, debe desglosarse la dilución teórica con respecto al valor de cotización de las acciones con anterioridad a la emisión propuesta. Si el valor teórico por acción del derecho de suscripción resultante de la aplicación de los cálculos anteriores no arrojara una cifra positiva, se entiende que no existe dilución, y así se expresará en el informe sin que sea necesario indicar en él valor alguno.

6.2. *Especialidades en las sociedades cotizadas*

Las sociedades anónimas cuyas acciones se negocian en la Bolsa o en sistemas multilaterales de negociación, pretenden a menudo colocar las nuevas acciones emitidas en un aumento de capital entre los inversores que acuden a los respectivos mercados. Para ello se emplean procedimientos de captación de capital como los de prospección de la demanda (*bookbuilding*) que en ocasiones, cuando se dirigen sólo a inversores institucionales, pueden consumarse con gran rapidez[121]. Además, la negociación de las acciones en mercados organizados y masivos favorece la generación de precios que, en circunstancias normales, son una referencia fiable del valor que el mercado atribuye a las acciones ya existentes (y por tanto, de su *valor razonable*). Cuando el precio de suscripción, o tipo de emisión de las nuevas acciones es similar a la cotización de las antiguas, se mitiga considerablemente el riesgo de dilución económica de los titulares de éstas, que además siempre pueden compensarlo (al menos en teoría) adquiriendo más acciones en el mercado.

Estas circunstancias permiten y aconsejan agilizar el proceso de captación de capital de las sociedades cotizadas, flexibilizando para ellas el régimen de la exclusión del derecho de preferencia. En esta línea abunda la reforma de la LSC por la Ley 5/2021, de 12 de abril, que ha modificado todos los artículos que contiene aquella Ley bajo la rúbrica *Especialidades en materia de suscripción de acciones*, del Capítulo III del Título XIV dedicado a las sociedades cotizadas.

Los artículos 504 y 505 de la LSC, conforme a la redacción que reciben de la Ley 5/2021, de 12 de abril[122], contienen una serie de especialidades

121 Existen dos modalidades de prospección de la demanda con el objetivo de determinar el precio de suscripción de las acciones ofertadas a extraños, esto es, sin derecho de preferencia, en una sociedad cotizada. La prospección sin más o *bookbuilding offering* suele emplearse para determinar el precio de las acciones que la sociedad se plantea ofertar para su suscripción pública a inversores minoristas o cualificados (o a ambos), y consiste en un tanteo de la demanda potencial a través de bancos de inversión que actúan como asesores y entidades colocadoras (y en su caso, aseguradoras) de la emisión. Por otra parte, la colocación acelerada con prospección de la demanda (*accelerated bookbuilding offering o ABO)* es una modalidad de colocación privada de valores entre un número reducido de inversores institucionales y durante un plazo muy rápido, que viene precedida de un sondeo para conocer el precio que el mercado está dispuesto a pagar por los valores. Sobre estos procedimientos y la utilidad de la subsistencia del reconocimiento legal del derecho de preferencia en las sociedades cotizadas, *vid.* ALONSO LEDESMA, C., «Aumentos de capital con exclusión del derecho de suscripción preferente: colocaciones aceleradas», en RONCERO SÁNCHEZ, A. (coord.), *Sociedades cotizadas y transparencia en los mercados,* II, Aranzadi, Cizur Menor, 2019, pp. 65-97, esp. 68 a 73.

122 Es importante precisar que, aunque se trata de la Ley que incorpora al Derecho español la Directiva (UE) 2017/828, sobre fomento de la implicación a largo plazo de los accionistas,

con respecto al régimen común de la exclusión del derecho de suscripción preferente[123]. Estas se cifran en tres cuestiones: la determinación del precio de adquisición de las nuevas acciones (el tipo de emisión); la exigibilidad del informe del experto independiente, designado *ad hoc* por el registrador mercantil, que conforme al art. 308.2, b) LSC es un requisito necesario para acordar la exclusión del derecho de preferencia en las sociedades anónimas; y el alcance de la delegación en los administradores de la facultad de excluir el derecho de preferencia. El tratamiento de esta última cuestión se hace en el capítulo de la presente obra dedicado a la decisión de aumentar el capital y al capital autorizado, a cargo del profesor Megías.

Respecto a las dos primeras cuestiones, que aquí abordamos con inevitable brevedad, hay que poner de relieve que las nuevas normas no son precisamente un ejemplo de claridad y coherencia, y que su interpretación resulta por ello arriesgada. Lo que sí parece claro, y responde a la lógica tuitiva del informe del experto independiente, es la estrecha relación que se plantea entre los criterios para fijar los precios de emisión de las nuevas acciones, y los supuestos en los que no es obligatorio recabar aquel informe.

El informe del experto independiente, cuyo contenido seguirá siendo el que prescribe el art. 308.2 a), se exige con carácter general para aprobar los aumentos de capital de las sociedades cotizadas con exclusión del derecho de suscripción preferente que alcancen cierta entidad, y concretamente cuando el aumento supere el 20% de la cifra del capital que se amplía. En cambio, el informe deja de ser preceptivo (aunque podría obtenerse voluntariamente) en los aumentos de (relativamente) escasa entidad, que son aquellos en los que el importe de la emisión es inferior al 20% del capital, cuando el precio al

los cambios relativos a la exclusión del derecho de preferencia no obedecen a exigencias del Derecho europeo, sino que son el resultado de decisiones autónomas del legislador español, e impulsadas más concretamente por la CNMV: *vid.* ALONSO LEDESMA, C., «Algunas cuestiones sobre el aumento de capital en la sociedad cotizada con exclusión del derecho de suscripción preferente», en AA VV, *Derecho de sociedades, concursal y de los mercados financieros. Libro Homenaje al profesor Adolfo Sequeira Martín*, Sepin, Madrid, 2022, pp. 169-183

123 Son especialidades para las sociedades cotizadas, pero como explica VAQUERIZO, A., «La nueva regulación de la exclusión del derecho de suscripción preferente en las sociedades cotizadas», *RdS*, nº 66 (2022), p. 84, las nuevas disposiciones adicionales de la LSC que introduce la Ley/2021 amplían su ámbito de aplicación subjetivo y objetivo. En el tema que nos ocupa, la DA 13.ª determina que se apliquen las normas sobre la exclusión del derecho de preferencia a las sociedades anónimas, normalmente de reducida capitalización, cuyas acciones se transmiten en sistemas multilaterales de negociación distintos de la Bolsa. Por su parte, la DA 14.ª, aplica aquellas normas también a los aumentos de capital con oferta pública de suscripción que pretenden aumentar la difusión de las acciones antes de su admisión a negociación en mercados regulados o en sistemas multilaterales.

que se ofertan las nuevas acciones (resultado del valor nominal más la prima de emisión, en su caso) se corresponde con el valor razonable que figura en el informe de los administradores[124]. Será un valor presumiblemente *razonable* el valor de mercado, establecido por referencia a la cotización bursátil, siempre que no sea inferior en más de un 10% al precio de cotización (art. 504.3)[125]. De la enrevesada e interdependiente redacción de los distintos apartados del art. 504 parece desprenderse, que un tipo de emisión dentro de este intervalo se justifica sin más como un valor razonable, y que si la ampliación de capital es por un importe inferior al 20% de la cifra de capital, no precisa para excluir el derecho de preferencia informe de los expertos independientes[126].

124 Como observa VAQUERIZO, «La nueva regulación», cit., p. 86, el tenor del art. 504.1 suscita la duda de si el informe de los expertos independientes es obligatorio o no, cuando la emisión de las nuevas acciones (u obligaciones convertibles) sin derecho de preferencia alcanza precisamente el 20% de la cifra de capital. Porque el art. 504 establece dos supuestos, el de las propuestas de aumento (con exclusión del derecho de preferencia) por un importe superior al 20% del capital, y el de aquellas por un importe inferior a esta cifra. El colmo de la mala redacción llega en el siguiente apartado (art. 504.2), que dice aplicarse a «los supuestos no contemplados en el apartado 1 de este artículo», y que literalmente, son sólo los aumentos que incrementan el capital precisamenteen un 20%, ya que el apartado aludido se refiere tanto a las emisiones superiores a este porcentaje, como a las inferiores a él.

125 Aunque la Resolución del ICAC de 16 de junio de 2004 es muy anterior a las normas de las que nos ocupamos (y de hecho, a la LSC), debe ser tenida en cuenta, a falta de una disposición más reciente, para completar las imprecisas alusiones legales al valor razonable como valor de mercado establecido por referencia a la cotización bursátil (y admitiendo un descuento del 10% sobre el precio de cotización). Para que el *auditor* (experto independiente) verifique si el tipo de emisión propuesto por los administradores se corresponde con el valor razonable de las acciones de la sociedad, el apdo. 9 f) de la Resolución remite, en el caso de las sociedades cotizadas, al apdo. 9 e ii). En él se encarga al auditor estudiar la evolución del valor de cotización de las acciones de la sociedad y determinar el valor de cotización medio de dichas acciones durante el último período de cotización representativo anterior a la fecha del informe especial (el último trimestre, salvo justificación en contrario), y la última cotización disponible anterior a dicha fecha, como valores indicativos del valor razonable de la sociedad. El trimestre como intervalo temporal de referencia para fijar el precio de cotización, es el criterio que estableció también el legislador español para transponer la reforma de la Segunda Directiva que introdujo como supuesto de exención de informe pericial de valoración de aportaciones no dinerarias a sociedades anónimas, la aportación de valores negociables [hoy en el art. 50.1 de la Directiva (UE) 2017/1132, de 14 de junio]. Así, el art. 69 a) LSC determina que no será necesario el informe de experto cuando se aporten a una sociedad valores mobiliarios que coticen en un mercado secundario oficial o en otro mercado regulado. Estos bienes se valorarán al precio medio ponderado al que se hubieran negociado, en uno o varios mercados regulados, en el último trimestre anterior a la fecha de la realización efectiva de la aportación.

126 Como explicará el profesor Megías en el capítulo correspondiente, se trata también del mismo supuesto en que la Ley permite delegar en los administradores la decisión de excluir el derecho de preferencia, con arreglo al art. 506 LSC.

El informe del experto independiente parece, en cambio, obligatorio en dos supuestos, uno más claro que otro. Por una parte, la confusa alusión a la posibilidad de que los administradores «justifiquen otra cosa» en el apdo. 3 del art. 504, parece indicar que los administradores pueden proponer como valor razonable, un tipo de emisión que no se corresponde con el valor razonable presumible, esto es, con el valor de mercado que se sitúa entre el precio de cotización y un valor que descuenta a este no más de un 10%. En este supuesto, del art. 504.3 parece deducirse que incluso en las emisiones por debajo del 20% del capital será preciso el informe del experto independiente.

Y también será preciso este informe, con mayor seguridad que en el supuesto anterior, en toda emisión (de cualquier importe) de acciones que se oferten a un tipo inferior al valor razonable, esto es, inferior al importe que resulte de restar a la cotización bursátil un 10% de la misma (art. 504.4). En este supuesto ya no estamos ante un valor razonable como valor de mercado, y la ley exige, además del informe del experto independiente, que el informe de los administradores justifique no sólo que el interés social exige la exclusión del derecho de preferencia, sino también el tipo de emisión propuesto. En estos casos, el informe del experto (obligatorio) se pronunciará específicamente sobre el importe de la dilución económica esperada y la razonabilidad de los datos y consideraciones recogidos en el informe de los administradores para justificarla, algo que ya viene exigido por una cabal comprensión de la norma general del art. 308.2 a) LSC.

6.3. *Referencia a la exclusión parcial*

El art. 308 permite excluir el derecho de preferencia total o parcialmente. En la doctrina española, no existe suficiente consenso en cómo deba o pueda procederse a la limitación o exclusión parcial. Algunos autores han sostenido que la posibilidad de una exclusión parcial no permite suprimir selectivamente el derecho de preferencia, de manera que algunos socios puedan conservarlo y otros no; se entiende por esta doctrina que, al igual que sucede con la atribución del propio derecho de preferencia, y por respeto al principio de igualdad de trato (art. 97 LSC), su limitación debería afectar proporcionalmente a cada socio[127].

Esta conclusión no parece una evidencia, y ha sido discutida por otros autores. El principio de igualdad de trato tiene un alcance relativo y circunstancial,

127 SÁNCHEZ ANDRÉS, «La acción y los derechos del accionista», cit., p. 236, y LARA, «Exclusión del derecho de preferencia (art. 308)», en ROJO/BELTRÁN, *ComLSC*, II., p. 2275.

porque sólo exige la paridad de los socios que se encuentren en situaciones idénticas, y el art. 308.1 no contiene indicación alguna que avale la tesis de la necesaria reducción proporcional del derecho de preferencia. Las condiciones que exige la Ley para la validez del acuerdo, en particular la presencia de un interés social prioritario, y los posibles remedios frente a acuerdos injustificados y abusivos, parecen suficientes para garantizar que el acuerdo que limita selectivamente el derecho de preferencia no resulte expropiatorio ni arbitrario[128]. En ciertas circunstancias, la decisión de priorizar el interés social específico que exige limitar el derecho de preferencia, puede requerir que se sacrifique el de algunos socios y no el de otros. Así pareció entenderlo la SAP de Madrid (Sección 28.ª) núm. 257/2010 de 19 noviembre [TOL2.032.546], cuando consideró justificada la supresión del derecho de preferencia de todos los socios, salvo de la socia mayoritaria y más antigua, porque resultaba «evidente que lo pretendido es una mayor implicación en la sociedad de D.ª Emma, socia fundadora que ha mantenido sus acciones en la sociedad desde 1980», y que podía proporcionar los recursos para superar las dificultades de la sociedad por la considerable restricción en la demanda del producto.

A la hora de justificar la exclusión del derecho de preferencia, hay que preguntarse cuáles son las circunstancias que pueden llevar a preferir que algo tan fungible como el dinero sea aportado por terceros y no por los propios socios (en caso de exclusión total). La respuesta no parece otra que la conveniencia para la sociedad de contar con la colaboración de personas determinadas[129]. Una finalidad que puede ser tanto o más importante que la necesidad de autofinanciación de la sociedad. En el supuesto de la supresión parcial del derecho de preferencia, no parece que deba descartarse que lo que conviene a la sociedad sea asegurar una mayor implicación de todos o algunos de los socios reservándoles la ampliación del capital. Desde la óptica de los socios *diluidos*, la situación en este supuesto es similar a la de un aumento con exclusión total de la preferencia en favor de terceros. En ambos casos

128 En esta línea, VÁZQUEZ ALBERT, *La exclusión*, cit. 224, sostiene que el principio de igualdad de trato no constituye un presupuesto autónomo de la exclusión del derecho de preferencia, sino que se integra en el presupuesto genérico de control material de la operación que es el interés social. Otros autores exigen, además, la abstención en el voto (y su sustracción del quorum y la mayoría necesarios) de los socios destinatarios de las nuevas acciones o participaciones: LARGO GIL, R., «La exclusión del derecho de suscripción preferente», en *Derecho de sociedades anónimas*, III.1, pp. 603-700, 641, y FAYOS, *El derecho de asunción preferente*, cit., pp. 477 y 478. Pero ciertamente no se trata de un supuesto incluido en el elenco del art. 190.1 LSC, ni tampoco parece posible aplicar el régimen de *tutela colectiva* de las modificaciones perjudiciales a una clase de acciones del art. 293 LSC (VÁZQUEZ ALBERT, ob. cit., pp. 225-226)

129 SÁNCHEZ ANDRÉS, «La acción y los derechos del accionista», cit., p. 238-239.

podrían impugnar el acuerdo por la ausencia de sus requisitos legales o por su carácter abusivo.

Como ya tuvimos ocasión de exponer (*vid. supra*, 2), en relación con la SAP Madrid (Secc. 28ª) 396/2023, de 12 de mayo, la exclusión parcial del derecho de preferencia puede también emplearse para reconocer el derecho de preferencia sólo a los socios titulares de acciones o participaciones de la *clase* correspondiente a las nuevas que se crean por el aumento de capital.

6.4. El acuerdo de exclusión del derecho de preferencia y su vinculación con el acuerdo de aumento del capital

El tenor del art. 308.1 sugiere la simultaneidad del acuerdo de aumento de capital y el que suprime el derecho de preferencia: «la junta general, al decidir el aumento del capital, podrá acordar la supresión....». Y es que, lejos de hallarnos ante dos asuntos «sustancialmente independientes» en los términos del art. 197 bis LSC, se trata de acuerdos vinculados, el segundo de los cuales (la supresión total o parcial del derecho de preferencia) se halla condicionado al primero (el aumento de capital), sin el cual no tiene sentido alguno[130]. Que ambos deben adoptarse en la misma junta general no se discute. Diversos argumentos invitan a entender, sin embargo, que el acuerdo sobre el aumento de capital y el que limita o suprime el derecho de preferencia son distintos, y deben adoptarse sucesivamente (y en este orden). Así lo indican las distintas exigencias sobre la convocatoria de la junta a la que se propone adoptar ambos acuerdos, sus respectivos requisitos informativos, y el hecho de estar sujetos en la sociedad limitada a mayorías diferentes. 159

Respecto a la convocatoria de la junta general, a todo acuerdo de aumento de capital deben aplicarse «los requisitos establecidos para la modificación de los estatutos sociales» (art. 296.1), y por tanto, los arts. 286 y 287: la convocatoria deberá expresar, con la debida claridad, los extremos que hayan de modificarse, y hacer constar el derecho de los socios a examinar en el domicilio social, o solicitar la entrega o el envío gratuito del texto íntegro de

130 ROJO, «El acuerdo de aumento», cit., p. 2356, se refiere a la propuesta de exclusión del derecho de preferencia como «conexa» a la del acuerdo de aumento, destacando la particularidad de que no parece posible, a diferencia de lo que sucede con esta última, que su autoría pueda corresponder a las minorías de socios: lo impediría la necesidad del informe de los administradores sobre «el valor de las participaciones o de las acciones de la sociedad» y la justificación detallada de «la propuesta y la contraprestación a satisfacer por las nuevas participaciones o por las nuevas acciones, con la indicación de las personas a las que hayan de atribuirse» [art. 308.2 a) LSC].

la propuesta, y en las sociedades anónimas, además, de un informe justificativo, se entiende que sobre las razones que exigen o aconsejan proceder a un aumento de capital con las características del que se propone a la junta[131]. La convocatoria ha de ser más explícita con respecto a la supresión del derecho de preferencia, e incluir la propuesta relativa a este acuerdo, con el tipo de creación de las nuevas acciones y participaciones. También incluirá el derecho a examinar en el domicilio social el informe de los administradores (justificando la propuesta de supresión total o parcial del derecho de preferencia, el precio de las nuevas acciones o participaciones, y las personas a quienes vayan a atribuirse), y en el caso de las sociedades anónimas, el informe del experto independiente (sobre el valor razonable de las acciones, el valor teórico del derecho de preferencia y la razonabilidad de los datos proporcionados por los administradores en su informe), así como a solicitar su entrega o envío gratuitos [art. 308.2 b)].

En cuanto a la mayoría necesaria para adoptar el acuerdo de limitación o supresión del derecho de preferencia, en el caso de las sociedades anónimas es la misma que exige el acuerdo de aumento de capital y en general la modificación de los estatutos. Se trata de la mayoría legal prevista en el art. 201.2, con el quorum de constitución reforzado del art. 194.1, ambos de LSC, o de una posible mayoría estatutaria superior. En la sociedad limitada, en cambio, será preciso que voten a favor del acuerdo de limitación o supresión del derecho de preferencia los socios que representen al menos dos tercios de los votos que atribuyan el conjunto de las participaciones sociales, si los estatutos no han previsto un porcentaje superior de votos y en su caso, el voto favorable de algunos socios [arts. 199 b) y 200]. Estas diferencias aconsejan, en mi opinión, que el acuerdo de aumento de capital y el de supresión del derecho de preferencia figuren separadamente en el orden del día. Pero sobre todo que sean objeto, al menos las sociedades limitadas, de votaciones distintas y sucesivas. Habrá de votarse primero la propuesta de aumentar el capital y a continuación, salvo en el caso de no haberse obtenido mayoría suficiente para ésta, la supresión total o parcial del derecho de preferencia[132].

131 Además, diversas modalidades de aumento tienen especiales requisitos de información documental en relación con su contravalor: art. 300.1 (aportaciones no dinerarias), 301.2 a 4 (capitalización de créditos) y 302.2 (aumento con cargo a reservas).

132 En opinión de ROJO, «El aumento de capital en la sociedad limitada», cit., p. 576, la exigencia legal de una mayoría de los dos tercios de todos los votos que atribuyen las participaciones sociales, tiene distinta ocasión de aplicarse dependiendo de cómo esté confeccionado el orden del día; esto es, según que el acuerdo de exclusión del derecho de asunción preferente figure en el mismo punto del orden del día que el acuerdo de aumento del capital, o figuren en puntos separados. En el primer caso, sería necesaria la mayoría *super reforzada* para apro-

Sin embargo, afirmar la (relativa) autonomía de los acuerdos de aumento del capital y de supresión del derecho de preferencia plantea delicadas cuestiones, cuya solución dependerá, entiendo, de la intensidad del vínculo o condicionamiento entre el aumento de capital proyectado y la propuesta de excluir para el mismo el derecho de preferencia. El acuerdo que excluye el derecho de preferencia se encuentra supeditado o subordinado al (previo) acuerdo de aumento. Pero *en abstracto*, no sucede lo mismo a la inversa, porque la finalidad primordial del aumento dinerario es proveer de nuevos fondos propios a la sociedad, que pueden lograrse, en principio, con o sin derecho de preferencia (o sea, con fondos de los socios o de *extraños*). Pero en algunos casos, tan importante como esta finalidad pueden ser otras, que aconsejan la incorporación de ciertas personas, a las que conviene vincular a la sociedad no sólo (o no tanto) por la financiación que van a proporcionarle sino por otras cualidades (o relaciones). De manera que en el plano de las motivaciones (de la *causa* del aumento) éste no se habría planteado si no es para incorporar a *extraños*.

La reflexión anterior sólo arroja una certidumbre, ya apuntada: cuando la junta general rechaza la propuesta de aumentar el capital, la operación queda descartada y no es necesario votar la propuesta de exclusión del derecho de preferencia, subordinada a la primera. Pero el planteamiento inverso es más problemático. Si se plantea la privación total o parcial del derecho de preferencia como una característica (o condición) esencial de un concreto aumento de capital, un acuerdo que la rechace (acaso, porque siendo una sociedad limitada, concurre una mayoría suficiente para aprobar el aumento, pero no la exclusión del derecho de preferencia) privaría de eficacia al acuerdo de ampliación de capital ya adoptado. Ello sucederá cuando por las circunstancias concurrentes, y conforme a la justificación del aumento proporcionada en el informe de los administradores, los fines pretendidos con la operación pasan por la exclusión (o en su caso, la supresión parcial) del derecho de preferencia. En los casos dudosos, tampoco puede admitirse sin reparos la subsistencia del acuerdo de aumento ya adoptado, cuando hubiera sido rechazada la propuesta de excluir el derecho de preferencia. Tal vez la solución más ponderada, si se produjera esta situación, sería que a iniciativa de los administradores o de algún socio, la propuesta de aumentar el capital se sometiera de nuevo a votación, de manera que pudiera apro-

bar el aumento (que incluye entre sus condiciones suprimir el derecho de preferencia), pero si se han planteado como asuntos separados, «puede suceder que se consiga mayoría para adoptar el acuerdo de aumento y que, por el contrario, falte esa otra mayoría superior para la exclusión total o parcial del derecho de preferencia».

barse un aumento de capital que no excluyera el derecho de preferencia de los socios[133].

VI. BIBLIOGRAFÍA

ALFARO, J., *Interés social y derecho de suscripción preferente. Una aproximación económica*, Civitas, Madrid, 1995.

ALONSO LEDESMA, C., *La exclusión del derecho de suscripción preferente en sociedades anónimas*, MacGraw-Hill, Madrid, 1995.

—, «Aumentos de capital con exclusión del derecho de suscripción preferente: colocaciones aceleradas», en RONCERO SÁNCHEZ, A., *Sociedades cotizadas y transparencia en los mercados*, II, Cizur Menor, 2019, pp. 65-97.

—, «Algunas cuestiones sobre el aumento de capital en la sociedad cotizada con exclusión del derecho de suscripción preferente», en AA VV, *Derecho de sociedades, concursal y de los mercados financieros. Libro Homenaje al profesor Adolfo Sequeira Martín*, Sepin, Madrid, 2022, pgs. 169-183.

ALONSO UREBA, A., y RONCERO, A., «Aplicación a la transmisión de derechos de suscripción preferente del régimen de restricción a la libre transmisibilidad de las acciones», *RdS*, n.º 45, 2015 (edición digital).

ÁVILA DE LA TORRE, A., «Artículo 296», «Artículo 299», en GARCÍA-CRUCES, J. A., y SANCHO GARGALLO, I. (dirs.), *Comentario de la Ley de sociedades de capital*, Tirant lo Blanch, Valencia 2021, T. IV, pp. 4140-4147, 4173-4184.

BELTRÁN, E., «Los desembolsos pendientes (art. 81)», en ROJO, A. y BELTRÁN, E., *Comentario de la Ley de Sociedades de capital*, Civitas, I, Madrid, 2011, pp. 711-718.

BERMEJO, N., «Los socios y el reparto del excedente de la reestructuración», en GARNACHO, L. y ARIAS, F. J. (dir.), *El derecho concursal y la transposición de la Directiva sobre reestructuración preventiva*, Wolters Kluwer, Madrid, 2022.

BLANCO, J. M.ª, «Artículo 305», en GARCÍA-CRUCES/SANCHO GARGALLO, *Comentario de la LSC*, T. IV, pp. 4239-4245.

BUSTILLO, M.ª del M., «Derechos de preferencia en los planes de reestructuración dilutivos de sociedades de capital tras la reforma del TRLC por la Ley 16/2022», *Diario la Ley*, n.º 10198, diciembre de 2022.

CAMPOBASSO, G. F., y CAMPOBASSO, M., *Diritto Commerciale, 2, Diritto delle società*, UTET, 10.ª ed., Milán, 2020.

CAMPUZANO, A. B., «Otros derechos (art. 102)», en ROJO/BELTRÁN, *ComLSC*, Civitas, I, pp. 857-860.

CASTELLANO, M.ª J., «Aumento incompleto en las sociedades anónimas (art. 311)», «El desembolso en los aumentos del capital social (art. 312)», en ROJO/BELTRÁN, *ComLSC*, Civitas, II, pp. 2294-2311.

133 En esta línea FAYOS, *El derecho de asunción preferente*, p. 342.

CUESTA RUTE, J. M.ª, «El aumento y la reducción del capital social», en ROJO, A., *La reforma de la Ley de sociedades anónimas*, Civitas, Madrid, 1987, pp. 173-223.

ECHEVARRÍA, M., «Capital social y solvencia: del capital mínimo al capital nimio», en PEÑAS MOYANO, M.ª J., *Estudios de Derecho de sociedades y de Derecho concursal. Libro en Homenaje al profesor Jesús Quijano González*, Universidad de Valladolid, 2023, pp. 219-237

EKKENGA, J., «&182. Voraussetzungen», en *Kölner Kommentar zum Aktiengesetz*, B. 4-1, 3.ª ed, Carl Heymanns Verlag, Köln 2017.

EMPARANZA, «Artículo 62», y «Artículo 63», en GARCÍA CRUCES/SANCHO GARGALLO (dirs.), *Comentario de la LSC*, T. I, pp. pp. 1007-1022.

ESPÍN, C., *La operación de reducción y aumento del capital simultáneos en la sociedad anónima*, McGraw-Hill, Madrid, 1997.

—, «Carácter obligatorio de la reducción (art. 327)» en ROJO/BELTRÁN, *ComLSC*, II, pp. 2377-2380.

FAYOS, J. B., *El derecho de asunción preferente en las sociedades de responsabilidad limitada*, Tirant lo Blanch, Valencia, 2013.

GALLEGO, E., «Aportaciones no dinerarias (art. 63)», en, ROJO/BELTRÁN, *ComLSC*, I, pp. 596-601.

LARA, R., «Plazo para el ejercicio del derecho de preferencia (art. 305)», «Derecho de preferencia en segundo grado (art. 307)», «Exclusión del derecho de preferencia (art. 308)» en ROJO/BELTRÁN, *ComLSC*, II, pp. 2256-2261, pp. 2266-2281.

LARGO GIL, R., «La exclusión del derecho de suscripción preferente», en AA VV, *Derecho de sociedades anónimas*, III, *Modificación de estatutos. Aumento y reducción del capital. Obligaciones,* Civitas, Vol. 1, Madrid, 1994, pp. 603-700.

MARÍN DE LA BÁRCENA, F., «Otras aportaciones de los socios (cuenta 118 PGC)», *RdS*, nº 63 (2021), pp. 89-126.

MARIÑO PARDO, F., «La no acreditación de las aportaciones dinerarias en la sociedad de responsabilidad limitada. El nuevo artículo 62.2 del TRLSC», disponible en http://www.iurisprudente.com/2019/01/la-no-acreditacion-de-las-aportaciones.html.

MARTÍNEZ FLOREZ, A., «Nuevas obligaciones de los socios (art. 291)», en ROJO/BELTRÁN, *ComLSC*, II, p. 2140-2151.

MIOLA, M., «Tutela de los acreedores en las sociedades de capital y técnicas alternativas. El debate entre la tradición europea continental y el punto de vista anglosajón», en ALONSO LEDESMA y otros (dirs.), *La Modernización del Derecho de sociedades de capital en* España, T. II, Aranzadi, Cizur Menor, 2011 pp. 19-66.

NOACK, U., y BEURSKENS, M., «Modernising the German GmbH —Mere Window Dressing of Fundamental Redesign?», en *European Business Organization Law Review*, nº 9 (2008), pp. 97-124.

PANTALEÓN, F. y PORTELLANO, P., «Derechos reales sobre las participaciones sociales y adquisición de las propias participaciones sociales», en URÍA/MENÉNDEZ/OLIVENCIA, *Comentario*, T. XIV-1.º B, *Régimen de las participaciones sociales en la sociedad de responsabilidad limitada*, Civitas, Madrid, 1999.

PEINADO, J. I., «Artículo 416», en GARCÍA CRUCES/SANCHO GARGALLO, *Comentario de la LSC*, T. V, pp. 5791-5811.

PEÑAS MOYANO, B., «Aumento de capital social con emisión de nuevas acciones y con elevación del valor nominal de parte de las acciones existentes», *RdS*, nº 7 (1996), pp. 257-282.

ROJÍ BUQUERAS, J. M.ª, «La protección del socio minoritario en los aumentos de capital social: una propuesta desde el buen gobierno corporativo», *RdS*, n.º 60 (2020), pp. 397-419.

ROJO, A., «El acuerdo de aumento de capital de la sociedad anónima», en IGLESIAS PRADA, J. L. (coord.), *Estudios jurídicos en homenaje al profesor Aurelio Menéndez*, Civitas, Madrid, 1996. Vol. 2, pp. 2339-2391.

—, «El aumento de capital de la sociedad de responsabilidad limitada», en *Estudios de Derecho Mercantil. Homenaje al Profesor Justino F. Duque*, Universidad de Valladolid, 1998, pp. 569-591.

—, «Artículo 152», en URÍA, R., MENÉNDEZ, A. y OLIVENCIA, M. (dirs.), *Comentario al régimen legal de las sociedades mercantiles*, T. VII, vol. 2.º, *El aumento de capital*, Aranzadi, Cizur Menor, 2006, pp. 47-81.

ROSAPEPE, R., *L'esclusione del diritto di opzione degli azionisti*, *Quaderni di Giurprudenza Commerciale*, 96, Milán, 1988.

SACRISTÁN, M., «El aumento de capital: modalidades, requisitos, el aumento de capital con nuevas aportaciones dinerarias y no dinerarias», en AA VV, *Derecho de sociedades anónimas*, III, Civitas, Madrid, 1994, Vol. 1, pp. 237-313.

SÁENZ, J. C., «El acuerdo de aumento (art. 296)», «Aumento con cargo a aportaciones dinerarias (art. 299), en ROJO/BELTRÁN, *ComLSC*, II, pp. 2193-2201, 2216-2219.

—, «Artículo 154», en URÍA/MENÉNDEZ/OLIVENCIA (dirs.), *Comentario al régimen legal de las sociedades mercantiles*, T. VII, vol. 2.º, pp. 131-148.

SÁNCHEZ ANDRÉS, A., *El derecho de suscripción preferente del accionista*, Civitas, Madrid, 1973.

—, «La acción y los derechos del accionista», en URÍA/MENÉNDEZ/OLIVENCIA, *Comentario*, T. IV-1.º, *Las acciones*, Civitas, Madrid, 1994.

TIRADO SUÁREZ, F. J., «El "privilegio" de las sociedades anónimas de seguros en el desembolso de los accionistas en caso de aumento de capital social con aportaciones dinerarias según el art. 299 LSC frente a la normativa sobre Solvencia II», en FERNÁNDEZ TORRES, I. y otros (coord.), *Derecho de sociedades y de los mercados financieros. Libro Homenaje a Carmen Alonso Ledesma*, Iustel, Madrid, 2018, pp. 1361-1380.

VALPUESTA, E., *Comentarios a la Ley de sociedades de capital*, 4.ª ed., Bosch, Barcelona, 2022.

VAQUERIZO, A., «La nueva regulación de la exclusión del derecho de suscripción preferente en las sociedades cotizadas», *RdS*, nº 66 (2022), pp. 81-126

VÁZQUEZ ALBERT, D., *La exclusión del derecho de suscripción preferente*, Civitas, Madrid, 2000.

VELASCO SAN PEDRO, L., «El derecho de suscripción preferente», en AA VV, *Derecho de sociedades anónimas*, III-1, pp. 517-601.

Capítulo IV

AUMENTO CON APORTACIONES NO DINERARIAS*

Ascensión Gallego Córcoles
Profesora Titular de Derecho Mercantil. UCLM

I. INTRODUCCIÓN: LA APORTACIÓN NO DINERARIA COMO CONTRAVALOR DEL AUMENTO DE CAPITAL SOCIAL

De la misma forma que, con ocasión de la fundación de la sociedad de capital, las aportaciones sociales, dirigidas a ofrecer cobertura patrimonial al capital social, pueden ser dinerarias o no dinerarias, ambos tipos de aportación también pueden constituir el contravalor de operaciones de aumento de capital. Así se extrae claramente del art. 295.2 LSC, que contempla también las reservas o beneficios como contravalor de los aumentos de capital, lo que permite hablar, en este último caso, de aumentos de capital nominal, por contraposición a los aumentos de capital efectivos[1].

---

* Este trabajo se enmarca en el Proyecto de Investigación "Gobierno corporativo y creación de valor compartido" (PID2020-112624GA-I00), financiado por el Ministerio de Ciencia e Innovación. Investigador Principal: Prof. Dr. Javier Megías López.

1 Sobre las distintas modalidades de aumento de capital social, nos remitidos al capítulo correspondiente de esta obra colectiva. Como ha señalado la DGRN en resolución de 13 de junio de 2016 (Fundamento de Derecho tercero) en el caso de los aumentos de capital

De entre estas modalidades de aumento en función del contravalor que se enuncian en el art. 295.2 LSC, en el presente capítulo nos ocupamos del aumento de capital social con cargo a aportaciones no dinerarias. En tanto que modificación estatutaria y alteración de la cifra del capital social, a esta operación societaria resulta de entrada aplicable tanto el régimen previsto en la LSC para la modificación de estatutos en general, como el que se contempla para todo aumento de capital en particular. A ello se han de añadir las previsiones que contiene el art. 300 LSC, que se ocupa específicamente de este tipo de aumento. Pero, además, no ha de desconocerse que en este caso se suscita una problemática similar a la que surge cuando la aportación no dineraria tiene lugar, no con ocasión de un aumento de capital social, sino en el momento constitutivo. De ahí que, un estudio completo de la operación de aumento de capital con cargo a aportaciones no dinerarias exija también tomar en consideración las normas contenidas en el Título III de la LSC (y, además, particularmente, los arts. 133, 134 y 190 RRM), algunas de las cuales ya aluden a ese tipo de aportaciones como contravalor de aumentos del capital social.

En cualquier caso, el punto de partida de este estudio ha de ser el de delimitar qué es lo que puede ser objeto de aportación, en este caso, como contravalor de un aumento de capital con cargo a aportaciones no dinerarias. A este respecto, se ha de reparar en que lo que define el régimen aplicable a la aportación en nuestro Derecho es, básicamente, su acreditación y la necesidad de constatar su auténtico valor económico de forma segura y objetiva, en tanto que son estos aspectos los que justifican un tratamiento distinto de las aportaciones dinerarias y de las no dinerarias, tanto en la constitución de la sociedad como con ocasión de las operaciones de aumento de capital. Como sostiene la DGRN en sus resoluciones de 15 de febrero y de 30 de noviembre de 2012, la distinción que se establece en nuestro ordenamiento entre aportaciones dinerarias y aportaciones no dinerarias conduce a una delimitación negativa de éstas (su denominación legal es, de hecho, *no dinerarias*, por oposición a las *dinerarias*)[2], de forma que las mismas abarcan una categoría heterogénea de todo aquello que puede aportarse a una sociedad

efectivos, el contravalor sólo puede consistir en aportaciones dinerarias o en aportaciones no dinerarias.

2 A diferencia de lo que parece derivarse de IGLESIAS PRADA, J.L., "Sobre el aumento de capital mediante conversión de créditos en acciones", en *AAMN*, XXIII, 1994, pág. 220, entendemos que no es que las aportaciones dinerarias se delimiten negativamente por referencia a las aportaciones *in natura*, sino que éstas (no dinerarias en la terminología de la LSC) se delimitan negativamente con respecto a las dinerarias.

de capital *distinto del dinero*. Es decir, en ella caben un conjunto heterogéneo de aportaciones (precisamente, todas las que no consistan en dinero), cuya valoración requiere algún tipo de control, más o menos intenso, que garantice la correcta integración del capital social[3]. Podría afirmarse que también en relación con las aportaciones dinerarias existe algún tipo de control a través de la certificación bancaria de depósito (art. 62 LSC)[4], pero la función de la misma es la de permitir acreditar la realización de la aportación dineraria, no la de controlar su valoración. En este sentido, una cosa es controlar la realidad de la aportación y otra su valoración[5]. En relación con ello, la distinción entre aportaciones dinerarias y no dinerarias tiene relevancia fundamentalmente a efectos de la valoración de lo aportado y no de su realidad. Así, cuando se realiza una aportación dineraria es preciso acreditar la realidad de la aportación (ésta es la función que cumple el certificado de la entidad de crédito[6]), pero no su valoración (al venir expresado en dinero). En cambio, en relación con las aportaciones no dinerarias, no sólo es necesario acreditar la realidad de la misma (en este aspecto no existe diferencia con las aportaciones dinerarias, salvo en el medio a través del cual se acredita su realización), sino también y, sobre todo, su valoración[7].

En esta categoría de aportación (aportación no dineraria) quedan incluidos los créditos, tanto los que el aportante ostente contra terceros como los que ostente contra la propia sociedad[8]. En este último caso, se trata de la

3 SÁENZ GARCÍA DE ALBIZU, J.C., "Artículo 156. Aumento por compensación de créditos", en URÍA, R./MENÉNDEZ, A./OLIVENCIA, M. (Dirs.), *Comentario al régimen legal de las sociedades mercantiles,* T. VIII, vol. 2, Thomson-Civitas, 2006, págs. 217 y 218.

4 PAREDES GALEGO, C., "Aumento de capital por compensación de créditos. Reflexiones sobre dos cuestiones concretas: cómputo de intereses y fraude de socios", en GONZÁLEZ FERNÁNDEZ, B./COHEN BENCHETRIT, A. (Dirs.), *Derecho de Sociedades. Revisando el Derecho de Sociedades de Capital,* Tirant lo Blanch, 2018, pág. 535. No obstante la anterior apreciación, este autor sostiene gráficamente que "lo que no es dinero debe ser no dinerario por fuerza" (págs. 533 y 536).

5 Precisamente, el art. 62 LSC lleva por rúbrica "Acreditación de la realidad de las aportaciones".

6 En sociedades limitadas, la misma no es exigible en todo caso, en atención a lo dispuesto en el art. 62.2 LSC.

7 Sea como fuere, se ha de notar que la LSC distingue entre aportaciones dinerarias y no dinerarias y no entre aportaciones que precisan de algún tipo de control y aportaciones que no lo precisan.

8 La DGRN destaca, con remisión a las SSTS, Sala 3.ª, de 12 de enero y 23 de abril de 2012, que ello no obsta a que, a efectos fiscales, se distinga entre la aportación de un crédito contra la sociedad o la aportación de crédito contra un tercero, considerando aportación no dineraria la segunda y no la primera (RDGRN de 30 de noviembre de 2012, FD.º 3, *in fine*). PULGAR EZQUERRA, J., *Preconcursalidad y reestructuración empresarial: acuerdos de refinanciación y acuerdos extrajudiciales de pagos,* La Ley, 2016, 2.ª edición, nota 333, pág. 347, alude a la

operación que contempla el art. 301 LSC. Sin perjuicio de que la misma sea tratada en otro lugar de esta obra colectiva, al que nos remitimos, a la vista del debate que se ha venido suscitando sobre este particular, dejamos simplemente apuntado que compartimos la posición mayoritariamente defendida por la doctrina y también por la —hoy— DGSJFP de que la aportación que tiene lugar en el seno de la operación que se regula en el art. 301 LSC es *no dineraria*[9]. En última instancia, desde el punto de vista sistemático, el aumento de capital por compensación de créditos aparece regulado en el art. 301 LSC, justo después del precepto que se ocupa del aumento de capital con cargo a aportaciones no dinerarias (art. 300 LSC), lo que permite sostener que el legislador ha partido de que aquél es una modalidad de éste[10].

En cuanto a la delimitación de la aportación no dineraria, se ha de tener en cuenta que, siguiendo al Derecho comunitario[11], nuestra normativa viene definiendo lo que puede ser objeto de aportación social en términos relativamente amplios como "bienes o derechos patrimoniales susceptibles de valoración económica" a lo que se añade la prohibición de aportación del "trabajo o los servicios" (art. 58 LSC[12]). A este respecto, por parte de nuestra doctrina se ha venido tradicionalmente destacando que nuestra normativa no exige expresamente la susceptibilidad de ejecución forzosa del objeto de la aportación; requisito éste que fue planteando en las versiones proyectadas de la Segunda Directiva en materia de Sociedades, pero que fue eliminado de su versión final, lo que dota de cierta flexibilidad a la determinación de aquello que podría ser objeto de aportación no dineraria[13]. En cualquier caso, las no-

STS de 6 de octubre de 2010 (Sala de lo Contencioso), que precisamente sostiene el carácter dinerario de la aportación en el contexto del aumento de capital por compensación de créditos, si bien a efectos de su tratamiento fiscal.

9 Entre otras, RRDGRN de 30 de noviembre de 2012 y de 16 de junio de 2016, ambas en sus respectivos Fundamentos de Derecho tercero.

10 Para un tratamiento más detallado de esta cuestión, nos remitimos a nuestra monografía *La Capitalización De Créditos Mediante Aumento Del Capital Social (Debt-Equity Swap)*, Aranzadi, 2019, en particular, págs. 39 a 69.

11 Art. 7 de la Segunda Directiva 77/91, de 13 de diciembre de 1976, hoy contenido, en términos prácticamente coincidentes, en el art. 46 de la Directiva (UE) 2017/1132, de 14 de junio de 2017 (Directiva (UE) 2017/1132 del Parlamento Europeo y del Consejo, de 14 de junio de 2017, sobre determinados aspectos del Derecho de sociedades), conforme al que: "el capital suscrito solo podrá estar constituido por activos susceptibles de evaluación económica. Sin embargo, dichos activos no podrán estar constituidos por compromisos relativos a la ejecución de obras o a la prestación de servicios".

12 El mismo se pronuncia en términos similares a los de los arts. 36 LSA de 1989 y 18 LSRL de 1995.

13 LOJENDIO OSBORNE, I., "Artículo 36. Objeto y título de la aportación", en URÍA, R./MENÉNDEZ, A./OLIVENCIA, M., *Comentario al régimen legal de las sociedades mercantiles*, Civitas,

tas de patrimonialidad y de efectividad de la aportación dirigidas a asegurar la integridad del capital social están presentes en la LSC (particularmente, arts. 58 y 59 LSC)[14]. Del tenor de la LSC resulta evidente cómo pueden ser objeto de aportación bienes muebles o inmuebles (art. 64 LSC), derechos de crédito (art. 65 LSC) o una empresa (art. 66 LSC). En época relativamente reciente, la —hoy— DGSJFP ha delimitado lo que puede ser objeto de aportación con arreglo al art. 58 LSC conforme a los siguientes rasgos: que tenga carácter patrimonial, que sea susceptible de valoración económica, que pueda ser objeto de apropiación y que sea apto para producir una ganancia (RDGRN de 4 de diciembre de 2019)[15].

En la resolución recién referenciada se discutía sobre si el *know-how* podía ser o no objeto de aportación a la vista de la prohibición de aportación de trabajo o servicios del art. 58.2 LSC, a lo que la DGRN dio una respuesta afirmativa, no obstando su condición de bien inmaterial a que pudiera ser considerado como aportación no dineraria[16]. Además de ello, la doctrina y jurisprudencia ha tenido ocasión de pronunciarse sobre la posibilidad de aportación de otros bienes inmateriales, como el fondo de comercio[17].

Adicionalmente, en el ámbito de las aportaciones no dinerarias en el marco de operaciones de aumento de capital social, también ha existido cierto debate en torno a la posibilidad de aportación de rama de actividad con ocasión de un aumento de capital social, sin que ello supusiese una segregación (hoy art. 61 Real Decreto-Ley 5/2023, de 28 de junio). Sobre ello se pronunció la RDGRN de 22 de julio de 2016, en la que, aunque con una confusa argumentación, se vino a sostener que la aportación de rama de actividad es una operación autónoma y distinta de la segregación, con la que presenta diferencias (principalmente,

1994, págs. 34 y 35.

14 Aunque referido a la LSA de 1989, LOJENDIO OSBORNE, I., "Artículo 36. Objeto y título de la....", *op. cit.*, pág. 35.

15 Sobre esta resolución, vid. el comentario de FERNÁNDEZ CARBALLO-CALERO, P., "La aportación del "know-how" al capital social (Comentario a la Resolución de la Dirección General de los Registros y del Notariado de 4 de diciembre de 2019)", en *RdS*, n.º 59, 2020 (*proview*).

16 La doctrina que interpretó el art. 36 de la LSA de 1989 y constató la flexibilidad en torno a lo que podría ser objeto de aportación, a la vista de la mera exigencia de susceptibilidad de valoración económica de los bienes o derechos que podrían ser aportados, señaló que entre ellos podría incluirse secretos empresariales, lo que la resolución indicada ha venido a reconocer. Dicha resolución ha suscitado, no obstante, algunas dudas en la práctica y también objeciones, a la vista de la escasa argumentación empleada en ella y de las propias particularidades del caso, que exigían un claro deslinde entre el *know-how* y la prestación de trabajo o servicios.

17 En la medida en que forme parte del conjunto de elementos de la empresa que se transmite, conforme la STS de 15 de julio de 1985 y la RDGRN de 31 de octubre de 1986.

por no operar, en tal caso, la sucesión universal propia de toda modificación estructural[18]). De igual forma, también pueden ser objeto de aportación los derechos de propiedad industrial[19]. Finalmente, en los últimos tiempos, también se ha venido planteando como no dineraria la aportación de criptomonedas[20]. E igualmente la DGSJFP ha tenido ocasión de pronunciase sobre la aportación de bienes gananciales (particularmente desde la perspectiva de las consecuencias que sobre ello podría tener la falta de consentimiento de uno de los cónyuges[21]) y la aportación de bienes gravados, tanto con hipoteca (Resolución DGRN de 23 de noviembre de 2012)[22], como con un derecho de uso del art. 96 del CC (RDGSJFP de 29 de septiembre de 2021)[23]. En esta última resolución, el Centro Directivo establece que nada impide en el Derecho de sociedades de capital la aportación de derechos contingentes, anulables o litigiosos, siempre que tales bienes y derechos tengan un contenido patrimonial evaluable económicamente (arts. 58 y 59 LSC). En cualquier caso, se advierte que es necesario que no exista duda sobre la naturaleza del derecho aportado (pleno dominio o dominio limitado), de tal forma que la posible existencia de gravámenes o limitaciones del dominio hayan sido tenidas en cuenta en su valoración.

18 Comentando la citada resolución de la DGRN, vid., ÁLVAREZ ROYO-VILLANOVA, S., "Aumento de capital y aportación de industria", en GONZÁLEZ FERNÁNDEZ, M.B./ COHEN BENCHETRIT, A., (Dirs.), *Derecho de sociedades: revisando el derecho de sociedades de capital*, Tirant lo Blanch, 2018, págs. 561-591y, en la misma obra colectiva, GÁLLEGO LANAU, M., "La «aportación de rama de actividad». ¿Es una modificación estructural? (A propósito de la RDGRN de 22 de julio de 2016), págs. 593-613.

19 Entre otros, LOJENDIO OSBORNE, I., "Artículo 39. Aportaciones no dinerarias. Responsabilidad", en URÍA, R./MENÉNDEZ, A./OLIVENCIA, M., *Comentario al régimen legal de las sociedades mercantiles*, Civitas, 1994, págs. 154 a 157 y PÉREZ TROYA, A., "La transmisión de derechos de propiedad industrial. Especial consideración de su aportación a la empresa", en *Anuario de la Facultad de Derecho (Universidad de Alcalá)*, n.º 1, 2008, págs. 251-272. Monográficamente, BERCOVITZ ÁLVAREZ, R., *La aportación de derechos de propiedad industrial al capital de las sociedades anónimas*, Aranzadi, 1999.

20 DE LA CÁMARA ENTRENA, B./ GIL LÓPEZ DE SAGREDO, L., "Aportaciones sociales no dinerarias: los bitcoins, los créditos futuros y el Know-how", en *Cuadernos de Derecho y Comercio*, n.º 72, 2019, págs. 225-236; VALPUESTA GASTAMIZA, E., *Comentarios a la Ley de Sociedades de Capital*, Bosch, 2022, pág. 175; EMPARANZA SOBEJANO, A., "Artículo 63. Aportaciones no dinerarias", GARCÍA-CRUCES, J.A./SANCHO GARGALLO, I. (Dir.), *Comentario de la Ley de Sociedades de Capital*, Tirant lo Blanch, 2021, t.I, págs. 1017 y 1018.

21 Resolución DGRN de 9 de agosto de 2019.

22 Esta Resolución contempla distintos supuestos de aportación de bienes hipotecados, en función de si existe o no asunción de deuda por la sociedad.

23 Resolución DGSJFP de 29 de septiembre de 2021. En ella se señala que la transmisión, aunque con eficacia claudicante, despliega sus efectos, y la eventual anulación posterior (a instancia del cónyuge cuyo consentimiento se omitió) daría lugar a la responsabilidad del aportante en los términos previstos en los artículos 73 a 76 LSC (se trataba, en el caso, de una sociedad de responsabilidad limitada).

Finalmente, recuérdese, como apunta la última resolución referenciada, que nuestra normativa societaria no solo admite las aportaciones a título de propiedad, sobre lo que, no obstante, muestra una clara preferencia, al decantarse por la misma salvo que se establezca otra cosa. En este sentido, se reconoce la posibilidad de que la aportación se realice por cualquier título distinto (art. 60 LSC). De ahí que, tanto con ocasión de la constitución de la sociedad, como, en lo que afecta al presente trabajo, con ocasión una operación de aumento de capital social, sean admisibles las aportaciones a título de uso, no obstante advertir la doctrina de la conveniencia de establecer cautelas con ocasión de su configuración[24].

Tras ese somero repaso de la aportación no dineraria como contravalor de un aumento de capital social, resulta evidente como la finalidad de esa operación es la de que la sociedad pueda adquirir lo que se le aporta por esta vía[25]. Y ello en lugar de hacerlo por otro cauce (por ejemplo, adquisición de la propiedad de un bien, por constituir éste el contravalor de un aumento de capital, en lugar de su adquisición mediante pago en dinero). Teniendo en cuenta que, como desarrollaremos con más detalle, en los aumentos no dinerarios no existe derecho de preferencia, los mismos suscitan un conflicto evidente entre el interés social y la posición de los socios como titulares de partes del capital social[26].

II. MODALIDADES DE ARTICULACIÓN DEL AUMENTO DE CAPITAL CON APORTACIONES NO DINERARIAS

La distinción entre aumento efectivo y aumento nominal y, en el primer caso, con cargo a aportaciones dinerarias y con cargo a aportaciones no

24 SÁENZ GARCÍA DE ALBIZU, J.C., "Artículo 155. Aumento con aportaciones no dinerarias", en URÍA, R./MENÉNDEZ, A./OLIVENCIA, M. (Dirs.), *Comentario al régimen legal de las sociedades mercantiles*, T. VIII, vol. 2, Thomson-Civitas, 2006, págs. 153; BONARDEL LENZANO, R./CABANAS TREJO, R., "Artículo 36. Objeto y título de la aportación", en ARROYO, I./EMBID, J.M./GÓRRIZ, C. (Coords.), *Comentarios a la Ley de Sociedades Anónimas*, Tecnos, 2009, pág. 423. Distintas de las aportaciones de uso son las aportaciones de derechos que confieren el uso (por ejemplo, un derecho de usufructo). Ampliamente sobre sobre esta distinción, y en general, sobre las aportaciones de uso, MARTOS CALABRÚS, M.A./NUÑEZ IGLESIAS, A., "La aportación social en uso", en *Revista Crítica de Derecho Inmobiliario*, n.º 668, 2001, págs. 2369-2448.

25 Entiéndase a título pleno o limitado, en función del título de aportación.

26 SACRISTAN REPRESA, M., "El aumento de capital: modalidades, requisitos, el aumento de capital con nuevas aportaciones dinerarias y no dinerarias", en AAVV, *Derecho de Sociedades Anónimas*, Civitas, 1994, pág. 300.

dinerarias, no agota las distintas modalidades de aumento de capital. Así, aspecto particularmente relevante, que también sirve de criterio clasificador de operaciones de aumento de capital social, es el de su articulación, cuyas modalidades aparecen en el apdo. 1 del art. 295 LSC. Según su reflejo en las acciones o participaciones, lo más habitual será que el aumento de capital no dinerario se articule con emisión de nuevas acciones o participaciones. Quizás por ello, el art. 300.1 LSC, que se ocupa específicamente del aumento con cargo a aportaciones no dinerarias, alude al "número" de las participaciones sociales o de las acciones "que hayan de crearse o emitirse", como contenido del informe sobre los extremos de la operación que dicho precepto exige[27].

Sin perjuicio de ello, no consideramos descartable que el aumento que tratamos también pueda acometerse mediante la elevación del valor nominal de acciones o de participaciones[28]. En este último caso, si no todos los socios fueran a realizar aportaciones al capital social, habría que plantear si es posible un aumento de capital con elevación del valor nominal que no afectase a todas las acciones o las participaciones. A este respecto, no parece existir impedimento en nuestro Derecho de Sociedades, si bien podría cuestionarse si, en tal caso, sería o no necesario el consentimiento de todos los socios, como parece derivar de la literalidad del art. 296.2 LSC. No consideramos que sea así, por cuanto la referencia a "todos los socios" que se contiene en dicho precepto ha de interpretarse en el sentido de ser necesario el consentimiento de todos los socios afectados por la elevación, en atención a que la exigencia de ese requerimiento, que no deja de ser especificación de lo previsto en el art. 291 LSC, se justifica en la imposición a estos de nuevas obligaciones[29]. Dicha posibilidad que nos

27 En cualquier caso, podría suceder que el aumento de capital con elevación del valor nominal se ejecutara canjeando acciones o participaciones antiguas, con elevación de la cifra de capital social.

28 Al margen de lo señalado en la nota anterior, se ha de tener en cuenta que, tras aludir el primer apartado del art. 295 LSC a las modalidades de aumento según su reflejo en las acciones o participaciones, el segundo apartado de este mismo precepto establece que "en ambos casos el aumento del capital podrá realizarse con cargo a nuevas aportaciones dinerarias o no dinerarias al patrimonio social". Consideramos que por "ambos casos" se alude a las dos modalidades de aumento a que se refiere el primer apartado. En una línea similar, aunque con respecto al obstáculo que suponía la dicción literal del art. 155.2 LSA, referido exclusivamente a la emisión de nuevas acciones, MACHADO PLAZAS, J., "Artículo 155. Aumento con aportaciones no dinerarias", en ARROYO, I./EMBID, J.M./GÓRRIZ, C. (Coords.), *Comentarios a la Ley de Sociedades Anónimas*, Tecnos, 2009, pág. 1750.

29 MACHADO PLAZAS, J., "Artículo. 151. Modalidades del aumento" y "Artículo. 152. Requisitos del aumento", en ARROYO, I./EMBID, J.M./GÓRRIZ, C. (Coords.), *Comentarios a la Ley de Sociedades Anónimas*, Tecnos, 2009, pág. 1727 y 1728; ÁVILA DE LA TORRE, A., "Art.

planteamos con respecto al aumento no dinerario parece, entonces, posible, con tal de que no entrañe abuso, en cuyo caso el acuerdo sería impugnable. En cualquier caso, al margen del distinto cauce para su articulación, los términos de esta modalidad de aumento de capital social no tendrían por qué ser diferentes (por lo que respecta, particularmente, a la comparación del valor de la aportación no dineraria con el importe de la elevación del valor nominal), a cómo lo serían si el aumento se realizara emitiendo o creando nuevas acciones o participaciones[30]. En cualquier caso, siendo posible la articulación mediante la emisión o creación de nuevas acciones o participaciones, la posibilidad de que el procedimiento sea mediante la elevación del valor nominal se presenta más bien remota.

III. LA ADOPCIÓN DEL ACUERDO DE AUMENTO DE CAPITAL

1. Órgano competente. En particular, la exclusión del capital autorizado

En tanto que las modificaciones estatutarias, en general, y los aumentos de capital, en particular, son competencia de la junta general [arts. 160 c) y d) y 285 LSC], el aumento de capital no dinerario exige de un acuerdo de la junta general de la sociedad adoptado conforme a los requisitos que contempla la LSC. En relación con ello, conviene señalar que, a diferencia de lo que la normativa societaria contempla con respecto a los aumentos dinerarios, no es admisible en el aumento que nos ocupa la figura del capital autorizado, toda vez que la delegación de la junta general en el órgano de administración

296. El acuerdo de aumento", en GARCÍA-CRUCES, J.A./SANCHO GARGALLO, I. (Dir.), *Comentario de la Ley de Sociedades de Capital*, Tirant lo Blanch, 2021, t. III, pág. 4142.

30 Por resolución de la DGRN de 15 de noviembre de 1995 no se consideró contrario al, entonces, art. 152.2 LSA (equivalente al actual art. 296.2 LSC), el acuerdo por el que se elevaba el valor nominal de las acciones de aquellos socios que lo consintieran y se preveía emitir nuevas acciones reservadas, mediante derecho de preferencia, a los socios que no consintieran la elevación del valor nominal. La DGRN consideró que la normativa societaria no exigía el consentimiento de todos los socios y que el acuerdo era posible siempre que se respetara el principio de proporcionalidad. En el caso, en el que la elevación del valor nominal era en metálico, ese respeto venía del reconocimiento del derecho de preferencia a los accionistas que no consintieran, lo que no nos parece trasladable si el contravalor fueran aportaciones no dinerarias, con respecto a las que, entendemos, no existe derecho de preferencia. En última instancia, habría que estar a los concretos términos del acuerdo y al interés social. Ampliamente sobre esta cuestión, si bien no circunscrita a aumentos no dinerarios, vid., ÁVILA DE LA TORRE, A., "Art. 295. Modalidades de aumento", en GARCÍA-CRUCES, J.A./SANCHO GARGALLO, I. (Dir.), *Comentario de la Ley de Sociedades de Capital*, Tirant lo Blanch, 2021, t. III, pág. 4127 a 4131.

a que se refiere el art. 297.1. b) LSC queda delimitado en torno a un aumento de capital que sea con cargo a aportaciones dinerarias[31].

Ello no obsta a que con respecto el aumento de capital no dinerario no pueda operar el otro nivel de delegación en el órgano de administración que contempla el art. 297.1: el contenido en su letra a), consistente en delegar la facultad de señalar la fecha en que el acuerdo, ya adoptado, de aumentar el capital social deba llevarse a efecto en la cifra acordada y de fijar las condiciones del mismo en todo lo no previsto por la junta.

En la medida en que el procedimiento para la adopción del acuerdo de aumento de capital por la junta general [por las mayorías reforzadas que derivan de los arts. 194 201.2, y 199 a) LSC] se detalla en otra parte de esta obra colectiva, a la que nos remitimos, en los siguientes apartados nos centraremos principalmente en las particularidades del acuerdo de aumento de capital con aportaciones no dinerarias.

Pero, con anterioridad a abordar los específicos requerimientos para la adopción del acuerdo de aumento de capital con cargo a aportaciones no dinerarias, dejamos simplemente señalado que, en principio, el mismo podría ser adoptado en junta universal. Ello porque, tal y como deriva del art. 178 LSC, en junta universal puede ser tratado "cualquier asunto" (que, evidentemente, sea competencia de la junta general)[32]. A partir de ahí, lo que se plantea es si en relación con esa junta universal podría prescindirse de algunas de las exigencias informativas que, en atención a este acuerdo que tratamos, contempla la normativa societaria y de las que nos ocupamos en los siguientes apartados.

2. Requerimientos informativos

2.1. El informe justificativo de la propuesta en sociedades anónimas

El primero de los requisitos informativos que debe ser tomado en consideración en relación con la operación que nos ocupa es el informe justificativo de la

31 Esta cuestión quedó abierta en la Segunda Directiva en materia de Sociedades, cuyo art. 25.2, sobre capital autorizado, no entraba a contemplar esta cuestión (tampoco hoy el art. 68.2 de la Directiva (UE) 2017/1132). En nuestro país, la especificación relativa al aumento con aportaciones dinerarias se introdujo con ocasión de la tramitación del proyecto de LSA de 1989, trasladándose posteriormente a la LSC. Sobre los motivos de su previsión, vid., SÁENZ GARCÍA DE ALBIZU, J.C., "Artículo 155. Aumento con aportaciones...", *op. cit.*, págs. 156 a 160.

32 En relación con la LSA de 1989, en el mismo sentido, vid. SACRISTAN REPRESA, M., "El aumento de capital: modalidades...", *op. cit.*, pág. 303 y SÁENZ GARCÍA DE ALBIZU, J.C., "Artículo 155. Aumento con aportaciones...", *op. cit.*, pág. 162.

propuesta que, junto con la redacción del texto íntegro de la modificación que se propone, deriva el art. 286 LSC; documentos estos que los socios podrán examinar en el domicilio social, así como pedir su entrega o envío gratuito; lo que ha de hacerse constar en el anuncio de la convocatoria con arreglo al art. 287 LSC.

Como es sabido, mientras que la redacción del texto íntegro de la propuesta es exigible por la LSC tanto para sociedades anónimas como para sociedades limitadas, el informe justificativo solo viene exigido en la LSC para las primeras. No nos detendremos en exceso en este informe justificativo de la propuesta, al ser un requisito informativo común a toda modificación de estatutos en las sociedades anónimas (con la excepción del acuerdo adoptado en junta universal, como confirma el art. 158.2 RRM), que será objeto de estudio más detallado en otra parte de esta obra colectiva. Por ello, nos ocupamos simplemente de puntualizar que este informe es distinto del que deriva del art. 300 LSC, que trataremos en el siguiente apartado. Dicha distinción es evidente si se atiende, particularmente, a la autoría que de uno y de otro contempla nuestra normativa societaria. Así, sin perjuicio de que lo común será que la propuesta de aumento de capital social no dinerario emane del órgano de administración y que, por tanto, la autoría de ambos informes coincida, podría suceder que la propuesta de acuerdo no procediera del órgano de administración, sino de socios proponentes quienes, entonces, habrían de emitir el informe justificativo de la propuesta (así lo contempla expresamente el art. 286 LSC). En tal caso, mientras que el informe justificativo de la propuesta sería emitido por los socios proponentes, los administradores habrían de emitir, en principio, el informe sobre los extremos del acuerdo con arreglo a lo dispuesto en el art. 300 LSC.

No obstante, hemos de reconocer que, sin perjuicio de que esta posibilidad no es completamente descartable a la luz de la normativa societaria, lo habitual será que los autores de ambos informes coincidan, por ser los administradores quienes propongan el acuerdo de aumento no dinerario a la junta general. De hecho, de la LSC parece desprenderse que esto último es lo que el legislador está tomando en consideración. Así el art. 300 LSC exige que en su informe los administradores describan ciertos extremos de la operación que se está proponiendo a la junta general, extremos relativos al acuerdo proyectado y que consisten en una descripción de este, que abarca las aportaciones, su valoración, la cuantía del aumento y el valor nominal de las acciones o de las participaciones que vayan a crearse o emitirse, todo ello a modo de propuesta detallada que, por parte de quienes la elaboran, realizan a la junta general. Siendo así, es evidente que habría un cierto solapamiento entre el informe del art. 300 LSC y el justificativo de la propuesta para sociedades anónimas (art. 286 LSC). Precisamente, por nuestra doctrina viene considerándose que el que ahora se menciona en el art. 300 LSC se aproxima a una memoria explicativa de la propuesta, hasta tal punto de considerarse complemento más detallado del informe justificativo del art. 286 LSC[33]. Siendo el del art. 286 LSC emitido por los administradores, a través de él ahondarán en las explicaciones de la operación que proponen. De concebirse como una suerte de memoria justificativa[34], en el caso de sociedades limitadas permitiría suplir para esta operación la falta de previsión de informe justificativo de toda propuesta de modificación de estatutos que, en comparación con las sociedades anónimas, se extrae del art. 286 LSC[35]. En cualquier caso, consideramos que distinto de ofrecer una descripción de los términos de la operación es pronunciarse sobre su razonabilidad o conveniencia. Esto es, una cosa es describir con detalle la operación que se propone a la junta general (informe del art. 300 LSC) y otra motivar o indicar las razones que justifican la realización de la operación que se describe (art. 286 LSC).

Al margen de ello, como veremos, la función del informe de los administradores del art. 300 LSC podría ser diferente si su autoría no coincidiera con el del art. 286 LSC, pues si la propuesta no partiera de los administradores, no se trataría, entonces, de que por parte de estos se ahondara en explicaciones sobre su propuesta. Sea como fuere, insistimos en que lo habitual (y lo que probablemente estuviera considerando el legislador), es que la propuesta de acuerdo de aumento con cargo a aportaciones no dinerarias emane de los administradores. Sin perjuicio de ello, lo cierto es que de la LSC no se desprende que el derecho de la minoría a proponer asuntos para su tratamiento en junta general se encuentre limitado en cuanto a la posibilidad realizar la propuesta de acuerdo que nos ocupa en el presente trabajo[36].

33 SÁENZ GARCÍA DE ALBIZU, J.C., "Artículo 155. Aumento con aportaciones...", *op. cit.*, pág. 165. El informe que ahora se contempla en el art. 300 LSC se ha asimilado a la memoria explicativa que se exige, hoy, en el art. 42.1 d) LSC en relación con el programa de fundación sucesiva en sociedades anónimas en el que se proyectan aportaciones no dinerarias. Recientemente, VALPUESTA GASTAMIZA, E., *Comentarios a la Ley...*, *op. cit.*, pág. 775.

34 SÁENZ GARCÍA DE ALBIZU, J.C., "Artículo 155. Aumento con aportaciones...", *op. cit.*, pág. 165.

35 El que el informe justificativo de la propuesta (art. 286 LSC) sólo se exija para sociedades anónimas, ha llevado a que, al hilo del aumento de capital por compensación de créditos (art. 301 LSC), GANDÍA PÉREZ, E., "Derecho de suscripción preferente en el aumento de capital por compensación de créditos", en *RdS*, n.º 47, 2018, pág. 375 y 376 y nota 35, proponga una interpretación correctora de la LSC en el sentido de que debería entenderse que la propuesta de aumento no dinerario en las sociedades de responsabilidad limitada se acompañase del informe justificativo a que se refiere el art. 286 LSC.

36 En contra, GARCÍA-CRUCES J.A., "Artículo 168. Solicitud de convocatoria por la minoría", en GARCÍA-CRUCES GONZÁLEZ, J.A./SANCHO GARGALLO, I. (Dirs), *Comentario de la Ley*

2.2. El informe sobre los extremos del aumento de capital

Como ya hemos señalado, además del informe justificativo del art. 286 LSC, exigible solo en sociedades anónimas, el art. 300 LSC contempla un informe sobre los extremos del aumento de capital con cargo a aportaciones no dinerarias que se propone a la junta general; informe que, según deriva del apdo. 2 de dicho precepto, ha de ponerse a disposición de los socios con ocasión de la convocatoria de la junta, en cuyo anuncio deberá hacerse constar el derecho de aquellos a examinarlo en el domicilio social o a pedir su entrega o envío gratuito. A ello se une que, conforme al art. 199. 2 RRM, en la escritura de aumento de capital ha de hacerse constar que dicho informe, que es exigible para toda sociedad de capital según deriva del art. 300 LSC, ha sido puesto a disposición de los socios al tiempo de la convocatoria de la junta. Nótese que no se trata de incorporar dicho informe a la escritura, sino simplemente de hacer constar que el mismo ha sido puesto a disposición de los socios. Ello a diferencia, por ejemplo, del informe sobre la naturaleza y características de los créditos a compensar, cuya incorporación a la escritura se exige en el apdo. 3 del art. 199 RRM.

Por lo que respecta a la operación que nos ocupa, llama la atención que el RRM solo exija expresamente esa indicación, sobre la puesta a disposición del informe relativo a los extremos del acuerdo, en la escritura correspondiente a sociedades limitadas. En este sentido, dicho precepto se ubica en el capítulo V

de Sociedades de Capital, t. III, Tirant Lo Blanch, 2021, pág. 2384, que señala que no podrán ser objeto de petición de convocatoria extraordinaria en el marco del art. 168 LSC aquellos asuntos que requieran de una actividad específica previa por la administración social, en relación con lo que se hace referencia expresa, entre otros, al informe de aumento de capital con aportaciones *in natura*. En una línea similar a la que exponemos en el texto, en relación con la LSA de 1989, se sitúa MORRAL SOLDEVILLA, R., "Artículo 100. Facultad y obligación de convocar", en ARROYO, I./EMBID, J.M./GÓRRIZ, C. (Dir.), *Comentarios a la Ley de Sociedades Anónimas,* vol. 2, Tecnos, pág. 1053, quien no parece considerar que la minoría no pueda solicitar que el aumento no dinerario pueda incluirse en la petición de asuntos a tratar en la junta, señalando, no obstante, que a partir de esa petición los administradores podrían (que no deberían) negarse a que ese asunto fuera tratado. En una línea similar a la apuntada por este último autor, vid. JUSTE MENCÍA, J., "La solicitud de convocatoria de la junta general extraordinaria por accionistas que representen el 5% del capital social", en *RdS*, n.º 26, 2006, págs. 60 y 62 y MARTÍNEZ MARTÍNEZ, M., "El derecho de información del accionista en los supuestos de ampliación del orden del día. Su ejercicio en los supuestos de asistencia telemática del socio a la Junta General", en *RdS,* n.º 26, 2006, con respecto al derecho al complemento de convocatoria, págs. 49 y 50. Tampoco descarta que la propuesta que nos ocupa proceda de una minoría de socios, ESCUÍN IBAÑEZ, I., "El derecho de la minoría a ampliar el orden del día de la convocatoria de la Junta General de la Sociedad Anónima", en *RDM,* n.º 284, 2012, págs. 11 a 13 (consultada versión electrónica). Sobre esta cuestión, vid., igualmente, nota 47.

del Título II; capítulo dedicado a la inscripción de las sociedades de responsabilidad limitada. En cambio, su equivalente en el capítulo IV relativo a sociedades anónimas, el art. 168.2 RRM, efectúa simplemente una remisión a los arts. 133 y 134 RRM que se ocupan, respectivamente, de las aportaciones no dinerarias y de los desembolsos pendientes. El primero de ellos exige la incorporación a la escritura del "informe exigido para el caso de aportaciones no dinerarias"; informe que, a la vista del segundo párrafo del apdo. 2 del art. 133 RRM, no es el que tratamos en este apartado, sino el de valoración de experto independiente.

El informe a que se refiere el art. 300 LSC, cuya autoría se atribuye en dicho precepto a los administradores[37] y que en el apartado anterior hemos distinguido del informe justificativo en el caso de sociedades anónimas (art. 286 LSC), persigue informar a los socios de determinados extremos vinculados con la operación que se propone a la junta general. De ahí que se exija que se describan "con detalle" las aportaciones proyectadas, su valoración[38], las personas que habrían de efectuarlas, el valor nominal de las acciones que haya de emitirse o de las participaciones que hayan de crearse[39], la cuantía del aumento de capital social y las garantías adoptadas para la efectividad del mismo "según la naturaleza de los bienes" en que consista la aportación.

Por lo que respecta a ese contenido, se exige del mismo una descripción con detalle de las aportaciones que, parece, ha de ser coherente con el nivel de detalle que se exige para las mismas en la escritura de aumento en atención al bien o derecho objeto de aportación (arts. 63 a 66 LSC, art. 133, al que remite el art. 168.2 y 198 RRM)[40]. En relación con ello, de diversas resoluciones de la —hoy— DGSJFP, se extrae una cierta flexibilidad en relación con la identificación de los bienes o derechos a aportar, particularmente cuando se trata de aportaciones realizadas alzadamente o en globo (Resoluciones de

37 Esta referencia a los administradores ha de entenderse de la misma forma que con respecto al informe del art. 286 LSC, en relación con lo que se sostiene que la alusión genérica a los administradores ha de venir referida al órgano de administración (sobre el art. 286 LSC, vid., ÁVILA DE LA TORRE, A., "Art. 286. Propuesta de modificación", en GARCÍA-CRUCES, J.A./SANCHO GARGALLO, I. (Dir.), *Comentario de la Ley de Sociedades de Capital*, Tirant lo Blanch, 2021, t. III, pág. 4021.

38 Esta valoración resulta relevante para la cuantía del aumento y determinante en caso de aumento con prima, lo que derivará de su puesta en relación con el valor nominal de las acciones o de las participaciones y con la cuantía del aumento, que también menciona el art. 300.1 LSC.

39 Nótese que, al abordar las modalidades de aumento, el art. 295.1 LSC se refiere a la "emisión" de nuevas acciones y a la "creación" de nuevas participaciones.

40 RUBIO VICENTE, P. J., *La aportación de empresa en la sociedad anónima,* Lex Nova, 2001, págs. 263 a 266 y 355.

DGRN de 7 de junio de 2016 o de 19 de diciembre de 2016). Ello no supone que sean admisibles referencias meramente genéricas, pues la aportación no dineraria ha de estar suficientemente determinada[41].

Al margen de ello, algunas de las exigencias sobre el contenido del informe que contempla el art. 300 LSC, y que ya se contenían en la LSA de 1951, han venido siendo tradicionalmente cuestionadas por nuestra doctrina, particularmente la relativa a las garantías adoptadas según la naturaleza de los bienes. Este requerimiento se ha venido conectado principalmente con la idea asegurar que se cumplirá con el compromiso de realizar la aportación que quedara pendiente, en caso de desembolsos aplazados en sociedades anónimas[42]. En cualquier caso, ya con ocasión de la LSA de 1951 se sostuvo que tales garantías no han de ser necesariamente de carácter real, aunque ello es lo que pudiera derivarse a *priori* de la referencia a la naturaleza de los bienes, y que incluso, dadas las circunstancias, podrían no exigirse garantías, de manera que ha de entenderse que lo que establece el art. 300 LSC es que el informe habría de describir las garantías, si las hubiera[43].

Además, como ya hemos adelantado, por la doctrina se ha planteado si el informe que nos ocupa es exigible incluso de celebrarse junta universal. Ya hemos apuntado que, realmente, dicho informe no es objeto de incorporación a la escritura correspondiente, sino que lo que deriva del RRM es que en ella se expresará que el mismo fue puesto a disposición de los socios al tiempo de la convocatoria. Desde el punto de vista de los socios, la finalidad del mismo es, principalmente, la de reforzar la información con vistas a tomar una decisión con pleno conocimiento de causa sobre la operación que se propone a la junta general. En ese sentido, lo que se contempla es que ese informe sea puesto a disposición de los socios (y no de otros sujetos) con ocasión de la convocatoria y que los socios (y no otros sujetos) puedan examinarlo en el domicilio social y solicitar su entrega o envío gratuito (art. 300.2 LSC).

Ahora bien, tratándose de sociedades limitadas, el informe del art. 300 LSC, en cuyo contenido se incluye la valoración de las aportaciones proyectadas,

41 En la RDGRN de 9 de abril de 1986 ya se advertía que "la descripción de los bienes muebles en la mayoría de los casos, no puede realizarse con la misma precisión que los inmuebles, y la misma Ley de Hipoteca Mobiliaria, consciente de ello, establece unas enumeraciones identificadoras simplemente indicativas".

42 SÁENZ GARCÍA DE ALBIZU, J.C., "Artículo 155. Aumento con aportaciones...", *op. cit.*, pág. 170

43 SÁENZ GARCÍA DE ALBIZU, J.C., "Artículo 155. Aumento con aportaciones...", *op. cit.*, pág. 177. Recientemente, ÁVILA DE LA TORRE, A., "Artículo 300. Aumento con cargo a aportaciones no dinerarias", en GARCÍA-CRUCES, J.A./SANCHO GARGALLO, I. (Dir.), *Comentario de la Ley de Sociedades de Capital*, Tirant lo Blanch, 2021, t. III, pág. 4191 y 4192.

podría considerarse también vinculado con la responsabilidad de los administradores por el valor de las aportaciones que el art. 73.3 LSC contempla para el caso de aumento de capital con cargo a aportaciones no dinerarias[44]; responsabilidad que, como deriva del art. 73.1 LSC es frente a la sociedad y los acreedores sociales. Ha de tenerse en cuenta, no obstante, que mientras que el art. 73.3 LSC contempla la responsabilidad de administradores en caso de aumento de capital "por la diferencia entre la valoración que hubiesen realizado y el valor real de las aportaciones", el apdo. 1 del art. 73 LSC contempla una responsabilidad por "el valor que se les haya atribuido en la escritura", además de por la realidad de las aportaciones no dinerarias. De ahí que, dado que los administradores comparecerán al otorgamiento de escritura de aumento de capital social, consideramos que en relación con la responsabilidad del apdo. 3 del art. 73 LSC podría bastar con la valoración derivada de la escritura[45]. A este respecto, desde la perspectiva de los acreedores ni el informe del art. 300 LSC es puesto a su disposición, ni, como hemos destacado, el mismo es incorporado a la escritura, de forma que lo verdaderamente relevante para los acreedores es, como deriva del apdo. 1 del art. 73 LSC, la valoración atribuida a la aportación en la escritura. Adicionalmente, en relación con esta responsabilidad en sociedades limitadas, también los socios que no hubiesen hecho constar en acta su oposición responderían en caso de aportación no dineraria efectuada como contravalor de un aumento de capital. A este respecto, nótese que el apdo. 2 del art. 73 LSC, que contempla la exoneración de los socios en este caso, parte de la responsabilidad que enuncia el apartado 1 de dicho precepto, que menciona a las personas que ostentaran la condición de socio en el momento de acordarse el aumento de capital entre los sujetos responsables y que alude al valor atribuido a la aportación no dineraria en la escritura.

Pues bien, si ello es así en relación con la responsabilidad por aportaciones no dinerarias en sociedades limitadas, resulta entonces que la transcendencia del informe del art. 300 LSC lo es esencialmente frente a socios. En tanto

44 RIBELLES ARELLANO, J.M., "Art. 73. Responsabilidad solidaria", GARCÍA-CRUCES, J.A./SANCHO GARGALLO, I. (Dir.), *Comentario de la Ley de Sociedades de Capital*, Tirant lo Blanch, 2021, t.I, pág. 1120 y 1121.

45 En la LSC se ha eliminado la expresa vinculación que el art. 21.1 LSRL de 1995 establecía entre la responsabilidad de los administradores por la valoración de aportaciones no dinerarias como contravalor de aumentos de capital y el informe de los administradores. Así, la LSRL especificaba que la responsabilidad era por la diferencia entre la valoración que los administradores hubiesen realizado "en cumplimiento de lo dispuesto en el artículo 74.3" (que contemplaba el informe que hoy prevé el art. 300 LSC) y el valor real de las aportaciones no dinerarias. Precisamente, el inciso que hemos transcrito literalmente es el que desapareció con ocasión de la refundición que condujo a la LSC.

que la junta universal depende de la unanimidad de estos, entendemos que, al aceptar la celebración de la reunión con carácter de universal y los asuntos a tratar en ella, estarían renunciando al mismo. No obstante, en nuestra doctrina existe cierto consenso en considerar que, a diferencia del informe justificativo de la propuesta para las sociedades anónimas (art. 286 LSC), el informe sobre los extremos del acuerdo de aumento de capital no dinerario propuesto no es prescindible ni siquiera en el caso de junta universal. Para sociedades anónimas, esta posición se basa, principalmente, en el art. 158.2 RRM, que solo contempla que, en caso de junta universal, se omita en la escritura de aumento la transcripción literal de la propuesta de modificación y la manifestación de haber sido emitido el preceptivo informe modificando la justificación y su fecha (esto es, el informe justificativo del art. 286 LSC)[46]. En el caso de sociedades limitadas, el art. 195 RRM, equivalente para estas sociedades al art. 158 RRM (referido a sociedades anónimas), no contiene salvedad alguna referida a la celebración de junta universal, a lo que se une que el art. 199.2 RRM califica como "preceptivo" el "informe de los administradores" (esto es, el informe a que hoy se refiere el art. 300 LSC). De ahí que su ausencia podría plantear problemas para el otorgamiento de la escritura pública correspondiente y la posterior inscripción registral. En cualquier caso, recuérdese que el RRM no exige incorporación del informe a la escritura, sino simplemente la manifestación de haber sido puesto a disposición de los socios y ello solo para sociedades limitadas.

Finalmente, resta ocuparnos de la hipótesis en la que, como hemos señalado en el apartado precedente, la propuesta de acuerdo no parta del órgano de administración, sino de una minoría de socios. Si así fuera, parece que el informe que tratamos en este apartado, cuya autoría se atribuye en el art. 300 LSC al órgano de administración, habría de recoger la información relativa a los extremos del aumento que le hubieran suministrado los proponentes (son ellos quienes conocerán los términos de la operación que plantean), a lo que parece razonable unir una manifestación de opinión de los administradores sobre esos extremos, entre ellos, la valoración de las aportaciones proyectadas, en tanto que emisores de ese informe. Ello siempre que el órgano de adminis-

46 Recientemente, ÁVILA DE LA TORRE, A., "Artículo 300. Aumento con cargo a aportaciones...", *op. cit.*, pág. 4192; VALPUESTA GASTAMIZA, E., *Comentarios a la Ley...*, *op. cit.*, pág. 775. Con referencia a la LSA de 1989, con anterioridad a ellos, vid., entre otros, RUBIO VICENTE, P. J., *La aportación de empresa...*, *op. cit.*, pág. 358. De considerarse necesario, parece que, para que el tratamiento de ese asunto en junta universal fuera válido, sería preciso que el consentimiento unánime de los socios se manifestara a la vista del informe del art. 300 LSC. Con ello parece que se estaría renunciando, no al informe en sí, sino al mayor plazo entre convocatoria y celebración que, de no tratarse en junta universal, tendrían los socios para analizarlo más detenidamente.

tración no fuera reticente a la operación propuesta y, por tanto, a la emisión de ese informe pues, en caso de serlo, la solución se tornaría más complicada. Aunque insistimos que esta cuestión es más bien remota, dado que la iniciativa en orden a adoptar el acuerdo que nos ocupa parte, en la práctica, del órgano de administración, ello suscita la duda sobre si, en realidad, lo relevante en el art. 300 LSC (y en el art. 199.2 RRM que se refiere al mismo por referencia a quien lo emite) no es tanto la autoría de ese informe, sino que se den a conocer a los socios esos detalles relativos a la propuesta de acuerdo (detalles que conocerán quienes la realicen), en relación con lo que es discutible si legislador no está aludiendo a los administradores por estar tomando en consideración el supuesto habitual de que la propuesta parta de ellos[47].

IV. LA EJECUCIÓN DEL ACUERDO DE AUMENTO DE CAPITAL

1. Consideraciones previas

Después de habernos ocupado de algunos aspectos vinculados con el acuerdo de aumento de capital no dinerario, pasamos ahora a tratar cuestio-

47 En relación con sociedades anónimas, aunque sin circunscribirlo al aumento con aportaciones no dinerarias, sino en general a aquellos acuerdos para los cuales se requiere una especial actividad preparatoria, se ha señalado que el tema desborda el derecho de información del socio para situarse en el ámbito de las funciones del órgano de administración, lo que parece apuntar a que, en opinión de estos autores, no podría prescindirse de un informe de los administradores en este caso (JUSTE MENCÍA, J., "La solicitud de convocatoria...", *op. cit.*, págs. 60 y 62 y MARTÍNEZ MARTÍNEZ, M., "El derecho de información del accionista...", *op. cit.*, pág. 49). Abordando de forma más explícita la cuestión sobre la posible autoría de ese informe por los socios proponentes, en relación con las sociedades limitadas se ha señalado que, no obstante admitir que la propuesta pueda proceder de la minoría y que los proponentes deban emitir un informe, no es posible prescindir del informe de los administradores (vid., ALONSO LEDESMA, C., "Aumento del capital. Derecho de asunción preferente de nuevas participaciones", en AAVV, *Derecho de Sociedades de Responsabilidad Limitada. Estudio sistemático de la Ley 2/1995*, t. II, 1996, pág. 803 y 804. En sentido similar en cuanto al informe de administradores, pero considerando que la emisión del informe por los proponentes es potestativa, CABANAS TREJO, R., /CALAVIA MOLINERO, J. M., *Ley de Sociedades de Responsabilidad Limitada. Comentarios de urgencia a la Ley 2/1995*, de 23 de marzo, de SRL, Barcelona, 1995, pág. 424 y 425. En sociedades limitadas, entre los argumentos empleados se alude a la responsabilidad de los administradores por la diferencia entre la valoración realizada y el valor real de la aportación, que hoy deriva del art. 73.3 LSC. Sea como fuere, esas afirmaciones son realizadas vigente la LSRL de 1995, cuyo art. 21 contemplaba la responsabilidad de los administradores por la valoración de las aportaciones no dinerarias en los aumentos de capital con respecto a la valoración realizada conforme al art. 74.3 de dicha norma, que es la que aludía al informe que hoy se contiene en el art. 300. A este respecto llama la atención que la remisión al precepto que contemplaba el informe se eliminó con la refundición que condujo a la LSC y que hoy simplemente se aluda a la "valoración que hubieran realizado" los administradores.

nes relacionadas con su ejecución. Antes de ello conviene advertir que, de la misma manera que hemos procedido en apartados previos, dado el contenido de otras partes de esta obra colectiva y el propósito de la misma, omitimos los aspectos más generales de la ejecución del aumento de capital no dinerario, predicables de toda modificación de estatutos, en general y de todo aumento de capital, en particular, y nos centramos en los más específicos de la modalidad de aumento de capital que nos ocupa.

Lo anterior justifica que, por lo que respecta al presente apartado, nos centremos en la suscripción de acciones o en la asunción de participaciones desde la perspectiva del derecho de preferencia que se enumera en la letra b) del art. 93 LSC, en el informe de experto independiente para la valoración de las aportaciones no dinerarias en sociedades anónimas y en sociedades limitadas que hayan emitido obligaciones (art. 401.2 LSC) y en la materialización del desembolso, con particular atención a los desembolsos pendientes (en las sociedades anónimas). Por lo que respecta al segundo de los aspectos señalados (el informe de experto) reconocemos que el mismo bien podría haberse ubicado en el apartado anterior relativo a los requerimientos informativos para la adopción del acuerdo. No obstante, y sin perjuicio de la conveniencia de que sea puesto a disposición de los socios con ocasión de la convocatoria de la junta general, el tenor de la propia normativa que estudiamos nos lleva a ubicarlo en sede de ejecución del acuerdo. Finalmente, en relación con la inscripción y publicidad registral, nos remitidos a otras partes de esta obra colectiva.

2. Inexistencia de derecho de preferencia con ocasión de la suscripción o asunción

Ocupándonos en el presente trabajo de una operación de aumento de capital social, resulta prácticamente obligado aludir, siquiera brevemente, a la cuestión relativa a la posible existencia de derecho de preferencia de los antiguos socios. Ello conecta con el debate sobre si el derecho de suscripción preferente (en el caso de sociedades anónimas) o del de asunción preferente (en el caso de sociedades limitadas) sólo proceden respecto de aumentos con cargo a aportaciones dinerarias, o si, por el contrario, la ausencia de una prohibición expresa en la LSC, que sólo reconoce el derecho respecto a aportaciones dinerarias (art. 304.1 LSC) permite sostener que, salvo los casos previstos legalmente, también existen tales derechos en relación con los aumentos con cargo a aportaciones no dinerarias. Vigente la LSA de 1989, particularmente con anterioridad a su reforma en 2009 por la disposición final primera de la Ley 3/2009, de 3 de abril, de modificaciones estructurales de las sociedades mercantiles, esta cuestión generó un intenso debate, principalmente sobre la base de que, en realidad, la normativa societaria no se pronunciaba al respecto, lo que llevó a defender que tales derechos existían también en este tipo de aumentos, toda vez que el legislador no negaba su existencia en los aumentos con cargo a aportaciones no dinerarias (art. 158 LSA de 1989)[48]. Ello se reforzaba atendiendo a que tal derecho solo se excluía expresamente en los casos de fusión por absorción, escisión o de conversión de obligaciones en acciones (art. 159. 2 LSA de 1989). En términos similares se situaba el art. 75.1 LSRL de 1995. A esta posición contribuyó, en sede de sociedades anónimas, el propio proceso legislativo que condujo a la LSA de 1989, en cuya versión final desapareció la consideración expresa de los aumentos no dinerarios como supuestos que no generaban derecho de suscripción preferente que se contenía en las versiones proyectadas. En este sentido, sostener su reconocimiento en caso de aumentos no dinerarios supondría que, en última instancia, el aumento de capital contra aportaciones no dinerarias no fuera un caso de exclusión legal, sino acordada, del derecho de preferencia. De ser así, su exclusión precisaría de acuerdo mayoritario justificado en exigencias del interés social atendiendo a la naturaleza de la aportación (art. 159 LSA de 1989), garantizando así que el precio de emisión de las acciones o de las participaciones fuera acorde a su valor real (sociedad limitada) o razonable (sociedad anónima)[49].

Frente a esta posición, se sostuvo por otro sector (minoritario en ese momento) que, en la medida en que en los aumentos no dinerarios las acciones o las participaciones que se emitieran o crearan ya tenían destinatarios forzosos, sería un contrasentido reconocer un derecho para, acto seguido, excluirlo, particularmente porque la exclusión ya iría implícita en el propio acuerdo de aumento de capital con emisión de nuevas acciones o con creación de nuevas participaciones, no siendo preciso un nuevo acuerdo dirigido específicamente a su exclusión. El control de la operación en protección de

48 Vid., entre otros, VELASCO SAN PEDRO, L., "El derecho de suscripción preferente", en AAVV, *Derecho de sociedades anónimas*, t. III, vol. 1, Civitas, 1994, págs. 549-550; LARGO GIL, R., "La exclusión del derecho de suscripción preferente", en AAVV, *Derecho de sociedades anónimas*, t. III, vol. 1, Civitas, 1994, págs.672 y 673; VAZQUEZ ALBERT, D., "Art. 159. Exclusión del derecho de suscripción preferente", en ARROYO, I./EMBID, J.M./GÓRRIZ, C. (Coords.), *Comentarios a la Ley de Sociedades Anónimas*, Tecnos, 2009, pág. 1829, y la bibliografía allí citada.

49 De hecho, la DGRN había sostenido en relación con un aumento por compensación de créditos en una sociedad anónima, que al mismo era aplicable el régimen general de reconocimiento del derecho, con posibilidad de supresión mediante acuerdo de la junta general (RDGRN de 19 de mayo de 1995).

los socios vendría entonces referido al propio acuerdo de aumento en sede de impugnación[50].

Tras la reforma en 2009, el reconocimiento del derecho de suscripción preferente pasó a circunscribirse en la LSA de 1989 a los aumentos con cargo a aportaciones dinerarias. No obstante, la normativa seguía guardando silencio en cuanto a las aportaciones no dinerarias, a lo que se unía que se siguió contemplando expresamente su exclusión legal solo en caso de fusión por absorción, escisión y conversión de obligaciones en acciones. En la medida en que esa reforma solo fue de la LSA de 1989, el art. 75. 1 de la LSRL de 1995 continuó manteniendo una redacción similar a la de los arts. 158 y 159.2 LSA de 1989 con anterioridad a su modificación, en la que el reconocimiento de ese derecho no se limitaba a aportaciones dinerarias, lo que había suscitado esas dos posiciones interpretativas antes señaladas. Fue con ocasión de la LSC cuando la regulación prevista en ese momento para sociedades anónimas pasó también a sociedades limitadas, por medio del art. 304 LSC, aplicable a ambas sociedades y que circunscribe tal derecho a las aportaciones dinerarias, no obstante especificar expresamente algunos casos concretos como de exclusión legal.

Todo lo anterior nos lleva a afirmar la inexistencia de derecho de preferencia en los aumentos de capital con aportaciones no dinerarias. La reforma de 2009 y su posterior extensión a sociedades limitadas en el año 2010 permite confirmar, en el contexto del debate generado con anterioridad, que los derechos de preferencia sólo caben respecto de los aumentos con aportaciones dinerarias. Ello con independencia de que el art. 93 b) LSC configure como mínimo el derecho de todo socio "de asunción preferente en la creación de nuevas participaciones o el de suscripción preferente en la emisión de nuevas acciones o de obligaciones convertibles en acciones" y de que el legislador especificara algunos supuestos de exclusión *ex lege* en el segundo apartado del art. 304 LSC. En realidad, la supresión del derecho de preferencia a los efectos de lo dispuesto en el art. 308 LSC (por acuerdo de la junta general) solo es posible en los casos en los que el derecho esté reconocido legalmente conforme el art. 304 LSC, no operando por tanto en los casos de exclusión legal que, *a sensu contrario*, son todos aquellos aumentos respecto de los cuales las

50 SÁNCHEZ ANDRÉS, A., *La acción y los derechos del accionista (artículos 47 a 50 LSA)*, en URÍA, R./MENÉNDEZ, A./OLIVENCIA, M. (Dirs.), *Comentario al régimen legal de las sociedades mercantiles*, T. VII, vol. 3, Thomson-Civitas, 1994, págs. 208 y 215 a 219; SÁENZ GARCÍA DE ALBIZU, J.C., "Artículo 155. Aumento con aportaciones...", *op. cit.*, pág. 184 y 185.

aportaciones no son dinerarias[51]. De hecho, la —hoy— DGSJFP ha advertido, respecto del art. 304 LSC, referido a una sociedad limitada, que "salvo que se trate de aportaciones dinerarias, se ha de entender suprimido legalmente el derecho de asunción preferente de los socios en aquellos aumentos de capital con aportaciones «in natura»" (RDGRN de 20 de noviembre de 2013). Cuestión distinta son las operaciones acordeón, en relación con lo que el art. 343 LSC exige "en todo caso" el respeto del derecho de asunción o de suscripción preferente de los socios[52].

Ahora bien, la práctica ha puesto de manifiesto cómo, en ocasiones, se han acordado aumentos de capital por compensación de créditos movidos por la finalidad de diluir a la minoría, en tanto se trataba de convertir en capital créditos de los socios mayoritarios generados en muchas ocasiones poco antes del acuerdo. Así, partiendo de que se trata de aumentos no dinerarios[53] en los que no existe reconocimiento legal del derecho de preferencia[54], algu-

51 GARCÍA GREWE, C., *El derecho de suscripción preferente: exclusión, inexistencia y configuración estatutaria*, Aranzadi, 2014, en particular, págs. 355 a 386; BLANCO SARALEGUI, J.M., "Artículo 304. Derecho de preferencia", en GARCÍA-CRUCES, J.A./SANCHO GARGALLO, I. (Dir.), *Comentario de la Ley de Sociedades de Capital*, Tirant lo Blanch, 2021, t. III, pág. 4231. En el mismo sentido se han pronunciado la SAP de Madrid (Sección 28.ª), núm. 618/2015, de 26 de octubre, la SAP de A Coruña (Sección 4.ª), núm. 191/2017, de 25 de mayo y la SAP de Pontevedra (Sección 1.ª), núm. 169/2019 de 27 marzo.

52 Vid., en ese sentido, la RDGRN de 20 de noviembre de 2013 y la RDGSJFP de 5 de mayo de 2021. Se ha de tener en cuenta, no obstante, que este reconocimiento en la operación acordeón cede en caso de previsión de la operación en un plan de reestructuración en caso de homologación en estado de insolvencia actual o inminente, conforme deriva de la reciente reforma del TRLC (art. 631.4 TRLC).

53 En esta cuestión incide la consideración como aumento dinerario o no del aumento de capital por compensación de créditos, pues su consideración como dinerario lleva a entender aplicable en estos casos el art. 304 LSC a la doctrina que defiende tal carácter. Sobre esta cuestión, vid., PULGAR EZQUERRA, J., "El acuerdo de la junta de aumento de capital por compensación de créditos en el marco de las sociedades de capital", en *RdS*, n.º 34, 2010, pág. 41; RECALDE CASTELLS, A., Protección del socio con ocasión en los cambios de control en la sociedad deudora realizados en ejecución de acuerdos de refinanciación mediante conversión de créditos en capital", en DÍAZ MORENO, A./ LEON SANZ, F. (Dirs), *Acuerdos de refinanciación, convenio y reestructuración: las reformas de 2014 y 2015 de la Ley Concursal*, Thomson Reuters-Aranzadi, 2015, pág. 306. No compartimos semejante posición, pues consideramos que el mismo pertenece a la categoría de los aumentos contra aportaciones no dinerarias.

54 En relación con el aumento de capital por compensación de créditos, vid., GANDÍA, E., "Derecho de suscripción preferente en el aumento..."; *op. cit.*, págs. 351-377 y GALLEGO SÁNCHEZ, E., «La capitalización de créditos en el concurso y en el preconcurso», en DÍAZ MORENO, A./LEÓN SANZ, F./VAZQUEZ CUETO, J.C. (Dirs.), *Sociedades y concurso. Estudios de derecho societario de la crisis*, 2018 (consultada versión *proview*), apdo. II. 4. La supresión del derecho de suscripción preferente. La concesión de un derecho de adquisición prefe-

nas Resoluciones de la hoy DGSJFP han señalado que, cuando los créditos a capitalizar son titularidad de algunos de los socios, la operación por la que se aumenta el capital social para *compensar* esos créditos puede ser empleada fraudulentamente para diluir la participación de los restantes, aprovechando la supresión legal del derecho de preferencia con ocasión de este tipo de aumentos, para lo cual queda abierta la vía de impugnación judicial del acuerdo (RDGRN de 4 de febrero de 2012, 6 de febrero de 2012, 7 de junio de 2012, 2 de octubre de 2015; RDGSJFP de 7 de febrero de 2020). A este respecto, con el objeto de contribuir a la eliminación de esas sospechas (que no eliminar completamente, pues habrá que estar a los concretos términos en los que se plantee y a las circunstancias concretas del caso), cabe articular la operación de forma tal que también tengan posibilidad de mantener su peso relativo los socios que no titulan créditos contra la sociedad (Resoluciones de la DGRN 7 de junio de 2012 o de 20 de noviembre de 2013).

3. El informe de experto independiente

De la misma forma que se exige en la constitución de la sociedad anónima, el art. 67 LSC (también los arts. 168 y 133.2 RRM) establece que, en los aumentos de capital de las sociedades anónimas, las aportaciones no dinerarias han de ser objeto de un informe elaborado por uno o varios expertos independientes con competencia profesional designados por el registrador mercantil del domicilio social[55]. Ello a los efectos de controlar externamente el valor atribuido a la aportación en la escritura, para garantizar la cobertura patrimonial del capital social ante el riesgo de sobrevaloración de la aportación. Desde el año 2015, en el que pasó a admitirse que las sociedades limitadas pudieran emitir obligaciones y otros valores que reconozcan o creen deuda, esta exigencia es también aplicable a los aumentos de capital mediante aportaciones no dinerarias que se realicen por sociedades limitadas

rente (consultada versión *proview*). La reciente reforma del TRLC confirma esta posición al contemplar que, en caso de aumento por compensación de créditos previsto en un convenio concursal, los socios no tendrán derecho de preferencia en la suscripción de las nuevas acciones o en la asunción de las nuevas participaciones. Consideramos que esta especificación en este caso no implica que con ello se presuponga que tal derecho exista cuando la operación se plantea en un escenario distinto del convenio concursal. Antes al contrario, entendemos que, a la vista del debate que viene suscitándose, con ello pretende aclararse la cuestión.

55 Sobre el procedimiento de designación, vid., arts. 338 a 348 RRM. El experto independiente dispone de un mes desde la aceptación de su nombramiento para la elaboración del informe, plazo que puede ser ampliado por el Registrador en caso de circunstancias excepcionales (art. 345 RRM).

que hayan emitido estos instrumentos (art. 401. 1 LSC), lo que, no obstante, resulta testimonial en la práctica[56].

Dado que buena parte de las cuestiones que suscita esta exigencia de valoración de la aportación por experto independiente no son exclusivas del aumento de capital no dinerario, sino que son las mismas que pueden plantearse con ocasión de la constitución de la sociedad (de hecho, su regulación se concentra en el título III de la LSC, esto es, en la regulación general de las aportaciones), nos limitaremos a efectuar un somero repaso de ellas, para ocuparnos posteriormente de aquellos aspectos que solo cabe plantear en relación con la operación que nos ocupa.

En primer lugar, conviene recordar que el art. 67.3 LSC establece que en la escritura no podrá atribuirse a la aportación un valor superior "a la valoración realizada por los expertos". De esta previsión en el apdo. 3 del art. 67 LSC, puesta en conexión con otros apartados del mismo precepto y con diversos preceptos del RRM, cabe extraer varias consideraciones. Ante todo, que por lo que respecta al contenido del informe, este no se limita solo a constatar si el capital que se aumenta (más, en su caso, la prima correspondiente) queda cubierto por el valor de la aportación no dineraria, sino que, además, el experto ha de atribuir un valor en su informe a dicha aportación[57]. De hecho, tal y como confirma el apdo. 2 del art. 67 LSC, el informe indicará, junto a la valoración de la aportación, los criterios empleados para llegar a tal valoración (ello además de proporcionar una descripción de las aportaciones que corresponde valorar). Además, el art. 67.3 LSC es claro al establecer que en la escritura no cabe atribuir a la aportación un valor superior al derivado del informe de experto; previsión ésta que ya se incorporó al art. 38 LSA de 1989 en el año 2009 por la LME; momento en el que quedó sin efecto lo dispuesto en el art. 133.2 RRM (al que remite el art. 168.2 RRM), que contempla la posibilidad de atribuir en la escritura un valor superior (en no más de un 20%)

56 Según los últimos datos disponibles en las Estadísticas Mercantiles del Colegio de Registradores de España, en el ejercicio 2023 ninguna sociedad limitada ha emitido obligaciones (Informe sobre emisión de obligaciones, septiembre de 2023). Además, en el ejercicio 2022, fueron solo 6 las sociedades limitadas que emitieron obligaciones (Informe sobre emisión de obligaciones, diciembre de 2022).

57 Vigente el art. 38 la LSA de 1989, en su versión previa a ser modificado por la LME, se había planteado por la doctrina si en el informe el experto solo tendría que constatar si la aportación permitía cubrir el nominal más la prima, pero no proporcionar una valoración de la aportación. Vid., LOJENDIO OSBORNE, I., "Artículo 39. Aportaciones no dinerarias…", *op. cit.*, págs. 92 a 95.

al valor atribuido por el experto[58]. Y, por lo que respecta a la posibilidad de que sean varios los expertos, tal y como deriva del art. 67, apdos. 1 y 3 LSC, ha de tenerse en cuenta que el art. 340 RRM contempla con carácter general el nombramiento de un experto, si bien prevé que puedan ser varios si los bienes a valorar son de naturaleza heterogénea o, aun no siéndolo, si se encuentran en circunscripción perteneciente a distintos Registros mercantiles (art. 340.2 RRM).

En segundo lugar, se ha de recordar que el art. 69 LSC contempla una serie de supuestos tasados en los que el informe de experto independiente no resulta necesario[59], ya sea porque existe un informe previo de valoración de esas aportaciones o porque el valor de la aportación puede determinarse de forma objetiva por otro medio. Para tales casos, lo que contempla el art. 70 LSC es un informe sustitutivo de los administradores con el contenido que se señala en el mismo precepto (descripción de la aportación; valor asignado, origen de esa valoración y, en su caso, método de esa valoración; declaración de correspondencia de ese valor con el número, valor nominal y, en su caso, prima de emisión y la declaración de que no han aparecido circunstancias nuevas que pudieran afectar a esa valoración). Como es evidente, este informe, que es sustitutivo del informe de experto independiente en los casos en los que este último no es necesario, es distinto del informe que contempla el art. 300 LSC[60]. El informe al que ahora nos referimos, que sustituye al de experto independiente, ha de ser incorporado a la escritura de ejecución del aumento y, además, depositarse en el Registro Mercantil, como señala expresamente el art. 71 LSC, que equipara la publicidad de este informe con la del experto independiente, lo que no deja de resultar lógico en la medida en que éste sustituye a aquél cuando el mismo no es necesario.

Hasta aquí las menciones que serían predicables en relación con el informe de experto para la valoración de aportaciones no dinerarias tanto en la constitución como con ocasión de los aumentos de capital. En lo que concierne

58 RIBELLES ARELLANO, J.M., "Art. 67. Informe del experto", GARCÍA-CRUCES, J.A./SANCHO GARGALLO, I. (Dir.), *Comentario de la Ley de Sociedades de Capital*, Tirant lo Blanch, 2021, t.I, pág.1045.

59 En la RDGRN de 11 de julio de 2019 no concurría ninguno de los supuestos que enumera el art. 69 LSC, motivo por el que resultaba necesario el correspondiente informe de experto independiente, siendo irrelevante que se tratara de una sociedad unipersonal en la que el aumento se acordara por el socio único pues, en contra de lo que sostenía el recurrente, ese informe no solo es tuitivo de los accionistas, sino también de otros sujetos (especialmente, los acreedores sociales). Consideraciones similares podrían efectuarse para el caso de celebración de junta universal.

60 Así lo advierte también, VALPUESTA GASTAMIZA, E., *Comentarios a la Ley...*, *op. cit.*, pág. 190.

a estos últimos, además de la solicitud de experto que, en este caso, corresponde a la sociedad (a diferencia de la que corresponde a los que promuevan la constitución de la sociedad en caso de aportaciones no dinerarias en el momento fundacional)[61], cuestión específica que suscita la valoración de las aportaciones no dinerarias con ocasión de los aumentos de capital (en sociedades anónimas y en sociedades limitadas emisoras de obligaciones y otros instrumentos similares), es el momento en el que el mismo ha de ser emitido. En este sentido, el art. 300 LSC no exige que dicho informe sea puesto a disposición de los socios con ocasión de la convocatoria de la junta, lo que, no siendo incompatible con la Directiva (UE) 2017/1132, de 14 de junio de 2017[62], contrasta, entre otros, con la regulación que la LSC establece para el caso de aportaciones no dinerarias en la fundación sucesiva (art. 42.1 d LSC) o de adquisiciones onerosas (art. 72.2 LSC), en ambos casos en sociedades anónimas. De ahí que la doctrina se haya inclinado por situar el informe de experto independiente en un momento anterior a la convocatoria y por que el mismo sea puesto a disposición de los socios con ocasión de esta, de la misma forma que se establece con respecto al informe del art. 300 LSC[63]. De hecho, partiendo la propuesta de los administradores, lo habitual será que estos se apoyen en el informe del experto independiente para la elaboración del informe a que se refiere el art. 300 LSC y que ambos sean puestos a disposición de los socios con vistas a la adopción del acuerdo por la junta general. No obstante, hemos de advertir que, a la vista de nuestra normativa societaria y registral, ese informe no viene realmente exigido hasta el momento de otorgar escritura pública, que es donde queda fijado el valor de la aportación que ofrece cobertura patrimonial al capital social. Así, ni la LSC ni el RRM exigen que el informe sea puesto a disposición de los socios con ocasión de la convocatoria de la junta general. A este respecto, la única publicidad que se contempla del mismo es posterior, mediante la incorporación a la escritura de ejecución del aumento del capital social y por medio del depósito en el Registro Mercantil en el plazo máximo de un mes a partir de la fecha de

61 Conforme el apdo. 2 del art. 338 RRM, si la sociedad ya estuviera constituida, como sucede en el caso de la adopción de un acuerdo de aumento de capital, la solicitud de nombramiento de experto corresponde a la propia sociedad, esto es, a su órgano de administración, que es quien la representa (art. 233.1 LSC).

62 El art. 70.2 de la Directiva 2017/1132, de 14 de junio, exige que las aportaciones no dinerarias sean objeto de un informe emitido "previamente a la realización del aumento del capital" (nótese que se emplea el término "realización", que no "decisión", empleado en el apdo. 1). Con anterioridad, ello se contemplaba en el art. 27.2 de la Directiva 77/91, de 13 de diciembre de 1976.

63 ÁVILA DE LA TORRE, A., "Artículo 300. Aumento con cargo a aportaciones...", *op. cit.*, pág. 4192.

efectiva aportación. Tampoco la LSA de 1989 exigía su puesta a disposición con la convocatoria de la reunión, lo que motivó que por parte de la doctrina se planteara el momento de emisión de ese informe[64]. En relación con ello, llama la atención que la situación normativa se mantuviera tras la refundición efectuada en 2010 y con las sucesivas modificaciones de la LSC, en ninguna de la cuales se ha exigido esa puesta a disposición. De ahí que, aunque sea razonable e incluso nada impida que el informe del experto (o en su caso, el informe sustitutivo a que se refiere el art. 70 LSC) se ponga a disposición de los socios con ocasión de la convocatoria de junta general, debamos afirmar que, en rigor, nuestra normativa no lo exige[65].

4. Identificación de las aportaciones en la escritura de ejecución y desembolso. En particular, desembolsos no dinerarios aplazados en la sociedad anónima

Otra cuestión también relevante en sede de ejecución del aumento de capital es el relativo a la identificación de las aportaciones en la escritura. A este respecto, el art. 63 LSC establece que habrán de describirse las aportaciones no dinerarias con sus datos registrales, si existieran, junto con la valoración en euros que se les atribuya y la numeración de las acciones o de las participaciones sociales atribuidas, lo que es particularmente relevante en relación con las aportaciones no dinerarias en sociedades limitadas, a la vista de que los sujetos que adquieran participaciones desembolsadas con aportaciones no dinerarias quedan expuestos al régimen de responsabilidad por la realidad y valoración de las mismas previsto en el art. 73.1 LSC. Similares exigencias contienen los arts. 133.1 (para sociedades anónimas) y 190.1 (para sociedades limitadas) del RRM. Tal y como ha señalado la —hoy— DGSJFP, la identificación ha de realizarse de cada uno de los bienes o derechos aportados y no por su conjunto, salvo aportaciones realizadas en globo y a excepción también de la aportación de empresa[66], para la que se exige la descripción en escritura de los bienes y derechos registrables y la indicación del valor del

---

64 ESTEBAN VELASCO, G., "Derecho de información del accionista", en AAVV, *Derecho de Sociedades Anónimas*, t.II, vol. I, Civitas, 1994, págs. 205 y 206; SACRISTAN REPRESA, M., "El aumento de capital: modalidades...", *op. cit.*, pág. 307 y 308 y, más ampliamente, SÁENZ GARCÍA DE ALBIZU, J.C., "Artículo 155. Aumento con aportaciones...", *op. cit.*, págs. 174 a 179.

65 Así se constata también por MACHADO PLAZAS, J., "Artículo 155. Aumento con aportaciones...", *op. cit.*, pág. 1749.

66 Resoluciones de la DGRN de 7 de junio de 2016, de 3 de enero de 2017 o de 27 de octubre de 2017, a algunas de las cuales nos hemos referido ya al abordar la descripción de las aportaciones no dinerarias en el informe del art. 300 LSC.

conjunto, pudiendo los restantes bienes relacionarse en inventario a incorporar a la escritura (arts. 133.1 y 190.1 RRM).

Por lo que respecta al desembolso, con ocasión de los aumentos de capital han de respetarse las mismas reglas que presiden la constitución de sociedades de capital, lo que lleva a que el valor nominal de cada una de las participaciones sociales deba estar no solo íntegramente asumido, sino también íntegramente desembolsado, en el momento de otorgar la escritura de ejecución del aumento de capital social (art. 78 LSC) y a que, en el caso de sociedades anónimas, baste con el desembolso de, al menos, una cuarta parte del valor nominal de cada una de las acciones (art. 79 LSC). Pudiendo contemplarse, por tanto, desembolsos pendientes en sociedades anónimas, la cuestión que a continuación se suscita es la relativa a la materialización de los desembolsos pendientes cuando lo que ha quedado aplazado son aportaciones no dinerarias[67]. De esta cuestión, que puede suceder tanto en la constitución como con ocasión de los aumentos de capital, se ocupan los arts. 80 LSC y apdos. 1 y 2 del art. 134 y art. 135 RRM.

Pues bien, de los diferentes aspectos que contempla el art. 80 LSC, como las menciones que han de contenderse en la escritura relativa al desembolso no dinerario aplazado (naturaleza, valor, contenido, procedimiento y mención expresa del plazo de desembolso) o la previsión relativa a que el plazo máximo de desembolso no podrá exceder de cinco años desde el acuerdo de aumento del capital social, nos ocupamos particularmente del que suscita su apartado 3. Vigente el art. 40 LSA de 1989 (verificación del desembolso), la RDGN de 8 de mayo de 1997 sostuvo que, salvo que no hubiera caducado aún el informe de experto independiente[68], sería preciso reiterar el informe del experto independiente en el momento de hacer el desembolso aplazado. La cuestión que se

67 En la medida en que es preciso un desembolso inicial mínimo en caso de emisión de nuevas acciones, el mismo podría articularse a través de una aportación no dineraria (lo que resulta sencillo si la aportación no dineraria que se contempla es divisible) o por medio de una aportación inicial dineraria. Consideramos que ambos tipos de desembolso inicial quedan cubiertos por el art. 80.1 LSC, no obstante aludir a que los desembolsos pendientes se realizarán mediante "nuevas" aportaciones no dinerarias. Esta cuestión ya se suscitó bajo la vigencia del art. 40 LSA de 1989, que, además, partía expresamente de un desembolso inicial con aportación no dineraria, en relación con lo que la doctrina consideró que lo dispuesto en ese precepto también era aplicable en caso de desembolso inicial dinerario. La misma interpretación ha de prevalecer ahora en relación con el art. 80.1 LSC que, no obstante aludir a "nuevas" aportaciones no dinerarias (lo que parece ser un descuido del legislador), ha eliminado la referencia al desembolso inicial no dinerario como punto de partida de la regulación que contiene.

68 El art. 347 RRM prevé un plazo de caducidad de tres meses, salvo que sea ratificado antes del transcurso de ese plazo, en cuyo caso quedará prorrogada su validez por tres meses más desde la ratificación.

suscitaba en esa Resolución era si bastaba con el informe en el momento de la suscripción o si era preciso un segundo informe al materializar el desembolso aplazado que actualizara el valor de la aportación no dineraria.

Frente la consideración de que la elevación de la cifra de capital social se encontraba verdaderamente respaldada por el valor de las aportaciones no dinerarias realizadas o simplemente comprometidas con la suscripción (esto es, con independencia de su desembolso completo o parcial), la DGRN entendió que a la desvalorización de los bienes que aún no han entrado en el patrimonio social y que los socios se comprometieron a aportar resultaban aplicables los arts. 331 y 335 Ccom, incluidos en la remisión que el art. 39.1 LSA de 1989 (hoy art. 64 LSC) realizaba a las normas del Ccom sobre el contrato de compraventa en materia de transmisión de riesgos. Según el Centro Directivo, ello requería la reiteración del informe de experto al realizar el desembolso aplazado (salvo que el anterior conservara su vigencia). No hemos de desconocer que a esta conclusión contribuyeron posiblemente las propias circunstancias del caso, en el que se había excedido el plazo máximo de cinco años dispuesto por la normativa societaria para realizar la aportación no dineraria aplazada[69].

En la actualidad, el apdo. 3 del art. 80 LSC contiene una previsión que no contenía el art. 40 LSA de 1989, conforme al que "el informe del experto o, en su caso, el informe de los administradores se incorporará como anejo a la escritura en la que conste la realización de los desembolsos aplazados". Aunque reconocemos que los términos podrían ser más claros, entendemos que el precepto no está exigiendo un nuevo informe, sino que parece que se refiere al informe ya exigido con ocasión de la asunción del compromiso de realizar la aportación. Por nuestra doctrina viene destacándose cómo de la normativa societaria se extrae que el control de la adecuada integración del capital social ha de producirse en el momento en que se compromete la aportación, debiendo asumirse por la sociedad, que acepta el aplazamiento, el correspondiente riesgo de valor, que podría ser o no a su favor[70]. En cual-

69 Así, la RDGRN aludida finaliza señalando que "desde luego, tal es la solución que en el caso debatido debe prevalecer habida cuenta que entre el acuerdo de aumento y el desembolso las aportaciones no dinerarias comprometidas han trascurrido más de cinco años...".

70 LOJENDIO OSBORNE, I., "Artículo 40. Verificación del desembolso", en URÍA, R./MENÉNDEZ, A./OLIVENCIA, M., *Comentario al régimen legal de las sociedades mercantiles*, Civitas, 1994, págs. 171 a 180, donde advierte, además, que no cabe hablar de la caducidad del informe, pues siendo relativo al momento que se determina la aportación, lo relevante es que mantenga vigencia en ese momento; BONARDELL LENZADO, R./CABANAS TREJO, R., "Artículo 40. Verificación del desembolso", ARROYO, I./EMBID, J.M./GÓRRIZ, C. (Coords.), *Comentarios a la Ley de Sociedades Anónimas*, Tecnos, 2009, págs. 457 y 458; RIBELLES

quier caso, nada impide (y, de hecho, nos parece razonable) que al valorar la aportación para el momento en el que ésta sea comprometida, se realicen los correspondientes ajustes teniendo en cuenta que su desembolso efectivo se espera para un momento posterior.

V. OTRAS CUESTIONES

1. Responsabilidades derivadas del carácter no dinerario de la aportación

En el presente estudio no podemos omitir la alusión a las responsabilidades derivadas del carácter no dinerario del contravalor del aumento de capital que nos ocupa. En relación con ello, cabe distinguir tres grandes grupos de responsabilidades.

En primer lugar, a la vista del carácter no dinerario de la aportación, con ocasión de los aumentos de capital es preciso tener en cuenta el régimen contenido en los arts. 64 a 66 LSC, igualmente aplicable a las aportaciones no dinerarias que se realicen con ocasión de la constitución de la sociedad. Ello supone que, cuando se aporten bienes muebles o inmuebles o derechos asimilados a ellos, el aportante quedará obligado a la entrega y saneamiento en los términos que contempla el Código Civil para el contrato de compraventa, aplicándose la regulación del Código de Comercio para la compraventa mercantil con respecto a la transmisión de riesgos (art. 331 a 335 CCom). Esta última previsión del art. 64 LSC vinculada con la transmisión del riesgo, antes contenida en el art. 39 LSA de 1989 (al que remitía el art. 20.2 LSRL), ha sido puesta en conexión por la doctrina en relación con el aplazamiento del desembolso de aportaciones no dinerarias en caso de sociedades anónimas. Al prever los arts. 331 y 335 Ccom el derecho del comprador a resolver el contrato, con devolución del precio por parte del vendedor, se entiende que la consecuencia de la pérdida o el deterioro de la aportación no dineraria ha de ser la reducción del capital social[71]. Ello contrasta con lo que establece el art. 134.2 RRM, que prevé que, salvo disposición en contrario, el aportante entregue el equivalente en dinero en caso imposibilidad de realizar la aportación no dineraria. La legalidad del precepto reglamentario mencionado viene siendo tradicionalmente puesta en duda, por

ARELLANO, J.M., "Art. 80. Aportaciones no dinerarias aplazadas", GARCÍA-CRUCES, J.A./ SANCHO GARGALLO, I. (Dir.), *Comentario de la Ley de Sociedades de Capital*, Tirant lo Blanch, 2021, t.I, págs. 1178 a 1182 y 1184 a 1186.

71 Así se consideró en la RDRGN de 8 de mayo de 1997, como adaptación al negocio de suscripción de acciones de la previsión de rescisión del contrato o de devolución parcial del precio prevista en los arts. 331 y 335 Ccom.

posible contravención del principio de jerarquía normativa, a la vista de la remisión que normas con rango legal (la LSC en la actualidad y antes de ella, la LSA de 1989) efectúan al régimen de transmisión de riesgos que, si bien para el contrato de compraventa, ofrecen otra solución (la que ya hemos apuntado). A este respecto, se ha de tener en cuenta que, en este estudio nos situamos, no en la constitución de la sociedad, sino en el marco de un acuerdo de aumento de capital (una vez, por tanto, que la sociedad ya está constituida). De ahí que en este caso parece que, en principio, deba prevalecer la reducción de capital, pues la entrega de dinero conduciría, en última instancia, a que un aumento de capital acordado como no dinerario acabara siendo dinerario (con lo que ello implica desde el punto de vista de los derechos de preferencia de los socios al adoptarse el acuerdo de aumento). En cualquier caso, la solución dependerá de las concretas circunstancias y condiciones bajo las que se adoptó el acuerdo de aumento de capital no dinerario, por lo que la cuestión podrá ser decidida por la propia sociedad, lo que ha de corresponder a su junta general. Tratándose la aportación no dineraria de derechos de crédito, el aportante responderá de la legitimidad de éste y de la solvencia del deudor (art. 65 LSC) y si lo aportado es una empresa, la obligación de saneamiento será, conforme prevé el art. 66 LSC, del conjunto si el vicio o evicción afectase a la totalidad o a algunos elementos esenciales para su normal explotación y al saneamiento individualizado para aquellos elementos que sean importantes en atención a su valor.

En segundo lugar, se ha de mencionar el régimen de responsabilidad por la realidad y por la valoración de las aportaciones no dinerarias en sociedades limitadas, previsto en los arts. 73 a 75 LSC, aplicable tanto en relación con las aportaciones no dinerarias realizadas con ocasión de la constitución de la sociedad como con respecto a los aumentos de capital social[72]. De hecho, como ya hemos señalado en otros apartados, el art. 73 LSC contiene menciones específicas para el caso de que la aportación no dineraria sea el contravalor de un aumento de capital social. A este respecto, llama la atención que mientras que el apdo. 1 del art. 73 LSC contempla la responsabilidad de los sujetos que enumera por la realidad de las aportaciones no dinerarias y por el valor que se les haya atribuido en la escritura, en el apdo. 3 de ese precepto se añade la de los administradores en caso de aumento de capital con cargo a aportaciones no dinerarias, la cual será por la diferencia entre la valoración que hubiesen realizado y el valor real de las aportaciones, no contemplándose, por tanto, su responsabilidad por la realidad de las mismas. No obstante, para este caso resulta aplicable, en última instancia, el

72 Para un tratamiento monográfico de este régimen de responsabilidad, vid., LAGOS RODRÍGUEZ, B., *Responsabilidad por aportaciones no dinerarias en la sociedad limitada*, Aranzadi, 2017.

régimen general de responsabilidad de administradores (art. 236 y ss. LSC). Recuérdese además que esa responsabilidad del art. 73 LSC se excluye (para todos los sujetos responsables y no solo para los aportantes, como parece derivar del tenor del art. 76 LSC, cuya rúbrica alude, precisamente, a la "exclusión del régimen legal de responsabilidad") si las aportaciones no dinerarias son valoradas por experto independiente conforme a lo previsto para las sociedades anónimas[73]. Ello tanto para los casos en los que la intervención de experto independiente sea voluntaria como para aquellos en que resulte preceptiva (en caso de emisión de obligaciones y otros instrumentos asimilados por sociedades limitadas *ex* art. 401 LSC). Adicionalmente, por lo que respecta a la legitimación activa, la previsión de aportaciones no dinerarias como contravalor de un acuerdo de aumento de capital también se contempla en el art. 74.2 LSC, cuando se prevé la legitimación de cualquier socio que hubiese votado en contra del acuerdo, con tal de que ostente, al menos, el 5% del capital social.

En tercer lugar, si hubiera intervenido experto independiente (en sociedades anónimas y en sociedades limitadas), habrá que tomar en consideración el régimen de responsabilidad de éste que deriva del art. 68 LSC por los daños causados por su valoración.

2. Sobre la aplicación del régimen de adquisiciones onerosas tras los aumentos de capital. En particular, las sociedades limitadas emisoras de obligaciones o instrumentos similares

El capítulo III del título III de la LSC finaliza con el art. 72, que establece el régimen relativo a las adquisiciones onerosas, más conocido como fundación retardada. Con ello se cierra el capítulo sobre "la valoración de las aportacio-

73 Se discute por la doctrina si esta exclusión que contempla el art. 76 LSC se refiere solo a la responsabilidad por la valoración de la aportación no dineraria (sobrevaloración), pero no por la realidad de la misma (aportación irreal o ficticia). Ello se basa en que la valoración de la aportación es lo único que controla el experto independiente y en que, en sociedades anónimas, donde se exige intervención del experto independiente, se contempla la responsabilidad de fundadores por la realidad y la valoración de aportaciones no dinerarias (art. 77 LSC). No obstante, consideramos que la intervención del experto, conforme se prevé para la sociedad anónima, supone la exclusión del régimen legal de responsabilidad para las sociedades limitadas, para pasar a someterse al mismo régimen que las sociedades anónimas, lo que, en nuestra opinión, llevaría a aplicar el art. 77 LSC en tales casos a las sociedades limitadas. Sea como fuere, por lo que respecta al presente trabajo, se ha de tener en cuenta que el art. 77 LSC hace referencia a la responsabilidad de "fundadores", resultando solo aplicable con respecto a la constitución de la sociedad, pero no en relación con los aumentos de capital. Precisamente, su antecedente, el art. 18 LSA de 1989, que contenía también las menciones a que se refiere el art. 30 LSC, se ubicaba en la sección de la LSA dedicada a la fundación simultánea.

nes no dinerarias en la sociedad anónima", que forma parte del título dedicado a "las aportaciones sociales".

De este régimen de adquisiciones onerosas conviene destacar que su fundamento obedece, no solo a evitar aportaciones no dinerarias encubiertas que eludan la aplicación el régimen de control de aportaciones no dinerarias en sociedades anónimas, sino, en un sentido más amplio, a garantizar la integridad del capital social (una de cuyas amenazas lo constituyen, precisamente, las aportaciones no dinerarias encubiertas). Así viene sosteniéndose por la doctrina incluso en relación con los antecedentes legislativos del art. 72 LSC, a la vista de que no solo son objeto de control las adquisiciones onerosas realizadas con socios, sino también con cualquier tercero. Sea como fuere, a la vista de que el precepto acota temporalmente su aplicación a las adquisiciones onerosas realizadas hasta dos años después de la inscripción de la escritura de constitución o de transformación de la sociedad, ese fundamento de garantizar la integridad del capital social lo es durante los primeros años de vida de la sociedad como sociedad anónima. Existe, por tanto, consenso en admitir que el régimen no es trasladable a las adquisiciones onerosas realizadas tras una operación de aumento de capital, salvo, evidentemente, que las mismas tengan lugar en el marco temporal de aplicación del art. 72 LSC (es decir, dentro de los dos años desde la inscripción de la constitución o de la transformación en sociedad anónima)[74]. Lo anterior supone que, con carácter general, no será necesario tomar en consideración el art. 72 LSC tras la operación que nos ocupa en el presente trabajo. Yendo más allá, no habrá que tomarlo en consideración ni tras un aumento de capital no dinerario ni tras un aumento de capital dinerario.

Ahora bien, en el art. 401 LSC existe una remisión al art. 72 LSC que lo vincula con los aumentos de capital no dinerarios de las sociedades limitadas que hayan emitido obligaciones u otros instrumentos similares. A la vista de ello, entendemos que la misma merece ser aclarada. En concreto, el tercer párrafo del art. 401.2 LSC establece que los arts. 67 a 72 (esto es, todos los preceptos del capítulo III del Título III de la LSC), son aplicables "a los aumentos de capital mediante aportaciones no dinerarias que se realicen por sociedades limitadas que tengan obligaciones u otros valores que reconozcan o creen

74 FERNÁNDEZ FERNÁNDEZ, I., *Aportaciones no dinerarias en la sociedad anónima*, Aranzadi, 1997, págs. 341 a 342; DE LA CÁMARA ÁLVAREZ, M., *El capital social en la sociedad anónima*, Consejo General del Notariado, 1999, pág. 327; BERCOVITZ ÁLVAREZ, R., *La aportación de derechos…*, *op. cit.*, pág. 405 a 407. Más recientemente, RIBELLES ARELLANO, J.M., "Art. 72. Adquisiciones onerosas", en GARCÍA-CRUCES, J.A./SANCHO GARGALLO, I. (Dir.), *Comentario de la Ley de Sociedades de Capital*, Tirant lo Blanch, 2021, t.I, pág. 1093.

deuda en circulación". Si bien una primera lectura de esa previsión podría llevar a sostener que el régimen del art. 72 LSC ha de observarse en relación con las adquisiciones onerosas llevadas a cabo por sociedades limitadas emisoras de estos instrumentos tras un aumento de capital mediante aportaciones no dinerarias, un examen más detenido de la cuestión nos lleva a rechazar esta conclusión.

Nótese que el art. 401 LSC contempla la aplicación de ese conjunto de artículos a los aumentos de capital con aportaciones no dinerarias. En rigor, de ser aplicable, el régimen del art. 72 no lo sería a los aumentos de capital no dinerario, sino a las adquisiciones onerosas que tuvieran lugar durante los dos años siguientes al aumento de capital con cargo a aportaciones no dinerarias. Y, de ser así, no tendría entonces sentido que esa regulación solo se aplicara para las adquisiciones que tuvieran lugar a los dos años del aumento de capital no dinerario y no, en cambio, para las realizadas en ese marco temporal pero referido a un aumento de capital dinerario. Aunque la problemática de las aportaciones no dinerarias encubiertas no surge exclusivamente con respecto a previas aportaciones dinerarias, tradicionalmente la misma viene ejemplificándose, precisamente, en relación con la previa realización de aportaciones dinerarias. No habría, por tanto, motivo por el que excluir en este caso los aumentos de capital con aportaciones dinerarias. De ahí que, a la vista de esa expresa referencia a los aumentos de capital con cargo a aportaciones no dinerarias realizadas por sociedades limitadas emisoras de obligaciones o instrumentos similares, debamos considerar que lo que el legislador pretende con esa remisión es aplicar a las aportaciones no dinerarias que sean contravalor de ese aumento el régimen de control que se contempla para las aportaciones no dinerarias de sociedades anónimas. O, más específicamente, lo que se pretende es aplicar a las sociedades limitadas emisoras de obligaciones u otros instrumentos similares el régimen previsto para las sociedades anónimas. En la medida en que el art. 72 LSC ni siquiera es aplicable a las adquisiciones onerosas tras los aumentos de capital en sociedades anónimas, no ha de serlo tampoco en este caso. En ese sentido, consideramos que la inclusión del art. 72 LSC en la remisión que efectúa el art. 401 LSC se debe a un descuido del legislador, que realizó una remisión en bloque al conjunto de artículos sobre la valoración de aportaciones no dinerarias en sociedades anónimas (es decir, a todo el capítulo III del título III), sin reparar en que el marco temporal de aplicación del último de los artículos, el art. 72 LSC, no cubre las adquisiciones onerosas tras los aumentos de capital social.

Aclarado lo anterior, aunque consideramos que sería razonable *de lege ferenda,* tampoco nos parece que la remisión que se efectúa al art. 72 LSC en el art. 401 LSC lleve a considerar que el régimen del primero es aplicable a las adquisiciones onerosas realizadas por sociedades limitadas emisoras de obligaciones (u otros instrumentos similares) dentro de los dos años siguientes a la inscripción de la escritura de constitución o de transformación en sociedad limitada (esto es, dentro del mismo marco temporal que se contempla para las sociedades anónimas). A pesar de la expresa referencia al art. 72 LSC en esa remisión, el que la misma se circunscriba expresamente a los aumentos de capital con cargo a aportaciones no dinerarias, nos lleva a entender que el legislador solo pretendía con esa remisión aplicar a los aumentos de capital con cargo a aportaciones no dinerarias de sociedades limitadas emisoras de obligaciones u otros instrumentos similares el régimen de control de aportaciones no dinerarias previsto para las sociedades anónimas (en concreto, los arts. 67 a 71 LSC). En caso contrario, el legislador habría establecido, simplemente, que los arts. 67 a 72 LSC son aplicables a las sociedades limitadas emisoras de obligaciones u otros valores que reconozcan o creen deuda en circulación, sin incluir esa especificación relativa a los aumentos de capital no dinerarios que lleva a limitar *de lege lata* el alcance de la remisión.

VI. BIBLIOGRAFÍA

ALONSO LEDESMA, C., "Aumento del capital. Derecho de asunción preferente de nuevas participaciones", en AAVV, *Derecho de Sociedades de Responsabilidad Limitada. Estudio sistemático de la Ley 2/1995*, t. II, 1996, págs. 798-823.

ÁLVAREZ ROYO-VILLANOVA, S., "Aumento de capital y aportación de industria", en GONZÁLEZ FERNÁNDEZ, M.B./ COHEN BENCHETRIT, A., (Dirs.), *Derecho de sociedades: revisando el derecho de sociedades de capital*, Tirant lo Blanch, 2018, págs. 561-591.

ÁVILA DE LA TORRE, A., Comentario de los siguientes artículos: "Art. 286. Propuesta de modificación", "Art. 295. Modalidades de aumento", "Art. 296. El acuerdo de aumento" y "Artículo 300. Aumento con cargo a aportaciones no dinerarias", en GARCÍA-CRUCES, J.A./SANCHO GARGALLO, I. (Dir.), *Comentario de la Ley de Sociedades de Capital*, Tirant lo Blanch, 2021, t. III, págs. 4013-4025, págs. 4125-4137, págs. 4138-4147 y págs. 4185-4193, respectivamente.

BERCOVITZ ÁLVAREZ, R., *La aportación de derechos de propiedad industrial al capital de las sociedades anónimas*, Aranzadi, 1999.

BLANCO SARALEGUI, J.M., "Artículo 304. Derecho de preferencia", en GARCÍA-CRUCES, J.A./SANCHO GARGALLO, I. (Dir.), *Comentario de la Ley de Sociedades de Capital*, Tirant lo Blanch, 2021, t. III, págs. 4227-4238.

BONARDEL LENZANO, R./CABANAS TREJO, R., Comentario de los siguientes artículos: "Artículo 36. Objeto y título de la aportación" y "Artículo 40. Verificación del desembolso", en ARROYO, I./EMBID, J.M./GÓRRIZ, C. (Coords.), *Comentarios a la*

Ley de Sociedades Anónimas, Tecnos, 2009, págs. 417-426 y págs. 452-458, respectivamente.

CABANAS TREJO, R., /CALAVIA MOLINERO, J. M., *Ley de Sociedades de Responsabilidad Limitada. Comentarios de urgencia a la Ley 2/1995*, de 23 de marzo, de SRL, Barcelona, 1995.

DE LA CÁMARA ÁLVAREZ, M., *El capital social en la sociedad anónima*, Consejo General del Notariado, 1999.

DE LA CÁMARA ENTRENA, B./ GIL LÓPEZ DE SAGREDO, L., "Aportaciones sociales no dinerarias: los bitcoins, los créditos futuros y el Know-how", en *Cuadernos de Derecho y Comercio*, n.º 72, 2019, págs. 225-236.

EMPARANZA SOBEJANO, A., "Artículo 63. Aportaciones no dinerarias", en GARCÍA-CRUCES, J.A./SANCHO GARGALLO, I. (Dir.), *Comentario de la Ley de Sociedades de Capital*, Tirant lo Blanch, 2021, t.I, pág. 1017-1023.

ESCUÍN IBAÑEZ, I., "El derecho de la minoría a ampliar el orden del día de la convocatoria de la Junta General de la Sociedad Anónima", en *RDM*, n.º 284, 2012 (consultada versión electrónica).

ESTEBAN VELASCO, G., "Derecho de información del accionista", en AAVV, *Derecho de Sociedades Anónimas*, t.II, vol. I, Civitas, 1994, págs.175-253.

FERNÁNDEZ CARBALLO-CALERO, P., "La aportación del "know-how" al capital social (Comentario a la Resolución de la Dirección General de los Registros y del Notariado de 4 de diciembre de 2019)", en *RdS*, n.º 59, 2020 (*proview*).

FERNÁNDEZ FERNÁNDEZ, I., *Aportaciones no dinerarias en la sociedad anónima*, Aranzadi, 1997.

GALLEGO CÓRCOLES, A., *La Capitalización De Créditos Mediante Aumento Del Capital Social (Debt-Equity Swap)*, Aranzadi, 2019.

GÁLLEGO LANAU, M., "La «aportación de rama de actividad». ¿Es una modificación estructural? (A propósito de la RDGRN de 22 de julio de 2016), en GONZÁLEZ FERNÁNDEZ, M.B./ COHEN BENCHETRIT, A., (Dirs.), *Derecho de sociedades: revisando el derecho de sociedades de capital*, Tirant lo Blanch, 2018, págs. 593-613.

GALLEGO SÁNCHEZ, E., "La capitalización de créditos en el concurso y en el preconcurso", en DÍAZ MORENO, A./LEÓN SANZ, F./VAZQUEZ CUETO, J.C. (Dirs.), *Sociedades y concurso. Estudios de derecho societario de la crisis,* 2018 (consultada versión *proview*).

GANDÍA, E., "Derecho de suscripción preferente en el aumento de capital por compensación de créditos", en *RdS*, n.º 47, 2018, págs. 351-377.

GARCÍA GREWE, C., *El derecho de suscripción preferente: exclusión, inexistencia y configuración estatutaria*, Aranzadi, 2014.

GARCÍA-CRUCES J.A., "Artículo 168. Solicitud de convocatoria por la minoría", en GARCÍA-CRUCES GONZÁLEZ, J.A./SANCHO GARGALLO, I., *Comentario de la Ley de Sociedades de Capital*, t. III, Tirant Lo Blanch, 2021, pág. 2373-2386.

IGLESIAS PRADA, J.L., "Sobre el aumento de capital mediante conversión de créditos en acciones", en *AAMN*, XXIII, 1994, págs. 203-248.

JUSTE MENCÍA, J., "La solicitud de convocatoria de la junta general extraordinaria por accionistas que representen el 5% del capital social", en *RdS*, n.º 26, 2006, págs.31-72.

LAGOS RODRÍGUEZ, B., *Responsabilidad por aportaciones no dinerarias en la sociedad limitada*, Aranzadi, 2017.

LARGO GIL, R., "La exclusión del derecho de suscripción preferente", en AAVV, *Derecho de sociedades anónimas,* t. III, vol. 1, Civitas, 1994, pág. 602-699.

LOJENDIO OSBORNE, I., Comentario de los siguientes artículos: "Artículo 36. Objeto y título de la aportación", "Artículo 39. Aportaciones no dinerarias. Responsabilidad" y "Artículo 40. Verificación del desembolso" en URÍA, R./MENÉNDEZ, A./OLIVENCIA, M., *Comentario al régimen legal de las sociedades mercantiles*, Civitas, 1994, págs. 17-57, págs. 111-159 y págs. 160-180, respectivamente.

MACHADO PLAZAS, J., Comentario de los siguientes artículos: "Artículo. 151. Modalidades del aumento y Artículo. 152. Requisitos del aumento" y "Artículo 155. Aumento con aportaciones no dinerarias", en ARROYO, I./EMBID, J.M./GÓRRIZ, C. (Coords.), *Comentarios a la Ley de Sociedades Anónimas*, Tecnos, 2009, págs.1725-1729 y págs. 1748-1751, respectivamente.

MARTÍNEZ MARTÍNEZ, M., "El derecho de información del accionista en los supuestos de ampliación del orden del día. Su ejercicio en los supuestos de asistencia telemática del socio a la Junta General", en *RdS,* n.º 26, 2006, págs. 39-57.

MARTOS CALABRÚS, M.A./NUÑEZ IGLESIAS, A., "La aportación social en uso", en *Revista Crítica de Derecho Inmobiliario*, n.º 668, 2001, págs. 2369-2448.

MORRAL SOLDEVILLA, R., "Artículo 100. Facultad y obligación de convocar", en ARROYO, I./EMBID, J.M./GÓRRIZ, C. (Dir.), *Comentarios a la Ley de Sociedades Anónimas,* vol. 2, Tecnos, 2009, págs. 1046-1053.

PAREDES GALEGO, C., "Aumento de capital por compensación de créditos. Reflexiones sobre dos cuestiones concretas: cómputo de intereses y fraude de socios", en GONZÁLEZ FERNÁNDEZ, B./COHEN BENCHETRIT, A., *Derecho de Sociedades. Revisando el Derecho de Sociedades de Capital,* Tirant lo Blanch, 2018, págs. 524-557.

PÉREZ TROYA, A., "La transmisión de derechos de propiedad industrial. Especial consideración de su aportación a la empresa", en *Anuario de la Facultad de Derecho (Universidad de Alcalá)*, n.º1, 2008, págs. 251-272.

PULGAR EZQUERRA, J., "El acuerdo de la junta de aumento de capital por compensación de créditos en el marco de las sociedades de capital", en *RdS*, n.º 34, 2010, págs. 19-50.

— *Preconcursalidad y reestructuración empresarial: acuerdos de refinanciación y acuerdos extrajudiciales de pagos,* La Ley, 2016, 2.ª edición

RECALDE CASTELLS, A., "Protección del socio con ocasión en los cambios de control en la sociedad deudora realizados en ejecución de acuerdos de refinanciación mediante conversión de créditos en capital", en DÍAZ MORENO, A./ LEON SANZ, F. (Dirs), *Acuerdos de refinanciación, convenio y reestructuración: las reformas de 2014 y 2015 de la Ley Concursal*, Thomson Reuters-Aranzadi, 2015, págs. 291-326,

RIBELLES ARELLANO, J.M., Comentario de los siguientes artículos: "Art. 67. Informe del experto", "Art. 72. Adquisiciones onerosas", "Art. 73. Responsabilidad solidaria" y "Art. 80. Aportaciones no dinerarias aplazadas", en GARCÍA-CRUCES, J.A./SANCHO GARGALLO, I. (Dir.), *Comentario de la Ley de Sociedades de Capital*, Tirant lo Blanch, 2021, t.I, págs. 1041-1049, págs. 1091-1107, págs. 1109-1125 y págs. 1175-1186, respectivamente.

RUBIO VICENTE, P. J., *La aportación de empresa en la sociedad anónima*, Lex Nova, 2001.

SACRISTAN REPRESA, M., "El aumento de capital: modalidades, requisitos, el aumento de capital con nuevas aportaciones dinerarias y no dinerarias", en AAVV, *Derecho de Sociedades Anónimas*, t. III, vol. 1, Civitas, 1994, págs. 237-313.

SÁENZ GARCÍA DE ALBIZU, J.C., Comentario de los siguientes artículos: "Artículo 155. Aumento con aportaciones no dinerarias" y "Artículo 156. Aumento por compensación de créditos" en URÍA, R./MENÉNDEZ, A./OLIVENCIA, M. (Dirs.), *Comentario al régimen legal de las sociedades mercantiles,* T. VIII, vol. 2, Thomson-Civitas, 2006, págs. 149-193 y págs. 195-239, respectivamente.

SÁNCHEZ ANDRÉS, A., *La acción y los derechos del accionista (artículos 47 a 50 LSA)*, en URÍA, R./MENÉNDEZ, A./OLIVENCIA, M. (Dirs.), *Comentario al régimen legal de las sociedades mercantiles,* T. VII, vol. 3, Thomson-Civitas, 1994.

VAZQUEZ ALBERT, D., "Art. 159. Exclusión del derecho de suscripción preferente", en ARROYO, I./EMBID, J.M./GÓRRIZ, C. (Coords.), *Comentarios a la Ley de Sociedades Anónimas*, Tecnos, gre2009, pág. 1792-1835.

VELASCO SAN PEDRO, L., "El derecho de suscripción preferente", en AAVV, *Derecho de sociedades anónimas,* t. III, vol. 1, Civitas, 1994, págs. 515-601.

Capítulo V

AUMENTO DE CAPITAL SOCIAL POR COMPENSACIÓN DE CRÉDITOS

Isabel Fernández Torres
Prof. Titular de Derecho Mercantil
Universidad Complutense de Madrid
https://orcid.org/0000-0003-4814-1120

SUMARIO: I. CONSIDERACIONES GENERALES. II. LA CONFIGURACIÓN DEL AUMENTO DE CAPITAL POR COMPENSACIÓN DE CRÉDITOS EN EL DERECHO SOCIETARIO. 1. Naturaleza y encuadramiento sistemático. 2. Tipo de aumento: aumento con aportaciones dinerarias o no dinerarias. 3. Forma de realización del aumento: emisión de nuevas acciones o incremento de valor de las ya existentes. 4. Requisitos de los créditos a compensar. 5. Los sujetos intervinientes en el aumento del capital por compensación de créditos. III. EL ACUERDO DE AUMENTO DE CAPITAL POR COMPENSACIÓN DE CRÉDITOS. 1. El órgano competente; especial referencia a la junta universal. 2. Sobre la posibilidad de capital autorizado o delegación de facultades. 3. La exclusión del derecho de suscripción preferente. 4. La obligación de desembolsar las acciones previamente emitidas. 5. La previa reducción del capital social en caso de pérdidas. IV. BREVE APROXIMACIÓN A LA CAPITALIZACIÓN DE DEUDAS EN EL MARCO DE LOS PLANES DE REESTRUCTURACIÓN. V. BIBLIOGRAFÍA.

I. CONSIDERACIONES GENERALES

La compensación de créditos, como modalidad de aumento de capital de una sociedad, pone sobre la mesa y como cuestión previa un debate recurrente y esencial en el marco del derecho societario y que no es otro que el capital[1]. No se trata de volver atrás sobre sus principios, cuestión por otro lado

1 De hecho, el Derecho comunitario no contempla esta modalidad de aumento de capital y ello por cuanto la intangibilidad del capital social descansa en la configuración de dos modalidades de aumento dicotómicas: las aportaciones dinerarias y no dinerarias (*in natura*). El Derecho de sociedades alemán, cuyo régimen de capital es extraordinariamente estricto o rígido en aras de una tutela adecuada de los derechos de los socios, prohíbe la compensación de deuda de aportación por iniciativa unilateral del aportante (§19. Abs. 4 GmbH y § 27 Abs. 3 AktG). A pesar de ello, la doctrina ha sido partidaria de permitir la compensación por la sociedad cuando esta no resulta contraria al interés social y no afecta a los derechos de terceros tal y como se refleja en la aportación de FERNÁNDEZ DEL POZO, L., "Las aportaciones de créditos contra la sociedad en desequilibrio patrimonial y tutela de la integridad del capital social", en *Anuario de Derecho Concursal*, 35, mayo-agosto 2015, apdo. II). El mismo autor advierte del riesgo de que la compensación de créditos sea calificada

como "aportación no dineraria encubierta" al contravenir la normativa sobre valoración de las aportaciones no dinerarias. Por ello no han faltado autores en la doctrina alemana que han sostenido que en caso de tratarse de aportación no dineraria encubierta, el aportante deberá responder de la diferencia entre el valor declarado y el valor real en el supuesto de sobrevaloración del crédito; además en caso de sobreendeudamiento los créditos deben valorarse por su valor real y no el nominal.

Por lo que se refiere al Derecho italiano, y a pesar de la ausencia de norma legal prohibitiva, la doctrina mayoritariamente se había inclinado por sostener una postura similar a la alemana (Vid. DI SABATO, F., "Sulla estinzione per compensazione del debito di conferimento", en *Contratto e impresa*, 1995, pp. 651 y sigs.; PORTALE, G.B., "Capitale sociale e conferimenti nella società azioni per", en *Riv. Soc.*, 1970, pp. 19 y sigs. y 33 y sigs.; ABBADESSA, P., "Le disposizioni generali sulle società", en *Trattato di diritto privato*, dir. RESCIGNO, Torino, 1985, vol. 16, pp. 22 y sigs.; CAMPOBASSO, G.F., "Diritto commerciale", en *Diritto delle società 2*, Torino, 1995, p. 3; SPOLIDORO, M.S., "Il capitale sociale", en AAVV *Il diritto delle società per azioni: problemi, esperienze, progetti*, a cura di ABBADESSA/ROJO, *Milano*, 1993, pp. 58 y sigs.; PORTALE, G.B., *I conferimenti atipici nella società di capitale*, Milano, 1974, pp. 70 y sigs.; ulteriores referencias en SÁNCHEZ DE ANDRÉS, A., *El derecho de suscripción preferente del accionista*, Civitas, Madrid, 1973, pp. 320 y sigs.).

Sin embargo, doctrina más reciente sostiene una postura diferente sobre la base, precisamente, de la ausencia de una regla prohibitiva confirmada por la jurisprudencia: Sentencia n. 96 del 5 de *febbraio* 1996, Sentencia Cass. Sez. I, civ., 18 de *gennaio* 1995 que afirma la licitud de la operación oponiéndose al planteamiento tradicionalmente defendido y confirmado, entre otras, en la Sentencia Cass. 20 de *dicembre* 1992. Quizás el cambio se explique, en parte, por el reconocimiento de la operación en el marco de los procedimientos concursales.

En el Derecho francés los debates en torno a la naturaleza jurídica de la operación fueron constantes bajo el imperio de la Ley de Sociedades de 1966 (art. 178, L. 225-127), que distinguía los aumentos de capital cuyo contravalor era en dinero, de la compensación de créditos, o de los aumentos con cargo a reservas o beneficios o incluso con cargo a aportaciones *in natura*, configurando todos los supuestos como categorías independientes. El hecho de que esta categoría fuera considerada como un *tertium genus*, no integrada ni en la categoría de aportaciones dinerarias ni en la de aportaciones *in natura*, favorecía el debate y, en todo caso, llevaba a la mayoría de la doctrina a sostener que el aumento por compensación de créditos no podía considerarse como una aportación dineraria (TERRE, F., "Remarques sur l´augmentation de capital par incorporation de créances", Mélanges HAMEL, en *DIx ans de conférence d´agrégation*, Paris, Dalloz, 1961), planteamiento defendido también por los tribunales: *Cassation Comm.* 11 avril, 1970, Decisión comentada críticamente por HOUIN, obs. sous Cass. Comm., RTD com. 1970, p. 439 núm. 17).

La reforma operada por la *Ordonnance* de 24 *juin* 2004 modifica el régimen legal en materia de aumentos de capital y reforma el art. L225-228 CCom señalando que el contravalor podrá ser dinerario "y *compris*", es decir, incluyendo en dicha categoría, la compensación siempre y cuando los créditos sean líquidos y exigibles (LE BARS, B., "Le nouveau visage des augmentations de capital par apport en nature", en *Revue de Droit Bancaire*, n.º 25, 1 sept. 2004, p. 373).

Advierte en todo caso la doctrina que es posible una aportación de crédito que tendrá naturaleza numeraria si los créditos son líquidos y exigibles e *in natura* en la parte que no reúna dichas condiciones. Así, conforme a la nueva regulación, el aumento de capital por compensación de créditos exige que las acciones nuevas sean liberadas en número o mediante compensación de créditos líquidos y ejecutables contra la sociedad (arts. 225-228 CCom).

profusamente analizada por nuestra doctrina[2]. Pero sí que es preciso tener en cuenta que las sociedades son entes vivos y que atendiendo al desarrollo de su actividad y de sus resultados pueden tener la necesidad de adaptarse a las exigencias económico-financieras requeridas en cada momento para el buen desarrollo de la actividad social. Al mismo tiempo, esas necesidades deben conjugarse adecuadamente con las normas aplicables a los procedimientos de modificación del capital social que deben procurar que, como consecuencia de ella, no se vean perjudicados ni los derechos de los socios ni tampoco los derechos de los terceros que mantengan con ella relaciones de naturaleza patrimonial. Para ello se arbitran, como no puede ser de otra manera, rigurosos procedimientos formales.

En el supuesto concreto del aumento de capital por compensación de créditos, conocido también por su terminología inglesa *debt-to-equity-swap,* que es el que ahora nos ocupa, concurren una serie de circunstancias particulares. En primer lugar, se trata de una modalidad *sui generis*[3] a la que el legislador dedica

---

Un crédito que no cumpliera con estos requisitos no podría ser objeto de una compensación sino, simplemente, de una aportación *in natura.* La jurisprudencia no ha dudado en señalar que la renuncia por la sociedad beneficiaria al plazo o llegada del término con el fin de que el crédito sea exigible y pueda ser objeto de compensación no resulta contraria al interés social pues libera a la sociedad de una carga y del pago de intereses futuros. En estas condiciones no parece que la operación cause o pueda causar un perjuicio a los intereses de la sociedad (*Cass. Comm.* 17 mai 1994).

A su vez, el art. 225-234 del Reglamento del Código de Comercio establece que los administradores deben formular un cierre de cuentas certificado por el auditor.

2 Una completa panorámica puede verse en ALONSO LEDESMA, C., "Algunas reflexiones sobre la función (la utilidad) del capital social como técnica de protección de los acreedores", en *Estudios de Derecho de Sociedades y Derecho Concursal: libro homenaje al Profesor Rafael García Villaverde,* Marcial Pons, Madrid, 2007, pp. 127-157.

En el ámbito del derecho comparado merece destacarse el estudio de MIOLA, M., "Il sistema del capitale sociale e le prospettive di riforma nel diritto europeo delle società di capital", en *Riv. delle Società,* 2005; LUTTER, M., *Das Kapital der Aktiengesellschaft in Europa, Zeitschrift für Unternehmens– und Gesellschaftsrecht/ZGR-Sonderheft,* De Gruyter núm. 17/06.

3 Bajo la Ley de Sociedades Anónimas de 1951 existía un cierto consenso a nivel doctrinal en relación con la configuración del aumento de capital por compensación de créditos como un aumento cuya contraprestación o aportación podía considerarse dineraria (SÁNCHEZ DE ANDRÉS, A., *El derecho de suscripción preferente del accionista,* cit., pp. 330 y sigs.). La promulgación de la Ley de Sociedades Anónimas de 1989 consagra la operación como una modalidad *sui generis* con un amplio sector doctrinal que entiende que se trata de un aumento con cargo a aportaciones no dinerarias (sobre ello volveremos más adelante) y Resoluciones de la DGRN que secundan dicho planteamiento: RRDGRN de 15 de julio de 1992, de 11 de octubre de 1993, de 22 de mayo de 1997, de 15 de febrero de 2012, de 20 de abril de 2012 y en el Tribunal Supremo, STS de 23 de mayo de 2008.

La Disposición Final 1.ª de la Ley 3/2009 de 3 de abril, modificó la Ley de Sociedades Anónimas de 1989 introduciendo un cambio que, como veremos, ha generado o plantea un proble-

un único precepto cuya incompletitud suscita dudas interpretativas o, cuando menos, favorece que se planteen debates doctrinales no exentos de relevancia a los que debemos prestar la oportuna atención. Empezando por su naturaleza jurídica, pero continuando con los requisitos, su régimen jurídico, cuestiones todas ellas polémicas y que condicionan la esencia de la operación.

Las motivaciones económico-financieras de los aumentos de capital pueden ser de diversa índole. Desde la reducción de la dependencia de los fondos ajenos a razones fiscales pasando por reequilibrios de situaciones de poder en la sociedad o la retribución incluida a los socios o accionistas cuando el aumento se hace con cargo a reservas o beneficios. Pero es evidente que al margen de estas funciones cuya finalidad, en términos generales, no es sino la de financiar la sociedad mediante la aportación, en muchos casos, de nuevos recursos, puede configurarse también como una medida de saneamiento, ya sea en situaciones de crisis económica o no; no obstante, parece razonable pensar que, en la mayoría de las ocasiones, responderá a razones de saneamiento financiero, a la necesidad de corregir desequilibrios patrimoniales de la sociedad.

La capitalización de deuda que es, en último término, el significado o el objeto de la compensación de créditos contemplada en el art. 301 LSC, permite reducir las cargas o pérdidas financieras de una sociedad mejorando sus niveles de endeudamiento al mismo tiempo que "libera" o deja disponibles recursos que, en otro caso, habrían de destinarse al cumplimiento de otras obligaciones[4]; las cargas también pueden verse reducidas. Desde el punto de vista de los socios, la operación puede coadyuvar o mejorar las expectativas de ingresos. Finalmente, y en una situación de desequilibrio o de crisis para los acreedores, puede ser la única alternativa o salida si con ello aumentan las posibilidades de que la sociedad pueda continuar con su actividad empresarial y evitar, en su caso, su declaración concursal.

Esta finalidad de saneamiento empresarial y, en definitiva, de reestructuración empresarial adquiere especial relevancia en el marco de la Directiva UE 2019/1023 del Parlamento Europeo y del Consejo de 20 de junio de 2019 sobre marcos de reestructuración preventiva, exoneración de deudas, y por

---

ma adicional: se reconoce el derecho de suscripción preferente en los aumentos con emisión de nuevas acciones con cargo a aportaciones no dinerarias, cuestión hasta entonces pacífica. Esta reforma es la que generó un intenso debate doctrinal acerca de su naturaleza jurídica de esta modalidad de aumento.

4 PULGAR EZQUERRA, J., "El acuerdo de la junta de aumento de capital por compensación de créditos en el marco de las sociedades de capital"; en *RdS* 34/2010.1, recurso electrónico BIB 2010/600, p. 2.

la que se modifica la Directiva UE 2017/1132 (en adelante, Directiva sobre reestructuración). La Directiva sobre reestructuración recoge en el Capítulo III del Título II los "planes de reestructuración" llamados a desempeñar un papel fundamental en el marco de los sistemas de reestructuración preventiva. Con independencia de los términos en que se ha traspuesto la Directiva por la Ley 16/2022, de 5 de septiembre de reforma del texto refundido de la Ley Concursal (en adelante LC) es lo cierto que los planes de reestructuración pueden prever operaciones de conversión de deuda en capital[5].

El objetivo del presente trabajo, por razones de espacio, se limita al análisis de la operación al margen de la eventual situación de insolvencia —inminente o actual— todo ello con independencia de que cuanto más grave sea la situación de insolvencia de la entidad más probable será que haya que acudir a una conversión de accione o participaciones como medida de reestructuración. Sea cual sea la configuración que se le haya dado a la operación como componente de los planes de reestructuración es necesario que, previamente, se estudie la figura en los términos en que se diseña en la Ley de Sociedades de Capital. Esta modalidad de aumento tiene una particularidad relacionada con su contravalor de la que surgen numerosas dudas. Para situar bien el problema es preciso que nos adentremos, en un primer momento, en su naturaleza jurídica.

II. LA CONFIGURACIÓN DEL AUMENTO DE CAPITAL POR COMPENSACIÓN DE CRÉDITOS EN EL DERECHO SOCIETARIO

1. Naturaleza y encuadramiento sistemático

La operación de aumento de capital por compensación de créditos ha suscitado tradicionalmente intensos debates doctrinales en torno a la determinación de su naturaleza jurídica, y más concretamente acerca de su calificación compensatoria o no. Es decir, a pesar de que esta modalidad de aumento se recoge en el art. 301 LSC bajo la rúbrica "aumento por compensación de créditos", es discutida su consideración como un auténtico supuesto de compensación de créditos, es decir, como un supuesto de compensación *strictu sensu,* y ello a pesar del pronunciamiento expreso del precepto y de que los

5 ROJO, A., "La conversión de créditos en acciones o participaciones en los planes de reestructuración", en *Anuario de derecho concursal, n.º* Extra 58, 2023, pp. 205-252. Señala que el sistema español de los planes de reestructuración se configura con una doble (y alternativa) función: "«función de evitación de la insolvencia» y «función de solución de la insolvencia».

requisitos establecidos en la Ley son coincidentes con los exigidos para cualquier supuesto compensatorio[6].

A pesar de que existan una diversidad de opiniones en este punto —y sin perjuicio de que a ellas nos referiremos a continuación— lo cierto es que las consecuencias que pueden derivarse de su calificación en un sentido o en otro tienen escasa relevancia a efectos prácticos[7]. Los problemas, en nuestra opinión, surgen no tanto en su calificación cuanto de la determinación concreta de su régimen jurídico pues el precepto se revela en este punto claramente insuficiente. A ellos habremos de referirnos más adelante. Todo lo cual no empece que antes de entrar en el desarrollo de esos aspectos concretos de su régimen jurídico hagamos referencia a las principales posiciones doctrinales que se han desarrollado en torno a la naturaleza jurídica de la operación para señalar, posteriormente, nuestro criterio sobre este punto.

La operación de aumento de capital por compensación de créditos tiene como objetivo fundamental canjear créditos prexistentes por participaciones sociales o por acciones. En otras palabras, mediante esta operación se procede a extinguir créditos que los terceros (o los propios socios) pudieran tener contra la sociedad a cambio de lo cual reciben acciones o participaciones. Esta extinción de los créditos tiene lugar en virtud de un acuerdo entre la sociedad y los titulares de esos créditos, por lo que algunos autores han considerado que estaríamos ante un supuesto de "compensación convencional" (art. 1156 CCi), al no requerir el art. 301 LSC que el crédito esté vencido y sea líquido y exigible en su totalidad[8], o de "compensación legal" aunque con especialidades justificadas en las necesidades propias del derecho de sociedades. Conforme a este planteamiento la operación constituye un "pacto compensatorio" —puro— que presupone la dualidad de relaciones y que, por lo que se refiere a las obligaciones a compensar, conllevan prestaciones "ho-

6 ALONSO ESPINOSA, F.J., "Modificación de estatutos y aumento y reducción del capital. Una aproximación al capítulo VI de la Ley de Sociedades Anónimas", en *CDC* 8/1990, p. 89; GALÁN LÓPEZ, C., "El aumento del capital por compensación de créditos en el marco de las sociedades de capital", en AAVV *Derecho Mercantil de la CEE: Estudios en homenaje a José Girón Tena*, Civitas, Madrid, 1991, p. 438.

7 GALÁN LÓPEZ, C., *idem*, pp. 437 y sigs.

8 GALÁN LÓPEZ, C., *op. cit.*, pp. 437 y sigs. en particular, p. 440; GUTIÉRREZ GILSANZ, A., "El consentimiento en el convenio mediante conversión de créditos en acciones, participaciones o cuotas sociales", *RcP* 10/2009, p. 279 y sigs.; BERMEJO GUTIÉRREZ, N., "Comentario al art. 135 LC", en *Comentario de la Ley Concursal*, Dir. Rojo/Beltrán, Tomo II, p. 2238. Cuestionando la posibilidad de reconducir la operación al ámbito de la compensación convencional: GONZÁLEZ VÁZQUEZ J.C., voz "Aumento de capital por compensación de créditos", en *Diccionario Derecho de Sociedades*, C. Alonso Ledesma, Iustel, Madrid, 1994, p. 258.

mogéneas" (exigencia requerida por el art. 1196 CCi)[9]. Dicha postura no ha estado exenta de críticas no sólo porque se entiende que choca con el tenor del precepto sino porque no atiende a la función de carácter económico que cumple esta modalidad de aumento[10]. Y es que, como quiera que la Ley no exige que la totalidad de los créditos estén vencidos, sean líquidos y exigibles, habría que entender que debería graduarse la compensación en función de los vencimientos[11]. Sin embargo, entendemos que la compensación opera por el 100 %, produciéndose el vencimiento anticipado de la parte no vencida. Cuestión distinta es cuál sea la calificación que haya de darse a la parte del crédito vencida y a la no vencida, materia sobre la que volveremos más adelante.

Otros autores han situado el supuesto dentro de la "novación", calificándola bien como una novación extintiva bien como una novación objetiva por variación de la causa[12]. Es cierto que en esta operación se sustituye la relación originaria de crédito por otra de participación social (concurre, pues, el requisito del *animus novandi*). Sin embargo, optar por la configuración de la operación como un supuesto de novación no significa que no tenga lugar una aportación al patrimonio de la sociedad, que es el resultado al que, en definitiva, se llega[13].

No podemos olvidar otras posiciones, como la caracterización de la operación como una "dación en pago" en cuanto mecanismo para la extinción de obligaciones sobre la base del principio de autonomía de la voluntad de las partes del art. 1255 CCi[14]. Sin embargo, en el supuesto que ahora analiza-

9 IGLESIAS PRADA, J.L., "Sobre el aumento de capital por compensación de créditos", en *AAFN*, XXXIII, 1994, pp. 203-248.

10 PULGAR EZQUERRA, J., *op. cit.*, p. 8.

11 IGLESIAS PRADA, J.L., *op. cit.*, p. 234; MACHADO PLAZAS, J. "Derecho de suscripción preferente en el aumento de capital por compensación de créditos", en *Comentarios a la Ley de Sociedades Anónimas,* Thomson Reuters-Civitas, 2011, p. 617; GANDÍA PÉREZ, E., "Derecho de suscripción preferente en el aumento de capital por compensación de créditos" (a propósito de la SAP Madrid, de 26 de octubre de 2015), en *RdS* 48, julio-diciembre 2016, apdo. 3.1.

12 SÁNCHEZ ANDRÉS, A., "Aumento y reducción de capital social", *en* AAVV *La reforma del Derecho español de sociedades de capital,* Madrid, 1987, p. 381; CUESTA RUTE, J.M. DE LA, "El aumento y reducción de capital social", en AAVV *La reforma de la Ley de Sociedades Anónimas,* Dir. A. Rojo, Madrid 1987, pp. 203-204; GONZÁLEZ VÁZQUEZ J.C., *op. cit.*, pp. 258-259; ALONSO ESPINOSA, F.J., *op. cit.*, pp. 88-90.

13 GALÁN LÓPEZ, C., *op. cit.*, pp. 445-446.

14 ALONSO ESPINOSA, F.J., *op. cit.*, p. 86 o, en el Auto del Juzgado de lo Mercantil n.º 7 de Madrid, de 23 de julio de 2008 por el que se inadmite a trámite una propuesta de convenio en la que se asimila la capitalización de créditos a una dación en pago, vid. PULGAR EZQUERRA, J., *op. cit.*, p. 7.

mos no se produce la completa extinción de las relaciones que existía entre las partes —que es lo propio de la dación en pago—, sino que se sustituye la relación originaria por otra distinta[15].

Se ha sostenido también la extinción de créditos por confusión defendida por el Prof. Olivencia Ruiz[16], si bien la asimilación parece difícil de defender en este caso como bien ha advertido un sector de la doctrina[17], pues el mecanismo de la confusión tiene lugar cuando en un mismo sujeto concurre la condición de acreedor y deudor en relación con una misma obligación, algo que, evidentemente, no se produce en este caso. En esta operación, el sujeto que ostenta la condición de acreedor lo es por un concepto, lo que no impide que, a su vez, sea deudor por otro; la sociedad, por su parte, es deudora por un concepto y puede ser acreedora por otro. Todo ello hace que estemos más cerca de la compensación que de la confusión como bien apunta Sánchez Andrés[18].

Las dificultades puestas de manifiesto son las que han llevado a algunos autores a emplear una fórmula más genérica como es la expresión "canje de créditos por acciones"[19] o incluso a formular una propuesta mixta o híbrida entre la novación y la compensación en el sentido de que, en este supuesto, se produce una novación, "libremente consentida por las partes, de la relación de crédito originaria que va a transformarse en una relación de participación social"[20].

Los problemas que se suscitan a la hora de encajar la figura o de identificarla con un supuesto concreto de entre los regulados en nuestro Ordenamiento han llevado a un sector, que podríamos considerar mayoritario, a elaborar una tesis

15 GALÁN LÓPEZ, C., *op. cit.*, p. 444; SÁNCHEZ DE ANDRÉS, A., *El derecho de suscripción preferente del accionista*, cit., p. 325.

16 OLIVENCIA RUIZ, M.," La compensación en la quiebra y el art. 926 del Código de Comercio", en *ADC* 1958, p. 822.

17 SÁNCHEZ ANDRÉS, A., *op. cit.*, pp. 320-321, MAMBRILLA RIVERA, V., "La fundación con aportaciones *in natura"*, en AAVV *Derecho de Sociedades Anónimas*, Tomo I, Vol. 1, p. 376.

18 SÁNCHEZ DE ANDRÉS, A., *op. cit.*, p. 381; MENÉNDEZ MENÉNDEZ, A., "Saneamiento de la empresa y derecho de suscripción preferente", en *Estudios de Derecho Mercantil. Homenaje Justino Duque,* Tomo I, Valladolid, 1998, pp. 320-321. En el mismo sentido, MAMBRILLA RIVERA, V., "La fundación con aportaciones *in natura"*, cit., p. 376

19 SÁNCHEZ DE ANDRÉS, A., *idem*, p. 381; MENÉNDEZ MENÉNDEZ, A., *op. cit.*, pp. 499 y sigs. Dicha propuesta, en opinión de Pulgar, parece acertada pues no prejuzga la naturaleza jurídica (PULGAR EZQUERRA, J., *op. cit.*, p. 7).

20 SÁENZ GARCÍA DE ALBIZU, J.C., "Comentario al art. 301 LSC" en AAVV, *Comentario a la Ley de Sociedades de Capital*, Tomo II, dir. Rojo/Beltrán, Thomson Reuters Civitas, Navarra, 2011, p. 2229.

que podría calificarse como "mixta". Un planteamiento que se situaría a caballo entre la compensación y la novación y en virtud del cual lo que se entendería que se produce en el aumento por compensación de créditos es una novación de la relación de crédito libremente consentida por las partes, que transforma la relación en una participación social en cuya virtud se asumen acciones o participaciones de la sociedad y se adquiere la cualidad de socio a cambio de la aportación de crédito mediante su compensación[21].

Parece que este planteamiento es el que puede explicar mejor el conjunto de relaciones que surgen en el marco del aumento por compensación de créditos. Cualquier otra aproximación no puede explicar con plenitud esta modalidad de aumento.

2. Tipo de aumento: aumento con aportaciones dinerarias o no dinerarias

Todo aumento de capital implica la elevación de su cifra estatutaria y tiene su reflejo —directo— en el balance en cuyo pasivo se verá incrementada la cifra de capital como cifra de retención. Ese incremento, como es de sobra conocido, debe corresponderse con una efectiva contrapartida patrimonial que puede consistir bien en la aportación de elementos patrimoniales (en cuyo caso se habla de aumento real o efectivo de capital), bien en una modificación que suele denominarse aumento nominal o contable por el que se eleva la cifra como consecuencia de la transformación en capital de elementos que ya figuraban en el balance (por ejemplo, reservas).

En la operación de aumento por compensación de créditos no puede entenderse que haya una aportación propiamente dicha, pues el crédito objeto de aportación tiene como deudora a la sociedad; ello significa que el crédito ya está computado en el pasivo de la sociedad. Por tanto, en estos casos se produce una modificación "contable", pero no solo porque en virtud de la misma el pasivo exigible se reduce. Así, no puede decirse que se produzca un ingreso nuevo y/o externo, algo que, por otro lado, no exige la Ley; sin embargo, como consecuencia de la operación, el pasivo exigible disminuye, lo que nos lleva a entender que, indirectamente, estamos ante una operación que produce unos efectos equivalentes a los derivados de un ingreso o aportación. El activo no se incrementa porque no se producen nuevas entradas de

21 MAMBRILLA RIVERA, V., "El aumento de capital por compensación de créditos", en *Modificación de estatutos. Aumento y reducción del capital social,* noviembre 1992, p. 382, que se hace eco de la posición defendida en Italia por FERRI; posición defendida también por PULGAR EZQUERRA, J., *op. cit.*, p. 10; SÁENZ GARCÍA DE ALBIZU, J.C., *idem*, p. 2229.

recursos al patrimonio neto, pero, en última instancia, se genera una mayor disponibilidad de recursos[22] porque el pasivo exigible se ha transformado en pasivo no exigible, en capital social[23]; es decir, tiene lugar un aumento del patrimonio neto (un aumento de los fondos propios). Lo anterior lleva a entender que se trata de un aumento de capital efectivo o real[24] y, en consecuencia, no solo contable[25].

Sin embargo, hay quien considera que esta modalidad de aumento es un supuesto autónomo y, por ello, se ha explorado una tercera vía que ha llevado a considerar el aumento por compensación de créditos como un supuesto híbrido, a caballo entre los dos[26].

En nuestra opinión, y conforme señala autorizada doctrina (aun cuando ésta sea una opinión minoritaria[27]), hay que adscribir el aumento por compensación a la categoría de aumentos efectivos de capital[28] y ello por cuanto que, tal y como ya hemos señalado, se liberan recursos siendo este el verdadero significado y alcance de la operación. La Ley no exige que los recursos provengan de fuentes externas[29], sino que lo importante es que activos que se verían comprometidos para la cobertura de las deudas, quedan libres y pueden ser empleados para el desarrollo de las actividades que la sociedad

22 PULGAR EZQUERRA, J., *op. cit.*, p. 2.

23 RUBIO GARDA-MINA, J., *Curso de Derecho de Sociedades Anónimas*, Madrid, 1974, p. 82. GIRÓN TENA, J., *Derecho de Sociedades Anónimas*, Valladolid, 1952, pp. 180-190; GARRIGUES DÍAZ-CAÑABATE, J./OLIVENCIA RUIZ, M., *Comentario a la Ley de Sociedades Anónimas*, Tomo II, 3.ª ed., Madrid, 1976, pp. 304-305.

24 GALÁN LÓPEZ, C., *op. cit.*, p. 448; SÁNCHEZ ANDRÉS, A., *Aumento y reducción de capital social*, cit., p. 381.

25 Si bien, algunos autores han señalado que en su aspecto económico podría considerarse como un supuesto de ampliación nominal de capital: URÍA GONZÁLEZ, R., *Derecho Mercantil*, 24.ª ed., Marcial Pons, Madrid, 1997, p. 372.

26 CUESTA RUTE, J.M. DE LA, *op. cit.*, p. 201.

27 Una parte de la doctrina considera que lo que se aporta es un crédito: OLIVENCIA RUIZ, M., *La compensación en la quiebra y el artículo 926 del Código de comercio*, cit., p. 822. ALONSO ESPINOSA, F.J., *op. cit.*; MAMBRILLA RIVERA, V., "El aumento de capital por compensación de créditos", cit., p. 371; DE LA CÁMARA, M., *El capital social en la sociedad anónima, su aumento y disminución*, Colegios Notariales de España, Madrid, 1996, p. 391; GONZÁLEZ VÁZQUEZ, J. C., *op. cit.*, p. 260; SÁENZ GARCÍA DE ALBIZU, J. C., *op. cit.*, pp. 2230-2231.

28 GALÁN LÓPEZ, C., *op. cit.*, pp. 447-448; ALFARO ÁGUILA-REAL, J., "Lección: el aumento de capital por compensación de créditos", en *Almacén de Derecho*, 2017. 8, 2017; GANDÍA PÉREZ, E., *op. cit.*, apdo. II.1; Sentencia de la Audiencia Provincial de Pontevedra de 24 de noviembre de 2011.

29 SÁNCHEZ ANDRÉS, A., "Aumento y reducción de capital", cit., p. 381; PULGAR EZQUERRA, J., *op. cit.*, apdo.3; FERNÁNDEZ DEL POZO, L., *op. cit.*, apdo. III Sentencia del Juzgado de lo Mercantil, 16 de septiembre 2015.

entienda oportunas. Se produce, pues, una desafección patrimonial que permite a la sociedad disponer de recursos en otro caso comprometidos. Por todo ello, y desde un punto de vista económico, se puede entender también que el aumento de capital por compensación de créditos es una medida de saneamiento financiero.

Constatado el carácter real de la operación de aumento de capital por compensación de créditos, y en clara conexión con ello, surge la discusión acerca del carácter dinerario o no dinerario de las aportaciones de crédito. En realidad, esta discusión era, hasta la reforma operada por la Ley 3/2009, de 3 de abril de modificaciones estructurales, un debate cuya trascendencia práctica era menor. Se trataba, más bien, de una cuestión dogmática sin perjuicio de que encuadrar la operación entre una u otra modalidad resultara difícil y con importantes consecuencias prácticas pues el régimen aplicable es diferente en un caso y en otro.

En efecto, no son pocos los autores que entienden que el aumento de capital por compensación de créditos constituye una modalidad específica dentro de la categoría de aumentos con cargo a aportaciones no dinerarias del art. 300 LSC y no un aumento con cargo a aportaciones dinerarias del art. 299 LSC. La calificación jurídica que se le dé tiene trascendencia práctica en relación con la aplicación del instituto del derecho de suscripción preferente[30] y del capital autorizado, ambos previstos o posibles en el marco de las

30 Vid. la DF 1.ª de la Ley 3/2009, de 3 de abril, de Modificaciones Estructurales introdujo un cambio en la entonces vigente Ley de Sociedades Anónimas (art. 158.1 LSA) en virtud de la cual el derecho de suscripción preferente se reconocía solo para el supuesto en que los aumentos de capital se produjeran con cargo a aportaciones dinerarias (hoy, dicha previsión se recoge en el art. 304 LSC).
Aquella reforma no respondía a exigencia alguna del Derecho europeo, pero tampoco lo contravenía. De hecho, el Tribunal Superior de Justicia de la Comunidad Europea en su Sentencia (Pleno) de 19 de noviembre de 1996, analiza la cuestión acerca de la legalidad de un acuerdo de Junta general que tiene por objeto un aumento de capital por aportaciones no dinerarias en el que se suprime al mismo tiempo el derecho de suscripción preferente. En concreto, se suscita la duda acerca de la compatibilidad de una norma de Derecho interno con lo previsto en el Derecho comunitario que concede un derecho de suscripción preferente en caso de aumento de capital con cargo a aportaciones no dinerarias. En la Sentencia se afirma que el hecho de que la II Directiva de sociedades se limite a reconocer el derecho de suscripción preferente en los aumentos con cargo a aportaciones dinerarias no significa que no pueda extenderse ese derecho a los aumentos con cargo a aportaciones no dinerarias pues lo que hace el Derecho comunitario es dejar libertad pues ello garantiza una protección más eficaz de los accionistas, objetivo último de la Directiva. Vid. en este sentido, FERNÁNDEZ DEL POZO, *L.*, *op. cit.*, apdo. III.

aportaciones dinerarias, cuestiones todas ellas sobre las que volveremos más adelante.

Con carácter general, se entiende por aportaciones *in natura* todas aquellas aportaciones de carácter patrimonial que no tengan la consideración de dinerarias (vid. arts. 299 y 300 LSC).

La Ley de Sociedades de Capital no se pronuncia acerca del carácter dinerario o no dinerario de la compensación de créditos. La posición doctrinal mayoritaria y sostenida también por la Dirección General de los Registros y Notariado, hoy de la Seguridad Jurídica y Fe Pública, interpreta que la compensación de créditos se asimila a las aportaciones *in natura*[31]. Esta postura se sustenta, por un lado, en el propio tenor literal del precepto 295.2 LSC:

> *"En ambos casos el aumento del capital podrá realizarse con cargo a nuevas aportaciones dinerarias o no dinerarias al patrimonio social, incluida la aportación de créditos contra la sociedad, o con cargo a beneficios o reservas que ya figurasen en el último balance aprobado"* (el subrayado es nuestro)

Y, por otro, en la asimilación entre aportaciones de crédito y aportaciones *in natura*. Conforme a este planteamiento, se entiende que lo que se aporta es un crédito que el acreedor ostenta frente a la sociedad por lo que la operación podría describirse como una cesión de crédito en la que éste se extinguiría por confusión[32].

La Audiencia Provincial de Madrid, en su Sentencia de 26 de octubre de 2015 (al igual que la RDGRN de 7 de febrero de 2020), entiende que en el aumento por compensación de créditos no hay un aumento con cargo a apor-

31 Vid., entre otros, OLIVENCIA RUIZ, M., "La compensación en la quiebra y el artículo 926 del Código de comercio", cit., p. 822; ALONSO ESPINOSA, F.J., *op. cit.*, p. 87; GALÁN LÓPEZ, C., *op. cit.*, p. 451; MAMBRILLA, V., "El aumento del capital por compensación de créditos", cit., p. 371; DE LA CÁMARA ÁLVAREZ, M., *op. cit.*, p. 391; GONZÁLEZ VÁZQUEZ, J.C., *op. cit.*, p. 260 y GARCÍA GREWE, C., *El derecho de suscripción preferente. Exclusión, inexistencia y configuración estatutaria*, Civitas-Thomson Reuters, 2014, p. 356; FERNÁNDEZ DEL POZO, L., *op. cit.*, apdo. VIII, quien sostiene que cabe la compensación convencional cuando los créditos no reúnen las condiciones exigidas para la compensación legal en los términos que también defiende la doctrina italiana. Entiende el referido autor que en los supuestos de aportación *in natura*, la valoración se hace conforme al test del valor razonable y no del valor contable, evitando riesgos de sobrevaloración de los créditos.
Es también la posición dominante en la Dirección General de los Registros y del Notariado: Resoluciones de 15 de julio de 1992, de 11 de octubre de 1993, de 19 de mayo de 1995, de 22 de mayo de 1997, de 2 de marzo de 2011, de 6 y de 15 de febrero de 2012, de 20 de abril de 2012.
En el Tribunal Supremo, Sentencia de 23 de mayo de 2008.

32 Vid. referencias en GANDÍA PÉREZ, E., *op. cit.*, apdo. II.2.

taciones dinerarias, lo que exigiría que se realizaran aportaciones dinerarias nuevas. La capitalización de deudas no incorpora nuevos fondos y, en consecuencia, no puede calificarse como aportación dineraria.

Se ha afirmado también que entender la compensación de créditos como una mera fórmula de desembolso de las aportaciones dinerarias contrasta con el diseño de la Ley en relación con las categorías de aumento, lo que no resulta admisible[33].

No parece, sin embargo, que pueda sostenerse dicho planteamiento, pues en el aumento por compensación de créditos lo que se aporta es un crédito frente a la propia sociedad deudora y no un crédito de un tercero que, además, requeriría una valoración (calidad del crédito, solvencia del deudor, posibilidad de cobro) para determinar la contraprestación. Por el contrario, en la compensación, el crédito ya está en el balance de la sociedad, en su pasivo, importe que se extingue con esta operación. Cuestión distinta es, como bien advierte Gandía, que el propio ICAC, en respuesta a unas consultas, haya determinado que en estos aumentos "el incremento de fondos propios debe contabilizarse "por el valor razonable de la deuda que se da de baja"[34].

Frente a esta postura, un sector minoritario de la doctrina española[35] e incluso de la alemana[36] al que nos adherimos, entiende que no es un crédito

33 GANDÍA PÉREZ, E., *op. cit.*, apdo. II.2.

34 GANDÍA PÉREZ, E., *idem*, apdo. II.2., Vid. las consultas número 5 de 2009 (BOICAC, núm. 79) y número 4 de 2012 (BOICAC, núm. 89).

35 IGLESIAS PRADA J.L., *op. cit.*, p. 230; ALFARO ÁGUILA-REAL, J., *Interés social y derecho de suscripción preferente: una aproximación económica*, Civitas, Madrid, 1995, nota 236; MACHADO PLAZAS, J., "Artículo 156. Aumento por compensación de créditos", en *Comentarios a la Ley de Sociedades Anónimas,* Tecnos, Madrid, 2001; ARROYO MARTÍNEZ, I., *Comentarios a la Ley de Sociedades Anónimas. Real Decreto Legislativo 1564/1989, de 22 de diciembre, por el que se aprueba el texto refundido de la Ley de Sociedades Anónimas*, Vol. 2, 2.ª, Tecnos, Madrid, 2009, p. 161; ÁVILA DE LA TORRE, A., "Artículo 301. El aumento por compensación de créditos", en *Comentario de la Ley de Sociedades de capital,* Tomo IV, Thomson Reuters-Civitas, 2011; GARCÍA CRUCES, J. A./SANCHO GARGALLO, I., *Comentario de la Ley de Sociedades de Capital*, Tirant lo Blanch, Valencia, 2021, p. 4202. Vid. SAP Pontevedra de 24 de noviembre de 2011.

36 CAHN, A./SIMON, S./THEISELMANN, R., "Forderungen gegen die gesellschaft als Sacheinlage? Zum Erfordernis der Forderungsbewertung beim Debt-Equity Swap", en *Working Paper series* n.º 117 Universität Frankfurt am Main, (https://publikationen.ub.uni-frankfurt.de/frontdoor/index/index/year/2010/docId/7897).
Sin embargo, la mayoría de la doctrina alemana suele considerar esta operación como una cesión de crédito, vid. ulteriores referencias doctrinales en: GANDÍA PÉREZ, E., *op. cit.,* nota 8. Por su parte en el Derecho británico la *section* 583.3c) de la *Companies Act* de 2006 sostiene que son aportaciones dinerarias las aportaciones de créditos dirigidos contra la sociedad lo que ha llevado a la doctrina que cuando se trata de créditos vencidos y exigibles, no infrin-

que deba ser objeto de una valoración, sino que estamos ante un verdadero supuesto de compensación de dos créditos dinerarios: el que surge a favor de la sociedad contra el acreedor y el que ostenta este frente a aquélla. Así las cosas, estaríamos ante una aportación dineraria, aunque no en metálico, que se materializa mediante compensación. Una compensación que, por otro lado, opera en el momento de realizar el desembolso de la aportación y que, en consecuencia, nos lleva a afirmar que aquí no hay una cesión de un crédito (en contra, RDGRN de 6 de noviembre de 2012).

El carácter dinerario no debe entenderse, empero, como sinónimo de efectivo (aun cuando esta ha sido la postura sostenida por la Audiencia Provincial de Pontevedra en su Sentencia de 24 de noviembre de 2011). Siguiendo este planteamiento, algunos autores sostienen que no implica una plena equiparación, encontrando las mayores dificultades en el reconocimiento del derecho de preferencia para los acuerdos de aumento realizados con aportaciones dinerarias[37].

Por otro lado, nada parece impedir una interpretación de la Directiva 2017/1132 del Parlamento Europeo y del Consejo de 14 de junio de 2017 sobre determinados aspectos del derecho de sociedades, integradora o comprensiva no solo del supuesto de la entrega en efectivo, sino también de la cancelación de una porción del pasivo de la sociedad[38].

Algunos autores, como consecuencia del difícil encaje de la figura en un tipo concreto de aumento de capital, han calificado esta modalidad como una forma *sui generis* de ampliación, afirmando la necesidad de excluir el derecho de preferencia propio de las ampliaciones dinerarias puras[39]. Incluso hay quien ha sostenido que, al no haber ninguna aportación de activo, sino una

ge la prohibición de emisiones bajo la par la conversión de créditos en capital por su valor nominal aun cuando el valor de mercado fuera inferior como consecuencia de la insolvencia del deudor (DAVIES, P.L. y VARIOS, *Gower and Davies' principles of modern company Law*, 8.ª ed., Sweet & Maxwell, Londres, 2008, p. 276).

En el Derecho francés, el art. L225-228 CCom señala que el aumento de capital puede hacerse *soit par apport en numéraire, y compris par compensation des créances liquides et exigibles, soit par apport en nature*, lo que lleva a la doctrina, especialmente tras la reforma operada en 2004 (vid. nota 1), a sostener la naturaleza dineraria de la aportación: LE BARS, B., *op. cit.*, p. 373.

37 ÁVILA DE LA TORRE, A., *op. cit.*, p. 4202.

38 ALFARO ÁGUILA-REAL, J., https://almacendederecho.org/leccion-aumento-capital-compensacion-creditos

39 SÁENZ GARCÍA DE ALBIZU, J.C., *op. cit.*, p. 2231; RDGRN de 6 de febrero de 2012, SAP de Madrid de 26 de octubre de 2015.

reducción del pasivo carece de sentido la distinción entre aportación dineraria o no dineraria[40].

Algunos autores, sin embargo, han señalado que la calificación depende del estado en el que se encuentren los créditos a compensar (RDGRN de 11 de octubre de 1993); es decir, de la medida en que dichos créditos sean líquidos, estén vencidos y constituyan, en consecuencia, deuda exigible (que cumplan por tanto con los requisitos previstos en el art. 1196 CCi). De este modo, cabría sostener la doble naturaleza de la aportación. Por un lado, los créditos legalmente compensables por ser totalmente líquidos, vencidos y exigibles (arts. 1196 CCi y 301 LSC) merecerían la consideración de aportaciones dinerarias. Por otro lado, y respecto de aquellos créditos que no reúnan dichos requisitos, estaríamos ante una aportación *in natura*[41]. Si entendemos, tal y como hemos defendido, que estamos ante una verdadera compensación, el resultado o el efecto no puede ser otro que la extinción del crédito afectado y no su transmisión a la sociedad (que sería lo propio de una aportación *in natura*)[42]. Para ellos se habría previsto una regla especial de simple verificación por el auditor en los términos que veremos más adelante.

3. Forma de realización del aumento: emisión de nuevas acciones o incremento de valor de las ya existentes

Como es sabido por todos, el aumento de capital social puede realizarse por creación de nuevas participaciones o emisión de nuevas acciones o por incremento del valor nominal de las ya existentes (art. 295 LSC); de la misma manera, es de sobra conocido que los socios o accionistas de una sociedad pueden asumir junto a su papel de socio o accionista, el de acreedor.

Así el aumento de capital por incremento de valor nominal de las acciones ya existentes no conllevará, en línea de principio, la entrada de nuevos socios en el capital[43]. Tiene la ventaja, por otro lado, de no resultar de aplicación para esta clase de aumento el derecho de suscripción preferente *ex* art. 304.2

40 GANDÍA PÉREZ, E., *op.cit.*, apdo. 2.

41 Un sector de la doctrina se muestra contrario a esta doble naturaleza de la aportación, considerándola no dineraria por la totalidad del importe: SAENZ GARCÍA DE ALBIZU, J.C., *op. cit.*, p. 156.

42 IGLESIAS PRADA, J.L., *op. cit.*, p. 656; PULGAR EZQUERRA, J., *op. cit.*, apdo. 2.2; FERNÁNDEZ DEL POZO, L., *op. cit.*, apdos. V y VIII.

43 En efecto, parece difícil —aunque sí cabe desde un punto de vista dogmático— la conversión de crédito mediante el incremento del valor del nominal de las acciones/participaciones ya existentes si el acreedor era ya socio de la entidad deudora (CUESTA RUTE, J.M. DE LA, *op. cit.*).

LSC, si bien será necesario, al amparo de lo dispuesto en el art. 296.2 LSC, el consentimiento de todos los accionistas, por tanto, también de los accionistas cuyos títulos estén dentro de la clase de los que se van a emitir.

Por el contrario, en el supuesto de emisión de nuevas acciones o participaciones, la entrada de nuevos socios es más probable, pues no siendo que los socios/accionistas sean los acreedores del crédito a compensar, lo lógico será que esos terceros acreedores devengan socios o accionistas de la sociedad. Y es que no debemos perder de vista que estamos ante un supuesto de compensación de créditos, operación que cumple, en última instancia, una función de financiación para la sociedad. Más allá de que, en estos casos, será necesario el acuerdo de la mayoría de las acciones/participaciones pertenecientes a la clase afectada, la operación tiene la virtud de mejorar los "ratios" entre fondos propios y fondos ajenos. Sin embargo, una de las dificultades consustanciales a esta operación y sobre lo que tendremos ocasión de pronunciarnos más adelante, es el derecho de suscripción preferente (dado que hemos considerado la operación de aumento por compensación de créditos como aportación dineraria); dicho derecho tiene un carácter derogable (*ex* art. 308 LSC) si los administradores justifican la propuesta y la junta acuerda proceder a su exclusión.

4. Requisitos de los créditos a compensar

En relación con las características que han de reunir los créditos que vayan a ser objeto de compensación, el art. 301 LSC nada dice sobre su naturaleza por lo que podrán ser objeto de la misma títulos de cualquier posición crediticia. Lo que sí impone la Ley son ciertos requisitos de exigibilidad y liquidez en relación con dichos créditos para que pueda operar la compensación. Dichas exigencias son coherentes con el planteamiento que hemos defendido aquí al sostener que el aumento por compensación de créditos es un supuesto de verdadera compensación. Sin embargo, el legislador no establece las mismas exigencias previstas para el instituto de la compensación en el marco del Código Civil en los arts. 1195 y 1196 CCi sino que las reduce o simplifica lo que se explica, como veremos, por la función económica que cumple esta modalidad de aumento.

Como es por todos conocido, el régimen general del Código Civil exige, en materia de compensación, que los créditos a compensar sean homogéneos, recíprocos, vencidos, líquidos y exigibles en su totalidad. No obstante, en el marco del derecho societario, el legislador ha previsto exigencias diferentes no sólo con respecto al Código Civil sino también entre tipos societarios. Así, mientras que para las sociedades de responsabilidad limitada el art. 301 LSC dispone que cuando el aumento se realice por compensación de créditos éstos habrán de ser totalmente líquidos y exigibles, un régimen distinto se prevé respecto del tipo sociedad anónima resultando suficiente en este caso que "al menos, un veinticinco por ciento de los créditos a compensar deberán ser líquidos, estar vencidos y ser exigibles, y el vencimiento de los restantes no podrá ser superior a cinco años", posición por otro lado coherente con el régimen de desembolso parcial[44]. Los requisitos establecidos, refuerzan de alguna manera esa similitud o equiparación siquiera sea parcial entre los aumentos de capital por compensación de créditos y los aumentos de capital dinerarios y resulta coherente con la propia configuración de este tipo de aumento —extinción de un crédito por compensación—.

En relación con el requisito del vencimiento, es evidente que éste se produce en la fecha en que la obligación deba cumplirse; es decir, porque se hubiera cumplido el plazo pactado por las partes en la relación contractual de la que traen causa los créditos a compensar. Por tanto, el acaecimiento del término está claramente unido al requisito de la exigibilidad en el sentido de que cumplido éste, las obligaciones son reclamables en vía judicial. Así, la exigibilidad conecta también con el concepto de morosidad en el cumplimiento de las obligaciones. Si tenemos en cuenta lo previsto en el Código de Comercio (arts. 61 y 62 CCom)[45], las obligaciones (puras o sin término) serán exigibles a los 10 días si sólo produce acción ordinaria o al día siguiente si lleva aparejada ejecución.

Que los créditos sean exigibles significa que ha llegado su vencimiento. Tal y como hemos advertido, el art. 301 LSC predica dos regímenes diferentes dependiendo del tipo societario: para las sociedades de responsabilidad limitada los créditos habrán de ser totalmente líquidos y exigibles, mientras que en sede de anónimas se establece como requisito el vencimiento y, por tanto, la exigibilidad mínima (y liquidez) del 25 %[46]. Este requisito ha suscitado dudas más que razonables entre la doctrina mercantilista en el seno de la

44 Las características de exigibilidad y liquidez deben encontrarse referidas al 25 % de los créditos, porcentaje que debe calcularse respecto del importe global de créditos objeto de aportación y no sobre cada uno de ellos individualmente considerados (SAÉNZ GARCÍA DE ALBIZU, J.C., *op. cit.*, p. 22-32). GALÁN LÓPEZ, C., *op. cit.*, pp. 455-456.

45 ALONSO ESPINOSA, F.J., *op. cit.*, p. 89, nota 68.

46 GONZÁLEZ VÁZQUEZ, J.C., *op. cit.*, p. 261, quien señala que no se entiende bien que este requisito de vencimiento, liquidez y exigibilidad del 25 % se prevea para el supuesto de capitalización de deuda y que, sin embargo, nada se prevea en los supuestos en que se aporte a la sociedad créditos frente a un tercero.

cual se han defendido dos teorías que reflejan la incertidumbre que late sobre esta cuestión. El problema, evidentemente, no se planteará en los casos en los que el 100 % del crédito a compensar sea líquido y exigible (y esté, por tanto, vencido) sino en aquellos casos en que lo esté parcialmente. En concreto, la dificultad estriba en ver cómo opera el límite del 25 % previsto en el art. 301 LSC. Es decir, si la exigencia del carácter vencido, líquido y exigible de los créditos solo en relación al 25 % debe entenderse como un límite mínimo de tal manera que, si no se cumple, dichos créditos no podrán ser objeto de compensación o si, por el contrario, hay que entender que para que sean compensables es necesario que dichos requisitos concurran respecto de la totalidad de los créditos.

Si las exigencias previstas en el art. 301 LSC concurren en el 25 % de los créditos debe analizarse si operaría la extinción del crédito por el importe total concurrente (y, por tanto, se produciría el vencimiento anticipado de la proporción del crédito que no cumpla con ellas) o si, por el contrario, la operación no implicaría el vencimiento anticipado de la totalidad de los créditos, por lo que para liberar la deuda de aportación sería necesario ir compensado a medida que se vayan produciendo los sucesivos desembolsos (parciales). En este último caso, y teniendo en cuenta lo previsto por el legislador en el art. 301 LSC, ello podría prolongarse en el tiempo por un período de máximo 5 años.

Algunos autores sostienen que esta segunda interpretación resulta más coherente con la naturaleza compensatoria de la operación[47]. Sin embargo, no son pocos quienes han defendido la postura contraria, señalando que este criterio no resulta acorde con la finalidad económica de la operación; de hecho, sin perjuicio de lo que se verá más adelante, la capitalización de deuda en el ámbito preconcursal o en el marco del convenio son posibles con independencia de que el crédito esté íntegramente vencido (siempre y cuando se cumplan los requisitos del art. 301 LSC)[48]. A mayor abundamiento, sostener que la ejecución se gradúe en función de sucesivos vencimientos plantea diversos problemas. En primer lugar, no parece tenerse en cuenta que estamos ante un supuesto de compensación convencional y, por tanto, no queda sujeta al cumplimiento de la totalidad de los requisitos establecidos en los arts.

47 GANDÍA PÉREZ, E., *op. cit.*, apdo. 3.1; ALFARO ÁGUILA-REAL, J., "Lección: el aumento de capital por compensación de créditos"; blog cit.

48 PULGAR EZQUERRA, J., *op. cit.*, apdo. V. La compensación opera la extinción del crédito o créditos por el importe concurrente (MAMBRILLA RIVERA, V., "El aumento de capital por compensación de créditos", cit., p. 393) con los intereses correspondientes (GALÁN LÓPEZ, C., *op. cit.*, pp. 453-458; IGLESIAS PRADA, J.L., *op. cit.*, pp. 657-658).

1195 y 1196 CCi sino a lo que las partes hubieran convenido, pudiendo así acordarse la extinción total del crédito aún cuando no estuviera vencido en su totalidad. En segundo lugar, no parece posible que se puedan simultanear dos posiciones —la de accionista y la de acreedor— por exactamente el mismo concepto; y no tiene en cuenta que lo que se produce aquí es la conversión de la posición del acreedor en la de accionista[49]. Es más, en el canje de créditos por acciones —que es lo que se produce mediante la compensación— el contravalor real es de naturaleza dineraria y ya se había entregado a la sociedad en el momento originario, es decir, deriva de la relación contractual de la que surge el crédito.

La exigencia del carácter vencido, líquido y exigible de los créditos solo en relación al 25 % debe entenderse como un límite mínimo de tal manera que, si no se cumple, dichos créditos no podrán ser objeto de compensación.

No se nos oculta que, en una situación de desequilibrio económico, la operación puede afectar a los intereses de los socios y ello por cuanto que, si la sociedad no pudiera hacer frente al pago de la totalidad de la deuda, el acreedor al recibir en acciones o participaciones por el valor nominal del crédito (más los intereses) estaría cobrando más de lo que dicho crédito realmente vale. Es decir, el valor real del crédito, en estos casos sería inferior al valor nominal del mismo. Cuando esto ocurre y aunque la Ley no lo exija, podría ser aconsejable proceder a la previa reducción del capital[50], pero sobre estas cuestiones habremos de volver más adelante.

En relación con el requisito de la liquidez, ha de entenderse que la cuantía o cantidad de lo que el deudor ha de entregar ha de ser determinada (no siendo pues, precisa la intervención judicial o el arbitrio de tercero en orden a su determinación). Una deuda es líquida cuando es en dinero y por una cifra concreta (o cuando solo precise de una simple operación matemática)[51].

Además de los requisitos que han de concurrir en los créditos a compensar y que acabamos de analizar, la Ley establece un régimen de cautelas aplicables al aumento de capital por compensación de créditos.

49 CUESTA RUTE, J.M. DE LA, *op. cit.*, p. 204; MAMBRILLA RIVERA, V., "El aumento de capital por compensación de créditos", cit., pp. 393-394; PULGAR EZQUERRA, J., *op. cit.*, p. 15; GONZÁLEZ VÁZQUEZ, J.C., *op. cit.*, p. 261; CUESTA RUTE, J.M. DE LA, *op. cit.*, pp. 204-205.

50 SAÉNZ GARCÍA DE ALBIZU, J.C., "Comentario al art. 301 LSC" cit., p. 2233; MAMBRILLA RIVERA, V., "El aumento de capital por compensación de créditos", cit., pp. 397-398.

51 PULGAR EZQUERRA, J., *op. cit.*, apdo. V.; DIEZ PICAZO, L., *Fundamentos de Derecho Civil Patrimonial*, Vol. I, Tecnos, 1993, p. 540.
La STS 9 de julio 2006 señaló que en el caso de sociedades anónimas no es preciso que todos los créditos sean líquidos.

En primer lugar, al tiempo de la convocatoria de la junta que haya de acordar la operación, debe ponerse a disposición de los socios un informe de los administradores que, en el caso de la sociedad anónima, habrá de ir acompañado de un certificado del auditor de cuentas de la sociedad o, en su defecto, de uno nombrado por el registrador mercantil a instancia de los administradores. Ello significa, en primer lugar, que en sede de limitadas al no preverse en la Ley la intervención —preceptiva— del experto, el contraste de los requisitos depende única y exclusivamente de los administradores al elaborar su informe.

La función que cumple el informe de los administradores no es tanto la valoración del crédito a compensar —y menos cuando los créditos sean totalmente vencidos, líquidos y exigibles—, sino informar a los accionistas acerca de las participaciones o acciones que vayan a crearse, la cuantía del aumento, la descripción del crédito y su concordancia con la contabilidad[52].

Es preciso, además, un control externo por parte del auditor en cuya certificación deberá acreditar que ha verificado la contabilidad social y que los datos ofrecidos por el órgano de administración son exactos[53]. En el supuesto de que se trate de créditos completamente vencidos, líquidos y exigibles, la función del auditor será simple en el sentido de que se limitará a una mera constatación con examen de los libros contables de que se cumplen los requisitos de compensabilidad[54]. Sin embargo, en el supuesto de que los créditos estuvieran pendientes de vencimiento, habrá de tenerse en cuenta el cuadro de amortización pactado, así como los intereses (tanto los explícitos como, en su caso, los implícitos) legales o convencionales[55].

52 ALONSO ESPINOSA, F.J., *op. cit.*, p. 88; GANDÍA, PÉREZ, E., *op. cit.*, apdo. 3.1. El cumplimiento de los requisitos debe desprenderse de la contabilidad (sin que sea exigible la prueba de la fecha en la que nacieron), no obstante: RDGRN 21-12-2017, ampliamente criticada por BRACK, M., "Una sociedad unipersonal dedicada a las "telecomunicaciones" no es una sociedad profesional y lo difícil que es aumentar el capital", en *Almacén de Derecho*, 2018, https://derechomercantilespana.blogspot.com/2018/01/una-sociedad-unipersonal-dedicada-las.html.

53 ALONSO ESPINOSA, F.J., *op. cit.*, p. 88; MAMBRILLA RIVERA, V., "El aumento de capital por compensación de créditos", cit., pp. 406-407; GANDÍA PÉREZ, E., *op. cit.*, apdo. 3.1).

54 FERNÁNDEZ DEL POZO, L., *op. cit.*, apdo. VI. Advierte el autor que la función del auditor es muy distinta en los supuestos de los créditos pendientes de vencimiento, aspecto al que se refirió también la RDGRN de 11 de octubre de 1993. Así considera que el auditor debe confrontar la realidad de los créditos y su contraste en libros; es decir, que el valor atribuido por las partes a los créditos aprobados en cuanto imputables al capital y, en su caso, a reservas, debe corresponderse al menor, con el valor que tienen esos créditos por aplicación de las reglas y criterios valorativos y de reconocimiento contable.

55 Vid. a este respecto, FERNÁNDEZ DEL POZO, L., *op. cit.*, apdo. VII.

Ambos documentos deberán incorporarse a la escritura pública de ejecución del aumento (arts. 301.5 LSC, 168 y 199 RRM)[56]. Constituyen garantía suficiente de la realidad de la aportación y, por consiguiente, de la adecuada integración del capital social[57]. No obstante, y sin perjuicio de lo que digamos más adelante, la correcta integración del capital solo puede tener lugar si el aumento se asienta sobre una situación de equilibrio patrimonial de la sociedad.

5. Los sujetos intervinientes en el aumento del capital por compensación de créditos

Es evidente que en la operación de aumento de capital por compensación de créditos participan dos sujetos claramente diferenciados. Por un lado, la sociedad deudora y, por el otro, el o los acreedores. Como toda modificación estatutaria y como sucede en cualquier aumento de capital (excepción hecha del supuesto de "capital autorizado"), es preciso el acuerdo de la junta general de socios o accionistas. Este presenta algunas peculiaridades que aconsejan un tratamiento diferenciado (*supra* apdo. III).

Por lo que al acreedor (o acreedores) se refiere, parece lógico partir de la idea de que éste debe ser el legítimo titular del crédito (o créditos) que vaya a ser objeto de compensación, cualquiera que sea su origen (contractual o extracontractual). Generalmente, tal y como hemos indicado, el acreedor será un tercero ajeno a la sociedad y, por tanto, no tendrá la condición de accionista (si bien nada impide que el tenedor del crédito sea al mismo tiempo socio o accionista de la compañía).

Cuestión distinta es que la concurrencia de la doble condición socio/accionista y acreedor en un sujeto suscita dudas en cuanto a la conveniencia de la operación, o, incluso pueden plantearse supuestos de conflicto de interés. Por ello cada operación habrá de analizarse caso por caso.

Lo que también parece evidente es que la conversión de la posición de acreedor por la de socio o accionista requiere el consentimiento individual de las partes implicadas[58]. Ahora bien, ese consentimiento individualizado tiene

56 Los arts. 168.3 y 199.3 RRM describen con mayor detalle qué menciones sobre los créditos, deben recogerse y, entre ellas, está la fecha de nacimiento de los créditos (vid. RDGRN de 9 de octubre de 2012 y, en términos similares, RDGRN de 19 de enero de 2012).

57 La certificación del auditor tal y como ha señalado la DGRN cumple un importante papel en defensa de los intereses de los socios y terceros RRDGRN de 15 de julio de 1992 y 11 de octubre de 1993; STS de 9 de junio de 2006.

58 ALONSO ESPINOSA, F.J., *op. cit.*, p. 86. En diversas resoluciones la DGRN ha cambiado el criterio del registrador que exigió que constara expresamente el consentimiento del acreedor (RRDGRN de 30 de noviembre de 2012 y 12 de septiembre de 2017).

especial relevancia cuando la capitalización de deuda se enmarca en el contexto de los planes de reestructuración, cuestión sobre la que también, y en aras de una mayor claridad expositiva mencionaremos más adelante.

III. EL ACUERDO DE AUMENTO DE CAPITAL POR COMPENSACIÓN DE CRÉDITOS

1. El órgano competente; especial referencia a la junta universal

Como quiera que esta operación no es sino un aumento de capital, el incremento por compensación de créditos debe ser acordado en junta general de accionistas (art. 301.1 LSC), sea ésta de carácter extraordinario u ordinario, pues a ella le corresponde en exclusiva la competencia para adoptar dicho acuerdo (art. 160 LSC), a salvo el supuesto del capital autorizado. Al mismo tiempo deberá cumplirse con todos los requisitos previstos en la Ley de Sociedades de Capital para adoptar cualquier modificación de estatutos (requisitos de convocatoria y publicidad), marco en el que se encuadra el aumento de capital por compensación de créditos.

Así, en el supuesto de la sociedad anónima, el acuerdo deberá adoptarse conforme al régimen de mayorías establecido en el art. 201.1 LSC; mayoría que en última instancia requerirá —de acuerdo con lo previsto en el art. 194 LSC— la presencia en primera convocatoria de, al menos, el 50 % del capital suscrito con derecho a voto y, en segunda convocatoria, la concurrencia del 25 % de dicho capital. En sede de limitadas, al no preverse un *quórum* mínimo, el acuerdo deberá adoptarse con la mayoría ordinaria prevista en el art. 198 LSC.

Todo lo anterior no empece que, además, deberá cumplirse con los requisitos especiales establecidos en la Ley en relación con este tipo de aumento de capital (arts. 295 a 316 LSC) y, en particular, con aquellos que, de alguna manera, conectan con lo que en términos generales podríamos considerar como derecho de información (derecho a consultar los documentos o solicitar el envío gratuito de dichos documentos...).

En relación con el acuerdo de la junta ha suscitado algún debate la posibilidad de que la decisión sea acordada en junta universal. Al respecto, adelantamos ya que la respuesta, en nuestra opinión, ha de ser necesariamente afirmativa no solo porque el art. 301 LSC no contiene norma prohibitiva alguna sino porque aun cuando la Ley nada dice acerca de una posible dispensa del requisito de presentar la certificación del auditor en sede de junta universal, no deben confundirse dos cuestiones, en nuestra opinión, diferentes: por un lado, las garantías exigibles para la toma en consideración de ese acuerdo y, por otro, la decisión de la junta *per se*.

A este respecto, algunos autores han señalado que las exigencias contenidas en el art. 301 LSC y, en concreto, la necesidad de poner a disposición de los accionistas una certificación del auditor que acredite que los datos ofrecidos por los administradores sobre los créditos son exactos, no impiden la adopción de la decisión en junta universal[59]. En apoyo de esta postura se pueden formular varios argumentos. Al margen de que el art. 301 LSC —ni ningún otro precepto de la LSC— no excluya dicha posibilidad, los accionistas, cuando aceptan la celebración de una junta universal están renunciando al mismo tiempo a ciertos derechos. Es decir, consienten que el acuerdo se adopte siguiendo una modalidad de reunión que tiene sus propias particularidades; y nada impide que los socios o accionistas, al conocer el orden del día y, en su caso, la documentación, rechacen la conformación de la junta universal. No existiendo unanimidad en relación con la propia celebración de la reunión o del orden del día, no habrá lugar a ella.

Además, el hecho de que el acuerdo se adopte en junta universal no impide que la documentación (informe de los administradores y certificación del auditor) se presente a los socios/accionistas o que deba, incluso, presentarse a los socios a fin de cumplir con las exigencias informativas. A mayor abundamiento, el art. 158 RRM establece en su apdo. 2.º que "lo dispuesto en los párrafos 1.º y 2.º del apartado anterior no será de aplicación a los acuerdos adoptados en Junta Universal" (los referidos párrafos aluden a la transcripción literal de la propuesta de modificación de los estatutos sociales y a la manifestación de los otorgantes de que ha sido emitido el preceptivo informe). El precepto viene así a establecer que es innecesario dejar constancia de ello en la escritura, pero también parece razonable entender que no deben requerirse para la adopción de acuerdos de modificación estatutaria en junta universal (todo ello sin perjuicio de que deban cumplirse los requisitos establecidos en el art. 166 RRM).

Tampoco debemos olvidar que la Ley de Modificaciones Estructurales (Ley 3/2009 de 3 de abril, sobre Modificaciones Estructurales de las sociedades mercantiles), admite expresamente la posibilidad de que dichos acuerdos sean adoptados en junta universal, acuerdos todos ellos que implican una modificación estatutaria.

59 PULGAR EZQUERRA, J., *op. cit.*, apdo. 2, p. 22.

No creemos, en fin, que la adopción de este acuerdo *per se* ponga en tela de juicio la tutela del capital[60].

2. Sobre la posibilidad de capital autorizado o delegación de facultades

Constatado que el aumento de capital por compensación de créditos cuenta con un régimen jurídico propio —aunque éste resulte incompleto— cuya naturaleza puede encuadrarse mejor dentro de los considerados como aumentos dinerarios, es preciso abordar algunas de las cuestiones propias de estos y, entre ellas, la posibilidad de delegar el aumento en los administradores (art. 297 b) LSC)[61].

Tradicionalmente, la doctrina ha entendido que éste es un tipo de aumento de carácter no dinerario por lo que, en consecuencia, no serían de aplicación las reglas particulares o específicas de los aumentos dinerarios[62]. Además, si el legislador hubiera querido excluir esta modalidad de la aplicación de las normas dictadas para los aumentos dinerarios, lo podría haber hecho expresamente. Todo lo más, podemos entender que estamos ante una categoría especial intermedia si se prefiere más próxima a la dineraria que a la no dineraria.

Considerando la naturaleza compensatoria de la operación y su carácter dinerario, parece razonable entender que cabe la delegación en los administradores por la junta. De esta manera, cumpliéndose ciertos requisitos, la junta general puede delegar en los administradores la facultad de acordar en una o varias veces el aumento de capital hasta una cifra determinada, en el mo-

60 Algunos autores sostienen que, aunque desde un punto de vista doctrinal no existiere inconveniente en aceptar que este acuerdo se adoptase en junta universal, consideren que la adecuada tutela del capital y el régimen del capital autorizado, deben llevar a mantener una postura contraria: MAMBRILLA RIVERA, V., "El aumento de capital por compensación de créditos", cit., pp. 384-385.

61 La finalidad de la delegación es dotar al sistema de un mecanismo flexible que permita a los administradores proceder al aumento en el momento que estimen más conveniente para la sociedad: CASTELLANO, M.J., "Delegación en los administradores" (art. 197), en *Comentario a la Ley de Sociedades de Capital,* dir. Rojo/Beltrán, tomo 2, Civitas-Thomson Reuters, 2011, p. 2208.

62 MAMBRILLA RIVERA, V., "El aumento de capital por compensación de créditos", cit., pp. 371-387; GALÁN LÓPEZ, C., *op. cit.*, pp. 451-452; GONZÁLEZ VÁZQUEZ, J. C., *op. cit.*, p. 260. Así es también como razona la Audiencia Provincial de Madrid en su sentencia de 26 de octubre de 2015.

mento y en la cuantía que ellos decidan sin necesidad de que la junta vuelva a reunirse (art. 297 b) LSC)[63].

Cuestión distinta es la necesidad de cumplir o de celebrar la operación con las exigencias establecidas en el art. 301 LSC, en relación con la emisión del pertinente informe por parte de los administradores sobre la naturaleza y las características de los créditos a compensar y, en su caso el certificado del auditor. No parece que exista obstáculo alguno para que los administradores emitan dicho informe con antelación y recaben la certificación del auditor[64]. En ese caso, el aumento por compensación de créditos que se adopte debería sujetarse —necesariamente— a lo previsto en dichos documentos y no podría ejecutarse en otros términos diferentes.

Tampoco parece que exista ningún obstáculo para que la junta adopte un acuerdo de aumento y delegue la ejecución en los términos previstos en el apartado b) del art. 297 LSC, siendo así que el plazo de la delegación y, por tanto, para la ejecución, no podría exceder de un año.

3. La exclusión del derecho de suscripción preferente

Señalábamos con anterioridad que, en nuestra opinión, la compensación de créditos debe entenderse como una modalidad de aumento de capital con cargo a aportaciones de carácter dinerario. Dicha caracterización plantea dos tipos de cuestiones a efectos prácticos que han suscitado intensos debates doctrinales: por un lado, si resultan de aplicación las reglas sobre capital autorizado, aspecto éste que ya hemos analizado y, por otro, el derecho de suscripción preferente al que nos vamos a referir a continuación.

El derecho de suscripción preferente cumple una función económica básica: evitar la dilución de la participación o derechos del accionista como consecuencia del acceso a la sociedad de nuevos socios[65]. En coherencia con ello, el art. 304 LSC atribuye un derecho de preferencia —proporcional al valor nominal— a favor de los socios o accionistas en los aumentos de capital con emisión de nuevas acciones o participaciones <u>con cargo a aportaciones dine-</u>

63 Así, aunque bajo el régimen anterior IGLESIAS PRADA, J.L., *op. cit.*, pp. 656-657; en contra quienes consideran el carácter *in natura* del contravalor: por ejemplo, MAMBRILLA RIVERA, V., "El aumento de capital por compensación de créditos", cit., p. 385. En contra, SAP Madrid de 13 de diciembre de 2016.

64 En contra, GANDÍA PÉREZ, E., *op. cit.*, apdo. 3.2.

65 SÁNCHEZ ANDRÉS, A., "Principios, casos y conceptos en materia de asignación gratuita de acciones", en *Derecho Mercantil de la CEE. Estudios homenaje a Girón Tena,* Madrid, 1991, p. 894.

rarias (menos frecuente es el supuesto en el que el aumento se materialice mediante el incremento del valor nominal de las acciones ya existentes).

No obstante, lo previsto en el art. 304 LSC debe conciliarse adecuadamente con lo establecido por el legislador en el art. 308 LSC, en cuya virtud, el derecho de suscripción preferente se configura como un derecho derogable cuyo ejercicio puede suprimirse —total o parcialmente—. Ello significa que este instituto no opera *ex lege* en el supuesto del aumento por compensación de créditos, facilitando así que esos nuevos títulos puedan ser suscritos por acreedores que, como consecuencia de la operación, devendrán socios o accionistas. En nuestra opinión, parecería más lógico que la exclusión en el supuesto objeto de análisis fuera la regla general, pudiendo configurarse, en su caso, la posibilidad de revertirlo (*opt-out*)[66]. En todo caso, los términos en que se configura este instituto jurídico implican que la exclusión del derecho de suscripción preferente requiere del acuerdo de la junta (presupuesto material para que opere) cuando el interés general así lo exija[67]. Es decir, caso por caso, deberá probarse la conveniencia no sólo de recurrir a esta modalidad de aumento, sino la procedencia de la exclusión del derecho de suscripción preferente en el supuesto concreto, atendiendo al interés social. Cuestión distinta es qué hayamos de entender por tal, tema que desborda con creces el objetivo de este trabajo[68]. En todo caso, parece razonable entender que lo que habrá que demostrar es que ese tipo de acuerdo era el más adecuado para alcanzar el fin pretendido; la decisión, como es evidente, deberá adoptarse sobre la base de unos hechos ciertos y objetivos.

66 PULGAR EZQUERRA, J., *op. cit.*, apdo. 2.4 y MAMBRILLA RIVERA, V., "El aumento de capital por compensación de créditos", cit., p. 401, señalan que el Anteproyecto de Ley de Sociedades Anónimas de 1987, incluía la compensación de créditos entre los supuestos de exclusión *ex lege* del derecho de suscripción preferente. La razón es fácil de entender: los destinatarios de alguna manera están ya predeterminados pues son los titulares de los créditos que se compensan. De hecho, se trata de una posibilidad contemplada también en el Anteproyecto de Ley de Sociedades Anónimas de 1951 (SÁNCHEZ ANDRÉS, A., *El derecho de suscripción preferente del accionista*, cit., pp. 307-308.

67 ALONSO LEDESMA, C., *La exclusión del derecho de suscripción preferente en las sociedades anónimas,* Mc Graw-Hill, Madrid, 1995, p. 110; RUIZ PERIS, I., "La suspensión del derecho de suscripción preferente sobre nuevas acciones: Exclusión del derecho de suscripción y tutela del accionista", en *RDBB*, 1995, p. 16.

68 Compartimos el planteamiento de la Prof. Pulgar cuando señala que el contenido del interés social debe extenderse más allá del interés común de los socios especialmente en un escenario preconcursal o de crisis. En efecto, en el marco de una situación de insolvencia o de proximidad a la insolvencia, la transformación de pasivo exigible en pasivo no exigible (y, por tanto, de incremento del patrimonio neto), el aumento por compensación de créditos puede ser la alternativa más viable) PULGAR EZQUERRA, J., *op. cit.*, apdo. 2.4.

A *sensu contrario*, la exclusión opera *ex lege* en los supuestos de aumento cuyo contravalor sea *in natura,* razón por la cual quienes sostienen que la compensación de créditos es una aportación en especie, no pueden sino concluir que no cabe el derecho de suscripción preferente[69]. Ello, no obstante, algunos autores han apuntado que el reconocimiento del derecho de suscripción preferente a los aumentos dinerarios, derivado de la modificación introducida en 2009 en la Ley de Modificaciones Estructurales, no debe llevar a inferir la imposibilidad o inexistencia del derecho en los aumentos no dinerarios[70].

4. La obligación de desembolsar las acciones previamente emitidas

El aumento de capital con cargo a aportaciones dinerarias exige el total desembolso de las acciones emitidas con anterioridad, permitiendo la Ley, únicamente, la existencia de una cantidad pendiente de desembolso inferior al 3 % del capital social (art. 299 LSC).

El fundamento de esta obligación de desembolso previo responde más a razones históricas o reminiscencias que a la necesidad de protección del capital propiamente dicho[71]. El sentido original de la exigencia se remonta a un momento anterior a la Codificación en el que era frecuente que los estatutos reservaran el derecho de suscripción preferente a los fundadores, lo que unido a que no estuviera prohibida la emisión de acciones bajo la par, favorecía la especulación y el fraude; es decir, permitía que los beneficiarios de un derecho de suscripción preferente aprobaran numerosas ampliaciones de capital sin necesidad de que los títulos anteriores estuvieran desembolsados y suscribieran nuevas acciones que podían fácilmente revender. Atendiendo

69 GIRÓN TENA, J., *op. cit.,* p. 492; ALFARO ÁGUILA-REAL, J., *Interés social y derecho de suscripción preferente*, cit., pp. 133-134; SAENZ GARCÍA DE ALBIZU, J.C., *op. cit.*, pp. 220-221.

70 GANDÍA PÉREZ, E., *op. cit.*, apdo. 3.2. Este autor entiende que tanto el art. 304 LSC como el art. 308 LSC, que se ocupa de los requisitos para la exclusión, tienen una naturaleza procesal y, en buena medida, un carácter declarativo siendo su principal función la de establecer unas reglas de distribución de la carga de la prueba en sede de impugnación. Sin embargo, el razonamiento del autor no está exento de dudas y dificultades hasta para él mismo. De hecho, parece claro que el derecho de suscripción preferente, en los términos en que está configurado legalmente, es un derecho que se reconoce a los socios y que, excepcionalmente, puede ser objeto de supresión, siempre y cuando se cumpla con los requisitos establecidos en el art. 308 LSC; es decir, el acuerdo debe adoptarse en interés de la sociedad y, por tanto, debe entenderse como una medida adecuada, necesaria y proporcional, y, además, las acciones deben emitirse a valor real.

71 SÁNCHEZ ANDRÉS, A., *El derecho de suscripción preferente del accionista*, cit., pp. 23 y sigs.

a este tipo de situaciones el art. 165 CCom estableció la obligación de exigir los desembolsos pendientes para evitar las especulaciones.

Hoy en día, como bien advierte Gandía Pérez[72] la exigencia no tiene sentido porque la Ley contempla distintas medidas tendentes a evitar, incluso garantizar, la integridad del capital social: prohibición de emisión de acciones bajo la par, reconocimiento proporcional del derecho de suscripción preferente... Las consideraciones formuladas no se plantean exclusivamente en el ordenamiento español, sino que, como muy bien advierte el autor, la doctrina italiana tampoco tiene muy clara la *ratio* de la regla contenida en el art. 2438 CCit, sin que ninguna de las explicaciones ofrecidas por la doctrina resulte plenamente convincente.

La lógica que subyace en la exigencia del desembolso de las acciones previamente emitidas en los aumentos dinerarios es evitar recurrir a este mecanismo cuando la sociedad puede todavía obtener recursos simplemente reclamando los dividendos pasivos. Sin embargo, en un aumento por compensación de créditos estamos ante una deuda de la propia sociedad, que opta por capitalizar los créditos y reducir así su deuda. La lógica es pues diferente. Cuestión distinta es que los acreedores acepten entrar en esa operación porque, generalmente, se lleva a cabo cuando la sociedad se encuentra en una situación de crisis financiera o de tensión, y en esos supuestos es probable que los acreedores exijan la previa capitalización de sus créditos, el íntegro desembolso de las acciones ya emitidas o, incluso la reducción del capital, y ello por cuanto que su posición —en caso de concurso— no será la misma. Es decir, como socios, en última instancia pasarán a asumir integralmente las pérdidas de la sociedad.

Pero lo anterior no implica que haya una obligación legal de exigir los desembolsos pendientes o lo contrario. Cuestión distinta es si, para una adecuada integración del capital, deberá exigirse —previo al aumento por compensación de créditos— el restablecimiento del equilibrio entre el patrimonio neto y el capital social mediante la oportuna reducción del capital para compensar pérdidas, de lo que pasaremos a ocuparnos a continuación.

5. La previa reducción del capital social en caso de pérdidas

El principio de adecuación entre capital y patrimonio exige que, en el momento de acordarse el aumento de capital, el patrimonio exista en cuantía

72 GANDÍA PÉREZ, E., *op. cit.*, apdo.3.2. b).

suficiente para cubrir la cifra del capital. Así, y en línea de principio, la operación implica la "aplicación del crédito" a la liberación de las nuevas acciones. Siendo ello cierto, y como cuestión previa, tal y como ya hemos comentado, el aumento por compensación de créditos es una operación que cumple una relevante función de saneamiento financiero lo que significa que es posible que el acuerdo se adopte cuando exista una situación de desequilibrio o de crisis económica pudiendo llegar en los casos más graves a cumplirse el presupuesto objetivo para la declaración en concurso de la entidad (sea un supuesto de insolvencia inminente o actual).

Por ello, considerado el aumento por compensación de créditos como medida típica de saneamiento financiero, habrá de asociarse a una operación de reducción de capital que permita la previa adecuación de la cifra del capital social al valor neto patrimonial antes de proceder a aumentarlo por compensación de créditos y ello con el fin de adaptarlo a las pérdidas sufridas[73].

No debemos olvidar que, en un aumento por compensación de créditos, y al margen de la adecuada integridad del capital, se pueden ver afectados los intereses de distintos grupos de sujetos; intereses en conflicto que deben conciliarse y que, en ocasiones, pueden resultar incluso contrarios o enfrentados. Por un lado, los de los "viejos" socios o accionistas que pueden ver su posición diluida (aunque, al mismo tiempo, la operación pueda ser la única forma de poder continuar con el desarrollo de la actividad empresarial); por otro, los de los socios minoritarios[74]; los de los acreedores convertidos en socios o accionistas que, en definitiva, consienten una subordinación de rango; y, finalmente, los del resto de acreedores que pueden verse perjudicados si los créditos compensados hubieran sido sobrevalorados. Existen, además, fuertes incentivos para la sociedad para negociar a la baja la emisión de las nuevas acciones o participaciones y, en consecuencia, para sobrevalorar la deuda objeto de conversión[75].

Ahora bien, la Ley de Sociedades de Capital no exige que se proceda a la previa adecuación de la cifra del capital social (a salvo lo dispuesto en los arts.

73 PULGAR EZQUERRA, J., *op. cit.*, apdo. 2.2; MENÉNDEZ MENÉNDEZ, A *op. cit.*, pp. 99 y sigs.; ESPÍN GUTIÉRREZ, C., *La operación de reducción y aumento de capital simultáneos en la Sociedad Anónima,* Madrid, 1997, p. 63; PÉREZ DE LA CRUZ, J., "Comentario al artículo 169 LSA", en AAVV *Comentario al régimen legal de las sociedades mercantiles,* Tomo VII, Vol. 3, Civitas, Madrid, 1995, pp. 180 y sigs.

74 El aumento por compensación de créditos puede dar lugar a maniobras abusivas por parte de los socios mayoritarios. Vid. SAP Barcelona 20 de junio de 2013 y SAP Coruña 13 de octubre de 2010.

75 FERNÁNDEZ DEL POZO, L., *op. cit.*, apdo. IX. 2.

320 y 327 LSC) por lo que la valoración de los créditos no vencidos puede plantear algún problema. En efecto, si la operación se realiza cuando el patrimonio de la sociedad se halla por debajo del capital, el resultado sería que el valor nominal de las acciones o participaciones nuevas emitidas sería superior al valor de los créditos a compensar. Ante esta situación, cabe que o bien la sociedad opte por emitir las nuevas acciones por su valor real[76] (esto es, por debajo de la par) lo que atentaría contra el principio de integridad del capital social o bien que las emita por su valor nominal, en cuyo caso los acreedores podrían no aceptar suscribirlas salvo que entiendan que ésa es la solución menos mala[77]. Es esta, sin duda, la solución más acorde con el ordenamiento.

IV. BREVE APROXIMACIÓN A LA CAPITALIZACIÓN DE DEUDAS EN EL MARCO DE LOS PLANES DE REESTRUCTURACIÓN

La reforma concursal recientemente operada en el Derecho español gira, principalmente, en torno a los planes de reestructuración; éstos no son sino herramientas que buscan garantizar la continuidad de empresas viables en riesgo de insolvencia por problemas de liquidez. Precisamente la capitalización de créditos se revela como un mecanismo idóneo o posible para la consecución de los objetivos anteriormente señalados y, en coherencia con ello, el legislador reconoce la conversión de deuda en acciones o participaciones como uno de los posibles contenidos de los planes de reestructuración.

No es el momento ni el lugar oportunos para realizar un análisis exhaustivo de los planes de reestructuración ni de sus posibles contenidos. Nuestro objetivo ahora es más modesto. Trataremos de esbozar alguna de las reglas más relevantes, en particular, el tratamiento que se da a los socios de las sociedades deudoras, objeto de la reestructuración.

En este sentido, y entendiendo que los intereses de los socios deben ser debidamente protegidos, se establecen medidas que nos permiten considerar que el régimen actualmente vigente da carta de naturaleza a una suerte de "capitalización forzosa" de los créditos, al garantizar que los socios no pueden impedir —injustificadamente— la adopción de planes que permitan la viabilidad de la sociedad. Al mismo tiempo se atribuye a los socios un poder

76 Nos remitimos al trabajo de FERNÁNDEZ DEL POZO, L., *op. cit.*, en el que se contienen aportaciones muy relevantes sobre esta materia, pero en las que, por razones de espacio, no podemos entrar ahora.

77 Vid. ALFARO ÁGUILA-REAL, J., "Lección: el aumento de capital por compensación de créditos", blog, cit., *https://almacendederecho.org/leccion-aumento-capital-compensacion-creditos*

de control que —en coherencia con el régimen de derecho societario— les habilita para participar en el proceso de adopción y homologación de los planes de reestructuración.

Partiendo de estas ideas generales, un contenido típico en las reestructuraciones es la capitalización de créditos (precedida, en la mayoría de los casos, como hemos visto, de la correspondiente reducción de capital). Más allá del concepto de "capitalización forzosa" al que me he referido con anterioridad, y que lleva a que los acreedores se "apropien" de la sociedad y desplacen a los socios o accionistas como propietarios, el texto actualmente vigente establece que los acuerdos habrán de adoptarse respetando el régimen legal previsto para cada tipo societario; si bien se introducen algunas especialidades que afectan, básicamente a la convocatoria de la junta, a los requisitos de quórum y a las mayorías y procedimientos de impugnación del acuerdo (vid. art. 631 LC).

La Ley Concursal prevé, además, en el art. 631 apdo. h), que, en el caso de insolvencia actual o inminente, los socios no tendrán derecho de preferencia en los aumentos de capital y que, para el aumento por compensación de créditos, se considerará que todos son líquidos, vencidos y exigibles (art. 632 LC).

Esta última posición merece una consideración adicional y es que hubiera sido conveniente, cuando no necesario, aprovechar la ocasión para aclarar las dudas que el instituto de la capitalización de créditos plantea con carácter general y eliminar el "requisito" —por lo demás, absurdo— en relación con el carácter de líquidos, vencidos y exigibles de los créditos.

Tiempo habrá, en todo caso, de analizar éstas y otras cuestiones en futuras publicaciones.

V. BIBLIOGRAFÍA

ABBADESSA, P., "Le disposizioni generali sulle società", en *Trattato di diritto privato*, dir. RESCIGNO, Torino, 1985, vol. 16.

ALFARO ÁGUILA-REAL, J., "Lección: el aumento de capital por compensación de créditos", en *Almacén de Derecho*, 2017.

ALFARO ÁGUILA-REAL, J., *Interés social y derecho de suscripción preferente: una aproximación económica*, Civitas, Madrid, 1995.

ALONSO ESPINOSA, F. J., "Modificación de estatutos y aumento y reducción del capital. Una aproximación al capítulo VI de la Ley de Sociedades Anónimas", en *CDC* 8/1990.

ALONSO LEDESMA, C., "Algunas reflexiones sobre la función (la utilidad) del capital social como técnica de protección de los acreedores", en *Estudios de Derecho de Socie-*

dades y Derecho Concursal: libro homenaje al Profesor Rafael García Villaverde, Marcial Pons, Madrid, 2007.

ALONSO LEDESMA, C., *La exclusión del derecho de suscripción preferente en las sociedades anónimas*, Mc Graw-Hill, Madrid, 1995.

ARROYO MARTÍNEZ, I., *Comentarios a la Ley de Sociedades Anónimas. Real Decreto Legislativo 1564/1989, de 22 de diciembre, por el que se aprueba el texto refundido de la Ley de Sociedades Anónimas*, Vol. 2, 2.ª, Tecnos, Madrid, 2009.

ÁVILA DE LA TORRE, A., "Artículo 301. El aumento por compensación de créditos", en Comentario de la Ley de Sociedades de Capital, Tomo IV, Thomson Reuters-Civitas, 2011.

BERMEJO GUTIÉRREZ, N., "Comentario al art. 135 LC", en *Comentario de la Ley Concursal*, Dir. Rojo/Beltrán, Tomo II, 2006.

BRACK, M., "Una sociedad unipersonal dedicada a las "telecomunicaciones" no es una sociedad profesional y lo difícil que es aumentar el capital", en *Almacén de Derecho*, 2018.

CAHN, A./SIMON, S./THEISELMANN, R., "Forderungen gegen die gesellschaft als Sacheinlage? Zum Erfordernis der Forderungsbewertung beim Debt-Equity Swap", en *Working Paper series* n.º 117, Universität Frankfurt am Main.

CAMPOBASSO, G.F., "Diritto commerciale", en *Diritto delle società 2*, Torino, 1995.

CASTELLANO, M.J., "Delegación en los administradores" (art. 197), en *Comentario a la Ley de Sociedades de Capital*, dir. Rojo/Beltrán, tomo 2, Civitas-Thomson Reuters.

CUESTA RUTE, J.M. DE LA, "El aumento y reducción de capital social", en AAVV *La reforma de la Ley de Sociedades Anónimas*, Dir. A. Rojo, Madrid 1987.

DAVIES, P.L. y VARIOS, *Gower and Davies' principles of modern company Law*, 8.ª ed., Sweet & Maxwell, Londres, 2008.

DE LA CÁMARA, M., *El capital social en la sociedad anónima, su aumento y disminución*, Colegios Notariales de España, Madrid, 1996.

DI SABATO, F., "Sulla estinzione per compensazione del debito di conferimento", en *Contratto e impresa*, 1995.

DIEZ PICAZO, L., *Fundamentos de Derecho Civil Patrimonial*, Vol. I, Tecnos, 1993.

ESPÍN GUTIÉRREZ, C., *La operación de reducción y aumento de capital simultáneos en la Sociedad Anónima*, Madrid, 1997.

FERNÁNDEZ DEL POZO, L., "Las aportaciones de créditos contra la sociedad en desequilibrio patrimonial y tutela de la integridad del capital social", en *Anuario de Derecho Concursal*, 35, mayo-agosto 2015.

GALÁN LÓPEZ, C., "El aumento del capital por compensación de créditos en el marco de las sociedades de capital", en AAVV *Derecho Mercantil de la CEE: Estudios en homenaje a José Girón Tena*, Civitas, Madrid, 1991.

GANDÍA PÉREZ, E., "Derecho de suscripción preferente en el aumento de capital por compensación de créditos" (a propósito de la SAP Madrid, de 26 de octubre de 2015), en *RdS* 48, julio-diciembre 2016.

GARCÍA CRUCES, J.A./SANCHO GARGALLO, I., *Comentario de la Ley de Sociedades de Capital*, Tirant lo Blanch, Valencia, 2021.

GARCÍA GREWE, C., *El derecho de suscripción preferente. Exclusión, inexistencia y configuración estatutaria*, Civitas-Thomson Reuters, 2014.

GARRIGUES DÍAZ-CAÑABATE, J./OLIVENCIA RUIZ, M., *Comentario a la Ley de Sociedades Anónimas*, Tomo II, 3.ª ed., Madrid, 1976.

GIRÓN TENA, J., *Derecho de Sociedades Anónimas*, Valladolid, 1952.

GONZÁLEZ VÁZQUEZ J.C., *voz* "Aumento de capital por compensación de créditos", en *Diccionario Derecho de Sociedades*, C. Alonso Ledesma, Iustel, Madrid, 1994.

GUTIÉRREZ GILSANZ, A., "El consentimiento en el convenio mediante conversión de créditos en acciones, participaciones o cuotas sociales", en *RcP* 10/2009.

IGLESIAS PRADA, J.L., "Sobre el aumento de capital por compensación de créditos", en *AAFN*, XXXIII; 1994.

LE BARS, B., "Le nouveau visage des augmentations de capital par apport en nature", en *Revue de Droit Bancaire*, n. 25, 1 sept. 2004.

LUTTER, M., *Das Kapital der Aktiengesellschaft in Europa, Zeitschrift für Unternehmens– und Gesellschaftsrecht/ZGR-Sonderheft*, De Gruyter núm. 17/06.

MACHADO PLAZAS, J. "Derecho de suscripción preferente en el aumento de capital por compensación de créditos", en *Comentarios a la Ley de Sociedades Anónimas*, Thomson Reuters-Civitas, 2011.

MACHADO PLAZAS, J., "Artículo 156. Aumento por compensación de créditos", en *Comentarios a la Ley de Sociedades Anónimas*, Tecnos, Madrid, 2001.

MAMBRILLA RIVERA, V., "El aumento de capital por compensación de créditos", en *Modificación de estatutos. Aumento y reducción del capital social*, noviembre 1992.

MAMBRILLA RIVERA, V., "La fundación con aportaciones *in natura"*, en AAVV *Derecho de Sociedades Anónimas*, Tomo I, Vol. 1.

MENÉNDEZ MENÉNDEZ, A., "Saneamiento de la empresa y derecho de suscripción preferente", en *Estudios de Derecho Mercantil. Homenaje Justino Duque*, Tomo I, Valladolid, 1998.

MIOLA, M., "Il sistema del capitale sociale e le prospettive di riforma nel diritto europeo delle società di capital", en *Riv. delle Società*, 2005.

OLIVENCIA RUIZ, M.," La compensación en la quiebra y el art. 926 del Código de Comercio", en *ADC*, 1958.

PÉREZ DE LA CRUZ, J., "Comentario al art. 169 LSA", en AAVV *Comentario al régimen legal de las sociedades mercantiles*, Tomo VII, Vol. 3, Civitas, Madrid, 1995.

PORTALE, G.B., "Capitale sociale e conferimenti nella società azioni per", en *Riv. Soc.*, 1970.

PORTALE, G.B., *I conferimenti atipici nella societá di capitale*, Milano, 1974.

PULGAR EZQUERRA, J., "El acuerdo de la junta de aumento de capital por compensación de créditos en el marco de las sociedades de capital"; en *RdS*, 34/2010.1.

ROJO, A., “La conversión de créditos en acciones o participaciones en los planes de reestructuración”, en *Anuario de derecho concursal*, n.º Extra 58, 2023.

RUBIO GARDA-MINA, J., *Curso de Derecho de Sociedades Anónimas*, Madrid, 1974.

RUIZ PERIS, I., “La suspensión del derecho de suscripción preferente sobre nuevas acciones: Exclusión del derecho de suscripción y tutela del accionista”, en *RDBB*, 1995.

SÁENZ GARCÍA DE ALBIZU, J.C., “Comentario al art. 301 LSC” en AAVV, *Comentario a la Ley de Sociedades de Capital*, Tomo II, dir. Rojo/Beltrán, Thomson Reuters Civitas, Navarra, 2011.

SÁNCHEZ ANDRÉS, A., “Aumento y reducción de capital social”, *en* AAVV *La reforma del Derecho español de sociedades de capital*, Madrid, 1987.

SÁNCHEZ ANDRÉS, A., “Principios, casos y conceptos en materia de asignación gratuita de acciones”, en *Derecho Mercantil de la CEE. Estudios homenaje a Girón Tena*, Madrid, 1991.

SÁNCHEZ DE ANDRÉS, A., *El derecho de suscripción preferente del accionista*, Civitas, Madrid,1973.

SPOLIDORO, M.S., “Il capitale sociale”, AAVV en *Il diritto delle società per azioni: problemi, esperienze, progetti*, a cura di ABBADESSA/ROJO, Milano, 1993.

TERRE, F., “Remarques sur l´augmentation de capital par incorporation de créances”, Mélanges HAMEL, en *DIx ans de conférence d´agrégation*, Paris, Dalloz, 1961.

URÍA GONZÁLEZ, R., *Derecho Mercantil*, 24.ª ed., Marcial Pons, Madrid, 1997.

Capítulo VI

EL AUMENTO DE CAPITAL CONDICIONADO

Fernando Marín de la Bárcena
Profesor Titular de Derecho Mercantil
Facultad de Derecho
Universidad Complutense de Madrid

I. INTRODUCCIÓN

1. Justificación y sentido del trabajo

La expresión "capital condicional" o "capital condicionado" se utiliza en la práctica para designar aquellas operaciones de aumento del capital social dirigidas a garantizar el ejercicio de derechos de opción, conversión, suscripción o asunción de acciones o participaciones sociales por un grupo previamente determinado de beneficiarios y que cumplen una función instrumental de ejecución de una relación jurídico-obligatoria que genera los citados derechos sobre las acciones o participaciones.

Su eficacia práctica reside en que ofrece a los interesados o beneficiarios de los derechos sobre las acciones o participaciones una mayor garantía, dado que, una vez adoptado el acuerdo de aumento de capital "al servicio" de la conversión, suscripción o asunción, ese acuerdo no puede ser revocado ni anulado o contradicho mediante ninguna otra decisión de los socios y los administradores están obligados a ejecutarlo de forma sucesiva o diferida en el tiempo, más allá de los límites temporales de la denominada delegación-integración de un acuerdo de aumento de capital ya adoptado por la junta general que no son de aplicación en este caso (art. 297.1 a) LSC).

Se trata de un aumento de capital en el que no existe derecho de preferencia de los antiguos socios, aunque las acciones o participaciones se suscriban mediante aportaciones dinerarias. Como se deduce el propio artículo 304.2 LSC tal derecho no existe y, por tanto, no es necesario excluirlo, cuando el aumento de capital tenga carácter instrumental o finalista ("se deba" adoptar) para atribuir o asignar acciones o participaciones sociales a uno o varios beneficiarios determinados, como ocurre cuando se convierte deuda en capital o en el marco de operaciones de modificación estructural, pero no sólo en ese tipo de supuestos.

El objetivo del presente trabajo consiste en identificar los elementos caracterizadores y exponer los elementos centrales de régimen jurídico de estos acuerdos de aumento de capital reconocidos legalmente para la conversión de obligaciones en acciones, con la finalidad de explorar la posibilidad de su aplicación analógica a todas aquellas operaciones que, con reconocimiento típico legal, pueden requerir la adopción de acuerdos de este tipo. Es posible también su aplicación a supuestos de reducción de capital instrumental a la ejecución de planes de recompra de acciones o participaciones sociales, con las debidas garantías para los acreedores (cfr. RDGRN de 20 de junio de 2003, BOE 8 de julio).

2. Referente de Derecho Comparado

La Ley alemana de sociedades por acciones (AktG) dedica a esta operación los §§ 192 a 201 y constituye la regulación más completa del denominado capital condicionado ("bedingte Kapitalerhöhung").

Las aplicaciones típicas de este tipo de aumento, que deben quedar específicamente identificadas en el acuerdo son tres: i) permitir la conversión o suscripción de acciones por titulares de obligaciones convertibles u obligaciones con warrant (opciones sobre acciones); ii) preparar operaciones de concentración empresarial que requieran la entrega de acciones y iii) otorgar derechos de suscripción a los empleados y administradores de la sociedad o de una empresa afiliada mediante una resolución de consentimiento o autorización.

La norma regula el contenido del acuerdo, con sus especialidades para el caso de aumento contra aportaciones in natura y dispone, entre otros extremos, la necesidad de identificar al grupo de beneficiarios de los derechos de conversión u opción (§ 192, 193 AktG). En lo que se refiere a la protección de la minoría, se trata de una operación que requiere para su adopción una mayoría cualificada de tres cuartas partes del capital (§ 193.1 AktG). Asimismo, la ley dispone ciertas limitaciones en cuanto al valor nominal del capital condicional, que no puede exceder la mitad del capital, salvo en casos de conversión vinculada a situaciones de insolvencia inminente o sobreendeudamiento y en el ámbito de reestructuraciones de entidades financieras y para los planes de opciones sobre acciones con finalidad retributiva, cuyo límite se sitúa en el diez por ciento (§ 192.2 AktG).

La operación societaria de aumento de capital condicionado se inscribe en el registro mercantil antes de la ejecución (§ 195 AktG), que es un requisito (constitutivo) para poder emitir las acciones para su suscripción a raíz de las declaraciones escritas a realizar por los interesados (§§ 197 y 198 AktG) y que, a su vez, sólo resulta eficaz con el pago o desembolso (§ 199 AktG). De este modo, el aumento del capital social no se produce hasta la emisión de las acciones (§ 200 AktG) y sólo a partir de ese momento se procederá a la inscripción (entonces con carácter declarativo) de la ejecución del aumento (§ 201 AktG).

Como ha señalado la doctrina alemana, la enumeración de las operaciones en las que procede aplicar este tipo de aumento de capital social es exhaustiva, si bien es posible aplicar la analogía dentro de cada una de las finalidades previstas a supuestos en los que se advierta una correspondencia con la finalidad, el contenido y las consecuencias de la operación. En el análisis se tiene en cuenta, en particular, que se trata de aumentos de la cifra de capital social con emisión de nuevas acciones en los que no existe derecho de suscripción preferente para los antiguos accionistas, con la excepción del supuesto de aumento adoptado al servicio de la emisión de deuda convertible que contempla ese derecho con ocasión de la emisión de la propia deuda (§ 221.4 AktG)[1].

II. CONCEPTO Y CARACTERES

1. Concepto

El hecho de que el aumento de capital condicionado no esté tipificado por el derecho español de sociedades de capital no quiere decir que esté prohibido, ya que el principio de tipicidad en esta materia se refiere sólo a los procedimientos técnicos y clases de contravalor del aumento de capital, con sus combinaciones (art. 295 LSC).

1 Sobre la cuestión de la aplicación analógica cfr. BUSCH, "Handbuch Börsennotierte AG: Aktien-und Kapitalmarktrecht", Ed. Otto Schmidt, 2017, p. 1547. KOCH, "Aktiengesetz. AktG 192", 17.ª Edición, 2023, Rn. 8.

Esta operación de aumento se caracteriza por su función *auxiliar, instrumental* o *accesoria* respeto de otra operación jurídica distinta que le sirve de causa, de modo que el acuerdo de aumento del capital social constituye un mero instrumento para conseguir, en diferido, un *resultado específico* de primer grado. Se trata de una ampliación de capital *finalista,* cuya función consiste en facilitar la ejecución de una relación jurídico-negocial, aprobada por la junta general, previamente establecida entre la sociedad y los *destinatarios específicos* de las acciones o participaciones a emitir y que se suscribirán, sin derecho de preferencia a favor de los antiguos socios, de forma fraccionada o sucesiva en el tiempo en los términos establecidos en el propio acuerdo.[2]

El término "capital condicionado" (también "condicional" o "contingente") expresa precisamente el hecho de que la propia ejecución del acuerdo de aumento y la determinación de su cuantía final está condicionado (depende) de que los titulares de derechos de opción a la suscripción de acciones o asunción de participaciones (o la sociedad, si se trata de instrumentos convertibles a su instancia) decidan ejercer sus derechos y no de que el aumento esté sujeto a condición de clase alguna y sin perjuicio de que además pueda estarlo como cualquier otro acuerdo de la junta general (art. 1113 y ss. CC). La conversión también puede ser automática y activarse ante determinados eventos (v.gr. la solicitud de una refinanciación ante

una insolvencia probable de la entidad, Co-Co Bonds, ECN), lo que encaja en la figura y en la propia denominación[3].

El aumento condicionado "típico" aparece en la regulación sobre ampliación de capital al servicio de la conversión de obligaciones en acciones, que consiste en la aprobación por la junta general de una cifra máxima de aumento "en la cuantía necesaria" y su ejecución diferida en el tiempo, competencia natural (no delegada) de los administradores, sin sujeción a más plazo que el convenido con los obligacionistas (arts. 414, 418 en conexión con el art.

2 Cfr., CASTELLANO, M.J.: "Artículo 295. Modalidades del Aumento", en *Comentario de la Ley de Sociedades de* Capital, Tomo II, Ed. Civitas, Madrid, 2011, pp. 2186–2187.

3 Cfr. sobre esta figura en la literatura española: FERNÁNDEZ DEL POZO, L., "Las obligaciones convertibles y la defensa de la integridad del capital social", *RDM*, n.º 294, 2014, págs. 291–292, quien realiza un análisis transversal con interesantes referencias al Derecho comparado; SÁNCHEZ ANDRÉS, A.: *"El derecho de suscripción preferente del accionista"*, Ed. Civitas, Madrid, 1973, pp. 49 y ss (reclamando *de lege ferenda* su incorporación en el Derecho español); TAPIA HERMIDA, A.: *"Las obligaciones convertibles en el Derecho español"*, en *Derecho de Sociedades Anónimas, III, Modificación de Estatutos. Aumento y Reducción del Capital. Obligaciones*, Volumen 2, Ed. Civitas, Madrid, 1994, pp. 1138 y ss. Sobre el carácter típico de las distintas modalidades de aumento del capital, cfr. CASTELLANO, ob. cit, p. 2187 y p. 2192.

297.1 a) in fine LSC). La Ley de Modificaciones Estructurales también cuenta con el aumento de capital "en la cuantía que proceda" de las sociedades beneficiarias de fusiones o escisiones (art. 34.2 LME) y lo mismo cabe decir de la normativa sobre OPA (art. 14.5 RD 1066/2007 de 27 de julio)[4].

Este precepto, al igual que su homólogo en la regulación italiana de sociedades de capital (art. 2420 bis del Codice Civile italiano de 1942), se limitó a recoger una práctica generalizada en la emisión de instrumentos convertibles que tenía por finalidad garantizar que los titulares de derechos de conversión pudieran ejercer sus derechos con seguridad y sin necesidad de un nuevo acuerdo de la junta general ni de una (imposible) sentencia "constitutiva" de tal acuerdo lograda mediante una acción de cumplimiento específico. La figura legal simplificaba las operaciones en beneficio precisamente de la propia sociedad[5].

Las emisiones fueron posibles en la práctica porque se decidió apoyar la idea de que la conversión de las obligaciones en acciones constituía una modalidad de aportación *in natura* (no dineraria), lo que permitía a las sociedades evitar los requisitos de mayoría reforzada para excluir el derecho de preferencia de los antiguos socios. La reforma del *Codice Civile* de 1974, al tiempo que reconoció la figura del aumento de capital al servicio de la conversión de obligaciones, optó por reconocer un derecho de preferencia de los antiguos socios en la propia suscripción de obligaciones convertibles (a desembolsar con aportaciones dinerarias)[6].

La doctrina científica española se ha pronunciado a favor de la aplicación analógica de este aumento de capital, de cuantía "variable" o "elástica" y ejecución diferida en el tiempo, a todos aquellos supuestos en que, más que el ejercicio de un derecho de suscripción o asunción por parte de los socios o terceros, en realidad lo que se produce es una suerte de "adjudicación" o "asignación" de las nuevas acciones (o participaciones) emitidas a favor de un grupo determinado de sujetos en cumplimiento de los pactos alcanzados con ellos antes de la adopción del propio acuerdo de aumento (conversión de obligaciones, fusión

4 Como afirma LARA, R., "Art. 304. Derecho de preferencia", *Comentario a la Ley de Sociedades de Capital*, Tomo II, Ed. Civitas, Madrid, 2011, p. 2255, se trata de un aumento condicional de capital "de carácter típico".

5 Cfr. GARCÍA DE ENTERRÍA, J.: "Le obbligazioni convertibili in azioni", Ed. Giuffrè, Milano, 1989 p. 48 n. 38 y, años después, "Artículo 414. Requisitos de la emisión", en *Comentario de la Ley de Sociedades de Capital*, Tomo II, Ed. Civitas, Madrid, 2011, p. 2835.

6 CASELLA P.: "Le obbligazioni convertibilii in azioni", Ed. Giuffré, Milano, 1983, pp. 85–96.

por absorción, OPA, etc.)[7]. La aplicación analógica del régimen aplicable al aumento "al servicio" de una conversión de bonos estaría justificada ante cualquier supuesto de concesión de derechos de opción sobre acciones y no sólo en el ámbito de la financiación de la actividad empresarial (v.gr. de warrants anudados a deuda), sino también para facilitar el ejercicio de opciones sobre acciones en el marco de planes de retribución para administradores o empleados (*stock options*)[8].

La identificación de los elementos caracterizadores de este tipo de aumento de capital social y de su propio reconocimiento legal, aunque sea implícito en la forma descrita anteriormente, puede justificar su aplicación analógica en operaciones en las que se advierta identidad de razón, teniendo en cuenta que, como se explicará en su lugar, se trata de un tipo de aumento que, precisamente por su carácter instrumental, es incompatible con el reconocimiento de derecho de preferencia a favor de los antiguos socios[9].

2. Distinción con figuras afines

2.1. Capital en cartera

La figura del denominado "capital en cartera" hace referencia a la distinción entre capital escriturado o autorizado (en cartera, unissued stock) y el capital emitido o suscrito.

La regulación sobre sociedades anónimas del Código de Comercio permitía que en la escritura fundacional o en operaciones de aumento de capital se facultara a los administradores para poner en circulación (emitir) las "acciones en cartera" (no emitidas) en función de las necesidades de autofinanciación de la sociedad[10]. Esta posibilidad fue prohibida con la Ley de Sociedades

7 En el marco del estudio sobre la figura del "capital incompleto" cfr. CASTELLANO, M.J. "Artículo 311. Aumento incompleto en las sociedades anónimas" en *Comentario a la Ley de Sociedades de Capital*, Tomo II, Ed. Civitas, Madrid, 2011, p. 2297.

8 Cfr., PAZ-ARES, C. / PERDICES, A. "Los negocios sobre las propias acciones", *Comentario al régimen legal de las sociedades mercantiles*, Ed. Civitas, Madrid, 2003, pp. 78–79, sin llegar a reconocer la inexistencia de derecho de suscripción preferente a favor de los antiguos socios en este caso.

9 Últimamente, en el marco de la emisión y entrega de "loyalty warrants" para articular planes de fidelización de accionistas Cfr. FERNÁNDEZ DEL POZO, L.: "La viabilidad de las «acciones de lealtad» en nuestro derecho de sociedades («loyalty shares»)", *RDBB*, n.º 152, 2018, p. 36, p. 39 y p. 45.

10 ALBIÑANA, C., "*Las acciones en cartera*", *RDM*, núm. 35, año 1951. PAZ-ARES / PERDICES, ob.cit., p. 82. Cfr. alguna referencia en la RDGRN de 8 de noviembre de 1995.

Anónimas de 1951 (con un régimen transitorio en su Disposición 4.ª) sobre todo porque se extendió en la práctica la contabilización del "capital escriturado", sin haber sido emitido ni suscrito, lo que distorsionaba la imagen fiel del patrimonio social en el balance[11]. Dicha norma ya exigió la suscripción íntegra del capital social (hoy artículos 78 y 79 LSC), al tiempo que ofreció la posibilidad de atribuir a los administradores la posibilidad de emitir acciones en el mercado mediante la figura del "capital autorizado"[12].

La diferencia entre el "capital en cartera" y el aumento de capital condicionado reside que las acciones o participaciones a que se refiere un aumento de este tipo no están emitidas, dado que dicha emisión o suscripción se produce sólo en la fase de ejecución del acuerdo y no a favor de quienes los administradores consideren conveniente atribuirlas, sino a favor de los titulares de los derechos de opción o conversión concedidos en virtud del negocio jurídico que le sirve de causa, contextualmente autorizado por el órgano de los socios.

2.2. Capital autorizado

La principal diferencia con el "capital autorizado" (art. 297.1 b) LSC) consiste en que esta figura encuentra su fundamento en un acto de delegación de competencias de la junta general a favor de los administradores y, como tal, es susceptible de ser modificada o incluso de ser revocada por un acuerdo

11 La exposición de motivos de la Ley de 1951 explicó por qué eliminaba esta figura: "El sistema de las acciones en cartera permite, ciertamente, a los administradores una gran libertad de movimientos para atraer nuevos recursos a las cajas sociales sin necesidad de observar los rigurosos requisitos de la reforma estatuaria. Pero *se ha creído que estas ventajas eran menores que los inconvenientes de semejante práctica, derivados quizá de la costumbre de llevar al pasivo del balance la totalidad del capital escriturado para dar mayor sensación de poderío económico, aunque ese capital no esté suscrito, llevando al activo la contrapartida de las acciones en cartera, las cuales se manejan como si realmente constituyeran un activo real.* Por ello ha parecido prudente la supresión de las acciones en cartera, compensando su desaparición con la implantación del llamado capital autorizado, que cumple análogos fines que el capital en cartera, sin crear ninguna oscuridad en cuanto a la situación económica de la sociedad, ni dar ocasión a manipulaciones que a veces adolecían de falta de pulcritud".

12 Cfr. la crítica de GARRIGUES, J. "Comentario al anteproyecto de reforma de la sociedad anónima", *RDM*, núm. 16, 1948, quien consideraba preferible evitar la perniciosa práctica de llevar al balance el capital escriturado o autorizado y no el capital efectivamente suscrito. Sobre el origen histórico de la figura *vid*. FERNÁNDEZ DE LA GÁNDARA, F., "El capital autorizado" en Derecho de Sociedades Anónimas, Tomo III, Volumen 1, Ed. Civitas, Madrid, 1994, pp. 201–202.

posterior de la junta general[13]. Esto no resulta posible en el aumento de capital condicionado, ya que la junta general no puede ni modificar ni revocar válidamente el acuerdo de aumento sin la conformidad de los terceros que han adquirido derechos en virtud del mismo (v.gr. los titulares de opciones sobre acciones o participaciones)[14].

A lo anterior hay que añadir que el capital autorizado tiene limitaciones de naturaleza *tipológica* (no es legalmente posible en las sociedades de responsabilidad limitada), *cuantitativa* (hasta la mitad del capital social), *cualitativa* (sólo contra aportaciones dinerarias) y *temporal* (caducidad de cinco años, salvo renovación), cuyo fundamento reside precisamente en que se trata de una delegación de competencias que originariamente corresponden a la junta general y, por consiguiente, operan como una regulación imperativa de protección de la minorías frente a la mayoría que controla el órgano de administración[15].

Estas limitaciones convierten al capital autorizado en una figura inhábil para facilitar operaciones que, realizadas siempre mediante el acuerdo de la junta general, pueden resultar determinantes de un cambio de control en la sociedad (superiores al cincuenta por ciento del capital), requerir largos períodos de conversión (acordes al plan de retribución en el caso de las stock options) y, en su caso, recabar contraprestaciones de carácter no dinerario (como la capitalización de deuda)[16].

La función que cumple el aumento de capital condicionado tampoco puede cumplirse con la delegación para "integrar" el acuerdo de aumento adoptado *en la cifra acordada* por la junta general (establecer la fecha de inicio de la fase de ejecución y señalar las condiciones en lo no previsto por la junta), facultad de integración que caduca necesariamente en el plazo de un año

13 Cfr. CASTELLANO, ob.cit., p. 2211.

14 TAPIA HERMIDA, ob.cit., p. 1138. FERNÁNDEZ DEL POZO, "Las obligaciones (...)", p. 292.

15 FERNÁNDEZ DE LA GÁNDARA, ob.cit., pp. 222 y ss.

16 De hecho, ante la ausencia de reconocimiento expreso en nuestro ordenamiento jurídico de una figura como el "aumento de capital condicionado" del Derecho Alemán, la doctrina científica española anterior a la Ley de Anónimas de 1989 se vio obligada en cierta medida a forzar los elementos caracterizadores del capital autorizado para facilitar la conversión de obligaciones en acciones (cfr. SANCHEZ ANDRÉS, ob.cit. pp. 336–337, que ofrecía una solución para sortear el límite temporal de cinco años: acordar el aumento en ese plazo y aplazar más allá del mismo la ejecución). La Ley de Sociedades Anónimas de 1989 ya contemplaría este tipo de aumento en su artículo 292 para facilitar la conversión de obligaciones, al tiempo que reconoció el derecho de preferencia en la suscripción de los bonos, lo que permitiría prescindir del recurso a la figura del capital autorizado.

desde la fecha de adopción del acuerdo de aumento (art. 297.1 a) LSC), salvo para las obligaciones convertibles.[17]

De este precepto se ha dicho que la "excepción" relativa a las obligaciones convertibles es aplicable a cualquier supuesto de aumento de capital instrumental al ejercicio de (cualesquiera) derechos de opción, donde el momento concreto en el tiempo de la conversión será el pactado con los titulares de los derechos y que estará previsto en el acuerdo de aumento adoptado por la junta general[18]. Sin embargo, el aumento de capital condicionado no consiste en una delegación a los administradores para que determinen ni la cuantía del aumento (que no se conoce ab initio y por eso se adopta una cifra máxima) ni ninguna otra condición del acuerdo que sea competencia de la junta general, sino que todo está determinado en virtud de los acuerdos alcanzados en la operación subyacente (aprobada por la junta general) cuya ejecución es competencia propia de los administradores, sin que exista delegación de ninguna clase (salvo que así se acuerde voluntariamente por la propia junta)[19].

3. Inexistencia de derecho de preferencia

En el aumento de capital condicionado no existe derecho de suscripción o asunción preferente a favor de los socios, aunque se realice total o parcialmente contra aportaciones dinerarias, siempre que obedezca a la ejecución de una operación jurídica que tenga reconocimiento legal y sea aprobada por la junta general.

El derecho de suscripción o asunción preferente de acciones o participaciones sociales está exclusivamente contemplado por la ley para los acuerdos de aumento de capital social cuya contraprestación consista en la realización de aportaciones dinerarias y traigan causa en la financiación de la sociedad (art. 304.1 LSC). La intrínseca fungibilidad del bien aportado (dinero) y la función de financiación que cumple el propio acuerdo de aumento explica que se reconozca a los antiguos socios el derecho a aportarlo con carácter

17 Cfr. la diferencia con esta figura en GARCIA DE ENTERRIA, "Art. 414 (...)", p. 2836.

18 PAZ-ARES / PERDICES (ob.cit., pp. 96–97), para las retribuciones de administradores.

19 Como afirma CASTELLANO ("Artículo 297. Delegación en los administradores" (...), p. 2207): "El fundamento de esta excepción reside en la simple función instrumental que cumple el aumento de capital para garantizar el ejercicio de los derechos de conversión". En el mismo sentido, afirma FERNÁNDEZ DEL POZO ("Las obligaciones (...)", p. 5) que: "la situación del capital diferido no es asimilable a la de la delegación de la ejecución de un acuerdo de aumento ya adoptado ex art. 297. 1 a) LSC, por lo que no procede la aplicación del límite del año para la ejecución que se contempla en ese mismo artículo".

preferente frente a terceros, de modo que se evita la dilución económica (actual o potencial) y política derivada de la entrada de nuevos socios o de la reestructuración de la influencia de cada socio en el ejercicio del poder de decisión en el seno de la corporación. Esta idea justificó que en su momento se reconociera el derecho de preferencia de los antiguos socios en la emisión de obligaciones convertibles cuya función consiste también en la financiación de la compañía, sin necesidad de reconocimiento expreso por la Ley y que se considerase impugnable cualquier acuerdo de emisión de deuda convertible que no lo reconociera: cualquier socio puede realizar un empréstito a favor de la sociedad, por lo que debe reconocerse a los antiguos socios la posibilidad de conceder dicha financiación si contempla un derecho de conversión. La idea obtuvo reconocimiento legal expreso cuando se estableció que los accionistas tendrían su derecho de preferencia, no en la conversión, sino en la emisión de las obligaciones convertibles en acciones (art. 416 LSC), que hay que hacer extensivo a otros supuestos similares como la emisión de warrants unidos a obligaciones.

La exclusión del derecho de suscripción o asunción preferente requiere una específica justificación fundada en el interés social que explique las razones que la justifican, con la consiguiente dilución "política" de los antiguos socios y, por tanto, cambio en la estructura de poder de decisión en la sociedad (art. 308 y 417 LSC) y que el acuerdo se adopte con mayorías reforzadas (arts. 194 y 201.2 LSC) o súper reforzadas en la sociedad limitada (art. 199 b) LSC). Para evitar la dilución patrimonial de los antiguos socios, se exige en estos casos que la emisión de las acciones o participaciones se realice por su valor razonable (arts. 308.2 c) o que la emisión de obligaciones convertibles, prohibida a las sociedades de responsabilidad limitada, se establezca sobre la base de relaciones de conversión que compensen la dilución de la participación económica de los accionistas (art. 417.2 b) LSC)[20].

20 Cfr., sobre el sentido del derecho de preferencia, SÁNCHEZ ANDRÉS, "El derecho de suscripción preferente (...)", pp. 332 y ss. (vigente la LSA de 1951); SÁNCHEZ ANDRÉS, A.: "Art. 48. La acción como conjunto de derechos", en Comentario al régimen legal de las sociedades mercantiles. Las acciones. La acción y los derechos del accionista", Tomo IV – 1, Ed. Civitas, Madrid, pp. 195 y ss. Vigente la LSC, que aclaró que este derecho sólo existe en aumento de capital contra aportaciones dinerarias cfr. LARA GONZÁLEZ, R.: "Art. 304. Derecho de preferencia", en *Comentario a la Ley de Sociedades de Capital*, Ed. Civitas, Madrid, 2011, pp. 2248 y ss. Cfr., además, los trabajos de VELASCO SAN PEDRO, L.A.: "El derecho de suscripción preferente", en Derecho de Sociedades Anónimas, III, Modificación de Estatutos. Volumen 1, Ed. Civitas, Madrid, 1994, pp. 517 y ss. Y las monografías de ALFARO AGUILA-REAL, J.: "Interés social y derecho de suscripción preferente: una aproximación económica", Madrid, Civitas, 1995 y ALONSO LEDESMA, C.: "La exclusión del derecho de suscripción preferente en sociedades anónimas", Ed. Mc McGraw-Hill, Madrid, 1995.

Cuando una ampliación de capital tiene carácter "específico", porque excede la captación genérica de recursos financieros en forma de aportaciones dinerarias (o en la emisión de deuda originariamente convertible) y requiere, por razón de su carácter instrumental o funcional, que la asunción o suscripción de participaciones o acciones se realice por sujetos determinados (sean o no socios) como "destinatarios forzosos", el derecho de suscripción o asunción preferente no llega a nacer. Esta es la razón por la que la Ley no reconoce tal derecho en los aumentos contra aportaciones no dinerarias o por compensación de créditos y sólo lo reconoce para el aumento dinerario (art. 304.1 LSC). Lo mismo cabe decir en las operaciones de aumento de capital asociadas a una operación de modificación estructural, donde el aumento se acordará sólo en beneficio de los socios de la sociedad absorbente o beneficiaria a modo de canje por sus acciones o participaciones[21].

Esta idea aparece reflejada en el artículo 304.2 LSC que establece que no existirá derecho de suscripción preferente cuando el aumento del capital se deba a la "absorción de otra sociedad" o "a la absorción (...) de todo o parte del patrimonio escindido de otra sociedad" o en el supuesto de "conversión de obligaciones en acciones". En este tipo de supuestos, la propia consecución del interés social subyacente a la operación a la que sirven es incompatible con la idea misma del derecho de preferencia a favor de los antiguos socios, por dirigirse los derechos de conversión, suscripción o asunción a unos sujetos determinados[22].

En el caso de las modificaciones estructurales, el aumento de capital no constituye una finalidad en sí misma, sino que se encuentra en una relación

21 Como explica LARA (ob.cit., p. 2249): "en el aumento con aportaciones dinerarias la aportación tiene su causa en el aumento, mientras que en el resto de casos el aumento de capital es la consecuencia de la adquisición de activos específicos (o de la reducción del pasivo) que los viejos socios no están en condiciones de aportar".

22 Cfr. LARA, R.: "Art. 304. Derecho de preferencia", en AA.VV.: "Comentarios a la Ley de Sociedades de Capital", dir. A. Rojo / E. Beltrán, Ed. Civitas, Madrid, 2011, pp. 2254–2255: "Son operaciones en las que la ampliación de capital no constituye una finalidad en sí misma sino más bien un mero instrumento al servicio de otra finalidad distinta". Según Rita LARGO GIL ("La exclusión del derecho de suscripción preferente" en Derecho de Sociedades Anónimas, Tomo III, Volumen 1, Madrid, 1994, p. 686), la exclusión del derecho de suscripción preferente sancionada por la Ley, en referencia al art. 159.4 LSA (hoy 304.2 LSC): "*se produce legítimamente si concurre un interés de la sociedad que así lo exige, esto es, cuando un concreto aumento del capital deba ser asumido por aquellas personas que están en condiciones de realizar la aportación específica que la sociedad requiere*", ya que "*estamos ante un supuesto en que los suscriptores de las nuevas acciones están predeterminados*". El interés de la sociedad en la realización de tales operaciones "*se considera implícito en el resultado específico perseguido con cada una de ellas*" (LARGO GIL, ob.cit., p. 680).

funcional respecto de la operación en la que se integra, de modo que puede acordarse (o no) si es preciso hacerlo para salvaguardar el principio de continuidad en la participación y en la cuantía que sea preciso hacerlo según la relación de canje negociada (o para realizar ajustes en la previamente fijada)[23].

La conversión de obligaciones en acciones (que no es lo mismo que la emisión de obligaciones originariamente convertibles) cumple una función de saneamiento y las acciones (o participaciones sociales) tienen unos destinatarios forzosos, que son precisamente los titulares de esas obligaciones que, como ocurre en cualquier capitalización de crédito, se convierten de mutuo acuerdo mediante la conversión de los créditos en acciones o participaciones (arts. 301 y 430 d) LSC). La Ley de Sociedades de Capital, que acabó por reconocer expresamente que el derecho de preferencia sólo surge en el caso de aumento contra aportaciones en efectivo, no derogó la referencia a este supuesto en el apartado 2 del artículo 304 porque no era preciso hacerlo, dado el carácter meramente aclaratorio de esta norma.

En conclusión, estimamos que puede afirmarse que el artículo 304.2 LSC no constituye una excepción al derecho de preferencia como derecho mínimo del socio (arts. 93 b) y 304.1 LSC) que deba interpretarse de forma restrictiva o prohíba el recurso a cualquier clase de analogía. Se trata de una norma que se limita a expresar un principio general que es el que conviene señalar aquí y es que la atribución legal del derecho de suscripción o asunción preferente constituye "el reconocimiento de una preferencia sólo relativa a favor del socio, en la medida que resulte compatible y no entorpezca la realización de otras operaciones típicas que la sociedad pueda necesitar llevar a cabo, por más que el desenvolvimiento de tales operaciones se resuelva luego instrumentalmente en la necesidad de acordar una ampliación de capital para llegar a materializarlas"[24].

Conforme a la anterior idea creemos que puede afirmarse que no existe derecho de preferencia en aquellas operaciones en las que el aumento de capital (incluso con aportaciones dinerarias) no encuentra su causa en la obtención de nuevos recursos en forma de dinero, ni constituye por tanto una finalidad en sí misma, sino que se trata de un mero instrumento al servicio de una operación distinta cuya consecución resulta incompatible con el mantenimiento de la preferencia a favor de los antiguos socios porque las partici-

23 LARGO GIL, ob.cit., p. 690.
24 SÁNCHEZ ANDRÉS, "Art. 48. La acción (...)", p. 203.

paciones sociales o las acciones nacen con un destinatarios determinados o forzosos[25].

Esto es precisamente lo que ocurre con el aumento de capital condicionado. El aumento de la cifra de capital social se acuerda en cumplimiento (como consecuencia) de las obligaciones asumidas por la sociedad con terceros, mediante acuerdo de la junta general, en el marco de una operación más compleja que puede encontrar su causa en la retribución de administradores (planes de *stock option*), en el cumplimiento de acuerdos de refinanciación de deuda que contemplen la conversión de dicha deuda en acciones o participaciones, en la necesidad de realizar ajustes en la relación de canje en una modificación estructural o en cualquier otro supuesto análogo típicamente reconocido por la ley cuya aprobación requiera de acuerdo de la junta general[26].

De lo anterior se deriva que no es preciso adoptar un acuerdo de exclusión de este derecho (art. 308 LSC) ni, por tanto, cumplir con los requisitos procedimentales (informes, especialidades de la convocatoria, mayoría súper reforzada en la sociedad limitada) y de fondo (correspondencia con el valor razonable) que requiere dicha exclusión. En algunos casos, el cumplimiento de dichos requisitos haría inviable la ejecución de los acuerdos que sirven de base al negocio jurídico principal que sirve de causa al aumento de capital contingente (v.gr. facilitar la suscripción de acciones o la asunción de partici-

25 Como afirma LARA (ob.cit., p. 2255): "su reconocimiento positivo en el artículo objeto de comentario no deja de tener interés, en cuando viene a demostrar la aplicación del mismo principio general a casos semejantes, facilitando así la extensión analógica de la regla a otros supuestos no previstos". Con todo, debemos dejar constancia de que PAZ-ARES / PERDICES (ob.cit. p. 79), si bien admiten la extensión por analogía del régimen de la conversión de obligaciones en acciones al aumento necesario para ejecutar los planes de retribución de administradores, no llegan a negar la inexistencia de derechos de suscripción preferente a favor de los socios cuando se acuerde un aumento de capital al servicio de la conversión de los derechos de opción, por no estar expresamente prevista su exclusión en el artículo 159.4 LSA (equivalente al art. 310 LSC).

26 Como hemos señalado, el aumento condicionado tiene carácter "específico", ya que se encuentra en una relación de conexión funcional o instrumental ("al servicio") de la ejecución los derechos de opción, conversión, suscripción o asunción concedidos a terceros, con acuerdo de la junta general, en cumplimiento de una relación contractual (retribución de administradores) o en el marco de una modificación estructural que requiere idéntica negociación con los beneficiarios de las acciones o participaciones a emitir. En el aumento de capital al servicio de este tipo de operaciones, siempre que tengan reconocimiento legal, no existe derecho de suscripción o asunción preferente, ni siquiera cuando se realicen mediante aportaciones dinerarias y ello sin necesidad de interpretar una voluntad "implícita" de los socios de suprimir ese derecho (a dicha voluntad se refiere LARGO GIL, ob.cit. p. 679. En nuestra opinión, sin embargo, no es preciso llegar a afirmar dicha voluntad implícita: lo que ocurre más bien es que el derecho no nace.

paciones sociales en cumplimiento de un plan de retribución que reconozca opciones sobre acciones o participaciones o realizar ajustes en la relación de canje mediante la emisión de acciones o participaciones a suscribir por los socios de la absorbida o escindida desembolsadas a valor nominal)[27].

4. Aplicaciones

4.1. Conversión de deuda

El caso paradigmático de aumento de capital condicionado aparece meramente referenciado por la Ley de Sociedades de Capital en la regulación sobre obligaciones convertibles en acciones, cuyo artículo 414 dispone que, con la emisión de obligaciones, se aumentará el capital social "en la medida necesaria" para facilitar la conversión. En este aumento el derecho de preferencia se ofrece en el momento mismo de la suscripción de la deuda (art. 416 LSC).

Se trata de una regla coherente con la razón de ser del derecho de preferencia del art. 93 b) LSC). Cualquier socio puede facilitar la financiación de la sociedad con dinero y, por consiguiente, el reconocimiento de cualquier tipo de deuda convertible mediante derechos de opción o conversión sea en acciones o participaciones debe ofrecerse a los socios con carácter previo (obligaciones con warrants o warrants autónomos o "puros" que operan como "endulzante" a la financiación prestada a favor de sociedades filiales), y ello con independencia de que la conversión sea voluntaria o forzosa, a instancias de la sociedad o ante la concurrencia de determinados eventos que determinen dicha convertibilidad (v.gr. solicitud de una refinanciación ante la insolvencia probable de una sociedad)[28].

27 La práctica demuestra que si los socios o grupo de socios no integrados en el grupo de control pudieran ejercer sus derechos de suscripción preferente se provocaría una alteración en la estructura de poder de la sociedad que ningún socio estaría dispuesto a aceptar. Como tampoco se puede obligar a los socios disidentes a renunciar a su derecho y la exclusión requiere emitir a valor razonable, acabaría siendo necesario que el acuerdo se adoptase por unanimidad cuando, paradójicamente, ya existiría el compromiso de la conversión. Como destacó el profesor SÁNCHEZ ANDRÉS (ob.cit., p. 49) la regulación en Alemania del "capital condicionado" tenía por finalidad evitar que el derecho de suscripción impidiera a la sociedad el desarrollo de operaciones convenientes o necesarias como el canje de obligaciones, la fusión o la entrega de acciones a los trabajadores (o administradores con funciones ejecutivas) para pago de su retribución.

28 La Directiva 2017/1132 del Parlamento Europeo y del Consejo de 14 de junio de 2017 sobre determinados aspectos del Derecho de Sociedades (artículo 72.6) estableció que: "6. Se aplicarán los apartados 1 a 5 en la emisión de todos los títulos convertibles en acciones *o que se acompañen de un derecho de suscripción de acciones*, pero no a la conversión de los títulos

4.2. Retribución mediante opciones sobre acciones o participaciones sociales

La Ley de Sociedades de Capital contempla la necesidad de que los estatutos sociales de las sociedades de capital regulen el sistema de retribución de los administradores, lo que requiere la determinación de los conceptos retributivos que integren dicho sistema, incluida la posibilidad, entre otras, de entregar acciones o participaciones u opciones sobre acciones o participaciones sociales con dicha finalidad (art. 217 LSC). La aplicación de este tipo de planes requiere, además, que la junta general establezca el número máximo de acciones o participaciones que se podrán asignar en cada ejercicio a este sistema de remuneración, el precio de ejercicio o el sistema de cálculo del precio de ejercicio de las opciones, el valor que, en su caso, se tome como referencia y el plazo de duración del plan (art. 219 LSC)[29].

---

y al ejercicio del derecho de suscripción". Cfr. la aplicación analógica por VELASCO SAN PEDRO, p. 552. En el caso de las sociedades de responsabilidad limitada es posible aprobar un aumento de capital condicionado al servicio de la concesión de préstamos convertibles en participaciones sociales, siempre que no se trate de una emisión generalizada de deuda (en series, pública) que es una operación expresamente prohibida a este tipo social (art. 401.2 LSC in fine), si bien deberá reconocerse derecho de preferencia en la concesión de dicha financiación a favor de los socios.

29 En contra, afirma LEON SANZ ("Artículo 219. Remuneración vinculada a las acciones a de la sociedad" en Comentario de la reforma del régimen de las sociedades de capital en materia de gobierno corporativo (Ley 31/2014), Ed. Civitas, Madrid, 2014, p. 302 y p. 307) que estos planes están prohibidos para las sociedades de responsabilidad limitada (condenadas por tanto al recurso de las phantom shares). El argumento principal es que, a diferencia de lo que ocurre para la SA este sistema de retribución de administradores no lo contempla la Ley y en la reforma de la LSC de 2014 se aprovechó para remarcar que el acuerdo de la junta general que debía aprobar el plan sería de la junta general "de accionistas", se supone que para dejar claro que este concepto retributivo está prohibido en la sociedad limitada. En nuestra opinión, estos argumentos no justifican semejante conclusión. Como lo demuestra la reciente regulación sobre empresas emergentes, no existe ninguna razón de orden tipológico que aconseje excluir este tipo de retribución para las sociedades de responsabilidad limitada si los socios desean hacerlo mediante la incorporación de la cláusula correspondiente en los estatutos sociales y la adopción del correspondiente acuerdo de la junta general en los términos que exige el artículo 219 LSC para las sociedades anónimas. De hecho, cuando la norma para emergentes exige que ese tipo de retribución conste en los estatutos y el plan sea aprobado por la junta general, con ello no se hace sino remarcar una exigencia de previsión estatutaria que, ya prevista en la parte general para los administradores, se hace extensiva ahora a los empleados y otros colaboradores. Sobre el nuevo régimen de autocartera en las empresas emergentes cfr. MARTÍNEZ MARTÍNEZ, M.T.: "Especialidades societarias de las empresas emergentes", en El derecho ante realidades disruptivas: empresas emergentes, sociedades pantalla y criptoactivos, Ed. Aranzadi, Madrid, 2023, pp. 33 y ss., aunque con una interpretación prohibitiva del art. 219 LSC.

La ejecución de los planes de retribución mediante la entrega de acciones se puede realizar mediante la adopción de un acuerdo de adquisición derivativa de autocartera causalmente vinculado al cumplimiento de los planes de entrega de acciones, supuesto específicamente admitido por la ley para la sociedad anónima (art. 146 LSC) y para las sociedades de responsabilidad limitada que reúnan la condición de "empresas emergentes" (arts. 3 y 10 de la Ley 28/2022, de 21 de diciembre, de fomento del ecosistema de las empresas emergentes).

La principal objeción práctica que plantea la adquisición de autocartera para cumplir los compromisos asumidos, que no es menor, reside en que implica la obligación de destinar fondos que podrían aplicarse al objeto social para adquirir acciones o participaciones que serán suscritas (o no) mucho tiempo después, si se cumplen los hitos a los que se suele condicionar la efectividad de esta retribución[30]. A lo anterior se puede añadir, al menos en las sociedades cerradas, que para adquirir autocartera hay que encontrar un vendedor y puede no ser fácil encontrarlo, ya que la transmisión por parte de un socio o grupo de socios a favor de la sociedad produce un desajuste en el equilibrio de fuerzas que esos hipotéticos vendedores no estarán dispuestos a asumir.

El resto de alternativas, al margen de los frecuentes compromisos de entrega de acciones o participaciones a los directivos que pudieran asumir los socios de la sociedad (pactos parasociales), requieren adoptar un acuerdo de aumento de capital social con emisión de nuevas acciones o participaciones sociales que reúne todos los elementos caracterizadores de un aumento de capital condicionado: cuantía máxima (por el importe máximo de los derechos de opción), no revocabilidad, carácter instrumental, destinatarios específicos y ejecución diferida. En realidad, esta es la única manera de poder ejecutar derechos de opción sobre acciones o participaciones, que no son sino derechos de suscripción o asunción en el marco de un aumento de capital.

El aumento con cargo a reservas no es posible en la práctica, ya que los destinatarios únicos de este tipo de aumento son los socios mediante sus derechos de asignación gratuita, salvo acuerdo unánime en otro sentido. Esta misma idea impediría la operatividad de los acuerdos de aumento de capital que sean "mixtos" (desembolsados en parte con cargo a reservas y en parte con aportaciones dinerarias)[31].

30 PAZ-ARES / PERDICES, ob.cit., p. 74.

31 Cfr., SÁENZ (ob.cit., pp. 2246–2247). En relación con la retribución de administradores niega esta posibilidad, MONTERO GARCÍA-NOBLEJAS, M.ª P.: *"Las opciones sobre acciones*

En el denominado "aparcamiento" de acciones o participaciones se adopta un acuerdo de aumento del capital social con emisión de nuevas acciones o participaciones y con cargo a aportaciones dinerarias que, mediante la exclusión del derecho de suscripción preferente, son suscritas por un fiduciario. En el momento en que los beneficiarios activen sus derechos de asunción o suscripción de acciones, el fiduciario, que se compromete en el ínterin a no ejercer sus derechos políticos, les hará entrega de las acciones o participaciones sociales, según lo pactado en el denominado "contrato de reserva, provisión o cobertura de acciones". Es una solución que, sin embargo, plantea problemas operativos de relevancia y probablemente legales desde el punto de vista de la normativa de autocartera[32].

Otra opción consiste en acudir a un aumento por compensación de créditos en el que no existe derecho de asunción o suscripción preferente y, por tanto, no será necesario excluirlo. La idea de entender que existe una suerte de "empréstito simbólico" que permitiría canjear el crédito a favor del trabajador o del administrador por acciones o participaciones no parece factible, ya que la integración del capital social requiere de la existencia de un derecho de crédito, lo que no ocurre en los planes de opciones sobre acciones. En realidad hay que entender que, cumplidos los objetivos o hitos dispuestos en el plan de retribución, nace un derecho de crédito a percibir determinada retribución dineraria ("bonus") compensable (facultativa u obligatoriamente) por el precio previsto en el plan en acciones o participaciones a emitir por determinado valor. Esto requiere cumplir los requisitos procedimentales y de fondo previstos por la ley para el aumento por compensación de créditos según el tipo societario que, a su vez, presuponen que el crédito exista en el momento en que se adopta el acuerdo y no que esté previsto que surja en un futuro (art. 301 LSC)[33]. Es cierto que un acuerdo por compensación de créditos se podría someter a la condición suspensiva del nacimiento del bonus y realizar los controles ex post, como ocurre con el ejercicio de la facultad

como sistema de retribución de administradores de sociedades anónimas cotizadas", Ed. La Ley, Madrid, 2009, pp. 568–570.

32 Cfr. PAZ-ARES / PERDICES, p. 76; MONTERO, p. 639 y 689-689. Todo lo anterior es también predicable del supuesto en que el fiduciario las adquiera de algún socio por cuenta de la sociedad, si bien entonces la normativa infringida por persona interpuesta sería la de adquisición derivativa de autocartera (cfr. PAZ-ARES / PERDICES (ob.cit., p. 77 y p. 80): "excesiva violencia a los preceptos en materia de autocartera"). Sin embargo, no advierte tal infracción FERNÁNDEZ DEL POZO, "Obligaciones convertibles (...)", p. 2).

33 Cfr., MONTERO, ob.cit., p. 567.

general de la compensación como medio de pago (1195 y ss. CC) en el marco de la denominada compensación "circunstancial".[34]

La última de las opciones posibles consistiría en adoptar un acuerdo de aumento de capital condicionado a desembolsar de forma diferida con aportaciones dinerarias por el valor pactado y en beneficio de los administradores beneficiarios del plan de retribución. Ese aumento de capital, como hemos señalado, se puede hacer por una cuantía máxima (al servicio de la conversión futura) con diferimiento de su ejecución, de modo que los administradores emitirán las acciones o las participaciones si y cuando (condicional) los ejecutivos ejerzan sus derechos de opción, sin que resulte de aplicación el art. 297.1 a) LSC (arg. ex art. 418 LSC)[35].

El problema en este caso aparece con el derecho de preferencia. La viabilidad práctica de estos planes de retribución puede requerir que la emisión se realice por su valor nominal (o con un descuento sobre el valor razonable) que, por un lado, incentive a los beneficiarios a permanecer en la empresa y, por otro lado, les retribuya en el momento de la ejecución / emisión por el incremento de valor que ha generado, en parte, su gestión para la sociedad permitiéndoles suscribir acciones o participaciones sociales con descuento y eso es imposible si se hace preciso excluir el derecho de preferencia de los socios, ya que se requiere emitir a valor razonable[36].

En nuestra opinión, sin embargo, el derecho de preferencia no llega a nacer en este caso. Las acciones o participaciones a entregar en el marco de un plan de retribución tienen como destinatarios forzosos a los administradores que las reciben por los servicios prestados a favor de la sociedad y el aumento que se aprueba no encuentra su causa en la captación de nueva financiación, que es lo justifica el derecho de preferencia de los socios. Se trata de un aumento con una finalidad meramente instrumental o accesoria al servicio de una operación reconocida expresamente por la Ley que tiene sus cauces de

34 SÁENZ, ob.cit., p. 2228.

35 Como hemos señalado con anterioridad, no creemos que se trate de aplicar por analogía la "excepción" del art. 297.1 a) LSC (cfr. PAZ ARES-PERDICES, ob.cit., p. 80), sino que este artículo no llega a aplicarse en absoluto porque los administradores ejecutan un acuerdo en ejercicio de una competencia propia que es el deber de ejecutar los acuerdos de la junta general (cfr. FERNÁNDEZ DEL POZO ("La viabilidad de las acciones de lealtad (...)", p. 25.

36 La causa fundamentalmente retributiva y el hecho de que la operación se enmarque en un plan de retribución aprobado en los términos del artículo 219 LSC excluye a nuestro juicio la aplicación de las reglas de prohibición de asistencia financiera y no sólo en la sociedad anónima, sino también en la sociedad de responsabilidad limitada (art. 143.2 LSC, 150 LSC). Cfr. PAZ-ARES / PERDICES, ob.cit., p. 437 y p. 448.

protección de los socios en la necesidad de reconocimiento estatutario expreso (217.2 LSC), en la necesaria aprobación de los términos del plan de retribución por la junta general (219 LSC) y todo en el marco de los límites de la retribución adecuada (art. 217.4 LSC). El hecho de que el art. 302.2 LSC no haya aclarado que en este caso no existe derecho de preferencia no impide que se llegue a la misma conclusión si se advierte la mera finalidad aclaratoria de esta norma y lo improcedente de reconocer este derecho en un aumento de capital meramente instrumental conforme a su propia naturaleza y razón de ser[37].

Este aumento del capital social es, en definitiva, un aumento de capital condicionado que se realiza al servicio de una operación que encuentra reconocimiento legal, como es el reconocimiento de opciones sobre acciones con función retributiva, que es aprobado *ad hoc* por la junta general de socios para cumplir con unos compromisos asumidos con un grupo de beneficiarios determinados), de modo que no existe derecho de preferencia y, por lo tanto, no es preciso excluirlo ni emitir a valor razonable (cosa que no se exige en cotizadas), contra lo que sostiene contundentemente la doctrina española[38].

4.3. Ajustes en la relación de canje de modificaciones estructurales

Las operaciones de modificación estructural pueden requerir la adopción de acuerdos de aumento del capital social dirigidos a garantizar el principio de continuidad en la participación (arts. 35 y 36 LME). Esta circunstancia debe hacerse constar en el proyecto (art. 40 LME), si bien no siempre se conocerá con exactitud la cifra concreta del aumento de capital, dado que puede ocurrir que durante el procedimiento se adopten medidas que afecten a la cuantía inicialmente proyectada (v.gr. venta de autocartera que se pensaba entregar a los socios) o sea necesaria una emisión complementaria de capital

37 Es cierto que la solución que ofrece el artículo 11.4 de la Ley 44/2015, de 14 de octubre, de Sociedades Laborales y Participadas para la puesta en práctica de planes de "adquisición de acciones o participaciones por los trabajadores de la sociedad con contrato por tiempo indefinido" (y un lock up de cinco años) no es excluir el derecho de preferencia de los socios, sino en derogar el requisito de la emisión a valor razonable y disponer el libre establecimiento de la prima. En todo caso, téngase en cuenta que esta es una norma que contempla el acceso de (otros) trabajadores al capital social que ya está en manos de trabajadores, por lo que es una regla especial de la que no se pueden extraer mayores consecuencias para interpretar la parte general.

38 Cfr., por todos, MONTERO, ob.cit., pp. 596 y ss. Sobre el precio de emisión vid. p. 609.

para canalizar ajustes en la relación de canje derivadas de circunstancias que no sea posible tener en cuenta en el momento de la elaboración de los proyectos de fusión y en el marco de los pactos de representaciones y garantías. Esta es la razón por la que nuestra doctrina notarial admite, por ejemplo, que el proyecto contemple un aumento de capital por una cifra máxima que no es otra cosa que un aumento condicionado "a reserva de su posterior concreción por los administradores en la escritura de fusión".[39]

4.4. *Pago de la contraprestación en una OPA*

Por último, la doctrina científica ha detectado la necesidad de adoptar este tipo de acuerdo de capital cuando la contraprestación en una oferta pública de adquisición de acciones consista total o parcialmente en acciones a emitir por la sociedad oferente que se acordará por la junta general "por la cuantía máxima necesaria para dar cumplimiento a la oferta presentada, y con posibilidad de suscripción incompleta" (art. 14.5 RD 1066/2007 de 27 de julio). En este caso "se entenderá" que no existe derecho de preferencia de los antiguos socios (art. 14.6 RD 1066/2007 de 27 de julio), porque el listado que contiene el artículo 304.2 LSC (antes 159.4 LSA) no es un numerus clausus.[40]

III. PROCEDIMIENTO

1. Fase de deliberación

La principal característica del acuerdo de aumento de capital condicionado es que trae causa y está funcionalmente coligado a otra una operación jurídico-negocial que requiere también de aprobación por la junta general. De este modo, no es posible adoptar un acuerdo de aumento de capital de esta naturaleza que sea independiente o autónomo a la relación jurídica que sirve de fundamento a los derechos de opción, conversión, asunción o suscripción preferente. Como hemos señalado en apartados anteriores, la operación que le sirve de causa debe tener reconocimiento legal porque se trata de un tipo

39 Cfr. CABANAS TREJO, R./BONARDELL LENZANO, R., El aumento del capital en la fusión de sociedades por absorción, RdS, 44, Enero-Junio 2015, p. 52.

40 SÁNCHEZ ANDRÉS ("Art. 48. La acción (....)", pp. 211–212): No hay derecho de suscripción preferente "en aquellos aumentos de capital de carácter instrumental en que las nuevas acciones nacen con destinatarios forzosos"

de acuerdo en el que, aún realizado mediante aportaciones dinerarias, no existe derecho de preferencia de los antiguos socios.

La consecuencia de lo anteriormente expuesto es que la junta general debe aprobar la operación a cuyo servicio se acuerda la emisión de nuevas acciones o participaciones. A continuación, en votación separada, pero no necesariamente en un punto distinto del orden del día, deberá deliberar y decidir sobre la aprobación del aumento del capital social, de modo que sin la aprobación de los dos acuerdos la operación quedaría sin efecto, salvo que se haya pactado otra cosa con los beneficiarios. En ningún caso cabe entender que el aumento de capital condicionado queda implícitamente aprobado al aprobar el negocio jurídico que le sirve de base, sino que es necesario un acuerdo expreso de la junta general.[41]

La convocatoria de la junta general deberá observar los requisitos generales de toda modificación estatutaria, con las especialidades propias de cada tipo social en la medida en que resulten aplicables y que pueden variar en función de cuál sea el contravalor del aumento. En el caso de la sociedad anónima será preciso, como ocurre también en el capital autorizado, realizar una propuesta e informe justificativo del proyectado acuerdo de aumento de capital contingente. En la propuesta e informe se deberá hacer constar su carácter irrevocable, identificar el objetivo a cuyo servicio de propone el aumento del capital social, el grupo de beneficiarios de dicho acuerdo y señalar la cuantía máxima del aumento o, en su caso, la base de cálculo para su determinación.

Las mayorías necesarias para la adopción de este acuerdo son las mismas que la ley o los estatutos dispongan para cualquier otro acuerdo de aumento de capital social, que a su vez varían en función del tipo de sociedad de que se trate (arts. 199 y 201 LSC). Dado que no existe derecho de preferencia no es preciso acordar la supresión de este derecho ni su limitación, por lo que tampoco será preciso contar con las mayorías necesarias a tal efecto (art. 199 b) LSC, para la sociedad limitada).

El aumento de capital condicionado, a diferencia de lo que ocurre normalmente en el acuerdo de aumento, no debe fijar necesariamente la cuantía de la ampliación, sino que es un acuerdo de cuantía máxima y así se admite

41 GARCÍA DE ENTERRÍA, "Le obbligazioni (...)", p. 50. Lo contrario sí es posible en los términos pactados con los terceros: la sociedad podría simplemente quedar comprometida a adoptar el acuerdo de aumento en el futuro, si bien sería un pacto difícil de ejecutar en forma específica, a menos que se cuente con la conformidad de todos los socios (pacto parasocial con eficacia frente a tercero).

expresamente en la regulación sobre aumento al servicio de la conversión de obligaciones ("en la cuantía necesaria", dice el art. 414 LSC)[42]. Dicha cuantía se corresponderá con la suma del valor nominal de las acciones o participaciones a suscribir en el caso de que ejerzan sus derechos todos los titulares de los derechos de opción o conversión. Se trata de una cuantía "variable" o "elástica", como gusta decir a nuestra doctrina[43], que excluye la aplicación del régimen jurídico relativo al aumento incompleto, dado que este es un acuerdo que no necesariamente debe ser suscrito en su totalidad[44].

El acuerdo debe establecer también un plazo máximo para el ejercicio de los derechos de conversión, necesidad que deriva precisamente de la naturaleza jurídica propia de un derecho de opción (cfr., para las obligaciones, art. 418 LSC), si bien en el acuerdo de aumento al servicio de un plan de retribución se estará al plazo de duración del plan (art. 219 LSC).

El acuerdo debe señalar el contravalor del aumento, que en las modalidades típicas puede consistir en la realización de nuevas aportaciones dinerarias o en la capitalización de deuda, en cuyo caso será de aplicación la regulación sobre obligaciones convertibles por remisión del artículo 302 LSC[45]. Sólo en caso de acuerdo unánime de todos los socios, se podría realizar una operación de este tipo con cargo a reservas y atribución a terceros de los derechos de asignación gratuita

Cabe señalar, por último, que el acuerdo de capital condicionado puede ir acompañado, si ello es necesario, de una delegación-integración en los administradores, pero sin sujeción al límite temporal previsto por la Ley (art. 297 a) LSC). En el caso de emisión de obligaciones convertibles se ha dicho que dicha delegación puede comprender la facultad de ofrecer a terceros los

42 En aumento de capital social requiere normalmente hacer constar una cifra exacta y fija del aumento, que deberá ser asumida o suscrita en su integridad, con las consecuencias previstas por la ley o en el acuerdo para el caso de asunción o suscripción incompleta (arts. 310 y 311 LSC). Las referencias a la cifra "acordada" y a la cifra "determinada" en los apartados a y b del artículo 297.1 LSC no dejan lugar a dudas sobre esta cuestión (cfr. RDGRN de 4 de octubre de 2000 y, en la doctrina, por todos, SÁENZ, ob.cit., p. 2194).

43 Cfr., CASTELLANO, ob.cit., p. 2297. La expresión "aumento elástico" se atribuye a un trabajo del jurista italiano DE MARTINI (cfr. GARCÍA DE ENTERRÍA, "Le obbligazioni (...)", p. 50 n. 55).

44 FERNÁNDEZ DEL POZO, "Las obligaciones convertibles (...)", p. 5. Según GARCIA DE ENTERRIA ("Le obbligazioni (....)", p. 51) no sería posible establecer en el acuerdo que quedará sin efecto en el caso de no procederse a la conversión completa porque eso equivaldría a dejar el derecho de conversión a la discreción de la sociedad. En nuestra opinión, sin embargo, todo debería depender de lo pactado en las condiciones de la emisión de obligaciones o del negocio jurídico que sirva de base a la operación.

45 Cfr. SAENZ, ob.cit., p. 2226.

derechos de asunción o suscripción que hayan quedado vacantes por falta de ejercicio de los derechos de opción o conversión a los que originariamente vaya unido el aumento de capital, lo cual puede ser aceptable porque existe un derecho de preferencia para los socios reconocido en el momento de la constitución de la deuda. En otro caso no cabría tal delegación para la "re-colocación", dado que nos encontramos ante un acuerdo de carácter instrumental o accesorio, causalizado a la consecución de un determinado objetivo en relación con un grupo determinado de beneficiarios en el que no existe derecho de preferencia para los antiguos socios. Esto impide su aplicación a un fin distinto de la operación que le sirve de base[46].

2. La fase de ejecución

El acuerdo de aumento de capital condicionado es irrevocable y se consideran nulos cualesquiera acuerdos que posteriormente pudiera tomar la junta general que sean contradictorios con él.[47]

Los administradores, en el ejercicio de sus propias competencias y no en virtud de una delegación, tienen la obligación de ejecutarlo de forma diferida y, normalmente, fraccionada y progresiva, esto es, a medida que se van produciendo las solicitudes de conversión o ejercicio de los derechos de opción o se cumplan los hitos a que dicha conversión vaya asociada, siempre con el límite temporal establecido en el acuerdo de aumento, que a su vez dependerá de lo acordado en el negocio jurídico que le sirve de base (duración del plan de retribución, ventanas de conversión del préstamo convertible, etc.)[48].

Una vez abierta la fase de ejecución y recibidas las solicitudes de conversión o ejercicio de los derechos de opción, se procederá a la emisión de las acciones o la creación de participaciones en los términos pactados en el acuerdo de aumento de capital condicional y en el negocio jurídico que le sirve de base (cfr. art. 418 LSC, que pospone temporalmente la emisión a las solicitudes de conversión). En el caso de que proceda realizar aportaciones dinerarias,

---

46 Cfr., GARCÍA DE ENTERRÍA ("Le obbligazioni (...)", p. 52), para el caso de las convertibles.

47 La irrevocabilidad del acuerdo deriva a su vez de la naturaleza del pacto de opción, acuerdo vinculante y fácilmente distinguible de otras posibilidades que plantea la práctica como los contratos o tratos preliminares (GARCÍA DE ENTERRÍA, p. 52). FERNÁNDEZ DEL POZO, "Obligaciones convertibles (...)", p. 4

48 Cfr. GARCÍA DE ENTERRÍA, J.: "Artículo 414. Requisitos de la emisión", ob.cit., p. 2835–2836, aunque en ocasiones habla de delegación.

dichas aportaciones y el pago de la prima de emisión se deberán realizar en los términos pactados (arts. 312 y 298.2 LSC)[49].

El acuerdo de aumento de capital condicional no implica la "creación" de las participaciones ni la "emisión" de las acciones, dado que tal emisión no es posible sino acompañada de la suscripción (arts. 78 y 79 LSC) y ni siquiera las extintas "acciones en cartera" se consideraban realmente "emitidas", sino sólo "autorizadas" por la junta general o la escritura fundacional. Tal emisión o creación sólo se producirá en el momento en que se ejerzan los derechos de conversión o asunción y la consiguiente asignación de las acciones o participaciones a sus beneficiarios, ya en la fase de ejecución del aumento y mediante acuerdo del órgano de administración (cfr., para las obligaciones convertibles, art. 418 LSC)[50].

Como consecuencia de lo anterior, el mero hecho de la aprobación del capital condicionado no impedirá la adopción de nuevos acuerdos de aumento de capital contra aportaciones dinerarias en la sociedad anónima (art. 299 LSC). De un lado, porque, como hemos dicho, no se trata de acciones emitidas y pendientes de desembolso, sino que las acciones sólo se emiten en fase de ejecución. De otro lado, porque no se cumple la "ratio" de la prohibición, que consiste en dar preferencia a la captación de fondos mediante la exigibilidad de las aportaciones dinerarias ya comprometidas por los antiguos socios[51]. Todo ello sin perjuicio de las limitaciones que se dispongan convencionalmente (o apliquen legalmente) para la protección de la posición jurídica y económica de los titulares de los derechos de conversión u opción en el período interino (cfr., para las obligaciones convertibles, art. 418.2 LSC)[52].

La formalización del acuerdo mediante la nueva redacción de los estatutos sociales, renumeración, en su caso, de acciones o participaciones sociales y consiguiente otorgamiento de escritura pública es competencia de los administradores ("a cuyo efecto se entenderán facultados por el acuerdo de aumento"). El otorgamiento debe realizarse a partir del momento en que se

49 Según CASTELLANO (ob.cit., p. 2309) no habría inconveniente legal en que se conceda un plazo para el desembolso de la prima.

50 LA CASA, ob.cit., p. 697.

51 Cfr. TAPIA HERMIDA (ob.cit., pp. 1141–1142); FERNÁNDEZ DEL POZO ("Obligaciones convertibles", p.7. Como aclara SÁENZ (ob.cit., p. 2218) no tiene sentido acudir al dinero ajeno sin antes haber recabado las aportaciones dinerarias pendientes por quienes ya son socios de la sociedad.

52 Cfr, nuestro trabajo "La emisión de warrants como "endulzante" a la financiación" en *El préstamo hipotecario y el mercado del crédito en la Unión Europea*, Ed. Universidad Complutense de Madrid, Madrid, 2016, pp. 277-288

haya verificado el desembolso total de los derechos por parte de sus beneficiarios o, en su caso, una vez haya terminado el plazo máximo previsto en el acuerdo para poder hacerlo (art. 313 LSC). El contenido de la escritura será el general con las adaptaciones necesarias (art. 314 LSC).

De conformidad con lo dispuesto en el artículo 315 LSC la inscripción del acuerdo de aumento de capital y su completa ejecución deben realizarse de forma simultánea. Es posible, sin embargo, el otorgamiento de escrituras de ejecución parcial cuando el ejercicio de los derechos de opción o conversión se haya organizado o estructurado mediante tramos, si bien sólo podrán inscribirse tras su ejecución completa (cfr. Resolución de 7 de junio de 2012).

Capítulo VII

EL AUMENTO DE CAPITAL CON CARGO A RESERVAS (Y UNA REFERENCIA A LOS "SCRIP DIVIDENDS")

Mónica Fuentes Naharro
Prof. Titular de Derecho mercantil
Universidad Complutense de Madrid

I. FUNCIÓN ECONÓMICA Y CARACTERIZACIÓN GENERAL

Cualquier estudio sobre el aumento del capital social se encuentra en estrecha relación con los recursos que la sociedad trata de lograr para desarrollar su actividad. Unas veces estos recursos —el contravalor de la operación— provienen del crédito externo, otras veces son generados por la propia sociedad, tal y como ocurre en el caso de la ampliación de capital con cargo a reservas o, como también se le conoce, aumento con cargo a recursos propios (de ahí que haya sido calificada por algunos autores de operación de "autofinanciación"[1]), modalidad recogida en el artículo 303 LSC.

Esta modalidad de aumento de capital supone la transferencia interna de fondos de una cuenta a otra del pasivo del balance, siendo su elemento característico —y determinante de su función económica— la transformación de recursos ya existentes y disponibles en la sociedad, en indisponibles[2]. Y es que, con la adopción del correspondiente acuerdo por la junta, una parte del activo disponible (como se verá, traído de reservas o de beneficios) pasará a quedar sometido al régimen jurídico de la institución del capital social y, por tanto, devendrá indisponible a efectos de reparto, quedando afectado a las funciones que son propias de esta institución. En definitiva, con este aumento no se produce ningún cambio efectivo en la composición ni en el valor del patrimonio social[3], sino en la estructura de las cuentas del pasivo; de ahí que se haya dicho que sus efectos tienen un carácter más cualitativo que cuantitativo, puesto que no existe variación del total de los recursos propios[4], o que algunos autores hayan calificado a esta modalidad de "aumento nominal" o "puramente contable"[5].

1 MARTÍNEZ NADAL, A., *El aumento de capital con cargo a reservas y beneficios en la sociedad anónima*, McGraw-Hill, Madrid, 1996, pp. 13 y ss., GARCÍA-MORENO GONZALO, J.M., *El aumento de capital con cargo a reservas en sociedades anónimas*, Aranzadi, Madrid, 1995, p. 214; o la doctrina registral [v. entre otras la RDGRN de 27 de julio de 2016 (RJ 2016/5751)]. SAÉNZ GARCÍA DE ALBIZU, J.C., "Art. 303 LSC", *Comentario de la Ley de Sociedades de Capital*, (dirs. A. Rojo/E. Beltrán), Civitas, Cizur Menor, 2011, p. 2238, matiza esta posición al entender que, en puridad, este tipo de aumento no constituye una verdadera fuente de financiación, sino que se trata de "una decisión económico-financiera", porque la financiación es previa y existe desde el mismo momento en que la sociedad decide no repartir la totalidad de sus beneficios y dedica la cifra retenida a la dotación de reservas.

2 MARTÍNEZ NADAL, A., *El aumento de capital con cargo a reservas*, cit., pp. 41 y 42.

3 GONZÁLEZ VÁZQUEZ, J.C., "Aumento de capital mixto", *Diccionario de Derecho de Sociedades*, (dir. C. Alonso Ledesma), Iustel, Madrid, 2006, p. 250.

4 PEÑAS MOYANO, M.J., "La preferencia en la asunción y la asignación gratuita de participaciones sociales: dos derechos diferentes (Comentario a las RRDGRN de 23 de julio (RJ 2003, 6177) y 4 (RJ 2004, 1980) y 9 de diciembre de 2003 (RJ 2004, 1981)", *RdS*, núm. 24, 2005, p. 329 y ss. Tal y como ha señalado la RDGRN de 18 de octubre de 2002 (RJ 2003/2631): "*El aumento de capital con cargo a reservas es una modalidad de autofinanciación empresarial caracterizada por una simple operación contable en cuanto implica una transferencia de fondos de una cuenta a otra del pasivo del balance, por lo que como tal no supone alteración patrimonial cuantitativa alguna dado que los recursos propios suma de capital social y reservas seguirán siendo los mismos y otro tanto cabe decir del patrimonio social. Lo que sí supone es una modificación cualitativa pues los fondos así transferidos pasan del régimen de disponibilidad de que gozaban como reservas a la indisponibilidad a que quedan sujetos como capital. Por tanto, un requisito esencial para la capitalización de las reservas o beneficios no es sólo que tengan la consideración de recursos propios, sino también que sean de libre disposición dado que la capitalización es una de las formas a través de las que la sociedad ejerce su facultad de libre disposición sobre ellas*".

Puesto que con esta operación se aumenta el grado de indisponibilidad de la sociedad sobre dichos recursos, se trata de una operación interesante para los acreedores[6], si bien, también lo es para la sociedad[7] y para los socios, que verán incrementado el valor de su participación[8]. Y es que, aunque es claro que estas operaciones mejoran las perspectivas de los acreedores, no suele

5 MACHADO PLAZAS, J., "Artículo 157 LSA", *Comentarios a la Ley de sociedades anónimas,* (coord. I. Arroyo/J.M.Embid/C.Górriz), II, Tecnos, Madrid, 2009, p. 1758; MARTÍN ARESTI, P., *La participación de los socios en los aumentos nominales de capital (sobre el denominado derecho de asignación gratuita),* Thomson-Aranzadi, 2006; ÁVILA DE LA TORRE, A., "Art. 303 LSC", *Comentario de la Ley de Sociedades de Capital,* (dirs. J.A.García-Cruces/I. Sancho Gargallo), Tirant lo Blanch, Valencia, 2021, p. 4215; GARRIGUES, J., y URÍA, R., *Comentario a la ley de sociedades anónimas,* Madrid, 1976, p. 297 lo califica de "caso de aumento puramente contable del capital, es decir, de un aumento realizado con medios propios de la sociedad. El patrimonio sigue siendo el mismo, pero el capital se ha ampliado."; GIRÓN TENA, J., *Derecho de sociedades anónimas,* Valladolid, 1952, p. 506 advertía que "esta transformación autorizada por la Ley, no significa otra cosa más que la reforma en la naturaleza de la afectación patrimonial de los bienes que cambia al modificarse la cifra de reservas con incremento de la de capital"; DUQUE DOMÍNGUEZ, J., "La "pequeña reforma" del derecho de acciones en Alemania (aumento de capital con medios propios de la sociedad. Adquisición de las propias acciones. Cuenta de pérdidas y ganancias)", *RDM,* núm. 81, 1961, p. 35 y ss., en especial, pp. 49 y 50, considera que la ejecución de este acuerdo "se reduce a una modificación contable del balance". No obstante, algunos autores consideran esa calificación inadecuada, porque "ni es una operación meramente "nominal", dado que el cambio de nombre de la correspondiente partida del pasivo implica un cambio sustantivo de régimen jurídico, ni es lo "contable" el aspecto esencial de la operación, ya que el mismo no es sino el reflejo en la contabilidad de una modificación jurídica de la correspondiente cláusula estatutaria": GONZÁLEZ VÁZQUEZ, J.C., "Aumento de capital mixto", cit., p. 250, que propone una denominación más descriptiva, como la de aumento con cargo a fondos o medios propios (como también se denomina a esta clase de aumento) o, en todo caso, como aumento "no efectivo" del capital social, para resaltar que es la única modalidad de aumento en que no resulta incrementado el patrimonio neto (en ese sentido, el autor, sí admite la calificación de "nominal").

6 Tal y como señalaba nuestra mejor doctrina, con esta operación se amplía "la línea ideal que acota valores del activo para afectarlos al capital, haciéndolos indisponibles a favor de los acreedores sociales": GARRIGUES, J., y URÍA, R., *Comentario,* II, cit., p. 297; MARTÍNEZ NADAL, A., *El aumento de capital con cargo a reservas,* cit., p. 45.

7 MACHADO PLAZAS, J., "Artículo 157 LSA", cit., p. 1758, señala que esta operación supone para la sociedad "en su política empresarial de autofinanciación, un incremento del valor patrimonial a su disposición con cargo a fondos que ya existían en su patrimonio pero que eran disponibles y, por tanto, susceptibles de ser repartidos como dividendos entre los socios".

8 VALPUESTA GASTAMINZA, E., "Arts. 296 a 303. Acuerdo de ampliación de capital", 4.ª ed., Wolters Kluwer, Madrid, 2022, p. 805. En detalle, sobre los beneficios que aporta a los socios, acreedores, la propia sociedad y a los intereses generales: V. SÁENZ GARCÍA DE ALBIZU, J.C., "Art. 157. Aumento con cargo a reservas", en *Comentario al régimen legal de las sociedades mercantiles,* (dir. Uría/Menéndez/Olivencia), tomo VII, *Modificación de estatutos en la sociedad anónima, aumento y reducción del capital,* vol. 2, Civitas, Madrid, 2006, p. 241 a 243.

ser esa la finalidad perseguida por ellas, sino la de remunerar a los socios por un concepto diferente al mero reparto de beneficios.

Salvo por las particularidades de régimen que el legislador ha previsto en el artículo 303 LSC sobre el contravalor de esta operación (v. *infra* II) y sobre los requisitos de adopción del correspondiente acuerdo por parte de la junta general (v. *infra* III), el aumento con cargo a reservas participa, en lo sustancial, del régimen general previsto en los artículos 285 y ss. de la LSC, para la modificación de los estatutos sociales[9].

Sin embargo, el estudio de los aspectos de régimen específico de esta operación no termina con el análisis de estas dos cuestiones, sino que se extiende a otros que no se encuentran regulados expresamente por el legislador. Nos referimos, por un lado, al significado y —controvertido— contenido del derecho de asignación gratuita de acciones o participaciones que surge a favor de los socios (v. *infra* IV); y, por otro lado, a la discutida posibilidad de llevar a cabo los denominados aumentos "mixtos" (parte con cargo a reservas y parte con aportaciones dinerarias, v. *infra* V).

Finalmente, para concluir el estudio de esta figura —que, necesariamente, por el carácter de este trabajo, sólo podrá ser panorámico— resulta oportuno hacer cumplida referencia a la relación que se establece entre ella y otro fenómeno afín muy relevante en la práctica empresarial: el de los denominados

9 Sobre la discutida naturaleza jurídica (unitaria o dual) de la operación, véase en detalle: MARTÍNEZ NADAL, A., *El aumento de capital con cargo a reservas,* cit., p. 69 y ss., que se decanta por la teoría "unitaria" (que parece ser la acogida por el legislador español), que parte de que no existen en esta operación aportaciones por parte de los socios, sino que se trata de una operación de ampliación de capital mediante una simple transferencia de reservas al capital, con una simultánea distribución de acciones gratuitas a los socios, que puede por tanto ser aprobada por la junta general, como las otras modalidades de ampliación de capital. En esta línea ya GARRIGUES, J./URÍA, R., *Comentario,* II, cit., p. 298, advertían que "el aumento de capital se realiza mediante simple traspaso de la cuenta de reservas a la de capital. Es un traspaso directo que no exige el previo acuerdo de distribución de las reservas entre los accionistas, ni el consentimiento de éstos en aportar lo que reciben a título de dividendo extraordinario, para poder suscribir las acciones". Mientras, la teoría "dual" defiende la existencia de una primera fase de distribución de reservas a los socios a título de dividendo extraordinario acordado por la junta, que decide también el aumento de capital en una cantidad equivalente y una posterior fase de suscripción por cada socio de la parte proporcional que a cada uno corresponde en tal aumento, con entrega a la sociedad de las reservas distribuidas en forma de dividendos (a fin de liberar las acciones o participaciones), de forma no es suficiente para realizar la transformación en reservas el acuerdo de la junta, sino que es indispensable el consentimiento de todos los accionistas, toda vez que éstos no pueden ser obligados a realizar nuevas aportaciones.

scrip dividends. Esta figura reclama, como se verá, la realización de un aumento de capital con cargo a fondos propios como presupuesto previo y esencial del reparto de dividendos, y plantea interesantes problemas que trataremos de dejar apuntados (v. *infra* VI).

II. EL CONTRAVALOR DE LA OPERACIÓN

1. Alcance de los recursos propios como presupuesto del aumento de capital: ausencia de pérdidas y disponibilidad de reservas

Como indica el artículo 303 LSC en su apartado 1, el aumento debe hacerse con cargo a "*reservas*". Podrán utilizarse para tal fin "*las reservas disponibles, las reservas por prima de asunción de participaciones sociales o de emisión de acciones y la reserva legal en su totalidad, si la sociedad fuera de responsabilidad limitada, o en la parte que exceda del diez por ciento del capital ya aumentado, si la sociedad fuera anónima*". Luego volveremos con mayor detalle sobre la tipología de reservas que observa el precepto como posible contravalor de la operación. Pero, antes, debe apuntarse un presupuesto esencial y previo cuyo cumplimiento, aunque nuestra Ley no lo observe expresamente —a diferencia de otros ordenamientos, como el alemán (cfr. art. 208.2 AktG)[10]—, se considera de imprescindible concurrencia por la doctrina registral: que la sociedad no tenga pérdidas, de tal modo que el patrimonio neto resulte ser superior al capital más la reserva legal en, al menos, la cuantía en la que se propone el aumento. 267

Concretamente, las dudas sobre la exigencia o no de este presupuesto se han planteado en aquellos casos en que, existiendo reservas "*disponibles*", el resultado del balance aflora pérdidas y, por tanto, el patrimonio neto es negativo. En estos casos, la doctrina de la Dirección General ha exigido que las reservas se empleen para absorber las pérdidas y no para ser aplicadas a un aumento de capital: "*A pesar de que en nuestra Ley de Sociedades de Capital no exista un precepto como, por ejemplo, el parágrafo 208.2 de la «Aktiengesetz» alemana, que proscriba expresamente el aumento del capital con cargo a*

10 El §208.2 AktG proscribe de forma expresa el aumento del capital con cargo a reservas si en el balance figuran pérdidas: "*La reserva de capital y las reservas de ingresos, así como sus dotaciones, no podrán convertirse en la medida en que en el balance subyacente figure una pérdida, incluida una pérdida trasladada al ejercicio siguiente. Los beneficios no distribuidos y las asignaciones a los mismos que estén destinados a un fin específico sólo podrán convertirse en la medida en que ello sea compatible con su finalidad*" (La traducción es nuestra).

reservas si en el balance figuran pérdidas, es indudable que lo importante no es el mero reflejo de la partida de reservas en el balance que sirva de base a la ampliación, sino la efectiva existencia de excedente del activo sobre el capital anterior y el pasivo exigible, según dicho balance, aunque las vicisitudes económicas de la sociedad, posteriores a aquél, puedan determinar luego la eliminación de esas pérdidas"[11].

Esta exigencia es coherente con el principio de realidad del capital social (cfr. arts. 59 LSC) y con la exigencia de que las reservas que se vayan a aplicar a la operación sean plenamente "disponibles", lo que ocurre sólo cuando no existen pérdidas que deban ser compensadas por aquellas. A esta misma conclusión llega también la doctrina registral a partir de la invocación del artículo 273.2 LSC, que subordina la libertad de la junta para repartir beneficios a que el valor del patrimonio neto contable no sea inferior, tras el reparto, a la cifra de capital social. Como en tales supuestos las reservas devienen indisponibles y la "disponibilidad" es esencial para poder capitalizar reservas (o beneficios), no podrán aplicarse aquellas a esta operación si existen pérdidas: "*Por disponibilidad de las reservas ha de entenderse, por tanto, la libertad para aplicarlas a cualquier fin, entre ellos el de reparto entre los socios. Y esa aplicación de las reservas tan sólo es posible en tanto no existan perdidas que hayan de enjugarse previamente. El artículo 273.2 de la Ley de Sociedades de Capital limita la libertad de la junta general a la hora de aplicar los resultados, en primer lugar el positivo del ejercicio corriente, pero también el reparto de las reservas de libre disposición en tanto el valor del patrimonio neto contable no siga siendo tras el reparto superior al capital social. Es más, resulta de la lógica del sistema que también debería incluirse junto al capital, la reserva legal en el porcentaje legalmente exigido a la hora de computar el posible excedente de patrimonio neto que quede de libre disposición. En definitiva, la libre disponibilidad de las reservas viene limitada por la función que están llamadas a desempeñar: la cobertura de pérdidas contabilizadas. Y si no son plenamente disponibles no reúnen los requisitos legalmente exigidos por el artículo 303 de la Ley de Sociedades de Capital para su capitalización*"[12].

11 Resolución de la DGRN de 27 de julio de 2016 (RJ 2016/5751).

12 Resolución de la DGRN de 27 de julio de 2016 (RJ 2016/5751). Esta Resolución recoge de forma muy completa la doctrina registral a este respecto y cita otras de Resoluciones de ese mismo Centro Directivo, como las de 18 de diciembre de 2010 (RJ 2011/261) y de 15 de marzo de 2012 (RJ 2012/6162).

2. Reservas susceptibles de ser empleadas como contravalor del acuerdo de ampliación

Tal y como se aprecia a partir de la simple lectura del artículo 303.1 LSC, los recursos propios que son susceptibles de ser utilizados como contravalor de esta operación vienen determinados —de forma parca[13]— por la norma. Estas son: (i) las reservas "*disponibles*"; (ii) las reservas "*por prima de asunción de participaciones sociales o de emisión de acciones*"; (iii) y la reserva "*legal en su totalidad, si la sociedad fuera de responsabilidad limitada, o en la parte que exceda del diez por ciento del capital ya aumentado, si la sociedad fuera anónima*". Como se puede apreciar, el régimen es común para ambos tipos excepto en cuanto se refiere a la reserva legal, que establece un régimen distinto para anónimas y limitadas.

Conforme a la determinación que hace la Ley sobre las reservas que pueden ser empleadas en la operación de ampliación, es claro, como ya se ha dicho, que no toda reserva es susceptible de capitalización. La primera mención que contiene la norma se refiere a las "*reservas disponibles*", concepto éste que, siendo tan genérico, exige delimitar qué reservas concretas son las que bajo ese concepto tienen cabida. La primera observación —unánime por lo que conocemos— que se ha hecho respecto del término empleado por el legislador es la de que se trata de un calificativo meramente descriptivo, puesto que "disponibles" o "de libre disposición" son todas aquellas reservas que no se ven afectadas por una limitación legal que impida su utilización, entre las cuales se encontrarían también la legal y la reserva por prima de emisión (a pesar de que el legislador haya preferido mencionarlas aparte)[14]. Parece por ello que se esté utilizando la fórmula "*reservas disponibles*" en un sentido residual, para referirse a todas aquellas reservas distintas de las específicamente mencionadas por la norma, la legal y la de prima de emisión, que serían las excluidas de ese concepto[15].

13 Como ha dicho acertadamente MACHADO PLAZAS, J., "Art. 157", cit., p. 1759 en relación con el artículo 157.1 LSA que, sustancialmente (excepto en cuanto se refiere al distinto régimen para utilizar la reserva legal en anónimas y limitadas), disponía de forma similar a nuestra norma vigente que: "*...podrán utilizarse para tal fin las reservas disponibles, las primas de emisión y la reserva legal en la parte que exceda del 10 por 100 del capital ya aumentado*".

14 MARTÍNEZ NADAL, A., *El aumento de capital con cargo a reservas*, cit., pp. 294 y 295, advierte que hubiera sido más correcto decir "reservas disponibles, entre ellas, la reserva legal en la parte que supere ...y las primas de emisión", o bien, referirse a esas dos y luego añadir la referencia, en último lugar, a las "demás" reservas disponibles.

15 MARTÍNEZ NADAL, A., *El aumento de capital con cargo a reservas*, cit., p. 295; SÁENZ GARCÍA DE ALBIZU, J.C., "Art. 157. Aumento con cargo a reservas", cit., p. 245.

A partir de esta precisión, deberá entenderse que también son reservas disponibles (o de libre disposición) las reservas estatutarias que, como su nombre indica, puede tener la sociedad fijada en los estatutos[16]. Dentro de éstas, si son de carácter "general" serán disponibles libremente, pero si son "especiales" —es decir, si se trata de reservas estatutarias afectas a un fin concreto (por ejemplo, estabilizar o asegurar el reparto de dividendos)—, el propio acuerdo de ampliación del capital deberá modificar también la afectación estatutaria que tuviera esa reserva para poder destinarla al aumento del capital[17]. También serán de libre disposición las denominadas reservas voluntarias (o facultativas), esto es, aquellas decididas por la junta general como destino del excedente del ejercicio que, por tanto, pueden destinarse como contravalor de la ampliación de capital con cargo a fondos propios[18].

La segunda mención que contiene la norma a las reservas que pueden transformarse en capital social se refiere a una reserva igualmente disponible: la reserva *por prima de asunción o emisión* de acciones o participaciones[19]. Estas reservas también podrán ser voluntarias o estatutarias y se podrán emplear sin limitación alguna pues, desde la reforma ya operada en su día por la

16 Respecto de ellas se ha dicho que: "tanto si el acuerdo de aumento cambia la asignación establecida para las mismas en los estatutos sociales como si no, dado que su utilización, en este último caso, puede considerarse como una derogación singular de los estatutos sociales que simplifica la operación consistente en cambiar la cláusula estatutaria que establece dicha reserva (convirtiéndola en reserva voluntaria), aumentar el capital con cargo a ella y volver a modificar los estatutos para establecer otra vez de cara al futuro la reserva estatutaria, si bien puede que ello exija la adopción del correspondiente acuerdo separado ex art. 148 LSA, si implicara lesionar indirectamente los derechos de una clase de acciones": GONZÁLEZ VÁZQUEZ, J.C., "Aumento de capital mixto", cit., p. 251.

17 MACHADO PLAZAS, J., "Art. 157", cit., p. 1760; SÁENZ GARCÍA DE ALBIZU, J.C., "Art. 157. Aumento con cargo a reservas", cit., p. 250, señala que en este último caso, no nos hallaríamos ante una doble modificación estatutaria, sino que bastaría con un solo acuerdo que recayera sobre las diferentes menciones afectadas (cuantía y, en su caso, destino de las reservas estatutarias afectadas y cifra del capital social).

18 MACHADO PLAZAS, J., "Art. 157", cit., p. 1760; GARCÍA-MORENO GONZALO, J.M., *El aumento de capital con cargo a reservas*, cit., p. 323 y ss., con referencias al derecho comparado y, en especial, p. 339 y ss. Sobre las reservas de libre disposición, puede verse la reciente RDGRN de 18 de octubre de 2022 (RJ 2003/2631) antes referida.

19 Prima que, como se sabe, consiste en el sobreprecio que, en relación con el valor nominal, habrán de satisfacer las personas que deseen suscribir las acciones gravadas por aquél; sobreprecio que puede establecerse en el momento de la constitución o en una posterior ampliación de capital. En el primer caso, lo que se pretende es sobrefinanciar a la sociedad, y en el segundo y más habitual, evitar el aguamiento de las viejas acciones: V. SÁENZ GARCÍA DE ALBIZU, J.C., "Art. 157. Aumento con cargo a reservas", cit., p. 251 y autores por él citados.

LSA de 1989[20], este tipo de reservas ha dejado de tener un régimen jurídico singular de indisponibilidad parcial, equiparándose a esos fines (libre disposición) a cualquier otra reserva voluntaria[21]. Un tratamiento similar, se ha dicho, deberá darse a las reservas por primas en la emisión o amortización de obligaciones convertibles y de *warrants,* a las reservas por primas de fusión o de escisión, e incluso, a las primas por amortización de acciones[22].

En tercer lugar, la norma permite disponer, como contravalor de este tipo de aumentos, de la *reserva legal.* En este caso, de tratarse de una operación en una sociedad de responsabilidad limitada, podrá emplearse ésta en su integridad mientras, en el caso de sociedad anónima, sólo podrá emplearse en la parte que exceda del diez por ciento de la cifra de capital resultante del acuerdo del aumento. Aquí subyace y subsiste —tras las diversas reformas— la única diferencia tipológica de la operación[23]. De este modo, si leemos conjuntamente el artículo 303 y el articulo 274 LSC, el porcentaje mínimo de dotación de la reserva legal podrá tener un doble destino: por un lado, el que se refiere a la función propia de este tipo de reserva, cual es el de compensar las pérdidas que pudieran originarse en los distintos ejercicios sociales; por otro lado, el de servir a los fines de un aumento de capital[24].

Por último, debe señalarse que, aunque la norma cite tres tipos de reservas (las disponibles, la reserva por prima de emisión y la legal), se entiende de forma pacífica que la aplicación de las mismas debe seguir o atender una suerte de "orden de prioridad", debiendo emplearse primero aquéllas (las disponibles y la de prima de emisión). Ello significaría que la reserva legal sólo podría ser empleada caso de no existir aquéllas o cuando aquéllas no cubriesen la totalidad de la cifra de aumento[25].

20 Anteriormente, la LSA 1951 establecía en su artículo 106 un vínculo entre la reserva legal y la de primas de emisión, de tal forma que no podían ser objeto de distribución si antes no se había cubierto la reserva legal: SÁENZ GARCÍA DE ALBIZU, J.C., "Art. 157. Aumento con cargo a reservas", cit., p. 252.

21 GONZÁLEZ VÁZQUEZ, J.C., "Aumento de capital mixto", cit., p. 251.

22 SÁENZ GARCÍA DE ALBIZU, J.C., "Art. 157. Aumento con cargo a reservas", cit., p. 253; MARTÍNEZ NADAL, A., *El aumento de capital con cargo a reservas,* cit., pp. 363-374; FERNÁNDEZ DEL POZO, L., *Las reservas atípicas. Las reservas de capital y de técnica contable en las sociedades mercantiles,* Marcial Pons, Madrid, 1999, pp. 176-205.

23 Crítico con la decisión del legislador de mantener, para las sociedades anónimas, el límite a la utilización de la reserva legal —aunque ya no de forma absoluta como preveía la LSA de 1951— a la parte que exceda del 10% del capital aumentado: GONZÁLEZ VÁZQUEZ, J.C., "Aumento de capital mixto", cit., p. 251.

24 SÁENZ GARCÍA DE ALBIZU, J.C., "Art. 157. Aumento con cargo a reservas", cit., p. 249.

25 DE LA CÁMARA, M., *El capital social en la sociedad anónima, su aumento y disminución,* Consejo General del Notariado, Madrid, 1996, pp. 340-341; MACHADO PLAZAS, J., "Art. 157", cit., p. 1760.

3. Reservas indisponibles para el acuerdo de ampliación

A partir de la redacción del artículo 303 LSC se entiende pacíficamente que, en tanto las reservas que se vayan a incorporar al capital social deben figurar *expresamente* en el balance[26], las reservas denominadas "tácitas" u "ocultas"[27] (plusvalías latentes, en definitiva) no podrán convertirse en capital hasta que no hayan sido reflejadas en un balance regularmente formulado y aprobado por la junta general, pues, aunque existan, no constituyen reservas en el sentido jurídico-societario[28]. Para que las reservas ocultas sean aplicables al aumento de capital precisan revalorizarse y aflorar al balance, manifestándose así, formalmente, como reservas de revalorización de activos[29].

Tampoco podrán emplearse en este tipo de aumento de capital otras reservas establecidas por la Ley que tienen finalidades específicas y que, en la mayor parte de los casos, no son "verdaderas" reservas, sino asientos a los que obligan normas técnicas contables para la retención de activos con un

---

26 Requisito éste que ya se deducía por vía interpretativa a partir de la LSA de 1951 y que recogió de forma expresa el derogado artículo 157.2 LSA de 1989. Así lo exige la doctrina registral: véase, entre muchas otras, la RDGRN de 27 de marzo de 1991 (RJ 1991/2630), donde la inscripción de la operación de aumento se negó, precisamente, porque no se había aportado el balance. Esta Resolución advierte que aunque la prima de emisión empleada a tal fin, por su proximidad en el tiempo, no podía ser recogida en dicho balance, ello no eximía a la sociedad de presentar uno "*aunque no recogiera esa prima*", puesto que "*ello, en unión de la indubitada acreditación del desembolso de la prima permitiría apreciar su efectiva integración en el concepto de reservas*". Sobre la exigencia de balance y una panorámica de derecho comparado, véase: GARCÍA-MORENO GONZALO, J.M., *El aumento de capital con cargo a reservas*, cit., p. 211 y p. 339, donde apunta la exigencia del mismo requisito en el ordenamiento alemán: v. §207.4 AktG (respecto al balance previo, formulado como máximo en los ocho meses previos) y el §209 AktG, refiriéndose al balance formulado expresamente para tal fin. En Italia, como señala el autor, no existiendo en su derecho positivo exigencia de balance, se discute si bastaría una certificación de los administradores sobre la existencia de tales reservas; o si basándose en el artículo 2424.2 y 3 *CCivile* debería existir un balance aprobado al efecto.

27 Integradas por incrementos de valor originados en determinados elementos del activo (con las consiguientes plusvalías que habría que consignar en el pasivo): GARCÍA-MORENO GONZALO, J.M., *El aumento de capital con cargo a reservas*, cit., p. 345.

28 MACHADO PLAZAS, J., "Art. 157", cit., p. 1760; SÁENZ GARCÍA DE ALBIZU, J.C., "Art. 157. Aumento con cargo a reservas", cit., p. 255; GONZÁLEZ VÁZQUEZ, J.C., "Aumento de capital mixto", cit., p. 251; GARCÍA-MORENO GONZALO, J.M., *El aumento de capital con cargo a reservas*, cit., pp. 344 y 345.

29 GARCÍA-MORENO GONZALO, J.M., *El aumento de capital con cargo a reservas*, cit., p. 359. De hecho, se ha dicho que la finalidad "natural" de esa reserva es su conversión en capital: MARTÍNEZ NADAL, A., *El aumento de capital con cargo a reservas y beneficios en la sociedad anónima*, cit., p. 341 a 359. De acuerdo: MACHADO PLAZAS, J., "Art. 157", cit., p. 1760.

fin concreto[30] y que, por tanto, deben considerarse indisponibles. Eso, se ha dicho, ocurre con la reserva por participaciones o acciones propias o de la sociedad dominante [arts. 141.1, 142.2 y 148, c) LSC], que no se considera una reserva en sentido propio sino una "cifra de corrección del activo ficticio"[31]; lo mismo se predica de las reservas por aceptación en garantía y asistencia financiera en la sociedad anónima (arts. 149.2 y 150.3 LSC) y de la reserva por participaciones recíprocas (art. 153 LSC)[32].

Más discutida es la indisponibilidad de las reservas que se destinan a evitar la responsabilidad de los socios en casos de reducción de capital (art. 332 LSC), las formadas por reducción del capital con cargo a beneficios o reservas en la sociedad anónima (art. 335 LSC), o las formadas por amortización de acciones rescatables con cargo a beneficios o reservas disponibles (art. 501.2 LSC). Se ha dicho que, aun siendo cierto que la literalidad de la Ley sólo permite el uso de reservas "disponibles" y estas no lo son, debiera concebirse esa indisponibilidad como relativa puesto que, si la indisponibilidad de estas reservas de capital amortizado tiene por fin proteger a los acreedores, podría ser viable su uso para transformación en capital, ya que esa finalidad se alcanza en idéntica o mayor medida con esa transformación[33].

Por último, debe tenerse en cuenta que podrá emplearse el exceso de saldo que eventualmente presenten las reservas indisponibles (por ejemplo, por haberse procedido a la enajenación de parte de las acciones propias o de la sociedad dominante), pues en dicha medida deben considerarse plenamente disponibles[34].

30 VALPUESTA GASTAMINZA, E., "Arts. 296 a 303. Acuerdo de ampliación de capital", cit., p. 805.

31 SÁENZ GARCÍA DE ALBIZU, J.C., "Art. 157. Aumento con cargo a reservas", cit., pp. 257 y 258.

32 En cuanto a la reserva de participaciones recíprocas, se ha dicho que no constituye una verdadera reserva, sino una simple cuenta de orden, por lo que no cabe duda de su no aplicación a un aumento de capital. La misma conclusión se alcanza respecto de la reserva de acciones propias, que se califica como indisponible: MACHADO PLAZAS, J., "Art. 157", cit., p. 1760.

33 MACHADO PLAZAS, J., "Art. 157", cit., p. 1760; DE LA CÁMARA, M., *El capital social en la sociedad anónima, su aumento y disminución,* cit., p. 347; GONZÁLEZ VÁZQUEZ, J.C., "Aumento de capital mixto", cit., p. 251. MARTÍNEZ NADAL, A., *El aumento de capital con cargo a reservas,* cit., p. 363; SÁENZ GARCÍA DE ALBIZU, J.C., "Art. 157. Aumento con cargo a reservas", cit., p. 259 y ss. No obstante, como decíamos, se trata de una posición discutida. Defiende su indisponibilidad desde una interpretación literal del precepto, entre otros: LÓPEZ SÁNCHEZ, M.A. "Reducción de capital y protección de los acreedores sociales", en *Derecho de sociedades anónimas,* III, 2, *Modificación de estatutos. Aumento y reducción de capital. Obligaciones,* Madrid, 1994, p. 825 y ss. 827-828.

34 GONZÁLEZ VÁZQUEZ, J.C., "Aumento de capital mixto", cit., p. 251.

4. Los beneficios como contravalor del aumento de capital

El aumento de capital también podrá dotarse con beneficios no distribuidos aunque no estén computados como reservas[35]; podrán emplearse a ese fin tanto los beneficios del ejercicio como los remanentes de ejercicios anteriores[36]. Aunque éstos no aparecen mencionados en el artículo 303 LSC —que sólo se refiere a reservas— sí se contemplan con carácter previo por el legislador, que en el artículo 295 LSC expresamente advierte en su apartado 2: "*En ambos casos el aumento del capital podrá realizarse con cargo a nuevas aportaciones dinerarias o no dinerarias al patrimonio social, incluida la aportación de créditos contra la sociedad, o con cargo a beneficios o reservas que ya figurasen en el último balance aprobado*"[37].

Precisamente, la elevación de la cifra de capital con cargo a beneficios ha obligado a la doctrina a abordar la cuestión de si el aumento con cargo a recursos propios de la sociedad es una operación de naturaleza única —sean cuales sean los recursos efectivamente capitalizados (beneficios o reservas)— o bien, si tiene una naturaleza distinta en función de que el contravalor a transformar en capital consista en reservas o en beneficios, supuesto este último que podría asimilarse a una distribución de dividendos, con la aplicación del régimen correspondiente, en especial, en lo que se refiere a prescripción y restitución en caso de distribución irregular[38] (v. *infra*. VI, sobre los *scrip dividends*).

35 De acuerdo: MACHADO PLAZAS, J., "Art. 157", cit., p. 1761.

36 SÁENZ GARCÍA DE ALBIZU, J.C., "Art. 157. Aumento con cargo a reservas", cit., p. 244; y más recientemente, el mismo autor en: "Art. 303 LSC", cit., p. 2241

37 Se ha dicho que las partidas contables referidas a beneficios de ejercicio no distribuidos o remanentes de ejercicios anteriores, al margen de su denominación contable, son una reserva voluntaria desde la perspectiva jurídica una vez detraída la cantidad exigida para dotación de la reserva legal: GONZÁLEZ VÁZQUEZ, J.C., "Aumento de capital mixto", cit., p. 251.

38 De forma mayoritaria se niega que en estos supuestos exista reparto de dividendos, sino una asignación gratuita de acciones idéntica a la que tiene lugar en el supuesto de que la operación se haga con cargo a reservas: por todos V. MARTÍNEZ NADAL, A., *El aumento de capital con cargo a reservas,* cit., p. 377; más recientemente, haciendo hincapié en la distinta naturaleza de los dividendos electivos o *scrip dividends* y la ampliación de capital con cargo a reservas: IRIBARREN BLANCO, M., "Los dividendos electivos o *scrip dividends*", *RDM,* núm. 284, 2012, p. 141 y ss.

III. EL ACUERDO DE AUMENTO: REQUISITOS ESPECÍFICOS Y FORMALIZACIÓN

Al acuerdo de ampliación con cargo a reservas se le aplica, por un lado, el régimen general de toda modificación de los estatutos (art. 285 y ss. LSC), tal y como indica expresamente el artículo 296.1 LSC y, por otro lado, el régimen general común a todas las modalidades de aumento de capital[39]; de ahí que la mayor parte de su régimen pueda remitirse a lo desarrollado sobre estas cuestiones en los Capítulos 1 y 2.

Sin embargo, esta remisión no basta para explicar *todos* los requisitos de adopción del acuerdo. Ello se debe a que la Ley establece para esta operación, además de las particularidades vinculadas al específico contravalor que acabamos de analizar, algunas exigencias adicionales que afectan a la adopción y formalización del acuerdo de ampliación; exigencias éstas que se aplican —a diferencia de lo que ocurría bajo la vigencia de las derogadas LSA y la LSRL[40]—, de forma común tanto a sociedades anónimas como a limitadas. De hecho, en la actualidad, la única diferencia de régimen que subsiste en función del tipo en esta modalidad de acuerdo de ampliación ya no afecta a los requisitos de adopción del acuerdo, sino que se limita al contravalor en lo que se refiere al empleo de la reserva legal que se acaba de ver con anterioridad (v. *supra*. II).

Las exigencias adicionales del régimen de esta operación en cuanto a la adopción del acuerdo afectan, en primer lugar, a la eliminación de la regla del necesario consentimiento de todos los socios cuando el aumento se lleva a cabo mediante aumento del valor nominal de las acciones (o participaciones) previsto con carácter general en el artículo 296.1 LSC (v. *infra* 1); en segundo lugar, a la exigencia de un balance y de su verificación como garantía de la

39 Aunque se ha dudado de si la institución del capital autorizado es o no aplicable a esta modalidad de aumento, la doctrina ha llegado a una conclusión positiva: v. en detalle: MARTÍNEZ NADAL, A., *El aumento de capital con cargo a reservas,* cit., p. 194 y ss.; también: ÁVILA DE LA TORRE, A., "Art. 303 LSC", cit., pp. 4217 y 4218.

40 Bajo el anterior régimen, la operación que se hacía en el seno de una sociedad de responsabilidad limitada no exigía verificación externa del balance que constituía la base de la operación, ni requería —a decir de algunos autores— su incorporación a la escritura pública de aumento (ya que el artículo 199.4 del RRM no lo exigía, como sí hacía el artículo 168.4 RRM para la sociedad anónima): v. sobre este tema, en detalle: ALONSO LEDESMA, C. "Aumento de capital. Derecho de asunción preferente de nuevas participaciones", AA VV, *Estudio sistemático de la Ley 2/1995*, vol. II, McGraw-Hill, Madrid, 1996, p. 812; MACHADO PLAZAS, J./MERCADAL VIDAL, F., en *Comentarios a la Ley de Sociedades de Responsabilidad Limitada*, (coords. I. Arroyo/J.M. Embid), Tecnos, Madrid, 1997, p. 772.

realidad de los fondos propios que se emplean en el acuerdo (v. *infra* 2 y 3); en tercer y último lugar, a las precisiones informativas que deben constar en la formalización (elevación a público) del acuerdo (v. *infra* 4).

1. Aplicación del principio mayoritario

Como es sabido, la modificabilidad de los estatutos sociales y, por ende, la adopción de un acuerdo de aumento del capital social, parte del acuerdo mayoritario del órgano de socios, principio que es excepcionado por el legislador cuando el aumento ha de realizarse elevando el valor nominal de las participaciones o acciones, en cuyo caso resulta preciso el *"consentimiento de todos los socios...."* (cfr. art. 296.2 LSC). El significado de la excepcional exigencia de unanimidad en este último caso ya ha sido analizado en otro Capítulo (XX) y atiende a un doble requisito: además del ya mencionado —elevación del valor nominal—, requiere que el aumento tenga carácter *oneroso* para todos los socios[41]. Y es que, la *ratio* que subyace en exigir ese consentimiento individualizado obedece al principio de limitación de la responsabilidad de los socios; principio que impide que la sociedad, mediante un acuerdo adoptado por mayoría, pueda obligarles a efectuar nuevas aportaciones sociales sin su expreso consentimiento (lo que ocurriría si la junta pudiera decidir por mayoría elevar el valor nominal de las acciones o participaciones con cargo a aportaciones de sus titulares)[42]. Así, esta norma, en definitiva, no es más que una concreta aplicación —en el contexto de la operación de capital— de la regla general del artículo 291 LSC que exige el *"consentimiento de los interesados"* para cualquier modificación de estatutos que implique *"nuevas obligaciones para los socios"*.

Sin embargo, el requisito del consentimiento unánime decae cuando el contravalor del aumento consiste en los recursos propios de la sociedad. En este caso, la Ley aplica la regla de la mayoría como excepción (cfr. art. 296.2 LSC): *"...salvo en el caso de que se haga íntegramente con cargo a beneficios o reservas que ya figurasen en el último balance aprobado"*. La vuelta al principio mayoritario como condición suficiente para realizar el traspaso

41 SÁENZ DE ALBIZU, J.C., "Art. 296", cit., p. 2197.

42 SÁENZ DE ALBIZU, J.C., "Art. 296", cit., p. 2197, subraya que la norma exige ese consentimiento respecto de *todos* los socios, y no sólo de aquellos que se encuentren presentes o representados en la junta general que haya de decidir sobre la ampliación de capital. Advierte, no obstante, de la posibilidad de adopción por la junta de dicho acuerdo sin estar todos presentes, pero exigiendo que luego los ausentes presten su consentimiento y ello se haga constar en la escritura.

de reservas a capital reside, precisamente, en que en esta modalidad de aumento no concurre el segundo requisito al que hacíamos referencia: el aumento de capital con cargo a fondos propios, aun cuando se hiciera elevando el valor nominal de las acciones o participaciones preexistentes, no supone la imposición de una nueva obligación para los socios de aportación y, por tanto, ningún sacrificio de contenido económico-patrimonial. De ahí que, en este caso, el consentimiento unánime e individualizado que se exige como regla general en virtud del principio de responsabilidad limitada, no resulte necesario[43].

2. El balance base de la operación

2.1. Finalidad

Podría pensarse *a priori* que el aumento con cargo a reservas no participa de los riesgos inherentes al aumento realizado con fondos externos porque el contravalor que emplea —los recursos propios— ya forman parte del patrimonio de la sociedad; de ahí que no resulte necesario garantizar la efectividad de las aportaciones (cfr. art. 59 LSC) que, además, recordemos, no se producen como tales. Sin embargo, esta presunción es equivocada. El legislador ha optado, correctamente, por exigir que tanto la existencia misma de los recursos propios como su disponibilidad queden acreditadas y, con ello, se dé cumplimiento al principio rector exigido en ese artículo 59 LSC de constatación de la efectividad o realidad del patrimonio aportado[44]. A este fin —garantizar que esas reservas o beneficios realmente existen y que su cuantía es suficiente para cubrir el aumento del capital— responde la exigencia de que las ampliaciones con cargo a reservas se funden en un balance *"aprobado por la junta general"* que deberá estar *"referido a una fecha comprendida dentro de los seis meses inmediatamente anteriores al acuerdo de aumento"* (cfr. art. 303.2 LSC). En este caso, la preservación del principio de integridad del capital social proclamado por el artículo 59 LSC reclama garantizar que las reservas capitalizadas efectivamente existen en el patrimonio social y, más específicamente, en el momento en que se produce su incorporación al capital social. De este modo, con la exigencia del balance, el legislador español —en la línea de lo exigido por el alemán (cfr.

43 MARTÍNEZ NADAL, A., *El aumento de capital con cargo,* cit. p. 210; GONZÁLEZ VÁZQUEZ, J.C., "Aumento de capital mixto", cit., p. 253

44 ÁVILA DE LA TORRE, A., "Art. 303 LSC", cit., p. 4216.

§209.1 AktG[45])— manifiesta su preocupación porque el principio de integridad del capital social quede garantizado *también* en aquellos supuestos en que la financiación que recibe la sociedad con esta operación sea interna (o con recursos propios)[46].

De ahí también que, tal y como hemos visto anteriormente, queden excluidas de este tipo de aumento tanto las reservas inexistentes o ficticias, como las denominadas reservas "ocultas", puesto que estas últimas, como no resultan del balance, no pueden ser capitalizadas[47]. Además, la exigencia del balance no sólo cumple con esa función de garantía de la realidad o efectividad del aumento, sino que también desempeña una función de información a los socios, ya que, a partir de él, podrán valorar la conveniencia de adoptar el acuerdo de ampliación con cargo a reservas[48] (v. *infra* 2.2.2).

2.2. Requisitos legales

El legislador exige que la operación de aumento de capital tenga como base *"un balance aprobado por la junta general referido a una fecha comprendida dentro de los seis meses inmediatamente anteriores al acuerdo (...)"*. Aunque aparentemente sencilla, la redacción de este precepto ha suscitado diversas dudas que conviene aclarar y que se plantean en relación con el plazo men-

45 Este precepto permite emplear el último balance anual, pero con el límite de que no supere los 8 meses desde la comunicación del acuerdo de aumento al Registro. De no poder contarse con este balance, se deberá redactar uno nuevo.

46 V. MARTÍNEZ NADAL, A., *El aumento de capital con cargo a reservas,* cit. p. 158, con referencias comparadas.

47 MARTÍNEZ NADAL, A., *El aumento de capital con cargo a reservas,* cit. p. 160. Ahora bien, como señala la misma autora (pp. 161 y 162), aunque es necesario contar con un balance del que se derive la existencia de reservas, se considera suficiente con que tal existencia derive directa o indirectamente de tal balance. Esta flexibilidad del requisito puede verse en la RDGRN de 27 de marzo de 1991 antes referida.

48 Ya la RDGRN de 25 de agosto de 1998 (RJ 1998/6587) advirtió de forma expresa que: "*Es cierto que la exigencia legal de que sirva de base a la operación un balance debidamente verificado por el Auditor cumple no sólo una función de garantía de la realidad del aumento, sino también de información a los accionistas, de suerte que el conocimiento previo de ese balance les permita juzgar la conveniencia de la transformación de reservas, por lo que debe estimarse que constituye un requisito para la válida adopción del acuerdo por la Junta*". Después, entre otras: la RDGRN de 23 de julio de 2003 (RJ 2003/6177), y la RDGRN de 29 de enero de 2015 (RJ 2015/724), refiriéndose al principio de integridad del capital social del artículo 59 LSC e insistiendo en que el balance y su verificación contable constituye un requisito en interés de los socios y de los acreedores sociales.

cionado por la norma, con el derecho de información de los socios sobre ese balance y con la necesidad misma de la previa aprobación o no del balance.

2.2.1. Sobre el plazo de "los seis meses inmediatamente anteriores al acuerdo"

Una de las cuestiones que más dudas suscitó entre la doctrina la exégesis de esta norma —ya desde su inicial redacción en el art. 157.2 LSA de 1989, que en este punto reproduce el actual del art. 303 LSC—, fue la correcta determinación del *dies a quo* en relación con el plazo de los seis meses anteriores al acuerdo del que habla el precepto. La duda subyacía, esencialmente, en determinar si ese plazo de antelación lo era con relación a la junta que adopte el acuerdo de aumento o si lo era en relación a cuando el balance se formuló. Afortunadamente, la doctrina registral resolvió esta cuestión hace ya tiempo en una Resolución de 16 de marzo de 1993, donde advirtió que, aunque la literalidad del precepto exige ese plazo de antelación con respecto a la aprobación por la junta del acuerdo, debe entenderse que se trata de un plazo de antelación referido *"a la fecha de cierre del balance"*[49]. De este modo, el balance de las cuentas anuales podrá servir a este propósito sólo si el acuerdo de ampliación se adopta en los seis meses siguientes a su cierre[50].

Aclarada esta cuestión, el plazo de validez del balance sigue, sin embargo, suscitando controversia entre nuestros autores. El ámbito temporal de seis meses previsto por la norma se ha criticado por considerarse demasiado amplio, hasta el punto —se ha dicho— de ponerse en duda que el principio de garantía de la existencia y suficiencia de las reservas que el balance pretende preservar, se logre realmente en los términos temporales establecidos por el legislador. Se dice que aunque el balance, en efecto, permite a los socios y terceros tener una visión general de la marcha de la sociedad, su exigencia sólo garantiza que en la fecha de su elaboración la cuantía de los fondos propios es la que allí se indica. Esto se debe al carácter "estático" inherente al balance, que necesariamente expresa la situación de un patrimonio en un momento dado (y que puede su-

49 Ello, según la RDGRN de 16 de marzo de 1993 (RJ 1993/2361), se infiere de la dicción literal de la norma (entonces, art. 157.2 LSA) "*...del que inequívocamente se infiere que los seis meses se computarán desde la fecha a la que está referido el balance (expresión que alude sin ningún género de dudas a la fecha de cierre del balance) sino por su misma ratio, pues teniendo esa exigencia legal el objetivo de justificar —de acuerdo con el principio de realidad del capital social— que el aumento acordado está efectivamente cubierto por un excedente del activo sobre la suma del capital social anterior más la reserva ......*" [el subrayado es nuestro].

50 Así lo señala VALPUESTA GASTAMINZA, E., "Arts. 296 a 303. Acuerdo de ampliación de capital", p. 806; también SAÉNZ GARCÍA DE ALBIZU, J.C., "Art. 303 LSC", cit., p. 2242.

frir cambios importantes en un ámbito temporal tan amplio)[51]. De ahí que se haya sugerido que el riesgo que la exigencia del balance pretende conjurar (el de transformación de reservas inexistentes en ese momento) podría haberse paliado exigiendo una declaración a los administradores de que la sociedad, en el momento de presentación de la escritura de aumento en el Registro para su inscripción, no ha sufrido ningún cambio patrimonial relevante para la operación. La finalidad de esta declaración sería evitar disminuciones patrimoniales —deliberadas o no— precisamente en ese periodo que transcurre entre la redacción del balance y su presentación en el Registro[52]. Sin embargo, como se sabe, esta exigencia sigue sin estar presente en el artículo 303 LSC; y ello, a pesar de que en otros contextos el legislador sí ha previsto esa cautela específica, tal y como ocurre en diversas modificaciones estructurales. Así, en la transformación, se exige a los administradores de la sociedad informar a la junta a la que se somete la aprobación de la operación de cualquier *"modificación importante del activo o del pasivo acaecida entre la fecha del informe justificativo de la transformación y del balance puestos a disposición de los socios y la fecha de la reunión de la junta"* (art. 21.2 RDLME), reclamando también que el acuerdo de transformación incluya la aprobación del balance presentado para la operación *"con las modificaciones que en su caso resulten procedentes, así como de las menciones exigidas para la constitución de la sociedad cuyo tipo se adopte"*. Una disposición con una finalidad similar se prevé para las demás operaciones de modificación estructural, aunque no se vincula al balance sino al proyecto. Así, se prevé en relación con la fusión (régimen que, como se sabe, se aplica analógicamente a la escisión) que las *"modificaciones importantes del activo o del pasivo acaecidas en cualquiera de las sociedades que se fusionan, entre la fecha de redacción del proyecto de fusión y la de la reunión de la junta de socios que haya de aprobarla, habrán de comunicarse a la junta de todas las sociedades que se fusionan"* (art. 46.3 RDLME).

2.2.2. Sobre la puesta a disposición de los socios del balance

La —parca— redacción del artículo 303 LSC también ha suscitado alguna duda sobre si el derecho de información que recoge el artículo 287 LSC para

51 ÁVILA DE LA TORRE, A., "Art. 303 LSC", cit., p. 4224, exige que el uso de los fondos propios en estas operaciones vaya acompañado de la responsabilidad de administradores, que debieran preparar —de haberse producido cambios importantes en el patrimonio— un nuevo balance, si fuera el caso, por considerar insuficientes las reservas en el momento de ejecución del acuerdo, para someterlo a la junta que apruebe el acuerdo

52 MARTÍNEZ NADAL, A., *El aumento de capital con cargo a reservas*, cit. p. 170.

todas las modificaciones estatutarias, se extiende o no al balance y, por tanto, debiera éste (junto con el informe del auditor) ponerse a disposición de los socios con carácter previo a la celebración de la junta general que acuerde el aumento del capital. Estas dudas vienen originadas por el contraste existente entre el silencio del artículo 303 LSC a este respecto y la expresa mención que a ese derecho hacen los artículos 300.2 y 301.4 LSC, donde el legislador prevé la puesta a disposición de los socios, en este caso, del informe de los administradores sobre las aportaciones no dinerarias y sobre los créditos a compensar[53], respectivamente[54].

El silencio de la norma ha exigido un esfuerzo interpretativo que lleva a esa conclusión: deberá entenderse que el significado que otorga el legislador al balance —auditado— como "base de la operación" implica que éste constituye un presupuesto operativo y jurídico-formal de la incorporación de reservas a capital y que, por ello, forma parte del *corpus* documental que debe ser puesto a disposición del socio desde la convocatoria de la junta[55]. De ahí que la puesta a disposición de la información documental que refiere el artículo 287 LSC para las modificaciones estatutarias deba extenderse también, en el caso del aumento de capital con cargo a reservas, a estos dos documentos (balance e informe del auditor)[56].

2.2.3. Sobre la aprobación (expresa o no) del balance

Como hemos visto, el legislador exige que "*A la operación deberá servir de base un balance aprobado por la junta general*". Precisamente, esta dicción literal ha suscitado la duda de si el balance en cuestión tiene que encontrarse aprobado o no *de forma expresa,* ya sea antes, ya sea con ocasión del acuerdo de aumento de capital. La respuesta se encuentra planteada y resuelta con mucha claridad en una reciente Resolución de la Dirección General, de

53 Información que, en el caso del aumento por compensación de créditos se extiende, para las sociedades anónimas también a la "*certificación del auditor de cuentas*" (v. art. 301.4 LSC).

54 Crítico con este olvido del legislador: VALPUESTA GASTAMINZA, E., "Arts. 296 a 303. Acuerdo de ampliación de capital", cit., p. 806.

55 MARTÍNEZ NADAL, A., *El aumento de capital con cargo a reservas,* cit. p. 167. En este mismo sentido: URÍA, R./MENÉNDEZ, A./MUÑOZ PLANAS, J.M., *Comentario al régimen legal de las sociedades mercantiles* (dirs. R. Uría, A. Menéndez, M. Olivencia), tomo V, *La junta general de accionistas (arts. 93 a 122 de la LSA)*, p. 249.

56 SAÉNZ GARCÍA DE ALBIZU, J.C., "Art. 303 LSC", cit., p. 2243; GONZÁLEZ VÁZQUEZ, J.C., "Aumento de capital mixto", cit., p. 252; MARTÍNEZ NADAL, A., *El aumento de capital con cargo a reservas,* cit. p. 164 a p. 167.

6 de julio de 2022[57], en relación con un acuerdo de aumento (adoptado por unanimidad en una junta universal) en el que no se hizo mención *expresa* a la aprobación del balance, sino sólo a la aprobación del aumento del capital con cargo a reservas. La otra cuestión que se dilucidaba en ese mismo caso, se refería a una cuestión distinta aunque vinculada también a la documentación exigida por la Ley en esta operación: la fecha del informe del auditor, que era un día posterior a la celebración de la junta.

Respecto a la primera cuestión —la necesidad de expresa aprobación del balance en la junta general que acuerda la ampliación de capital—, la Dirección General ha entendido que no resulta necesario un acuerdo —ni previo ni coetáneo— expresamente dedicado a la aprobación de ese balance porque su (expresa) aprobación previa no añade garantía adicional alguna a la decisión asamblearia, en tanto ésta se ha adoptado ya con referencia a un balance concreto que ha sido facilitado a los socios[58].

La otra cuestión que trataba esta reciente Resolución de 6 de julio de 2022 hacía referencia al hecho de que ese informe estuviese firmado un día después del acuerdo de junta general y a cómo ello podía afectar a la validez del acuerdo. De nuevo, la doctrina registral adopta una postura flexible dirigida a mantener la validez de los actos de la sociedad y, en línea con la doctrina de

57 RJ 2022/4555.

58 La Resolución de 6 de julio de 2022 que comentamos dice: "*...se trata de apreciar si, desde la perspectiva del principio de realidad del capital, la aprobación previa del balance añade alguna garantía adicional a la decisión asamblearia que se hubiera tomado con referencia a un balance concreto que se hubiera facilitado a los socios*". En este caso, la Dirección General entiende que no es necesario la determinación en el orden del día del específico acuerdo de aprobación "*y, por tanto, carece de relevancia para determinar la ineficacia de la ampliación de capital*". Parece así que la Resolución de la Dirección General, en definitiva, acoge el criterio del notario recurrente, que fundamentaba correctamente que: "*si, previa la observancia de los requisitos legalmente exigibles, como son la formulación del balance y la solicitud de designación de un auditor para que proceda a su verificación, se está aprobando por la junta general de la sociedad el aumento de capital con cargo a reservas, es porque ineludiblemente se está aprobando el balance del que resultan dichas reservas y que constituye su presupuesto necesario. El evidente propósito de los socios, cuya buena fe y voluntad de respetar la ley imperativa aplicable al negocio ha de presuponerse, es el de adoptar un acuerdo válido y eficaz; y no se ve por qué suerte de astucia iban los socios a pretender, de manera incongruente, aprobar el uno y no el otro*". La Resolución se remite al criterio sentado por un Auto del TS Sala de lo Civil (Secc. 1.ª), de 15 de julio de 2020 (JUR 2020/22058). Se trataba éste de un acuerdo de reducción de capital para compensación de pérdidas en el que no se había aprobado previamente el balance que le servía de base, pese a la exigencia formal que, en términos análogos a la aquí examinada, establece el artículo 323.1 LSC. En este caso, el Alto Tribunal optó por inadmitir el recurso de casación porque «*ningún perjuicio pudo ocasionarse a los socios, por no figurar este acuerdo expresamente en el orden del día, dado que al ser necesario para la operación de reducción de capital lo conocían*».

otras resoluciones previas[59], se remite a un razonamiento similar al vertido en la cuestión antes analizada del balance: entiende que, en tanto los auditores habían estado trabajado en su informe sobre el mismo balance que —implícitamente— la junta había aprobado (*"el balance sometido a la consideración de la junta es el mismo sobre el que se desarrolla el trabajo de los auditores"*), la emisión del informe un día después no perjudicaba a ninguno de los interesados. Su criterio, en definitiva, es el de *"salvar la validez de las actuaciones y evitar costes y dilaciones considerables"*[60].

3. La verificación del balance

3.1. Finalidad

El artículo 303 LSC exige que el balance se encuentre *"verificado por el auditor de cuentas de la sociedad, o por un auditor nombrado por el Registro Mercantil a solicitud de los administradores, si la sociedad no estuviera obligada a verificación contable"*; ello, con el fin de proteger a los socios y a los acreedores y terceros en general. Se trata de una exigencia tuitiva que no es del todo específica o propia del aumento de capital con cargo a reservas. También se da en otras operaciones de aumento (y de reducción) de capi-

59 Cfr. RDGRN de 25 de agosto de 1998 (RJ 1998/6587) donde también se abordó una ampliación con cargo a reservas de una sociedad anónima, en la que el balance sometido a la consideración la junta había sido verificado por un auditor designado por los administradores, defecto que se subsanó por la posterior aportación de otro informe de auditoría, coincidente con el primero, emitido por el auditor designado por el Registro Mercantil. Se entendió que la función de garantía de la realidad del aumento, así como la de información a los socios que desempeña el balance, quedaban adecuadamente cumplidas, invocando en apoyo de su decisión *"la conveniencia de salvar la validez de las actuaciones y evitar costes y dilaciones considerables, en la medida en que ello sea posible jurídicamente y no resulte perjuicio para ninguno de los interesados"*.

60 También aquí la Resolución acoge la fundamentación del notario recurrente, cuando dice que: *"Es obvio que en la fecha de celebración de la Junta, el auditor (...) ya había llevado a cabo su labor de verificación del balance, y que había comunicado su resultado positivo a la sociedad, lo que además se refleja en el propio acuerdo alcanzado, en que se hace referencia al balance como ya auditado; todo ello sin perjuicio de que el auditor feche su certificación con un día de diferencia. (...) Pero en todo caso, ha de tenerse en cuenta que la exigencia de verificación del balance por un auditor en los aumentos de capital con cargo a reservas tiene una doble función: (...). La primera de las dichas funciones de la auditoría del balance queda en nuestro caso cumplida, en cuanto que el informe del auditor se incorpora a la escritura por la que se procede a la formalización y ejecución del acuerdo de aumento de capital. Y en cuanto a su función interna, de información y salvaguarda del interés de los socios, ha de insistirse en que el acuerdo ha sido adoptado en junta universal por la totalidad de los socios"*.

tal, como ocurre en los aumentos con aportaciones no dinerarias y mediante compensación de créditos, o en las operaciones de reducción de capital para compensar pérdidas o para constituir o aumentar la reserva legal. La auditoría se ha exigido, incluso, cuando el balance lo haya aprobado el único socio de la sociedad unipersonal[61] o en aquellos casos en que se haya aprobado por unanimidad[62] pues, como decíamos y la doctrina registral ha señalado reiteradamente, la auditoría no sólo funciona como una garantía para los socios, sino para los acreedores y terceros en general[63].

3.2. *Requisitos legales*

3.2.1. Nombramiento del auditor

El balance, como decíamos, debe estar verificado por el auditor de cuentas de la sociedad o, si no lo tuviere —porque la sociedad no está obligada a auditar sus cuentas—, por el nombrado "*por el Registro Mercantil a solicitud de los administradores*" (art. 303.2 LSC). La previsión contenida en esta norma se ha interpretado de forma muy restrictiva. No se admite que el balance se haya verificado por un auditor nombrado por la junta general de la sociedad unos días antes de acordarse ese aumento con ese específico cometido. Como ha señalado con rotunda claridad la doctrina registral: "*no basta pues con que la sociedad haya designado un auditor sino que es preciso que sea precisamente el nombrado para auditar sus cuentas lo que remite a la regulación al respecto contenida en los artículos 262 y siguientes de la propia Ley de Sociedades de Capital. Dichos preceptos de forma indubitada se refieren al auditor como la persona encargada de verificar las cuentas anuales de la sociedad una vez cerrado el oportuno ejercicio y formuladas por el órgano de administración. De aquí se sigue que cualquier otro nombramiento llevado a cabo por la sociedad para una finalidad distinta no es el previsto por el legislador a los efectos que nos ocupan*"[64].

Importa subrayar, además, que la Ley exige el informe de un auditor, no de un experto independiente; ello se debe, se ha dicho, a que se le encomienda una función de verificación de la contabilidad social[65]. Y esta obligación, como se deduce con claridad del texto legal, existe tanto si la sociedad está obligada a someter a auditoría sus cuentas anuales como si no.

61 RDGRN de 29 de febrero de 2012 (RJ 2012/5967).
62 RDGRN de 28 de febrero de 2012 (RJ 2012/5966).
63 RDGRN de 6 de marzo de 2019 (RJ 2019/1416).
64 Cfr. RDGRN de 1 de marzo de 2014 (RJ 2014/1804).
65 MARTÍNEZ NADAL, A., *El aumento de capital con cargo a reservas*, cit. p. 174.

Con el apartado segundo del artículo 303 LSC, el legislador ha generalizado a todas las sociedades de capital un requisito que antes no estaba contemplado para las sociedades de responsabilidad limitada (ya que el anterior art. 74.4 LSRL de 1995 exigía balance, pero no su auditoría)[66]. Ello no ha tenido buena acogida entre parte importante de la doctrina, muy crítica con la exigencia de verificación por parte del auditor de cuentas para este tipo social. Se dice que no se alcanza a entender la exigencia de tal verificación en sociedades que se presumen pequeñas, precisamente en un contexto en el que la tónica que preside el texto refundido es eliminar de cargas a las sociedades de menor inversión (así, por ejemplo, ocurre con la valoración de aportaciones no dinerarias, donde se opta por fortalecer el régimen de responsabilidad de socios y administradores, a fin de no perjudicar la liquidez de la sociedad, lo que casa mal con el art. 303 LSC). De hecho, la imposición de costes a las pequeñas sociedades no es la única crítica que sustenta esta exigencia, a la que también se le reprocha una descoordinación —en cuanto se refiere a la exigencia tipológica— entre la verificación que se exige en el aumento por compensación de créditos (donde el informe de auditoría sólo se exige para sociedades anónimas, cfr. art. 301.3, 4 y 5 LSC) y el supuesto contemplado en el aumento de capital con cargo a reservas del artículo 303.2 LSC, que extiende la exigencia al tipo limitada. Se ha dicho —correctamente— que no se comprende la diferencia de tratamiento, ya que no parece haber justificación alguna[67].

3.2.2. Contenido del informe del auditor

El contenido de la labor del auditor, tal y como ha definido nuestra jurisprudencia, es el de elaborar *"un informe de forma clara y precisa dando su opinión, que según la Ley de Auditoría debe expresar la imagen fiel del patrimonio, de la situación financiera y de los resultados de la empresa auditada"*[68]. Con algo más de detalle se había pronunciado antes ya la doctrina registral, exigiendo que en su informe el auditor acredite *"que el valor del patrimonio neto contable excederá de la cifra del capital social y de la reserva legal hasta entonces constituida en una cantidad al menos igual al importe de la ampliación, es decir, la existencia de un efectivo contravalor patrimonial no desvirtua-*

66 VALPUESTA GASTAMINZA, E., "Arts. 296 a 303. Acuerdo de ampliación de capital", p. 806.
67 ALONSO LEDESMA, C., "La modificación de estatutos. Aumento y reducción de capital", *RdS*, núm. 36, 2011, p. 175 y ss.
68 V. STS de 9 de noviembre de 2007 (RJ 2007/8255).

do para [sic] otras partidas del activo o del pasivo"[69]. De ahí que la actuación del auditor venga a reforzar aquella función de garantía que como se ha visto se atribuye a esta exigencia de fundamentar el aumento en la existencia de un balance debidamente aprobado y verificado[70].

El requisito de verificación del balance por parte de un auditor también se encuentra exigido por el artículo 168.4 RRM para las anónimas; y, aunque el artículo 199.4 RRM no lo prevea para las limitadas, se ha entendido pacíficamente que la exigencia legal impuesta por el artículo 303 LSC reclama la elaboración de dicho informe para la inscripción registral del aumento también para las sociedades limitadas.

El problema surge si el informe del auditor se emite con reservas o salvedades[71], lo que significa que aquél no puede afirmar que las cuentas anuales o, en su caso, el balance *ad hoc,* satisfacen los requisitos de reflejar la imagen fiel de la situación patrimonial de la sociedad. Parece que en este caso, se ha dicho, la junta general debería ponderar el contenido de esta opinión del auditor como elemento de juicio para la toma de decisión; también se ha dicho que la operación no será viable cuando el impacto de las salvedades sobre las reservas se traduzca en que éstas son insuficientes para la operación de capitalización proyectada[72]. De forma distinta, si el alcance de las salvedades no incidiese en la existencia y cuantía de las reservas o bien, haciéndolo, no afectara a su suficiencia de cara a la operación, se ha entendido que ello no debiera impedir acometer el aumento[73]. Distinto, claro, será el caso de que se haya emitido un informe adverso o denegado, lo que viene a poner de manifiesto que el auditor discrepa totalmente del contenido y elaboración de las cuentas de la sociedad. En estos casos en que la auditoría sea negativa, no podría llevarse a cabo la operación, tal y como ha afirmado nuestra doctrina registral[74].

69 RDGRN de 24 de septiembre de 1999 (RJ 1999/6898).

70 SAÉNZ GARCÍA DE ALBIZU, J.C., "Art. 303 LSC", cit., p p. 2243.

71 No obstante, algún autor ha entendido que el informe sobre el balance no podrá tener reservas o emitirse "sin opinión": ÁVILA DE LA TORRE, A., "Art. 303 LSC", cit., p. 4225.

72 MARTÍNEZ NADAL, A., *El aumento de capital con cargo a reservas,* cit. p. 189.

73 MARTÍNEZ NADAL, A., *El aumento de capital con cargo a reservas,* cit. p. 190.

74 Tal y como afirman las Resoluciones de la DGRN de 18 de octubre de 2002 (RJ 2002/2631): *"Que en el supuesto objeto de este recurso, como el resuelto por Resolución de 18 de enero de 1999(RJ 1999, 50), no puede entenderse cumplido el requisito de que el balance que sirve de base al aumento de capital debe estar verificado por el Auditor de la sociedad o por otro a petición de los administradores (artículo 157,2 de la Ley de Sociedades Anónimas) pues tal como se detalla en el informe de auditoría, existen determinadas limitaciones al alcance de la auditoría puesta de manifiesto en las salvedades que lleva el Auditor a la condición de no poder expresar una opinión sobre las cuentas anuales del año 2000. Que, por tanto, no puede reconocerse la validez de un aumento de capital con cargo a reservas si no viene respaldado por la*

Parece correcto entender que el plazo que los auditores tendrán para emitir el informe será de un mínimo de un mes a contar desde la aceptación[75] (cfr. art. 270.1 LSC); así como que, de acuerdo con el artículo 267.2 LSC en relación con el artículo 265.2 LSC, los honorarios del auditor serán a cargo de la sociedad.

4. Formalización e inscripción del acuerdo

La operación de aumento de capital, dada su relevancia para los intereses de socios y terceros y la modificación de los estatutos sociales que implica, debe ser inscrita en el Registro Mercantil. Respecto a la inscripción de la operación de aumento, la Ley dispone determinadas reglas comunes a todas las operaciones de aumento que ya han sido tratadas en otro lugar (Capítulo 19) y, sustancialmente, facultan a los administradores para, una vez ejecutado el aumento, dar nueva redacción a los estatutos sociales (art. 313 LSC) y hacer constar determinados datos en la escritura (art. 314 LSC). También exige nuestra Ley (ex art. 315 LSC) que el acuerdo y su ejecución se inscriban de forma simultánea en el Registro Mercantil.

Específicamente, en la escritura pública de aumento de capital con cargo a fondos propios, se deben expresar una serie de requisitos exigidos en este tipo de operaciones: habrá de constar que la operación se ha realizado sobre la base de un balance verificado y aprobado, indicando la fecha de aquél, el nombre del auditor y la fecha de verificación. Además, tanto el balance como el informe del auditor se incorporarán a la escritura (ex art. 168.4 y 199.4 RRM[76]).

---

acreditación de la verdadera situación patrimonial de la sociedad. En el presente caso no puede entenderse que exista balance verificado que para la operación pretendida exige el artículo 157, 2 de la Ley de Sociedades Anónimas". En una línea similar, la RDGRN de 29 de enero de 2015 (RJ 2015/724): *"Por ello, debe garantizarse que los posibles ajustes en el balance que, según el informe del auditor, podrían ser necesarios no desvirtuarían la existencia de reservas disponibles en la cuantía en que son aplicadas en el aumento de capital cuestionado. Y lo cierto es que en el balance utilizado, al margen de los problemas que puedan plantear las referidas salvedades expresadas por el auditor, no existen partidas de reservas o primas de asunción en cuantía suficiente para servir de contravalor al total aumento del capital social de tener que realizarse los ajustes indicados en el informe de dicho auditor".*

75 Como antes referimos, la doctrina registral ha mantenido la validez de acuerdos en los que el informe ha sido emitido un día después del acuerdo de la junta (v. *supra* 2.2.3).

76 Si bien, el artículo 199.4 RRM, que se refiere a las sociedades limitadas, sólo exige que en la escritura se exprese que el aumento se hizo con base en el balance y que éste se incorpore a la escritura. Ello se debe a que la antigua LSRL no exigía la auditoría de tal balance, tal y como señala: VALPUESTA GASTAMINZA, E., "Arts. 296 a 303. Acuerdo de ampliación de capital", p. 808. Tras la reforma operada con la promulgación del artículo 303 LSC y la exi-

IV. LA EMISIÓN DE NUEVAS ACCIONES O PARTICIPACIONES Y EL DERECHO DE ASIGNACIÓN GRATUITA

1. Función económica y caracterización del derecho de asignación gratuita

El aumento de capital con cargo a reservas puede realizarse a través de los dos procedimientos contemplados con carácter general para todos los aumentos de capital, esto es, bien elevando el valor nominal de las acciones o participaciones, bien emitiendo otras nuevas (art. 295 LSC). En ambas hipótesis o modalidades resulta necesario que se respete el principio de tratamiento paritario de los socios, de tal forma que cada uno mantenga de forma proporcional la participación en el capital de la que era previamente titular[77].

Además, cuando el aumento de capital se lleva a cabo mediante la emisión de nuevas acciones o participaciones, en la modalidad que nos ocupa surge una especialidad porque no nace un derecho de suscripción preferente (tal y como ocurre en las ampliaciones de capital con cargo a aportaciones dinerarias), sino un derecho de asignación gratuita de las acciones o participaciones. A este derecho de asignación gratuita alude de manera incidental el artículo 306.2 LSC, al abordar la transmisión de los derechos de preferencia sobre las acciones: "2. *En las sociedades anónimas los derechos de suscripción preferente serán transmisibles en las mismas condiciones que las acciones de las que deriven. En caso de aumento con cargo a reservas, la misma regla será de aplicación a los derechos de asignación gratuita de las nuevas acciones*"[78].

---

gencia de la verificación del balance para ambos tipos, las exigencias del artículo 168.4 RRM deben entenderse también extendidas a las sociedades limitadas.

77 MACHADO PLAZAS, J., "Art. 157 LSA", cit., p. 1763.

78 V. LARA, R., "Art. 306", *Comentario de la Ley de Sociedades de Capital,* (dirs. A. Rojo/E.Beltrán), Cizur Menor, 2011, p. 2264, crítico con la asimilación que hace este precepto entre la transmisibilidad del derecho de asignación y el de suscripción preferente. El autor afirma que aunque tal asimilación "puede resultar una medida prudente para permitir la cesión de los derechos de asignación en Bolsa, presenta el inconveniente de considerar el derecho de asignación como algo relativamente autónomo respecto de la acción que lo produce (de forma similar a lo que sucede con el de suscripción preferente), cuando es más cierto que sólo la circunstancia de que entre el acuerdo de capitalización de las reservas y la entrega de las nuevas acciones medie (jurídica y materialmente) un período de tiempo más o menos largo explica la existencia interina de un derecho de asignación transmisible, cuya cesión no puede ser otra cosa que el traspaso (total o parcial) de las acciones que en virtud de aquella capitalización corresponderían finalmente al cedente". De ahí que insista en la imposibilidad de extender al derecho de asignación gratuita el régimen y los principios del derecho de suscripción preferente.

Aunque en un primer momento el derecho de asignación gratuita se equiparó al de adquisición preferente, desde hace ya tiempo es posición común entre la doctrina científica, registral y jurisprudencial entender que se está ante derechos de diferente naturaleza y régimen, aun cuando ambos tengan la misma función económica, cual es la de evitar la dilución de la posición jurídica del socio[79]. Así lo señaló de forma expresiva la STS de 6 de octubre de 2006[80], que caracteriza el derecho de asignación gratuita como "*un mecanismo directo de protección real de la cuota en que la acción consiste —art. 48.a) y b) LSA— en tanto que el derecho de suscripción preferente puede ser calificado como un mecanismo indirecto de protección de valor. Los accionistas tienen un derecho individual a la integridad de su participación en el patrimonio social del que no puede disponer la mayoría y no cabe una medida que lesione la sustancia económica de la acción, aunque tal medida se quisiera justificar apelando al interés social*"[81].

El derecho de asignación gratuita, como decíamos, goza de características propias y esenciales que lo contraponen al derecho de suscripción preferente. En primer lugar, este derecho, como su nombre indica, es esencialmente *gratuito* (no exige contraprestación por parte del socio o accionista), ya que la asignación se produce sin desembolso alguno por parte de éste, a diferencia del derecho de suscripción preferente que es esencialmente oneroso, pues conlleva la obligación para el socio de realizar aportaciones dinerarias (v. *infra* 1.1.). En segundo lugar, el derecho de asignación gratuita posee la característica de la *inderogabilidad* frente a la posibilidad de exclusión —legal o acordada— del derecho de suscripción preferente. De ahí que se diga que no es susceptible de exclusión por parte de la junta general (v. *infra* 1.2). De ello se colige, en tercer lugar, su *carácter automático*, frente al carácter opcional del derecho de suscripción preferente. De ese automatismo se infiere que, mientras el derecho de suscripción reclama que el socio realice un acto para que no decaiga su derecho (que es manifestar su voluntad de suscripción del aumento), en el de asignación gratuita no resulta necesario acto alguno por parte del socio, pues las reservas o beneficios que se capitalizan ya le perte-

79 Por todos, v. SÁNCHEZ ANDRÉS, A., *El derecho de suscripción preferente*, Civitas, Madrid, 1974, p. 273 y ss.

80 (RJ 2006/6649): v. el comentario de FAYOS FEBRER, J.B., "Algunas reflexiones sobre el derecho de asignación gratuita en los aumentos de capital con cargo a reservas o beneficios (comentario a la STS de 6 de octubre de 2006", *RDM*, núm. 267, 2008, p. 169 y ss.

81 Antes ya, en este mismo sentido, distinguiendo ambos derechos: RDGRN de 23 de julio (RJ 2003/6177), 4 de diciembre de 2003 (RJ 2004/1980) y 9 de diciembre de 2003 (RJ 2004/1981).

necen en la proporción de su participación en la sociedad; principio a partir del cual también se colige la no caducidad del derecho (v. *infra* 1.3.).

Sin perjuicio de lo anterior, el derecho de asignación gratuita también goza de elementos caracterizadores que lo acercan al derecho de suscripción preferente y que, como se verá a continuación, plantean problemas similares: así ocurre con el principio de proporcionalidad del derecho de asignación gratuita al que antes se ha aludido y a su transmisibilidad (como derecho patrimonial que es).

1.1. Gratuidad

La primera y principal característica diferenciadora del derecho de asignación gratuita respecto del de suscripción o asunción preferente es —como indica de forma expresiva su denominación— la *gratuidad* de aquél frente a la onerosidad de éste[82]. Si en un aumento de capital con cargo a reservas se emiten nuevas acciones o participaciones, éstas se asignarán o entregarán a los socios sin desembolso alguno por su parte. Esta característica, que se contrapone a la onerosidad del derecho de suscripción preferente, ya aparecía recogida de forma expresa en la derogada LSA de 1951 (art. 94)[83] cuando disponía que las nuevas acciones habían de entregarse a los antiguos accionistas "*sin exigirles desembolso alguno*"; expresiva mención que luego desapareció de la Ley de 1989 y de la LSC.

No obstante, como se ha dicho, el término "gratuito" no es del todo correcto, porque con esta operación los socios contemplan cómo cantidades que antes podían ser repartidas como dividendo pasan a ser indisponibles (ya que el aumento se paga con reservas o, en su caso, con beneficios)[84]. De este modo, la gratuidad que se predica de este derecho debe ser matizada, pues la emisión de nuevas acciones o participaciones tiene un soporte patrimonial que, si bien no procede de la esfera patrimonial de los socios, sí lo hace del patrimonio de la propia sociedad[85]. No debe entenderse así este derecho como

---

82 Como ya señaló la mejor doctrina, la nota de "gratuidad" en sentido amplio, constituye un principio específico de este derecho: SÁNCHEZ ANDRÉS, A., "Principios, casos y conceptos ...", cit., p. 984.

83 Decía este precepto: "*El aumento de capital podrá también realizarse con cargo a las reservas disponibles de la Sociedad mediante traspaso de la cuenta de reservas a la de capital y entrega a los accionistas de nuevas acciones ordinarias en proporción a las que ya posean y sin exigirles desembolso alguno*".

84 VALPUESTA GASTAMINZA, E., "Arts. 296 a 303. Acuerdo de ampliación de capital", p. 807.

85 MARTÍNEZ NADAL, A., *El aumento de capital con cargo a reservas*, cit., p. 390.

un acto de liberalidad de la sociedad, sino como una capitalización de unos recursos que ya existían[86].

Desde lo anterior se puede colegir que la gratuidad del derecho de asignación, desde la perspectiva del socio, no sólo implica que sobre él no pesa la obligación de realizar aportación patrimonial alguna a fin de que le sean asignadas esas acciones o participaciones (salvo la eventual repercusión de los gastos derivados de la ejecución de la ampliación), sino que, en esta modalidad de aumento, no le son exigibles aportaciones complementarias —tales como la prima de emisión—, pues no existe justificación alguna que fundamente su exigencia en la medida en que el capital aumentado tiene su contravalor en elementos patrimoniales existentes en el patrimonio de la sociedad[87].

1.2. *Inderogabilidad*

Otro importante elemento caracterizador del derecho de asignación gratuita que, nuevamente, lo distingue del de suscripción preferente, es la inderogabilidad de aquél frente a éste. El principio de inderogabilidad es pacíficamente admitido por nuestra doctrina y significa que este derecho no puede ser excluido (como sí puede hacerse con el de suscripción preferente, ex art. 308 LSC) ni por los estatutos sociales, ni por la junta general[88], debiendo

86 Tal y como ha señalado la doctrina registral, la gratuidad, como tal no existe: "*pues el importe de las nuevas participaciones se satisface con recursos que ya existían en el patrimonio de la sociedad y que como tal pertenecen a los socios en el porcentaje que represente el valor de sus participaciones en relación con el capital social. Y es aquí donde reside el fundamento de esa no exclusión en el ejercicio del derecho a la asignación gratuita, en que el aumento de capital se lleva a cabo utilizando recursos que ya pertenecían a los socios y de los que no pueden ser privados*": RDGRN de 23 de julio de 2003 (RJ 2003/6177). En sentido similar las RRDGRN de 4 y 9 de diciembre de 2003 (2004/1980 y 1981). Todas ellas comentadas por PEÑAS MOYANO, M.J., "La preferencia en la asunción y la asignación gratuita de participaciones sociales: dos derechos diferentes", cit., p. 329 y ss.

87 Es común la opinión de que la gratuidad que se predica de este derecho no es óbice para que la sociedad pueda exigir a los socios que desembolsen determinadas cantidades para afrontar los gastos generados por el aumento de capital. Aún así, la "gratuidad" se mantendría con independencia de que en la operación se incurra en gastos de ejecución de la operación de aumento (escritura, impuestos). Lo que resulta definitorio, como se ha dicho, es que se trata de participaciones totalmente liberadas con las consecuencias que esta situación implica. Entre otros: SÁNCHEZ ANDRÉS, A., *El derecho de suscripción*, cit., p. 280; MARTÍNEZ NADAL, A., *El aumento de capital con cargo a reservas*, cit., p. 392; LARA, R., "Art. 306", (dirs. A. Rojo/E. Beltrán) *Comentario de la Ley de Sociedades de Capital*, Cizur Menor, 2011, p. 2265.

88 Ni siquiera invocando la causa del interés social puesto que si la sociedad decide capitalizar sus reservas los destinatarios de las nuevas participaciones producto del aumento deben ser

concebirse como un derecho mínimo e individual del socio, a pesar de que el artículo 93 LSC (tampoco antes el artículo 48 LSA 1989) no lo mencione[89]. Así lo ha reconocido la doctrina registral, que entiende que se trata de un derecho que *"surge de forma automática con el acuerdo de aumento de capital"* y que *"no puede ser excluido simplemente porque tal exclusión sería contraria a un derecho básico que la ley reconoce al socio, razón por la que la misma no regula su exclusión"*[90].

Es más, a partir de su configuración como derecho básico e individual del socio, se ha defendido que la asignación o entrega de acciones o participaciones corresponde a *todo* socio, incluso en el caso de que se trate de un accionista moroso, o de participaciones o acciones propias o de la sociedad dominante[91] (v. *infra* 2 y 3).

1.3. Automatismo del derecho y la denominada "carga de la suscripción": significado

Como ya se ha dicho, una de las notas caracterizadoras —indiscutidas— del derecho de asignación gratuita es el automatismo con que opera[92]. Ese automatismo derivaría de que la asignación de las participaciones o acciones a los socios se produce *ministerio legis,* lo que contrasta con el ejercicio voluntario que caracteriza al derecho de asunción o de suscripción preferente. A partir de esa automaticidad, se ha inferido que la suscripción o asunción por el socio de las acciones o participaciones emitidas en la ampliación de capital no reclamaría actuación alguna por parte él; dicho de otro modo: el efecto automático y directo de la asignación —que la sociedad deberá llevar a cabo por su propia iniciativa— supliría el acto de suscripción y la pasividad o inactividad del socio no perjudicaría su derecho de asignación gratuita (de lo que también se ha inferido que se trata de un derecho que no caduca ni prescribe)[93].

---

necesariamente los antiguos socios: Así, SÁNCHEZ ANDRÉS, A., "Principios, casos y conceptos en materia de derecho de asignación gratuita de acciones", *Derecho mercantil de la Comunidad Económica Europea: estudios en homenaje a José Girón Tena,* Civitas, Madrid, 1991, p. 887.

89 Por todos: SÁNCHEZ ANDRÉS, A., "Principios, casos y conceptos...", cit., p. 887 y ss.

90 RDGRN de 23 de julio de 2003 (RJ 2003/6177). En sentido similar la RDGRN de 9 de diciembre de 2003 (1981/2003), o la de 13 de enero de 2004, entre otras.

91 VALPUESTA GASTAMINZA, E., "Arts. 296 a 303. Acuerdo de ampliación de capital", p. 807.

92 Por todos, v. SÁNCHEZ ANDRÉS, A., *El derecho de suscripción,* cit., p. 274.

93 Entre muchos otros: SÁNCHEZ ANDRÉS, A., *El derecho de suscripción preferente,* cit., p. 254; MARTÍNEZ NADAL, A., *El aumento de capital con cargo a reservas,* cit., p. 392 y ss.; MACHADO

Se ha señalado, sin embargo, que el efecto automático en que opera este derecho puede suscitar algunos problemas si se lleva hasta sus últimas consecuencias cuando se pone en relación con su —natural— transmisibilidad (art. 306 LSC)[94] como derecho patrimonial que es pues —se dice— la sociedad no conoce si el socio ha transmitido sus derechos de asignación gratuita y, por tanto, no sabe quién es el verdadero titular de esos derechos de asignación[95]. De ahí que parte de la doctrina científica y alguna relevante sentencia de nuestro Alto Tribunal (concretamente, la STS de 6 de octubre de 2006[96]), hayan propugnado que el derecho de asignación gratuita debe quedar sometido a lo que se ha denominado "carga de la suscripción". Esta carga consistiría en un deber individual que pesaría sobre cada socio de comunicar a la sociedad su deseo de que le sean asignadas tales acciones o participaciones y, en el caso de que se haya transmitido el derecho de asignación, deberá ser el adquirente quien se dirija a la sociedad para comunicarle la suscripción de aquellas[97]. Así, el derecho de asignación no caducaría ni prescribiría (a diferencia del derecho de suscripción preferente, que sí está sometido a caduci-

PLAZAS, J., "Art. 157", cit., p. 1763; SAÉNZ GARCÍA DE ALBIZU, J.C., "Art. 303 LSC", cit., p. 2244; LARA, R., "Art. 306", cit., p. 2265; GONZÁLEZ VÁZQUEZ, J.C., "Aumento de capital con medios propios", cit., p. 253.

94 ROJO, A., "El acuerdo de aumento del capital de la sociedad anónima", en *Estudios jurídicos en homenaje al Prof. A. Menéndez*, tomo II, Civitas, Madrid, 1996, p. 2339 y ss., p. 2342 (nota al pie 7), en relación con el anterior artículo 158 LSA.

95 Ha existido cierta controversia en torno a si esta problemática se da sólo cuando el acuerdo de aumento se adopta bajo la modalidad de emisión de nuevas acciones o participaciones o si, también, en el caso de que se opte por la modalidad de elevación del valor nominal. Algunos autores consideran que sólo en aquel caso el derecho de asignación es transmisible: SÁNCHEZ ANDRÉS, A., "Principios, casos y conceptos", cit., p. 890, aboga por interpretar el texto de la Ley de la manera más restrictiva (entonces, art. 95.3 LSA de 1951, que decía: "la misma regla será de aplicación a los derechos de asignación gratuita de las nuevas acciones"); luego, MARTÍN ARESTI, P., *La participación de los socios en los aumentos nominales de capital*, cit., p. 93, en relación con el artículo 158.3 LSA 1989, llega a la misma conclusión negativa; también DE LA CÁMARA, M., *El capital social en la sociedad anónima, su aumento y disminución*, cit., p. 354 y 355; ROJO, A., "El acuerdo de aumento del capital de la sociedad anónima", cit., p. p. 2342. Otros autores, sin embargo, admiten su posibilidad teórica aunque advierten de las dificultades prácticas para su reconocimiento: MARTÍNEZ NADAL, A., *El aumento de capital con cargo a reservas*, cit., p. 525-526 y p. 530-531. Habiendo mantenido el artículo 306.2 la referencia a "las nuevas acciones", parece que debe mantenerse una interpretación restrictiva (*"En caso de aumento con cargo a reservas, la misma regla será de aplicación a los derechos de asignación gratuita de las nuevas acciones"*).

96 RJ 2006/6649. Esta sentencia ha sido comentada en detalle por: FAYOS FEBRER, J.B., "Algunas reflexiones sobre el derecho de asignación gratuita", cit., p. 185 y ss.

97 PAZ-ARES, C., "El aumento mixto de capital (notas en defensa de la figura)", *RDM*, núm. 203-204, 1992, p. 21; DE LA CÁMARA, M., *El capital social en la sociedad anónima, su aumento y disminución*, cit., 372; MARTÍN ARESTI, P., *La participación de los socios en los au-*

dad y no puede ejercitarse válidamente fuera de plazo[98]), pero sí quedaría el derecho a su transmisión sujeto a prescripción, de tal modo que el transcurso del plazo para esa transmisión sin actividad por parte del socio produciría el decaimiento de esa posibilidad[99].

Como señaló la sentencia del Alto Tribunal, estos problemas de indefinición sobre quién es el titular de las acciones o participaciones, se plantean con especial gravedad cuando la inactividad del socio está ligada —en el caso de las anónimas— a acciones representadas mediante títulos, donde se requiere un acto de la sociedad de puesta a disposición de aquellos y la correspondiente colaboración en su entrega y retirada por el socio, máxime cuando —tal y como ocurrió en el caso enjuiciado— esos títulos son al portador, supuesto éste en el que se debe acreditar ante la sociedad la legitimidad para ejercer ese derecho. De ahí que el Tribunal Supremo propusiese en el caso enjuiciado que, con carácter excepcional, cabía aplicar analógicamente la solución de la sustitución de los títulos prevista en el anterior artículo 59 LSA de 1989 (actual art. 117 LSC)[100].

Sin perjuicio de todo lo anterior o, quizá mejor, para evitar la problemática antes planteada, lo cierto es que la práctica societaria ha buscado soluciones para evitar esos problemas de indeterminación de la titularidad que podría pro-

mentos nominales de capital, cit., p. 81-82; FAYOS FEBRER, J.B., "Algunas reflexiones sobre el derecho de asignación gratuita", cit., p. 185 y ss.

98 SÁNCHEZ ANDRÉS, A., *El derecho de suscripción preferente,* cit., p. 254. V. STS de 21 de mayo de 1984.

99 La transmisión del derecho de asignación debería realizarse en el plazo que el propio acuerdo de aumento haya establecido o en el plazo concedido por el órgano de administración para la ejecución del aumento. Una vez transcurrido ese plazo, el derecho a transmitir decaerá: DE LA CÁMARA, M., *El capital social en la sociedad anónima, su aumento y disminución,* cit., p. 355, precisa con claridad que el derecho de asignación gratuita no caduca por el transcurso del tiempo, sino que lo que se agota es la posibilidad de que el derecho circule. Esa transmisión estará sujeta a las mismas restricciones o condicionamientos que pueda tener en la sociedad la transmisión de sus acciones o participaciones: FAYOS FEBRER, J.B., "Algunas reflexiones sobre el derecho de asignación gratuita", cit., p. 188

100 La sentencia de 6 de octubre de 2006 advierte que el derecho a transmitir el derecho de asignación es prescriptible como lo son en general todos los derechos patrimoniales y que "*la sociedad puede, en casos de falta de cumplimiento de la carga de suscripción (...) proceder de acuerdo con lo que establece el artículo 59 TRLSA* (que es la sustitución de los títulos; actualmente, art. 117 LSC). Esta solución que ya había sido propugnada antes por la doctrina: DE LA CÁMARA, M., *El capital social en la sociedad anónima, su aumento y disminución,* cit., pp. 372-373; MARTÍNEZ NADAL, A., *El aumento de capital con cargo a reservas,* cit., p. 521. Más recientemente, v. MARTÍN ARESTI, P., *La participación de los socios en los aumentos nominales de capital,* cit., p. 85-90, insistiendo en el carácter excepcional de esta medida; LARA, R., "Art. 306", cit., p. 2265.

vocar la pasividad del socio. Una solución ha sido la de que el acuerdo de aumento de capital determine o fije expresamente un plazo para que los socios puedan transmitir su derecho de asignación, plazo que, una vez transcurrido, permitirá a la sociedad asignar directamente las acciones o participaciones a los socios. De esta forma, el silencio del socio operaría en sentido positivo, como asunción de nuevas acciones o participaciones[101]. Con ello, se desplaza la "carga de la suscripción" al adquirente de los derechos de asignación gratuita que, en su propio interés, tendrá que comunicar su deseo de ejercer su derecho sin necesidad de que el socio que se lo ha transmitido tenga que realizar acto alguno frente a la sociedad[102].

2. Titulares del derecho de asignación gratuita en supuestos especiales

Tal y como se viene diciendo hasta ahora, como regla general, el derecho de asignación gratuita corresponderá a todos los socios. Sin embargo, nuestra doctrina se ha planteado algunos supuestos especiales que afectan a la titularidad de la participación o la acción y que podrían afectar o condicionar la existencia o reconocimiento de este derecho[103].

Uno de esos supuestos especiales es el que se plantea en relación con las participaciones o acciones propias o de la sociedad dominante adquiridas por la sociedad: aunque hay concomitancias, se ha dicho, con el derecho de asunción o suscripción preferente, el legislador [cfr. arts. 141.3 y 148, a) LSC] ha atribuido el derecho de asignación gratuita directamente a la sociedad, lo que es coherente —y así ha sido confirmado por la doctrina registral[104]— en la

101 MARTÍNEZ NADAL, A., *El aumento de capital con cargo a reservas,* cit., p. 517.

102 V. MARTÍN ARESTI, P., *La participación de los socios en los aumentos nominales de capital,* cit., p. 68, nota 134.

103 SAÉNZ GARCÍA DE ALBIZU, J.C., "Art. 303 LSC", cit., p. 2244.

104 Especialmente expresiva resulta la RDGRN de 15 de junio de 2012 (RJ 2012/10060), cuando advierte: "*Con todo, la tesis anterior sobre la ilicitud de la adquisición originaria de acciones liberadas por la propiedad sociedad y en autocartera no puede compartirse. El reconocimiento por la Ley de Sociedades Anónimas de 1989, en su artículo 79.1 in fine de la licitud de ejercicio por la propia sociedad del derecho de asignación gratuita supuso en su día la recepción legal en nuestro Derecho positivo de una solución que reclamaba una doctrina muy mayoritaria. La adquisición originaria de acciones liberadas por la propia sociedad es legítima por cuanto inocua desde el punto de vista de la necesaria composición de los intereses en juego que subyacen al régimen restrictivo de la autocartera. El aumento «simplemente» contable (traslado del saldo de la cuenta de reservas a la del capital social) no compromete los derechos de socios o de terceros que la normativa de «negocios sobre las propias acciones» está destinada a tutelar toda vez que el aumento liberado deja en principio inalterado el «statu quo» societario y patrimonial. Por lo demás, sería asistemático permitir un aumento de capital social con elevación del*

medida en que el aumento de capital con cargo a reservas no está en juego la llamada función productiva del capital que sólo puede llegar a verse afectada en los aumentos onerosos y evita la depreciación de las participaciones sociales o acciones que la sociedad posee[105].

En sede de anónimas se suscitó hace ya décadas la duda de si las nuevas acciones de asignación gratuita podían ser de naturaleza preferente o privilegiada. Aunque con la LSA de 1951 esta posibilidad estaba claramente vedada (puesto que existía el mandato expreso de que las acciones emitidas tuvieran carácter ordinario), desde que esa mención se eliminó de la Ley, se viene entendiendo que está permitida[106]. Lo que todavía ofrece alguna duda o clarificación es la de si la emisión de esas acciones (o, en su caso, participaciones) es una posibilidad de la que dispone la sociedad o es un deber que pesa sobre ella a fin de proteger a los titulares de esas acciones o participaciones privilegiadas. El parecer de la mayor parte de la doctrina es que la solución lógica pasa por crear nuevas participaciones o acciones con iguales derechos: el fundamento es que la participación en los derechos sociales debe ser idéntica a la que ostentaba el socio antes del aumento de capital[107]. En caso contrario, se puede estar perjudicando indirectamente los derechos de los titulares de dichas clases especiales, exigiendo entonces la adopción de acuerdos separados (art. 293 LSC) en el caso de anónimas, o su consentimiento individualizado (art. 292 LSC) en el de limitadas[108].

valor nominal de las acciones en autocartera y, por el contrario, prohibir la autosuscripción de acciones liberadas. Así pues, la excepción a la regla de la pérdida por la sociedad de los derechos patrimoniales inherentes a las acciones en autocartera (con el subsiguiente acrecimiento del derecho patrimonial de los demás socios) se refiere en su totalidad al «derecho de asignación gratuita de nuevas acciones» cualquiera que sea la forma de su ejercicio y aunque dicho ejercicio resulte en la adquisición originaria (lícita) de acciones en autocartera. No existen razones para interpretar restrictivamente esta excepción contenida en el actual artículo 148.a) in fine de la Ley de Sociedades de Capital de suerte que sólo sea lícita la enajenación por la sociedad a un tercero del derecho de asignación gratuita. (...) La excepción del artículo 148, letra a), inciso final, de la Ley de Sociedades de Capital, es plausiblemente coherente con lo dispuesto en el artículo 136.2 de la Ley de Sociedades de Capital en la medida en que por definición el aumento liberado no exige desembolso para la suscripción de acciones. (...) Visto todo lo anterior, siendo lícita y conforme a Derecho de sociedades la autosuscripción de acciones liberadas ex artículo 148.a) in fine de la Ley de Sociedades de Capital (...)".

105 SAÉNZ GARCÍA DE ALBIZU, J.C., "Art. 303 LSC", cit., p. 2244.

106 SÁENZ DE ALBIZU, J.C., "Art. 303", cit., p. 2246.

107 FAYOS FEBRER, J.B., "Algunas reflexiones sobre el derecho de asignación gratuita", cit., p. 189; GARCÍA-MORENO GONZALO, J.M., *El aumento de capital con cargo a reservas*, cit., p. 426-427, defiende el acierto que ha supuesto que la LSA de 1989 no exija que las nuevas acciones que deban emitirse sean ordinarias, como sí hacía el art. 94 LSA 1941.

108 GONZÁLEZ VÁZQUEZ, J.C., "Aumento de capital mixto", cit., p. 253, en relación con los entonces vigentes artículos 148 LSA y 71.1 LSRL. Sin embargo, entiende que no está claro

Otro de esos supuestos especiales sobre los que se han suscitado algunas dudas es el que se refiere a los titulares de bonos de disfrute (art. 341 LSC). Son sujetos que han perdido la condición de socios como consecuencia de la amortización de sus acciones y, a cambio, recibieron unos instrumentos que les reconoce el derecho a participar en las reservas (y, por consiguiente, en la cuota de liquidación). Sin embargo, en estos casos, como se ha dicho, en tanto el derecho de asignación gratuita está vinculado a la condición de socio, que es la que han perdido estos titulares de bonos, es claro que los bonistas ya no podrán disfrutar de aquel derecho[109].

También los casos de concurrencia de titulares de derechos sobre las participaciones o acciones, como pueden ser los casos de copropiedad, usufructo, prenda o embargo, pueden suscitar alguna duda. Es claro que para su resolución habrá que estar a lo dispuesto en los artículos 126 a 133 LSC a la hora de determinar la titularidad del derecho de asignación gratuita, si bien, también lo es —tal y como ha constatado nuestra jurisprudencia— que en algunas ocasiones (especialmente, en el caso del usufructo) esta modalidad de ampliación de capital ha dado lugar a algunos abusos (en especial, cuando se vincula al fenómeno de los *scrip dividends,* v. *infra* VI).

3. Derecho de asignación gratuita y principio de proporcionalidad: algunas cuestiones controvertidas

La aplicación del principio de proporcionalidad que preside la atribución del derecho de asignación gratuita puede generar problemas en relación con lo que se denominan "restos o picos", esto es, decimales o derechos parciales sobre una participación social o sobre una acción. En estos supuestos es necesario determinar qué debe hacerse con tales derechos parciales teniendo en cuenta el carácter indivisible de la acción o participación. Se han sugerido dos posibilidades (en la línea de lo que ocurre con los "restos" generados por el derecho de preferencia): la primera consistiría en someter la participación o la acción a un régimen de copropiedad, y la segunda sería la de transmitir esos derechos parciales (cfr. art. 306 LSC)[110].

---

que eso sea un deber exigible a la sociedad (caso de que no operase así): VALPUESTA GASTAMINZA, E., "Arts. 296 a 303. Acuerdo de ampliación de capital", **cit.,** p. 807.

109 SAÉNZ GARCÍA DE ALBIZU, J.C., "Art. 303 LSC", cit., p. 2244.

110 SÁENZ DE ALBIZU, J.C., "Art. 303", cit., p. 2245 y 2246; VALPUESTA GASTAMINZA, E., "Arts. 296 a 303. Acuerdo de ampliación de capital", p. 807.

También la aplicación de este principio ha suscitado alguna duda —en sociedades anónimas— en relación con el grado de desembolso de la acción: puesto que el desembolso total —con la excepción del 3% ya conocida— sólo se exige para el aumento de capital con aportaciones dinerarias (art. 299 LSC), parece correcto entender que, no existiendo una regla específica en la atribución de estos derechos— para ser beneficiario del derecho de asignación no será necesario haber procedido al total desembolso previo y el derecho de asignación gratuita correspondería por igual a todas ellas, lo que, *a priori,* podría parecer injusto[111]. Por eso algunos autores han apuntado la conveniencia de que los derechos económicos que concedan las nuevas acciones también se limiten en función del grado de desembolso de las acciones antiguas, a las que no se permitiría el disfrute completo hasta el momento en que sean íntegramente liberadas[112].

V. EL PROBLEMA DE LOS "AUMENTOS MIXTOS" CON CARGO A APORTACIONES Y A RESERVAS

1. Planteamiento de la problemática

En la práctica se hallan muy extendidos los aumentos de capital denominados "mixtos", en los que se plantean en una única operación de aumento la combinación de dos clases de contravalor (por ejemplo, aportaciones dinerarias y no dinerarias) o, también —tema que aquí es el que nos interesa y que nuestros tribunales califican de "genuinos" o "propios" aumentos mixtos[113]— la posibilidad de realizar esa operación en parte con cargo a aportaciones de los socios y en parte con cargo a reservas (o beneficios)[114]. Se

---

111 *ibidem.*

112 SÁENZ DE ALBIZU, J.C., "Art. 303", cit., p. 2246.

113 Así la SAP de Madrid (secc. 21.ª) de 13 de marzo de 2007 a la que luego hacemos referencia. Sobre la casuística de aumentos mixtos: PAZ-ARES, C., "El aumento mixto", cit., p. 7.

114 Sobre la función económica de estos aumentos mixtos con reservas y aportaciones: v. VELASCO SAN PEDRO, L., "Comentario a la STS de 28 de mayo de 1990", *Cuadernos Civitas de Jurisprudencia Civil,* núm. 23, 1990, p. 675 y ss. También son muy habituales los aumentos "mixtos" con compensación de créditos y aportaciones dinerarias para eludir o evitar los problemas de abusividad que, en ocasiones, suscitan los aumentos por compensación de créditos debido a la exclusión del derecho de suscripción preferente. Esta problemática se encuentra recogida con claridad en la RDGRN de 2 de octubre de 2015 (RJ 2015/4585): "*Esta Dirección General ha puesto de manifiesto la necesidad de extremar el rigor en aquellos supuestos en que la operación de aumento de capital por compensación de créditos pueda encubrir una maniobra de postergación del derecho individual del socio al mantenimiento de su porcentaje de participación en el capital social. Como afirma la Resolución de 7 de junio*

trata de una operación que no se encuentra expresamente reconocida —ni prohibida— por la Ley y cuya licitud ha suscitado dudas porque con ellos, por un lado, el que ya es socio se ve obligado a satisfacer la aportación dineraria exigida para poder beneficiarse de la ampliación con cargo a reservas; y, por otro lado, porque si la ampliación con aportaciones dinerarias no ha sido suscrita íntegramente por los socios, los terceros que adquieran participaciones o acciones se ven beneficiados del menor precio de éstas, puesto que se aprovechan de unas reservas de una sociedad a la que, hasta ahora, no pertenecían[115]. Así, en estos aumentos, la participación en el aumento gratuito quedaría subordinada a la participación en el aumento oneroso. Ese, que se denomina efecto *"tying"*[116], es el que pone en cuestión la validez misma de estas operaciones y ha sido explicado de forma muy expresiva por la SAP de Madrid (secc. 21.ª), de 13 de marzo de 2007[117]:

> *"El genuino y propio aumento mixto de capital social se produce cuando nos encontramos ante un aumento de capital en parte gratuito y en parte oneroso que se instrumenta a través de la emisión de nuevas acciones, cada una de las cuales se halla en parte liberada con cargo a reservas u otros fondos disponibles y en parte requiere, para su suscripción, de nuevos desembolsos. La especificidad de esta modalidad estriba en el hecho de que el carácter mixto de la ampliación de capital se proyecta sobre cada nueva acción. En este caso lo que no cabe es un doble mecanismo de protección del socio mediante un derecho de asignación gratuita respecto a la cuota de la acción con cargo a reservas y un derecho de suscripción preferente respecto a la cuota de la acción con desembolsos nuevos. Pues dejaría de ser una verdadera ampliación mixta de capital, la cual conlleva un único y exclusivo mecanismo de protección del socio que es el derecho de suscripción preferente. En consecuencia es consustancial al aumento mixto de capital el efecto "tying" que consiste en la subordinación de la participación en el componente gratuito del aumento de capital*

de 2012 (RJ 2012, 10043): «los aumentos de capital social por compensación de ciertos créditos concedidos exclusivamente por algunos, no todos, los socios no siempre están libres del reproche judicial de nulidad o anulabilidad por presunta violación del principio configurador de igualdad de trato ex artículos 97 y 514 de la Ley de Sociedades de Capital (RCL 2010, 1792, 2400), por infracción del interés social, etc. (vid. por ejemplo, en la Sentencia del Tribunal Supremo de 23 de mayo de 2008 (RJ 2008, 3170))». También, antes, en la RDGRN de 4 de febrero de 2012 (RJ 2012/4400): *"De esta forma, el socio que no tiene crédito contra la sociedad o que no quiere compensarlos puede acudir si lo desea al aumento aportando dinero y mantener así su mismo porcentaje de participación en el capital social (Arts. 93, 304, 305, 308 LSC, 198.2 y 4 RRM, RR. DGRN 2-3-11, 19-5-95)"*. Sobre los aumentos de capital abusivos, véase el Capítulo 9.

115 Así, si el accionista no acepta la parte onerosa del aumento, pierde su derecho a la parte gratuita: GIRÓN TENA, J., *Derecho de sociedades anónimas*, cit., p. 240.

116 PAZ-ARES, C., "El aumento mixto de capital (Notas en defensa de la figura)", *RDM*, núm. 203-204, 1992, p. 7 y ss.

117 (AC 2007/893).

acordado (el que es con cargo a reservas) a la simultánea participación en el componente oneroso del aumento de capital (el nuevo desembolso). Para llevarte la parte gratuita tienes que hacer un nuevo desembolso".

Planteado así el problema, es lógico que, desde hace ya décadas, exista una controversia doctrinal bastante acusada alrededor de estos aumentos que se ha visto alimentada si cabe aún más por la doctrina registral que, aun aceptando la licitud de la operación, la ha sometido a algunas condiciones[118]. De este modo, aunque en la actualidad se admite de forma generalizada la licitud de los aumentos mixtos[119], la discusión sigue existiendo en torno a los requisitos o exigencias legales para llevarlos a cabo[120].

2. Condiciones de licitud de los aumentos mixtos

Como decíamos, la percepción de la legalidad de la operación viene siendo discutida por importantes sectores de nuestra doctrina que se muestran más o menos estrictos en cuanto a los requisitos o condiciones que deben darse para su realización. Parte importante de la doctrina científica —respaldada por una relevante sentencia de nuestro Alto Tribunal— defendió hace ya décadas su legalidad sobre la base de distintos argumentos. En primer lugar, se decía que la Ley no exigía —sigue sin hacerlo ahora— que el aumento fuera íntegramente de una u otra clase. En segundo lugar —siendo éste el argumento central de defensa la figura— se argumentaba que el socio que no quisiera o pudiera realizar las aportaciones a que se veía obligado por el tramo dinerario de la ampliación, podía enervar el perjuicio que ello le supondría enajenando sus derechos de suscripción preferente; de este modo, el socio no se vería obligado a realizar ese nuevo desembolso —principal escollo para la validez de la operación— a fin de no perder su participación en las reservas acumuladas, y percibiría ese valor a través de la venta de sus derechos de suscripción[121]. Esta línea de pensamiento, como decíamos, había sido con-

118 V. RDGRN de 4 de febrero de 2003 (RJ 2003/2604).

119 Licitud que fue amparada por nuestro Alto Tribunal: V. SSTS de 28 de mayo de 1990 (RJ 1990, 4087) y 17 de marzo de 1994 (RJ 1994/1988), a las que se volverá a hacer referencia.

120 GONZÁLEZ VÁZQUEZ, J.C., "Aumento de capital mixto", cit., p. 256 y ss.

121 Como defensor principal de esta figura: PAZ-ARES, C., "El aumento mixto", cit., p. 7 y ss., p. 25, que ve en el reconocimiento de un derecho de suscripción preferente el argumento que permite superar los inconvenientes jurídicos que este tipo de aumentos plantean en relación con el menoscabo del derecho de asignación gratuita. Siguiendo esta tesis también MACHADO PLAZAS, J., "Art. 157 LSA", cit., p. 1765; LÁZARO SÁNCHEZ, "El aumento mixto de capital en la sociedad anónima: contravalor en reservas y nuevas aportaciones", *RDBB*, 1991, p. 821 y ss.; DE LA CÁMARA, M., *El capital*, cit., p. 348 y ss., en especial, p. 357. A

firmada por la sentencia de 28 de mayo de 1990 del Tribunal Supremo[122] (y —aunque *obiter dicta*—, también después por la de 17 de marzo de 1994[123]):

> *"(...) si la sociedad que desea distribuir beneficios, que figuran como reservas libres en sus balances, está a la vez necesitada de una efectiva aportación patrimonial, nada impide que busque cubrir la finalidad financiera sentida, con la emisión en acciones nuevas en las que, poniendo en juego las modalidades del artículo 88 de la Ley se consiga aquel fin primero sin excluir que, al propio tiempo, se pueda llegar hasta el apalancamiento de la sociedad, mediante la financiación complementaria, con tal que queden garantizados, sin asomo de duda, de una parte los derechos que la posesión de acciones antiguas confiere a sus titulares, así respecto del control de la sociedad como en lo que hace a su participación en el haber social y conservación de esta participación y, de otra, la asignación exclusivamente a ellos, de las reservas llamadas al juego de contravalor. Todo ello conjugando el futuro social con la busca de una justicia económica que ha de llegar a considerar también la dilución del valor de las acciones antiguas que la entrada de nuevos socios representa y que aquí no aparece insatisfecha, después de aquella llamada preferente, a los antiguos titulares, para la suscripción proporcionada de las nuevas acciones y, en su caso, con la posibilidad de venta de derechos percibiendo en el precio la adecuada compensación".*

Desde una posición abiertamente crítica con la doctrina científica y jurisprudencial que se acaba de exponer, otro sector de la doctrina viene defendiendo desde hace años que la figura de la ampliación mixta choca frontalmente con la naturaleza jurídica del derecho de asignación gratuita. Se entiende que si la sociedad no puede en ningún caso privar al socio del derecho de asignación gratuita (tal y como se ha visto antes), ni puede imponerle nuevas obligaciones sin su consentimiento (arts. 291, 292 y 293 LSC), tampoco debería poder supeditar su participación en la parte gratuita del aumento a la previa suscripción de la parte onerosa del mismo, así como que la ilicitud de este tipo de operaciones no puede verse enervada ni por el reconocimiento al socio del derecho de suscripción preferente, ni por la enajenación de ese derecho, puesto que, aunque el socio con su venta obtenga una compensación económica, en todo caso verá diluida su participación económica y

juicio de este sector doctrinal esta interpretación viene avalada por ciertas modificaciones legislativas como la admisión de la supresión del derecho de suscripción preferente (haciendo referencia a los antiguos arts. 159 LSA y 76 LSRL, ahora art. 308 LSC), y la supresión de la literalidad del antiguo artículo 94.1 LSA de 1951, que establecía expresamente que el aumento con cargo a reservas debía hacerse "sin exigir desembolso alguno" a los accionistas.

122 RJ 1990, 4087. Comentarios imprescindibles sobre esta Sentencia son los ya citados de: VELASCO SAN PEDRO, L., "Comentario a la STS de 28 de mayo de 1990", cit., p. 675 y ss.; y LÁZARO SÁNCHEZ, "El aumento mixto de capital en la sociedad anónima", cit., p. 821 y ss.

123 RJ 1994, 1988.

política en la sociedad[124]. De ahí que se proponga que lo procedente en estos casos es llevar a cabo una ampliación íntegramente con cargo a reservas y, luego, si es preciso, una ampliación con nuevas aportaciones. Como alternativa (de validez de la operación) también se ha propuesto que la ampliación mixta sólo sea posible con el consentimiento unánime de todos los socios (en aplicación analógica del art. 291 LSC)[125].

Pues bien, aunque, como se acaba de ver, la doctrina científica se encuentra claramente enfrentada sobre la licitud de estas operaciones, lo cierto es que tanto la jurisprudencia como la doctrina registral han avalado esa licitud. No obstante, importa subrayar que a partir de una relevante resolución de la Dirección General del año 2003 (y, también, aunque con otros matices, una importante sentencia de la Audiencia Provincial de Madrid del año 2007), el argumento o presupuesto esencial que invocó la doctrina del Alto Tribunal para justificar la validez de estos aumentos ha quedado delimitado o restringido. Concretamente, desde aquella resolución de la Dirección general se exige que la protección de los derechos económicos del socio sólo existirá si se le garantiza la posibilidad *real* de enajenar esos derechos de suscripción preferente; esto es, los aumentos mixtos sólo se entenderán admisibles si el derecho de suscripción preferente que se reconozca al socio va acompañado del criterio *adicional* de que ese derecho puede ser transmitido en un mercado objetivo con suficientes garantías para resarcirse del perjuicio patrimonial sufrido, lo que, en definitiva, circunscribiría en la práctica el supuesto a las

124 MARTÍNEZ NADAL, A., *El aumento de capital con cargo a reservas y beneficios*, cit., p. 541. Más recientemente, de esta misma opinión: v. VALPUESTA GASTAMINZA, E., "Arts. 296 a 303. Acuerdo de ampliación de capital", p. 808; GONZÁLEZ VÁZQUEZ, J.C., "Aumento de capital mixto", cit., p. 257, defiende que no debería admitirse la licitud de este tipo de ampliaciones mixtas en supresiones legales de ciertas expresiones literales (como la del anterior art. 94.1 LSA de 1951) o en las interpretaciones *a sensu* contrario de otras (como algunos autores hacen a partir del anterior art. 152.2 LSA) que nunca fueron dictadas por el legislador en consideración a la operación de aumento mixto de capital. Entiende el autor que circunscribir el problema del aumento mixto, exclusivamente, a la forma o mecanismo de protección de los derechos patrimoniales de la condición de socio es una "simplificación inaceptable", pues todo aumento —con el efecto dilutorio que conlleva— repercute sobre la entera posición de socio, sin que se expongan las razones que justifican la imposición de una carga —suscripción y desembolso— a estos como única alternativa a la integridad de sus derechos político administrativos cuando el aumento se realiza —sólo en parte— con cargo a los fondos propios de la sociedad.

125 Este sentido: MARTÍNEZ NADAL, A., *El aumento de capital con cargo a reservas y beneficios*, cit., p. 541; GONZÁLEZ VÁZQUEZ, J.C., "Aumento de capital mixto", cit., p. 257; SÁENZ DE ALBIZU, J.C., "Art. 303", cit., p. 2247, quien reconoce, no obstante, que la exigencia de unanimidad en estos supuestos haría perder el *interés* en esta técnica de aumento del capital; VALPUESTA GASTAMINZA, E., "Arts. 296 a 303. Acuerdo de ampliación de capital", p. 808.

sociedades cotizadas, tal y como reconoce expresamente la Resolución de 4 de febrero de 2003[126], que admite la licitud de los acuerdos mixtos pero advierte que en una sociedad que no cotiza en bolsa: *"no hay un mercado para transmitir los derechos de asignación gratuita, de modo que el socio que no pueda disponer de dinerario suficiente para completar el aumento mixto ni siquiera tiene mercado para proteger su derecho"*, y por ello *"admitida la licitud de los aumentos mixtos éstos deben acordarse de manera que no se prive, expropie o limite el derecho del accionista, en consecuencia para que sean admisibles debe de constar el consentimiento individual de cada accionista o bien que se establezca un mecanismo que permita proteger y dejar a salvo el derecho a las reservas de los accionistas"*[127].

Con ello, aunque se confirma la licitud de los acuerdos mixtos, se condiciona su validez a la posibilidad "real" o "efectiva" de venta de esos derechos de suscripción (lo que, en supuestos de sociedades cerradas, no siempre se podrá garantizar)[128]. De otro modo, sería necesario el consentimiento individual de cada socio (art. 291 LSC) o, en su defecto, un mecanismo alternativo que proteja su derecho a las reservas de la sociedad.

Con posterioridad a esta importante resolución, resulta especialmente representativa la Sentencia de la Audiencia Provincial de Madrid (secc. 21.ª) de 13 de marzo de 2007[129], que recoge de forma sistematizada las controversias doctrinales apuntadas y —muy importante— deja abierta la posibilidad de impugnación del acuerdo de ampliación cuando éste lesione los intereses del socio. Esta sentencia, ciertamente, se alinea con la doctrina del Alto Tri-

126 RJ 2003/2604. Comentando esta resolución: v. RETORTILLO ATIENZA, O., "Aumento de capital mixto, en parte con cargo a reservas y en parte mediante nuevas aportaciones (A propósito de la RDGRN de 4 de febrero de 2003)", *RdS*, núm. 22, 2004, p. 293 y ss.; MARCOS FERNÁNDEZ, F., "Autonomía de la voluntad y contravalor del aumento del capital social: ¿hay algún límite a los aumentos mixtos?", *Revista Jurídica del Notariado*, 52, 2004, p. 115 y ss.

127 RJ 2003/2604.

128 MARTÍN ARTESTI, P., *La participación de los socios en los aumentos nominales de capital*, cit., p. 104, preconiza una admisión limitada, supeditada a que el derecho de suscripción preferente pueda ser enajenado en un mercado objetivo, lo que lo limita a las sociedades cotizadas; de acuerdo: FAYOS FEBRER, J.B., "Algunas reflexiones sobre el derecho de asignación gratuita", cit., pp. 191 y 192. Aún así, sigue manifestándose en contra GONZÁLEZ VÁZQUEZ, J.C., "Aumento de capital mixto", cit., p. 257, advirtiendo que tampoco es cierto que, desde la perspectiva estrictamente patrimonial, el derecho de suscripción preferente otorgue una protección equivalente al derecho de asignación gratuita, pues éste corresponde en exclusiva a los socios, mientras aquél también corresponde a los titulares de obligaciones convertibles. Otro tanto puede decirse de los supuestos en que las acciones o participaciones estuvieran gravadas con un derecho de usufructo.

129 AC 2007/893.

bunal y considera suficiente la "protección indirecta" que se otorga al socio mediante el derecho de suscripción preferente (y su enajenación), negando la necesidad de unanimidad (que había sido preconizada por la resolución de la Dirección General). Sin embargo, admite la impugnabilidad de la operación en esos supuestos de sociedades "*cerradas (que no cotizan en bolsa)*", donde la posibilidad de venta de esos derechos de suscripción preferente puede convertirse, como señala la propia sentencia, en una "*ilusión*":

> *"(...) V. Debe reseñarse que incluso el sector de nuestra doctrina contrario a los aumentos mixtos de capital social no duda en admitirlo cuando el acuerdo de aumento se hubiera adoptado en la junta por "unanimidad" de los accionistas. Lo cual reconduce la cuestión a otra distinta cual es la de si, para la validez y eficacia el acuerdo de aumento mixto de capital social, se requiere la "unanimidad" en garantía de los derechos mínimos de cada accionista de los que no puede ser privado por un acuerdo "mayoritario" de la sociedad. (...)*
>
> *Pero ello no quiere decir que la tutela del derecho del accionista sólo se le pueda dispensar una protección real, sino que, por el contrario, sería suficiente con tutela indirecta que asegure la "protección del valor". En base a lo cual puede afirmarse que no hay inconveniente en privar al accionista del derecho a la asignación gratuita de las acciones (que le correspondería en un aumento íntegramente gratuito) si en la operación mixta se le garantiza el derecho de suscripción preferente (propio de los aumentos onerosos).*
>
> *En consecuencia, el derecho de suscripción preferente es un instrumento suficiente para que el socio que lo desee conserve en la sociedad el poder que ostentaba antes del aumento del capital social, pues aparece teóricamente diseñado para que el socio que no quiera o no pueda concurrir al aumento pueda recuperar en el mercado el valor de las reservas que le corresponden ("protección indirecta del valor") mediante la transmisión o venta de su derecho de suscripción preferente.*
>
> *Es cierto que en las sociedades cerradas (no cotizan en bolsa) la protección del derecho del accionista, ante un aumento mixto del capital social a través del derecho de suscripción preferente, puede reducirse a una mera ilusión, si no pudiera hacer el desembolso requerido para la ampliación ya que no encontraría un adquirente de su derecho de suscripción preferente (ausencia de mercado para la transmisión de esos derechos). Pero, en esos particulares supuestos (como en todos los demás), queda a salvo la posibilidad de impugnación judicial del acuerdo de aumento si fue adoptado con fines espúreos y pueda ser considerado como una maniobra del grupo de control encaminada, en último término, a expulsar a los socios minoritarios. La impugnación judicial no sería por ser el acuerdo contrario a la Ley (el aumento mixto de capital social se acomoda a la ley) sino por lesionar el interés social en beneficio de uno o varios accionistas (uso torcido e incorrecto de una figura legalmente correcta)*[130]".

130 El reproche debe hacerse entonces al aumento mixto, sino a una utilización "torcida" de esta figura: PAZ-ARES, C., "El aumento mixto", cit., p. 20; VELASCO SAN PEDRO, L., "Comentario a la STS de 28 de mayo de 1990", cit., p. 613. Sobre el posible uso abusivo de este tipo de

Expuestas las (enfrentadas) posturas de la doctrina científica, registral y jurisprudencial, pudiera parecer que la cuestión queda clarificada de la siguiente manera: con carácter general (en tanto esta opción se entendería admitida de forma pacífica) este tipo de aumentos mixtos serán en todo caso válidos si se recaba el consentimiento individual de cada socio[131] o, en su caso —conforme ha establecido la doctrina jurisprudencial y registral— se establece un mecanismo que permita proteger y dejar a salvo el derecho a las reservas que estos tienen, esto es, se garantiza que puedan enajenar de forma real y/o efectiva sus derechos de suscripción preferente.

VI. *SCRIP DIVIDENDS* Y AMPLIACIÓN DE CAPITAL CON CARGO A RESERVAS O BENEFICIOS

1. Premisa: el pago del dividendo en bienes distintos del dinero. Consideraciones generales

El derecho al dividendo está regulado, esencialmente, en el artículo 93 LSC y en los artículos 273 a 278 LSC[132], preceptos en los que, como viene siendo admitido con carácter general, se produce una vinculación clara entre el derecho al dividendo[133] y su pago en dinero[134]. Esa vinculación se infiere con bastante claridad del artículo 273 LSC, que regula la aplicación del resul-

operaciones (abuso que puede darse no sólo en éstas, sino también en cualesquiera otros tipos de aumento, por ejemplo, en un aumento oneroso a la par sin que exista prima que iguale los valores reales): RETORTILLO ATIENZA, O., "Aumento de capital mixto, en parte con cargo a reservas y en parte mediante nuevas aportaciones", cit., p. 301, siguiendo a los autores antes citados.

131 También lo serían si se opta por realizar dos operaciones separadas, como antes se ha mencionado, si bien, aquí ya no estaríamos ante un acuerdo de ampliación "mixto".

132 También, en el artículo 348 *bis* LSC, aunque, como se sabe, con la finalidad de establecer los presupuestos que permiten ejercer al socio el derecho de separación cuando esos dividendos no se reparten o no se reparten en la cuantía suficiente.

133 Que, como se sabe, no es un derecho absoluto, tal y como ha sido declarado, de forma reiterada, por nuestra jurisprudencia: v. entre muchas otras, la reciente STS (Sala 1.ª) de 12 de noviembre de 2020 (RJ 2020, 4196).

134 Tradicionalmente, se ha entendido que la deuda de dividendos que convierte al socio en acreedor de la sociedad es una deuda de dinero. Por todos: GIRÓN TENA, J., *Derecho de sociedades anónimas*, cit., p. 204; SÁNCHEZ CALERO, F., *La determinación y la distribución del beneficio neto en la sociedad anónima*, Roma, 1955, p. 164 rechaza los dividendos en especie debido, entre otros motivos, a la falta de garantías para la valoración de los bienes objeto de reparto. La RDSJyFP de 20 de marzo de 2020 (RJ 2020/3338), ha afirmado incluso que el pago del dividendo en dinero es la "*voluntad presunta de los contratantes que invierten en una sociedad de capitales (art. 1258 CC; 2 C. de c.)*".

tado del ejercicio y hace depender el dividendo de que la cifra dineraria que refleja ese resultado sea positiva y se cumplan las condiciones recogidas en ese mismo precepto[135]. También su pago en dinero se deduce de la referencia que hace el artículo 277, a) LSC a la *"liquidez suficiente para la distribución"*.

A pesar de ello, en las últimas décadas, la práctica empresarial española —fundamentalmente, en sociedades cotizadas— ha adoptado el pago del dividendo en otros bienes distintos del dinero porque, como es sabido, que el ejercicio de una sociedad arroje beneficios no implica, necesariamente, que cuente con tesorería (liquidez) suficiente para proceder al reparto del dividendo en dinero. De ahí que se haya recurrido en ocasiones a repartir el dividendo en forma de bienes muebles, inmuebles[136], valores que la sociedad tenga en cartera o, incluso, con sus propias acciones o participaciones.

Hoy existe consenso sobre el encaje del dividendo en especie en nuestro ordenamiento[137], si bien, su validez se encuentra condicionada a una serie de presupuestos sobre los que existe cierta controversia doctrinal que aquí no podemos abordar y que se centra, esencialmente, en dos aspectos. En primer lugar, el condicionamiento de su validez a la previsión de una cláusula estatutaria y a si ésta debería ser aprobada de forma unánime o por mayoría, aspecto este último que incidiría en si ese dividendo en especie podría imponerse al socio o, en su caso, ofrecérselo sólo como una opción. En segundo lugar, se discute sobre el objeto del pago del dividendo en especie; concretamente, se discute sobre si el pago debe hacerse necesariamente con acciones que la sociedad tenga en cartera (propias o de una participada) o si, de forma distinta, también pueden entregarse acciones de nueva emisión fruto de la ampliación de capital con cargo a reservas o beneficios (que aquí hemos analizado). Como se verá en el siguiente epígrafe, la principal dificultad dogmática subyace en atribuir o no a este último supuesto la naturaleza jurídica de pago de dividendo, posibilidad que, como se verá, ha sido rechazada tradicionalmente por la doctrina.

135 Vid., sobre la controversia doctrinal en torno a la naturaleza del derecho al beneficio como expectativa, interés legítimo o derecho abstracto, por todos: ILLESCAS ORTIZ, R., *El derecho del socio al dividendo en la sociedad anónima*, Anales de la Universidad Hispalense, Universidad de Sevilla, 1973, en especial, pp. 91 y ss.

136 Así, en la citada Resolución de la RDGSJyFP de 20 de marzo de 2020.

137 PAZ-ARES, C., "Aproximación al estudio de los dividendos en especie", en *Revista Jurídica del Notariado*, núm. 3, 1992, pp. 212-213. También ORTEGA PARRA, S., *La participación del socio en las ganancias sociales*, Valencia, 2015, p. 339 (con una detallada exposición de las diferentes opiniones doctrinales al respecto).

Curiosamente, esta última modalidad, que no está prevista —tampoco prohibida— por la Ley, es la que de forma progresiva se ha ido convirtiendo en la modalidad de pago del dividendo en especie más frecuente entre nuestras sociedades cotizadas. Se avala con ello, una vez más, como se ha dicho, que la práctica del mercado va siempre por delante del legislador. Por ello nuestra doctrina viene reclamando desde hace tiempo la expresa declaración de validez de la figura y su encaje en nuestro ordenamiento societario. Esta modalidad de dividendos se conoce como *scrip dividend* (por su denominación anglosajona) o dividendos electivos. Se trata de una figura que guarda una incuestionable relación con la modalidad de ampliación de capital que aquí hemos analizado, en tanto, necesariamente, ese reparto de dividendos en acciones debe ir precedido de una operación de capital con cargo a reservas o beneficios. Sin embargo, como veremos a continuación, aunque los dividendos electivos o *scrip* comparten ese elemento caracterizador con la ampliación de capital que aquí hemos estudiado, su naturaleza jurídica es distinta[138].

2. Significado y naturaleza jurídica de los *scrip dividends*: diferencias y semejanzas con el aumento con cargo a reservas o beneficios

Los *scrip dividends*, dividendos electivos o flexibles, son la denominación que la práctica societaria emplea para referirse a la facultad atribuida a los socios de optar entre recibir los dividendos acordados bien en dinero, bien en acciones de nueva emisión de la propia sociedad. Los dividendos electivos, como se ha señalado, constituyen una forma de combinar dos de los medios posibles de aplicar el resultado —positivo— del ejercicio social: el reparto de dividendos entre los socios (ex art. 275 y ss. LSC) y su capitalización (ex art. 303 LSC); si bien, presentan un particularidad muy relevante, cual es la de que no es la sociedad sino los propios socios quienes deciden, al optar por una u otra alternativa, en qué medida se aplica el beneficio o una parte de éste a uno u otro destino[139]. 307

La figura de los *scrip dividends* plantea complejas cuestiones y problemas prácticos que han sido analizados por importante doctrina a la que nos remitimos[140]. De todos ellos, aquí interesa dar cuenta de la cuestión más relevan-

138 Por todos, v. IRIBARREN, M., "Los dividendos electivos o *scrip dividends*", cit., p. 141 y ss., en especial, p. 149 y 150.

139 IRIBARREN, M., "Los dividendos electivos o *scrip dividends*", cit., p. 144.

140 La admisibilidad en Derecho español del sistema de pago bajo la modalidad de *scrip dividends* ha sido defendida mayoritariamente por la doctrina científica. Además de PAZ-ARES,

te a los efectos de la modalidad de ampliación de capital con medios propios que nos ha ocupado en este trabajo: los dividendos electivos o *scrip* no tienen la misma naturaleza jurídica del reparto del dividendo en especie (ni existe la facultad de elección en estos casos, ni las acciones que se entregan ya forman parte del patrimonio de la sociedad)[141]; tampoco tienen la misma naturaleza jurídica que los aumentos de capital con cargo a reservas o beneficios, aspecto éste en el que nos detendremos brevemente a continuación.

Nuestra doctrina niega de forma pacífica que las acciones nuevas liberadas con la ampliación de capital con cargo a reservas o beneficios puedan equipararse a un reparto de dividendos[142], ya que con esta operación se aspira a retener el beneficio transformándolo en capital[143]. Debe por tanto sostenerse —como ha confirmado nuestro Tribunal Supremo— la completa separación

C., "Aproximación al estudio de los dividendos en especie", cit., p. 225 y ss.; de imprescindible consulta es el trabajo de IRIBARREN, M., "Los dividendos electivos o *scrip dividends*", cit., p. 141 y ss. Más recientemente: ARAGÓN TARDÓ, S., "Singularidades de los *scrip dividends* como nueva tendencia de retribución a los accionistas", *RDM*, núm. 13, 2013, p. 122 y ss., y su monografía: *Las operaciones de scrip dividends de las sociedades cotizadas*, Aranzadi, Cizur Menor, 2018.

141 Como señala IRIBARREN, M., "Los dividendos electivos o *scrip dividend*", cit., p. 149, en los dividendos electivos, a diferencia de lo que ocurre con la figura del dividendo en especie propiamente dicha (que se impondría a los socios, conforme a las condiciones antes referidas sobre las que, como señalábamos, existe cierta controversia doctrinal, *v. supra* 1) se otorga la facultad de elección de los socios entre dinero o acciones. Otra diferencia entre ambos fenómenos viene dada porque las acciones o participaciones que eventualmente reciban los socios, en el caso del dividendo electivo, no forman parte del patrimonio de la sociedad. Y es que, aunque sea habitual referirse a la "entrega" de acciones liberadas cuando hablamos de las ampliaciones de capital con medios propios, lo cierto es que, en realidad, "esa *entrega* no es manifestación de ningún desplazamiento patrimonial de la sociedad a sus socios, sino meramente la consecuencia del aumento de capital social con cargo a reservas o beneficios y emisión de acciones nuevas".

142 Entre nosotros, por todos: SÁNCHEZ CALERO, F., *La determinación y la distribución del beneficio neto en la sociedad anónima*, Roma-Madrid (1955), p. 164, nota 139. Así, cuando las acciones o participaciones utilizadas para pagar dividendos no son de otras sociedades, ni provienen de la autocartera de la sociedad, sino que se emiten con cargo a esos beneficios o reservas, es incorrecto hablar en puridad de reparto de dividendos: MARTÍNEZ NADAL, A., *El aumento de capital con cargo a reservas*, cit., pp. 67 y 68, advierte que, aunque no son dividendos en sentido estricto, se consideran "dividendos psicológicos".

143 PAZ-ARES, C., "Aproximación al estudio de los dividendos en especie", cit., p. 209; IRIBARREN, M., "Los dividendos electivos o scrip dividends", cit., pp. 147-149; MACHUCA MARTÍNEZ-GIJÓN, P., "Algunos supuestos de pago en especie en las sociedades de capital. Particular referencia al caso del socio separado o excluido", *RdS*, núm. 63, 2021, p.11 (www.smarteca.es). En sentido contrario, **V.** la SAP de Navarra, Sección 2.ª, de 13 de mayo de 2014 (JUR 2014, 175061), que sostiene que la entrega de acciones liberadas al accionista sí es una forma de pago en especie del dividendo.

entre el acuerdo favorable al reparto de los beneficios y el acto o actos de ejecución de dicho acuerdo (como actos jurídicos independientes que son)[144]. Así, se dice correctamente que la operación para hacer llegar los beneficios del ejercicio a los socios en los *scrip dividends* se articula en dos fases claramente diferenciables: una primera, en la que los beneficios del ejercicio se destinan a reserva disponible, y una segunda, en la que se capitaliza la reserva mediante la correspondiente ampliación del capital social (*ex* art. 303 LSC) con emisión de nuevas acciones, que se asignan gratuitamente a los socios.

Obviamente, además de las diferencias señaladas, existen notables semejanzas entre los dividendos electivos o *scrip* y los aumentos de capital con cargo a medios propios. Como nuestra doctrina ha señalado, ambas figuras se parecen porque la operación de la que derivan los dividendos electivos debe necesariamente comprender un aumento de capital con medios propios, precisamente para satisfacer a los accionistas que optan por recibir las acciones gratuitas. Sin embargo, se distinguen de esta modalidad de aumento de capital en que sólo la operación de *scrip dividend* da lugar a un reparto de dividendos entre los socios que así lo elijan. Así, se ha dicho, la diferencia entre ambas operaciones es clara: en primer lugar, afecta a la posición jurídica del socio, que disfruta (en el caso del dividendo electivo) de la facultad de elegir entre los dividendos (en dinero) y las acciones nuevas; en segundo lugar, obliga a atender los presupuestos que regulan la distribución de dividendos de forma coordinada con las reglas de las ampliaciones con cargo a medios propios; y, en tercer lugar, produce las consecuencias jurídicas propias del reconocimiento a los socios del derecho a los dividendos acordados por la junta general[145].

Pacífica así la idea de que la ampliación de capital con cargo a reservas o beneficios no es, *per se,* un reparto de dividendos, lo cierto es que, con independencia de las razones societarias o financieras que han justificado esta

144 Tal y como ha señalado nuestro Tribunal Supremo (Sala 1.ª) en su sentencia de 24 de julio de 2014 (RJ 2014/4590), la adopción del acuerdo de distribución del dividendo y la ejecución o pago de aquél son actos jurídicamente distintos. Por ello, aunque en el caso enjuiciado no fuese rescindible la adopción del acuerdo en junta, sí lo era la ejecución del pago de esos dividendos, que sí fue ejecutado en el plazo de los dos años que permite la acción rescisoria concursal: *"Estos pagos constituyen actos jurídicos distintos del acuerdo adoptado por la junta que generó el derecho al cobro, razón por la cual pueden ser considerados de forma independiente. En contra de lo argumentado en su recurso por Menuce, S.A., los pagos son actos jurídicos de disposición, que pueden ser objeto de una acción rescisoria concursal, aunque no lo sea aquel previo acuerdo de la junta que reconoció el derecho a un concreto dividendo"*.

145 IRIBARREN, M., "Los dividendos electivos o scrip dividends", cit., p. 150 y en especial, p. 156 y ss.

práctica en cada sociedad, existen ciertas dudas o reticencias sobre si los *scrip dividends* son o no un "verdadero" dividendo y sobre las condiciones mismas de su encaje en nuestro Derecho. Para evitar problemas interpretativos sobre su naturaleza y admisibilidad, las sociedades cotizadas —que, en la práctica, son las que más recurren a este fenómeno— han incluido tres medidas con la pretensión de dar seguridad jurídica a esta modalidad de reparto de dividendos: por un lado, se prevé un habilitación estatutaria sobre el pago de dividendos en especie o *in natura*; por otro, la forma de pago será opcional para el socio, que podrá elegir si cobra el dividendo total o parcialmente en efectivo y/o en acciones; y, finalmente, se incluye la obligación de la sociedad de adquirir los derechos de suscripción preferente del socio sobre las nuevas acciones y, si fuese el caso, el pago en efectivo de su valor, lo que dota al sistema de liquidez inmediata. Con este esquema, se viene aceptando la licitud de esta forma de pago de dividendos. Por supuesto, el método y su admisibilidad no elimina el problema de la dilución que sufre la participación del socio en la sociedad como consecuencia de los aumentos de capital necesarios para la entrega de acciones nuevas, pero su carácter opcional, así como la libertad del socio para decidir qué opción satisface mejor sus intereses, ha llevado a la doctrina a entender que con esta institución no se lesionan sus derechos de socio[146].

3. *Scrip dividends* y usufructo

La puesta en práctica de los *scrip dividends* ha puesto de manifiesto que la percepción de dividendos en nuevas acciones fruto de una ampliación de capital suscita serias y específicas dudas cuando aquellas están usufructuadas[147]. En estos casos, se discute quién —el nudo propietario o el usufruc-

146 A favor de esta interpretación IRIBARREN BLANCO, M., "Los dividendos electivos", cit., pp. 154-155, ARAGÓN TARDÓ, S., "Singularidades de los *scrip dividends* como nueva tendencia de retribución a los accionistas", cit., p. 138 y ss., *Las operaciones de scrip dividends de las sociedades cotizadas*, cit., *passim*; también: ZARZALEJOS TOLEDANO, I., "El derecho de los socios a participar en las ganancias sociales", *La Ley Mercantil*, núm. 48, 2018, p. 6 (www.smarteca.es).

147 No se trata aquí otra problemática a la que se puede enfrentar el usufructuario, ya que no se encuentra vinculada ni con los *scrip dividends* ni con la ampliación de capital con medios propios: puede darse que los nudos propietarios acuerden sistemáticamente en sede de junta, un año tras otro, no repartir dividendos en metálico o efectivo, sino que decidan destinar la totalidad los resultados positivos obtenidos en cada ejercicio económico a reservas voluntarias. Sobre esto, GALLEGO LARRUBIA, J., "Derecho del usufructuario de acciones o participaciones a exigir al nudo propietario el dividendo no acordado. Problemática en las sociedades familiares", en *Revista Aranzadi Doctrinal*, núm. 7, 2015 (www. smarteca.es).

tuario— tiene, en primer lugar, el derecho de elección propio de los *scrip* dividends (en especie o en dinero) y, en segundo lugar, a cuál de ellos debe considerársele acreedor de ese dividendo (y, por consiguiente, titular de las nuevas acciones). Estas dificultades surgen a partir de la aplicación de los artículos 127 y 129 LSC al fenómeno de los *scrip dividends,* tal y como alguna relevante sentencia ha puesto de manifiesto.

Respecto de la primera cuestión, las dudas se suscitan porque mientras el artículo 127.1 LSC, al regular el derecho al dividendo en caso de usufructo, expresamente atribuye el derecho económico al dividendo al usufructuario ("... *pero el usufructuario tendrá derecho en todo caso a los dividendos acordados por la sociedad durante el usufructo*"), luego, esa misma norma establece a continuación que: "*Salvo disposición contraria de los estatutos, el ejercicio de los demás derechos del socio corresponde al nudo propietario. El usufructuario queda obligado a facilitar al nudo propietario el ejercicio de estos derechos*". De este modo, a partir de lo dispuesto en el artículo 127 LSC, parece claro que si todos los derechos de socio —salvo el de cobro del dividendo— recaen en el nudo propietario, será éste también el titular del derecho a elegir la forma del dividendo (en efectivo o en acciones, conforme a lo expuesto anteriormente).

En tanto el derecho de elección parece claro que recae en el nudo propietario, los *scrip dividends* plantean una duda adicional —y más relevante— sobre quién es el acreedor de ese dividendo, esto es, sobre quién es el nuevo titular de las acciones fruto de la ampliación de capital con cargo a reservas o beneficios. La duda se suscita porque cuando entra en juego la figura de los *scrip dividends* se produce la colisión de los derechos de dos categorías de sujetos distintas: el derecho a recibir el dividendo, que corresponde ex artículo 127 LSC al usufructuario, por un lado, y el derecho a elegir la forma del dividendo (ex art. 127 LSC) y la titularidad de las nuevas acciones que corresponde al nudo propietario, si bien, extendiéndose el derecho de usufructo sobre ellas (cfr. art. 129.4 LSC: "*Si durante el usufructo se aumentase el capital con cargo a los beneficios o reservas constituidas durante el mismo, las nuevas participaciones o acciones corresponderán al nudo propietario, pero se extenderá a ellas el usufructo*)[148].

El problema y el conflicto que lleva aparejado es patente: las acciones nuevas corresponderían al nudo propietario, por lo que el derecho al dividendo del usufructuario quedaría vaciado de contenido. Por ello, los autores espe-

148 Si bien, es cierto que el apartado 5 establece que: "*El título constitutivo del usufructo de participaciones podrá establecer reglas distintas a las previstas en los apartados anteriores*".

cializados en este fenómeno se han inclinado por considerar que es más acorde con la institución del usufructo y con la verdadera naturaleza de la operación permitir al usufructuario *elegir* entre las opciones ofrecidas[149], o, si se quiere, más precisamente, entender que el nudo propietario estaría "obligado a decantarse, como regla general, por los dividendos y sólo contando con el consentimiento del usufructuario podría en buena ley optar por capitalizar los beneficios obteniendo nuevas acciones"[150].

Salvo error, hasta ahora la única sentencia que se ha pronunciado al respecto es la de la Audiencia Provincial de Navarra de 13 mayo 2014[151] en un litigio en relación con el usufructo sobre las acciones de Iberdrola, Banco Santander y Telefónica. Desde que dichas sociedades empezaron a practicar el mecanismo del *scrip dividend*, la nuda propietaria, en el ejercicio de sus derechos políticos, todos los años optó por recibir las nuevas acciones que consiguientemente incorporó a su patrimonio. Ante esta situación, la usufructuaria planteó una demanda a fin de que se declarara que las nuevas acciones constituían un fruto de las acciones usufructuadas y, por tanto, le pertenecían. Su pretensión se desestimó en la primera instancia, pero la Audiencia Provincial terminó estimando en la apelación las pretensiones de la usufructuaria, que reclamaba la necesidad de acudir a la real intención de los contratantes (cuando se estableció el usufructo) y no dejar a la institución vacía de contenido. Para ello, la Sala advierte que el aumento de capital de la sociedad no tiene carácter independiente, sino que viene justificado única y exclusivamente por el posterior reparto de dividendos, y que de ello debe inferirse que la única forma de evitar que se burle o se deje vacío de contenido el derecho del usufructuario es entender que la opción de elección del dividendo no corresponde al nudo propietario, sino al usufructuario, lo que significa, en definitiva, que ese *ius electionis* propio de los *scrip dividends* no es un derecho político en sentido propio. A partir de este razonamiento la

149 PÉREZ FERNÁNDEZ, J.M., "Scrip Dividend y el caso de la viuda expoliada", *El Notario del siglo XXI*, n. 53/2014 (https://www.elnotario.es/revista-53/3653-scrip-dividend-y-el-caso-de-la-viuda-expoliada.html)

150 IRIBRARREN, M., "El caso de la viuda expoliada. Scrip dividends y usufructo de acciones: ¿tiene el socio realmente elección? (en https://derechomercantilespana.blogspot.com/2014/05/el-caso-de-la-viuda-expoliada.html)

151 JUR 2014/175061, comentada por LYCZKOWSKA, "Scrip dividend y usufructo de acciones: ¿cuántas clases hay en el mercado?", *El notario del siglo XXI*, núm. 57, 2014 (www.elnotario.es), quien entiende que, siendo la mayoría de las reglas establecidas sobre esta cuestión en la Ley de carácter dispositivo, es más que recomendable establecer pactos correspondientes en el título constitutivo del usufructo, dado que el régimen legal no da una respuesta inequívoca al problema de los derechos del usufructuario en las operaciones de *scrip dividend*.

Sala declaró que las nuevas acciones recibidas por la nuda propietaria pertenecen a la usufructuaria:

> *"Por último, consideramos que la única forma que el derecho de usufructo no quedase vacío de contenido, al arbitrio del nudo propietario, es entender, que una vez que la sociedad ha acordado el reparto de dividendos mediante el sistema de dividendo elección o flexible, la opción del pago en metálico o mediante acciones de la sociedad tras el aumento de capital, corresponda al usufructuario como una facultad inherente al mismo. No estamos hablando de un derecho político estricto sensu, sino una facultad inherente al derecho del percibo del dividendo, acordado como fruto de la sociedad. Dispone el artículo 127.1 de la Ley de Sociedades de Capital, después de establecer que "el usufructuario tendrá derecho en todo caso a los dividendos acordados por la sociedad durante el período de usufructo", añade "salvo disposición en contrario de los estatutos, el ejercicio de los demás derechos del socio corresponden al nudo propietario". No debe ser un obstáculo a tal consideración la literalidad del artículo 129 LSC, ya que es heredero del artículo 70 LSA, y está pensado para un supuesto de suscripción preferente de acciones derivado de acciones usufructuadas".*

VII. BIBLIOGRAFÍA

ALONSO LEDESMA, C.: "Aumento de capital. Derecho de asunción preferente de nuevas participaciones", AA VV, *Estudio sistemático de la Ley 2/1995*, vol. II, McGraw-Hill, Madrid, 1996, p. 812 y ss. 313

— "La modificación de estatutos. Aumento y reducción de capital", *RdS*, núm. 36, 2011, p. 175 y ss.

ARAGÓN TARDÓ, S., "Singularidades de los *scrip dividends* como nueva tendencia de retribución a los accionistas", *RDM*, núm. 13, 2013, p. 122 y ss.

— *Las operaciones de scrip dividends de las sociedades cotizadas*, Aranzadi, Cizur Menor, 2018.

ÁVILA DE LA TORRE, A., "Art. 303 LSC", *Comentario de la Ley de Sociedades de Capital,* (dirs. J.A.García-Cruces/I. Sancho Gargallo), Tirant lo Blanch, Valencia, 2021.

DE LA CÁMARA, M., *El capital social en la sociedad anónima, su aumento y disminución*, Consejo General del Notariado, Madrid, 1996.

DUQUE, J., "La "pequeña reforma" del derecho de acciones en Alemania (aumento de capital con medios propios de la sociedad. Adquisición de las propias acciones. Cuenta de pérdidas y ganancias)", *RDM,* núm. 81, 1961, p. 35 y ss.

FAYOS FEBRER, J.B., "Algunas reflexiones sobre el derecho de asignación gratuita en los aumentos de capital con cargo a reservas o beneficios (comentario a la STS de 6 de octubre de 2006)", *RDM*, núm. 267, 2008, p. 169 y ss.

FERNÁNDEZ DEL POZO, L., *Las reservas atípicas. Las reservas de capital y de técnica contable en las sociedades mercantiles*, Civitas, Madrid, 1999.

GALLEGO LARRUBIA, J., "Derecho del usufructuario de acciones o participaciones a exigir al nudo propietario el dividendo no acordado. Problemática en las sociedades familiares", *Revista Aranzadi Doctrinal*, núm. 7, 2015.

GARCÍA-MORENO GONZALO, J.M., *El aumento de capital con cargo a reservas en sociedades anónimas*, Aranzadi, Pamplona, 1995.

GARRIGUES, J., y URÍA, R., *Comentario a la ley de sociedades anónimas*, Madrid, 1976.

GIRÓN TENA, J., *Derecho de sociedades anónimas*, Valladolid, 1952.

GONZÁLEZ VÁZQUEZ, J.C., "Aumento de capital mixto", *Diccionario de Derecho de Sociedades*, (dir. C. Alonso Ledesma), Iustel, 2006.

ILLESCAS ORTIZ, R., *El derecho del socio al dividendo en la sociedad anónima*, Anales de la Universidad Hispalense, Universidad de Sevilla, 1973.

IRIBARREN BLANCO, M., "Los dividendos electivos o *scrip dividends*", *RDM*, núm. 284, 2012, p. 141 y ss.

— "El caso de la viuda expoliada. Scrip dividends y usufructo de acciones: ¿tiene el socio realmente elección? (en https://derechomercantilespana.blogspot.com/2014/05/el-caso-de-la-viuda-expoliada.html)

LÁZARO SÁNCHEZ, "El aumento mixto de capital en la sociedad anónima: contravalor en reservas y nuevas aportaciones", *RDBB*, 1991, p. 821 y ss.

LARA, R., "Art. 306", (dirs. A. Rojo/E. Beltrán) *Comentario de la Ley de Sociedades de Capital*, Cizur Menor, 2011.

LÓPEZ SÁNCHEZ, M.A. "Reducción de capital y protección de los acreedores sociales", en *Derecho de sociedades anónimas*, III, 2, *Modificación de estatutos. Aumento y reducción de capital. Obligaciones*, Madrid, 1994, p. 825 y ss.

LYCZKOWSKA, K., "'Scrip dividend' y usufructo de las acciones: ¿Cuántas clases hay en el mercado?", *El Notario del siglo XXI*, núm. 57.

MACHADO PLAZAS, J. y MERCADAL VIDAL, F., en AA VV. *Comentarios a la Ley de Sociedades de Responsabilidad Limitada*, (coords. I. Arroyo y J.M. Embid) Tecnos, Madrid, 1997, p. 772 y ss.

MACHADO PLAZAS, J., "Artículo 157 LSA", *Comentarios a la Ley de sociedades anónimas*, (coord. I. Arroyo/J.M.Embid/C.Górriz), II, Tecnos, Madrid, 2009.

MARCOS FERNÁNDEZ, F., "Autonomía de la voluntad y contravalor del aumento del capital social: ¿hay algún límite a los aumentos mixtos?", *Revista Jurídica del Notariado*, 52, 2004, p. 115 y ss.

MARTÍN ARESTI, P., *La participación de los socios en los aumentos nominales de capital (sobre el denominado derecho de asignación gratuita)*, Thomson-Aranzadi, Cizur Menor, 2006.

MARTÍNEZ NADAL, A., *El aumento de capital con cargo a reservas y beneficios en la sociedad anónima*, McGraw-Hill, Madrid, 1996.

MARTÍNEZ-GIJÓN MACHUCA, P. "Algunos supuestos de pago en especie en las sociedades de capital. Particular referencia al socio separado o excluido", *RdS*, núm. 63, 2021 (www.smarteca.es).

ORTEGA PARRA, S., *La participación del socio en las ganancias sociales,* Tirant lo Blanch, Valencia, 2015.

PAZ-ARES RODRÍGUEZ, C., "El aumento mixto de capital (notas en defensa de la figura)", *RDM,* núm. 203-204, 1992, p. 7 y ss.

---- "Aproximación al estudio de los dividendos en especie", en *Revista Jurídica del Notariado,* núm. 3, 1992, p. 207 y ss.

PEÑAS MOYANO, M.J., "La preferencia en la asunción y la asignación gratuita de participaciones sociales: dos derechos diferentes (Comentario a las RRDGRN de 23 de julio (RJ 2003, 6177) y 4 (RJ 2004, 1980) y 9 de diciembre de 2003 (RJ 2004, 1981)", *RdS,* núm. 24, 2005, p. 329 y ss.

PÉREZ FERNÁNDEZ, J.M., "Scrip Dividend y el caso de la viuda expoliada", *El Notario del siglo XXI*, n. 53/2014.

RETORTILLO ATIENZA, O., "Aumento de capital mixto, en parte con cargo a reservas y en parte mediante nuevas aportaciones (A propósito de la RDGRN de 4 de febrero de 2003)", *RdS,* núm. 22, 2004, p. 293 y ss.

ROJO, A., "El acuerdo de aumento del capital de la sociedad anónima", en *Estudios jurídicos en homenaje al Prof. A. Menéndez,* tomo II, Civitas, Madrid, 1996, p. 2339 y ss.

SÁENZ GARCÍA DE ALBIZU, J.C., "Art. 157. Aumento con cargo a reservas", en *Comentario al régimen legal de las sociedades mercantiles,* (dir. Uría/Menéndez/Olivencia), tomo VII, *Modificación de estatutos en la sociedad anónima, aumento y reducción del capital,* vol. 2, Civitas, Madrid, 2006.

-----"Art. 296" y "Art. 303 LSC", *Comentario de la Ley de Sociedades de Capital,* (dirs. Rojo/Beltrán), Civitas, Cizur Menor, 2011.

SÁNCHEZ ANDRÉS, A., "Principios, casos y conceptos en materia de derecho de asignación gratuita de acciones", *Derecho mercantil de la Comunidad Económica Europea: estudios en homenaje a José Girón Tena,* Civitas, Madrid, 1991, p. 885 y ss.

---- *El derecho de suscripción preferente,* Civitas, Madrid, 1974.

SÁNCHEZ CALERO, F., *La determinación y la distribución del beneficio neto en la sociedad anónima*, Roma-Madrid, 1955.

URÍA, R./MENÉNDEZ, A./MUÑOZ PLANAS, J.M., *Comentario al régimen legal de las sociedades mercantiles* (dirs. R. Uría, A. Menéndez, M. Olivencia), tomo V, *La junta general de accionistas (arts. 93 a 122 de la LSA),* Civitas, Madrid, 1992.

VALPUESTA GASTAMINZA, E., "Arts. 296 a 303. Acuerdo de ampliación de capital", 4.ª ed., Wolters Kluwer, Madrid, 2022.

VELASCO SAN PEDRO, L., "Comentario a la STS de 28 de mayo de 1990", *Cuadernos Civitas de Jurisprudencia Civil,* núm. 23, 1990, p. 675 y ss.

ZARZALEJOS TOLEDANO, I., "El derecho de los socios a participar en las ganancias", *La Ley mercantil,* núm. 48, 2018, p. 7 y ss.

Capítulo VIII

EJECUCIÓN DEL AUMENTO: SUSCRIPCIÓN O ASUNCIÓN, DESEMBOLSO E INSCRIPCIÓN[1]

Javier Juste Mencía
Catedrático de Derecho Mercantil
Universidad Complutense de Madrid

I. LA RELEVANCIA DE LA EJECUCIÓN DEL AUMENTO DE CAPITAL. PLANTEAMIENTO

Toda modificación estatutaria debe respetar un proceso determinado en la ley, en el que al acuerdo adoptado por la junta general suele seguir algún acto de ejecución por parte de los administradores. En el caso del aumento de capital, la ejecución es objeto de una de las secciones del capítulo que regula aquel (arts. 304 a 312 LSC), con una extensión que da ya cuenta de su relevancia en el diseño legal de la operación[2]. Adoptado el acuerdo de au-

1 Aunque, en la mayor parte de los casos, distinguiremos los términos suscripción y asunción en función del tipo al que hacemos referencia, para facilitar la lectura, en ocasiones utilizaremos solo uno de los dos términos. Pensamos que el legislador bien pudiera haber aprovechado la refundición para unificar la terminología, compatible a nuestro juicio con las particularidades de la documentación de las acciones frente a su ausencia en las limitadas (cfr. la crítica de GONZÁLEZ VÁZQUEZ, J.C., "Modificación de estatutos. Aumento y reducción del capital social", en CUESTA RUTE, J.M. (Dir.), *Derecho Mercantil I*, Barcelona, 2015, pág. 428).

2 Sobre la simplificación que encierra concebir el aumento como una categoría de modificación estatutaria y su calificación como "operación societaria" compleja, ver ya ROJO, A., "El acuerdo de aumento del capital de la sociedad anónima", en AAVV, *Estudios jurídicos en homenaje al Profesor Aurelio Menéndez*, Tomo II, Madrid 1996, pág. 2339 y ss.

mento por la junta general —o en su caso, por el órgano de administración por delegación de aquella[3]—, corresponden a la fase de ejecución, en su caso, la suscripción o asunción de acciones o participaciones, su adjudicación y desembolso. En este sentido amplio (conforme a la visión del aumento como compleja operación societaria), puede incluirse en la ejecución también el otorgamiento de la escritura y su definitiva inscripción en el Registro Mercantil, aunque, en rigor, la formalización de la operación tiene como presupuesto la previa ejecución del aumento (que será objeto de documentación e inscripción, como literalmente destacan los artículos 314 y 315 LSC). En la ley, el otorgamiento de la escritura y su inscripción se regulan en una sección distinta a la de la ejecución[4]. Naturalmente, si se defiende el carácter constitutivo de la inscripción, la "formalización" será parte no solo integrante, sino esencial de la ejecución de la operación[5].

Esta fase de ejecución de la concreta modificación estatutaria que examinamos presenta notables peculiaridades, que explican la relevancia que la ley le otorga y justifican su tratamiento separado y general en una obra de estas características.

A diferencia de otras modificaciones estatutarias, el "poner por obra algo" en que consiste cualquier ejecución no concierne, en el supuesto del aumento de capital, solo al órgano ordinariamente encargado de esta función, el administrativo, en posición subordinada a la junta general. Ordinariamente actúan terceras personas frente a la sociedad, que celebran y ejecutan negocios jurídicos que tienen al acuerdo de la junta por presupuesto, pero que además condicionan su definitiva eficacia.

Por otro lado, nuestro Derecho impide, desde 1989 y con la posterior excepción de las sociedades cotizadas, que accedan al Registro separadamente el acuerdo de aumento y su ejecución[6]. La obligación de inscribir el acuerdo

3 Sobre la decisión de aumentar el capital y el supuesto de capital autorizado en la sociedad anónima, nos remitimos al trabajo de MEGÍAS LÓPEZ, J, en la presente colección de estudios.

4 Cfr. CASTELLANO RAMÍREZ, M.J. *La suscripción incompleta del aumento de capital en la sociedad anónima*, Madrid, 2004, pág. 40 y ss., con ulteriores referencias. ROJO, A. "El acuerdo...", cit, pág. 2341.

5 El carácter constitutivo o declarativo de la inscripción es cuestión discutida. Nos remitimos a su tratamiento en el capítulo correspondiente, a cargo del Prof. GONZÁLEZ VÁZQUEZ.

6 Dicha excepción se contemplaba en el art. 315 LSC hasta su reforma por la Ley 5/2021 de 12 de abril. Con mejor ubicación sistemática, la especialidad puede verse ahora en el art. 508 LSC, incluido en el Título XIV dedicado a las sociedades cotizadas. No obstante, la citada reforma amplía el ámbito subjetivo de la norma, para incluir sociedades que técnicamente no son cotizadas, pero a las que puede aplicar el adjetivo de "bursátiles", en las que concurren las circunstancias de mercado que justifican la excepción al régimen general.

de aumento acompañado de su ejecución, contenida en el art. 315 es la que incrementa en mayor medida la relevancia jurídica de la ejecución en esta alteración estatutaria frente al régimen general. La falta de ejecución incide profundamente en la eficacia misma del acuerdo o, si se prefiere, de la operación societaria considerada en su conjunto.

La *ratio* del sistema que prevé que solo sea posible la inscripción del aumento tras su ejecución resulta sencilla de explicar. La posibilidad de que se inscriban aumentos de capital —con cargo a nuevas aportaciones— que no hayan sido ejecutados (en el sentido de no suscritos y no desembolsados según la correspondiente norma legal) podría generar en el tráfico una apariencia inexacta, con el agravante de que se trataría, además, de la fortalecida por efecto cualificado de la publicidad registral. La mera referencia a los principios y funciones del capital social hace percibir como indeseable que una compañía pueda actuar frente a terceros con un capital inscrito, sin que se haya producido, como la ley requiere, la suscripción y desembolso de las acciones o participaciones según las reglas particulares de cada tipo social.

Este peligro había sido autorizadamente advertido por la doctrina que se ocupó de la parca regulación contenida en la LSA 1951. Un sector muy relevante de aquella entendía ya que no era posible (o que no debía ser posible), que el Registrador mercantil procediera a inscribir el aumento sin verificar que se hubiese ejecutado[7]. De la mano de la necesaria adaptación al Derecho comunitario en el tipo anónima, la LSA 1989, primero, y la LSRL 1995, después (arts. 162 y 78, respectivamente) fueron concordes en presentar la disciplina hoy refundida en el art. 315 LSC[8]. Tras esta reforma, cobra una especial relevancia el régimen jurídico aplicable a aquellos acuerdos no plenamente ejecutados, distinto según se trate de sociedades anónimas o limitadas. La necesaria dependencia del éxito de la operación respecto de su ejecución obliga a dar una respuesta en los casos en que aquella no se ha completado.

7 GARRIGUES/URÍA, *Comentario a la Ley de sociedades anónimas*, Tomo II, Madrid, 1976, pág. 288 y ss. En otro sentido, no sin crítica a la ley entonces vigente, GIRÓN TENA, J., *Derecho de sociedades anónimas*, Valladolid, 1952, págs. 481-482. La práctica de la DGRN era también reacia a la inscripción no acompañada, por lo menos, del mínimo desembolso exigido en la LSA 1951 (ver, entre otras, las dos RRDGRN de 7 de marzo de 1980)

8 Para una valoración de la relevancia de esta fase en la reforma de la LSA 1989, ver, por todos y con ulteriores referencias, SACRISTÁN REPRESA, M., "El aumento de capital: modalidades, requisitos, el aumento de capital con nuevas aportaciones dinerarias y no dinerarias", en AAVV, *Derecho de sociedades anónimas. III. Modificación de estatutos. Aumento y reducción de capital. Obligaciones*. Vol. 1, Madrid, 1994, pág. 279 y ss.

La fase de ejecución del acuerdo de aumento es ineludible en la práctica totalidad de los supuestos contemplados por la ley, con excepción del aumento por elevación del valor nominal de acciones o participaciones y con cargo a reservas. Cuestión distinta es que, en ciertas operaciones, se prescinda de alguna de las fases de la ejecución. Así, en el aumento de capital con emisión de acciones o participaciones realizada con cargo a reservas, sólo es precisa la adjudicación de las acciones o participaciones, sin que se produzca desembolso alguno. En cambio, en el aumento de capital real por elevación del valor de las acciones se suprime la adjudicación, pero es necesario el desembolso[9]. También puede suceder que todas y cada una de las fases de la ejecución puedan tener lugar en el mismo acto, salvo el otorgamiento de la escritura de ampliación. El supuesto de mayor complejidad es, lógicamente, el del aumento de capital con emisión de acciones o participaciones y nuevas aportaciones, al que habrá de prestarse la mayor atención.

No es objeto del presente capítulo el estudio de todas las normas relativas a la ejecución, en la medida en que forman parte del objeto de otros apartados de esta obra. El derecho de preferencia, hoy unido exclusivamente al aumento con cargo a aportaciones dinerarias, se aborda en el capítulo dedicado a esta modalidad de aumento. Del mismo modo, como se ha indicado ya, la inscripción de la operación de aumento (junto con la de reducción), es objeto de un capítulo específico. Algunos aspectos de la ejecución de determinadas modalidades de aumento se abordan más detenidamente en otros pasajes de esta compilación de estudios. En fin, las principales especialidades de las sociedades cotizadas o bursátiles se abordan en el último apartado de este trabajo.

II. LA SUSCRIPCIÓN DE ACCIONES O ASUNCIÓN DE PARTICIPACIONES

1. Consideraciones generales sobre el negocio de suscripción o asunción

La primera fase de la ejecución del aumento de capital con nuevas aportaciones se corresponde con la suscripción de las acciones o asunción de las participaciones, que según las reglas de cada tipo social irá total o parcialmente acompañada del desembolso, del que nos ocupamos en apartado posterior por razones sistemáticas y de claridad expositiva. Temporalmente, la

9 Sobre la relevancia que alcanza la fase de ejecución en las operaciones mencionadas en el texto, CASTELLANO RAMÍREZ, M.J., *La suscripción*..., cit., pág. 41 ss.

ejecución del acuerdo comienza precisamente con el inicio del plazo para la suscripción o asunción.

A pesar de la trascendental función que está llamada a cumplir la suscripción o asunción de acciones o participaciones en la formación del capital social, tanto en la fase fundacional como en la de ejecución del aumento de capital efectivo, la ley apenas se ocupa de su régimen jurídico. Así, se limita prácticamente a ordenar la íntegra suscripción o asunción del capital en anónimas o limitadas en el momento de otorgamiento de la escritura fundacional o de la escritura de aumento de capital social (arts. 78 y 79 LSC).

Ciertamente, en el supuesto de la fundación simultánea (y dejando de lado el prácticamente inédito y enormemente complejo proceso de fundación sucesiva[10]), la obligación de suscribir la totalidad del capital social en el mismo acto en que se otorga la escritura ante notario despoja al denominado negocio de suscripción de complejidad, y dificulta incluso apreciar su autonomía. Si la voluntad de los otorgantes no se extiende también a todos los elementos previstos en el art. 22 LSC, que prevé así mismo las aportaciones que cada socio realice o deba realizar, es evidente que no es posible la culminación de la fase negocial de la fundación de la sociedad. La exigencia de suscripción, prevista en los arts. 78 y 79 LSC queda absorbida en las reguladoras de las declaraciones de voluntad recogidas en la escritura fundacional. La suscripción se integra aquí en el contrato de sociedad, no constituye propiamente un negocio entre la sociedad en proceso de constitución y el socio obligado a realizar la aportación, por el sencillo motivo de que el proceso de constitución de aquella se está iniciando en ese mismo momento[11].

En cambio, en el marco de la operación de aumento de capital, la suscripción no se subsume en el contrato de sociedad, sino que constituye un negocio celebrado entre la sociedad ya constituida y el socio o tercero, en el que este asume las acciones o participaciones ofrecidas por aquella. La suscripción se configura como un negocio autónomo, generalmente realizado, además, en algún momento durante el tiempo que media entre el acuerdo que contiene y fundamenta la invitación a suscribir y el definitivo otorgamiento de la escritura de ejecución. Otorgamiento que compete a

10 Cfr., en particular, el art. 44 LSC
11 Sobre la diferencia entre suscripción que tiene lugar en el marco del contrato societario (como sucede en la fundación de las capitalistas o la entrada de nuevos socios en las personalistas) y en el de la operación de aumento, ver ALFARO AGUILA-REAL, J., "El contrato de suscripción de un aumento de capital", [en línea] [2017] https://almacendederecho.org/contrato-suscripcion-aumento-capital, 22 de septiembre de 2017

los administradores en nombre de la compañía, y en el que no participan, a diferencia de la fundación, los llamados a incrementar su participación o convertirse en socios de la aquella. Son los administradores quienes deben declarar, bajo su responsabilidad que la suscripción (junto con el desembolso exigible según el tipo) se ha verificado en aquel momento (arts. 78 y 79 LSC). Y resultan imaginables circunstancias que puedan influir en el desenvolvimiento de esta primera fase de la ejecución de la operación de aumento, que no se producirán en la etapa fundacional de la sociedad[12].

Se puede configurar la suscripción como una declaración de voluntad mediante la que el interesado solicita la adquisición de un determinado número de acciones o participaciones de nueva creación[13]. Voluntaria declaración recepticia, que supone ejercicio del derecho de suscripción previamente reconocido, y que genera la obligación de aportar, por más que esta deba ser realizada también, total o parcialmente según el tipo social, antes de que concluya la fase de ejecución del aumento. Es un acto voluntario, con independencia de que el socio haya votado o no a favor del aumento en el correspondiente acuerdo de la junta, y sin perjuicio de los pactos que esos socios o terceros todavía ajenos a la sociedad hayan alcanzado para la suscripción antes de la operación[14].

En el contexto del aumento, la declaración de suscripción supone la aceptación de la previa oferta de la sociedad y la perfección del contrato bilateral con ella[15]. En la actualidad está superada la discusión acerca del posible carácter real y no consensual del mencionado negocio[16].

---

12 Por esta razón, y como subraya el último autor citado, constituye una simplificación identificar la operación de aumento con el proceso fundacional (constitución parcial), al menos si no se refiere únicamente al aumento ya inscrito.

13 La definición es la de CASTELLANO RAMÍREZ, M.J., *La suscripción incompleta...*, cit., pág. 433, referida a las acciones, o "Comentario al art. 312", en ROJO/BELTRÁN, *Comentario de la Ley de Sociedades de Capital*, Cizur Menor, 2011, Tomo II, pág. 2306. En parecidos términos, la STS 693/2011 de 15 de octubre.

14 Ver ROJO, A., "El acuerdo de aumento...", cit., pág. 2344 y ss.;

15 Cfr., con distintos matices, ROJO, A., "El acuerdo de aumento...", cit., pág. 2382, con ulteriores referencias; ALFARO, J., *loc. cit.* Con ocasión de alguna duda surgida en el supuesto de aumento por compensación, las RDGRN de 30 de noviembre de 2012 y 12 de septiembre de 2017 recuerdan la aplicación a la suscripción de todos los requisitos que para el negocio jurídico exige el art 1261 CC, incluido por supuesto el consentimiento del socio aportante, que perfecciona el negocio jurídico (que la DGRN califica de aportación, quizá porque se trata de una SL)

16 Ver CASTELLANO RAMÍREZ, M.J, "Comentario al art. 312", cit., pág. 2309 Acerca del carácter consensual y no real del negocio de suscripción, ver ya SÁNCHEZ ANDRÉS, A., *El derecho de suscripción preferente del accionista, Madrid, 1973,* pág. 251.

En todo caso, solo puede suscribir o aceptar la oferta la persona a la que se le concede ese derecho, salvo en el caso de que la oferta de suscripción sea pública, y no tenga por lo tanto concretos destinatarios. Tal concesión puede ser la directamente prevista en la ley, por formar parte del haz de derechos mínimos que integran la posición de socio. Son los casos en los que el derecho de suscripción o asunción es el preferente atribuido por la titularidad de acciones o participaciones según el art. 93 LSC, que permite el mantenimiento de la participación del socio en aumentos de capital con nuevas aportaciones de carácter dinerario y emisión de acciones o participaciones. Derecho de suscripción reconocido legalmente, que nace para el socio en el momento en que se adopte el acuerdo de aumento de capital[17].

El plazo para la suscripción o asunción preferente se iniciará conforme a lo previsto en la ley para cada uno de los tipos sociales (art. 305 LSC), determinado por el propio acuerdo de aumento en la sociedad limitada, y por los administradores en la anónima, a partir de la publicación del correspondiente anuncio o de la comunicación individual a cada socio. Salvo disposición contraria de los estatutos, en la limitada se abrirá un segundo plazo, tras el otorgado para la preferente asunción, que posibilita ejercicio del denominado derecho de preferencia de segundo grado (art. 307 LSC)[18].

Pero, al lado de estos supuestos de concesión de la preferencia en primer o en segundo grado, sin duda los más complejos y mejor estudiados por nuestra doctrina desde la LSA 1951, el derecho de suscripción puede concederse sin ese carácter preferente, sea a los propios socios, sea a terceros ajenos a la sociedad, que se verán invitados a suscribir, i.e., a realizar la declaración de voluntad a la que hacemos referencia. Así sucede en los supuestos en los que legamente no procede el derecho de suscripción preferente, como acontece en los casos en los que el derecho de preferencia haya sido legítimamente excluido (art. 308 LSC). También, desde la reforma de la LSA por la LME de 2009, cuando el aumento tenga como contravalor las aportaciones no dinerarias, o se deba a la absorción de otra sociedad o de un patrimonio como consecuencia de una escisión (art. 304.2, cuyo mantenimiento como espe-

17 Cfr. la reiterada crítica de SÁNCHEZ ANDRÉS a la división entre derecho abstracto y concreto a la suscripción preferente, que puede verse tras la LSA 1989 en *La acción y los derechos del accionista*, en URÍA/MENÉNDEZ/OLIVENCIA (Dirs.), *Comentario al régimen legal de las sociedades mercantiles,* T. IV, vol. I, Madrid, 1994, pág. 230-231. Bajo la LSC, LARA GONZÁLEZ, R., "Comentario al art. 304", en ROJO, A./BELTRÁN, E., *Comentario de la Ley de Sociedades de capital*, Cizur Menor, 2011, Vol. 2, pág. 2250

18 Sobre el régimen de este derecho, nos remitidos al trabajo de MARTINEZ MARTÍNEZ, M.T., en la presente obra.

cialidad ha dejado de ser necesario después de que el derecho solo proceda en los aumentos dinerarios[19]). La calificación del aumento por compensación como no dinerario excluye también el reconocimiento forzoso de ese derecho[20]. En fin, es posible también que el propio acuerdo de aumento permita el ofrecimiento, por los administradores, de las nuevas acciones a terceros no socios después de la renuncia o falta de ejercicio del derecho por los titulares de la preferencia. Posibilidad que es la contemplada expresamente por el art. 307.2 LSC para la sociedad limitada.

2. Forma y plazo de la suscripción o asunción

No se ocupa la LSC de regular la forma en que debe ejercitarse la suscripción o asunción, salvo en el supuesto de oferta pública de suscripción de acciones en la sociedad anónima. En cualquier caso, la oferta de suscripción está, necesariamente, sometida a plazo según su propia naturaleza (próxima, cuanto menos, a la opción). En la LSC se hacen distintas referencias a los plazos aplicables y los órganos competentes para fijarlos.

a) Respecto de la forma, el art. 309 regula el "boletín de suscripción de acciones", forma que ha de llenarse únicamente en el caso de que las acciones se ofrezcan públicamente, requisito adicional al del cumplimiento de las normas reguladoras del mercado de valores, que son las que aquí alcanzan relevancia sustancial, como se aprecia con facilidad. El boletín previsto en el art 309 LSC se considera elemento formal necesario del contrato[21]. Se trata

19 La Disposición Final Primera 16, de la Ley 3/2009, de 3 de abril, sobre modificaciones estructurales de sociedades mercantiles (LME), modificó el art. 158 LSA 1989, limitando la aplicación del derecho de suscripción preferente a los aumentos de capital con emisión de nuevas acciones, ordinarias o privilegiadas, con cargo a aportaciones dinerarias. Limitación que el art. 304 LSC extendió también a las sociedades limitadas. Como se indica en el texto, esta reducción del ámbito de aplicación del derecho convierte en innecesaria la expresa referencia a las aportaciones derivadas de la incorporación del patrimonio de la sociedad absorbida o escindida. Con todo, la exclusión en supuestos de modificación estructural no depende solo de la naturaleza de la aportación, sino del hecho de que el aumento es efecto, y no objeto principal, de una operación con una finalidad más amplia.

20 Ver, con mención de otras, la RDGRN de 6 de febrero de 2012, o RDGSJFP de 7 de febrero de 2020. Sobre las particularidades del aumento de capital por aportaciones n dinerarias y por compensación de créditos, ver los capítulos redactados por GALLEGO CÓRCOLES, A., y FERNÁNDEZ TORRES, I.

21 Ver, entre otros, LARA GONZÁLEZ, R., "Comentario al art. 309", en ROJO, A./BELTRÁN, E., *Comentario de la Ley de Sociedades de capital*, Cizur Menor, 2011, Vol. 2, pág. 2282 y ss., GARDEAZÁBAL DEL RÍO, F., "Comentario al art. 309", en AAVV, *Tratado de sociedades de capital*, Cizur Menor, 2017, T. I, pág. 1832 y ss.

de un documento en el que, junto con la firma de suscriptor y la de la persona que recibe las aportaciones (con identificación de la entidad de crédito en que se desembolsan las cantidades), deben constar otras indicaciones en él previstas: identificación de la sociedad y del suscriptor; número de acciones suscritas, con el valor nominal de cada una de ellas, la serie a la que pertenecen, si existieran varias, y el tipo de emisión; importe desembolsado por el suscriptor con indicación de la parte que corresponda a nominal y, en su caso, a la prima de emisión.

Como se puede apreciar, en el boletín queda constancia de los elementos personales y del objeto del negocio, junto con una información, teóricamente muy relevante para el suscriptor, acerca de la fecha a partir de la que este puede exigir el desembolso realizado por no haber sido inscrito el aumento en el Registro mercantil (art. 316)[22]. En cualquier caso, es evidente que la protección del suscriptor se encomienda preferentemente a las normas del mercado de valores (en particular, las que regulan el folleto), notablemente complejas en este punto, y que relativizan la importancia práctica de este precepto societario[23].

Fuera de este concreto supuesto, en el que entran en juego las normas imperativas de protección del inversor, propias del mercado de valores, la forma de la suscripción puede ser objeto de regulación en los estatutos de la sociedad, o establecerse en el acuerdo de aumento adoptado por la junta general. Para el caso de que no se haya realizado ninguna referencia a esta materia en aquellos o en este, la forma de ejercer el derecho es libre[24].Con

22 Debe tenerse en cuenta que el art. 508 LSC, modificado por la ley 5/2021, excluye la aplicación del art. 309 f) en el caso, ahora posible, de entrega de las acciones con anterioridad a la ejecución del aumento de capital (cfr. CASTELLANO RAMIREZ, M.J., "La ejecución del aumento del capital en las sociedades cotizadas...", cit.). Por lo demás, literalmente el artículo 309 LSC hace referencia a la devolución de las aportaciones en caso de no haber sido inscrito el aumento en el plazo de seis meses, variando el supuesto de hecho reconocido en el art. 316. Como recuerda la última autora citada, con ulteriores referencias, la doctrina entiende que la norma no altera el supuesto de hecho general, es decir, la falta de presentación, para su inscripción, de los documentos acreditativos de la ejecución.

23 Desde el 7 de abril de 2023, el régimen legal aplicable es el previsto en los artículos 34 a 39 de la Ley 6/2023, pendientes de un desarrollo reglamentario que venga a sustituir a al RD 1310/2005. Se aplican así mimo el denominado "Reglamento de Folletos" (2017/1129/UE) y los Reglamentos delegados (2019/980/UE Y 2021/528/UE). La cuestión excede del tratamiento que se le puede dar en la presente obra, centrada al Derecho societario.

24 En este sentido, LARA GONZÁLEZ R. "Comentario al art. 305", cit., pág. 2260, respecto de los titulares de la preferencia. La citada RDGRN de 12 de septiembre de 2017, al recordar la necesidad de consentimiento por el suscriptor aportante, se refiere a él como "expreso o tácito"

todo, y especialmente cuando el derecho a suscribir no proviene de la preferencia legal, la suscripción conviene que sea realizada de forma idónea para lo que los administradores puedan acreditar, llegado el caso, la veracidad de su manifestación que, en la escritura de ejecución, permitirá la definitiva inscripción del aumento en el Registro Mercantil[25].

b) Respecto del plazo o plazos para la suscripción, son varias las referencias que se encuentran en la ley, con disparidades entre tipos sociales que, como no pocas veces ha sucedido en el proceso de refundición de las leyes sobre sociedades capitalistas, solo se justifican por proceder el precepto de una u otra ley, ambas consideradas como completas respecto del tipo social regulado. En todo caso, y como ya hemos señalado, la fijación del plazo para la suscripción es esencial en el desenvolvimiento de la operación[26].

De forma expresa, los preceptos se ocupan únicamente de los casos en que existe derecho de preferencia, estableciendo en defensa de los socios un plazo mínimo para el ejercicio; en cambio no se ocupa del plazo en otros supuestos, ni fija uno máximo para la suscripción o asunción por quien corresponda. Es una actitud coherente con la trascendencia que ha de otorgarse al derecho integrante de la posición de socio, pero que plantea algunas dudas relevantes en el desenvolvimiento de la operación.

Respecto del derecho de preferencia, en extrema síntesis[27], el plazo se decide por los administradores de la anónima, o por la junta de la limitada en el correspondiente acuerdo, sin que pueda ser inferior a un mes, sea desde la publicación del anuncio de la oferta en el BORME, sea desde el envío de la comunicación escrita a los socios de la limitada, o a los accionistas cuando todas las acciones sean nominativas. La finalidad prevalente es, por lo tanto, la de salvaguardar el derecho del socio, para que disponga de un tiempo razonable que le permita valorar y, en su caso ejecutar, la decisión de incrementar su inversión en la sociedad[28].

25 Como recuerda la RDGRN de 6 de agosto de 2014, la calificación del registrador no se extiende a la suscripción o asunción, sino que tiene presente únicamente la manifestación de los administradores.

26 Cfr. RRDGRN de 27 de enero de 1999, y de 21 de enero de 2006, bajo el régimen de la LSA.

27 Puesto que la preferencia solo existe en el aumento dinerario, nos remitimos al trabajo de MARTINEZ MARTÍNEZ, M.T.

28 Atendiendo a esta finalidad, la RDGRN de 26 de febrero de 2014 permite la inscripción del aumento de capital de una sociedad limitada, aprobado por un acuerdo en el que no figuraba el plazo de suscripción. En el caso, los administradores habían notificado al socio ausente el acuerdo de aumento y el subsiguiente derecho de suscripción preferente que le correspondía, concediéndole el plazo de un mes desde la recepción. Circunstancia que permite la inscripción no obstante la irregularidad formal del acuerdo de aumento.

Otro plazo, ahora máximo, es el previsto para la preferencia de segundo grado en la sociedad limitada, en el supuesto de que no todas las participaciones hayan sido asumidas en la primera vuelta, y cuando no exista otra previsión en los estatutos. No puede superar los quince días "*desde la conclusión del establecido para la suscripción preferente*". Y, finalmente, si restan participaciones pendientes de asunción transcurrido el término para la asunción preferente de segundo grado, la ley permite que los administradores asignen las restantes a terceros, sin indicación de un plazo máximo.

En los supuestos en los que no exista derecho de preferencia, la ley no contiene una mención análoga, ni siquiera en aquellos casos en los que destinatarios de la oferta para suscribir estén determinados desde el mismo acuerdo de aumento, como sucede con las aportaciones no dinerarias (art 300), incluido el caso de compensación de créditos (art. 301), y en el supuesto de exclusión del derecho de preferencia (art. 308.2 a)).

En definitiva, falta en el régimen legal una norma que imponga un plazo máximo para el cierre definitivo del proceso de suscripción, lo que otorga gran libertad a los socios o, en su caso, a los administradores, para su fijación dentro de los límites antes comentados.

Parece razonable entender que el término de seis meses, cuyo transcurso habilita a los socios para solicitar la devolución de las aportaciones, por falta de presentación de la documentación acreditativa de la ejecución (art. 316 LSC) debe servir como límite para la fijación de aquel plazo máximo; es decir, la fijación debe permitir que los administradores puedan realizar todos los actos precisos para presentar a tiempo la documentación de la ejecución, lo que supone cierta antelación a la terminación de ese plazo[29]. No obstante, en alguna ocasión aislada la jurisprudencia ha señalado la licitud de un plazo superior, con ocasión del ejercicio de aquella acción, sobre la que se volverá más adelante[30]. Y, en todo caso, conviene no perder de vista que el *dies a quo* fijado por ese precepto es, formalmente, el del inicio del ejercicio de la preferencia, tenor que debe ser corregido donde el derecho no exista, según trataremos más adelante.

29 En este sentido, LARA GONZÁLEZ, R., "Comentario al art. 305", cit., pág. 2259 y GARDEAZÁBAL DEL RÍO, F., "Comentario al art. 305", cit., pág. 1805.

30 La STS 1168/2002 de 28 noviembre, al resolver sobre una petición de devolución de lo desembolsado al amparo del actual 316 LSC, parte de la licitud del plazo de nueve meses concedido a los administradores para obtener nuevas suscripciones.

3. Referencia al compromiso de suscripción o asunción

La suscripción se configura como un derecho, que puede corresponder al socio si tiene preferencia —en los aumentos de capital dinerarios donde no se haya excluido—, o a socios o terceros en función de la oferta cursada por la sociedad. En ambos casos su declaración de voluntad perfecciona el negocio de suscripción. Con arreglo a la prohibición de imponer nuevas obligaciones a los socios sin su consentimiento, la suscripción es un acto voluntario.

Es posible, sin embargo, que los llamados a suscribir se comprometan a hacerlo, asuman como obligación la celebración del negocio, que será presupuesto, conforme a su naturaleza, de la realización de la aportación deseada por la sociedad. Se trata de pactos que se celebran con frecuencia en la práctica, para asegurar la financiación de la actividad societaria precisamente a través de un aumento de capital, en los que, también habitualmente, la sociedad asume el compromiso de incrementar el capital social[31]. Especialmente en las sociedades cerradas, suele acudirse a estas rondas de financiación con socios o terceros que se comprometen a la aportación. En estas ocasiones, se puede invertir el orden de los acontecimientos previsto ordinariamente en la ley: como veremos en el apartado correspondiente al desembolso, este puede ser anterior incluso al acuerdo de aumento de capital[32].

328 La LSC no se ocupa (lógicamente, cabría añadir, no tiene por qué hacerlo) de estos contratos. En la mayor parte de los casos, la obligación del futuro suscriptor y de los demás socios (o de la sociedad) forman parte de un pacto parasocial, con las dificultades propias de la interpretación y ejecución de las

31 Conforme explica SÁNCHEZ ANDRÉS, A., *El derecho de suscripción...*, cit., pág. 126, con anterioridad a la consagración legal del derecho de suscripción preferente, la doctrina distinguía dos fases en las operaciones de aumento con nuevas aportaciones. La fase de atribución, integrada por el precontrato de suscripción o pacto de suscripción privilegiada, en virtud de la cual la sociedad se comprometía a ofrecer las acciones a determinadas personas, y el contrato de suscripción definitivos. La doctrina reciente continúa hablando de precontratos de suscripción o asunción (cfr. CASTELLANO RAMÍREZ, M.J., "Comentario al art. 310", cit., pág. 2288, LARA GONZÁLEZ, "Comentario al art. 305", cit., pág. 2261)

32 Buen ejemplo de lo anterior es el supuesto contemplado por la STS núm. 446/2014 de 3 septiembre, que asume la validez y eficacia de estos pactos, que en el caso concreto dio lugar a la exigencia de responsabilidad de los administradores. En el supuesto de la STS 693/2011 de 15 octubre se rechaza la eficacia jurídica de la declaración realizada por un socio durante la fase de deliberación, en la que manifestaba una disposición a suscribir que no se verificó en la ejecución. Se trata de un problema relativo a la existencia o no del compromiso a la vista de las circunstancias del caso, en la que la retractación anterior a la ejecución del aumento impide calificar aquella declaración como auténtica oferta vinculante susceptible de ser aceptada por la compañía. Pero este pronunciamiento en nada afecta a la validez general de los pactos a los que hacemos referencia.

voluntades así expresadas[33], en particular en el traslado del acuerdo extramuros el contrato de sociedad hacia la esfera social[34]. Habitualmente, por lo demás, el compromiso de asunción se acompaña de medidas, más o menos complejas, que garantizan la participación del inversor en el gobierno de la sociedad por distintas vías[35].

Aunque se trata de una cuestión discutida, entiendo que en el ordenamiento vigente no debería impedirse insertar la obligación del socio en el esquema contractual societario, a través de la previsión de prestaciones accesorias[36]. La prohibición contenida en el art. 86.2 LSC (*"En ningún caso las prestaciones accesorias podrán integrar el capital social"*) se refiere a las prestaciones de dar: no pueden integrar el capital social aportaciones que no cumplan escrupulosamente las reglas de su formación. Pero estamos aquí contemplando una obligación de hacer, que bien puede formar parte de un pacto parasocial, sin que se aprecie razón de peso para excluir su traslado a los estatutos como prestaciones accesorias, más estrechamente vinculadas al contrato de sociedad. La accesoriedad a la que se refiere la ley española, en términos amplios, no excluye que los socios se comprometan, con carácter adicional a la aportación realizada en la fase fundacional, a contribuir en mayor medida al capital social en determinadas circunstancias, y con estricto cumplimiento de las normas reguladoras de esta operación societaria[37].

33 Indicaba ROJO, A., "El acuerdo de aumento...", cit., pág. 2344-2345 que el incumplimiento de la obligación de suscribir solo puede generar la exigencia de cumplimiento por equivalente, la indemnización de daños y perjuicios. Con posterioridad, como es conocido, la legislación procesal ofrece fórmulas para la forzar el cumplimiento específico del obligado en virtud de un pacto parasocial, sin perjuicio, además, de que el propio acuerdo contenga mecanismos eficaces para forzar el cumplimiento.

34 Sobre la inoponibilidad de los pactos de sindicación para el voto, en estos supuestos para la aprobación del aumento de capital, ver ya ROJO, A., "El aumento...", cit., pág. 573 y nota 18, a pesar del conocimiento que pudieran tener los administradores. Esta doctrina puede reputarse vigente a la vista de la reiterada y reciente jurisprudencia sobre la inoponibilidad de los pactos omnilaterales, no obstante los fundados argumentos favorables a la oponibilidad, bien conocidos, de los que no es posible dar cuenta aquí.

35 En la literatura reciente, ver SÁEZ LACAVE, M.I, "Consejeros dominicales y buen gobierno corporativo", en *Indret*, 1-2022.

36 En contra, ya ROJO, A., "El acuerdo de aumento...", cit., pág. 2345 y nota 16, siguiendo la posición de BARBA DE VEGA, en nuestro Derecho. Para ellos, la accesoriedad de la prestación respecto de la aportación excluye que aquella pueda consistir precisamente en esta.

37 En este sentido, aceptando el compromiso de suscribir o aportar como una obligación de hacer, EMPARANZA SOBEJANO, "Comentario al art. 86", en GARCIA-CRUCES, J.A./SANCHO GARGALLO, Comentario de la Ley de sociedades de capital, Valencia 2021, pág. 1227-1228, con cita de la DGRN de 26 de junio de 2018, relativa a la prestación accesoria de cumplimiento de un protocolo familiar.

Desde el punto de vista del Derecho societario aplicable a estos compromisos, parece oportuno llamar la atención sobre el órgano competente, o las personas legitimadas, para asumir el compromiso, por parte de la sociedad, de proceder al aumento de capital que un socio o tercero se ha comprometido a suscribir. En particular, y salvo que se trate de una sociedad anónima en la que la competencia para acordar el aumento se haya delegado (capital autorizado), puede ser arriesgado que este compromiso lo asuma el órgano de administración, si contar con el previo acuerdo de los socios o de la mayoría de ellos. La emisión de esa declaración de voluntad social excede de la competencia de los administradores, por lo que no resultará exigible el comportamiento de la sociedad, y los socios podrán votar libremente en contra de la propuesta de aumento planteada a la junta por los administradores[38]. El hecho de que sean los administradores los sujetos más indicados para determinar la oportunidad y la mejor vía para incrementar los recursos de la compañía, no les otorga una competencia societaria de la que carecen para vincular a la sociedad, salvo, se insiste, el supuesto de aumento de capital autorizado, respetando los límites legales de este (es decir, sin posibilidad de excluir el derecho de suscripción preferente)[39].

4. La suscripción o asunción incompleta

4.1. Consideraciones generales

Es posible que el aumento de capital acordado no sea suscrito íntegramente. La voluntariedad de la suscripción, incluso para quien votó a favor del acuerdo de aumento, puede conducir, con relativa facilidad, a esta situación[40]. La alternativa que se abre para el legislador consiste, básicamente, en prever cualquiera de las siguientes dos opciones, sin perjuicio de su posible modulación, y así:

a) Entender que el proyecto puesto en marcha por los socios expresa exclusivamente la voluntad de conseguir un resultado (la suscripción íntegra), incompatible con un aumento parcial del capital social. Tal es el régimen dispositivo aplicable a las sociedades anónimas (art. 311 LSC), por imposición del Derecho comunitario.

---

38 Así lo apunta FERNÁNDEZ DEL POZO, L., "Las aportaciones de créditos contra sociedad en desequilibrio patrimonial y tutela de la integridad del capital social", *ADC, núm.* 35, Mayo-Agosto 2015 (edición electrónica)

39 Nos remitimos, en este punto, al capítulo redactado por MEGÍAS LÓPEZ, J, incluido el régimen especial de exclusión del derecho de suscripción preferente en las sociedades cotizadas.

40 A ello se une, como recuerda CASTELLANO RAMÍREZ "Comentario al art. 310", cit., pág. 2288, con cita de la RDGRN de 4 de octubre de 2000, que el acuerdo de aumento debe contener la cifra exacta del aumento, sin que sea posible fijar solamente un máximo.

b) Interpretar que la voluntad de los socios es la de fortalecer en la máxima medida posible los recursos propios vía incremento del capital social, que quedará así aumentado en medida en que haya sido suscrito, norma que se aplica, también dispositivamente, a las sociedades limitadas (art. 310 LSC).

Ambas soluciones presentan, en abstracto, ventajas e inconvenientes. La previsión de la suscripción incompleta facilita la financiación de las sociedades, particularmente en estructuras cerradas con menor posibilidad de acceder a la financiación por otras vías. En cambio, precisamente en estas sociedades donde con frecuencia anida el conflicto de socios, la suscripción incompleta puede quizá fomentarlos, según ha argumentado la doctrina tradicionalmente, dada la facilidad con que la mayoría podría abusar de la minoría, previendo acuerdos de aumento no necesarios, en perjuicio de una minoría concreta, obligada a la suscripción de acciones o participaciones para mantener su cuota en el capital social[41]. No obstante, desde el año 2014 el legislador ha proporcionado a los minoritarios un instrumento de defensa particularmente idóneo para estos casos, como es el de la impugnación de acuerdos lesivos para la minoría[42]. Por otro lado, en un contexto de conflicto intrasocietario, dejar en manos de una minoría, por exigua que sea, la llave para que la sociedad pueda financiarse por nuevas aportaciones de los socios no deja de presentar peligro, ahora en sentido contrario al anteriormente señalado.

En esta cuestión, se puede apreciar de nuevo la relevancia que debe atribuirse al plazo, o a los plazos sucesivos, para suscribir. Si la operación se ha estructurado en tramos sucesivos, que permitan completar la incompleta suscripción de los precedentes, será con el cierre del último plazo cuando se pueda determinar que se ha verificado el supuesto de hecho contemplado en la norma[43]. Sociedad y socios deben tener la certidumbre acerca del momento en el que la operación ha fracasado total o parcialmente. En particular, en el primero de los casos, los socios disponen de una acción de reembolso que se examina posteriormente. En el segundo, nacerá para los administradores

41 Vid CASTELLANO RAMÍREZ, M.J. "Comentario al art. 310", *loc. cit.*

42 Vid art. 204 LSC, y la contribución del Prof. SÁNCHEZ-CALERO, J, en la presente obra. El tenor del art. 204.1 en su segundo inciso indica: *"La lesión del interés social se produce también cuando el acuerdo, aun no causando daño al patrimonio social, se impone de manera abusiva por la mayoría. Se entiende que el acuerdo se impone de forma abusiva cuando, sin responder a una necesidad razonable de la sociedad, se adopta por la mayoría en interés propio y en detrimento injustificado de los demás socios". Ex ante,* los supuestos típicos de aplicación de esta norma son el de ausencia injustificada de reparto de dividendos —sin perjuicio de otros remedios— y el que se contempla en el texto.

43 Cfr., entre otros, GARDEAZÁBAL DEL RÍO, F.J., "Comentario al art. 311", cit., pág. 1846-1847.

el deber de continuar la ejecución del aumento, cuyo incumplimiento también puede tener como consecuencia la devolución de aportaciones.

4.2. Las reglas dispositivas según el tipo social.

Para las sociedades anónimas, el art. 311.1 LSC prevé la frustración de la operación si la suscripción es incompleta, al establecer que *"el capital sólo se aumentará en la cuantía de las suscripciones efectuadas si las condiciones de la emisión hubieran previsto expresamente esta posibilidad"*. Su redacción responde literalmente a lo previsto en el Derecho comunitario, hoy contenido en el art. 71 de la Directiva 2017/1132 de 14 de junio, y que procede del art. 28 de la Directiva 77/91/CEE, de 13 de diciembre de 1976. Desde su incorporación a la LSA 1989, el precepto ha sido objeto de estudio detenido por parte de la doctrina[44]. Desde el primer momento, conforme a una tendencia interpretativa que se sigue sosteniendo, se ha puesto en duda el fundamento normativo de esta norma imperativa, que parece, en fin, encontrarse en la protección del pequeño inversor, sorprendido acaso por la escasa acogida, por el mercado, de una determinada emisión[45]. No solo la práctica, sino la propia legislación de sociedades cotizadas permite poner en duda el acierto de esta previsión, que recientemente ha venido a invertir la regla dispositiva en estas sociedades[46].

Del régimen jurídico previsto para estas corporaciones, cabe destacar aquí, de acuerdo con la doctrina que ha estudiado la figura con mayor detenimiento, que solo cabe aplicarlo a aquellas operaciones en las que esté efectivamente prevista la suscripción[47], y precisamente respecto de las denominadas

44 Cfr. CASTELLANO RAMÍREZ, M.J. *La suscripción incompleta...*, cit., que en realidad examina la entera fase de ejecución de la operación de aumento a través de esta norma.

45 Cfr. CASTELLANO RAMÍREZ, M.J., "Comentario al art 311", *loc. cit.*

46 Conforme al art. 507 LSC, redactado por la Ley 5/2021, *"Salvo que el acuerdo prevea lo contrario, el aumento de capital será eficaz aunque la suscripción no haya sido completa"*. Esta reforma, sin embargo, no tiene amparo en el Derecho comunitario. El citado artículo 71 de la Directiva 2017/1132 no distingue entre sociedades cotizadas o no cotizadas, y se expresa en términos imperativos, derivados de la voluntad histórica del legislador comunitario de proteger a los inversores que acudieran al aumento. Sobre todo ello, CASTELLANO RAMÍREZ, M.J., "La ejecución", *cit.*

47 Ello permite descartar el aumento "real" por elevación del valor nominal de las acciones, y el aumento con cargo a reservas (en contra, sin embargo respecto del aumento con cargo a reservas, GARDEZÁBAL DEL RÍO, F.J., "Comentario al art. 311", cit., pág. 1843). Aunque sea infrecuente en la práctica por la designación previa de los suscriptores, la norma debe aplicarse también en los supuestos de aumento por compensación de créditos y con cargo a aportaciones no dinerarias, cuando los llamados a suscribir no lo hagan.

suscripciones incompletas originarias, descartando las sobrevenidas[48]. Esta toma de postura es relevante, pues garantiza que la declaración judicial de invalidez de la suscripción no impedirá salvaguardar la operación con aquellas suscripciones que sean válidas. Desde el momento de la inscripción del aumento, sería excesivo llevar hasta el extremo las consecuencias de la suscripción incompleta, con perjuicio incluso de tercero que se relacione con la sociedad, cuando el fundamento de la norma que contempla la falta de eficacia de la operación, según se dice y acabamos de recordar, es presuntamente el de la protección del inversor (y en este concepto debe integrarse tanto el accionista que ingresa en la sociedad como, sobre todo, a nuestro juicio, el de quien confía en la exactitud de la cifra de capital ya inscrita).

En cambio, el art. 310 recoge la norma contraria introducida por la LSRL 1995 para ese tipo social, "*cuando el aumento del capital social no se haya desembolsado íntegramente dentro del plazo fijado al efecto, el capital quedará aumentado en la cuantía desembolsada, salvo que en el acuerdo se hubiera previsto que el aumento quedaría sin efecto en caso de desembolso incompleto*". La referencia del legislador se realiza, no a la falta de suscripción, sino a la ausencia de desembolso. Esta expresión viene a recordar que en el aumento de capital de las sociedades limitadas no es posible un desembolso parcial (cfr. art. 78 LSC, pero no es así necesariamente en la fundación, cfr. art 4, 40.ter y 62.2 LSC). El régimen del precepto se considera aplicable, por su referencia al desembolso y no a la suscripción, y a diferencia de las sociedades anónimas, al aumento de capital con nuevas aportaciones con elevación del valor nominal de las participaciones[49]. Del mismo modo, habrá desembolso incompleto cuando las participaciones, aun íntegramente suscritas, no sean desembolsadas en el plazo establecido, y en todo caso antes del otorgamiento de la escritura[50]. En cualquier caso, con la sola suscripción tampoco sería posible que el capital quedase aumentado sin el desembolso exigido según el tipo anónima —no obstante la suscripción completa—, dada la necesidad de que el acuerdo sea formalmente ejecutado antes de la inscripción (cfr. infra).

48 Se trata aquí de posteriores declaraciones judiciales de invalidez o ineficacia de parte de la suscripción. Cfr. CASTELLANO RAMÍNEZ, M.J., "Comentario a art. 311", cit., pág. 2297 y ss. Para GARDEAZÁBAL DEL RÍO, F.J. "Comentario al art. 311", cit., procedería en estos casos la aplicación de la doctrina de la nulidad parcial, lo que podría llevar a considerar la ineficacia de la entera operación si el volumen del capital afectado es lo suficientemente relevante como para ser considerado un aspecto esencial de la operación. A mi juicio, debería primar la atención a los intereses de terceros, según se desarrolla en el texto, y limitar por tanto los efectos de la ineficacia a aquellas acciones afectadas por la invalidez sobrevenida.

49 En este sentido, CASTELLANO RAMÍREZ, M.J., "Comentario al art. 310", cit., pág. 2289.

50 Cfr. CASTELLANO RAMÍREZ, *op. loc. cit.*

4.3. *Alteración de las reglas dispositivas por la sociedad*

Las sociedades pueden dejar de aplicar estas normas. La ley hace referencia al acuerdo de la junta de la sociedad limitada —que puede prever el fracaso del aumento en caso de falta de desembolso íntegro—, y a la previsión expresa de la eficacia del aumento incompleto en las "*condiciones de la emisión*" de la sociedad anónima.

Comenzando por el régimen de este tipo social, la referencia a las condiciones de emisión remite nuevamente al acuerdo de la junta general, a salvo la posibilidad de que sean los administradores de la anónima quienes prevean la suscripción incompleta en el supuesto de capital autorizado (art. 297.1 b), y también en la delegación para completar el acuerdo ya tomado por la junta (art. 297.1.a)[51]. Se entiende que la referencia específica a las condiciones de la emisión busca garantizar una adecuada información sobre el particular al potencial suscriptor.

Los márgenes en que puede desenvolverse el acuerdo de la junta de la anónima son muy amplios, y no deben quedar limitados únicamente a la evidente posibilidad de prever el aumento incompleto, sea cual sea el número de suscripciones cerradas. No debería limitarse la autonomía de la voluntad de los socios en casos distintos a aquellos en los que podría producirse un perjuicio a los terceros, presupuesta la claridad la previsión expresa en contra de la norma dispositiva que establece la ley.

Es posible por ello condicionar la eficacia del acuerdo a un número mínimo de suscripciones (cláusula de volumen o suscripción mínima)[52], o admitir que las condiciones prevean que sea la propia sociedad quien decida, con posterioridad al vencimiento del plazo, sobre el éxito o fracaso de la operación (cláusula de "reserva")[53].

Es así mismo posible que los administradores, terminado el plazo de preferencia, ofrezcan las acciones a socios no suscriptores o a terceros[54]. Puede discutirse si este ofrecimiento debe estar previsto expresamente en los estatutos o en el acuerdo de aumento. A favor de este entendimiento, cabría argüir que los socios han de quedar suficientemente informados de la posible entrada de terceros, como una circunstancia más que puede haber sido tenida en cuenta

---

51 Sobre esta cuestión particular nos remitimos a MEGÍAS LÓPEZ, J., en la presente obra.

52 Por todos, CASTELLANO RAMÍREZ, M.J., "Comentario al art. 311", cit., pág. 2301 y ss.

53 Con prevención, y limitándola a las sociedades cerradas, CASTELLANO RAMIREZ, M.J., *op. loc. cit.* La admite GONZÁLEZ VÁZQUEZ J.C. "Modificación de estatutos", cit., pág. 249

54 Cfr. RDGRN de 11 de octubre de 1993 y 27 de enero de 1999.

para acudir o no a la ampliación, en ejercicio de su derecho de preferencia. Sin embargo, prevalece la que entiende que la facultad corresponde a los administradores, salvo que lo prohíba una disposición legal o estatutaria, o resulte esa oferta incompatible con las condiciones de la emisión. No parece razonable que no se permita que sea realizada una oferta, discrecionalmente, por los administradores de una SA, cuando esta facultad se concede por la ley, en términos muy amplios, en la cerrada SL (art. 307 LSC), y siempre se respete el principio de paridad de trato si el ofrecimiento se dirige a los socios[55].

Junto con la disposición de la norma en las condiciones de emisión de un concreto acuerdo, es posible también apartarse de la ley con carácter permanente, mediante la introducción de reglas particulares en los estatutos sociales, haciendo aplicables a todos los aumentos de capital las previsiones examinadas anteriormente. Con todo, se ha objetado que la previsión de suscripción incompleta con carácter general puede ser ilícita, constatado que los suscriptores no suelen consultar los estatutos sociales sino las condiciones de emisión (que es donde debe constar el acuerdo según el tenor de la ley)[56]. De todos modos, esta objeción no afecta tanto a la validez de la cláusula, cuanto a la posibilidad de que la decisión de la sociedad se manifieste a través de vías distintas a las establecidas por la ley ("condiciones de la emisión"). Si los estatutos establecen que el capital quedará siempre aumentado en la cuantía de la suscripción, o se prevé una cláusula permanente de volumen mínimo o de reserva, está fuera de duda que los socios y administradores deberán incluir esta previsión en las condiciones. Y, si no lo hicieren, sería muy discutible que el suscriptor (especialmente si es accionista) pudiera solicitar la devolución de lo aportado por desconocimiento de un dato objeto de publicidad registral.

En la sociedad limitada, prever el fracaso de la operación por desembolso incompleto plantea menores dificultades, sin que exista inconveniente en la inclusión de acuerdos o cláusulas estatutarias de contenido intermedio, similares a las examinadas en apartados anteriores respecto del régimen de las anónimas. Así, no vemos obstáculo para que los estatutos prevean la derogación permanente de la regla dispositiva, a pesar del alto riesgo de condenar al fracaso las operaciones de aumento incompletas[57]. Tampoco lo hay para la inclusión de una cláusula de reserva. El carácter más personalista del tipo

55 En este sentido, con ulteriores referencias, MARTÍNEZ MARTÍNEZ, M.T., en el capítulo dedicado al derecho de suscripción preferente.

56 CASTELLANO RAMÍREZ, M.J., "Comentario al art. 311", cit., pág. 2301-2302.

57 En contra, GARDEAZABAL DEL RÍO, F.J., "Comentario al art. 310", cit., pág. 1842, por ser contrario a la ley e ir en contra de la finalidad de la norma, que es facilitar el buen fin de la operación. Siendo cierto lo anterior, me parece excesivo que se imponga a la voluntad con-

social, en todo caso, debe consentir la máxima de las facilidades, con el límite imperativo de la protección de terceros.

4.4. La eventual obligación de devolver las aportaciones realizadas

En los supuestos en que la falta de suscripciones (la ley, ya vimos, se refiere a los desembolsos en la limitada) provoque el fracaso de la operación, sea por aplicación de la ley en el caso de las anónimas, sea por voluntad de los socios en las limitadas, los arts. 310 y 311 LSC contienen normas muy similares para ambos tipos sociales.

Sustancialmente, la ley impone al órgano de administración la obligación de restituir las aportaciones realizadas en el plazo de un mes (lo que vale para aportaciones dinerarias o no dinerarias), u optar por consignar las aportaciones dinerarias a disposición de los aportantes. Es una consecuencia natural de la pérdida de eficacia de la causa del desplazamiento patrimonial a la sociedad. Dejando de lado otras diferencias de carácter menor, como el de la entidad en la que procede realizar esta consignación[58], la principal estriba en la necesidad de publicar esta circunstancia en el BORME si la sociedad es anónima. En sociedades anónimas cerradas, no debería haber mayor inconveniente para proceder a la comunicación personal prevista para el inicio del ejercicio del derecho de preferencia (art. 305.3), que satisface de mejor manera la finalidad de la norma[59].

Se trata de un deber legal de los administradores, para cuyo cumplimiento no es precisa previa intimación por parte de los suscriptores (a diferencia del *derecho* a la restitución de aportaciones previsto en el art. 316, sobre el que se vuelve más abajo). En el caso de falta de devolución, o de utilización de los fondos en la actividad social, los administradores responderán de los daños causados por incumplimiento de la ley[60].

---

traria de los socios (piénsese en el interés legítimo en mantener estable la participación, a pesar de la falta de ejercicio del derecho de asunción preferente).

58 El lugar de consignación debe ser, para los accionistas, el Banco de España o la Caja General de Depósitos; para los socios de la limitada, una entidad de crédito del domicilio social. Aunque parte de la doctrina sigue considerando aplicables estas normas a cada tipo social con carácter imperativo, debería bastar para que la consignación alcanzara efectos liberatorios para la sociedad el cumplimiento de lo dispuesto, de una manera más flexible para la sociedad limitada.

59 En otro sentido, CASTELLANO RAMÍREZ, M.J., "Comentario al art. 311", cit., pág. 2304 y ss.

60 Ver la ya citada STS núm. 446/2014 de 3 septiembre cuya doctrina, referida a una cantidad entregada a cuenta de una futura ampliación no acordadas, resulta igualmente aplicable al supuesto de los arts. 310 y 311.

III. DESEMBOLSO

Del negocio de suscripción nace, como obligación a cargo de suscriptor, la obligación de desembolsar la aportación comprometida, de acuerdo con las reglas particulares de cada tipo social. Este entendimiento se desprende con claridad del tenor del art. 312 LSC: "*Quienes hayan asumido las nuevas participaciones o suscrito las nuevas acciones quedan obligados a hacer su aportación desde el momento mismo de la suscripción*"[61].

Conforme a las mencionadas reglas particulares, en la limitada el desembolso ha de ser íntegro; en la anónima, rige la regla de suscripción íntegra y desembolso de, al menos, la cuarta parte del valor de cada acción (arts. 78 y 79 LSC respectivamente). Por lo demás, las normas que rigen la aportación al capital y su desembolso, en función de la naturaleza de aquella (dineraria, no dineraria) son las generales de la ley (art. 58 y ss.), a las que aquí no cabe sino remitirse. Si se hubiere aprobado el aumento con prima, el desembolso de esta debe satisfacerse íntegramente *"en el momento de la asunción de las nuevas participaciones sociales o de la suscripción de las nuevas acciones"*, conforme al art 298 LSC[62].

En el presente trabajo nos detendremos, en tres cuestiones que, o bien son específicas de la operación de aumento, o se manifiestan particularmente con ocasión de esta operación.

a) Cabe destacar, aunque no se trate de una norma frecuentemente utilizada en la práctica, que en la aportación dineraria al capital de la SL no se aplica el (por lo demás) sorprendente párrafo 2 del art. 62 LSC, que permite obviar la acreditación de la realidad de las aportaciones dinerarias, y sustituirla por la manifestación de los fundadores, en la escritura, sobre su responsabilidad solidaria por la realidad de las aportaciones frente a la sociedad y los acreedores sociales. Este desafortunado precepto, según su propio tenor literal, solo resulta aplicable a la fundación[63]. La remisión a esta norma, conteni-

61 Sobre el carácter obligatorio, en sentido estricto, del desembolso de la aportación en el régimen vigente, que toma como base el mencionado precepto, cfr., por todos, CASTELLANO RAMÍREZ, M.J., "Comentario al art. 312", cit., pág. 2305 y ss.

62 Desde la LSC, el régimen de la prima de emisión se contempla solo en el aumento, aunque es posible también en el momento de la fundación. Por lo que a su desembolso se refiere, el art. 298 contiene la regla clásica de desembolso íntegro en el momento de la suscripción.

63 El art. 2.1. de la Ley 11/2018 de 28 de diciembre, *"por la que se modifica el Código de Comercio, el texto refundido de la Ley de Sociedades de Capital aprobado por el Real Decreto Legislativo 1/2010, de 2 de julio, y la Ley 22/2015, de 20 de julio, de Auditoría de Cuentas, en materia de información no financiera y diversidad"*, introdujo este inciso sin mayor justificación. Se trataba de extender, un tanto acríticamente, una norma diseñada inicialmente

da en el art 40.ter LSC, conduce a la misma conclusión, toda vez que el art. 40 ter se encuentra en el capítulo III bis, rubricado *"La constitución electrónica de la sociedad de responsabilidad limitada (constitución en línea)"*[64]. La realidad de la aportación dineraria comprometida en una operación de aumento, por lo tanto, se rige por el resto del art. 62 LSC[65].

b) Como cuestión específica del aumento de capital surge también la del plazo en que debe realizarse el desembolso íntegro de la limitada, o el desembolso mínimo que se pacte en la anónima. Problema que no se plantea en la fundación simultánea, donde la suscripción y desembolso total (para la SL) o mínimo (en la SA) se realizan o acreditan en el mismo acto de otorgamiento de la escritura de fundación (art. 22 c) LSC). Este es otro punto en el que no resulta pertinente equiparar aumento con fundación parcial, en la medida en que la obligación no forma parte del contrato de sociedad, sino que aquella es debida a la persona jurídica ya creada[66].

Si en relación con el plazo de suscripción la regulación legal es parca e insuficiente, cuando se trata del desembolso no existe ninguna referencia legal expresa. En todo caso, nada obliga en la ley a hacer coincidir este desembolso con la suscripción (lo confirma la excepción recogida en el art. 500.2 LSC para las acciones rescatables). Puede la sociedad fijar plazos distintos para la suscripción y el desembolso o, sin tal previsión, puede suceder que suscripción y desembolso se realicen en momentos distintos, pero dentro del único plazo dado por la sociedad[67].

El incumplimiento de la obligación de desembolsar imposibilita el otorgamiento de la escritura de ejecución del aumento y, con ello, la inscripción de la entera operación societaria.

para las sociedades en régimen de formación sucesiva, reguladas entonces en el art 4 bis LSC, y derogadas por la Ley 18/2022, de 28 de septiembre. Una preocupación constante del legislador en los últimos tiempos es la de acortar los plazos para la creación de una sociedad. Un primer comentario en MARÍN DE LA BÁRCENA, F., "No será necesario acreditar la realidad de las aportaciones dinerarias en la sociedad de responsabilidad limitada (reforma del artículo 62 de la Ley de Sociedades de Capital por la Ley 11/2018 de 28 de diciembre), [en línea] [2019]{en https://www.ga-p.com/publicaciones/no-sera-necesario-acreditar-la-realidad-de-las-aportaciones-dinerarias-en-la-sociedad-de-responsabilidad-limitada-reforma-del-articulo-62-de-la-ley-de-sociedades-de-capital-por-la-ley-11-2018-de-28-d/ ga-p.com, 10 de enero de 2019.

64 El art. 40.3 ha sido introducido por el art. 39 de la Ley 11/2023, de 8 de mayo, al trasponer la denominada directiva de digitalización.

65 Es oportuna de nuevo la remisión al trabajo de MARTÍNEZ MARTÍNEZ, M.T, en esta obra.

66 Cfr. *supra*, II, 1

67 Lo anterior en CASTELLANO RAMÍREZ, M.J., "Comentario al art. 312", cit., pág. 2307 y ss.

c) Las normas sobre desembolso anticipado de las aportaciones no son especiales del aumento de capital social: se aplican igualmente en aquellos casos en los que la aportación se hubiera realizado antes de la fundación de la sociedad. Sucede, sin embargo, no solo que son más frecuentes estos casos en los aumentos, sino que la necesidad de caracterizar la aportación frente a otros desplazamientos patrimoniales en favor de una sociedad ya existente solo es necesaria en el aumento de su capital.

Las normas legales generales contemplan el caso de aportación previa a la escritura, en el art. 62 LSC, apartados 1, 3 y 4, relativos a la acreditación de las aportaciones dinerarias. El sistema actual de acreditación requiere en la mayor parte de los casos que la aportación sea anterior a la escritura de ejecución (sobre la finalidad de esta normativa, ver, recientemente, la STS 1491/2023, de 24 de octubre).

Desde el punto de vista formal, es preciso deshacer alguna confusión a la que puede conducir la lectura, no tanto de la LSC, como del RRM, en su mayor parte solucionadas por la DGRN. La ley exige, en el art. 62 LSC, que la acreditación de las aportaciones dinerarias se realice mediante certificación del depósito de las cantidades a nombre de la sociedad en entidad de crédito, *"ante el notario autorizante de la escritura de constitución o de ejecución de aumento del capital social"*. La vigencia de esa certificación según el mismo precepto será de *"dos meses a contar desde su fecha"*.

La DGRN ha flexibilizado una posición basada en la literalidad del RRM, al señalar que la fecha relevante es aquella en la que la entidad de crédito expide la certificación que acredita el depósito, aunque este haya tenido lugar con anterioridad (RDGRN de 11 de abril de 2005 y 7 de noviembre de 2013, entre otras[68]). No obstante, parece romper esta línea de interpretación, pre-

68 Conforme a la doctrina de la DGRN, "lo importante del depósito es que realmente se efectúe y que esté a disposición de la sociedad, cuando menos dos meses anteriores a la fecha de la constitución o ampliación de capital. Será por tanto la fecha de la certificación la que de modo efectivo acredite la aportación dineraria siempre y cuando pueda deducirse de manera inequívoca el ingreso efectivo en la entidad de crédito y la finalidad de la imposición. Ello evita que por un posible retraso en la formalización de la escritura de constitución el aportante que efectuó su aportación tenga que volver a realizar el depósito con idéntica finalidad. Dicho de otro modo, la entidad bancaria, al certificar, renueva el depósito que fue efectuado en su día, computándose desde esta fecha el plazo de 2 meses previsto para la vigencia de la certificación [...] en un caso como el presente en el que —a diferencia del resuelto por la citada Resolución [se refiere a la RDGRN 11.4.05]— se expresa en la certificación bancaria la fecha del ingreso, ésta es anterior en más de dos meses a la fecha del acuerdo y se trata de una certificación todavía vigente y contiene los demás requisitos indicativos del desembolso de la aportación dineraria, especialmente la finalidad de ésta respecto del

cisa y sorprendentemente en el caso de aumento de capital, la RDGSJFP de 5 de septiembre de 2023, que exige que el depósito sea anterior al acuerdo de aumento con la antelación prevista en la ley.

En fin, al margen de cumplimiento de la regla que posibilite la definitiva inscripción del aumento, desde el punto de vista material será necesario determinar, en función de lo querido por las partes, si la aportación lo es a título de un futuro aumento de capital, como una suscripción adelantada a la oferta, resultado de un compromiso de suscripción, o responde a otro título (aportación correspondiente a una reintegración de capital, préstamo, etc.)[69]. En función de la determinación de lo que las partes han realmente querido procederá la aplicación de unas u otras normas (vgr., obligación de devolver el desembolso si el acuerdo no se toma o no se ejecuta en el plazo legal; obligación de restituir las cantidades prestadas; posibilidad de transformar el préstamo en capital cumplidos los requisitos de la capitalización, etc.)[70].

IV. FORMALIZACIÓN E INSCRIPCIÓN (REMISIÓN)

Según hemos apuntado al principio de este trabajo, en sentido amplio la formalización del acuerdo, y su definitiva inscripción, pueden considerarse como

parte de la ejecución de la operación, aunque la nueva redacción de los estatutos sociales, el otorgamiento de la escritura y la inscripción en el Registro mercantil tengan como presupuesto legal el que se haya "*ejecutado el aumento del capital social*"[71]. Es esta una cuestión que naturalmente incide sobre la calificación de

aumento del capital de que se trata. En efecto, la vigencia de la certificación asegura que las cantidades ingresadas anteriormente permanecen depositadas en la cuenta a nombre de la sociedad. [...] esta interpretación se aviene bien a la necesidad de evitar la reiteración de actos o trámites formales [...] (debe evitarse que para documentar un acuerdo social como el debatido tuvieran que ser retiradas las cantidades depositadas para obtener una nueva certificación en la que [...], previa repetición del ingreso de las cantidades retiradas, se especifique una fecha más reciente)".

69 Sobre este particular, que excede el temario de la ejecución del aumento de capital ver, en la literatura reciente y por todos, MARIN DE LA BÁRCENA, F., "Otras aportaciones de los socios (cuenta 118 PGC), en *RdS*, n. 63, 2021 (edición electrónica).

70 Un supuesto singular de desembolso anticipado *ad cautelam*, en la STS núm. 524/2023, de 18 de abril, que condena a la sociedad a devolver las cantidades entregadas "ad cautelam" por el socio separado, pero pendiente de liquidación, para participar en operaciones de aumento de capital social

71 Por esta razón, como también se apuntó, un sector muy autorizado de la doctrina afirma que estos actos no deben entenderse "en ningún caso como una parte del contenido de la fase de ejecución" (entre otros lugares, y con ulteriores referencias, CASTELLANO RAMÍREZ, M.J., "Comentario al art 162", cit., pág. 459)

la inscripción como declarativa —a lo que conduce el considerar la ejecución ya terminada— o constitutiva —conforme a la que difícilmente puede entenderse una plena ejecución de la operación antes de su registro-

El régimen jurídico de esta última fase de la operación se asienta sobre una idea recordada desde el comienzo de este trabajo: en nuestro ordenamiento no es posible, salvando la también citada excepción de las sociedades bursátiles, que acceda al Registro mercantil un aumento de capital no ejecutado, sistema instaurado en la LSA 1989, trasladado a la LSRL 1995, y presente, en fin, en la LSC vigente[72]. Con claridad lo expresa el art. 315 LSC, que ordena la inscripción simultánea del acuerdo de aumento y su ejecución. Cuestión distinta es que cada parte de esta operación se documente en escrituras separadas, como permiten los arts. 166.5 y 198.5 RRM.

Por lo demás, el tratamiento legal de esta fase es parco, y debe ser completado por lo dispuesto, de forma exhaustiva, por los arts. 166 y 198 RRM, que se refieren al contenido de la escritura.

a) El primer precepto legal incluye el deber de los administradores, que se entienden facultados directamente para ello por el acuerdo[73], de redactar los estatutos sociales para recoger la nueva cifra de capital social. Es una disposición que pretende evitar una expresa, y prescindible, autorización por parte de la sociedad. Obviamente, la nueva redacción de la cláusula relativa al capital social no puede referirse solo al establecimiento de la cifra, sino al cumplimiento de todos los requisitos de tal cláusula, recogidos ahora en el art. 23 d) LSC y normas de desarrollo reglamentario (acciones y participaciones en que se divide el capital social, numeración correlativa, diversidad de clases y series de acciones, su desembolso parcial en la anónima, diversidad de derechos de los titulares de participaciones)

b) De acuerdo con la singularidad de la ejecución del aumento de capital, la escritura que accede al Registro no es solo la del acuerdo de modificación de estatutos (art. 290 LSC) sino que debe recoger, en el mismo texto o en escritura separada, como hemos visto, todas las circunstan-

72 Sobe la alternativa con que contaba el legislador en 1989 para cumplir con los requisitos del Derecho comunitario respecto de la sociedad anónima, y su final opción por la inscripción simultánea, CASTELLANO RAMÍREZ, "Comentario al art. 162", cit., pág. 457.

73 Para CASTELLANO RAMÍREZ, M.J., "Comentario al art. 313", cit., pág. 2318, se trata más bien de una competencia orgánica atribuida directamente por la ley a los administradores, y no por el acuerdo. Aunque la dicción legal puede facilitar que el encargo se otorgue a un tercero, lo que en situaciones patológicas puede ser útil.

cias de la ejecución. El régimen de esta o estas escrituras se regula, de forma completa, en el RRM. En este sentido, el contenido del art. 314 LSC tan solo recoge algunas menciones, que deben ser completadas con lo dispuesto en la norma reglamentaria, donde se enumeran las que deben ser presentadas, algunas relativas al acuerdo, otras a la ejecución[74]. El cuadro normativo conjunto garantiza el cumplimiento de todas las normas que, en protección de socios y terceros, disciplinan el aumento de capital y, cuando procede, la aportación.

El vigente régimen legal, común a ambos tipos sociales, trae al texto refundido la norma sobre limitadas (art. 78.1 LSRL 1995), extendiendo el régimen de las sociedades cerradas a las anónimas no cotizadas. Debe constar, por un lado, *los bienes o derechos aportados;* por otro, *si el aumento se hubiera realizado por creación de nuevas participaciones sociales o por emisión de nuevas acciones, la identidad de las personas a quienes se hayan adjudicado, la numeración de las participaciones o de las acciones atribuidas, así como la declaración del órgano de administración de que la titularidad de las participaciones se ha hecho constar en el Libro-registro de socios o de que la titularidad de las acciones nominativa se ha hecho constar en el Libro-registro de acciones nominativas*[75].

En el desarrollo reglamentario, respecto del acuerdo —se insiste, en escritura *ad hoc* o en la de ejecución—, debe constar la cuantía en que se ha acordado elevar la cifra, la indicación de si el aumento se realiza con emisión de nuevas acciones o participaciones y el contenido del contravalor (arts. 166.1 y 198.1 RRM).

Respecto del acuerdo adoptado por la anónima con emisión de nuevas acciones, habrán de identificarse estas, y las vicisitudes relativas al derecho de suscripción preferente, su eventual supresión con cumplimiento de los requisitos documentales para ello, y la prima de emisión por acción (art. 166.2 RRM.), así como la previsión de suscripción incompleta. Si el desembolso previsto es parcial por quedar pendientes desembolsos, también se hará constar. Si el aumento ha tenido lugar por el procedimiento de capital autorizado, se dejará constancia del contenido íntegro del acuerdo de los administradores. En fin, se prevé el cumplimiento de las normas particulares aplicables en función del contravalor.

74 Dada la finalidad de la inscripción de la operación, con la protección de los terceros como primer designio de la ley, no puede considerarse que el RRM, como norma de rango inferior a la legal, se excede de lo deseado por la ley.

75 Esta norma no se aplica, lógicamente a las anónimas no cotizadas que emitan títulos al portador, como subraya CASTELLANO RAMÍREZ, M.J, "Comentario al art. 314", cit., pág. 2325.

Similares menciones han de constar, en el caso de las limitadas para el mismo supuesto: identificación de participaciones, vicisitudes del derecho de asunción preferente, incluida su supresión con cumplimiento de los requisitos para la validez de este acuerdo y la prima por participación (art. 198.2 RRM).

En el caso de que el procedimiento elegido fuera del de elevación del valor nominal de las acciones o participaciones, deberá contar el consentimiento de todos, salvo que el aumento se hubiera realizado con cargo a reservas (arts. 166.3 y 198.3 RRM).

Respecto de la ejecución propiamente dicha, en la anónima constará la íntegra suscripción y el desembolso realizado, la adjudicación de las acciones y, en su caso, la suscripción incompleta; la íntegra satisfacción de la prima; el cumplimiento de lo dispuesto en el art. 309 LSC y demás normas aplicables si hubo oferta pública. En la limitada, se constatará el íntegro desembolso, la asunción incompleta, las comunicaciones debidas para el ejercicio del derecho de preferencia, y el pago de la prima; todo ello acompañado también del cumplimiento de las normas aplicables según la clase de contravalor (art. 199).

En fin la muy reciente ley 11/2023, de 8 de mayo ha modificado la Ley del Notariado de 28 de mayo de 1862, y permite que el otorgamiento y autorización de la escritura aumento de capital pueda realizarse a través de videoconferencia, siempre que las aportaciones sean dinerarias.

V. EVENTUAL RESOLUCIÓN DE LA SUSCRIPCIÓN Y DEVOLUCIÓN DE APORTACIONES

Si los administradores no presentan los documentos acreditativos de la ejecución en el plazo legal de seis meses, quienes hubieran asumido o suscrito las acciones o participaciones podrán pedir la resolución de la obligación de aportar, o la restitución de las aportaciones realizadas, conforme al art. 316 LSC. Si el retraso es imputable a la sociedad, puede añadirse a la reclamación el interés legal. El incumplimiento contractual por parte de la sociedad respecto de este extremo, que impide la completa eficacia de la operación (incluida la transmisión de acciones y participaciones), consiente al suscriptor ejercer una acción resolutoria y obtener la devolución de lo aportado[76].

76 Con ulteriores matices, ver por todos, CASTELLANO RAMÍREZ, M.J., "Comentario al art. 316", en ROJO/BELTRÁN, *Comentario de la Ley de Sociedades de Capital*, Cizur Menor, 2011, tomo II, pág. 2336 y ss.

Al margen del significado que quepa atribuir a esta disposición para calificar la inscripción como declarativa o constitutiva, conviene apuntar las siguientes cuestiones:

a) El supuesto de hecho no es la falta de inscripción, como con error indica el art. 309 LSC al que ya se ha hecho referencia, sino la presentación en el Registro de los documentos acreditativos de la ejecución.

b) En relación con el plazo de seis meses, la norma se refiere, como *dies a quo*, al de la apertura del plazo para el ejercicio del derecho de preferencia. La norma no tiene en cuenta que puede no existir tal derecho, por lo que ese día debe coincidir con el de apertura del plazo de suscripción o de asunción, (art. 162.2. LSA 1989 y 78.3 LSRL 1995, inexplicablemente mal armonizadas en la LSC). Adicionalmente, se ha señalado con razón que la apertura del plazo para inscribir en un momento en que la solicitud de inscripción aún no es posible resulta incongruente[77].

c) También en relación con el plazo, se ha discutido si la sociedad puede extenderlo más allá del semestre[78]. Como ya se ha indicado, la STS 1168/2002 de 28 noviembre lo admitió, por más que parezca acorde con la hipotética voluntad de las partes la norma que sería dispositiva, que presume que los nuevos socios mantienen un interés en la inscripción pronta, que comparten con la propia sociedad y con los acreedores.

d) A diferencia de la devolución prevista en los artículos 310 y 311, efecto del fracaso de la operación por suscripción incompleta, la concedida en el art. 316 es una facultad que los suscriptores pueden poner en práctica, y que afectará solo a quienes lo soliciten. Unánimemente se reconoce que, en su ausencia, los administradores permanecen obligados a inscribir la operación.

VI. REFERENCIA A LAS ESPECIALIDADES EN SOCIEDADES COTIZADAS Y OTRAS SOCIEDADES ABIERTAS

Como se ha indicado en el apartado inicial de este capítulo, las sociedades cotizadas han disfrutado de un régimen especial en materia de ejecución de

77 Cfr. CASTELLANO RAMÍREZ, M.J., "Comentario al art. 316", cit., pág. 2338. En el mismo sentido, la citada STS de 21168/2002 de 28 noviembre citada en el texto

78 CASTELLANO RAMÍREZ, M.J., "Comentario al art. 316", loc. cit.

las operaciones de aumento de capital. Por ceñirnos al régimen que unificado en la LSC, su art. 315 establecía una excepción a la norma de simultánea inscripción del aumento y la ejecución, siempre que concurrieran dos circunstancias: previsión expresa de la suscripción incompleta y previa autorización o verificación de la emisión por la CNMV. Con mejor ubicación sistemática, desde la Ley 5/2021 de 12 de abril la especialidad puede verse ahora en el art. 508 LSC, incluido en el Título XIV dedicado a las sociedades cotizadas. La reforma introducida por aquella disposición va más allá, sin embargo, de esta nueva colocación del régimen especial en materia de ejecución. No puede esconderse que estamos ante una especialidad más que notable, dado el papel decisivo que desempeña, en el ordenamiento español, la regla de la simultánea inscripción de acuerdo y ejecución.

La citada reforma amplía, en primer lugar, el ámbito subjetivo de la norma, para incluir sociedades que técnicamente no son cotizadas, pero en las que concurren las circunstancias de mercado que justifican la excepción al régimen general. Se trata de aquellas con acciones admitidas a negociación en Sistemas multilaterales de Negociación, o que realicen ofertas de suscripción previa a la cotización de la sociedad en mercados regulado o sistemas multilaterales de Negociación (cfr. DA 13 y DA 14 LSC, introducidas en la LSC por la ley mencionada, supuestos que pueden englobarse en el concepto de sociedad bursátil no cotizada)[79].

En segundo lugar, y como ha habido también ocasión de comentar en apartados anteriores, en estas sociedades se altera la norma sobre suscripción incompleta, prevista en el art. 311 LSC. El art. 507 LSC prevé ahora que, *"salvo que el acuerdo prevea lo contrario, el aumento de capital será eficaz aunque la suscripción no haya sido completa"*. Aunque esta previsión no tenga amparo formal en el vigente Derecho comunitario (cfr. *supra*), facilita la consecución de facilitar y agilizar la captación de capital por estas sociedades. Si se hubiera excluido la suscripción incompleta, en cambio, decae, como en el régimen anterior a 2021, la posibilidad de inscribir aisladamente el acuerdo de aumento.

En tercer lugar, la ya mencionada posibilidad de inscribir el acuerdo de aumento permite la entrega de las acciones y su transmisión, norma especial respecto de la consignada en el art. 34 LSC con carácter general. Pero tales entrega y transmisión solo pueden tener lugar cuando se haya ejecutado el aumento, norma que aproxima (aunque no plenamente) el régimen especial de

79 Sobre las particularidades introducidas por esa ley, precisamente en materia de ejecución del aumento, la principal contribución es la de CASTELLANO RAMÍREZ, M.J., "La ejecución del aumento de capital...",

cotizadas al general, contrario a las falsas apariencias registrales. No se puede, según el régimen vigente, recibir acciones emitidas en un aumento de capital antes de su ejecución, que deberá ser inscrita en los cinco días siguientes al otorgamiento de la escritura de ejecución. No obstante, la falta de inscripción no facultara al suscriptor para reclamar el importe aportado, también como especialidad al art. 316 LSC más arriba comentado.

VII. BIBLIOGRAFÍA

ALFARO AGUILA REAL, J "El contrato de suscripción de un aumento de capital", [en línea] [2017] https://almacendederecho.org/contrato-suscripcion-aumento-capital, 22 de septiembre de 2017.

BLANCO SARALEGUI, J.M., "Comentario al art. *304", en GARCÍA-CRUCES/SANCHO GARGALLO, Comentario de la ley de sociedades de capital, Valencia, 2021, pág. 4227 ss.*

CASTELLANO RAMÍREZ, M.J. *La suscripción incompleta del aumento de capital en la sociedad anónima*, Madrid, 2004.

CASTELLANO RAMÍNEZ, M.J., "Comentario al art. 162", en URIA/MENÉNDEZ/OLIVENCIA, *Comentario al régimen legal de las sociedades mercantiles*, T. VII, Vol. 2, *El aumento del capital*, pág. 451 y ss.

CASTELLANO RAMÍREZ, M.J. "Comentario al art. 310", en ROJO/BELTRÁN, *Comentario de la Ley de Sociedades de Capital*, Cizur Menor, 2011, tomo II, pág. 2287 y ss.

CASTELLANO RAMÍREZ, M.J. "Comentario al art. 311", en ROJO/BELTRÁN, *Comentario de la Ley de Sociedades de Capital*, Cizur Menor, 2011, tomo II, pág. 2294 y ss.

CASTELLANO RAMÍREZ, M.J. "Comentario al art. 312", en ROJO/BELTRÁN, *Comentario de la Ley de Sociedades de Capital*, Cizur Menor, 2011, tomo II, pág. 2305 y ss.

CASTELLANO RAMÍREZ, M.J., "Comentario al art. 316", en ROJO/BELTRÁN, *Comentario de la Ley de Sociedades de Capital*, Cizur Menor, 2011, tomo II, pág. 2336 y ss.

CASTELLANO RAMÍREZ, M.J., "La ejecución del aumento de capital de las sociedades cotizadas tras la Ley 5/2021, de 12 de abril", en *RDM*, 2022, núm. 326 (edición electrónica).

EMPARANZA SOBEJANO, A., "Comentario al art. 86", en GARCÍA-CRUCES, J.A./SANCHO GARGALLO, *Comentario de la Ley de sociedades de capital*, Valencia 2021, pág. 1219 y ss.

FERNÁNDEZ DEL POZO, L., "Las aportaciones de créditos contra sociedad en desequilibrio patrimonial y tutela de la integridad del capital social", *ADC, núm.* 35, Mayo-Agosto 2015 (edición electrónica), en RdS, n. 47, 2016, pág. 261 y ss.

GARDEAZÁBAL DEL RÍO, F., "Comentario al art. 305", en AAVV, *Tratado de sociedades de capital*, Cizur Menor, 2017, T. I, pág. 1832 y ss.

GARDEAZÁBAL DEL RÍO, F., "Comentario al art. 309", en AAVV, *Tratado de sociedades de capital*, Cizur Menor, 2017, T. I, pág. 1805 y ss.

GARDEAZÁBAL DEL RÍO, F., "Comentario al art. 311", en AAVV, *Tratado de sociedades de capital*, Cizur Menor, 2017, T. I, pág. 1843 y ss.

GARRIGUES, J./URÍA, R., *Comentario a la Ley de sociedades anónimas*, Tomo II, Madrid, 1976.

GIRÓN TENA, J., *Derecho de sociedades anónimas*, Valladolid, 1952.

GONZÁLEZ VAZQUEZ, J.C., "Modificación de estatutos. Aumento y reducción del capital social", en CUESTA RUTE, J.M. (Dir.), *Derecho mercantil I*, Barcelona, 2015, pág. 417 ss.

LARA GONZÁLEZ, R., "Comentario al art. 304", en ROJO, A./BELTRÁN, E., *Comentario de la Ley de Sociedades de capital*, Cizur Menor, 2011, Vol. 2, pág. 2248 y ss.

LARA GONZÁLEZ, R., "Comentario al art. 305", en ROJO, A./BELTRÁN, E., Comentario de la Ley de Sociedades de capital, Cizur Menor, 2011, Vol. 2, pág. 2256 y ss.

LARA GONZÁLEZ, R., "Comentario al art. 309", en ROJO, A./BELTRÁN, E., *Comentario de la Ley de Sociedades de capital*, Cizur Menor, 2011, Vol. 2, pág. 2282 y ss.

MARÍN DE LA BÁRCENA, F., "No será necesario acreditar la realidad de las aportaciones dinerarias en la sociedad de responsabilidad limitada (reforma del artículo 62 de la Ley de Sociedades de Capital por la Ley 11/2018 de 28 de diciembre), [en línea] [2019] en https://www.ga-p.com/publicaciones/no-sera-necesario-acreditar-la-realidad-de-las-aportaciones-dinerarias-en-la-sociedad-de-responsabilidad-limitada-reforma-del-articulo-62-de-la-ley-de-sociedades-de-capital-por-la-ley-11-2018-de-28-d/ ga-p.com, 10 de enero de 2019

MARIN DE LA BÁRCENA, F., "Otras aportaciones de los socios (cuenta 118 PGC), en *RdS*, n. 63, 2021 (edición electrónica).

ROJO, A., "El acuerdo de aumento del capital de la sociedad anónima", en AAVV, *Estudios jurídicos en homenaje al Profesor Aurelio Menéndez*, Tomo II, Madrid 1996, pág. 2339 y ss.

ROJO, A., "El aumento del capital de la sociedad de responsabilidad limitada", en AAVV, *Estudios de Derecho mercantil. Homenaje al Profesor Justino F. Duque*, Tomo I, Valladolid, 1998, pág. 569 y ss.

SÁEZ LACAVE, ML, "Consejeros dominicales y buen gobierno corporativo", en *Indret*, 1-2022, pág. 1 y ss.

SACRISTÁN REPRESA, M., "El aumento de capital: modalidades, requisitos, el aumento de capital con nuevas aportaciones dinerarias y no dinerarias", en AAVV, *Derecho de sociedades anónimas. III. Modificación de estatutos. Aumento y reducción de capital. Obligaciones*. Vol. 1, Madrid, 1994, pág.

SÁNCHEZ ANDRÉS, A., *El derecho de suscripción preferente del accionista*, Madrid, 1973.

SÁNCHEZ ANDRÉS, A., en URÍA/MENÉNDEZ/OLIVENCIA (Dirs.), *Comentario al régimen legal de las sociedades mercantiles*, T. IV, vol. I, Madrid, 1994, pág. 11 y ss.

Capítulo IX
IMPUGNACIÓN DEL ACUERDO DE AUMENTO: ACUERDOS ABUSIVOS

Juan Sánchez-Calero Guilarte
Catedrático de Derecho mercantil
Universidad Complutense de Madrid

RESUMEN: Dentro del régimen general de la impugnación de acuerdos sociales, el aumento de capital reclama especial atención. El trabajo atiende a la calificación como abusivos de esos acuerdos.

La primera parte examina la delimitación de los acuerdos abusivos. La segunda analiza algunas modalidades de aumento en las que suele denunciarse su carácter abusivo. La tercera se ocupa del régimen especial de los acuerdos de aumento que se aprueban en el marco de la insolvencia.

Palabras clave: Aumento de capital, impugnación, acuerdos abusivos.

ABSTRACT: Within the regulation of corporate resolutions' challenges, increase of capital demands a special attention. This paper focuses on the consideration of such resolutions as abusive.

The first part examines the delimitation of abusive resolutions. The second one analyses certain types of increase of capital that are usually reported as abusive. The third deals with the special regulation of increases of capital approved within the frame of insolvency.

Keywords: Increase of capital, challenging of corporate resolutions, abusive resolutions

I. CUESTIONES INTRODUCTORIAS

Se asigna a esta contribución la exposición del régimen de la impugnación del acuerdo social que tiene como contenido el aumento del capital social. Un acuerdo que adoptaría en la mayoría de los supuestos la junta general, sin perjuicio de los casos en los que, conforme a lo legalmente previsto, se delegue en el órgano de administración la adopción de un acuerdo con tal contenido (al amparo del art. 297 LSC). Se trata, en especial, de abordar los acuerdos de aumento que pueden ser calificados como abusivos en el procedimiento impugnatorio. Vaya por delante que tal calificación no supone una severa delimitación de los acuerdos de aumento impugnables. La jurisprudencia nos enseña que raro es el procedimiento en el que el acuerdo de aumento impugnado no se denuncia por el demandante como un ejercicio abusivo del poder societario. Una alegación que encuentra en el vigente régimen de los acuerdos impugnables un impulso relevante.

El examen de la impugnación de los acuerdos de aumento se limitaría a determinados tipos de ilicitud de los recogidos en el artículo 204.1, I y II LSC. Son aquellos que se ven acompañados del reproche del carácter abusivo del acuerdo objeto de impugnación, dejando en un segundo plano la impugnación fundada en infracciones legales, estatutarias o reglamentarias. El análisis que sique se concentra, por lo tanto, en cualquiera de las variables de acuerdos lesivos para el interés social que permite su conexión con un abuso de derecho.

A pesar del tiempo transcurrido desde su reforma, el régimen de la impugnación sigue apareciendo como expresión de un cambio relevante sobre el precedente[1]. Entre las muchas consideraciones que acompañaron entonces a la reforma y su resultado en la vigente LSC, algunas deben ser recuperadas. Porque se propone el análisis de la impugnación de acuerdo con un contenido particular: el aumento del capital social. Al que resulta aplicable un régimen

1 Sobre el alcance y el contenido fundamental de la reforma, v. las contribuciones determinantes de VIVES, F., *La impugnación de acuerdos sociales en la reforma de la legislación mercantil,* (2014), p. 3 y ss. y MARTÍNEZ MARTÍNEZ, M. T., "El nuevo régimen de impugnación de los acuerdos de las juntas generales en las sociedades de capital: las causas de invalidez y los motivos de inimpugnabilidad", *RDBB* 137 (2015), p. 64 y ss.

general en el plano objetivo, es decir, el que resulta de los artículos 204 y ss. LSC y que no distingue la impugnación de acuerdo con ese criterio o con la trascendencia que el acuerdo pueda tener sobre la estabilidad de la sociedad y su capital como elemento esencial. Las páginas que siguen pueden afrontarse acompañadas de la reflexión doctrinal que alertaba sobre la falta de toda previsión especial para acuerdos que, como los protagonistas de esta contribución, están estrechamente relacionados con la vida societaria, que inciden sobre la actividad y el patrimonio de la persona jurídica, al tiempo que sobre la posición y derechos de todos y cada uno de sus socios[2]. Impugnar un acuerdo de aumento del capital implica introducir un elemento de pendencia para un aspecto esencial de la sociedad, también de su organización. Un acuerdo que, al margen de los efectos suspensivos de determinadas medidas cautelares, se completará con actos de ejecución que convertirán en difícilmente reversible el acuerdo si se produce una sentencia estimatoria. De forma que, a poco que se demore un pronunciamiento judicial firme[3], los efectos de la sentencia estimatoria plantearán problemas añadidos, sin descartar la incidencia que la ejecución de aquella pudiera tener sobre intereses de terceros de buena fe, si obliga a volver a la situación previa a la adopción del acuerdo[4].

No faltan razones, por ello, que aconsejan compartir la oportunidad de avanzar en soluciones especiales en el procedimiento de impugnación de acuerdos sociales que, entre otros asuntos, someten a una resolución judicial decisiones que afectan al capital social.

II. DELIMITACIÓN DE LOS ACUERDOS DE AUMENTO IMPUGNABLES

1. Acuerdos infractores: de la ley, los estatutos o el reglamento de la junta

Siguiendo la tradición legislativa en la impugnación de acuerdos de sociedades de capital, el vigente artículo 204.1 LSC enuncia como primer motivo de impugnación la infracción de una disposición legal o de la normativa societaria (los estatutos o el eventual reglamento de la junta general). El aumento del capital es uno de los tipos de acuerdo social que merece una mayor aten-

2 Por todos, v. MARTÍNEZ, *RDBB* 137 (2015), p. 68 y bibliografía que cita.

3 Disponemos ya de datos que ilustran el amplio plazo que transcurre entre la interposición de la demanda y la sentencia firme: v., por todos, VIVES, ob. cit., p. 13 y ss.

4 Como advierte MARTÍNEZ, *RDBB* 137 (2015), p. 93.

ción en la LSC (y lógicamente, también en el RRM). Al aumento se consagran los artículos 295 a 316 LSC, ambos inclusive. Podría decirse que tan extensa presencia normativa responde a los diversos aspectos del aumento que el legislador está obligado a considerar, comenzando por sus modalidades, siguiendo por su ejecución y terminando por su inscripción. A ello se suma la inclusión del aumento entre los asuntos cuya relevancia se ve confirmada por las reglas aplicables a la constitución de la junta general que debe acordarlo (art. 194 LSC) o la exigencia de un voto favorable reforzado para su aprobación (art. 199 LSC).

A tan amplia atención legislativa debiera seguir que la infracción de la ley fuera el motivo principal de la impugnación de tantos acuerdos de aumento. Presunción que, como se expondrá, la jurisprudencia reviste de un alcance limitado y que justificaba la advertencia previa sobre la menor atención a lo largo del presente trabajo.

La valoración de la disciplina legal del aumento no puede ignorar que la configuran no pocas reglas imperativas, que someten las variantes del acuerdo, de contenido o de otra naturaleza, a una disciplina claramente tuitiva de los accionistas y, en menor medida, del efecto de garantía del capital frente a los acreedores. Una vocación protectora que se ve reforzada por la premisa inicial de la regulación del aumento, que no es otra que el sometimiento a "los requisitos establecidos para la modificación de los estatutos sociales" (art. 296.1 LSC). Una remisión que extiende a cualquier acuerdo de aumento la protección hacia los socios que persigue, de manera implícita o expresa (sobre esto último, v. arts. 291 a 294 LSC), el régimen general de las modificaciones estatutarias.

Si a esa disciplina legal minuciosa del aumento se suma el control de legalidad que acompaña las exigencias de documentación e inscripción que le son propias, se entenderá que no sea habitual que la impugnación del acuerdo se base en la infracción del régimen legal (o de las disposiciones corporativas que lo complementen) o, al menos, en la sola alegación de tal infracción y que, si se recurre a ella, lo sea acumulando ese motivo al consistente en la lesión del interés social, que permite alegar el correspondiente abuso de derecho. Son varias las situaciones en las que la LSC establece una determinada solución (por ejemplo, la compensación de créditos o la emisión con prima), que se convierte en el núcleo de la impugnación que denuncia un acuerdo abusivo.

Puede que no sea un argumento riguroso, pero tampoco desdeñable, el que presume que tan detenida tutela normativa de los varios aspectos y plurales intereses que confluyen en el aumento de capital, debiera haber debilitado la alegación de abuso de derecho en su aprobación. Siendo tantos los aspectos en los que la norma disciplina ese acuerdo —proclamando o excluyendo determinados derechos— y, en consecuencia, reduciendo el ámbito de la autonomía societaria, denunciar un acuerdo por constituir una imposición abusiva debiera ser tarea igualmente restringida. Presunción que se ve matizada por el elevado número de supuestos en los que la alegación de abuso se produce y termina siendo acogida.

2. Acuerdos lesivos

2.1. La referencia al interés social

La lesión del interés social constituye un motivo de impugnación reconocido de forma tradicional en nuestro ordenamiento societario. Es la defensa de la sociedad la que sirve para cuestionar la legalidad de un acuerdo y solicitar su nulidad. Esa lesión deberá ser estimada allí donde los efectos del acuerdo son dañinos para el patrimonio de la sociedad o para cualquier otro tipo de interés o elemento económico propios de esta.

La referencia al interés social y a su lesión en la impugnación de acuerdos es clásica también en relación con el aumento de capital y su impugnación. La aplicación de este concepto se contempla tanto desde el régimen general destinado a los acuerdos impugnables (art. 204 LSC), como desde las disposiciones especiales aplicables a ciertos aspectos del aumento. El artículo 204.1 LSC acoge un concepto que ya figuraba en idéntico lugar en las normas precedentes y que permite afirmar que son impugnables cualesquiera acuerdos lesivos, aunque esta calificación veremos que merece una matización, precisamente ante la delimitación que de la lesión contiene aquel precepto. El obligado respeto del interés social alcanza al aumento de capital en cualquiera de las fases del acuerdo, pero ha merecido un seguimiento especial al abordar el derecho de suscripción preferente, cuya supresión depende, como primer y esencial requisito, de que "el interés de la sociedad así lo exija" (art. 298.1 LSC).

La consolidación del interés social en el régimen de la impugnación de acuerdos no ha disminuido el desafío que acarrea dotar a ese concepto de una concreta traducción en el procedimiento correspondiente. La primera dificultad deriva del debate histórico y actual: qué se entiende por interés social o por interés de la sociedad. Un segundo reto reclama determinar la conexión entre el particular acuerdo impugnado y el interés social que, previa su definición, puede estar vinculado con la posición de unos y otros sujetos, ya sean socios, o terceros.

El objeto y los límites de esta contribución son incompatibles con la exposición, siquiera resumida, de las teorías que acompañan al concepto del interés social y las posiciones enfrentadas al respecto, oscilantes entre las tesis contractualista o institucional del concepto y las que de ellas derivan. Estamos ante uno de los debates principales que propone el régimen de las sociedades mercantiles, que se ha visto revitalizado por hechos nuevos e influyentes que explican la constante aparición de nuevas contribuciones sobre el interés social[5] o de resoluciones judiciales en las que su determinación se mantiene como argumento relevante en la decisión a adoptar.

Cabe intentar conciliar ese objeto y esos límites con algunas observaciones precisas sobre los perfiles que el mencionado concepto propone cuando de la aplicación del artículo 204 LSC se trata. Comencemos por lo obvio: será al tribunal competente al que corresponderá construir ese concepto conforme al contenido del acuerdo impugnado y las particulares circunstancias del caso. Esa intervención requerirá, en la mayoría de los casos, adentrarse en el ámbito interno de la sociedad, esto es, en la discusión registrada en el seno de la junta general con ocasión de su adopción. El ámbito interno de la discusión y determinación del interés social, como elemento esencial de la acción de impugnación entablada por el socio, no varía por la incidencia que el acuerdo pueda tener sobre los intereses de terceros, legitimados para impugnar el acuerdo (art. 206.1 LSC) y, por ello, obligados a acreditar la lesión del interés social, que en su caso les resultaría ajeno, aunque ello no esté reñido con la confluencia de ese interés de la sociedad y el particular del demandante.

Cuando la impugnación gira en torno a un aumento de capital, los perfiles del interés social cobran mayor definición. Se trata de un acuerdo con incidencia positiva sobre el elemento patrimonial de garantía que constituye el capital y que, además, contribuye a la financiación de la sociedad. Establecer la conexión con el interés social resulta sencillo y el debate procesal se concentrará en la oportunidad del aumento y en el impacto que pueda tener sobre los derechos de los socios. Un aumento innecesario no infringe en todo caso el interés social, al igual que los efectos económicos financieros o contables de la operación no convalidan necesariamente el acuerdo de aumento.

5 Entre la bibliografía española más reciente al respecto, v. ALONSO UREBA, A., "Derecho de sociedades y función económico-social de la Gran Empresa", *RDBB* 168 (2022), p. 17 y ss.; PAZ-ARES, C., "Propósito de la empresa y causa societatis (Reflexiones preliminares), *RDBB* 169 (2023), p. 13 y ss.

La impugnación de acuerdos es una apelación a la corrección del ejercicio del poder de la mayoría, plasmado en el acuerdo impugnado y en la correspondiente petición de declaración de nulidad (art. 208 LSC). A la minoría y a los demás legitimados para impugnar, se les ha concedido una acción que debe impedir el uso del poder mayoritario en daño a la sociedad[6]. Esa es la primera finalidad que persigue el procedimiento especial que establecen los artículos 204 y siguientes LSC.

2.2. *La lesión del interés social y el abuso de derecho*

La impugnación fundada en la lesión del interés social que autoriza el artículo 204.1, I LSC, reproduce, con mínimos cambios, la fórmula del artículo 67 LSA 1951[7], Es precisamente ante esos acuerdos lesivos donde más habitual resulta toparse con "el abuso y la extralimitación de las mayorías", que son las responsables de posponer "los intereses de la sociedad al interés egoísta de uno o varios socios" debiendo permitirse "la impugnación del acuerdo como único medio de defender los intereses de la sociedad y los intereses propios que van inexcusablemente unidos al interés social común"[8]. Debiendo añadirse que, en esta materia, la jurisprudencia que aplicó la LSA 1951 ya invocó la noción del abuso de derecho por la mayoría[9]. Aunque en los momentos iniciales se cuestionara el recurso a figuras ajenas al Derecho privado como cauce para la aplicación de la noción del abuso en la impugnación de acuerdos sociales[10], la doctrina jurisprudencial confirmó la vigencia de la figura como fundamento de la correspondiente acción[11].

---

6 Como ya señalaba GARRIGUES, *Comentario a la Ley de sociedades anónimas*3, I, p. 742, con respecto a la LSA 1951.

7 Que mencionaba, lógicamente, a los accionistas en lugar de los socios, que hablaba de "los intereses de la sociedad" y que no contemplaba que el acuerdo pudiera resultar lesivo por beneficiar a un tercero.

8 GARRIGUES, *Comentario*3, cit., p. 761.

9 GARRIGUES, ob. cit., p. 765.

10 De nuevo GARRIGUES, ob. cit. pp. 764-765.

11 V. la referencia que a la anulación de acuerdos abusivo contiene el Auto de 26 de enero de 2022, de inadmisión de un recurso de casación que, en un debate retributivo, planteaba la lesividad del acuerdo, de forma que el Tribunal Supremo se refiere a distintos elementos contenidos en el artículo 204.1 LSC, señalando en su fundamento jurídico tercero, apartado 61: *"Por ello, la sentencia 1086/2002, de 18 de noviembre, se refiere a la "proyección consecuente a la defensa de los participantes minoritarios"* y, la referida sentencia 873/2011, de 7 de diciembre, a que *"los acuerdos de la mayoría que no persiguen razonablemente el interés del conjunto de los accionistas desde la perspectiva contractual, ni los de la sociedad, desde la perspectiva institucional, y perjudican a los minoritarios, revelándose abusivos —tanto si*

Esa posición abundó no solo en que el abuso resultaba un argumento válido, sino también suficiente. Bajo la legislación precedente a la reforma de 2014 se reconoció el abuso de derecho (art. 7.2 CC) como cauce para apreciar el carácter lesivo del acuerdo y declarar su nulidad. Bastaba a tal efecto que concurrieran los requisitos legalmente exigidos y precisados por la doctrina jurisprudencial que se ocupó de tal figura. Al respecto, dos son las afirmaciones del Tribunal Supremo que no pueden olvidarse. La primera que "la apreciación del abuso de derecho no exige que concurra otra infracción legal, y en concreto, que se haya infringido un determinado precepto de la LSC". La segunda, "que, aunque en la regulación de la impugnación de acuerdos sociales no se hiciera mención expresa al abuso de derecho o al abuso de poder, ello no constituía un obstáculo insuperable para la anulación de acuerdos sociales en tales supuestos, ya que, a tenor del artículo 7 CC, son contrarios a la Ley"[12].

El aumento de capital constitutivo de un abuso de derecho será aquél en el que concurran los requisitos siguientes, según estableció la STS de 14 de febrero de 2018 (que citaba precedentes y que se reiteró por la ya citada STS de 25 de octubre de 2022): *i) el uso formal o externamente correcto de un derecho; ii) que cause daño a un interés no protegido por una específica prerrogativa jurídica; y c) la inmoralidad o antisocialidad de esa conducta, manifestada en forma subjetiva (ejercicio del derecho con intención de dañar, o sin verdadero interés en ejercitarlo, esto es, en ausencia de interés legítimo), o en forma objetiva (ejercicio anormal del derecho, de modo contrario a los fines económico-sociales del mismo).*

2.3. Interés social y tutela de la minoría

El carácter lesivo de un acuerdo puede advertirse también allí donde opera la extensión del concepto del interés social que plasma el art. 204.1 II LSC, in-

se califica el ejercicio del voto como abuso de derecho, como si se entiende que constituye un abuso de poder— deben entenderse contrarios a los intereses de la sociedad, cuyo regular funcionamiento exige también el respeto razonable de los intereses de la minoría, de tal forma que, aunque el artículo 115.1 de la Ley de Sociedades Anónimas, aplicable para la decisión del recurso por razones temporales —hoy 204.1 de la Ley de Sociedades de Capital— silencia el "abuso de derecho" y el "abuso de poder", ello no constituye un obstáculo insuperable para la anulación de los acuerdos sociales en tales supuestos, ya que, a tenor del artículo 7 del Código Civil, son contrarios a la ley —en este sentido apuntan las sentencias de 10 de febrero de 1.992, 1136/2008, de 10 de diciembre, y 770/2011, de 10 de noviembre".

12 Ambas son transcripciones de la STS de 25 de octubre de 2022, fundamento jurídico quinto, apartados 2 y 4, respectivamente. La citada Sentencia recoge las precedentes resoluciones del Tribunal Supremo que delimitan esa posición.

cluido con ocasión de la reforma introducida por medio de la Ley 31/2014[13]. Este supuesto que, como se verá, encuentra aplicación en casos derivados de la impugnación de aumentos de capital, es el que plantea que la lesión del interés social pueda sostenerse a partir de una serie de requisitos. El primero es negativo: no es necesario que exista un daño patrimonial a la sociedad para afirmar la lesión del interés social. El segundo es el que justifica el título de este apartado, al igual que complementa una lesión no patrimonial. Esta puede afirmarse a partir de la imposición abusiva del acuerdo por parte de la mayoría. La imposición abusiva se presume siempre que el acuerdo no responde a una necesidad razonable de la sociedad y, a la vez, su adopción expone una clara contraposición entre los socios. Esta la depara todo acuerdo que impulsa e impone la mayoría *en interés propio*, a la vez que comporta un *detrimento injustificado de los demás socios*, esto es, con desprecio a cualquiera de los intereses patrimoniales o corporativos de estos últimos[14].

La reforma se ha explicado de manera precisa, tanto en su inicial propuesta[15], como con relación a la posterior tramitación legislativa que desembocó en la normativa vigente[16]. Se trataba, en síntesis, de superar el recurso a figuras como el abuso de la mayoría o el abuso del derecho y proceder a una extensión o ampliación del concepto del interés social. Éste no puede entenderse coincidente con el de la mayoría del capital, de forma que su lesión puede afirmarse ante acuerdos perjudiciales para la minoría, cuya adopción presente las circunstancias que permiten afirmar que se asiste a una imposición abusiva.

Es manifiesto que, ya en el procedimiento de impugnación, la concurrencia de tales requisitos en el acuerdo y en sus efectos actuales o previsibles, obliga a la parte demandante a desplegar una prueba consistente con la delimitación de este supuesto de acuerdo lesivo. Cuando se trata de un aumento de capital, la lesividad del acuerdo motivará la habitual alegación de que se responde a la intención de la mayoría de perjudicar a la minoría por medio de la dilución o extinción de la participación de ésta. Es una argumentación

13 Por todos, v. la exposición que realiza MARTÍNEZ, *RDBB* 137 (2015), p. 98 y ss.

14 Lo explica con detalle —y con referencias jurisprudenciales y doctrinales la SAP Islas Baleares (Sección 5.ª) de 20 de junio de 2020 en su fundamento cuarto (JUR 2019, 238540). Analiza y rechaza la "falta de causa de la ampliación de capital" la SAP Las Palmas (Sección 4.ª) de 19 de septiembre de 2018, fundamento sexto.

15 *Informe*, p. 29

16 VIVES RUIZ, F., *La impugnación, cit.*, pp. 49-54 y GARCÍA-VILLARRUBIA, M., "Los grupos de casos de acuerdos abusivos", Boletín mercantil, 76 (2019), disponible en www.uria.com/es/publicaciones

sumamente débil. Pretende convertir un juicio de intenciones en el cauce de entrada de declaración de una imposición abusiva que, a falta de otra prueba, habrá de ser desestimada[17].

Sin perjuicio de ello, no puede ignorarse que el paso dado encontraba su justificación en una serie de grupos de casos en los que el abuso de la mayoría era reiterado y en los que se proponía la adopción de una solución distinta al mero recurso a la denuncia y la infracción del artículo 7.2 CC. Dentro de ese grupo de casos aparecían, en lugar destacado los provocados por la impugnación de acuerdos de aumento del capital social[18]. El régimen de la impugnación sirvió a alguna jurisprudencia previa para apuntar su configuración como instrumento de protección de la minoría[19].

La solución introducida en el artículo 204.1 II LSC hace que confluya en los acuerdos impugnados ese simultáneo carácter abusivo y lesivo. Porque el acuerdo deriva del abuso de la mayoría que lo impone. La lesión del interés social se advierte desde su conexión con acuerdos aprobados en interés propio de unos socios y en detrimento de los demás.

2.4. Aumento de capital e interés social

358 La concepción fundamental y básica de la lesión del interés social suele partir de la existencia de una lesión económica hacia la propia sociedad. Acreditar esa lesión puede ser complejo en la impugnación de un acuerdo de aumento de capital social.

El capital tiene en el propio sistema normativo una función de garantía patrimonial que, en principio, dificulta la presentación de su incremento como una decisión perjudicial para la sociedad, que aparece como la beneficiaria del acuerdo. En ocasiones, la propia Ley presenta el aumento como una necesidad para superar situaciones extremas para la continuidad de la sociedad. El ejemplo más sencillo es el de la ampliación que debe alejar a la sociedad de la obligatoria disolución conforme al artículo 363.1, e) LSC. De manera que no cabe discusión sobre cuál es el interés social: que el aumento se proponga, apruebe y ejecute como solución para los problemas patrimoniales que amenazan la pervivencia o la continuidad de la sociedad y su actividad. Podrá

17 Resuelve un ejemplo de esa habitual retórica la SJM n.º 2 de Pontevedra de 7 de noviembre de 2017, fundamento tercero.

18 v., por todos, la exposición que realiza VIVES, ob. cit., pp. 55-58

19 SSTS de 7 de diciembre de 2011 y de 17 de enero de 2012.

discutirse alguno de los aspectos del acuerdo, pero no su necesidad. Hasta el punto de permitir alegar que la lesión del interés social derivaría de la no adopción del acuerdo.

En otras situaciones, se explica el aumento por el desarrollo de la propia actividad de la sociedad, consolidando la actual o abriéndola hacia nuevas operaciones.

¿Es imaginable, acaso, un supuesto aumento lesivo por razones distintas a las que deparan sus consecuencias patrimoniales? Sin duda, es posible que del aumento deriven lesiones no patrimoniales, como que un competidor pase a detentar una participación en el capital, que se convertirá así en la puerta de acceso a la información y otras ventajas singulares y alejadas del interés de la sociedad, por no decir que abiertamente enfrentadas con éste.

El aumento de capital es uno de los tipos de acuerdo social en los que es más frecuente y visible el debate entre mayoría y minoría y, por lo tanto, en los que su legalidad se discute al amparo del artículo 204.1, II LEC. Así, lo acredita el estudio de la jurisprudencia. Recordemos que fueron los aumentos abusivos una de las categorías inspiradoras de la reforma legal que llevó a acoger este motivo de impugnación. El abuso de la mayoría es una denuncia frecuente en las impugnaciones de estos acuerdos, pero incurrimos en una simplificación errónea si pensamos que su invocación es bagaje suficiente para entender que con la correspondiente alegación de aquel abuso se satisface lo exigido por el artículo 204.1, párrafo segundo, LSC. Porque la imposición abusiva se hace depender de la falta de una *necesidad razonable* del acuerdo, que cabe entender como una justificación para su proposición y adopción y que cabe debatir en relación con aquellos asuntos en los que la legalidad del acuerdo se vincula con la situación patrimonial o financiera de la sociedad. De forma que esa necesidad deberá resultar de las cuentas anuales o de cualquier otra información que exponga con precisión la situación de la sociedad[20]. Estamos ante un componente fáctico del que se hace depender el carácter lesivo del acuerdo, que por su importancia supera la información general o especial que exige el acuerdo. Así, no habrá abuso en el acuerdo que expone a los socios la relación entre el aumento y la expansión del negocio

20 La STS de 11 de enero de 2023 se adentra en la necesidad razonable del acuerdo de destinar a reservas los beneficios de los ejercicios sociales. En coincidencia con el Tribunal de apelación, el Tribunal Supremo rechazó la existencia de necesidad razonable y declaró que se estaba "ante un supuesto claro de acuerdo impuesto con abuso por la mayoría, en perjuicio claro de la minoría".

de la sociedad[21]. Esa razonabilidad se ve confirmada siempre que el aumento revele su conveniencia para el interés social. La ponderación de esa circunstancia que la legitima y valida el aumento depende en notable medida de la utilización, durante las fases de preparación y decisión del acuerdo, de los especiales deberes informativos que acompañan al aumento del capital, en general, y de forma especial a algunas modalidades de tal operación.

La prueba de la necesidad del aumento se impone, incluso, a los efectos perjudiciales que el acuerdo pueda tener sobre los intereses particulares de los socios o de determinados grupos de estos.

En ocasiones, el análisis de la concurrencia de una razonable necesidad de ampliación obliga al Tribunal a indagar el proceso que ha desembocado en esa justificación, pues la imposición abusiva puede entenderse que se dio en esa fase previa[22]

2.5. *Interés social e intereses particulares en el aumento*

El aumento del capital depara una confluencia entre el interés social y otros intereses que lo convierten en escenario ilustrativo de los conflictos frecuentes en el seno de toda sociedad mercantil. El significado ya mencionado que el capital tiene para la estabilidad patrimonial o para la financiación de ese tipo de sociedades, ilustra la conexión entre ese acuerdo y el interés de la sociedad.

El interés social puede aparecer como una referencia nítida en aquellos supuestos en los que, sin poder afirmarse que su exigencia resulta de una disposición legal, hace depender la viabilidad o continuidad de la sociedad del aumento de capital. Se trata de supuestos en los que circunstancias actuales o probables amenazan la capacidad de la sociedad de continuar con su actividad, salvo que se proceda a una reestructuración que implique, entre otras condiciones, el aumento del capital.

En cualquiera de los dos supuestos no faltarán intereses que diverjan de la identificación del interés social propuesta. Serán, sobre todo, algunos socios

---

21 V. SAP Córdoba de 13 de marzo de 2018, sobre la utilidad a esos efectos de los informes previos, cuentas anuales, informes periciales o política de resultados; v. SSAP Coruña (Sección 4.ª) de 16 y 23 de mayo de 2019.

22 Como hace la SAP Vizcaya (Sección 4.ª) de 26 de abril de 2019, que entendió lesiva para la minoría la ampliación justificada por la falta de liquidez de la sociedad cuando tal situación se creó *a propósito*, amortizando sin razón deudas a largo plazo, que se sustituyeron por una financiación a corto plazo.

los que puedan llegar a cuestionar que el rescate patrimonial o la viabilidad que se esgrimen responda a un interés común a todos los titulares del capital. Podrán discrepar legítimamente de determinadas condiciones del aumento, de sus efectos sobre el reparto del capital, del coste de su suscripción, de la incorporación de nuevos socios o de la prioridad hacia algunos acreedores, pero no podrán discutir que el aumento es la solución necesaria desde la perspectiva del interés social vinculado con el patrimonio social o con la financiación de la empresa en la que todos participan.

Resulta obvio que el debate cobra más complejidad en lo que podríamos enunciar como acuerdos voluntarios. El debate en torno al capital social y su aumento no se limitará a las características patrimoniales de la operación, sino que se verá acompañado de su incidencia corporativa, por proponer o imponer una redistribución de la titularidad del capital. Son acuerdos voluntarios de aumento aquellos en los que ni la situación patrimonial, ni la presente actividad reclaman un aumento del capital social. Allí donde se mantenga el derecho de suscripción, los socios recibirán la propuesta de ese acuerdo como una invitación a nuevas aportaciones por su parte, salvo que accedan a ceder ese derecho (allí donde esto sea posible) o a una dilución de su participación si no llegan a ejercitarlo.

Los socios pueden considerar lesivo el aumento por ser o llegar a ser un factor de alteración del control de la sociedad. Cualquiera de esos riesgos será denunciado por determinados socios, que señalarán la ausencia de conexión con el interés social y la perturbación, que dirán que es intencionada, de sus intereses particulares. Aparecen esos alegatos o similares en la jurisprudencia.

Procede reiterar que lo que convalida la operación es su conveniencia y oportunidad para el interés social. Si el aumento fortalece justificadamente los recursos propios o la financiación, la primacía del interés social lo legitima. Si falta esa justificación, la defensa de los intereses particulares recobra vigencia en la ponderación de la operación de aumento.

La tensión entre el interés social y el particular puede ser objeto de una mejor comprensión allí donde las características del concreto aumento los delimitan con mayor claridad. Un aumento con aportaciones dinerarias y derecho de suscripción preferente no facilita explicar que, en principio, se persigue un beneficio de la mayoría en perjuicio de la minoría. Podrá discutirse la necesidad de la operación, pero acreditar la concurrencia de los otros elementos del artículo 204.1 II LSC parece más complejo. Por el contrario, cuando el contravalor del aumento se refiere a un socio en particular, los intereses en liza se perfilan con especial nitidez. Son ejemplos típicos el aumento con aportaciones no dinerarias o por compensación de créditos.

2.6. *Aumento del capital e interés del tercero*

Dentro del régimen general de la impugnación de acuerdos se ha tenido en cuenta la posición de terceros. Como causa de impugnación reconoce el artículo 204.1 LSC el hecho de que el acuerdo infractor o lesivo del interés social resulta en beneficio de un tercero, formulación similar a la que aparecían en sus antecedentes legislativos. También aparece mencionado el tercero como uno de los sujetos activamente legitimados para ejercer la acción de impugnación. A tal fin, se reclama de éste que acredite un interés legítimo (artículo 206.1 LSC).

La jurisprudencia ofrece un expreso reconocimiento de tal interés en relación con un acuerdo de aumento. Lo hace en la importante STS de 14 de febrero de 2018 que, además, de enlazar el significado del interés legítimo con el régimen clásico de la legitimación para impugnar acuerdos sociales, rebate el intento de reducir la titularidad de ese interés *a quien llegue a ser o haya sido socio*[23].

2.7. *Aumento y perjuicio de la minoría*

La jurisprudencia ha tenido que afrontar casos en los que el reproche de lesividad se fundaba, exclusivamente, en la intención de perjudicar a la minoría que se atribuía al acuerdo impugnado, principalmente por medio de la dilución de su participación en el capital social. La lesividad de este tipo de acuerdos tiene en la falta de razonabilidad del aumento el principal argumento. Su incardinación en el inciso final del artículo 204.1, II LSC es plena cuando a esa falta se une el detrimento o daño de los intereses de los socios ajenos a la mayoría que impulsa y respalda ese acuerdo. Un acuerdo que re-

23 v. su fundamento jurídico tercero, apartado 5: "Por lo expuesto, carece de fundamento la pretensión de la recurrente de reducir el concepto de tercero con interés legítimo, a efectos de la impugnación del acuerdo social, a quien llegue a ser o haya sido socio. El concepto de interés legítimo, recogido en el art. 24 de la Constitución (RCL 1978, 2836), es más amplio que el de interés directo y excede del interés que tienen los socios, quienes lo sean tras la adopción del acuerdo o quienes lo eran en ese momento y perdieron esa condición con posterioridad. Cualquier persona que justifique que el acuerdo le afecta directa o indirectamente, pero de forma perjudicial, está legitimada para impugnar el acuerdo social".

sulta tan claramente abusivo que no debe extrañar por ello que se esgrima como ejemplo de esa categoría de acuerdos indeseados[24].

La falta de necesidad razonable de lo acordado como uno de los elementos determinantes de la imposición de un acuerdo abusivo, tiene en el aumento un amplio recorrido, no exento de dudas[25]. El aumento de capital plantea siempre una alteración en el *statu quo* societario, a veces escasa (por ejemplo, una ampliación con cargo a reservas) mientras que en otras resulta de gran calado (caso del aumento relevante con respecto al capital existente y que además propone la exclusión parcial del derecho preferente). De manera que la razonabilidad y la oportunidad del acuerdo van a dar lugar a valoraciones divergentes, entre los socios y entre algunos de estos y los administradores. La mención que hace el artículo 204.1 LSC a la necesidad razonable debe interpretarse sólo con relación a la propia sociedad. No se trata de ponderar el acuerdo y su imposición desde la perspectiva aislada de los efectos que la ampliación pueda tener para un concreto socio o para un grupo de socios. La necesidad razonable la marca el interés de la sociedad[26].

Es previsible que aquellos socios que no puedan realizar nuevas aportaciones traten de ampararse en una supuesta lesión del interés social o en que la operación no responde a una necesidad razonable. Estamos, como resulta obvio, ante una cuestión de hecho que desplaza sobre el socio la carga de la prueba de la imposición abusiva, aunque lo haga desde la negación de la justificación del aumento. Será la situación financiera o patrimonial de la sociedad la que dote de contenido a esa alegación. A la sociedad corresponderá acreditar que el aumento responde a una necesidad razonable, cuya concurrencia privará de eficacia jurídica los hechos incorporados en la demanda (art. 217.3 LEC).

También habrá de valorarse especialmente la clase de aumento que se propone y la eventual disparidad en el trato entre los socios. Es difícil admitir que el aumento sea un acuerdo con intención lesiva cuando se respeta el derecho de suscripción preferente. Es verdad que no faltan casos en los que la igualdad de trato que de ello deriva suele ser formal o aparente, una vez que las circunstancias del caso revelan que la dilución de la minoría es la única explicación para el aumento impugnado[27].

---

24 v. SÁNCHEZ CALERO, La *junta general,* p. 376.

25 v. VALPUESTA *Comentarios,* p. 513.

26 v. SANCHO GARGALLO "Artículo 204", *Comentario de la Ley de sociedades de capital,* III, Valencia (2021), p. 2851 y la ya citada STS de 11 de enero de 2023.

27 Ha de advertirse, sin embargo, que en algunas Sentencias el Tribunal Supremo ha valorado especialmente el mantenimiento del derecho de suscripción preferente como condición suficiente para rechazar el carácter abusivo de la lesividad del acuerdo: SÁNCHEZ CALERO,

La invocación de la necesidad razonable también puede responder a un planteamiento abusivo por parte de la minoría. A ésta no se la debe reconocer una legitimación para oponerse a operaciones que responden al interés de la sociedad en situaciones de desarrollo de su actividad ordinaria o extraordinaria y, por supuesto, cuando la ampliación es una manera de sanear el patrimonio de la sociedad y contribuir a la viabilidad de su negocio. No cabe discusión cuando el aumento se realiza con el propósito de eludir la causa legal de disolución motivada por pérdidas actuales o inminentes [art. 363.1, d) LSC][28]. La necesidad razonable no depende de que la sociedad haya registrado las pérdidas que obligan a la ampliación, sino que ese resultado resulte inminente y, con ello, que sea exigible la consiguiente obligación de reaccionar si se quiere evitar la disolución.

III. ANÁLISIS DEL SUPUESTO CARÁCTER ABUSIVO DE DETERMINADAS MODALIDADES DEL AUMENTO DE CAPITAL

Lo hasta aquí expuesto ha servido para conectar los principios inspiradores de la reformulación que para los acuerdos abusivos supuso la reforma del artículo 204 LSC con la categoría de los aumentos de capital. En relación con ello, una segunda aportación imprescindible la encontramos en las doctrinas jurisprudencial y científica, así como en la labor de la actual DGSJFP que, antes y después de dicha reforma, han permitido delimitar los elementos susceptibles de fundamentar o descartar el indicado reproche hacia los acuerdos y operaciones de aumento de capital.

A algunos supuestos particulares se hace a continuación una breve mención, que se justifica en la atención más desarrollada que a las distintas modalidades de aumento dedican otros capítulos de esta obra colectiva.

1. La exclusión del derecho de suscripción preferente

Al analizar el eventual carácter abusivo del acuerdo de aumento de capital que incorpora la exclusión del derecho preferente del socio de asumir nuevas participaciones o de suscribir nuevas acciones procede partir de su reconocimiento normativo como un derecho mínimo o, si se prefiere, básico en la posición de todo socio, en los términos del artículo 93 b) LSC.

ob. cit., nota 63 y la cita de la STS de 12 de julio de 2002, que a su vez menciona sentencias anteriores. v. VALPUESTA, pp. 512-513.

28 v. la ya citada SAP Islas Baleares (Sección 5.ª) de 20 de junio de 2019.

A partir de esa declaración, es coherente que el régimen del aumento de capital incorpore con carácter general el derecho de preferencia que delimita el artículo 304.1 LSC, y que descarta en ciertos casos el artículo 304.2 LSC. Aunque se admite que el derecho de preferencia es básico o mínimo en los supuestos legalmente determinados, su exclusión legal para otros casos impide calificar como abusivo el correspondiente acuerdo con el único fundamento de tal motivo.

Incluso, puede cuestionarse que estemos ante una exclusión legal de un derecho, cuando éste nunca ha existido. La exclusión no debe entenderse como la no vigencia de un derecho, sino como un descarte absoluto de que tal derecho exista en determinados supuestos. Al igual que hay una declaración legal y general de ese derecho, el artículo 304.2 LSC utiliza una fórmula que niega su concurrencia en ciertas modalidades de aumento. En efecto, dice ese precepto que *no habrá lugar* al derecho de preferencia. De forma que la negación normativa de ese derecho es una característica propia de la operación en la que se integra el acuerdo de aumento, que hace que, siempre en el ámbito de aplicación del artículo 304.2 LSC y demás disposiciones que lo complementan, las nuevas acciones o participaciones están atribuidas a otros sujetos (por ejemplo, a los accionistas de la sociedad absorbida en virtud de la fusión, a los de la sociedad escindida o a los obligacionistas). La inexistencia del derecho de suscripción preferente es, por lo tanto, consecuencia directa de la ley y hace improcedente cualquier intento de convertirla en un acuerdo abusivo.

El abuso derivado de la exclusión del derecho de preferencia se plantea allí donde, estando vigente ese derecho para todos los socios, se propone su supresión como parte de una operación de aumento de capital. La exclusión será uno de los efectos del acuerdo de la junta, en cuya ejecución ese derecho no existe, o al menos no lo hará con respecto a la totalidad del aumento, en función del alcance de la exclusión. Es el supuesto que contempla el artículo 308 LSC y que en su simple enunciación nos devuelve a algunos de los criterios esenciales en el régimen de la impugnación, como son la vigencia del interés social y la imposición de un acuerdo por la mayoría en perjuicio de la minoría (art. 204.1 LSC).

1.1. *La exigencia de la exclusión a partir del interés social*

El artículo 308 LSC proclama desde su rúbrica que la exclusión del derecho de preferencia puede formar parte del acuerdo de aumento. No puede calificarse la exclusión de ese derecho como un acuerdo voluntario o discrecional, precisamente porque su adopción se ve sometida a un presupuesto material o habilitante[29] o, si se prefiere, a un criterio legitimador, cual es que "el interés de la sociedad así lo exija" (art. 308.1 LSC). De forma que la junta general no es libre para, cumpliendo con la mayoría de voto cualificada para la válida adopción de tal acuerdo, decidir sin más tal exclusión. Esta sólo puede proponerse y aprobarse si hay una razón previa: que el interés de la sociedad pase porque no sean los socios actuales los que suscriban, en todo o en parte, las nuevas participaciones o acciones. Es una cuestión de hecho, en la que al juez corresponderá evaluar las particulares circunstancias que en cada caso pueden justificar un acuerdo con ese contenido, comenzando por la identidad de los futuros socios y continuando por el alcance de la exclusión y el impacto que el acuerdo puede tener con relación a la posición previa que detentaban los socios actuales[30].

Existe una sustancial coincidencia entre la visión económica o financiera de la exclusión del derecho de suscripción preferente y la delimitación del interés social que la justifica. Si el aumento debe suponer una aportación de financiación y un factor de estabilidad y viabilidad para la sociedad, son muchos los supuestos en los que se entiende la exigencia de la exclusión como condición esencial de la operación. Limitándonos a citar los más reiterados, en unos se quiere superar la incapacidad de los socios —que puede ser parcial— de aportar nuevos recursos y permitir que lo hagan otros. Una incapacidad que puede ser especialmente grave por razones de oportunidad, como sucede en escenarios preconcursales. En otros supuestos, la exclusión se plantea como parte de una operación de mayor calado, en la que la suscripción del capital se puede ver acompañada de otras ventajas para la sociedad (por ejemplo, tecnológicas, financieras o comerciales) derivadas de la vinculación con el nuevo socio. Incluso, la exclusión puede destinarse a impedir la continuidad en el capital de determinados accionistas que no se consideran idóneos (como refleja la experiencia inherente a procesos de resolución financiera) o a quienes se considera responsables de la crisis de la empresa, con lo que difícilmente se desea permitir su continuidad como socios (significativos o no) en una nueva etapa.

La visión del interés social en este acuerdo presenta un perfil distinto al que resulta, con carácter general, de su incorporación en el artículo 204.1

29 Al respecto, v. LARA "Artículo 308", en AA.VV., *Comentario de la Ley de sociedades de capital*, Cizur Menor 2011, pp. 2272-2274.

30 v. BLANCO SARALEGUI, "Artículo 308", p. 4254 y ss. y las varias sentencias de Audiencias Provinciales que ilustran la variedad de supuestos enjuiciados.

LSC. En éste, la valoración de la compatibilidad entre el acuerdo y el interés social se realiza con posterioridad y en el marco de un debate procedimental, siendo el juez el competente para pronunciarse al respecto y decidir sobre la validez y eficacia del acuerdo. Si se dice que ese interés es un presupuesto del acuerdo de exclusión del derecho de preferencia, es porque desde los momentos iniciales y preparatorios del acuerdo de la junta general, debe determinarse la concreta expresión del interés de la sociedad que *exige* la exclusión de tal derecho. Deben hacerlo los administradores, a quienes se reconoce la competencia para proponer la exclusión y a quienes se exige que la justifiquen documentalmente. Ya en la junta, la valoración de ese interés corresponde a quienes votan a favor o en contra.

Aunque no exista un requerimiento expreso para que en los distintos documentos que se imponen por el artículo 308.2 LSC para la validez del acuerdo se explique la particular exigencia de la exclusión del derecho de suscripción preferente conforme al interés de la sociedad, parece razonable requerir que, dentro de la detallada justificación de la propuesta pongan los administradores a disposición de los socios una información adecuada para entender la relación entre esa medida y el interés de la sociedad. Es una demanda proporcionada a la relevancia del acuerdo que se propone. Esa información suficiente contribuye a alejar la concurrencia del abuso de derecho (art. 7.2 CC). Proponer la supresión de un derecho que la norma autoriza expresamente bajo ciertas condiciones no puede ser tildado de conducta abusiva, en especial cuando los términos de la propuesta permiten comprender los motivos que inspiran que las acciones o participaciones se destinen a nuevos y concretos socios. La información al respecto permite analizar la vigencia y primacía del interés de la sociedad y descartar que el citado acuerdo, aunque pueda ser visto como lesivo para los socios, deba por eso tildarse como abusivo.

Adviértase que el derecho de suscripción preferente se esgrime como esencia de un acuerdo supuestamente abusivo también cuando se mantiene. Los accionistas minoritarios alegan que lo que se quiere es crear una apariencia de respeto hacia su derecho, aunque la operación se hace con la finalidad de diluir su participación a partir de la conciencia de que los socios minoritarios carecen de la capacidad de suscribir las nuevas participaciones o acciones que les corresponden.

En sentido distinto, su exclusión puede ser vista como síntoma de una conducta lesiva para los socios o, al menos, para algunos de ellos. Probablemente sea esa premisa la que justifica la literalidad de la norma: la exclusión viene exigida por el interés de la sociedad, cuya prioridad se impone sobre los efectos que el acuerdo pueda tener para los particulares intereses de los socios. Literalidad normativa que no está reñida con la repetida discusión ante nuestros Tribunales sobre si tal acuerdo excluyente, a pesar de contar con dicha cobertura, constituyó un acuerdo infractor o, en lo que más nos interesa, abiertamente lesivo. El interés social y su tutela no son munición para un simple argumento, sino un hecho previo o, cuando menos, concurrente a la propuesta del aumento, que a los administradores convocantes de la junta compete acreditar. Asumir esa prueba y satisfacerla de manera diligente y convincente en la fase de preparación e información previa a la junta, no solo supone respetar el procedimiento societario legalmente delimitado, sino acotar desde un primer momento el interés social que determine el acuerdo y que, en caso de impugnación, será objeto de un ulterior debate litigioso[31].

La exclusión diseñada por los administradores conforme a la norma deberá ser respaldada por la junta, en cuyo seno puede expresarse la dispar posición entre la mayoría a favor de la llegada de nuevos socios y la minoría contraria a esa novedad, cuyo supuesto alineamiento con el interés de la sociedad ha justificado la privación de su derecho de suscripción.

Diseñado así el escenario básico, no parece admisible que un acuerdo que sirve al interés social pueda ser atacado al amparo de la genérica invocación de una lesión de tal interés en beneficio de socios o terceros (art. 204.1 LSC). Discutir si éstos se ven beneficiados o no por el aumento que incorpora la exclusión es secundario. Lo decisivo para llevar adelante esa impugnación es acreditar que la exclusión no resultaba necesaria o exigida conforme al interés social.

El debate sobre esa exigencia se traslada igualmente a la impugnación que invoque los criterios acogidos por el artículo 204.1, II LSC. La primera dificultad la encontrará el actor en cómo explicar que no responde a una necesidad razonable de la sociedad una modalidad de aumento que cuenta con cobertura normativa a partir de la primacía específica del interés social, que se habrá traducido documentalmente en la preparación, adopción y ejecución del acuerdo. Puede resultar hasta paradójico que un concepto —el del interés social— que el artículo 204.1, II LSC ha convertido en instrumento de defensa de la minoría se convierta por el artículo 308.1 LSC en el primer escollo que su posible demanda encontrará como hecho cuya determinación será decisiva para el desenlace del procedimiento.

La flexibilidad de los términos legales abre la puerta, sin embargo, a que atendiendo a las circunstancias de hecho concurrentes en cada caso, el de-

31 Conforme con las consideraciones de LARA, ob. cit., pp. 2275-2276

mandante dibuje un acuerdo abusivo cuando la exclusión no resultaba ser la única opción posible. Por ejemplo, y entre las varias hipótesis imaginables, la discusión podría verse abonada allí donde los nuevos socios pudieran haber suscrito parte de la ampliación a través de la compensación de créditos, reservándose la parte de la ampliación con aportaciones dinerarias a los socios actuales. Al igual que, desde el lado de la sociedad, la exclusión pudiera justificarse porque la necesidad de financiación inmediata y por medio de recursos dinerarios solo la aseguraban los socios venideros, sin que el interés de la sociedad pueda quedar subordinado a la capacidad de realizar nuevas aportaciones por todos los socios o, cuando menos, por una mayoría de ellos. Son, todos ellos, supuestos en los que podrá discutirse sobre la oportunidad de la exclusión, pero nunca la consideración y primacía del interés de la sociedad como criterio decisivo.

1.2. Alcance de la exclusión

Al reconocer a la junta el poder de suprimir el derecho de suscripción preferente, el artículo 308.1 LSC señala que esa exclusión podrá ser "total o parcial". Esta variable ha invitado a analizar dos posibles contenidos del acuerdo, cuyo impacto sobre la posición de los socios y la consiguiente reacción de estos no resulta menor.

1.3. Exclusión parcial objetiva

La primera hipótesis, confirmada en la práctica societaria, parte de que el alcance de la supresión se limite a una parte del capital que se amplía, y su admisión plantea menor dificultad[32]. Es la denominada exclusión parcial objetiva[33]. Con respecto a las acciones o participaciones que constituyen la parte del aumento donde rige la exclusión, los socios se ven privados de su derecho preferente. La suscripción o asunción de aquellas se reserva a un nuevo socio. Los socios actuales mantendrán, sin embargo, su derecho preferente con relación a las demás acciones o participaciones comprendidas en el mismo aumento. El carácter parcial puede afirmarse así de la exclusión y de la vigencia del derecho de suscripción preferente. En cuanto a la primera, el reproche de su carácter abusivo podrá intentarse al amparo de las mismas alegaciones que la exclusión total, al igual que la defensa frente a ese reproche abundará

32 Conforme con VALPUESTA, *Comentarios*, p. 800.
33 Siguiendo a VAZQUEZ ALBERT, *La exclusión del derecho de suscripción preferente*, p. 150.

en la necesaria conexión entre el interés social y la limitada supresión y vigencia del mismo derecho.

La paridad en el trato de todos los socios descarta la polémica mayoría-minoría tan relevante para analizar una imposición abusiva y la estimación de que tal se ha producido dependerá, tan sólo, de acreditar que la exclusión, aunque sea parcial, carece por completo de justificación material a la vista del interés social presente en la operación.

1.4. *Exclusión subjetiva*

La segunda hipótesis es más problemática, dados sus efectos sobre los intereses y derechos en juego. Se trata de admitir que es posible una delimitación subjetiva del acuerdo de exclusión: se adopta con relación a unos socios, pero no frente a otros. Resulta manifiesto que se está ante un acuerdo discriminatorio y contundente sobre los derechos de sus destinatarios. En suma, unos socios conservan un derecho, al tiempo que se elimina para otros. La incompatibilidad de esta opción con el principio de igualdad de trato (art. 97 LSC) invita a su inicial rechazo[34]. Posición que se ve fortalecida por la premisa de tal principio: ¿cómo admitir que un derecho común de socios, que se encuentran en posiciones idénticas ante el acuerdo de aumento, sea objeto de una solución discriminatoria? De manera que no faltan voces que rechazan la validez de tal forma de exclusión subjetiva[35].

Si bien con carácter general es comprensible la duda ante una discriminación tan patente, no debe descartarse esa posibilidad precisamente por el pilar fundamental del artículo 308.1 LSC: porque así lo exige el interés social. Como ya se ha señalado, no faltan ejemplos en los que puede estar justificada esa exclusión subjetiva a partir de la falta de idoneidad de determinados socios, de forma que la viabilidad de la sociedad se haga depender, entre otras condiciones, de su salida del capital social o, cuando menos, de la reducción de su participación por la dilución inherente al aumento. Son situaciones ex-

---

34 Es oportuno recordar la especial conexión que el citado principio de igualdad tiene con el derecho de suscripción, como desarrolla VAZQUEZ ALBERT, ob. cit., p. 220 y ss.

35 VALPUESTA, ob. cit., p. 800, donde sintetiza las posiciones doctrinales que han tratado de convalidar esa particular exclusión por medio del recurso a la aplicación analógica de la tutela colectiva de los titulares de una misma clase de acciones perjudicada por una modificación de estatutos (art. 293.4 LSC), o simplemente recurriendo a la vigencia del interés social. Con mayor detalle y citas doctrinales a favor de las distintas orientaciones, VAZQUEZ ALBERT, ob. cit., p. 222 y ss.

tremas, cuya validez suele apoyarse en leyes especiales, aunque al fin y a la postre, la vigencia del interés social resultará determinante.

Sin perjuicio de ello, la exclusión parcial subjetiva que afecta sólo a algunos socios y respeta a otros, se traducirá en un probable conflicto impugnatorio. Tal acuerdo parece venir encuadrado en aquellos que se imponen de forma abusiva porque su adopción favorece a la mayoría (no afectada por la exclusión de su derecho de preferencia) a la vez que perjudica a la minoría (única destinataria de la supresión de ese mismo derecho). Contradicción que se habrá reflejado en el correspondiente ejercicio del derecho de voto a favor y en contra del acuerdo. Volvemos a la necesidad razonable (art. 204.1 II LSC) o a la exigencia de tal acuerdo conforme al interés de la sociedad (art. 308.1 LSC) como criterios decisivos a la hora de evaluar si se está ante una imposición abusiva del acuerdo de aumento.

1.5. La exclusión aprobada por el consejo de administración

Cuanto se ha dicho con relación al acuerdo de la junta es aplicable al acuerdo del consejo de administración por el que se excluye el derecho de suscripción preferente de los accionistas en las sociedades cotizadas. Sabido es que la delegación por la junta de la facultad de proceder al aumento puede incluir tal exclusión (art. 506.1 LSC) y que al consejo se le impone igualmente que tal acuerdo se adopte sólo cuando el interés social así lo exija. La concurrencia de este presupuesto ha de analizarse en el momento en que se haga uso de la delegación. Puede resultar obvio, pero se trata de descartar que la atribución por la junta de la facultad de una futura exclusión en una operación de capital autorizado pueda ser impugnada por tal motivo. El interés social en la delegación es uno, mientras que el que debe atenderse en la futura exclusión es otro.

2. Aumento por compensación de créditos

La compensación de créditos como modalidad posible de aumento de capital permite abordar su posible carácter abusivo a partir de distintos supuestos. Partimos de una hipótesis históricamente admitida por entender que constituye una operación conveniente para los intereses de la sociedad. A la vez que permite a ciertos socios o a terceros incrementar su participación o incorporarse al capital, la operación resulta ajena con respecto a los demás. Estos últimos carecen de la posición acreedora frente a la sociedad que se traducirá, siempre que se cumplan las condiciones legales, en la contraprestación del aumento. De ahí que, admitiendo que el aumento de tal guisa puede convenir al interés social por el cambio de pasivo en fondos propios, no deja de denunciarse en esta operación la lesión de los intereses de la minoría, entendiendo por tal la que carece de créditos compensables y, además, discrepa de la operación con su voto en contra.

La variedad de cuestiones y de problemas que pueden acompañar a este tipo de aumento y al eventual abuso de la mayoría y lesión de los intereses de la minoría anima a intentar una exposición sintética.

2.1. El rigor legislativo

El reproche a un acuerdo con este contenido sobre la base de los elementos que enuncia el artículo 204.1, II LSC tiene que tomar en cuenta que estamos ante una de las modalidades de aumento de capital sometidas a una atención legislativa más minuciosa. Basta con acudir al artículo 301 LSC y a la distinción de las condiciones, información y documentación del acuerdo, según se trate de una sociedad limitada o anónima. Tal legislación expresa una prioritaria preocupación por la integridad del capital social y por la realidad de los créditos. Al mismo tiempo, permite a todos los socios el acceso a una información destinada no sólo a la identificación de la contraprestación, sino también a facilitar la valoración de la necesidad y el alcance de la ampliación. Ambos aspectos son presupuestos de hecho que, caso de impugnación, habrían sido determinados por los tribunales de instancia[36].

La puesta a disposición de esa información hace improbable que se proponga una contraprestación que no incluya créditos aptos para ser objeto de compensación (art. 301.1 y 2 para la sociedad limitada y art. 301.3 para la sociedad anónima), lo que limita el reproche de la minoría basado en ese aspecto de la operación.

2.2. Compensación de créditos y derecho de preferencia

Aunque ha sido ampliamente debatido doctrinalmente, el aumento por compensación de créditos no da lugar al derecho de suscripción preferente. No se suscita porque, en primer lugar, la aportación al capital social está limitada por un factor subjetivo: la compensación solo puede realizarse con la

36 Auto del Tribunal Supremo de 13 de noviembre de 2019.

conformidad de un concreto socio o tercero, acreedor de la sociedad[37]. Cabe imaginar que para compensar los efectos dilusivos de esa particular ampliación de capital se reclame por los demás socios que la operación se complemente con otro tipo de aumento, preferentemente dinerario, con lo que los demás socios podrían, si lo desean, mantener su participación en el capital. O que esa opción se limita solo a los socios, distintos del titular del crédito a compensar, que ejerzan su derecho de suscripción por medio de las correspondientes aportaciones dinerarias[38]. Esto es lo que ha llevado a figuras como la del aumento mixto, pero sin que su práctica constituya un argumento para reconocer que, en todo caso, la minoría tenga legitimidad para exigir que la operación le permita ejercer un derecho preferente. Esa figura mixta es una reacción a la dilución como un efecto legal del aumento con compensación de créditos. En suma, la marginación de determinados socios en un aumento por compensación puede aconsejar una prudente justificación de la operación que descarte que el acuerdo se ataque por su naturaleza abusiva o sus efectos lesivos, pero sin que ello se interprete como un general reconocimiento de ese derecho de suscripción.

2.3. La necesidad razonable

La necesidad razonable de este tipo de aumento de capital puede ser un hecho incuestionable y debidamente acreditado, pero no por ello descarta que el aumento termine considerándose un acuerdo abusivo. Tal sucede, por ejemplo, cuando dicho aumento no era la única solución al problema patrimonial o de liquidez por el que atravesaba la sociedad, ni cuando su ejecución supone romper con los aumentos precedentes acordados en el seno de la administración. Ese tipo de argumentos pueden operar en sentido distinto. Así sucederá cuando la compensación de crédito sea la solución a crisis patrimoniales, de liquidez o de viabilidad. La oposición de los socios a ese acuerdo reclama probar que tal tipo de aumento no es razonable. No lo será, desde luego, o al menos no lo parece, alegar que es mejor opción que aumentar el capital de esa forma, recurrir al concurso o abrir una negociación preconcursal.

---

37 Cabe citar la reciente SJM 3 de Valencia de 21 de septiembre de 2022, que descarta la infracción del artículo 308 LSC en un aumento por compensación de créditos, al ser éste merecedor de un tratamiento sistemático diferenciado del que establece dicho precepto para la exclusión del derecho preferente (v. fundamento de derecho cuarto).

38 V. Res. DGRN de 25 de octubre de 2018.

2.4. El supuesto discriminatorio

También resulta merecedor de la calificación como abusivo cualquier aumento por compensación de créditos en el que, aunque participen todos los socios o distintos grupos de éstos, se imponen condiciones manifiestamente dispares para unos y otros. Ciertas situaciones pueden llevar a hablar ya no sólo de abuso, sino de fraude. Es lo que sucede cuando la mayoría se provee de créditos compensables previa celebración con la sociedad de, por ejemplo, contratos de préstamo con esa exclusiva finalidad[39]. O lo que implica que, a la vista de la ampliación de capital, se acepte por la sociedad el vencimiento anticipado de una obligación a plazo frente a un socio, para permitir que éste pueda acudir a la operación de aumento en una condición que no tendría de no ser por el acuerdo con la sociedad.

2.5. Apuntes jurisprudenciales

La jurisprudencia ha corregido el uso de la compensación de créditos como presupuesto de un acuerdo abusivo. Lo hace la ya citada STS de 4 de febrero de 2018 que confirmó, con la mera concurrencia de la infracción del artículo 7.2 CC, que la ampliación de capital presentaba un carácter abusivo que derivaba de las excepcionales circunstancias que ofrecía la fijación de hechos realizada por el tribunal de instancia y que, en síntesis, resultaban de que la ampliación se aprobó como reacción ante el anuncio de la decisión del demandante de ejercitar el derecho de opción de compra de una participación mayoritaria en la sociedad. Además, la ampliación tuvo en ese caso como contraprestación la compensación de créditos derivados de ingresos que el socio y administrador al que se designaron las nuevas acciones tenía contra la sociedad por distintos ingresos que había realizado en cuentas bancarias de ésta. Destaca el Tribunal Supremo la anomalía que supuso, en lugar de haber destinado esos ingresos a la cancelación de la importante deuda que el mismo socio y administrador mantenía con la sociedad, utilizarlos para aumentar considerablemente su participación en el capital social. Un aumento que se realizó con *la aviesa intención* de frustrar el derecho de opción de compra del tercero, incurriendo en un claro supuesto de abuso de derecho conforme a la delimitación que de la figura ha realizado la jurisprudencia[40].

39 V. VALPUESTA, *Comentarios*, p. 777.

40 v. la valoración expresada en el fundamento jurídico quinto, apartado 5 y las SSTS mencionadas en el apartado 8.

3. La prima de emisión como elemento de un acuerdo abusivo.

La creación de participaciones sociales o la emisión de acciones con prima de emisión como factor susceptible de provocar la denuncia del carácter abusivo de un aumento de capital reclama una cautela proporcional a los varios argumentos que sobrevuelan el supuesto. Vaya por delante que ni la jurisprudencia, ni la doctrina registral reflejan un debate directo y especialmente intenso que vincule la prima de emisión con la figura de los acuerdos abusivos. Las menciones al respecto suelen ser indirectas o complementarias, dentro de un objeto más amplio del debate[41]. Pareciera, por tanto, que no estamos ante una condición o modalidad conflictiva en relación con los intereses y criterios de evaluación que permiten revisar la legalidad del acuerdo conforme al artículo 204.1 LSC. Apariencia que invita a revisar su consistencia con la mención de alguno de los aspectos fundamentales de la figura.

3.1. Carácter dispositivo

La prima de emisión tiene carácter dispositivo[42]. Desde un punto de vista patrimonial, la prima tiene asignada una determinada función dentro del aumento del capital social. Supone una aportación de fondos adicionales a los directamente destinados al incremento de la cifra del capital social. Una aportación cuya única beneficiaria directa va a ser la sociedad, si bien la satisfacción de la prima implica un beneficio indirecto para los socios, por los efectos patrimoniales de la correspondiente aportación. En efecto, la prima debe de traducirse en la dotación de una reserva especial que incremente el patrimonio de la sociedad y, por lo tanto, el valor de la participación de cada uno de los socios. Una reserva que se nutre de la aportación que habrán realizado los nuevos socios y que implica la conciliación entre el interés social y la defensa de los derechos particulares de cada uno de los socios. En la mayoría de los casos, la prima se acuerda en operaciones de aumento diseñadas para la incorporación de un nuevo socio, lo que no descarta su utilización cuando la operación persigue que sean determinados socios actuales quienes asuman el aumento. Ni el tercero, ni estos socios pueden esgrimir que la determinación de la prima implica un acuerdo abusivo.

41 v. la exposición más reciente que ofrece ÁVILA, "Artículo 298", cit. p. 4164 y ss.
42 v. ÁVILA, ob. cit., p. 4164.

3.2. *Prima y tutela de los socios*

La introducción de una prima de emisión persigue que el valor nominal, junto con el importe de la prima, se acerquen al valor real de las acciones emitidas o de las participaciones creadas. Es una solución habitual en aquellos aumentos de capital en los que se contempla la exclusión total o parcial del derecho de suscripción preferente. Tan es así que, como se ha destacado acertadamente, es en el régimen de su exclusión donde aflora esa relación, al establecerse por el artículo 298.2, c) LSC, la antes apuntada correspondencia entre valor nominal y valor real. El valor nominal de las nuevas participaciones/acciones y el eventual importe de la prima deberán corresponderse con el valor real de participaciones o acciones, señalados en los respectivos informes de los administradores o del experto independiente. De alguna manera, la prima de emisión aparece como la compensación a esa pérdida del derecho de suscripción preferente. El hecho de no permitir a los accionistas suscribir nuevas acciones, o a los socios hacer lo propio con las nuevas participaciones se ve atenuado por el incremento patrimonial que para su participación implica la aportación a través de la prima de fondos directamente acumulados al patrimonio de la sociedad.

Cabe plantear, a la vista de esas relaciones entre la exclusión del derecho de suscripción preferente y la creación de una prima, si nos estamos acercando a ésta como una condición necesaria u obligada en todo aumento de capital que incorpora tal exclusión. La respuesta debe partir de un principio claramente establecido por el artículo 298 LSC, que lleva a entender la prima como una potestad de toda sociedad y que no puede convertirse en una condición necesaria u obligatoria. La prima no puede ser exigible por los socios, ni siquiera por haberse excluido el derecho de suscripción preferente. De esta forma, el debate sobre al abuso se debe de referir a esta exclusión y no a la prima.

Esta conclusión no varía por la relación que al artículo 298.2, c) LSC enuncia entre la validez del acuerdo de exclusión y la prima de emisión. Ese mismo precepto reitera que la prima es un elemento potestativo o voluntario de un acuerdo de aumento. Cuando dice que la prima es un elemento para considerar, *en su caso,* en la relación entre el valor nominal y el real de la acción o participación, reitera lo ya dicho. La prima sirve para que, sumada al valor nominal, se acerque al valor real de las nuevas acciones o participaciones, cuya eventual diferencia en el nominal frente a acciones o participaciones antiguas puede solventarse incorporando las acciones o participaciones a una serie específica. Objetivo que se puede alcanzar también, sin prima, cuando el valor nominal de esas acciones o participaciones determinen su correspondencia con el valor real.

3.3. *El eventual abuso por la falta de prima*

Allí donde el socio considere que la exigencia de la prima debiera ser un elemento imprescindible del aumento propuesto, cabe plantear si el hecho de que no se incorpore permite afirmar que se está ante un acuerdo abusivo. Incluso, cuando el fundamento material de la demanda fuera lo que no se acordó. La falta de prima no puede, por sí misma, justificar el ejercicio de la acción de impugnación. Un contenido potestativo no infringe la ley si no se adapta y, en el orden procedimental, la impugnación es inviable porque lo que sucede es que antes que, ante un acuerdo negativo, se está ante una completa falta de acuerdo[43]. La impugnación no puede pretender que una sentencia sirva para acordar lo que la junta no llegó a tratar[44].

4. La ampliación con cargo a reservas

En principio, resulta sencillo afrontar la ampliación de capital con cargo a reservas como una operación respetuosa con los intereses de todos los socios. En su simple aprobación —esto es, sin que tal modalidad participe de una operación mixta— ese tipo de aumento aparecerá como una operación *gratuita* para los socios, respetuosa con el principio de trato paritario (art. 97 LSC) y que no altera la participación que pudiera mantener hasta ese momento cada socio. Esos efectos se ven acompañados por la ausencia de lesión alguna para el interés social, más bien al contrario, por su favorable atención a través del reforzamiento de tan decisivo elemento de solvencia y estabilidad. Es habitual la calificación de esta forma de aumento como un medio de *autofinanciación* que favorece a la sociedad. En suma, esta forma de ampliación se presentará con frecuencia como simultáneamente tuitiva del interés social y de los intereses particulares de todos los socios, descartando así el carácter lesivo del acuerdo. La sociedad se ve favorecida por esta forma de autofinanciación y los socios asisten a un incremento en el valor nominal de su participación sin realizar aportación alguna.

Tal descripción puede, sin embargo, merecer alguna discrepancia. Es manifiesto que el aumento con cargo a reservas y sus favorables efectos para la sociedad sean contemplados como una operación perjudicial para los socios, que podrán considerar que los fondos que a través de las reservas estaban re-

43 SANCHO GARGALLO, "Artículo 204", cit., p. 2840.
44 VALPUESTA, *Comentarios*, cit., p. 505.

tenidos por la sociedad, pero con su disponibilidad como característica, quedan definitivamente excluidos de su posible distribución entre los socios una vez que se destinan al aumento de capital.

Esto permite entender que, bajo determinadas circunstancias, esta modalidad de aumento del capital puede llegar a ser calificada como abusiva. Así sucederá en aquellos casos en los que la operación no sea necesaria (cfr. art. 204.1, II LSC): su propuesta y aprobación no están justificadas por la financiación de la sociedad. A ello se suma el cambio en la disponibilidad de las reservas utilizadas en esa ampliación. La conversión en la disponibilidad sucede a través de una "simple operación contable", por utilizar la descripción acuñada por la DGRN[45]. Algunos socios pueden objetar esa operación no solo por no venir aconsejada o impuesta por las necesidades financieras de la sociedad, sino por el destino dado a los fondos que integraban la contraprestación del aumento, que pudieran haberse destinado a otros fines directamente beneficiosos para los socios, como el reparto a través de un dividendo.

El aumento con cargo a reservas puede generar problemas adicionales cuando forma parte de una ampliación mixta. Tal sucede cuando se combina el derecho del socio a participar en la ampliación gratuita con un segundo tramo que reclama nuevas aportaciones del mismo socio. Esa combinación atenúa el atractivo de la operación para los socios y puede llegar a plantear un desequilibrio entre la ventaja de ejercer el derecho a recibir acciones contra reservas, cuando la condición inescindible es una aportación adicional que el socio puede ver como excesiva o inoportuna.

La renuncia del socio actual a participar en el aumento puede deparar un nuevo problema en el caso de que sean nuevos socios quienes suscribieran la parte del aumento con nuevas aportaciones y con ello, a ser copropietarios de unas reservas acumuladas con prioridad a su incorporación. No faltan elementos que animan el debate en torno a la licitud de la figura[46]. Procede indicar que el Tribunal Supremo ha admitido la operación[47], siempre que al socio que no acuda a la ampliación le quepa la opción de enajenar su derecho de preferencia[48].

45 RDGRN de 28 de febrero de 2003, con cita de antecedentes.
46 v. VALPUESTA, *Comentarios,* p. 785 y la jurisprudencia y doctrina registral que allí recoge.
47 SSTS de 28 de mayo de 1990 y 17 de marzo de 1994.
48 v. también RDGRN de 4 de febrero de 2003.

IV. AUMENTOS DE CAPITAL PRECONCURSALES Y CONCURSALES E INTERÉS SOCIAL. UN APUNTE

1. Un nuevo escenario sobre el carácter lesivo o abusivo del aumento.

Procede tratar de manera separada la litigiosidad que puede acompañar al aumento de capital que se plantea en el marco de la preinsolvencia de una sociedad, o como parte de la solución convencional de su concurso. Las razones son diversas, como se expondrá a lo largo este apartado, pero cabe presentarlas desde el cambio del marco normativo en el que se producen, que obliga a conciliar las disposiciones societarias con las diversas que a la cuestión dedica el Texto Refundido de la Ley Concursal (TRLC), objeto de una profunda reforma[49], con especial incidencia en esta materia, principalmente con respecto a la fase preconcursal. Detallar ese cambio supera el objeto de estas páginas: no estamos ante una reformulación de la ampliación de capital como opción dentro de un convenio o de un plan de reestructuración, sino ante la modificación profunda del tratamiento que recibe el socio en ese escenario, del que el régimen especial aplicable al aumento es una de las varias expresiones de la posición normativa[50].

En cualquiera de las hipótesis, el recurso a un aumento del capital de la sociedad deudora como parte de su saneamiento es una solución clásica, legalmente asentada y que ha deparado valiosas aportaciones jurisprudenciales y doctrinales. Se trata, en cualquiera de los dos supuestos, el previo a la insolvencia inminente o probable o el estado formal de declaración del concurso, de procedimientos especiales porque, entre otras varias circunstancias, ubi-

49 La derivada de la aprobación de la Ley 16/2022 de 5 de septiembre, de reforma del texto refundido de la Ley Concursal, aprobado por el Real Decreto Legislativo 1/2020, de 5 de mayo, para la transposición de la Directiva (UE) 2019/1023 del Parlamento Europeo y del Consejo, de 20 de junio de 2019, sobre marcos de reestructuración preventiva, exoneración de deudas e inhabilitaciones, y sobre medidas para aumentar la eficiencia de los procedimientos de reestructuración, insolvencia y exoneración de deudas, y por la que se modifica la Directiva (UE) 2017/1132 del Parlamento Europeo y del Consejo, sobre determinados aspectos del Derecho de sociedades (Directiva sobre reestructuración e insolvencia). La ampliación concursal o preconcursal ya mereció alguna atención en las sucesivas reformas anteriores a la Ley 16/2022: v., por ejemplo, FERNÁNDEZ DEL POZO, L., "El envilecimiento de la posición del socio en la capitalización preconcursal de créditos bajo el Real Decreto-ley 4/2014", La Ley Mercantil 1 (2014) y la detallada bibliografía recogida por GARCÍA-VILLARUBIA, M., Actualidad Jurídica Uría Menéndez 39 (2022), pp. 99-100.

50 Entre las varias contribuciones destacables, v. PULGAR EZQUERRA, J., "El papel de los socios en reestructuraciones de empresas en crisis y la proyectada reforma del Texto refundido concursal", *El Notario del siglo XXI, Revista del Colegio Notarial de Madrid,* 102 (2022), p. 50 y ss.

can el acuerdo de aumento del capital social en un debate en el que, junto a los socios, tienen voz y voto, en sentido estricto, los acreedores sociales. A lo que se suma que el aumento será analizado, no ya de manera autónoma, sino como parte de un procedimiento sobre el que el ordenamiento concursal proyecta determinados criterios de valoración que deben tomarse en cuenta. Dicho de manera expresa: el carácter abusivo de un aumento de capital preconcursal o concursal deberá analizarse con esa perspectiva distinta, probablemente más amplia, que la que pueda resultar de lo dispuesto por el artículo 204.1 LSC o por las disposiciones societarias dedicadas a la operación, cuya importancia cede, en ese ámbito que analizamos.

La irrupción del régimen de la insolvencia sobre el aumento del capital social se ha reflejado en la adopción y ejecución del acuerdo, por medio de disposiciones que confirman el reducido espacio que queda para debatir su carácter abusivo en los términos diseñados por la legislación societaria. La legislación concursal expresa claramente la primacía de la viabilidad como objetivo y resultado a perseguir, limitando la utilización de las normas societarias para discutir o perturbar los acuerdos alcanzados cara a la continuidad del deudor.

380 2. Un interés social que pasa a estar compartido

En una situación de crisis, el diseño de su superación suele incorporar un reforzamiento de los fondos propios por medio de un aumento de capital, junto con otras medidas. Mientras que el aumento afecta principalmente a los socios, sean o no acreedores de la sociedad, algunas de las restantes medidas desplazan sobre los acreedores las prestaciones destinadas a permitir la continuidad de la actividad de la sociedad en mejores condiciones. Es frecuente, incluso, que el aumento se diseñe como una vía para su incorporación al capital de la sociedad o, incluso, como un cambio en el control de la sociedad. La consecuencia de ese proceso es que la reestructuración abona la tensión entre socios y acreedores, de especial relevancia ante un proceso que requiere el acuerdo entre ambos a la hora de proponer y aprobar el plan de reestructuración o el convenio.

En cualquiera de las situaciones imaginables dentro de una reestructuración o de un concurso, las más complejas operaciones de salvamento empresarial se apoyan en reglas sencillas. La primera es la de la solidaridad, entendida como la de la recíproca exigencia de un esfuerzo correspondiente al objetivo común. Ni los socios pueden esperar que sean los acreedores los que soporten exclusivamente el esfuerzo por medio de quitas, esperas o nuevas aportaciones, ni los acreedores que suceda lo propio a costa únicamente de los socios. Los acreedores exigirán, lógicamente, que su esfuerzo sea acompañado por los socios, siendo el aumento de capital una de las expresiones más sencillas de esa prestación.

Una segunda regla pasa por alejar del control de la sociedad a quienes la han venido controlando y a quienes se atribuirá, con mayor o menor justicia, la responsabilidad de la crisis. De nuevo, el aumento de capital será una posible vía para, además de sus efectos patrimoniales, llevar adelante un cambio de control, dando entrada a nuevos socios o permitiendo que determinados acreedores pasen a detentarlo.

En situaciones de intereses enfrentados de socios y acreedores, no faltará el reproche de que el acuerdo es abusivo cuando su diseño pueda ser reconducido a los elementos que contiene el artículo 204.1 LSC. Sucede, sin embargo, que analizar y resolver tal reproche pasa, ante todo, por aplicar el régimen especial que diseña la legislación concursal que afecta a los conceptos básicos, pero también a las reglas de procedimiento.

Merece una última mención introductoria la diversidad de situaciones que propone el aumento ante las dos situaciones que trata este apartado. En una reestructuración, el aumento puede formar parte de una solución que contempla la continuidad de los actuales administradores y socios de control. Sobre todo, si el plan es una iniciativa de estos y una reacción temprana a las principales alertas o amenazas para la actividad empresarial, siendo el aumento la expresión de un compromiso renovado de los propietarios del capital, con independencia de que el aumento invite a la participación de acreedores u otros suscriptores de la ampliación. El aumento concursal, es decir, el derivado de la aprobación del convenio, suele plantearse en un escenario de mayor dramatismo para la continuidad de la empresa y, también, de probable escepticismo de los acreedores acerca de la capacidad de los actuales propietarios y gestores, a los que se verá como responsables de la insolvencia, para conducir el futuro empresarial.

3. La viabilidad como elemento legitimador del aumento

Para ilustrar el cambio de aproximación a la valoración de un aumento de capital en el general marco de la insolvencia previa, inminente o actual y declarada, procede aplicar las reglas especiales que inciden sobre la finalidad de tal operación. Inserta en un convenio o en un plan de reestructuración, el ordenamiento introduce en ambos casos la viabilidad como el objetivo a alcanzar.

3.1. *La confirmación normativa*

En el caso del convenio, sabido es que uno de los elementos que deben acompañarse es, precisamente, un plan de viabilidad "cuando para el cumplimiento del convenio se prevea contar con los recursos que genere la continuación, total o parcial, del ejercicio de la actividad profesional o empresarial" (art. 332 TRLC). Así que la evaluación de la propuesta de convenio tendrá, como contenido necesario, un juicio "acerca de la viabilidad del cumplimiento del convenio propuesto" (art. 348.2 TRLC).

En lo tocante a la disciplina de los planes de reestructuración[51], la importancia que cobra la viabilidad como justificación imprescindible de su propuesta y ejecución se expresa en un lugar relevante y sobre el que volveremos, como es el de la impugnación del auto de homologación. Uno de los motivos materiales de tal impugnación es "que el plan no ofrezca una perspectiva razonable de evitar el concurso y asegurar la viabilidad de la empresa en el corto y medio plazo", como establece el artículo 654, 4.º TRLC para el supuesto de que se impugne el auto de homologación de un plan aprobado por todas las clases de créditos. Previsión que también rige para la homologación no aprobada por todas las clases de créditos (art. 655.1 TRLC) y que también acoge, de manera expresa el artículo 656, 4.º TRLC en el supuesto de que la impugnación la realicen los socios y se presente contra el auto de homologación de un plan que no fue aprobado por los socios.

3.2. *Un nuevo criterio de evaluación*

La expresa mención de la viabilidad de la empresa como fin último del plan de reestructuración y del propio convenio concursal explica que en este ámbito opera una distinta delimitación del concepto del interés social. Un concepto que, como expresa la literalidad del artículo 204.1 LSC, juega un papel esencial en el régimen de la impugnación, donde continúa siendo interpretado conforme a la clásica definición como el interés común de los socios. Sin embargo, en el ámbito al que se dedica este apartado, tal aproximación debe ser revisada, dando cabida a la consideración de otros sujetos que contribuyen también —además de los titulares del capital social— a la continuidad o viabilidad empresarial como objetivo deseable del conjunto del plan y, por tanto, del aumento de capital que lo integra. El interés legítimo y perseguido

51 Aunque referida al cumplimiento de un acuerdo de redefinición, debe citarse la STS de 10 de enero de 2023, fundamento segundo.

en la operación de aumento inserta en el plan o en el convenio es el común a esos sujetos o grupos de sujetos: que la actividad de la sociedad encuentre un impulso en un acuerdo que deben respaldar, cuando menos, socios y acreedores. Lo habitual es que a todos ellos les corresponda asumir sacrificios, que constituyen una recíproca justificación. Analizar y valorar aisladamente el aumento de capital y, en su caso, alegar que tiene un carácter abusivo conforme a las referencias de la legislación societaria puede constituir un error, pues supone ignorar la instrumentalidad del acuerdo de aumento y despreciar otras medidas propias del plan o del convenio que comportan un efecto lesivo para los acreedores.

Frente a la dialéctica mayoría-minoría que inspira el concepto del interés social y el régimen de los acuerdos abusivos, lo preconcursal o la insolvencia obligan a aceptar un interés más amplio que el estrictamente social. Ha sido al estudiar cómo operan los deberes de los administradores en la fase de la preinsolvencia (tan ampliada con la admisión de la insolvencia probable: art. 584.2 TRLC) donde se ha hablado de su desplazamiento a favor de intereses distintos de los socios. No hay razón para rechazar la aplicación de esa misma teoría a los acuerdos sociales que desplazan su legitimidad hacia la tutela de la viabilidad empresarial.

El aumento de capital en ese escenario no admite una evaluación aislada de los restantes elementos que integran el plan (v. art. 614 TRLC) o de la propuesta en conjunto que éste representa. Incluso cuando el acuerdo pueda lesionar los intereses de los socios o, al menos, de algunos de ellos, por ejemplo, diluyendo de manera sustancial o completa su participación. Los socios se ven privados de la posibilidad de ejercer una acción de impugnación fundada en esa eventual lesión. Los intereses de los socios, los particulares de algunos de ellos, mayoría o minoría, o incluso su interés común, quedan sometidos al objetivo de la continuidad de la empresa en los términos resultantes del plan aprobado.

Poca expresión más nítida de la "necesidad razonable" (cfr. art. 204.1 II LSC) de la ampliación de capital que la que conecta el acuerdo con la continuidad de la propia sociedad y acredita que de su adopción depende su viabilidad.

4. Un apunte sobre las especialidades preconcursales aplicables al aumento de capital

En el régimen de la preinsolvencia, la renovada atención legislativa hacia la reestructuración pasa por fomentar soluciones en las que la modificación de los fondos propios resulta uno de los contenidos típicos de la figura, como establece el concepto normativo que despliega el artículo 614 TRLC.

A partir de ahí, nos encontramos con distintas disposiciones que pueden afectar al aumento de capital que forme parte de un plan, comenzando por las "especialidades" que el artículo 631 TRLC establece para la que denomina "decisión de los socios" sobre la aprobación del plan y que, en puridad, se destinan a la junta general que debe aprobar el aumento de capital integrado en ese plan. Las reglas son, ciertamente especiales, puesto que suponen una alteración profunda de las disposiciones societarias aplicables a los acuerdos incluidos en un plan. También porque la celebración de la junta se admite que se puede celebrar en distintos momentos (art. 631.2 TRLC). Con el deber de síntesis que impone esta contribución, bastará con que citemos las reglas principales que inciden sobre el plan cuya homologación se solicita, dentro del que figure un acuerdo de aumento.

Debe destacarse que cualquiera que sea el contenido del plan, esto es, cualquiera que sea la combinación de elementos que comprende, en su convocatoria y celebración prima la aprobación de aquél sobre cualquier otro pronunciamiento sobre alguno de tales elementos. Basta con ver las previsiones particulares referidas a la convocatoria, al derecho de información de los socios o a la mayoría de voto requerida (puntos a los que se refieren las menciones tercera y cuarta del artículo 631.2 TRLC, para comprobar cómo se diluyen los requisitos legales que pudieran ser aplicables al aumento de capital incorporado en un plan de reestructuración. Lo principal y exclusivo es el pronunciamiento de la junta general sobre el plan.

Destaca igualmente la supresión de suscripción preferente de los socios. Esta previsión, sin duda relevante, no está exenta de alguna duda. En efecto, el hecho de que se diga que es aplicable "en particular" cuando el plan haya previsto una operación acordeón, puede ser entendido como confirmación de la vigencia de ese derecho preferente ante otro tipo de acuerdos de aumento de capital en los que se propone la suscripción de nuevas acciones o la asunción de nuevas participaciones (art. 631.4 TRLC). Pareciera, además, que esa supresión no se dará con respecto a la homologación de planes de reestructuración bajo la probabilidad de insolvencia.

Por lo que se refiere a la impugnación del acuerdo de aprobación de un plan de reestructuración, la solución especial es también destacable. No pueden utilizarse los argumentos propios de la impugnación de la operación societaria, sino que serán el cauce de impugnación u oposición a la homologación del plan y los motivos de impugnación especialmente previstos por el artículo 654 TRLC los únicos que permitirán el ejercicio de la correspondiente acción.

El aumento puede verse integrado dentro de lo que son actos de ejecución del plan. Tal ejecución podría implicar que el plan aprobado y homologado requiriera la aprobación por la junta general de un acuerdo de aumento. Pues bien llama la atención el contenido del artículo 650.2 TRLC y su eventual aplicación al citado acuerdo. Esta implicaría la competencia de los administradores sociales o de los sujetos judicialmente designados para llevar a cabo esos actos, para adoptar las consiguientes modificaciones estatutarias y para impulsar su inscripción registral.

5. La ampliación concursal

En el régimen del convenio concursal, la tendencia desde la inicial promulgación de la Ley concursal ha sido la de ampliar su contenido posible. Recordando que, en la mayoría de las ocasiones, la propuesta de convenio la realiza el deudor y tiene a los acreedores como exclusivos destinatarios, las disposiciones dedicadas a su contenido alternativo contemplan en distintos lugares la posibilidad de llevar a cabo una ampliación de capital. Tal sucede, como significativo ejemplo, con la conversión de créditos en acciones o participaciones (artículos 327 y 328 TRLC), que lógicamente constituye una propuesta limitada a los acreedores titulares de créditos convertibles, que pueden ser varios, dada la laxitud con la que se acepta en el régimen del convenio esa posibilidad, siendo compensables créditos que "no sean líquidos, no estén vencidos o sean exigibles", sin que tampoco sea necesario alcanzar la mayoría reforzada (art. 328.1 TRLC).

5.1. La competencia de los administradores

El artículo 399 bis TRLC innova dos aspectos del aumento por conversión de créditos concursales ciertamente destacables. El primero es la eliminación de la competencia de la junta general. El segundo afecta al derecho de preferencia. Obvio resulta que la mera enunciación de tales innovaciones delata un cambio sustancial en cualquier discusión sobre el aumento y su eventual carácter abusivo.

Todo aumento de capital por compensación de créditos concursales que hubiera sido expresamente previsto en el convenio que resultó judicialmente aprobado (artículo 389 TRLC), podrá ser aprobado y ejecutado por los administradores. Para que no queden dudas sobre tan excepcional disposición, se proclama que podrán actuar los administradores "sin necesidad de acuerdo de la junta general de socios" (art 399 bis.1 TRLC), que es tanto como decir, sin la participación de los titulares del capital social. Ese poder de los administradores comprende la aprobación del acuerdo de aumento destinado a permitir la conversión de créditos en los términos del convenio, junto con la realización de los actos de ejecución del acuerdo y los trámites adicionales hasta lograr su correspondiente inscripción registral.

La norma deja escaso margen para que algún socio pueda atacar ese aumento por considerarlo abusivo. Cierto es que, si el aumento de capital lo aprueba el consejo de administración, no se ha excluido la posibilidad del ejercicio de la acción impugnatoria por los socios legitimados conforme al artículo 251 LSC. Pero también es incuestionable que los términos legales imperativos y categóricos sobre competencia orgánica y supresión del derecho de suscripción preferente dejan nulo espacio al debate sobre el eventual carácter abusivo del supuesto de aumento que comentamos. A ello se sumarán otras alegaciones previsibles: cualquier ataque procesal de los socios contra ese acuerdo carece de fundamento, dado que el aumento supone cumplir (o, si se prefiere, evitar incumplir) el convenio aceptado por los acreedores y aprobado judicialmente. Finalmente, que tal impugnación prospere encontrará en la ya reiterada primacía de la viabilidad de la actividad empresarial un argumento opositor sólido. La impugnación, se dirá, pretende imponer intereses particulares sobre los varios que comparten el objetivo legalmente amparado de la viabilidad de la sociedad y el cumplimiento del convenio a través de un acuerdo de aumento expresamente previsto. Ejercer la acción de impugnación contra tal acuerdo supone pretender el incumplimiento del convenio concursal, con las consecuencias severas que para tal supuesto establece la legislación concursal (art. 404 TRLC).

5.2. La supresión del derecho de preferencia

En ese aumento, la supresión del derecho de preferencia de los socios viene impuesta por el inciso final el artículo 399 bis.1 TRLC. La previsión es lógica si tenemos en cuenta que se habla de un aumento en la exclusiva modalidad de conversión de créditos. Se zanja así el debate, que ya expusimos con carácter general para el aumento por compensación de créditos, sobre si a los socios debe reconocérseles un derecho de preferencia.

5.3. *Libre transmisibilidad de nuevas acciones o participaciones*

También es la norma la que determina la libre transmisibilidad de las acciones o participaciones suscritas por los titulares de esos créditos compensados o convertidos. Libertad que, siempre porque así lo decreta la Ley, regirá durante el atractivo plazo de diez años contados desde la inscripción del aumento (art. 399 bis.2 TRLC).

En aquellas sociedades que mantengan en sus estatutos restricciones a la libre transmisibilidad de acciones o participaciones, el efecto inmediato de la ejecución del aumento será el de una desigualdad entre los socios en un aspecto esencial de su posición individual. Unos tendrán que respetar aquellas restricciones, a la vez que otros —los nuevos socios llegados con la ampliación— podrán transferir con plena libertad la totalidad o una parte de su participación. Los primeros quedan sometidos a esa libertad de transmisión, que en no pocos momentos podrá suponer un cambio de control de la sociedad en el que no pueden intervenir.

Tan manifiesta disparidad entre grupos de socios, coincida en ellos o no la condición de mayoría o minoría, puede abonar el alegato de un comportamiento de abuso en el acuerdo que provoca tal resultado. Será un argumento de corto recorrido si recordamos, una vez más, que el escenario descrito es directa consecuencia de normas especiales imperativas, fuera del alcance de la legislación societaria y en las que prima la protección de la viabilidad de la empresa como prioridad.

V. BIBLIOGRAFÍA

ALONSO UREBA, A., "Derecho de sociedades y función económico-social de la Gran Empresa", *RDBB* 168 (2022), p. 17 a ss.

ÁVILA DE LA TORRE, A., "Artículo 298", en AA.VV. *Comentarios de la Ley de sociedades de capital,* (dirs. García-Cruces, J. A./Sancho Gargallo, I.), p. 4163 y ss.

BLANCO SARALEGUI, "Artículo 308", *Comentarios de la Ley de sociedades de capital,* (dirs. García-Cruces, J. A./Sancho Gargallo, I.), p. 4253 y ss.

GARCÍA-VILLARRUBIA, M., "Los grupos de casos de acuerdos abusivos", Doctrina Boletín mercantil, 76 (2019), www.uria.com/es/publicaciones

GARRIGUES, J., *Comentario a la Ley de sociedades anónimas3*, I., Madrid 1976.

LARA, R. "Artículo 308", en AA.VV., *Comentario de la Ley de sociedades de capital,* (dirs. Rojo, A./Beltrán, E.) Cizur Menor 2011, p. 2271 y ss.

MARTÍNEZ MARTINEZ, M.ª T., "El nuevo régimen de impugnación de los acuerdos de las juntas generales en las sociedades de capital: las causas de invalidez y los motivos de inimpugnabilidad", *RDBB* 137 (2015), p. 34 y ss.

PAZ-ARES, C., "Propósito de la empresa y causa societatis (Reflexiones preliminares), *RDBB* 169 (2023), p. 13 y ss.

SÁNCHEZ CALERO, F., *La junta general en las sociedades de capital*, Cizur Menor 2007.

SANCHO GARGALLO, I., "Artículo 204", *Comentario de la Ley de sociedades de capital,* III, Valencia 2021, p. 2837 y ss.

VALPUESTA GASTAMINZA, E., *Comentarios a la Ley de Sociedades de Capital4*, Las Rozas 2022.

VAZQUEZ ALBERT, *La exclusión del derecho de suscripción preferente*, Cizur Menor 2000.

VIVES RUIZ, F., *La impugnación de acuerdos sociales en la reforma de la legislación mercantil,* Conferencia leída el 4 de noviembre de 2014, Madrid 2014.

Capítulo X

LOS EFECTOS SUSTANTIVOS DE LA IMPUGNACIÓN DE ACUERDOS DE AUMENTO DE CAPITAL

David Pérez Millán
Profesor Titular de Derecho Mercantil
Universidad Complutense de Madrid
Miembro del Instituto Europeo de Integración Regional (IDEIR)

SUMARIO: I. LOS EFECTOS DE LA IMPUGNACIÓN EN GENERAL. II. DE LA NULIDAD RADICAL A LA INEFICACIA RELATIVA. III. LA APLICACIÓN DE LA DOCTRINA SOBRE LOS VICIOS DEL CONRATO DE SOCIEDAD. 1. La eficacia retroactiva de la sentencia. 2. La eficacia automática de la sentencia. 3. La eficacia absoluta de la sentencia. IV. BILIOGRAFÍA.

I. LOS EFECTOS DE LA IMPUGNACIÓN EN GENERAL

Los efectos de la sentencia que estima la impugnación de acuerdos sociales, en concreto de los adoptados en junta, carecen en nuestro ordenamiento de una regulación en el plano sustantivo. La Ley 31/2014 para la reforma del gobierno corporativo no puso remedio a esa situación, aunque su preámbulo justificara la importante modificación operada en el régimen jurídico de la impugnación, entre otras razones, en aras de la seguridad del tráfico[1].

Aunque fuera de manera incompleta, esa materia se regulaba con anterioridad respecto de las sociedades anónimas en un primer momento en el artículo 67.II LSA de 1951 (aplicable a las sociedades de responsabilidad limitada *ex* artículo 15 LSRL de 1953), y posteriormente en el artículo 122.1 LSA de 1989 (aplicable a las sociedades de responsabilidad limitada *ex* artículo 56 LSRL de 1995). Con mínimas diferencias de redacción, se establecía que la sentencia que estimara la acción de impugnación producía efectos frente a todos los ac-

---

1 El silencio al respecto se califica como una laguna legal que de hecho ha existido desde siempre en MASSAGUER, J., Art. 208 LSC, en JUSTE, J./RECALDE, A., *La Junta general de las sociedades de capital*, Aranzadi, Cizur Menor (Navarra), 2022, p. 923. Con relación a la reforma del derecho de sociedades de capital italiano de 2003, y los cambios que introdujo respecto del régimen sobre impugnación de acuerdos sociales, en SACCHI, R., "Gli effetti della sentenza che accoglie l'impugnazione di delibere assembleari di s.p.a.", *BBTC*, 2012, II, p. 145, se observa que, si el objetivo era salvaguardar la confianza en la estabilidad de los acuerdos y sus efectos, la atención del legislador debería haberse concentrado, antes de nada, en los efectos de la sentencia que proclama su ineficacia.

cionistas (o socios), pero no afectaba a los derechos adquiridos por terceros de buena fe a consecuencia del acuerdo impugnado. Con la reforma de 1989 se ordenó la inscripción registral de la sentencia firme que declaraba la nulidad, así como la cancelación de la inscripción del acuerdo impugnado si estuviese inscrito, y la de los asientos posteriores que resultaran contradictorios con ella (arts. 122.2 y 122.3 LSA de 1989). La reforma de la legislación procesal civil en 2000 conllevó la supresión del artículo 122.1 LSA, trasladando su primer inciso, sobre los efectos de la sentencia frente a todos los socios, al artículo 222.3.III LEC, y eliminando su segundo inciso, sobre la protección de los derechos de terceros de buena fe (apartado 2.2.º de la disposición derogatoria única LEC).

Como resultado de esa evolución, actualmente las pocas normas al respecto se limitan a regular la cuestión en clave procesal y registral. Desde un punto de vista subjetivo, los efectos procesales se contemplan en el artículo 222.3.III LEC, a cuyo tenor las sentencias sobre impugnación de acuerdos afectarán a todos los socios, aunque no hubieran litigado. Desde un punto de vista objetivo, los efectos registrales se consideran en el artículo 208 LSC, conforme al cual la sentencia firme que declare la nulidad de un acuerdo inscribible habrá de inscribirse en el Registro Mercantil (publicándose un extracto en el BORME), y determinará la cancelación de la inscripción del acuerdo, así como de los asientos posteriores que resulten contradictorios con ella. Para ello es título suficiente el testimonio judicial de la sentencia firme según el artículo 156.2 RRM, previsión que no obstante cabría entender derogada implícitamente por los artículos 149.5.º y 521.2 LEC, de modo que sería preciso un mandamiento emitido por el juzgado y dirigido al registrador mercantil, o bien una certificación de la sentencia si no hay controversia sobre los asientos que deben cancelarse[2].

Esas normas, aun en sede procesal o registral, presumen la ineficacia material tanto del acuerdo impugnado como de otros actos, negocios o acuerdos posteriores. El artículo 208.2 LSC, en particular, partiría de esa premisa, en la medida en que la cancelación de cualquier asiento registral habría de

2 En este sentido, MASSAGUER, Art. 208 LSC, cit., pp. 961-962, 964 y 969. En la misma dirección, aunque implícitamente, puede verse la RDGRN de 13 de abril de 2011. No obstante, para la aplicación del 156.2 RRM, cfr. ORMAZÁBAL, G., "La sentencia estimatoria de la impugnación de acuerdos sociales y la cancelación de asientos contradictorios. Un intento de aclarar los arcanos del art. 208.2 LSC", en RODRÍGUEZ ARTIGAS, F./FARRANDO, I./TENA, R. (dir.), *El nuevo régimen de impugnación de los acuerdos sociales de las sociedades de capital*, Colegio Notarial de Madrid, Madrid, 2015, pp. 609 y 621-622; SANCHO GARGALLO, I., Art. 208 LSC, en GARCÍA-CRUCES, J. A./SANCHO GARGALLO, I. (dir.), *Comentario de la Ley de Sociedades de Capital*, Tirant lo Blanch, Valencia, 2021, pp. 2940-2941. Asimismo, cfr. SAP de Madrid (Secc. 28.ª) de 15 de abril de 2011 y RDGRN de 18 de mayo de 2013.

proceder solo ante la ineficacia del acto del que trae causa conforme al artículo 20.1 CCom[3]. Sin embargo, al margen de no precisarse otras consecuencias que puede acarrear la ineficacia sobrevenida del acuerdo impugnado, tampoco se determinan los actos sucesivos que por ello devienen ineficaces, hasta el punto de que, como regla, para la cancelación registral de asientos posteriores contradictorios se precisa de un pronunciamiento judicial expreso y específico al respecto[4].

Así las cosas, se comprende la dificultad de determinar los efectos sustantivos que produce la sentencia estimatoria de la impugnación de un acuerdo de junta, entre ellos las consecuencias que puede tener para la eficacia de otros acuerdos sociales adoptados con posterioridad, lo que a veces se denomina como efecto en cascada o en cadena. El análisis de esos efectos, además, exige un tratamiento diferenciado. Ha de distinguirse el tipo de acuerdo que en concreto resulta impugnado con éxito[5]. Y deben individualizarse también aquellos actos, negocios y acuerdos sobre los que su ineficacia podría en teoría proyectarse, considerando la relación o conexión que existe entre ellos[6].

3 Para este razonamiento, MASSAGUER, J., "La propagación de la ineficacia de los acuerdos de junta general de las sociedades de capital", *RDM* 319 (2021), apartado III (versión digital).

4 Sobre el particular cabe apreciar la evolución de la doctrina registral, desde la RDGRN de 4 de febrero de 2011, pasando por las RRDGRN de 18 y de 30 de mayo de 2013, hasta las RRDGRN de 30 de junio de 2014 y de 6 de junio de 2019, según las cuales no corresponde al registrador, sino exclusivamente al juzgador, determinar el alcance de los efectos de la sentencia que estima la impugnación. En cuanto a los distintos cauces procesales a los que cabe recurrir para la concreción de esos efectos, cfr. ORMAZÁBAL, "La sentencia estimatoria", cit., p. 626 y ss.; SANCHO GARGALLO, Art. 208 LSC, cit., p. 2864; MASSAGUER, Art. 208 LSC, cit., p. 967 y ss.

5 Para la formación de grupos de casos (acuerdos de aprobación de cuentas anuales, de nombramiento de administradores, de aumento de capital) en la doctrina más reciente, cfr. SANCHO GARGALLO, Art. 208 LSC, cit., p. 2935 y ss.; o MASSAGUER, Art. 208 LSC, cit., p. 951 y ss.

6 Al respecto, en la STS de 23 de febrero de 2012 puede leerse que la sentencia que estima la impugnación «se proyecta sobre los acuerdos posteriores que se sustentan en el anulado». En la SAP Madrid (Secc. 28.ª) de 15 de abril de 2011 se apunta a la posible «nulidad de un acuerdo social por traer causa de otro anterior declarado nulo». Y en las SSAP Madrid (Secc. 28.ª) de 5 de marzo de 2012, de 25 de octubre de 2019 o de 4 de diciembre de 2020 se exige una «dependencia funcional o conexidad estructural» entre los acuerdos. En el mismo sentido, GARCÍA GARCÍA, E., «Impugnación de acuerdos sociales: Experiencia judicial», en *El nuevo régimen de impugnación de los acuerdos sociales de las sociedades de capital*, cit., p. 52. Con mayor precisión, en MASSAGUER, J., "La propagación de la ineficacia de los acuerdos de junta general de las sociedades de capital", *RDM* 319 (2021), apartado IV (versión digital), se distinguen, por un lado, tanto los actos que traen causa del acuerdo social impugnado (o actos de ejecución) como los que tienen su fundamento sustantivo o práctico en dicho acuerdo, y sobre los que en todo caso se propaga la ineficacia del acuerdo impugnado; por otro lado, los actos respecto de los cuales el acuerdo impugnado constituye un mero

Por lo que se refiere en particular a los acuerdos de aumento de capital, las mayorías que derivan del aumento impugnado podrían afectar a la válida adopción de cualquier acuerdo posterior. También la cifra de capital resultante podría repercutir en sucesivos aumentos[7]. Pero el problema es que ni siquiera están claros los efectos que en concreto provoca la sentencia que estima la impugnación del acuerdo de aumento de capital sobre dicha operación o, si se prefiere, sobre sus actos o negocios de ejecución.

Con carácter general, no obstante, debe quedar claro que la sentencia que estima la impugnación de un acuerdo de junta, incluido aquel por el que se aumenta el capital, provoca los mismos efectos con independencia de la acción que se ejerza, también ante acuerdos contrarios al orden público, y de que se considere que la sentencia tiene naturaleza declarativa o constitutiva. El que se haya eliminado la distinción entre acuerdos nulos y anulables en la reforma de la LSC en 2014 solo confirma la interpretación que ya se defendía por parte de la doctrina con anterioridad, si bien el tenor del artículo 208.1 LSC sigue refiriéndose únicamente a la sentencia que declare la nulidad del acuerdo, mientras que el artículo 214-16 del Anteproyecto de Código Mercantil aludía de forma más correcta a la sentencia o el laudo que estime la acción de impugnación.

Con todo, a generar algunas dudas podría contribuir, además de la redacción del primer apartado del artículo 208 LSC, los términos en que se expresan ciertas resoluciones judiciales[8]. También la doctrina más clásica señaló en un primer momento determinados efectos de la impugnación de manera expresa solo con relación a la nulidad, asumiendo las conclusiones de la teoría general sobre la ineficacia de los negocios jurídicos del Derecho civil[9]. No

antecedente lógico-fáctico (actos consecuentes o coherentes), y cuya eficacia en principio no se ve afectada por la del acuerdo impugnado.

7 En MASSAGUER, "La propagación de la ineficacia", cit., apartado IV, se precisa que solo quedarían afectados aquellos acuerdos de aumento de capital verificados entre la adopción el acuerdo impugnado y la firmeza de la sentencia que modifiquen la proporción de la participación de los socios en el capital en relación con la que tenían antes del acuerdo impugnado y, en especial, los que hayan permitido ingresar en la sociedad a quien no era socio antes de su ejecución.

8 Por ejemplo, en la STS de 23 de febrero de 2012, aunque en general se haga referencia a la sentencia que estima la acción de impugnación, puede leerse que «(...) dada su naturaleza declarativa, en la medida en que declara con eficacia de cosa juzgada una situación preexistente, una vez firma produce sus efectos *ex tunc* o, lo que es lo mismo, se retrotrae al momento de la aprobación del acuerdo».

9 Así, en GARRIGUES, J./URÍA, R., *Comentario a la Ley de Sociedades Anónimas*, I, Imprenta Samarán, Madrid, 1952, pp. 635-636, se entendía que los acuerdos radicalmente nulos debían considerarse como inexistentes, y por tanto también eran nulos los actos en ejecución

obstante, tampoco faltaban autorizadas opiniones en el sentido de que los supuestos de nulidad y anulabilidad tenían efectos comunes, entre los que se encontraba que en ambos casos había que remover las consecuencias del acuerdo[10]. Como consecuencia de la aprobación de la LSA de 1989, se fue consolidando la postura a favor de no distinguir entre los efectos de la impugnación de acuerdos nulos y de acuerdos anulables[11]. En la actualidad puede considerarse como una idea asentada, en tanto las consecuencias de la sentencia no se hacen depender de las causas de impugnación[12].

Se trata además de la conclusión que se ha impuesto respecto de los ordenamientos jurídicos más significativos de nuestro entorno, donde, aun distinguiéndose todavía entre distintos tipos de acciones, se considera que estas cumplen funciones semejantes y no hay diferencia en cuanto a los efectos de la sentencia que determina la ineficacia del acuerdo social[13].

---

de aquellos, pero la sentencia que declaraba la invalidez de acuerdos anulables, pese a producir efectos *ex tunc*, se consideraba constitutiva, y solo desde ella se podían considerar esos acuerdos como nulos. De manera semejante, antes de la LSA de 1951, en GARRIGUES, J., "Nulidad e impugnabilidad de acuerdos de junta general de la sociedad anónima", *RDM* 3 (1946), p. 426, se sostenía que, mientras el acuerdo nulo no produce efecto alguno, el acuerdo anulable produce efecto mientras no sea anulado.

10 GIRÓN, J., *Derecho de sociedades anónimas*, Publicaciones de los seminarios de la Facultad de Derecho, Valladolid, 1952, p. 332.

11 Por ejemplo, CABALLOL, L., Art. 122 LSA, en ARROYO, I./EMBID, J. M./GÓRRIZ, C. (coord.), *Comentarios a la Ley de Sociedades Anónimas*, 2.ª ed., II, Tecnos, Madrid, 2009, p. 1358. Del mismo modo, ALCALÁ DÍAZ, M. A., *La impugnación de acuerdos del consejo de administración de sociedades anónimas*, Civitas, Madrid, 1998, pp. 468-469, donde se defendía que la sentencia que estimaba la impugnación tenía en todo caso naturaleza constitutiva. Sin embargo, en URÍA, R./MENÉNDEZ, A./MUÑOZ PLANAS, J. M., *La Junta General de Accionistas*, en URÍA, R./MENÉNDEZ, A./OLIVENCIA, M., *Comentario al régimen legal de las sociedades mercantiles*, V, Civitas, Madrid, 1992, pp. 342-343, se mantenían las notas distintivas de la nulidad absoluta, en particular la consideración de los acuerdos radicalmente nulos por contrarios al orden público como inexistentes, por contraposición con la ineficacia de los acuerdos meramente anulables. De forma parecida, cfr. SÁNCHEZ CALERO, F., *La junta general en las sociedades de capital*, Civitas, 2007, p. 423.

12 Incluso aunque se discrepe sobre la naturaleza jurídica de la acción de impugnación. Por ejemplo, en ALFARO, J., Art. 204 LSC, en JUSTE, J./RECALDE, A., *La Junta general de las sociedades de capital*, cit., p. 732, se entiende que tanto las acciones de nulidad en sentido estricto, ante acuerdos contrarios al orden público, como las demás acciones de impugnación, que se califican de acciones de incumplimiento, tienen efectos *ex tunc*, sin que haya diferencia entre ambas a ese respecto. En MASSAGUER, Art. 208 LSC, cit., p. 912 se defiende en cambio que en todos los casos la proclamación de la ineficacia del acuerdo impugnado tiene un carácter constitutivo, y no solo declarativo, en la medida en que priva al acuerdo de su eficacia, lo que determina que la sentencia tenga efectos *ex nunc*.

13 En el Derecho alemán los vicios de los acuerdos sociales pueden dar lugar a su nulidad (*Nichtigkeit*) o a su impugnación (*Anfechtbarkeit*), pero los efectos de las sentencias en ambos

En cualquier caso debe evitarse un razonamiento deductivo que de la presunta naturaleza de la acción de impugnación o de la sentencia que la estima pretenda derivar las consecuencias en que se concreta la ineficacia del acuerdo afectado. Más bien a la inversa, de esas consecuencias cabe en su caso inferir la calificación que mejor corresponda[14].

II. DE LA NULIDAD RADICAL A LA INEFICACIA RELATIVA

Como se ha indicado, la visión tradicional de la materia derivaba las consecuencias de la sentencia que estimaba la impugnación de un acuerdo social a partir de la teoría general sobre la nulidad y la anulabilidad de los contratos, lo que al menos por lo que hacía a los acuerdos nulos equivalía a considerarlos como inexistentes, sin perjuicio de la protección de los derechos adquiridos por los terceros de buena fe[15].

Ese tipo de enfoque, se manifestara o no de manera expresa, es el que parecía seguir inspirando ciertas resoluciones judiciales, conforme a las cuales los efectos de la sentencia estimatoria de la impugnación de acuerdos sociales, incluidos los de aumento de capital, operarían de forma retroactiva (o *ex tunc*), automática (o *ipso iure*) y absoluta (o *erga omnes*)[16].

casos son sustancialmente idénticos (cfr. §§ 241 Abs. 5 y 248 AktG; así como SCHMIDT, K., "Fehlerhafte Beschlüsse in Gesellschaten und Vereinen", *AG*, 1977, p. 207). En el Derecho italiano, los efectos de las sentencias que declaran la nulidad de acuerdos sociales y de aquellas que los anulan son también prácticamente los mismos (cfr. art. 2379, 4.º co., CCI, en relación con el 2377, 7.º co., CCI; y VILLATA, S., *Impugnazioni di delibere assembleari*, Giuffrè, Milano, 2006, esp. pp. 253 y 258).

14 En este sentido, en SACCHI, "Gli effetti della sentenza", cit., p. 145, nota 8, se cuestiona que la sentencia que estima la impugnación por nulidad sea una sentencia declarativa si al acuerdo nulo se le reconocen efectos hasta que se lo declara judicialmente como tal.

15 Hay que indicar, no obstante, que la mejor doctrina mercantilista advirtió desde un primer momento de que la técnica civilista sobre los contratos nulos o inexistentes solo podía aplicarse con grandes reservas, y manifestó la dificultad de aplicarla en concreto al tratar de las consecuencias frente a terceros de los acuerdos anulados, como puede apreciarse en GARRIGUES, "Nulidad e impugnabilidad", cit., pp. 426 y 428.

16 Una manifestación muy clara de esta línea de pensamiento, precisamente en relación con los efectos de la impugnación de un aumento de capital, puede encontrarse en lo afirmado en la SAP Madrid (Secc. 21.ª) de 20 de junio de 2006: «La sentencia que estima la impugnación de un acuerdo societario produce su efecto desde que es firme. Es un efecto "ex tunc", es decir que se retrotrae al momento de la aprobación del acuerdo. Además la declaración de nulidad del acuerdo producirá sus efectos "erga omnes", de tal manera que el acuerdo es nulo frente a todos y el pronunciamiento judicial conlleva la desaparición del mundo jurídico del acuerdo anulado, lo que conlleva la extinción de los derechos, expectativas y obligaciones que el acuerdo generaba. Se restablece la situación anterior al acuerdo que ha sido declara-

Sin matices y llevada al extremo, semejante tesis anuda a la sentencia consecuencias difícilmente asumibles. La declaración de ineficacia de un acuerdo social podría proyectarse sobre todos aquellos acuerdos adoptados con posterioridad[17]. En particular, si el acuerdo impugnado tuviera como objeto un aumento de capital, sucesivos aumentos podrían verse también afectados[18].

En buena medida por los graves resultados a que puede conducir en la práctica, de esta forma de abordar la cuestión se ha criticado que se traslade a la impugnación de acuerdos sociales la teoría general de la ineficacia de actos y negocios jurídicos, destacándose, al contrario, las especialidades del régimen de impugnación de acuerdos sociales, como los plazos de caducidad o los límites en cuanto a la legitimación activa, en general y respecto de modificaciones estructurales, así como la restante normativa societaria en materia de ineficacia, sobre todo la disciplina sobre los vicios del contrato de sociedad (sociedad nula o de hecho); especialidades que serían consecuencia de la vertiente institucional y organizativa del contrato de sociedad, y del en-

do nulo. Y todo ello se produce de una forma radical y automática con la sola firmeza de la sentencia estimatoria de la acción impugnatoria del acuerdo societario. Sin que esa eficacia quede supeditada o diferida a que se le dé cumplimiento por la sociedad demandada».
En la STS de 27 de diciembre de 1993 se hablaba en la misma línea de una nulidad de «carácter radical» y «originaria», que «afectaba y se extendía a cuantos acuerdos fueron adoptados en las juntas de referencia, despojándoles de toda eficacia actual y posterior, o sea, como si no existiesen».

17 Así, la SAP Málaga (Secc. 4.ª) de 5 de mayo de 2006 declaró la nulidad de una Junta celebrada en 1989 en la que se nombraba a un administrador único, así como la de todas las juntas celebradas desde entonces, y la de los acuerdos sociales adoptados en ellas, entre los que se encontraban sucesivos aumentos de capital.

18 En ROJO, A., Art. 208 LSC, en ROJO, A./BELTRÁN, E. (dir.), *Comentario de la Ley de sociedades de capital*, I, Civitas, Madrid, 2011, p. 1477, se entiende en esa línea que el artículo 208.2 LSC presupone una declaración de ineficacia específica del acuerdo impugnado y una declaración de ineficacia genérica, por derivada, de los acuerdos contradictorios posteriores, para de ello concluir en concreto que, si se declara la nulidad de un acuerdo de aumento de capital, debe también cancelarse la inscripción de otro aumento posterior.
En la jurisprudencia italiana cabe apreciar asimismo la propagación de la ineficacia de un aumento de capital a aumentos sucesivos. La sentencia de la Corte de Casación italiana (Cass, sez. I) de 30 de octubre de 1970, consideró que la anulación de un aumento de capital de la Pirelli se proyectaba sobre aumentos de capital posteriores, sin perjuicio de los derechos adquiridos de buena fe por terceros, imponiendo a los administradores la adopción de medidas tendentes a la eliminación de todos los efectos del acuerdo impugnado. Por su parte, la sentencia del Tribunal de Milán de 28 de junio de 2001 entendió que un aumento de capital del Milan A.C. debía considerarse como inexistente, y que la sociedad debía adoptar nuevamente el acuerdo anulado y todos aquellos posteriores, incluidos aumentos de capital sucesivos, que resultaban afectados por la sentencia. Al respecto, puede verse VILLATA, *Impugnazioni*, pp. 448-449 (nota 496) y 466 (nota 529 y texto correspondiente).

tramado de relaciones externas e internas a que da lugar, que habría de regir también la determinación de los efectos de la impugnación[19].

A partir de esas consideraciones se ha defendido limitar los efectos de la sentencia de impugnación. Por una parte, la sentencia *únicamente* obligaría a la sociedad a recuperar la situación anterior o a regularizar la actual, lo que en caso de impugnación de un acuerdo de aumento de capital significaría que la sentencia impone a los órganos sociales el deber de reducir el capital o bien revocar, sustituir o subsanar el acuerdo, por ejemplo, mediante una operación acordeón[20]. Por otra parte, la sentencia no afectaría a los derechos adquiridos de buena fe por terceros y hasta socios, lo que se traduciría en el supuesto de impugnación de un aumento de capital en que la sentencia no perjudica los derechos de quienes de buena fe lo suscribieron[21].

---

19 En este sentido, GARCÍA DE ENTERRÍA, J., "Los efectos de la declaración de nulidad de los acuerdos sociales", *RDM* 290 (2013), pp. 144-156. Argumentos muy parecidos pueden encontrarse en el recurso presentado contra la negativa a inscribir los acuerdos sociales con los que se pretendía regularizar la situación en que quedaba la mercantil Valecondo, S.A. a raíz de la ya referida SAP Málaga de 5 de mayo de 2006, y que la RDGRN de 30 de mayo de 2013 al resolver ese recurso hace suyos. No en vano ese artículo doctrinal tiene su origen en un informe emitido en relación precisamente con dicha sentencia, como se reconoce en GARCÍA DE ENTERRÍA, J., "La impugnación de acuerdos sociales. Una visión práctica", en *El nuevo régimen de impugnación de los acuerdos sociales de las sociedades de capital*, cit., p. 34.

20 Así, en la RDGRN de 30 de mayo de 2013, en un pasaje que citan las RRDGRN de 30 de junio de 2014 y de 20 de diciembre de 2019, puede leerse: «Los administradores deberán convocar a los socios a una junta que resuelva adoptar las medidas adecuadas para regularizar la situación en que se encuentra la sociedad y al objeto de adecuar su situación a lo previsto en el contenido de la sentencia recaída». En concreto, se consideraba que la sociedad daba cumplimiento a la sentencia mediante una operación acordeón tomando como base el último capital inscrito.
De forma semejante, en GARCÍA DE ENTERRÍA, "Los efectos de la declaración de nulidad", cit., pp. 165-166, se parte de que «lo único a que puede obligar la sentencia estimatoria de la impugnación es a recuperar la situación jurídica quebrantada por la infracción legal, por la vía de deshacer y neutralizar a través de los oportunos cauces y procedimientos societarios las consecuencias derivadas del acuerdo viciado»; cuando se trata de acuerdos complejos (en el sentido, se dice, de que incidan directa o indirectamente sobre la situación jurídica de socios o terceros), «simplemente adoptando los actos y operaciones societarios de signo inverso que resulten precisos a tal fin», o, en otras palabras, «todas las medidas necesarias, incluyendo en su caso la aprobación de los acuerdos que sean exigibles para revertir los efectos producidos por aquéllos (reducciones de capital, modificación de estatutos, designación de nuevos consejeros, etc.)». Es más, como alternativa a restablecer o restituir la situación jurídica alterada por el acuerdo anulado se presenta su regularización, al concluir que ante la declaración de ineficacia de un acuerdo «en términos generales cabe entender que la sociedad deberá hacer lo necesario para dejarlo sin efecto o, eventualmente, sustituirlo por un acuerdo distinto, que eluda o evite el vicio o irregularidad apreciado por los tribunales», remitiendo expresamente a las medidas de convalidación o subsanación *ex* art. 204.2 LSC.

21 En la RDGRN de 30 de mayo de 2013 se indica en este sentido: «En el marco de las decisiones sociales regularizatorias deberán protegerse los derechos de socios y de terceros. A

Aunque pueden compartirse las premisas y la orientación en general de esa postura, sobre todo por cuanto implica tomar en consideración reglas y principios jurídico-societarios cuya finalidad última es la protección del tráfico ante la eficacia organizativa del contrato de sociedad, sus conclusiones, sin embargo, se antojan más discutibles, en particular cuando se examina el supuesto de impugnación de un aumento de capital y los efectos que cabe reconocer a la sentencia que proclama su ineficacia.

---

nuestros efectos, los problemas más serios se plantean en relación con la posición jurídica de los "socios nuevos" (suscriptores y adquirentes de buena fe de acciones emitidas en acuerdos posteriores a los anulados) y con la de los propios acreedores sociales (los que lo fueren de la sociedad en el momento en que se adopta el acuerdo de regularización)». Pero, sobre todo, se afirma: «A pesar de lo que parece inferirse del artículo 222.3 de la Ley de Enjuiciamiento Civil, los "nuevos socios", siempre que lo sean de buena fe, tienen derecho a ser mantenidos en su posición jurídica. Por exigencias de la tutela de la seguridad jurídica y de la protección de la apariencia jurídica, quien suscriba o adquiera las acciones nuevas, ignorante de la irregularidad del acuerdo que sirve como causa o que, atendidas las circunstancias, no cabe esperar que debía conocerla (cfr. artículo 278 de la Ley de Sociedades de Capital), tiene derecho a ser mantenido en su condición de socio».

En la misma línea, conforme a la RDGRN de 18 de mayo de 2013, «parece no encajar con el valor constitucional de seguridad jurídica que constituye el nervio de la institución registral, que se sigan de la sentencia estimatoria de la nulidad de un acuerdo de aumento de capital efectos devastadores de la posición de socios de buena fe en su condición de adquirentes o subadquirentes; sobre todo tratándose de los suscriptores de acciones o participaciones emitidas en los aumentos de capital posteriores al declarado nulo. Y con mucha más razón cuando estemos antes la necesaria tutela de la posición jurídica de terceros acreedores de la sociedad, menoscabada si se entendiere que la cancelación de los aumentos de capital produce una rebaja "ex lege" de la cifra de retención, sin que para ello sea necesario respetar los mecanismos de tutela de sus derechos incardinados en la regulación imperativa de la reducción de capital social».

En GARCÍA DE ENTERRÍA, "Los efectos de la declaración de nulidad", cit., pp. 157, 159, 161 y 162, se sostiene que la declaración de ineficacia de un acuerdo carece de efectos sobre los actos y contratos que la sociedad haya celebrado al amparo o en ejecución del mismo con terceros de buena fe, entre los que se incluye de manera expresa a quienes hubieran suscrito acciones o participaciones en un aumento de capital posteriormente anulado, rechazándose que quepa configurar una nulidad parcial o relativa de un acuerdo que afectara exclusivamente a los socios, anulando, por ejemplo, solo la parte de un aumento de capital suscrita por quienes ya eran socios.

Por el momento, en la jurisprudencia no se ha llegado a tanto, aunque pueden encontrarse pronunciamientos que pueden denotar un cambio de orientación en este mismo sentido, como en la SAP Madrid (Secc. 28.ª) de 4 de marzo de 2011, cuando se indica que «el hecho de que un acuerdo social resulte declarado nulo frente a todos desde el mismo momento en que se adoptó, como consecuencia de la sentencia estimatoria de una acción impugnatoria, no significa que también lo pasen a ser automáticamente todos y cada uno de los efectos desplegados por los actos de ejecución del acuerdo llevados a cabo antes de la sentencia, debiendo ser respetados los posibles derechos adquiridos por socios o por terceros de buena fe que obraron fiados de la apariencia jurídica creada por los acuerdos impugnados».

En primer lugar, es más que cuestionable condicionar los efectos de la sentencia a la adopción de un acuerdo por parte de la junta, y conceder incluso cierta discrecionalidad a los órganos sociales a la hora de decidir si reducir el capital a la cifra anterior al acuerdo o bien adoptar medidas alternativas para regularizar la situación de la sociedad[22].

Esta idea puede derivar en la solución aún más radical que se ha propuesto para el Derecho italiano por una parte de su doctrina. La sentencia que declara la ineficacia del acuerdo no provocaría el efecto de restablecer la situación preexistente, ni siquiera habría una determinada situación que restituir, habiendo provocado la ejecución del acuerdo una modificación continúa de la organización, de forma que los órganos sociales tendrían solo el deber de regularizar la situación actual adoptando medidas distintas en función de los intereses lesionados por el acuerdo; en caso de un aumento de capital, la sentencia de impugnación no privaría de efectos al mismo y ni siquiera los órganos sociales deberían como regla devolver a la sociedad a la situación anterior, sino directamente regularizar la actual a través de medidas alternativas, que sin reducir el capital protegieran a quienes hubieran resultado afectados por el acuerdo, como la adopción de nuevos aumentos de capital o la indemnización de daños y perjuicios que hayan sufrido[23].

En todo caso, esta clase de planteamiento entraña el riesgo de vaciar de contenido, cuando no directamente transformar, la tutela que el ordenamiento ha previsto a favor de los legitimados para el ejercicio de la acción de impugnación, y que va dirigida a privar de eficacia al acuerdo social impugnado y restaurar la situación anterior a su adopción y ejecución, como constata el que legalmente, y al margen de lo afortunado de la redacción,

22 En GARCÍA DE ENTERRÍA, "Los efectos de la declaración de nulidad", cit., p. 166, se entiende que por regla general la sociedad debe adoptar los acuerdos previstos en el artículo 204.2 LSC para la convalidación o subsanación del acuerdo impugnado, porque, si el ordenamiento ha previsto con ellos limitar de forma preventiva las posibilidades de impugnación y salvaguardar la estabilidad de las relaciones societarias, no habría razón para aplicar principios distintos en los supuestos en que la acción de impugnación termine siendo estimada. Al contrario, no obstante, que esos acuerdos solo se consideren legalmente cuando se adoptan antes de que se dicte sentencia, y que afecten a la procedencia de la impugnación o al objeto del proceso, confirmaría que se trata de medidas que pueden solo prevenir la impugnación pero no restringir sus efectos una vez declarada judicialmente.

23 En apretada síntesis, se trata de la opinión de MEO, G., *Gli effetti dell'invalidità delle deliberazioni assembleari*, Giuffrè, Milano, 1998), pp. 239 y ss., esp. 239 [y nota 65], 243, 249, 250 y 251-261 (sobre los efectos de la sentencia de impugnación en general), así como pp. 341-400 (respecto de la impugnación de un aumento de capital).

se haga referencia a la sentencia que declara la nulidad del acuerdo (art. 208.1 LSC)[24].

En segundo lugar, es dudoso que los terceros o los socios, incluso aunque desconozcan la irregularidad del acuerdo impugnado, merezcan que se protejan con carácter general los derechos que hayan adquirido en relación con el mismo; ante la impugnación de un aumento de capital, concretamente, que dicha tutela haya de consistir en que se mantenga la cifra de capital resultante del acuerdo impugnado y se conserven las acciones o participaciones con origen en el mismo.

La dificultad, si no imposibilidad, de separar terceros y socios, de buena o mala fe, podría, aunque sea por otra vía, conducir igualmente a conservar la situación que resulta del acuerdo impugnado en detrimento de la finalidad de la impugnación y los intereses que tratan de ampararse con ella[25].

En resumen, si no debe caerse en el extremo de considerar inexistente el acuerdo de aumento de capital declarado judicialmente ineficaz, tampoco cabe limitar en exceso los efectos de la sentencia que estima la impugnación, condicionando su cumplimiento a la actividad de los órganos sociales ni mucho menos confiándolo directamente a su discrecionalidad, o concretando la protección de terceros y socios de buena fe en el mantenimiento, total o parcial, del aumento declarado ineficaz.

Deben ponderarse los distintos intereses en juego y, sin obviar la existencia de hecho del aumento de capital desde su inscripción registral hasta la firmeza de la sentencia que determina su ineficacia, salvaguardar asimismo la función de control de la legalidad y de protección de las minorías que está llamada a cumplir la acción de impugnación de acuerdos sociales.

24 En esta línea, sobre el contenido y naturaleza de la acción de impugnación, cfr. MASSAGUER, Art. 108 LSC, cit., pp. 911-912 y 931-932.

25 Cfr. así la argumentación de GARCÍA DE ENTERRÍA, "Los efectos de la declaración de nulidad", cit., esp. pp. 161-164, donde a favor se cita (nota 51) la RDGRN de 30 de mayo de 2013, en la que literalmente, como se ha visto, se afirma el derecho de los adquirentes de buena fe de las nuevas acciones a ser mantenidos en su posición jurídica o condición de socios. En ROJO, Art. 208 LSC, cit., p. 1475, aun defendiendo la tutela de los terceros de buena fe, incluidos los adquirentes de acciones y participaciones en caso de impugnación de un aumento de capital, se admiten las objeciones que presenta esa interpretación, poniendo como ejemplo que, si parte de las nuevas acciones hubieran sido suscritas y desembolsadas por terceros de buena fe o adquiridas a título derivativo por estos, el acuerdo de aumento con emisión de nuevas acciones declarado nulo tendría que mantener su eficacia respecto de esos terceros, y esa conclusión pugnaría frontalmente con la cancelación de la inscripción de la operación de aumento sin distinción de clase alguna.

III. LA APLICACIÓN DE LA DOCTRINA SOBRE LOS VICIOS DEL CONRATO DE SOCIEDAD

Teniendo en cuenta todo lo anterior, la solución que parece preferible a los problemas que suscita la impugnación de un acuerdo de aumento de capital es la que desde mediados de los años noventa del siglo pasado impera en la literatura alemana como resultado de extender a la impugnación de los aumentos de capital ejecutados e inscritos la doctrina sobre los vicios del contrato de sociedad (sociedad nula o de hecho)[26].

Un aumento de capital y la constitución de una sociedad se parecen en muchos aspectos, pero fundamentalmente, de manera más acusada por lo que hace a las sociedades de capital, en los efectos sobre la organización y la necesidad de protección de los intereses de acreedores sociales y socios[27]. No

26 Para la exposición de esta forma de afrontar la cuestión y sus consecuencias jurídicas cabe remitir fundamentalmente a ZÖLLNER, W., "Folgen der Nichtigerklärung durchgeführter Kapitalerhöhungsbeschlüsse", *AG* 1993, pp. 68-79; ZÖLLNER, W./WINTER, M., "Folgen der Nichtigerklärung durchgeführter Kapitalerhöhungsbeschlüsse", *ZHR* 158 (1994), pp. 59-100; KRIEGER, G., "Fehlerhafte Satzungsänderungen: Fallgruppen und Bestandkraft", *ZHR* 158 (1994), pp. 47-52; KORT, M., "Aktien aus vernichten Kapitalerhöhungen", *ZGR*, 1994, pp. 291-324. Con importantes salvedades, cfr. también HOMMELHOFF, P., "Zum vorläufigen Bestand fehlerhafter Strukturänderungen in Kapitalgesellschaften", *ZHR* 158 (1994), pp. 11-34.

Entre nosotros parece también consolidarse ese planteamiento. A favor de la extensión de la doctrina de la sociedad de hecho a las modificaciones del contrato de sociedad que afectan a su vertiente organizativa, cfr. ya PAZ-ARES, C., "La sociedad en general: elementos del contrato de sociedad", en URÍA, R./MENÉNDEZ, A., *Curso de Derecho Mercantil*, I, Civitas, Madrid, 1999, pp. 481-482, y de forma más resumida en "Sociedad de hecho", *Enciclopedia Jurídica Básica*, IV, Civitas, Madrid, 1995, p. 6306. Para el desarrollo de ese planteamiento en concreto respecto de los aumentos de capital, PÉREZ MILLÁN, D., "Los efectos de la sentencia de impugnación de aumentos de capital", en *El nuevo régimen de impugnación de los acuerdos sociales de las sociedades de capital*, cit., p. 533 y ss. Conf. SANCHO GARGALLO, Art. 208 LSC, cit., p. 2939. De hecho, esta aproximación también se propone en GARCÍA DE ENTERRÍA, "Los efectos de la declaración de nulidad", cit., pp. 160-161, aunque las conclusiones que se alcanzan, por los motivos que se indican en el texto, no pueden compartirse.

En la doctrina italiana, aunque de forma aislada, también pueden encontrarse opiniones favorables a la aplicación de las normas sobre la nulidad del contrato de sociedad a la ineficacia sobrevenida de modificaciones estatutarias, con referencia expresa a la experiencia alemana, como en GINEVRA, E., "Nullità post-conversione di delibera di emissione di obbligazioni bancarie convertibili?", *Giur. comm.*, 2003, II, pp. 280 y 281.

27 Con mayor detalle, puede verse ZÖLLNER, "Folgen der Nichtigerklärung", cit., pp. 72-75, donde se analiza además la extensión de la doctrina sobre la sociedad nula o defectuosa a otros supuestos distintos de los vicios en el contrato de sociedad, lo que redundaría igualmente en su aplicación a la impugnación de aumentos de capital. Cfr. también, para una síntesis en la línea de lo afirmado en el texto, KRIEGER, "Fehlerhafte Satzungsänderungen",

parece coherente desde un punto de vista sistemático que a la irregularidad de un acuerdo de aumento de capital, como a la de cualquier otra modificación estatutaria, deba corresponder un régimen de ineficacia más riguroso que el propio de los vicios del contrato de sociedad[28]. Con todo, la doctrina sobre la sociedad nula o de hecho, así como, en su caso, la disciplina legal sobre la nulidad de las sociedades de capital, han de aplicarse, aun con posibles matices, de forma consecuente.

Esta doctrina, de entrada, debe proyectarse únicamente sobre los aumentos de capital ejecutados e inscritos[29]. En caso contrario, no se dan las razones de seguridad jurídica y protección del tráfico que en relación con el carácter organizativo del contrato de sociedad justifican moderar las consecuencias de su ineficacia[30]. A la inversa, hay aumentos de capital ejecutados e inscritos a los que es discutible que pueda extenderse dicha doctrina, pero en el sentido de que el aumento de capital, pese a la sentencia que estima la impugnación, podría incluso conservar sus efectos[31].

---

cit., pp. 48-49. En cuanto a los antecedentes jurisprudenciales y doctrinales sobre la aplicación de esa doctrina a diversos casos de modificaciones en la organización societaria, KORT, "Aktien aus vernichten Kapitalerhöhungen", cit., pp. 307-312.

28 Como entre nosotros se subraya, en general respecto de cualquier acuerdo social, en GARCÍA DE ENTERRÍA, "Los efectos de la declaración de nulidad", cit., p. 161.

29 ZÖLLNER, "Folgen der Nichtigerklärung", cit., p. 72; ZÖLLNER/WINTER, "Folgen der Nichtigerklärung", cit., p. 60; KRIEGER, "Fehlerhafte Satzungsänderungen", cit., p. 49; KORT, "Aktien aus vernichten Kapitalerhöhungen", cit., p. 308. Para este mismo matiz en la doctrina española más reciente, cfr. SANCHO GARGALLO, Art. 208 LSC, cit., p. 2938.
Si se admite que la condición de socio correspondiente a las acciones o participaciones emitidas o creadas con el aumento se adquiere antes de su inscripción, sería precisa al menos la ejecución del aumento aunque tampoco esté inscrita. Como se verá, en todo caso, la falta de inscripción tendría consecuencias a la hora de liquidar la participación resultante del aumento de capital.

30 De este modo se resume en Alemania la fundamentación de la doctrina sobre las sociedades de hecho a la hora de extenderla a la impugnación de los aumentos de capital, por ejemplo, en KORT, "Aktien aus vernichten Kapitalerhöhungen", cit., p. 306. En el mismo sentido, se señala entre nosotros que presupuesto para la aplicación en general de la doctrina sobre las sociedades de hecho es la efectiva puesta en práctica de la organización prevista en el contrato, que haya un contrato de sociedad en ejecución o realización, tal y como se advierte en GIRÓN, J., *Derecho de sociedades*, t. I, Artes Gráficas Benzal, Madrid, 1976, p. 263. Cfr. asimismo PAZ-ARES, Art. 1665 CC, en PAZ-ARES/DÍEZ-PICAZO/BERCOVITZ/SALVADOR CODERCH (dir.), *Comentario del Código Civil*, II, Ministerio de Justicia, Madrid, p. 1331; "Sociedad de hecho", cit., pp. 6306 y 6307; o *Curso de Derecho Mercantil*, cit., p. 478.

31 En KRIEGER, "Fehlerhafte Satzungsänderungen", cit., p. 49 y 51, se ponen como ejemplo aumentos en los que la identificación de los titulares de las nuevas acciones no es posible (aumentos en sociedades cotizadas), aumentos en los que debe aplicarse la normativa sobre la impugnación de modificaciones estructurales (aumentos con aportación de empresa equi-

Debe además recodarse que el fundamento de este tratamiento de los vicios del contrato de sociedad, y por extensión de sus modificaciones con relevancia organizativa, no descansa en la apariencia jurídica ni en la protección de la confianza generada por ella, como demuestra que las reglas aplicables a la nulidad de las sociedades de capital no distingan entre relaciones externas e internas, ni se limiten a proteger por tanto a los terceros de buena fe. En otras palabras, una sociedad nula o de hecho no es una sociedad aparente, sino una verdadera sociedad[32].

En todo caso, respecto de los aumentos de capital a los que cabe aplicar la doctrina sobre los vicios del contrato de sociedad, y aunque este planteamiento tiene en cuenta la existencia o efectividad del aumento en el terreno de la realidad fáctica pese a sus vicios desde el punto de vista jurídico, también implica reconocer que la sentencia despliega efectos con independencia de la actividad de los órganos sociales, y que afecta a los derechos de todos los socios.

1. La eficacia retroactiva de la sentencia

La sentencia que estima la impugnación de un acuerdo social tiene en general eficacia retroactiva (o *ex tunc*), pero por lo que se refiere a un au-

valentes desde el punto de vista económico a una fusión), o aumentos en los que se considera que no hay perjuicio para los intereses de socios y acreedores (aumentos con cargo a beneficios o reservas). Para el problema de la impugnación de acuerdos de aumentos en sociedades cotizadas, cfr. CASTELLANO, M. J., "La ejecución del aumento del capital de las sociedades de capital", *RDM* 326 (2022), apartado IV (versión digital), donde se propone la adquisición por la sociedad de sus propias acciones para amortizarlas con una reducción del capital a la cifra previa al aumento de capital anulado, con indemnización, en su caso, de los daños y perjuicios que procedieren.

32 Cfr. FLUME, W., *Allgemeiner Teil des Bürgerlichen Rechts*, Band I/1, *Die Personengesellschaft*, Springer, Berlin-Heidelberg-New York, 1977, p. 18. Un apunte sobre la distinción entre sociedades de hecho y sociedades aparentes puede verse también en GIRÓN, *Derecho de sociedades*, cit., pp. 263 y 264. En la misma línea, cfr. asimismo PAZ-ARES, Art. 1665 CC, cit., pp. 1330-1332; *Curso de Derecho Mercantil*, cit., pp. 478 y 479, donde se añaden motivos por los que resultaría inadecuado aplicar la doctrina de la apariencia a los vicios del contrato de sociedad con la consecuencia de separar relaciones externas e internas. En FLESICHER, H./THOMA, C.-F., "Fehlerhafte Personengesellschaft und Scheingesellschaft: Eine rechtsvergleichende Gegenlese", en GRIGOLAIT, H. C./PETERSEN, J. (eds.), *Privatrechtsdogmatik im 21. Jahrhundert. Festschrift für Claus-Wilhelm Canaris zum 80. Geburtstag*, De Gruyter, 2017, p. 841 y ss., cabe encontrar un buen resumen de las principales aportaciones de la doctrina alemana sobre el fundamento de las sociedades nulas (o defectuosas) (pp. 845-847), así como muestras de la tendencia en el panorama comparado a distinguirlas de las sociedades aparentes (esp. pp. 866 y 867).

mento de capital en cuanto que modificación de la estructura organizativa de la sociedad despliega sus efectos solo a partir del momento en que la sentencia deviene firme, y no desde aquel en que se adoptó del acuerdo impugnado[33].

Conforme a la doctrina sobre los vicios del contrato de sociedad, la sentencia no elimina retroactivamente la operación de aumento de capital, sin que quepa distinguir al respecto entre la eficacia de las relaciones externas e internas, de suerte que la impugnación solo tiene consecuencias hacia el futuro[34]. En este sentido, los derechos políticos y económicos, así como las obligaciones inherentes a las acciones y participaciones correspondientes al aumento impugnado, se mantienen temporalmente hasta que gana firmeza la sentencia[35].

Esta solución se considera compatible por parte de la doctrina alemana con reconocer eficacia retroactiva a la sentencia, pese a que no conlleve la ineficacia *ex tunc* de los negocios de ejecución del acuerdo[36]. Se entiende así que cabe separar el acuerdo social (el acuerdo de la junta aprobando el aumento) y la modificación en la estructura de la organización societaria que provoca (el aumento de capital): la eficacia de esa modificación no se basaría en la del acuerdo impugnado, sino que se reconocería con independencia de ella[37]. En contra, se considera que no pueden separarse acuerdo de aumento y actos de ejecución, por lo que se defiende, en cambio, una reducción teleológica de las normas de las que se infiere en general la eficacia retroactiva de la sentencia, con la posibilidad de que el juez excepcionalmente acuerde su eficacia *ex nunc*[38].

33 Para esta misma conclusión, cfr. SANCHO GARGALLO, Art. 208 LSC, cit., p. 2939; MASSAGUER, Art. 208 LSC, cit., p. 951 y ss.

34 ZÖLLNER, "Folgen der Nichtigerklärungen", cit., pp. 71-75.

35 KORT, "Aktien aus vernichten Kapitalerhöhungen", cit., pp. 312-313. En otras palabras, se conserva el cambio de la organización en el pasado, como apunta KRIEGER, "Fehlerhafte Satzungsänderungen", cit., p. 49.

36 HÜFFER, U., § 248 AktG, en GOETHE, W./HABERSACK, M./KASS, S. (ed.), Münchener Kommentar zum Aktiengesetz, Band 4, 3.ª ed., C. H. Beck, München, 2011, Rn. 20 y 21. Posición que se abandona, no obstante, en ediciones posteriores del mismo comentario, como se advierte expresamente en SCHÄFER, C., § 248 AktG, *Münchener Kommentar zum Aktiengesetz*, Band 4, 5.ª ed., C. H. Beck, München, 2021, Rn. 16.

37 SCHMIDT, K., *§ 248* AktG, en *Großkommentar AktG*, 4.ª ed., Walter de Gruyter, Berlin-New York, 1996, Rn. 7. Un apunte en esta misma dirección puede encontrarse también en ZÖLLNER, "Folgen der Nichtigerklärungen", cit., p. 72.

38 HOMMELHOFF, "Zum vorläufigen Bestand fehlerhafter Strukturänderungen", cit., esp. pp. 12-18 y 28.

La separación entre la ineficacia retroactiva del acuerdo impugnado y la ineficacia prospectiva de sus actos de ejecución tiene, no obstante, la ventaja de explicar que los efectos de la impugnación puedan también extenderse a otros actos, negocios o acuerdos verificados entre el momento en que se adoptó el acuerdo impugnado y aquel en el que gana firmeza la sentencia que estima su impugnación[39]. No es de extrañar, por tanto, que recientemente nuestra doctrina más atenta haya sostenido que la sentencia de impugnación de acuerdos de naturaleza organizativa o institucional produce efectos *ex tunc*, recuperando la situación anterior al acuerdo, y *ex nunc*, manteniendo lo hecho hasta la firmeza de la sentencia en el ámbito interno y externo[40].

En cualquier caso, ha de destacarse que la eficacia retroactiva de la sentencia que estima la acción de impugnación de un acuerdo social constituye la regla general, también respecto de los actos o negocios de ejecución del acuerdo impugnado, sin que la impugnación de aquellos acuerdos que no supongan una modificación en la estructura organizativa de la sociedad justifique la aplicación de la doctrina sobre los vicios del contrato de sociedad[41].

---

39 En MASSAGUER, Art. 208 LSC, cit., p. 953, se limita la propagación de la ineficacia del acuerdo impugnado a los acuerdos de impugnación intermedios, entre su adopción y la firmeza de la sentencia, que modifiquen la proporción de la participación relativa de los socios en el capital y en especial aquellos que hayan permitido ser socio a quien no lo era antes, en la medida en que las acciones o participaciones adquiridas incrementando su cuota o deviniendo así socios tendrían como presupuesto sustantivo el anterior aumento impugnado. Un buen ejemplo viene representado por el caso que resolvía la RDGRN de 20 de diciembre de 2019. En ella se confirmaba la negativa a inscribir una operación acordeón por la que se pretendía sustituir otra anterior que había resultado impugnada con éxito. En resumen, la razón fundamental es que entre ambas operaciones se habían producido otras modificaciones del capital en las que el socio que había impugnado la primera operación no había podido ejercer los derechos que se le pretendían reconocer tan solo en la última operación cuya inscripción se solicitaba. Por lo que aquí interesa, la cuestión no se plantearía siquiera si no se reconociera a la sentencia al menos una cierta eficacia retroactiva.

40 MASSAGUER, Art. 208 LSC, cit., p. 939.

41 En el ordenamiento alemán, la sentencia que estima la impugnación, al igual que la que declara la nulidad, tiene eficacia retroactiva (arg. §§ 241 Abs. 5 y 248 AktG), como se pone de manifiesto, entre otros, en HUECK, G./WINDBICHLER, C., *Gesellschaftsrecht*, 21.ª ed., C. H. Beck, München, 2008, § 29, Rn. 49. La eficacia *ex tunc* de la sentencia se infiere además de la función y origen de la acción de impugnación (*Anfechtungsklage*), y se eleva por la práctica totalidad de la doctrina a la categoría de principio jurídico que rige en la materia, tal y como puede comprobarse, entre otros, en HÜFFER, § 248 AktG, cit., Rn. 14; cfr. también SCHMIDT, § 248 AktG, cit., Rn. 5; ZÖLLNER, W., § 248, en *Kölner Kommentar zum Aktiengesetz*, 3.ª ed., Band 5/Teil 1, Carl Heimanns, Köln, 2014, Rn. 9.

En el ordenamiento italiano se considera también que la sentencia de anulación, como la de nulidad, tiene efectos retroactivos: por todos, puede verse SACCHI, R./VICARI, A., "Invalidità delle deliberazioni assembleari", en CAGNASSO, O./PANZANI, L. (dir.), *Le nuove s.p.a.*, Zanichelli, Bologna, 2010, pp. 664-665.

2. La eficacia automática de la sentencia

A la sentencia que estima la impugnación de un acuerdo de capital cabe por lo demás reconocer una eficacia automática (o *ipso iure*), en el sentido de que la declaración judicial de la ineficacia del acuerdo es suficiente para provocar la reducción del capital a la cifra previa a su aumento[42].

Esa consecuencia no precisa de la adopción de ningún acuerdo en junta[43]. Se trata de una conclusión coherente con la doctrina sobre la sociedad nula o de hecho, en la medida en que la declaración de nulidad de una sociedad de capital tampoco requiere que los socios acuerden la disolución, sino que abre directamente la liquidación (art. 57.1 LSC)[44].

De manera semejante, desde que la sentencia que estima la impugnación es firme el aumento de capital deja de existir, debiendo procederse en su caso a una liquidación parcial de la participación en el capital correspondiente y al reembolso a los adquirentes de las acciones o participaciones sociales afectadas de su valor conforme a los principios que rigen la pérdida de la condición de socio[45].

Nuestra doctrina ha venido insistiendo igualmente en la retroactividad no solo de la sentencia de nulidad, sino también de la que estimaba la impugnación de un acuerdo anulable: GARRIGUES/URÍA, *Comentario a la Ley de Sociedades Anónimas*, cit., p. 636; URÍA/MENÉNDEZ/MUÑOZ PLANAS, *Comentario al régimen legal de las sociedades mercantiles*, cit., p. 343; CABALLOL, Art. 122 LSA, en *Comentarios a la Ley de Sociedades Anónimas*, cit., p. 1358; ALCALÁ DÍAZ, *La impugnación de acuerdos del consejo de administración*, cit., pp. 468-469. La misma postura puede considerase mayoritaria, una vez superada la distinción entre acuerdos nulos y anulables, aunque el acuerdo impugnado no sea contrario al orden público: ALFARO, Art. 204 LSC, cit., p. 732; también, aunque con matices, SANCHO GARGALLO, Art. 208 LSC, cit., pp. 2929, 2931, 2933 y 2934.

42 En esta línea, puede verse ahora SANCHO GARGALLO, Art. 208 LSC, cit., p. 2939; o MASSAGUER, Art. 208 LSC, cit., p. 951 y ss.

43 Cfr. ZÖLLNER/WINTER, "Folgen der Nichtigerklärung", cit., p. 60, donde, en puridad, se prescinde al respecto de cualquier acto jurídico por parte de la sociedad, alegando que basta con la inscripción registral de la sentencia. En KORT, "Aktien aus vernichten Kapitalerhöhungen", cit., p. 315, se señala que la liquidación del aumento de capital no necesita de un acuerdo de junta ni de una decisión del órgano de administración, sino que las consecuencias de tipo amortizatorio se producen *ipso iure* con la firmeza de la sentencia de impugnación. En MASSAGUER, Art. 208 LSC, cit., p. 951, se entiende que ni siquiera es necesario que se disponga así en el fallo de la sentencia.

44 Con carácter general, se afirma de forma gráfica que la sentencia que determina la ineficacia del acuerdo operaría con fuerza contraria a la del acuerdo impugnado en ZANARONE, G., «L'invalidità delle deliberazioni assembleari», en COLOMBO, G. E./PORTALE, G. B. (dir.), *Trattato delle società per azioni*, vol. 3/2, UTET, Torino, 1993, p. 352.

45 ZÖLLNER, "Folgen der Nichtigerklärung", cit., pp. 75-76, quien además aclara que se trata de una liquidación parcial solo en sentido económico, y no de un procedimiento de liquidación formal en el que la condición de socio correspondiente a las acciones o participaciones

A lo que están obligados los administradores, por lo tanto, es a adoptar las medidas que correspondan ante la eliminación del aumento de capital determinada judicialmente, pues en general la actividad ejecutiva que se impone a los órganos sociales va dirigida a remediar el vacío que produce la declaración de ineficacia del acuerdo de aumento, surgiendo la obligación para la sociedad de colmar inmediatamente esa laguna adoptando, en su caso, una nueva manifestación de voluntad que respete lo dispuesto en la sentencia[46].

La solución contraria presenta además serios inconvenientes. Si se entiende que es necesario que la junta adopte un acuerdo de reducción de capital, cuando dicho acuerdo no se alcance, y con independencia de la responsabilidad en que podrían incurrir administradores y socios, se dilataría en todo caso sin ninguna necesidad el cumplimiento de la sentencia. Si se defiende, además, que la sociedad puede acordar la reducción del capital o bien adoptar medidas alternativas, la ejecución específica de la sentencia no sería posible, ya que solo obligaría a regularizar la situación de la sociedad pero sin concretar la forma, entre las distintas posibles, en que debe adecuar esa situación a lo contenido en la sentencia[47].

---

afectadas se mantenga hasta su finalización, sino que termina con la firmeza de la sentencia. Cfr. también KORT, "Aktien aus vernichten Kapitalerhöhungen", cit., pp. 312-314. Y, entre nosotros, SANCHO GARGALLO, Art. 208 LSC, cit., p. 2939. Cfr. asimismo MASSAGUER, Art. 208 LSC, cit., pp. 951 y 952, donde se contemplan además los casos en que los administradores deben rectificar el valor nominal de las acciones o participaciones (para los aumentos de capital por elevación de dicho valor) y aquellos en los que no debe procederse a reembolso alguno (para los aumentos con cargo a beneficios o reservas). También se advierte de que, en su caso, la restitución de aportaciones se hará por el valor de liquidación si el acuerdo fue inscrito, argumentándolo a partir de lo dispuesto en los artículos 310.2 y 316 LSC. Por consiguiente, a la inversa, se apunta a que esas normas resultarían aplicables en los supuestos de aumentos no inscritos, en cuyo caso habría de procederse directamente a la restitución de las aportaciones realizadas, y no simplemente a la liquidación de su valor en el momento del reembolso.

46 En general, VILLATA, *Impugnazioni*, cit., p. 444, respecto de un Derecho, el italiano, que prevé expresamente que la anulación del acuerdo obliga a los administradores a adoptar las medidas que corresponda bajo su responsabilidad (art. 2377, 7.º co., CCI).

47 En este sentido, en MEO, *Gli effetti dell'invalidità*, cit., p. 266 y ss., se llega a defender que, cuando la junta no aprueba las medidas oportunas que en su caso resultaran necesarias para dar cumplimiento a la sentencia, ello determinaría la disolución de la sociedad, al margen de la responsabilidad de los socios que con su voto, emitido en abuso de derecho, impiden adoptar el acuerdo.

No obstante, la RDGRN de 30 de mayo de 2013 calificaba los acuerdos sociales de regularización que corresponde adoptar a la sociedad como «actos debidos», por lo cual «los administradores son responsables tanto de adoptar las previsiones que convengan como de convocar la junta. En caso de que la sociedad no adoptarse los acuerdos oportunos, el interesado o el propio administrador podrán solicitar del juez la adopción forzosa de los

Lo anterior no obsta para que la sociedad pueda adoptar otros acuerdos dirigidos a restablecer la situación previa a la sentencia, en este caso mediante un nuevo aumento de capital, pero habrá de ser en una junta en la que participen y voten solo los titulares de las acciones o participaciones existentes antes del aumento de capital declarado ineficaz[48].

3. La eficacia absoluta de la sentencia

La sentencia estimatoria de la impugnación goza, por último, de eficacia absoluta (o *erga omnes*), de modo que la declaración judicial de ineficacia del acuerdo de aumento de capital conlleva la amortización de las acciones o participaciones sociales emitidas o creadas a consecuencia del acuerdo sin que puedan oponerse a ello los derechos de los acreedores sociales ni de los socios, incluidos quienes las suscribieron[49].

No puede sostenerse la aplicación de la disciplina sobre los vicios del contrato de sociedad y al mismo tiempo afirmar que quienes suscriben el aumento de capital declarado ineficaz tienen derecho a conservar las acciones o participaciones que resultan del mismo[50].

correspondientes acuerdos sociales (arg. *ex* artículos 139.3 y 141.2 de la Ley de Sociedades de Capital; artículo 366 por analogía) y podrá tomarse, en su caso, anotación preventiva de esa demanda. Este no es el lugar para resolver acerca de la naturaleza que debe revestir el procedimiento en que dicha pretensión se ventile (jurisdicción contenciosa o voluntaria) o de si cabe en trámite de ejecución de sentencia sustituir la declaración de voluntad de la sociedad rebelde por la del juez *ex* artículo 708 de la Ley de Enjuiciamiento Civil».

48 En ZÖLLNER, "Folgen der Nichtigerklärung", cit., p. 75, se subraya al respecto que a partir de la firmeza de la sentencia a las acciones o participaciones con origen en el aumento de capital no les corresponden ni derechos de voto ni económicos.
Al contrario, como se ha visto, la RDGRN de 30 de mayo de 2013 consideró que se daba cumplimiento a la sentencia de impugnación que afectaba a un aumento de capital regularizando la situación de la sociedad mediante una operación acordeón, y entendía que para la adopción de dicho acuerdo debía tomarse «como base el último capital inscrito» y que «no puede partirse exclusivamente del capital representado por las "viejas acciones"».

49 Para la misma conclusión, cfr. SANCHO GARGALLO, Art. 208 LSC, cit., p. 2939; MASSAGUER, Art. 208 LSC, cit., pp. 948 y ss.

50 No obstante, cfr. GARCÍA DE ENTERRÍA, "Los efectos de la declaración de nulidad", cit., pp. 163 y 164, donde se concluye «la preservación de los efectos generados por el acuerdo», lo que solo cabe admitir respecto del lapso de tiempo que media entre su adopción y la firmeza de la sentencia de impugnación, pero no a partir de entonces. Sin embargo, la RDGRN de 30 de mayo de 2013 sostenía literalmente que «quien suscriba o adquiera las acciones nuevas, ignorante de la irregularidad del acuerdo que sirve como causa o que, atendidas las circunstancias, no cabe esperar que debía conocerla (...) tiene derecho a ser mantenido en su condición de socio».

Debe recordarse que en nuestro Derecho, al igual que en el alemán y a diferencia del italiano, no hay en la actualidad una norma que tutele los derechos adquiridos de buena fe por terceros en caso de impugnación de acuerdos, una vez suprimido el segundo inciso del artículo 122.1 LSA con la aprobación de la LEC. No hay tampoco principio general alguno del que pueda deducirse semejante tutela[51]. Antes bien, la salvaguarda de los derechos de terceros frente a las consecuencias de la sentencia habrá de fundarse, según los casos, en la eficacia de la publicidad registral, la disciplina sobre la representación, o la posibilidad de adquisiciones *a non domino* de derechos representados mediante títulos-valores, anotaciones en cuenta, o sistemas basados en tecnología de registros distribuidos [52].

En este sentido, ante la impugnación con éxito de un acuerdo de aumento de capital, los acreedores sociales no pueden considerarse terceros con relación a los efectos de la publicidad registral en el sentido de que tengan derecho a que se mantenga el aumento inscrito pese a que judicialmente se declare la ineficacia del correspondiente acuerdo, puesto que la cifra de capital no les otorga posiciones jurídicas o derechos individuales[53].

Los intereses de los acreedores sociales frente a la eliminación del aumento en virtud de la sentencia de impugnación se protegen mediante la aplicación analógica de las normas previstas en caso de reducción de capital[54]. No obs-

51 Sin embargo, en GARRIGUES, "Nulidad e impugnabilidad", cit., p. 429, se afirmaba ya la protección de los derechos adquiridos de buena fe por terceros a consecuencia de un acuerdo anulado con fundamento en la apariencia jurídica antes de que la LSA de 1951 sancionara expresamente dicha tutela. Tras la reforma del TRLSA 1989 también se defendió que la eliminación de la referencia expresa a esa protección no significaba un cambio sustancial, ya que la norma derogada sería simplemente una concreción de un principio general del Derecho, en CABALLOL, Art. 122 LSA, en *Comentarios a la Ley de Sociedades Anónimas*, cit., p. 1356. Cfr. asimismo en tiempos más recientes ROJO, Art. 208 LSC, cit., p. 1474; GARCÍA DE ENTERRÍA, "Los efectos de la declaración de nulidad", cit., p. 157.

52 Al respecto, en ZANARONE, "L'invalidità delle deliberazioni assembleari", cit., p. 368; o en SACCHI/VICARI, "Invalidità delle deliberazioni assembleari", cit., p. 669, se aclara que el artículo 2377, 3.º co., CCI, que deja a salvo los derechos adquiridos de buena fe por terceros en base a actos realizados en ejecución del acuerdo, tutela solo a los terceros que adquieren un derecho como efecto inmediato de tales actos, remitiéndose para otros casos a normas distintas (arts. 1445 o 1993, 2.º co, CCI), lo que apunta en todo caso a que se trata de una norma especial, sin perjuicio de que responda a los problemas que puede suscitar la disociación entre la formación de la voluntad social y su exteriorización, y de que estos puedan resolverse mejor recurriendo a la disciplina sobre la representación societaria sin necesidad de un precepto semejante.

53 ZÖLLNER, "Folgen der Nichtigerklärung", cit., p. 70; ZÖLLNER/WINTER: "Folgen der Nichtigerklärung", cit., p. 61; KORT, "Aktien aus vernichten Kapitalerhöhungen", cit., p. 305.

54 Un primer apunte en esta dirección puede verse en ZÖLLNER: "Folgen der Nichtigerklärung", cit., p. 77. Para la aplicación analógica, en concreto, de las normas sobre la reducción de ca-

tante, es dudoso si los acreedores de una sociedad anónima tienen derecho a exigir que se garanticen sus créditos cuando estos hayan nacido después de practicarse, en su caso, la anotación preventiva de la demanda de impugnación (arts. 334.1 y 336 LSC en relación con el 155 RRM), o si el ejercicio de un eventual derecho de oposición, en todo caso, puede condicionar que se lleve a efecto la reducción de capital determinada judicialmente, o únicamente la devolución de aportaciones a los socios (cfr. art. 337 LSC)[55].

Ante las consecuencias de su impugnación, los adquirentes de acciones o participaciones sociales derivadas de un aumento de capital no son terceros, sino socios[56]. Como a los demás socios les afecta desde un punto de vista

pital con amortización obligatoria de acciones *ex* § 237 AktG, y como consecuencia de ello la aplicación de aquellas otras sobre la tutela de acreedores ante la reducción de capital *ex* § 225 AktG, KORT, "Aktien aus vernichten Kapitalerhöhungen", cit., pp. 314-316. Con algunos matices, como consecuencia de entender que todas estas normas solo se aplican por analogía, ZÖLLNER/WINTER, "Folgen der Nichtigerklärung", cit., pp. 63-64 y, sobre todo, 68-69. Entre nosotros, cfr. MASSAGUER, Art. 208 LSC, cit., p. 952, a favor de la aplicación en su caso de las normas generales sobre protección de acreedores ante la restitución de aportaciones.

55 En cuanto a la primera cuestión, puede verse las dudas expresadas en ZÖLLNER/WINTER, "Folgen der Nichtigerklärung", cit., p. 68, en el sentido de si los acreedores merecen la misma protección ante la declaración de ineficacia del aumento que ante una reducción de capital, habida cuenta de la publicidad de la demanda de impugnación. Respecto de la segunda cuestión, el § 225 AktG reconoce directamente a los acreedores el derecho a obtener una garantía de cuya satisfacción depende exclusivamente que se puedan realizar pagos o condonar la obligación de realizar aportaciones a los accionistas. En esta línea, se destaca que el principio según el cual los acreedores han de recibir una garantía ante modificaciones en la estructura de la sociedad no es una especialidad de la disciplina sobre la reducción de capital, sino que tiene sus raíces históricas en el régimen sobre la liquidación, en OECHSLER, J., § 225 AktG, en Münchener *Kommentar zum Aktiengesetz*, Band 4, 5.ª ed., cit., Rn. 2. Por lo que respecta a nuestra doctrina, en MASSAGUER, Art. 208 LSC, cit., p. 952, se considera que los administradores han de observar las previsiones que impidan bloquear la reducción de capital, en particular constituyendo la reserva de los artículos 332 y 335 c) LSC, de modo que solo se podrían restituir el valor de las aportaciones si, tras constituir dicha reserva, la situación de la compañía lo permite con cargo a reservas disponibles o beneficios de ejercicios anteriores pendientes de aplicación. No parece, sin embargo, que, siendo además la reducción de capital obligatoria, deban descartarse otras alternativas, sobre todo cuando la anterior resulte inviable, como que en las sociedades anónimas la sociedad garantice los créditos de sus acreedores (arts. 334 y 337 LSC), o que en las sociedades limitadas se proceda en todo caso a la restitución sin perjuicio de la responsabilidad solidaria de sus destinatarios por las deudas sociales anteriores (art. 331 LSC).

56 Cfr. MASSAGUER, Art. 208 LSC, cit., p. 948-950, donde se sostiene que la adquisición de acciones o participaciones, tanto originaria como derivativa, es un negocio perteneciente a la vertiente institucional de la sociedad (y no solo a la patrimonial), por lo que no hay protección de las posiciones jurídicas adquiridas de buena fe, primando la condición de socio en el momento en que opera la ineficacia con independencia del título por el que dicha condición

procesal la sentencia que se dicte al respecto (art. 222.3.III LEC)[57]. Y no hay ningún motivo para que no suceda así también en el plano sustantivo.

Tampoco pueden ser considerados terceros respecto de los efectos de la publicidad registral pese a la inscripción del acuerdo y su ejecución[58]. Ha de recordarse que el Registro Mercantil es un registro de personas y sus actos, no de bienes y derechos, por lo que el sentido de los principios de legitimación y buena fe (arts. 20 CCom, 7 y 8 RRM) es distinto al que tienen en el Registro de la Propiedad[59].

La protección de los adquirentes de buena fe podría, con todo, plantear alguna duda ante la emisión o transmisión de acciones cuando estas se representan mediante títulos-valores, anotaciones en cuenta o sistemas basados en tecnología de registros distribuidos debido a la tutela jurídico-real característica también estos valores (cfr. arts. 120.2 LSC y 11.3 LMVSI), aunque a

se adquirió, y negando a la inversa la condición de tercero a quien realiza un contrato de carácter jurídico-societario (y no un negocio de tráfico). En la misma línea antes, del mismo autor, cfr. "Algunas consideraciones acerca de los efectos de la anotación preventiva de una demanda de impugnación de acuerdos sociales", *RCDI* 638 (1997), p. 115; o distinguiendo entre acuerdos de organización y acuerdos de gestión, BUSTILLO SAIZ, M. del M., *La subsanación de acuerdos sociales por la junta general de la sociedad anónima*, Aranzadi, Pamplona, 1999, p. 540 y ss.; CABALLOL, Art. 122 LSA, cit., 1360. Al contrario, en GARRIGUES, "Nulidad e impugnabilidad", cit., p. 430, nota 15, se afirmaba que la necesidad de proteger a los terceros se traducía en caso de aumento de capital con emisión de nuevas acciones en que los adquirentes de esas acciones adquieren los derechos incorporados a los títulos emitidos. En ROJO, Art. 208 LSC, cit., se considera que entre los terceros se debe incluir a quienes no tuvieran la condición de socios ni de administradores en el momento de la adopción del acuerdo aunque la hubieran adquirido durante la tramitación del proceso de impugnación.

57 En SANCHO GARGALLO, Art. 208 LSC, cit., p. 2930, al tratar de la eficacia de la cosa juzgada material en sentido negativo de la sentencia desestimatoria de la impugnación, se indica que la referencia del artículo 222.3.III LEC alcanza no solo a quien hubiera sido socio al tiempo de adoptarse el acuerdo sino también a los posteriores aunque acudan para justificar su legitimación a la condición de terceros con un interés legítimo.

58 ZÖLLNER, "Folgen der Nichtigerklärung", cit., p. 70; ZÖLLNER/WINTER, "Folgen der Nichtigerklärung", p. 61; KORT, "Aktien aus vernichten Kapitalerhöhungen", cit., p. 305.

59 Acertadamente, MASSAGUER, Art. 208 LSC, cit., p. 950, que añade que en el caso de adquisición originaria de acciones o participaciones no hay inscripción del aumento previa a la adquisición que pudiera fundar la aplicación del artículo 20 CCom (p. 952). Por el contrario, para la tutela registral de los adquirentes de buena fe de acciones o participaciones emitidas o creadas por un aumento de capital declarado judicialmente ineficaz *ex* arts. 20 CCom y 8 RRM, ROJO, Art. 208 LSC, cit., pp. 1474 y 1475. Cfr. asimismo, para la invocación por parte de terceros de la apariencia jurídica derivada de la inscripción y la presunción de legalidad formal y material del acuerdo, GARRIGUES, "Nulidad e impugnabilidad", cit., p. 420; GARRIGUES/URÍA, *Comentario a la Ley de Sociedades Anónimas*, cit., p. 637; URÍA/MENÉNDEZ/MUÑOZ PLANAS, *Comentario al régimen legal de las sociedades mercantiles*, cit., p. 344.

ello se opone la naturaleza declarativa y causal de las acciones[60]. En realidad, la aplicación de la doctrina sobre los vicios del contrato de sociedad a la ineficacia del aumento de capital no supone cuestionar la adquisición de las acciones emitidas a consecuencia del mismo, sino, al contrario, reconocer que sus titulares las adquirieron y además conservan sus derechos hasta la firmeza de la sentencia que estima la impugnación, que a partir de ese momento, sin embargo, despliega los mimos efectos para todos los socios, precisamente por serlo, con independencia de que hayan adquirido las acciones afectadas conforme al Derecho de sociedades, al común o al de los títulos o derechos-valores[61]. Los principios cartulares o tabulares no entran en contradicción así con los principios societarios, sino que, más bien, se ven superados por los mismos, en el sentido de que la tutela del adquirente no se hace depender de los presupuestos para la circulación de los derechos de accionista conforme

60 Directamente en contra respecto de los títulos accionariales, por los motivos indicados, ZÖLLNER, "Folgen der Nichtigerklärung", pp. 70-71, que advierte además de los problemas que se plantearían en caso contrario, y niega la posibilidad incluso teórica de proteger al adquirente originario (suscriptor) de las acciones a falta de (válida) constitución de la condición de socio, lo que, en última instancia, daría lugar a una excepción oponible *inter partes* a favor de la sociedad. Por otra parte, en KORT, "Aktien aus vernichten Kapitalerhöhungen", cit., pp. 303-304, al carácter declarativo y causal de la acción se añade que los principios del Derecho de sociedades prevalecen sobre los del Derecho de títulos-valores. Se responde de este modo a la tesis mantenida por parte de la doctrina cartular, fundamentalmente la que puede encontrarse en HUECK, A./CANARIS, C.-W., *Recht der Wertpapiere*, 12.ª ed., Franz Vahlen, München, 1986, § 25 III 2 b), p. 219, donde se aboga por proteger la adquisición de buena fe de acciones incluso si la posición de socio documentada no existe, como sucedería cuando se emiten los títulos sobre la base de un aumento de capital nulo. Dicha postura, por lo demás, resulta minoritaria también entre los autores que se ocupan del tema desde el punto de vista del Derecho sobre títulos-valores: cfr. ULMER, E., *Das Recht der Wertpapiere*, Kohlhammer, Stuttgart-Berlin, 1938, pp. 68-69; ZÖLLNER, W., *Wertpapierrecht*, 14.ª ed., C. H. Beck, München, 1987, § 29 III, p. 184.

En MASSAGUER, Art. 208 LSC, cit., pp. 952 y 953, aun sin referencia expresa a las posibles especialidades del Derecho sobre títulos-valores, se defiende que la adquisición originaria de acciones o participaciones no es un negocio de tráfico, y que la adquisición derivativa no es un supuesto de adquisición *a non domino*, sino un supuesto de desaparición sobrevenida del objeto del negocio frente al que no hay excepción legal. No obstante, este último argumento plantea alguna duda, en tanto que la protección jurídico-real característica de los títulos-valores no se proyecta únicamente sobre la falta de titularidad del transmitente sino asimismo sobre la inexistencia de los derechos documentados, protegiéndose también al adquirente de buena fe de las acciones frente a la inexistencia o ineficacia del negocio de emisión o entrega de los títulos, concretamente en el supuesto de emisión de títulos en número superior al contemplado en el contrato de sociedad o el aumento de capital. Al respecto, cfr. RECALDE, A./PÉREZ MILLÁN, D., Art. 92 LSC, en GARCÍA-CRUCES, J. A./SANCHO GARGALLO, I. (dir.), *Comentario de la Ley de Sociedades de Capital*, cit., II, pp. 1319 y 1320, con referencias a la doctrina nacional y comparada al respecto.

61 RECALDE, A./PÉREZ MILLÁN, D., Art. 92 LSC, cit., pp. 1316 y 1317.

a las reglas de Derecho especial de los valores mobiliarios, incluida su buena fe, si bien dicha tutela no incluye el derecho a conservar las acciones ante la ineficacia sobrevenida del aumento debido a la naturaleza y el régimen aplicable a los derechos documentados o registrados.

En general, por tanto, la condición de socio y los derechos correspondientes tanto a acciones como a participaciones sociales afectadas por la impugnación de un acuerdo de aumento de capital se adquieren con independencia del título o el mecanismo en cuya virtud se produce la adquisición, y de la ignorancia o el conocimiento sobre la irregularidad del acuerdo, pero se pierden en todo caso a partir del momento en que gana firmeza la sentencia.

La mala fe de algunos socios, no obstante, se puede tener en cuenta para reducir la cuantía de la liquidación a recibir por las acciones o participaciones que han de ser amortizadas, como cuando un socio de mala fe ha obtenido una participación mayor de la que le correspondería según el principio de paridad de trato (por excluirse el derecho de preferencia de otros socios), o cuando hubiera aportado por la participación adquirida menos de lo que en realidad valía (al emitirse o crearse las acciones o participaciones a un tipo desproporcionalmente reducido)[62].

A la inversa, cabe considerar asimismo la posibilidad de reconocer el derecho a una indemnización de daños y perjuicios a favor de determinados socios: de aquellos anteriores al aumento de capital cuyo derecho de preferencia se excluyó indebidamente, contra los que de mala fe y violando su deber de fidelidad o lealtad fueron determinantes para la adopción del acuerdo, sin ir más lejos por la participación en dividendos de la que se les hubiera privado hasta la anulación del aumento; o de los adquirentes de buena fe de las acciones o participaciones emitidas o creadas por el aumento, contra los administradores o la sociedad, como compensación por la pérdida de los derechos correspondientes a las mismas[63]. En este último caso puede incluso

62 Cfr. ZÖLLNER, "Folgen der Nichtigerklärung", cit., p. 77; ZÖLLNER/WINTER, "Folgen der Nichtigerklärung", cit., pp. 66-67; KORT, "Aktien aus vernichten Kapitalerhöhungen", cit., pp. 316-317.

63 Para más detalles, se remite a ZÖLLNER/WINTER, "Folgen der Nichtigerklärung", cit., pp. 72-78; así como a KORT, "Aktien aus vernichten Kapitalerhöhungen", cit., pp. 317-319, con diferencias, sobre todo, en cuanto a los sujetos que deben considerarse responsables ante los adquirentes de buena fe de las acciones o participaciones amortizadas. En MASSAGUER, Art. 208 LSC, cit., p. 952, toda vez que solo se admite la restitución de aportaciones con cargo a fondos propios y previa dotación de la reserva de capital de los artículos 332 y 335 c) LSC, para el caso de que ello no sea posible se reconoce a los socios cuya participación se liquida sin restitución una acción de daños contra la sociedad, los administradores o la mayoría, si concurren los presupuestos para ello.

plantearse, aunque parece más dudoso, el derecho de los adquirentes de buena fe de las acciones o participaciones sociales afectadas por la impugnación a que se proceda a nuevo aumento reparatorio de su posición como una forma de resarcimiento *in natura* o en especie[64].

IV. BILIOGRAFÍA

ALCALÁ DÍAZ, M. A., *La impugnación de acuerdos del consejo de administración de sociedades anónimas*, Civitas, Madrid, 1998.

ALFARO, J., Art. 204 LSC, en JUSTE, J./RECALDE, A., *La Junta general de las sociedades de capital*, Aranzadi, Cizur Menor (Navarra), 2022, p. 727 y ss.

BUSTILLO SAIZ, M. del M., *La subsanación de acuerdos sociales por la junta general de la sociedad anónima*, Aranzadi, Pamplona, 1999.

CABALLOL, L., Art. 122 LSA, en ARROYO, I./EMBID, J. M./GÓRRIZ, C. (coord.), *Comentarios a la Ley de Sociedades Anónimas*, 2.ª ed., II, Tecnos, Madrid, 2009, p. 1355 y ss.

CASTELLANO, M. J., "La ejecución del aumento del capital de las sociedades de capital", *RDM* 326 (2022) (versión digital).

FLESICHER, H./THOMA, C.-F., "Fehlerhafte Personengesellschaft und Scheingesellschaft: Eine rechtsvergleichende Gegenlese", en GRIGOLAIT, H. C./PETERSEN, J. (eds.), *Privatrechtsdogmatik im 21. Jahrhundert. Festschrift für Claus-Wilhelm Canaris zum 80. Geburtstag*, De Gruyter, 2017, p. 841 y ss.

FLUME, W., *Allgemeiner Teil des Bürgerlichen Rechts*, Band I/1, *Die Personengesellschaft*, Springer, Berlin-Heidelberg-New York, 1977.

GARCÍA DE ENTERRÍA, J., "Los efectos de la declaración de nulidad de los acuerdos sociales", *RDM* 290 (2013), p. 143 y ss.

GARCÍA GARCÍA, E., «Impugnación de acuerdos sociales: Experiencia judicial», RODRÍGUEZ ARTIGAS, F./FARRANDO, I./TENA, R. (dir.), *El nuevo régimen de impugnación de los acuerdos sociales de las sociedades de capital*, Colegio Notarial de Madrid, Madrid, 2015, p. 37 y ss.

64 Cfr. ZÖLLNER, "Folgen der Nichtigerklärung", cit., pp. 77-78; ZÖLLNER/WINTER, "Folgen der Nichtigerklärung", cit., pp. 72-78; KORT, "Aktien aus vernichten Kapitalerhöhungen", cit., pp. 320-321, donde se descarta que dicho derecho pueda encontrar fundamento en el negocio de suscripción, recordando en general la autonomía de la junta a la hora de decidir si se acuerda un nuevo aumento, y el reconocimiento de un derecho semejante solo cuando el comportamiento en su conjunto de la sociedad puede fundar una responsabilidad por confianza similar a la que la doctrina alemana considera en el marco de la culpa *in contrahendo*. En la práctica, el único caso que se señala en el que los socios podrían estar obligados por su deber de fidelidad o lealtad a votar a favor de un nuevo aumento reparatorio sería el de que el aumento impugnado hubiera sido declarado ineficaz por meros defectos procedimentales.

GARRIGUES, J., "Nulidad e impugnabilidad de acuerdos de junta general de la sociedad anónima", *RDM* 3 (1946), p. 415 y ss.

GARRIGUES, J./URÍA, R., *Comentario a la Ley de Sociedades Anónimas*, I, Imprenta Samarán, Madrid, 1952.

GINEVRA, E., "Nullità post-conversione di delibera di emissione di obbligazioni bancarie convertibili?", *Giur. comm.*, 2003, II, p. 246 y ss.

GIRÓN, J., *Derecho de sociedades anónimas*, Publicaciones de los seminarios de la Facultad de Derecho, Valladolid, 1952.

— *Derecho de sociedades*, t. I, Artes Gráficas Benzal, Madrid, 1976.

HUECK, A./CANARIS, C.-W., *Recht der Wertpapiere*, 12.ª ed., Franz Vahlen, München, 1986.

HUECK, G./WINDBICHLER, C., *Gesellschaftsrecht*, 21.ª ed., C. H. Beck, München, 2008.

HÜFFER, U., § 248 AktG, en GOETHE, W./HABERSACK, M./KASS, S. (ed.), *Münchener Kommentar zum Aktiengesetz*, Band 4, 3.ª ed., C. H. Beck, München, 2011.

KRIEGER, G., "Fehlerhafte Satzungsänderungen: Fallgruppen und Bestandkraft", *ZHR* 158 (1994), p. 35 y ss.

KORT, M., "Aktien aus vernichten Kapitalerhöhungen", *ZGR*, 1994, p. 291 y ss.

HOMMELHOFF, P., "Zum vorläufigen Bestand fehlerhafter Strukturänderungen in Kapitalgesellschaften", *ZHR* 158 (1994), p. 11 y ss.

MASSAGUER, J., "Algunas consideraciones acerca de los efectos de la anotación preventiva de una demanda de impugnación de acuerdos sociales", *RCDI* 638 (1997), p. 99 y ss.

— "La propagación de la ineficacia de los acuerdos de junta general de las sociedades de capital", *RDM* 319 (2021) (versión digital).

— Art. 208 LSC, en JUSTE, J./RECALDE, A., *La Junta general de las sociedades de capital*, Aranzadi, Cizur Menor (Navarra), 2022, p. 904 ss.

MEO, G., *Gli effetti dell'invalidità delle deliberazioni assembleari*, Giuffrè, Milano, 1998.

OECHSLER, J., § 225 AktG, en *Münchener Kommentar zum Aktiengesetz*, Band 4, 5.ª ed., C. H. Beck, München, 2021.

ORMAZÁBAL, G., "La sentencia estimatoria de la impugnación de acuerdos sociales y la cancelación de asientos contradictorios. Un intento de aclarar los arcanos del art. 208.2 LSC", en RODRÍGUEZ ARTIGAS, F./FARRANDO, I./TENA, R. (dir.), *El nuevo régimen de impugnación de los acuerdos sociales de las sociedades de capital*, Colegio Notarial de Madrid, Madrid, 2015, p. 605 y ss.

PAZ-ARES, C., Art. 1665 CC, en PAZ-ARES/DÍEZ-PICAZO/BERCOVITZ/SALVADOR CODERCH (dir.), *Comentario del Código Civil*, II, Ministerio de Justicia, Madrid, p. 1299 y ss.

— "Sociedad de hecho", *Enciclopedia Jurídica Básica*, IV, Civitas, Madrid, 1995, p. 6305 y ss.

— "La sociedad en general: elementos del contrato de sociedad", en URÍA, R./MENÉNDEZ, A., *Curso de Derecho Mercantil*, I, Civitas, Madrid, 1999, p. 429 y ss.

PÉREZ MILLÁN, D., "Los efectos de la sentencia de impugnación de aumentos de capital", en *El nuevo régimen de impugnación de los acuerdos sociales de las sociedades de capital*, p. 523 y ss.

RECALDE, A./PÉREZ MILLÁN, D., Art. 92 LSC, en GARCÍA-CRUCES, J. A./SANCHO GARGALLO, I. (dir.), *Comentario de la Ley de Sociedades de Capital*, II, Tirant lo Blanch, Valencia, 2021, p. 1303 y ss.

ROJO, A., Art. 208 LSC, en ROJO, A./BELTRÁN, E. (dir.), *Comentario de la Ley de sociedades de capital*, I, Civitas, Madrid, 2011, p. 1471 y ss.

SACCHI, R., "Gli effetti della sentenza che accoglie l'impugnazione di delibere assembleari di s.p.a.", *BBTC*, 2012, II, p. 141 y ss.

SACCHI, R./VICARI, A., "Invalidità delle deliberazioni assembleari", en CAGNASSO, O./ PANZANI, L. (dir.), *Le nuove s.p.a.*, Zanichelli, Bologna, 2010, p. 635 y ss.

SÁNCHEZ CALERO, F., *La junta general en las sociedades de capital*, Civitas, Madrid, 2007.

SANCHO GARGALLO, I., Art. 208 LSC, en GARCÍA-CRUCES, J. A./SANCHO GARGALLO, I. (dir.), *Comentario de la Ley de Sociedades de Capital*, Tirant lo Blanch, Valencia, 2021, p. 2927 y ss.

SCHÄFER, C., § 248 AktG, *Münchener Kommentar zum Aktiengesetz*, Band 4, 5.ª ed., C. H. Beck, München, 2021.

SCHMIDT, K., "Fehlerhafte Beschlüsse in Gesellschaten und Vereinen", *AG*, 1977, pp. 205 y ss., y 243 y ss.

— § 248 AktG, en *Großkommentar AktG*, 4.ª ed., Walter de Gruyter, Berlin-New York, 1996.

ULMER, E., *Das Recht der Wertpapiere*, Kohlhammer, Stuttgart-Berlin, 1938.

URÍA, R./MENÉNDEZ, A./MUÑOZ PLANAS, J. M., *La Junta General de Accionistas*, en URÍA, R./MENÉNDEZ, A./OLIVENCIA, M., *Comentario al régimen legal de las sociedades mercantiles*, V, Civitas, Madrid, 1992.

VILLATA, S., *Impugnazioni di delibere assambleari*, Giuffrè, Milano, 2006.

ZANARONE, G., «L'invalidità delle deliberazioni assembleari», en COLOMBO, G. E./PORTALE, G. B. (dir.), *Trattato delle società per azioni*, vol. 3/2, UTET, Torino, 1993, p. 187 y ss.

ZÖLLNER, W., "Folgen der Nichtigerklärung durchgeführter Kapitalerhöhungsbeschlüsse", *AG* 1993, p. 68 y ss.

— *Wertpapierrecht*, 14.ª ed., C. H. Beck, München, 1987.

— *§ 248*, en *Kölner Kommentar zum Aktiengesetz*, 3.ª ed., Band 5/Teil 1, Carl Heimanns, Köln, 2014.

ZÖLLNER, W./WINTER, M., "Folgen der Nichtigerklärung durchgeführter Kapitalerhöhungsbeschlüsse", *ZHR* 158 (1994), p. 59 y ss.

Capítulo XI
LA REDUCCIÓN DEL CAPITAL SOCIAL: DEFINICIÓN, MODALIDADES Y RÉGIMEN GENERAL

Cristóbal Espín Gutiérrez
Catedrático de Derecho Mercantil
Universidad Complutense de Madrid

I. CONSIDERACIONES INTRODUCTORIAS

En esta obra se aborda un amplio estudio de la operación de reducción del capital social, con sus múltiples modalidades y variantes, a través de numerosos trabajos. Es oportuno iniciarlo con un primer Capítulo que aporte una visión general con un propósito introductorio, pero sobre todo sistematizador, y un análisis del régimen jurídico general de esta operación.

Previo al estudio de la reducción, hay que exponer sintéticamente el objeto de la operación: el capital social, centrándonos en los aspectos que aquí nos interesan. Se partirá de definir, delimitar, diferenciar e interrelacionar los conceptos de "capital mercantil" y "capital contable", pues la operación de reducción del capital afecta a la cifra recogida en los estatutos y al importe reflejado en el balance. Para valorar lo que implica la operación de reducción hay que ser muy conscientes de que el capital es el elemento vertebrador de las sociedades de capital a través de su función organizativa de la estructura corporativa y de la estructura financiero-patrimonial, así como de su función de garantía mediante la integración y retención de patrimonio.

Una vez realizada esta labor previa, se mostrará el amplio y disperso ámbito normativo, se enunciará una definición de operación de reducción del capital social y se expondrá el universo de modalidades de reducción que contempla la Ley, atendiendo principalmente a su finalidad y procedimiento. En relación con la clasificación desarrollada en función de sus variadas finalidades, es de especial interés agruparlas mediante una clasificación binaria que se atiene a la alteración de lo que denominamos "fondos propios de disponibilidad restringida", por la trascendencia que implica en su régimen y por su utilidad a efectos de aplicación analógica.

Las leyes societarias (LSC y RD-ley 5/2023) o los estatutos sociales en ocasiones contemplan reducciones del capital con finalidades determinadas, pero con connotaciones o exigencias especiales: por presentarse con un elemento accesorio, por ser consecuencia de otro acuerdo, por derivarse de situaciones específicas contempladas en la Ley, o por quedar legalmente la sociedad en circunstancias especiales. A su vez, en base a la libre autonomía societaria, en principio, ha de aceptarse la licitud de operaciones complejas en que se combinan variaciones de capital de distinto signo (aumentos y reducciones) o en que se combinan distintas modalidades de reducción (reducciones mixtas). La Ley permite para las reducciones del capital la combinación de finalidades y procedimientos, si bien en algunos casos requiere especiales exigencias o incluso se determina su prohibición.

Por último, en este Capítulo se analizará el régimen general de la operación societaria de reducción del capital dispuesto en la LSC (Título VIII, Capítulo III, Sección 1.ª, arts. 317-319) y circunscrito fundamentalmente a la fase del acuerdo. El acuerdo de reducción del capital puede ser una manifestación de la libre autonomía societaria o ser un acuerdo de "carácter obligatorio" o necesario, puede presentarse como un acuerdo implícito en otro o puede ofrecerse como una de las posibles alternativas ante determinadas circunstancias. Otros Capítulos de esta obra analizarán específicamente las múltiples modalidades y sus muy distintas variantes, abordando los aspectos especiales del acuerdo y profundizando en la complejidad de su ejecución.

II. EL CAPITAL SOCIAL DESDE LAS PERSPECTIVAS MERCANTIL Y CONTABLE

La cifra del capital social mercantil consta en el clausulado de los estatutos societarios y el capital social contable aparece reflejado en el balance societario; sus definiciones y significados son diversos, y por tanto su cuantificación no tiene por qué ser igual, pues la contabilización ha de atender no sólo a las formas jurídicas, sino también a su realidad económica (art. 34.2 CCom). Cuando se reduce el capital se modifican los estatutos y se altera el balance. La dualidad de conceptos mercantiles y contables también se da en relación al patrimonio neto. Esta diversidad hay que tenerla siempre presente, pero de forma especial y trascendente a la hora de delimitar el desequilibrio entre el capital social y el patrimonio neto, que es el presupuesto de la denominada abreviadamente reducción del capital "por pérdidas" (arts. 317 y 322 LSC y art. 36.1 CCom), que en la práctica es la modalidad más frecuente.

El origen de estas disparidades deviene de la Ley 16/2007, de 4 de julio, de reforma y adaptación de la legislación mercantil en materia contable para su armonización internacional con base en la normativa de la Unión Europea, que implicó modificar el CCom en aspectos tan importantes como la definición de lo que es patrimonio neto y pasivo, ateniéndose al "test de la obligación"[1], produciendo una disociación de los conceptos mercantiles y contables[2]. En el Preámbulo de la Ley 16/2007[3] se declaró que en "aras de mantener la deseable neutralidad de la reforma contable sobre la regulación mercantil", se incluía en el CCom una "regla de conciliación" entre lo que se denominó patrimonio neto contable y patrimonio neto mercantil, para así "preservar los criterios sobre el mantenimiento e integridad de la cifra del capital social en términos estrictamente jurídico-mercantiles"[4]; ello implica una disparidad entre el concepto del "capital mercantil" y "capital contable".

1 Preámbulo II 5.º párr. Resolución de 5 de marzo de 2019, del Instituto de Contabilidad y Auditoría de Cuentas, por la que se desarrollan los criterios de presentación de los instrumentos financieros y otros aspectos contables relacionados con la regulación mercantil de las sociedades de capital (en adelante Resolución ICAC, de 5 de marzo de 2019).

2 La DGRN ha manifestado que "*el predominio de los criterios propiamente contables sobre las exigencias derivadas del régimen jurídico de las sociedades de capital que inspira el nuevo sistema, provoca una desavenencia entre los conceptos que de las distintas masas patrimoniales sustentan ambos bloques normativos, discrepancia que se muestra particularmente visible en las nociones de pasivo y patrimonio neto, cuya sustancia ha dejado de ser coincidente*" (F.D. 3.º RDGRN 1331/2015, de 7 de enero de 2015, *Tol4.705.018*, y F.D. 3.º RDGRN 1892/2013, de 19 de enero de 2013, *Tol3.024.158*).

3 Preámbulo III 10.º párr. de la Ley 16/2007 y en el Preámbulo II 8.º párr. de la Resolución ICAC, de 5 de marzo de 2019.

4 Este razonamiento y la expresión "Patrimonio neto mercantil" son recogidos en el Preámbulo II párr. 8.º Resolución ICAC, de 5 de marzo de 2019.

1. El capital social desde la perspectiva mercantil

La LSC no contiene propiamente unas definiciones de la sociedad de responsabilidad limitada y de la sociedad anónima; sino descripciones en las que se otorga el protagonismo al capital social, junto a su corolario: la ausencia de responsabilidad (art. 1 LSC). En el actual ordenamiento societario español, el capital social sigue ocupando una posición preponderante en la estructura jurídica de las sociedades de capital y aún tiene vigencia la expresión del profesor Garrigues en su *Tratado de Derecho Mercantil* (1947): *"el concepto de capital ilumina la esencia"*[5] de las sociedades de capital.

En los estatutos sociales ha de constar el capital social, así como las participaciones o acciones en que se divide y el valor nominal que tienen (art. 23.d LSC). La omisión en los estatutos sociales de la cuantía del capital es causa de nulidad de la sociedad (arts. 56.1.f LSC).

Partiendo del conjunto normativo que regula el capital social se han elaborado unas generalizaciones sistemáticas, que se enuncian en forma de principios[6], entre ellos nos interesa destacar el de correspondencia mínima o efectividad que se deriva de la existencia de un conjunto de preceptos que relacionan el capital social con el patrimonio neto, proporcionando un régimen jurídico de garantía para los acreedores y promocionando la solvencia societaria[7], con independencia que la cuantía quede fundamentalmente al arbitrio de la sociedad, con las salvedades de los capitales mínimos generales y sectoriales.

Sobre el capital de las sociedades de capital se han formulado muchas y diversas concepciones[8]. Siguiendo al profesor Girón, concebimos el capital so-

---

5 Así mismo, GARRIGUES, J. expresó de forma metafórica y matizadamente que *"la sociedad anónima es, puede decirse, un capital con categoría de persona jurídica"* (*Tratado de Derecho de Derecho Mercantil*, T.I, Vol. 2, Madrid, 1947, pág. 634); PÉREZ DE LA CRUZ, A., matizó que esta frase aunque hubiese adquirido "rango jurisprudencial" tenía un indudable sentido metafórico (*La reducción del capital en sociedades anónimas y de responsabilidad limitada,* Zaragoza, 1973, pág. 27).

6 Estamos ante una labor de abstracción del conjunto de normas singulares que regulan el capital. *Vid.* GIRÓN, J., *Derecho de Sociedades Anónimas (según la Ley de 17 de julio de 1951)*, Valladolid, 1952 págs. 51 y ss.

7 La doctrina no sostiene criterios uniformes, ni para la clasificación, ni para las denominaciones de estos llamados principios; sin embargo, existe un contenido común aceptado de forma generalizada. GIRÓN, J., señaló estos cuatro principios: de determinación, de correspondencia mínima, de estabilidad y el de capital mínimo (*Derecho de Sociedades Anónimas, ob. cit.*, págs. 52-54).

8 Las distintas orientaciones tradicionalmente se agrupan en tres grandes categorías. Una primera conceptualización toma como punto de referencia las aportaciones de los socios, en su

cial como una "*abstracta magnitud matemática recogida en los estatutos*"; es una "*unidad de medida*", a la que el ordenamiento jurídico recurre para construir la estructura societaria[9], otorgándole diversas funciones. Así la actual normativa societaria española atribuye al capital social: una función organizativa del complejo entramado de la estructura corporativa y de la estructura financiera; y una función de garantía, mediante la integración y retención de patrimonio[10].

La función organizativa del capital social sobre la estructura corporativa de la sociedad se manifiesta en la delimitación de la posición jurídica de los socios y de las minorías, así como en el funcionamiento de los órganos sociales. La función organizativa del capital social sobre la estructura financiera de la sociedad, se evidencia en multitud de circunstancias de la vida societaria[11].

La función de garantía del capital social mediante la integración y retención de patrimonio se ve recogida en nuestro actual ordenamiento jurídico a través de una amplia configuración normativa.

---

acepción material o formal. Un segundo grupo adopta una concepción abstracta o nominal del capital, es la postura más difundida y aceptada. Una tercera posición bajo una concepción unitaria del capital distingue un aspecto nominal y otro real. Un desarrollo bibliográfico de las distintas posiciones doctrinales nacionales y extranjeras, entre otros muchos *vid.* ESPÍN, C., *La operación de reducción y aumento del capital simultáneos en la sociedad anónima*, McGraw-Hill Interamericana de España, Madrid, 1997, págs. 3 y 4, esp. notas 9, 10,11 y 12.

9 GIRÓN, J., *Derecho de Sociedades Anónimas, ob. cit.*, págs. 50-51.

10 También se sostuvo que el capital podía cumplir una función empresarial; cuyo incumplimiento podría ser sancionado, pero esta función no tiene acogida general en nuestro ordenamiento (SÁNCHEZ CALERO, F./ SÁNCHEZ-CALERO GUILARTE, J., *Instituciones de Derecho Mercantil*, vol I, 37.ª Ed., Aranzadi, Pamplona, 2015, pág. 406 y ESPÍN, C., "El capital, el patrimonio neto y la significación patrimonial de las variaciones de capital en la sociedad anónima", en AA.VV., *Estudios de Derecho de Sociedades y Derecho Concursal. Libro homenaje al Profesor Rafael García Villaverde,* T. I, Marcial Pons, Madrid, 2007, pág. 457). Sobre la infracapitalización *vid.* VICENT CHULIA, F., *Introducción al Derecho Mercantil*, Vol. I, 24.ª Ed., Tirant lo Blanch, Valencia, 2022, págs. 1383 y ss.

11 Así, el capital es un referente para establecer los límites de las acciones propias y participaciones recíprocas (arts. 146.2, 509, 145.1 y arts. 151, 152, 155 LSC), para determinar la posibilidad de reparto de dividendos (arts. 273.2 y 326 LSC), para calcular los límites de la reserva legal (art. 274 LSC), para limitar el importe del denominado capital autorizado (art. 297.1.b LSC), para limitar el importe de las emisiones de las acciones sin voto (art. 98 LSC) y de las rescatables (art. 500 LSC), para permitir los aumentos de capital con aportaciones dinerarias (art. 299.2 LSC), para limitar los aumentos de capital con cargo a la reserva legal (art. 303 LSC), para definir las reducciones del capital para compensar pérdidas y dotar la reserva legal (art. 322.2 LSC), para determinar la obligatoriedad de la reducción por desequilibrio patrimonial (art. 327 LSC), y para definir las causas de disolución por desequilibrio patrimonial y por reducción del capital por debajo del mínimo (art. 363.1.e y f LSC).

La integración patrimonial se garantiza a través del régimen de las aportaciones sociales, tanto en el momento constitucional como en los aumentos de capital; imponiendo, según las modalidades y tipos societarios, controles y responsabilidades en relación con la realidad y la veracidad de las valoraciones. Una vez producida la integración patrimonial, las aportaciones concretas se confunden en el patrimonio social[12].

La función de garantía del capital mediante la retención de patrimonio se manifiesta a través del deber societario de retener un patrimonio neto al menos igual a la suma del capital, determinando la indisponibilidad de una cifra de patrimonio (no de bienes concretos) equivalente a la del capital. Ello supone una cierta garantía para los acreedores y proporciona recursos al desarrollo de la actividad empresarial[13]. Debido a este régimen el capital es un elemento esencial de lo que más adelante llamaremos "fondos propios de disponibilidad restringida". La idea de la retención patrimonial está presente de forma más o menos efectiva en el régimen de las acciones y participaciones propias, de la asistencia financiera y de las participaciones recíprocas (arts. 134 a 158 LSC), de la aplicación de resultados del ejercicio (arts. 273 a 278 LSC), de la reducción del capital social (arts. 317 a 345 LSC) y de la liquidación societaria (art. 391.2 LSC). En este conjunto normativo se establecen distintos mecanismos que se aplican según los casos[14], tales como exigencias: de balances auditados y aprobados, de constitución de reservas indisponibles, de otorgamiento a los acreedores de derechos de oposición, de establecimiento de responsabilidades y de deberes de restitución. En este conjunto de reglas de garantía destaca el mecanismo que utiliza la compara-

12 En el sentido de que los bienes integrados no quedan afectos al capital social, no son indisponibles. La cifra del capital social permanece estable, pero el valor del patrimonio neto varía constantemente en función de la actividad societaria y de otras circunstancias, como pueden ser las propias variaciones en la valoración.

13 Estas cualidades son relativas y de eficacia limitada, pues el ordenamiento en general no exige que la cifra del capital social, ni la del patrimonio neto tengan que estar en consonancia con la actividad, con las dimensiones, o con los riesgos que asume la sociedad; exigencias que existen específicamente para determinadas actividades económicas (bancaria, seguros...).

14 Hay que llamar la atención de que los instrumentos de garantía que se aplican a las diferentes modalidades de distribución a los socios (reparto de dividendos, adquisición de participaciones y acciones propias, reducción del capital social con devolución de aportaciones y cuota de liquidación) no son homogéneos. Así, como ejemplo: para la reducción del capital mediante la devolución de aportaciones se dispone de un régimen de tutela de acreedores basado según los tipos societarios en la responsabilidad de socios o el derecho de oposición de los acreedores y no se requiere un balance aprobado, y sin que se imponga la correspondencia mínima entre el capital y el patrimonio neto; en cambio, para la distribución de beneficios se requiere un balance aprobado y se exige una correspondencia entre capital y patrimonio neto. Esta asimetría no está justificada.

ción de la cifra de patrimonio neto con la suma del capital social, disponiendo una correspondencia mínima.

La comparación del patrimonio neto y el capital social se requiere en múltiples ocasiones[15]. Una de esas circunstancias es aquella en que se produce un desequilibrio entre el capital y el patrimonio neto disminuido como consecuencia de pérdidas, ante la cual se podrá acordar la reducción del capital social con la finalidad de restablecer total o parcialmente el equilibrio. En relación con esta comparación entre el capital social mercantil y el patrimonio neto mercantil, el legislador[16] ha dispuesto que para calcular la cifra del "patrimonio neto mercantil"[17] ha de partirse del importe del patrimonio neto contable y aplicar las denominadas "reglas de conciliación"[18], para así "mantener la deseable neutralidad" de la normativa "contable sobre la regulación mercantil".

2. El capital social desde la perspectiva contable

En el balance societario, dentro de la agrupación "A Patrimonio Neto"[19] se recoge la subagrupación "A-1 Fondos propios"[20], y en ella se encuentra el

15 La LSC establece la comparación de la cifra del capital social con la cifra del patrimonio neto con diferentes matizaciones en diversas circunstancias: una vez inscrita la sociedad en el RM (art. 38.3 LSC), con la adquisición derivativa condicionada de una sociedad anónima de sus propias acciones y de las participaciones creadas o las acciones emitidas por la sociedad dominante (art. 146.1.b LSC), en el reparto de dividendos (art. 273.2 LSC), en la reducción del capital social por pérdidas (art. 320 LSC) y específicamente cuando en la sociedad anónima esta reducción tiene carácter obligatorio (art. 327 LSC), cuando se incurre en causa de disolución por pérdidas (art. 363.1.e LSC) y para la reactivación societaria (art. 370.1 LSC). 423

16 *Vid.* Preámbulo III 10.º párr. de la Ley 16/2007 y en el Preámbulo II 8.º párr. de la Resolución ICAC, 5 de marzo de 2019.

17 La expresión "patrimonio neto mercantil" aparece recogida en el Preámbulo II 8.º párr. de la Resolución ICAC, 5 de marzo de 2019.

18 Así la Resolución ICAC, 5 de marzo de 2019 señala que con ello se pretende "*preservar los criterios sobre mantenimiento e integridad del capital social en términos estrictamente jurídico-mercantiles*" (Preámbulo II 8.º párr. Resolución ICAC, 5 de marzo de 2019). Se ha de partir del patrimonio neto contable ("el importe que se califique como tal conforme a los criterios para confeccionar las cuentas anuales", art. 36.1.c CCom y 146.1.b LSC) y hacer determinados ajustes para alcanzar el patrimonio neto mercantil y compararlo con el capital social mercantil. Las reglas de conciliación son diversas dependiendo de las circunstancias a las que se apliquen. La enumeración de estas circunstancias fue establecida en el CCom (art. 36.1.c modificado por el art. 1.1 de la Ley 16/2007, de 4 de julio, y por la disp. final 1.ª del RD Ley 10/2008, de 12 de diciembre) y en la LSC (art. 146.1.b 2.º párr.).

19 De acuerdo con el PGC aprobado por el RD 1514/2007, de 16 de noviembre, la agrupación "A Patrimonio Neto", tiene la siguiente composición de subagrupaciones: "A-1 Fondos propios", "A-2 Ajustes por cambios de valor" y "A-3 Subvenciones, donaciones y legados recibidos".

20 La subagrupación "A-1. Fondos propios", tiene el siguiente desglose en epígrafes: "I. Capital", "II. Prima de emisión", "III. Reservas", "IV. (Acciones y participaciones en patrimonio propias)",

epígrafe "A-1.I Capital"[21], que se desglosa en los subepígrafes: "A-1.I.1 Capital escriturado" y "A-1.I.2 (Capital no exigido)" con signo negativo.

El subepígrafe "A-1.I.1. Capital escriturado", recoge el capital mercantil de las sociedades mercantiles, salvo cuando éste deba contabilizarse como pasivo financiero[22], atendiendo a las características económicas de la emisión.

Las participaciones sociales creadas en la sociedad de responsabilidad limitada y las acciones emitidas en la sociedad anónima se presentarán en el patrimonio neto o en el pasivo del balance de acuerdo con el criterio de clasificación contable[23]. La presentación de los instrumentos financieros en el patrimonio neto[24] del balance ha de hacerse teniendo en cuenta la realidad económica y no sólo la forma jurídica[25], por ello solo cabe su presentación si las condiciones de emisión no otorgan al inversor un derecho incondicio-

"V. Resultados de ejercicios anteriores", "VI. Otras aportaciones de socios", "VII. Resultado del ejercicio", "VIII. (Dividendo a cuenta)" y "IX. Otros instrumentos de patrimonio neto".

21 El epígrafe "I. Capital", está compuesto por dos subepígrafes: "1. Capital escriturado" que tiene signo positivo (agrupa las cuentas "100. Capital social", "101. Fondo social" y "102. Capital") y "2. (Capital no exigido)" que tiene signo negativo (agrupa las cuentas: "1030. Socios por desembolsos no exigidos, capital social" y "1040. Socios por aportaciones no dinerarias pendientes, capital social").

22 Se presentará en la agrupación "B Pasivo no corriente", en el epígrafe "Deudas con características especiales a largo plazo" (cuenta 150 "Acciones o participaciones a largo plazo consideradas como pasivos financieros") o en la agrupación "C Pasivo corriente", en el epígrafe "Deuda con características especiales a corto plazo" (cuenta "502 Acciones o participaciones a corto plazo consideradas como pasivos financieros"). *Vid*. art. 8.3 Resolución ICAC, 5 de marzo de 2019.

23 Arts. 8.1 y 5 Resolución ICAC, 5 de marzo de 2019.

24 Un instrumento de patrimonio es cualquier negocio jurídico que refleja una participación residual en los activos de la sociedad que lo emite una vez deducidos todos sus pasivos (PGC 2007, SEGUNDA PARTE. Normas de registro y valoración, 9.ª Instrumentos financieros, 4. Instrumentos de Patrimonio Neto, 1er párr. y art. 3.2 Resolución ICAC, 5 de marzo de 2019).

25 Art. 34.2 CCom y arts. 3 y 4.1 Resolución ICAC, 5 de marzo de 2019.
En el art. 34.2 CCom y en el PGC 2007, PRIMERA PARTE, Marco conceptual de la contabilidad, 1.º Cuentas anuales, Imagen fiel, se dispone que las cuentas anuales deben mostrar con claridad la imagen fiel del patrimonio, de conformidad con las disposiciones legales "a tal efecto, en las contabilizaciones de las operaciones se atenderá a su realidad económica y no solo a su forma jurídica". En la Resolución ICAC, 5 de marzo de 2019 se señala en relación con la clasificación de los instrumentos financieros como patrimonio neto, que el "*análisis debe atender no solo a la forma jurídica, sino especialmente a la realidad económica de las operaciones*", "*es decir, se exige en última instancia, una calificación de los hechos económicos atendiendo a su fondo, tanto jurídico como propiamente económico, al margen de los instrumentos que se utilicen para su formalización*" (Preámbulo II 7.º párr., también *vid*. arts. 5.1, 12.4 *in fine* y 41.1 Resolución ICAC, 5 de marzo de 2019).

nal a recibir flujos de efectivo, mediante su reembolso o remuneración[26]. Los instrumentos financieros son compuestos cuando incluyen componentes de patrimonio neto y de pasivo financiero simultáneamente[27]. La memoria de las cuentas anuales ha de proporcionar la información necesaria para que los usuarios puedan identificar con claridad el importe y características del "capital social mercantil", y la parte correspondiente que se presenta en el pasivo del balance[28].

A título enunciativo se pueden analizar distintos tipos de instrumentos financieros que se han de presentar total o parcialmente como instrumento financiero de patrimonio neto o conjuntamente de pasivo.

Las acciones y participaciones ordinarias no atribuyen al socio un derecho incondicional a recibir efectivo u otro activo financiero y, en consecuencia, el reparto de las ganancias es discrecional[29], sometido a la decisión de la junta general (art. 273 LSC). Así mismo, la sociedad, como regla general, no está obligada a devolver lo aportado[30] o ese compromiso solo surge si previamente se produce un suceso que la sociedad controla, como puede ocurrir con los supuestos de separación o exclusión del socio[31]. Puede decirse que estos derechos del socio son una expectativa de derecho, sin sustancia jurídica equiparable a la de un derecho de crédito y, en consecuencia, desde un punto de vista contable no puede concluirse que origine el reconocimiento de un pasivo. De acuerdo con estas características, las acciones y participaciones ordinarias se clasifican como instrumentos financieros de patrimonio neto en el epígrafe "A-1.I Capital"[32].

26 Solo se clasifican en su totalidad en el patrimonio neto los instrumentos financieros que no contienen un componente de pasivo financiero. Se exige una delimitación precisa de las partidas incluidas en el patrimonio neto, a partir de la definición de los pasivos (*vid.* Preámbulo II 7.º párr. Resolución ICAC, de 5 de marzo de 2019). Un pasivo financiero, como idea básica, es una obligación contractual de entregar efectivo u otro activo financiero (*vid.* detalladamente la descripción en art. 3.3 1er párr. Resolución ICAC, 5 de marzo de 2019).

27 Art. 3.4, Resolución ICAC, de 5 de marzo de 2019.

28 Art. 12.5 último párr. Resolución ICAC, 5 de marzo de 2019.

29 El art. 11.1 1er párr. de la Resolución ICAC, 5 de marzo de 2019, aclara que ello es sin perjuicio de que la LSC pueda regular el nacimiento de un derecho de separación en función del contenido del acuerdo de distribución (*vid.* art. 348 bis LSC. Derecho de separación en caso de falta de distribución de dividendos).

30 Preámbulo III, 3er párr. Resolución ICAC, 5 de marzo de 2019.

31 Art. 11.1 2.º y 3er párr. de la Resolución ICAC, 5 de marzo de 2019.

32 Cuando el instrumento financiero solo incorpora una obligación contractual para la sociedad que lo emite de entregar al inversor una participación proporcional en sus activos netos en el momento de la liquidación, incluso si las sociedades se constituyen con un ámbito tem-

A su vez, la Ley permite que las sociedades de capital puedan emitir o crear instrumentos financieros que, siendo partes alícuotas del capital social, otorguen al socio algún derecho incondicional a recibir efectivo u otro activo financiero, por diversas motivaciones. En esos casos, de acuerdo con los principios y criterios incluidos en el CCom y en el PGC, la totalidad o una parte del importe recibido por la sociedad a cambio de la emisión de esos instrumentos financieros ha de mostrarse en el pasivo del balance, a pesar de que la aportación se haya efectuado a título de capital social[33]. Así pueden derivar derechos incondicionales a recibir efectivo u otro activo financiero: de las acciones o participaciones sin voto[34] o de las privilegiadas[35] (art. 95 LSC) en sociedades de capital; de las acciones rescatables[36] en las sociedades anónimas cotizadas; y de la concesión de un derecho incondicional de separación[37] en la sociedad de responsabilidad limitada (art. 108.3 LSC).

El segundo subepígrafe del "A-1 I Capital" en el balance es "A-1.I.2 (Capital no exigido)", que tiene signo negativo, es decir, resta. Los desembolsos pendientes de las acciones (art. 81 LSC) figurarán, en función de cuál sea la calificación contable, en lo que corresponda como instrumentos financieros de

poral limitado, el instrumento se incluirá en el "Patrimonio Neto" (art. 3.3 Resolución ICAC, 5 de marzo de 2019).

33 Preámbulo III 6.º párr. Resolución ICAC, 5 de marzo de 2019.

34 Los titulares de participaciones sociales y acciones sin voto tienen derecho a la percepción del dividendo mínimo (fijo o variable) que establezcan los estatutos sociales, por ello si existe "beneficios distribuibles", la sociedad está obligada a acordar el reparto de ese dividendo mínimo (art. 99.1 y 2 LSC). Por lo que se han de clasificar como un instrumento financiero compuesto, contabilizándose con los criterios establecidos para las acciones y participaciones con privilegio (art. 13.1 Resolución ICAC, 5 de marzo de 2019).

35 Si las acciones o participaciones gozan de un privilegio incondicional (arts. 95 y 498 LSC) en forma de dividendo preferente, sea o no acumulativo, se deben clasificar como un instrumento financiero compuesto (art. 12 Resolución ICAC, 5 de marzo de 2019) debiendo distribuir el importe recibido entre el patrimonio neto y el pasivo (art. 12.4 2.º párr. Resolución ICAC, 5 de marzo de 2019).

36 Las sociedades anónimas cotizadas pueden emitir acciones que sean rescatables a solicitud de la sociedad emisora, de los titulares de estas acciones o de ambos (art. 500.1 LSC). Si el rescate puede hacerse efectivo exclusivamente a solicitud de la sociedad emisora se clasifican contablemente como instrumentos de patrimonio (art. 14.2 Resolución ICAC, 5 de marzo de 2019); en caso contrario, se clasifican como un instrumento financiero pasivo o un instrumento financiero compuesto, al no tener la sociedad un derecho incondicional para evitar la entrega de efectivo u otro activo financiero (art. 14.1 y 2 Resolución ICAC, 5 de marzo de 2019).

37 Así la LSC considera válidas las cláusulas estatutarias que prohíban la transmisión voluntaria de las participaciones sociales por actos "*inter vivos*", siempre que se reconozca al socio el derecho a separarse de la sociedad en cualquier momento (art. 108.3 LSC).

patrimonio en el epígrafe "A-1.I.2 (Capital no exigido)" con signo negativo o minorará el importe de "Deuda con características especiales"[38].

III. LA REDUCCIÓN DEL CAPITAL Y SUS MODALIDADES

1. Normativa y definición de la operación de reducción del capital social

En la LSC la regulación fundamental de la reducción del capital social se encuentra recogida en el Título VIII dedicado a la modificación de los estatutos sociales, en su Capítulo III. Este Capítulo III (arts. 317-342 LSC) se divide a su vez en seis Secciones: la primera enumera las modalidades y comprende normas comunes; la segunda, la tercera y la cuarta desarrollan el régimen de tres de las posibles modalidades; la quinta recoge el régimen de tutela de los acreedores y la sexta un procedimiento de ejecución. En el Capítulo IV de este Título se recoge el régimen jurídico de unas operaciones mixtas: la reducción del capital social a cero o por debajo de la cifra mínima legal y la transformación o el aumento del capital simultáneos (arts. 343-345 LSC). Además, la operación de reducción del capital aparece mencionada en otros preceptos de la LSC y en otras normativas, como son el RD-ley 5/2023, la LMVSI, la LC, y en normativa especial sectorial.

La Resolución del Instituto de Contabilidad y Auditoría de Cuentas de 5 de marzo de 2019, por la que se desarrollan los criterios de presentación de los instrumentos financieros y otros aspectos contables relacionados con la regulación mercantil de las sociedades de capital, dedica parcialmente su Capítulo VII a la reducción del capital (arts. 36 a 40).

La reducción del capital social es la operación societaria por la que se disminuye la cifra del capital social. Esta disminución supone una modificación de los estatutos, al alterar la cláusula relativa al capital, así como el número de participaciones o acciones en que se divide y/o el valor nominal de las mismas (art. 23.d LSC), que se ha de llevar a cabo a través de un proceso, más o menos complejo en función de sus variantes. Esta disminución también supone una alteración cualitativa y en ocasiones cuantitativa del patrimonio neto mercantil, que afecta de diferentes maneras a los intereses de socios y terceros. Desde el punto de vista contable supone una disminución de las cuentas correspondientes del capital o de deuda[39] en la proporción que corresponda en función del concreto instrumento financiero afectado por la misma.

38 Art. 16.1 Resolución ICAC, 5 de marzo de 2019.
39 Art. 37.1 2.º párr. y art. 39 1er y 2.º párr. Resolución ICAC, 5 de marzo de 2019.

Las sociedades de capital en uso de su autonomía y con el fin de adaptar su organización corporativa y financiera a sus necesidades pueden acordar la reducción de su capital social, pero el ordenamiento jurídico debe prever medidas en defensa de los distintos intereses afectados (sociedad, socios, acreedores y terceros en general) en función de sus muy diferentes variantes. La reducción del capital supone siempre la disminución de la cifra del capital, pero el proceso es muy distinto en función de las finalidades y procedimientos por los que se lleva a cabo, así como de otras circunstancias que pueden concurrir.

2. Modalidades de reducción atendiendo a la finalidad

La LSC enumera las distintas modalidades de reducción del capital social (art. 317 LSC), atendiendo a dos criterios clasificatorios, referidos a lo que denomina: "finalidad" y "procedimiento" (art. 318 LSC). La combinación entre estas dos clasificaciones tiene limitaciones.

2.1. Enumeración de finalidades

Una reducción del capital, puede tener muy variadas motivaciones: puede estar fundada en el cumplimiento de mandatos legales; puede estar motivada en razones de carácter empresarial, bien de índole financiera, fiscal u organizativa; puede estar propiciada por factores societarios, como el poder societario o la desavenencia entre socios. Desde el punto de vista jurídico, una clasificación fijándose estrictamente en la motivación de la variación encierra dificultades y su utilidad puede ser escasa.

El primer criterio clasificatorio de las reducciones del capital que la Ley utiliza es atendiendo a lo que denomina "finalidades" (arts. 317.1 y 318.2 LSC), que se materializa en su contravalor. La LSC enumera todas las "finalidades" posibles: las comunes para las sociedades de capital y la específica para la sociedad anónima (art. 317 LSC). Las comunes son: el restablecimiento del equilibrio entre el capital y el patrimonio neto disminuido por consecuencia de pérdidas, la dotación de la reserva legal, la dotación de las reservas calificadas como "voluntarias" y la "devolución del valor de las aportaciones". Además, en la sociedad anónima se puede reducir el capital con la finalidad de condonar la obligación de realizar aportaciones pendientes (desembolsos pendientes, art. 81 LSC), modalidad inaplicable a la sociedad de responsabilidad limitada (*cfr.* art. 78 LSC). La Ley dispone para la sociedad anónima una categoría especial de reducción del capital por pérdidas, que tiene "carácter obligatorio" (art. 327 LSC).

En ocasiones las leyes societarias (LSC y RD-ley 5/2023) o los propios estatutos contemplan reducciones del capital con las finalidades mencionadas, pero con connotaciones o exigencias especiales: por presentarse con un elemento accesorio, por ser consecuencia de otro acuerdo, por derivarse de situaciones específicas contempladas en la Ley, o por quedar la sociedad en circunstancias especiales previstas en la Ley.

Los elementos accesorios a una finalidad de reducción pueden producir alteraciones en su régimen. Así puede quedar alterado el régimen de la reducción[40] mediante devolución del valor de las aportaciones, la condonación de la obligación de realizar aportaciones pendientes o la dotación de reservas voluntarias, cuando a su vez se dota una reserva con un régimen de disposición restringido[41] ("reserva por capital amortizado"), "con cargo" a reservas libres o beneficios (arts. 335.c y 332 LSC). También la Ley contempla para la sociedad anónima una reducción del capital por pérdidas que de forma accesoria y limitada puede conllevar con su "excedente" la dotación de la reserva legal (art. 325 LSC).

A veces la reducción del capital es consecuencia de otro acuerdo. Hay supuestos en los que se produce la modalidad de "devolución del valor de las aportaciones" como consecuencia de otros acuerdos, tales como la reducción por ejercicio del derecho de separación (arts. 349 y 358 LSC, arts. 160, 161 y 162 RRM), por exclusión de socios (art. 358 LSC), por no adhesión a un determinado acuerdo de transformación (art. 24.2 RD-ley 5/2023), o por amortización de acciones rescatables (art. 501 LSC). En la modificación estructural consistente en la escisión parcial, la sociedad que se escinde reducirá el capital en la cuantía necesaria (art. 60.1 *in fine* RD-ley 5/2023).

La reducción del capital puede ser una operación previa a otra, así para la transformación societaria puede ser oportuno previamente efectuar una reducción del capital con la finalidad de condonación de dividendos pasivos (art. 25.2 RD-ley 5/2023).

40 En estos casos afecta a la tutela de los acreedores (para la sociedad de responsabilidad limitada art. 332 LSC; para la sociedad anónima art. 335.c LSC).

41 Para la sociedad anónima solo se puede disponer con los mismos requisitos que los exigidos para la reducción del capital (art. 335.c LSC), y para la sociedad de responsabilidad limitada es indisponible hasta que transcurran cinco años desde la publicación, salvo que concurran ciertas circunstancias (art. 332 LSC).

Hay reducciones del capital impuestas por la Ley con características propias, derivadas de situaciones específicas como son las previstas como sanción por incumplimiento del régimen de participaciones y acciones propias (arts. 139.2 y 3, 141.2, 145.2 y 147 LSC), o las dispuestas ante la imposibilidad de venta de acciones en mora (art. 84.2 2.º párr. LSC).

La reducción del capital puede tener como efecto que la sociedad quede incursa en determinadas circunstancias contempladas por la Ley. La reducción del capital social por debajo del mínimo legal cuando no es como consecuencia del cumplimiento de una ley supone incurrir en causa legal de disolución (art. 363.1.f LSC); cuando es como consecuencia del cumplimiento de una ley, transcurrido un año sin que se hubiese inscrito en el Registro Mercantil la transformación, la disolución, o el aumento del capital social hasta una cantidad igual o superior al mínimo legal, conlleva la disolución de pleno derecho (art. 360.1.b LSC). Una sociedad anónima puede reducir el capital compuesto por acciones parcialmente desembolsadas, mediante la devolución parcial del valor de las aportaciones, si el valor nominal de cada una de las acciones de la sociedad queda al menos desembolsado en un veinticinco por ciento (art. 79 LSC), pero si no fuese así sería necesario previamente una reducción mediante condonación de los desembolsos pendientes, para alcanzar finalmente al menos ese porcentaje en cada una de las acciones una vez efectuadas las reducciones[42].

Basándose en la libre autonomía societaria para la promoción de los intereses societarios, en principio, ha de aceptarse la licitud de las operaciones complejas en que se combinan variaciones de capital de distinto signo (aumentos y reducciones)[43] o en que se combinan distintas modalidades de reducción (reducciones mixtas). Estas operaciones complejas en que se combinan modalidades de variaciones del capital pueden configurarse de muy distintas maneras (yuxtaposición, condicionamiento simple o recíproco, y conjunción unitaria)[44]. Las operaciones compuestas no reguladas específi-

42 La RDGRN de 8 de mayo de 2015 (*Tol5.167.760*), aborda la validez de un acuerdo único de reducción del capital con doble finalidad: la condonación de dividendos pasivos y la restitución de aportaciones a los socios. Señalándose que "*aunque concebida como operación única, engloba dos distintas finalidades (art. 317 LSC), lo cual no puede rechazarse: en base a la libre autonomía societaria para la consecución de los fines sociales, pueden llevarse a cabo «reducciones mixtas» que combinen varias modalidades*" (F.D. 2).

43 Sobre las distintas combinaciones de variaciones de capital en función de su contenido patrimonial y de las formas *vid.* ESPÍN, C., *La operación de reducción y aumento..., ob. cit.*, págs. 177 y ss. y 185 y ss., respectivamente.

44 *"Se puede concebir una graduación en la conjunción de las dos alteraciones del capital que participan en la operación: el nivel inferior sería la mera yuxtaposición formal de las variaciones del*

camente en el ordenamiento, estarán, como regla general, sometidas al régimen jurídico derivado de la aplicación de las normas reguladoras de cada uno de las variantes que la componen (teoría de la combinación/acumulación[45]), salvo que pueda deducirse inequívocamente otra solución de la interpretación de los textos legales mediante la aplicación del procedimiento analógico[46]. La Ley regula una operación de combinación con un régimen específico: la reducción del capital social a cero o por debajo del mínimo y simultáneo aumento o transformación (arts. 343-345 LSC). Así mismo se contemplan supuestos en que la reducción del capital se combina con otra operación societaria, tal es el caso de la transformación societaria y la reducción del capital (art. 29.2 RD-ley 5/2023).

2.2. Clasificación binaria de las "finalidades"

Siguiendo la enumeración de modalidades de reducción dispuesta por la Ley atendiendo a su "finalidad", doctrinalmente se han elaborado agrupaciones binarias, utilizando terminologías y definiciones imprecisas, que utilizan criterios formales, más que con trascendencia patrimonial (de retención de patrimonio). Así se ha distinguido un grupo de reducciones del capital calificadas como efectivas, reales, materiales o absolutas, contrapuestas con otro grupo que se adjetivan como nominales o puramente contables.

Dejando aparte cuestiones formales, la regla más significativa para una clasificación binaria de las distintas modalidades de reducción enumeradas por la Ley debe basarse en algo trascendental para su régimen, como es el otorgamiento de una especial tutela a los acreedores (Sección 5.ª del Ca-

capital; un estadio intermedio sería cuando exista una subordinación, bien simple o bien recíproca, entre las variaciones del capital; un último nivel de conjunción sería cuando el carácter unitario alcanza el aspecto formal y material, fundiéndose ambas variaciones de forma singular" (ESPÍN, C., *La operación de reducción y aumento..., ob. cit.*, págs. 37-38).

45 En una operación compleja en que se combinan dos variaciones se parte de un conjunto normativo doble. Para definir el régimen que corresponde a la operación cuando se presenta esta dualidad, se han elaborado doctrinalmente distintas soluciones: la teoría de la absorción o de la preponderancia, la teoría de la combinación/acumulación, la teoría de la analogía, y la del interés predominante (*vid.* DE CASTRO, F., *La persona jurídica*, 2.ª Ed., Civitas, Madrid, 1984, reimpresión 1991, págs. 207 y 208; con mención de los principales defensores de cada postura *vid.* SÁNCHEZ ANDRÉS, A., "Principios, casos y conceptos en materia de derecho de asignación gratuita de acciones", en AA.VV., *Derecho Mercantil de la Comunidad Económica Europea. Estudios en homenaje a J. Girón Tena*, Consejo General de los Colegios Oficiales de Corredores de Comercio/ Civitas, Madrid, 1993, pág. 894).

46 *Vid.* en este Capítulo nota a pie de página núm. 48.

pítulo III, del Título VIII)[47]. Con carácter general se puede afirmar que toda reducción perjudica a los acreedores, aunque en muy diferente medida; así hay supuestos en que no estaría justificado un especial rigor en la tutela de los intereses de los acreedores. Por ello habrá que identificar la *ratio legis* de ese otorgamiento o de esa exclusión. La identificación de esa *ratio legis* es necesaria para la aplicación de la analogía[48] a otros supuestos.

La LSC establece tres supuestos en que se ha de excluir el régimen de tutela de los acreedores, bien señalados expresamente para la sociedad anónima (art. 335 LSC), bien delimitados a *sensu contrario* para la sociedad de responsabilidad limitada[49] (arts. 331, 332 y 333 LSC). Si se analizan los supuestos de exclusión de protección, encontramos que la razón de este trato está en que, a pesar de la reducción del capital, los que denominamos "fondos propios de disponibilidad restringida" no disminuyen[50]. Los "fondos propios

47 Esa protección varía según los tipos societarios: para las sociedades anónimas se concede un derecho de oposición de los acreedores (arts. 334-337 LSC) y para las sociedades de responsabilidad limitada se dispone la responsabilidad de los socios, la dotación de una reserva indisponible o el derecho estatutario de oposición de los acreedores (arts. 331-333 LSC). El criterio para aplicar o no el correspondiente régimen de tutela de los acreedores está basado en la disminución o no de los "fondos propios de disponibilidad restringida".

48 En el procedimiento analógico es preciso retornar a los fines e ideas fundamentales de la regulación legal, a la *ratio legis* o lo que el CC llama "identidad de razón" (art. 4.1 CC) para conocer qué elemento del supuesto de hecho regulado es importante para la valoración legal y por qué (*vid.* LARENZ, K., *Metodología de la ciencia del Derecho*, Ariel, Barcelona, 1994, págs. 374-375, y GULLÓN, A., "Artículos 4.º al 6.º», en AA.VV., *Comentario del Código Civil*, Tomo I, dirs. Paz Ares / Diez Picazo / Bercovitz / Salvador, Ministerio de Justicia, Madrid, 1991, págs. 29 y ss.). Así a través de una rigurosa aplicación analógica (art. 4.1 CC) se puede concluir que todas las "operaciones de reducción y aumento del capital simultáneos" de las sociedades anónimas en que los "fondos propios de disponibilidad restringida" no disminuyan no quedarán sujetas al derecho de oposición de los acreedores. *Vid.* ampliamente el desarrollo analógico de esta conclusión en ESPÍN, C., *La operación de reducción y aumento..., ob. cit.*, pág. 270.

49 En la sociedad de responsabilidad limitada el régimen de tutela de los acreedores se otorga para las modalidades de restituciones del valor de las aportaciones, y hay que entender comprendidas también las operaciones de reducción análogas, como es la reducción del capital para dotar reservas disponibles. A *sensu contrario* se ha de mantener que para las otras modalidades se excluye el régimen de tutela de acreedores.

50 La primera de las modalidades excluidas de la tutela de los acreedores es la reducción del capital cuya única finalidad sea restablecer el equilibrio entre el capital y el patrimonio neto, disminuido por consecuencia de pérdidas (para la sociedad anónima art. 335.a LSC y para la sociedad de responsabilidad limitada a *sensu contrario* art. 331 LSC). Con esta operación se pretende adecuar el importe del capital a su significado como cifra de retención patrimonial, que ya no cumplía como consecuencia de las pérdidas. La disminución de la garantía de los acreedores es un hecho, con o sin reducción. Esta reducción no altera los "fondos propios de disponibilidad restringida", si bien implica la consolidación de una menor garantía para los acreedores.

de disponibilidad restringida" son el conjunto de "fondos propios" compuesto por el capital social y por aquellas reservas cuya utilización está restringida a los siguientes destinos: a) compensar pérdidas, siempre que no existan reservas disponibles de las que deducir las pérdidas; b) contribuir con todo o parte de su importe al aumento del capital, y c) disponer de ellas con los mismos requisitos que para la reducción del capital social. A efectos de cálculo de esta fracción de fondos propios habrá que tener en cuenta la existencia de pérdidas no compensables con otras reservas o beneficios. Los "fondos propios de disponibilidad restringida" por su naturaleza cumplen una función de cifra de retención del patrimonio neto.

Siguiendo las modalidades de reducción señaladas en la Ley atendiendo a su finalidad podemos efectuar una clasificación binaria de las mismas en base a estar sometidas o no al régimen de tutela de los acreedores, que a su vez se deriva de la repercusión sobre la cifra de los "fondos propios de disponibilidad restringida". La cifra de los "fondos propios de disponibilidad restringida" no queda alterada y por tanto no se les otorga el régimen de tutela de los acreedores a las siguientes finalidades de reducción del capital: a) para restablecer el equilibrio entre el capital y el patrimonio neto disminuido por consecuencia de pérdidas, b) para dotar la reserva legal, y c) para devolver aportaciones, para dotar reservas disponibles o para condonar aportaciones pendientes, en que adicionalmente se dota la "reserva por capital amortizado" con cargo a

La segunda modalidad se refiere a la reducción del capital para constituir o incrementar la reserva legal (para la sociedad anónima art. 335.b LSC y para la sociedad de responsabilidad limitada a *sensu contrario* art. 331 LSC). Con esta modalidad de reducción, la cifra de los "fondos propios de disponibilidad restringida" tampoco queda alterada.

El tercer grupo es aquel en el que la reducción del capital se realiza "con cargo" a beneficios o a reservas libres o por vía de amortización de acciones adquiridas por la sociedad a título gratuito (por el beneficio que conlleva), ya que se dota una reserva, la "reserva por capital amortizado", de la que solo se pueda disponer con los mismos requisitos que los exigidos para la reducción del capital (para la sociedad anónima art. 335.c LSC, y para la sociedad de responsabilidad limitada art. 332 LSC). Se reduce el capital devolviendo el valor de las aportaciones, condonando la obligación de realizar aportaciones pendientes o dotando reservas voluntarias, y a su vez con cargo a las reservas libres o beneficios se dota la "reserva por capital amortizado". Este traspaso de fondos propios de libre disposición a "fondos propios de disponibilidad restringida" compensa la disminución de estos últimos como consecuencia de la reducción del capital social.

Por tanto, podemos concluir que la identidad de razón común a los supuestos de exclusión de la tutela de los intereses de los acreedores consiste en la no disminución de los "fondos propios de disponibilidad restringida", de forma que la cifra que cuantifica el deber de retención patrimonial no disminuye.

Vid. ampliamente en ESPÍN, C., "El capital, el patrimonio neto...", *ob. cit.*, págs. 492 y ss. y en *La operación de reducción y aumento...*, *ob. cit.*, págs. 48-59 especialmente pág. 50 y pág. 266

reservas disponibles o beneficios. A su vez, decrece la cifra de "fondos propios de disponibilidad restringida" y por tanto son merecedoras del régimen de tutela de los acreedores las siguientes finalidades de reducción del capital: a) para devolver aportaciones, b) para dotar las reservas disponibles, y c) para condonar los desembolsos pendientes en las sociedades anónimas.

Una vez que se identifica que la *ratio legis* para que no se aplique el régimen de tutela de los acreedores a ciertas reducciones, es la no disminución de los "fondos propios de disponibilidad restringida", se puede aplicar mediante analogía a otros supuestos como son las operaciones complejas en que se combinan las reducciones y los aumentos del capital simultáneos[51].

3. Modalidades de reducción atendiendo al procedimiento

El segundo criterio de clasificación legal de las modalidades de reducción del capital se basa en el "procedimiento", mediante el que se lleva a cabo la reducción del capital (art. 318.2 LSC); entendiendo por tal, la manera en que repercute sobre las participaciones o las acciones, bien en su número, bien en su valor nominal, o bien en ambos (art. 317.2 LSC). La cifra del capital social es la suma de la totalidad de los valores nominales de las participaciones sociales o acciones; o lo que es lo mismo el resultado de la multiplicación del valor nominal por el número de participaciones o acciones[52]. Por tanto, la reducción de la suma del capital social puede llevarse a cabo mediante: a) la disminución del valor nominal de las participaciones o acciones; b) la disminución del número de las mismas, mediante su amortización; y, c) la combinación de alteraciones en el número y en el valor nominal, mediante su agrupación. La posibilidad de elección de uno de estos procedimientos puede estar condicionada por la finalidad que se persiga.

El procedimiento de reducción del capital mediante la disminución del valor nominal de las acciones o participaciones es el que mejor garantiza el principio de paridad de trato (art. 97 LSC), es el más equitativo a efectos

51 La RDGRN de 16 de enero de 1995 (*Tol223.404*), analiza una reducción del capital por debajo del mínimo con devolución de aportaciones y un simultáneo aumento del capital hasta el importe anterior, llevándose a cabo la suscripción y el desembolso de acciones en ese mismo acto. Sostiene la inexistencia del derecho de oposición de los acreedores en base al mantenimiento de la cifra de retención y a la suscripción y desembolso en el acto y en metálico. *Vid.* en relación con esta Resolución amplio comentario en ESPÍN, C., *La operación de reducción y aumento..., ob. cit.*, págs. 259 y 263.

52 En el caso de que hubiese distintas series será la suma de los resultados del valor nominal por el número de cada una de las series (art. 94 LSC).

de trasladar la reducción del capital sobre los socios. Por ello, éste es el procedimiento que puede utilizarse para cualquier finalidad, y es el obligatorio para llevar a cabo la reducción que tiene por finalidad el restablecimiento del equilibrio entre el capital y el patrimonio neto disminuido por consecuencia de pérdidas; pues la Ley dispone que la aplicación de esta modalidad debe afectar por igual a todas las participaciones sociales o las acciones en proporción a su valor nominal, respetando los privilegios legales o estatutarios que puedan existir (art. 320 LSC).

En relación con la amortización de acciones o participaciones es preciso distinguir si están ya incorporadas o no al patrimonio social antes del acuerdo de reducción del capital. Cuando las acciones o participaciones ya están integradas en el patrimonio social no hay necesidad de cautelas legales en defensa de los intereses individuales de los socios; a esta situación puede haberse accedido por diferentes circunstancias (acciones propias, art. 139.2 y 3 LSC; participaciones propias, art. 141.2 LSC; y con características especiales la imposibilidad de venta de acciones en mora[53], art. 84.2 *2.º párr.* LSC). En cambio, si en el momento de acordar la reducción del capital, las acciones o participaciones que se han de amortizar se encuentran en poder de los socios, es cuando entran en juego las cautelas legales para la defensa de los intereses individuales de los mismos[54]. En orden a la ausencia de necesidad de tutela de los intereses de los socios para evitar trato discriminatorio, hay que excluir por su propia razón de ser las reducciones que se deriven de los procedimientos de separación (art. 348 LSC) y de exclusión (art. 352 LSC); sin embargo, sí merece protección en esos casos la fijación de la valoración de las participaciones y acciones (valor razonable, experto independiente, art. 353 LSC).

Con el procedimiento de la agrupación, el número y el valor nominal de las acciones o participaciones varía dando como resultado la disminución de la cifra del capital. La cuestión más conflictiva que la agrupación plantea, es la relativa a las consecuencias que se derivan de los "restos" que se originan cuando existen socios que no son titulares de múltiplos de la unidad de canje,

53 Caso especial es el de la acción de accionista en mora cuando no pudiese venderse, pues se dispone la amortización de la acción, la reducción del capital y que las cantidades desembolsadas queden en beneficio de la sociedad (art. 84.2 2.º párr. LSC).

54 Consentimiento individual para las sociedades de responsabilidad limitada o acuerdos separados para las sociedades anónimas (art. 329 LSC); unanimidad (art.330 LSC), procedimiento de oferta de adquisición (arts. 338 y ss. LSC). Así la DGRN ha llamado reiteradamente la atención de que el procedimiento de reducción del capital por vía de amortización de acciones o participaciones puede constituir un instrumento para dar lugar a la salida de la sociedad de socios minoritarios o incómodos para la mayoría (RDGRN de 23 de noviembre de 1992, *Tol273.928*).

pues entonces el socio se ve forzado a desprenderse o a adquirir participaciones o acciones, de modo que acabe siendo titular de un número múltiplo de la unidad establecida para el canje.

4. Combinación de finalidades y procedimientos

La Ley permite para las reducciones del capital la combinación de las distintas finalidades con los diferentes procedimientos; si bien en algunos casos se requieren especiales exigencias o incluso se prohíbe su combinación.

La disminución del valor nominal de las acciones o participaciones es el procedimiento que puede combinarse con cualquier finalidad, y es el dispuesto para llevar a cabo la reducción por pérdidas, sin perjuicio de respetar los privilegios legales o estatutarios que puedan existir (art. 320 LSC).

La finalidad de devolver el valor de las aportaciones se puede llevar a cabo a través de las siguientes cuatro variantes de procedimientos: disminuir el valor nominal de las participaciones o acciones afectando por igual a todas ellas (art. 329 LSC); disminuir el valor nominal de las participaciones o acciones no afectando por igual a todas ellas (art. 330 LSC); amortizar participaciones o acciones determinando en el propio acuerdo a cuáles afecta (art. 329 LSC); y amortizar participaciones o acciones mediante el sistema de oferta de adquisición a todos los socios (arts. 338 y ss. LSC).

La Ley prevé que determinadas combinaciones de finalidades y procedimientos tengan un régimen de adopción especial. Así, cuando la reducción con devolución del valor de las aportaciones no afecte por igual a todas las participaciones o a todas las acciones de la sociedad, adicionalmente al acuerdo de la junta general es preciso: en las sociedades de responsabilidad limitada, el consentimiento individual de los titulares de esas participaciones; y en las sociedades anónimas, el acuerdo separado de la mayoría de los accionistas interesados (arts. 329 y 293 LSC). La LSC dispone que la devolución del valor de las aportaciones a los socios por un sistema que no sea a prorrata del valor desembolsado de las respectivas participaciones sociales o acciones, se ha de acordar por unanimidad (art. 330 LSC).

La reducción por pérdidas no puede llevarse a cabo mediante la amortización de las participaciones o de las acciones (art. 320 LSC), salvo que se amortizaran todas (reducción a cero, art. 343.1 LSC)[55].

55 En el caso de que existiesen acciones y participaciones con privilegios relativos a las reducciones por pérdidas y la reducción afectara a todas las no privilegiadas podrían amortizarse todas éstas.

IV. RÉGIMEN GENERAL DE LAS REDUCCIONES DEL CAPITAL

1. Delimitación del régimen general

La reducción del capital supone una modificación en los estatutos de la sociedad y una alteración de carácter patrimonial con reflejo en el balance. La reducción provoca un cambio en la estructura organizativa y patrimonial de la sociedad[56]. La operación societaria de reducción se desarrolla a través de un proceso[57] más o menos complejo en función de la finalidad que se persigue y el procedimiento por el que se lleve a cabo. En este proceso se distinguen dos fases: la decisión y la ejecución[58].

La primera fase consiste en la adopción por la junta general del acuerdo de reducción del capital (o excepcionalmente por resolución judicial o registral) cumpliendo los requisitos generales de la modificación de estatutos[59], los generales de cualquier reducción[60] y, en su caso, los específicos de su modalidad; así en ocasiones el acuerdo de la junta general debe adoptarse por unanimidad o ir acompañado de otras declaraciones de voluntad (consentimiento o acuerdos separados).

56 PÉREZ DE LA CRUZ, A., señaló que las variaciones del capital más que modificaciones estatutarias podrían ser consideradas especiales supuestos de cambio de la estructura social, equiparables a situaciones de fusión, escisión, transformación o liquidación de la sociedad (*La reducción del capital en sociedades..., ob. cit.*, págs. 54 y 55 nota 53).

57 Por proceso entendemos: una serie de actos de diversa naturaleza y significado jurídico, vinculados entre sí por su concurrencia a un fin común y necesarios para su consecución.

58 Sobre esta distinción *vid.* para la reducción PÉREZ DE LA CRUZ, A., *La reducción del capital en sociedades..., ob. cit.*, pág. 55.

59 La Ley dispone que la reducción del capital social habrá de "acordarse" con los requisitos de la modificación de estatutos (art. 318 LSC). Puede entenderse que esta remisión explícita no se refiere al "acuerdo" estrictamente, sino que se remite a los requisitos generales dispuestos para la modificación de estatutos.
La reducción del capital social como modificación de estatutos que es, queda sometida a sus "Disposiciones generales" (art. 285-290, Sección Primera, Capítulo Primero, Título VIII LSC), atendiendo al régimen previsto para cada tipo de sociedad, en cuanto: la competencia orgánica (art. 285 LSC), la propuesta de modificación y el informe justificativo (art. 286 LSC), la convocatoria (art. 287 LSC), las mayorías para la adopción (art. 288 LSC; así como para la sociedad de responsabilidad limitada art. 199 LSC y para la sociedad anónima arts. 194 y 201) y la formalización e inscripción registral (art. 290 LSC).

60 Las operaciones de reducción del capital quedan sometidas a unas reglas generales previstas para su acuerdo (arts. 318 y 319 LSC). El art. 318 LSC reproduce casi literalmente el art. 164 LSA; sin embargo, sus epígrafes son muy diferentes: frente a "Requisitos de la reducción" en la LSA, "El acuerdo de reducción del capital social" en la LSC. El primer apartado del art. 318 LSC supera el ámbito del epígrafe al remitirse a los requisitos del proceso de modificación de estatutos y el segundo apartado se limita al contenido del acuerdo.

El régimen general dispuesto en la Ley no abarca la fase de ejecución de la reducción del capital, pues su desarrollo es muy distinto en función de las diferentes modalidades, atendiendo a su finalidad y procedimiento. Esta fase de ejecución estará integrada por diversos actos de distinta categoría, llevados a cabo en momentos diferentes, cuya realización corresponde por lo general al órgano de administración, que actuará con mayor o menor discrecionalidad según las atribuciones legales o estatutarias que le correspondan y la delegación de facultades que la junta general haya podido y querido conferirle[61]. En ocasiones los socios o los acreedores deberán intervenir de manera esencial; así, en las reducciones del capital en que se hayan de adquirir acciones para su amortización, la aceptación de los socios de la oferta de adquisición deja pendiente la cuantía de la reducción (art. 340 LSC) o incluso su eficacia, y el ejercicio del derecho de oposición de los acreedores puede frustrar la operación de reducción (arts. 333 y 337 LSC). Por último, la operación de reducción se documentará en escritura pública, que se inscribirá en el Registro Mercantil y se publicará en el BORME, existiendo algunas reglas generales y otras específicas de cada modalidad.

En este Capítulo de esta obra se analiza el régimen general de la operación societaria de reducción del capital dispuesto en la Ley (Título VIII, Capítulo III, Sección 1.ª, arts. 317-319[62]) y circunscrito a la fase del acuerdo. En otros Capítulos se estudia la fase de ejecución de la reducción atendiendo a sus finalidades y procedimientos.

2. Acuerdo de reducción del capital

2.1. Competencia para adopción y grado de voluntariedad

El acuerdo de reducción del capital social ha de ser adoptado por la junta general (arts. 160.d y 318.1 LSC), como modificación de estatutos que es (art. 285.1 LSC); sin perjuicio de que ante la ausencia de acuerdo la Ley disponga la reducción "judicial o registral" (arts. 139.3, 141.2 y 147 LSC)[63].

61 *Vid.* PÉREZ DE LA CRUZ, A., *La reducción del capital en sociedades..., ob. cit.*, pág. 55.

62 Los epígrafes de los artículos de esta Sección 1.ª "Modalidades de la reducción", son los siguientes: art. 317 "Modalidades de la reducción", art. 318 "El acuerdo de reducción del capital social", y art. 319 "Publicación del acuerdo de reducción".

63 Cuando en relación con las acciones y participaciones propias adquiridas originaria o derivativamente se incumplan determinados plazos para su amortización, la reducción puede ser decidida por el Letrado de la Administración de Justicia (art. 440 LOPJ) o el Registrador mercantil del lugar del domicilio social (arts. 139.3, 141.2 y 147 LSC).

La Ley no contempla para la reducción una institución semejante a la del "capital autorizado" en los aumentos (art. 297.1.b LSC): la junta no puede delegar en los administradores la decisión de una reducción del capital.

El acuerdo de reducción del capital puede ser una manifestación de la libre autonomía societaria, un acuerdo de "carácter obligatorio" o necesario, presentarse como un acuerdo implícito en otro u ofrecerse como una de las posibles alternativas ante determinadas circunstancias. En la Ley se considera que una reducción "por pérdidas" tiene "carácter obligatorio" cuando concurran determinados factores cuantitativos y temporales (art. 327 LSC). También la reducción del capital se hace necesaria ante determinadas circunstancias derivadas de la adquisición de participaciones y acciones propias (art. 139.2 y 3 y art. 141.2 LSC); así como, de la imposibilidad de venta de acciones en situación de mora (art. 84.2 LSC). El acuerdo de reducción puede considerarse implícito en otros acuerdos (art. 358 LSC), como aquellos que motivan el derecho de separación voluntaria (arts. 346, 347, 348.bis LSC), la automática separación (art. 24.2 RD-ley 5/2023), o la exclusión del socio (art. 358 LSC). La reducción del capital es una de las alternativas que la Ley ofrece para eliminar la causa de disolución por desequilibrio patrimonial grave (art. 363.1.e LSC), o para poder llevar a cabo determinada transformación societaria (art. 25.2 RD-ley 5/2023).

2.2. Propuesta de acuerdo y convocatoria de la junta

Los administradores o en su caso, los socios autores de la propuesta de reducción del capital (art. 168 LSC) deben redactar el texto íntegro de la modificación de estatutos que proponen y, además en las sociedades anónimas deben redactar un informe escrito con justificación de la misma (art. 286 LSC). En el anuncio de la convocatoria deben constar los derechos de información del socio (art. 287 LSC).

Cuando en el orden del día de la convocatoria de la junta general (art. 174 LSC), consta una modificación de estatutos, el legislador destaca que los extremos de ésta han de constar con la "debida claridad" (art. 287 LSC)[64]. El

64 La propuesta de modificación, el informe y el punto del orden del día han de ser coherentes entre sí, pero cada uno cumple su función y, por tanto, su extensión será diferente. El conjunto de estos tres elementos de conocimiento debe propiciar una adecuada información. El anuncio de la convocatoria no debe concebirse como un adelanto del contenido del texto íntegro propuesto, ni del acuerdo a adoptar. Por ello, partiendo de la flexibilidad defendida por nuestra jurisprudencia y nuestra doctrina para definir la exigencia de claridad en el orden del

cumplimiento de la exigencia de la "debida claridad" para las reducciones del capital no se alcanzará por la simple mención de los artículos afectados de los estatutos, será imprescindible determinar que el sentido de la variación de la cifra del capital es una reducción, no será necesario indicar su finalidad ni el procedimiento de llevarla a cabo, ni tampoco el importe de la variación[65]. Los niveles de exigencia pueden variar al ser aplicados a algunas modalidades de "operaciones de reducción y aumento del capital simultáneos"; así, en el anuncio de convocatoria de una junta general en el que conste una reducción del capital por debajo del mínimo o a cero la "debida claridad" deberá recoger estas circunstancias, especialmente en el último caso, pues podría conllevar la exclusión de los socios[66], sin perjuicio de la existencia del teórico derecho de suscripción preferente.

2.3. *Requisitos para la adopción del acuerdo*

A los acuerdos de reducción del capital les corresponde el régimen general establecido para la constitución de la junta general y para la adopción de acuerdos de modificación de los estatutos (art. 288.1 y 2 LSC); por tanto, éstos

día en función de las circunstancias de cada caso, no deben generalizarse los requisitos que pueden estar justificados en la casuística extrema.

65 En la RDGRN de 14 de marzo de 2005, se señala que claridad e integridad son perfectamente compatibles con sencillez y brevedad *"de suerte que, en principio, figurando en el orden del día la propuesta de reducir el capital social no es necesario precisar ni el importe, el procedimiento o la finalidad, pues todo ello constará con más detalle del que el anuncio pudiera ofrecer en la propuesta de cuya contenido pueden tener conocimiento los accionistas según se les ha de advertir"* (F.D. 2 1er y 2.º párr. RDGRN de 14 de marzo de 2005, *Tol610.019*). GARRIGUES, J. indica que a título orientativo debe de señalarse los artículos de los estatutos que tratan de la reducción y que incluso puede ser oportuno precisar la cifra en que se proyecta reducir el capital, pero no es necesario expresar en la convocatoria el procedimiento (en GARRIGUES, J./ URIA, R. "Artículo 84", *Comentario a la Ley de Sociedades Anónimas*, T. II, 3.ª Ed., Madrid, 1976, pág. 237).

66 La DGRN ha advertido: *"ahora bien, cuando la reducción del capital se propone que sea total, los radicales efectos que de adoptarse el acuerdo se derivarían para los actuales socios de no ejercer el derecho a suscribir las nuevas acciones a emitir como consecuencia del simultáneo y necesario acuerdo de aumentar o reconstruir aquél, y que se traducirían en la pérdida de su condición de tales al amortizarse las acciones de que eran titulares, quedando así desvinculados de la sociedad, ha llevado a la doctrina de este centro ya durante la vigencia de la Ley anterior (cfr. resolución de 9 de mayo de 1991), en criterio ratificado con la vigente (Resoluciones de 3 de septiembre de 1998 y 18 de mayo de 2001) a entender que la propuesta precisa una mayor precisión en los anuncios advirtiendo de su alcance y radicales consecuencias"* (F.D. 2 2.º párr. RDGRN de 14 de marzo de 2005, *Tol610.019*). En este sentido *vid.* STS núm. 837/2000, 16 de septiembre, *Tol4.974.136* y ESPÍN, C., "La verificación contable en la operación de reducción del capital por pérdidas y aumento del capital simultáneos. Comentario a la RDGRN de 2 de marzo de 2011", *RdS*, núm. 38, Aranzadi, Pamplona, 2012, pág. 403.

están sometidos al cumplimiento de los *quorums* (art. 194 LSC) y las mayorías reforzadas (arts. 199 y 201 LSC), incluso en el caso de las reducciones del capital por pérdidas de "carácter obligatorio" (art. 327 LSC) y necesarias (arts. 139, 141 y 84 LSC). Así mismo, cuando la sociedad queda incursa en causa de disolución por pérdidas graves (art. 363.1.e LSC), puede adoptarse válidamente el acuerdo de disolución cumpliendo el régimen general de constitución de la junta general y de adopción de acuerdos (art. 364 LSC); pero si se opta por la reducción del capital, la junta ha de cumplir con los requisitos de constitución y adopción establecidos para la modificación de estatutos. Excepcionalmente la Ley exige la unanimidad en el caso de acordar la devolución del valor de las aportaciones por otro sistema que no sea a prorrata del valor desembolsado de las respectivas participaciones o acciones (art. 330 LSC).

En algunos casos de reducción, la Ley exige requisitos adicionales al acuerdo de la junta general, como son: el consentimiento individual de los socios en las sociedades de responsabilidad limitada; el acuerdo separado de la mayoría de los accionistas interesados, adoptado bien en junta especial o a través de votación separada en la junta general en las sociedades anónimas (arts. 329 y 293.3 LSC[67]); o el consentimiento del sindicato de obligacionistas (art. 411 LSC[68]).

Hay casos en que no es necesario acuerdo específico de reducción del capital social de la junta general, pues se considera implícito en otro acuerdo, como es en los supuestos de separación y de exclusión de socios (art. 358.1 LSC).

2.4. *Contenido del acuerdo*

Todo acuerdo de reducción del capital social debe expresar "como mínimo": la cifra de la reducción, la finalidad, el procedimiento, el plazo de ejecución y, en su caso, la suma que haya de abonarse a los socios (art. 318 LSC y

67 Cuando el acuerdo de reducción del capital con devolución del valor de las aportaciones no afecta por igual a todas las participaciones o acciones de la sociedad es preciso: en las sociedades de responsabilidad limitada, el consentimiento individual de los titulares de esas participaciones; y, en las sociedades anónimas, el acuerdo separado de la mayoría de los accionistas interesados, adoptado en junta especial o a través de votación separada en la junta general (arts. 329 y 293.3 LSC). Asimismo, si una reducción del capital por pérdidas da lugar a la amortización de todas las participaciones y acciones ordinarias y también afecta a las sin voto, es necesario el acuerdo de éstas (arts. 100 y 103 LSC).

68 La Ley dispone la necesidad del consentimiento del sindicato de obligacionistas para poder reducir la cifra del capital social, cuando disminuya la proporción inicial entre la suma del capital y reservas con la cuantía de las obligaciones pendientes de amortizar, si no concurren determinadas circunstancias (art. 411 LSC).

art. 170.1 RRM). Estos datos pueden ser de interés para socios, acreedores, posibles inversores y terceros en general; y se divulgarán a través del posterior anuncio del acuerdo (art. 319 LSC).

2.4.1. La cifra

El acuerdo de reducción tiene que señalar la cifra de la reducción del capital, asimismo, aunque la Ley no lo indique, debería precisarse el nuevo importe del capital social. En todo caso, reglamentariamente se dispone que en la escritura pública se ha de expresar la nueva redacción de los artículos de los estatutos relativos a la cifra del capital y a las acciones y participaciones (arts. 170.6 y 201.5 RRM), así como en la inscripción registral (arts. 172.3.º y 202.4.º RRM).

En el acuerdo de la junta, la cifra de la reducción es fijada por la voluntad societaria con ciertas limitaciones.

La Ley establece límites en relación a la suma mínima resultante. La cifra resultante de la reducción no puede ser inferior a la del capital mínimo (art. 4 LSC), siempre que la reducción no sea como consecuencia del cumplimiento de una ley (art. 363.1.e LSC), salvo que se acuerde simultáneamente la transformación de la sociedad o el aumento del capital hasta alcanzar o superar la cifra mínima (art. 343 LSC). Si la reducción del capital es por debajo del mínimo legal y es como consecuencia del cumplimiento de una ley[69], si

69 Tal sería el caso de la reducción del capital por pérdidas con "carácter obligatorio" (art. 327 LSC), la reducción motivada por las participaciones y acciones propias (arts. 139.2 y 3, 141.2, 145, 147 LSC) y la derivada de la venta de acciones en mora (art. 84.2 LSC). El RRM incluye dentro de la disolución de pleno derecho la reducción del capital por debajo del mínimo derivada del ejercicio del derecho de separación o exclusión (art. 238.1.3.º RRM) tal y como se recogía en la LSRL (arts. 108 y 102.2 LSRL, *vid.* sobre esta cuestión FUENTES, R., "Artículo 360", en AA.VV., *Comentarios de la Ley de Sociedades de Capital.* T. V (Artículos 346-433), Separación y exclusión de socios. Disolución y liquidación. Obligaciones, dirs. J.A. García-Cruces / I. Sancho, Tirant lo Blanch, Valencia, 2022, pág. 4925). Por el contrario sostenemos que si como consecuencia de la reducción derivada del derecho de separación o exclusión, el capital descendiera por debajo del mínimo legal debería ser de aplicación lo dispuesto en materia de disolución (art. 358.2 LSC), es decir, no se incurriría en disolución de pleno derecho (art. 360.1.b LSC), sino que se incurriría en causa de disolución (art. 363.1.f LSC), pues en este caso no es como "consecuencia del cumplimiento de una ley", sino como consecuencia de los efectos de un acuerdo societario en que cabría optar por otra alternativa: la adquisición por la sociedad (art. 358.1 LSC). En sentido contrario EMPARANZA, A., "Artículo 358", en AA.VV., *Comentario de la Ley de Sociedades de Capital,* dirs. ROJO-BELTRÁN, T. II, Civitas, Madrid, 2011, pág. 2527.

transcurre un año sin haber adoptado determinadas medidas se incurre en causa de disolución de pleno derecho (art. 360.1.b LSC). En las sociedades de responsabilidad limitada cabe sostener la posibilidad de reducir el capital resultando una cifra por debajo de 3.000 €, pero la sociedad quedaría sometida al régimen especial previsto para la constitución de sociedades con un importe de capital por debajo de esa suma (art. 4 LSC, de acuerdo con la Ley 18/2022).

Cuando la reducción tenga por finalidad el restablecimiento del equilibrio patrimonial entre el capital y el patrimonio neto existen diversas limitaciones en función del tipo societario. En las sociedades de responsabilidad limitada no se podrá llevar a cabo una reducción del capital "por pérdidas" por un importe superior al desequilibrio entre el capital y el patrimonio neto. En la sociedad anónima, cuando el patrimonio neto haya disminuido por debajo del capital, pero no por debajo de los dos tercios del mismo, o sobrepasando esa proporción aún no hubiese transcurrido un ejercicio social (*cfr.* art. 327 LSC), podrá de forma voluntaria disminuir ese desequilibrio mediante reducción del capital y decidir libremente el importe de la reducción, pero sin que éste supere el importe del desequilibrio más un exceso que se atribuirá a la reserva legal, sin que ésta superara el diez por ciento de la cifra del capital reducido (art. 322.2 LSC). Cuando la reducción del capital de una sociedad anónima tenga "carácter obligatorio" porque el importe del patrimonio neto sea inferior a las dos terceras partes de la cifra del capital social y haya transcurrido un ejercicio sin superar ese umbral de desequilibrio (art. 327 LSC), la cuantía que debe reducirse es al menos aquélla que dé lugar a superar ese umbral de la reducción obligatoria.

Una reducción del capital por pérdidas en una sociedad con participaciones o acciones sin voto, podría dar lugar a que el valor nominal de las participaciones sociales o de las acciones sin voto excediera los límites legales de la mitad del capital social de la sociedad de responsabilidad limitada o del desembolsado en la sociedad anónima (art. 98 LSC), pero en ese caso surgiría el deber de restablecer esa proporción en el plazo máximo de dos años, pues de no ser así no procedería la disolución de la sociedad (art. 100.1 LSC).

Si la reducción del capital fuese a efectuarse mediante la adquisición de participaciones o acciones propias para su amortización (arts. 338 y ss. LSC) se podrá determinar qué ha de hacerse en el caso de que las aceptaciones no alcancen la cuantía fijada como cifra de reducción, y si no consta instrucción, el capital se reducirá en la cantidad correspondiente a las aceptaciones recibidas (art. 340.3 LSC).

En los supuestos de amortización de acciones o participaciones derivados del derecho de separación o exclusión no es necesario acuerdo específico de reducción por parte de la junta general que aprueba el acuerdo que motiva este derecho (art. 358 LSC). En los casos de separación la cifra de la reducción se deriva del número de participaciones o acciones de los socios que ejercitan el derecho; y en los casos de exclusión la cifra será en función de las participaciones o acciones de los socios a los que se dirige esa decisión (art. 358 LSC). En los supuestos de amortización de acciones y participaciones propias (arts. 139.2 y 3, 141.2, 145.2 y 147 LSC) y de amortización de acciones en mora por la imposibilidad de su venta (art. 84.2 LSC), la cifra se derivará de aquellas que estén afectadas por estas situaciones.

2.4.2. La finalidad y el procedimiento

La Ley dispone que todo acuerdo de reducción del capital debe indicar su finalidad (arts. 318.2 y 317.1 LSC), e incluso reitera esta exigencia específicamente para el acuerdo de reducción por pérdidas (art. 324 LSC). En determinados casos habrá que desarrollar las características de la modalidad, detallando otros elementos u otras operaciones conexas.

En las modalidades de reducción que tengan por finalidad devolver el valor de las aportaciones, dotar una reserva voluntaria, o en el caso de sociedades anónimas condonar la obligación de realizar las aportaciones pendientes, en que adicionalmente se dote un "reserva por capital amortizado" (arts. 335.c y 332 LSC), habrá de hacerse constar esta circunstancia, por la trascendencia que tiene esa circunstancia.

En el caso de reducciones del capital mixtas admisibles[70] habrá que señalar cuáles son esas finalidades y, en su caso, los condicionamientos que puedan existir entre ellas. Del mismo modo deberá señalarse cuando la reducción forma parte de una operación compleja (así la reducción y el aumento del capital simultáneos).

El acuerdo de reducción también debe expresar el procedimiento, entendiendo por tal la forma en que la reducción repercutirá sobre las acciones o

70 La Ley expresamente establece prohibiciones, como la combinación de la reducción del capital por pérdidas con la reducción mediante la devolución del valor de las aportaciones o con la condonación de los desembolsos pendientes (art. 321 LSC), así como por analogía con la dotación de reservas voluntarias. A su vez, la Ley contempla expresamente la operación de reducción del capital por pérdidas en que adicionalmente con "el excedente del activo sobre el pasivo" se dota la reserva legal (art. 325 LSC).

participaciones (art. 317.2 LSC): mediante la disminución de su valor nominal, mediante la amortización de las mismas disminuyendo su número o bien mediante la agrupación variando su número y su valor nominal.

2.4.3. El plazo de ejecución

La Ley dispone que en el acuerdo de reducción del capital debe constar "el plazo de ejecución"[71]. A estos efectos deben distinguirse dos grupos de modalidades de reducción del capital.

Un primer grupo, en el que la reducción se produce por la sola voluntad de la junta general y es eficaz en el ámbito societario, como ocurre con algunas otras modificaciones estatutarias; sin perjuicio de que existan los oportunos trámites de formalización, que corresponderán a los administradores llevarlos a cabo, entre los cuales está: a) su reflejo contable[72], que carece de sustancia jurídica a estos efectos; b) su formalización elevando los acuerdos a escritura pública, su inscripción registral y su plasmación, en su caso, en los títulos o en las anotaciones en cuenta. El plazo de ejecución en este grupo a estos efectos puede considerarse inmediato y en él se encuadran: la reducción por pérdidas y la reducción para dotar la reserva legal. En estas dos modalidades no intervienen otras voluntades y su desarrollo tiene fundamentalmente carácter contable, sin perjuicio de su significado patrimonial.

El otro grupo son reducciones del capital que se desarrollan a través de un proceso de ejecución en el que concurren diversos actos de muy distinto significado, en el que además de la voluntad societaria, en los momentos procedimentales oportunos han de participar otras voluntades, como son las de los socios o las de los acreedores. En este grupo se encuentran las reducciones cuya finalidad es la devolución del valor de las aportaciones, la dotación de las reservas voluntarias, y para las sociedades anónimas la condonación de aportaciones pendientes[73]. La circunstancia de intervenir otras voluntades

71 GIRÓN, J., al tratar sobre la reducción del capital en la LSA de 1951 decía que "la palabra ejecución utilizada por nuestra Ley, puede ser equívoca" (*Derecho de sociedades anónimas, ob. cit.*, pág. 513).

72 La traslación de la reducción del capital al balance tiene condicionamientos registrales. Así la Resolución ICAC, 5 de marzo de 2019 señala que: "*la reducción de capital social acordada en el ejercicio se mostrará en el balance de ese periodo siempre que la escritura pública en la que se refleje el acuerdo se inscriba en el Registro Mercantil antes de que se formulen las cuentas anuales del citado ejercicio, dentro del plazo establecido en el texto refundido de la Ley de Sociedades de Capital*" (art. 36 Resolución ICAC, 5 de marzo de 2019).

73 En la ejecución de las finalidades de dotación de las reservas voluntarias y condonación de las aportaciones pendientes junto al desarrollo puramente contable se encuentra la exis-

en diversos trámites habrá de tenerse en cuenta a la hora de establecer un "plazo de ejecución". Así habrá que tener presentes los plazos previstos en las reducciones del capital con la finalidad de devolver el valor de las aportaciones y en particular aquellas que se lleven a cabo mediante la adquisición de participaciones o acciones propias para su amortización (oferta de adquisición, arts. 339.2; y plazo de amortización, art. 342 LSC). Igualmente se tendrá en cuenta cuando en la Ley o, en su caso, los estatutos se prevean plazos para el ejercicio del derecho de oposición de los acreedores (arts. 336, 337 y 333 LSC)[74].

2.4.4. La suma a abonar

La mención en los acuerdos de reducción de la suma que ha de abonarse a los socios es específica de aquellas reducciones cuya finalidad es la devolución del valor de las aportaciones (arts. 317, 329 y 338 LSC); esta mención no corresponde en las reducciones por amortización de acciones propias que hubieran sido adquiridas con anterioridad al acuerdo (arts. 139.2, 141.2, 145.2 y 147 LSC)[75].

tencia del régimen de tutela de los acreedores, bien por disposición expresa en la Ley en relación con las sociedades anónimas, o bien por aplicación analógica en relación con las sociedades de responsabilidad limitada.

74 En relación con el derecho de oposición en las sociedades anónimas, la LSC (art. 337) señala que "no podrá llevarse a efecto" la reducción del capital hasta que se produzcan determinadas situaciones que garanticen los créditos de los acreedores. No se distingue si esa falta de eficacia es solo frente a los acreedores o también frente a los socios. GIRÓN, J., se planteaba la duda de si la Ley quería decir que el acuerdo aun no es la reforma, o si por el contrario quiere indicar que la reforma está producida y solo el aspecto de la ejecución de la misma está suspendido (*Derecho de sociedades anónimas, ob. cit.*, pág. 512). Entendía que debía aplicarse la regla hermenéutica de no distinguir donde la Ley no lo hace; en ese sentido, los socios gozarían de una mera expectativa de la cual podrían ser privados mediante un acuerdo de revocación (*Derecho de sociedades anónimas, ob. cit.*, pág. 519). PÉREZ DE LA CRUZ, A., por el contrario, manifestó que atendiendo a nuestro Derecho positivo "*el acuerdo de reducción es válido y eficaz para los socios y la sociedad*" (esfera interna) desde que se adopte, mientras que "*para los terceros solo tiene eficacia después de haber transcurrido el plazo de oposición de los acreedores*" sin haber formulado oposición o habiéndose presentado las garantías señaladas en la Ley (*La reducción del capital en sociedades..., ob. cit.*, págs. 102 y 103).

75 La RDGRN de 30 de enero de 2002 (*Tol7.813*), en su F.D. 5 (3er párr.), mantiene que "*cuando la reducción es consecuencia de la obligada amortización de acciones que han sido previa y legítimamente adquiridas por la propia sociedad, de modo que la adquisición no sea un medio de ejecución de un precedente acuerdo de reducción, no puede afirmarse que, en principio, este acuerdo comporte restitución alguna a los socios*", no teniendo por qué señalarse la suma abonada en su momento.

La suma que se decide abonar no tiene por qué coincidir con el importe del valor nominal de las acciones o participaciones amortizadas o con el valor nominal disminuido[76]. Si la sociedad fuese valorada por encima de la cifra del capital (como consecuencia de plusvalías contables y/o tácitas), lo natural sería que al fijar la contraprestación, los titulares de las acciones o participaciones afectados por la reducción recibieran una suma superior al valor nominal de las mismas disminuido o al valor nominal de las amortizadas, teniendo en consideración así su participación en esas plusvalías. Igual razonamiento, pero con resultados inversos cabe hacer si la valoración de la sociedad fuese inferior a la suma del capital social. En todo caso, no necesariamente tiene que ser así, pues en la fijación del precio en el acuerdo concurrirán una pluralidad de circunstancias societarias y externas, que serán las que den lugar a su determinación.

La expresión "suma que haya de abonarse" no supone la prohibición de devolución *in natura* con su correspondiente valoración[77], aunque no hay exigencia legal de tasación o de responsabilidad, lo que significa una incohe-

76 La RDGRN de 30 de enero de 2002 (*Tol7.813*), ha señalado que "*la suma que en el anuncio se ha de hacer constar ha de ser la que se haya acordado devolver, que no necesariamente tiene que coincidir con el nominal de la reducción pues bien puede aprovecharse ésta para abonar a aquéllos parte de las plusvalías acumuladas o utilizar tal reducción para consolidar pérdidas acumuladas a través del abono de una suma inferior al nominal del capital que se amortiza*" (F.D. 5 1er párr.).
BESTEIRO, M.A., señala que "*desde el punto de vista contable, en este tipo de reducción podrán surgir diferencias negativas o positivas por la discrepancia entre el valor de adquisición y el valor nominal de las acciones*". Dichas diferencias "*se contabilizarán como reservas voluntarias*" (*Contabilidad de Sociedades*, Pirámide, Madrid, 2012, pág. 211).
La Resolución ICAC, 3 de marzo de 2019 dispone que la adquisición de participaciones o acciones propias calificadas como instrumentos de patrimonio neto para su amortización origina el reconocimiento de "una deuda con el socio por el valor razonable" de las participaciones o acciones adquiridas. En su caso, dispone que la diferencia entre el valor de las participaciones o acciones propias adquiridas y el capital social amortizado se registrará en una partida de reservas (art. 39.1 1er párr. Resolución ICAC, 3 de marzo de 2019). Esta utilización del valor razonable para la adquisición de participaciones o acciones propias, sostenemos que no se impone por la Ley.

77 La Resolución ICAC, 5 de marzo de 2019, dispone en relación con la reducción del capital mediante la devolución del valor de las aportaciones o la adquisición de participaciones o acciones propias para su amortización que: cuando la sociedad acuerde el pago de la deuda con el socio mediante la entrega de elementos patrimoniales distintos del efectivo, si el valor contable por el que están reconocidos es inferior al valor de la deuda reconocida con el socio, en el momento de la baja, por la diferencia entre ambos importes se registrará un beneficio en la cuenta de pérdidas y ganancias. En el supuesto excepcional en que el activo esté contabilizado por un importe superior al valor de la deuda, la diferencia se registrará como una pérdida por la baja del activo en la cuenta de pérdidas y ganancias (art. 39.4 1er párr.).

rencia con el régimen de integración patrimonial en la constitución o en los aumentos de capital[78].

Si se emitieran bonos de disfrute (art. 341 LSC), en el acuerdo habrá de constar esta circunstancia con el detalle necesario.

2.5. Publicidad del acuerdo en las sociedades anónimas

2.5.1. Sentido y alcance de la publicidad del acuerdo

La Ley establece para todas las modalidades de reducción del capital de las sociedades anónimas unas exigencias de publicidad[79]. Todo acuerdo de reducción del capital de una sociedad anónima debe ser publicado en el BORME y en la página web de la sociedad, salvo que ésta no exista, en cuyo caso debe publicarse en un periódico de gran circulación en la provincia en que la sociedad tenga su domicilio (arts. 319 LSC, 170.3 RRM).

Este anuncio del acuerdo de cualquier modalidad de reducción del capital de las sociedades anónimas cumple una importante función de divulgación para socios y terceros. En las modalidades de reducción del capital en las que la tutela de los acreedores se fundamenta en otorgarles un derecho de oposición a la misma, este anuncio cumple, además de la misión informativa, una función de referencia temporal: en la determinación de plazos para el ejercicio de ese derecho (art. 336 LSC)[80] y en la delimitación temporal de los acreedores legitimados para ejercer ese derecho (art. 334 LSC). En las modalidades en que está excluido el derecho de oposición de los acreedores, como ocurre en la reducción por pérdidas y en la reducción para dotar la reserva legal, la Ley reitera la exigencia del anuncio al disponer que en él debe constar la finalidad de la reducción (arts. 324[81] y 328 LSC).

78 En el Título III Las aportaciones sociales de la LSC se recogen las exigencias y responsabilidades en relación con las aportaciones *in natura*.

79 En las sociedades de responsabilidad limitada para las reducciones del capital que impliquen la restitución de aportaciones a los socios, y en cuyos estatutos se establezca el derecho de oposición de los acreedores, la Ley establece un deber de notificación a los acreedores. Esta notificación se hará personalmente, y si no fuese posible, por desconocerse el domicilio de los acreedores, por medio de anuncios que deben publicarse en el BORME, y en la página web de la sociedad o, si no existe página web, en un diario de los de mayor circulación en la localidad en que radique el domicilio de la sociedad (art. 333.2 LSC).

80 F.D. Cuarto.V SAP de Barcelona (Secc. 15) de 15 de septiembre de 2005 (*Tol807.922*).

81 El art. 324 LSC no dirige expresamente su mandato para las sociedades anónimas exclusivamente, pero la exigencia del anuncio para las sociedades de responsabilidad limitada es solo excepcional y no está dirigida para la modalidad de reducción por pérdidas (art. 333.2

La DGRN / DGSJFP[82] mantiene que en las operaciones de reducción y aumento del capital simultáneos si como consecuencia de la conjunción de las circunstancias de hecho desaparece el riesgo de sufrir un perjuicio para los socios o los acreedores, la exigencia de un requisito dirigido a su tutela debe decaer[83]; razonamiento que considera de aplicación entre otros al anuncio del acuerdo.

A pesar de este razonamiento, continúo manteniendo mi disconformidad con él[84]. Este anuncio no sólo forma parte del sistema de garantía de los acreedores, sino que además, en todo caso, es una exigencia que pretende la divulgación general (accionistas, acreedores, futuros inversores, consumidores, público en general) de la reducción del capital. Esa es la *ratio legis* de esta norma. La Ley impone esta publicidad para todos los supuestos de reducción del capital e incluso reitera esta exigencia en los supuestos en que está excluido el derecho de oposición de los acreedores (arts. 324 y 328 LSC). Debe constar en toda escritura de reducción del capital la fecha de publicación en

---

LSC, *vid.* en este Capítulo nota a pie de página núm. 79, y en el Capítulo XII de esta obra "La reducción del capital para restablecer el equilibrio patrimonial" de C. ESPIN el punto VI.1 Anuncio del acuerdo).

82 Así afirma que "*con carácter general, en materia de operaciones de aumento y reducción de capital simultáneas, es doctrina reiterada de este Centro Directivo que las medidas protectoras de socios y acreedores solo tienen sentido en cuanto los intereses de unos u otros, o de ambos, se encuentren en situación de sufrir un perjuicio, de manera que si, de la conjunción de circunstancias de hecho, el riesgo aparece conjurado, debe decaer la exigencia del requisito dirigido a su tutela (vid. entre otras, las Resoluciones de 2 de marzo de 2011, 18 de diciembre de 2012 y 27 de febrero de 2019)*" (F.D. 2 4.º párr. RDGSJFP de 15 de noviembre de 2022, *Tol9.304.214*).

83 Las RRDGRN de 28 de abril de 1994 y de 16 de enero de 1995 (*Tol223.404*), en supuestos de reducción (por pérdidas y de devolución del valor de las aportaciones) y simultáneo aumento de capital resultando la cifra del capital igual o por encima de la preexistente, consideran que no es necesaria la publicación del acuerdo de reducción. La STS núm. 1052/2003, de 12 de noviembre (*Tol324.966*) recogió esta doctrina, declarando la validez del acuerdo de reducción y simultánea ampliación, a pesar de no haberse publicado todos los anuncios legalmente previstos, en la medida en que tras la adopción de los acuerdos se mantiene el mismo capital preexistente, por lo que el acuerdo de reducción es neutro e irrelevante para los acreedores. Vid. también RRDGRN de 18 de diciembre de 2012 y de 27 de febrero de 2019.
Recientemente la DGSJFP en una operación de reducción por condonación de dividendos pasivos coetáneamente acordada con otra operación de ampliación con cargo a reservas por el mismo importe, considera que como "*tras la ejecución de la operación compleja, la cifra de capital se mantiene inalterada y el desembolso efectivo de la ampliación se halla acreditado con el informe de auditoría, de manera que las funciones informadora y tuitiva que están llamadas a cumplir la publicación de la reducción y el derecho de oposición de los acreedores carecen de cometido con la contemplación unitaria de la fórmula utilizada*" (F.D. 2 5.º párr. RDGSJFP de 15 de noviembre de 2022, *Tol9.304.214*).

84 *Vid.* ESPÍN, C., *La operación de reducción y aumento...*, *ob. cit.*, págs. 258-260.

el BORME y se han de presentar en el Registro Mercantil los ejemplares de los diarios o copias de los mismos en que se publicó el anuncio (art. 170.3 RRM de 1996). Por ello, aun apreciando el firme posicionamiento de la DGRN / DGSJFP que ha de tenerse presente en el aspecto práctico, considero que todo acuerdo de reducción y aumento del capital simultáneos de una sociedad anónima debiera publicarse, aplicando a estas operaciones conjuntas la teoría de la acumulación, al no poder aplicarse la analogía[85].

Esta publicidad es "del acuerdo de reducción" (art. 319 LSC), previa a la previsto con carácter general para las modificaciones estatutarias en la que se anuncia la inscripción en el Registro Mercantil de la escritura de modificación estatutaria (art. 290.1 LSC). De otra forma no podría entenderse que este anuncio cumpla las funciones temporales que hemos señalado en relación con el derecho de oposición. Por ello, la publicación del acuerdo en el BORME se hará en la Sección 2.ª: "Anuncios y avisos legales" (art. 420.b RRM).

El anuncio del acuerdo de reducción es además requisito para poder realizar la inscripción de la operación de reducción del capital en el Registro Mercantil. En toda escritura de reducción del capital debe constar la fecha de publicación en el BORME; y en el Registro Mercantil se ha de presentar, en su caso, el ejemplar del diario o copia del mismo en que se publicó el anuncio (art. 170.3 RRM), cuando corresponda.

2.5.2. Medios en que se publica el anuncio del acuerdo

La Ley establece el deber de publicar el acuerdo de reducción del capital de una sociedad anónima en dos medios: en todo caso en el BORME (Sección 2.ª de "Anuncios y avisos legales"[86]), y si existe en la página web de la sociedad (arts. 11 bis a 11 quáter LSC) o, en el caso de que no exista, en un periódico[87] de gran circulación[88] en la provincia en que la sociedad tenga su domicilio.

85 *Vid.* en este Capítulo los puntos III.2.1 *in fine* y III.2.2 y especialmente la nota a pie de página núm. 48.

86 En esa Sección se publican los anuncios y avisos legales correspondientes a aquellos actos de los empresarios que "no causen operación" en el Registro Mercantil y cuya publicación resulta impuesta por la Ley al empresario (art. 422.2 RRM). La publicación que se impone en este caso es la del mero acuerdo de reducción del capital. Una vez se ejecute el acuerdo se elevará a escritura pública y ésta "causará operación" en el Registro Mercantil.

87 Por periódico hay que entender una publicación diaria, con exclusión de revistas que no tengan la periodicidad señalada. En el RRM se utiliza el sustantivo "diario" (art. 170.3 RRM).

88 La expresión "gran circulación" se entiende de forma extensiva; lo que se pretende es negar la inserción en periódicos de escasa difusión (RRDGRN de 5 de marzo de 1991 y de 13 de enero de 1994).

La Ley dispone que la fecha de la publicación del último anuncio es la que delimita los créditos por los que los acreedores tienen derecho de oposición (art. 334 LSC): desde la fecha del último anuncio del acuerdo habrá un plazo de un mes para ejercitar el derecho de oposición (art.336 LSC). En los casos en que el anuncio se publique en la página web, la fecha "del último anuncio" puede entenderse la de publicación en el BORME, salvo que en la página web conste una fecha posterior, o se demuestre su introducción posterior en esa página.

La fecha de la publicación de este anuncio del acuerdo en el BORME no es la que determina el inicio del cómputo del plazo de caducidad para la impugnación de los acuerdos sociales inscribibles (art. 205.3 LSC); esa fecha es la del anuncio en el que se publica la inscripción en el Registro Mercantil del acuerdo ejecutado y elevado a escritura pública[89].

2.5.3. Contenido de la publicación

La Ley al establecer que "el acuerdo de reducción del capital" debe ser publicado (art. 319 LSC) determina cuál es el contenido de la publicación: el del propio acuerdo. Por tanto, deberá contener las menciones en él recogidas, que como mínimo serán las dispuestas en la Ley para el acuerdo (art. 318.2 LSC). Especial interés denota la Ley en que en las publicaciones de las reducciones del capital por pérdidas y para dotar la reserva legal conste "expresamente" la finalidad (arts. 324 y 328 LSC), quizás para advertir que no hay lugar al derecho de oposición o bien para remarcar su obligatoriedad a pesar del perjuicio reputacional que la primera finalidad señalada puede conllevar.

En las modalidades de reducción en que adicionalmente se dote una "reserva por capital amortizado" (arts. 335.c y 332 LSC), consideramos que es una mención necesaria del anuncio (a pesar de la opinión contraria de la DGRN)[90], pues así debe constar en el acuerdo y por la trascendencia que tiene a efectos del régimen de tutela de acreedores, ya que esa circunstancia implica su exclusión de ese régimen.

En los casos de reducción con derecho de oposición por parte de los acreedores, la Ley no prevé que en el anuncio se les advierta de este derecho y

89 F.D. Cuarto.V SAP de Barcelona (Secc. 15) de 15 de septiembre de 2005 (*Tol807.922*).

90 La DGRN señala que la indicación de la dotación de esta reserva indisponible "en los anuncios evitaría la formulación de oposiciones injustificadas", "pero es lo cierto que tampoco esa precisión es específicamente impuesta por el legislador en los anuncios" (*Vid.* F.D. Cuarto RDGRN de 30 de enero de 2002, *Tol7.813*).

del plazo para su ejercicio. En este caso la Ley no ha considerado necesario establecer esta protección complementaria, a diferencia del aviso que en el anuncio de la convocatoria se hace a los socios de los derechos de información que les corresponden (art. 287 LSC)[91]. En orden a la protección de los acreedores no sólo debería valorarse la concesión de un derecho, sino también su divulgación.

2.5.4. Calificación registral del anuncio del acuerdo

El juicio sobre la suficiencia del contenido del anuncio del acuerdo, y sobre la exactitud de los datos contenidos en el mismo, compete al Registrador Mercantil en el marco de su función calificadora (arts. 18 CCom y 6 RRM), ya que en la escritura de reducción del capital ha de expresarse la fecha de publicación del acuerdo en el BORME, y acompañarse, en su caso, el original o copia del ejemplar del diario en que hubiese aparecido el anuncio (art. 170.3 RRM). La calificación registral se realiza una vez culminada la operación y a la vista de la escritura o escrituras en que se refleja su entero desarrollo. Si el Registrador apreciara incumplimiento de las normas sobre publicación del acuerdo y suspendiera la inscripción, la subsanación del defecto exigiría un nuevo anuncio. En los supuestos de reducción con devolución del valor de aportaciones a los socios, la publicación de un nuevo anuncio subsanatorio del declarado defectuoso por el Registrador, se realizaría una vez culminada la operación y restituidas las aportaciones, por lo que si entonces se ejercitara el derecho de oposición por los acreedores y si no fuera posible aportar garantía adecuada (art. 337 LSC), los socios deberían restituir a la sociedad lo percibido (*cfr.* analogía art. 278 LSC), sin perjuicio de la responsabilidad de los administradores.

2.6. Escrituración del acuerdo

La operación reducción del capital se inscribirá en el Registro Mercantil en virtud de escritura pública en la que consten los acuerdos y los actos relativos a su ejecución[92] (art. 165.1 RRM), si bien se admite que las menciones rela-

---

91 La RDGRN de 30 de enero de 2002 (*Tol7.813*) señala, refiriéndose a los anuncios, que "*no exige la Ley, siendo, por tanto, innecesario, que en los mismos se haga advertencia alguna sobre la existencia de derecho de oposición de los acreedores cuando éste exista, a diferencia de otros supuestos*" (F.D. 3).

92 La escritura pública de reducción del capital habrá de contener, además de los requisitos de índole general para cualquier modificación estatutaria (art. 158 RRM), los que expresamen-

tivas al acuerdo y las concernientes a su ejecución se consignen en escrituras separadas (arts. 170.7 y 201.6 RRM), pero no cabe inscribir acuerdos de reducción que no se encuentren debidamente ejecutados (art. 165.2 RRM).

V. BIBLIOGRAFÍA

ALONSO, C., "Algunas reflexiones sobre la función (la utilidad) del capital social como técnica de protección de los acreedores", en AA.VV., *Estudios de Derecho de Sociedades y Derecho Concursal. Libro homenaje al Profesor Rafael García Villaverde,* T. I, Marcial Pons, Madrid, 2007, págs. 127 y ss.

BESTEIRO, M.A., *Contabilidad de Sociedades*, Pirámide, Madrid, 2012.

CÁMARA, M. DE LA, *El capital en la sociedad anónima, su aumento y disminución*, Consejo General del Notariado, Madrid, 1996.

CASTRO, F DE., *La persona jurídica*, 2.ª Ed., Civitas, Madrid, 1984, reimpresión 1991.

EMPARANZA, A., "Artículo 358", en AA.VV., Comentario de la Ley de Sociedades de Capital, dirs. ROJO-BELTRÁN, T. II, Civitas, Madrid, 2011, págs. 2524 y ss.

ESPÍN, C., "La verificación contable en la operación de reducción del capital por pérdidas y aumento del capital simultáneos. Comentario a la RDGRN de 2 de marzo de 2011", *RdS,* núm. 38, Aranzadi, Pamplona, 2012, págs. 397 y ss.

ESPÍN, C., "Artículos 317 a 319", en AA.VV., *Comentario de la Ley de Sociedades de Capital,* dirs. ROJO-BELTRÁN, T. II, Civitas, Madrid, 2011, págs. 2343 y ss.

ESPÍN, C., "El capital, el patrimonio neto y la significación patrimonial de las variaciones de capital en la sociedad anónima", en AA.VV., *Estudios de Derecho de Sociedades y Derecho Concursal. Libro homenaje al Profesor Rafael García Villaverde,* T. I, Marcial Pons, Madrid, 2007, págs. 453 y ss.

ESPÍN, C., *La operación de reducción y aumento del capital simultáneos en la sociedad anónima*, McGraw-Hill Interamericana de España, Madrid, 1997.

FUENTES, R., "Artículo 360", en AA.VV., *Comentarios de la Ley de Sociedades de Capital.* T. V (Artículos 346-433), Separación y exclusión de socios. Disolución y liquidación. Obligaciones, dirs. J.A. García-Cruces / I. Sancho, Tirant lo Blanch, Valencia, 2022, págs. 4915 y ss.

GARRIGUES, J., en GARRIGUES, J./ URIA, R., "Artículo 84", *Comentario a la Ley de Sociedades Anónimas*, T. II, 3.ª Ed., Madrid, 1976, págs. 229 y ss.

GARRIGUES, J., *Tratado de Derecho de Derecho Mercantil*, T.I, Vol. 2, Madrid, 1947.

GIRÓN, J., *Derecho de Sociedades Anónimas (según la Ley de 17 de julio de 1951)*, Valladolid, 1952.

---

te se establecen para la reducción (art. 170 RRM) y, en su caso, los que se disponen para modalidades especiales (art. 171 RRM).

GULLÓN, A., "Artículos 4.º al 6.º", en AA.VV., *Comentario del Código Civil*, T. I, dirs. Paz Ares / Diez Picazo / Bercovitz / Salvador, Ministerio de Justicia, Madrid, 1991, págs. 29 y ss.

LARENZ, K., *Metodología de la ciencia del Derecho*, Ariel, Barcelona, 1994.

ORELLANA, N.A., "Artículos 317 a 319", en AA.VV., *Comentarios de la Ley de Sociedades de Capital*. T. IV (Artículos 253-345), Las cuentas anuales. La modificación de los estatutos sociales, dirs. J.A. García-Cruces / I. Sancho, Tirant lo Blanch, Valencia, 2022, págs. 4311 y ss.

PEREZ DE LA CRUZ, A., *La reducción del capital (Artículos 163 a 170 LSA)*, T. VII Modificación de estatutos en la sociedad anónima. Aumento y reducción del capital, vol. 3.º (con la colaboración de A. Aurioles Martín), de *Comentario al Régimen Legal de las Sociedades Mercantiles*, dirs. Uría / Menéndez / Olivencia, Civitas, Madrid, 1995.

PÉREZ DE LA CRUZ, A., *La reducción del capital en sociedades anónimas y de responsabilidad limitada*, Zaragoza, 1973.

SÁNCHEZ ANDRÉS, A., "Principios, casos y conceptos en materia de derecho de asignación gratuita de acciones", en AA.VV., *Derecho Mercantil de la Comunidad Económica Europea. Estudios en homenaje a J. Girón Tena*, Consejo General de los Colegios Oficiales de Corredores de Comercio/ Civitas, Madrid, 1993, págs. 883 y ss.

SÁNCHEZ CALERO, F./ SÁNCHEZ-CALERO GUILARTE, J., *Instituciones de Derecho Mercantil*, vol I, 37.ª Ed., Aranzadi, Pamplona, 2015.

VICENT CHULIA, F., *Introducción al Derecho Mercantil*, Vol. I y II, 24.ª Ed., Tirant lo Blanch, Valencia, 2022.

Capítulo XII

LA REDUCCIÓN DEL CAPITAL PARA RESTABLECER EL EQUILIBRIO PATRIMONIAL

Cristóbal Espín Gutiérrez
Catedrático de Derecho Mercantil
Universidad Complutense de Madrid

I. CONSIDERACIONES INTRODUCTORIAS

Una de las finalidades por las que la junta general de una sociedad de capital puede acordar la reducción de la cifra del capital social es el "restablecimiento del equilibrio entre el capital y el patrimonio neto de la sociedad disminuido por consecuencia de pérdidas"[1]. Esta modalidad de reducción denominada en la LSC de forma abreviada e imprecisa "reducción por pérdidas"[2], es en la práctica la más frecuente.

---

1 Esta expresión extensa aparece en los arts. 317, 320 y 335.a LSC.

2 La expresión reducción "por pérdidas" se recoge en el epígrafe de la Sección 2.ª, del Capítulo III, del Título VIII y en los arts. 321, 322, 323, 324 y 325 de la LSC.

El régimen jurídico de la operación de reducción del capital por pérdidas está compuesto por las normas generales de la reducción del capital (recogidas en el Título VIII, Capítulo III, Sección 1.ª, arts. 317 a 319 LSC), y por unas reglas específicas para esta finalidad (Sección 2.ª), que se concretan: en un principio de igualdad de trato que condiciona el procedimiento (art. 320 LSC); en su incompatibilidad con otras modalidades de reducción (art. 321 LSC); en un presupuesto contable de ausencia o limitación de reservas (art. 322 LSC); en la exigencia de un balance auditado y aprobado (art. 323 LSC); en una regla de publicidad del acuerdo (art. 324 LSC); en el destino de posibles excedentes (art. 325 LSC); en las limitaciones para el reparto de futuros dividendos (art. 326 LSC); y, por último, en una reducción especial calificada de "carácter obligatorio" por la dimensión y permanencia del desequilibrio (art. 327 LSC).

La reducción del capital, que tiene como finalidad restablecer el equilibrio entre el capital y el patrimonio neto, queda excluida (expresa o implícitamente según los tipos de sociedades de capital) de los regímenes legales de tutela de los intereses de los acreedores (Título VIII, Capítulo III, Sección 5.ª, LSC).

La función económica de esta modalidad de reducción del capital entronca con el llamado principio de correspondencia mínima entre el capital social y el patrimonio neto[3]. Con esta reducción se pretende adecuar el importe del capital social a su significado como cifra de retención patrimonial, que ya no cumple como consecuencia de las pérdidas sufridas; la disminución de la garantía para los acreedores es un hecho con o sin reducción del capital, por tanto, la reducción supone el reconocimiento estatutario de una realidad. A su vez esta modalidad de reducción consolida esa menor garantía, dando lugar a que los beneficios futuros ya no se tengan que destinar a compensar esas pérdidas, al haber sido canceladas, con lo que se facilita el futuro reparto de dividendos, si bien la Ley para paliar esta consecuencia vincula la posibilidad de reparto con la exigencia de una proporción mínima entre la reserva legal y el capital (art. 326 LSC).

La reducción del capital por pérdidas restablece, o al menos acerca, el equilibrio entre el capital y el patrimonio neto, pero no mejora la situación finan-

---

3 El principio de correspondencia mínima o efectividad deriva de la existencia de un conjunto de preceptos que relacionan el capital social con el patrimonio neto, proporcionando una garantía para los acreedores y promocionando la solvencia societaria (ESPÍN, C., "El capital, el patrimonio neto y la significación patrimonial de las variaciones de capital en la sociedad anónima", en AA.VV., *Estudios de Derecho de Sociedades y Derecho Concursal. Libro homenaje al Profesor Rafael García Villaverde*, T. I, Marcial Pons, Madrid, 2007, págs. 456 y 457).

ciero-patrimonial de la sociedad[4]. Para disminuir el desequilibrio patrimonial y a su vez mejorar la situación financiera es necesario la entrada en la sociedad de nuevos recursos, que se podría llevar a cabo mediante un aumento de capital, lo que supondría un incremento de la cifra del capital y del patrimonio neto; o mediante la denominada "reintegración del capital"[5] (aportaciones a fondo perdido), lo que significaría la entrada de nuevos recursos de los socios sin variar la cifra del capital, pero incrementando el patrimonio neto.

La reducción del capital por pérdidas puede ser: una operación societaria voluntaria, una de las alternativas legales ante ciertas circunstancias o tener "carácter obligatorio". La reducción por pérdidas se presenta en la Ley como una alternativa para la remoción de la causa de disolución consistente en que el patrimonio neto no alcanza la mitad de la cifra del capital social (art. 363.1.e LSC). También, aunque solo para la sociedad anónima, la Ley declara el "carácter obligatorio" de la reducción cuando las pérdidas han disminuido el patrimonio neto por debajo de las dos terceras partes de la cifra del capital y ha transcurrido un ejercicio social sin haberse recuperado ese umbral (art. 327 LSC).

Para este estudio de la reducción del capital por "pérdidas", se parte de identificar cuál es el presupuesto material de la misma, que es el desequilibrio patrimonial; debiendo determinar el sistema de cálculo del patrimonio neto, a través de la definición, delimitación y conciliación del patrimonio neto contable y el patrimonio neto mercantil; además habrá que analizar cuestiones relativas a su valoración y establecer el orden de prelación de las reservas a efectos de esta reducción. A continuación, se aborda el estudio del presupuesto formal, el balance auditado y aprobado, analizando detalladamente el

4 La Resolución de 5 de marzo de 2019, del Instituto de Contabilidad y Auditoría de Cuentas, por la que se desarrollan los criterios de presentación de los instrumentos financieros y otros aspectos contables relacionados con la regulación mercantil de las sociedades de capital (en adelante Resolución ICAC, de 5 de marzo de 2019), señala que: "*con carácter general, la reducción de capital social por pérdidas origina un cambio en la composición de los epígrafes incluidos en los fondos propios del balance, pero no conlleva una variación del patrimonio neto de la sociedad*" (art. 37.1 1er párr.).

5 *Vid.* sobre esta operación ESPÍN, C., "La reintegración del capital", en AA.VV., *Derecho de Sociedades, Libro homenaje a Fernando Sánchez Calero*, Vol. III, McGraw-Hill Interamericana de España, Madrid, 2002, págs. 2279-2316.
En el PGC se señala que las subvenciones no reintegrables otorgadas por los socios no constituyen ingresos, forman parte del "Patrimonio Neto", y se registran directamente en "A-1. Fondos Propios", en el epígrafe VI "Otras aportaciones de socios", en concreto en la cuenta 118 "Aportaciones de socios o propietarios", independientemente del tipo de subvención (PGC, Parte Tercera Cuentas Anuales, I Normas de Elaboración de las Cuentas Anuales, 6.ª Balance, 15, *vid.* también Introducción II.10 8.º párr. y ss.).

significado y razón de cada una de estas exigencias. Seguidamente se examinan las reglas y el contenido del acuerdo; abordando entre otras cuestiones mediante una interpretación sistemática y coherente un aspecto confuso, como es el del "excedente del activo sobre el pasivo" en las sociedades anónimas. Después se analiza la exclusión del régimen de tutela de los acreedores, el anuncio, la escrituración, la inscripción y ciertos efectos legales. Posteriormente se analiza la especialidad de la reducción por pérdidas de carácter obligatorio. Se termina con el estudio de la aplicación de algunas normas de la reducción por pérdidas a la reducción para dotar la reserva legal.

II. PRESUPUESTO MATERIAL: EL DESEQUILIBRIO PATRIMONIAL

1. Desequilibrio entre el capital y el patrimonio neto

La LSC al regular la reducción por pérdidas contiene un artículo cuyo epígrafe es "Presupuesto de la reducción del capital social" y en él se dispone que para poder llevar a cabo esa reducción se requiere la inexistencia o limitación de reservas (art. 322 LSC), pero esta disposición propiamente no responde a su epígrafe[6]. El requisito material básico de la reducción que tiene por finalidad el restablecimiento del equilibrio entre el capital y el patrimonio neto es la existencia de ese desequilibrio; la premisa es: que el patrimonio neto sea inferior al capital.

Ese desequilibrio entre capital y el patrimonio existe "por consecuencia" de pérdidas, *que* pueden derivar de un resultado desfavorable de explotación o de cualquier disminución patrimonial de naturaleza distinta (art. 35.2 CCom). Por la mera existencia de unos resultados negativos no necesariamente tiene que haber desequilibrio patrimonial, pues pueden existir otras partidas del patrimonio neto que compensen esas cifras negativas y hagan que el importe "neto" del patrimonio sea igual o superior al capital[7].

El desequilibrio patrimonial que señala la LSC es en relación a parámetros mercantiles, tanto del capital como del patrimonio neto, sin embargo para la determinación de este último hay que partir del concepto patrimonio neto contable.

---

6 Se analizará el significado y la razón de esta norma en este Capítulo en el punto II.4 Las reservas en la reducción por pérdidas.

7 Sobre esta afirmación *vid.* en este Capítulo el punto II.2.3 *in fine* Reglas de conciliación.

A efectos de la reducción obligatoria por pérdidas el CCom contiene una descripción de lo que se considera patrimonio neto que podemos adjetivar como mercantil; pero para calcularlo hay que partir del importe que se califique como tal conforme a los criterios para confeccionar las cuentas anuales (que denominamos patrimonio neto contable) y realizar sobre él los siguientes ajustes: incrementar el importe del capital social suscrito no exigido; incrementar el importe del nominal y de las primas de emisión o asunción del capital social suscrito que esté registrado contablemente como pasivo; y no considerar como patrimonio neto los ajustes por cambios de valor originados en operaciones de cobertura de flujos de efectivo pendientes de imputar a la cuenta de pérdidas y ganancias (art. 36.1.c 2.º párr. CCom). Esta operación la denominamos "conciliación" entre el patrimonio neto contable y el mercantil.

2. Conciliación entre el patrimonio neto contable y el mercantil

2.1. Origen de la conciliación

La Ley 16/2007, de 4 de julio, de reforma y adaptación de la legislación mercantil en materia contable para su armonización internacional con base en la normativa de la Unión Europea, estableció un nuevo sistema contable que supuso una redefinición de las categorías contables, en particular, en lo que se refería al capital social y al patrimonio neto, produciendo una disociación de sus conceptos mercantiles y contables[8]. En el Preámbulo de la Ley 16/2007[9] se declaró que en "aras de mantener la deseable neutralidad de la reforma contable sobre la regulación mercantil", se incluía en el CCom una "regla de conciliación"[10] entre lo que se denomina patrimonio neto contable y el patrimonio neto mercantil, para así "preservar los criterios sobre el mantenimiento e integridad de la cifra del capital social en términos estrictamente jurídico-mercantiles". En el CCom esta regla de conciliación se dispuso espe-

8 La DGRN ha manifestado que "*el predominio de los criterios propiamente contables sobre las exigencias derivadas del régimen jurídico de las sociedades de capital que inspira el nuevo sistema, provoca una desavenencia entre los conceptos que de las distintas masas patrimoniales sustentan ambos bloques normativos, discrepancia que se muestra particularmente visible en las nociones de pasivo y patrimonio neto, cuya sustancia ha dejado de ser coincidente*" (F.D. 3.º RDGRN de 7 de enero de 2015, *Tol4.705.018*, y F.D. 3.º RDGRN de 19 de enero de 2013, *Tol3.024.158*).

9 Preámbulo III 10.º párr. de la Ley 16/2007. *Vid.* también Preámbulo II 8.º párr. de la Resolución ICAC, de 5 de marzo de 2019.

10 Este razonamiento y la expresión "patrimonio neto mercantil" son recogidos en el Preámbulo II párr. 8.º de la Resolución ICAC, de 5 de marzo de 2019.

cíficamente a "los efectos" de tres circunstancias: distribución de beneficios, reducción "obligatoria" del capital, y disolución "obligatoria por pérdidas" (art. 36.1.c CCom)[11]. En la LSC también se recoge una "regla de conciliación" a efectos de las adquisiciones derivativas condicionadas de acciones propias (art. 146.1.b 2.º par LSC)[12]. En relación con el cálculo de patrimonio neto han existido y existen otras normas especiales para determinadas entidades[13] y para periodos de tiempo[14].

2.2. *Ámbito de aplicación de las reglas de conciliación*

El artículo 36.1.c CCom establece reglas del cálculo del patrimonio neto mercantil a los efectos *"de la reducción obligatoria de capital social y de la disolución obligatoria por pérdidas de acuerdo con lo dispuesto en la regulación legal de las sociedades anónimas y las sociedades de responsabilidad limitada"*.

---

11 La enumeración de estas circunstancias fue establecida en el CCom por la Ley 16/2007. El artículo fue reformado por el RD-ley 10/2008, de 12 de diciembre, por el que se adoptan medidas financieras para la mejora de la liquidez de las pequeñas y medianas empresas, y otras medidas económicas complementarias (disp. final 1.ª), incluyendo un nuevo ajuste adicional.

12 Las conciliaciones recogidas en el CCom (art. 36.1.c) y en la LSC (art. 146.1 2.º párr.) tienen elementos comunes y elementos específicos de cada texto legal.

13 La Ley 9/2012, de 14 de noviembre, de reestructuración y resolución de entidades de crédito, dispuso reglas específicas para la Sociedad de Gestión de Activos Procedentes de la Reestructuración Bancaria, S.A. (SAREB), en relación con la contabilidad y valoraciones, dispone que determinados ajustes pendientes de imputar a la cuenta de pérdidas y ganancias no se considerarán patrimonio neto a los efectos de reducción obligatoria por pérdidas (disp. adic. séptima punto 10, modificado por el art. 2 del RD-ley 4/2016, de 2 de diciembre, de medidas urgentes en materia financiera).

14 Así excepcionalmente, durante los ejercicios 2008 a 2014, atendiendo a las consecuencias de la crisis económica, se dispuso que a los solos efectos de la determinación de las pérdidas para la reducción obligatoria de capital (*cfr.* art. 327 LSC), para la disolución por pérdidas graves (*cfr.* art. 363.1.e LSC) y para el cumplimiento del presupuesto objetivo del concurso (*cfr.* art. 2 LC), no se habrían de computar las pérdidas por deterioro reconocidas en las cuentas anuales, derivadas del Inmovilizado Material, las Inversiones Inmobiliarias y las Existencias o de préstamos y partidas a cobrar. *Vid.* disp. final 7.ª Ley 17/2014, de 30 de septiembre; disp. final 7.ª RD-ley 4/2014, de 7 de marzo; disp. final 3.ª RD-ley 3/2013, de 12 de febrero; y disp. adic. Única RD-ley 10/2008, de 12 de diciembre.
En relación con el COVID 19 y la concurrencia de causa de disolución (art. 363.1.e LSC), se ha dispuesto que a los efectos del cálculo del patrimonio neto no se tomarán en consideración las pérdidas de los ejercicios 2020 y 2021 hasta el cierre del ejercicio que se inicie en el 2024 (art. 13.1 Ley 3/2020, de 18 de septiembre, de medidas procesales y organizativas para hacer frente al COVID-19 en el ámbito de la Administración de Justicia, modificado por el art. 3.2 RD-ley 27/2021, de 23 de noviembre y por art. 65 RD-ley 20/2022, de 27 de diciembre).

Esta delimitación plantea diversos interrogantes. El CCom se refiere literalmente a la "reducción obligatoria", no señalando que exclusivamente se está refiriendo a la reducción de carácter obligatorio por pérdidas, por ello cabría plantearse si además de ésta pudiera abarcar a otras reducciones necesarias contempladas en la LSC[15]. Entendemos que solo comprende las reducciones que tengan por finalidad el restablecimiento del equilibrio entre el capital y el patrimonio neto de la sociedad disminuido por consecuencia de pérdidas: 1.º) porque la LSC sólo utiliza el término "obligatorio" para referirse a la reducción por pérdidas (art. 327 LSC); 2.º) porque el CCom aplica esta conciliación para otra operación con semejanzas, como es la "disolución obligatoria por pérdidas"; y 3.º) porque se podría sostener que la expresión "por pérdidas" abarca no sólo a la disolución, sino también a la reducción.

El CCom en relación con los cálculos del patrimonio neto mercantil sólo se refiere a la reducción que es "obligatoria" y la LSC, a su vez, sólo contempla el "carácter obligatorio" para la sociedad anónima, por ello también hay que plantearse si estas reglas son aplicables a la reducción del capital voluntaria por pérdidas de una sociedad anónima y a las reducciones por pérdidas de una sociedad de responsabilidad limitada. La reducción voluntaria por pérdidas en una sociedad anónima se puede acordar cuando existiendo un desequilibrio patrimonial, no concurren las dos circunstancias dispuestas en la Ley para que tenga carácter obligatorio (art. 327 LSC). La reducción por pérdidas en la sociedad de responsabilidad limitada se puede acordar cuando existe un desequilibrio patrimonial. Esta cuestión se plantea para ambos tipos societarios siempre que el desequilibrio no diera lugar a que la sociedad estuviera incursa en causa de disolución por pérdidas (art. 363.1.e LSC); pues en ese caso, se aplicaría su régimen específico, y en concreto tanto para la sociedad anónima como para la sociedad de responsabilidad limitada sería la normativa prevista para el cálculo del desequilibrio patrimonial mediante las reglas de conciliación del CCom (art. 36.1.c CCom), que es la misma que la de la "reducción obligatoria".

15 La reducción del capital no siempre surge de forma totalmente voluntaria. Ante determinadas circunstancias la Ley obliga a que se lleven a cabo las llamadas reducciones obligatorias o necesarias, como son los supuestos de mora (art. 84.2. 2.º párr. LSC); de adquisición de participaciones y acciones propias (arts. 139.2 y 3, 141.2, 145.2 y 147 LSC). También se han calificado como tales las derivadas de los derechos de separación y exclusión si bien, en estos casos no es como "consecuencia del cumplimiento de una ley" sino como consecuencia de los efectos de un acuerdo societario en que cabría optar por otra alternativa (adquisición por la sociedad), y además no es necesario acuerdo específico de reducción del capital (art. 358.1 LSC).

La DGSJFP / DGRN parece sostener que las normas relativas "al ajuste entre nociones contables y societarias" sólo se refieren a la reducción obligatoria de capital de la sociedad anónima[16]. El ICAC a estos efectos sólo se ha referido a los ajustes para la reducción obligatoria[17].

El admitir diferentes criterios para el cálculo del patrimonio neto en función de la cuantía del desequilibrio, o incluso entre los tipos de sociedades de capital, no tiene suficientemente fundamento. La introducción en el CCom del sistema de ajustes para el cálculo del patrimonio neto (art. 36.1.c 2.º párr. CCom) a efectos de las normas societarias, se hace con el propósito de que la reforma contable llevada a cabo fuese "neutral", por ello ese sistema ha de ser de aplicación a todos los supuestos de reducciones del capital por pérdidas de todas las sociedades de capital, sean voluntarias, de carácter obligatorio, o relativas a la disolución por pérdidas. No tiene sentido utilizar diversos criterios de cálculo, que darían lugar a incoherencias entre los distintos tipos de sociedades de capital y entre diferentes niveles de desequilibrio patrimonial, pudiendo producir incluso solapamientos. Históricamente tanto la normativa como la doctrina mercantil[18], así como otras

16 En la RDGRN de 7 de enero de 2015 (*Tol4.705.018*), se sostiene que "*en lo concerniente de manera específica a la operación de reducción de capital por pérdidas, el condicionamiento de índole contable que afecta a la cuestión debatida es el recogido en el artículo 322.1 TRLSC*", y "*en este caso la norma* (art. 322.1 LSC dirigido a las sociedades de responsabilidad limitada) *no incluye ninguna mención dirigida al ajuste entre nociones contables y societarias*" (F.D. 3 4.º párr.). *Vid.* comentario crítico en ESPÍN, C., "El cálculo del patrimonio neto a efectos de la reducción del capital por pérdidas (Comentario a la Resolución de la Dirección General de los Registros y del Notariado de 7 de enero de 2015)", *RDM,* núm. 297, 2015, págs. 532-535.

17 La Resolución ICAC, de 5 de marzo de 2019 solo se refiere a los efectos de determinar si concurren las causas de reducción "obligatoria" del capital social (o de "disolución obligatoria") por pérdidas reguladas en la LSC (arts. 3.1 3er párr. y 37 Resolución ICAC, de 5 de marzo de 2019).

18 En relación con el art. 99 Ley de 17 de julio 1951 sobre régimen jurídico de las sociedades anónimas, *vid.* GARRIGUES, A., en GARRIGUES, J. / URIA, R., "Artículo 99", *Comentario a la Ley de Sociedades Anónimas*, T. II, 3.ª ed., Madrid 1976, págs. 346 a 350 y PÉREZ DE LA CRUZ, A., *La reducción del capital en sociedades anónimas y de responsabilidad limitada,* Zaragoza, 1973, pág. 205.
En relación con el art. 163 TRLSA (RD Leg. 1564/1989, de 22 de diciembre) *vid.* PÉREZ DE LA CRUZ, A., *La reducción del capital (Artículos 163 a 170 LSA)*, T. VII Modificación de estatutos en la sociedad anónima. Aumento y reducción del capital, vol. 3.º, de *Comentario al Régimen Legal de las Sociedades Mercantiles*, dirigido por Uría / Menéndez / Olivencia, Civitas, Madrid, 1995, págs. 35, 36 y 155.
En relación con los arts. 317 y 327 LSC *vid.* ESPÍN, C., "Artículo 317" y "Artículo 327", en AA.VV., *Comentario de la Ley de Sociedades de Capital*, dirs. ROJO-BELTRÁN, T. II, Civitas, Madrid, 2011, págs. 2343-2350 y 2377-2380, respectivamente.

resoluciones contables[19] no han contemplado la utilización de diferentes criterios para calcular el patrimonio neto para cada uno de estos supuestos.

2.3. Reglas de conciliación

El CCom dispone que para alcanzar el patrimonio neto mercantil, se ha de partir del importe que se considere como patrimonio neto "conforme a los criterios para confeccionar las cuentas anuales" (art. 36.1.c 2.º párr. CCom); es decir, partir del patrimonio neto que adjetivamos como contable, siguiendo los "criterios" establecidos en el PGC.

De acuerdo con el PGC la agrupación "A Patrimonio Neto", está compuesta por las siguientes subagrupaciones: "A-1 Fondos Propios", "A-2 Ajustes por cambios de valor" y "A-3 Subvenciones, donaciones y legados recibidos". Dentro de la subagrupación "A-1 Fondos Propios", el primer epígrafe es "A-1.I Capital" que se desglosa en los subepígrafes "A-1.I.1 Capital escriturado" y "A-1.I.2 (Capital no exigido)", que tiene signo negativo.

Al importe del "A Patrimonio Neto" (contable) se le harán los siguientes ajustes para alcanzar el patrimonio neto mercantil (art. 36.1.c 2.º párr. CCom): a) incrementar el importe del "A-1.I.2 (Capital no exigido)" que en el balance se refleja con signo negativo; b) incrementar el importe del nominal y de las primas de emisión o asunción del capital social suscrito que esté registrado contablemente como pasivo[20] (como ocurre parcialmente con ciertas acciones o participaciones con privilegios que otorgan al socio un derecho incondicional a recibir flujos de efectivo o equivalentes, acciones y participaciones sin voto, ciertas acciones rescatables y determinados casos en que exista derecho de separación); y c) no considerar como patrimonio neto mercantil "los ajustes por cambios de valor originados en operaciones de cobertura de flujos de efectivo pendientes de imputar a la cuenta de pérdi-

19 Estando en vigor el PGC de 1990 (RD 1643/1990, de 20 de diciembre), la Resolución ICAC, de 20 de diciembre de 1996, por la que se fijan criterios generales para determinar el concepto de patrimonio contable a efectos de reducción del capital y disolución de sociedades regulados en la legislación mercantil, no se hizo ninguna diferencia para el cálculo del patrimonio neto entre los supuestos de la reducción del capital voluntaria u obligatoria por pérdidas y los que motivan causa de disolución (arts. 163 y 260 TRLSA y arts. 79 y 104 LSRL).

20 Sobre la clasificación contable de instrumentos financieros como de patrimonio, de pasivo, o compuestos, *vid.* en esta obra el Capítulo XI "La reducción del capital social: definición, modalidades y régimen general" de C. ESPÍN, el punto II.2. El capital social desde la perspectiva contable.

das y ganancias"[21], por tanto, a estos efectos habrá que eliminarlos, teniendo en cuenta el signo que les corresponda. También hay que tener en cuenta que existen instrumentos financieros que presentándose en el pasivo del balance por cumplir la definición de instrumentos financieros de pasivo[22], se han de considerar patrimonio neto mercantil, a los efectos de reducción del capital; tal es el caso de los préstamos participativos[23].

La constatación contable de una pérdida no supone una situación de desequilibrio entre el capital y el patrimonio neto, mientras existan otras partidas del patrimonio neto distintas del capital suficientes para contrapesar el importe de la pérdida; pues para la reducción del capital por pérdidas es premisa básica la situación de desequilibrio entre el capital y el patrimonio neto. El que la LSC recoja como "requisito" la ausencia o limitación de reservas (art. 322), no implica el que necesariamente se produzca un desequilibrio entre el capital y el patrimonio neto; pues pueden existir otros elementos del patrimonio neto contable que no se han de deducir a estos efectos[24], como son las subvenciones (subagrupación "A-3 Subvenciones, donaciones y legados recibidos")[25] y, en su

21 Este ajuste fue añadido al CCom por la disp. final 1 del RD-ley núm. 10/2008, de 12 de diciembre, por el que se adoptan medidas financieras para la mejora de la liquidez de las pequeñas y medianas empresas y otras medidas económicas complementarias.
En el balance aparece recogido en "A-2 Ajustes por cambios de valor", "II Operaciones de cobertura", cuenta 1340 Cobertura de flujos de efectivo. La cobertura de los flujos de efectivo cubre la exposición a la variación de los flujos de efectivo que se atribuya a un riesgo concreto asociado a activos o pasivos reconocidos o a una transacción prevista altamente probable, y que pueda afectar a la cuenta de pérdidas y ganancias (PGC, Parte Segunda, Normas de registro y valoración, 9.ª Instrumentos financieros, 6.4 Tipos de cobertura y registro contable, b. *Vid.* también art. 36.1.c último párr. CCom y art. 3.1 1er párr. Resolución ICAC, de 5 de marzo de 2019).

22 *Vid.* art. 3.3 Resolución ICAC, de 5 de marzo de 2019 y PGC, Parte Segunda, Normas de registro y valoración, 9.ª Instrumentos financieros, 4.º párr. b.

23 Art. 20.Uno RD-ley 7/1996, de 7 de junio, sobre medidas urgentes de carácter fiscal y de fomento y liberalización de la actividad económica y art. 3.1 3er párr. Resolución ICAC, de 5 de marzo de 2019.
El RD-ley 7/1996, señala como una de las características de los préstamos participativos, el que a los efectos de reducción del capital y liquidación se consideren como patrimonio neto, sin distinguir entre reducción obligatoria o no (art. 20.Uno.d). En cambio, la Resolución ICAC, de 5 de marzo de 2019 sólo se refiere a la "reducción obligatoria" (3.1 1er párr.).

24 BESTEIRO, M.A., *Contabilidad de Sociedades*, Pirámide, Madrid, 2012, págs. 51 y ss.

25 La DGSJFP / DGRN en relación a las subvenciones en una sociedad de responsabilidad limitada ha considerado que solo ha de tenerse en cuenta lo dispuesto en "*el artículo 322.1 de la Ley de Sociedades de Capital, según el cual «en las sociedades de responsabilidad limitada no se podrá reducir el capital por pérdidas en tanto la sociedad cuente con cualquier clase de reservas»*" y "*no incluye ninguna mención dirigida al ajuste entre nociones contables y societarias*" (F.D. 3 4.º párr. RDGRN de 7 de enero de 2015, *Tol4.705.018*). Concluyendo que "*así las cosas, no cabe equiparar la partida de «subvenciones, donaciones y legados» con una*

caso, lo que corresponda de los "A-2 Ajustes por cambios de valor" (art. 31.1.c CCom)[26].

3. Consideraciones sobre los criterios de valoración

Cuando la sociedad se encuentra en una situación de desequilibrio patrimonial significativo (reducción de carácter obligatorio, art. 327 y disolución por pérdidas, art. 363.1.e LSC) debe al menos cuestionarse si a efectos de valoración ha de seguir utilizándose el principio contable de empresa en funcionamiento o si debería aplicarse el criterio de empresa en liquidación. El auditor deberá ponderar los diversos factores que concurran en cada caso para adoptar uno de estos dos criterios valorativos[27] (arts. 5.1.e 5.º párr. y 13.2.a LAC).

En relación con la reducción por desequilibrio patrimonial hay que partir del importe de lo que se considera patrimonio neto "conforme a los criterios para confeccionar las cuentas anuales" (art. 36.1.c 2.º párr. CCom), pero hay que admitir que entre la representación contable de la "imagen fiel" y los resultados que se obtienen con la aplicación de diferentes métodos de valoración, adecuados para alcanzar valoraciones de la sociedad (el valor del activo neto real, el valor de capitalización de resultados, el valor actual de flujos monetarios...), pueden existir diferencias significativas, por lo que en determinadas circunstancias excepcionales podría ser necesario introducir otros criterios de valoración[28] a los puramente contables. Una parte significativa

correspondiente a reservas a efectos de impedir la reducción de capital por pérdidas" (F.D. 3 10.º párr. RDGRN de 7 de enero de 2015, *Tol4.705.018*). *Vid.* en este Capítulo nota a pie de página núm. 16.

26 La subagrupación "A-2 Ajustes por cambio de valor" está compuesta por tres epígrafes: "I. Activos financieros a valor razonable con cambios en el patrimonio neto" (cuenta 133) "II. Operaciones de cobertura" (cuenta 1340) y "III. Otros" (cuenta 137). Ya hemos señalado anteriormente que de acuerdo con el CCom (art. 31.1.c) no se considera patrimonio neto los ajustes por cambios de valor asignados en operaciones de cobertura de flujos de efectivo pendientes de imputar a la cuenta de pérdidas y ganancias (*vid.* en este Capítulo nota a pie de página núm. 21).

27 La Resolución del ICAC, de 18 de octubre de 2013 abordó el análisis del marco de información financiera cuando no resulte adecuada la aplicación del principio de empresa en funcionamiento. *Vid.* también PGC, Parte Primera Marco conceptual de la Contabilidad, 3.º Principios contables,1.

28 A estos efectos es de gran importancia la discutida RDGRN de 23 de noviembre de 1992 (*Tol273.928*) en la que se señala *"que el hecho de que la estricta observancia de la normativa contable arroje una determinada imagen de la situación patrimonial de la sociedad, no significa que ésta sea la que efectivamente le corresponda, ni la que deba prevalecer a todos los efectos; antes al contrario, el legislador no sólo reconoce esa posible discrepancia, sino que*

de la doctrina rechaza esta manifestación[29]. La DGRN ha prestado atención a la compleja cuestión de las valoraciones en el balance, ya al apreciar la circunstancia de que un bien estuviese manifiestamente infravalorado[30] o ya al negar la toma en consideración de expectativas de beneficios[31]. El CCom y el PGC dispone que en casos excepcionales si la aplicación de una disposición legal en materia de contabilidad fuese incompatible con la imagen fiel que deben proporcionar las cuentas anuales tal disposición no será de aplicación, debiendo señalarse en la memoria esta falta de aplicación, motivándose y explicando su influencia sobre el patrimonio[32].

---

arbitra los mecanismos adecuados para que la imagen fiel de la situación patrimonial se refleje debidamente en los documentos contables, ya mediante el obligado suministro de informaciones complementarias que justifiquen la discrepancia, ya, incluso, mediante la no aplicación de la norma contable distorsionadora (vid. art. 34 CCom)" (F.D. 2.a).

29 *Vid.* por todos VICENT CHULIA, F. *Introducción al Derecho Mercantil,* Vol. 1, 24.ª Ed., Tirant lo Blanch, Valencia, 2022, pág. 1461.

30 La RDGRN, de 23 de noviembre de 1992 (*Tol273.928*), confirmó la denegación de la inscripción de una operación de reducción del capital con la finalidad de restablecer el equilibrio entre el capital y el patrimonio neto disminuido por pérdidas y aumento del capital simultáneos, por no responder a su verdadera situación patrimonial. Los resultados negativos constaban en el balance, pero el auditor afirmó que no había podido verificar la valoración de un bien. En la documentación aportada al Registro se incluyó un certificado del propio auditor del que resultaba que, si se ajustaba el balance según el valor tasado de ese bien, el neto patrimonial excedía en casi al triple del capital social (F.D. 1).

31 La RDGRN, de 14 de marzo de 2005 (*Tol610.019*), trata de una operación de reducción del capital por pérdidas y aumento del capital simultáneos en la que se presenta un informe de auditor que concluye señalando que las cuentas reflejan la imagen fiel del patrimonio y de la situación financiera de la sociedad. La cuestión surge en torno a si en el balance deben incluirse beneficios eventuales que, de materializarse, generarían la obtención de unos ingresos que, al contabilizarse, podrían excluir la situación de desequilibrio patrimonial que se pretende corregir con la reducción del capital. El origen del punto debatido está en la existencia de un procedimiento contencioso-administrativo seguido por la sociedad contra el justiprecio fijado a una finca expropiada, en el que el TSJ fijó un justiprecio muy superior y cuya sentencia fue recurrida por la Administración. La Resolución concluye que *"el principio de prudencia que en materia de contabilidad imponen el artículo 38.1.c) del CCom. y el PGC aprobado por RD 1643/1990, de 20 de diciembre, no permite tal interpretación"*. Conforme a tal principio *"los beneficios eventuales o posibles no pueden serlo pues tan sólo cabe contabilizar los realizados. Y siendo así, tal eventualidad de obtención de beneficios no puede afectar a la corrección del balance, que es el instrumento que ha de servir de base para una posible reducción del capital social por pérdidas, ni obliga a demorar la adopción de medidas correctoras (cfr. artículos 163.1 y 260.1.4.° de la LSA) pudiendo, por el contrario, dar lugar a la responsabilidad de los administradores que ante tal situación actual no hayan promovido la adopción de las mismas"* (F.D. 6.º). *Vid.* ESPÍN, C., "La verificación contable en la operación de reducción del capital por pérdidas y aumento del capital simultáneos. Comentario a la RDGRN de 2 de marzo de 2011", *RdS,* núm. 38, Pamplona, 2012, pág. 400.

32 Art. 34.4 CCom y PGC, Parte Primera Marco Conceptual de Contabilidad, 1.º Cuentas anuales. Imagen fiel, 5.º párr.

La sociedad puede carecer de patrimonio neto contable y sin embargo tener un valor económico real, debido a que los principios que rigen la contabilidad no son siempre coincidentes con los propios de una valoración "razonable". Así la propia Ley para valorar las participaciones sociales y las acciones de los socios que se separan o son excluidos, se refiere al "valor razonable"[33] (art. 353 LSC). A estos efectos de valoración hay que tener presente que, si una vez efectuada la reducción existen plusvalías latentes, éstas posteriormente pueden ser realizadas y distribuidas mediante dividendos[34] entre los socios existentes en ese momento, con ciertas limitaciones[35].

En los supuestos de reducción del capital a cero, este tipo de consideraciones y reflexiones adquieren mayor relevancia, pues el socio queda excluido totalmente de la sociedad si no ejercita su derecho de suscripción preferente, y el mecanismo compensador de la venta de derechos de suscripción no siempre es operativo[36].

4. Las reservas en la reducción por pérdidas

La LSC bajo el epígrafe de "Presupuesto de la reducción del capital" (art. 322 LSC), referido a la finalidad de compensar pérdidas, dispone que: a) en las sociedades de responsabilidad limitada no se podrá reducir el capital por pérdidas en tanto la sociedad cuente con cualquier clase de reservas (art. 322.1 LSC), y b) en las sociedades anónimas no se podrá reducir el capital por pérdidas en tanto la sociedad cuente con cualquier clase de "reservas voluntarias" o cuando la reserva legal, una vez efectuada la reducción, exceda del diez por ciento del capital (art. 322.2 LSC). Como cuestión previa hay

33 El PGC define el valor razonable de un activo como *"el precio que se recibiría por la venta de un activo o se pagaría para transferir o cancelar un pasivo mediante una transacción ordenada entre participantes en el mercado en la fecha de valoración"* (PGC, Parte Primera Marco Conceptual de Contabilidad, 6.º Criterios de valoración, 2 Valor razonable).

34 La Ley en el caso de reparto de dividendos (art. 273.2 LSC) no establece unos derechos de tutela de los acreedores equivalentes a los previstos para las reducciones para la devolución de las aportaciones.

35 Una vez que se reduce el capital por pérdidas, el legislador impone una cierta cautela: la limitación de que para repartir dividendos sea preciso que la reserva legal alcance el diez por ciento del nuevo capital (art. 326 LSC).

36 La STS núm. 1171/2007, de 9 de noviembre (*Tol1.221.243*) llamaba la atención sobre la posible *"gravedad de la operación, en cuanto que los antiguos accionistas quedan absolutamente fuera de la sociedad por efecto de los acuerdos, lo que, en abstracto, permite la utilización de este tipo de operaciones para la finalidad de que el grupo de control se desprenda de una minoría molesta o sencillamente mal avenida, como apunta la Sentencia de 25 de noviembre de 1985"* (F.D. Segundo).

que llamar la atención sobre la imprecisión legal a la hora de mencionar las reservas[37].

En la sociedad de responsabilidad limitada no se podrá reducir el capital por pérdidas en tanto cuente con cualquier clase de reservas; por tanto, el importe máximo de la reducción será el importe del desequilibrio entre el capital y el patrimonio neto.

En las sociedades anónimas no se podrá reducir el capital por pérdidas en tanto la sociedad cuente con cualquier clase de "reservas voluntarias"[38] o cuando la reserva legal, una vez efectuada la reducción, exceda del diez por ciento del capital (art. 322.2 LSC); por tanto, en la sociedad anónima el importe máximo de la reducción será el del desequilibrio patrimonial más la reserva legal por un importe que represente hasta el diez por ciento del capital una vez efectuada la reducción[39], bien porque este importe de la reserva legal no se haya utilizado para compensar las pérdidas (art. 322 LSC), o bien porque se haya dotado con "el excedente del activo sobre el pasivo" (325 LSC). El permitir que las sociedades anónimas puedan llegar a eliminar su desequilibrio a cuenta del capital social y a su vez conservar un importe en la reserva legal (que no podrá exceder del diez por ciento del capital una vez reducido), significa que en ese caso el patrimonio neto resultante sería superior en ese importe a la cifra del capital social, y que, por tanto, la disminución de la cifra del capital habría excedido del objetivo de restablecer el equilibrio patrimonial, habiendo dotado con lo que la Ley denomina "excedente del activo sobre el pasivo" a la reserva legal (art. 325 LSC), con su restringido régimen de disposición (art. 274.2 LSC). Más adelante se dará una explicación de este conjunto de preceptos[40].

37 La terminología que se utiliza en la LSC en relación con las reservas es imprecisa e inconstante. El estatuto de las reservas debe quedar definido por su régimen de constitución (legales, estatutarias o voluntarias), por su régimen de disponibilidad (distribuibles entre los socios, transformables en otras reservas o en capital y compensables con pérdidas) y por su régimen de preferencia a efecto de compensación de pérdidas.

38 Cuando la Ley se refiere a "las reservas voluntarias" en el art. 322 LSC, hay que entender que se refiere a todas las reservas de libre disposición en sentido amplio excluyendo la "reserva legal" en sentido estricto (art. 274 LSC). La DGRN considera que la referencia a cualquier clase de "reservas voluntarias" debe ser entendida "*en su acepción amplia de cualquier partida del pasivo distinta del capital social pero representativa de recursos propios, y por ende, abarca inequívocamente las primas de emisión*" (RDGRN de 31 de agosto de 1993, *Tol273.955*).

39 La construcción normativa que se establece para la sociedad anónima puede considerarse técnica y sobre todo sistemáticamente confusa.

40 *Vid.* en este Capítulo el punto IV.2 "Excedente del activo sobre el pasivo" en las sociedades anónimas.

Tanto en el caso de que la reducción del capital por pérdidas sea voluntaria como si es obligatoria, es necesario que previamente se apliquen las reservas para compensar pérdidas, con la excepción limitada en las sociedades anónimas que acabamos de mencionar. Existe un orden de prelación para la aplicación de las reservas para compensar las pérdidas[41], dejando aparte la cuestionabilidad para alguna reserva que tiene fines específicos[42].

III. PRESUPUESTO FORMAL: BALANCE, VERIFICADO Y APROBADO

1. Significado y razón del requisito formal

La premisa material básica de la reducción del capital social que tiene por finalidad el restablecimiento del equilibrio entre el capital y el patrimonio neto es la existencia del desequilibrio (art. 317.1 LSC). Para llevar a cabo esta operación de reducción es necesaria la ausencia de reservas, si bien para la sociedad anónima la Ley permite una limitada excepción, con el fin de facilitar la opera-

41 BESTEIRO, M.A., señala el siguiente orden de prelación para la aplicación de las reservas antes de reducir capital de más disponible a menos disponible: reserva voluntaria, prima de emisión, reservas estatutarias (en estas reservas habría que matizar la disponibilidad o indisponibilidad que establezcan los estatutos), las reservas especiales (reserva para acciones de la sociedad dominante, reserva por capital amortizado, reserva por fondo de comercio, reserva para acciones propias aceptadas en garantía) y, por último, reserva legal (*Contabilidad de Sociedades*, *ob. cit.*, pág. 201).
De forma semejante VALPUESTA, E.M., propone que primero se amorticen las reservas voluntarias ordinarias no vinculadas a un fin concreto, después las voluntarias especiales constituidas para un fin concreto, a continuación, las reservas legales especiales con destinos específicos (arts. 141.1, 142, 148, 149.2, 150.3.2, 153, 273.4, 335.c y 501.2 LSC) y, por último, la legal del art. 274.2 LSC (*Comentarios a la Ley de Sociedades de Capital*, 3.ª Ed., Bosch, Barcelona, 2018, págs. 859-860).

42 ORELLANA, N.A., señala que suscita dudas si "*las reservas legales con fines específicos, o algunas de ellas, han de ser también amortizadas con carácter previo a la reducción de capital por pérdidas*", cuestión que se plantea más en la sociedad anónima al referirse a las reservas voluntarias y a la reserva legal. Considera muy cuestionable que pueda disponerse en la sociedad de responsabilidad limitada de la reserva por capital amortizado acordada por la junta (art. 332.1 LSC) que es indisponible hasta que transcurran cinco años, "*salvo que antes del vencimiento de dicho plazo hubieren sido satisfechas todas las deudas sociales contraídas con anterioridad a la fecha en que la reducción fuera oponible a terceros*". Señala que debe tenerse en cuenta que esa reserva de la sociedad de responsabilidad limitada "*difiere de la similar prevista para sociedad anónima en el art. 335.c LSC, porque para ésta se prevé expresamente que sólo será posible disponer de ella con los mismos requisitos exigidos para la reducción del capital social*" ("Artículo 322", en AA.VV., *Comentarios de la Ley de Sociedades de Capital*, Las cuentas anuales. La modificación de los estatutos sociales, dirs. J.A. García-Cruces / I. Sancho, T. IV (Artículos 253-345), Tirant lo Blanch, Valencia, 2022, págs. 4392-4393).

ción. Ante las características de estas circunstancias, la Ley dispone como requisito formal de esta reducción que tenga como base un balance que cumpla con los requisitos siguientes: 1.º) que esté referido a una fecha comprendida dentro de los seis meses inmediatamente anteriores al acuerdo; 2.º) que esté verificado por el auditor de cuentas de la sociedad o por el auditor nombrado al efecto por los administradores, cuando la sociedad no estuviese obligada a verificar sus cuentas anuales; y 3.º) que esté aprobado por la junta general (art. 323 LSC). Este balance sirve como elemento de garantía de la existencia del requisito material. El balance pondrá de manifiesto ese desequilibrio patrimonial y en concreto reflejará los importes del patrimonio neto, del capital social, de la reserva legal, de otras reservas, de las pérdidas y de aquellos datos que sean necesarios para las conciliaciones de los conceptos contables y mercantiles. El requerimiento de este documento contable se basa en la propia naturaleza de la reducción del capital para restablecer el equilibrio patrimonial[43].

2. Balance referido a una fecha

El "balance que sirve de base a la operación de reducción" debe referirse a una fecha comprendida dentro de los seis meses anteriores al acuerdo (art. 323 LSC).

La fecha a la que, según la Ley, debe "referirse" el balance es la fecha de cierre del mismo, no la de formulación por los administradores, ni la de aprobación del balance por la junta. Esa fecha de cierre debe estar comprendida dentro de los seis meses inmediatamente anteriores a la fecha de la junta general que aprueba el acuerdo de reducción[44].

El balance no necesariamente debe ser el balance de las cuentas anuales, sino que puede ser otro cualquiera, correspondiente a una fecha distinta[45], comprendida dentro del periodo señalado.

43 Las modalidades de reducción para las que la Ley exige el requisito del balance (reducción por pérdidas y reducción para dotar la reserva legal) quedan excluidas del régimen de tutela de los intereses de los acreedores; pero la exigencia del balance no es la causa que permite la exclusión de la tutela de acreedor, pues la exclusión de esta exigencia se deriva de la no disminución de los "fondos propios de disponibilidad restringida" (sobre los "fondos propios de disponibilidad restringida" *vid.* en esta obra el Capítulo XI "La reducción del capital social: definición, modalidades y régimen general" de C. ESPÍN, el punto III.2.2 Clasificación binaria de las "finalidades").

44 La llevanza de la contabilidad en precisión y premura ha mejorado en las últimas décadas de forma importantísima gracias a las nuevas tecnologías, parece lógico que los plazos legales se vayan acortando, dado que en ocasiones como ésta pueden dar lugar a retrasos perjudiciales.

45 RDGRN de 31 de marzo de 1993 (*Tol274.023*).

3. Verificación auditora

3.1. *Fundamento de la exigencia de verificación*

La razón por la que la LSC establece en la reducción del capital por pérdidas el requisito de "la previa verificación" por auditor del balance es consecuencia de su presupuesto material: el desequilibrio patrimonial. Cuando la reducción es para compensar pérdidas debe existir un desequilibrio entre el capital y el patrimonio neto, cuya constancia debe basarse en el balance, y para reforzar la acreditación de esa situación debe haber una verificación por el auditor.

3.2. *Requisitos de la verificación auditora*

El balance tiene que ser verificado por auditor de cuentas. Si la sociedad está obligada a someter las cuentas anuales a auditoría, el auditor designado para esa labor será el que deberá llevar a cabo la verificación. Si la sociedad no está obligada a someter las cuentas anuales a auditoría, el auditor será nombrado por los administradores de la sociedad (art. 323 LSC). Si a petición de los socios el registrador hubiese nombrado un auditor para verificar el balance de fin de ejercicio (art. 265.2 LSC), los administradores no podrán nombrar un auditor distinto para auditar ese balance a estos efectos[46].

El trabajo del auditor consistirá en la realización de una auditoría de cuentas[47]. La verificación del auditor será en base al balance de las cuentas anuales (art. 263 LSC) o al balance cerrado en otra fecha; por tanto, hay que distinguir diferentes actuaciones en función de si el balance es de las cuentas anuales y de si se ha designado auditor con anterioridad.

Si para llevar a cabo la reducción del capital se utiliza el balance de las cuentas anuales y ya se ha designado auditor, no se requerirá la emisión de un informe adicional, pero la sociedad podría solicitar al auditor el acompañamiento del informe de auditoría de las cuentas anuales con un informe es-

46 A pesar de la literalidad del art. 323 LSC, *vid.* RDGRN de 31 de marzo de 1993 (*Tol274.023*) y STS de 1 de julio de 1996 (*Tol5.152.874*).

47 Por auditoría de cuentas se entiende: a) la actividad consistente en la revisión y verificación de las cuentas anuales, y b) la de otros estados financieros o documentos contables, elaborados con arreglo al marco normativo de información financiera, que tenga por objeto la emisión de un informe sobre la fiabilidad de esos documentos, que pueda tener efectos frente a terceros (art. 1.2 LAC).

pecial preparado para tal efecto, que deberá ser coherente con el informe de las cuentas anuales.

Si el balance no es el de las cuentas anuales, pero la sociedad tiene designado auditor para las cuentas anuales, éste procederá a efectuar una nueva auditoría referida a ese balance, que incluirá el saldo de la cuenta de pérdidas y ganancias a esa fecha, y a las notas correspondientes de la memoria[48].

Cuando la sociedad no tenga designado auditor para sus cuentas anuales, el auditor que se designe llevará a cabo una auditoría sobre el balance, bien el de las cuentas anuales o bien el referido a otra fecha de cierre, y sobre las notas de la memoria que correspondan.

3.3. *Trascendencia del contenido del informe de auditoría*

La exigencia en una operación de reducción del capital por pérdidas de un balance verificado por auditor no puede ser considerada "como un trámite formal o una actividad material de verificación contable independiente de su resultado, sino destinada a un fin específico"[49]: la acreditación de la situación de desequilibrio patrimonial. Por tanto, el informe de auditoría debe acreditar esa situación[50]. Por ello, habrá que atender al tipo de opinión técnica conte-

48 *Vid.* respuesta del ICAC a Consulta núm. 1, BOICAC núm. 4, de enero 1991.

49 F.D. 2 2.º párr. RDGRN de 18 de enero de 1999 (*Tol132.808*).

50 La DGRN ha destacado la trascendencia y el valor de la "opinión técnica" dentro del informe de auditoría, pues la exigencia del informe no es un puro requisito formal con independencia de su contenido, sino que es una exigencia legal destinada a acreditar la existencia del desequilibrio patrimonial, por lo que un informe con "opinión denegada" o "desfavorable" supone la ausencia de cumplimiento del requisito de balance verificado. La RDGRN de 18 de enero de 1999 (*Tol132.808*) manifiesta que la exclusión del derecho de oposición de los acreedores debe estar condicionado por el hecho de acreditarse la realidad de los presupuestos legales en que se basa, que en el caso de pérdidas patrimoniales se traduce en la necesidad de que se pongan de manifiesto en un balance aprobado por la junta general, previa su verificación por auditores de cuentas (*cfr.* art. 168.2 LSA). Por tanto, se trata "*de que el balance aprobado por la junta general cuente con el respaldo de un informe técnico, emitido en forma legal, acreditativo de que las cuentas presentadas reflejan la auténtica situación patrimonial de la sociedad*" (F.D. 2 1er párr.). Este requisito no se consideró cumplido ante la existencia de numerosas e importantes limitaciones al alcance de la auditoría, puestas de manifiesto a lo largo de once salvedades que llevaban a la conclusión de que "*no podemos expresar una opinión sobre las cuentas anuales*", "*no puede entenderse que exista un balance verificado a los efectos de justificar la aplicación del régimen especial previsto para las reducciones de capital como consecuencia de pérdidas, pues tal exigencia legal no puede entenderse, según pretende el recurrente, como un trámite formal o una actividad material de verificación contable independiente de su resultado, sino destinada a un fin específico, la acreditación del desequilibrio patrimonial a corregir cuya existencia en este caso no justifica*" (F.D. 2 2.º párr.).

nido en el informe de auditoría; que puede ser: favorable, con salvedades, desfavorable o denegada (art. 5.1.e LAC y arts. 9 y 10 RAC)[51].

El requisito de verificación no se puede considerar cumplido cuando la opinión técnica es desfavorable, que significa que las cuentas no expresan la imagen fiel; tampoco cuando la opinión es denegada, que implica que el auditor no ha podido formarse opinión por las importantes y significativas limitaciones al alcance de su trabajo y por las incertidumbres existentes. Cuando la opinión es con salvedades supone que existen circunstancias significativas que merecen constar en la opinión, pero que no impiden reflejar la imagen fiel o formarse una opinión, por lo que en principio no puede entenderse automáticamente que incumple el requisito exigido por la Ley, habrá que valorarlas adecuadamente, teniendo en cuenta los fines de la reducción del capital por pérdidas[52].

Con el fin de tener una mayor garantía en el cumplimiento de este requisito del balance verificado, se somete al control notarial y registral. La escritura pública de una reducción del capital por pérdidas debe expresar que la reducción se ha realizado en base a un balance verificado, indicando el nombre del auditor y la fecha de la verificación; y debe incorporarse a ella el balance y el informe de auditoría. Asimismo, en la inscripción registral se hará constar el

Esta cuestión fue abordada por la STS núm. 1171/2007, de 9 de noviembre (*Tol1.221.243*) en relación con una operación de reducción del capital por pérdidas a cero y aumento del capital simultáneos en la que se analiza el contenido del informe de auditoría, en concreto el contenido de la opinión técnica. La STS declaró que el balance aprobado por la junta general debe contar con el respaldo de un informe técnico, emitido en forma legal, acreditativo de que las cuentas presentadas reflejan la auténtica situación patrimonial de la sociedad. Requisito que en este caso no podía considerarse cumplido ante la existencia de numerosas e importantes limitaciones al alcance de la auditoría, puestas de manifiesto a lo largo de múltiples salvedades que llevaron a los auditores a la conclusión de que no podían *"expresar una opinión sobre las cuentas anuales"*. Por todo ello, se concluye que *"no puede reconocerse la validez de un proceso de reducción encaminado a restablecer el equilibrio entre capital y patrimonio, dadas las peculiaridades jurídicas del supuesto, si no viene respaldado por la acreditación de la verdadera situación patrimonial de la sociedad"*, y que por ello *"puede decirse que no existe un balance verificado, por lo que la operación llevada a efecto está viciada de nulidad"* (F.D. Segundo último párr.).

51 En la opinión técnica, además se han de indicar las posibles incertidumbres significativas o materiales que pudieran suscitar dudas significativas sobre la capacidad de la entidad para continuar como empresa en funcionamiento (art. 5.1.e 5.º párr. LAC), cuestión especialmente importante en algunas reducciones por pérdidas.

52 La DGRN consideró que esas salvedades sólo debían descalificar a la operación cuando las pérdidas no existiesen o no alcanzaran los importes de la reducción, pues si de ellas se dedujera que la situación patrimonial era peor, no podrían ser alegadas como obstáculo para la reducción (F.D. 5 último párr. RDGRN de 14 de marzo de 2005, *Tol610.019*).

nombre del auditor y las fechas de verificación y aprobación del balance (art. 323.2 LSC y arts. 171.2 y 201.4 RRM).

3.4. La DGRN/DGSJFP y la exención de verificación

La DGRN/DGSJFP mantiene que ciertas exigencias normativas pueden no ser exigibles si el interés protegible no existe, teniendo en cuenta las circunstancias concurrentes en el caso, prescindiendo de "trámites o formalidades que gravan sin justa causa la marcha económica de las sociedades"[53]. Así se mantiene que una reducción por pérdidas puede acceder al Registro sin que el balance aprobado haya sido objeto de previa verificación, cuando concurre el consentimiento unánime de todos los socios y la situación resultante del conjunto de las operaciones por las que se lleva a cabo sea neutra para los intereses de los acreedores, circunstancia que ocurre cuando la reducción por pérdidas viene acompañada de un sucesivo e inmediato aumento de capital mediante nuevas aportaciones o por compensación de créditos que iguala o supera la cifra previa del capital[54]. La DGRN / DGSJFP mantiene que la ve-

53 La DGRN declara que: "*es doctrina reiterada de este Centro Directivo que las medidas protectoras contempladas por el ordenamiento, señaladamente la necesidad de verificación contable del balance, sólo tienen sentido en la medida en que los intereses de socios y acreedores se encuentren en situación de sufrir un perjuicio. Por el contrario, si, dadas las circunstancias de hecho, no existe un interés protegible, decae la exigencia de verificación. De este modo se equilibra la debida protección de las personas interesadas de forma directa o indirecta en la operación de reducción de capital cuando ésta tiene la finalidad de compensar las pérdidas sufridas por la sociedad con la necesidad de prescindir de la realización de trámites o formalidades que gravan sin justa causa la marcha económica de las sociedades. En aplicación de esta doctrina este Centro Directivo ha afirmado la posibilidad de excluir la verificación de cuentas cuando concurre el consentimiento unánime de todos los socios y los intereses de los acreedores sociales están salvaguardados por mantenerse o incluso fortalecerse la situación económica de la sociedad a consecuencia de un subsiguiente aumento de capital*" (F.D. 3 RDGRN de 2 de junio de 2016, *Tol5.761.438*, *vid.* también las Resoluciones allí citadas).
Esta doctrina se ha manifestado en otros supuestos. Así, se ha señalado que "*con carácter general, en materia de operaciones de aumento y reducción de capital simultáneas, es doctrina reiterada de este Centro Directivo que las medidas protectoras de socios y acreedores sólo tienen sentido en cuanto los intereses de unos u otros, o de ambos, se encuentren en situación de sufrir un perjuicio, de manera que si, de la conjunción de circunstancias de hecho, el riesgo aparece conjurado, debe decaer la exigencia del requisito dirigido a su tutela*" (F.D. 2 4.º párr. RDGSJFP de 15 de noviembre de 2022, *Tol9.304.214*).

54 F.D. 4 1er y 2.º párrs. RDGRN de 2 de junio de 2016 (*Tol5.761.438*). Esta doctrina se ha construido tradicionalmente sobre la hipótesis de la operación de reducción por pérdidas condicionada al "inmediato aumento de capital" (*vid.*, entre otras, las RRDGRN de 28 de abril de 1994, de 16 de enero de 1995, de 14 de marzo de 2005, de 30 de mayo de 2007, de 2 de marzo de 2011, de 25 de febrero de 2012, de 2 de octubre de 2013, de 3 de febrero

rificación del balance: 1.º) "es una medida tuitiva renunciable por todos los socios"; 2.º) que su finalidad se centra en el interés de los socios y "relacionada con el derecho de información"; y 3.º) que "la posición de los acreedores puede quedar incólume en aquellos supuestos en los que lejos de disminuir la garantía que supone la cifra de capital social, ésta al menos se mantiene"[55].

La existencia de un balance auditado y aprobado por la junta general es requisito para la válida adopción de un acuerdo de reducción del capital social que, ante una situación de desequilibrio entre el capital y el patrimonio neto, tiene por finalidad el restablecimiento del equilibrio[56]. Esta exigencia no debe depender del resultado final de la cifra del capital y por tanto no se exime por un aumento de capital. A estos efectos no hay que olvidar que cuando la reducción es por pérdidas no es de aplicación el régimen de tutela de los acreedores (arts. 331 y 335.a LSC).

---

de 2014, F.D. 5 y de 2 de junio de 2016, F.D. 4). La RDGSJFP de 10 de octubre de 2022, de forma extensiva admite la posibilidad de un acuerdo posterior de subsanación en junta universal consistente en un aumento del capital que iguale o supere la cifra previa del capital; pues "*de la regulación resulta que el elemento sustancial de la regulación no es la temporalidad de los acuerdos de reducción y aumento sino su mutua causalidad: la circunstancia de que no cabe adoptar el uno sin el otro (artículo 343 de la Ley de Sociedades de Capital), de donde resulta que no cabe su ejecución aislada (artículo 344), ni, como como consecuencia directa, la inscripción del acuerdo de reducción sin que resulte la ejecución del acuerdo de aumento de capital (artículo 345)*" (F.D. 5, 4.º párr.).

55 Así en la RDGRN de 2 de marzo de 2011 (*Tol2.059.675*) se planteó si la existencia de un balance auditado es un requisito de validez de un acuerdo de una junta general universal de una sociedad de responsabilidad limitada, aprobado por unanimidad, consistente en la reducción del capital por pérdidas a cero, y el simultáneo aumento de capital a una cifra superior a la existente mediante compensación de créditos, omitiéndose el requisito del informe de auditoría sobre el balance (art. 323 LSC). La Resolución, en relación con su carácter tuitivo, señala "*así, no se entendería que en los supuestos de separación o exclusión el socio saliente pueda llegar a un acuerdo con la sociedad respecto de la valoración de sus participaciones sociales (cfr. artículo 353 LSC), o que en caso de fusión pueda prescindirse del informe de expertos independientes sobre el proyecto común de fusión cuando así lo haya acordado la totalidad de los socios (artículo 34.5 LME) y, por el contrario, no se pudiera prescindir del informe de auditores en el presente caso a pesar de haber sido adoptado el acuerdo por unanimidad de todos los socios*" (F.D. Segundo 6.º párr. RDGRN de 2 de marzo de 2011, *Tol2.059.675*).

En base a la exigencia de que la cifra del capital resultante no sea inferior a la inicial, la DGRN mantiene que "*puede sostenerse que no son exigibles los requisitos que en garantía de los acreedores contemplan los artículos 331 a 333 de dicha Ley (cfr. respecto de sociedades anónimas, las Resoluciones de 28 de abril de 1994, y 16 de enero de 1995, así como la Sentencia del Tribunal Supremo de 12 de noviembre de 2003)*" (F.D. Segundo 1er párr. RDGRN de 2 de marzo de 2011, *Tol2.059.675*).

56 *Vid.* comentario crítico ESPÍN, C., "La verificación contable...", *ob. cit.*, págs. 397-410.

El artículo 323 LSC no contiene un requisito de carácter dispositivo, sometido a la libre autonomía de la voluntad societaria, manifestada en junta general a través de un acuerdo, aunque se apruebe por unanimidad de todos los titulares de acciones o participaciones de la sociedad; este mandato legal es inderogable e irrevocable por la voluntad societaria[57], es una norma de carácter coactivo que impone un deber a la sociedad. No es una cuestión de derechos de los socios o de terceros, es cuestión de la naturaleza de las normas que disciplinan a la sociedad, en este caso de carácter imperativo y en la actualidad con una cierta naturaleza pública; tal y como ocurre con la obligación de verificación de las cuentas anuales por auditor cuando concurren las circunstancias para ello (art. 263 LSC). A estos efectos hay que enfocar la cuestión no sólo desde un punto de vista de Derecho societario[58], sino atendiendo al significado actual de la actividad auditora: la "actuación de los auditores de cuentas debe estar presidida por el principio de interés público que conlleva la actividad de auditoría de cuentas" (art. 3.1 RAC)[59].

57 Entre los derechos individuales existen derechos inderogables y derechos irrenunciables. Hay significativas diferencias en nuestra doctrina en la conceptualización de estas expresiones *vid.* GIRÓN TENA, J., *Derecho de Sociedades Anónimas, Según la Ley de 17 de julio de 1951*, Valladolid, 1.952, pp. 179 y ss.; GARRIGUES, A., en GARRIGUES, J. / URIA, R., "Artículo 84", *Comentario a la Ley de Sociedades Anónimas*, T. II, 3.ª ed., Madrid, 1976, pág. 234 y SANCHEZ ANDRES, A., "La acción y los Derechos del Accionista (Artículos 47 a 50 LSA)", T. IV Las Acciones, vol. 1.º de *Comentario al Régimen Legal de las Sociedades Mercantiles*, dirs. R. Uria, A. Menéndez y M. Olivencia, Civitas, Madrid, 1994, págs. 109 y 110. Optamos por llamar derechos inderogables a aquellos que no pueden ser eliminados por la voluntad social. Dentro de ellos algunos no pueden ser suprimidos ni con el consentimiento o renuncia abstracta de los socios: son los irrenunciables, en cuya razón de ser subyace el interés social o su esencialidad en relación con el tipo social.

58 En el Derecho de sociedades entran en juego los intereses de los socios y de los terceros, pero también los intereses propios del tráfico en general. GIRÓN TENA, J. señala que en la estructura societaria quedan recogidos principios sobre la actividad empresarial de Derecho constitucional económico, entrando en juego la concepción de estas organizaciones como cauces dados en interés general (*Derecho de sociedades,* T. I, Madrid, 1976, pág. 89).

59 En el Preámbulo de la LAC se declara que: "*la actividad de auditoría desempeña una función de interés público, entendida ésta por la existencia de un conjunto amplio de personas e instituciones que confían en la actuación del auditor de cuentas, por cuanto que su correcta y adecuada ejecución constituyen factores que coadyuvan al correcto funcionamiento de los mercados al incrementar la integridad y la eficacia de los estados financieros en cuanto vehículos de transmisión de información*" (Preámbulo I 15.º párr. LAC).

La asignación de la función de interés público a la actividad de auditoría viene recogida en el Preámbulo I 15.º párr. LAC. También se menciona esta expresión en el Preámbulo III, 4.º párr. última frase LAC, en los Preámbulos IV 15.º párr. y VI 9.º párr. última frase RAC. A veces se utiliza la expresión "principio de interés público" (art. 3.1 RAC) y en otras, "relevancia pública" (Preámbulo I 3er párr. LAC, Preámbulo I 2.º párr. RAC).

4. Aprobación del balance por la junta general

El balance verificado por auditores de cuentas debe ser aprobado por una junta general, que no necesariamente tiene que ser la junta en que se acuerde la reducción, pudiendo ser una junta previa. En todo caso, se deberá poner a disposición de los socios el balance, así como el informe de auditoría[60]. Para la aprobación del balance no se han de cumplir las exigencias de constitución y mayorías previstas para la reducción del capital, sino que es suficiente el régimen general de adopción de acuerdos de la junta general, que a su vez es el propio de la aprobación de las cuentas anuales (art. 160.a LSC).

Un acuerdo de aprobación de este balance (art. 323 LSC) puede calificarse como una declaración de ciencia (con matices), que reconoce una situación de desequilibrio patrimonial; en cambio el acuerdo de reducción del capital aún en el caso de tener "carácter obligatorio" es una declaración de voluntad, de restablecer parcial o totalmente el equilibrio, determinando la cuantía y el procedimiento, desechando otras alternativas como son el aumento o la reintegración de capital (aportaciones a fondo perdido).

El cumplimiento de la exigencia de verificación contable mediante informes de auditoría con opinión técnica acordes con el desequilibrio patrimonial, no impide que los acuerdos de la junta general de aprobación del balance verificado y de aprobación de la reducción del capital puedan ser impugnados por este motivo. En el proceso de impugnación de los acuerdos sociales podrá cuestionarse la conformidad legal de las cuentas del balance, así como la corrección del informe y de su opinión técnica. La prueba pericial (arts. 335 y ss. LEC) podrá incluir el dictamen de peritos sobre las razones o evidencias que han llevado al auditor a formular su opinión técnica. Todo ello con independencia de la responsabilidad administrativa, civil o penal que pueda derivarse de la actuación auditora (arts. 26 y 70 LAC).

IV. REGLAS Y CONTENIDO DEL ACUERDO

1. Paridad de trato y sus excepciones

La LSC declara como norma general la "igualdad de trato": la sociedad debe dar un trato igual a los socios que se encuentran en condiciones idénticas (art. 97 LSC). Una aplicación de esta regla se contiene en la regulación de la modalidad de reducción por pérdidas, en un precepto con un expresivo

60 Por analogía con el régimen de las cuentas anuales (art. 272.2 LSC).

epígrafe de "Principio de paridad de trato" (art. 320 LSC), que establece que la reducción por pérdidas, debe afectar por igual a todas las participaciones sociales o a todas las acciones en proporción a su valor nominal, con la salvedad de privilegios legales o estatutarios.

En nuestro ordenamiento no se exige un valor nominal mínimo de las acciones o participaciones, ni se determina ninguna regla en lo referente a su cuantía; pero en la práctica ocurre que como consecuencia de la reducción por pérdidas la cifra resultante de valor nominal de las participaciones o acciones puede considerarse inadecuada. Para paliar esta situación sin afectar al trato paritario, caben varias alternativas como son: 1.º) fijar un valor nominal de las participaciones o acciones "redondeado" y ajustar la cifra de la reducción del capital a ese valor nominal, dejando el correspondiente "resto" dentro de la cuenta de pérdidas sin compensar; o 2.º) para las sociedades anónimas acordar una reducción del capital por pérdidas por un importe superior al desequilibrio patrimonial y con el "excedente" entre la suma de la reducción del capital y el importe del desequilibrio dotar la reserva legal, sin que ésta supere la décima parte de la cifra de capital reducido (arts. 325 y 322.2 LSC).

La LSC al establecer el principio de paridad de trato salva los privilegios otorgados por la Ley o por los estatutos a determinadas participaciones sociales o a determinada clase de acciones (art. 320 LSC).

La Ley dispone que las participaciones sociales y las acciones sin voto, no quedarán afectadas por la reducción del capital social por pérdidas, "cualquiera que sea la forma en que se realice", sino cuando la reducción supere el valor nominal de las restantes (art. 100.1 LSC). Cuando la reducción del capital exceda del valor nominal de las participaciones o de las acciones ordinarias y se acuerde que la reducción alcance a las participaciones o a las acciones sin voto, se seguirá aplicando sobre ellas el principio de paridad de trato mediante la disminución proporcional de su valor nominal, salvo que entre las propias participaciones o acciones sin voto se hubiese establecido estatutariamente a su vez algún otro privilegio de este tipo. El acuerdo de reducción del capital por pérdidas que afecte a todas las participaciones y acciones ordinarias y además al valor nominal de las participaciones y acciones sin voto, lesionará directamente los derechos de las participaciones sociales o de las acciones sin voto por lo que será exigible el acuerdo de la mayoría de las participaciones sociales o de las acciones sin voto, al ser esta reducción una modificación de estatutos que lesiona sus intereses (art. 103 LSC).

Otra excepción a la paridad de trato puede derivarse de los estatutos al otorgar a una clase de acciones o a unas participaciones un privilegio (art. 94.1 LSC) en orden a la reducción por pérdidas. En estos casos procederá que la reducción afecte en primer lugar al valor nominal de las participaciones sociales y acciones no privilegiadas, alcanzando incluso a consumirlo en su integridad; y llegado el caso de afectar a las privilegiadas deberá tenerse en cuenta para la sociedad de responsabilidad limitada la exigencia de consentimiento de los socios afectados (art. 292 LSC) y para la sociedad anónima el requerimiento de acuerdo mayoritario de las acciones pertenecientes a esa clase en junta especial o votación separada (art. 293 LSC).

2. "Excedente del activo sobre el pasivo" en las sociedades anónimas

Para las sociedades anónimas la Ley establece que el excedente del activo sobre el pasivo que "deba"[61] resultar de la reducción del capital por pérdidas ha de atribuirse a la reserva legal, sin que ésta pueda llegar a superar la décima parte de la nueva cifra del capital (art. 325 LSC). La situación que la Ley permite sólo se da cuando la suma de la reducción del capital social en la sociedad anónima exceda del importe del desequilibrio, al disponer que estas sociedades pueden reducir capital por pérdidas aun contando después de la reducción con una reserva legal que no exceda el diez por ciento del capital (art. 322 LSC).

La Ley tolera ese exceso de reducción por razones prácticas, como es el redondeo del valor nominal, pero obliga a destinar el excedente a la reserva legal cuya disponibilidad está muy limitada[62]. A su vez la Ley limita la utilización de esta posibilidad al fijar que ese excedente, que se traspasa a la reserva legal, no puede hacer que ésta supere la décima parte de la nueva cifra de capital[63] (*cfr.* art. 322.2 LSC). La Ley para todas las sociedades de capital señala rotundamente que "en ningún caso" la reducción del capital por pér-

61 Lo normal es que cuando la sociedad reduzca el capital por pérdidas lo haga por la exacta cuantía o por un importe inferior al desequilibrio, dejando esa porción en la cuenta de pérdidas y, por tanto, en ambos casos no "debe" producirse lo que la Ley denomina "excedente del activo sobre el pasivo".

62 La reserva legal que forma parte de los "fondos propios de disponibilidad restringida", en una sociedad anónima sólo puede destinarse para la compensación de pérdidas en el caso de que no existan otras reservas disponibles suficientes para este fin (art. 274.2 LSC) y para aumentar el capital con cargo a la parte que exceda del diez por ciento del capital ya aumentado (art. 303.1 LSC).

63 Proporción que tiene un especial significado para la reserva legal, pues también es utilizada en los aumentos con cargo a la misma (art. 303.1 LSC), y al describir el "presupuesto" de la

didas puede dar lugar a "reembolsos" y específicamente para las sociedades anónimas no puede dar lugar a la condonación de la obligación de realizar las aportaciones pendientes (art. 321 LSC) y por analogía tampoco puede dar lugar a la dotación de reservas disponibles. Si se utiliza ese "excedente" con alguna de esas finalidades, la operación quedaría desnaturalizada y pasaría a ser configurada como una reducción mixta en la que se reducirían los "fondos propios de disponibilidad restringida" y, por tanto, sería de aplicación el régimen de tutela de los intereses de los acreedores, aplicando las reglas propias de la teoría de la acumulación[64].

Esta operación de reducción en que se produce este "excedente" aglutina dos "finalidades" recogidas en la Ley (art. 317.1 LSC): una para compensar el desequilibrio patrimonial, que es el objetivo esencial; y otra, para dotar la reserva legal, que es una cuestión puramente instrumental y accesoria, así como limitada en su cuantía; sin que les sea de aplicación el régimen de tutela de los intereses de los acreedores, al estar estas dos modalidades excluidas del mismo (art. 335.a y b LSC)[65], pues ninguna de las dos supone una disminución de los "fondos propios de disponibilidad restringida"[66]. Esta doble "finalidad" o circunstancia especial constará en el acuerdo y por tanto en su anuncio (arts. 319 y 324 LSC).

Del conjunto normativo que regula la modalidad de reducción por pérdidas para la sociedad anónima[67] en relación con esta cuestión se pueden extraer las siguientes conclusiones sistemáticamente expuestas: 1.º) debe llevarse a cabo disminuyendo el valor nominal de las acciones (*cfr*. art. 320 LSC); 2.º) se permite que el acuerdo de reducción sobrepase el desequilibrio patrimonial, pero limitadamente (por ejemplo, para que puedan alcanzarse valores nominales "redondeados"), dando lugar a lo que la Ley denomina "excedente del

reducción por pérdidas (art. 322.1 LSC) y como condición para futuros repartos de dividendos (art. 326 LSC).

64 *Vid*. en esta obra el Capítulo XI "La reducción del capital social: definición, modalidades y régimen general" de C. ESPÍN, notas a pie de página núms. 45 y 47.

65 La Ley al referirse a la exclusión de derecho de oposición en las reducciones del capital por pérdidas, señala que será cuando su "única finalidad" sea restablecer el equilibrio (art. 335.a LSC). Este requisito no será desvirtuado cuando el "excedente" se atribuya a la reserva legal, pues la reducción para dotación de la reserva legal también está excluida (art. 335.b LSC).

66 Sobre el concepto y delimitación de los "fondos propios de disponibilidad restringida" *vid*. en esta obra el Capítulo XI "La reducción del capital social: definición, modalidades y régimen general" de C. ESPÍN, el punto III.2.2. Clasificación binaria de las "finalidades".

67 El origen de este conjunto normativo procede de la normativa comunitaria (art. 76 Directiva UE 2017/1132, de 14 de junio de 2017; anteriormente art. 33 Segunda Directiva del Consejo, de 13 de diciembre de 1976, 77/91/CEE).

activo sobre el pasivo" (art. 325 LSC), 3.º) en ningún caso ese "excedente" puede dar lugar a reembolso a los socios o a condonación de las aportaciones pendientes (art. 321 LSC), 4.º) con ese "excedente" se ha de dotar la reserva legal (art. 325 LSC), cuyo régimen es especialmente restrictivo a efectos de disposición (art. 274.2 LSC); 5.º) la cifra final de la reserva legal una vez efectuada la reducción no puede superar el diez por ciento de capital reducido (art. 322.2 LSC); 6.º) tanto la reducción del capital con cargo a pérdidas (art. 335.a LSC), como la dotación de la reserva legal con cargo al capital (reducción del capital) quedan excluidas de la tutela de los acreedores (derecho de oposición, art. 335.a y b LSC).

3. Constancia de la finalidad

Como requisito general de toda reducción del capital, la LSC dispone que en el acuerdo de la junta general se exprese, entre otros extremos, la finalidad de aquélla (art. 318.2 LSC). La Ley reitera esta exigencia para el acuerdo de la junta de reducción del capital por pérdidas al disponer que deberá constar "expresamente" esta finalidad (art. 324 LSC).

4. Cuantía

En la modalidad de reducción del capital que tiene por finalidad el "restablecimiento" del equilibrio entre el capital y el patrimonio neto, cabe cuestionarse si ha de alcanzarse de forma plena o si es admisible la simple mejora de esa situación de desequilibrio, y en ese caso en qué cuantía. Para su análisis han de distinguirse distintos umbrales.

En las sociedades de responsabilidad limitada no se podrá reducir el capital por pérdidas por importe superior al desequilibrio entre el capital y el patrimonio neto. Si la sociedad de responsabilidad limitada reduce su capital en una cuantía que provoca que la cifra resultante sea inferior a 3.000 euros, supondrá que mientras el capital no alcance "esa" suma, quedará sometida al régimen previsto para las sociedades de responsabilidad limitada que se constituyen con un capital por debajo de la misma (art. 4.1 LSC).

La sociedad anónima cuyo patrimonio neto ha disminuido por debajo del capital, pero no por debajo de los dos tercios del mismo, o que habiendo sobrepasado esa proporción aún no hubiera transcurrido un ejercicio social (*cfr.* art. 327 LSC), puede de forma voluntaria disminuir ese desequilibrio mediante reducción del capital y decidir libremente el importe de la reducción, pero sin que el importe de la reducción pueda superar el importe del desequilibrio más un exceso que se atribuirá a la reserva legal, sin que ésta pueda superar el diez por ciento de la cifra del capital ya reducido (art. 322.2 LSC).

En las sociedades anónimas cuando la reducción del capital tiene "carácter obligatorio" porque el importe del patrimonio neto es inferior a las dos terceras partes de la cifra del capital social y ha transcurrido un ejercicio sin superar ese umbral de desequilibrio (art. 327 LSC), la cuantía que debe reducirse será al menos aquélla que dé lugar a superar ese umbral de la reducción obligatoria.

En las sociedades de capital cuando el patrimonio neto es inferior a la mitad del capital social, si la sociedad no adopta un acuerdo que suponga eliminar "en la medida suficiente" ese grado de desequilibrio estará incursa en causa de disolución (363.1.e LSC). Entre las actuaciones para evitar esa situación está la reducción del capital, de forma tal que como consecuencia de ella el patrimonio neto alcance un nivel que al menos suponga la mitad del capital social resultante.

La operación de reducción del capital social por pérdidas se contabilizará por el valor en libros de las pérdidas que se compensan[68]. A efectos contables hay que tener en cuenta que cuando el capital social mercantil que se reduce esté también contabilizado en el pasivo del balance[69], "la compensación de pérdidas se reconocerá con cargo a la deuda que se cancela"[70].

El ICAC ha contemplado la posibilidad de reducción del capital con la finalidad de compensar todo o parte del resultado negativo "del propio ejercicio", siempre que exista desequilibrio patrimonial, señalando que en ese caso se contabilizará con abono a una cuenta de reservas por el importe de la compensación de las pérdidas devengadas hasta la fecha a la que se refiera el acuerdo. La información sobre esta operación deberá recogerse en la memoria y, en su caso, en el estado de cambios en el patrimonio neto[71].

La reducción del capital por pérdidas cuando las acciones no están totalmente desembolsadas no puede dar lugar a que al disminuir el valor nominal de la acción, el importe pendiente de desembolso sea superior al setenta y cinco por ciento del nuevo valor nominal de cada acción, salvo que la eficacia del acuerdo de reducción quede condicionada a la ejecución del desembolso de las aportaciones pendientes (*cfr.* arts. 81 y 344 LSC) en la cuantía nece-

68 Art. 37.2 Resolución ICAC, de 5 de marzo de 2019.
69 Sobre esta posibilidad *vid.* en este Capítulo nota a pie de página núm. 20.
70 Art. 37.1 2.º párr. Resolución ICAC, de 5 de marzo de 2019.
71 Art. 37.3 Resolución ICAC, de 5 de marzo de 2019.

saria para alcanzar al menos la cuarta parte del nuevo valor nominal de cada acción (*cfr.* art. 79), pues si no fuera así el acuerdo de reducción sería nulo (art. 56.1.g LSC).

V. EXCLUSIÓN DEL RÉGIMEN DE TUTELA DE LOS ACREEDORES

La Ley excluye a la reducción del capital por pérdidas del ámbito del régimen de tutela de los acreedores; distinguiendo la forma de hacerlo en función de los tipos societarios.

Para la sociedad de responsabilidad limitada la Ley sólo contempla expresamente el régimen de tutela de acreedores para las modalidades de reducción del capital en que se hubiera restituido la totalidad o parte del valor de las aportaciones (arts. 331-333 LSC), por tanto, la reducción por pérdidas no está comprendida dentro de ese ámbito de protección.

Para las sociedades anónimas el régimen de la tutela de los acreedores ante una reducción del capital prevista en la Ley se basa en el otorgamiento de un derecho de oposición de los acreedores (art. 334 LSC); derecho excluido expresamente cuando la reducción tiene por *"única finalidad"* restablecer el equilibrio entre el capital y el patrimonio neto disminuido por consecuencia de pérdidas (art. 335.a LSC). A pesar de esa expresión, como ya hemos señalado anteriormente, cuando como consecuencia de la reducción por pérdidas se produzca un "excedente del activo sobre el pasivo" que se atribuya a la reserva legal, tampoco en ese caso será de aplicación el derecho de oposición al estar comprendida la operación en su conjunto en dos supuestos de exclusión (art. 335.a y b LSC).

VI. ANUNCIO, ESCRITURACIÓN E INSCRIPCIÓN REGISTRAL

1. Anuncio del acuerdo

La Ley dispone específicamente para las sociedades anónimas que "el acuerdo" de reducción con independencia de la finalidad que tenga, debe ser publicado en el BORME y en la página web de la sociedad o, en el caso de que ésta no exista, en un periódico de gran circulación en la provincia en que la sociedad tenga su domicilio (art. 319 LSC). Así mismo, la Ley, sin distinguir entre los tipos de sociedades de capital, señala que en el anuncio público del acuerdo de la junta de reducción del capital por pérdidas debe constar "expresamente" esta finalidad (art. 324 LSC)[72], pero sin perjuicio del tenor literal, la exigencia del anuncio para las sociedades de responsabilidad limitada no es aplicable[73].

La reiteración[74] de esta exigencia para esta finalidad remarcando que debe hacerse "expresamente" puede entenderse como una forma de recalcar que en los casos en que no hay tutela de los intereses de los acreedores también es necesario este requisito[75] y para destacar que en modo alguno puede ocultarse o disimularse esta finalidad de compensar pérdidas a pesar de que conlleve una publicidad negativa y un daño reputacional.

2. Escrituración e inscripción registral

La escritura pública de una reducción del capital por pérdidas, además del contenido general (arts. 170 y 201 RRM), debe expresar que la reducción se

---

72 La RDGRN de 8 de junio de 1995 (*Tol223.365*) se planteó la pertinencia del anuncio en la hipótesis de reducción del capital para restablecer el equilibrio entre el capital y el patrimonio disminuido como consecuencia de pérdidas en una sociedad anónima, resolviendo afirmativamente por las siguientes razones: 1.º porque la Ley no hace ninguna diferenciación entre modalidades; 2.º porque aunque no exista derecho de oposición de los acreedores, la reducción no es irrelevante para éstos; 3.º porque la exigencia legal de una publicidad adicional no debe obedecer a la existencia de un especial derecho individual de oposición, separación, o de otro tipo; 4.º porque la Ley así lo exige; y 5.º porque ha de aplicarse un especial rigor en la valoración e interpretación de las normas de protección de terceros. *Vid.* también RDGRN de 1 de enero de 2004.

73 Los preceptos recogidos en los arts. 319 y 324 LSC provocan la duda de si la exigencia de anuncio se extiende a la sociedad de responsabilidad limitada para el caso de la reducción por pérdidas. Consideramos que el RD Leg. 1/2010, de 2 de julio, que aprobó el texto refundido de la Ley de Sociedades de Capital comete un exceso a su mandato (disp. final 7.ª Ley 3/2009, de 3 de abril), pues el artículo 324 reproduce una norma dirigida exclusivamente para las sociedades anónimas (art. 168.2 *in fine* LSA).
La LSC no impone para las sociedades de responsabilidad limitada en general el deber de publicar anuncios para los acuerdos de reducción del capital. Sólo para la reducción con restitución de aportaciones a los socios, cuando los estatutos sociales exigen la comunicación de la reducción a los acreedores y no es posible la notificación personal a éstos por desconocerse su domicilio y la sociedad no tuviese página web, se prevé la publicación de anuncios (art. 333.2 LSC). En el RRM no se dispone referencia alguna al anuncio (art. 201.4 RRM).

74 El carácter innecesario de este precepto ha sido declarado por PÉREZ DE LA CRUZ, A., *La reducción del capital (Artículos 163 a 170 LSA)*..., *ob. cit.*, pág. 169; ESPÍN, C., "Artículo 324", en AA.VV., *Comentario de la Ley de Sociedades de Capital*, dirs. ROJO-BELTRÁN, T. II, Civitas, Madrid, 2011, pág. 2374 y ORELLANA, N.A., "Artículo 322", *ob. cit.*, pág. 4412.

75 La DGRN declara que aunque no exista derecho de oposición por los acreedores en una sociedad anónima es necesario la publicación del acuerdo, pues la literalidad del art. 319 LSC no lo exceptúa y en el art. 324 LSC se da por supuesto dicha publicación (RRDGRN de 7 de mayo de 2015, *Tol5.169.236*, de 8 de mayo de 2015, *Tol5.167.760*, de 3 de junio de 2013 y de 1 de octubre de 2004, *Tol511.649*).

ha realizado en base a un balance verificado por auditor de cuentas y aprobado por junta general, indicando el nombre del auditor y la fecha de la verificación; además en la escritura pública se ha de incorporar el balance y el informe de auditoría (art. 323.2 LSC y arts. 171.2 y 201.4 RRM). En la inscripción del Registro Mercantil se ha de hacer constar el nombre del auditor y las fechas de verificación y aprobación del balance (art. 171.2 RRM). Al someterse al control notarial y registral, se da una mayor garantía en el cumplimiento de la exigencia del balance aprobado y verificado.

VII. EFECTOS LEGALES SOBRE FUTUROS DIVIDENDOS

Con la reducción del capital que tiene por finalidad restablecer el equilibrio entre el capital y el patrimonio neto de las sociedades, se pretende que la cifra del capital cumpla más adecuadamente su función como cifra de retención patrimonial, que ya no cumplía de forma efectiva. El que se ha producido una disminución de la garantía para los acreedores es un hecho previo a esta modalidad de reducción del capital. Esta reducción del capital no altera el patrimonio neto, ni los "fondos propios de disponibilidad restringida", pero supone un cierto perjuicio para los intereses de los acreedores en cuanto que produce una disminución en la cifra de retención de patrimonio y por tanto la consolidación de una menor garantía para los acreedores, pues si posteriormente se obtuviesen beneficios ya no irán a compensar aquellas pérdidas (art 273.2 LSC); si bien el legislador atenúa este aspecto negativo estableciendo como efecto de esta reducción y como requisito adicional[76] para el reparto de dividendos, que la reserva legal alcance el diez por ciento del nuevo capital social[77] (art. 326 LSC).

76 Este requisito adicional no es especialmente eficaz, ni riguroso. La Ley permite para las sociedades anónimas acordar una reducción del capital por pérdidas en que una vez efectuada, exista una reserva legal que no exceda del diez por ciento de capital reducido, bien porque no se haya utilizado para compensar las pérdidas (art. 322 LSC), bien porque se haya dotado con "el excedente del activo sobre el pasivo" (325 LSC). Esta posibilidad de mantener a este nivel la reserva legal permitirá estar en condiciones de repartir dividendos cuando se produzca el beneficio. Así mismo, nada impide que posteriormente a la reducción, la sociedad anónima para alcanzar ese porcentaje en la reserva legal y así posibilitar el reparto de dividendos, decida dotar la reserva legal, bien con un porcentaje de los beneficios superior al diez por ciento del beneficio del ejercicio (art. 274 LSC), o bien mediante una nueva reducción del capital con la finalidad de dotar la reserva legal (art. 328 LSC).

77 Por tanto, en general, para que pueda acordarse el reparto de dividendos es necesario: 1.º) que el valor del patrimonio neto no sea o, a consecuencia del reparto, no resulte inferior al capital social (art. 273.2 LSC); 2.º) que se lleve a efecto con cargo al beneficio del ejercicio o a reservas de libre disposición (art. 273.2.º LSC), por tanto los dividendos no se pueden re-

La Ley sanciona "cualquier" distribución de dividendos que contravenga lo establecido en esta Ley, con la restitución por los socios de lo que hubieran percibido, con el interés legal correspondiente, cuando la sociedad pruebe que los perceptores conocían la irregularidad de la distribución o que no podían ignorarla habida cuenta de las circunstancias (art. 278 LSC). En consecuencia, si una sociedad que ha realizado una reducción por pérdidas lleva a cabo una distribución de dividendos previa a alcanzar ese porcentaje, incurriría en una distribución irregular y sería aplicable el deber de restitución.

VIII. REDUCCIÓN DE CARÁCTER OBLIGATORIO POR PÉRDIDAS

1. Presupuestos de la reducción de carácter obligatorio por pérdidas

La reducción del capital por pérdidas para las sociedades anónimas tiene "carácter obligatorio" cuando concurren dos circunstancias: una de índole cuantitativo, que las pérdidas hayan disminuido el patrimonio neto por debajo de las dos terceras partes de la cifra del capital[78]; y otro de *ín*dole temporal, que haya transcurrido un ejercicio social "sin haberse recuperado el patrimonio neto" (art. 327 LSC). En esta situación, la sociedad podría optar por otras decisiones para eliminar o atenuar el desequilibrio patrimonial, como son el aumento del capital, la "reintegración del capital" (aportación a fondo perdido), o incluso la transformación en otro tipo societario no sometido a esta exigencia, como es la sociedad de responsabilidad limitada.

El CCom regula cómo se ha de calcular el patrimonio neto mercantil, con las correspondientes reglas de conciliación partiendo del patrimonio neto[79] para determinadas circunstancias, entre las que se encuentra la que denomina "reducción obligatoria de capital social" (art. 36.1.c). Hay que entender

partir con cargo a capital, ni tampoco con cargo a reservas cuya disposición esté restringida, es decir con cargo a lo que hemos denominado "fondos propios de disponibilidad restringida"; 3.º) los beneficios imputados directamente al patrimonio neto no podrán ser objeto de distribución directa o indirecta (art. 273.2 LSC); 4.º) que se respeten las restantes aplicaciones obligatorias, por Ley o estatutos, del resultado (arts. 95, 273.2, 3 y 4 y 274 LSC) y 5.º) que, en el caso de que la sociedad haya reducido su capital por pérdidas, la reserva legal alcance el diez por ciento del nuevo capital.

78 La Ley establece otro límite de desequilibrio exclusivamente cuantitativo y dirigido hacia todas las sociedades de capital. Ese límite se fija en el punto en que el patrimonio neto sea inferior a la mitad de la cifra del capital, en cuyo caso la sociedad quedará incursa en causa de disolución, salvo que la sociedad aumente o reduzca el capital en la medida suficiente y siempre que no sea procedente solicitar la declaración de concurso (art. 363.1.e LSC).

79 *Vid.* en este Capítulo el punto II.2.2. Ámbito de aplicación de las reglas de conciliación.

que se refiere a la reducción del capital por pérdidas de "carácter obligatorio" (art. 327 LSC).

El ámbito cuantitativo del desequilibrio patrimonial que dará lugar a esta operación de reducción está circunscrito al intervalo que va de un déficit patrimonial que exceda de un tercio del capital y un déficit que no supere la mitad del mismo, ya que si se superara ese déficit la sociedad quedaría incursa en causa de disolución (art. 363.1.e LSC).

En el ámbito temporal la situación de ese déficit debe persistir una vez que haya transcurrido un ejercicio social. La Ley utiliza la expresión "ejercicio social" y no anualidad[80], por lo tanto habrá que atenerse a ese período de doce meses que termina el treinta y uno de diciembre de cada año, salvo disposición estatutaria (art. 26 LSC), y que es cubierto por las cuentas anuales[81].

La circunstancia cuantitativa debe basarse en dos balances aprobados por las juntas generales ordinarias (art. 164 LSC), y de ellos debe derivarse (con todas las matizaciones hechas anteriormente)[82], un déficit de patrimonio neto que, en ambos casos, exceda de un tercio de la cifra del capital. Para que la reducción deje de ser obligatoria no es preciso el restablecimiento pleno del equilibrio patrimonial, basta con que el patrimonio neto sea igual o superior a las dos terceras partes de la cifra del capital. El origen de la recuperación patrimonial puede deberse al resultado del propio ejercicio o a la ejecución de una operación societaria, como el aumento, la "reintegración de capital" por aportaciones a fondo perdido o una reducción voluntaria. La recuperación provisional del déficit en algún momento del ejercicio no es suficiente para no estar sometido a esta obligación, es necesario que se cumpla en la fecha del cierre de ese ejercicio.

Durante el periodo de tiempo comprendido entre las fechas de cierre del ejercicio y del acuerdo de reducción de "carácter obligatorio", que puede abarcar hasta seis meses (art. 323 LSC), sería posible que la situación deficitaria desapareciera. Manteniendo un posicionamiento estricto cabría considerar que la sociedad debería practicar la reducción del capital, sin atenerse al hecho posterior, sin embargo, mediante una interpretación sistemática debe defenderse la posición contraria. No tendría sentido ejecutar un acuerdo de reducción del capital con la finalidad de reducir el capital para eliminar un grado de

80 PÉREZ DE LA CRUZ, A., *La reducción del capital (Artículos 163 a 170 LSA)...*, *ob. cit.*, pág. 40.
81 *Vid.* art. 34.1. CCom, art. 253.1 LSC y PGC, Tercera Parte Cuentas Anuales, I Normas de elaboración de las Cuentas Anuales, 2.ª Formulación de Cuentas Anuales.
82 *Vid.* en este Capítulo el punto II Presupuesto material: el desequilibrio patrimonial.

desequilibrio patrimonial inexistente[83], bien porque durante ese periodo se ha aumentado el capital, se ha reintegrado el capital (con aportaciones a fondo perdido) o bien por la existencia de resultados positivos parciales del ejercicio en curso (siempre que no fueran provisionales o estacionales); pues en esos casos mencionados la reducción por desequilibrio patrimonial (en ese momento inexistente) perjudicaría a los intereses de los acreedores. Debería aprobarse por la junta general un balance verificado por auditores del que se derivará la desaparición de ese grado de desequilibrio de forma consistente.

2. Proceso de la reducción de carácter obligatorio por pérdidas

El "carácter obligatorio" de esta reducción supone un deber para los administradores de identificar las circunstancias que generan esa obligatoriedad. El momento en que se aprueban las cuentas anuales del segundo ejercicio con ese desequilibrio patrimonial, se cumplen los dos elementos que originan el deber. Los administradores que han formulado anteriormente las cuentas, como regla general, deberán haber incluido en el orden del día de esa junta ordinaria o de una inmediatamente seguida[84] el punto referente a la reducción obligatoria. El incumplimiento de este deber genera la correspondiente responsabilidad.

Esta operación tiene que ser acordada por la junta general, y a pesar de ser una reducción obligatoria deben cumplirse los requisitos propios correspondientes de la modificación de estatutos, de las reducciones en general y de la modalidad por pérdidas. La inclusión de esta modalidad de reducción del capital de "carácter obligatorio" en el orden del día, con la debida claridad, debe suponer la mención de ese carácter. El hecho de ser una reducción con "carácter obligatorio" no disminuye las exigencias de *quorum*, ni de mayorías (arts. 318, 288.2, 194 y 201 LSC). Este segundo balance es el que debe estar verificado previamente por auditor, por tanto, si la sociedad no estuviese

83 La LSC establece que cuando el valor del patrimonio neto de una sociedad es inferior al capital y se obtienen beneficios, éstos se han de destinar en primer término a compensar esas pérdidas (art. 273.2 2.º párr. LSC), por lo que en el caso planteado no estaría justificado reducir el capital por pérdidas (con los perjuicios que implican para los acreedores) teniendo constancia de la existencia de beneficios.
Aunque no es aplicable a estos casos conviene tener presente la regulación de la reformulación de cuentas (art. 38.c CCom, art. 25 Resolución ICAC, de 5 de marzo de 2019 y PGC, Parte Segunda, Normas de registro y valoración, 23.ª Hechos posteriores al cierre del ejercicio).

84 Una vez que se han dado la circunstancia cuantitativa y temporal de la reducción obligatoria, y se ha aprobado el balance, los administradores cumpliendo su deber de diligencia deben llevar a cabo los actos necesarios para que se acuerde la reducción obligatoria.

obligada a auditar las cuentas, los administradores deberían haberlo nombrado (art. 323 LSC).

Hay que plantearse cuál es la respuesta jurídica ante el supuesto en que dándose las circunstancias para la reducción del capital por pérdidas de carácter obligatorio (art. 327 LSC), la junta general no fuese convocada con este punto en el orden del día, no se celebrara o no se adoptara el acuerdo. En base a argumentos analógicos puede defenderse que en esos casos: 1.º) cualquier interesado podría solicitar la reducción del capital[85]; 2.º) en el caso de que no pudiese celebrarse la junta o el acuerdo fuese contrario a la reducción, los administradores estarían obligados a solicitarla[86]; y 3.º) esa solicitud debería hacerse ante el correspondiente órgano jurisdiccional[87].

Esta reducción obligatoria del capital puede suponer que la cifra del capital quede por debajo del mínimo legal (art. 4 LSC), pero la sociedad no incurriría en causa de disolución al estar motivada la reducción en el cumplimiento de la Ley (art. 363.1.f LSC), si bien la sociedad se disolverá de pleno derecho si transcurrido un año desde la adopción del acuerdo de reducción, en el Registro Mercantil no se hubiese inscrito la transformación, la disolución o el aumento del capital hasta una cantidad igual o superior al mínimo (art. 360.1.b LSC).

IX. REMISIÓN DE LA REDUCCIÓN PARA DOTAR LA RESERVA LEGAL

1. Delimitación de la reducción para dotar la reserva legal

La Ley, al enumerar las modalidades de reducción, se refiere a aquellas que tienen por finalidad "la constitución o el incremento de la reserva legal o de las reservas voluntarias" (art. 317 LSC). Esta mención unitaria podría dar a entender que existen similitudes significativas entre ambas reducciones[88]; sin

85 En relación con la infracción de la normativa de participaciones y acciones propias en lo relativo al deber de reducir capital, se establece que cualquier interesado puede hacer la solicitud de reducción (art. 139.3 LSC). También en relación con la disolución judicial cualquier interesado puede solicitarla (art. 366.1 LSC).

86 En relación con la disolución judicial los administradores están obligados a solicitarla (art. 366.2 LSC).

87 En relación con la infracción de la normativa de participaciones y acciones propias en lo relativo al deber de reducción del capital, se dispone que deberá hacer la solicitud ante el Letrado de la Administración de Justicia (o el registrador mercantil del lugar del domicilio social, art. 139.3 LSC). Ante los incumplimientos de los deberes de disolución se dispone la disolución judicial ante el juez de lo mercantil del domicilio social (art. 366.1 LSC).

88 En el RRM al mencionar las exigencias de la escritura de las reducciones para dotar la reserva legal y para dotar la voluntaria, les da el mismo tratamiento, incluso requiriendo para esta última un balance, siendo esta exigencia un exceso reglamentario (art. 171.2).

embargo, su régimen jurídico tiene importantes diferencias, porque su significado patrimonial es muy distinto: la reducción del capital para dotar la reserva legal implica que la cifra de "fondos propios de disponibilidad restringida" quede inalterada, lo que no ocurre cuando la reducción del capital es para dotar las reservas voluntarias (*rectius* disponibles). Por tanto, el régimen de tutela de los acreedores dispuesto en la Ley (Título VIII, Cap. III, Secc. 5.ª) no es aplicable para aquellas reducciones cuya finalidad es dotar la reserva legal[89]; pero sí lo es para aquellas reducciones cuya finalidad es dotar las reservas disponibles.

La Ley al referirse a estos efectos a la "reserva legal" lo está haciendo a la reserva que se regula en el art. 274 LSC, cuyo epígrafe lleva esa expresión y que aparece recogida en el PGC como cuenta 112, dentro del subepígrafe "A-1.III Reservas". La "reserva legal" está definida por su origen[90] y por su disponibilidad[91]. Hay otras reservas que surgen como consecuencia de mandato legal, pero que no están comprendidas dentro del ámbito de la expresión "reserva legal"[92].

89 En las sociedades anónimas el régimen de tutela de los acreedores está excluido para la reducción cuya finalidad sea dotar la reserva legal (art. 335.b LSC). En las sociedades de responsabilidad limitada el régimen de tutela de los acreedores tampoco es aplicable para la reducción cuya finalidad sea dotar la reserva legal, por no estar indicado expresamente (art. 331 LSC) y por aplicación analógica del régimen dispuesto para la sociedad anónima.

90 La Ley establece que es obligatorio dotar la reserva legal con una cifra igual al diez por ciento del beneficio del ejercicio hasta que alcance, al menos, el veinte por ciento del capital social (art. 274.1 LSC). Esta reserva legal puede dotarse voluntariamente con mayor dotación de beneficios o con reservas libres o incluso puede dotarse reduciendo el capital como es el caso al que se refiere el artículo 328 LSC. Si su cifra alcanza más del veinte por ciento del importe de capital ya no es propiamente reserva legal, y el exceso no está sometido a su régimen legal de disponibilidad (art. 274.2 LSC), sino al aplicable a reservas disponibles.

91 La Ley establece que solo puede destinarse: 1.º) a la compensación de pérdidas en el caso de que no existan otras reservas disponibles suficientes para este fin (art. 274.2 LSC) y 2.º) al aumento del capital, si son sociedades de responsabilidad limitada en su totalidad y si son sociedades anónimas en la parte que exceda del diez por ciento del capital ya aumentado (art. 303 LSC). En la sociedad anónima puede llegarse a reducir capital por pérdidas cuando la sociedad no cuenta ya con reservas "voluntarias", pero sí con una reserva legal que una vez efectuada la reducción no exceda del diez por ciento (art. 322.2 LSC).

92 La Ley recoge el régimen de constitución de una reserva que se denomina "reserva por capital amortizado". Esta reserva se dota "con cargo" a beneficios y reservas libres y da lugar a que las reducciones del capital que tienen como finalidad la devolución del valor de las aportaciones, la dotación de reservas voluntarias o la condonación de desembolsos pendientes, no queden sometidas al régimen de tutela de acreedores (art. 335.c LSC para sociedad anónima y art. 332 LSC para sociedad de responsabilidad limitada). También se constituye y dota esta reserva para amortizar acciones rescatables (art. 501 LSC), con la consiguiente reducción del capital. La "reserva por capital amortizado" al igual que la reserva legal son "fondos propios de disponibilidad restringida", así la Ley al regular la disponibilidad de la reserva por capital amortizado señala que de ella "sólo será posible disponer con los mis-

2. Régimen jurídico aplicable a la reducción para dotar la reserva legal

La Ley dispone la aplicación a la reducción del capital para dotar la reserva legal de una parte de la normativa prevista para la reducción del capital por pérdidas (art. 328 LSC), en concreto lo dispuesto en relación con: el denominado "presupuesto" de la reducción (art. 322 LSC), la exigencia de balance verificado y aprobado (art. 323 LSC), la publicidad del acuerdo de reducción (art. 324 LSC), el destino del excedente (art. 325 LSC) y la condición para el reparto de futuros dividendos (art. 326 LSC)[93]. La aplicación de estas normas no siempre está justificada y en otros casos no es posible.

La reducción del capital para dotar la reserva legal de una sociedad de responsabilidad limitada no puede darse si cuenta con cualquier clase de reserva (art. 322.1 LSC). La reducción del capital para dotar la reserva legal de una sociedad anónima no puede darse si cuenta con cualquier clase de reserva "voluntaria" o cuando la propia reserva legal una vez efectuada esta reducción, exceda del diez por ciento de capital reducido (art. 322.2 LSC), lo que significa que este porcentaje limita el ámbito cuantitativo de esta reducción.

Las exigencias del balance verificado por el auditor y aprobado por la junta general (art. 323 LSC)[94] y la publicidad del acuerdo de reducción (art. 324 LSC) son plenamente aplicables a esta modalidad.

Para una reducción del capital para dotar la reserva legal no cabe la aplicación del precepto relativo al destino del "excedente" para las sociedades anónimas (art. 325 LSC). Carece de sentido señalar que en una sociedad anó-

mos requisitos exigidos para la reducción del capital social" (art. 335.c LSC), lo cual ha de interpretarse en un sentido amplio y admitir la posibilidad de que esta reserva sirva para la compensación de pérdidas en el caso de que ya no existan reservas disponibles suficientes para este fin (*cfr.* art. 274 LSC) y para aumentar el capital social. En el PGC aparece como cuenta 1142, que está integrada dentro del balance en "A-Patrimonio Neto", "1. Fondos Propios", "III. Reservas", "2. Otras reservas".

Así mismo existen las reservas que se asignan en relación con el régimen de acciones o participaciones propias (arts. 141.1 y 148.c LSC), que tienen una razón, una finalidad y un régimen específico, en el PGC están integradas dentro del balance en "A-Patrimonio Neto", "1. Fondos Propios", "III. Reservas", "2. Otras reservas" 114 "Reservas especiales", Cuenta 1140.

93 La ley no menciona expresamente entre los preceptos aplicables a la reducción para dotar la reserva legal aquel que recoge el principio de paridad de trato (art. 320 LSC), aunque es automáticamente aplicable como principio general que es (art. 97 LSC) y por la naturaleza de esta reducción. Tampoco se señala la aplicación de la norma que prohíbe utilizar la reducción para reembolsar a los socios o condonar las aportaciones pendientes (art. 321 LSC), porque no puede darse esa situación. Así mismo, no es de aplicación la reducción de carácter obligatorio (art. 327 LSC).

94 Esta exigencia se dispone legalmente para dotar la reserva legal (art. 328 LSC) y reglamentariamente también para las reservas voluntarias (art. 171.2 RRM).

nima el excedente del activo sobre el pasivo que "deba" resultar de la reducción del capital para dotar la reserva legal tenga que atribuirse a la reserva legal, sin que ésta pueda llegar a superar la décima parte de la cifra del capital reducido (art. 322 LSC).

La reducción del capital para dotar la reserva legal de una sociedad anónima podría apreciarse como operación auxiliar de la reducción por pérdidas para redondear los valores nominales correspondientes y ser el destino del "excedente" (art. 325 LSC), como se ha analizado anteriormente[95].

Una vez que se reduzca el capital para dotar la reserva legal, la sociedad no podrá repartir dividendos hasta que la reserva legal alcance el diez por ciento del nuevo capital (art. 326 LSC). Exigencia ésta sin una clara justificación.

Para esta modalidad de reducción tampoco es de aplicación el régimen de tutela de los acreedores (arts. 331 y 335.b LSC), porque los "fondos propios de disponibilidad restringida" no se alteran. Con la reducción del capital para dotar la reserva legal hay que advertir que existe un cierto perjuicio en los intereses de los acreedores, pues la cifra límite sometida al régimen de reserva legal disminuye (veinte por ciento del capital disminuido) y con la dotación el importe de la citada reserva asciende.

Así mismo, la reducción del capital para dotar la reserva legal se contabilizará minorando el capital social o, en su caso, el saldo de la cuenta de pasivo en la que se hubiesen reconocido las aportaciones de los socios, e incrementando la correspondiente reserva[96].

X. BIBLIOGRAFÍA

BESTEIRO, M.A., *Contabilidad de Sociedades*, Pirámide, Madrid, 2012.

CAMARA, M. DE LA, *El capital en la sociedad anónima, su aumento y disminución*, Madrid, 1996.

ESPÍN, C., "El cálculo del patrimonio neto a efectos de la reducción del capital por pérdidas (Comentario a la Resolución de la Dirección General de los Registros y del Notariado de 7 de enero de 2015)", *RdS*, núm. 297, 2015, págs. 519 y ss.

ESPÍN, C., "La verificación contable en la operación de reducción del capital por pérdidas y aumento del capital simultáneos. Comentario a la RDGRN de 2 de marzo de 2011", *RdS*, núm. 38, Pamplona, 2012, págs. 397 y ss.

95 *Vid.* en este Capítulo el punto IV.2. "Excedente del activo sobre pasivo" en las sociedades anónimas.

96 *Vid.* art. 38 Resolución ICAC, de 5 de marzo de 2019.

ESPÍN, C., "Artículo 317 y artículos 320 a 327", en AA.VV., *Comentario de la Ley de Sociedades de Capital,* dirs. ROJO-BELTRÁN, T. II, Civitas, Madrid, 2011, págs. 2343 y ss., 2373 y ss., respectivamente.

ESPÍN, C., "El capital, el patrimonio neto y la significación patrimonial de las variaciones de capital en la sociedad anónima", en AA.VV., *Estudios de Derecho de Sociedades y Derecho Concursal. Libro homenaje al Profesor Rafael García Villaverde,* T. I, Marcial Pons, Madrid, 2007, págs. 453 y ss.

ESPÍN, C., "La reintegración del capital", en AA.VV., *Derecho de Sociedades, Libro homenaje a Fernando Sánchez Calero,* Vol. III, McGraw-Hill Interamericana de España, Madrid, 2002, págs. 2279 y ss.

ESPÍN, C., "La modificación de estatutos. Aumento y reducción del capital social", en AA. VV., *Derecho de Sociedades de Responsabilidad Limitada. Estudio sistemático de la Ley 2/1995,* coords. F. Rodríguez Artigas/ R. García Villaverde/ L. y otros, T. II, McGraw Hill España, Madrid, 1996, págs. 757 y ss.

GARRIGUES, A., en GARRIGUES, J. / URIA, R., "Artículo 84" y "Artículo 99", *Comentario a la Ley de Sociedades Anónimas,* T. II, 3.ª ed., Madrid, 1976, págs. 229 y ss. y 346 y ss., respectivamente.

GIRÓN TENA, J., *Derecho de sociedades,* T. I, Madrid, 1976.

ORELLANA, N.A., "Artículo 322", en AA.VV., *Comentarios de la Ley de Sociedades de Capital.* T. IV (Artículos 253-345), Las cuentas anuales. La modificación de los estatutos sociales, dirs. J.A. García-Cruces / I. Sancho, Tirant lo Blanch, Valencia, 2022, págs. 4391 y ss.

PEREZ DE LA CRUZ, A., *La reducción del capital (Artículos 163 a 170 LSA),* T. VII Modificación de estatutos en la sociedad anónima. Aumento y reducción del capital, vol. 3.º, de *Comentario al Régimen Legal de las Sociedades Mercantiles,* dirs. Uría / Menéndez / Olivencia, Civitas, Madrid, 1995.

PEREZ DE LA CRUZ, A., *La reducción del capital en sociedades anónimas y de responsabilidad limitada,* Zaragoza, 1973.

SANCHEZ ANDRES, A., "La acción y los Derechos del Accionista (Artículos 47 a 50 LSA)", T. IV Las Acciones, vol. 1.º de *Comentario al Régimen Legal de las Sociedades Mercantiles,* dirs. R. Uria, A. Menéndez y M. Olivencia, Civitas, Madrid, 1994.

VALPUESTA, E.M., *Comentarios a la Ley de Sociedades de Capital,* 3.ª Ed., Bosch, Barcelona, 2018.

VICENT CHULIA, F. *Introducción al Derecho Mercantil,* Vol. 1, 24.ª Ed., Tirant lo Blanch, Valencia, 2022.

Capítulo XIII

LAS MODALIDADES DE REDUCCIÓN EFECTIVA DEL CAPITAL

Luz M.ª García Martínez
Prof. Ayudante doctor de Derecho Mercantil
Universidad Complutense de Madrid

I. LA VARIACIÓN EFECTIVA PATRIMONIAL COMO NEXO COMÚN A LAS TRES MODALIDADES DE REDUCCIÓN DEL CAPITAL

1. Una aproximación a los criterios de clasificación de las reducciones de capital

El régimen legal de la reducción del capital de las sociedades de capital se recoge en el capítulo tercero del Título VIII sobre la modificación de estatutos de la LSC. En concreto, el art. 317.1 LSC clasifica las distintas modalidades y las organiza —aparentemente— atendiendo a su finalidad[1]. De-

1 En la LSC se ha pasado a prever los mismos supuestos de reducción en la SA que en la SL salvo el caso de condonación de dividendos pasivos. Se ha seguido la redacción del art. 163.1 LSA. Esta extensión es una novedad de la LSC pues anteriormente, como veremos, en el art. 79 LSRL no se contemplaba la reducción para dotación reservas legales o voluntarias.
Entre otros, han tratado los criterios de clasificación de las reducciones de capital en PÉREZ DE LA CRUZ BLANCO, A., *La Reducción*, cit., p. 15, SÁNCHEZ DE MIGUEL, M. C., "La reducción del capital social: modalidades y requisitos" en *Derecho de sociedades anónimas III, modificación de estatutos, aumento y reducción del capital, obligaciones*, Volumen 3, Civitas,

cimos aparentemente porque atendiendo al contenido del precepto, éste parece referirse no tanto a los motivos cuanto al objetivo. Así, tan sólo en el supuesto de la reducción por pérdidas se alude a su finalidad que es la del restablecimiento del equilibrio entre capital y patrimonio neto, mientras que en el resto de supuestos —la constitución o el incremento de la reserva legal o de las reservas voluntarias o la devolución del valor de las aportaciones y la condonación de la obligación de realizar las aportaciones pendientes en la SA— el legislador las clasifica según cuál es el contravalor de la reducción del capital[2].

Un segundo criterio se recoge en el apartado 2.º del art. 317 LSC que ordena las reducciones atendiendo al procedimiento que se sigue para la ejecución de la reducción, es decir, qué impacto tiene la reducción en las acciones o participaciones de las sociedades cuyo capital se reduce. Así pueden darse tres casos, que se disminuya su valor nominal, que se amorticen o bien, una combinación de las dos anteriores consistente en reducir el valor nominal y, por otro, modificar el número de acciones y participaciones, ésta es la llamada agrupación[3]. Como posteriormente se verá en esta obra[4], se debe preservar el principio de igualdad entre socios en las reducciones de capital porque de lo contrario dependiendo del supuesto deberá recabarse el consentimiento del socio o la aprobación por las mayorías de las clases afectadas o incluso se requiere la unanimidad.

En cualquiera de los casos, el órgano competente para su adopción es la junta general, con la excepción de las reducciones de tipo instrumental derivadas, por ejemplo, del ejercicio del derecho de separación, la exclusión o en casos de acciones rescatables, en todas ellas la reducción es determinada por el órgano de administración. En cuanto a las formalidades, la operación debe elevarse a escritura pública e inscribirse en el registro mercantil (v. 201. 3 y 202. 3 RRM).

Madrid, 1994, p., ESPÍN GUTIÉRREZ, C., "Artículo 317. Modalidades de la reducción" en *Comentario de la Ley de Sociedades de Capital*, Tomo II, Aranzadi, Cizur Menor, 2011, p. 2344 y ss. En particular, en esta obra, *vid*. vid. ESPÍN GUTIÉRREZ, C., "La reducción del capital social: Definición, modalidades y régimen general" en *Estudios sobre el aumento y la reducción del capital en las sociedades anónimas y limitadas*, Tirant Lo Blanch.

2 PÉREZ DE LA CRUZ BLANCO, A., *La Reducción del Capital [Artículos 163 a 170 de la Ley de Sociedades Anónimas].Tomo VII volumen 3.º*, Civitas, Madrid, 1995, p. 15; ESPÍN GUTIÉRREZ, C., "Artículo 317...", cit., p. 2345.

3 ESPÍN GUTIÉRREZ, C., "Artículo 317...", cit., pp. 2358-2349.

4 Nos remitimos al capítulo de esta obra RECAMAN GRAÑA, E., "La reducción del capital no paritaria", en *Estudios sobre el aumento y la reducción del capital en las sociedades anónimas y limitadas*, Tirant Lo Blanch, 2024.

El último criterio que se puede inferir del régimen legal en materia de reducción del capital es aquel que distingue las diferentes modalidades en función de su obligatoriedad. Así se diferenciarían aquellas de tipo voluntario como son la reducción para la devolución de aportaciones, la condonación de dividendos pasivos y dotar reservas disponibles, de aquellas otras reducciones obligatorias como son la reducción por pérdidas en la sociedad anónima motivada la disminución del patrimonio neto por debajo de las dos terceras partes de la cifra del capital y hubiere transcurrido un ejercicio social sin haberse recuperado el patrimonio neto, la reducción para la amortización de las acciones propias o las reducciones derivadas de la separación o exclusión de los socios[5].

Además de los criterios anteriores reflejados en la LSC, es necesario hacer mención a un criterio adicional clasificatorio que nunca llegó a cristalizarse en la LSA ni posteriormente en la LSC pero que resulta oportuno para delimitar las reducciones que son objeto de análisis en este trabajo[6]. Nos referimos a la clasificación doctrinal de las reducciones en función de si disminuye el patrimonio vinculado al capital, lo que puede impactar en la posición de los acreedores. Las reducciones quedarían divididas así en dos grandes grupos: las reducciones reales o efectivas que son aquellas que, además de modificar la cifra estatutaria de capital social, minoran en igual cuantía el patrimonio social indisponible. Este patrimonio liberado pasa a repartirse entre los socios inmediatamente o se mantiene en la sociedad, pero se traspasa de la cuenta de capital a otras partidas con posibilidad de repartirse en un futuro a los socios. En este tipo de reducciones se debilita la función de garantía del capital social lo que puede vulnerar los derechos de cobro de los acreedores, por lo que se activa su protección. En las reducciones nominales o contables, y a diferencia de cuanto hemos señalado, sólo se produce una modificación del capital social para su adecuación a la realidad patrimonial de la sociedad (es el supuesto de la constitución o incremento de la reserva legal o la reducción por pérdidas). En este tipo de reducciones al no verse alterado el patrimonio

5 PÉREZ DE LA CRUZ BLANCO, A., *La Reducción del Capital [Artículos 163 a 170...*, cit., pp. 14-15, SÁNCHEZ DE MIGUEL, M. C., *op. cit.*, p. 758.

6 Siguiendo esta clasificación, *vid.* PÉREZ DE LA CRUZ BLANCO, A., *La Reducción*, cit., p.18-19 apuntando que el art. 100 LSA según fue redactado por la Comisión General de Codificación sí se utilizaba los términos para distribuir las reducciones entre efectivas y contables; PÉREZ DE LA CRUZ BLANCO, A., *La reducción del capital en sociedades anónimas*, cit., p. 66; sin embargo no ha sido seguida en ESPÍN GUTIÉRREZ, C., "Artículo 317...", cit., pp. 2345-2346. Esta clasificación es utilizada reiteradamente en resoluciones de la DGRN y actual DGSJFP, por ejemplo, en la RDGRN de 24 mayo de 2003 (TOL276.609, BOE de 8 de Julio de 2003) o RDGSJFP de 11 de junio de 2020 (TOL8.026.386, BOE de 31 de julio de 2020).

vinculado, los acreedores no disfrutan de medidas protectoras pues su posición no se ve afectada por la reducción[7].

En este trabajo, centraremos nuestra atención en el análisis de las reducciones de capital voluntarias que enumera el art. 317 LSC, esto es, la devolución de aportaciones, la condonación de dividendos pasivos y la constitución o incremento de la reserva voluntaria. En las tres se produce una efectiva reducción del capital y una variación de la cifra de "fondos propios de disponibilidad restringida[8]", es decir, esa variación en el patrimonio indisponible anudado al capital social como cifra de retención puede vulnerar el derecho de cobro de los acreedores sino se establece las medidas protectoras oportunas.

2. La reducción efectiva o real de capital

Las tres modalidades de reducción que nos ocupan son de tipo real o efectivo porque como consecuencia de la reducción de la cifra estatutaria de capital, disminuye correlativamente el patrimonio vinculado.

Nuestro ordenamiento ha omitido la finalidad que subyace a estas reducciones, lo que hará necesario que, caso por caso, sean informados socios y acreedores de la razón por la que se procede a adoptar dicho acuerdo[9]. En otros ordenamientos, sin embargo, emplean expresiones que reflejan la función que cumple, es decir, la reducción del capital por excesivo[10]. Ese es el objetivo que subyace a esta operación, es decir, la de adecuar la cifra de capital social a las necesidades reales de la sociedad y así despojarse del patrimonio social superfluo que no se necesita para el desarrollo de las actividades que conforman el objeto social. En otras ocasiones, no obstante, esta operación

7 PÉREZ DE LA CRUZ BLANCO, A., *La Reducción del capital...*, cit., p. 17 y PÉREZ DE LA CRUZ BLANCO, A., *La reducción del capital en sociedades anónimas y de responsabilidad limitada*, Publicaciones del Real Colegio de España en Bolonia, Bolonia, 1973, p. 73.

8 ESPÍN GUTIÉRREZ, C., "La reducción...", cit.

9 PÉREZ DE LA CRUZ BLANCO, A., *La reducción del capital en sociedades anónimas y de responsabilidad limitada*, cit., pp. 81-88. En concreto, en el acuerdo de reducción debe indicarse la finalidad de la reducción (art. 318. 2 LSC)

10 En Portugal, entre las finalidades de las reducciones de capital, se prevé la "liberación de exceso de capital" (94. 2 Código das Sociedades Comerciais). Otro de las mejoras de la regulación lusa es que también detalla cómo calcular si es capital es excesivo atendiendo a la liquidez de la sociedad, así en el art. 95. 1 se establece como límite: *A reduçao do capital nao pode ser deliberada se a situaçao liquida da sociedades nao ficar a exceder o novo capital em, pelo menos, 20%*, *vid.* MENEZES CORDEIRO, A., *Código das Sociedades Comerciais Anotado*, Almedina, 2014, p. 328. En otros ordenamientos también se menciona el exceso de capital, así en la *Companies Act* inglesa, *section* 641 (4) b(II). Y, en Italia, hasta el 2003 se establecía la "reducción por exceso de capital" (art. 2445 *Codice Civile*), exigencia que fue eliminada del precepto.

puede ser meramente instrumental, es decir, la reducción es el resultado de una operación de financiación más compleja[11].

Sea cual fuere la motivación que subyazca, el nexo común a todas ellas es que la minoración de la cifra de capital social implica una reducción del patrimonio vinculado. Ahora bien, ese excedente patrimonial no siempre tiene el mismo destino ya que puede la sociedad despojarse de éste o no. En consecuencia, podemos ordenar las reducciones efectivas de capital en torno a dos casos.

El primer supuesto es cuando el excedente patrimonial es recibido por los socios bien porque sale de la sociedad al devolverles las aportaciones o bien porque se cancela la deuda pendiente del accionista por los dividendos pasivos[12].

El segundo caso es la reducción para la creación de reservas voluntarias. Aquí el excedente patrimonial permanece en la contabilidad de la sociedad, pero no se reparte en un primer momento entre los socios. Únicamente se produce un traspaso del excedente de la cuenta de capital a la cuenta de reservas libres, es decir, ese patrimonio indisponible pasa a ser distribuible. Dentro de esa función instrumental de la reducción, también puede trasladarse el excedente a una cuenta de pasivo para hacer frente a necesidades financieras[13].

En definitiva, el común denominador en las reducciones efectivas es que la reducción del capital implica a su vez una disminución del patrimonio social indisponible asociado a esa cifra de capital bien porque se devuelve a los socios, bien porque se condonan los dividendos o porque pasa a estar disponible el patrimonio a través de una reserva voluntaria. Como quiera que la reducción del capital lleva correlativamente una alteración del patrimonio social afecto al capital, es necesario la protección de los intereses de los

11 SÁNCHEZ DE MIGUEL, M. C., *op. cit.*, p. 759.

12 PÉREZ DE LA CRUZ BLANCO, A., *La reducción del capital en sociedades anónimas y de responsabilidad limitada*, cit., pp. 111-112.

13 La clave se encuentra en el cambio del régimen de disponibilidad del patrimonio en las reducciones efectivas. En este sentido, *vid.* PÉREZ DE LA CRUZ BLANCO, A., *La reducción del capital en sociedades anónimas,* cit., pp. 66, 80, SÁNCHEZ DE MIGUEL, M. C., *op. cit.*, p. 757, URÍA, R., MENÉNDEZ, A., y GARCIA DE ENTERRÍA, J., "S.A.: Modificación de los estatutos sociales" en *Curso de Derecho Mercantil*, Tomo I, 1999, p. 966. No obstante, estas reducciones podrían hacerse con cargo a patrimonio no vinculado, es decir, con cargo a beneficios o reservas libres lo que desactivaría la protección de acreedores, *vid.* DE LA CÁMARA, M., *El capital social en la sociedad anónima, su aumento y disminución*, Colegios Notariales de Espala, Madrid, 1996, p. 530.

acreedores ya que pueden vulnerarse sus derechos de crédito. Como apuntaremos a continuación, esta protección a los acreedores deriva de la función de garantía del capital como cifra de retención.

3. La función de garantía del capital social y las reducciones efectivas de capital

El capital social, además de modular los derechos de los socios, cumple una función de garantía frente a los acreedores por el hecho de que los socios no responden de las deudas sociales en las sociedades de capital razón por la que se exige un patrimonio neto retenido que sea al menos igual a la cifra de capital social estatutario y que se mantenga durante la existencia de la sociedad[14].

Atendiendo a esa función de garantía del capital, con el fin de preservar la cifra de retención y que los acreedores no vean —eventualmente— sus derechos de crédito vulnerados se prevén diversas normas que conforman los principios ordenadores del capital social relativos a su formación y mantenimiento, su estabilidad e integridad.

Entre estas normas se incluyen aquellas relativas a las modificaciones del capital social que derivan del principio de estabilidad, es decir, el capital social sólo puede verse alterado si se siguen las disposiciones previstas sobre las modificaciones estatutarias establecidas en los arts. 331 a 337 LSC[15]. Estas normas ordenadoras son aplicables a las reducciones efectivas de capital porque de no existir éstas se estaría vulnerando la función de garantía del capital social. En efecto, hay que tener en cuenta que parte del patrimonio indisponible va a dejar de estarlo ya que puede repartirse entre los socios inmediatamente con motivo de la ejecución de un acuerdo de reducción mediante la devolución de aportaciones o condonación de dividendos o de manera mediata cuando se distribuya la reserva libre creada[16]. Esta distribución patrimonial puede menos-

14 ALONSO LEDESMA, "Algunas reflexiones sobre la función (la utilidad) del capital social como técnica de protección de los acreedores" en *Estudios de Derecho de Sociedades y Derecho Concursal: libro homenaje al Profesor Rafael García Villaverde*, Marcial Pons, Madrid, 2006, pp. 131-132.

15 PÉREZ DE LA CRUZ BLANCO, A., *La reducción del capital en sociedades anónimas y de responsabilidad limitada*, cit., pp. 52-53, precisaba que la denominación del principio de fijeza o estabilidad del capital social no es la adecuada, pues el propio principio admite que el capital se modifique por lo que un término más adecuado que el principio de estabilidad sería "el principio de variabilidad condicionada".

16 Estas normas encajan principalmente tanto para la reducción por devolución de aportaciones o la condonación de dividendos pasivos pues se enfocan precisamente cuando hay una distribu-

cabar la garantía de cobro de los acreedores al mermar la solvencia patrimonial de la sociedad; por el contrario, en las reducciones nominales no se produce esa disponibilidad de fondos[17].

Las normas de protección de acreedores serán objeto de análisis en un capítulo posterior de esta obra por lo que aquí tan sólo trazamos las líneas generales de su contenido[18]. En sociedades anónimas, el régimen de protección se encuentra armonizado en Europa gracias a la Segunda Directiva de Sociedades en relación con las reducciones reales efectivas salvo para la reducción por creación de reserva voluntaria[19]. En nuestro ordenamiento se configura esta protección al prever el derecho de oposición de los acreedores ordinarios a la reducción (arts. 334-337 LSC). La reducción no podrá ejecutarse hasta que se garanticen tales créditos[20]. Este derecho de oposición desaparece cuando la sociedad anónima prevé que la devolución sea con cargo a beneficios o reservas libres pues no hay una desafectación del patrimonio indisponible (art. 332 y 335, C)[21].

ción a los socios (art.331 y 335 LSC), sin embargo, como veremos posteriormente hay un vacío legal en la LSC respecto al régimen de protección de acreedores en la reducción para la creación o aumento de reservas libres pues en esta tipología también hay una distribución a los socios aunque de manera mediata.

17 Sobre la función de garantía de la cifra de capital social en la reducción del capital para la satisfacción de las expectativas de cobro de los acreedores, *vid.* ALONSO LEDESMA, "Algunas reflexiones sobre la función (la utilidad) del capital social...", cit., pp. 131-132, URÍA, R., MENÉNDEZ, A., y GARCIA DE ENTERRÍA, J., *op. cit.*, p. 969; BORNARDELL LENZANO, R., CABANAS TREJO, R., *La reducción del capital social en la sociedad de responsabilidad limitada*, Tirant lo Blanch, Valencia, 2009, p. 16 y ss. También, se ha pronunciado la DGRN en las resoluciones de 12 de diciembre de 2016 (TOL5.922.585, BOE de 5 de enero de 2017) o la de 16 de mayo de 2018 (TOL6.613.113, BOE de 30 de mayo de 2018).

18 A este respecto, v. en esta obra, PULGAR EZQUERRA, J., "Reducción de capital y mecanismos de protección de acreedores en sociedades de capital" en *Estudios sobre el aumento y la reducción del capital en las sociedades anónimas y limitadas*, Tirant Lo Blanch, 2024.

19 En su versión codificada, la Directiva 2017/1132 de 14 de junio de 2017 sobre determinados aspectos del Derecho de sociedades no ha supuesto ningún cambio en relación con las disposiciones sobre el capital social y, en particular, el régimen de la reducción del capital, *vid.* MACHADO PLAZAS, J., "El capital social. (A propósito de la Directiva (UE) 2017/1132 en *Derecho de sociedades europeo*, Aranzadi, Cizur Menor, 2019, pp. 117, 126 y ss.

20 El régimen de oposición en nuestro ordenamiento se encuentra en claro desfase con la segunda directiva (y con su versión codificada, art., 75, DIRECTIVA (UE) 2017/1132) ya que no se ha transpuesto la exigencia de que este derecho de oposición ha de ejercerse solicitando a la autoridad administrativa o judicial para que se presten las garantías adecuadas ni se requiere prueba del perjuicio. En relación con estas omisiones sobre el régimen español de reducción, *vid.* GARCÍA MANDALONIZ, M., "El cuestionado sentido del régimen jurídico del capital social" en *Simplificando el Derecho de sociedades,* Marcial Pons, Madrid, 2010, pp. 309-310.

21 Como se ha apuntado anteriormente, la disponibilidad patrimonial justifica la protección de los acreedores, ya que esta desafectación debilita la función de garantía del capital social,

El régimen legal previsto en sociedades de responsabilidad limitada es *ex post* al configurarse la responsabilidad solidaria de los socios entre sí y con la sociedad por las deudas sociales anteriores a la fecha en que la reducción fuera oponible a terceros. Esta responsabilidad tiene dos límites, un límite cuantitativo al estar limitada a la suma restituida al socio y un límite temporal de 5 años desde que fuera oponible a terceros (331 LSC)[22]. La LSC recoge a su vez fórmulas para desactivar la responsabilidad del socio. En primer lugar, se puede constituir una reserva indisponible durante cinco años con cargo a beneficios o reservas libres cuya cuantía debe ser igual a la suma recibida por los socios (332 LSC)[23]. Como alternativa, puede preverse estatutariamente el derecho de oposición (lo que estaría en consonancia con el régimen legal previsto en el art. 334 LSC para la sociedad anónima); éste podrá ejercerse en un plazo de tres meses desde la fecha de la notificación realizada a los acreedores, en cuyo caso habrá de habrá de pagarse a los acreedores que así lo hayan ejercido o garantizar sus créditos debidamente (art. 333 LSC).

El sistema de protección de acreedores anteriormente descrito no se da en todos los ordenamientos porque no todos ellos siguen nuestro tradicional sistema rígido de formación y modificación del capital social conocido como el modelo de capital legal. En otros modelos como el norteamericano,

vid. DE LA CÁMARA, M., *op. cit.*, p. 507, URÍA, R., MENÉNDEZ, A., y GARCIA DE ENTERRÍA, J., *op. cit.*, p. 966; aunque se ha señalado, que el derecho de oposición de acreedores se fundamenta más que en la función de garantía del capital social en conseguir que los socios "no exploten *ex post* a los acreedores porque no toman parte en la decisión de reducir el importe del capital social", *vid.* LLEBOT MAJO, J. O., "La Geometría del capital social", *Revista de Derecho Mercantil*, n.º231, 1999, BIB 1999\2287 (versión online sin paginar).

22 En el caso de que la suma restituida sea inferior a la cifra nominal de reducción, es decir, por debajo de la par ha de preverse una protección adicional acreedores que la responsabilidad solidaria de los socios por lo recibido, entre otras, *vid.* RDGRN de 22 de mayo de 2018 (TOL6.628.411, BOE 8 de junio de 2018) que indica que este tipo de operación se podrá realizar "bien por compensación de pérdidas; bien por constitución o incremento de reserva voluntaria; bien por constitución o incremento de reserva de capital amortizado"; también, la RDGRN de 11 de junio de 2020 (TOL8.026.386, BOE de 31 de julio de 2020).

23 La DGRN ha subrayado la necesidad de adecuar la cuantía de la reserva no tanto a la suma devuelta sino al valor nominal de las participaciones, esta interpretación se basa en los arts. 335 c y 141.1 LSC que aluden al valor nominal. En este sentido la DGRN 10 de mayo de 2017 (TOL6.114.690, BOE 29 de mayo de 2017) determina que "la reserva indisponible debe ser igual "al valor nominal de las participaciones amortizadas", y la razón que da "la reserva es para garantizar a los acreedores la existencia de una responsabilidad o vinculación de elementos patrimoniales equivalente a la cifra de capital anterior a la reducción cualquiera que fuera el patrimonio social". Asimismo, la DGRN de 8 de mayo de 2015 (TOL5.167.760, BOE 8 de junio de 2015) niega que al constituirse esta reserva indisponible tengan los acreedores derecho a oponerse a la reducción pues el patrimonio retenido no disminuye con la reducción al traspasarse "recursos propios de libre disposición a recursos propios de disponibilidad restringida".

se opta por eliminar la tutela *ex ante* de acreedores para exigir la eventual responsabilidad de los administradores por la insolvencia de la sociedad. Se fundamenta la huida del modelo rígido imperante en Europa porque la cifra de capital social no constituye realmente una garantía suficiente para los acreedores ya que no asegura la solvencia de la sociedad ni prevé límites a su endeudamiento[24].

Un sistema intermedio, entre el de la Europa continental y el estadounidense, es el establecido en el Reino Unido que, aun manteniendo el capital social, ha incluido un procedimiento simplificado de reducción del capital en sociedades cerradas en el que se elimina el derecho de oposición de los acreedores y se ha sustituido por la emisión de un *solvency statement* de cuyo contenido serán responsables los administradores[25].

Estas diferencias entre modelos, no obstante, son cada vez menos nítidas ya que han pasado a admitirse las sociedades de responsabilidad limitada con un capital social de al menos un euro lo que impacta en la posibilidad de llevar a cabo reducciones de capital mientras se mantenga el capital en esa cifra mínima[26] o la incorporación de los test de solvencia lo que hace pensar que esa protección ex ante a los acreedores pueda quedar en entredicho[27].

24 ALONSO LEDESMA, "Algunas reflexiones sobre la función (la utilidad) del capital social...", cit., pp. 134-135. Bajo el modelo estadounidense MBCA, adoptado por treinta y seis Estados, las acciones no tienen valor nominal, como no se cuenta con un capital social mínimo la operación de reducción del capital no puede darse. En Estados que no han adoptado el MBCA podemos destacar el caso de Delaware que sí mantiene el sistema de capital y la reducción tiene como límite que se mantengan en la sociedad suficientes activos para el pago a los acreedores (art. 244, b Delaware Code); por el contrario, el Código de California no cuenta con capital mínimo por lo que la reducción del capital no está prevista. Una comparativa de los sistemas puede consultarse en RICKFORD, J., "Reforming Capital. Report of the Interdisciplinary Group on Capital maintenance", *European Business Law Review,* vol 15, n.º 4, 2004.

25 Dos son los procedimientos para la reducción del capital en sociedades cerradas, bien a través de un acuerdo de la junta por mayoría cualificada y confirmación judicial o bien, un acuerdo de la junta por mayoría cualificada cuya decisión se ha basado en el *solvency statement* del órgano de administración. Sobre el uso de este procedimiento simplificado, *vid.* FERRÁN, E., "Revisiting legal capital", *European Business Organization Law Review*, n.º20, 2019, p. 530 y ss., DAVIES, P. L., WORTHINGTON, S., *Gower and Davies' principles of modern company law,* Sweet & Maxwell, 2012, pp. 355-359.

26 Vid. La nueva redacción del art. 4 LSC por la Ley 18/2022, de 28 de septiembre, de creación y crecimiento de empresas, la protección a acreedores consistirá en destinarse a la reserva legal al menos el 20 % del beneficio hasta que la suma de la reserva legal y el capital social alcance el importe de 3.000 euros.

27 Sobre la aplicación de los test de solvencia complementarios en el ámbito de las distribuciones a los socios, *vid.* Entre otros, PULGAR EZQUERRA, J., "Reparto legal mínimo de dividendos: protección de socios y acreedores (*solvency test*)", en *Derecho de sociedades y de*

II. REDUCCIÓN DE CAPITAL PARA LA DEVOLUCIÓN DE APORTACIONES

1. Concepto y función económica

Entre las finalidades de la reducción del capital que enumera el art. 317 LSC se encuentra la devolución del valor de las aportaciones a los socios; operación que resulta inversa al aumento de capital con cargo a nuevas aportaciones (art. 295. 2 LSC)[28].

Este tipo de reducción se encuadra entre las reducciones reales o efectivas porque su ejecución no se limita a modificar la cifra de capital estatutario sino que también van a salir fondos de la sociedad al reintegrarse en el patrimonio personal de los socios[29]. En consecuencia, la disminución del capital como cifra de retención hace necesario garantizar los derechos de cobro de los acreedores con los mecanismos *ex ante* y *ex post* de tutela que se analizarán posteriormente en esta obra[30].

Las razones que se aducen para proceder a este tipo de reducción son diversas. Todas convergen en que el capital social es inadecuado para las necesidades de la sociedad resultando un patrimonio superfluo. Este excedente de capital puede darse desde la constitución de la sociedad; aunque es poco probable porque los fundadores suelen constituir las sociedades con el capital

los mercados financieros. Libro Homenaje a Carmen Alonso Ledesma, Iustel, Madrid, 2018, p. 709; FERNÁNDEZ TORRES, I., "Reparto de dividendos y preinsolvencia" en *Reestructuración y gobierno corporativo en la proximidad de la insolvencia*, Wolters Kluwer, Las Rozas (Madrid), 2020, p. 529. Esta prueba o declaración de solvencia puede hacerse extensible a la reducción del capital, vid., entre otras la propuesta de RICKFORD, J., cit., p. 986. Igualmente, en la Propuesta de Directiva del Parlamento Europeo y del Consejo relativa a las sociedades unipersonales privadas de responsabilidad limitada establece que el test de solvencia para casos de distribución de dividendos se aplica a las reducciones de capital que den lugar de facto a una distribución de beneficios al socio único (art. 20 en conexión con la declaración de solvencia del art. 18.3 sobre reparto de dividendos). En particular, se añade que en el caso de que se procediera a un cambio de estas características tendría que exigirse en cualquier caso la prueba de perjuicio al acreedor, *vid.* ESCRIBANO GÁMIR, R., "La Directiva 2006/68/CE, de 6 de septiembre, en materia de tutela de los derechos de crédito de los acreedores sociales frente a la reducción del capital social: Apuntes de una reforma anunciada", *Revista de derecho de sociedades*, ISSN 1134-7686, N.º 28, 2007, págs. 161-182.

28 ESPÍN GUTIÉRREZ, C., "Artículo 317…", cit., p. 2384.

29 Se ha categorizado como una suerte de liquidación parcial que no está sujeta al régimen del procedimiento de disolución societaria, DE LA CAMARA, M., *op. cit*., p. 515, VALPUESTA GASTAMINZA, E., *Comentarios a la ley de sociedades de capital*, Wolters Kluwer Legal & Regulatory España, Las Rozas (Madrid), p. 840.

30 V. en esta obra, PULGAR EZQUERRA, J., ""Reducción de capital…", cit.

necesario para el desarrollo de la actividad y, muy frecuentemente, se limitan a fijarlo en la cifra de capital mínimo legal.

El excedente de capital con posterioridad a la constitución puede darse si las necesidades de capital disminuyen al reducirse el volumen de negocios lo que puede justificar la adopción de un acuerdo de este tipo[31]. Es, por lo tanto, este tipo de reducción una operación opuesta a un aumento de capital pues éste último sirve para el desarrollo de la actividad empresarial. También puede obedecer a otras finalidades como la de resultar una buena alternativa al reparto de dividendos o a la venta de acciones por motivos de índole fiscal[32].

En último lugar, esta reducción puede tener una función instrumental, es decir, puede ser consecuencia de otros procedimientos societarios como la reducción del capital derivada del ejercicio del derecho de separación (346-348 LSC y 15.1 y 99 LME), de la separación automática por la transformación de la sociedad (15.2 LME), por la exclusión del socio (350 y 351 LSC) o como consecuencia de la amortización de acciones rescatables (art. 501.3 LSC)[33].

2. El valor de las aportaciones como objeto de la reducción

2.1. Contenido

La LSC alude reiteradamente a que se devolverá el valor de las aportaciones de los socios, pero no aclara cuál es el contenido de esa devolución; es decir, si la ejecución de la reducción ha de realizarse a través de un reembolso de tipo dinerario en todo caso o si podría llevarse a cabo también en especie mediante la devolución de bienes.

Un silencio que resulta llamativo ya que en los aumentos de capital con cargo a nuevas aportaciones sí es posible que puedan ser las aportaciones en especie (art. 300 LSC). En otros ámbitos del derecho societario, como es la liquidación societaria, también se admite la entrega de la cuota liquidatoria en especie si ha habido un acuerdo unánime de los socios (art. 393 LSC); por el contrario, en el caso del reparto del dividendo a cuenta se debe satisfacer

31 PÉREZ DE LA CRUZ BLANCO, A., *La Reducción del Capital [Artículos 163 a 170...*, cit., pp. 20-21 señala que es una reducción infrecuente porque son escasas las sociedades que van a tener unas "necesidades decrecientes de capital" señalando como ejemplos las sociedades cuyo objeto social es la compra y venta de terrenos de no reinversión o las concesionarias de obras públicas o servicios. En el mismo sentido, *vid.* DE LA CAMARA, M., *op. cit.*, p. 505 y ss.

32 PÉREZ DE LA CRUZ BLANCO, A., *La Reducción del Capital [Artículos 163 a 170...*, cit., p. 22.

33 ESPÍN GUTIÉRREZ, C., "Artículo 317...", cit., p. 2384.

en dinero (art. 277 LSC), siendo más sutil el reconocimiento en los casos de separación o exclusión que se alude al precio de cotización como objeto de la restitución (353. 2 LSC).

Esta falta de concreción en relación con la reducción puede deberse a que una vez los socios entregan a la sociedad sus aportaciones y pasan a formar parte del patrimonio social dejan de pertenecer a aquéllos; es decir, los bienes aportados por los socios no se encuentran diferenciados del resto del patrimonio societario[34]. Esta justificación no disipa la duda de si podría llevarse a cabo la devolución en especie. Se ha defendido que, a pesar de no darse un reconocimiento expreso en la LSC, hay ciertos elementos que permitirían sostener que, aunque la regla general sea la devolución del valor en numerario, nada impide la devolución en especie[35].

En este sentido, se puede detectar esa regla general en los arts. 317, 329 y 330 LSC al mencionar tan sólo "la devolución del valor de las aportaciones"; asimismo, el art. 318 LSC relativo al contenido del acuerdo de reducción es más evidente porque establece que debe mencionarse "la suma que haya de abonarse" todo lo cual parece sugerir la naturaleza monetaria de la devolución[36]. A mayor abundamiento, el RRM —en sede de anónimas— parece asumir la misma posición al señalar que ha de indicarse "la suma que haya de abonarse a los accionistas" (170.1 LSC). Por el contrario, en sociedades limitadas, la reducción parece regirse por un régimen más flexible ya que alude expresamente a la devolución en especie en el contenido de la escritura de reducción lo que hace albergar su viabilidad: "La suma dineraria o la descripción de los bienes que hayan de entregarse a los socios" (201.3.1.º LSC)[37].

La DGRN, por su parte, en diversas resoluciones ha concluido que el principio general es la restitución del valor de la aportación en dinero, si bien admite la excepción de que pueda reintegrase mediante aportaciones *in natura* cuando en base al principio de autonomía de la voluntad (Art. 28 LSC) así se

---

34 El capital como cifra de retención no se anuda a los bienes que aportan los socios sino a la cifra que se establece como capital social, *vid.* ESPÍN GUTIÉRREZ, C., "Artículo 317...", cit., p. 2385.

35 Últimamente sobre las distribuciones en especie, *vid.* MARTÍNEZ-GIJÓN MACHUCA, P., "Algunos supuestos de pago en especie en las sociedades de capital. Particular referencia al caso del socio separado o excluido.", *RdS*, n.º 63/2021, BIB 2021\5166 (versión online).

36 En este sentido, ESPÍN GUTIÉRREZ, C., "Artículo 317...", cit., p. 2385 considera que existe un derecho de los socios a que las distribuciones sean de carácter dinerario; RDGRN 9 de septiembre de 2019 (TOL7.564.693, BOE 4 de noviembre de 2019).

37 SÁNCHEZ DE MIGUEL, M. C., cit., p. 762.

haya previsto en los estatutos o cuando los socios lo hubieran decidido por unanimidad en la junta[38].

El procedimiento para la admisión de la devolución en especie partiría de la necesaria renuncia del socio al derecho a la devolución en dinero (art. 6.2 CC) al no poder imponerse y, por analogía con el art. 393 LSC relativo a la cuota de liquidación, se debe alcanzar el voto unánime de los socios en junta general a favor del reintegro *in natura*. Estas exigencias se justifican porque la entrega al socio es una dación en pago lo que hace necesario la aceptación por quien lo vaya a recibir[39] y, además, como pueden sufrir los socios un trato no paritario, es necesario la unanimidad (330 LSC)[40]. Todo ello salvo que los

38 La DGRN también ha admitido en diversas resoluciones que, aunque la regla general sea la devolución en dinero (art. 318 LSC), es posible la devolución en especie en base el principio de autonomía de la voluntad o que por unanimidad los socios así lo decidan. Se justifica su validez en el art. 201.3.1.º RRM y por analogía en el pago en especie de la cuota de liquidación (art. 393.2. LSC). Entre otras resoluciones que reconocen esta posibilidad: la RDGRN de 30 de julio de 2015 (TOL5.506.967, BOE 30 de septiembre de 2015) o la de 16 de mayo de 2018 (TOL6.613.113). Se resume la doctrina del Centro Directivo en el F. D.º 2.º de la RDGRN de 9 de septiembre de 2019 (TOL7.564.693). También se trata la devolución en especie por la reducción del capital en la RDGSJFP de 2 de septiembre de 2020 (TOL8.101.222, BOE de 2 de octubre de 2020), en esta resolución se rechaza la inscripción de un acuerdo de reducción con devolución de aportaciones en especie porque ni la restitución en especie ni la valoración del bien fue aprobada por unanimidad cuando era necesario al afectar a derechos individuales de los socios. Asimismo, el ICAC en su resolución de 5 de marzo de 2019 admite también la devolución en especie (Art. 39. 4).

39 En este sentido, la RDGRN 16 mayo de 2018 (TOL6.613.113, BOE 30 de mayo de 2018) aplicando el 393.1 LSC sobre la liquidación.

40 Defendiendo la competencia de la junta para determinar que la devolución sea en especie en atención al art. 170. 5 RRM *vid.*, PÉREZ DE LA CRUZ BLANCO, A., *La Reducción del Capital [Artículos 163 a 170...*, cit., p. 23-25. En particular, BORNARDELL LENZANO, R., CABANAS TREJO, R., *cit.*, p. 57 y ss., subrayan la necesaria unanimidad ya que la devolución en especie es una dación en pago que puede implicar un trato desigual por las características del reparto que puede no ser paritario desde el punto de vista cuantitativo o cualitativo de ahí que sea necesario que todos los socios se encuentren de acuerdo. En efecto, no seguir estas cautelas puede llevar a un tratamiento más favorable a los socios afines al órgano de administración o los socios mayoritarios, *vid.* VALPUESTA GASTAMINZA, E., *op. cit.*, p. 840. Entre otras resoluciones de la DGRN, *vid.* el F.º D.º 2 de la R DGRN de 30 de julio de 2015 determina que la incorporación en estatutos con posterioridad a la fundación de que en la reducción con devolución de aportaciones pueda ser en especie requiere el consentimiento de todos los socios ya que afecta a los derechos individuales del socio. En esta línea el art. 329 LSC que exige el consentimiento individual de los socios afectados cuando el acuerdo de reducción no afecte por igual a todas las participaciones o el art. 393. 1 LSC en sede de liquidación se exige la unanimidad para que pueda pagarse la cuota de liquidación en especie. En suma, la regla del 393 LSC cabe extenderla al supuesto de reducción del capital con devolución en especie. En igual sentido, F.º D.º 3.º de la RDGSJFP de 2 de septiembre de 2020 (TOL8.101.222, BOE de 2 de octubre de 2020) subrayando también la necesaria

estatutos hubieran previsto el derecho de reversión del socio, esto es, el derecho de socio a que se le devuelvan aquellos bienes que aportó al incorporarse a la sociedad u otros bienes en función de su valor real (393.2 LSC).

No parece necesario en la reducción ni el balance que acompaña al proyecto de división en la liquidación de la sociedad[41] ni el informe de experto independiente en los aumentos de capital con aportaciones en especie[42]. La razón es que en la reducción por devolución de aportaciones, a diferencia de cuanto sucede en los casos anteriormente mencionados, sí se prevén mecanismos para la protección tanto de los acreedores como de los socios[43]. Esta posición, sin embargo, no es unánime pues se considera que tendría que aplicarse también el apartado segundo del 393 LSC relativo a la liquidación, es decir, que se prevea estatutariamente la valoración los bienes según su valor real. Como quiera que esta valoración la hacen los liquidadores, debería llevarnos a entender que serían los administradores los encargados de hacerla en el caso de la reducción[44].

2.2. *El momento de la devolución*

La LSC no determina si es necesario en todo caso el pago al contado de la suma que ha de devolverse al socio en la ejecución de la reducción con devolución de aportaciones lo que ha llevado a cuestionarse si sería posible aplazar la devolución a un momento posterior.

Sea como fuere, la respuesta sería afirmativa si basamos el aplazamiento en el principio de autonomía de la voluntad (art. 28 LSC) siempre que sea

unanimidad para que la devolución de aportaciones sea en especie al afectar a los derechos individuales de los socios.

41 Por el contrario, BORNARDELL LENZANO, R., CABANAS TREJO, R., *op. cit.* pp. 75, 76, consideran que no es necesario la enajenación de los bienes para posteriormente el adjudicatario pagar el exceso del valor a los restantes socios porque no surge en la reducción la problemática de la salida de los mejores bienes como ocurre en la extinción de la sociedad.

42 Entre otros, *vid.* ESPÍN GUTIÉRREZ, C., "Artículo 317...", cit., p. 2386, ORELLANA CANO, N. A., "Artículo 317. Modalidades de la reducción" en *Comentario de la ley de sociedades de capital: Tomo IV. Las cuentas anuales. La modificación de los estatutos sociales*, Tirant Lo Blanch, Valencia, p. 4441, VALPUESTA GASTAMINZA, E., *op. cit.*, p. 840. No obstante, ALONSO LEDESMA, "Algunas reflexiones sobre la función (la utilidad) del capital social...", *cit.*, p. 136, considera que no sería solo el balance lo que debería tenerse en cuenta sino también el *cash flow* a la hora de prever una reducción del capital con devolución de aportaciones pues no refleja la situación real de la sociedad.

43 PÉREZ DE LA CRUZ BLANCO, A., *La Reducción del Capital [Artículos 163 a 170...*, cit., p. 24.

44 BORNARDELL LENZANO, R., CABANAS TREJO, R., *op. cit.* p. 59-60.

acordado el aplazamiento de la restitución en la junta general con el consentimiento del socio afectado a favor. En efecto, ese crédito de reembolso del socio se considera una obligación con pago aplazado (art. 1170 CC) por lo que si es acordado por las partes sería posible siempre que quede reflejado en la inscripción en virtud del art. 202. 3 RRM[45].

Un problema particular se da cuando el aplazamiento se debe a la imposibilidad de contactar con los socios para proceder al pago por la falta de conocimiento de todos ellos. Esto puede suceder tanto en relación con acciones al portador como en los supuestos en los que el libro registro de socios no esté actualizado. Ante este problema, se ha apuntado como solución la consignación de las cantidades pendientes de devolución a los socios desconocidos, pero esto choca con las exigencias de tipo registral (art. 170. 5 RRM para anónimas y 201.3.1.º RRM para limitadas). En efecto, las normas registrales obligan a indicar en la escritura de reducción de la sociedad anónima "la declaración de los otorgantes de que se han satisfecho a los accionistas afectados de los reembolsos correspondientes" y en la sociedad de responsabilidad limitada "la identidad de las personas a las que se ha restituido las aportaciones sociales o, en su caso, la declaración del órgano de administrado de haber constituido una reserva". En definitiva, una reducción del capital con devolución de aportaciones que afecte a todos los socios hace necesario su identificación sin posibilidad de un aplazamiento de pago al no contar con el consentimiento del socio no identificado[46].

La obstaculización de este tipo de reducciones que afectan a todos los socios y no se conoce la identidad de todos ellos podría facilitarse si fuera posible aplicar la doctrina arrojada en la RDGRN de 9 de septiembre de 2019[47], es decir, a aquellos socios no localizados se les reconoce un derecho de crédito

45 En este sentido, la RDGRN de 9 de septiembre de 2019 (TOL7.564.693, BOE de 4 de noviembre de 2019) concluye en el F. D.º 2.º que el aplazamiento de pago es válido siempre que se acuerde por las partes como toda obligación dineraria (1170 CC), con el fin de cumplir el art. 201.3.1.º RRM se entiende que es suficiente la declaración del otorgante de la escritura sobre el aplazamiento de la devolución de las aportaciones y se reflejará en la inscripción. Se ha considerado que como el acuerdo de aplazamiento de pago no tiene porqué constar en escritura pública (1280 CC) no sería necesaria la presencia del socio, en este sentido, *vid. Comentarios a las Resoluciones de la Dirección General de Registros y Notariado*, Núm. 126, Junio, 2015.

46 BALLESTER GARCÍA-IZQUIERDO, J. L., RAMOS CUETO, P. J., y RUAN ROLLÁN, J., "Sobre las alternativas al efectivo reembolso y pago a todos los socios o accionistas en un supuesto de reducción de capital para la devolución del valor de las aportaciones-Comentario a la Resolución de la Dirección General de los Registros y del Notariado de 9 de septiembre de 2019", *Aranzadi Doctrinal*, N.º 5, 2020 (versión online), pp. 5-6.

47 RDGRN de 9 de septiembre de 2019 (TOL7.564.693, BOE de 4 de noviembre de 2019).

relativo a la recepción de la devolución de aportaciones. Mientras que en la sociedad anónima esta solución sería factible, no lo es tanto en la sociedad limitada pues la identificación de los socios en la reducción tiene también la finalidad de proteger a los acreedores. La única vía para evitar que no se pueda proceder a la reducción en una sociedad de responsabilidad limitada sería que la junta general acordase la exclusión de la responsabilidad solidaria de los socios y la dotación de una reserva con cargo a beneficios o reservas libres (art. 332 LSC). Así dado que los acreedores se encuentran protegidos gracias a la reserva, la identificación de los socios dejaría de ser necesaria[48].

2.3. Cuantía

Como ya se ha señalado, el art. 318 LSC exige que en el acuerdo de reducción se incluya "la suma que haya de abonarse a los socios". La mención a la "suma" en vez de al valor nominal de las acciones o participaciones que se amortizan o cuyo valor se reduce abre la posibilidad de que lo reembolsado sea una cifra diferente a lo aportado inicialmente. Este caso puede darse cuando la sociedad cuenta con reservas u otro tipo de excedentes, lo que hace oportuno que la suma que vaya a abonarse a los socios por la reducción se reflejen esos excedentes al igual que ocurre en los aumentos con prima de emisión[49].

La determinación del cálculo del valor reembolsado a los socios no está prevista en la LSC, a diferencia de los aumentos con prima que sí se encuentran regulados. Ante esta laguna se ha defendido que el límite debe encontrarse en el valor razonable de las acciones o participaciones a amortizar. En cuanto al procedimiento para su cálculo podría seguirse el que se utiliza en los casos de devolución de aportaciones por separación de los socios (335 LSC) pero la dificultad reside en que no hay una confirmación legal sobre su aplicación para los casos de reducción[50].

Pero puede ocurrir también lo contrario, es decir, ante una situación de crisis patrimonial el valor real puede ser inferior al valor nominal de las ac-

48 BALLESTER GARCÍA-IZQUIERDO, J. L., RAMOS CUETO, P. J., y RUAN ROLLÁN, J., *op. cit.*, pp. 7-8.

49 En este sentido, PÉREZ DE LA CRUZ BLANCO, A., *La Reducción del Capital [Artículos 163 a 170...*, cit., pp. 26-27; PÉREZ DE LA CRUZ BLANCO, A., *La Reducción del Capital [Artículos 163 a 170...*, cit.,p. 27, ESPÍN GUTIÉRREZ, C., "Artículo 317...", cit., p. 2386.

50 Se entiende que las cláusulas estatutarias de pago en especie la única exigencia es que deben incluir la tasación de los bienes a su valor real en línea con el art. 392 LSC, BORNARDELL LENZANO, R., CABANAS TREJO, R., *op. cit.*, p. 76; ESPÍN GUTIÉRREZ, C., "Artículo 317...", cit., p. 2386.

ciones o participaciones. En este último caso, hay que establecer ciertas cautelas en la sociedad limitada al no contar con un derecho de oposición los acreedores. Una primera solución sería proceder a una reducción por pérdidas para posteriormente devolver la suma a los socios. Alternativamente, sin tener que pasar por una reducción por pérdidas, podría el socio asumir su responsabilidad solidaria por una cifra igual al valor nominal de las participaciones amortizadas en vez del valor restituido ya que esta última cifra es inferior al capital amortizado; o bien, se podría crear una reserva (voluntaria o indisponible) durante un plazo de cinco años por un importe equivalente al valor nominal de las participaciones amortizadas para proteger a los acreedores[51].

2.4. *Distribución dispar del objeto de la reducción*

Al igual que los acreedores, los intereses de los socios también se ven protegidos en este tipo de reducciones ante la posibilidad de que la reducción no les afecte por igual. Esta materia será objeto de estudio en otro capítulo de esta obra por lo que tan sólo señalamos aquí las dos medidas previstas en materia de reducción del capital[52].

La LSC parte, con carácter general, del principio de igualdad de trato a los socios que se encuentren en condiciones idénticas (art. 97 LSC). Este principio se aplica también en la reducción del capital por devolución de aportaciones al establecer, en primer lugar, la afectación por igual de la reducción a todas las acciones o participaciones en los casos y, por lo tanto, de amortización de acciones o participaciones.

No obstante, se admite la posibilidad de que haya un trato no igualitario en la amortización siempre que se cumplan los siguientes requisitos[53]: En la sociedad anónima no sólo se requiere la adopción del acuerdo por la junta ge-

51 En este sentido, *vid.* ESPÍN GUTIÉRREZ, C.,., "Artículo 317...", cit., pp. 2386-2387. Se ha pronunciado también la DGRN en diversas resoluciones, DGRN 10 de mayo de 2017 (TOL6.114.690, BOE 29 de mayo de 2017), 22 de mayo de 2018 (TOL6.628.411, BOE 8 de junio de 2018, BOE de 8 de junio de 2018) o la RDGSJFP de 11 de junio de 2020 (BOE de 31 de julio de 2020) y *vid.*, supra., in extenso., nota 23.

52 *Vid.* RECAMAN GRAÑA, E., "La reducción del capital no paritaria", en *Estudios sobre el aumento y la reducción del capital en las sociedades anónimas y limitadas*, Tirant Lo Blanch.

53 Como advierte PÉREZ DE LA CRUZ BLANCO, A., *La Reducción del Capital [Artículos 163 a 170...*, cit., p. 71., en la mayoría de los casos de reducción con amortización de acciones no afectará por igual a todas ellas salvo en los casos de reducción a cero del capital con posterior aumento con acciones nuevas.

neral sino también ha de adoptarse adicionalmente el acuerdo por la mayoría de las acciones pertenecientes a la clase afectada/s[54], entendiéndose que no sólo son afectados los accionistas que permanecen en la sociedad sino también a los que les son amortizadas sus acciones[55]. Mientras que en la sociedad limitada se necesita el consentimiento individual de los socios titulares de las participaciones que no se les trata igual[56].

En segundo lugar, en aquellas reducciones en las que se proceda a disminuir el valor nominal, se parte de la regla de la proporcionalidad, es decir, la forma en que ha de hacerse la devolución debe ser proporcional, a prorrata del valor de las respectivas participaciones sociales o al valor desembolsado en el caso de las acciones (330 LSC), de esta forma afecta por igual la posi-

54 Estos acuerdos se adoptarán siguiendo las exigencias para las modificaciones estatutarias, ya sea a través de una votación separada en la junta general o bien, se celebrará una junta especial (293. 3 y 4 LSC). No obstante, el art. 329 LSC difiere en parte al contenido del 293 LSC pues en el caso de la reducción no paritaria se exige "el acuerdo separado de la mayoría de los accionistas interesados" en vez de a la "mayoría de las acciones pertenecientes a la clase afectada" como establece el 293 LSC. Por lo tanto, en la votación se computarán todas las acciones del accionista sean afectadas o no, de este modo encajaría con lo dispuesto en el art. 31 de la Segunda Directiva que exige también cuando haya varias categorías de acciones "la votación por separado al menos para cada categoría de accionistas a cuyos derechos afecta la operación", *vid.* ESPÍN GUTIÉRREZ, C., "Artículo 317...", cit., p. 2390, BORNARDELL LENZANO, R., "Artículo 317. Modalidades de la reducción"..., *op. cit.*, p. 78. A este respecto, en la propuesta de Código Mercantil se precisaba que se requería el voto a favor de las tres cuartas partes de las acciones afectadas.

55 En cuanto a qué se entiende por "accionistas interesados" se ha de determinar en cada caso, pero tanto son afectados (siguiendo la dicción del 170.3 RRM) a los que se les amortizan las acciones como a los que no, *vid.* PÉREZ DE LA CRUZ BLANCO, A., *La Reducción del Capital [Artículos 163 a 170...*, cit., p. 74; ESPÍN GUTIÉRREZ, C., "Artículo 317...", cit., p. 2389. Resulta relevante en este sentido la RDGRN de 23 de noviembre de 1992 (TOL273.928, BOE de 21 de enero de 1993), que constata la vulneración del principio de paridad de trato al votar conjuntamente los accionistas que se iban como los que se quedaban en la sociedad.

56 En el caso de la sociedad de responsabilidad limitada los efectos del acuerdo de reducción están condicionados al consentimiento individual de los socios, es decir, el consentimiento es requisito de eficacia del acuerdo de reducción, *vid.* ESPÍN GUTIÉRREZ, C., "Artículo 317...", cit., 2388. Es necesario la unanimidad, como se establecía en el 79.2 LSRL (el consentimiento de todos los socios) y se entiende que exige el 329 LSC a pesar de su confusa redacción, *vid.* BORNARDELL LENZANO, R., "Artículo 317. Modalidades de la reducción"..., *cit.*, p. 78, en el F. D.º 2.º y 3.º de la RDGRN de 2 de septiembre de 2020 (TOL8.101.223, BOE de 2 de octubre de 2020) que alude a la conexión entre el art. 329 y 292 LSC en el sentido de que en un supuesto de reducción que a una de las socias se le devolvía un inmueble y al resto de socios nada, no solo se requiere el consentimiento individual de la socia que recibe la aportación en especie sino también del resto que no reciben nada pues el punto determinante es si como consecuencia de la reducción su posición en la sociedad queda comprometida lo que activa la aplicación del 292 LSC que exige el consentimiento unánime cuando se ven afectados derechos individuales de los socios.

ción de todos los socios. Ahora bien, el mismo precepto admite la posibilidad de que no sea a prorrata siempre que el sistema de reparto se acuerde por unanimidad[57]

III. LA REDUCCIÓN DE CAPITAL PARA DOTAR RESERVAS DISPONIBLES

1. Acotación del tipo de reducción y régimen jurídico

El art. 317 LSC recoge entre las finalidades de la reducción del capital la reducción para dotar reservas voluntarias que representa la antítesis al aumento con cargo a reservas. Esta reducción se encuadra en el grupo de las reducciones efectivas o reales pues se modifica el régimen de disponibilidad del patrimonio societario. Ahora bien, es una operación meramente contable pues parte de la cifra de capital social pasa a reservas voluntarias, ese patrimonio indisponible deja de estar afectado y se libera para su posterior distribución entre los socios como dividendos o aumento de capital con cargo a reservas.

Además de utilizarse para crear o aumentar las reservas disponibles. Se recurre a esta operación cuando la sociedad no ha vendido las acciones en autocartera en los plazos establecidos por la ley, la solución es su amortización mediante una reducción del capital por el valor nominal de las acciones amortizadas (art. 193. 2 LSC). Como estas acciones se encuentran en poder de la sociedad, no hay ninguna devolución a los socios, sino que se reduce la partida de pasivo (capital social) y se amplía la de reservas voluntarias[58].

El supuesto presenta ciertas similitudes con la figura de la reducción con devolución de aportaciones. En la reducción para dotar reservas disponibles se hace en varias fases lo que en la reducción con devolución de aportaciones

57 Se entiende que no es necesario que acudan todos los socios a la junta general, la unanimidad puede circunscribirse a los asistentes y los no asistentes, con posterioridad a la junta, se adhieran al acuerdo, *vid.* RDGRN de 9 de septiembre de 2019 (TOL7.564.693, BOE de 4 de noviembre de 2019). Parece confirmar esta posibilidad el art. 201.1 RRM al establecer que la escritura de reducción debe indicar que todos los socios han prestado su consentimiento a la modalidad de reducción sin diferenciar el tipo de discriminación.

58 La viabilidad de la amortización de acciones con la consiguiente reducción de capital solo es posible si se procede al incremento de las reservas voluntarias, pues la reducción del pasivo implica un correlativo aumento del activo. El carácter de la reserva, es decir, su libre disposición activará o no los mecanismos de tutela a acreedores. V. PÉREZ DE LA CRUZ BLANCO, A., *La Reducción del Capital [Artículos 163 a 170...*, cit., p. 32.

se hace en un acto[59]. Así, aunque en un primer momento se observa que el patrimonio disponible no sale de la sociedad con la ejecución de la reducción —lo que diferencia esta operación de la reducción con devolución de aportaciones—, la semejanza se percibe en que a los socios se les devolverán aportaciones con posterioridad —en este caso el montante de la reserva voluntaria creada—[60].

La nota de disponibilidad del patrimonio que se produce con esta reducción la aleja del régimen de la reducción para la constitución de una reserva legal u otro tipo de reservas indisponibles (v. arts. 332 y 335 c LSC). Estas últimas son del tipo nominal o contable porque su indisponibilidad impide su reparto a los socios; la consecuencia que de ello se infiere es que en ese caso no opera el derecho de oposición de los acreedores[61].

Por el contrario, en la dotación de reservas voluntarias, sí que tendría que protegerse a los acreedores porque esas cantidades que eran indisponibles, vinculadas al capital social, han sido trasladas a otra partida del balance y han pasado a ser fondos de libre disposición. En este sentido, su disponibilidad hace que puedan ser libremente distribuidas entre los socios[62]. El problema, como a continuación examinaremos, se encuentra en que no se ha desarrollado en la LSC un régimen jurídico específico de protección a acreedores ante este tipo de reducción.

59 La operación se hace en un acto en la reducción con restitución de aportaciones mientras que hay un doble tracto en la reducción por incremento de reserva voluntaria, PÉREZ DE LA CRUZ BLANCO, A., *La Reducción del Capital [Artículos 163 a 170...*, cit., p. 33, VALPUESTA GASTAMINZA, E., *op. cit.*, p. 847.

60 Otra de las diferencias es la relativa a las normas aplicables a la distribución no paritaria, en caso de reducción por creación o aumento de reservas voluntarias no se puede aplicar los arts. 329 y 330 LSC relativos a la reducción con devolución de aportaciones pues no hay ningún reembolso inmediato, por lo que sería aplicable por analogía el art. 320 LSC sobre la paridad de trato en la reducción por pérdidas ya que el socio no recibe tampoco nada en esta reducción, entre otros, *vid.* VALPUESTA GASTAMINZA, E., *op. cit.*, p. 843, BORNARDELL LENZANO, R., "Artículo 317. Modalidades de la reducción"..., *op. cit.*, p. 77.

61 En este sentido, la DGRN determina que la reducción con dotación de una reserva indisponible en una SL durante un plazo de 5 años sin recibir los socios ninguna suma no requiere una protección adicional a los acreedores, pues esta indisponibilidad durante ese periodo es equiparable al régimen de responsabilidad solidaria de los socios cuando estos reciben aportaciones, *vid.* F.º D.º 4 de la DRGN de 25 de enero de 2011 (TOL2.075.932, BOE de 4 de abril de 2011).

62 SÁNCHEZ DE MIGUEL, M. C., *op. cit.*, p. 766, DE LA CAMARA, M., *op. cit.*, p. 550.

2. Soluciones a la ausencia de medidas tuitivas para acreedores en la reducción para dotar reservas disponibles

El vacío legal en torno al régimen de protección de acreedores en las reducciones para dotar reservas disponibles puede aprovecharse para el reparto del capital entre los socios de manera diferida en el tiempo evitando así aplicar el sistema de garantías aplicable en la reducción con devolución de aportaciones. En efecto, en la reducción para dotar reservas disponibles se traslada a un momento posterior la devolución de las aportaciones a los socios una vez se reparte la reserva voluntaria generada, a través de un aumento de capital con cargo a esta reserva o la distribución de dividendos[63].

Para evitar esa elusión normativa y la consiguiente desprotección de los acreedores, se defiende que en sociedades anónimas se aplique extensivamente el mismo sistema de protección de los acreedores que si fuese una reducción con devolución de aportaciones, es decir, los acreedores podrían ejercer el derecho de oposición. Para evitar la aplicación del derecho de oposición, se tendría que generar una reserva indisponible en aplicación analógica del art. 335 c) LSC[64].

En sociedades de responsabilidad limitada, este tipo de reducción es relativamente nueva pues con anterioridad a la LSC no se preveía en el art. 79 LRSL este tipo de reducción, sin embargo, la DGRN llegó a reconocer que podría admitirse siempre que se previesen ciertas garantías para proteger a los acreedores como la inclusión de un derecho de oposición estatutario o la generación de una reserva indisponible[65]. Con la entrada en vigor de la LSC pasa a admitirse esta reducción también para sociedades de responsabilidad limitada pero no se aprovechó la refundición para acometer la regulación del régimen aplicable a la protección de acreedores lo que fuerza, al igual que en sociedades anónimas, a examinar la posible aplicación extensiva de las

63 BORNARDELL LENZANO, R., CABANAS TREJO, R., *op. cit.* p. 29, SÁNCHEZ DE MIGUEL, M. C., *op. cit.*, p. 766.

64 VALPUESTA GASTAMINZA, E., *op. cit.*, p. 844.

65 Una de las más relevantes es la RDGRN de 24 de mayo de 2003 (TOL276.609, BOE 8 de julio de 2003) en la que a pesar de determinar que no era posible este tipo de reducción al no estar prevista en la LSRL se admitía *obiter dicta* en el F.º D.º 4.º su viabilidad siempre que se den las debidas garantías a acreedores. Posteriormente, en la RDGRN de 25 enero de 2011 (TOL2.075.932, BOE de 4 de abril de 2011), dado que ya se encontraba incluida en la LSC esta reducción para sociedades limitadas y a la vista de los pronunciamientos previos del Centro Directivo, se admite la validez de esta reducción siempre que, como fue el caso, se creaba una reserva voluntaria indisponible.

normas de protección de acreedores en las reducciones por devolución de aportaciones[66].

A diferencia de la sociedad anónima, la aplicación analógica completa del régimen legal de protección no es posible en la sociedad limitada porque no se puede extender la eventual responsabilidad solidaria de los socios puesto que en la reducción con dotación de reservas disponibles no se devuelve nada a los socios, extremo que sí ocurre en las reducciones con devolución de aportaciones a los socios que justifica la activación de su responsabilidad. En efecto, el art. 331.1 LSC sitúa el origen de la responsabilidad solidaria de los socios en la restitución de la totalidad o parte del valor de sus aportaciones[67].

Vedada esta posibilidad, sólo restaría aplicar el resto de medidas de protección de acreedores que revierten el régimen legal en las reducciones por devolución de aportaciones, es decir, la dotación de una reserva voluntaria indisponible cuya cuantía debe ser equivalente a la cifra que se traspasa del capital a las reservas voluntarias tal como se prevé el art. 332.2 LSC[68]. Como alternativa podría contemplarse estatutariamente el derecho de oposición de los acreedores recogido en el art. 333 LSC o bien, incluir la responsabilidad de los socios en estatutos o que fuera asumida por éstos para los casos de reducción por dotación de reserva voluntaria[69].

66 ALONSO LEDESMA, C., "La modificación de los estatutos sociales: Aumento y reducción de capital", *Revista de derecho de sociedades*, N.º 36, 2011, BIB 2011\517 (Versión online sin paginar), subraya que a pesar del acierto en la LSC al admitir este tipo de reducción en sociedades de responsabilidad limitada, se erró en no establecer un régimen legal específico de protección de acreedores.

67 El 331.4 LSC no es aplicable a este tipo de reducción porque este apartado exige que se indique la identidad de los socios que reciben las aportaciones cuando en la reducción para dotar reservas voluntarias no hay esa devolución de aportaciones inmediata, *vid.* ORELLANA CANO, N. A., *op. cit.*, p. 4323, VALPUESTA GASTAMINZA, E., *op. cit.*, p. 844.

68 Como ha señalado la RDGRN en diversas resoluciones sin las debidas garantías a acreedores, este tipo de reducción no es posible llevarla a cabo en sede de limitadas tal como se señalaba en la RDGRN de 24 de mayo de 2003 (TOL276.609). En posteriores resoluciones, se rechazó la inscripción de la reducción porque no se preveían esas garantías al no establecer una reserva de carácter indisponible (RDGRN de 25 enero de 2011-TOL2.075.932, 16 de noviembre de 2015-TOL5.580.453).

69 En torno a las previsiones estatutarias para que la reducción por creación de reserva voluntaria sea factible, *vid.* ALONSO LEDESMA, C., "La modificación de los estatutos sociales..., cit., ORELLANA CANO, N. A., *op. cit*, p. 4322-4326, ESPÍN GUTIÉRREZ, C., "Artículo 317...", cit., p. 2347, BORNARDELL LENZANO, R., "Artículo 317. Modalidades de la reducción"..., *op. cit.*, p. 77. Asimismo, la doctrina administrativa ha considerado esta medida adecuada en la RDGRN de 16 de noviembre de 2015 (TOL5.580.453, BOE de 9 de diciembre de 2015) o en la RDGSJFP de 11 de junio de 2020 (TOL8.026.386, BOE de 31 de julio de 2020) que concluye la aplicación por analogía de los arts. 332 y 333 LSC, aunque considera más ade-

IV. REDUCCIÓN DE CAPITAL PARA LA CONDONACIÓN DE APORTACIONES PENDIENTES

1. Concepto

Este tipo de reducción se basa en la extinción del crédito que tiene la sociedad anónima frente al accionista por la cuantía de capital pendiente de desembolso. Es una reducción circunscrita a aquellas sociedades anónimas cuyos accionistas tengan desembolsos pendientes puesto que en sede de limitadas no cabe el aplazamiento del desembolso del valor nominal de las participaciones sociales (art. 79 LSC).

Esta modalidad también debe considerarse como una reducción efectiva o real ya que no solo se reduce la cifra estatutaria de capital social sino que también se elimina la deuda del accionista por el valor no desembolsado, que se refleja en la cuenta de activo "accionistas por desembolsos no exigidos"[70].

Las razones que llevan a realizar este tipo de reducción son variadas. Su base económica es similar a la reducción con devolución de aportaciones, la cifra de capital social es inadecuada, al resultar excesiva, por lo que el acomodo del capital social al objeto social hace necesario prescindir de parte del patrimonio societario. La diferencia es que en la reducción con devolución de aportaciones esos bienes patrimoniales ya se encuentran en el haber societario mientras que en este caso al tratarse de desembolsos pendientes no se han integrado todavía[71].

La reducción en este supuesto puede responder también a necesidades de financiación externa de la sociedad que obliguen al desembolso previo de todas las acciones lo que puede conseguirse con una reducción del capital condonando los desembolsos pendientes[72]. Para lograr su cotización se requerirá

---

cuado que prevean dichos extremos estatutariamente ante una posible reclamación ante los tribunales.

70 PÉREZ DE LA CRUZ BLANCO, A., *La Reducción del Capital [Artículos 163 a 170...*, cit., pp. 27-28.

71 PÉREZ DE LA CRUZ BLANCO, A., *La reducción del capital en sociedades anónimas y de responsabilidad limitada*, cit., p. 124, SÁNCHEZ DE MIGUEL, M. C., *op. cit., p.* 763.

72 Podría considerarse que en vez de recurrir a la financiación externa procedieran los socios al pago de los desembolsos pendientes, el problema puede estar en el plazo estipulado en estatutos para el pago —art. 23 LSC, apartado d: "la parte del valor nominal pendiente de desembolso, así como la forma y el plazo máximo en que satisfacerlo"—. No obstante, el RRM en los arts. 134 y 135 parece dar la capacidad a los administradores dentro de esos plazos máximos, para que puedan exigir su cumplimiento, *vid.* SÁNCHEZ DE MIGUEL, M. C., *op. cit.*, p. 764.

que los accionistas paguen los desembolsos pendientes o bien proceder a la reducción del capital para extinguir la deuda que tienen los accionistas por los desembolsos pendientes[73].

En definitiva, en estos casos se desprende que adecuar el capital social a la nuevas necesidades de la sociedad para poder desarrollar el objeto social requiere la adopción de una reducción del capital mediante la condonación de la obligación de realizar las aportaciones pendientes.

2. Naturaleza jurídica

La cuestión más controvertida en los estudios sobre este tipo de reducción del capital es su naturaleza. La discusión se origina por el término elegido por el legislador para denominar esta reducción al aludirse en la LSC a "la condonación de la obligación de realizar las aportaciones pendientes" o a "la condonación de dividendos pasivos"[74].

Si se realiza una interpretación literal de su denominación parece que la sociedad renuncia a reclamar a los socios el derecho de crédito que ostenta por los desembolsos pendientes sin recibir nada a cambio. Este extremo no podría darse porque se estaría atentando contra la función de garantía que representa el capital social al verse debilitado el principio de integridad del capital social[75]. Asimismo, la condonación sería una suerte de beneficios encubiertos que se reparten a ciertos socios lo que quebrantaría el principio de paridad de trato[76]. Por consiguiente, como quiera que estos principios no se pueden vulnerar es necesario dilucidar cuál es la verdadera naturaleza de esta reducción que implica la extinción de la deuda del accionista.

73 Igual ocurre con el aumento de capital a través de aportaciones dinerarias, que precisa que todo el capital se encuentre desembolsado (299 LSC) lo que podrá llevar a una reducción para condonar los desembolsos pendientes. Sobre las finalidades de este tipo de reducción, *vid.* PÉREZ DE LA CRUZ BLANCO, A., *La reducción del capital en sociedades anónimas y de responsabilidad limitada*, cit., pp. 124-125; SÁNCHEZ DE MIGUEL, M. C., *op. cit.*, p. 763.

74 PÉREZ DE LA CRUZ BLANCO, A., *La reducción de capital en sociedades anónimas y de responsabilidad limitada*, cit., p. 124 sugiere que un término menos problemático hubiera sido la "liberación o exoneración del pago de los dividendos pasivos" pues no hubiera dado pie a la discusión doctrinal sobre su naturaleza por ser un término menos específico en su sentido jurídico.

75 En contra de la interpretación literal, URÍA, R., MENÉNDEZ, A., y GARCIA DE ENTERRÍA, J., *op. cit.*, p. 269, BELTRÁN SÁNCHEZ, E. M., *Los dividendos pasivos*, Cívitas, 1988, p. 57 (nota a pie), mientras que LOPEZ ORTEGA, R., *Los dividendos pasivos*, Marcial Pons, Madrid, 1998, p. 469 admite esa posibilidad.

76 BELTRÁN SÁNCHEZ, E. M., *op. cit*, p. 57-58, nota a pie 1.

Son varias las posiciones sobre su naturaleza jurídica. La mayoritaria defiende la naturaleza compensatoria (1195 CC) de la reducción, se compensaría así la deuda que tiene el accionista con la sociedad por el desembolso pendiente con el crédito que tiene el accionista derivado de la reducción del capital en concepto de devolución de aportaciones. En este sentido, en una reducción se da el mismo resultado si se reparte lo entregado por exceso por los accionistas que si se deja de exigir la cantidad pendiente de desembolso[77].

Se ha apuntado una posición intermedia que no rechaza la condonación pero la matiza; es decir, no estaríamos ante una condonación gratuita —que se deriva de la novación extintiva del contrato de suscripción— pues esta condonación estaría supeditada en todo caso a la previa reducción del capital e implicaría a su vez que el accionista dejara de disfrutar de los derechos asociados a ese capital no aportado que ahora se reduce[78]. Es decir, la supresión de los desembolsos pendientes en el activo del balance supone a su vez la reducción del capital social en una cifra igual[79]. Ante esta interpretación, habría que rechazar la naturaleza compensatoria de la reducción (1195 CC) porque no se puede compensar el crédito del socio que surge de la reducción con la deuda por aportaciones pendientes. En efecto, el acuerdo de reducción automáticamente extingue el crédito de la sociedad frente a los socios por los dividendos pasivos al desaparecer esa partida no se podría compensar[80].

La DGRN, por su parte, en su resolución de 8 de mayo de 2015[81] rechaza que la naturaleza de esta reducción sea la de condonación de la deuda del socio pero no se decanta por una solución unívoca pues entiende que su naturaleza oscila entre la novación del contrato de suscripción y la compensación de créditos.

Sea como fuere, la clave reside en que no es una operación gratuita porque la eliminación en el balance de la cuenta 103 del Plan General Contable ("socios por desembolsos no exigidos") en la cuantía que los accionistas adeudan a la sociedad exige a su vez que se reduzca la cifra de capital social[82].

---

77 PÉREZ DE LA CRUZ BLANCO, A., La reducción de capital en sociedades anónimas y de responsabilidad limitada, cit., p. 124.

78 LOPEZ ORTEGA, R., *op. cit.*, pp. 471-473.

79 Ibid., p. 471.

80 LOPEZ ORTEGA, R., *op. cit.*, p. 473.

81 F.º D.º 3.º, DGRN de 8 de mayo de 2015 (TOL5.167.760, BOE 8 de junio de 2015).

82 Rechazando esa gratuidad, *vid.* BELTRÁN SÁNCHEZ, E. M., *op. cit*, pp. 57-59 y nota a pie 1, ORELLANA CANO, N. A., *op. cit.*, p. 4328.

3. Los límites a la condonación

La reducción por condonación de dividendos pasivos presenta ciertos límites legales. No puede justificarse una reducción de este tipo al vulnerar la exigencia del desembolso mínimo (art. 79 LSC), es decir, toda reducción debe preservar que cada acción presente un desembolso mínimo del 25%. No está permitido tampoco este tipo de reducción si la sociedad cuenta con obligaciones convertibles, salvo que se proceda a garantizar a los obligacionistas la conversión de sus obligaciones (418. 3 LSC).

Otro de los posibles límites que se han detectado es la viabilidad de combinar dos tipos de reducción, es la llamada reducción mixta que se caracteriza porque un mismo acuerdo de reducción atiende a dos finalidades distintas: la devolución de aportación y la condonación de dividendos. La duda sobre su validez surge porque no existe previsión al respecto en la LSC como sí ocurre con los aumentos de capital con aportaciones dinerarias o en la liquidación donde se exige el total desembolso previo de las acciones para proceder al aumento o la liquidación.

Ante el silencio del legislador, se ha defendido la posibilidad de llevar a cabo reducciones mixtas. Un supuesto se da cuando los accionistas han realizado distintos desembolsos, bien porque los desembolsos se hacen en distintas fechas o bien las aportaciones son de distinta naturaleza. Ante esta situación, se ha considerado que la reducción se articula de dos formas, por una parte, a las acciones liberadas se les devolverán sus aportaciones mientras que a las pendientes de su total desembolso se les condonarán los dividendos pasivos. Una vez ejecutado el acuerdo ya no habrá dos tipos de acciones, todas pasarían a ser acciones liberadas e íntegramente desembolsadas gracias a la nivelación del valor nominal realizada con la reducción del capital[83].

83 Se han pronunciado sobre la viabilidad, PÉREZ DE LA CRUZ BLANCO, A., *La Reducción del Capital [Artículos 163 a 170...*, cit., pp. pp. 28-29, no obstante, ha puntualizado que debería existir una disposición en el régimen de reducción del capital semejante al art. 154 LSA (actual 299 LSC) para aumentos de capital de esta manera no se podría reducir el capital a través de la devolución de aportaciones hasta que hubiera dividendos pasivos. De esta forma, una reducción del capital tendría que dirigirse a la eliminación de los dividendos pasivos para poder comenzar a restituir aportaciones. En igual sentido, en sede de liquidación societaria, el art. 385. 2 LSC exige la percepción de los dividendos pendientes antes de proceder a la liquidación. También sobre esta cuestión, *vid.* SÁNCHEZ DE MIGUEL, M. C., *op. cit.*, p. 765, LOPEZ ORTEGA, R., *op. cit.*, p. 475, ORELLANA CANO, N. A., *op. cit.*, p. 4331. Igualmente se admiten las reducciones mixtas en el F.º D.º 2.º de la RDGRN de 8 de mayo de 2015 (TOL5.167.760, BOE de 8 de junio de 2015).

Otro supuesto se relaciona con la transformación de una sociedad anónima con desembolsos pendientes en una sociedad limitada. Con anterioridad a la entrada en vigor de la LME, ya rechazaba la DGRN la transformación de una SA en una SL si previamente no se habían desembolsado todas las acciones pues todas las participaciones tienen que estar íntegramente desembolsadas[84]. En consecuencia, en la misma junta habían de adoptarse una reducción mixta y la transformación. La situación no cambió con la LME ni con su régimen actual en el Real Decreto-ley 5/2023, de 28 de junio[85], el art. 11. 2 LME (actual art. 25. 2 RD-ley 5/2023) exige una actuación previa a la transformación de manera obligatoria en estos casos; es decir, ha de desembolsarse íntegramente el capital social o su condonación a través de una reducción para que se proceda a la transformación. Ahora bien, el régimen aplicable a esta reducción resulta confuso porque el art. 17. 2 LME (actual art. 29. 2 RD-ley 5/2023) parece llevarnos a entender que deben aplicarse las disposiciones de la SL para la reducción al ser el tipo en el que se transforma la sociedad anónima. No hay que obviar, empero, la excepción en el art. 11. 2 LME (actual art. 25. 2 RD-ley 5/2023) que exige una actuación previa a la transformación de manera obligatoria lo que confirma la aplicación de las disposiciones de la sociedad anónima a esta reducción antes de la transformación[86].

84 Por ejemplo, la RDGRN de 29 de marzo de 2000 (TOL132.994, BOE de 16 de mayo de 2000) confirmó la denegación de la inscripción de una escritura de transformación de una SA en una SL porque las acciones no estaban íntegramente desembolsadas. Como es sabido el régimen de la SRL al exigir que el capital social esté íntegramente desembolsado, no se permiten los dividendos pasivos ni la condonación. Por ello, se sugiere que el acuerdo de transformación se encuentre condicionado a un acuerdo social previo para revertir esos dividendos pasivos. Anteriormente, la RDGRN de 20 de febrero de 1996, (TOL223.546, BOE de 22 de marzo de 1996) había descrito cronológicamente las operaciones a realizar, en primer lugar, se tendrá que ejecutar la reducción por condonación de aportaciones pendientes para, en segundo lugar, proceder a la transformación.

85 Real Decreto-ley 5/2023, de 28 de junio, por el que se adoptan y prorrogan determinadas medidas de respuesta a las consecuencias económicas y sociales de la Guerra de Ucrania, de apoyo a la reconstrucción de la isla de La Palma y a otras situaciones de vulnerabilidad; de transposición de Directivas de la Unión Europea en materia de modificaciones estructurales de sociedades mercantiles y conciliación de la vida familiar y la vida profesional de los progenitores y los cuidadores; y de ejecución y cumplimiento del Derecho de la Unión Europea, BOE núm. 154, de 29 de junio de 2023.

86 En este sentido, la RDGRN de 8 de mayo de 2015 (TOL5.167.760, BOE de 8 de junio de 2015) analiza un supuesto de reducción mixta previa a la transformación, en el que se discutía si la reserva indisponible acordada en virtud de lo dispuesto para la SA sería admisible en atención a al art. 17. 2 LME. Concluye la RDGRN en el F.º D.º 5.º que en estas reducciones mixtas hay que entender que estamos ante un bloque, la "unicidad de la reducción" que implica seguir las disposiciones de la sociedad anónima. Ahora bien, la DGRN parece matizar, que en este caso se siguen las normas de la anónima porque no las hay en la SL sobre

V. BIBLIOGRAFÍA

AA. VV., *Comentarios a las Resoluciones de la Dirección General de Registros y Notariado*, n.º126, junio 2015.

ALONSO LEDESMA, "Algunas reflexiones sobre la función (la utilidad) del capital social como técnica de protección de los acreedores" en *Estudios de Derecho de Sociedades y Derecho Concursal: libro homenaje al Profesor Rafael García Villaverde*, Marcial Pons, Madrid, 2007, pp. 127-157.

— "La modificación de los estatutos sociales: Aumento y reducción de capital", *Revista de derecho de sociedades*, n.º 36, 2011, BIB 2011\517.

BELTRÁN SÁNCHEZ, E. M., *Los dividendos pasivos*, Cívitas, 1988.

BORNARDELL LENZANO, R., "Artículo 317. Modalidades de la reducción" en *Tratado de Sociedades de Capital. Comentario judicial, notarial, registral y doctrinal de la Ley de Sociedades de Capital (Arts. 317 a final)*, Tomo II, Aranzadi, Cizur Menor, 2017, pp. 37-50.

BORNARDELL LENZANO, R., CABANAS TREJO, R., *La reducción del capital social en la sociedad de responsabilidad limitada*, Tirant lo Blanch, Valencia, 2009.

ESCRIBANO GÁMIR, R., "La Directiva 2006/68/CE, de 6 de septiembre, en materia de tutela de los derechos de crédito de los acreedores sociales frente a la reducción del capital social: Apuntes de una reforma anunciada", *Revista de derecho de sociedades*, N.º 28, 2007.

ESPÍN GUTIÉRREZ, C., "Artículo 317. Modalidades de la reducción" en *Comentario de la Ley de Sociedades de Capital*, Tomo II, Aranzadi, Cizur Menor, 2011, pp. 2343-2350.

— "La reducción del capital social: Definición, modalidades y régimen general" en *Estudios sobre el aumento y la reducción del capital en las sociedades anónimas y limitadas*, Tirant Lo Blanch, Valencia, 2024.

FERRÁN, E., "Revisiting legal capital", *European Business Organization Law Review*, n.º20, 2019.

FERNÁNDEZ TORRES, I., "Reparto de dividendos y preinsolvencia" en *Reestructuración y gobierno corporativo en la proximidad de la insolvencia*, Wolters Kluwer, Las Rozas (Madrid), 2020, pp. 505-535.

GARCÍA MANDALONIZ, M., "El cuestionado sentido del régimen jurídico del capital social" en *Simplificando el Derecho de sociedades*, Marcial Pons, Madrid, 2010, pp. 253-348.

LLEBOT MAJO, J. O., "La Geometría del capital social", Revista de Derecho Mercantil, n.º231, 1999, BIB 1999\2287

LOPEZ ORTEGA, R., *Los dividendos pasivos*, Marcial Pons, Madrid, 1998.

---

reducción de dividendos pasivos, es decir, la transformación se le aplican las normas de la SL, a la reducción también salvo que no haya norma de destino, sobre esta resolución, *vid.*: Comentarios a las Resoluciones de la Dirección General de Registros y Notariado, n.º126, junio 2015; ORELLANA CANO, N. A., *op. cit.*, p. 4330.

MACHADO PLAZAS, J., "El capital social. (A propósito de la Directiva (UE) 2017/1132" en *Derecho de sociedades europeo*, Aranzadi, Cizur Menor, 2019, pp.113-136.

MARTÍNEZ-GIJÓN MACHUCA, P., "Algunos supuestos de pago en especie en las sociedades de capital. Particular referencia al caso del socio separado o excluido.", *RdS*, n.º 63/2021, BIB 2021\5166 (versión online).

MENEZES CORDEIRO, A., *Código das Sociedades Comerciais Anotado,* Almedina, Coimbra, 2014.

ORELLANA CANO, N. A., "Artículo 317. Modalidades de la reducción" en *Comentario de la ley de sociedades de capital: Tomo IV. Las cuentas anuales. La modificación de los estatutos sociales*, Tirant Lo Blanch, Valencia, 2021, pp. 4311-4338.

PÉREZ DE LA CRUZ BLANCO, A., *La reducción de capital en sociedades anónimas y de responsabilidad limitada*, Publicaciones del Real Colegio de España en Bolonia, Bolonia, 1973.

— *La Reducción del Capital [Artículos 163 a 170 de la Ley de Sociedades Anónimas]. Tomo VII volumen 3.º,* Civitas, Madrid, 1995.

PULGAR EZQUERRA, J., "Reparto legal mínimo de dividendos: protección de socios y acreedores (*solvency test*)", en *Derecho de sociedades y de los mercados financieros. Libro Homenaje a Carmen Alonso Ledesma,* Iustel, Madrid, 2018, pp. 674-711.

— "Reducción de capital y mecanismos de protección de acreedores en sociedades de capital", en *Estudios sobre el aumento y la reducción del capital en las sociedades anónimas y limitadas*, Tirant Lo Blanch, Valencia, 2024.

RECAMÁN GRAÑA, E., "La reducción del capital no paritaria", en *Estudios sobre el aumento y la reducción del capital en las sociedades anónimas y limitadas*, Tirant Lo Blanch, Valencia, 2024.

RICKFORD, J., "Reforming Capital. Report of the Interdisciplinary Group on Capital maintenance", *European Business Law Review,* vol 15, n.º 4, 2004.

SÁNCHEZ DE MIGUEL, M. C., "La reducción del capital social: modalidades y requisitos" en *Derecho de sociedades anónimas III, modificación de estatutos, aumento y reducción del capital, obligaciones*, Volumen 3, Civitas, Madrid, 1994, pp. 749-787.

URÍA, R., MENÉNDEZ, A., y GARCÍA DE ENTERRÍA, J., "S.A.: Modificación de los estatutos sociales" en *Curso de Derecho Mercantil*, Tomo I, Civitas, Madrid, 1999.

VALPUESTA GASTAMINZA, E., *Comentarios a la ley de sociedades de capital*, Wolters Kluwer Legal & Regulatory España, Las Rozas (Madrid), 2022.

Capítulo XIV

LA REDUCCIÓN DE CAPITAL NO PARITARIA

Eva Recamán Graña
Profesora Contratada Doctora
Universidad Complutense de Madrid

I. INTRODUCCIÓN

Entre las normas que rigen la reducción de capital, se encuentra regulada la posibilidad de que el acuerdo de reducción no afecte por igual a todas las participaciones o acciones en que se divida el capital de la sociedad. Esta previsión (en la actualidad contenida en el art. 329 de la Ley de sociedades de capital, en adelante, LSC) plantea interesantes cuestiones en cuanto a los requisitos exigidos para la validez de este tipo de reducción, dudas que, como se verá, encuentran su origen en los textos legislativos previgentes (leyes derogadas reguladoras de los tipos sociedad anónima y de responsabilidad limitada). Además, la interpretación del instituto se ha visto condicionada por directrices comunitarias, siendo, esta también, fuente de intensa controversia doctrinal en cuanto a la transposición del equivalente instituto de Derecho de la Unión y los requisitos necesarios para la procedencia de la reducción.

Así las cosas, la posibilidad que esta norma proporciona de otorgar un trato desigual a los socios en el contexto de la realización de una reducción de capital exige un análisis cuidadoso de esta modalidad de reducción y de los requisitos exigidos para su admisibilidad.

La reducción no paritaria puede utilizarse como instrumento de reorganización corporativa en situaciones no conflictivas, con el propósito de reajustar la distribución del capital social, muchas veces, en coordinación o como resultado de otra operación (por ejemplo, de ajuste de los llamados «picos o restos» tras una modificación estructural).

Sin embargo, también es posible que la reducción no paritaria esté motivada por un interés distinto al de la mera reorganización o ajuste del capital social, como puede ser el caso en que se pretenda articular la expulsión de un socio minoritario o cuando se busque permitir la desinversión de un socio de control o vinculado al socio mayoritario. En estos supuestos, el riesgo es el de que se persiga o subyazca una motivación económica o política particular —quizás reflejo de la existencia de un conflicto intrasocietario— bien la de obtener el control de la sociedad, eliminando a una minoría que resulta inconveniente, o la de desinvertir de la sociedad de manera no paritaria. Son estos supuestos patológicos los que más han interesado a la doctrina científica, administrativa y jurisprudencial, y en los que se centrará especialmente el presente capítulo.

II. ANTECEDENTES LEGISLATIVOS

La reducción con amortización no paritaria se encontraba regulada en el artículo 100.2 de la Ley de sociedades anónimas de 1951, recogiéndose con redacción prácticamente idéntica en el artículo 164.3 del texto refundido de la Ley de sociedades anónimas de 1989, que establecía: «Cuando la reducción implique amortización de acciones mediante reembolso a los accionistas y la medida no afecte por igual a todas las acciones, será preciso el acuerdo de la mayoría de los accionistas interesados, adoptado en la forma prevista en los artículos 144 y 148».

Habida cuenta de la existencia de esta norma, se consideraron ya colmadas las exigencias de transposición que habría de imponer el artículo 31 de la Segunda Directiva[1] (actual 74 de la Directiva consolidada) cuando disponía que, de existir varias categorías de acciones, la decisión de la junta general relativa a la reducción del capital suscrito habría de estar subordinada a una

1 Segunda Directiva 77/91/CEE del Consejo, de 13 de diciembre de 1976, tendente a coordinar, para hacerlas equivalentes, las garantías exigidas en los Estados Miembros a las sociedades, definidas en el párrafo segundo del artículo 58 del Tratado, con el fin de proteger los intereses de los socios y terceros, en lo relativo a la constitución de la sociedad anónima, así como al mantenimiento y modificaciones de su capital.

votación por separado para cada categoría de accionistas a cuyos derechos afectara la operación[2]. Obsérvese que la norma comunitaria preveía la existencia de distintas categorías de acciones *antes de la reducción de capital* y no parece que hubiera previsto la posibilidad de que el trato diferenciado se refiriese a determinadas acciones dentro de una (o única) clase[3]. En cambio, la existencia de clases diferentes no se preveía en la norma española, ni la doctrina consideraba este un requisito exigible de manera mayoritaria[4].

Si bien pudiera ser que «el espíritu» del artículo 31 de la Segunda Directiva ya se encontrara en el regulado artículo 100.2 de la Ley de sociedades anónimas de 1951, no parece que pudiera decirse lo mismo en lo relativo al artículo 36.1 del mismo instrumento comunitario (actual 79 de la Directiva consolidada). Esta norma, que no fue objeto de transposición, regulaba la reducción del capital suscrito por «retirada forzosa de acciones»[5], exigiendo que estuviera previamente «prescrita o autorizada por los estatutos o la escritura de constitución antes de la suscripción de las acciones objeto de la retirada», requerimiento que ya entonces planteaba dudas sobre la compatibilidad de la legislación española con la previsión europea. Estas dudas, como se verá, se extienden también sobre el actual art. 329 LSC[6], cuestión sobre la que se volverá más adelante (*vid.* infra, IV.1).

2 En palabras de Sánchez Andrés, el texto del art. 100. 2 se corresponde «en espíritu con el 31 de la Directriz, donde con mayor precisión se pide la "votación separada de cada categoría de accionistas a cuyos derechos afecte la operación"» [SÁNCHEZ ANDRÉS, A., «Aumento y reducción del capital», en AAVV, *La reforma del Derecho español de sociedades de capital (reforma y adaptación de la legislación mercantil a la normativa comunitaria en materia de sociedades)*, Madrid, 1987, p. 347]. Cfr., sin embargo, alertando de la imprecisión de esta afirmación, SÁNCHEZ RUS, H., «La amortización forzosa de acciones en el Derecho español», *Revista de Derecho de Sociedades*, 11, 1998, p. 220.

3 Cfr., sobre la cuestión, FERNÁNDEZ DEL POZO, L., *La amortización de acciones y las acciones rescatables*, Civitas, Madrid, 2002, pp. 92-93; *idem*, «"Greenmail" y amortización no paritaria de acciones y de participaciones. Un examen crítico del estado de la cuestión en nuestra "jurisprudencia"», *Revista de Derecho de Sociedades*, 21, 2003, p. 63.

4 Refiriendo este debate, FERNÁNDEZ DEL POZO, L., «"Greenmail" y amortización no paritaria de acciones y de participaciones. Un examen crítico del estado de la cuestión en nuestra "jurisprudencia"», *loc. ult. cit.*

5 La disposición de la Directiva toma como modelo y venía a autorizar el actual § 237 (1) AktG, que, a su vez, provenía del § 192 AktG de 1937. *Vid.*, LUTTER, M., BAYER, W., SCHMIDT, J., *Europäisches Unternehmens– und Kapitalmarktrecht*, 6.ª ed., De Gruyter, Berlin, 2018, nm. 19.247. Para una aproximación general al precepto alemán, *vid.*, por ejemplo, VEIL, R., Comentario al § 237, en *Aktiengesetz Kommentar*, Band II, Otto Schmidt, Köln, 2020, nm. 1-5.

6 Sin ánimo de exhaustividad, FERNÁNDEZ DEL POZO, L., *La amortización de acciones y las acciones rescatables*, cit., pp. 97-103; RODRÍGUEZ GONZÁLEZ, A., *La amortización de acciones en la SA (especial referencia al art. 164.3 TRLSA)*, Aranzadi, Cizur Menor, pp. 381-388.

En cuanto a la sociedad de responsabilidad limitada, el derogado art. 79.2 de la Ley de sociedades de responsabilidad limitada de 1995 establecía que cuando la reducción no afectara por igual a todas las participaciones, sería preciso «el consentimiento de todos los socios». Además, el artículo 81.4 del mismo texto legal, al regular las «garantías estatutarias para la restitución de aportaciones», establecía que «la devolución de capital habrá de hacerse a prorrata de las respectivas participaciones sociales, salvo que, por unanimidad, se acuerde otro sistema». El antecedente legislativo (parece que de ambos preceptos) se encontraría en el tercer párrafo del artículo 19 de la Ley de sociedades de responsabilidad limitada de 1953, que disponía (con casi idéntica dicción al art. 81.4 de la ley de 1995) que la devolución de capital habría de hacerse a prorrata de las respectivas participaciones, salvo que, por unanimidad, se acordara otro sistema. El art. 81.4 sería una suerte de duplicidad involuntaria del artículo 19 III, acaecida en el trámite de elaboración parlamentaria de la norma de 1995[7], lo que resulta en una difícil lectura coordinada de los dos preceptos. Dicha dificultad se extiende al actual análisis de los artículos 329 (sucesor del art. 79.2 en lo que respecta a la sociedad de responsabilidad limitada) y 330 LSC (correlato del art. 81.4 de la derogada ley) (*vid., infra,* III.2).

III. ÁMBITO DE APLICACIÓN DE LA REDUCCIÓN NO PARITARIA

1. La finalidad de la reducción como criterio limitador

El artículo 317.1 LSC recoge las finalidades posibles que puede tener la reducción de capital: la devolución de aportaciones realizadas por los socios, la constitución o incremento de reservas legales o voluntarias o el restablecimiento del equilibrio entre el capital social y el patrimonio neto disminuido como consecuencia de la existencia de pérdidas. En el caso de las sociedades anónimas, se permite, asimismo, la reducción de capital para la condonación de la obligación de realizar aportaciones pendientes.

La posibilidad de reducción no paritaria sólo se contempla expresamente para el supuesto de la reducción con devolución de aportaciones (cfr. art. 329 LSC). Aun así, consideramos interesante valorar si puede proceder la re-

7 AAVV, Comentario al art. 79 LRSL, en *Ley de sociedades de responsabilidad limitada. Comentarios de urgencia a la Ley 2/1995, de 23 de marzo, de sociedades de responsabilidad limitada,* Praxis, Barcelona, 1995, p. 456.

ducción no paritaria para finalidades distintas que la devolución del valor de las aportaciones a los socios.

La posibilidad de reducción no paritaria se excluye expresamente en la modalidad de reducción por pérdidas (con buen sentido, dado que se trata simplemente de una suerte de «actualización» de la ratio patrimonio neto-capital), al establecerse que «cuando la reducción tenga por finalidad el restablecimiento del equilibrio entre el capital y el patrimonio neto de la sociedad disminuido por consecuencia de pérdidas, deberá afectar por igual a todas las participaciones sociales o a todas las acciones en proporción a su valor nominal» (art. 320 LSC).

Tampoco se contempla para el supuesto de reducción para dotar reserva legal. La propia naturaleza de este tipo de reducción (la reorganización económica que impone, que no puede, en buena lógica, articularse de manera no paritaria), hace que, como en el caso de la reducción por pérdidas, tenga sentido excluir la reducción no paritaria[8]. Sin embargo, llama la atención que el legislador, al regular esta modalidad de reducción, se remita expresamente a los artículos 322 a 326 LSC, dispuestos para la reducción por pérdidas, y omita de esta remisión la norma de la paridad de trato recogida en el artículo 320 LSC. A pesar de lo cual, la doctrina entiende que resulta de aplicación, al tratarse la paridad de trato de un principio general derivado del artículo 97 LSC[9].

Por último, en cuanto a la reducción para la condonación de la obligación de realizar aportaciones pendientes (escenario sólo posible en sede de sociedades anónimas, por cuanto no cabe en la SRL el desembolso parcial, cfr. art. 78 LSC), su regulación no se concreta en la ley. Consideramos que, en ausencia de regulación, la reducción por condonación de dividendos pasivos deberá tratarse como un supuesto especial de reducción con devolución de aportaciones[10] y, en consecuencia, someterse al régimen de la misma. Ello incluyendo lo relativo a la reducción no paritaria, por cuanto pudiera existir el riesgo de que se otorgara un trato desigual, perjudicial tanto para los accionistas cuyas deudas se condonan, como para aquellos que hubieran des-

8 SÁNCHEZ RUS, H., *op. cit.*, p. 211.

9 ESPÍN, C., Comentario al artículo 328 en *Comentario de la Ley de sociedades de capital*, tomo II, Civitas, Cizur Menor, 2011, p. 2382; BONARDELL LENZANO, R., Comentario al artículo 329, en *Tratado de sociedades de capital*, tomo II, Aranzadi, Cizur Menor, 2017, p. 74.

10 Cfr. PÉREZ DE LA CRUZ, A. y AURIOLES MARTÍN, A., *La reducción de capital*, en *Comentario al régimen legal de las sociedades mercantiles*, tomo VII, Modificación de estatutos en la sociedad anónima. Aumento y reducción del capital, vol. 3, Madrid, Civitas, 1995, p. 28.

embolsado íntegramente sus acciones. Lo mismo resulta de aplicación a las denominadas reducciones mixtas[11].

2. Posibles modalidades de reducción no paritaria

El artículo 317.2 LSC dispone la forma o el modo mediante el cual puede llevarse a cabo una reducción de capital: mediante la amortización de acciones o participaciones, mediante la reducción de su valor nominal o por su agrupación. Nos preguntamos, ahora, si la reducción no paritaria puede darse en todos ellos o, por el contrario, se encuentra limitada al supuesto de reducción por amortización de acciones o participaciones.

A diferencia de lo que sucedía en el derogado artículo 164.3 LSA, que expresamente conectaba la reducción no paritaria con la «amortización de acciones mediante reembolso», en la actualidad no existe una vinculación sistemática entre este tipo de reducción y la amortización de acciones[12]. El artículo 329 LSC no limita la reducción no paritaria (que será necesariamente una reducción por devolución de aportaciones) a la modalidad elegida para alcanzar tal finalidad (amortización, reducción del valor nominal o agrupación).

En buena lógica, la reducción no paritaria se realizará mediante la amortización de acciones o participaciones cuando la finalidad última sea la salida de un socio, en especial, en el caso de la sociedad anónima donde, a diferencia de lo que sucede en la sociedad de responsabilidad limitada, no hace falta el consentimiento individual del socio afectado por la reducción desigual. Y, ciertamente, es la pérdida de la condición de socio la cuestión que principalmente ha preocupado a la doctrina al estudiar la reducción por amortización[13].

Ahora bien, ello no impide preguntarse si cabe articular una reducción no paritaria por reducción del valor nominal o agrupación[14]. En principio, nada

11 La posibilidad de que se otorgue un trato desigual en un escenario como este ha sido identificada en ORELLANA CANO, N., Comentario al artículo 317, en *Comentario de la Ley de sociedades de capital*, tomo IV, Tirant lo Blanch, Valencia, 2021, pp. 4329.

12 Recuérdese que el art. 164.3 LSA comenzaba diciendo: «Cuando la reducción implique amortización de acciones mediante el reembolso a los accionistas y la medida no afecte por igual a todas las acciones...».

13 La llamada de atención a los riesgos de afectación de la paridad en el marco de una reducción por amortización es lugar común en la literatura que trata la cuestión. Véase, por ejemplo, ESPÍN, C., Comentario al artículo 317, en *Comentario de la Ley de sociedades de capital*, tomo II, Civitas, Cizur Menor, 2011, p. 2349, con cita de la RDGRN de 23 de noviembre de 1992.

14 Parecen admitirlo en AAVV, Comentario al art. 79 LRSL, en *Ley de sociedades de responsabilidad limitada*, cit., p. 456.

en la dicción del texto legal parece oponerse a que se acepten también estas modalidades[15].

Consideramos que debe tenerse en cuenta que la reducción no paritaria no tiene por qué conducir a una reducción «a cero» del socio afectado (en definitiva, a su salida de la sociedad) sino que puede ser simplemente un medio para organizar una nueva distribución de las cuotas de los socios en la sociedad. Así percibida (como un recurso técnico, no necesariamente pernicioso) se puede entender que la reducción no paritaria se articule mediante cualquiera de las tres modalidades recogidas en la ley, dependiendo de cuál de ellas resulte más conveniente para alcanzar la redistribución deseada.

Sin embargo, cierto sector de la doctrina entiende que la reducción no paritaria recogida en el art. 329 sólo puede ser aquella en que se amorticen acciones o participaciones, determinándose las afectadas en el propio acuerdo[16], en línea con la legislación previgente. Por el contrario, considera que el supuesto en que se disminuye el valor nominal de manera no paritaria se rige por el art. 330 LSC[17], que dispone que la devolución del valor de las aportaciones habrá de hacerse a prorrata del valor desembolsado «salvo que, por unanimidad, se acuerde otro sistema», tanto para las acciones como para las participaciones sociales. Entiende esta doctrina que esta es la única interpretación que permite dotar de contenido actual al artículo 330 LSC[18].

Ahora bien, conviene recordar lo apuntado al hacer referencia a los antecedentes de la legislación actual: la norma recogida en el art. 330 LSC, sucesora del artículo 81.4 de la Ley de sociedades de responsabilidad limitada de 1995, pudiera ser simplemente una redundancia indeseada[19]. No ayuda a la comprensión de esta norma ni de la regulación vigente que, además, el actual art. 333.5 LSC recoja, con idéntica dicción y ubicación sistemática, el conte-

15 Así, con expresa mención del supuesto de reducción del valor nominal, BONARDELL LENZANO, R., Comentario al artículo 329, en *Tratado de sociedades de capital*, tomo II, Aranzadi, Cizur Menor, 2017, p. 77.

16 ESPÍN, C., Comentario al artículo 329, en *Comentario de la Ley de sociedades de capital*, tomo II, Civitas, Cizur Menor, 2011, p. 2384; en la misma línea, ORELLANA CANO, N., Comentario al artículo 329, en *Comentario de la Ley de sociedades de capital*, tomo IV, Tirant lo Blanch, Valencia, 2021, p. 4440.

17 ESPÍN, C., Comentario al artículo 329, *cit.*, p. 2384.

18 *Vid.* ESPÍN, C., Comentario al artículo 330, en *Comentario de la Ley de sociedades de capital*, tomo II, Civitas, Cizur Menor, 2011, p. 2391. Siguiendo esta posición, ORELLANA CANO, N., Comentario al artículo 330, en *Comentario de la Ley de sociedades de capital*, tomo IV, Tirant lo Blanch, Valencia, 2021, p. 4458.

19 *Vid. supra*, texto a nota 7.

nido del derogado art. 81.4 LSRL[20], a la vez que se extiende vía artículo 330 LSC el ámbito de aplicación de la norma del derogado 81.4 LSRL a la sociedad anónima[21].

Sea como fuere, la consecuencia de interpretar que el art. 330 regula la reducción vía disminución no paritaria de valor nominal es clara: una reducción no paritaria por reducción del valor nominal habría de ser siempre acordada por unanimidad, también en la sociedad anónima (cfr. art. 330 *in fine*). No consideramos que exista un motivo para esta diferencia de tratamiento entre las distintas modalidades (amortización y disminución del valor nominal). Además de ignorarse el supuesto de agrupación.

Una interpretación alternativa del art. 330 LSC, propuesta también en un intento de dotar de contenido actual y práctico a la norma, es entender que permite una distribución desigual del importe redistribuido (una «alteración del canon de medida para la determinación del reembolso»[22], o «algo parecido a un "privilegio" o tratamiento distinto en cuanto al reparto de los bienes en la reducción, pero (...) no (...) un privilegio establecido en los estatutos (...), sino acordado por la unanimidad de los socios»[23]), una vez acordada una reducción con restitución del valor de la aportación dependiendo del desembolso efectivamente realizado (que habrá de ser en cualquier caso total en la sociedad de responsabilidad limitada, pero puede haber sido parcial en el supuesto de la sociedad anónima)[24]. A diferencia de lo regulado en el art. 329 LSC, que —se dice— «se refiere a la desigualdad en la pertinencia del reembolso o en la porción de nominal desembolsado que se restituya», el art. 330 LSC trataría de salvaguardar la paridad de trato *en sede de ejecución del acuerdo de reducción*[25].

A la vista del complejo entramado normativo, consideramos que esta última interpretación dota, efectivamente, de sentido al art. 330 LSC y permite articular un escenario particular (la desigualdad en la ejecución) que puede considerarse conveniente por los socios sin restringir innecesariamente la capacidad operativa de la reducción no paritaria.

20 Cfr. ESPÍN, C., Comentario al artículo 330, *cit.*, pp. 2390 y 2391, es esp. nota en p. 2390.

21 Cfr. VALPUESTA GASTAMINZA, E., *Comentarios a la Ley de sociedades de capital*, 1.ª ed., Bosch, Barcelona, 2013, pp. 902-903.

22 BONARDELL LENZANO, R., Comentario al artículo 329, *cit.*, p. 77, refiriéndose a la interrelación entre el art. 329 y el art. 330.

23 VALPUESTA GASTAMINZA, E., *cit.*, p. 903.

24 VALPUESTA GASTAMINZA, E., *cit.*, pp. 902-903.

25 Esta parece ser también la posición sustentada por la doctrina registral, *vid.* RDGRN de 16 de mayo de 2018, FD 2.

IV. ESPECIALIDADES DEL ACUERDO

La reducción para la devolución del valor de las aportaciones (con independencia de si afecta o no de manera paritaria a todos los socios) se rige, como cualquier otra modalidad de reducción, por la disciplina propia de la modificación de estatutos (art. 284 y ss. LSC), por expresa remisión del art. 318.1 LSC. Obviando, por tanto, las cuestiones que son comunes a cualquier modificación de estatutos o modalidad de reducción, nos centraremos, a continuación, en las especialidades propias del acuerdo de reducción de capital no paritaria.

1. Cuestión previa. De la necesidad de previsión estatutaria para la amortización no paritaria

Se discutió con cierta intensidad en vigencia del art. 164.3 LSA si la legislación española relativa a la amortización no paritaria de acciones era conforme con el Derecho europeo[26]. Habida cuenta de la correlación sistemática entre esa norma y el actual artículo 329 LSC, esa misma duda se cierne, como se ha adelantado (*supra* II), sobre la legislación actual. En esencia, la incertidumbre se refiere a si nuestra legislación debería exigir previsión estatutaria previa para la amortización no paritaria (al menos, cuando esta sea forzosa, en el sentido de inconsentida por los accionistas afectados).

Para mejor entender el problema, conviene recordar que nuestro legislador ya disponía al momento de la promulgación de la Segunda Directiva de una norma que —tras una tortuosa y, quizás, indeseada, evolución legislativa[27]— permitiría una especie de amortización forzosa de acciones (art. 100.2 LSA 1951), aunque la condición de «forzosa» no fuera mencionada explícitamente en el texto legal[28]. La operación establecía como pieza protectora de los intereses de los afectados la necesidad de acuerdo separado de la mayoría de los accionistas interesados[29].

---

26 Un análisis exhaustivo de la cuestión puede encontrarse, por ejemplo, en SÁNCHEZ RUS, H., *op. cit.*, pp. 228-238.

27 SÁNCHEZ RUS, H., *op. cit.*, p. 217.

28 GIRÓN TENA, J., *Derecho de sociedades anónimas*, Universidad de Valladolid, 1952, p. 517: «Aunque la terminología de la Ley no lo diga —lo cual es una imperfección—, debe entenderse que el régimen expuesto es de observar cuando la amortización hubiera de ser *forzosa*, ya que, en definitiva, lo que la Ley quiere es salvar la legalidad y la licitud del acuerdo que se imponga».

29 Sobre la génesis de esta norma como mecanismo de amortización de acciones sin reducción de capital y su controvertida evolución, SÁNCHEZ RUS, H., *op. cit.*, pp. 215-220.

Por su parte, el antiguo artículo 36 de la Segunda Directiva (actual 79 de la Directiva consolidada) estableció que en el caso de que la legislación de un Estado miembro permitiese a las sociedades reducir su capital suscrito por «retirada forzosa de acciones», se debería exigir, entre otras condiciones, que la retirada forzosa estuviera prescrita o, al menos, autorizada, en los estatutos sociales o en la escritura de constitución, siendo competencia de la junta general la decisión sobre la retirada forzosa cuando estuviera autorizada, salvo que «los accionistas en cuestión» la hubieran aprobado por unanimidad. La norma comunitaria sobre reducción por amortización forzosa venía a estar inspirada en el § 237 AktG, de donde, parece, tomó la exigencia de previsión estatutaria[30].

Esta exigencia no se incorporó a nuestra legislación que, como se ha expuesto, requiere, por el contrario, votación separada de los accionistas afectados para la aprobación del acuerdo, requerimiento este que no se encuentra en el artículo 79 de la Directiva. Por el contrario, la votación separada era la exigencia establecida en el antiguo artículo 31 de la Segunda Directiva (actual artículo 74 de la Directiva consolidada), que regulaba la reducción del capital suscrito en el supuesto de que existieran «varias categorías de acciones» a cuyos derechos afectara la operación. Debe destacarse que la norma comunitaria contemplaba así un supuesto en que, existiendo varias categorías de acciones, la reducción no afectara de manera igual a todas ellas. No se preveía, en cambio, el escenario en que la reducción afectara a determinadas acciones de una clase[31].

En definitiva, la norma española ignoró la exigencia de previsión estatutaria, asimilando (¿erróneamente?) el supuesto de amortización no paritaria con el de reducción que afecta a determinadas clases de acciones, habida cuenta de la identidad, en ambos casos, del elemento protector de la votación separada[32].

Sin embargo, la operación actualmente recogida en el artículo 329 LSC, desde una perspectiva económico-funcional, se asimila (al menos, en el supuesto de

30 *Vid. supra* nota 5.

31 Como señala FERNÁNDEZ DEL POZO, L., «"Greenmail" y amortización no paritaria de acciones y de participaciones. Un examen crítico del estado de la cuestión en nuestra "jurisprudencia"», *cit.*, p. 63: «Para ser justo, hay que reconocer que esa posibilidad no está contemplada en la Directiva».

32 SÁNCHEZ RUS, H., *op. cit.*, p. 220. Cfr., sin embargo, MASSAGUER, J., «Acerca de determinados aspectos de la reducción de capital en una sociedad anónima mediante reembolso a los accionistas que únicamente afecta a una parte de las acciones», en *Derecho de sociedades. Libro homenaje al profesor Sánchez Calero,* vol. III, MacGraw Hill, Madrid, 2002, p. 2370.

que existan accionistas disidentes) a una «reducción del capital suscrito por retirada forzosa de acciones», más que a una «reducción del capital suscrito en caso de varias categorías de acciones»[33] (utilizando la exacta denominación que a las dos operaciones da en la actualidad, que no en el texto originario, la Directiva consolidada, artículos 79 y 74, respectivamente).

Así las cosas, la normativa española y, en concreto, el artículo 329 LSC infringiría, a estos efectos, las exigencias impuestas por el Derecho de la Unión, sin que, sin embargo, resulte técnicamente posible exigir judicialmente por el perjudicado (el socio forzosamente expulsado) frente a la sociedad la aplicación directa de la previsión de la Directiva, al no existir «efecto directo horizontal»[34]. Dicho lo cual, es necesario recordar que la interdicción de efecto directo no impide a doctrina y jurisprudencia intentar, en la medida en que resulte sistemáticamente posible, una interpretación conforme con el Derecho europeo[35]; en este caso, conforme con la exigencia de previsión estatutaria contenida en la Directiva[36]. Es más, es doctrina consolidada del Tribunal de Justicia que pesa sobre los órganos jurisdiccionales nacionales la obligación de interpretar las disposiciones de Derecho nacional haciendo «todo lo posible» para «a la luz del texto y de la finalidad de la Directiva» alcanzar el resultado que esta pretende[37]. Sin embargo, esta cuestión ha pasado desapercibida a nuestros Tribunales, aun cuando ha habido intentos por parte de nuestra doctrina de ofrecer una posible «interpretación conforme»[38].

33 SÁNCHEZ RUS, H., *op. cit.*, pp. 228-229.

34 Entre otros, SÁNCHEZ RUS, H., *op. cit.*, pp. 231-232; FERNÁNDEZ DEL POZO, L., *La amortización de acciones y las acciones rescatables*, cit., pp. 100-101; MASSAGUER, J., *loc. ult. cit.*

35 *Vid.*, a este respecto, GARCÍA-CRUCES GONZÁLEZ, J.A., «La eficacia jurídica del Derecho comunitario de sociedades no desarrollado en la legislación interna», *Anuario de derecho civil*, 45, 1992, pp. 352 sigs.

36 Contra, cfr. MASSAGUER, J., «Acerca de determinados aspectos de la reducción de capital en una sociedad anónima mediante reembolso a los accionistas que únicamente afecta a una parte de las acciones», *cit.*, pp. 2370-2371, argumentando correctamente que «la interpretación conforme no procede en todos los casos en que se aprecien discrepancias entre las normas nacionales y las establecidas en las directivas, sino sólo en aquellos en los que haya espacio para la misma, esto es, allí donde el contenido material de la norma nacional no sea incompatible con el mandato previsto en la directiva». *Id.*, sobre los límites de la interpretación conforme desarrollados por la jurisprudencia de la Unión, que considera, limitan esta posibilidad en el caso que nos ocupa, p. 2372. La cuestión es, efectivamente, si a la vista de estas previsiones, es o no posible una interpretación integradora del mandato europeo.

37 Véase la sentencia seminal STJUE de 10 de abril de 1984, asunto 14/83 – *Von Colson y Kamann*, nm. 26-28 y STJUE de 13 de noviembre 1990, asunto c-106/89 – *Marleasing SA*, nm. 6-8.

38 Así, por ejemplo, SÁNCHEZ RUS, H., *op. cit.*, pp. 235-237, derivando el requerimiento de previsión estatutaria de la exigencia de determinación en los estatutos de las características de las acciones y participaciones (articulando, mediante la previsión estatutaria, como una caracte-

2. Propuesta de modificación estatutaria e informe

2.1. Requisitos formales

El artículo 286 LSC en sede de modificación de estatutos establece que los administradores o, en su caso, los socios autores de la propuesta deberán redactar el texto íntegro de la modificación que proponen. En principio, en cuanto a la cuestión que nos ocupa, no hay especialidades con relación al modo de proceder: deberá redactarse y ponerse a disposición de los socios el texto íntegro de la modificación[39].

Pero, además, en las sociedades anónimas, es necesario que los administradores o accionistas proponentes redacten un informe escrito *con justificación de la modificación*[40]. La existencia del informe es requisito necesario para la válida adopción del acuerdo y estará sujeta a calificación registral[41]. Ahora bien, la ley no ofrece mayores indicaciones al respecto del contenido del informe. En consecuencia, aplican en el caso de la reducción no paritaria los criterios desarrollados en general por doctrina y jurisprudencia sobre la elaboración y contenido del informe. En términos generales, se considera que este informe debe expresar, con claridad, precisión y la debida concreción las razones que motivan la modificación estatutaria (necesidad, oportunidad, conveniencia, etc.)[42]. Se subraya la necesidad de que se motive debidamente la idoneidad de la propuesta y los objetivos que persigue[43].

Dicho lo anterior, en el supuesto que nos ocupa, consideramos que el informe no sólo ha de explicar la conveniencia de la reducción sino, en concreto, la necesidad de que ésta afecte a la paridad entre accionistas[44]. En especial, por

rística propia de esas acciones el ser «forzosamente amortizables»). Asimismo, RODRÍGUEZ GONZÁLEZ, A., *op. cit.*, pp. 388 sigs. En contra de esta posibilidad, ESPÍN, C., Comentario al artículo 329, *cit.* p. 2388.

39 Cfr., sobre esta cuestión, por ejemplo, ROJO, A., Comentario al artículo 286, en *Comentario de la Ley de sociedades de capital*, tomo II, Civitas, Cizur Menor, 2011, pp. 2110-2114 o ÁVILA DE LA TORRE, A., Comentario al artículo 286, en *Comentario de la ley de sociedades de capital*, Tirant lo Blanch, Valencia, 2021, tomo IV, pp. 4011-4012.

40 Crítico con la utilidad, en la práctica, del informe, FERNÁNDEZ DEL POZO, L., *La amortización de acciones y las acciones rescatables*, cit., p. 88.

41 Cfr. RDGRN de 9 de enero de 1998, FD 3.

42 ROJO, A., *op. cit.*, p. 2114.

43 Cfr. ÁVILA DE LA TORRE, A., *op. cit.*, pp. 4015 sigs.

44 Fernández del Pozo ha subrayado la relevancia de este informe como instrumento en que se ha de justificar debidamente la «motivación causal» (adecuación con el interés social) de la reducción. Aboga, incluso, el autor, por la elaboración de un segundo informe especial o separado «que justifique la operación en concreto desde la perspectiva de los socios afecta-

qué la reducción no paritaria es una opción idónea y preferida para lograr los objetivos que se pretende alcanzar y por qué ha de afectar en concreto a las acciones que resulten determinadas[45].

Además, se ha apuntado por la doctrina, precisamente con relación a operaciones de reducción de capital, la necesidad de que el informe se base en «circunstancias estrictamente objetivas»[46]. Compartimos la idea de que la justificación contenida en el informe no puede basarse meramente en la opinión favorable del proponente, pero parece difícil evitar que la motivación expresada en el informe no contenga un elemento subjetivo, aquel por el cual el proponente considera, a su juicio, que la operación es la más conveniente para el fin perseguido. Lo que no cabe es, en ningún caso, que la decisión sea arbitraria[47].

Por último, para dotar a la transacción de la necesaria transparencia (minimizando, así también, los riesgos de impugnación), se ha propuesto la conveniencia de hacer *«full disclosure»* de la procedencia de la iniciativa. Así, se propone que el informe justificativo sea suscrito por el accionista proponente (cuando tal fuera su origen) y no por el consejo de administración «que de este modo no necesitará implicarse del todo en la operación y dará una imagen de mayor neutralidad». Ello no obstaría para que el consejo evaluase la propuesta y se manifestara sobre la misma[48].

2.2. Justificación material

En cuanto a los motivos que pueden considerarse justificación bastante de la reducción, y que —entendemos— han de constar en el informe cuando

dos/lesionados de manera que puedan decidir sobre la cuestión con conocimiento de causa (...) al menos cuando el informe general no sea suficientemente explicativo (justificativo) de la necesidad/oportunidad de la operación» (FERNÁNDEZ DEL POZO, L., «"Greenmail" y amortización no paritaria de acciones y de participaciones. Un examen crítico del estado de la cuestión en nuestra "jurisprudencia"», *cit.*, p. 61).

45 Debe destacarse, en cualquier caso, que en tanto el informe no es objeto de inscripción, no podrá el registrador entrar a valorar el contenido del mismo, cuestión que, en su caso, será materia a revisar en sede de impugnación de la reducción. Así, por ejemplo, RDGRN de 23 de noviembre de 1992, FD 3 («si bien la reducción de capital social por vía de amortización de determinadas acciones es un cauce ciertamente peligroso..., no puede rechazarse la inscripción ... so pretexto de la no expresión de los motivos perseguidos por la reducción, pues tal exigencia no goza del adecuado respaldo normativo...»).

46 ÁVILA DE LA TORRE, A., *op. cit.*, p. 4016; ORTUÑO BAEZA, M.T., *Reducción de capital en la sociedad anónima*, Aranzadi, Cizur Menor, 2004, p. 139.

47 Cfr. ÁVILA DE LA TORRE, A., *loc. ult. cit.*

48 PAZ-ARES, C., «Aproximación al estudio de los *squeeze-outs* en el Derecho español», *Revista de Derecho bancario y bursátil*, 91, 2003, p. 37.

éste sea preceptivo, existe acuerdo en cuanto a cuál ha de ser la motivación última, necesaria y suficiente para que el trato no paritario no resulte discriminatorio: la amortización no paritaria es legítima («está basada en justa causa») cuando el trato no paritario es necesario para el cumplimiento del fin social, i.e., cuando es conforme con el interés social[49].

Descendiendo a los concretos escenarios en que esta operación puede ser eficiente y adecuada para la consecución del interés social, y sin entrar a realizar un análisis pormenorizado de todos ellos, cabe señalar que la doctrina ha identificado en el pasado tres grupos de casos: la reducción por razones técnicas (los «picos o restos»), la reducción por exigencias de la eficiencia de la normativa del mercado de valores (que ha perdido relevancia tras el desarrollo del derecho de compraventa forzosa de acciones en Derecho español[50]) y la reducción por justos motivos, que serviría de cláusula de cierre[51].

Más allá del mérito del ejercicio de clasificación, consideramos que es conveniente que se ponga el acento en la posición de la contraparte reducida, diferenciando aquellos escenarios no conflictivos, es decir, aquellos en que la reducción es meramente organizativa[52] o se articula como un mecanismo de «separación acordada» del socio, de aquellos otros casos en los que lo que se intenta es una «reducción forzosa» del socio afectado por la amortización (normalmente una exclusión), que no consiente de la misma.

Será en este último supuesto en que la justificación causal resulte realmente relevante. Consideramos que sigue siendo posible, a tales efectos, recurrir a los argumentos ofrecidos en vigencia de la Ley de sociedades anónimas y antes del desarrollo reglamentario del *squeeze-out* en sede de cotizadas para defender la necesidad de que la justificación se fundamente en la adecuación con el interés social de la racionalidad económica de la medida. El argumento que subyace a esta justificación es el de que, en tanto en cuanto la exclusión de los minoritarios obedezca a «la necesidad de lograr una mayor eficiencia

---

49 P. ej., FERNÁNDEZ DEL POZO, L., *La amortización de acciones y las acciones rescatables*, cit., pp. 119-126; más sintéticamente, *id*., en «"Greenmail" y amortización no paritaria de acciones y de participaciones. Un examen crítico del estado de la cuestión en nuestra "jurisprudencia"», *cit.*, p. 51.

50 Por todos, RONCERO SÁNCHEZ, A., «La compra y venta forzosa de acciones (*sell out, squeeze out*), en *Derecho de OPAS. Estudio sistemático de las ofertas públicas de adquisición en el Derecho español,* Tirant lo Blanch, Valencia, 2010, pp. 671-710.

51 Ampliamente, FERNÁNDEZ DEL POZO, L., *La amortización de acciones y las acciones rescatables,* cit., pp. 108-126.

52 Aunque existe también riesgo de expropiación en este escenario, como se ha señalado en FERNÁNDEZ DEL POZO, L., *La amortización de acciones y las acciones rescatables*, cit., pp. 109-114.

organizativa y financiera», facilitando la logística corporativa de la vida societaria, será positiva para la sociedad y, a la postre, legítima[53].

Por último, no debe ignorarse que es consustancial a la reducción no paritaria la existencia de un riesgo potencial, tal es el de la discriminación injustificada del socio, que se materializará si los intereses en presencia no se ponderan con cuidado. Para evitarlo, en primer lugar, es, como mínimo, necesario que la diferencia de trato se funde en «la desigualdad de posición de los accionistas en la sociedad», debiendo evitarse en todo caso la discriminación individual[54]. Pero, además, la racionalidad económica de la operación deberá concretarse, exponiendo los específicos motivos para proceder a la reducción, que dependerán del caso concreto. Sea como fuere, en el caso de las sociedades anónimas cerradas, debe evitar ofrecerse criterios conectados a porcentajes de minoría predeterminados, menos aun utilizando como referencia aquellos propios de la lógica de los mercados de capitales[55].

3. Celebración de la junta

3.1. Contenido de la convocatoria de la junta que ha de adoptar la reducción

Será también necesario, en aplicación del art. 287 LSC, que en el anuncio de la convocatoria se exprese «con la debida claridad los extremos que hayan de modificarse», así como el derecho de información sobre la propuesta y el informe (en el caso de la sociedad anónima) que corresponde a los socios.

En el supuesto de la reducción de capital, si bien tampoco se exige que conste el texto íntegro de la modificación, entendemos que en la convocato-

53 PAZ-ARES, C., *op. cit.*, p. 29.

54 En vigencia de la Ley de sociedades anónimas de 1951 decía GIRÓN TENA: «Entre los interesados, puede deducirse que, en todo caso, la discriminación individual queda excluida; es aquí de aplicación el principio general de igualdad de trato de los accionistas, en consecuencia, no se da el requisito de la Ley, si se hacen distinciones no fundadas en la desigualdad de posición de los accionistas en la sociedad; y, lo que es más importante, se puede deducir, generalizando, que la Ley lo prohíbe en todo caso. Más, dentro de los márgenes de las posiciones de los grupos de accionistas, el artículo no distingue y, por tanto, no se precisa que se trate de acciones especiales; cualquier situación uniforme de un grupo de accionistas basta para que se dé el supuesto» (GIRÓN TENA, J., *op. cit.*, p. 517).

55 Desde la doctrina se defendió, en el pasado, en sede de cotizadas, la conexión de la adecuación con el principio de proporcionalidad, estando en todo caso justificada cuando la participación del mayoritario es superior al 90% (PAZ-ARES, C., *op. cit.*, pp. 29-31). Este porcentaje, que tiene lógica cuando el restante es capital flotante, no parece que deba aplicarse de manera indiscriminada en sociedades cerradas.

ria de la junta se debe indicar, en todo caso (y en sintonía con lo establecido en el art. 30 de la Segunda Directiva, 73 II de la Directiva consolidada) el objeto de la reducción y la manera en que se realizará (finalidad y modalidad de reducción y la cuantía)[56], aunque no está del todo claro si este nivel de precisión es el exigido en la práctica[57].

Aplicando lo anterior al supuesto de la reducción no paritaria, nos adherimos a quienes consideran que la debida determinación del objeto en la convocatoria debería exigir que se identificaran de manera clara cuáles son las acciones objeto de reducción[58], «pues sólo de esta manera sabrán los "accionistas interesados" que están llamados a formar colegio»[59].

3.2. Reglas generales sobre adopción del acuerdo

En tanto la reducción de capital supone una modificación de los estatutos sociales, en primer lugar, para la correcta ejecución de la operación de reducción será necesario acuerdo de la junta general, adoptado conforme las reglas a que remite el art. 288 LSC para la adopción del acuerdo de modificación de estatutos sociales. Esto es, en el caso de las sociedades anónimas, regirá lo dispuesto en los artículos 194 y 201 (mayoría del cincuenta por ciento del capital social en primera convocatoria, o mayoría de dos tercios en segunda convocatoria, siempre que esté presente o representado más del veinticinco y menos del cincuenta por ciento del capital social). En las sociedades de responsabilidad limitada, regirá lo dispuesto en el art. 199 sobre la mayoría legal reforzada.

3.3. Votación separada en la sociedad anónima.

3.3.1. El problema de la determinación de los «accionistas interesados»

El art. 329 LSC dispone que, cuando la reducción con devolución de aportaciones no afecte por igual a todos los accionistas, será necesario «el acuer-

56 Con referencia a la doctrina registral, ORTUÑO BAEZA, M.T., *op. cit.*, pp. 141-143.

57 Cfr. la doctrina registral citada en ORTUÑO BAEZA, M.T., *op. cit.*, pp. 142-143. Asimismo, con abundantes referencias jurisprudenciales, ORELLANA CANO, N., Comentario al artículo 318, en *Comentario de la Ley de sociedades de capital,* tomo IV, Tirant lo Blanch, Valencia, 2021, pp. 4340-4343.

58 Entre otros, SÁNCHEZ RUS, H., *op. cit.*, p. 221; MASSAGUER, J., «Acerca de determinados aspectos de la reducción de capital en una sociedad anónima mediante reembolso a los accionistas que únicamente afecta a una parte de las acciones», *cit.*, p. 2375; ORTUÑO BAEZA, M.T., *op. cit.*, p. 144.

59 PAZ-ARES, C., *op. cit.*, p. 34 en nota 50.

do separado de la mayoría de los accionistas *interesados*, adoptado en la forma prevista en el artículo 293». Por tanto, resulta crucial determinar quiénes son, a estos efectos, los «accionistas interesados».

Ya en vigencia del artículo 164.3 TRLSA 1989 los comentaristas se enfrentaron con el problema de la determinación de quiénes debían considerarse como «accionistas interesados»; en concreto, si éstos debían identificarse, como parecía ser la interpretación intuitivamente más obvia[60], exclusivamente con los titulares de las acciones objeto de la amortización.

La posibilidad de esta interpretación —que, se decía, *ni se deducía del texto legal ni era acorde con lo que en la práctica se pudiera plantear*[61]— generaba notoria preocupación. El riesgo —se temía— residía en que dicha interpretación auspiciara, a la postre, una operación que permitiera al mayoritario reducir su participación, recuperando así parte de lo invertido o atesorado sin perder su posición mayoritaria y sin permitir que el minoritario desinvirtiera, de desearlo, de una manera equivalente a la del mayoritario, proporcional a su participación[62].

Así las cosas, se impuso —aun en vigor de la Ley de sociedades anónimas de 1989— el entender que todos los accionistas habían de considerarse «interesados» a los efectos de la operación. Los titulares de acciones que resultarán amortizadas, por la afectación directa. Los restantes, en tanto sujetos que resultan «indirectamente afectados» al encontrarse entre aquellos «obligados» a permanecer en la sociedad, con una participación económicamente afectada por la reducción. O, en los casos en los que el socio tuviera un interés específico en desinvertir, privados de la opción de recuperar, sea parcialmente, su inversión. Esta interpretación exigiría, entonces, el voto separado tanto de las acciones amortizadas como de las restantes (denominada tesis del doble voto o de la triple votación, según se compute también la votación en junta por todos los socios necesaria en todo caso para aprobar el acuerdo de reducción de capital)[63].

60 PÉREZ DE LA CRUZ, A. y AURIOLES MARTÍN, A., *op. cit.*, p. 73.

61 PÉREZ DE LA CRUZ, A. y AURIOLES MARTÍN, A., *op. ult. cit.*

62 PÉREZ DE LA CRUZ, A. y AURIOLES MARTÍN, A., *op. cit.*, pp. 73-74.

63 SÁNCHEZ ANDRÉS, A., *op. cit.*, p. 374; PÉREZ DE LA CRUZ, A. y AURIOLES MARTÍN, A., *loc. ult. cit.*; SÁNCHEZ RUS, H., *cit.*, p. 223. Por su parte, MASSAGUER, J., «Acerca de determinados aspectos de la reducción de capital en una sociedad anónima mediante reembolso a los accionistas que únicamente afecta a una parte de las acciones», *cit.*, p. 2347, si bien considera que la solución más segura es la del triple acuerdo, entiende que ello no será siempre necesario. Sólo se precisará, según el autor, acuerdo separado de aquellos que, dependiendo

En el fondo, esta interpretación encuentra su fundamento en considerar que la condición de «interesado» no depende de la amortización misma sino del interés económico que subyace a la operación y que se determina, en consecuencia, en el caso concreto[64]. Algunas veces, el principal interés económico residirá en el poder desinvertir de la sociedad; en otras, en permanecer en ella. Cabe, incluso, que existan intereses en conflicto entre los accionistas efectivamente afectados por la operación, como sucede, por ejemplo, cuando la reducción excluye a algunos y simplemente aminora la participación de otros.

Esta interpretación mantiene su vigencia en la actualidad, siendo, en principio, compatible con el artículo 329 LSC así como con lo determinado en el vigente art. 293.2 LSC que dispone que cuando la modificación estatutaria afecte sólo a una parte de las acciones pertenecientes a una misma (y única) clase, suponiendo un trato discriminatorio entre ellas, se considerará «que constituyen clases independientes las acciones afectadas y no afectadas por la modificación; siendo preciso, por tanto, el acuerdo separado de cada una de ellas».

Sin embargo, esta interpretación corre el riesgo, al imponer requerimientos formales no previstos en la ley, de difuminar los contornos del concepto «accionista interesado» so pretexto de evitar comportamientos abusivos de índole material. Así las cosas, ante la diversidad de posibles intereses concurrentes presentes en el caso concreto y los riesgos de trato discriminatorio del minoritario, consideramos que la solución pasa por analizar las medidas protectoras de manera conjunta (es decir, la votación separada y la impugnación del acuerdo, que se analizará posteriormente), sin imponer en sede de adopción del acuerdo más requisitos que los que impone la ley. Así, entendemos que el art. 329 LSC exigirá la votación separada (sólo) de los «accionistas interesados», en el sentido de «directamente afectados por la operación». Ello debería permitir proteger al accionista minoritario en el caso paradigmático de la «exclusión injusta». Escaparía de la protección otorgada

del caso, sufran el trato no paritario (con similar argumentación a la presentada en el texto que acompaña a la nota 68).

64 En realidad, esta interpretación ya estaba en SÁNCHEZ ANDRÉS, A., *loc. ult. cit.* («decidir quiénes son estos "interesados" o "afectados" es cuestión casuística, aunque se puede anticipar de modo general que, si fuera de la sociedad existieran oportunidades más rentables a la hora de emplear las cantidades reembolsadas, tales afectados serían probablemente los socios que se queden; en otro caso lo serán quienes tengan que marcharse como consecuencia de la reducción de capital»). En el mismo sentido, ESPÍN, C., Comentario al artículo 329, *cit.*, p. 2389; ORELLANA CANO, N., Comentario al artículo 329, *cit.*, p. 4453.

por el voto separado (al no producirse una tercera votación), el supuesto de desinversión abusiva del mayoritario, que habría que perseguirse utilizando las herramientas propias de la impugnación.

Por lo demás, en el supuesto en que la diferenciación (*rectius*, la discriminación) resida en que la amortización implique para algunos socios la exclusión de la sociedad, mientras que otros socios, también técnicamente afectados, no resulten, a la postre, excluidos, deberá aplicarse lo establecido en el art. 293.2 *in fine*, que dispone que cuando la operación suponga un trato discriminatorio entre los accionistas de una misma clase (en nuestro supuesto, la clase «accionistas interesados en la reducción»), serán tratados como clases diferenciadas, realizándose la votación separada de cada una de ellas. Se evitaría así el supuesto de conformación artificial de clases[65].

Por último, cuando existan previamente varias clases de acciones y se amorticen, en su integridad, las acciones de una clase determinada, será necesario el acuerdo separado de la clase afectada (art. 239.1 *in fine* LSC), siempre, claro está, que la condición de pertenecer a esa clase sea el elemento que determina al grupo y que le dota de uniformidad en cuanto a la procedencia de la amortización[66].

3.3.2. Junta especial o acuerdo separado

Formalmente, el acuerdo separado se regirá por lo establecido en el apartado 3 del art. 293 LSC, que dispone que habrá de adoptarse con los mismos requisitos previstos para la modificación de estatutos sociales (quórum de constitución reforzado ex art. 194 LSC y mayoría legal reforzada conforme lo establecido en el art. 201.2 LSC).

---

65 SJM n.º 7 Madrid, 20 de diciembre de 2012, donde el trato desigual consistía, precisamente, en determinar la esfera de la afectación de tal manera que, aun cuando el mayoritario «sacrificaba» algunas de sus acciones, se conseguía la salida forzosa (y conforme a la opinión del juzgado, discriminatoria) del minoritario (comentada en ORELLANA CANO, N., Comentario al artículo 329, *cit.*, pp. 4453-4454).

66 *Vid.*, en este sentido, la ya citada SJM n.º 7 Madrid, 20 de diciembre de 2012 (TOL6516367), donde se consideró que la reducción era injusta, a pesar de que se amortizaban todas las acciones de la misma clase, porque el hecho de pertenecer a esa clase no era el elemento diferenciador (no se quería excluir a los accionistas que conformaban esa clase). Lo determinante era excluir a los socios minoritarios, cuyas acciones (junto con algunas del mayoritario, las suficientes para «controlar» la votación separada), resultaban formar parte de la clase en cuestión.

Si se celebra junta especial, el apartado 4 del art. 293 establece que se aplicará a la junta especial lo regulado en la Ley para la junta general. En este caso, la convocatoria deberá dirigirse a los accionistas afectados. La junta especial podrá celebrarse con anterioridad o posterioridad a la junta que acuerde la reducción[67]. En el caso de que tenga lugar votación separada de los accionistas interesados en la misma junta que ha de acordar la reducción, se deberá determinar tal extremo en la convocatoria de la junta, precisando, también, cuáles serán los accionistas o acciones afectadas[68]. Nada parece oponerse a que se celebre junta especial universal o votación separada universal, en el caso de que tal extremo no constara en la convocatoria[69]. En el caso de que existan distintas clases de interesados (en el sentido expuesto en el apartado anterior), los requisitos previstos se aplicarán a todas ellas.

En lo que respecta al quórum de constitución, deberán concurrir (presentes o representados) a la junta especial o a la votación del acuerdo separado, al menos, el cincuenta por ciento de la «clase» de accionistas interesados, siendo suficiente, en segunda convocatoria, con la concurrencia del veinticinco por ciento de dicha clase (art. 194.1 y 2 LSC por remisión del art. 293 LSC) (cfr. art. 159.2 y 3 RRM)[70].

En cuanto a las mayorías necesarias para que se apruebe el acuerdo separado, el artículo 329 simplemente dice que será necesario el voto favorable de la «mayoría de los accionistas interesados». No cabe duda de que la ley hace referencia a la mayoría del capital, no a la mayoría por cabezas[71]. Asimismo, a pesar de que el tema resultara debatido en el pasado, parece que la opinión predominante es que la mayoría se calcula sobre los accionistas presentes o representados, no sobre el total de accionistas interesados[72].

67 MASSAGUER, J., «Acerca de determinados aspectos de la reducción de capital en una sociedad anónima mediante reembolso a los accionistas que únicamente afecta a una parte de las acciones», *cit.*, p. 2375.

68 Sobre la complejidad de esta cuestión y los problemas que se plantean SÁNCHEZ RUS, H., *op. cit.*, pp. 221-222. En el mismo sentido, MASSAGUER, J., «Acerca de determinados aspectos de la reducción de capital en una sociedad anónima mediante reembolso a los accionistas que únicamente afecta a una parte de las acciones», *op. ult. cit.*

69 MASSAGUER, J., *op. ult. cit.*

70 SÁNCHEZ RUS, H., *op. cit.*, p. 222.

71 Entre otros, MASSAGUER, J., «Acerca de determinados aspectos de la reducción de capital en una sociedad anónima mediante reembolso a los accionistas que únicamente afecta a una parte de las acciones», *cit.*, p. 2377; PAZ-ARES, C., *op. cit.*, p. 17.

72 Para una exposición detallada del debate, todavía vigente la Ley de sociedades anónimas de 1989, MASSAGUER, J., «Acerca de determinados aspectos de la reducción de capital en una sociedad anónima mediante reembolso a los accionistas que únicamente afecta a una parte de las acciones», *cit.*, pp. 2376-2379.

Por lo demás, la mayoría (determinada por el conjunto de las acciones afectadas) será la misma que la exigida para la adopción del acuerdo en la manera determinada en el art. 201.2 LSC (mayoría absoluta si concurre más del cincuenta por ciento de la «clase afectada» en primera convocatoria o mayoría de dos tercios si la aprobación se produce en segunda, estando presentes más del veinticinco y menos del cincuenta por ciento del capital social que compone la «clase»).

La concurrencia del acuerdo separado o que se alcance en junta especial es requisito de validez del acuerdo de reducción de capital[73].

3.4. *Consentimiento individual en la sociedad de responsabilidad limitada*

Los requerimientos legales exigidos para poder llevar a cabo una reducción no paritaria difieren notablemente entre la sociedad anónima y la sociedad de responsabilidad limitada. En el caso de esta última, la ley exige expresamente el consentimiento individual de los titulares de las participaciones afectadas. La paridad ha de considerarse desde una perspectiva material, no simplemente formal. En palabras de la DGRN, el principio de paridad de trato exige, no sólo «la formulación de la misma regla a todos los socio», sino también que la aplicación de esa regla, en principio idéntica, no implique un resultado que imponga un trato desigual[74].

A pesar de que de la lectura del art. 329 LSC parezca exigirse el consentimiento individual *sólo de las participaciones que se amortizan* (la ley habla del consentimiento individual de los titulares «de esas participaciones», como si se refiriera a unas en concreto, las amortizadas), la doctrina, aunque crítica, se inclina por interpretar, en línea con el artículo 292 LSC[75], que es necesario el consentimiento de *todos* los socios, por cuanto *todas las participaciones*

73 ESPÍN habla de «requisito adicional al acuerdo de la junta general» (ESPÍN, C., Comentario al artículo 329, *cit.*, p. 2390).

74 RDGRN de 16 de mayo de 2018, FD 2, donde se pone como ejemplo el supuesto de que una reducción de capital de una participación por socio implique, como consecuencia, la exclusión de determinados socios que eran titulares de sólo una participación. En ese supuesto, hipotetiza la Dirección, sería necesario el consentimiento individual de todos los socios, dado que algunos (los titulares de una única participación) reciben un trato no paritario (que implica la exclusión) como consecuencia de la aplicación de la regla «reducir una participación por socio».

75 ESPÍN, C., Comentario al artículo 329, *cit.*, p. 2388; BONARDELL LENZANO, R./CABANAS TREJO, R., *La reducción del capital social en la sociedad de responsabilidad limitada*, Tirant lo Blanch, Valencia, 2009, p. 44, apuntando la coherencia entre el requerimiento en el art. 292 LSC y la exigencia establecida para la reducción no paritaria en la SRL.

resultan afectadas: unas, por eliminarse, las otras, por verse alterado su valor real como consecuencia del reembolso de las primeras[76]. Se apoya esta interpretación —que también es la sostenida por la doctrina registral—[77] no sólo en el derogado art. 79.2 LSRL[78], sino también en lo dispuesto en el art. 201.1 II RRM («[c]uando la reducción no afecte por igual a todas las participaciones se expresará en la escritura que todos los socios han prestado su consentimiento a esta modalidad de reducción»)[79].

El consentimiento individual, aun cuando se exprese en el mismo acto, no debe confundirse con el voto favorable, tratándose de dos declaraciones de voluntad distintas[80]. La falta de consentimiento impide la reducción de capital, puesto que se trata de un requisito para la eficacia de la misma[81].

4. Escritura pública e inscripción registral

El acuerdo de reducción, en tanto modificación estatutaria, deberá constar en escritura pública e inscribirse en el Registro Mercantil, remitiéndose por el registrador de oficio para su publicación en el BORME (art. 290.1 LSC). Además, en el caso de las sociedades anónimas, el acuerdo de reducción de capital deberá ser publicado con anterioridad en la página web de la sociedad

76 ESPÍN, C., Comentario al artículo 329, *cit.*, p. 2389; BONARDELL LENZANO, R., Comentario al artículo 329, *cit.*, p. 78. Considera, en cambio, que sólo hace falta el consentimiento de las participaciones amortizadas, ORELLANA CANO, N., Comentario al artículo 329, *cit.*, p. 4450.

77 Así, por ejemplo, RDGRN de 16 de mayo de 2018 o RDGSJFP de 2 de septiembre de 2020

78 RODRÍGUEZ GONZÁLEZ, A., *op. cit.*, p. 132. Muy crítico con la diferenciación tipológica entre SA y SRL, que considera excesiva e innecesaria y que puede dar lugar a comportamientos abusivos por parte de los socios, FERNÁNDEZ DEL POZO, L., «"Greenmail" y amortización no paritaria de acciones y de participaciones. Un examen crítico del estado de la cuestión en nuestra "jurisprudencia"», *cit.*, pp. 77-78, quien considera que podría «corregirse» mediante una cláusula estatutaria de exclusión «por justos motivos» (p. 79). Con dudas sobre si tiene sentido tal requerimiento en todos los casos, AAVV, Comentario al art. 79 LRSL, *cit.*, pp. 458-459.
Nótese que la norma derogada disponía que cuando la reducción no afectase por igual a todas las participaciones se precisaría «el consentimiento de todos los socios», a diferencia del actual consentimiento individual «de esas participaciones», modificación ésta a la que, como se ha señalado en la nota anterior, no se le atribuye por todos los autores relevancia suficiente como para interpretar la norma vigente de manera distinta a la derogada.

79 ESPÍN, C., Comentario al artículo 329, *cit.*, p. 2389.

80 BONARDELL LENZANO, R./CABANAS TREJO, R., *op. cit.*, pp. 45-46, 143, quienes señalan que, a diferencia de lo que sucede con el voto en junta, el consentimiento individual al que hace referencia la norma no está sometido a los mismos requisitos de lugar y tiempo que el voto en junta.

81 ESPÍN, C., Comentario al artículo 329, *cit.*, p. 2388.

o, en el caso de que no exista, en un periódico de gran circulación en la provincia en que la sociedad tenga su domicilio (art. 319 LSC)[82].

También en el caso de las sociedades anónimas, conforme se dispone en el art. 165.1 RRM, en la escritura en que se haya elevado a público el acuerdo de reducción deberán constar el correspondiente acuerdo y los actos relativos a su ejecución.

Los requisitos necesarios para la inscripción de la escritura de reducción se encuentran en el art. 170 y 172 RRM, en el supuesto de la sociedad anónima y en los artículos 201 y 202 en el de la sociedad de responsabilidad limitada[83]. En especial, en cuanto al concreto supuesto que nos ocupa, el RRM dispone en el art. 170.2 que «[s]i se hubiere acordado la reducción del capital social mediante la amortización de acciones y la medida no afectase por igual a todas ellas, la escritura pública deberá expresar asimismo que la reducción ha sido acordada, además de por la Junta General, por la mayoría de los accionistas afectados». Por su parte, el art. 201.1 II RRM dispone que «[c]uando la reducción no afecte por igual a todas las participaciones se expresará en la escritura que todos los socios han prestado su consentimiento a esta modalidad de reducción».

V. IMPUGNACIÓN DEL ACUERDO

Al margen del control operado por el Registro competente en cuanto al cumplimiento de los requisitos de la operación, el socio que considere que sus legítimos intereses han sido conculcados (siempre y cuando no haya votado a favor de la reducción)[84] dispondrá, en esencia, del recurso a la impugnación del acuerdo social de reducción de capital. Suponiendo que se hayan cumplido con los requisitos formales tanto para la celebración de la junta general como para la junta especial o para la votación separada, quedará, entonces, el control material de la operación.

---

82 ESPÍN, C., Comentario al artículo 319, en *Comentario de la Ley de sociedades de capital*, tomo II, Civitas, Cizur Menor, 2011, pp. 2357-2358; ORELLANA CANO, N., Comentario al artículo 319, en *Comentario de la Ley de sociedades de capital*, tomo IV, Tirant lo Blanch, Valencia, 2021, p. 4360.

83 Cfr., para mayor detalle, sobre los requisitos de la escritura, ORELLANA CANO, N., Comentario al artículo 329, *cit.*, pp. 4448-4449.

84 IRIBARREN BLANCO, M., *La responsabilidad de los socios por los acuerdos de la junta general*, Civitas, Cizur Menor, 2022, p. 254.

En la doctrina se identifican claramente tres motivos de naturaleza sustantiva en que fundamentar la impugnación de un acuerdo de reducción de capital no paritaria en la sociedad anónima: que la reducción no esté justificada desde la perspectiva del interés social, que se hayan determinado de manera artificiosa o abusiva las «clases» de acciones y que la compensación no sea adecuada[85]. En cuanto a la sociedad de responsabilidad limitada, el hecho de que se exija el consentimiento individual de todas las participaciones hace prácticamente irrelevante la impugnación del acuerdo por cuestiones materiales. Nos centraremos, por tanto, en las sociedades anónimas.

1. Fundamentos materiales de la impugnación

El punto de partida debe ser el de entender que la junta de accionistas es soberana para acordar la reducción no paritaria[86], que será legítima, habiéndose cumplido los requisitos formales debidos, cuando la transacción esté debidamente justificada[87]. La legitimidad de la transacción debe fundamentarse, desde la perspectiva material, en última instancia, en la «justificación de la transacción desde la óptica del interés social»[88] (art. 204.1 LSC). En nuestra opinión, ello exige haber realizado una suerte de *test de proporcionalidad* de la misma, es decir, en que exista un balance entre la necesidad de la reducción y la afectación de los derechos de los socios. En consecuencia, el tribunal deberá evaluar si los motivos dados en el informe (*vid. supra* IV.2.2.) son suficientes para afectar los intereses del accionista en cuestión. Debe ponerse especial énfasis en la justificación de la necesidad de afectación del principio de paridad de trato.

En definitiva, la ausencia de una justificación acorde con el interés de la sociedad será motivo de impugnación, conforme a los criterios generales (art. 204 LSC). Cuestión distinta es la de la valoración, en la práctica, de la justificación o interés en la reducción no paritaria.

En segundo lugar, la exigencia de aquiescencia de los accionistas interesados (otorgada mediante el voto separado o celebración de la junta especial)

---

85 Con claridad y síntesis en PAZ-ARES, C., *op. cit.*, pp. 28-37. *In extenso*, en FERNÁNDEZ DEL POZO, L., *La amortización de acciones y las acciones rescatables*, cit., pp. 106 y sigs.

86 SÁNCHEZ RUS, H., *op. cit.*, p. 225.

87 Recuérdese que el incumplimiento de los requerimientos derivados de la exigencia de elaborar y poner a disposición de los accionistas el informe será motivo suficiente para la impugnación del acuerdo ex art. 204.3 b) *in fine*.

88 PAZ-ARES, C., *op. cit.*, pp. 28-32. PAZ-ARES subraya la conexión entre el interés social y la racionalidad económica de la operación.

es un requisito material adicional para la válida aprobación del acuerdo de reducción.

Suponiendo que no existe controversia en torno a la votación separada y que se hubiera cumplido formalmente con la exigencia de que concurra el voto mayoritario de las acciones afectadas como si se tratara de un clase separada, seguiría siendo posible determinar (de manera abusiva o fraudulenta) el resultado de la votación alterando el que sería, de manera natural, el perímetro de las acciones afectadas para propiciar una mayoría favorable a la operación[89]. Expresado de manera gráfica, ese sería el supuesto en que el accionista mayoritario (que controla, por definición, la votación en la junta general) «sacrificaría» el número necesario de acciones, amortizándolas[90], para controlar, también, la votación separada o en junta especial[91].

Las escasas resoluciones judiciales existentes tratan esta cuestión como un supuesto de incumplimiento del principio de igualdad de trato (art. 97 LSC). Se entiende que la conformación artificial de las clases implicaría, en el fondo, «tratar igual lo que es distinto», permitiendo el voto de quien no debería haber votado (el mayoritario)[92]. La misma argumentación se deriva de la aplicación del art. 293.2 LSC, en tanto consagra la regla de que el trato diferenciado de accionistas implica el derecho a votar de manera separada.

El tercer motivo material de impugnación se basaría en la ausencia de compensación adecuada por las acciones amortizadas o el valor reducido.

La Ley de sociedades de capital dispone, para todas las modalidades de reducción, que el acuerdo de reducción del capital social expresará necesa-

89 Por ejemplo, PAZ-ARES, C., *op. cit.*, pp. 32-34; en concreto, en p. 33: «es preciso que el grupo afectado no se delimite de una manera arbitraria, lo que significa que dentro de él han de estar *sólo* los accionistas que posean las características objetivas en cuya función se adopta la decisión y *todos* los accionistas que reúnan dichas características. Únicamente de este modo se asegura *la homogeneidad del grupo afectado,* eso que la doctrina ha calificado como "situación uniforme de un grupo de accionistas" [con cita de GIRÓN TENA, J., *op. cit.*, p. 517]».

90 Sacrificio que, a la postre, no tendría por qué ser tal, si tenemos en cuenta que, una vez el minoritario fuera «excluido» el accionista remanente podría, en teoría, reinvertir en la sociedad mediante un posterior aumento de capital por el mismo valor reducido.

91 FERNÁNDEZ DEL POZO, L., *La amortización de acciones y las acciones rescatables,* cit., pp. 94, 126, que aboga por «complementar» la regla de la mayoría alternativa para evitar el posible abuso de mayoría de la siguiente manera: «si el socio de control quiere quedar, prima facie, a resguardo de una posible impugnación (...), deberá dirigir la operación de amortización exclusivamente a los accionistas minoritarios (...) o abstenerse de ejercitar el derecho de voto en la junta especial».

92 En este sentido, SJM n.º 7 Madrid, 20 de diciembre de 2012 (TOL6516367).

riamente, entre otros extremos, «la suma que haya de abonarse, en su caso a los socios»[93], norma que hace referencia a la reducción por devolución de aportaciones y que, claro está, aplica también al supuesto de reducción no paritaria recogido en el art. 329 LSC. Nada dice la ley sobre la valoración o determinación de la suma que haya de abonarse, si bien no se discute que el valor a reembolsar no habrá de coincidir necesariamente (es más, normalmente no lo hará) con el valor nominal[94], sino que dependerá de la valoración real de la sociedad[95] y, en su caso, de la valoración de una prima de rescate[96].

Es evidente que, para que la operación pueda considerarse legítima, es imprescindible que se compense de manera adecuada a los socios afectados[97]. Cuestión distinta es cuán fácil es determinar cuál es esa «compensación adecuada» o valorar por un tercero (eventualmente, el juez) la idoneidad de esta[98].

A pesar de que la ley no impone en esta operación la elaboración de un balance ni la designación de un auditor, a diferencia, por ejemplo, de lo que sucede en los supuestos de separación y exclusión, la doctrina ha señalado la conveniencia de verificación de la valoración[99]. La verificación de la valoración por un auditor externo, si bien no se impone por ley[100], protegería la operación ante una eventual impugnación[101]. En cambio, no existe acuerdo en cuanto a si existe una lagu-

93 El reembolso ha de consistir, en principio, en una suma en dinero. Así, MASSAGUER, J., «Acerca de determinados aspectos de la reducción de capital en una sociedad anónima mediante reembolso a los accionistas que únicamente afecta a una parte de las acciones», *cit.*, p. 2379; ESPÍN, C., Comentario al artículo 329, *cit.*, pp. 2386-2387. Con referencias a la doctrina registral, ORELLANA CANO, N., Comentario al artículo 329, *cit.*, pp. 4442-4443. Efectivamente, esa es la posición del Centro Directivo. Véase, por ejemplo, la RDGRN de 30 de mayo de 2018 o RDGSJFP de 2 de septiembre de 2020, donde se sostiene que la regla es la del reembolso en dinero, salvo que se hubiera previsto lo contrario en los estatutos u otra cosa se hubiera acordado por unanimidad.
A favor de una posible restitución *in natura*, FERNÁNDEZ DEL POZO, L., *La amortización de acciones y las acciones rescatables*, cit., pp. 131-132.

94 P. ej. ORELLANA CANO, N., Comentario al artículo 318, *cit.*, p. 4354.

95 Ya en PÉREZ DE LA CRUZ, A., *La reducción del capital en sociedades anónimas y de responsabilidad limitada*, Publicaciones del Real Colegio de España en Bolonia, 1973, p. 149.

96 FERNÁNDEZ DEL POZO, L., «"Greenmail" y amortización no paritaria de acciones y de participaciones. Un examen crítico del estado de la cuestión en nuestra "jurisprudencia"», *cit.*, *passim*; PAZ-ARES, C., *cit.*, p. 35; ESPÍN, C., Comentario al artículo 329, *cit.*, pp. 2386-2387.

97 Por ejemplo, PAZ-ARES, C., *op. cit.*, pp. 34-36.

98 Sobre la compleja determinación de ese valor, en especial, en sociedades no cotizadas, FERNÁNDEZ DEL POZO, L., *La amortización de acciones y las acciones rescatables*, cit., pp. 130-131.

99 FERNÁNDEZ DEL POZO, L., *La amortización de acciones y las acciones rescatables*, cit., p. 130; PAZ-ARES, C., *op. cit.*, p. 36.

100 Cfr., sin embargo, SÁNCHEZ RUS, H., *op. cit.*, p. 224; RODRÍGUEZ GONZÁLEZ, A., *op. cit.*, p. 365.

101 Vid. SJM n.º 7 Madrid, 20 de diciembre de 2012 (TOL6516367).

na de regulación, al no preverse la exigencia de valoración independiente, lo que implicaría que resultarían de aplicación, por analogía, las normas sobre valoración de las participaciones o acciones del socio en un procedimiento de separación o exclusión (art. 353 LSC)[102].

Por último, no se debe obviar la conexión entre la valoración y los riesgos de que la operación resulte abusiva, dependiendo de la posición del socio separado. A saber: la inadecuación de la compensación puede producirse por defecto, pero también por exceso. Cuando lo que se intente sea un *squeeze out* del socio minoritario, el riesgo reside en que el pago que reciba por la amortización forzosa sea inferior al valor real de su participación. Por el contrario, cuando la amortización busque facilitar la salida o desinversión de un socio de control o con una participación relevante, el riesgo reside en que se prime en exceso la retirada de sus acciones[103]. Ambos supuestos pueden fundamentar la impugnación del acuerdo por el socio que se considere damnificado.

2. Procedimiento y efectos de la impugnación del acuerdo

En cuanto al procedimiento de impugnación del acuerdo de reducción rigen, en línea de principio, las normas generales de impugnación de acuerdos sociales.

Estará legitimado el socio que disponga del porcentaje mínimo legalmente establecido (art. 206.1 LSC) y no hubiera votado a favor del acuerdo[104]. Será suficiente con que ese porcentaje mínimo —de manera idéntica a lo que sucede con la condición de socio, cfr. art. 206.1 LSC— se tenga antes de la reducción (lo contrario podría suponer precisamente, el privar del derecho a impugnar a quien ha sido indebidamente reducido por debajo del umbral legal o estatu-

102 A favor, con cautela, PAZ-ARES, C., *op. cit.*, p. 36. En contra de la posibilidad de articular tal exigencia por la vía de la analogía, FERNÁNDEZ DEL POZO, L., *La amortización de acciones y las acciones rescatables*, cit., p. 130; ESPÍN, C., Comentario al artículo 329, *cit.*, p. 2386; VALPUESTA GASTAMINZA, E., *Comentario a la Ley de sociedades de capital*, 1.ª ed., Bosch, Barcelona, 2013, p. 901.

103 *Vid.* FERNÁNDEZ DEL POZO, L., *La amortización de acciones y las acciones rescatables*, cit., p. 131; id. «"Greenmail" y amortización no paritaria de acciones y de participaciones. Un examen crítico del estado de la cuestión en nuestra "jurisprudencia"», *cit.*, pp. 54-55.
Para ilustrar este escenario resulta interesante la STS de 3 de octubre de 2002 (TOL4.920.117), aun cuando se trata de un supuesto de infracción del régimen de reducción mediante adquisición de acciones propias (art. 170.1 LSA, que se corresponde con el actual 338.1).

104 IRIBARREN BLANCO, M., *op. cit.*, p. 254.

tariamente establecido)[105]. En cualquier caso, será el socio impugnante el que tenga la carga de la prueba de la abusividad de la operación y su falta de conformidad con el interés social (ex art. 204 LSC).

En el caso de que el socio no fuera titular del porcentaje mínimo exigido para impugnar, es posible el resarcimiento de los daños ocasionados por el acuerdo impugnable (art. 206.1 II LSC). Asimismo, la doctrina ha propuesto recientemente la posibilidad de que se ejercite una acción de daños contra los socios que hubieran votado a favor del acuerdo de reducción[106]. Por último, cabría valorar la posibilidad de ejercitar una acción individual contra los administradores, de darse los elementos propios de la misma[107]. En ambos casos, puede resultar especialmente compleja la cuantificación del daño, en especial, del lucro cesante.

La exitosa impugnación del acuerdo conlleva la ineficacia de la reducción de capital e implicará la restitución por parte de los socios de las sumas percibidas[108].

VI. BIBLIOGRAFÍA

AAVV, Comentario al art. 79 LRSL en *Ley de sociedades de responsabilidad limitada. Comentarios de urgencia a la Ley 2/1995, de 23 de marzo, de sociedades de responsabilidad limitada*, Praxis, Barcelona, 1995.

ARROYO LÓPEZ-SORO, J., *Comentarios y aclaraciones a la Ley de sociedades de responsabilidad limitada,* Ediciones López, Madrid, 1954.

ÁVILA DE LA TORRE, A., Comentario al artículo 286, en *Comentario de la ley de sociedades de capital,* Tirant lo Blanch, Valencia, 2021, tomo IV, pp. 4013-4026.

BONARDELL LENZANO, R., Comentario al artículo 329, en *Tratado de sociedades de capital*, tomo II, Aranzadi, Cizur Menor, 2017, pp. 74-78.

BONARDELL LENZANO, R., Comentario al artículo 330, en *Tratado de sociedades de capital*, tomo II, Aranzadi, Cizur Menor, 2017, pp. 78-79.

BONARDELL LENZANO, R./CABANAS TREJO, R., *La reducción del capital social en la sociedad de responsabilidad limitada*, Tirant lo Blanch, Valencia, 2009.

---

105 MASSAGUER, J., Comentario al artículo 206, en *La junta general de las sociedades de capital. Comentario a los artículos 159 a 208 LSC*, Civitas, Cizur Menor, 2022, p. 828.

106 IRIBARREN BLANCO, M., *op. cit.*, p. 235.

107 FERNÁNDEZ DEL POZO, L., «"Greenmail" y amortización no paritaria de acciones y de participaciones. Un examen crítico del estado de la cuestión en nuestra "jurisprudencia"», *cit.*, p. 61.

108 Cfr. IRIBARREN BLANCO, M., *loc. ult. cit.*, p. 235.

ESPÍN, C., Comentario al artículo 317, en *Comentario de la Ley de sociedades de capital*, tomo II, Civitas, Cizur Menor, 2011, pp. 2343-2350.

ESPÍN, C., Comentario al artículo 318, en *Comentario de la Ley de sociedades de capital*, tomo II, Civitas, Cizur Menor, 2011, pp. 2350-2356.

ESPÍN, C., Comentario al artículo 319, en *Comentario de la Ley de sociedades de capital*, tomo II, Civitas, Cizur Menor, 2011, pp. 2357-2360.

ESPÍN, C., Comentario al artículo 328, en *Comentario de la Ley de sociedades de capital*, tomo II, Civitas, Cizur Menor, 2011, pp. 2380-2383.

ESPÍN, C., Comentario al artículo 329, en *Comentario de la Ley de sociedades de capital*, tomo II, Civitas, Cizur Menor, 2011, pp. 2383-2390.

ESPÍN, C., Comentario al artículo 330, en *Comentario de la Ley de sociedades de capital*, tomo II, Civitas, Cizur Menor, 2011, pp. 2390-2393.

FERNÁNDEZ DEL POZO, L., *La amortización de acciones y las acciones rescatables*, Civitas, Madrid, 2002.

FERNÁNDEZ DEL POZO, L., «"Greenmail" y amortización no paritaria de acciones y de participaciones. Un examen crítico del estado de la cuestión en nuestra "jurisprudencia"», *Revista de Derecho de Sociedades*, 21, 2003, pp. 39-80.

GARCÍA-CRUCES GONZÁLEZ, J.A., «La eficacia jurídica del Derecho comunitario de sociedades no desarrollado en la legislación interna», *Anuario de derecho civil*, 45, 1992, pp. 343-376.

GIRÓN TENA, J., *Derecho de sociedades anónimas*, Universidad de Valladolid, 1952.

IRIBARREN BLANCO, M., *La responsabilidad de los socios por los acuerdos de la junta general*, Civitas, Cizur Menor, 2022.

LUTTER, M., BAYER, W., SCHMIDT, J., *Europäisches Unternehmens– und Kapitalmarktrecht*, De Gruyter, Berlin, 2018.

MASSAGUER, J., «Acerca de determinados aspectos de la reducción de capital en una sociedad anónima mediante reembolso a los accionistas que únicamente afecta a una parte de las acciones», en *Derecho de sociedades. Libro homenaje al profesor Sánchez Calero*, vol. III, MacGraw Hill, Madrid, 2002, pp. 2367-2381.

MASSAGUER, J., Comentario al artículo 206, en *La junta general de las sociedades de capital. Comentario a los artículos 159 a 208 LSC*, Civitas, Cizur Menor, 2022, pp. 816-848.

ORELLANA CANO, N., Comentario al artículo 317, en *Comentario de la Ley de sociedades de capital*, tomo IV, Tirant lo Blanch, Valencia, 2021, pp. 4311-4337.

ORELLANA CANO, N., Comentario al artículo 318, en *Comentario de la Ley de sociedades de capital*, tomo IV, Tirant lo Blanch, Valencia, 2021, pp. 4339-4355.

ORELLANA CANO, N., Comentario al artículo 319, en *Comentario de la Ley de sociedades de capital*, tomo IV, Tirant lo Blanch, Valencia, 2021, pp. 4357-4364.

ORELLANA CANO, N., Comentario al artículo 329, en *Comentario de la Ley de sociedades de capital*, tomo IV, Tirant lo Blanch, Valencia, 2021, pp. 4439-4456.

ORELLANA CANO, N., Comentario al artículo 330, en *Comentario de la Ley de sociedades de capital*, tomo IV, Tirant lo Blanch, Valencia, 2021, pp. 4457-4458.

ORTUÑO BAEZA, M.T., *Reducción de capital en la sociedad anónima,* Aranzadi, Cizur Menor, 2004.

PAZ-ARES, C., «Aproximación al estudio de los *squeeze-outs* en el Derecho español», *Revista de Derecho bancario y bursátil,* 91, 2003, pp. 7-38.

PÉREZ DE LA CRUZ, A., *La reducción del capital en sociedades anónimas y de responsabilidad limitada,* Publicaciones del Real Colegio de España en Bolonia, 1973.

PÉREZ DE LA CRUZ, A. y AURIOLES MARTÍN, A., La reducción de capital, en *Comentario al régimen legal de las sociedades mercantiles, tomo VII, Modificación de estatutos en la sociedad anónima. Aumento y reducción del capital,* vol. 3, Madrid, Civitas, 1995.

RODRÍGUEZ GONZÁLEZ, A., *La amortización de acciones en la SA (especial referencia al art. 164.3 TRLSA),* Aranzadi, Cizur Menor, 2005.

ROJO, A., Comentario al artículo 286, en *Comentario de la Ley de sociedades de capital,* tomo II, Civitas, Cizur Menor, 2011, pp. 2110-2118.

RONCERO SÁNCHEZ, A., «La compra y venta forzosa de acciones (sell out, squeeze out), en Derecho de OPAS. Estudio sistemático de las ofertas públicas de adquisición en el Derecho español, Tirant lo Blanch, Valencia, 2010, pp. 671-710.

SÁNCHEZ ANDRÉS, A., «Aumento y reducción del capital», en AAVV, *La reforma del Derecho español de sociedades de capital (reforma y adaptación de la legislación mercantil a la normativa comunitaria en materia de sociedades),* Madrid, 1987, pp. 363-387.

SÁNCHEZ RUS, H., «La amortización forzosa de acciones en el Derecho español», *Revista de Derecho de Sociedades,* 11, 1998, pp. 205-239.

VALPUESTA GASTAMINZA, E., *Comentario a la Ley de sociedades de capital,* 1.ª ed., Bosch, Barcelona, 2013.

VEIL, R., Comentario al § 237, en *Aktiengesetz Kommentar,* Band II, Otto Schmidt, Köln, 2020.

Capítulo XV

REDUCCIÓN DE CAPITAL Y MECANISMOS DE PROTECCIÓN DE ACREEDORES EN SOCIEDADES DE CAPITAL[1]

Juana Pulgar Ezquerra
Catedrático de Derecho Mercantil UCM

SUMARIO: I. LOS EVENTUALES PERJUICIOS PARA LOS ACREEDORES EN UNA REDUCCIÓN DE CAPITAL. II. MECANISMOS SOCIETARIOS DE PROTECCIÓN DE ACREEDORES. 1. Mecanismos específicos de protección ex post en sociedades de responsabilidad limitada. 1.1. La responsabilidad solidaria de los socios. 1.2. Constitución de reserva indisponible y exclusión de la responsabilidad de los socios. 2. Mecanismos comunes de protección ex ante de acreedores en sociedades anónimas y sociedades de responsabilidad limitada. 2.1. El derecho de oposición de los acreedores: fundamento legal y estatutario. 2.2. Los acreedores legitimados, publicidad del acuerdo y las condiciones de los créditos. 2.3. Las exclusiones del derecho de oposición de los acreedores en sociedades anónimas. 2.4. El ejercicio del derecho de oposición: forma y plazo. 2.5. Los efectos del ejercicio del derecho de oposición. III. REDUCCIÓN PRECONCURSAL DE CAPITAL, PLANES DE REESTRUCTURACIÓN Y PROTECCIÓN DE ACREEDORES. IV. BIBLIOGRAFÍA.

I. LOS EVENTUALES PERJUICIOS PARA LOS ACREEDORES EN UNA REDUCCIÓN DE CAPITAL

La adopción por los socios reunidos en junta de acuerdos sociales afecta en ocasiones no solo a la sociedad y a los socios, sino también a los acreedores sociales.

Pensemos en aquellos acuerdos que inciden en la composición de los activos de la compañía como las modificaciones estructurales (fusiones o escisiones), modifican la ley aplicable (traslado internacional de domicilio/ transformación transfronteriza en la nueva terminología de la Directiva 2019/ 2121 sobre transformaciones, fusiones y escisiones transfronterizas) o el tipo de responsabilidad de los socios (transformación de sociedad capitalista en sociedad personalista).

1 Trabajo realizado en el marco del proyecto de investigación sobre "Gobierno corporativo en la proximidad de la insolvencia" (PID 2019-107487GB-100) para el libro homenaje al profesor Jesús Quijano

En este marco, también pueden situarse los acuerdos que inciden en el capital de la compañía, disminuyendo en ocasiones las posibilidades actuales o futuras de satisfacción de los acreedores de satisfacer sus créditos.Ello puede acontecer en supuestos de acuerdos de reducción de capital, si partimos de la pretendida y hoy cuestionada función de garantía ex ante asignada a los principios que rigen el capital social como cifra de retención que reflejada en el balance como partida del pasivo viene a cumplir en principio una función de prevención de la insolvencia, en tanto en cuanto no puede repartirse entre los socios salvo si la compañía se disuelve y liquida hasta que hayan resultado satisfechos todos los acreedores sociales (art 394TRLSC), lo que constituiría una contrapartida del régimen de responsabilidad limitada de los socios y accionistas en tipos societarios capitalistas [2].

Cuando se aborda el análisis del modo en que una reducción de capital puede afectar a los acreedores preexistentes de una compañía, hay que partir de tres premisas; De un lado, no toda reducción implica a priori un riesgo para los acreedores, sino solo aquellas modalidades que conllevan la liberación de activos antes sujetos a las normas y principios de protección del capital, entre las que se sitúa la reducción de capital con restitución de aportaciones a los socios. En este contexto, los acreedores pueden ver debilitada su posición crediticia, resultando sin embargo cuestionable que en otras modalidades de reducción puedan resultar afectados los derechos económicos de los acreedores sociales, al menos en un momento actual o presente.

De otro lado, no toda reducción de capital responde a una situación subyacente de dificultades económicas de la compañía, pudiendo ésta en ocasiones, pero no en todo caso, encontrar su causa en una situación de pérdidas de la compañía (pe perdidas que dejen reducido el patrimonio neto por debajo de la cifra del capital social ex art...), pudiendo constituir estas la contrapartida de la reducción de capital, no debiendo identificarse tampoco en todo caso estas pérdidas con una situación de insolvencia de la compañia [3].

---

2 Vid. ALONSO LEDESMA, C. "Algunas reflexiones sobre la función (la utilidad) del capital social como técnica de protección de los acreedores", en AAVV Estudios de Derecho de Sociedades y Derecho Concursal, libro homenaje al profesor Rafael García Villaverde, T.I, Madrid 2007, p. 127 y ss; GARRIDO, J.M. "Capital social y reglas de solvencia", en AAVV Liber Amicorum J. L. Iglesias, Coord. J. García de Enterría, 2014, p. 519 y ss. MIOLA, M. "Tutela de los acreedores en las sociedades de capital y técnicas alternativas: el debate entre la tradición europea continental y el punto de vista anglosajón, en AAVV la modernización del Derecho de Sociedades, Dir. Alonso Ureba/Alonso Ledesma/Esteban Velasco 2011, p. 19 y ss.

3 Vid ROJO FERNANDEZ DEL RIO, A "Los deberes legales de los Administradores en orden a la disolución de la sociedad como consecuencia de perdidas", en AAVV Homenaje a Fernando Sanchez Calero, Madrid 2002. PULGAR EZQUERRA, J "Preconcursalidad y reestructuración

Finalmente, no toda reducción ni siquiera aquellas que conllevan liberación de activos afectan a todos los acreedores, sino solo a aquellos que puedan justificar que tenian esa condición antes de que se haya hecho pública por las vías legalmente establecidas la decisión de la sociedad de reducir su cifra de capital, no pudiendo alegarse a partir de ese momento que no se conocía la reducción de capital cuando el acreedor contrajo su crédito, no conllevando por tanto dicha reducción una alteración de las condiciones iniciales en las que el acreedor adquirió su condición como tal.

Sobre la base de estas premisas, la protección de los acreedores sociales frente a la adopción por los socios de acuerdos de reducción de capital que puedan "modificar", en el sentido de "empeorar" su posición respecto de la que tuvieron inicialmente es un tema en el que confluyen diversos intereses en juego que han de ser conciliados en su composición.

De un lado, hay que proteger el derecho de los socios reunidos en junta, como órgano soberano de la sociedad, a adoptar acuerdos sociales, entre otros, de reducción de capital algunos de los cuales en ocasiones constituyen además la contrapartida económica del ejercicio por los socios de derechos como el de separación, que no siendo económicamente neutro conlleva el nacimiento de un crédito de reembolso a favor del socio que se separa.

En otros supuestos, la reducción encuentra su causa en los propios principios que rigen la disciplina del capital y conllevan la necesidad de mantener la realidad de la aportación durante toda la vida de la sociedad, asegurándose que en todo momento existen bienes y derechos suficientes en el patrimonio contable de la sociedad para cubrir las deudas y la cifra de capital, configurándose de otro modo una obligación legal de reducción del capital o disolución de la compañía si los activos son insuficientes.(arts 317 y ss y 362 y ss TRLSC).

De otro lado, hay que proteger a los acreedores existentes frente a eventuales acuerdos de los socios que puedan empeorar, aunque sea justificadamente sus iniciales expectativas económicas de satisfacción, sin que esta protección deba ni pueda colocarles a nuestro entender en mejor situación de la que tenían inicialmente como acreedores. En efecto, no se trata tanto de favorecerles, cuanto de no perjudicarles en sus iniciales expectativas de satisfacción y solo en tanto en cuanto estas se vean afectadas por el acuerdo

empresarial" la ley 2021 (tercera edición) pags: 440-449 (cuarta edicion en prensa); STS, sala de lo civil de 15 de octubre de 2013.

social de reducción de capital, en un modo real en el sentido de actual [4], por el acuerdo social de reducción de capital.

De ahí que a nuestro entender sea importante y relevante, la conexión entre los mecanismos de protección de acreedores y el perjuicio que la adopción del correspondiente acuerdo de reducción de capital puede conllevar para ellos, no resultando a nuestro entender justificados mecanismos de protección de acreedores si la adopción del acuerdo de reducción del capital social no conlleva para ellos un perjuicio real. No obstante, no es necesario ni se exige al acreedor en el diseño actual de nuestro modelo, que pruebe dicho perjuicio, lo que sin embargo parece desprenderse explícitamente en relación a sociedades de responsabilidad limitada al limitarse legalmente las salvaguardas de los acreedores a supuestos de reducción con restitución de aportaciones e implícitamente respecto de sociedades anónimas, en relación con los supuestos de exclusión legal del derecho de oposición de los acreedores, como se analizará más adelante.

Así mismo, esta protección no puede conferirles a los acreedores un derecho injustificado de bloqueo que pueda frenar o incidir restringiendo la referida libertad de la junta de adoptar acuerdos sociales, persiguiéndose precisamente modular la composición de los distintos intereses en juego a través de la regulación legal de los mecanismos de protección de acreedores y en particular de la legitimación, temporalidad, publicidad, y características que deben reunir los créditos.

Los mecanismos de protección de los acreedores en conexión con acuerdos sociales de reducción de capital y que se añadirían a la pretendida y hoy cuestionada función de garantía del capital social, pueden configurarse en un modo ex ante, esto es, con anterioridad a que el referido acuerdo de reducción se adopte, lo que evita a priori la eventual lesión de los derechos de los acreedores y la consiguiente necesidad de reparación del daño causado. En este ámbito se ha situado tradicionalmente el reconocimiento a los acreedores de un derecho de oposición, respecto del que como se analizará más adelante constituye un tema clave los efectos de su ejercicio respecto de la adopción misma del acuerdo. En este sentido, solo estaríamos en puri-

4 Vid manteniendo un parecer diferente ORELLANA, N. "Comentario al art 337", en AAVV Comentario de la ley de sociedades de capital. Tomo V Tirant lo blanch, Valencia 2021, pags: 4543 y Valpuesta GASTAMINZA, E "Comentarios a la ley de sociedades de capital" cuarta edición (comprobar) Bosch-Wolters kluwers M Madrid 2022 (cuarta edición) pags:, entendiendo que su situación no solo podría sino que debería mejorarse en supuestos de reducción de capital por el riesgo que este conlleva,

dad ante un mecanismo ex ante de protección, si la referida oposición tiene un efecto obstativo de la adopción misma del acuerdo, pues de otro modo si bien podría hablarse de la oposición como un mecanismo temporalmente ex ante no lo seria materialmente, si no consigue impedir la ejecución del acuerdo, aunque sea solo temporalmente, en tanto se sustancia la oposición presentada.

No obstante, los mecanismos de protección de los acreedores también pueden configurarse temporalmente en un modo ex post, esto es una vez que el acuerdo se ha adoptado y ejecutado, como una vía de reparar a los acreedores los perjuicios económicos causados, en cuyo ámbito se situaría la dotación de reservas indisponibles o el régimen de responsabilidad de los socios que como analizaremos más adelante se regula en nuestro derecho en relación con sociedades de responsabilidad limitada.

Y es que en nuestro derecho, los mecanismos de protección de los acreedores en el marco de los acuerdos de reducción de capital, constituyen en un modo cuestionable una de esas materias en las que desde la ley de sociedades de responsabilidad limitada de 1995 y no obstante la unificación formal del régimen regulador de Sociedades anónimas y de responsabilidad limitada en el texto refundido de la ley de sociedades de capital subsisten diferencias de regulación que se manifiestan en la existencia de distintos regímenes de protección de acreedores en supuestos de reducción de capital, conservándose casi inalterado dada su operatividad practica el régimen para sociedades de responsabilidad limitado contenido en la ley de 1995.

Precisamente la eliminación de estas diferencias de régimen en general y en particular en materia de protección de acreedores y reducción de capital, era una de las novedades que se proyectaban introducir en nuestro derecho en virtud del anteproyecto de ley de Código mercantil de 30 de mayo de 2014, contemplándose un régimen unificado de protección de acreedores sobre la base del régimen actualmente previsto para sociedades anónimas, encontrándose no obstante en este momento dicho proyecto paralizado en su tramitación.

La actual existencia de la mencionada duplicidad de régimen jurídico protector de acreedores en supuestos de reducción de capital en sociedades anónimas y de responsabilidad limitada hace que no resulte indiferente para los acreedores encontrase bajo un tipo social u otro [5] y plantea entre otras una particular problemática en supuestos de transformación societaria (pe

5 RDG 20-II-96 (RJ 1996,1031); 29-III-00 (RJ2000,2736) y 23-II-2001 (RJ 2002, 2163)

de SA en SRL) que se acompañe de otras modificaciones estatutarias no estrictamente necesarias para el cambio de tipo social y en particular de reducciones de capital, acordadas con simultaneidad o anterioridad a la referida transformación.

Ello planteó con anterioridad a la Ley de modificaciones estructurales de 3 de abril de 2009 una controversia sobre si el régimen de protección de acreedores debería ajustarse a los previsto para Sociedades anónimas o para sociedades de responsabilidad limitada.No obstante, no es menos cierto que el tema quedó resuelto en el art 17.2 de la referida ley en el que se establece taxativamente que en estos supuestos "habrán de observarse los requisitos específicos de estas operaciones conforme a las disposiciones que rijan el nuevo tipo social[6].

Así mismo, dado que la reducción de capital constituye, en definitiva un tema de reestructuración del capital social que, como analizaremos más adelante, puede o no insertarse en el marco más amplio de la reestructuración misma de la compañía cuando ésta atraviesa dificultades económicas, debemos distinguir en lo que se refiere a los mecanismos de protección de los acreedores, de un lado, aquellos supuestos en los que los acuerdos de reducción de capital se manifiestan en un modo aislado; De otro lado, supuestos en los que dichos acuerdos se insertan como parte del contenido más amplio de un plan de reestructuración de compañías en dificultades económicas (insolvencia actual, inminente o probabilidad) regulados en el libro II del Texto refundido de la ley concursal, tras su reforma con ocasión de la transposición de la Directiva UE 2019/1023 sobre marcos de reestructuración preventiva, exoneración de pasivo insatisfecho y medidas para mejorar la eficiencia de los procedimientos concursales.

En este segundo escenario, como se analizará más adelante, se produce un desplazamiento de los mecanismos societarios de protección de acree-

6 Vid resumen de la controversia doctrinal y registral l respecto en RDGR 16-IX-2009 (RJ 2009, 2725). No obstante, el tema no es tan sencillo cuando la modalidad de reducción de capital de la que se acompaña la transformación del tipo de sociedad anónima en sociedad de responsabilidad limitada no está contemplada en la sociedad de destino, esto es en Sociedades de responsabilidad limitada. (pe reducciones de capital mediante condonación de dividendos pasivos no reguladas en SRL dado que en este tipo social las participaciones han de estar íntegramente desembolsadas al otorgarse la escritura de constitución).Ello obliga a tener que anteponer estas modalidades de reducción a la transformación, suscitándose no obstante una particular problemática en supuestos de reducciones mixtas que combinan diversas modalidades de reducción.Vid al respecto la interesante y completa RDGRN de 8 de mayo de 2015 (RJ 2015/ 33/ 06)

dores regulados en el texto refundido de la ley de sociedades de capital (en adelante TRLSC) por las salvaguardas de carácter colectivo reguladas en el referido libro II y acordes con la lógica también colectiva, aun cuando no procedimental, que subyace estos planes de reestructuración preventiva.

Comenzaremos analizando los mecanismos societarios de protección de acreedores en supuestos de reducción de capital, distinguiendo mecanismos específicos de protección en sociedades de responsabilidad limitada y mecanismos comunes a sociedades anónimas y de responsabilidad limitada.

II. MECANISMOS SOCIETARIOS DE PROTECCIÓN DE ACREEDORES

1. Mecanismos específicos de protección ex post en sociedades de responsabilidad limitada

En el marco de las sociedades de responsabilidad limitada, se ha optado en materia de protección de acreedores en conexión con reducciones de capital, por limitar dicha protección solo a las modalidades de reducción que conllevan una restitución parcial o total de aportaciones a los socios, a lo que subyace implícitamente la idea de que sólo en estas modalidades de reducción los acreedores sufren un perjuicio, articulándose dicha protección de un lado, a través de mecanismos legales ex post, operando por tanto tras la oponibilidad a terceros de la operación de reducción.

Así, se regula de un lado, la responsabilidad solidaria entre sí y con la sociedad de aquellos socios a quiénes se hubiera restituido la totalidad o parte de su aportaciones sociales y de otro lado, en un modo alternativo y no cumulativo, la posibilidad para eludir dicha responsabilidad de que la sociedad dote una reserva indisponible con cargo a beneficios o reservas libres, por un importe igual al percibido por los socios en dicho concepto, contemplándose así un mecanismo de protección vía garantías que derivaría de la dotación de la referida reserva indisponible.

Pero eso no es todo, porque los mencionados mecanismos legales de protección ex post operan en defecto de previsión estatutaria de un derecho de oposición de los acreedores (art 33 TRLSC), no teniendo por tanto en sociedades de responsabilidad limitada el derecho de oposición un fundamento legal como acontece en sociedades anónimas, sino estatutario que permite excluir la responsabilidad de los socios frente a los acreedores, así como la necesidad de dotar una reserva indisponible, excluyente a su vez de dicha responsabilidad.

Se combinan así, respecto de sociedades de responsabilidad limitada, los mecanismos legales de protección de acreedores legales ex post y en su caso ex ante de carácter estatutario, centrados en el derecho de oposición.

Analizaremos a continuación separadamente dichos mecanismos.

1.1. La responsabilidad solidaria de los socios

La responsabilidad de los socios a quienes se hubiera restituido la totalidad o parte del valor de sus aportaciones (art 331 TRLSC), constituye en sociedades de responsabilidad limitada la salvaguarda legal general de los acreedores en supuestos de reducción de capital, que como se ha adelantado operaria en defecto de dotación por la sociedad de reserva indisponible o de previsión estatutaria de un derecho de oposición de los acreedores[7].

Se configura así un régimen de responsabilidad legal y automático de carácter solidario de los socios entre sí y con la sociedad, no existiendo beneficio de excusión, pero que necesita ser accionado por el acreedor, siendo condición de su operatividad la previa intimación por parte del acreedor social a la sociedad al cumplimiento de su obligación de pago (art 1822 y 1137 TRLSC).

No obstante, no se exige en modo alguno que la sociedad sea insolvente y aún menos que haya sido declarada en un `procedimiento judicial de insolvencia, es más, si así fuera, en el marco de un convenio concursal o con anterioridad al concurso, se hubiera producido una reducción de capital, cesaría el régimen de protección societario e individual de acreedores y sería sustituido por la protección colectiva de los acreedores proveniente del concurso de acreedores como procedimiento judicial colectivo. Ello se prevé expresamente, como se analizará más adelante en sede de convenio, así como en el marco de planes preconcursales de reestructuración en los arts 583–684 TRLC tras su adaptación a la Directiva UE 2019/1023 respecto del derecho de oposición de los acreedores en modificaciones estructurales, debiendo entenderse ello también aplicable a otros acuerdos sociales que puedan incidir en los derechos de los acreedores, tales como una reducción de capital.

En aquellos escenarios, en los que el acreedor recibió un pago parcial por un socio, podrá este insinuar su crédito por la totalidad en el concurso de la sociedad y en aquéllos supuestos en los que uno de los socios coobligados

7 Así vid RDGRN de 10 de mayo de 2017 (n.º 5935/ 2017) (RJ 2017/ 2353), resaltándose que no es preciso hacer referencia en el acuerdo de reducción y publicidad de este a la responsabilidad de los socios que operaria como salvaguarda general de acreedores,

fuese declarado en concurso de acreedores, el socio que satisfizo al acreedor podrá insinuar su crédito en el concurso de aquel o de aquellos socios si son varios los coobligados en concurso, por la parte que pueda exigir como reembolso (art 1844.1 Cc)

Nos encontramos ante una responsabilidad legal, que como se ha adelantado, no recae sobre todos los socios, no se contrae frente a todos los acreedores sociales y solo opera en supuestos de reducción de capital con devolución total o parcial a los socios del valor de sus aportaciones. En este marco, resultarían incluidos supuestos de ejercicio por el socio de su derecho de separación con independencia de su causa, dado que ello conlleva una reducción de capital con devolución de aportaciones (art 357 TRLSC) [8], habiéndose extendido también este régimen de responsabilidad a supuestos de amortización de participaciones previamente adquiridas por la sociedad a título oneroso (art 141 TRLSC) equivalentes a reducciones con restitución de aportaciones,[9] conectando ello con el carácter limitado de la responsabilidad contraída por los socios.

En efecto, se trata de un régimen de responsabilidad que solo recae sobre los socios a quienes se haya restituido la totalidad o parte del valor de sus aportaciones, lo que modula el montante de su responsabilidad, no tratándose por tanto de una responsabilidad por deudas. El fundamento de política jurídica de esta responsabilidad, se situaría implícitamente a nuestro entender como acontece de otro lado en otros supuestos en los que surge esta responsabilidad (art 399TRLSC en relación a la cancelación registral de sociedades de capital y responsabilidad de los socios por el pasivo sobrevenido), en un pretendido "enriquecimiento injusto" de dichos socios, en la medida en que no debieron percibir cuota alguna de liquidación a la que sería equiparable la devolución de aportaciones como efecto de la reducción de capital, hasta que todos los acreedores sociales hubieran resultado íntegramente satisfechos (art 394 TRLSC) [10].

8 Así vid SAP Coruña, sección 4.ª, 11/2018 de 15 de enero.
9 RDGRN de 22 de mayo de 2018.
10 Vid TIRADO MARTI,I "La reducción del capital social" Comentario de la ley de sociedades de capital, Dir ROJO, A /BELTRAN,E T II Civitas Thomson Reuters, Navarra 2011 pags: 2395-2396 entendiendo que el socio se convierte en responsable legal de pago de las deudas sociales en una situación próxima a la del fiador solidario con aplicación de las normas sobre solidaridad pasiva (art 1822 y 1137 y ss TRLSC) y de la fianza (art 1822 y ss) en lo que no contradiga dichas normas, con lo que se persigue "compensar" al acreedor los daños y perjuicios ocasionados por el incumplimiento por parte de la sociedad de su prestación/ones.

La responsabilidad del socio surgirá aunque se hubiera aplazado el pago de la suma dineraria que haya de percibir en conexión con la reducción de capital, lo que conlleva el reconocimiento de un crédito del socio frente a la sociedad [11], manteniéndose dicha responsabilidad aunque el socio tras percibir los activos pierda su propiedad, porque la ha transmitido voluntariamente a un tercero o por ejecución de una garantía o embargo, no transmitiéndose este régimen de responsabilidad al adquirente [12].

En este marco y con el fin de reforzar a través del registro mercantil la tutela de los acreedores sociales por la vía de la responsabilidad de los socios, en supuestos de reducción de capital, el registrador no inscribirá una reducción de capital con devolución de aportaciones si no se incluye una relación identificando (nombre, apellido, número de identificación social, dirección) a los socios que hayan percibido en todo o en parte lo que en su día aportaron a cambio de sus participaciones sociales. Se conecta así esta puesta a disposición de los acreedores de la información referida, con la posibilidad de hacer efectivo su derecho de crédito en supuestos de incumplimiento por la compañía de sus obligaciones en conexión con una reducción de capital.

Una situación particular podría producirse en supuestos en los que declarada en concurso de acreedores la sociedad, esta no haya podido restituir al socio el valor de sus aportaciones, suscitándose como operaria en estos supuestos el régimen de responsabilidad personal de los socios previsto en el art 331 TRLSC. Entendemos que en estos casos, no se cumpliría la condición exigida en dicho precepto para que opere este régimen de responsabilidad, esto es, la "restitución total o parcial al socio del valor de sus aportaciones" en el que además se sitúa, como analizaremos más adelante el límite de su responsabilidad. No obstante, como sucede en el supuesto de aplazamiento en la percepción de las cuotas, habría surgido un derecho de crédito a favor del socio, con la diferencia de que en aquel caso solo se demora su percepción, frente a lo que acontece en situación de concurso, en la que, dadas las dificultades económicas de la compañía, el socio puede en su caso no llegar a percibir el valor de sus aportaciones. En efecto, ello dependerá de que el concurso tenga o no masa suficiente para satisfacer a los acreedores y en conexión con ello de la clasificación concursal del crédito de reembolso del socio, lo que en particular cuando la reducción trae causa del ejercicio por este de un derecho de separación, ha dado lugar a una amplia polémica doctrinal en conexión con el momento en el que el socio dejaría de ser tal en la compañía

11 En este sentido, RDGRN de 9 de septiembre de 2019

12 Así TIRADO,op.cit, pags: 2395; ORELLANA, op.cit.pags: 4467.

(teoría de la comunicación versus teoría del reembolso)[13], no surgiendo a nuestro entender esta responsabilidad hasta que el socio haya percibido el valor de sus aportaciones.

Nos encontramos además ante un régimen legal de responsabilidad de los socios que no opera frente a todos los acreedores sociales, sino solo frente a aquellos legalmente delimitados sobre la base de un criterio temporal en el art 331.1 TRLSC, esto es, frente a las "deudas sociales contraídas con anterioridad a la fecha en que la reducción fuere oponible a terceros, sin que haya previsión legal alguna sobre el origen y la naturaleza de las deudas sociales dado el empleo del amplio termino "contraídas",pudiendo quedar englobadas bajo este concepto obligaciones legales, contractuales, extracontractuales o por enriquecimiento injusto.

Por tanto, desde el momento en que dicha oponibilidad que determina el nacimiento de la responsabilidad de los socios conecta con la publicación del acuerdo de reducción de capital en el Boletín oficial del registro mercantil (en adelante BORME) pueden los socios contraer responsabilidad por deudas surgidas tras el acuerdo social de reducción de capital y antes de la publicación de dicho acuerdo en el BORME, con el juego en este ámbito de la no oponibilidad frente a terceros que prueben no tener conocimiento de lo inscrito dentro de los 15 días siguientes a la publicación.

Así mismo, se trata de un régimen de responsabilidad limitado en su cuantía, así como temporalmente. En este sentido, la delimitación legal de los socios que contraen responsabilidad frente a los acreedores sociales en los términos mencionados conecta con el carácter cuantitativamente limitado de la responsabilidad de los socios al importe de lo percibido en concepto de restitución de la aportación social (art 331.2 TRLSC), no respondiendo por tanto el socio de la totalidad de la deuda social. No obstante, esta limitación se ha entendido no tanto en el sentido de que el socio responderá

13 Vid sobre este tema: COHEN BENCHETRIT, A., "Ejercicio del derecho de separación y concreción del momento en que se pierde la condición de socio: problemas prácticos", en GONZÁLEZ FERNÁNDEZ, M.º B., COHEN BENCHETRIT, A. (Dirs.), MÁQUEZ LOBILLO, P., OTERO COBOS – ZOFIA BEDNARZ, M.º T. (Coords.), A.A.V.V., *Derecho de Sociedades. Los derechos del socio,*, Tirant lo blanch, Valencia, 2020, p. 1017 y ss; BRENES CORTES, J., "Clasificación concursal del crédito de reembolso del socio que se separa *ex* artículo 348 bis LSC. A propósito de la Sentencia de La Audiencia Provincial de La Coruña (núm. 12/2018, de 15 de enero 2018)", *Revista de Derecho Concursal y Paraconcursal*, N.º 29/2018, p. 4, versión digital; PULGAR EZQUERRA, J., "Separación y exclusión de socios: clasificación concursal del crédito de reembolso", en GUTIÉRREZ GILSANZ, A. (Dir.), A.A. V.V., *Derecho preconcursal y concursal de sociedades mercantiles de capital,* Wolters Kluwer, Madrid, 2018, p. 282.

por la parte percibida en concepto de aportación, cuanto por la parte recibida del valor nominal de las participaciones de su propiedad [14],debiendo ser en principio el valor de lo recibido por los socios igual o superior al valor nominal de las participaciones amortizadas, para que este mecanismo en la práctica proporcione seguridad jurídica a los acreedores.

Si ello no es así, la responsabilidad del socio habrá de modularse en función de que éste reciba un importe igual, superior o inferior al valor nominal de sus participaciones en propiedad, no extendiéndose esta responsabilidad a las cuantías que hubieren recibido en exceso sobre la aportación nominal que en su día realizó al capital.

Sobre la base de estas consideraciones, se puede producir una merma en el sistema legal de protección de los acreedores, que solo resultarían parcialmente protegidos en supuestos en los que haya una diferencia entre el nominal reducido y el importe del valor restituido a los socios por debajo de la par, esto es, cuando las cantidades restituidas a los socios tengan un montante inferior a la disminución sufrida por la cifra del capital social, lo que puede deberse a una situación de perdidas contabilizadas.

Pues bien, la Dirección General de registros y el notariado, en diversas resoluciones ha establecido que no cabe una reducción de capital por importe superior al percibido por los socios en concepto de restitución de aportaciones si no se protegen y salvaguardan adecuadamente los intereses de los acreedores[15]. En dichas resoluciones, se establece que esta protección o garantía respecto de la diferencia entre lo percibido por los socios en concepto de restitución de aportaciones y el importe de la reducción de capital, podría articularse por tres vías: procediendo a una reducción de capital por perdidas (art 320 a 327 TRLSC), constituyendo una reserva legal indisponible por la diferencia (art 332.2 TRLSC), lo que excluiría la responsabilidad legal de los socios por el importe diferencial o totalmente, si la reserva se dota por toda la cuantía de la reducción o finalmente constituyendo una reserva voluntaria, articulándose en este último supuesto mediante una combinación de la de-

14 RDGRN de 10 de mayo de 2017, n.º 5935, (RJ 2017/ 2353). No obstante, el tema no es pacifico dado el tenor literal del art 331.2 TRLSC que alude al "importe de lo percibido en concepto de restitución de la aportación social", debiendo resaltarse que la doctrina de la DGRN si bien es vinculante en su ámbito, no lo es sin embargo en sede jurisdiccional. Este debate en torno al límite de la responsabilidad de los socios aconseja en cierta medida eludir este mecanismo de salvaguarda de los acreedores mediante dotación de reserva indisponible (art 332 TRLSC) o previsión estatutaria de derecho de oposición de los acreedores (art 333 TRLSC).

15 Así RDGRN de 26 de abril 2013(RJ 2013/5411; 22 de mayo de 2018 (RJ 2018/ 2449)

volución de aportaciones (art 331 TRLSC) con la constitución o dotación de una reserva voluntaria (art 317,1 TRLSC) por la diferencia entre la cuantía total de la reducción y la cantidad restituida a los socios [16].

Se trata además de una responsabilidad temporalmente limitada, estableciéndose en el art 331.3 TRLSC su prescripción a los 5 años a contar desde la fecha en que la reducción fuera oponible a terceros; Este plazo legal de prescripción y no de caducidad ha sido acertadamente cuestionado por la doctrina que ha visto en esta opción de política legislativa una falta de coherencia con otras medidas y mecanismos de protección de acreedores (art 332 TRLSC), entendiendo que en la práctica ello puede dar lugar a situaciones injustas[17].

1.2. Constitución de reserva indisponible y exclusión de la responsabilidad de los socios

Como mecanismo ex post de protección de acreedores, de carácter alternativo a la responsabilidad de los socios en sociedades de responsabilidad limitada en supuestos de reducción de capital con devolución de aportaciones, se regula en el art. 332 TRLSC, la posibilidad de que la sociedad opte por dotar una reserva indisponible por un límite temporal de cinco años con cargo a beneficios o reservas existentes de libre disposición, debiendo destinarse esta reserva a la protección de los acreedores.

La opción entre la responsabilidad de los socios o la dotación de esta reserva en protección de acreedores no recae sobre estos últimos, a quienes no se les confiere el derecho de elegir la salvaguarda que consideren más adecuada para la protección de sus intereses, sino sobre la propia sociedad sin que en

16 Vid RDGRN de 11 de junio de 2020 y comentario a esta de DIAZ MORENO, A ´Reducción de capital de la SRL en un importe superior a las cantidades percibidas por los socios: régimen de la doctrina registral "GA _P, Septiembre 2020, en la que se recuerda que la reducción de capital para constituir o incrementar reservas voluntarias requiere que se atribuya a estas el carácter de indisponible, lo que constituye una cautela razonablemente exigible para la inscripción de la reducción en protección de los acreedores, situándose el problema no obstante como indica DIAZ MORENO en pag 4,en determinar las consecuencias de un eventual posterior reparto de beneficios con cargo a éstas; En este ámbito, en la RDGRN de 11 de junio de 2020, se establece que los socios a quienes en su caso se hayan repartido dividendos, responderán hasta el importe de lo recibido con cargo a reservas, ya que ello se conceptualizaría como una restitución diferida de las aportaciones, haciéndose con ello efectivo el régimen de responsabilidad de los socios frente a los acreedores previsto en el art 331 TRLSC (comprobar artículos)

17 Así en este sentido, TIRADO MARTI, I,op.cit.pags: 2397-2398

puridad nos encontremos ante una opción que pueda ser libremente adoptada por aquella. En efecto, desde el momento en que, como analizaremos a continuación, la dotación de esta reserva legal presenta una naturaleza especial que viene dada por su especifica finalidad de protección de acreedores en supuestos de reducción de capital con devolución de aportaciones, debe ser aprobada por los socios reunidos en junta y está sometida ex lege al cumplimiento de unos requisitos relativos a la cuantía y temporalidad de la reserva indisponible (art 332.1 TRLSC) la sociedad no podrá cumplir en todo caso estos requisitos, que como veremos en cierto modo resultan cuestionables desde la perspectiva de la protección de los acreedores.

Analizaremos separadamente ambos aspectos.

Como se ha adelantado, para que la reserva permita excluir la responsabilidad de los socios, ha de dotarse con cargo a beneficios o reservas libres, no pudiendo utilizarse como contrapartida la reserva legal imperativa o reservas estatutarias obligatorias y no pudiendo destinarse esta reserva para incrementar el capital social, ni siquiera para compensar pérdidas sufridas por la sociedad. Pero no es este el único requisito que ha de cumplirse en la dotación de ésta reserva, estando también sometida en cuanto a su cuantía a la exigencia contenida en el artículo 332.1 TRLSC, conforme a la cual ésta ha de dotarse por un importe igual al percibido por los socios en concepto de restitución de la aportación social, habiendo sido matizada interpretativamente esta exigencia por la doctrina con relación al tratamiento que recibe la dotación de una reserva paralela en el marco de las sociedades anónimas sobre la base del art 335.c) TRLSC.

En este sentido, acertadamente se advierte que dada la finalidad de esta reserva situada en la protección de los acreedores, la exigencia legal en relación a su cuantía ha de entenderse no tanto respecto de lo efectivamente percibido por los socios, esto es, al montante efectivo de activo salido del patrimonio social a consecuencia de la reducción de capital cuanto, como acontece en el art. 335.c) respecto de sociedades anónimas, a la totalidad del importe del valor nominal del capital reducido, dado que en ocasiones la cuantía entregada a los titulares de las participaciones, puede ser inferior a la reducción (por ejemplo en situaciones de pérdidas de la compañía)[18].

Se advierte así la relevancia que tiene el importe del nominal recibido por el socio, no solo en relación al alcance de la responsabilidad de los socios,

18 Así vid TIRADO, I, op.cit. pags: 2402 2403; RDGRN de 10 de mayo de 20178(n.º 5935/2017) (RJ 2017/2353)

que como se ha analizado constituiría el mecanismo general de protección de acreedores en sociedades de responsabilidad limitada en defecto de dotación de reserva indisponible o previsión estatutaria de un derecho de oposición,sino también en la fijación de la cuantía de la reserva indisponible si la sociedad opta por esta salvaguarda de acreedores o en aquellos casos en los que como se ha analizado, se complemente la responsabilidad de los socios por la parte a la que ésta no se extienda.

El carácter indisponible de la reserva, se extenderá en garantía de los acreedores durante un plazo de 5 años desde la publicación de la reducción en el BORME —lo que contrasta con el cómputo del plazo también de 5 años durante el que se extiende la responsabilidad de los socios desde la fecha en la que la reducción fue oponible a terceros (art 331.3)— lo que parece conllevar una implícita presunción de que en ese período de tiempo habrán podido ser satisfechas las obligaciones existentes con anterioridad a la fecha en la que la reducción fue oponible a terceros, esto es, con anterioridad a la publicación del acuerdo de reducción en el BORME.

No obstante, debe entenderse levantada esta indisponibilidad: si antes del transcurso de dicho plazo hubieran sido satisfechas todas las deudas sociales conforme se establece en el art 332.2; si todos los acreedores a los que se extiende esta protección hubieran aceptado por unanimidad el cese o levantamiento de la indisponibilidad de la reserva dotada o finalmente si se hubiese extinguido el crédito frente a la sociedad [19].

Se establece por tanto legalmente una previsión de protección de acreedores sociales a corto y medio plazo (5 años) que coincide con el plazo de prescripción de la responsabilidad de los socios, lo que parece dejar fuera de protección a los acreedores a largo plazo. En efecto, si sus créditos se extienden más allá de cinco años, no conlleva la reducción su vencimiento anticipado ex lege, salvo si la sociedad potestativamente optase por ello, satisfaciendo los créditos antes de su vencimiento.

La dotación de la reserva ha de ser aprobada por los socios reunidos en junta, de forma simultánea al acuerdo de reducción de capital aun cuando ello no es posible en supuestos en los que la reducción de capital encuentre su causa en el ejercicio por los socios de su derecho de separación o en supuestos de exclusión de socios (art 358 TRLSC), lo que no significa que en estos supuestos no se pueda acudir a este mecanismo alternativo de protección de acreedores.

19 Así en este sentido, vid TIRADO MARTI, I op.cit.pags: 2403

Esta decisión debe tomarse en junta sobre la base de un balance contable suficientemente actualizado que deberá aportar al administrador social (balance correspondiente al último ejercicio aprobado o el último de los balances de situación previstos), sin que se exija el sometimiento de dicho balance a una auditoria previa[20].

Como acontecía en relación con la responsabilidad solidaria de los socios, si la sociedad opta por constituir una reserva con cargo a beneficios o reservas libres por un importe igual al percibido por los socios, es necesario para inscribir el acuerdo y ejecutar la reducción que conste en la escritura la declaración del órgano de administración de la compañía, en conexión con el derecho de información de los acreedores y su tutela registral.

2. Mecanismos comunes de protección ex ante de acreedores en sociedades anónimas y sociedades de responsabilidad limitada

2.1. El derecho de oposición de los acreedores: fundamento legal y estatutario

El derecho de oposición de los acreedores al acuerdo social de reducción de capital social constituye una declaración de voluntad unilateral por parte de los acreedores a través de la que se proporciona al acreedor social una salvaguarda ex ante de protección, con efectos suspensivos de la ejecución del acuerdo social de reducción de capital.

Se trata por tanto de un mecanismo de tutela preventiva que trata de evitar la producción de un daño a los acreedores, regulado en relación a sociedades de responsabilidad limitada (art 333 TRLSC) y Sociedades anónimas (arts 334-337 TRLSC) siendo por tanto común a ambos tipos sociales, aun cuando con distinto fundamento jurídico.

Así, en relación con sociedades de responsabilidad limitada, el derecho de oposición de los acreedores se configura desde la ley de sociedades de responsabilidad limitada de 1995 como una posible salvaguarda estatutariamente prevista (art 333 TRLSC), no existiendo este derecho si no se recoge en los estatutos o en su modificación, no siendo suficiente que su previsión se contenga en el acuerdo social y no así en los estatutos sociales.

En este tipo social, el derecho de oposición se configura además como una vía para neutralizar la responsabilidad solidaria de los socios, siendo la rela-

20 Vid TIRADO MARTI, I Ibidem.

ción entre ambos de exclusión, aun cuando no existe previsión legal expresa en este sentido. Así, en el artículo 332.1 TRLSC se excluye el régimen de responsabilidad solidaria de los socios frente a los acreedores sociales, cuando se constituya una reserva indisponible, sin que se contemple también expresamente esta exclusión respecto del derecho de oposición de los acreedores cuando este se contemple estatutariamente.

No obstante, compartimos la interpretación doctrinal que en el marco de la sociedades de responsabilidad limitada, sobre la base de la necesidad de proceder a una equilibrada composición de intereses en juego sin sobreproteger a los acreedores en detrimento de la operatividad de la reducción de capital, entiende excluyentes entre si los mecanismos de protección de acreedores, de modo que no solo no habrá imputación de responsabilidad a los socios cuando se constituya una reserva indisponible, sino tampoco cuando haya previsión estatutaria de un derecho de oposición de los acreedores, dejando a su vez la dotación de reserva indisponible sin efecto toda previsión estatutaria de un derecho de oposición de los acreedores[21].

Diferente es sin embargo el modo de operar el derecho de oposición de los acreedores en el marco de sociedades anónimas, en el que el fundamento de este derecho es legal y no estatutario (art 334, c) TRLSC) sin que este mecanismo de protección se acompañe como acontece en relación a sociedades de responsabilidad limitada de mecanismos de protección ex post de acreedores, vía responsabilidad solidaria de los socios.

Pero no es esta la única diferencia en lo relativo a la regulación del derecho de oposición de acreedores en sociedades anónimas y sociedades de responsabilidad limitada. En efecto, frente a lo que acontece en el marco de las sociedades de responsabilidad limitada, en el que los mecanismos de protección de acreedores se limitan expresamente solo a supuestos en los que la reducción de capital conlleve restitución de la totalidad o parte del valor de las aportaciones sociales a los socios, esta limitación no se produce en un modo expreso en el régimen aplicable a sociedades anónimas. Ello en principio suscita un debate que se obvia en sociedades de responsabilidad limitada sobre algunas modalidades de reducción de capital en, las que podría resultar cuestionable el fundamento y la conveniencia de reconocer a los acreedores un derecho de oposición, al no conllevar estas un perjuicio a los acreedores al menos en un modo directo y actual.

21 Asi TIRADO, I op.cit. pags: 2405 VALPUESTA.op.cit.pags: 883; ORELLANA.op.cit.pags: 4500

No obstante, como se analizará más adelante, tras la regulación de supuestos legales de exclusión del derecho de oposición de los acreedores en el marco de las sociedades anónimas (art 335 TRLSC) parece subyacer la idea implícita de que si la reducción no conlleva un perjuicio en un sentido directo para los acreedores no encontraría justificación de política jurídica el reconocimiento de un derecho de oposición, lo que de algún modo, como se analizará más adelante, sirve como elemento interpretativo en relación a modalidades de reducción de capital no excluidas legalmente en un modo expreso del derecho de oposición.

No se exige sin embargo al acreedor justificación alguna, en el sentido de que la reducción de capital conllevaría para este un perjuicio en sus derechos económicos, prueba esta que, como ya se ha mencionado, se exigía acertadamente en el hoy frustrado Anteproyecto de Código Mercantil de 30 de Mayo de 2014, reconduciéndose por tanto en la práctica este derecho por vía interpretativa en sociedades anónimas, en gran medida como acontece respecto de sociedades de responsabilidad limitada, a supuestos de reducción de capital con devolución de aportaciones a los socios.

En relación con el estudio y análisis del derecho de oposición de los acreedores, se suscitan tres temas fundamentales de cuya regulación legal depende en gran medida una ponderada composición de intereses de socios y acreedores, siendo el objetivo evitar que el derecho de oposición pueda convertirse en un injustificado derecho de veto, que reste operatividad practica a los acuerdos de reducción de capital.

Así, hay que analizar los acreedores legitimados para oponerse, así como las condiciones que han de concurrir en el crédito que el acreedor ostenta frente a la sociedad y dentro de las que la temporalidad como se analizará resultará un elemento esencial, así como los efectos de la oposición respecto de la ejecución del acuerdo de reducción del capital social.

Así mismo, como se ha adelantado debemos analizar respecto de sociedades anónimas supuestos de reducción de capital en los que se excluye expresamente a nivel legal el derecho de oposición de los acreedores, así como otros supuestos en los que puede resultar cuestionable la existencia de un derecho de oposición de los acreedores, si como se ha hecho referencia se vincula este a un perjuicio económico sufrido por el acreedor a consecuencia de la reducción de capital, lo que como se ha adelantado no se suscita respecto de sociedades de responsabilidad imitada dada la expresa limitación legal de este derecho solo a supuestos de reducción de capital con devolución de aportaciones a los socios.

2.2. Los acreedores legitimados, publicidad del acuerdo y las condiciones de los créditos

El análisis de la legitimación para oponerse a un acuerdo social de reducción de capital ha de comenzar partiendo de una premisa: el reconocimiento en un modo indiscriminado de este derecho a todos los acreedores sociales en posesión de un título que justifique su crédito distorsionaría el sentido y fundamento mismo de este derecho, desequilibrando a favor de los acreedores, en un modo cuestionable, la composición de intereses en juego en toda reducción de capital.

Y es que dicha legitimación debe limitarse a aquellos acreedores que puedan sufrir un perjuicio económico directo a consecuencia de dicha reducción de capital, lo que se conecta no solo como se ha adelantado, a la concreta modalidad de reducción de capital de que se trate, sino también al conocimiento y oponibilidad al acreedor del acuerdo de reducción de capital adoptado. Todo ello, en conexión con el régimen de publicidad legal obligatoria al que se someten dichos acuerdos sociales, delimitándose legalmente los requisitos a los que se condiciona el derecho de oposición de los acreedores en mayor medida respecto de sociedades anónimas, en las que el fundamento de dicho derecho es legal que respecto de sociedades de responsabilidad limitada, en los que como se ha analizado dicho fundamento es estatutario y no legal.

En este sentido, tanto en relación con sociedades anónimas como sociedades de responsabilidad limitada, aun cuando con distinta formulación legal como se analizará más adelante, se entiende que solo podrá ejecutarse el acuerdo una vez notificado a los acreedores y que, por tanto, teniendo conocimiento de este, decidan dichos acreedores sobre su eventual oposición. En este marco, un paso más se da respecto de sociedades anónimas al entenderse que solo necesitan la protección derivada de un derecho de oposición aquellos acreedores sociales que en el momento de nacimiento de su crédito no tuvieron conocimiento de dicha reducción.

Ello de nuevo conecta con la publicidad exigida al acuerdo social de reducción de capital, que permite presumir el conocimiento por los acreedores de aquel, no pudiendo alegar los acreedores cuyos créditos nacieron con posterioridad a dicha publicidad que no conocieron la adopción del acuerdo y que contrataron con la sociedad apoyándose en una cifra de capital resultante del registro y que se ha reducido con posterioridad.

De ahí que en el art 333 TRLSC respecto de sociedades de responsabilidad limitada se establezca la posibilidad de previsión estatutaria de que ningún acuerdo de reducción de capital pueda llevarse a efecto "sin que transcurra el plazo de 3 meses a contar desde la fecha en que se haya notificado a los acreedores" exigiéndose en el art 333.2 notificación personal a los acreedores y si ello no fuera posible por desconocimiento del domicilio de los acreedores, por medio de anuncios que habrán de publicarse en el BORME así como en la página web de la sociedad o de no existir esta dado que no es obligatoria en sociedades no cotizadas, en un diario de los de mayor circulación en la localidad donde radique el domicilio de la sociedad.

No se condiciona por tanto expresamente el derecho de oposición en sociedades de responsabilidad limitada al momento de nacimiento del crédito al que no se hace referencia alguna, sino al conocimiento por los acreedores de la reducción, con independencia del momento del nacimiento de su crédito, de modo que el acuerdo no puede ejecutarse hasta que conocido por los acreedores decidan si quieren o no oponerse a dicho acuerdo, sin que en este ámbito se excluya de la legitimación para el ejercicio del derecho a aquellos acreedores cuyos créditos hubieran vencido.

Frente a ello, en relación a sociedades anónimas, se limita expresamente el derecho de oposición en el art 334 TRLSC sobre la base de un criterio temporal a los acreedores cuyos créditos hubieran nacido y no hubieran vencido antes de la fecha del último anuncio del acuerdo de reducción de capital, lo que de nuevo conecta en sociedades anónimas con la publicidad legal obligatoria del acuerdo en el BORME, así como en la página web de la sociedad lo que será frecuentes en la práctica, dada la vocación del tipo de sociedad anónima como forma de las sociedades abiertas cotizadas y la exigibilidad de dicha página para estas sociedades (art 11 bis, ap 1 y art 528 TRLSC). No obstante, se prevé de nuevo como en relación a sociedades limitadas la publicación en un diario de gran circulación de la provincia si dicha página web no existiera, siendo aplicables en este ámbito los criterios establecidos en el art 173.1 TRLSC respecto de la convocatoria de la junta general [22], marcando el límite temporal la última de las dos publicaciones o de aquella que en su caso pudo establecerse en el acuerdo de reducción de capital [23].En este marco, es

22 Esta publicación del acuerdo de reducción es exigible, aunque se excluya el derecho de oposición de los acreedores en los supuestos regulados en el art 335 TRLSC para sociedades anónimas. En este sentido, vid RDGRN de 1 de octubre de 2004 y 8 de mayo de 2015.

23 Vid PEREZ DE LA CRUZ, A "La reducción de capital" en AAVV Comentario al régimen legal de las sociedades mercantiles, Dir: URIA/MENENDEZ/OLIVENCIA Tomo VII,Civitas 1995, pags: 96-97; TIRADO, I op.cit. pags: 2414, distinguiendo entre los acreedores posteriores a la última publicación, respecto de los que operaria una presunción de iuris et de iure de conocimiento y aquellos nacidos en el periodo de publicación no concluido, para los que dicha presunción revestiría carácter "Iuris tantum".

en el artículo 319 TRLSC en el que se determina indirectamente el contenido del anuncio del acuerdo de reducción por remisión al contenido del acuerdo de la junta de reducción de capital (art 318.2 TRLSC).

Por tanto, en el anuncio del acuerdo de reducción debe hacerse referencia como mínimo a los elementos esenciales del acuerdo, enumerados en el art 318.2 TRLSC, esto es, cifra de reducción de capital, finalidad de la reducción, así como el procedimiento a través del que se llevará a cabo, plazo de ejecución y la suma que haya de abonarse en su caso a los socios.

No se hace sin embargo referencia en dicho precepto al derecho de oposición de los acreedores, lo que ha sido interpretado por la doctrina y la DGRN en algunas de sus resoluciones como una laguna que debe integrarse interpretativamente, entendiendo que debe hacerse esta referencia en los anuncios de la reducción de capital como acontece en el marco de las modificaciones estructurales, dado que en ocasiones los acreedores no saben que tienen este derecho, sirviendo la publicidad no solo como vehículo para dar a conocer a terceros el acuerdo de reducción de capital, sino también de los derechos que asisten a los propios acreedores [24].

Por tanto, en el ámbito de las sociedades anónimas, solo tendrán derecho de oposición aquellos acreedores cuyos créditos hubieran nacido y no hubieran vencido antes de la adopción del acuerdo o durante el periodo de publicación no concluido (pe entre la publicación en el BORME y la publicidad en un diario).

Ello plantea, a nuestro entender, una particular problemática respecto de la delimitación del momento de nacimiento del crédito, lo que en ocasiones puede resultar complejo, como también se ha podido advertir y comprobar en ámbitos como el concursal, en temas como la subordinación de los créditos que legalmente se conecta con el momento del nacimiento del crédito.

Respecto de la exigencia contenida en el art 334.1 TRLSC en relación a Sociedades anónimas, en el sentido de que el crédito no hubiera vencido antes de la fecha del último anuncio del acuerdo de reducción de capital, que no se regula respecto de sociedades de responsabilidad limitada, la cuestionable

24 Vid en este sentido en la doctrina, TIRADO, I op.cit.pags: 2428 y RDGRN de 30 de enero de 2002 (RJ 2002/6681), estableciendo la necesidad de que en los anuncios del acuerdo de reducción, se indique si los acreedores tienen derecho de oposición por tratarse de una reducción con cargo a capital y reembolso de accionistas con indicación de la suma que se abonó a los titulares de las acciones amortizadas o si están excluidos del derecho de oposición (reducción con cargo a beneficios o a reservas libres), no bastando con indicar la modalidad de la reducción.

idea subyacente a esta exigencia, parecería ser que el acreedor con crédito vencido ya tiene a su alcance todas las vías jurídicas para poder recuperar su crédito y por tanto defenderse sin necesidad de la protección adicional derivada del ejercicio de un derecho de oposición, que sin embargo si necesitan aquellos acreedores cuyos créditos no han vencido y no tienen todavía posibilidad de satisfacer su crédito, dado que la reducción de capital no conlleva en principio un vencimiento anticipado de los créditos y el beneficio del plazo opera no solo para el acreedor sino también para el deudor.

No obstante, hay que resaltar que el hecho de que un crédito este vencido, no significa que sea exigible que sería el presupuesto para hacer valer la pretensión, siendo además en ocasiones largas y menos eficaces las vías jurídicas de que dispone el acreedor con crédito vencido, de las que dispondría en el marco del derecho de oposición que permite "parar" la operación, hasta que su crédito no esté garantizado o satisfecho [25].

Por ello, siguiendo a un relevante sector doctrinal[26] entendemos que la exigencia del vencimiento del crédito como requisito al que se condiciona la legitimación del acreedor para oponerse, ha de interpretarse restrictivamente, reconociéndose también este derecho a aquellos acreedores cuyos créditos no hubieran vencido en la fecha del último anuncio del acuerdo de reducción de capital, pero sí antes del transcurso del plazo de tres meses que como se analizará más adelante se concede para hacer efectivo el derecho de oposición.

Respecto de sociedades anónimas, en el artículo 334 TRLSC y frente a lo que acontece en el artículo 333.3 TRLSC respecto de sociedades de responsabilidad limitada, no se circunscribe el derecho de oposición a los acreedores ordinarios, no debiendo entenderse esta exigencia respecto de sociedades de responsabilidad limitada, por referencia a la legislación concursal, sino como categoría contrapuesta a la de acreedores garantizados o no suficientemente garantizados en relación a la satisfacción de su crédito[27].

No obstante, entendemos que la referencia en relación a sociedades de responsabilidad limitada a los acreedores ordinarios, se equipararía a la exclusión del derecho de oposición contenida en el art 334.2 TRLSC en relación a sociedades anónimas, respecto de "los acreedores cuyos créditos se encon-

25 Así cuestionando esta exigencia ya en relación con el art 166 LSC, vid PEREZ DE LA CRUZ, A, op.cit. pags: 98-99; VALPUESTA GASTAMINZA, E, op.cit. pags: 886-887; ORELLANA, N. op.cit. pags: 4517.

26 Vid TIRADO MARTI, I op.cit.pags: 2415

27 Así Tirado MARTI, I, op.cit.pags: 2405; VALPUESTA Gastaminza, E,op.cit.pags: 884.

traran ya suficientemente garantizados", sin limitación legal alguna sobre el modo de garantizar dichos créditos, como se analizará más adelante [28].

Por tanto, no es necesario que se trate de garantías reales, ni en todo caso estas convertirían al crédito en suficientemente garantizado, dependiendo ello de que el derecho real cubra o no suficientemente el valor del crédito, pudiendo también invocarse la existencia de garantías personales, que tampoco en todo caso excluirían un eventual derecho de oposición de los acreedores, debiendo ponerse ello en conexión con la solvencia del garante.

Concurriendo los requisitos legalmente exigidos a los acreedores en sociedades anónimas, así como los requisitos estatutarios exigidos respecto de sociedades de responsabilidad limitada, es indiferente a los efectos del ejercicio de este derecho si el acreedor social es una persona física o jurídica así como si la titularidad del derecho de crédito es individual o colectiva, no resultando sin embargo suficiente a los efectos de la legitimación y ejercicio de este derecho una mera expectativa de crédito, ni un potencial derecho de crédito. Estas consideraciones permiten excluir en principio de la legitimación para oponerse a los acreedores de un crédito litigioso, dada su condición como acreedores de futuro, dependiendo esta condición del resultado del litigio y por tanto solo a partir de la resolución de aquel, se adquiriría la condición de acreedor y solo entonces se estaría legitimado para ejercer el derecho de oposición [29].

En este ámbito, entendemos sin embargo que los acreedores con créditos aplazados si serian titulares de un derecho pleno de crédito, teniendo tan solo que esperar el tiempo pactado para exigir la prestación, por lo que entendemos estarían legitimados para oponerse a la reducción de capital, en tanto en cuanto este acuerdo puede reducir sus posibilidades de satisfacción futura de sus créditos.

Así mismo, estarían a nuestro entender legitimados los acreedores en el marco de contratos con obligaciones reciprocas pendientes de cumplimiento, si hubieran cumplido con sus prestaciones.

Respecto de los titulares de créditos sometidos a condición, es preciso diferenciar supuestos de condición suspensiva en los que la oposición seria posible al encontrase a nuestro entender englobada esta entre las "acciones

---

28 Así, compartiendo la interpretación de ORELLANA CANO, N op.cit.pags: 4520-4521.

29 Vid la ya clásica STS de 26 de mayo de 1987, con relación al entonces art 98 de la ley de sociedades anónimas, con consideraciones sostenibles respecto de sociedades anónimas y de responsabilidad limitada en el marco del texto refundido de la ley concursal

procedentes para la conservación de su derecho (art 1121 Cc), así como los supuestos de condición resolutoria, dado que hasta que acaezca la condición serian titulares de todas las facultades que otorga la titularidad del derecho de crédito (art 113.2 Cc) y entre estas el ejercicio de un derecho de oposición en el marco de una reducción de capital.

Distinto sin embargo parece que debe ser el planteamiento respecto de fiadores y avalistas, que hasta que no se subroguen en la posición del deudor avalado o garantizado con fianza no ostentarían la condición de acreedores sociales exigida para ejercer el derecho de oposición[30].

Respecto del reconocimiento a los obligacionistas de un derecho de oposición, en principio no cabe dudar de su condición como acreedores al ser titulares de obligaciones previamente emitidas por la sociedad. No obstante, como ha resaltado la doctrina, no parece que deba serles reconocidos un derecho de oposición al acuerdo de reducción de capital que resultaría absorbido y desplazado por la protección dispensada en el art 411 TRLSC a través del derecho de veto colectivamente ejercido a través del sindicato de obligacionistas [31].

Así mismo, resulta irrelevante a los efectos del ejercicio del derecho de oposición, si la sociedad está obligada a una prestación de hacer o no hacer, siempre que ésta sea económicamente valorable, dado que de no ser así se dificultaría la posibilidad de prestar por parte de aquella garantía suficiente de su cumplimiento, con el fin de enervar el ejercicio del derecho de oposición.

Finalmente, hay que resaltar que a nuestro entender el socio-acreedor estaría legitimado para el ejercicio del derecho de oposición, con independencia de que en la junta hubiera votado a favor del acuerdo o se hubiera abstenido, dado que en principio temas distintos seria entender que una reducción de capital puede ser conveniente a los efectos del interés social y a la vez intentar garantizar su satisfacción en el marco de dicha reducción de capital que puede reducir sus posibilidades de satisfacción de sus créditos.

30 Así TIRADO MARTI, I op.cit. pags: 2406-2407

31 Así PEREZ DE LA CRUZ, A op.cit. pag 104, con consideraciones sostenibles en el marco del TRLSC. Vid en este sentido, con posterioridad TIRADO MARTI, I op.cit. pag: 2416, resaltando que esta solución de no reconocer a los obligacionistas un derecho de oposición seria sostenible incluso aunque carecieran de un derecho de veto bien porque la emisión estuviera garantizada (art 334.2 TRLSC) o cuando no se altere la relación entre obligaciones y capital más reservas.

2.3. Las exclusiones del derecho de oposición de los acreedores en sociedades anónimas

Como hemos adelantado, puede sostenerse el carácter económico del fundamento del régimen de protección de los acreedores en supuesto de reducciones de capital, de modo que si los acreedores no sufren un perjuicio económico derivado de dicha reducción no resultaría justificado ni encontraría fundamento de política jurídica el ejercicio de un derecho que obstruye y paraliza la ejecución de un acuerdo social de reducción de capital.

Lo que sucede, es que en principio toda operación de reducción de capital puede afectar económicamente a los acreedores bien en un modo actual (supuestos de reducción con devolución de aportaciones) o en un modo potencial y futuro, dado que aun cuando una reducción no conlleve devolución de aportaciones, toda reducción de la cifra de capital conlleva una reducción de la cifra de retención de activos en el patrimonio social, lo que puede afectar a la futura satisfacción de las expectativas de los acreedores.

Sobre la base de estas premisas, sin embargo, en el texto refundido de la ley de sociedades de capital parece focalizarse y limitarse la protección de acreedores a supuestos en los que la reducción de capital conlleve para los acreedores un perjuicio económico real y actual, no tanto, como se ha adelantado, por la vía de exigirles a aquellos prueba del perjuicio sufrido, cuanto porque en un modo explícito y directo como se ha analizado en relación a sociedades de responsabilidad limitada se limita expresa y exclusivamente la protección a supuestos en los que la reducción conlleva devolución de aportaciones (arts 331-332 TRLSC), previsión esta que no se traslada sin embargo en un modo directo respecto de sociedades anónimas.

No obstante, como se ha adelantado, entendemos que un planteamiento paralelo también parece subyacer respecto de sociedades anónimas en el art 335 TRLSC, en el que se excluye el derecho de oposición de los acreedores en supuestos de reducción de capital, que en principio no conllevan el referido perjuicio económico directo y actual, exigiéndose así también en este tipo social la necesaria concurrencia de un perjuicio, por la vía negativa de la exclusión del derecho de oposición, sin olvidar la posibilidad de reducciones de capital mixtas que combinen distintas modalidades de reducción (pe reducción de capital parte mediante condonación de dividendos pasivos y parte mediante restitución de aportaciones a los socios), debiendo discriminarse la parte de la reducción subsumible bajo el ámbito del art 335 con exclusión por tanto del derecho de oposición y la parte respecto de la que sería aplicable el derecho de oposición de los acreedores ex art 334 TRLSC.

No obstante, antes de analizar los concretos supuestos legales de exclusión del derecho de oposición de los acreedores en sociedades anónimas, es necesario distinguir entre la "exclusión y la enervación" del derecho de oposición.

En efecto, la enervación del derecho de oposición de los acreedores no conlleva la exclusión legal de este derecho, sino supuestos en los que teniéndose dicho derecho, se neutraliza su ejercicio en ciertas circunstancias, como acontece respecto de los acreedores cuyos créditos estén suficientemente garantizados (art 334.2), lo que "vacía" de contenido y justificación el ejercicio de dicho derecho al "compensar" la suficiencia de dicha garantía el eventual perjuicio que para el acreedor podría derivarse de una reducción de capital.

Frente a ello, cuando aludimos a supuestos de "exclusión" del derecho de oposición en el marco de sociedades anónimas ex art 335 TRLSC, nos referimos a supuestos en los que no existe legalmente dicho derecho en relación con ciertas modalidades de reducción de capital taxativamente enumeradas, sobre la base implícita de que no conllevan un perjuicio económico para los acreedores.

Así, se excluye en sociedades anónimas el derecho de oposición de los acreedores en supuestos de reducción de capital cuya finalidad sea:

— La restitución del equilibrio entre capital y patrimonio neto de la sociedad disminuido por consecuencia de perdidas (art 335.a)

— La constitución o el incremento de la reserva legal

Nos encontramos ante modalidades de reducción calificadas por la doctrina como reducciones de capital nominales o contables en la medida en que no conllevan una reducción efectiva y real del capital con traslado de recursos del patrimonio social a los socios, sino una reducción meramente nominal o contable orientada al restablecimiento del equilibrio patrimonial de la compañía.Así, en el primer supuesto, los socios asumen las pérdidas acumuladas en el ejercicio social lo que conlleva una anotación contable, compensándose una cuenta de activo ficticio con una cuenta de neto, no protegiéndose en estos supuestos a los acreedores a través de un derecho de oposición sino por la via de los mecanismos regulados en los arts 322 (regulación legal de supuestos), 323 (garantías contables), 324 (publicidad reforzada del acuerdo) y 325 (regulación imperativa del destino del exceso resultante del activo).

Así mismo, en supuestos de reducción para la constitución o incremento de la reserva legal se produce solo un apunte contable, reduciéndose la cuenta de neto (capital) para aumentar otra (reserva legal), lo que conlleva un mero trasvase entre cuentas sujetas al mismo régimen de indisponibilidad y sin que salga activo de la sociedad, lo que por tanto no conllevaría un perjuicio económico directo a los acreedores que justifique un derecho de oposición.

A ello se añade la previsión contenida en el art 335 que en realidad contiene dos supuestos distintos y alternativos; De un lado, las reducciones de capital que se produzcan con cargo a beneficios o reservas libres se sobreentienden "suficientes", aun cuando esta exigencia no se contiene explícitamente en este precepto.

De otro lado, reducción de capital por amortización de acciones adquiridas por la sociedad a título gratuito.

En ambos supuestos, la reducción debe "compensarse" con la constitución imperativa de una reserva que conlleva la aplicación de un régimen de protección especialmente reforzado, que persigue garantizar la cifra del capital que se reduce, por lo que en principio esta reserva es indisponible, salvo con los requisitos exigidos para la reducción de capital, (reserva por capital amortizado en términos contables), posibilidad que diferencia ésta reserva de la exigida en el marco del art 332 TRLSC para sociedades de responsabilidad limitada, ámbito en el que como se ha analizado no se prevé ámbito alguno de disposición.

Por tanto, para excluir el derecho de oposición de los acreedores en los supuestos del art 335, c) TRLSC, es preciso que la compañía no solo tenga fondos libres, sino que además pueda crear con ellos una reserva en principio indisponible, de modo que a sensu contrario el derecho de oposición existiría, cuando no haya reservas libres disponibles para convertirlas en indisponibles en el porcentaje contemplado en el art 335.c).

La interpretación del art 335, c), en lo relativo a los supuestos comprendidos en el ámbito de la exclusión del derecho de oposición de los acreedores entendemos ha de ser restrictiva, entendiendo que dicha enumeración tendría carácter "numerus clausus", en el sentido de ser taxativa en protección en protección de los acreedores, no siendo por tanto posible a nuestro entender excluir el derecho de oposición de los acreedores en sociedades anónimas en otros supuestos de dotación de reservas indisponibles, conectadas a otras modalidades de reducción de capital no contempladas en el art 335 TRLSC, pues de otro modo se produciría un aplicación extensiva de la privación a los acreedores de su derecho de oposición que debe ser una excepción [32].

32 Vid no obstante, RDGRN de 8 de mayo de 2015 (RJ 2015/3306) englobando bajo el art 335,c) un supuesto de reducción de capital en sociedad anónima, con la finalidad de condo-

En éste sentido, no se podría excluir a nuestro entender el derecho de oposición, si se procede por ejemplo a una reducción sin devolución de aportaciones,con dotación de reserva indisponible y sin indicación de que ello se produzca con cargo a beneficios, reservas libres o amortización de acciones; así mismo, entendemos no se excluiría dicho derecho de oposición en supuestos de amortización de acciones adquiridas por la sociedad, no a título gratuito sino a título oneroso, es decir, por compra de dichas acciones propias[33].

En relación a la previsión contenida en el art 335, c) de la posibilidad de disponer de la reserva constituida con "los mismos requisitos exigidos para la reducción del capital social", se suscita si los requisitos formales de publicidad (BORME y pagina web de la sociedad o de no existir en un periódico de gran circulación de la provincia donde la sociedad tenga su domicilio) (art 319 TRLSC) habrían de producirse dos veces; De un lado, cuando se produce la reducción de capital y de otro cuando se pretenda disponer de la reserva indisponible constituida o si dado que los acreedores no tienen derecho de oposición en estos supuestos, dichos requisitos solo habrían de cumplirse al convertir en disponible la reserva por amortización de acciones, que es cuando en realidad aflorarían los riesgos de la reducción de capital para terceros acreedores, pudiendo los acreedores oponerse solo en este momento y no con anterioridad.

Sobre la base de la RDGRN de 7 de mayo de 2015, la literalidad del art 319 no exceptúa de dicha publicidad al acuerdo de reducción, presuponiéndose el cumplimiento de ésta en el art 324 para el supuesto de reducción de capital por perdidas (art 335,a) en el que tampoco se prevé derecho de oposición de los acreedores, estableciéndose que "En el acuerdo de la junta de reducción de capital por perdidas y en el anuncio público del mismo deberá hacerse

nar la obligación de los socios de realizar aportaciones pendientes, que aun cuando en esta resolución se enmarca en el ámbito de las reducciones reales o efectivas sin contraprestación alguna de la deuda que el accionista tenía contraída con la sociedad, al acompañarse de la dotación de la reserva indisponible que se exige en el art 335,c) con cargo a reservas libres o beneficios por la cuantía de los dividendos condonados, no utilizándose por tanto para compensar la desaparición del crédito en el activo, fondos procedentes del patrimonio vinculado (capital) sino del patrimonio libre (beneficios o reservas libres), se entiende nos encontramos ante un supuesto de los que en el art 335,c) se denominan como "reducción con cargo a beneficios o reservas libres". Se interpreta así en esta resolución que la expresión utilizada en el art 355.c) "reducción con cargo a beneficioso reservas libres" es un modo resumido de aludir a un fenómeno más amplio de reducción de capital por amortización total o parcial del valor nominal de las acciones rescatado con fondos procedentes de reservas libres o beneficios pendientes de asignación.

33 Vid en relación a este supuesto, la RDGRN de 7 de mayo de 2015 y argumentos empleados en el recurso, para extender el art 335, c) también a supuestos de acciones que se amortizan y se adquirieron por compra y no a título gratuito, no admitidos por la DGRN.

constar expresamente la finalidad de la reducción. Puede sostenerse por tanto el carácter autónomo e incondicionado de la publicación de la reducción de capital en sociedades anónimas, respecto de la existencia de un derecho de oposición de los acreedores[34].

Por tanto, se entiende que debe ser objeto de publicidad el acuerdo de reducción de capital en los supuestos del art 335 c) y posteriormente cuando se pretenda disponer de la reserva indisponible con los mismos requisitos exigidos para la reducción de capital social [35].

Así mismo, se suscitan en relación con sociedades anónimas otros supuestos de reducción de capital, no enumerados en el art 335 TRLSC, en los que puede resultar controvertido o al menos cuestionable si subsistiría el derecho de oposición de los acreedores, lo que conecta con el eventual perjuicio económico que podría derivar para ellos de ciertas modalidades de reducción de capital.

En principio, a nuestro entender, la enumeración contenida en el art 335 TRLSC no es taxativa ni "numerus clausus" dada la expresión empleada "en los casos siguientes" y no "solo en los casos siguientes".

Así, el tema se suscita en supuestos de reducción de capital como consecuencia de la amortización de las acciones del socio moroso que incumplió su obligación de desembolso pendiente,debiendo la sociedad reclamar al socio en estos supuestos el cumplimiento de su obligación de desembolso, optando por dicha reducción cuando dicha previa reclamación resulte infructuosa, no encontrándose estos supuestos incluidos en la enumeración de supuestos excluidos del derecho de oposición del art 335 TRLSC.

Nos encontramos ante supuestos en los que se produce, como en caso de reducción por perdidas, la adecuación en sentido económico de la cifra formal de capital que figura en los estatutos a la realidad de esta cifra, dado que no se ha desembolsado el valor nominal de ciertas acciones por parte de un accionista, permaneciendo a disposición de la sociedad las cantidades ya desembolsadas (art 84.3), produciéndose todo ello en beneficio de los acreedores futuros de la compañía, lo que permite sostener que en estos supuestos los acreedores no tendrían un derecho de oposición.

---

34 Vid RDGRN de 14 de julio de 1995 (RJ 1995,5576); 3 septiembre y 30 de octubre de 1998 (RJ 1998,8159); 14 de marzo 2005 (RJ 2005,1969) y 3 de junio de 2013 (RJ 2013,5432).

35 Se invocan en la RDGRN de 7 de mayo de 2015, las resoluciones de 1 de octubre de 2004 y 3 de junio de 2013. Vid además en este sentido por su interés, la resolución de la DGRN de 8 de mayo de 2015(RJ 2015/3306).

Así mismo, entendemos que tampoco debería reconocerse a los acreedores un derecho de oposición cuando la reducción encuentre su causa en la amortización de acciones propias y la cuota de capital íntegramente se impute a reservas indisponibles. En efecto, también en este supuesto nos encontraríamos ante un caso de reducción meramente nominal o contable en el que los acreedores no sufren perjuicio directo alguno a consecuencia de la reducción de capital, manteniendo no obstante los acreedores su derecho de oposición, salvo si la sociedad les garantiza suficientemente sus créditos, si la contrapartida a las acciones amortizadas se concreta en una cuenta de reservas disponibles[36].

Se ha suscitado también si los acreedores tendrían derecho de oposición en supuestos de simultanea reducción y aumento de capital, esto es, en la denominada "operación acordeón" (arts 343 a 345 TRLSC) debiendo distinguirse en este ámbito dos situaciones; De un lado, aquella en la que la operación acordeón tenga por objeto restablecer el equilibrio patrimonial, compensando perdidas con un posterior aumento de capital que constituiría un supuesto próximo al contemplado en el art 335.1 TRLSC, en el que por tanto los acreedores sociales no deberían tener un derecho de oposición al no conllevar para ellos la reducción un perjuicio.

De otro lado, supuestos en los que la operación acordeón conlleve una reducción efectiva de capital social, siendo la cifra de capital resultante de la reducción inferior a la existente hasta ese momento, en los que si debe reconocerse un derecho de oposición de los acreedores, así como en supuestos en los que la cuantía de capital resultante de la operación acordeón sea superior a la existente con anterioridad, si existen dividendos pasivos. El argumento básico seria que en estos casos el capital no tendría una contrapartida efectiva tras su constitución, pudiendo producirse una posterior reducción de capital en caso de mora de los accionistas que no conllevaría un derecho de oposición de los acreedores resultando por tanto desprotegidos, lo que inclina a un relevante sector doctrinal a admitir un derecho de oposición de los acreedores también en estos supuestos[37].

Finalmente, otro supuesto en el que también se suscita si los acreedores sociales tendrían un derecho de oposición es cuando la reducción de capital encuentra su causa en el ejercicio por el socio de su derecho de separación en los supuestos legalmente previstos para ello (art TRLSC), así como en

36 Asi TIRADO MARTI, I,op.cit.pags: 2411-2412 y confirmando esta interpretación ORELLANA CANO,N op.cit. pags: 4515-4516.

37 Así, por todos, TIRADO MARTI, I, op.cit.pags:

supuestos de exclusión de socios, que también dan lugar a una reducción de capital en conexión con la determinación y pago de la cuota de liquidación del socio que se separa de la sociedad o ha sido excluido de esta.

Nos encontramos ante supuestos reales de reducción del capital y no meramente nominales, lo que conlleva un riesgo para los acreedores y ha llevado a la doctrina a reconocer a los acreedores un derecho de oposición. Esta interpretación, se confirma en relación a supuestos de separación en el art 161.2 in fine RRM, inserto en el marco de la inscripción de la modificación de los estatutos sociales y en el que en relación a la publicación del acuerdo de reducción de capital social en el BORM se alude al eventual ejercicio por los acreedores de su derecho de oposición, en cuyo caso no podrán reembolsarse las acciones correspondientes hasta que la sociedad no preste las garantías oportunas.

2.4. *El ejercicio del derecho de oposición: forma y plazo*

La oposición constituye una declaración unilateral de voluntad emitida por el acreedor que se remite al órgano de administración social y se dirige a la sociedad deudora, de carácter recepticio, respecto de la que no se regulan requisitos de forma en el Texto refundido de la ley de sociedades de capital, en relación con sociedades anónimas ni sociedades de responsabilidad limitada.

Partimos por tanto de un principio de libertad de forma, operando en este ámbito respecto de ambos tipos societarios la posibilidad de previsión estatutaria del modo de ejercicio del derecho de oposición por los acreedores encontrando además este derecho, como se ha analizado, su fundamento en sociedades de responsabilidad limitada en dicho ámbito estatutario. En todo caso, el modo empleado para canalizar la eventual oposición de los acreedores ha de permitir la posterior prueba no solo de su ejercicio, sino también de la fecha de este, persona receptora, especificación del crédito y de su importe y demás circunstancias de las que se haya rodeado el derecho de oposición.

En este marco, se ha admitido acertadamente por la doctrina la oposición tacita por medio de actos o hechos concluyentes realizados por el acreedor [38].

Lo que sin embargo si es objeto de especifica regulación en el texto refundido de la ley de sociedades de capital es el plazo para el ejercicio del derecho de oposición, es decir, la temporalidad del ejercicio de este derecho que ha de

38 Así TIRADO MARTI, I op.cit.pags: 2406-2409

ejercitarse respecto de sociedades de responsabilidad limitada en supuestos de reducción de capital con devolución de aportaciones, en el plazo de tres meses a contar desde la fecha en que se haya notificado a los acreedores el acuerdo social de reducción de capital (art 33.2 TRLSC).

Respecto de sociedades anónimas, también se regula la temporalidad del ejercicio del derecho de oposición de acreedores, situándose en el art 336 en el plazo de un mes, también de caducidad como en sociedades de responsabilidad limitada, a contar desde la fecha del último anuncio [39] del acuerdo, acortándose por tanto el plazo respecto de sociedades de responsabilidad limitada.

La notificación a los acreedores, que determina el plazo para el ejercicio por los acreedores de su derecho de oposición, se hará primero a través de notificación personal en su domicilio y en ausencia de conocimiento de éste, pero no con carácter alternativo, mediante la publicación de anuncios en el BORM y pagina web de la sociedad que no conlleva gasto alguno (art 11 ter LSC) y en su defecto, dado que para sociedades no cotizadas dicha página web es facultativa,en un diario de los de mayor circulación de la localidad donde la sociedad tenga su domicilio, que sería el lugar en el que en principio se puede presumir que estará el mayor número de acreedores de la sociedad[40].

Esta regulación de medios de notificación a los acreedores por diversos medios que operan en defecto unos de otros, determinarán un plazo de ejercicio del derecho de oposición distinto en función del momento y forma a través de los que se notifica a los acreedores la adopción del acuerdo social de reducción de capital [41].

Así mismo, se plantea el momento de cómputo del plazo de tres meses previsto en el art... TRLSC para el ejercicio por el acreedor de su derecho de oposición suscitándose si este se inicia desde el envío o desde la recepción de la notificación a los acreedores.

Cuando se conoce el domicilio del acreedor y la comunicación es personal, parece claro que el plazo comenzará desde la notificación, aunque hubiera

39 Obsérvese la importancia de que el anuncio cumpla las menciones exigidas en el art 318, relativas a: los elementos esenciales del acuerdo, resultando de otro modo ineficaz la publicidad y no comenzando en consecuencia el plazo para el ejercicio del derecho de oposición.

40 Vid PEREZ DE LA CRUZ, A op.cit.pags: 84-86 en torno al premeditado ocultismo que en ocasiones rodea a los acuerdos de reducción de capital.

41 Así lo resalta acertadamente, TIRADO MARTI, I op.cit.pags: 2409; ORELLANA CANO, N op. cit.pags: 4505

podido tener el acreedor conocimiento con anterioridad a través de la publicidad empleada.

Este computo debería iniciarse por la sociedad desde la fecha de la última notificación personal, si esta fue posible, con el fin de garantizarse que ha transcurrido el plazo legal del ejercicio del derecho de oposición para todos los acreedores.

Mas controvertida resulta sin embargo la fijación del momento de cómputo de ese plazo cuando desconociéndose dicho domicilio la comunicación no se ha hecho en un modo personal, suscitándose si se computaría desde el envío o desde la recepción de la notificación, con la particular problemática que conlleva en sociedades de responsabilidad limitada la no limitación del derecho de oposición a aquellos acreedores cuyos créditos hayan nacido con anterioridad al acuerdo de reducción, como acontece en sociedades anónimas.

Por razones de seguridad jurídica, la interpretación más adecuada seria entender que el plazo computaría desde la fecha del envío, aun cuando un sector doctrinal con el fin de evitar litigiosidad en torno a este cómputo aconseja dejar pasar en la práctica ampliamente el plazo de tres meses antes de ejecutar el acuerdo de reducción sin propugnar por ello un acogimiento de la tesis de la recepción que dilataría excesivamente en el tiempo la paralización de la ejecución del acuerdo [42].

Se advierte así la importancia de la publicidad del acuerdo de reducción de capital a los efectos no solo de determinar los acreedores legitimados para ejercer un derecho de oposición, (art 334.1) sino también en un modo común para sociedades anónimas y de responsabilidad limitada, en orden a determinar el inicio del cómputo del plazo para el ejercicio del derecho de oposición por los acreedores ex art 336 TRLSC.

Este plazo se concede en beneficio de los acreedores, por lo que no puede reducirse por la sociedad ni en los estatutos, en los que en sociedades de responsabilidad se prevea en su caso un derecho de oposición de acreedores, ni tampoco en la modificación de estos o en otros acuerdos de la Junta y ni siquiera en el propio acuerdo de reducción de capital, aun cuando sería posible la ampliación de dicho plazo por estas vías.

Nos encontramos ante un plazo de caducidad en sentido impropio, pues aun cuando no puede interrumpirse ni suspenderse es compatible con la

42 A favor de iniciar el computo desde el envío de la notificación, vid TIRADO, I op.cit.pags: 2409; VALPUESTA GASTAMINZA, E op.cit.pags: 885, prefiriendo dilatar en la practica el referido `plazo de 3 meses.

renuncia al plazo por parte de los acreedores con el fin de poder agilizar la ejecución del acuerdo social de reducción de capital, como se analizará más adelante.

2.5. *Los efectos del ejercicio del derecho de oposición*

Respecto de los efectos de la oposición por acreedor legitimado para ello, conforme se establece en el art 331.1 para sociedades de responsabilidad limitada y 337 para sociedades anónimas, la reducción del capital social no podrá llevarse a efecto, pudiendo si fuera generalizado el ejercicio de este derecho de oposición,impedir en la practica la ejecución del acuerdo por imposibilidad de la sociedad de adopción de las medidas que enervarían dicha oposición [43], como analizaremos a continuación.

Se produce por tanto la suspensión de la ejecución del acuerdo, en relación no solo a su inscripción, sino también a todos los actos jurídicos que derivarían de la ejecución del acuerdo, tales como la restitución de las aportaciones, la cancelación de dividendos pasivos que seguirán calculándose sobre la cifra de capital existente en la fecha de adopción del acuerdo y por tanto sin tener en cuenta reducción alguna de capital.

 Puede sostenerse por tanto que el derecho de oposición de los acreedores constituye una tutela ex ante efectiva de acreedores en el marco de acuerdos de reducción de capital, no solo en su ejercicio procesal, situado temporalmente antes de la ejecución del acuerdo, sino también desde un punto de vista material o sustantivo. Ello contrasta con lo que acontece en el marco de las modificaciones estructurales, en las que reconociéndose también a los acreedores un derecho de oposición ex ante en su ejercicio procesal, esta protección no se extiende también con este carácter en un ámbito sustantivo, al no tener eficacia obstativa de la ejecución del acuerdo social de modificación estructural la oposición de los acreedores en dicho marco (art LME).

Puede sostenerse por tanto que el derecho de oposición constituye el sistema de protección de acreedores más eficaz entre los regulados en el TRLSC en relación a sociedades anónimas y de responsabilidad limitada, dado que no puede ejecutarse el acuerdo y por tanto no pueden restituirse las aportaciones a los socios, ni operar otros efectos conectados a la reducción de capital que podrían conllevar un riesgo para los acreedores en la satisfacción de su

43 Así TIRADO MARTI, I op.cit.pags: 2407-2408.

créditos, si se ha iniciado su ejercicio, hasta que dichos acreedores se satisfagan o se garanticen su créditos.

Seria por tanto inferior la protección que recibirían los acreedores en otros mecanismos de protección como la dotación de reserva indisponible (arts 332 y 335.c) o la responsabilidad de los socios regulada en relación a sociedades de responsabilidad limitada, en los que los acreedores solo podrán satisfacerse hasta una cantidad equivalente al importe de la reducción, pudiendo acontecer como se ha analizado que la cantidad de la que respondan los socios o por la que se haya dotado la reserva sea insuficiente para satisfacer los derechos de crédito de todos los acreedores.

Esta suspensión de la ejecución se producirá durante el plazo legalmente concedido a los acreedores para el ejercicio del derecho de oposición, pero el acuerdo podría ejecutarse antes del transcurso de dicho plazo, si todos los acreedores renuncian a este, lo que debería hacerse constar en una declaración expresa preferentemente por escrito, aun cuando sin que ello se exija legalmente, bajo responsabilidad de los administradores;

Así mismo, podría ejecutarse el acuerdo antes del transcurso del plazo legal para el ejercicio del derecho de oposición, si la sociedad optó por alguna de las vías legalmente previstas para neutralizar el derecho de oposición y que varían respecto de sociedades anónimas y de responsabilidad limitada;

Así, como vía común a sociedades anónimas y de responsabilidad limitada, para neutralizar un eventual ejercicio de dicho derecho por los acreedores, la sociedad pudo optar por garantizarles suficientemente sus créditos a satisfacción de estos en sociedades anónimas (art 337) y sin que esta última exigencia se regule para sociedades de responsabilidad limitada.

Esta garantía se podría prestar sobre bienes o derechos propios o ajenos a la sociedad, asunción por un tercero del cumplimiento de la obligación, garantías mobiliarias o inmobiliarias que cubran la obligación en todo o en parte, siempre que como hemos señalado en sociedades anónimas el acreedor se muestre satisfecho con las garantías prestadas[44].

Ello deja en este tipo social en manos del acreedor, la valoración de las garantías que se prestan, pudiendo no obstante la sociedad acudir al juez sobre

---

44 Vid TIRADO MARTI, I, op.cit.pags: 2407-2409 entendiendo que no haría falta que la sociedad adoptase en todo caso garantías en sentido técnico jurídico, pudiendo por ejemplo asumir el compromiso de adopción de medidas sustitutivas del capital (pe reservas o pactos de no distribución de dividendos, consiguiendo demostrar a los acreedores que la operación de reducción de capital no conllevaría un riesgo para ellos.

la base de un eventual abuso de derecho por parte de los acreedores, si estos se negasen a aceptar garantías objetivamente suficientes con la consiguiente litigiosidad y costes económicos y temporales vinculados a esta.

Precisamente, en gran medida con el fin de evitar dicha litigiosidad, se prevé en el art 337 TRLSC la posibilidad de que la sociedad opte por la prestación de fianza solidaria en favor del acreedor por una entidad de crédito debidamente habilitada para prestarla, por la cuantía se sobreentiende total del crédito de que fuera titular el acreedor y hasta que no prescriba la acción para exigir su cumplimiento, lo que deberá ser notificado por la sociedad al acreedor pero sin necesidad en este caso de consentimiento de este.

Esta posibilidad se prevé solo respecto de sociedades anónimas y no respecto de sociedades de responsabilidad limitada, habiendo propugnado no obstante un relevante sector doctrinal la aplicación analógica del art 337 también a sociedades de responsabilidad limitada[45].

No encontramos ante la constitución de una nueva garantía de la que antes carecían los acreedores de carácter exorbitante, equivalente al pago y que coloca a éstos en mejor posición que la que tenían antes de la reducción de capital, dado que siempre existió un riesgo de incumplimiento por parte de la sociedad y no solo en conexión a una reducción de capital, lo que ahora se neutraliza. Conlleva además esta opción costes para la sociedad y no solo económicos derivados de la prestación por una entidad de crédito de fianza solidaria en favor de la sociedad por la cuantía total del crédito y hasta que no prescriba la acción, sino también estratégicos al ser difícil que un a entidad de crédito acceda a la prestación de dicha fianza en las condiciones descritas tan duras[46].

No obstante, la opción de la sociedad por constituir dicha fianza solidaria ha de situarse en el contexto del derecho de bloqueo que conlleva el ejercicio del derecho de oposición de los acreedores en supuestos de reducción de capital, que permite suspender la ejecución del acuerdo de reducción y desde este punto de vista, se explica esta opción como el modo más eficaz y efectivo de impedir bloqueos injustificados por parte de los acreedores de una reducción de capital.

45 así en este sentido, ORELLANA CANO, N op.cit.pags: 4507

46 Vid PEREZ DE LA CRUZ, A op.cit.pags: 117, crítico con esta opción y TIRADO MARTI, I OP.CIT.pags: 2417-2419 proponiendo una interpretación restrictiva del otorgamiento de esta fianza, en el sentido de que cubriría el, periodo abstracto de prescripción de la acción derivada del crédito concreto, sin que se vea afectado por las vicisitudes concretas de la pretensión.

Así mismo, podría ejecutarse el acuerdo antes del transcurso del plazo legal para el ejercicio del derecho de oposición, si no hubiera acreedores, porque la sociedad opto por pagarles íntegramente, posibilidad esta no prevista expresamente para sociedades anónimas, pero que entendemos posible como de otro lado parece desprenderse del art 170.4 in fine del RRM, teniendo en todo caso que ser aceptado este pago por los acreedores, pues en modo alguno podría serles impuesto un pago anticipado con imposición de renuncia al plazo.

De otro lado, podría también ejecutarse el acuerdo de reducción de capital antes del transcurso del plazo legal para el ejercicio del derecho de oposición por los acreedores, si no estuvieran legitimados para su ejercicio por estar sus créditos suficientemente garantizados o no hubieran nacido antes de la fecha del último anuncio del acuerdo de reducción de capital como se exige respecto de sociedades anónimas.

En aquello supuestos en los que la sociedad sin adoptar alguna de las medidas que enervan el ejercicio por los acreedores de su derecho de oposición ejecute el acuerdo, la sanción prevista para sociedades de responsabilidad limitada en el art 333 TRLSC es la nulidad no tanto del acuerdo de reducción, cuanto de la devolución o restitución de las aportaciones a los socios (art 334.4 TRLSC).

No se prevé respecto de sociedades anónimas una sanción paralela, pero, no obstante, entendemos que en estos tipos sociales la sanción también sería la nulidad de la restitución a los socios, dado que en este marco el fundamento del derecho de oposición es legal.

Por tanto, los acreedores pueden ejercer una acción declarativa de nulidad de restitución de las aportaciones frente a la sociedad y los socios con el fin de la devolución al patrimonio social de lo indebidamente percibido por los socios.

La estimación de la acción de nulidad conllevará la devolución de todas las cantidades abonadas a los socios y no solo del valor nominal de las participaciones reembolsadas.

III. REDUCCIÓN PRECONCURSAL DE CAPITAL, PLANES DE REESTRUCTURACIÓN Y PROTECCIÓN DE ACREEDORES

Como se ha adelantado, la reducción de capital constituye una operación societaria que puede acordarse aisladamente en un modo voluntario o forzoso por la sociedad con arreglo a las causas y modalidades legales de reducción de capital (art 317 TRLSC), aplicándose en este ámbito los mecanismos societarios de protección de acreedores,con las diferencias de régimen entre sociedades anónimas y de responsabilidad limitada ya analizadas.

Pero también constituye una operación que puede insertarse en un ámbito más amplio de reestructuración preconcursal de la sociedad, en el marco de los planes homologados de reestructuración regulados en los arts 583-684 TRLSC, cuando la compañía se encuentra en situación económica de probabilidad de insolvencia, insolvencia inminente o insolvencia actual (art 584 y 636 TRLSC), pudiendo contemplarse dicha reducción de capital como parte del contenido más amplio de dicho plan y debiendo ejecutarse en este caso al servicio de éste.

En este marco, la reducción de capital puede constituir una operación de reestructuración en supuestos en los que se buscan sanear perdidas societarias y estas pueden ser la contrapartida de una reducción de capital que entre otros aspectos puede modular la participación en el capital de los antiguos socios [47].

Así mismo, puede sostenerse la existencia de una conexión entre reducción de capital y conversión de deuda en capital, que como es sabido constituye una clásica y típica operación de reestructuración de sociedades en dificultades económicas. En este sentido, se ha entendido que en relación a sociedades en situación de perdidas, en la que suelen encontrarse en la práctica las sociedades que acuden a los marcos de reestructuración preventivos, una conversión de deuda en capital debe venir en todo caso precedida de una obligada reducción de capital social con el objeto de sanear dichas pérdidas, evitando con ello que opere una ficción de capital social que no se correspondiera con la realidad patrimonial de la sociedad y asegurar un contravalor efectivo, lo que en modelos como el alemán tiene un fundamento legal, inexistente en nuestro derecho desde la ley de sociedades anónimas de 1989, lo que ha dado lugar a un debate doctrinal al respecto [48].

47 Vid FERNANDEZ DEL POZO, L ¨Saneamiento de pérdidas y reducción preconcursal del capital social en los planes de reestructuración preventiva ¨en Revista general de insolvencias y reestructuraciones (I&R) 5/2022.pags: 71-103.

48 Vid DE LA CUESTA RUTE, J.M, sosteniendo la necesidad de proceder a dicha reducción con los argumentos expuestos en "El aumento y reducción de capital" en AAVV ROJO, A Dir "La reforma de la ley de sociedades anónimas" Madrid 1987 pag: 205. En sentido contrario, entendiendo que la previa reducción de capital no vendría exigida por la integridad del capital social, vid RECALDE CASTELLS, A "Los acuerdos de refinanciación mediante la conversión de deuda en capital" en ADCo 33/2014 pag 10 (versión electrónica); abordando el

De otro lado, en ocasiones en la práctica la reducción de capital puede ser en contextos de pérdidas societarias una condición impuesta por los acreedores en la negociación de un plan de reestructuración, como se ha visto en el contexto de los anteriores acuerdos de refinanciación, para restablecer el equilibrio entre capital y patrimonio disminuido a consecuencia de pérdidas, antes de efectuar el aumento de capital por compensación de créditos que permita convertir el crédito en acciones o participaciones. Pero eso no es todo, porque en ocasiones la reducción de capital puede venir exigida por los acreedores en el curso de las negociaciones para alcanzar un acuerdo de refinanciación o un plan de reestructuración, incluso en ausencia de pérdidas planteándose dicha reducción no como compensación de pérdidas, sino para dotar reservas o en el marco en ocasiones de operaciones acordeón [49].

Sin abordar en profundidad este debate, que excede del objeto del presente trabajo, sin embargo hay que destacar en este lugar que en aquellos supuestos en los que la reducción de capital se inserte dentro de un plan de reestructuración regulado en el libro II del texto refundido de la ley concursal, como parte de su contenido, nos encontraríamos en un escenario de salvaguardas de acreedores en conexión con la reducción de capital que se produce, distinto al analizado en sede societaria y que respondería a una lógica distinta, produciéndose un desplazamiento de los mecanismos individuales de protección de acreedores previstos en el Texto Refundido de la Ley de Sociedades de Capital para sociedades anónimas y limitadas por los mecanismos colectivos de protección regulados en el libro II de dicho texto legal.

Así, se establece en el art 631.3 del Texto refundido de la ley concursal, en su redacción tras la reforma introducida en dicho texto en virtud de la transposición de la directiva UE 2019/1023 "salvo por lo que respecta a la voluntad social y a la protección de acreedores, cualquier operación societaria que prevea el plan, debe ajustarse a la legislación societaria aplicable.

tema desde el punto de vista de garantizar la efectividad de la aportación, vid: GALLEGO CORCOLES, A "La capitalización de crédito mediante aumento del capital social (debt-equity-swap)"Aranzadi 2019.pags: 239-255, entendiendo que no resultaría necesaria en protección de socios y acreedores una previa reducción de capital antes de la conversión de deuda en capital para garantizar la efectividad de la aportación, lo que como señala esta autora se garantiza confrontando el valor nominal de la acción o participación con la contraprestación que le sirve de desembolso.

49 Así en este sentido, FERNÁNDEZ DEL POZO, L "Las aportaciones de créditos contra la sociedad en desequilibrio patrimonial y la tutela de la integridad del capital social" en ADCo n.º 35 /2015, pag: 37 (versión electrónica), hablando de reducción previa de capital no exigida legalmente sino impuesta por los acreedores.

Esta previsión significa que la formación de las mayorías sociales, así como la protección y salvaguarda de los acreedores, no se ajustará a la legislación societaria aplicable —que por cierto en supuestos en los que la reducción de capital tenga por única finalidad restablecer el capital y el patrimonio neto de la sociedad disminuido por consecuencia de perdidas,que será el supuesto prototípico en el que una reducción de capital forme parte del contenido de un plan de reestructuración, excluye expresamente en sociedades anónimas un derecho de oposición de los acreedores (art 335.a)— sino a lo establecido en el libro II del texto refundido de la ley concursal, con exclusión expresa del derecho de oposición de los acreedores, como mecanismo individual de protección en el marco de modificaciones estructurales, lo que es coherente con la lógica y fundamento que subyace a los planes preconcursales de reestructuración.[50]

En efecto, nos encontramos ante compañías viables que atraviesan dificultades económicas que como hemos adelantado pueden ir desde la mera probabilidad de insolvencia a la insolvencia actual, pasando por la insolvencia inminente, con la amplia delimitación que de estos supuestos se hace en el Texto Refundido de la Ley Concursal, siendo en este escenario la alternativa a dichos planes la declaración de un concurso de acreedores que puede concluir con una liquidación de la compañía, siendo este el "benchmark" (comparador) que hay que aplicar en estos supuestos en la protección de acreedores, los cuales individualmente solo tendrían derecho a su cuota de liquidación y persiguiendo precisamente los planes de reestructuración evitar la declaración de dicho concurso de acreedores.

En este marco, los planes de reestructuración preconcursales, cuando vota a su favor el 66% (mayoría legal mínima de acreedores ordinarios) producen

50 Con anterioridad a la reforma del Texto refundido de la ley concursal el tema ya se suscitó, entre otros ámbitos, por los magistrados especialistas en asuntos mercantiles de Madrid que en sus conclusiones de 7 y 21 de noviembre de 2014 sobre unificación de criterios de aplicación de las reformas de la entonces ley concursal introducidas por el real decreto —ley 11/2014 y la ley 17/2014, entendían que en supuestos de reducción de capital para dotar reservas y en los que la causa subyacente no fuera una situación de pérdidas en los que ex lege resulta neutralizado dicho derecho, el derecho de oposición de los acreedores resultaba neutralizado y desplazado por los mecanismos de protección de acreedores colectivos derivados de un marco preconcursal y concursal. Vid en la doctrina, LARGO GIL, R en "El contenido el acuerdo: los acuerdos de reestructuración empresarial" en AAVV "Los acuerdos de refinanciación y de restructuración de la empresa en crisis", Dir GARCIA CRUCES, J A, Bosch 2013, pags: 152-213, sosteniendo la desactivación del derecho de oposición respecto de los acreedores que han suscrito el acuerdo, pero no así respecto de los no participantes o disidentes, aunque planteando y en cierta mediad admitiendo que el propio acuerdo de refinanciación podría llevar a interpretar que el crédito del acreedor estaría suficientemente garantizado y por tanto no tendría derecho de oposición.

una colectivización de los acreedores y de sus derechos, cuyo fundamento se sitúa en la amplia base de consenso obtenida a favor del plan, sobreentendiéndose que si se producen estas elevadas mayorías de aceptación es porque los acreedores creen que ello no les perjudica e incluso que les beneficia respecto de la eventual declaración de un procedimiento concursal (sabiduría de la mayoría)[51], aceptando implícitamente una reducción de capital que puede formar parte del contenido del plan. Esta opción de aceptación de la reducción de capital por la vía de aceptación del plan, no se contempla en el ámbito societario en el que los socios reunidos en junta pueden decidir una reducción de capital sin consulta ni consentimiento por parte de los acreedores, lo que se compensa con las salvaguardas societarias que hemos analizado (derecho de oposición, responsabilidad de los socios).

Con estas mayorías, los efectos del plan y por tanto también en su caso la reducción de capital que forma parte de este, se extienden también a los acreedores disidentes o no participantes en virtud de la homologación judicial del plan, los cuales son protegidos a través de la posible impugnación del plan como acreedores disidentes o no participantes, sobre la base de los criterios de impugnación del plan regulados en el art 654.5.º TRLC, en supuestos en que estime que la reducción ha sido manifiestamente mayor, esto es, desproporcionada respecto de la que resultaría necesaria para garantizar la viabilidad de la empresa, lo que sería de algún modo equivalente al tradicional sacrificio desproporcionado en el que tradicionalmente se ha situado en nuestro derecho uno de los motivos de impugnación de la homologación de los acuerdos de refinanciación, con anterioridad a su reforma para su adaptación a la directiva UE 2019/1023 sobre marcos de reestructuración preventiva.

Así mismo, podría el acreedor disidente o no participante impugnar la homologación del plan sobre la base del art 654.6.º TRLC, invocando una hipotética cuota de liquidación en un escenario concursal superior a la que tendría en un escenario de liquidación concursal.

En cualquier caso, la impugnación no suspende la ejecución del plan, conllevando dicha impugnación con éxito —lo que sería difícil en la práctica si la reducción tiene como causa una situación de pérdidas de la compañía— la desactivación de la extensión de los efectos del plan frente al impugnante con éxito, con derecho en su caso a la indemnización de daños y perjuicios

51 Empleando esta terminología vid GARCIMARTIN ALFEREZ, F "Sobre el nuevo régimen aplicable a los planes de reestructuración del libro II del anteproyecto (y las novedades en el libro IV) en Revista general de insolvencias & reestructuraciones (I & R), n.º extraordinario 3/ 2021. Pags: 47-84

si los efectos del plan no se pudieran revertir, sin declaración de la ineficacia del plan, salvo si la estimación de la impugnación se basó en la falta de concurrencia de las mayorías necesarias o en la defectuosa formación de las clases de acreedores.

De otro lado y partiendo de la misma lógica subyacente a los planes de reestructuración, en el art 631-4 del Texto refundido de la ley concursal, expresamente se excluye cuando se solicite la homologación de un plan de reestructuración de cuyo contenido forme parte la denominada operación acordeón (reducción de capital a cero y simultáneo aumento de capital) el derecho de preferencia de los antiguos socios en la suscripción de nuevas acciones o en la asunción de las nuevas participaciones.

Por tanto, se puede imponer a los socios una reducción de capital a cero y simultáneo aumento de capital en las condiciones previstas en el art 631 del texto refundido de la ley concursal, lo que persigue propiciar un cambio de control y evitar lo que en la práctica ha venido aconteciendo y que los antiguos socios suscribían en virtud de ese derecho de preferencia unas pocas acciones y se quedaban dentro de la compañía, dificultando en ocasiones futuras operaciones ce reestructuración, en una especie de chantaje ex post bloqueando en la practica la reestructuración de compañías viables pero en dificultades económicas.

No obstante, la referida exclusión del derecho de preferencia solo se prevé en estado de insolvencia actual o inminente y por tanto no en escenarios de mera probabilidad de insolvencia, en los que la compañía tiene todavía el beneficio del plazo, excediendo no obstante del objeto del presente trabajo el análisis de estos temas con mayor profundidad[52].

IV. BIBLIOGRAFÍA

BONARDELL/ CABANAS TREJO, R "La reducción de capital en la sociedad de responsabilidad limitada", Valencia 2009.

GALLEGO CORCOLES, A "La capitalización de créditos mediante aumento del capital social (debt-equity-swap)", Aranzadi 2019.

GARCIMARTIN ALFEREZ, F "Sobre el nuevo régimen aplicable a los planes de reestructuración del libro II del anteproyecto (y las novedades en el libro IV) en Revista general de insolvencias & retructuraciones (I & R), n.º extraordinario 3/ 2021. Pags: 47-84

52 PULGAR EZQUERRA, J "Preconcursalidad y reestructuración de empresas" ed la ley Wolters-Kluwer (cuarta edición en prensa).

DE LA CUESTA RUTE, J M "El aumento y reducción de capital", en AAVV La reforma de la ley de sociedades anónimas, Dir Rojo,A Madrid 1987.

FERNANDEZ DEL POZO, L ´Saneamiento de pérdidas y reducción preconcursal del capital social en los planes de reestructuración¨ en Revista general de insolvencias y reestructuraciones (I &R 5/ 2022.pags: 71-103.

FERNÁNDEZ DEL POZO, L "Las aportaciones de créditos contra la sociedad en desequilibrio patrimonial y la tutela de la integridad del capital social" en ADCo n.º 35 /2015, pag: 37 (versión electrónica).

TIRADO MARTI, I "La reducción del capital social", en AAVV comentario de la ley de sociedades de capital (Dirs Rojo/Beltran) T II Civitas-Thomson Reuters, Navarra 2011.

ORELLANA CANO, N "La reducción de capital", en AAVV Comentario de la ley de sociedades de capital, Tomo IV. Dir García Cruces, JA / Sancho Gargallo, I. 2021.

PÉREZ DE LA CRUZ BLANCO, A "La reducción de capital", en AAVV Comentario al régimen de las sociedades mercantiles (Dirs Uria/Menendez/Olivencia) T VII Modificación de estatutos en la sociedad anónima.Aumento y reducción de capital,Vol 3 Civitas, Madrid 1995.

PULGAR EZQUERRA, J "Preconcursalidad y reestructuración empresarial" (cuarta edición) (en prensa)

VALPUESTA GASTAMINZA, E "Comentarios a la ley de sociedades de capital" (4.ª edición Bosch). 2022.

Capítulo XVI

LA REDUCCIÓN Y EL AUMENTO DEL CAPITAL SIMULTÁNEOS EN LA LEY DE SOCIEDADES DE CAPITAL (ARTS. 343 A 345 DE LA LEY DE SOCIEDADES DE CAPITAL)

Adolfo Sequeira Martín
Catedrático honorífico de D.º Mercantil (UCM)

SUMARIO: I. EL ÁMBITO SUBJETIVO DE APLICACIÓN: LOS TIPOS SOCIETARIOS AFECTADOS. II. LA DETERMINACIÓN DEL ÁMBITO OBJETIVO DE APLICACIÓN DE LA OPERACIÓN DE REDUCCIÓN Y AUMENTO SIMULTÁNEOS DE CAPITAL. 1. El alcance del significado de la reducción de capital por debajo del mínimo legalmente exigible como supuesto de disolución. 2. Los supuestos de disolución por reducción de capital por debajo del mínimo legal exigible. 3. La función de la operación acordeón en los supuestos de disolución por disminución del capital por debajo del mínimo legalmente exigible. 3.1. La operación acordeón y la "disolución de pleno derecho". 3.2. La operación acordeón y la reducción de capital como "causa de disolución". III. EL CARACTER UNITARIO DE LA OPERACIÓN. 1. La unidad de la operación y la pluralidad de acuerdos. 2. El acuerdo de reducción de la cifra de capital a cero. IV. EL RÉGIMEN DE LA OPERACIÓN DE REDUCCIÓN Y AUMENTO SIMULTÁNEOS. 1. El órgano decisorio: El alcance del significado de la mención a la figura del "acuerdo" en la operación acordeón. 2. El "quorum" y las mayorías requeridos para el acuerdo. 3. El derecho de preferencia en el aumento de capital. V. LA FORMALIZACIÓN DE "LA OPERACIÓN ACORDEÓN". VI. BIBLIOGRAFÍA.

El Texto Refundido de la Ley de Sociedades de Capital (en adelante LSC) regula La Reducción y Aumento del Capital Simultáneos en los artículos 343 a 345 del CAPÍTULO IV del TÍTULO VIII, que es el correspondiente al régimen de la modificación de los estatutos sociales. Estos preceptos recogen de forma prácticamente idéntica el tenor literal de los artículos 169 y 83 de los anteriores y ahora derogados textos TRLSA de 1989 y LSRL de 1995, que regulaban dicho supuesto de "reducción y aumento simultáneos" tendente al mantenimiento del capital mínimo legal de estos tipos de sociedades de capital en los casos de reducción a cero o por debajo de la cifra mínima legal exigible[1]. Lo que no debería de ser de otra manera dada la naturaleza y fina-

1 En el Derecho Comunitario la Segunda Directiva 77/91/CEE del Consejo de 13 de diciembre de 1977, aplicable a las sociedades anónimas, manifestaba en su artículo 34 que

lidad del Real Decreto Legislativo 1/2010 de 2 de julio de 2010 por el que se aprueba el TRLSC, que deroga y refunde en un solo texto (Disposición Derogatoria Única 2.ª y 3.ª), las normas legales que la Ley de Modificaciones Estructurales 3/2009 de 3 de abril cita en su Disposición Final Séptima al habilitar al Gobierno para su refundición y que se corresponden con las disposiciones legales que regulaban los tipos de la sociedad comanditaria por acciones (Sección 4.ª, Título I, Libro II del Código de Comercio de 1885), de la sociedad anónima (Texto refundido de la Ley de Sociedades Anónimas de 1989) y de la sociedad de responsabilidad limitada (Ley de Sociedades de Responsabilidad limitada de 1995), en cuanto que estas son las sociedades de capital que la LSC recoge y regula ahora de forma unificada con independencia de la presencia, en algún caso, de sus específicas peculiaridades (art,1.º)[2].

Las diferencias que existen entre los preceptos que conforman el tratamiento legal actual de "la reducción y aumento simultáneos" y los preceptos derogados, son meramente formales y residen en que la LSC estructura ahora su régimen de forma claramente autónoma y diferenciada, y que lo hace a través de tres diversos preceptos (art,343 a 345), frente a la existencia de un único precepto que era como lo contemplaban la LSA y la LSRL (arts,169 y 83 respectivamente). Se añade así una mayor claridad sistemática a la regulación, pero sin que se varíe prácticamente en nada que tenga trascendencia sustantiva el que era el tenor literal de los derogados preceptos, y cuyas mínimas variaciones en el texto se corresponden con una adecuación a la pretensión de LSC[3] de unificación del régimen para todas las sociedades de

"El capital suscrito no podrá ser reducido a un importe inferior al capital mínimo fijado de conformidad con el artículo 6. No obstante, los Estados miembros podrán autorizar tal reducción si tienen previsto igualmente que la decisión de proceder a una reducción sólo surtirá efectos si se ha procedido a un aumento del capital suscrito destinado a poner a éste a un nivel al menos igual al mínimo establecido". El TRLSA adaptó su contenido a la Directiva comunitaria, si bien su texto era considerablemente más perfecto e, incluso, fuera en sus términos más allá de la literalidad de la norma comunitaria al contemplar expresamente la reducción a cero y la transformación como posible alternativa del aumento simultáneo de la cifra de capital.

2 En tanto que los términos literales del artículo 169 del TRLSA permanecen idénticos en el texto de los artículos 343 y ss de la LSC, son en gran parte válidos los comentarios que sobre aquél se hicieron. En este sentido ver *SEQUEIRA MARTÍN, A. La reducción y el aumento de la cifra del capital simultáneos según el artículo 169 del Texto Refundido de la Ley de Sociedades Anónimas. AAVV. DERECHO DE SOCIEDADES ANÓNIMAS. T,III. MODIFICACIÓN DE ESTATUTOS. AUMENTO Y REDUCCIÓN DEL CAPITAL. OBLIGACIONES. Volumen, 2. Civitas, 1994.* pp.1010 y ss.

3 Así el art, 343 habla de que en todo caso habrá de mantenerse el derecho de asunción o de suscripción preferente de los socios.

capital sin distinción de tipos, aunque sin que, como habrá de verse, siga sin abordarse la solución de alguno de los problemas que la doctrina y jurisprudencia habían venido indicando[4].

Es así que la estructura del régimen de la reducción y aumento simultáneos del capital (la conocida como "operación acordeón") se articula ahora en tres preceptos legales en la LSC:

Art. 343. ***Reducción y aumento del capital simultáneos.***—1. El acuerdo de reducción del capital social a cero o por debajo de la cifra mínima legal, sólo podrá adoptarse cuando simultáneamente se acuerde la transformación de la sociedad o el aumento de su capital hasta una cantidad igual o superior a la mencionada cifra de capital.

2. En todo caso habrá de respetarse el derecho de asunción o de suscripción preferente de los socios.

Art. 344. ***Eficacia condicionada del acuerdo de reducción.***—En caso de acuerdo de reducción y aumento del capital simultáneos, la eficacia del acuerdo de reducción quedará condicionada, en su caso, a la ejecución del acuerdo de aumento de capital.

Art, 345. ***La inscripción simultánea.***—La inscripción del acuerdo de reducción en el Registro Mercantil no podrá practicarse a no ser que simultáneamente se presente a inscripción el acuerdo de transformación o de aumento de capital, así, como en este último caso, su ejecución.

El artículo 343 LSC no ofrece ninguna peculiaridad de tratamiento diferenciado según **los diferentes tipos de sociedades** de capital que la LSC recoge, por lo que estamos ante un régimen de aplicación general y sin matices a todos los tipos de sociedades de capital a los que la LSC considera dentro de su ámbito de aplicación (la sociedad de responsabilidad limitada, la sociedad anónima y la sociedad comanditaria por acciones —art,1.º LSC—), salvo que exista alguna disposición legal que les sea específicamente aplicable por tratarse de modalidades societarias de capital contempladas fuera del marco legal general de esta Ley (art,2.º LSC), en lo que naturalmente sería una limitación del régimen general de sociedades de capital que afectaría, lógicamente también y si existiera, a la aplicación del específico régimen del acuerdo de reducción y aumento simultáneos de capital contemplado por la LSC (arts,343 a 345 LSC). Y ello con independencia de que las dos operaciones simultáneas de reducción y aumento deban de respetar las peculiaridades que al respecto puedan ofrecer, cuando estas existan, los regímenes que son propios de cada tipo societario.

4 Ya en su momento PÉREZ DE LA CRUZ, A indicó esta carencia y la conveniencia de su específica regulación. *La reducción del capital en sociedades anónimas y de responsabilidad limitada. Real Colegio de Bolonia. 1973.* p.61.

Siendo clara la exigencia de un capital legal mínimo, aunque diferente, para las diversas sociedades de capital que recoge la LSC (arts,4.º en relación con el 3.º2 LSC)[5], y la prohibición de autorización de escrituras para su constitución o modificación estatutaria con resultado de un capital inferior al mínimo legal (art,5.º LSC), salvo que se recurra al régimen de reducción y aumento simultaneo o al de la transformación del tipo societario afectado (art,343.1 LSC), el indicado régimen de "reducción y aumento simultáneos de capital" quedaría incompleto en su comprensión, si nos ciñéramos estrictamente al examen de los preceptos que específicamente lo regulan (arts,343 a 345 LSC), y no se contemplara también en su relación con los preceptos que regulan la cifra de capital legal mínima de los **diferentes tipos societarios** de capital y la **función que puede desempeñar en su relación sistemática con los diversos supuestos de reducción de capital que puedan desembocar en una reducción de capital de las sociedades por debajo del mínimo legal, situándolas en un proceso de disolución liquidatoria**[6].

El recurso a la **modificación estructural de la transformación del tipo societario**, contemplada sucintamente como alternativa al aumento de la cifra de capital en la "operación acordeón" a los efectos de posibilitar la adopción de una cifra inferior al mínimo legal exigible (art,343), requeriría un tratamiento específico que no se aborda en este trabajo por razones de coherencia con la limitación del tema a la estricta reducción y aumento simultáneos de capital, y porque su tratamiento ofrece peculiaridades que difieren del régimen aplicable a la operación acordeón en su sentido estricto, y que derivan de su régimen como modificación estructural (art,343.1 en relación con los arts,3 y ss de la Ley 3/2009, de 3 de abril de Modificaciones Estructurales de las Sociedades Mercantiles)[7].

---

5 Con independencia, además, del capital mínimo que pueda exigirse `para ellas por actuar en determinados sectores o cotizar en mercados organizados.

6 La comprensión completa y la función del régimen del capital mínimo y de reducción y aumento de capital simultáneos requiere, en consecuencia, abordar la relación sistemática de estas exigencias y la posible función que su presencia puede tener también ante la exigencia legal de recurrir a un acuerdo de reducción de la cifra de capital para reequilibrar la relación entre capital y patrimonio si con ello se abocase en una reducción por debajo del mínimo legal exigible convirtiéndose en causa de disolución (arts,327 y 363.1.e LSC), además de ver cuál pueda también ser su función en relación con cualesquiera otra reducción de capital, obligatoria o voluntaria, que la sitúen por debajo de la cifra mínima legalmente exigible, y que, igualmente, podrían llevar a la sociedad a su posible disolución liquidatoria (arts,360.1.b y 363.1.f LSC).

7 Hoy sustituidos por los arts, 17 y ss del nuevo régimen de modificaciones estructurales contenido, entre otras materias, en el Real Decreto-ley 5/2023 de 28 de junio

I. EL ÁMBITO SUBJETIVO DE APLICACIÓN: LOS TIPOS SOCIETARIOS AFECTADOS

La exigencia de la presencia de una cuantía de capital legal mínimo en el nacimiento y durante la vida de las sociedades de capital es diversa en función del tipo societario de que se trate (art,4.º LSC), siendo de señalar la existencia de modalidades de sociedades de capital reguladas fuera de la propia LSC que difieren tanto en relación con la exigencia de la cifra mínima legal de capital en ella contenida, como en la posible presencia de consecuencias en su incumplimiento que no son idénticas siempre a las que la LSC establece para el supuesto de reducciones de capital por debajo del mínimo legal; pero que, de no existir, sí que llevaría a la aplicación subsidiaria tanto de la cifra legal mínima de capital como del régimen de reducción y aumento simultáneos de capital que establece la LSC (art,3.º). Limitándose este estudio exclusivamente al régimen general de reducción y aumento de capital simultáneos que la LSC contempla para los tipos recogidos en ella (arts,1.º y 343.º).

El ámbito subjetivo de aplicación del artículo 343 LSC carece de limitación alguna en su alcance general, de forma que su aplicación tiene el carácter amplio con el que la propia LSC se manifiesta al determinar los diferentes tipos de sociedades de capital que ella acoge (sociedades anónimas, comanditarias por acciones y de responsabilidad limitada —arts,1.º y 3 LSC—), partiendo, evidentemente, del hecho de que no todos los tipos recogidos tienen el mismo capital legal mínimo al ser de 60.000 euros para la SA y comanditaria por acciones y de 1 euro para la SRL (arts,3.º y 4.º) como tipos generales de referencia[8], pero sin que sea siempre idéntico a "las especialidades" con que dichos tipos se puede presentar en el mercado (así por ej, es superior en la sociedad anónima cotizada en mercados organizados, o en el requerido para determinados tipos societarios por su presencia en específicos sectores económicos o por la peculiar especialidad de su objeto). Lo que justifica el que en algunos de estos casos la reducción por debajo del mínimo legal que se les exija, no conlleve necesariamente el tener que recurrir al aumento simultá-

8 La Ley 18/2022, de 28 de septiembre, de creación y crecimiento de empresas, modifica el artículo cuarto de la LSC sobre capital mínimo, eliminando la exigencia anterior de 3000 euros de capital mínimo para las SRL y estableciendo ahora el mínimo de 1 euro de capital, aunque unas reglas de seguridad para terceros por las que deberá destinarse a la reserva legal un mínimo del 20% de los beneficios hasta que dicha reserva junto con el capital social (el que fuera) alcance el importe de tres mil euros. A la vez que se establece el que en caso de liquidación (voluntaria o forzosa), si el patrimonio fuera insuficiente para satisfacer el pago de las obligaciones sociales, los socios responderán solidariamente de la diferencia entre el importe de tres mil euros y la cifra del capital suscrito (Art,2. Uno Ley 18/2022).

neo o a su transformación para evitar la nulidad del acuerdo o la posible subsunción de la sociedad en un supuesto de disolución, si no a su exclusión del sector en el que operan o el que les pueda afectar cualesquiera otras medidas administrativas sancionadoras.

La Ley 18/2022, de 28 de septiembre, de creación y crecimiento de empresas suprime la figura de la **"sociedad de responsabilidad limitada en régimen de formación sucesiva"** que regulaba el artículo cuarto bis de la LSC (art, 2. Dos), a la vez que modifica los preceptos correspondientes de la misma en aquello que se referían a ella (art,2. Uno, que realiza una nueva redacción del art,4 sobre el capital social mínimo y el art,2 Tres que modifica el art,5 sobre prohibición de capital inferior al mínimo legal), de manera que ya no pueden constituirse sociedades limitadas en formación. Esta figura había sido añadida a la LSC, y podía constituirse y actuar con un capital inferior al mínimo legal con un régimen específico hasta tanto no alcanzase la cifra de capital social mínimo exigible (arts,4.º, 4.º bis y 5.2.º)[9]; por lo que, por lo tanto, estaba excluida hasta ese momento del régimen de reducción y aumento del capital simultáneos (arts, 343 a 345 LSC).

La nueva situación con respecto a la cifra exigible de capital legal mínimo de la sociedad de responsabilidad limitada y de la sociedad anónima queda, en consecuencia, regulada en los siguientes términos:

Artículo 4. Capital social mínimo

1. El capital social de la sociedad de responsabilidad limitada no podrás ser inferior a un euro y se expresará precisamente en esa moneda.

Mientras el capital de las sociedades de responsabilidad limitada no alcance la cifra de tres mil euros, se aplicarán las siguientes reglas:

Deberán destinarse a la reserva legal una cifra al menos igual al 20 por ciento del beneficio hasta que dicha reserva junto con el capital social alcance el importe de tres mil euros.

En caso de liquidación, voluntaria o forzosa, si el patrimonio de la sociedad fuera insuficiente para atender el pago de las obligaciones sociales, los socios responderán solidariamente de la diferencia entre el importe de tres mil euros y la cifra de capital suscrito.

2. El capital social de la sociedad anónima no podrá ser inferior a sesenta mil euros y se expresará precisamente en esa moneda.

El nuevo régimen de capital mínimo de la sociedad de responsabilidad limitada en su relación con las ahora suprimidas sociedades limitadas en régimen

9 Artículos redactados y añadidos por la Ley 14/2013 de 27 de septiembre de apoyo a los emprendedores y su internacionalización.

de formación sucesiva queda complementado con el régimen transitorio establecido en los siguientes términos para las anteriores sociedades que actuaban bajo la citada modalidad:

> Se establece una Disposición Transitoria segunda en la citada Ley 18/2022, que establece un régimen transitorio para dicha modalidad, permitiendo que dichas sociedades puedan voluntariamente modificar sus estatutos para dejar de estar sometidas al régimen que les era propio y devenir ya sociedades de responsabilidad limitada ordinarias, pero viéndose afectadas por las nuevas reglas del apartado 3 del artículo 4 de la LSC, que impone el deber de destinar a la reserva legal una cifra al menos del 20 por ciento del beneficio hasta tanto su capital social no alcance la cifra de 3000 euros (Disposición transitoria segunda.1). Ahora bien, podrían no modificar sus estatutos y no alcanzar la cifra de 3000 euros, quedando entonces hasta que procedan a su modificación voluntaria en sociedades ordinarias de responsabilidad limitada, sujetas a las reglas que exigen destinar a la reserva legal, al menos igual al 20% del beneficio del ejercicio sin límite de cuantía, así como una limitación al reparto de dividendos entre los socios si el valor del patrimonio neto no es, o no resulta como consecuencia del reparto, inferior a mil ochocientos euros, a un límite a la suma anual de retribuciones a socios y administradores, y a una responsabilidad solidaria de los socios y administradores en caso de liquidación (voluntaria o forzosa) del desembolso de la cifra de capital más la diferencia entre esta y la cifra de 3000 euros, en el caso de que el patrimonio social fuera insuficiente para hacer frente al pago de sus obligaciones (Disposición transitoria segunda.2).

Como acertadamente se ha afirmado[10], la reforma no es tan drástica como se anuncia, ya que si bien se suprime la sociedad de responsabilidad limitada en formación y se permite la constitución de sociedades de responsabilidad limitada con capital mínimo de un euro, también se impone a la sociedad de responsabilidad limitada que no llega a los tres mil euros de capital, unas exigencias que son en gran parte similares a las que se exigían antes a la ahora suprimida sociedad limitada en régimen de formación sucesiva (cuantía de los beneficios destinada a la reserva legal y peculiar responsabilidad solidaria de socios y administradores para atender al pago de las obligaciones sociales); ni tampoco es tan clara, como señala la Exposición de Motivos de la Ley 18/2022, la bondad de la función que la nueva cifra de capital de un euro cumple en lo que respecta al abaratamiento de constitución de sociedades y al fomento de la creación de empresas, ya que es bastante inverosímil el que la cifra de un euro de capital mínimo pueda realmente servir como referente de una aportación inicial en la constitución de una sociedad. No se pueden ya constituir sociedades de responsabilidad limitada por debajo de un euro (art,5), pero aunque la

10 Ver al respecto, GONZÁLEZ VÁZQUEZ, JC. ¿Sociedad limitada con 1 euro de capital social? Una reforma engañosa. Blog. CECA MAGÁN ABOGADOS. 28, Octubre 2022.

anterior cifra legal de capital mínimo de 3000 euros deja de ser el mínimo exigible, pasa a cumplir ahora una nueva función de seguridad frente a terceros, sin que se pueda decir que la reducción de esta cuantía quede sometida ya a la operación acordeón, quedando su operativa sometida al régimen de reducción y de aumento ordinarios que la LSC contempla; si bien esta cifra cumple una nueva función de seguridad frente a terceros en los términos antes expuestos, sometiendo a las SRL a las exigencias indicadas cada vez que su capital baje de los 3.000 euros y con independencia de cual sea la razón de ello. La operación acordeón va adquirir así con la reforma un mayor relieve en lo que se refiere a la utilización de la disminución de la cifra de capital a cero y el simultáneo aumento de capital como utilización para financiación externa, quedando como anecdótico el que su aplicación se utilice para reducciones por debajo de un euro pero sin llegar a la supresión total de la cifra de capital, aunque teóricamente nada se oponga a ello.

En la misma línea indicada, hay que señalar que junto a la vigencia de la aplicación del régimen de la operación de reducción y aumento simultáneos de capital, siguen siendo también aplicables a la sociedad limitada y a pesar de la reducción del capital legal mínimo a un euro, las causas de disolución como consecuencia de la reducción de la cifra de capital por debajo del mínimo legal, sea o no debida al cumplimiento de una ley (art,360.1,b y 363.1,f); aunque es presumible que sea más frecuente la utilización de los aumentos y de las reducciones obligatorias de capital cuando el patrimonio desciende por debajo del capital estatutario, sea o no, además, causa de disolución (art,363.1,e y 327).

La Ley 18/2022, de 28 de septiembre ha derogado, como se expuesto, la especialidad de la **"sociedad de responsabilidad limitada nueva empresa"** que contemplaba la LSC (arts,434 a 454) [11], indicando que las sociedades

11 La derogada especialidad de la sociedad de responsabilidad limitada nueva empresa (art,434 LSC—), permitía que el capital pudiera ser igual o superior al de la SRL (art,443 LSC), teniendo que optar por transformarse en otro tipo o seguir siendo una SL si es que se acordaba traspasar el límite legal máximo establecido de ciento veinte mil euros (arts,443 y 452 LSC), pero sin que en este último caso de continuidad en su actividad pudiera realmente hablarse de un supuesto de transformación en sentido estricto (art,454 LSC). Y sin que en este caso se debiera de confundir lo que es la exigencia de un mínimo legal de tres mil euros de capital (art,443), con el establecimiento también del tope de un máximo legal de capital, de forma que cualquier reducción por debajo del tope máximo era factible sin tener que recurrir a la técnica del simultáneo aumento o a la transformación necesaria para evitar su nulidad si con ello no se descendía por debajo del mínimo legal, y con independencia de que sí que pudieran derivarse determinadas consecuencias en el supuesto de acuerdo de superación del máximo legal (art,452).

que estuvieran en vigor a la entrada de esta ley se regirán por las disposiciones de la sociedad de responsabilidad limitada y utilizarán la denominación SRL (Disposición transitoria tercera). Su derogación se justifica por la mínima utilización de la figura junto al hecho de que "sus ventajas en cuanto la rapidez de su constitución y la existencia de ciertos requisitos normativos se han visto superados por la aplicación del DUE a la constitución de la sociedad limitada ordinaria" (ES M II).

II. LA DETERMINACIÓN DEL ÁMBITO OBJETIVO DE APLICACIÓN DE LA OPERACIÓN DE REDUCCIÓN Y AUMENTO SIMULTÁNEOS DE CAPITAL

La LSC ha mantenido casi en los mismos términos que lo hacían la LSRL y el TRLSA, el régimen de exigencia de una cifra de capital mínimo para las sociedades de capital en su constitución y durante su vida (arts,4.º y 5.º), con la excepcionalidad de la permisibilidad de su quiebra temporal "sólo" a través del mecanismo de reducción y aumento simultáneos de capital (art,343 y ss), sin que su función esté vinculada a ninguna finalidad concreta al configurarse como un mecanismo neutro que puede servir a múltiples objetivos. Es cierto, no obstante, que es en torno a la existencia de pérdidas patrimoniales en donde su aplicación encuentra la mayor justificación empresarial, procediendo a una mera **reducción voluntaria de la cifra de capital** a cero o por debajo de la cifra mínima de capital legalmente exigida, para proceder a un aumento simultáneo con entrada de patrimonio como medida de saneamiento[12], que, en su caso, podría ser también la consecuencia de una reducción obligatoria; pero sin que necesariamente tenga que ser esta la finalidad de la "operación acordeón"[13], al poder perseguirse con ella fines empresariales muy distintos[14] (como por ej, reducciones por debajo del mínimo legal y aumentos voluntarios para facilitar la entrada de acreedores en el capital, total o parcialmente, mediante la aportación de sus créditos; la sustitución de una clase de acciones o participaciones por otra; una reducción con aumento para diluir posi-

12 FERNÁNDEZ DE LA GÁNDARA, L. *DERECHO DE SOCIEDADES. V,I. Ed, Tirant lo Blanch. Valencia,2010.* p.972.

13 MACHADO PLAZAS, J/MERCADAL VIDAL,F. Comentario artículo 83 LSRL. Modificación de estatutos. Aumento y reducción del capital social. AAVV. COMENTARIOS A LA LEY DE SOCIEDADES DE RESPONSABILIDAD LIMITADA. (Coord. Arroyo,I/Embid,M). Tecnos,1997. p.806.

14 ORELLANA CANO, N. Capítulo IV. Artículo 343. Reducción y aumento del capital simultáneos. VARIOS. *COMENTARIO DE LA LEY DE SOCIEDADES DE CAPITAL.* TOMO IV. Las cuentas anuales. la modificación de los estatutos sociales. Tirant lo Blanch. Valencia,2021. p.4581.

ción de socios minoritarios; una reducción para recuperar el equilibrio entre capital y patrimonio, etc, etc), y sin tener la operación acordeón por qué estar vinculada siempre a pérdidas de patrimonio, pudiendo, además, perseguir su utilización simplemente el **evitar las consecuencias derivadas de una reducción del capital por debajo del mínimo legal, sea porque constituya un supuesto de disolución de pleno derecho (art,360.1,b) o bien una causa de disolución (art,363.1,f).** Lo único predicable a todas las reducciones de capital por debajo del mínimo exigido legalmente, es que de no subsumirse bajo el régimen de la "operación acordeón", ello podría suponer la disolución de la sociedad afectada, salvo, como habrá de verse, que la legislación permitiera además, en algún supuesto, alguna otra solución diferente al aumento simultáneo (por ej, la transformación o el aumento posterior de capital).

La utilización de la "operación acordeón" cumple objetivamente, en consecuencia, la función de permitir excepcional y transitoriamente una reducción por debajo de la cifra mínima de capital si se procede al simultáneo aumento de la misma, siendo útil para cumplir múltiples finalidades que pueden estar vinculadas a sanear **voluntariamente** una situación de pérdidas patrimoniales, o estarlo por otras razones. Se contemplan así en la LSC supuestos de **reducción de capital que son consecuencia del cumplimiento de una ley, que, sin estar vinculados a pérdidas patrimoniales,** pueden tener como consecuencia el constituir un supuesto de disolución de pleno derecho si ello conduce a su disminución por debajo de la cifra legalmente exigida (art,360.1,b), o bien el constituir esta **reducción por debajo del mínimo legal exigido una causa de disolución** si ella no obedeciera a una exigencia legal (art,363.1,f), pudiendo cumplir, en estos supuestos, la operación de reducción y aumento simultáneos de capital una función destinada a evitar la aplicación del proceso de disolución extintiva al que, en otro caso, se podrían ver abocadas las sociedades afectadas en los términos que luego se expondrán. Una categoría diferenciada se contempla en la LSC en torno a los supuestos de pérdidas relevantes del patrimonio neto de la sociedad en relación con su cifra estatuaria de capital, en los que el legislador ha impuesto, junto a otras alternativas, **reducciones obligatorias de capital para evitar el excesivo desequilibrio entre capital y patrimonio**, sometiendo a la sociedad a una causa de disolución (art,327 en relación con el 363.1,e), o en el que esta situación de desequilibrio constituye ya, en sí misma y por su gravedad, una causa de disolución (363.1,e), y en los que el recurso a la "operación acordeón", como se verá, puede servir para eludirlas; al margen de que pudiera conducir en su ejecución, en algún caso, a situar al capital por debajo de la cifra mínima legalmente exigible. El régimen de la operación acordeón y el de la disolución se encuentran así, en algunos casos, íntimamente relacionados. Y es en torno al régimen de disolución de sociedades en el que sí que se han producido modificaciones en la LSC con respecto a las anteriores normas reguladoras de la SA y de la SRL, en torno a preceptos que afectan a los supuestos de reducción de capital por debajo del mínimo legalmente exigido, y que se contemplan ahora o como un supuesto de "disolución de pleno derecho" si es que la mencionada reducción es consecuencia del cumplimiento de una ley, o bien como una "causa de disolución" de no ser así, y con su aplicación a todos los tipos de sociedades de capital (arts,360.1,b y 363.1,f)[15].

Esta diversidad de supuestos de reducción de la cifra de capital por debajo del mínimo legal, requiere proceder a su análisis a la hora de intentar comprender la relación sistemática entre ellos (reducción voluntaria; reducción por debajo de la cifra mínima de capital exigible como consecuencia de una exigencia legal; reducciones que son consecuencia del desequilibrio entre capital y patrimonio) y el régimen de reducción y aumento simultáneos de capital (art,343 y ss), al margen de lo que es el poder recurrir voluntariamente a esta técnica de reducción y aumento simultáneos del capital en función de las razones que la sociedad pudiera estimar oportunas.

1. El alcance del significado de la reducción de capital por debajo del mínimo legalmente exigible como supuesto de disolución

La LSC ha unificado para todas las sociedades de capital el régimen de los supuestos de disolución vinculados a acuerdos de reducción del capital por debajo del mínimo legal. Y lo ha hecho bajo el modelo que a este respecto ofrecía la LSRL y el RRM, frente al que contenía la LSA[16], eliminándose de esta manera la necesidad de recurrir a una interpretación que difería según se es-

15 Se establece así ahora, una diferencia con la situación anterior en la que dicha doble calificación sólo era contemplada en la LSRL (arts,104.f y 108), mientras que, por el contrario, la LSA contemplaba, sin matizar, el supuesto la reducción de capital por debajo del mínimo legal como una "causa de disolución" pero sin distinguir la razón de la misma (art,260.1.5.º) En la relación del régimen de la operación acordeón y el anterior régimen de disolución y liquidación recogidos en el TRLSA, ver sobre el ámbito de aplicación del supuesto *SEQUEIRA MARTÍN, A. "ob.cit"*. pp,1013.

16 Mientras que el TRLSA recogía como causa de disolución a todos los supuestos que conllevaran una "reducción del capital social por debajo del mínimo legal" (art,260.5.º), la LSRL recogía estos supuestos de forma diferenciada, conteniendo el art,104.1,f como causa de disolución la "reducción del capital social por debajo del mínimo legal", pero indicando a continuación que "Cuando la reducción sea consecuencia del cumplimiento de una ley se estará a lo dispuesto en el artículo 108". Y este precepto indicaba que "Cuando la reducción del capital social por debajo del mínimo legal sea consecuencia del cumplimiento de una ley, la sociedad quedará disuelta de pleno derecho si......." (108.1).

tuviera ante uno u otro tipo societario, si bien es posible que con esta técnica se haya ido ahora más allá de lo que sería permisible en un texto refundido como lo es el de la LSC.

La LSC trata como un supuesto de **disolución de pleno derecho** a "la adopción del acuerdo de reducción del capital por debajo del mínimo legal como consecuencia del cumplimiento de una ley", si ha transcurrido un año desde su adopción sin que se hubiere inscrito en el Registro Mercantil su transformación, disolución o aumento de capital social hasta un cantidad igual o superior al mínimo legal (art,360.1,b). Lo que además es congruente con el contenido del RRM de 1996, que habilita al Registrador para extender una nota al margen de la última inscripción, expresando que la sociedad anónima, la comanditaria por acciones o la sociedad de responsabilidad limitada, han quedado disueltas de pleno derecho cuando hubiera transcurrido un año desde la adopción del acuerdo de reducción por debajo del mínimo legal "como consecuencia del cumplimiento de una norma legal", sin que se hubiere inscrito la transformación, la disolución o el aumento de capital (art,238.1.2.º). La disminución de la cifra de capital por debajo del mínimo legalmente exigido puede también provenir de otras circunstancias, a las que la LSC subsume bajo la genérica calificación de **causa de disolución** si es que se trata de una "reducción del capital social por debajo del mínimo legal que no sea consecuencia de una ley" (art,363.1,f). Lo que se concreta en que el tratamiento de reducción de capital por debajo del mínimo legalmente exigido pueda ser considerado como un supuesto diferenciado de disolución, según lo sea bajo el supuesto de disolución de pleno derecho o bien lo sea como el de una causa de disolución (arts,360.1,b y 363.1,e LSC). En cualquiera de los dos casos, esta situación plantea el problema de resolver su coordinación con la exigencia de un capital legal mínimo (arts,4.º), la prohibición de escrituras de constitución o modificación estatutaria que no le mantengan (art, 5.º LSC), y la posibilidad legal de adoptar acuerdos de reducción por debajo de aquél, "sólo" si se recurre al régimen de reducción y aumento simultáneos hasta llegar a una cantidad igual o superior a la mencionada cifra mínima (art,343 y ss LSC).

Una interpretación literal de los términos de la prohibición del art,343 de la LSC, al regular que "el acuerdo de reducción del capital social a cero o por debajo de la cifra mínima legal, **sólo** podrá adoptarse cuando.......", conjuntamente con la exigencia del art,4.º de unos capitales sociales mínimos según cuál sea el tipo societario de que se trate, parecería conducir inicialmente a considerar nulo e impugnable el simple acuerdo de reducción por debajo del mínimo legal, por ser éste contrario a Ley (art,204 y 6.3 CC), y, en consecuencia a no autorizarse las escrituras de constitución o de modificación estatutaria que no lo respeten (arts,5.º). Siendo así que tal interpretación no cuadraría sistemáticamente con la posibilidad de que los acuerdos de reducción de capital por debajo del mínimo legal (o actos judiciales o administrativos que llevaran a ello) puedan ser un supuesto de disolución de pleno derecho (art,360.1,b), o bien constituir una causa de disolución (art,363.1,f). Y sería así, porque si el acuerdo de reducción fuera considerado nulo por ser contrario a normas imperativas y prohibitivas (art,6.3 CC), no podría afirmarse simultáneamente su calificación como un posible supuesto de disolución, ya que el acuerdo o es válido o no lo es, pero no puede ser simultáneamente un acuerdo nulo y un supuesto de disolución de pleno derecho o una causa de disolución, especialmente si, en este caso, el acuerdo fuera estrictamente voluntario[17]. Lo que exige abordar una interpretación más flexible que permita establecer una coherencia sistemática de la "operación acordeón" con ambas situaciones.

La compatibilidad entre la prohibición de un acuerdo de reducción por debajo de la cifra mínima de capital y el mantenimiento del mismo como una disolución de pleno derecho, o, en su caso, como una causa de disolución (arts, 360.1,b y 363.1,f), requiere interpretar de forma restrictiva la prohibición del artículo 343.1 y ss de la LSC, en el sentido de entender que esta prohibición no supondría sin más la invalidación por nulidad de cualquier acuerdo o acto jurídico de reducción de capital por debajo del mínimo legal si no se acude para ello al régimen de la "operación acordeón" de reducción y aumento simultáneos; más bien habría que entender que la infracción de dicha prohibición conlleva una sanción diferente a la de nulidad de pleno derecho establecida con carácter general por el CC para los actos contrarios a las normas imperativas o prohibitivas "salvo que en ellas se estableciera un efecto distinto para el caso de contravención" (art,6.3), como sería el presente caso del sometimiento a un posible proceso de disolución con liquidación de la sociedad que infringió la exigencia legal de mantenimiento del capital legal mínimo. Y es esta valoración del acuerdo de reducción del capital por debajo del mínimo legal (sea como un supuesto de pleno derecho o se presente como causa de disolución), la que justificaría una excepción al régimen prohibitivo general de no autorización de escrituras de constitución o de modificación de estatutos que no respeten el principio de capital mínimo (arts,4.º bis y 5.º1 y 2). Siendo así, en consecuencia, que no se puede sostener sin más la nulidad del acuerdo adoptado de reducción de la cifra

17 Sobre las diferentes posiciones doctrinales en relación con este supuesto y el derogado TRLSA, ver ESPÍN GUTIERREZ, C. *LA OPERACIÓN DE REDUCCIÓN Y AUMENTO DE CAPITAL SIMULTÁNEOS EN LA SOCIEDAD ANÓNIMA*. Madrid,1997. pp,287 y ss.

de capital por debajo del mínimo legal ni siquiera aunque ella fuera debido a un acto meramente voluntario[18], al constituir un supuesto de disolución que se puede evitar, o incluso, del que se puede salir, en algún caso, recurriendo para ello al régimen de la operación acordeón.

2. Los supuestos de disolución por reducción de capital por debajo del mínimo legal exigible

La existencia de un régimen específico establecida en la LSC para las sociedades de capital para el caso de reducción de la cifra de capital por debajo de la cifra mínima legal que les es específica o, incluso, a cero (arts,343 y ss), es la consecuencia evidente de una política legislativa que requiere dicha cifra mínima en el origen y durante la vida de las sociedades de capital como un requisito esencial de las mismas, en cuanto que ella constituye un elemento estructural esencial operativo y de garantía para los terceros, que evidentemente ha decaído notablemente en el tipo de la SRL después de la reforma por la ley 18/2022 de 28 de septiembre de la exigencia de su capital mínimo que queda reducido a un euro. Y de esta función del capital deriva tanto el que su quiebra puede constituir un supuesto de disolución (arts,360.1,b y 363.1,f), como el que haya de existir también **una proporcionalidad mínima** entre el capital y el patrimonio neto de la sociedad, de forma que su quiebra puede conducir a una reducción obligatoria del capital para recuperar dicha proporción (arts,327 LSC), o incluso, en el caso de pérdidas relevantes del patrimonio neto, el poder estar ante una específica causa de disolución (art, 363.1,e LSC). En cualquiera de los casos indicados, la exigencia de acudir a la reducción del capital en "la sociedad anónima" como una de las posibilidades a llevar a cabo con la finalidad de **cumplir con la reducción obligatoria** por pérdidas patrimoniales para recuperar el equilibrio (art,327), o, en caso extremo, para **evitar a cualquier sociedad caer bajo el supuesto de causa de disolución** (art,363.1,e), puede suponer el que con la dicha reducción se situase al capital por debajo del mínimo legal exigido, ubicándola así ante lo que es, a su vez, una específica causa de disolución (art,363.1.f LSC).

La LSC contempla también muy diversos **supuestos de reducción de la cifra de capital como consecuencia de una exigencia legal**[19] que pueden llevar

18 SEQUEIRA MARTÍN, A. "op.cit". pp,1025; ESPÍN GUTIERREZ, C. "op.cit". pp,292 y ss.

19 Así la LSC recoge el supuesto de amortización de acciones del accionista en mora, con la consiguiente reducción del capital ante el impago o la imposibilidad de su enajenación ante determinadas circunstancias (art,84); la posible amortización de participaciones y de acciones adquiridas por una sociedad anónima en contravención de la prohibición de la adqui-

también consigo el que aquél quedase por debajo del mínimo legalmente exigido, cayendo en un supuesto de "**disolución de pleno derecho" (art,360.1,-b)**[20]. De forma complementaria, junto a la disolución de pleno derecho, la LSC recoge "la reducción del capital por debajo del mínimo legal, siempre que ello no sea consecuencia del cumplimiento de una ley" (art,363.1f) como una "**causa de disolución"**, subsumiéndose también en ella los supuestos de reducción voluntaria hechos al margen del régimen de la "operación acordeón" (arts,343 y ss) y con independencia de cuál pudiera ser la finalidad o la técnica utilizada.

Quedaría por resolver el encaje sistemático del régimen de reducción y aumento simultáneo de capital en su relación con las situaciones descritas a fin de poder evitar que la sociedad caiga en una causa de disolución de pleno derecho o en una mera causa de disolución, e incluso el que se pueda salir de ella mediante el recurso a la operación acordeón (arts,360 327;363.1,e y 363.1,f en relación con el 343 y ss).

3. La función de la operación acordeón en los supuestos de disolución por disminución del capital por debajo del mínimo legalmente exigible

El recurso al régimen de la reducción y aumento simultáneos de capital es una técnica neutra que, al margen de su utilización estrictamente voluntaria,

sición originaria de acciones propias (art,139); la posible amortización de participaciones propias adquiridas de forma derivada por la sociedad de responsabilidad limitada (art,141); la obligación de amortizar acciones por la sociedad anónima adquiridas de forma derivativa condicionada en contravención de lo establecido para ello (arts,139, 146 y 147); la existencia de pérdidas que han dejado el patrimonio neto por debajo de las dos terceras partes de la cifra de capital y transcurrido un ejercicio social sin haberse recuperado el patrimonio neto (art,327); amortización de las acciones y participaciones adquiridas por las sociedades que las emitieron como consecuencia de la separación o exclusión del socio (art,359LSC; anterior art,15 derogada LME, suplido hoy por el art,24 del nuevo régimen de modificaciones estructurales). Lo que no excluye el que la reducción obligatoria pueda tener también su fundamento en otras leyes diferentes a la LSC.

20 Sobre esta posibilidad se manifiesta expresamente la LSC, aunque sólo lo haga en torno al supuesto de separación y exclusión de socios, cuando indica que si "el capital social descendiera por debajo del mínimo legal" como consecuencia de la reducción de la cifra de capital producida por alguna de estas circunstancias, se deberá estar entonces "a lo dispuesto en esta ley en materia de disolución" (art,358.2), a la vez que el RRM recoge dicho supuesto como una "disolución de pleno derecho", que permite al Registrador mercantil extender una nota marginal expresando que la sociedad ha quedado disuelta si no hubiera inscrito su transformación, disolución o aumento de capital (art,238.3.º). Lo que sería, por analogía, también aplicable a todos aquellos supuestos de reducción del capital por exigencia de una ley, que supusiera el que el capital descendiera por debajo del mínimo legalmente exigible.

puede ir vinculada a supuestos en los que la reducción por debajo del mínimo legal puede ser el resultado, como se ha expuesto, de una reducción consecuencia de la búsqueda obligatoria del equilibrio con el patrimonio disminuido por consecuencia de pérdidas, o de reducciones de capital que son consecuencia del cumplimiento de una ley. En todo caso, la utilización de la "operación acordeón" puede servir para no caer en supuestos de disolución, o, incluso, en algún caso, para salir del proceso de disolución en el que la sociedad pudiera verse inmersa, sin que siempre sea esta sea la única alternativa a la que recurrir para ello.

El engranaje en el que se inserta, aunque sea de forma no explícita legalmente, la técnica de la reducción y del aumento simultáneos de la cifra de capital como una posible solución a aquellos supuestos en los que se produce la ruptura del mantenimiento del capital legal mínimo, incluso en el caso de su reducción a cero, no persigue en sus términos objetivos si no el evitar una disolución. Son muy diversos los supuestos motivos por los que se puede recurrir al procedimiento acordeón para evitar la disolución de la sociedad derivada de la reducción de su capital por debajo del mínimo legalmente exigido como consecuencia de una exigencia legal[21], aunque aparezcan recogidos unitariamente **bajo el supuesto genérico de disolución de pleno derecho por reducción del capital por debajo del mínimo legal por exigencia legal (art,360.1,b). Y junto** a estos supuestos, hay otros que son indeterminados, pero que pueden conllevar también a una reducción del capital por debajo del mínimo exigible, en los que la razón última de constituir una **causa de disolución** (art,363.1,f) puede provenir de un acuerdo meramente **voluntario** de reducción de capital, **u obligatorio para evitar el desequilibrio excesivo entre el capital y patrimonio neto[22] (art,327 y 363.1,e,f).**

La diversificación de los supuestos de disolución por reducción de la cifra de capital por debajo del mínimo legalmente exigible concretada en las dos modalidades de "disolución de pleno derecho" como consecuencia del cumplimiento de una ley (art,360.1,b), o como "causa de disolución" que no sea consecuencia de dicha exigencia (art,363.1,f), lleva a que la forma de poder servirse del régimen de reducción y aumento simultáneo (arts,343 y ss) sea diferente según se esté ante uno u otro supuesto.

---

21 Véanse al respecto los supuestos citados en la nota 15.

22 Téngase en cuenta a estos efectos, la Ley Concursal, que, en su modificación realizada por la Ley 16/2022 de 5 de septiembre, recoge en el nuevo artículo 613 que "En las sociedades de capital, mientras estén en vigor los efectos de la comunicación (de apertura de negociaciones con los acreedores), quedará en suspenso el deber legal de acordar la disolución por existir pérdidas que dejen reducido el patrimonio neto a una cantidad inferior a la mitad del capital social".

3.1. La operación acordeón y la "disolución de pleno derecho"

En la disolución de pleno derecho (art,360.1,b), se parte de la subsunción en ella de supuestos en los que la sociedad ha optado, sea ya de forma voluntaria o necesaria, por el acuerdo de reducción del capital con amortización de sus acciones o participaciones, frente a otras posibles soluciones para las que habría dispuesto de un periodo de tiempo para llevarla a cabo (normalmente la enajenación)[23]. En estos supuestos en los que el acuerdo pertinente redujera el capital por debajo del mínimo legal, sí que sería factible el recurrir al régimen de reducción y aumento simultáneos del artículo 343 y ss, para evitar caer en la situación de disolución de pleno derecho (art,360.1,b), a la vez que se cumpliría de forma simultánea con la exigencia de proceder a las reducciones obligatorias por amortización de las acciones o participaciones en los diversos supuestos en los que la legislación lo impone de no haberse elegido alguna otra alternativa permitida (la de su enajenación).

El no recurrir a la posible operación acordeón de forma simultánea a la reducción obligatoria de capital, supondría el estar en el incurso en una disolución de pleno derecho por reducción del capital por debajo del mínimo legal como consecuencia del cumplimiento de una ley (art,360.1,b). En todo caso, este supuesto de disolución de pleno derecho no activa el proceso de liquidación de forma inmediata a la adopción del dicho acuerdo de reducción, sino que concede el plazo del transcurso de un año desde su adopción, en el que se ofrecen diferentes opciones que permiten la desactivación de dicha disolución de pleno derecho y que actúa sólo si, transcurrido un año, la sociedad no hubiera inscrito en el Registro Mercantil su transformación, el aumentado el capital hasta una cantidad igual o superior al mínimo legal, o su disolución (art,360.1,b).

La sociedad se disolverá de pleno derecho, tan sólo, si transcurre un año desde el acuerdo de reducción del capital social por debajo del mínimo legal sin haber inscrito en el Registro Mercantil la transformación, la disolución o el oportuno aumento de capital, desencadenándose la específica responsabilidad personal y solidaria de los administradores entre sí y con por las deudas sociales (art,360.1), y posibilitando la inscripción por el registrador, de oficio o a instancia de cualquier interesado, de dicha disolución en la hoja abierta a la sociedad y su correspondiente publicidad (arts,360.2 y 369 y art,238.2.º y 3.º RRM). Existe así también la posibilidad de salir de esta disolución de pleno derecho al poder recurrir durante ese periodo de un mes, a un aumento de

23 Ver al respecto los supuestos contenidos en la nota 5.

capital al menos hasta la cifra legalmente exigible, que posibilita también el no entrar en el proceso de liquidación, aunque, sin ser en este caso simultáneo a su reducción como sí sucede con el recurso a la operación acordeón.

En algún caso la reducción de capital por debajo del capital mínimo exigible como consecuencia del cumplimiento de una Ley, puede provenir de una **actuación del Secretario judicial o por el Registrador** mercantil que actúa como supletoria de la inacción de la sociedad en su obligación de proceder a la reducción exigida (así por ej, en los casos de los arts,139; 141.2 y 147 relacionados con la infracción de la adquisición de acciones y participaciones propias), provocando el caer en una disolución de pleno derecho, que conduciría a que el Registrador mercantil suspendiera la inscripción de dicha reducción y extenderá nota de cierre provisional, hasta que se presente en el Registro Mercantil la escritura de transformación, de aumento del capital en la medida necesaria o de disolución (art,173.2 RRM)[24], en coherencia con la prohibición y las exigencias para su inscripción registral que el régimen de la operación acordeón contiene (arts,344 y 345). Se estaría ante una disolución de pleno derecho, de la que, ciertamente, también sería factible salir mediante un aumento de capital (art,360.1,b), en la que habría una disociación temporal entre la reducción y el aumento de capital que permite salir de la disolución, pero que serían ya dos operaciones ajenas a lo que sería el acuerdo simultáneo de reducción y aumento propio de la operación acordeón.

3.2. *La operación acordeón y la reducción de capital como "causa de disolución"*

La celebración de un acuerdo de reducción de la cifra de capital por debajo del mínimo legal que no sea consecuencia de una exigencia legal y que no vaya acompañado del simultáneo aumento de capital que lo neutralice, no supone, como ya se expuso, la existencia de un acuerdo contrario a la ley y, por lo tanto, impugnable[25], sino la configuración de un supuesto calificable como "causa de disolución" que podría dar lugar a su liquidación (art,363.1,f). Es sin embargo posible evitar que la causa de disolución no introduzca a la sociedad en la fase de liquidación, mediante el recurso a un posterior acuerdo de aumento de la cifra de capital si es que éste se produce antes de la adop-

24 Sobre la interpretación extensiva del término acuerdo en relación con la derogada LSC, ver SEQUEIRA MARTÍN, A. *"ob.cit"*. pp,1017 y ss.

25 Así sucede también en otras normas reguladoras de sociedades anónimas especiales. Ver al respecto ESPÍN GUTIERREZ, C. "ob,cit". p,296.

ción del necesario acuerdo de disolución tal (arts,364) que constituiría a la sociedad como "sociedad en liquidación" (arts,371 y ss), y de cuya situación ya sólo podría salirse ordinariamente mediante su reactivación, que es una alternativa no aplicable a los casos de disolución de pleno derecho pero no a este supuesto (art,370.1). Es así posible en este supuesto, el recurso a un aumento no simultáneo de la cifra de capital a fin de eliminar la causa de disolución (art,363.1,f), pero que es diferente de la simultaneidad propia de la operación acordeón, con independencia, como es evidente, de que esta hubiera podido ser evitada si dicha reducción por debajo de la cifra mínima de capital se hubiera sido realizado inicialmente de forma simultánea a la adopción del acuerdo de su aumento, en lo que sí hubiera sido una operación acordeón en su sentido estricto.

III. EL CARACTER UNITARIO DE LA OPERACIÓN

El artículo 343 y ss de la LSC manifiestan reiteradamente la necesidad de la **simultaneidad del acuerdo** de reducción del capital social a cero o por debajo de la cifra mínima legal con el del correspondiente aumento o transformación, para que su adopción sea posible (art,343.1); al margen de que además de la dicha simultaneidad de los acuerdos, la eficacia del acuerdo de reducción queda condicionada a la **ejecución del acuerdo de aumento de capital** (art,344), y de que se requiera para proceder a la inscripción de la reducción de la presentación simultánea, también para su inscripción, del acuerdo de transformación o del aumento de capital, y, en este último caso, también su ejecución (art,345). Lejos de aclarar el régimen de la operación, estas manifestaciones presentan serías dudas con respecto al sentido de la simultaneidad de los acuerdos y de su eficacia, más allá de la simple afirmación, hoy indiscutida, de que se trata de dos actos "recíprocamente condicionados y unidos"[26], aunque sea discutible si como contenido de un único acuerdo de contenido complejo o de dos acuerdos diferenciados. En cualquier caso, la complejidad de la operación, la diversidad de finalidades a las que es aplicable el régimen de la operación acordeón y el riesgo al que los socios pueden verse sometidos, especialmente cuando la reducción del capital es a cero, ha llevado a una extrema exigencia tanto por parte del Tribunal Supremo como por la, anteriormente denominada DGRN, en lo que se refiere a la debida claridad (RDGRN de 24 de enro de 2018) y a la suficiente información que ha de

26 Ver STS de 16 de junio de 1967, en la que ya se manifestaba dicha opinión, a pesar de la, entonces también apoyada doctrinalmente, opinión contraria de la STS de 25 de noviembre 1985.

procurar el orden del día (RDGRN de 14 de marzo de 2005 y STS 877/2006 de 20 de septiembre), como el contenido en los anuncios y la documentación complementaria puesta a disposición de los socios con ocasión de la celebración de la junta general que ha de decidir sobre la operación (STS 824/2006 de 1 de septiembre)[27].

1. La unidad de la operación y la pluralidad de acuerdos

El primer problema planteado es el de si la operación acordeón requiere un sólo acuerdo si bien se trate de un acto complejo en su contenido, o si se trata de dos acuerdos diferenciados aunque conexos entre sí. El rótulo del régimen (CAPÍTULO IV), al igual que el del artículo 343 que describe el supuesto, hablan de "Reducción y aumento de capital simultáneos", en lo que es más bien una referencia a la operación que se regula que al soporte negocial de la operación, mientras que el rótulo del artículo 344 se expresa en términos más estrictamente jurídicos al describir su contenido bajo la denominación de "Eficacia condicionada del acuerdo de reducción". Y esta misma ambigüedad se manifiesta en el contenido del texto legal, que habla a veces de "acuerdo de reducción" (art,343.1), mientras que otras veces diferencia expresamente entre "acuerdo de reducción y "acuerdo de aumento de capital" (arts,344 y 345), si bien la simultaneidad de ambos contenidos se muestra como elemento estructural y esencial de la operación en cualquiera de los casos.

Y aunque el texto de la LSC parece incidir en la existencia de dos acuerdos simultáneos (art,344 y 345), no parece que el régimen jurídico de la reducción y aumento simultáneo ofrezca dificultades para que pueda ser tomada cualquiera de las dos opciones: sea la de un acuerdo con contenido complejo o la de dos acuerdos simultáneos[28]. No se ve obstáculo, por lo tanto, en basar la operación en un único acuerdo, que llevaría consigo la ventaja de una votación conjunta y unitaria de la reducción y aumento del capital que imposibilitaría la impugnación separada de cada uno de los acuerdos, aunque el acuerdo único sí pudiera ser impugnable por no ajustarse a las exigencias legales que son propias de uno y otro contenido. En todo caso, no se puede prescindir de considerar que la operación es única y que, en este caso concreto, el negocio jurídico sería único pero complejo, y sometido, por lo tanto, a los preceptos que son específicos de cada uno de los dos elementos que le

---

27 Una exposición de las mencionadas sentencias y resoluciones es realizada por ORELLANA CANO, N. "ob.cit". pp,4586 y ss.

28 Sobre el tema ver SEQUEIRA MARTÍN, A. "ob.cit". pp,1022.

configuran; debiendo tenerse además en cuenta que estamos ante una operación neutra en la finalidad que se pueda perseguir con ella, así como diversa con respecto a las modalidades de aumento y reducción con las que se actúe. No existe tampoco, sin embargo, dificultad en aceptar como posibilidad la presencia de dos acuerdos diferenciados de reducción y aumento de capital, siempre que la información y convocatoria, así como la votación de la junta general deje clara la vinculación entre ambos acuerdos en su finalidad de servir a una sola operación.

Lo que es ineludible es el tener en cuenta que, en todo caso, **la simultaneidad** es un elemento imprescindible de la operación, entendiendo como tal no sólo la exigencia de que los dos acuerdos, cuando esta sea la opción tomada, se lleven a cabo al mismo tiempo en una misma junta general[29], y el que ambos aspectos de la operación (reducción y aumento) están mutuamente condicionados ya se adopte un solo acuerdo o dos diferenciados. Esta mutua interdependencia supone el que los efectos de la operación están condicionados no sólo a la legalidad formal del procedimiento, sino también esencialmente a la legalidad intrínseca del contenido adoptado, sea tanto con respecto a la reducción como al aumento del capital, y con independencia de que exista un único acuerdo o se esté ante dos simultáneos. Y es este mutuo condicionamiento entre la reducción y el aumento el que impide que se puedan producir anticipadamente los efectos de la reducción del capital a cero o por debajo de la cifra mínima legalmente exigida, evitando así el caer en una causa de disolución (art,363.1,f), o incluso en una paralización del propio funcionamiento de la sociedad en el caso de la reducción a cero al quedar extinguidas las acciones o participaciones como elemento legitimador de la posición de socio. La simultaneidad hay que entenderla pues, en el sentido de estar ante una operación única, en el que los acuerdos adoptados de reducción y aumento simultáneos, o el doble aspecto del mismo si el acuerdo es único, están mutuamente condicionados[30].

El elemento aglutinador de la operación reside en nuestro ordenamiento precisamente en esta interdependencia de la reducción del capital por debajo del mínimo legalmente exigible y el simultáneo aumento que le sitúa en una cantidad igual o superior a él. Es por ello por lo que no puede hablarse de "operación acordeón" en su estrictico sentido jurídico de reducción y aumen-

29 ORELLANA CANO, N. "ob.cit". p.4584

30 FERNÁNDEZ DE LA GÁNDARA, L, manifiesta que no hay que entender el término simultaneidad en un sentido estricto, sino en el de ser una operación única en la que los acuerdos están mutuamente condicionados en la convocatoria, el debate y aprobación y su ejecución, sin que se pueda hablar de la independencia de uno con respecto al otro. "ob.cit" p.973.

to simultáneos (art,343 y ss), en aquellos casos en los que la simultaneidad no se dé, o en la que dándose no se parta de una reducción por debajo del mínimo legal, ni siquiera en aquellos casos en los que con el aumento de capital se persiga eliminar el supuesto ya acaecido de la disolución de pleno derecho o el evitar la causa de disolución por haber descendido el capital por debajo de la cifra legalmente exigida (arts,360.1,b y 363.1,f), mientras que sí que lo hubiera sido si se hubiera recurrido a aquella para evitar, precisamente, el que la operación de reducción del capital condujera a alguno de los citados supuestos de disolución. Lo que no es óbice a que la interdependencia de ambas operaciones de reducción y aumento simultáneo, se pueda producir también por voluntad de la sociedad en cualquier caso que ella estime conveniente, asumiendo así la junta general el mutuo condicionamiento en la adopción de los respectivos acuerdos.

El caracter unitario de la operación y la interdependencia de ambos acuerdos se manifiesta legalmente no sólo en la exigencia de su simultaneidad, sino también en el hecho de que "la eficacia del acuerdo de reducción quedará condicionado, en su caso, a la **ejecución del acuerdo** de aumento del capital" (art,344). Se trata con ello de evitar el que el acuerdo de reducción, en el que la cifra de capital es cierta objetivamente, pueda desarrollar su eficacia con independencia de que la decisión sobre el aumento se lleve a cabo o no[31]. Lo que requiere, además, algunas matizaciones dada la neutralidad de la propia operación en lo que se refiere a los fines perseguidos y a la diversidad de las modalidades de reducción y aumento que pueden utilizarse:

— En el caso de que la reducción por debajo de la cifra mínima de capital sea consecuencia de perdidas y se persiga buscar el equilibrio entre capital y patrimonio, podrá darse la simultaneidad de los acuerdos, pero mientras que la adopción del acuerdo de reducción determina desde ese momento cual será la nueva cifra de capital y su ejecución se limita a una mera operación material en función de cuál haya sido el procedimiento adoptado, el aumento mediante nuevas aportaciones requiere no sólo el acuerdo sino también un proceso temporal para su ejecución que conlleva además la incertidumbre sobre el resultado final.

— En el caso de que la reducción del capital por debajo de la cifra mínima exigida sea consecuencia del cumplimiento de una ley pero exista patrimonio suficiente, se hace posible el que el aumento simultaneo

31 FERNÁNDEZ DE LA GÁNDARA, L. "ob.cit". p.973

se haga con cargo a reservas o a beneficios y ya sea con emisión de nuevas acciones o participaciones o con el aumento de sus valores nominales, y que se pueda afirmar la simultaneidad de ambos acuerdos tanto en lo que se refiere a su adopción como a su efectividad, quedando sólo pendiente la realización material del aumento.

— En el caso de que en la "operación acordeón" la reducción del capital por debajo del mínimo legal exigido sea consecuencia de un acuerdo de reducción voluntaria con el que se produzca una salida de patrimonio, la eficacia del acuerdo de reducción pende del simultáneo aumento de capital además de la intervención de la voluntad de terceros acreedores que en amparo del mantenimiento de sus anteriores garantías patrimoniales gozan, en su caso, del **derecho de oposición** como instrumento de tutela de su posición crediticia (arts,333 para las SRL y 334 y ss para la SA. La reducción y aumento simultáneos cuando tienen por finalidad restablecer el equilibrio patrimonial no justifica, sin embargo, el ejercicio del derecho de oposición de acreedores, al no producirse riesgo alguno para ellos ante una posible salida de patrimonio y así se manifestó la RDGRN de 23 de febrero de 2000 como con posterioridad lo hizo la STS 1052/2003 de 12 de noviembre[32].

Dada la neutralidad de la operación acordeón y las diferentes modalidades de reducción y aumento de capital utilizables, es acertada la expresión del precepto al señalar que la eficacia de la reducción quedará condicionada "en su caso" a la ejecución del acuerdo de aumento (art,344), al existir acuerdos en los que el propio acuerdo lleva en sí su ejecución, con independencia de la necesidad de determinadas formalidades contables que reflejen el cambio, distinguiéndose de aquellas otras modalidades de aumento en las que el acuerdo requiere de una actividad complementaria al mediar aportantes de patrimonio y en los que, incluso, el propio aumento es incierto en su resultado. Un problema diferente es el de determinar hasta qué punto la formalización y la inscripción de la ejecución del acuerdo de aumento de capital pueden considerarse también como un elemento condicionante de la eficacia de la reducción y de su recíproco condicionamiento, o si se trata simplemente de un elemento añadido que es necesario para el desenvolvimiento de la eficacia de la publicidad registral en torno a la operación, tal y como posteriormente habrá ocasión de abordar (art,345 LSC y 165 RRM).

32 Sobre esta sentencia ver ORELLANA CANO, N. "ob.cit". pp.4594 y 4595.

2. El acuerdo de reducción de la cifra de capital a cero

La LSC recoge en continuidad con el régimen previo de la LSR y el TRLSA, la posibilidad de que la **reducción de la cifra de capital pueda ser a cero**, eliminando cualquier duda sobre su legalidad al establecerse su reconocimiento expreso en nuestro ordenamiento[33], y ello a pesar de que el supuesto hubiera podido considerarse incluido dentro del más amplio de reducción por debajo de la cifra mínima de capital legalmente exigida, si bien su inclusión realmente supuso ir, como se dijo anteriormente, más allá en sus términos de lo que regulaba la norma comunitaria habilitante sobre la reducción y aumento simultáneos y en la que nada expreso se decía al respecto.

Las dudas en torno a si el acuerdo de reducción a cero en todas las sociedades de capital suponía su nulidad por ser contrario a la exigencia del elemento estructural básico de la sociedad anónima, dejan de tener lugar al contemplarse de forma unitaria para todas las sociedades de capital (art,343.1 LSC). El hecho de que la eficacia del acuerdo de reducción quede condicionado no sólo a la adopción simultánea del acuerdo de aumento de capital (art,343.1), sino también a su ejecución (art,344), supone el que en ningún momento exista una sociedad sin capital cuando dicha reducción es a cero; y sin que, en consecuencia se esté ante un acuerdo contrario a la Ley, nulo, e impugnable al tener un contenido que persigue prescindir del capital en cuanto que éste es un elemento constitutivo y esencial para el funcionamiento de las sociedades de capital[34]. Es así que los socios siguen existiendo como tales y detentan una posición jurídica con un contenido de derechos y deberes que permanece inalterable hasta que el acuerdo de ejecución del aumento del capital tiene lugar y pasan a detentar, en su caso, las nuevas acciones o participaciones si es que ejercitan su derecho de adquisición preferente[35].

La sociedad sigue inalterada en su estructura patrimonial, al igual que sucede con el contenido de las posiciones de socio, hasta tanto en cuanto el conjunto de la operación no se lleve a cabo en los términos antes dichos. No existe, por lo tanto, con el mero acuerdo de reducción a cero, ni una disolución de la sociedad por el cese de su actividad, ni tampoco por una posible paralización de sus órganos, (art,363. 1,a,d). La sociedad no quiebra en ningún momento

33 Con anterioridad a la adopción por nuestra legislación societaria de la figura, la polémica sobre su viabilidad estuvo ya presente en la doctrina. Ver, PÉREZ DE LA CRUZ, A. "ob.cit". pp.232 y ss; MENÉNDEZ MENÉNDEZ, A. *PÉRDIDA DEL CAPITAL SOCIAL Y CONTINUACIÓN DE LA SOCIEDAD ANÓNIMA. Homenaje al profesor Antonio Polo*. Madrid,1982. pp,496 y ss.

34 Téngase en cuenta la modificación del capital mínimo de la SRL llevada a cabo por la Ley 18/2022 de 28 de septiembre, que le ha dejado reducido a un euro, dejando sin casi relevancia la reducción del capital a cero.

35 SEQUEIRA MARTÍN, A. "ob.cit". pp.1012 y 1027 y ss.

su personalidad jurídica, ni puede hablarse de alteración de la posición de socio, eliminándose cualquier duda que pudiera justificar la exigencia de un acuerdo unánime de los socios como si se estuviera ante la presencia de una extinción y reconstitución posterior de la sociedad a la que pertenecen, con independencia de que sí pueda existir su utilización fraudulenta para evitar la aplicación de determinadas normas en lo que sería un "aprovechamiento del dogma de la personalidad jurídica más allá de los límites previstos por el legislador"[36].

La reducción a cero y el acuerdo simultáneo de aumento de la cifra de capital es una operación neutra, al igual que lo es el conjunto del régimen en el que se inserta y que puede servir a múltiples finalidades, si bien sea la más común la de servir al saneamiento de sociedades en las que su patrimonio ha devenido negativo, pero sin que su utilización tenga por qué estar solamente vinculada a la existencia de pérdidas[37], y no siendo obstáculo su presencia en otras operaciones (por ejemplo reducción a cero con salida de patrimonio y renuncia al ejercicio del derecho de adquisición preferente a favor de determinados terceros que devienen titulares de una sociedad vacía)[38]. Otra cosa es, evidentemente, el que los socios puedan disponer de sus posiciones jurídicas de la forma que consideren conveniente y ejercitar el derecho de preferencia, independientemente de que tengan suficientemente protegida su continuidad mediante la imposibilidad de que se elimine el mantenimiento del mencionado derecho[39]. Sí es cierto, sin embargo, el que la realización de la operación acordeón puede suponer un cambio en la posición de socio si se está ante la emisión de nuevas acciones con contenidos diferentes (como por ejemplo puede ser la supresión de prestaciones accesorias que estaban vinculadas a las acciones que se amortizan), o la de los terceros (como por ejemplo los obligacionistas con títulos convertibles), independientemente que ello pueda presentar determinadas exigencias o conceder determinados derechos en relación con los socios.

IV. EL RÉGIMEN DE LA OPERACIÓN DE REDUCCIÓN Y AUMENTO SIMULTÁNEOS

La LSC no contempla un régimen de la "operación acordeón" específico completo y diferenciado del que es propio de los acuerdos de aumento y re-

36 ESPÍN GUTIERREZ, C. "ob.cit". pp,313 y ss.
37 ESPÍN GUTIERREZ, C. "ob.cit". p,312.
38 PÉREZ DE LA CRUZ,A CON LA COLABORACIÓN DE AURIOLES MARTÍN, A. "ob.cit". pp,187 y ss
39 PÉREZ DE LA CRUZ,A CON LA COLABORACIÓN DE AURIOLES MARTIN, A. "ob.cit". pp,188/189.

ducción de la cifra de capital, a pesar de que hubiera sido deseable a fin de eliminar las dudas sobre cuáles son los aspectos aplicables del régimen que regula a cada uno de ellos. Al intentar abordar cuales puedan ser las líneas generales de su régimen, entendemos que el hecho de que la operación sea unitaria y se produzca la simultaneidad de los acuerdos no elimina la necesidad de respetar las peculiaridades propias del régimen del tipo societario de que se trate, siempre que no exista un tratamiento unitario de ellos, así como también el régimen de las específicas operaciones de aumento y de reducción con las que se opere (RDGRN de 28 de abril de 1994 y 23 de febrero de 2000 se manifiestan reiteradamente sobre "la conservación de su propia autonomía, no sólo conceptual, sino operativa")[40], salvo en aquello que sea incompatible con la figura de la operación acordeón y con las escasas exigencias legales que su regulación presenta[41]. No obstante y partiendo de estas afirmaciones, se trata aquí de resaltar las líneas básicas que configuraría la estructura de su régimen en lo que se refiere al órgano decisorio, al "quorum" y a las mayorías, al contenido de los acuerdos y al derecho de preferencia, pero sin entrar en los múltiples problemas que se presentan ante cualesquiera acuerdo de aumento, reducción o transformación, y dedicando un apartado diferenciado que está referido a determinar la relevancia de la formalización e inscripción simultánea del conjunto de los acuerdos que configuran la operación, en consonancia con la independencia que a su tratamiento le dedica la propia LSC (art,345) en función de la importancia que la misma adquiere para su calificación registral y su oponibilidad frente a terceros.

1. El órgano decisorio: El alcance del significado de la mención a la figura del "acuerdo" en la operación acordeón

El órgano competente para decidir la operación de reducción y aumento simultáneos de la cifra de capital es la Junta general, en cuanto que es asunto propio de su competencia "cualquier modificación de los estatutos" (art,285.1), y por lo tanto también la reducción y el aumento de capital y la correspondiente modificación estatutaria (arts,160. c y d y 511,bis), sin distinción con respecto a que se trate de una Junta general ordinaria o ex-

40 MACHADO PLAZAS, J. Comentario al artículo 169 TRLSA. Comentarios a la Ley de Sociedades Anónimas. (Coord, Arroyo,I/Embid, J.M). V.II. *Tecnos, 2001. "ob.cit"*. p.1750-1751

41 PÉREZ DE LA CRUZ, A CON LA COLABORACIÓN DE AURIOLES MARTÑIN, A. Tomo VII. Modificación de Estatutos en la Sociedad Anónima. Aumento y Reducción del Capital. Vol,3.° La reducción del capital (Artículos 163 a 170). AAVV. COMENTARIOS AL RÉGIMEN LEGAL DE LAS SOCIEDADES MERCANTILES. (Dir. Uría,R/Menendez,A/Olivencia,M). Civitas,1995. pp,180-185.

traordinaria (arts,163 a 165), y de que se produzcan en el contexto de una operación de reducción y aumento simultáneos (art,343), y ya se lleve a cabo mediante un sólo acuerdo o en dos acuerdos separados[42], siempre que en este caso se respeten las exigencias, en su momento citadas, que son propias de la simultaneidad de los mismos. Y es esta simultaneidad la que eliminaría la posibilidad de la adopción del acuerdo en Juntas separadas[43] así como su ingreso independiente en el Registro Mercantil (art,345), y la que justifica la suspensión de la inscripción registral de la reducción del capital por debajo del mínimo legalmente exigido hasta que no se presente la escritura de aumento del capital y su ejecución, incluso en el caso particular de que esta sea debida a una amortización de las propias acciones o participaciones proveniente de una resolución judicial y no de un acuerdo de la Junta general (art,173.2 RRM).

El artículo 343 LSC centra el régimen de la reducción y el acuerdo simultáneos tomando expresamente como base de partida la figura del "acuerdo de reducción del capital social..." (art,343.1), pero una interpretación sistemática y no estrictamente literal del precepto, permite, también, el extender la aplicación del régimen a aquellos supuestos en los que la reducción del capital a cero o por debajo de la cifra mínima legal permitida no traigan su fundamento sobre la base de un acuerdo de la Junta general que esté expresamente dirigido a la realización de una operación acordeón, o, en algún caso, cuando el acuerdo es adoptado por el órgano de administración, e incluso cabe la duda en los supuestos en los que las reducción provenga de un acto jurídico no adoptada por los órganos societarios; sin que el legislador haya caído en esta realidad cuando procedió a la nueva regulación del supuesto y a pesar de las opiniones doctrinales ya vertidas en este sentido con anterioridad a la LSC[44].

Y así y como concreción de las anteriores manifestaciones, en el supuesto de morosidad en el pago de dividendos pasivos del accionista la situación puede conducir a un acuerdo de reducción de la cifra de capital como consecuencias de la amortización de las acciones afectadas si la venta no pudiera efectuarse (art,84.2), en lo que **no es un acuerdo dirigido expresamente a llevar a cabo una "operación acordeón"** pero que puede tener como consecuencia el que aquél quede por debajo de la cifra mínima legalmente exigida,

42 FERNÁNDEZ DE LA GÁNDARA, L. "ob.cit". *p,973.*

43 FERNÁNDEZ DE LA GÁNDARA, L."ob.cit". *p.973.*

44 BELTRÁN SÁNCHEZ, E/ROJO FERNÁNDEZ RÍO, Á. El capital social mínimo. Consideraciones de política y técnicas legislativas. RDM. n.º 187-188, enero-junio. pp,159 y ss.

siendo posible el que con ese mismo acuerdo se adopte de forma simultánea otro de aumento de capital hasta el mínimo legal u otra cifra superior, ya que de no ser así se caería en un supuesto de disolución de pleno derecho (art,360.1,b).

En los casos de separación y exclusión de socios con amortización de sus acciones, son **los administradores** los que, "sin necesidad de acuerdo específico de la Junta general", otorgarán inmediatamente escritura pública de reducción de capital social expresando en ella, además de otros elementos necesarios, la cifra a la que hubiera quedado reducido el capital (arts,358.1 y 208 RRM), estándose a lo dispuesto en materia de disolución si aquél quedase por debajo del mínimo legal (art,358.2), sin que se vea problema a que simultáneamente la Junta general acuerde un aumento de capital vinculado a esta reducción. No parece, sin embargo, compatible con el régimen de la operación acordeón, la presencia de la figura del aumento simultáneo de capital mediante el recurso a la figura del "capital autorizado", concediendo a los administradores la facultad de acordar en una o varias veces el aumento de capital hasta una cifra determinada en la oportunidad y en cuantía que ellos decidan sin previa consulta a la junta general (art,297.1.b). En este supuesto no se está realmente ante la ejecución de un acuerdo de aumento de capital realizado por el órgano de administración que pudiera haber sido adoptado con anterioridad por la Junta general y simultáneamente al acuerdo de reducción, ya que realmente son los administradores los que tienen "la facultad de acordar", rompiéndose así cualquier atisbo de simultaneidad con el correspondiente acuerdo de reducción de la junta general, y se introduciría, además, una incertidumbre entre ambos aspectos que es absolutamente incompatible con la figura de la operación acordeón. Más dudas caben con respecto a la admisibilidad de la delegación de la ejecución del acuerdo de aumento de capital ya adoptado por la Junta general, en lo que se refiere a la fecha para llevarla a cabo y a la adopción de las condiciones no previstas en el mismo (art,297.1,a). En este caso parece que la delegación sí sería admisible en tanto que la ejecución del acuerdo de aumento de capital no es tanto un elemento esencial de la simultaneidad de los dos acuerdos de la operación acordeón como un elemento exigible para que sea posible el acceso simultáneo de ambos al Registro Mercantil (art,173.2 RRM y 345 LSC).

Incluso **lo, a veces, innecesario del acuerdo expreso de reducción** de la Junta general se manifiesta en el RRM cuando expresa que "en el acuerdo de la Junta General de sustitución del objeto o de transferencia de domicilio al extranjero para una sociedad anónima, **se entenderá comprendido el de reducción del capital** social en la medida necesaria para el reembolso de las acciones de quienes hubiesen ejercitado el derecho de separación de la sociedad" (art,161), debiéndose practicarse simultáneamente la inscripción de estos supuestos con la correspondiente reducción de capital (art,162) [45], pero sin que se vea dificultad en la adopción simultánea de un acuerdo de aumento de capital si trata de evitar el dejar, en su caso, la cifra de capital por debajo del mínimo legalmente exigible cayendo en un supuesto de disolución.

El hecho es que no parece dudoso el que en estos casos se pueda recurrir al régimen de reducción y aumento simultáneo de la operación acordeón, si se estuviera ante un resultado de reducción de la cifra de capital por debajo del mínimo legal, aunque éste no proviniese de un acuerdo de reducción en su sentido estricto, sino de acuerdos de la Junta general que son consecuencia de otras finalidades o que a veces son adoptados por el órgano de administración.

2. El "quorum" y las mayorías requeridos para el acuerdo

Al no existir un ""quorum"" específico para la adopción de la reducción y aumento simultáneo del capital como componentes de la operación acordeón, ha de aplicarse el régimen general de los acuerdos que la LSC contempla para el aumento y la reducción de capital, aunque teniendo en cuenta que el tratamiento unitario de las diversas sociedades de capital dado por la LSC (art,3.º) no es óbice para que en determinados aspectos exista una regulación diferente según el tipo societario del que se trate. Lo que sucede en relación con el "quorum" exigible según se trate de una SA o de una SRL, con respecto a los acuerdos de aumento y la reducción de la cifra de capital, que han de adoptarse "con los requisitos establecidos para la modificación de estatutos", en lo que es una exigencia común para los diferentes tipos de sociedades de capital (arts,296 y 318), si bien estos sean diferentes según el tipo societario que efectúe la operación (art,288 LSC). Siendo así que en las sociedades anónimas y en las comanditarias por acciones hay que tener presente la existencia para ellas de una doble exigencia, concretada en la necesidad de un determinado "quorum" requerido para la constitución válida de la junta general y en la necesidad de las mayorías necesarias para la adopción

45 Es de tener en cuenta que los preceptos del RRM contemplan por separado en estos preceptos el régimen de la SA y de la SRL, al ser el texto anterior a la LSC y no haberse adecuado en este punto a la nueva situación de tratamiento unitario.

de los acuerdos, mientras que en las sociedades de responsabilidad limitada no se requiere la existencia de un "quorum"[46].

En consecuencia, son el "quorum" y las mayorías antes dichas, las que se aplicaran a la operación de acuerdo de reducción y aumento simultáneos de capital, configuradores de la operación acordeón, al no existir otro régimen específico para ella en el tratamiento de la operación acordeón. No obstante y partiendo del hecho de la neutralidad de la función de la figura y de las diversas modalidades utilizables de aumento y reducción que son factibles para el desarrollo de una operación acordeón, se presenta en algún caso, al margen de la regulación particular de cada una de ellas y de las reglas especiales de tutela de los socios (arts,291 y ss), la exigencia de la unanimidad del acuerdo, cuando como consecuencia de la operación se viera alterada la poción del socio en el capital imponiéndole nuevas obligaciones de desembolso para su mantenimiento, tal y como sucedería si el aumento de capital se efectuara elevando el valor nominal de las participaciones o de las acciones, salvo en el caso de que se haga íntegramente con cargo a beneficios o reservas (art,296.2). No parece, sin embargo, que la misma exigencia de unanimidad[47] se exija cuando el acuerdo de reducción de la cifra de capital sea a cero[48], sobre la base de que ella dejaría fuera de la sociedad a todos los socios que en el ejercicio del derecho de asunción o de suscripción preferente no suscribieran las nuevas acciones o participaciones procedentes del correspondiente aumento de capital. Existen en todo caso argumentos que podrían justificar el cómo obviar la exigencia de esta unanimidad, en tanto que el legislador no lo contempla ni en el régimen específico de la operación acordeón, ni en el general de acuerdos y reducciones de capital, y que dada su excepcionalidad hubiera lógicamente debido ser recogida si se aquella se pretendiera, a lo que se junta el hecho de que el régimen de reducción y aumento simultáneos trata conjuntamente la reducción a cero con el de cualquier otra reducción por debajo de la cifra mínima de capital sin establecer diferenciación alguna entre ellas en su tratamiento. El mantenimiento, "en

46 En conexión con esta doble presencia, se requiere para el aumento o la reducción del capital, como para cualquier otra modificación de estatutos un "quorum" reforzado de asistencia (arts, 288 y 194), como también una mayoría reforzada para la adopción de estos acuerdos (arts,201.2 y 194). La situación difiere, sin embargo, si se trata de una SRL al no existir para ellas un "quorum" constitutivo, y exigirse tan sólo una mayoría legal reforzada para estos acuerdos (arts,288 y 199).

47 FERNÁNDEZ DE LA GÁNDARA, L. entiende la necesidad del acuerdo unánime en el caso de que se dé la reducción a cero sin pérdidas patrimoniales, para evitar una posible exclusión indirecta del socio. "ob.cit". p.973.

48 MACHADO PLAZAS, J/MERCADAL VIDAL,F. "ob.cit". p.806.

todo caso", del derecho de asunción y de suscripción preferente en esta operación (art,343.2), funciona además como una contrapartida a la exigencia de una unanimidad que hubiera otorgado realmente al socio un derecho de veto, inclinándose el legislador por el mantenimiento del interés social frente al interés individual del socio, que siempre podría impugnar el acuerdo por lesión de este interés en el caso de que el acuerdo mayoritario se impusiera de manera abusiva por la mayoría en interés propio y en detrimento injustificado de los demás socios sin responder a una necesidad razonable (art.204.1). Y ello al margen de que la dificultad de llevar a cabo una operación acordeón bajo tales exigencias, sería relativamente fácil el recurso a una reducción del capital al mínimo que sirviera para eludir la exigencia de la unanimidad.

3. El derecho de preferencia en el aumento de capital

La operación de reducción y aumento de capital simultáneos exige que "en todo caso habrá de respetarse el derecho de asunción o de suscripción preferente de los socios" (art,343.2), que la LSC regula bajo la denominación común de derecho de preferencia (art,304)[49], aunque en el desarrollo de su régimen reciban una u otra denominación según se trates de sociedades de responsabilidad limitada o de sociedades anónimas (arts,305 y ss; 503 y ss), y de que en el mismo existan diferencias de tratamiento según el tipo societario de que se trate e, incluso, con especialidades si se está ante una sociedad cotizada (arts,504 y ss), a la que se le aplicaría el régimen propio de las sociedades anónimas en todo lo no previsto específicamente para ellas (art,495.2).

Se trata con la existencia de este derecho de preferencia de amparar al socio ante determinadas situaciones de aumento de capital y especialmente cuando se produce vinculado a una reducción de la cifra de capital por debajo del mínimo legal o a cero[50], tratando de evitar su dilución al posibilitarse "en todo caso" el mantenimiento proporcional de su posición de tal en la sociedad, salvo determinados supuestos de exclusión (art,304.2), ya sea por la

49 El **artículo 304.1 de la LSC** señala al recoger el derecho de preferencia, que "En los aumentos de capital social con emisión de nuevas participaciones sociales o de nuevas acciones, ordinarias o privilegiadas, con cargo a aportaciones dinerarias, cada socio tendrá derecho a asumir un número de participaciones sociales o de suscribir un número de acciones proporcional al valor nominal de las que posea".

50 PÉREZ DE LA CRUZ, A CON LA COLABORACIÓN DE AURIOLES MARTÍN, A. entienden su extensión a todo tipo de reducción y aumento simultáneos, si bien, afirman, no tenga tanta justificación en los casos de reducción a cifra positiva"."ob.cit". pp.189/190.

naturaleza de la aportación (aportaciones no dinerarias) o por la naturaleza de la propia operación que le excluye (determinadas modificaciones estructurales; conversión de obligaciones en acciones), posibilitando su enajenación total o parcial en el supuesto de no estar interesado en su ejercicio (arts, 306 y 307).

En la operación acordeón, los socios no dejan de serlo y mantienen su anterior posición hasta el momento de la eficacia simultánea de ambos acuerdos de reducción y aumento de capital, incluso en el supuesto de reducción a cero de la cifra de capital. Es así que el derecho de preferencia en el aumento de la cifra de capital se ejercita "en todo caso" en esta operación, en base al valor nominal de las partes alícuotas de capital que detentaran en el momento de la adopción del acuerdo (art,304.1) y aunque la reducción del capital sea a cero, pero sin que tenga por qué corresponderse en ningún caso el aumento con la cifra de capital que la sociedad tuviera con anterioridad.

La exigencia de que en la reducción y aumento simultáneos "en todo caso habrá de respetarse el derecho de asunción o de suscripción preferente de los socios" (art,343.2), plantea dudas sobre la interpretación de los términos con respecto a su permanencia en la operación acordeón porque así lo requiera el interés social (art,308), o bien entender que lo que se pretende con tal afirmación es el eliminar también cualquier posibilidad de exclusión por interés social, tal y como el régimen general sí permite (art,308)[51]. Esta última posición parece ser la voluntad del legislador, porque de lo contrario no hubiera hecho falta decir nada, ya que ese silencio sería cubierto como un supuesto más por el régimen general de suscripción preferente en el que no se contempla el supuesto de la operación acordeón como estructuralmente excluible (art,304.1 y 2); sin que tampoco quepa la renuncia anticipada del derecho de preferencia, ni entender que su inderogabilidad queda limitada al supuesto de reducción a cero, si no que "en todo caso" es de aplicación esta exigencia al margen de la existencia de dudas sobre la conveniencia práctica de su extensión[52].

La necesidad de mantener el derecho de preferencia "en todo caso" en la "operación acordeón", entendida como eliminación de la posibilidad de excluirle en base al interés social en el aumento de capital (art,308), tiene sentido como contrapartida al amparo de los socios minoritarios y su posible exclusión, y en especial, constituye un equilibrio frente a la inexistencia legal de la exigencia de unanimidad de voto para los supuestos de reducción del

51 FERNÁNDEZ DE LA GÁNDARA, L. "ob.cit". p.974.

52 SEQUEIRA MARTÍN, A. "ob,cit". p,1016; ESPÍN GUTIERREZ, C. "ob.cit". pp,334 y ss; 347 y ss.

capital a cero[53]. No parece pues, que sea factible la supresión de este derecho en función del interés social ni siquiera en aquellos supuestos en los que la reducción del capital no sea a cero[54], salvo que ello sea expresamente decidido por unanimidad en la adopción del acuerdo simultáneo de reducción y aumento de capital (con anterioridad a la LSC, ver RDGRN de 16 de enero de 1995 y en la misma línea la RDGRN de 20 de noviembre de 2013), o lo posibilite una norma especial[55]. Es cierto, no obstante, que aunque la enorme cobertura de este derecho de adquisición preferente supone un amparo para mantener la anterior posición de socio evitando exclusiones encubiertas, ello conlleva dificultades para la entrada de potenciales y necesarios inversores a los que la adquisición del capital aumentado sólo les sería factible mediante su adquisición en virtud de una transmisión de los socios de su derecho de preferencia condicionado por el diverso régimen que tienen las sociedades según sean anónimas o limitadas (art,306), o por su adquisición posterior ante el no ejercicio del derecho por sus titulares en el plazo señalado (arts, 305, 307 y 309). No obstante, es cierto que en el caso de reducción a cero de la cifra de capital, el socio que no ejerciera el derecho de adquisición quedaría excluido de su condición de tal, siendo éste un riesgo que asume y que está implícito en su estatuto de socio.

V. LA FORMALIZACIÓN DE "LA OPERACIÓN ACORDEÓN"

La inscripción de la "operación acordeón" se sustenta en la LSC sobre la necesidad de que **la inscripción del acuerdo de reducción** se tenga que practicar de forma simultánea a la inscripción del acuerdo de aumento de capital, que tiene, a su vez, que realizarse conjuntamente con su ejecución (art,345). La escritura y la inscripción registral de la operación no se presentan sin embargo como un elemento esencial constitutivo ni de la validez ni de la eficacia de la reducción y del aumento, con independencia de que se haya realizado

53 MACHADO PLAZAS, J/MERCADAL VIDAL,F. *"ob.cit"*. p.806.

54 MACHADO PLAZAS, J. En relación con la LSA de 1989. Comentario al artículo169. "ob,cit". p.1752/1753.

55 Así el artículo 631.4 de la Ley Concursal, relativo a la decisión de los socios de una sociedad sobre la aprobación del pan de reestructuración señala que "Cuando se solicite la homologación de un plan de reestructuración... los socios no tendrán derecho de preferencia en la suscripción de nuevas acciones o en la asunción de nuevas participaciones, en particular cuando el plan prevea una reducción del capital social a cero o por debajo de la cifra mínima legal y simultáneamente el aumento de capital".

un sólo acuerdo o dos como parece ser el supuesto que el texto legal toma como referencia.

La simple existencia de los acuerdos adoptados de forma condicionada conlleva su validez al igual que sucede con su ejecución, aunque requerirán de su inscripción registral para que se desarrolle la eficacia de la publicidad registral y, de forma relevante, la "oponibilidad frente a terceros", quienes sin embargo sí podrán valerse de él en lo que les fuera favorable, así como verse afectada por la eficacia de la publicidad registral en su conjunto (arts,21 C de Co y 9 RRM). La validez de la operación se encuentra, por lo tanto, sólo sometida a la adopción y ejecución de los acuerdos, mientras que la escritura y su inscripción constituyen un requisito para el desenvolvimiento de la eficacia de la publicidad registral, así como, en su caso, para la entrega de acciones (508.2).

El artículo 345 LSC no hace sino presentar un tratamiento conjunto de los acuerdos simultáneos de reducción y aumento de capital en los mismos términos que lo hacen la LSC y el RRM, si bien estos textos les contemplen de forma separada e individualizada. Y es así que el art,290 LSC requiere que "En todo caso, el acuerdo de modificación de estatutos se hará constar en escritura pública que se inscribirá en el Registro Mercantil", concretándolo de forma individualizada en relación con cada una de las operaciones de reducción y aumento de capital, al indicar que "El aumento o la reducción de capital se inscribirán en el Registro Mercantil en virtud de escritura pública en la que consten los correspondientes acuerdos y los actos relativos a su ejecución" (art,165 RRM), recogiéndose en ellas las circunstancia específicas de una u otra (arts,166,169,170 y 172 RRM), salvo que la reducción de capital se hiciera a través de una resolución que proviniera de una amortización judicial de acciones (—art,173.1 RRM— versus participaciones); siendo, solamente, en este caso cuando el legislador ha tenido presente el que el capital social pudiese resultar inferior al mínimo legal como consecuencia de la reducción, al ordenar entonces la suspensión de la inscripción y la extensión de una nota de cierre registral hasta que se presente en el Registro Mercantil la escritura de transformación, de aumento de capital o de disolución (art,173.2 RRM). Expresándose, además y para mayor abundamiento, el que "En ningún caso podrán inscribirse acuerdos de modificación de capital que no se encuentren debidamente ejecutados" (art, 165.2 RRM), si bien "Para su inscripción, las menciones relativas al acuerdo de aumento y a su ejecución.......podrán consignarse en escrituras separadas" (art,166.5 RRM), aunque "deberán inscribirse simultáneamente", salvo las excepciones legalmente recogidas (arts, 314 y 315 LSC; art, 508 LSC).

Es así que la escritura y la inscripción registral de la reducción y aumento de la cifra de capital tienen caracter obligatorio y no constitutivo[56], si bien el aumento deba de inscribirse simultáneamente con su ejecución, aunque esta pueda acceder en escritura separada. El régimen de la operación acordeón se sostienen sobre esta misma estructura (art,345), aunque el caracter unitario de la misma requiere que sea una sola la escritura en la que la misma se formalice[57], con independencia de que se haya adoptado bajo un sólo acuerdo complejo o sobre dos acuerdos diferenciados pero vinculados entre sí y de que se deban recoger las menciones propias de cada acuerdo, o de la, en su caso, resolución judicial de reducción de capital. El que los acuerdos deban de presentarse en una misma escritura no es óbice tampoco a que la ejecución del aumento pueda escriturarse de forma independiente, si bien ambas tengan que presentarse conjuntamente en el Registro Mercantil para su inscripción, ya que ni la reducción puede hacerlo sin el aumento ni éste sin su ejecución.

El tratamiento simultáneo de la reducción y el aumento de capital con su ejecución en la operación acordeón, persigue eliminar cualquier posibilidad de que la reducción del capital por debajo del mínimo legal tenga acceso al registro independientemente del simultáneo aumento, conjuntamente con que éste tampoco pueda acceder sin la garantía de que su ejecución ha tenido lugar en los términos acordados. Los diversos acuerdos están íntimamente vinculados entre sí en función de la exigencia de su simultaneidad y eficacia vinculada (arts,343 y 344), debiendo de caer la calificación registral sobre el conjunto de los elementos configuradores de la operación, siendo esta la justificación de que el legislado haya dispuesto el que "la inscripción del acuerdo de reducción en el Registro Mercantil no podrá practicarse a no ser que simultáneamente se presente a inscripción el acuerdo de transformación o de aumento de capital, así como, en este último caso, su ejecución" (art,345)[58]. Con estas exigencias se impide, además, el que el Registro Mercantil pueda dar una publicidad de situaciones incompletas o inciertas, bien porque no se contemple el total de la operación, o bien porque la falta de la publicidad del acuerdo de aumento pudiera no reflejar realmente la dependencia de la

56 FERNÁNDEZ DE LA GÁNDARA, L. "ob.cit". *p.974.*

57 FERNÁNDEZ DE LA GÁNDARA, L. "ob.cit". p.974.

58 En el momento de adaptación de nuestra legislación a la normativa comunitaria, ya se pronunció la doctrina sobre la importancia de recoger en el TRLSA el condicionamiento del acuerdo de reducción no sólo a la eficacia del acuerdo de aumento, sino también a su ejecución, ver SÁNCHEZ DE ANDRÉS, A. Aumento y reducción del capital. AAVV. LA REFORMA DEL DERECHO ESPAÑOL DE SOCIEDADES DE CAPITAL. Colegio de Registradores de la Propiedad. Madrid,1987. p.387; BELTRÁN, E/ROJO, A. "ob.cit". p.161.

simultaneidad y la eficacia de ambos, al igual que la ausencia de la publicidad de su ejecución pondría en duda su logro definitivo.

Las ideas que he venido desarrollando en este trabajo pretenden poner de relieve el mencionado caracter unitario de la "operación acordeón" a lo largo de todo el proceso de su configuración, resaltando aquellas peculiaridades con las que su régimen se presenta en razón de los diversos actos jurídicos que concurren en ella y de su mutua interdependencia. Y así y como sucinta conclusión de todo lo afirmado hasta aquí, se puede sostener que el régimen de la "operación acordeón" recoge una figura unitaria aunque de naturaleza compleja, que se compone de varios actos jurídicos condicionados entre sí para el desarrollo de su completa validez y eficacia, y que constituye una técnica neutra establecida en garantía del mantenimiento de la cifra de capital mínimo legalmente exigida, pero que sirve al cumplimiento de cualquier finalidad en la que su reducción se requiera sea voluntariamente o con carácter necesario, y para la que su inscripción registral no tiene efectos constitutivos sino de simple desarrollo de los efectos propios e la eficacia de la publicidad registral.

VI. BIBLIOGRAFÍA

BELTRÁN SÁNCHEZ, E/ROJO FERNÁNDEZ RÍO, Á. El capital social mínimo. Consideraciones de política y técnicas legislativas. RDM. n.º 187-188, enero-junio.

ESPÍN GUTIERREZ, C. *LA OPERACIÓN DE REDUCCIÓN Y AUMENTO DE CAPITAL SIMULTÁNEOS EN LA SOCIEDAD ANÓNIMA*. Madrid,1997.

FERNÁNDEZ DE LA GÁNDARA, L. *DERECHO DE SOCIEDADES. V,I. Ed, TIRANT LO BLANCH. Valencia,2010*.

GONZÁLEZ VÁZQUEZ, JC. ¿Sociedad limitada con 1 euro de capital social? Una reforma engañosa. Blog. CECA MAGÁN ABOGADOS. 28, Octubre 2022.

MACHADO PLAZAS, J/MERCADAL VIDAL,F. Comentario artículo 83 LSRL. Modificación de estatutos. Aumento y reducción del capital social. AAVV. *COMENTARIOS A LA LEY DE SOCIEDADES DE RESPONSABILIDAD LIMITADA*. (Coord. Arroyo,I/Embid,M). Tecnos,1997.

MENÉNDEZ MENÉNDEZ, A. *PÉRDIDA DEL CAPITAL SOCIAL Y CONTINUACIÓN DE LA SOCIEDAD ANÓNIMA. Homenaje al profesor Antonio Polo*. Madrid,1982.

ORELLANA CANO, N. Capítulo IV. Reducción y aumento del capital simultáneos. Artículos 343 y 344. VARIOS. *COMENTARIO DE LA LEY DE SOCIEDADES DE CAPITAL*. TOMO IV. Las cuentas anuales. La modificación de los estatutos sociales. Tirant lo Blanch. Valencia,2021.

PÉREZ DE LA CRUZ, A. *La reducción del capital en sociedades anónimas y de responsabilidad limitada. Real Colegio de Bolonia. 1973*.

PÉREZ DE LA CRUZ,A CON LA COLABORACIÓN DE AURIOLES MARTÑIN,A. Tomo VII. Modificación de Estatutos en la Sociedad Anónima. Aumento y Reducción del Capital. Vol,3.º La reducción del capital (Artículos 163 a 170). AAVV. *COMENTARIOS AL RÉGIMEN LEGAL DE LAS SOCIEDADES MERCANTILES.* (Dir. Uría,R/Menendez,A/ Olivencia,M). Civitas,1995.

SÁNCHEZ DE ANDRÉS, A. Aumento y reducción del capital. AAVV. LA REFORMA DEL DERECHO. ESPAÑOL DE SOCIEDADES DE CAPITAL. Colegio de Registradores de la Propiedad. Madrid,1987.

SEQUEIRA MARTÍN, A. *La reducción y el aumento de la cifra del capital simultáneos según el artículo 169 del Texto Refundido de la Ley de Sociedaades Anónimas. AAVV. DERECHO DE SOCIEDADES ANÓNIMAS. T,III. MODIFICACIÓN DE ESTATUTOS. AUMENTO Y REDUCCIÓN DEL CAPITAL. OBLIGACIONES. Volumen, 2. Civitas, 1994.*

Capítulo XVII

LA REDUCCIÓN DEL CAPITAL DERIVADA DE LA SEPARACIÓN O EXCLUSIÓN DE SOCIOS

José Luis Colino Mediavilla
Profesor Titular de Derecho Mercantil
Universidad Complutense de Madrid

I. INTRODUCCIÓN[1]

Este trabajo sólo tiene por objeto las particularidades de la reducción del capital derivada de la separación o la exclusión de socios. Por lo tanto, no se tratan las cuestiones generales en las que se enmarcan tales particularidades, sean de la separación o la exclusión de socios, sean de la reducción del capital.

La materia se ordena conforme al esquema expresado en el índice. En primer lugar, es necesario ubicar la reducción del capital como una de las opciones previstas por la Ley para realizar la separación y la exclusión de socios. A continuación, procede caracterizar la reducción del capital derivada de la separación o la exclusión de socios, poniendo de manifiesto su carácter especial, que se funda en que se realiza en cumplimiento de la Ley. Se sigue con la no necesidad de acuerdo específico de la junta general sobre la reducción del capital, que deriva de que se realiza en cumplimiento de la Ley. Después, se hace referencia a las particularidades en materia de protección de los acreedores. El siguiente apartado trata la admisión del descenso de la cifra de capital por debajo del mínimo legal, que también deriva de que la reducción se realiza en cumplimiento de la Ley. Se finaliza con el tratamiento de la escritura pública y la inscripción registral.

1 Dedico este trabajo al profesor Jesús Quijano González.

II. LA REDUCCIÓN DEL CAPITAL COMO OPCIÓN LEGAL POR DEFECTO PARA REALIZAR LA SEPARACIÓN Y LA EXCLUSIÓN DE SOCIOS

La reducción del capital es una de las dos opciones previstas legalmente para realizar la separación y la exclusión de socios. Por un lado, la adquisición de las acciones o las participaciones por la sociedad. Por otro, la reducción del capital mediante la amortización de las acciones o las participaciones (arts. 349, 356.1, 358 y 359 de la LSC)[2].

La adquisición por la sociedad de las acciones o las participaciones ha de ser elegida voluntaria y expresamente, mediante acuerdo de la junta general, mientras que la aplicación de la reducción del capital no requiere la voluntad de la sociedad (no es necesario un acuerdo específico de la junta general),

2 Si hay voluntad para hacerlo, la separación y la exclusión también pueden ejecutarse mediante otras operaciones, como la adquisición de las acciones o participaciones de los socios afectados por otros socios o por terceros. Así lo pueden establecer los estatutos, cfr. AGUILERA RAMOS, A., "El derecho de separación del socio", en *Derecho de Sociedades de Responsabilidad Limitada. Estudio sistemático de la Ley 2/1995*, II, coord. F. Rodríguez Artigas y otros, McGraw-Hill, Aravaca, 1996, pp. 1018 y 1019; GARCÍA VILLAVERDE, R., "Exclusión de socios", en *Derecho de Sociedades de Responsabilidad Limitada. Estudio sistemático de la Ley 2/1995*, II, coord. F. Rodríguez Artigas y otros, McGraw-Hill, Aravaca, 1996, p. 1044; MARTÍNEZ SANZ, F., *La separación del socio en la sociedad de responsabilidad limitada*, McGraw Hill, Aravaca, 1997, pp. 179-185; BONARDELL LENZANO, R. y CABANAS TREJO, R., *Separación y exclusión de socios en la sociedad de responsabilidad limitada*, Aranzadi, Pamplona, 1998, pp. 200 a 210; EMPARANZA, A., "Separación y exclusión de socios", en *Comentario de la Ley de Sociedades de Capital*, dir. Á. Rojo y E. Beltrán, Civitas-Thomson Reuters, Cizur Menor, 2011, pp. 2525 y 2526; CERDÁ ALBERO, F., "Separación y exclusión de socios", en *Comentario de la Ley de sociedades de capital*, tomo V, dir. J. A. García-Cruces e I. Sancho Gargallo, Tirant Lo Blanch, Valencia, 2021, pp. 4802, 4859, 4882, 4883, 4911 y 4912; VALPUESTA GASTAMINZA, E., *Comentario a la Ley de Sociedades de Capital*, 4.ª ed., Wolters Kluwer, Las Rozas, 2022, p. 901; MASSAGUER, J., "La separación de socios de las sociedades de capital como operación societaria", *RDS*, núm. 64, enero-abril 2022 (versión electrónica sin paginar), apartados VI y VIII.2; BERMEJO GUTIÉRREZ, N., "El ejercicio del derecho de separación y la condición de socio", en *Estudios jurídicos en homenaje al profesor Ricardo Alonso Soto*, coord. A. Martínez Flórez y N. Bermejo Gutiérrez, Civitas-Thomson Reuters, Madrid, 2022, p. 162. También se puede recurrir a esas operaciones sin previsión estatutaria, cfr. BONARDELL LENZANO, R. y CABANAS TREJO, R., *op. cit.*, pp. 200 y 201; BRENES CORTÉS, J., *El derecho de separación del accionista*, Marcial Pons, Madrid-Barcelona, 1999, pp. 504 y 505; BERCOVITZ ÁLVAREZ, R., "Separación y exclusión de socios", en *La Sociedad de Responsabilidad Limitada*, coord. A. Bercovitz, 2.ª ed., Aranzadi, Pamplona, 2006, pp. 810 y 811; VALPUESTA GASTAMINZA, E., *op. cit.*, p. 901; GARRIDO DE PALMA, V. M., "La causa del contrato de sociedad y su continuada influencia: la separación y la exclusión de socios, en *El derecho de separación y la exclusión de socios en las sociedades de capital*, dir. M.ª B. González Fernández, T. I, Tirant lo Blanch, Valencia, 2021, pp. 151 y 152. En contra, sostiene que sin expresa previsión estatutaria no se puede admitir la adquisición de las acciones o las participaciones por otros socios o por terceros, EMPARANZA, A., *op.cit.*, p. 2526.

sino que es el cauce elegido por la Ley para realizar la separación y la exclusión de socios si no se excluye eligiendo expresamente la adquisición por la sociedad de las acciones o las participaciones[3]. Es decir, la reducción del capital es la opción legal por defecto (arts. 349, 356.1 y 358.1 de la LSC)[4].

La elección voluntaria y expresa de la adquisición por la sociedad de las acciones o las participaciones, mediante acuerdo de la junta general, debe realizarse dentro del plazo en el que la sociedad está obligada a entregar el valor de las acciones o participaciones, porque tal entrega se hace en concepto de precio de adquisición o de reembolso por amortización (art. 356.1 de la LSC), siendo ya un acto de ejecución de la adquisición por la sociedad o, en su caso, de la reducción del capital[5].

3 La elección de la adquisición por la sociedad de sus propias acciones o participaciones está condicionada por la posibilidad de cumplir los requisitos necesarios para hacerlo.

4 Cfr. EMPARANZA, A., *op.cit.*, p. 2525; ARIAS VARONA, F. J., "El momento de eficacia del derecho de separación del socio y la protección de los acreedores sociales. (A propósito de la sentencia del Tribunal Supremo 4/2021, de 15 de enero), *RDS*, núm. 62, mayo-agosto 2021, p. 308; ÁLVAREZ ROYO-VILLANOVA, S., "Derecho de oposición en los supuestos de separación o exclusión de socios", en *El derecho de separación y la exclusión de socios en las sociedades de capital*, dir. M.ª B. González Fernández, T. I, Tirant lo Blanch, Valencia, 2021, pp. 250 y 253; MASSAGUER, J., *op. cit.*, apartados VI, señalando que la junta no solo puede instruir al órgano de administración sobre la opción a utilizar sino también autorizarle para que escoja según su criterio entre reducción del capital y adquisición de las acciones o las participaciones, lo que aporta flexibilidad para ajustar la elección a las necesidades del caso, VII.1 y 3, indicando que no hay una delegación legal en los administradores para que adopten el acuerdo de reducción del capital, sino que a ellos solo se les atribuye en el artículo 358.1 de la LSC el otorgamiento de la escritura tras la satisfacción del reembolso, que es parte de la ejecución de la reducción del capital, y VIII 1 y 3.

5 Lo dicho también vale para el caso en que, con previsión estatutaria o sin ella, se quiera excluir la reducción del capital entregando en plazo el valor de las acciones o participaciones en concepto de precio de su adquisición por otros socios o por terceros.
La posibilidad de que el socio afectado conceda un aplazamiento en la entrega del valor de las acciones o participaciones es, en realidad, una concesión de crédito por el socio que no impide que se haya realizado la entrega del valor de las acciones o participaciones a efectos de continuar la ejecución de la separación o la exclusión, sea transmitiendo las acciones o participaciones sea amortizándolas. El socio consiente que tal entrega no se haga en dinero sino mediante el reconocimiento de ese crédito, cfr. FARRANDO MIGUEL, I., *El derecho de separación del socio en la Ley de sociedades anónimas y la Ley de sociedades de responsabilidad limitada*, Civitas, 1998, pp. 197 y 198; VALPUESTA GASTAMINZA, E., *op. cit.*, p. 854; AUGOUSTATOS, N. "Viabilidad del pago aplazado en el reembolso del valor de las acciones del socio separado o excluido", en *El derecho de separación y la exclusión de socios en las sociedades de capital*, dir. M.ª B. González Fernández, T. II, Tirant lo Blanch, Valencia, 2021, pp. 1903-1926; MASSAGUER, J., *op. cit.*, apartado VII.5 y 6; BERMEJO GUTIÉRREZ, N., *op. cit.*, pp. 146 y 163.

El acuerdo de la junta general eligiendo ejecutar la separación o la exclusión mediante la adquisición por la sociedad de las acciones o las participaciones puede adoptarse en la junta en la que se adopta el acuerdo que origina el derecho de separación, para el caso en que este se ejercite, o en la junta en la que se acuerda la exclusión[6].

Sin embargo, no parece que haya razones para impedir que si en la junta general en la que se adoptan tales acuerdos no se autoriza la adquisición por la sociedad de sus acciones o participaciones, pueda hacerlo una junta general posterior[7], con tal que ese acuerdo se adopte antes de entregar el valor de las acciones o las participaciones (art. 356.1 de la LSC).

Por otro lado, no hay que olvidar que, de acuerdo con la correspondiente previsión estatutaria (art. 347 de la LSC), pueden existir causas de separación que no se originen por un acuerdo de la junta general o incluso separación sin causa. En estos supuestos, ejercitado el derecho de separación, la junta general podrá autorizar, antes de que se entregue el valor de las acciones o las participaciones (art. 356.1 de la LSC), la adquisición por la sociedad de sus propias acciones o participaciones[8].

Si la entrega del valor de las acciones o participaciones se realiza en el plazo establecido (art. 356.1 de la LSC) sin que la junta general haya elegido la adquisición por la sociedad de las acciones o las participaciones, tal entrega va realizada en concepto de reembolso por amortización, por aplicación de la elección legal de la reducción del capital como opción por defecto para ejecutar la separación y la exclusión[9].

En el caso de que la sociedad incumpla su obligación de entregar el valor de las acciones o participaciones en el plazo establecido es dudoso si tal entrega todavía se podría hacer, previo cumplimiento de los requisitos necesarios, en concepto de precio por la adquisición de las acciones o las participaciones por la sociedad, por otros socios o por terceros. Parece que, al no haberse realizado la entrega del valor de las acciones o participaciones,

6 Ha subrayado la necesidad de un acuerdo *ad hoc* de la junta que autorice la adquisición de las acciones o las participaciones MASSAGUER, J., *op. cit.*, apartado VIII.3.

7 CERDÁ ALBERO, F., *op. cit.*, pp. 4912 y 4913.

8 MASSAGUER, J., *op. cit.*, apartado VII.1.

9 La entrega en plazo del valor de las acciones o participaciones expresando que se hace en concepto de reembolso por amortización de acciones no significa que la reducción del capital sea voluntaria, decidida por la sociedad, sino que la sociedad decide lo que puede decidir, que es que no va a adquirir las acciones o participaciones para ejecutar la separación o exclusión, por lo que la aplicación de la reducción del capital es obligatoria, elegida y exigida por la Ley para asegurar que la separación o la exclusión no dependen de la voluntad social.

todavía podría elegirse excluir la reducción del capital como opción legal por defecto, sin perjuicio de las posibles consecuencias del incumplimiento de la obligación de entregar el valor de las acciones o participaciones en el plazo establecido.

Desde la perspectiva de incentivar la realización de la separación o la exclusión por el cauce que sea menos gravoso para la sociedad y sus acreedores se ha propuesto, de *lege ferenda*, establecer un escalado de preferencias más eficiente, sobre la base del modelo del artículo 2437 *quater* del *Codice Civile*, articulando por orden sucesivo la posibilidad de que las acciones o las participaciones sean adquiridas por los socios no afectados por la separación o la exclusión, por terceros o por la propia sociedad y dejando la reducción del capital como última opción, para cuando no haya más remedio[10].

No es seguro, sin embargo, que el incremento de la regulación con tal finalidad constituya una aportación significativa al sistema vigente en España, que ya permite, si es posible cumplir los requisitos necesarios y hay voluntad para ello, utilizar escalonadamente todas las opciones referidas y, de hecho, ya concibe la reducción del capital como la opción residual, por defecto.

En cambio, podría ser conveniente incorporar a la Ley la posibilidad de que la adquisición de las acciones o de las participaciones de los socios que se separan o son excluidos sea realizada por otros socios o por terceros, coordinándola con el régimen de la transmisión de la posición de socio.

En todo caso, debería evitarse que el aumento de la regulación comportase un mayor retraso en la elección e implementación del cauce para realizar la separación o la exclusión. La opción que se aplique en el caso concreto dependerá de los medios y las voluntades existentes, pero su aplicación debe realizarse dentro del límite temporal máximo en el que hay que entregar el valor de las acciones o de las participaciones (art. 356.1 de la LSC), pues, a falta de utilización de otra alternativa, llegado ese momento se debe aplicar la opción por defecto, es decir, la reducción del capital.

10 CERDÁ ALBERO, F., *op. cit.*, pp. 4907 y 4908.
Sobre el Derecho italiano, cfr. MECATTI, I., *Il diritto di recesso da società a responsabilità limitata*, Quaderni di Studi Senesi, núm. 15, Edizioni Scientifiche Italiane, Napoli, 2023, pp. 196-203.

III. SUPUESTO ESPECIAL, EN CUMPLIMIENTO DE LA LEY, DE REDUCCIÓN DEL CAPITAL PARA DEVOLVER EL VALOR DE LAS APORTACIONES MEDIANTE LA AMORTIZACIÓN DE LAS ACCIONES O LAS PARTICIPACIONES

La reducción del capital para realizar la separación o la exclusión de socios tiene por finalidad la devolución del valor de las aportaciones y se realiza mediante el procedimiento de amortización de las acciones o las participaciones (arts. 317 y 356 a 358 de la LSC)[11].

Se trata, sin embargo, de un supuesto especial[12] de tales modalidades de reducción del capital, porque al ser la opción legal por defecto para realizar la separación y la exclusión de socios, es decir, la opción aplicable si no se excluye eligiendo y utilizando otros cauces alternativos, su aplicación no depende de la voluntad de la sociedad más allá de la posibilidad de excluirla sino que es el cauce elegido por la Ley cuando la sociedad no pueda o no quiera utilizar otro y, por ello, es una reducción del capital en cumplimiento de la Ley, aunque no de carácter necesario al poderse excluir mediante la elección y aplicación de las otras opciones. Si hay separación o exclusión de socios y no se puede o no se quiere aplicar otra alternativa, el cumplimiento de la Ley exige reducir el capital, no siendo posible no elegir otra alternativa y, a la vez, no aplicar la reducción del capital.

Tal especialidad se manifiesta principalmente en la no necesidad de acuerdo específico de la junta general sobre la reducción del capital y en la admisión del descenso de la cifra de capital por debajo del mínimo legal[13].

En lo que no haya especialidad hay que aplicar el régimen general sobre tales modalidades de reducción del capital, salvo en aquello que sea incom-

---

11 Cfr. ARIAS VARONA, F. J., *op. cit.*, p. 324; GARCÍA-CRUCES, J. A., "La liquidación de la posición de socio y la solvencia de la sociedad", en *El derecho de separación y la exclusión de socios en las sociedades de capital*, dir. M.ª B. González Fernández, T. II, Tirant lo Blanch, Valencia, 2021, p. 1743; JORDÁ GARCÍA, R., "La reducción de capital y la compra de acciones o participaciones propias como alternativas para el reembolso a los socios separados y/o excluidos", en *El derecho de separación y la exclusión de socios en las sociedades de capital*, dir. M.ª B. González Fernández, T. II, Tirant lo Blanch, Valencia, 2021, p. 1875; MASSAGUER, J., *op. cit.*, apartado VII.2.
En la SA también puede darse la condonación de la obligación de realizar las aportaciones pendientes.

12 Cfr. MASSAGUER, J., *op. cit.*, apartado VII.2.

13 En sentido contrario, al tratar el descenso de la cifra de capital por debajo del mínimo legal, MASSAGUER, J., *op. cit.*, apartado VII.4.3 afirma que no se trata de una reducción del capital en cumplimiento de la Ley.

patible con las particularidades y función propias de la reducción del capital derivada de la separación o la exclusión de socios[14].

Por ejemplo, se aplican las normas sobre protección de los acreedores, a las que remiten expresamente los artículos 356.3 y 357 de la LSC[15], pero no pueden aplicarse las exigencias establecidas con carácter general para los supuestos en que no se respeta la igualdad de trato a los socios (art. 329 de la LSC)[16].

IV. NO NECESIDAD DE ACUERDO ESPECÍFICO DE LA JUNTA GENERAL SOBRE LA REDUCCIÓN DEL CAPITAL

Que la reducción del capital derivada de la separación o exclusión de socios se realice en cumplimiento de la Ley, como cauce elegido por ella si la sociedad no elige y aplica otro antes de la entrega del valor de las acciones o de las participaciones, se refleja en la no necesidad de un acuerdo específico de la junta general sobre la reducción del capital (art. 358.1 de la LSC), exceptuándose la regla general (art. 318 de la LSC). Además, el acuerdo de la junta general sobre la reducción del capital no es necesario porque su contenido mínimo conforme al artículo 318.2 de la LSC resulta del proceso de realización de la separación o la exclusión (cifra de reducción del capital, finalidad de la reducción, procedimiento mediante el cual la sociedad ha de llevarla a cabo, plazo de ejecución y suma que ha de abonarse).

No puede considerarse que hay un acuerdo de reducción del capital implícito o comprendido en el acuerdo que origina la causa de separación[17] o en el acuerdo mediante el que se decide la exclusión[18], porque después de tales

---

14 MASSAGUER, J., *op. cit.*, apartado VII.2.

15 Otro ejemplo. El reembolso se realiza normalmente en dinero, pero es posible una satisfacción *in natura* si hay acuerdo entre la sociedad y el socio o está previsto en los estatutos, cfr. AGUILERA RAMOS, A., *op. cit.*, p. 1018; MARTÍNEZ SANZ, F., *op. cit.*, pp. 176 y 177; FARRANDO MIGUEL, I., *op. cit.*, pp. 196 y 197; RODRÍGUEZ MARTINEZ, J. D., "Separación y exclusión de socios", en *La Sociedad de Responsabilidad Limitada*, coord. A. Bercovitz, Aranzadi, Pamplona, 1998, p. 646; BRENES CORTÉS, J., *op. cit.*, pp. 496-498 y 518; EMPARANZA, A., *op. cit.*, pp. 2517 y 2518; ÁLVAREZ ROYO-VILLANOVA, S., *op. cit.*, p. 250; MARTÍNEZ-GIJÓN MACHUCA, P., "La liquidación en especie de la posición del socio separado o excluido", en *El derecho de separación y la exclusión de socios en las sociedades de capital*, dir. M.ª B. González Fernández, T. II, Tirant lo Blanch, Valencia, 2021, pp. 1845-1872; CERDÁ ALBERO, F., *op. cit.*, p. 4884; MASSAGUER, J., *op. cit.*, apartado V.2.

16 Cfr. BRENES CORTÉS, J., *op. cit.*, pp. 517 y 518; MASSAGUER, J., *op. cit.*, apartado VII.2.

17 Así lo hace, sin embargo, el artículo 161.1 del RRM.

18 En contra, ÁLVAREZ ROYO-VILLANOVA, S., *op. cit.*, p. 253; MASSAGUER, J., *op. cit.*, apartado VII.3.

acuerdos, hasta la entrega del valor de las acciones o de las participaciones, se puede elegir aplicar otro cauce para realizar la separación o la exclusión, evitando la aplicación de la reducción del capital. Además, pueden existir causas de separación que no derivan de un acuerdo de la junta general, así como separación sin causa, no habiendo en estos casos un acuerdo de la junta general al que se pudiera conectar un acuerdo implícito de reducción del capital. Simplemente, no es necesario el acuerdo de la junta general sobre la reducción del capital porque su aplicación es decidida por la Ley salvo que sea excluida por la elección y aplicación de otra alternativa. Siendo aplicable la reducción del capital, los administradores tienen que ejecutarla.

Sin embargo, la ejecución de la reducción del capital puede requerir tomar ciertas decisiones. Así, en lo relativo a la aplicación del derecho de oposición de los acreedores (art. 356.3 de la LSC) o a la responsabilidad de los socios separados o excluidos en la SRL (art. 357 de la LSC). En la SA el derecho de oposición puede excluirse realizando la reducción con cargo a beneficios o a reservas libres y constituyendo una reserva por el importe del valor nominal de las acciones amortizadas de la que solo será posible disponer con los mismos requisitos exigidos para la reducción del capital social (art. 335 c) de la LSC). En la SRL, la aplicación de la responsabilidad de los socios establecida en los artículos 357 y 331 de la LSC puede excluirse si, conforme al artículo 332.1 de la LSC, al acordarse la reducción mediante restitución de aportaciones, se dotase una reserva con cargo a beneficios o reservas libres por un importe igual al percibido por los socios en concepto de restitución de la aportación social, que será indisponible durante el tiempo establecido en el número 2 del mismo artículo. Además, la responsabilidad establecida en los artículos 357 y 331 de la LSC también queda excluida cuando se establece un derecho de oposición estatutario (art. 333 de la LSC)[19].

Respecto a la reducción del capital derivada de la separación o exclusión de socios, por su carácter especial y dado que no es necesario el acuerdo de la junta general sobre la reducción del capital, parece que hay que interpretar que el órgano de administración es competente para adoptar ambas decisiones, la relativa a la exclusión del derecho de oposición y, en la SRL, la relativa a exclusión de la responsabilidad de los socios que reciben el reembolso, porque, dado que es la Ley la que decide la reducción del capital y autoriza al órgano de administración para ejecutarla sin necesidad de acuerdo específico de la junta, no puede entenderse sistemáticamente que la propia Ley remita

19 Cfr. BONARDELL LENZANO, R. y CABANAS TREJO, R., *op. cit.*, pp. 187 y 188; MASSAGUER, J., *op. cit.*, apartado VII.4.2.

a la voluntad de los socios expresada en la junta una decisión concreta sobre la ejecución de una reducción del capital decidida sin contar con ellos, sino que, al contrario, hay que entender que la autorización por la Ley al órgano de administración abarca todo lo necesario para ejecutar la separación o la exclusión en la forma que se pueda o sea más conveniente[20]. En ambos casos, rige la obligación de reembolsar dentro del plazo establecido en el artículo 356.1 de la LSC.

Aunque no sea necesario, la junta general podría adoptar un acuerdo específico sobre la reducción del capital a partir del momento en que se conozcan los datos necesarios para hacerlo, lo que en caso de separación requiere esperar el plazo para el ejercicio del derecho, pero este acuerdo no parece tener mucho sentido y no podría afectar a la normal ejecución de la separación o la exclusión. En cambio, aun no siendo necesario, puede tener sentido que los socios, mediante acuerdo en junta general, instruyan a los administradores sobre la ejecución de la reducción de capital con o sin derecho de oposición, con o sin responsabilidad de los socios reembolsados en la SRL[21].

V. PROTECCIÓN DE LOS ACREEDORES

Aunque de forma no especialmente clara, los artículos 356.3 y 357 de la LSC regulan la protección de los acreedores en el supuesto de reducción del capital derivada de la separación o la exclusión de socios mediante su remisión al régimen general, establecido en la sección 5.ª del capítulo III del título VIII, que es la sección de la reducción del capital dedicada a la tutela de los acreedores, constituida por la subsección primera, para la SRL (arts. 331 a 333 de la LSC), y la subsección segunda, para la SA (arts. 334 a 337 de la LSC), complementando tal remisión con algunas especialidades[22].

---

20 Llega al mismo resultado, respecto a la exclusión del derecho de oposición, MASSAGUER, J., *op. cit.*, apartado VII.4.1.A, aunque fundamentándola como ejecución de un acuerdo social (como es el que origina el derecho de separación). Sobre la exclusión de la responsabilidad de los socios de SRL que reciben el reembolso, cfr. BONARDELL LENZANO, R. y CABANAS TREJO, R., *op. cit.*, p. 184.

21 Cfr. algún supuesto en ÁLVAREZ ROYO-VILLANOVA, S., *op. cit.*, p. 274.

22 Así parece que debe entenderse la confusa redacción vigente, porque pese a que la remisión parece realizarse solo en la última frase del artículo 356.3 de la LSC, en realidad, hay una remisión previa en el arranque de la norma, cuando se refiere a los casos en que los acreedores tengan derecho de oposición, que hay que determinar conforme a lo establecido en el régimen general contenido en la sección 5.ª del capítulo III del título VIII, cfr. MASSAGUER, J., *op. cit.*, apartado VII.4.1.A. Por otro lado, como se ha expuesto en el apartado 3, en lo que no haya regulación especial hay que acudir a las normas generales, con tal que sean compa-

Cuando los acreedores tengan derecho de oposición, el artículo 356.3 de la LSC exige la notificación personal a los acreedores o la publicación en el Boletín Oficial del Registro Mercantil y en uno de los diarios de mayor circulación en la localidad en que radique el domicilio social.

No se dice cuál ha de ser el contenido de la notificación personal o de la publicación. La inexistencia de acuerdo específico de la junta general sobre la reducción del capital y, por ello, la imposibilidad de publicarlo, no debe impedir la suficiente información a los acreedores a los efectos de que puedan valorar y decidir la conveniencia del posible ejercicio del derecho de oposición, lo que, partiendo de la información básica sobre la realización de la separación o la exclusión de socios mediante una reducción del capital con devolución del valor de las aportaciones y amortización de las acciones o las participaciones que da lugar al derecho de oposición de los acreedores, requiere comunicar a estos la parte del capital afectada por el ejercicio del derecho de separación o por la exclusión (cifra y/o %), el valor del reembolso y la identidad del socio o de los socios afectados[23].

En la SRL, la interpretación del artículo 356.3 en relación con el artículo 333.1 y 2 de la LSC permite afirmar que la publicación solo debe realizarse cuando no sea posible la notificación personal por desconocerse el domicilio de los acreedores y, si la sociedad tiene página web, que la publicación en esta elimina la necesidad de publicar el anuncio en uno de los diarios de mayor circulación en la localidad en que radique el domicilio social[24].

En la SA, en cambio, rige sin condicionamiento la alternativa entre notificación personal y publicación establecida en el artículo 356.3 de la LSC[25], aunque si los administradores no tienen seguridad sobre el conocimiento de todos los acreedores y su domicilio deberían optar por la publicación. Si la sociedad tiene página web, la interpretación del artículo 356.3 en relación con el artículo 319 de la LSC permite afirmar que la publicación en la web

tibles con la función de la separación o la exclusión, o ajustándolas a ella. Por ejemplo, parece razonable negar el derecho de oposición (en cuanto titular de un crédito contra la sociedad) al socio que ha ejercitado su derecho de separación, como señala ÁLVAREZ ROYO-VILLANOVA, S., *op. cit.*, p. 260.

23 Así MASSAGUER, J., *op. cit.*, apartado VII.4.1.B.
Si, pese a no ser necesario, se acordase por la junta general la reducción del capital, la publicación de este acuerdo sería parte de la publicidad exigida por el artículo 356.3 de la LSC.

24 EMPARANZA, A., *op. cit.*, p. 2520; CERDÁ ALBERO, F., *op. cit.*, p. 4889. En contra, respecto a ambas ideas, MASSAGUER, J., *op. cit.*, apartado VII.4.1.B.

25 Así, aunque no solo para la SA, MASSAGUER, J., *op. cit.*, apartado VII.4.1.B. En contra, ÁLVAREZ ROYO-VILLANOVA, S., *op. cit.*, p. 258, sostiene que en la SA debe publicarse un anuncio en la forma prevista en el artículo 319 de la LSC.

corporativa elimina la necesidad de publicar el anuncio en uno de los diarios de mayor circulación en la localidad en que radique el domicilio social[26].

No se establece el plazo en el que se ha de realizar la notificación personal o la publicación, pero dado el plazo para realizar el reembolso sin derecho de oposición y el carácter querable del derecho del socio afectado (art. 356.1 de la LSC), parece que tanto la notificación a acreedores o la publicación, como la notificación al socio afectado, deben realizarse antes de que venza dicho plazo, lo que permite añadir el plazo para el ejercicio del derecho de oposición (art. 356.3 de la LSC).

Tras la realización de la notificación personal o la publicación hay que esperar el plazo de tres meses para el ejercicio del derecho de oposición (art. 356.3 de la LSC)[27] y, si ningún acreedor lo ejercita, a continuación parece aplicable el plazo de dos meses para el reembolso establecido en el artículo 356.1 de la LSC[28].

Si algún acreedor ejercita el derecho de oposición, es necesario que la sociedad preste garantía o satisfaga su crédito para que, después, pueda llevarse a cabo el reembolso, o en su caso la consignación, y continuarse con la reducción del capital derivada de la separación o de la exclusión[29]. La enervación de la oposición (posible desde que se ejercita) y el subsiguiente reembolso (solo posible cuando todas las oposiciones se hayan superado y ya no quepan otras, por el transcurso del plazo para su ejercicio) también parece que deben realizarse como máximo en el plazo de dos meses a que

26 EMPARANZA, A., *op. cit.*, p. 2520; ÁLVAREZ ROYO-VILLANOVA, S., *op. cit.*, p. 258; CERDÁ ALBERO, F., *op. cit.*, p. 4889. En contra, MASSAGUER, J., *op. cit.*, apartado VII.4.1.B.

27 El plazo de ejercicio conforme al artículo 356.3 de la LSC supone una especialidad para la SA, ampliando el establecido en el artículo 336 de la LSC. Se muestra crítico con tal especialidad, ÁLVAREZ ROYO-VILLANOVA, S., *op. cit.*, pp. 259 y 260, pero señalando, en la p. 261, que no parece posible reembolsar antes de esos tres meses.
En caso de notificación personal podría no ser descabellado admitir que no es necesario cumplir el plazo de tres meses si todos los acreedores con derecho de oposición renuncian expresamente a su ejercicio.
En cuanto al supuesto en que no haya acreedores, parece razonable que la declaración de los administradores sea suficiente para prescindir de la notificación y de la publicación, por lo que sería posible el reembolso sin esperar el plazo derivado de ellas, cfr. ÁLVAREZ ROYO-VILLANOVA, S., *op. cit.*, p. 259.

28 Aun señalando la falta de claridad normativa, esa es la solución que parece más razonable a MASSAGUER, J., *op. cit.*, apartado VII.5.

29 Cfr. FARRANDO MIGUEL, I., *op. cit.*, pp. 184, 193 y 194; ÁLVAREZ ROYO-VILLANOVA, S., *op. cit.*, pp. 261-264; ARIAS VARONA, F. J., *op. cit.*, p. 325; GARCÍA-CRUCES, J. A., *op. cit.*, pp. 1746 y 1747; MASSAGUER, J., *op. cit.*, apartado VII.4.1.B.

se refiere el artículo 356.1 de la LSC, contados desde el vencimiento del plazo de tres meses para el ejercicio del derecho de oposición[30].

Si, siendo posible la prestación de garantía o la satisfacción de los créditos por la sociedad los administradores no la llevan a cabo, el ejercicio por el socio de acciones para conseguir el cumplimiento[31] debe complementarse con la posible exigencia de responsabilidad a los administradores por los daños que causen[32].

En el caso, diferente, en que la separación o la exclusión se articula mediante una reducción de capital que da lugar al derecho de oposición de los acreedores pero, una vez ejercitado, la sociedad no puede prestar garantía ni satisfacer los créditos y, por ello, no puede realizar el reembolso, parece que, siempre que sea posible, debe realizarse la ejecución de la separación o exclusión por otro cauce, como la reducción del capital excluyendo el derecho de oposición o la solicitud de autorización a la junta general para adquirir las acciones o las participaciones[33]. Si tampoco son posibles tales cauces, la situación de la sociedad podría requerir disolverla[34] o una solución preconcursal o concursal[35].

Se sostuvo la posibilidad de aplicar el artículo 44.4 de la Ley 3/2009, de 3 de abril, sobre modificaciones estructurales de las sociedades mercantiles[36], hoy derogado. En la actualidad, la regulación sustitutoria de dicho artículo 44 se halla en los artículos 13 y 14 del Real Decreto-ley 5/2023, de 28 de junio, por el que se adoptan y prorrogan determinadas medidas de respuesta a las consecuencias económicas y sociales de la Guerra de Ucrania, de apoyo a la reconstrucción de la isla de La Palma y a otras situaciones de vulnerabilidad; de transposición de Directivas de la Unión Europea en materia de modificaciones estructurales de sociedades mercantiles y conciliación de la vida fami-

30 Esa es la solución que parece más razonable a MASSAGUER, J., *op. cit.*, apartado VII.5.

31 Cfr. MARTÍNEZ SANZ, F., *op. cit.*, pp. 199; ARIAS VARONA, F. J., *op. cit.*, p. 320; MASSAGUER, J., *op. cit.*, apartados IV.3 y X; BERMEJO GUTIÉRREZ, N., *op. cit.*, pp. 172-175.

32 Cfr. ARIAS VARONA, F. J., *op. cit.*, p. 325; BERMEJO GUTIÉRREZ, N., *op. cit.*, pp. 175.

33 Cfr. JORDÁ GARCÍA, R., *op. cit.*, p. 1886; MASSAGUER, J., *op. cit.*, apartado VI.

34 Por el cauce del artículo 368 de la LSC.

35 Cfr. MARTÍNEZ SANZ, F., *op. cit.*, pp. 199 a 201; ÁLVAREZ ROYO-VILLANOVA, S., *op. cit.*, pp. 270-272; GARCÍA-CRUCES, J. A., *op. cit.*, pp. 1750-1753; MASSAGUER, J., *op. cit.*, apartado X; BERMEJO GUTIÉRREZ, N., *op. cit.*, pp. 172, 175 y 176.
La incapacidad de la sociedad para prestar garantía o satisfacer los créditos quizá podría resolverse también mediante un acuerdo de la sociedad que revoque la exclusión, cfr. ÁLVAREZ ROYO-VILLANOVA, S., *op. cit.*, p. 270.

36 CERDÁ ALBERO, F., *op. cit.*, p. 4890.

liar y la vida profesional de los progenitores y los cuidadores; y de ejecución y cumplimiento del Derecho de la Unión Europea.

No parece que la debilitación del derecho de oposición de los acreedores para favorecer la realización de modificaciones estructurales pueda extenderse al régimen de la reducción del capital, debiéndose interpretar, al contrario, que los diferentes intereses en juego conducen a limitar tal debilitación del derecho de oposición al ámbito específico en el que se establece, el de las modificaciones estructurales[37].

VI. ADMISIÓN DEL DESCENSO DE LA CIFRA DE CAPITAL POR DEBAJO DEL MÍNIMO LEGAL

Que la reducción del capital para realizar la separación o la exclusión de socios se deba realizar en cumplimiento de la Ley, salvo que sea excluida mediante la elección y aplicación de otra alternativa antes de que la sociedad entregue el valor de las acciones o de las participaciones, también se refleja en la admisión del descenso del capital social por debajo del mínimo legal, otorgándose un plazo de un año "desde la adopción del acuerdo de reducción del capital social" para subsanar la situación, so pena de disolución de pleno derecho y responsabilidad de los administradores, personal y solidariamente entre sí y con la sociedad, por las deudas sociales (arts. 5, 358.2 y 360.1 b) LSC), lo que es coherente con la vocación de continuidad de la sociedad que caracteriza a la salida de parte de los socios mediante separación o exclusión[38].

A los efectos de la aplicación del artículo 360.1 b) de la LSC a la reducción del capital derivada de la separación o la exclusión, la referencia a la fecha de adopción del acuerdo de reducción del capital debe sustituirse por la fecha del reembolso o de la consignación por la sociedad del valor de las acciones o de las participaciones, que marca el momento en que no se ha querido o no se ha podido utilizar otro cauce para realizar la separación o la exclusión[39].

37 Como ha señalado ÁLVAREZ ROYO-VILLANOVA, S., *op. cit.*, p. 262.

38 Cfr. MARTÍNEZ SANZ, F., *op. cit.*, pp. 186 y 187; RODRÍGUEZ MARTINEZ, J. D., "Separación y exclusión de socios", *cit.*, p. 647; EMPARANZA, A., *op.cit.*, p. 2527; CERDÁ ALBERO, F., *op. cit.*, pp. 4905 y 4906.
Cfr. enfoques diferentes en ÁLVAREZ ROYO-VILLANOVA, S., *op. cit.*, p. 254; MASSAGUER, J., *op. cit.*, apartado VII.4.3.A.

39 Así, el artículo 238.1.3.º del RRM. Cfr. MARTÍNEZ SANZ, F., *op. cit.*, pp. 186 y 187; RODRÍGUEZ MARTINEZ, J. D., "Separación y exclusión de socios", *cit.*, p. 647; EMPARANZA, A., *op.cit.*, p. 2527; CERDÁ ALBERO, F., *op. cit.*, pp. 4905 y 4906.

El supuesto ha dejado de tener significado para la sociedad de responsabilidad limitada, porque su capital social mínimo es un euro, de acuerdo con el artículo 4.1 de la LSC y sin perjuicio de la aplicación de las reglas en él establecidas mientras el capital social no alcance la cifra de tres mil euros[40].

VII. ESCRITURA PÚBLICA E INSCRIPCIÓN REGISTRAL

El artículo 358.1 de la LSC, en relación con el artículo 356.1 y 2 de la misma, expresan que el sistema legal cuenta con que primero se realiza el reembolso o la consignación del valor de las acciones o las participaciones e, inmediatamente después, los administradores otorgan la escritura pública de reducción del capital social. Sin embargo, nada impide que, si el socio afectado está de acuerdo, el reembolso se haga coincidir con el acto de otorgamiento de la escritura pública.

En cuanto al contenido de la escritura pública de reducción del capital, junto al artículo 358.1 de la LSC hay que aplicar los artículos 160, 170 y 208 del RRM, así como las exigencias establecidas con carácter general para la reducción del capital en los artículos 162, 170, 172, 196.2, 201 y 202 del RRM, en la medida en que sean compatibles con las particularidades de la reducción del capital derivada de la separación o de la exclusión[41].

En este sentido, además de los requisitos de carácter general de la escritura pública, es necesario expresar, conforme a lo establecido en el artículo 358.1 de la LSC, las acciones o las participaciones amortizadas, la identidad del socio o socios afectados, la causa de la amortización, la fecha de reembolso o de la consignación y la cifra a la que haya quedado reducido el capital social.

Respecto a la causa de la amortización, el artículo 208.1.1.ª del RRM exige que se indique la causa de la separación o de la exclusión del socio y, en caso de exclusión, el acuerdo de la junta general o testimonio de la resolución judicial firme, que se unirá a la escritura, debiéndose consignar, en su caso, que el socio excluido era titular de un porcentaje igual o superior al 25 por 100 del capital social.

40 Cfr. la resolución de 13 de junio de 2023 de la Dirección General de Seguridad Jurídica y Fe Pública (BOE de 10 de julio).

41 Sobre la formalización e inscripción en el Registro Mercantil, cfr. BONARDELL LENZANO, R. y CABANAS TREJO, R., *op. cit.*, pp. 192-200.

Junto a la fecha de reembolso o de la consignación, el artículo 208.1.3.ª del RRM exige la manifestación de los administradores o de los liquidadores de la sociedad de que se ha reembolsado el valor de las participaciones al socio separado o excluido o consignado su importe, a nombre del interesado, en entidad de crédito del término municipal en que radique el domicilio social, acompañando documento acreditativo de la consignación[42].

También ha de expresarse el valor del reembolso o de la consignación, conforme exigen los artículos 160.1 y 170.1 del RRM, así como el artículo 208.1.2.ª del RRM, que añade a la mención del valor de las participaciones la expresión de "la persona o personas que las hayan valorado y el procedimiento seguido para esa valoración, así como la fecha del informe del auditor, en el caso de que se hubiera emitido, el cual se unirá a la escritura"[43].

En cuanto a las exigencias establecidas con carácter general para la reducción del capital conviene recordar la necesidad de que la escritura pública exprese:

— la finalidad de la reducción[44];

— la cuantía o importe de la reducción;

— la fecha de la notificación personal o de la publicación de la reducción del capital en caso de existencia de derecho de oposición de los acreedores, así como la acreditación de la publicación en la página web de la sociedad o en el diario correspondiente (artículos 170.3 y 201.2 del RRM, en relación con el artículo 356.3 de la LSC);

— en su caso, los datos relativos al derecho de oposición y al cumplimiento del régimen establecido para el caso en que haya sido ejercitado por los acreedores (arts. 170.4, 201.2 y 208.3 del RRM);

— La suma abonada a los socios a que se refiere el artículo 318.2 de la LSC (también los arts. 170.1 y 201.3.1.º del RRM, exigiendo este último la declaración de los otorgantes de que se han realizado los reembolsos correspondientes);

— la nueva redacción de los artículos de los estatutos sociales afectados por la reducción del capital, en particular los relativos a la cifra de capital y a las acciones o las participaciones, que se rige por sus reglas específicas (arts. 170.6, 172.3.º, 196.2, 201.5 y 202.4.º del RRM);

42 Cfr. RDGRN de 28 de julio de 2009.
43 Cfr. RDGRN de 28 de julio de 2009. Hoy, experto independiente.
44 Que es la devolución del valor de las aportaciones.

— en su caso, la declaración de los administradores de haber quedado constituida una reserva con cargo a beneficios o reservas libres por un importe igual al percibido por los socios en concepto de restitución de la aportación (art. 331.4 LSC y art. 201.3.2.º del RRM).

La escritura pública de reducción del capital puede ser la misma en la que se documenta el acuerdo inscribible que ha originado el derecho de separación o una escritura posterior, siendo necesario para la inscripción del acuerdo, salvo que no se haya ejercitado el derecho de separación o se haya elegido otra opción posible para realizar la separación ejercitada, la constancia en escritura pública de la reducción del capital derivada de la separación, inscribiéndose simultáneamente el acuerdo que origina el derecho de separación y la reducción del capital mediante la que se articula (art. 349 de la LSC y arts. 162 y 208.2 del RRM)[45]. Si la causa de la separación no es un acuerdo inscribible y en caso de exclusión de socios, también hay que inscribir la reducción del capital derivada de la separación o de la exclusión (art. 208.2 del RRM). No se establece el carácter constitutivo de la inscripción, por lo que es declarativa[46].

VIII. BIBLIOGRAFÍA

AGUILERA RAMOS, A., "El derecho de separación del socio", en *Derecho de Sociedades de Responsabilidad Limitada. Estudio sistemático de la Ley 2/1995*, II, coord. F. Rodríguez Artigas y otros, McGraw-Hill, Aravaca, 1996, pp. 997-1022.

ÁLVAREZ ROYO-VILLANOVA, S., "Derecho de oposición en los supuestos de separación o exclusión de socios", en *El derecho de separación y la exclusión de socios en las sociedades de capital*, dir. M.ª B. González Fernández, T. I, Tirant lo Blanch, Valencia, 2021, pp. 249-276.

ARIAS VARONA, F. J., "El momento de eficacia del derecho de separación del socio y la protección de los acreedores sociales. (A propósito de la sentencia del Tribunal Supremo 4/2021, de 15 de enero), *RDS*, núm. 62, mayo-agosto 2021, pp. 297-332.

AUGOUSTATOS ZARCO, N. "Viabilidad del pago aplazado en el reembolso del valor de las acciones del socio separado o excluido", en *El derecho de separación y la exclusión de socios en las sociedades de capital*, dir. M.ª B. González Fernández, T. II, Tirant lo Blanch, Valencia, 2021, pp. 1903-1926.

BERCOVITZ ÁLVAREZ, R., "Separación y exclusión de socios", en *La Sociedad de Responsabilidad Limitada,* coord. A. Bercovitz, 2.ª ed., Aranzadi, Pamplona, 2006, pp. 787-813.

BERMEJO GUTIÉRREZ, N., "El ejercicio del derecho de separación y la condición de socio", en *Estudios jurídicos en homenaje al profesor Ricardo Alonso Soto,* coord. A. Martínez Flórez y N. Bermejo Gutiérrez, Civitas-Thomson Reuters, Madrid, 2022, pp. 141-189.

45 Cfr. BONARDELL LENZANO, R. y CABANAS TREJO, R., *op. cit.*, pp. 192 y 193.
46 Cfr. MASSAGUER, J., *op. cit.*, apartado IX.

BONARDELL LENZANO, R. y CABANAS TREJO, R., *Separación y exclusión de socios en la sociedad de responsabilidad limitada*, Aranzadi, Pamplona, 1998.

BRENES CORTÉS, J., *El derecho de separación del accionista*, Marcial Pons, Madrid-Barcelona, 1999.

CERDÁ ALBERO, F., "Separación y exclusión de socios", en *Comentario de la Ley de sociedades de capital*, tomo V, dir. J. A. García-Cruces e I. Sancho Gargallo, Tirant Lo Blanch, Valencia, 2021, pp. 4631-4914.

EMPARANZA, A., "Separación y exclusión de socios", en *Comentario de la Ley de Sociedades de Capital*, dir. Á. Rojo y E. Beltrán, Civitas-Thomson Reuters, Cizur Menor, 2011, pp. 2469-2530.

FARRANDO MIGUEL, I., *El derecho de separación del socio en la Ley de sociedades anónimas y la Ley de sociedades de responsabilidad limitada*, Civitas, Madrid, 1998.

GARCÍA-CRUCES, J. A., "La liquidación de la posición de socio y la solvencia de la sociedad", en *El derecho de separación y la exclusión de socios en las sociedades de capital*, dir. M.ª B. González Fernández, T. II, Tirant lo Blanch, Valencia, 2021, pp. 1739-1778.

GARCÍA VILLAVERDE, R., "Exclusión de socios", en *Derecho de Sociedades de Responsabilidad Limitada. Estudio sistemático de la Ley 2/1995*, II, coord. F. Rodríguez Artigas y otros, McGraw-Hill, Aravaca (Madrid), 1996, pp. 1023-1049.

GARRIDO DE PALMA, V. M., "La causa del contrato de sociedad y su continuada influencia: la separación y la exclusión de socios, en *El derecho de separación y la exclusión de socios en las sociedades de capital*, dir. M.ª B. González Fernández, T. I, Tirant lo Blanch, Valencia, 2021, pp. 53-157.

JORDÁ GARCÍA, R., "La reducción de capital y la compra de acciones o participaciones propias como alternativas para el reembolso a los socios separados y/o excluidos", en *El derecho de separación y la exclusión de socios en las sociedades de capital*, dir. M.ª B. González Fernández, T. II, Tirant lo Blanch, Valencia, 2021, pp. 1873-1901.

MARTÍNEZ SANZ, F., *La separación del socio en la sociedad de responsabilidad limitada*, McGraw Hill, Aravaca (Madrid), 1997.

MARTÍNEZ-GIJÓN MACHUCA, P., "La liquidación en especie de la posición del socio separado o excluido", en *El derecho de separación y la exclusión de socios en las sociedades de capital*, dir. M.ª B. González Fernández, T. II, Tirant lo Blanch, Valencia, 2021, pp. 1845-1872.

MASSAGUER, J., "La separación de socios de las sociedades de capital como operación societaria", *RDS*, núm. 64, enero-abril 2022 (versión electrónica sin paginar).

MECATTI, I., *Il diritto di recesso da società a responsabilità limitata*, Quaderni di Studi Senesi, núm. 15, Edizioni Scientifiche Italiane, Napoli, 2023.

RODRÍGUEZ MARTINEZ, J. D., "Separación y exclusión de socios", en *La Sociedad de Responsabilidad Limitada,* coord. A. Bercovitz, Aranzadi, Pamplona, 1998, pp. 627-648.

VALPUESTA GASTAMINZA, E., *Comentario a la Ley de Sociedades de Capital,* 4.ª ed., Wolters Kluwer, Las Rozas, 2022.

Capítulo XVIII

LA OFERTA PÚBLICA DE ADQUISICIÓN POR REDUCCIÓN DE CAPITAL MEDIANTE ADQUISICIÓN DE ACCIONES PROPIAS[1]

Georgina Álvarez Martínez
Prof. Permanente Laboral
Universidad Complutense de Madrid.

I. IDEAS PREVIAS

El objeto de este comentario es abordar la reducción de capital en las sociedades cotizadas. Comoquiera que para el legislador español las sociedades cotizadas no constituyen un tipo totalmente distinto a las sociedades anónimas, y con el objeto de evitar repeticiones en esta obra colectiva, en este lugar únicamente se traerán a colación las especialidades del régimen jurídico de la reducción de capital aplicable a las sociedades cotizadas. A este fin, en primer lugar, se expondrá la definición de sociedad cotizada en el ordenamiento jurídico español, y luego se desarrollará el régimen aplicable a la reducción de su capital —con sus antecedentes— en el que destaca lo previsto en el art. 12 del Real Decreto 1066/2007, de 27 de julio, sobre el régimen de las ofertas públicas de adquisición de valores, que ordena formular una oferta

1 Este trabajo se encuentra en el marco del proyecto de investigación de referencia PID 2019-107487GB-100 (Ministerio de Ciencia e Innovación) sobre "Gobierno corporativo en la proximidad de la insolvencia", cuya investigadora principal es la profesora Juana Pulgar Ezquerra, y tiene sus antecedentes en una estancia de investigación realizada en el *Dipartamento di Giurisprudenza* de la *Università degli Studi di Napoli, Federico II* durante el mes de julio de 2022.

pública de adquisición cuando la reducción de capital se realice mediante la compra por ésta de sus propias acciones para su amortización.

1. La sociedad cotizada en el ordenamiento jurídico español: un breve apunte

El Título XIV del Real Decreto Legislativo 1/2010, de 2 de julio, por el que se aprueba el Texto Refundido de la Ley de Sociedades de Capital (en adelante TRLSC) delimita el régimen jurídico específico de las sociedades cotizadas, y ordena la aplicación supletoria de las disposiciones generales de las sociedades anónimas en lo no previsto[2]. Concretamente, el art. 495.1 TRLSC establece que "son sociedades cotizadas las sociedades anónimas cuyas acciones estén admitidas a negociación en un mercado regulado español"[3], conforme la nueva redacción dada por la Ley 5/2021, de 12 de abril, por la que se modifica el texto refundido de la Ley de Sociedades de Capital, que entró en vigor el 3 de mayo de 2021[4]. La definición requiere la concurrencia de dos elemen-

2 Cfr. art. 495.2 TRLSC. La remisión al régimen general de las sociedades anónimas no implica, sin más, su íntegra aplicación, sino sólo de aquellas disposiciones que resulten compatibles con la propia naturaleza de la sociedad cotizada. *Vid.* SÁNCHEZ-CALERO GUILARTE, J., "Sociedades cotizadas y Ley de Sociedades de Capital", *RDS,* n.º 36, 2011,1, p. 4, versión digital.

3 Los antecedentes más inmediatos de este título XIV del TRLSC son los siguientes: algunos aspectos del régimen de estas sociedades estaban previstos en el Título X de la a Ley 24/1988, de 28 de julio del Mercado de Valores (LMV) y en lo no previsto se ordenaba la remisión a las normas aplicables a las sociedades anónimas. El citado título X fue incorporado por la Ley 26/2003, de 17 de julio, de modificación de la Ley de Mercado de Valores y del Texto refundido de la ley de Sociedades Anónimas, con el fin de reforzar la transparencia de las sociedades anónimas cotizadas. La disposición final séptima de la Ley 3/2009, de 3 de abril, sobre Modificaciones Estructurales de las sociedades mercantiles habilitó al Gobierno a refundir junto a las normas relativas a las sociedades comanditarias por acciones previstas en el Código de Comercio, el Real Decreto Legislativo 1564/1989, de 22 de diciembre, por el que se aprueba el Texto Refundido de la Ley de Sociedades anónimas, Ley 2/1995, de 23 de marzo, de Sociedades de Responsabilidad Limitada, el citado Título X de la LMV. Finalmente, el TRLSC ha procedido a la refundición encomendada en su Título XIV, arts. 495 y ss., advirtiendo en su Exposición de Motivos, el protagonismo a que están llamadas las sociedades cotizadas en ulteriores fases de nuestro ordenamiento societario como criterio normativo determinante, por cuanto *«más que una rígida contraposición por razón de la forma social elegida, la distinción esencial radicaría en tener o no la condición de sociedad cotizada»*. El legislador propone este criterio tras contrastar que para una misma necesidad —las derivadas de las sociedades cerradas— se ofrecen dos formas sociales diferentes, la sociedad anónima y la sociedad de responsabilidad limitada, sin que pueda apreciarse con claridad el sentido de esta dualidad.

4 Ley 5/2021, de 12 de abril, por la que se modifica el texto refundido de la Ley de Sociedades de Capital aprobado por el Real Decreto Legislativo 1/2010, de 2 de julio, y otras normas

tos: una sociedad anónima, y la admisión de sus acciones a negociación en un mercado regulado español.

De la configuración de la sociedad cotizada como sociedad anónima, resulta que el régimen general de estas se aplicará supletoriamente a las cotizadas, con las particularidades indicadas en el apartado segundo letras a), b) y c)[5]. Esta primera delimitación excluye otros tipos societarios, no solo a las sociedades de personas, sino también a otros tipos de sociedades de capital, como la sociedad de responsabilidad limitada y la sociedad comanditaria por acciones. Si bien se justifica la exclusión de las sociedades que no admitan la representación de la condición de socio mediante valores negociables, se ha cuestionado la falta de cabida de la sociedad comanditaria por acciones. Es cierto que este último tipo tiene escasa acogida en la práctica española,

---

financieras, en lo que respecta al fomento de la implicación de los accionistas en las sociedades cotizadas. Señala su preámbulo que esta norma "tiene por objeto trasponer al ordenamiento jurídico español la Directiva (UE) 2017/828 del Parlamento Europeo y del Consejo de 17 de mayo de 2017 por la que se modifica la Directiva 2007/36/CE en lo que respecta al fomento de la implicación a largo plazo de los accionistas en las sociedades cotizadas". Esta Ley ha sustituido en el citado art. 495 TRLSC la remisión al "mercado secundario oficial de valores" por "mercado regulado español" —adaptándose así la terminología a lo previsto en MiFID II— y ha precisado el régimen legal aplicable a las sociedades anónimas cuyas acciones estén admitidas a negociación en un mercado regulado de otro Estado miembro del Espacio Económico Europeo o en un mercado equiparable de un tercer Estado, y no lo estén en un mercado español, estableciendo respecto de estas la aplicación del título XIV del TRLSC, con las especialidades previstas en las letras a), b), c), y d) del apartado tercero del citado artículo, que había generado dudas de interpretación.

5 Sobre la cuestión de cómo regular la sociedad cotizada, esto es, como un tipo propio o como un subtipo de sociedad anónima, existe un amplio debate en la doctrina, sobre el que no podemos extendernos en esta ocasión. Sobre la consideración de la sociedad cotizada como un subtipo de la sociedad anónima —y eventualmente de la sociedad en comandita por acciones—: *vid* por todos: SÁNCHEZ CALERO, F., "Las sociedades cotizadas o bursátiles en el derecho español", *RDBB* n.º 44, 1991, p. 910 y s.; también en: *La sociedad cotizada en Bolsa en la evolución del Derecho de Sociedades,* Real Academia de Jurisprudencia y Legislación, Madrid, 2001, p. 25; más recientemente: SÁNCHEZ-CALERO GUILARTE, J., "Sociedades cotizadas y Ley de Sociedades de Capital", *op. cit.*, p. 1. En ordenamientos jurídicos de nuestro entorno, por ejemplo el italiano, el legislador también ha optado por considerar a las sociedades cotizadas como un subtipo de la *società con azioni* [cfr. art. 2325 bis segundo apartado del Código civil italiano (incluido en el Capítulo V donde se regula la *società por azioni* y se indica que las sociedades con acciones cotizadas en los mercados regulados se someterán a este régimen en tanto no se establezca lo contrario por alguna norma del propio Código o por leyes especiales) y art. 119 Decreto Legislativo 24 febbraio 1998, n. 58 Testo Único Delle Dispozioni in materia di intermediazione finanziaria, ai sensi degli articoli 8 e 21 della legge 6 febbraio 1996 n. 56], y también es la opinión dominante en la doctrina: *vid.* por todos: SPADA, P., "Tipología della socitá e società por azioni quotata", *Riv. dir. civ.*, II, 2000, ps. 211-221.

sin embargo, ello no debería llevar a suponer la misma realidad en el resto de los países de nuestro entorno, con la consecuente exclusión del estatuto previsto para las sociedades cotizadas a las sociedades comanditarias por acciones extranjeras que pretendan su admisión en las bolsas españolas[6]. A este respecto, y en conexión con el objeto de este trabajo, el art. 1 del Real Decreto 1066/2007, de 27 de julio, de sobre régimen de las ofertas públicas de adquisición de valores (en adelante RDOPA)[7], considera con mejor acierto —siquiera a los fines de determinar el ámbito subjetivo de aplicación de sus normas— como sociedades cotizadas "a aquellas cuyas acciones estén en todo o en parte, admitidas a negociación en un mercado secundario oficial español y tengan su domicilio social en España", sin relacionarla con el tipo específico de la sociedad anónima.

En cuanto subtipo de sociedad anónima, a su vez, y conforme la tradicional distinción entre sociedades anónimas cerradas y abiertas, hay que añadir que las cotizadas son sociedades abiertas[8], caracterizadas por el elevado número de accionistas, la despersonalización de la condición de socio —que deviene

6 Así lo advierte: VICENT CHULIA, F., *Introducción al Derecho Mercantil,* 24 ed., Tirant lo Blanch, versión digital, 2022, p. 1702; SÁNCHEZ CALERO, F., "Las sociedades cotizadas o bursátiles en el derecho español", *RDBB* n.º 44, 1991, ps. 909 y 915; FARRANDO DE MIGUEL, I., "Comentario al artículo 495", en PRENDES CARRIL, P., MARTÍNEZ-ECHEVARRÍA Y GARCÍA DE DUEÑAS, A., CABANAS TREJO, R. (Dirs.), AA.VV., *Tratado de Sociedades de Capital. Comentario Judicial, Notarial, Registral y Doctrinal de la Ley de Sociedades de Capital,* Tomo II, Aranzadi, Navarra, 2017, p. 868.

7 Mediante este Real Decreto se completó la transposición de la Directiva 2004/25/CE del Parlamento Europeo y del Consejo, de 21 de abril de 2004 relativa a las ofertas públicas de adquisición (cfr. Disposición Final primera RDOPA), que había comenzado con la reforma de la Ley 6/20007, de 12 de abril, a la Ley 24/1988 del Mercado de Valores. Conforme lo establece la Exposición de Motivos del RDPA, la trascendencia de las modificaciones introducidas justificó, a su vez, la derogación del Real Decreto 1197/1991, de 26 de julio, sobre régimen de las ofertas públicas de adquisición de valores.

8 En la Exposición de Motivos del TRLSC se advierte que la contraposición entre las sociedades anónimas y las sociedades de responsabilidad limitadas, como abiertas y cerradas respectivamente, no se corresponde en absoluto con la realidad, en tanto la gran mayoría de las sociedades españolas "son sociedades cuyos estatutos contienen cláusulas limitativas de la libre transmisibilidad de las acciones", lo que revela que también hay sociedades anónimas cerradas. No obstante, expresamente en la citada Exposición de Motivos, se excluyen de esta advertencia las sociedades cotizadas que, en todo caso, habrán de considerarse sociedades anónimas abiertas. Conforme lo anterior la diferenciación que debería hacerse —así lo augura el legislador, conforme lo comentado en nota 1 *up supra*— sería entre sociedades cotizadas y sociedades anónimas cerradas y las sociedades de responsabilidad limitada. La necesidad de superar un régimen único para la sociedad anónima, y en cambio distinguir entre la sociedad anónima no cotizada, porque no acude al ahorro público para su financiación y la cotizada que sí lo hace, ha sido también sugerida por: SÁNCHEZ CALERO, F., "La sociedad cotizada en Bolsa ...", *op. cit.*, p. 117.

todavía más fungible y perfectamente intercambiable[9]—, y la disociación entre la propiedad del capital y la gestión[10], debida a una mayor dispersión del capital social[11], y caldo de cultivo de minorías dominantes[12].

---

9 Es de la naturaleza de las sociedades anónimas —abiertas o cerradas— el carácter fungible de la condición de socio. Ya lo señalaba así el maestro Garrigues: "Al socio se lo valora por lo que tiene y no por lo que es, personalmente considerado. De aquí que, siendo las aportaciones en dinero esencialmente fungibles, los socios de la sociedad anónima se convierten también en socios fungibles, es decir, sustituibles unos por otros, sin que por ello sufra la constitución de la sociedad". *Vid.* GARRIGUES, J., *Nuevos hechos, nuevo Derecho de sociedades anónimas,* Civitas, red., 1998, p. 22. En las sociedades anónimas cotizadas es sabido que las acciones necesariamente habrán de estar representadas en anotaciones en cuenta, reforzándose así la fungibilidad de la condición de socio, en el marco de las grandes sociedades.

10 Mientras que, en las pequeñas empresas, hay menos desacuerdos entre los accionistas y el órgano de administración, en las grandes sociedades anónimas —así las cotizadas— es más constante el conflicto entre los accionistas representados en la junta general y las personas que ejercen la administración de la sociedad. Cfr. GARRIGUES, J., *Nuevos hechos..., op. cit.,* p. 64. En este punto surge una de las cuestiones principales del Gobierno Corporativo, a saber: cómo pueden los accionistas asegurar que los administradores gestionen la sociedad correcta y lealmente. Cfr. HOPT, K., J, en HIERRRO ANIBARRO, S., (Coord.), *Estudios de Derecho de Sociedades y del Mercado de Valores,* Marcial Pons, Madrid, 2010, p. 41; tras esta primera cuestión se desvelan dos más: las relaciones entre los accionistas minoritarios y los mayoritarios y/o la matriz, así como las relaciones entre los accionistas y los acreedores, especialmente con los trabajadores de la sociedad. *Vid.* HOPT, K. J, "Comparative Corporate Governance: the State of the Art and the International Regulation", *The American Journal of Comparative Law,* Oxford University Press, vol. 59, n.º 1, 2011, p. 5 y s., <https://w.w.w.jstor.org/stable/25766180>. [Consulta: junio 2022].

11 Más dispersos en el mercado americano, menos disperso —y más concentrado— en el mercado europeo, con la salvedad en este último caso del Reino Unido, donde las sociedades son también de capital disperso. Cfr. CHIU IRIS H. Y., *The Fondations and Anatomy of Shareholder Activism,* Hart, Oxford, 2010, p. 7.

12 *Vid.* TAPIA HERMIDA, A., *Sociedades anónimas cotizadas y ofertas públicas de adquisición,* Revista de Derecho del Mercado de Valores, La Ley, monografía n.º 9, 2012, p. 35 y s. Cabe destacar en este punto una de las reflexiones incluidas en el Informe del Grupo de Reflexión de expertos en Derecho de Sociedades (*European Commission Internal Market and Services, Report of the Reflection Group on the Future of EU Company Law,* de 5 de abril de 2011, pp. 8-10, versión digital), donde se señala que el origen de la tradicional distinción entre *public and private limited companies* (sociedades abiertas o cerradas, respectivamente) se encuentra en el gran volumen de accionistas dispersos en las primeras, frente a un círculo cerrado de socios en las segundas. El informe señala, asimismo, que esta tradicional distinción ha estado vinculada a una dualidad de formas societarias más que a la estructura accionarial, aunque es cada vez menos significativa, debiéndose reconocer un mayor significado a las sociedades cotizadas como criterio de diferenciación, en detrimento de los tipos o formas societarias. En la misma línea se encontraban las reflexiones del Informe Winter, en el que se apuntaba que debía atenderse al verdadero funcionamiento de la sociedad, antes que a la forma escogida. Cfr. HIGH-LEVEL GROUP OF COMPANY LAW EXPERTS, *Winter Report-Report of the High Level of Company Law Experts on a modern regulatory framework for company law in Europe,* 4 de noviembre, 2002, p. 35, versión digital.

En relación con la tipicidad, debe señalarse que la Ley 6/2023, de 17 de marzo, de los Mercados de Valores y de los Servicios de Inversión (en adelante LMVSI[13]) ha ordenado con el fin de diversificar las fuentes de financiación para las empresas emergentes, la introducción de un nuevo capítulo VIII bis en el citado título XIV del TRLSC donde se prevé un marco regulatorio para las sociedades cotizadas con propósito para la adquisición (SPAC por sus siglas en inglés) que no son otro tipo de sociedad, sino las sociedades cotizadas cuyo objeto social exclusivo es la adquisición de la totalidad o parte del capital de otra sociedad o sociedades cotizadas o no cotizadas —con alto potencial de crecimiento— directa o indirectamente por distintos medios [(compraventa, fusión, escisión, cesión global de activos y pasivos u otras operaciones análogas) art. 535 bis.1 TRLSC]. A estas sociedades cotizadas, deben aplicarse las especialidades previstas en el citado capítulo VIII bis mientras no se formalice la adquisición o inscriba la fusión (art. 535 bis. 6 TRLSC).

El segundo elemento señalado en la definición de las sociedades cotizadas es que sus acciones estén admitidas a negociación en un mercado regulado español[14]. Cabe recordar que antes de la reforma del año 2021 aludida, el artículo 495.1 TRLSC exigía la negociación de las acciones en un mercado secundario oficial de valores, sin indicar su procedencia. La específica alusión al "mercado regulado español" podría conducir —al menos en un primer momento— a negar el *status* de sociedad anónima cotizada a las sociedades españolas cuyas acciones coticen en otros mercados extranjeros, comunitarios o no[15]. No obstante, el tercer apartado del artículo 495

13 Que ha derogado el Real Decreto Legislativo 4/2015, de 23 de octubre, por el que se aprueba el texto refundido de la Ley de Mercado de Valores, con el alcance previsto en su disposición final decimoquinta.

14 La LMVSI ha suprimido la denominación mercados secundarios oficiales de valores para referirse a los centros de negociación. Entre estos su ubican los mercados regulados, los sistemas multilaterales de negociación y los sistemas organizados de contratación (art. 42 LMVSI). La negociación en los mercados, junto a facilitar los procesos de inversión y desinversión de los instrumentos financieros, otorga un matiz público a la sociedad que justifica la aplicación de un régimen parcialmente diverso al genéricamente aplicable, en tanto se ha consentido —por la junta general— que el público pueda participar como socio en la sociedad. Cfr. SÁNCHEZ CALERO, F., "Las sociedades cotizadas o bursátiles en el derecho español", *op. cit.*, p. 912.

15 En contra del reconocimiento del *status* de sociedad bursátil a las sociedades españolas que sólo coticen en mercados extranjeros: FARRANDO DE MIGUEL, I., "Comentario al artículo 495", *op. cit.*, p. 869; a favor del mantenimiento de esta condición si las acciones de estas sociedades estuviesen admitidas a la negociación en mercados homologados comunitariamente: LARGO GIL, R., "La sociedad anónima europea y el estatuto de la sociedad cotizada", RODRÍGUEZ ÁRTIGAS, F., *et. al.* (Dir.) *Derecho de sociedades anónimas cotizadas*, Aranzadi, 2006, p. 1581; por su parte, sostiene el carácter de sociedades cotizadas conforme el dere-

TRLSC —introducido por la Ley 5/2021, de 12 de abril— expresamente ordena la aplicación del Título XIV del TRLSC con algunas especialidades más, a las sociedades anónimas cuyas acciones estén admitidas a negociación en un mercado regulado de otro Estado miembro del Espacio Económico Europeo o en un mercado equiparable de un tercer Estado y no lo estén en un mercado español[16].

El art. 1 del RDOPA citado, como se ha visto, ordena además de la cotización en un mercado secundario oficial español, el domicilio en España, previendo su apartado segundo un régimen específico para las sociedades que no tengan su domicilio social aquí, pero sí en un Estado miembro de la Unión, en cualquiera de los casos previstos en las letras a), b), c) y d) del mismo apartado. Respecto a las sociedades cotizadas con domicilio social en España, cuyos valores no estén admitidos a negociación en un mercado secundario español, el RDOPA se remite a lo previsto en la letra c) apartado tercero del art. 1, el que, para algunas cuestiones de carácter societario, relaciona la sujeción a las normas y a la autoridad competente del Estado miembro en el que la sociedad afectada por la OPA tenga su domicilio social[17]. El art. 495 del TRLSC no exige expresamente el domicilio social en España. Sin embargo es posible interpretar que este requisito es exigible implícitamente, porque de otro modo no se explica que en el apartado tercero del mismo artículo se ordene la aplicación del Título XIV de la Ley a las sociedades anónimas cuyas acciones estén admitidas a negociación en un mercado regulado de otro Estado miembro del Espacio Económico Europeo o incluso en un mercado equiparable de un tercer Estado, a menos que se suponga el domicilio en España como punto de conexión con el ordenamiento jurídico español.

La tipicidad como sociedad anónima y la admisión de sus acciones en un mercado regulado español revela la doble naturaleza de las sociedades co-

cho español también a aquellas que coticen en un mercado secundario de otro país sea o no comunitario: SÁNCHEZ CALERO, F., "La sociedad cotizada en Bolsa ...", *op. cit.*, p. 120 y s.

16 En tales casos, los aspectos societarios se regirán por el Derecho Español, mientras que los relacionados con el mercado, con el Derecho donde la sociedad cotice sus acciones.

17 Lo que conduciría, en el caso concreto, a aplicar la ley española a las sociedades afectadas con domicilio social en España que coticen sus acciones en mercados extranjeros. El art. 1 define asimismo en su apartado 4 el régimen aplicable a las sociedades que no tengan su domicilio en España, ni en ningún otro Estado miembro de la Unión y coticen, a su vez, en un mercado secundario español. Por último, el apartado 5 del citado art. 1 del RDOPA establece las normas aplicables a las sociedades afectadas por una OPA que tengan su domicilio en España, pero no coticen sus acciones en un mercado secundario español. Volveremos sobre esta cuestión más adelante en el texto.

tizadas —y una notable complejidad[18]— en tanto, por una parte, son tratadas como sociedades anónimas especiales en el marco del TRLSC y, por otra, como un tipo especial de emisores de valores negociables en el ámbito del Derecho del Mercado de Valores[19]. Esta doble naturaleza se refleja en su regulación, viniendo su estatuto jurídico a estar distribuido —aunque sin formar un conjunto armónico[20]— entre las normas especiales del TRLSC y la Ley 6/2023, de 17 de marzo, de los Mercados de Valores y de los Servicios de Inversión, y la normativa de desarrollo. De este estatuto jurídico se comentarán en este lugar cuestiones específicas relacionadas con la reducción del capital, conforme el plan general de esta obra colectiva.

2. La reducción del capital social en las sociedades cotizadas: régimen jurídico

El título XIV de la TRLSC contiene algunas disposiciones puntuales sobre la reducción de capital en las sociedades cotizadas. Se trata, por una parte, de lo previsto en materia de amortización de acciones rescatables[21], respecto de las que el art 501.3 TRLSC establece que, si no existen beneficios o reservas libres en cantidad suficiente, ni se emitan nuevas acciones para financiar la operación, se proceda a la amortización conforme los requisitos establecidos para la reducción de capital mediante devolución de aportaciones[22]. Por otra parte, en relación con las sociedades cotizadas con propósito para la adquisición, el art. 535 ter. 1. y 3. TRLSC contempla la posibilidad de que se establezca como mecanismo de reembolso a los accionistas, el compromiso de realizar una reducción de capital social, en cuyo caso deberán añadirse

18 Cfr. FERNÁNDEZ DE LA GÁNDARA, L., "La Sociedad Cotizada: problemas de política y de técnica jurídicas", en VIVES, F, PÉREZ-ARDÁ, J. (coords.), *La sociedad cotizada,* Marcial Pons, Madrid, 2006, p. 42.

19 En el que, además, pueden desarrollar otros papeles, así, inversores institucionales (*v. gr.* sociedad anónima de seguros cotizada) o como intermediarios (*v. gr.* un banco cotizado). *Vid.* TAPIA HERMIDA, A., *Sociedades anónimas cotizadas y ofertas públicas de adquisición, op. cit.*, ps. 36-41.

20 *Vid.* SÁNCHEZ CALERO, F., "Las sociedades cotizadas o bursátiles en el derecho español", *op. cit.*,p. 921. Un botón de muestra de esta falta de armonía puede verse en la propia consideración de sociedad cotizada en los artículos 495 1. TRLSC y el art. 1 del RDOPA, descrita en el texto *ut supra.*

21 Acciones cuya emisión está reservada exclusivamente a las sociedades cotizadas. De allí la necesidad de resolver las cuestiones que puedan suscitar en su propio ámbito, fuera del cual no habría normas generales de aplicación supletoria. *Vid.* SÁNCHEZ-CALERO GUILARTE, J., "Sociedades cotizadas y Ley de Sociedades de Capital", *op. cit.*, p. 8.

22 Remitiéndose al régimen general supletorio.

a la oferta de adquisición las previsiones ordenadas en el art. 535 quater. 3 TRLSC. Como se ve, estas normas ordenan el procedimiento y/o añaden requisitos al régimen general, pero no delimitan un régimen especial sobre la reducción de capital aplicable a todas las sociedades cotizadas[23]. Por tanto, frente a lo no previsto, se deberá estar a las disposiciones generales aplicables a las sociedades anónimas (art. 495. 2. TRLSC).

Por su parte, la LMVSI tampoco establece un régimen específico sobre la reducción de capital de estas sociedades, aunque al hilo de ordenar el procedimiento a seguir cuando se alcance el control de una sociedad cotizada, conecta con un régimen especial en materia de reducción de capital. En efecto el art. 108 LMVSI exige el deber de formular una oferta pública de adquisición por la totalidad de las acciones u otros valores que directa o indirectamente puedan dar derecho a su suscripción o adquisición y dirigida a todos sus titulares a un precio equitativo a quien alcance el control de una sociedad cotizada, ya lo consiga: a) mediante "la adquisición de acciones u otros valores..."; b) "mediante pactos parasociales o de otra naturaleza con otros titulares de valores"; o c) "como consecuencia de los demás supuestos de naturaleza análoga que reglamentariamente se establezcan". Entre estos últimos, el art. 12 del RDOPA ordena a las sociedades cotizadas españolas que realicen una reducción de capital mediante la compra de sus propias acciones para su amortización, la formulación de una oferta pública de adquisición, conforme el contenido del citado Real Decreto y sin perjuicio de los requisitos mínimos previstos en el TRLSC para esta modalidad de reducción de capital[24].

Con los antecedentes señalados, el régimen jurídico de la reducción de capital en las sociedades cotizadas es el que sigue: ante la falta de normas específicas y conforme lo previsto en el art. 495.2 TRLSC, regirán las normas respectivas a la reducción de capital de las sociedades anónimas previstas en los arts. 317 a 342 TRLSC; concretamente habrá que observar los requisitos exigidos en la reducción de capital por devolución de aportaciones como medio de financiación de las acciones rescatables; cuando las sociedades cotizadas reduzcan su capital mediante la compra de sus propias acciones para su amortización, se aplicará el art. 12 del RDOPA que ordena en tal caso formular una OPA por reducción, a lo que habrá que añadir, en algunos casos,

---

23 Sí contempla algunas normas especiales para el aumento de capital: arts. 503-508 TRLSC.

24 Como el RDOPA es anterior al TRLSC sus normas se remiten a la Ley de Sociedades Anónimas de 1989. Así, concretamente, este artículo 12 ordena la formulación de la OPA, a salvo de lo dispuesto en el art. 170 del Texto Refundido de Ley de Sociedades Anónimas, aprobado por el Real Decreto Legislativo 1564/1989 de 22 de diciembre. En el Derecho vigente la remisión se entiende hecha a las arts. 338 a 324 del TRLSC.

las previsiones del art. 535 quater. 3 TRLSC cuando trate de sociedades cotizadas con propósito para la adquisición. La obligación de formular una OPA por reducción debe ponerse, a su vez, en relación con los arts. 144 a), y 338 a 342 del TRLSC que regulan la adquisición derivativa realizada por la sociedad anónima de sus propias acciones cuando se adquieran en ejecución de un acuerdo de reducción de capital adoptado por la junta general, y la propia reducción de capital con causa en la referida adquisición, respectivamente[25], así como los arts. 171 a 173 del Real Decreto 1784/1996, de 19 de julio por el que se aprueba el Reglamento del Registro Mercantil (en adelante RRM).

Con el fin de evitar repeticiones, no nos detendremos en el régimen jurídico general de la reducción del capital social —que ya ha sido tratado con antelación en otra parte de esta obra[26]— y abordaremos específicamente la obligación de las sociedades cotizadas de formular una OPA cuando procedan a reducir su capital mediante la compra de sus propias acciones para su amortización.

II. LA REDUCCIÓN DE CAPITAL MEDIANTE LA ADQUISICIÓN DE LAS PROPIAS ACCIONES PARA SU POSTERIOR AMORTIZACIÓN: OBLIGACIÓN DE FORMULAR UNA OPA

1. Régimen jurídico. Antecedentes

El art. 338 del TRLSC ordena a las sociedades de capital a ofrecer la adquisición a todos los socios cuando proceda a reducir su capital mediante la

25 Confluyen así en este precepto —haciendo eco de la doble naturaleza de las sociedades cotizadas señalada en el texto *ut supra*— las normas del Derecho de sociedades mercantiles con el Derecho de mercado de valores. *Vid.* TAPIA HERMIDA, A. J., "Comentario al art. 9", en SÁNCHEZ CALERO, F. (Dir.), AA.VV., *Régimen jurídico de las ofertas públicas de adquisición (OPAS), Comentario sistemático del RD 1197/1991*, vol. 1, Centro de Documentación Bancaria y Bursátil, 1993, p. 227. El autor realiza esta observación en relación con el art. 9 del Real Decreto 1197/1991, antecedente inmediato del citado art. 12 RDOPA, por cuanto el fenómeno de las OPAs, desde un punto de vista instrumental, se ubica fundamentalmente en el Derecho del mercado de valores; mientras que, atendiendo a los fines, las OPAs —como mecanismo de concentración societaria— afectan directamente al régimen de las sociedades cotizadas.

26 Se sabe, conforme al art. 317 del TRLSC, que puede tener por finalidad el restablecimiento del equilibrio entre el capital y el patrimonio neto de la sociedad disminuido por causa de las pérdidas, la constitución o el incremento de la reserva legal o de las reservas voluntarias o la devolución del valor de las aportaciones, así como también, en las sociedades anónimas, la condonación de la obligación de realizar las aportaciones pendientes; y que la reducción podrá realizarse mediante la disminución del valor nominal de las acciones, su amortización o agrupación.

adquisición de sus propias participaciones o acciones para su posterior amortización. Este deber, tal como se anticipó, está reglamentado para las sociedades cotizadas españolas en el RDOPA de 2007, concretamente en su art. 12 que prescribe en esta modalidad de reducción de capital la formulación de una oferta pública de adquisición conforme lo establecido en el mismo Real Decreto.

El RDOPA de 2007 se aplica a todas las ofertas públicas de adquisición, sean obligatorias o voluntarias, que se formulen sobre una sociedad cotizada. Mientras que el capítulo II (arts. 3 a 9) recoge las normas específicas aplicables a las ofertas públicas de adquisición obligatorias cuando se alcanza el control de una sociedad —tanto de manera directa como sobrevenida—, el capítulo III desarrolla supuestos de ofertas públicas de adquisición obligatorias con otras motivaciones, a saber: las ofertas para la exclusión de los valores de cotización (arts. 10 y 11), y las ofertas cuando una sociedad cotizada reduce el capital mediante la adquisición de sus propias acciones para su posterior amortización (art. 12), que es el supuesto que nos ocupa[27]. En todos los casos, la obligación de formular la OPA se configura *a posteriori*, esto es, tras —y no frente a la pretensión de— la adquisición, acuerdo de exclusión o acuerdo de reducción, y ha de dirigirse al 100% del capital, aunque no tenga como objetivo la aceptación del 100% del capital.

Los supuestos de oferta obligatoria cuando se alcanza el control de una sociedad cotizada constituyen los más habituales[28]. Es así como configuran el supuesto previsto en el art. 108 de la LMVSI y constituyen el prototipo que prevé la Directiva 2004/25/CE del Parlamento Europeo y del Consejo, de 21 de abril de 2004 relativa a las ofertas públicas de adquisición[29]. Son menos frecuentes

27 Por su parte el art. 13 del RDOPA regula las ofertas de adquisición voluntarias.

28 Cfr. SÁNCHEZ ANDRÉS, A., *Estudios jurídicos sobre el mercado de valores,* Aranzadi, Pamplona, 2008, p. 1295, quien señala que en su manifestación más típica —en referencia a la función económica que ordinariamente distingue la operación— "una OPA es simplemente un «método» para acceder o reforzar el control de una sociedad y, de modo especial, de una sociedad cotizada en Bolsa", aunque este rasgo no es un elemento caracterizador de la figura, porque cuanto si bien son las sociedades cotizadas —abiertas— las que mantienen una base permanente de información financiera actualizada, sin la cual es muy difícil llegar a configurar un verdadero mercado del control corporativo, las razones que mueven a formular una OPA en estos casos no se plantean de manera sustantivamente distinta en las sociedades no cotizadas.

29 Con carácter general en esta Directiva (conocida como Directiva de OPAs de 2004) se considera que es necesario proteger los intereses de los titulares de valores de sociedades cuyos valores —o al menos una parte— estén admitidos a negociación en un mercado regulado en un Estado miembro, cuando éstas sean objeto de una oferta pública de adquisición o de un cambio de control. Cfr. Considerando 2.

las OPAs relacionadas con otras circunstancias, a los que la doctrina ha denominado casos de OPAs reflexivas[30], esto es, OPAs en las que la sociedad oferente será la propia sociedad afectada, dirigiéndose la OPA a los propios socios[31]. El RDOPA obliga en estos últimos casos también a formular una OPA —no así la citada Directiva[32]— para paliar los efectos negativos que tanto la exclusión de la cotización, como la reducción del capital podrían tener sobre los accionistas y[33], en ambos supuestos, con el fin de asegurar el trato equitativo que inspira el régimen general de OPAs previsto en la Directiva de 2004[34].

Estas dos OPAs reflexivas tienen sus antecedentes en el RD 1197/1991 de 26 de julio sobre el régimen de las ofertas públicas de adquisición de valores en los art. 7 y 9. Estos artículos vinieron a desarrollar el régimen de OPAs previsto en la Ley 24/1988, de 28 de julio del Mercado de Valores (LMV)[35], más el caso

30 Cfr. TAPIA HERMIDA, A. J., "Comentario al art. 9", *op. cit.*, p. 236.

31 *Vid.* GONZÁLEZ FÉRNÁNDEZ, M.ª B., "La obligación de formular OPA en caso de exclusión y de reducción de capital mediante adquisición de acciones propias", en AA.VV. RODRÍGUEZ ÁRTIGAS, F. Y OTROS (Dirs.) RONCERO SÁNCHEZ, A., (Coord), *Sociedades cotizadas y transparencia en los mercados,* T. II, Aranzadi, 2019, Pamplona, 898-919. Advierte la autora que estos casos siguen siendo OPAs obligatorias a pesar de que en el origen hay una decisión voluntariamente adoptada por la sociedad emisora y por la que ella misma se verá afectada y que en cualquier caso deben cumplir con los requisitos informativos sobre los que se sustenta la protección de los inversores en el Mercado de Valores.

32 Que tal como se advirtió en el texto vertebra el sistema en torno a la OPA obligatoria cuando se alcanza el control de una sociedad cotizada.

33 Afectados, en el primer caso por la pérdida de liquidez, por la pérdida de información y transparencia de la sociedad, así como por la pérdida de la supervisión y vigilancia por la CNMV; en el supuesto de reducción de capital, la afectación en la participación del capital podría verse inmersa en un procedimiento más amplio de toma de control, lo que conduciría a conjugar el régimen jurídico aplicable a la OPA por reducción con el respectivo a la OPA pública de adquisición cuando se alcanza el control. Cfr. art. 8 RDOPA.

34 La Directiva constituye una normativa de mínimos en materia de OPAs, pero establece los principios inspiradores del sistema. Cfr. art. 3. Principios generales. Respecto al principio de trato equivalente, hay que recordar que constituye un principio fundamental en el Derecho de sociedades que obliga a otorgar el mismo trato a los accionistas que se encuentren en condiciones idénticas. Así lo recordó la Comisión en su Propuesta de decimotercera Directiva sobre Derecho de sociedades, relativa a las ofertas públicas de adquisición de 19 de enero de 1989 en su comentario al art. 3. Por su parte en el comentario al art. 4 subraya que para que se respete este principio cuando una persona pretende adquirir títulos de una sociedad que le confieren un porcentaje de derecho de votos de hasta un tercio "deberá lanzar una oferta pública de adquisición". Cfr. Propuesta de Decimotercera Directiva del Consejo en materia de Derecho de sociedades, relativa a las ofertas públicas de adquisición (presentada por la Comisión) Com (88) 823 final SYN 186, de 16 de febrero de 1989.

35 LMV de 1988 indicaba en su propio preámbulo que su articulado contemplaba "el marco general para una regulación de las ofertas públicas de adquisición de valores destinado a superar las limitaciones de la normativa vigente".

concreto contemplado en el art. 170 de la LSA de 1989, donde se ordenaba el ofrecimiento de la compra a todos los accionistas, cuando la reducción de capital hubiera de realizarse mediante la compra de acciones de la sociedad para su amortización, que no encontraba acomodo en el régimen de OPAs previstos en la LMV de 1989[36]. En relación con la oportunidad de la formulación de la OPA, el régimen jurídico conformaba un sistema *a priori*[37], en el que cabían OPAs de carácter total o parcial[38]. Más tarde la Directiva 2004/25/CE relativa a las ofertas públicas de adquisición impuso, entre otras cosas, la formulación de la OPA *a posteriori* y con carácter total (cfr. especialmente su art. 5)[39], por lo que

36 Esta falta de acomodo, en palabras del profesor SÁNCHEZ ANDRÉS, "estaba pidiendo a gritos su coordinación con el régimen general de ofertas públicas de adquisición previsto en la normativa del mercado de valores". *Vid.* SÁNCHEZ ANDRÉS, A. "Teleología y tipología de las Ofertas Públicas de Adquisición en la nueva regulación española", en URQUIJO, J. L., *et. al.* (Dirs.), AA.VV., *La lucha por el control de las grandes sociedades. Las ofertas públicas de adquisición,* Deusto, Bilbao, 1992, p. 14.

37 En la redacción originaria la LMV de 1988 exigía en su art. 60 una OPA *a priori* a quien "pretendía" adquirir una participación significativa igual o superior a un 25 % del capital de una sociedad cotizada y admitía una OPA parcial consintiendo que se pueda dirigir a todo o parte del capital de la sociedad, según los porcentajes de capital con derecho a voto que se pretendiesen adquirir. La OPA, por tanto, no era una simple consecuencia de la adquisición de una participación significativa, sino el único camino para adquirirla. Así describía el régimen: ZURITA SAÉNZ DE NAVARRETE, J., "Comentario al art. 1", en SÁNCHEZ CALERO, F. (Dir.), AA.VV., *Régimen jurídico de las ofertas públicas de adquisición (OPAS), Comentario sistemático del RD 1197/1991,* vol. 1, Centro de Documentación Bancaria y Bursátil, 1993, p. 35 y s.

38 Conforme el 1 del RD 1197/1991 el oferente no se comprometía a adquirir todas las acciones presentadas a la aceptación. A su vez, el grado de parcialidad variaba según la participación pretendida. El régimen continúa admitiendo OPAs voluntarias parciales.

39 La regulación de las OPAs en el Derecho comunitario —y por lo tanto también en nuestro Derecho— es garantizar la igualdad de trato de todos los accionistas, en particular, ante un cambio significativo de su control mediante la transmisión de sus acciones o valores derivados. A este respecto, el Código de Conducta Europeo relativo a las transacciones referentes a los valores mobiliarios establece en su principio general n.º 3 que "debe asegurarse a todo tenedor de valores mobiliarios de la misma naturaleza, emitidos por la misma sociedad, una igualdad de trato, en particular, en todo acto que implique directa o indirectamente, la transferencia de una participación que permita un control, de hecho o de derecho, de una sociedad cuyos valores mobiliarios se negocien en el mercado, se tendrá en cuenta el derecho de todos los accionistas a ser tratados del mismo modo" (https://www.boe.es/doue/1977/212/L00037-00042.pdf). Este objetivo de trato igualitario motivó a que los países europeos establecieran como regla general que la OPA se dirija a todas las acciones de la sociedad cotizada (OPA total), admitiéndose sólo excepcionalmente la formulación de OPAs parciales. *Vid.* SÁNCHEZ-CALERO GUILARTE, J., TAPIA HERMIDA, A. J., "Las Opas en el Mercado español. (Observaciones a partir de la práctica más reciente)", https://eprints.ucm.es/id/eprint/6434/, 2002, p. 13. Respecto a la oportunidad de la formulación, las propuestas de Directivas sobre OPAs pasaron de imponerla a quien "pretenda" adquirir un porcentaje de derechos de voto en una sociedad cotizada, a exigirla a quien "adquiera" directa o indirectamente tal porcentaje de votos que le otorgue el control de aquellas.

se hizo necesaria la adaptación del régimen[40]. A este respecto, la Ley 6/2007 de 12 de abril de reforma de la Ley 24/1988, de 28 de julio del Mercado de Valores, para la modificación del régimen de las ofertas públicas de adquisición y de la transparencia de los emisores, entre otras modificaciones, dio nueva redacción al art. 60 de la LMV, exigiendo la OPA a quien alcance el control, y no a "quien pretenda", de una sociedad cotizada[41].

Respecto a los supuestos en los que resultaba obligatoria la formulación de la OPA, originariamente la LMV de 1988 la exigía en tres casos: en el art. 60 párrafo 1.º, a quien pretendiese adquirir un volumen de acciones cotizadas en bolsa que le confieran una participación significativa en el capital de la sociedad; en el párrafo 4.º del mismo artículo, con carácter previo a la modificación de sus estatutos, la exigía a quien hubiese adquirido un volumen de acciones que represente más del cincuenta por ciento del total de los votos de la sociedad emisora; y, en el art. 34 párrafo 2, donde al regular el supuesto de exclusión de la negociación bursátil de las acciones a solicitud de la entidad emisora de los valores, la CNMV obligase a formular una oferta pública por considerar que pueden verse afectados los legítimos intereses de los tenedores de los valores. El RD 1197/1991 de 26 de julio reglamentó y desarrolló con detalle este supuesto, junto al supuesto general de OPA en caso de toma de participación significativa. Luego, la citada Ley 6/2007 introdujo en el art. 34 2. LMV el deber —no sujeto ya al arbitrio de la CNMV— de la sociedad emisora que acuerde la exclusión de sus acciones de los mercados oficiales españoles de formular una OPA pública de adquisición dirigida a todos los valores afectados por la exclusión.

Por su parte, el art. 170 de la Ley de Sociedades Anónimas de 1989 obligaba al ofrecimiento de la compra a todos los accionistas —sin distinguir entre sociedades anónimas cotizadas y no cotizadas— cuando la reducción de capital hubiere de realizarse mediante la compra de acciones de la sociedad para su amortización, estableciendo con ello las bases para un nuevo supuesto de oferta pública de adquisición de carácter obligatorio para las sociedades

40 Se imponía adaptar el régimen de 1988 a las exigencias de la armonización comunitaria. Este avance se produjo por la incorporación parcial a nuestro ordenamiento jurídico dos Directivas comunitarias. Una, la ya aludida Directiva de OPAs de 2004 y la otra es la Directiva 2004/109/CE del Parlamento Europeo y del Consejo, de 15 de diciembre de 2004, relativa a la información sobre los emisores cuyos valores se admiten a negociación en un mercado regulado y por la que se modifica la Directiva 2001/34/CE. El RDOPA completó la transposición de ambas Directivas.

41 Sobre el cambio del sistema español de las OPAs: cfr. TAPIA HERMIDA, A. J., *Sociedades anónimas cotizadas y ofertas públicas de adquisición*, *op. cit.*, ps. 217-222.

cotizadas[42]. Este precepto vino a consolidar el principio de igualdad de trato entre los accionistas en sede de ejecución del acuerdo de reducción de capital[43] —cuyo objeto es ofrecerles a los socios interesados las mismas oportunidades de vender a la sociedad[44] —que había sido puesto en cuestión en la Ley de sociedades anónimas de 1951. En efecto, el art. 47.1 de la Ley de 17 de julio de 1951 sobre régimen jurídico de las sociedades anónimas autorizaba a la sociedad a adquirir sus propias acciones con cargo al capital social, únicamente para amortizarlas, previo acuerdo de reducción del capital social, pero sin ordenar el ofrecimiento de la compra a todos los accionistas, lo que suscitó cierto recelo en la doctrina por la potencial lesión al principio de paridad de trato[45]. Con posterioridad, la Ley 19/1989, de 25 de julio de reforma parcial y adaptación de la Legislación Mercantil a las Directivas de la Comunidad Económica Europea (CEE) en materia de sociedades dio nueva redacción y numeración a gran parte del articulado de la Ley de Sociedades Anónimas de 1951. Así el contenido del citado art. 47 pasó al art. 101 f) donde expresamente se introdujo el deber de ofrecer la compra a todos los accionistas en el señalado supuesto de reducción de capital. Este deber pasó al art. 170 de la LSA de 1989 (que, finalmente, ha sido recogido en el art. 338 del TRLSC)[46],

42 El RD 1197/1991 de 26 de julio vino así a reglamentar y a coordinar lo previsto en la LMV de 1988 y lo contemplado en la Ley de Sociedades Anónimas de 1989 en materia de ofertas públicas de adquisición. Como el legislador, en el citado artículo 170, no establecía distinción entre sociedades cotizadas y no cotizadas, y dado que la Ley de Sociedades Anónimas de 1989 era posterior a la LMV de 1988, podía deducirse —al menos en un primer momento— que resultaba el único régimen aplicable en materia de OPAs para ambos tipos de sociedades, aunque en clara contradicción con el principio de especialidad y con un principio de justicia material que impedía entender que el legislador en la LSA había pretendido rebajar el grado de protección que la LMV dispensaba a los accionistas minoritarios de las sociedades cotizadas. *Vid.* TAPIA HERMIDA, A. J.,"Comentario al art. 9", *op. cit.*, p. 230 y s. Advierte el autor que pese a que el recurso al RD intentó reflejar la preferencia de su aplicación —en tanto norma reglamentaria y posterior— no obstante, imponía al intérprete una labor de coordinación más intensa, por cuanto debía valorar la aplicación del art. 9 del RD 1197/1991 «sin perjuicio de los requisitos mínimos previstos en el art. 170 de la LSA».

43 Cfr. RODRÍGUEZ GONZÁLEZ, A., "Una aproximación a la OPA de reducción de capital", *Revista de Derecho del Mercado de Valores*, N.º 4, 2009, p. 3., versión digital.

44 *Vid.* FENGHI, F., *La riduzione del capitale...*, *op. cit.*, p. 85.

45 En estas circunstancias, se exponían los supuestos donde la adquisición de acciones propias podía resultar especialmente lesiva al principio de igualdad de tratamiento de los accionistas: VELASCO SAN PEDRO, L., *La adquisición por la sociedad emisora de sus propias acciones*, Lex Nova, Valladolid, 1985, ps.51-57.

46 El principio se repetía en el art. 164.4 (hoy 320 TRLSC) entre los requisitos generales de la reducción, donde se prescribía la igual afectación a todas las acciones en proporción a su valor nominal cuando la reducción tenga por finalidad restablecer el equilibrio entre el capital y

en relación con el cual el art. 9 del RD 1191/1991 previó expresamente la sumisión a su régimen[47].

El art. 12 del RDOPA, como se ha dicho, ordena a las sociedades cotizadas españolas a formular una OPA en la citada modalidad de reducción de capital, lo que se explica atendiendo a las características de este tipo de sociedades —de las que se ha dado muy breve cuenta en el primer apartado de este trabajo— y a su natural conexión con el mercado de valores[48]. Por lo que respecta a la OPA, sobre cuya peculiaridad no podemos explayarnos ahora, hay que recordar que quien la formula se dirige directamente a los destinatarios en paralelo a las transacciones que tienen lugar en el mercado de valores, proponiéndoles adquirir sus títulos a un precio determinado y durante un plazo limitado[49]. La negociación de la OPA fuera de los cauces habituales del mercado bursátil justifica su reglamentación, al margen de la cual, tal negociación —fuera del mercado, y sin oferta pública— derivaría indefectiblemente en abuso[50].

Mientras que el art. 338 del TRLSC impone a la sociedad ofrecer la adquisición a todos los accionistas, el RDOPA establece cómo ha de llevarse a cabo tal ofrecimiento cuando se trate de una sociedad cotizada y, atendiendo

el patrimonio neto, disminuido por consecuencia de pérdidas, sin perjuicio de los privilegios otorgados por la ley o los estatutos a determinadas clases de acciones.

47 A pesar de que la denominación del artículo, "Reducción de capital mediante adquisición de acciones propias", podía dar lugar a dudas (así como también, pensamos nosotros, la falta de alusión concreta en su contenido a la formulación de una OPA —que debía interpretarse implícita en la remisión—) la doctrina no dudaba en considerar el caso como un verdadero supuesto de OPA. Cfr. TAPIA HERMIDA, A. J., "Comentario al art. 9", *op. cit.*, p. 234 y s. Más discusión generaba su carácter obligatorio o voluntario. Para el autor citado en esta nota se trataba de una OPA obligatoria, conforme a un criterio sustancial impuesto por el art. 170 de la LSA. Aunque desde una perspectiva formal y sistemática, basada en la posición de este art. 9, ubicado tras las OPAs voluntarias, había quien la excluía de los supuestos de OPAs obligatorias, así: ZURITA SÁENZ DE NAVARRETE, J., "El régimen español de la OPA: análisis del Real Decreto 1197/1991, de 26 de julio", en URQUIJO, J. L., *et. al.* (Dirs.), AA.VV., *La lucha por el control de las grandes sociedades. Las ofertas públicas de adquisición*, Deusto, Bilbao, 1992, p. 99 y s. El régimen actual ha eliminado las dudas, tanto por lo que respecta a la consideración de OPA en la misma denominación, como a su carácter obligatorio.

48 Cfr. SÁNCHEZ ANDRÉS, A., *Estudios jurídicos sobre el mercado de valores, op. cit.*, p.1295; ZURITA SÁENZ DE NAVARRETE, J., *La oferta pública de adquisición* (O.P.A.), Bolsa de Madrid, Servicio de Estudios, Madrid, 1980, p. 106 y ss. Este último autor explica la necesidad de abordar el tema de la OPA en el ámbito del Mercado de Valores, pese a que ella se realiza fuera del mercado y a un cambio distinto a la cotización bursátil.

49 Cfr. ampliamente sobre estas cuestiones: ZURITA SÁENZ DE NAVARRETE, J., *La oferta pública de adquisición* (O.P.A.), *op. cit.*, ps. 223 y s., 260 y s., 293 y s., 354 y s, 360 y s.

50 Cfr. BOCHICCHIO, F., *Buy back e riduzione del capitle sociale. Integrità del capitale e autonomía nella determinazione della compagine societaria*, Cedam, 2000, Padova, p. 134 y s.

a que el mismo se realizará fuera del cauce habitual donde se negocian los títulos, exige a la sociedad oferente-afectada la formulación de una OPA. Se trata, por tanto, de una OPA obligatoria reflexiva total en el sentido que ha de dirigirse a todos los accionistas, si bien no tiene por objeto el 100% de la aceptación del capital[51]. En cuanto OPA se presenta como un mecanismo corrector de los vicios que presentan las compras progresivas —entre los administradores de la sociedad afectada y cada uno de los socios—, y los posibles abusos de las adquisiciones directas desde el socio o socio de control[52]. La exigencia de la OPA evita así que sólo una parte de los socios se vea beneficiada por el incremento de su posición en la sociedad como consecuencia de la amortización y que, correlativamente, sólo una parte de los socios resulten afectados por la anulación de sus acciones[53].

Por lo que respecta a la remisión que este art. realiza al art. 170 LSA, habrá que interpretar que se refiere actualmente a los artículos 338 a 342 del TRLSC, donde se establece el régimen general aplicable a la reducción de capital mediante adquisición de acciones propias para su amortización. Finalmente, conforme lo previsto en el art. 2 del RDOPA, resultarán aplicables a las OPAs por reducción de capital los artículos pertinentes del propio Real Decreto en cuanto norma específica reguladora de las ofertas públicas de adquisición y, tratándose de sociedades cotizadas con propósito para la adquisición habrá que añadir las precisiones previstas en el art. 535 quater. 3 TRLSC.

2. Ámbito de aplicación: elementos subjetivo y objetivo

En comparación con la otra OPA obligatoria reflexiva (por exclusión de la cotización) el legislador ha sido mucho más parco en la regulación de la OPA por reducción de capital, lo que se explica por resultar poco frecuente que una sociedad cotizada reduzca su capital sin estar implicada, a su vez, en un procedimiento más amplio en el que a la reducción y a su OPA haya que sumar una OPA de toma de control[54]. Es así como en el art. 7. 2 del RDOPA establece que si, como consecuencia de la reducción de capital de una sociedad cotiza-

51 Motivo por el cual algún autor considera que se trata de una OPA parcial. Cfr. GONZÁLEZ FÉRNÁNDEZ, M.ª B., "La obligación de formular OPA..", *op. cit.*, p. 915.

52 *Vid.* SÁNCHEZ ANDRÉS, A., *Estudios jurídicos sobre el mercado de valores*, *op. cit.*, p. 1296; ZURITA SÁENZ DE NAVARRETE, J., "Comentario al art. 1", *op. cit.*, p. 30 y s.

53 GONZÁLEZ FÉRNÁNDEZ, M.ª B., "La obligación de formular OPA ...", *op. cit.*, p. 912 y s., quien recuerda que la reducción no únicamente implica excluir acciones del capital social, sino que también puede traducirse en un mecanismo útil a través del cual algunos socios vean reforzada su participación en el capital.

54 *Idem*, p. 912

da algún accionista llegara a alcanzar cualquiera de los porcentajes de los derechos de voto previstos en el art. 4 RDOPA (participación de control), dicho socio no podrá ejercer los derechos políticos que excedan de tales porcentajes sin formular una oferta pública de adquisición, a menos que se enajene el exceso dentro de los tres meses siguientes a la fecha de reducción de capital.

En términos generales el art. 12 delimita el supuesto de hecho (cuándo debe formularse) y la excepción a la formulación de la OPA. Junto a ello, según se ha señalado ya, prevé la remisión a la normativa societaria relativa a esta modalidad de reducción de capital —arts. 338 a 342 TRLSC—, así como también, para el caso de que las acciones comprendidas en las declaraciones de aceptación hubiesen superado el límite máximo de la oferta, una remisión a las reglas de distribución y prorrata previstas en el art. 38 RDOPA con el fin de asegurar el principio de paridad de trato entre los accionistas. Concretamente, en relación con el supuesto de hecho cabe delimitar los elementos subjetivo y objetivo.

2.1. Elemento subjetivo: la sociedad cotizada

El art. 12 del RDOPA obliga a "la sociedad cotizada española" a formular una OPA por reducción de capital cuando esta se realice mediante la adquisición de sus propias acciones para su amortización. Dadas las circunstancias de esta OPA, la persona que la formula y la sociedad afectada coinciden en la "sociedad cotizada"[55], definida, a los efectos de la sujeción al régimen del RDOPA, en su art. 1 como "aquellas cuyas acciones estén en todo o en parte, admitidas a negociación en un mercado secundario oficial español y tengan su domicilio social en España". Estrictamente, los destinatarios de la OPA son los titulares de las acciones de la sociedad cotizada, como socios de la compañía, porque la OPA por reducción de capital tiene por efecto devolverles sus aportaciones por las acciones que se amortizan. El art. 338 1. TRLSC obliga a ofrecer la adquisición a todos los socios —excluyéndose así a los titulares de obligaciones convertibles en acciones de la sociedad que no forman parte del capital social—, si bien es posible que no afecte a todos, y sólo a una clase, en cuyo caso el segundo párrafo del citado artículo exige un acuerdo separado de la mayoría de las acciones pertenecientes a la clase afectada, adoptado en la forma prevista en el art. 293 TRLSC.

55 *Idem*, p. 914.

Por lo que respecta a la sociedad cotizada obligada a la formulación de la OPA, el art. 12 no la identifica con la sociedad anónima, lo que implica que eventualmente una sociedad en comandita por acciones podría resultar obligada a formular una OPA por reducción de capital —y afectada por ella— en tanto concurran los otros dos elementos de la definición: la negociación de todos o parte de sus valores en un mercado secundario oficial español —que habrá de entenderse referido a un mercado regulado español— y el domicilio social en España[56].

En relación con las sociedades no domiciliadas en España, pero sí en algún Estado miembro de la Unión, cuyas sus acciones estén admitidas a negociación en un mercado secundario oficial español, el RDOPA prevé un régimen específico en los apartados segundo y tercero del citado art. 1, conforme al cual los aspectos conectados con el Mercado de Valores, así, respecto al órgano que autorizará la decisión de formular la oferta, como los asuntos relativos a la contraprestación, precio ofrecido y, en particular, la información sobre la decisión del oferente de presentar una oferta, el contenido del folleto explicativo, la difusión de la oferta y las ofertas competidoras se regirán por lo previsto en el RDOPA; mientras que las cuestiones relacionadas con la información que debe facilitarse al personal de la sociedad afectada, como las vinculadas al Derecho de Sociedades, así el porcentaje de derechos de votos que confiere el control, las excepciones a la obligación de formular la oferta, las condiciones en las que el órgano de administración o dirección de la sociedad afectada puede emprender una acción para perturbar el desarrollo de la oferta, estarán sujetas a las normas y autoridad competente del Estado miembro de la Unión en el que la sociedad afectada tenga su domicilio social. El apartado cuarto de este mismo art. 1 RDOPA concreta las normas aplicables a las sociedades afectadas por una OPA que no tengan su domicilio ni España ni en ningún Estado miembro, pero coticen en un mercado secundario español; y, finalmente, su apartado quinto hace lo propio para el supuesto inverso, esto es, para las sociedades afectadas que tengan su domicilio en España, cuyos sus valores no estén admitidos a negociación en un mercado secundario español.

56 Que conforme el art. 9 TRLSC habrá de coincidir con el lugar en el que se halle el centro de su efectiva administración y dirección, o en el que radique su principal establecimiento o explotación; siendo este último, prevalentemente, el que determina la obligación de fijar domicilio en España.

2.2. *Elemento objetivo: la reducción de capital social mediante la compra de acciones propias para su amortización*

El elemento objetivo del supuesto de hecho de la norma es la reducción de capital mediante la compra de acciones propias para su amortización. Como se ha advertido, el art. 12 del RDOPA debe integrarse con lo establecido en la Sección sexta del Capítulo III Título VIII del TRLSC, donde se regula la reducción mediante adquisición de acciones propias para su amortización, así como también su art. 144 a). TRLSC que autoriza a la sociedad anónima a adquirir sus propias acciones en ejecución de un acuerdo de reducción de capital adoptado por la junta general de la sociedad (adquisición derivativa, supuesto de libre adquisición) y con los arts. 171 a 173 del RRM.

La circunstancia de que la amortización de acciones haya de venir precedida de la compraventa por la sociedad revela que se está ante una reducción efectiva de capital[57], que se ejecutará a través de una transmisión de fondos de la sociedad a sus accionistas[58]. Atendiendo a lo previsto en el art. 317 del TRLSC, se trata de una modalidad de reducción que tiene por finalidad la devolución de las aportaciones, realizable mediante la amortización

57 Se distinguen dos tipos de reducción de capital: reducción efectiva o real y reducción nominal. Mientras la primera comporta también una disminución del patrimonio de la sociedad —en tanto hay devolución de las aportaciones o condonación de las aportaciones pendientes— en la segunda hay reducción del capital, pero no del patrimonio, así cuando esta reducción tiene por finalidad restablecer el equilibrio entre el capital y el patrimonio neto disminuido como consecuencia de las pérdidas, o cuando tiene por fin la constitución o el incremento de la reserva legal o de las reservas voluntarias; en este último caso la reducción de capital se traduce en una mera operación contable. *vid.* FERRARA, F. JR.-CORSI, F., *Gli imprenditori e le società*, ed.,Giuffrè, Milano 2006, ps. 711-719; NOBILI, R., SAVERIO SPOLIDORO, M., "La riduzione di capitale", en COLOMBO, G. E., PORTALE, G. B. (Dirs.), AA. VV., Trattado delle società per azioni, vol. 6, UTET, Torino 1993, p. 198; PÉREZ DE LA CRUZ BLANCO, A., *La reducción del capital en sociedades anónimas y de responsabilidad limitada,* Real Colegio de España, Bolonia, 1973, ps. 73-80. Este último autor aun partiendo de la clásica distinción entre reducción efectiva y nominal, advierte que la reducción de capital por incremento de los fondos de reservas —llamada reducción nominal— puede resultar engañosa, en tanto puede proyectar efectos sobre la esfera de los derechos e intereses de los acreedores en un momento posterior, esto es, cuando la sociedad acuerde la distribución de las reservas así creadas, en calidad de dividendos. A fin de evitar efectos perniciosos propone definir la realidad descrita como una reducción efectiva, en tanto resulta que una fracción del activo neto social ha quedado desvinculada de su afección a la cobertura del capital, con total independencia de que dicha fracción sea empleada en provecho de los socios, vaya destinada a satisfacer otras necesidades, o, aun permaneciendo en el patrimonio social, quede sujeta a un régimen de vinculación menos estricto del que hasta entonces ostentaba.

58 Cfr. TAPIA HERMIDA, A. J., "Comentario al art. 9", *op. cit.*, p. 243.

de estas[59]. La devolución de las aportaciones es la consecuencia de una de las razones económicas más habituales de la reducción de capital, debida a su exceso, abundancia o exuberancia[60], en contraposición a la reducción por consecuencia de pérdidas que, conforme lo previsto en el art. 321 TRLSC, en ningún caso podrá dar lugar a reembolsos a los socios ni en el caso de las sociedades anónimas, a condonar la obligación de realizar las aportaciones pendientes.

El hecho de que la amortización de las acciones venga precedida por la adquisición de estas por la propia sociedad suscitó en la doctrina —ya en el marco del régimen anterior de OPAs *a priori,* así como en el art. 170 de la LSA y art. 9 del RD 1197/1991— la duda de si la reducción de capital que obligaba a la sociedad a formular un OPA era aquella que se ha decidido ejecutar mediante la compra por la sociedad de sus propias acciones para amortizarlas después. O, si también era posible acudir al procedimiento de reducción —formulándose también una OPA— para amortizar acciones en situación de autocartera irregular (por haberse adquirido sin autorización o violando los límites legales)[61]. Esta última interpretación comprendía que razones de jus-

59 A este respecto se ha señalado que amortización de acciones y reducción de capital son dos caras de la misma moneda en tanto la amortización o la anulación de estas comporta la reducción del capital y, por otro, constituye una de las modalidades —junto a la disminución del valor de las acciones o su agrupación— de ejecución de la reducción de capital. Cfr. ARDIZZONE, L., "La riduzione del capitale mediante anullamento di azioni proprie: spunti e riflessioni da alcuni casi pratici", *Rivista delle società*, 2001, fasc., 2-3, p. 639.

60 *Vid.* GARRIGUES, J., "Comentario al art. 97", *op. cit.,* p. 272; SANCHÉS ANDRÉS, A., "Teología y tipología de las Ofertas Públicas de Adquisición en la nueva regulación española", *op. cit.,* p.14 quien había interpretado el supuesto del art. 170 de la LSC (hoy art. 338 del TRLSC) "como un procedimiento reglado de rescate de acciones cuando, por exuberancia de capital, conviene devolver aportaciones a los socios".

61 Es un caso frecuente en la práctica que la sociedad después de haber adquirido las acciones, aun observando el régimen legal, en un momento posterior reduzca el capital anulando estas acciones adquiridas. Es así como también en la doctrina italiana se planteó una discusión similar en relación con la posibilidad de que la sociedad proceda a la reducción de capital amortizando acciones ya adquiridas. Un sector de la doctrina consideraba que sólo la exuberancia de capital respecto al objeto social autorizaría la amortización de las acciones, conforme art. 2445 párrafo 1 Código Civil. En esta tesitura (mayoritaria) CARBONETTI, F., *L' acquisto di azioni proprie,* Giuffrè, Milano, 1988, p. 164 y s; DI SABATO, *Il capitale sociale (problema attuali), Riv. dir. imp.,* 1989, 2, p. 249; ARDIZZONE, L., "La riduzione del capitale...", *op. cit.,* p. 649 y s.; mientras que otra parte de la doctrina consideraba que si las acciones se han adquirido respetando los límites legales—art. 2357 Código Civil— podrían amortizarse pese a no concurrir el requisito de la exuberancia del capital. Cfr. NOBILI, R., SAVERIO SPOLIDORO, M., "La riduzione di capitale", *op. cit.,* p. 412 y s. Hay que advertir que esta discusión ha perdido cierta actualidad por lo que se refiere a su relación con el requisito de la exuberancia en cuanto condición a una reducción de capital facultativa y efectiva. En

ticia material podrían inducir a ampliar el ámbito propio del 170 de la LSA, y en consecuencia también el art. 9 del RD 1197/1991, para abarcar ciertos casos en los que la sociedad pretendiese reducir autocartera irregular, esto es, reduciendo el capital mediante la adquisición de acciones que ya eran de su propiedad, interpretándose que el legislador no estaba pensando tanto en una solución *a posteriori*, sino en un procedimiento reglado de rescate de acciones cuando, por exceso del capital, convenía "devolver aportaciones a los socios"[62]. Se entendía que la sociedad podía concurrir en el procedimiento de oferta pública con el resto de las accionistas, como accionista de sí misma a través de una autocartera excedente.

En nuestra opinión y a efectos de definir el supuesto de hecho objetivo de la norma, nos parece que deben distinguirse a su vez dos cuestiones: por una parte, cuál es el orden que debe seguirse en el procedimiento de reducción de capital a través de la adquisición de acciones propias a que se refiere tanto el art. 338 como el 144 a) del TRLSC; y, por otro lado, cuándo hay obligación de formular una OPA. Para lo primero —y también para lo segundo— son ilustrativos los fundamentos jurídicos de una Resolución de la DGRN de 11 de mayo de 2017 (BOE de 29 de mayo)[63], a propósito de un supuesto en el que la reducción se ejecutó mediante la amortización de las acciones que la sociedad anónima —si bien no cotizada— ya tenía en autocartera, en virtud de un contrato de permuta autorizado por la junta general[64]. A este respecto, se señala que la reducción de capital con tal finalidad puede transcurrir por medio de

efecto, el Decreto Legislativo de 17 de enero de 2003 n. 6 de Reforma orgánica de la disciplina de la sociedad de capital y sociedades cooperativas eliminó el requisito de la exuberancia de capital respecto al objeto social del citado art. 2445 que autorizaba la devolución de las aportaciones o a la condonación de las aportaciones pendientes. Al hilo de esta eliminación se ha interpretado que si bien la exuberancia no opera como condición para reducir el capital social, en cualquier caso el acuerdo de reducción deberá estar motivado, quedando la tutela de los socios esencialmente vinculada al derecho a impugnar el citado acuerdo, y la de los acreedores a oponerse a la reducción. Cfr. VENTORUZZO, M., SANDRELLI, J., "Riduzione del capitale sociale. Artt. 2445-2447", en BUSNELLI, F. (Dir.), *Il Codice Civile Commentario*, Giuffrè, Milano, 2013, p. 4 y s.;DI SABATO, F., *Diritto delle società*, 2.º ed., Giiuffrè, Milano, 2005, p. 454 s. Respecto a la posibilidad de reducir el capital amortizando acciones ya adquiridas, este autor parece consentirlo en tanto estas hayan sido adquiridas con regularidad.

62 *Vid.* SÁNCHEZ ANDRÉS, A., "Teología y tipología ...", *op. cit.*, p. 14. En la misma tesitura parecía posicionarse: TAPIA HERMIDA, A. J., "Comentario al art. 9", *op. cit.*, p. 245. El entrecomillado del texto es nuestro.

63 Con antecedentes en la Resoluciones de este Centro Directivo de 9 de enero de 1998 y 30 de enero de 2002.

64 Cfr. comentarios sobre la misma, suscribiéndola: SÁNCHEZ-CALERO GUILARTE, J., "Reducción de capital con amortización de acciones propias", entrada en el blog *Juan Sánchez-Calero Guilarte*, https://jsanchezcalero.com/, el 16 de junio de 2017; EMBID IRUJO, J. M.,

dos procedimientos: "...partiendo del acuerdo de reducción y, una vez adoptado y en ejecución del mismo, procediendo a la adquisición de las acciones que se han de amortizar; la otra, siguiendo el orden inverso, adquiriendo previamente las acciones propias y acordando, con posterioridad, la reducción del capital mediante su amortización"[65], especificándose que únicamente el primero "ha de ajustarse, aparte de las reglas generales sobre reducción de capital, al rígido procedimiento que establecen los artículos 338 a 340 de la Ley, a través del que se trata de salvaguardar el principio de igualdad de trato entre todos los accionistas, evitando discriminación entre ellos..."; mientras que "el segundo, por el contrario, y sin perjuicio de que también haya de atenerse a las reglas generales de toda reducción de capital, tan solo está sujeto al requisito de la previa autocartera ... (que) no entraña devolución de aportaciones por ser ya la propia sociedad la titular de las acciones"[66]. Respecto a la autocartera recuerda el Centro Directivo que "la diversidad de supuestos que pueden darse, según las acciones adquiridas estén o no totalmente desembolsadas, que su adquisición sea originaria o derivativa, cuál sea el título de adquisición, la finalidad que con ella se persiga o el número de acciones propias adquiridas, dan lugar a soluciones legales distintas"; ... y que fuera de los casos previstos en el art. 146. 4 TRLSC en que expresamente se sanciona la nulidad del negocio adquisitivo, "el resto de las adquisiciones aun realizadas en contravención de las normas que las prohíben o condicionan son válidas, quedando por tanto las acciones adquiridas incorporadas al patrimonio de la sociedad"[67]; finalmente, frente al régimen de provisionalidad a que están sujetas las acciones en autocartera —conforme los arts. 139, 145 y 147 del TRLSC— la DGRN concluye que "la reducción del capital con la finalidad de amortizar acciones propias, no sólo es posible, sino que, en última instancia, es obligatoria"[68].

A tenor de lo expuesto, cabe interpretar que la sociedad cotizada podrá elegir el orden con el que se llevará a cabo el procedimiento[69], según el cual tendrá o no luego obligación de formular una OPA por reducción. Si ha optado por reducir su capital amortizando acciones que ya tiene en autocartera,

---

"Reducción de capital y amortización de acciones propias", entrada en la web del Grupo Investigador Commenda, www.commenda.es, el 6 de julio de 2017.

65 Fundamento de Derecho 4, Resolución de la DGRN de 11 de mayo de 2017.

66 *Ibidem.*

67 Fundamento de Derecho 3, Resolución de la DGSJFP de 11 de mayo de 2017.

68 *Ibidem.*

69 Cfr. PÉREZ RENOVALES, J., "Las ofertas públicas de adquisición de valores", en URÍA FERNÁNDEZ, F., (Coord.), AA. VV., *Régimen jurídico de los Mercados de Valores y de las Instituciones de Inversión Colectiva,* La Ley, Madrid, 2007, p. 654.

a lo que le habilita el art. 144 a) del TRLSC, no estaría obligada a formular una OPA porque en esta circunstancia no existiría la posibilidad de que la operación afectase de manera desigual a los socios[70]. En este caso la junta de accionistas se habrá pronunciado dos veces: cuando decide sobre la compra de acciones propias y cuando resuelve sobre la reducción de capital[71].

Pero si se ha optado por el procedimiento inverso, esto es, la junta de accionistas acuerda la reducción y en ejecución del acuerdo se adquieren acciones propias para su amortización, el art. 338 del TRLSC ordena a la sociedad ofrecer la adquisición a todos los socios, y conforme art. 12 del RDOPA la sociedad anónima cotizada cumpliría con este ofrecimiento formulando una oferta pública de adquisición.

3. Procedimiento de la OPA por reducción de capital

El procedimiento de reducción del capital social debe seguir las normas generales previstas en el TRLSC, lo que implica que la junta general de accionistas acordará la reducción, aprobando la correspondiente modificación estatutaria que se adoptará conforme a lo dispuesto en sus arts. 194 (quórum de constitución reforzado en casos especiales), 201. 2. (mayorías para la adopción de acuerdos a que se refiere el art. 194 TRLSC), y 201.3 TRLSC (si los estatutos sociales hubiesen elevado las mayorías). Si existiesen varias clases de acciones y el acuerdo de reducción hubiese de afectar a alguna de ellas, el art. 338 TRLSC prescribe además el acuerdo de los accionistas afectados adoptados con los requisitos previstos para la modificación de los estatutos sociales. El acuerdo de la junta expresará, como mínimo, la cifra de reducción de capital, la finalidad de la reducción, el procedimiento mediante el cual la sociedad ha de llevarlo a cabo, el plazo de ejecución y la suma que haya que abonarse a los socios (art. 318.2 TRLSC). El acuerdo de reducción se publicará en el Boletín Oficial del Registro Mercantil y en la página web de la sociedad (cfr. art. 319 TRLSC)[72].

70 Cfr. GONZÁLEZ FÉRNÁNDEZ, M.ª B., "La obligación de formular OPA...", *op. cit.*, p. 913. En la citada Resolución, la DGSJFP no desconoce, sin embargo, las posibles maniobras susceptibles de quebrar la igualdad entre los accionistas con motivo de la adquisición de acciones propias a través de "actuaciones clandestinas o subrepticias de quienes ostentan el poder de gobierno en la sociedad y que el legislador ha tratado de evitar sujetando tal adquisición a una serie de limitaciones y requisitos".

71 *Vid.* PÉREZ RENOVALES, J., "Las ofertas públicas de adquisición de valores", *op. cit.*, p. 654.

72 Con carácter previo, se difundirá el anuncio de la convocatoria de la junta en los medios previstos en el art. 516 TRLSC, con el contenido indicado en el art. 517 TRLSC, y se debe mantener de manera ininterrumpida —desde la publicación del anuncio de la convocatoria

A partir de la publicación del acuerdo de reducción, los acreedores cuyos créditos hayan nacido antes de la fecha del acuerdo, no vencidos en ese momento, tendrán el derecho de oponerse a la reducción, hasta que se le garanticen tales créditos (cfr. art. 334 TRLSC)[73]. Los acreedores no tendrán este derecho si la reducción se realiza vía amortización de acciones adquiridas por la sociedad a título gratuito (cfr. art. 335 c) TRLSC), lo que podría suceder si la sociedad acuerda la reducción amortizando las acciones que ya tiene autocartera, en cuyo caso no estaría obligada a formular una OPA.

Por su parte, en cuanto a la formulación de la OPA en sí, según lo previsto en el art. 12 del RDOPA, debe observarse el procedimiento general establecido para las OPAs obligatorias, así como también lo establecido en el art. 339.2 del TRLSC respecto a la oferta de adquisición, conforme a los cuales, procederá en su orden —resumidamente— lo siguiente: anuncio por el oferente de la obligación de presentar una oferta pública de adquisición, con carácter previo a la solicitud de autorización —deberá ajustarse al modelo previsto en el Anexo I de la Circular 8/2008, de 10 de diciembre, de la CNMV por la que se aprueban los modelos a los que deberán ajustarse los anuncios y solicitudes de autorización de las ofertas públicas de adquisición de valores[74]—; la solicitud de autorización de la OPA ante la CNMV junto con el folleto explicativo de la oferta —que también ha de presentarse conforme el modelo previsto en el Anexo II de la citada Circular—; autorización, en su caso, de la CNMV de la oferta y del folleto; informe de valoración del órgano de administración[75]; publicación de la oferta por el oferente —que incluirá la justificación del precio, así como el informe de valoración como documento complementario— en el Boletín de Cotización de las Bolsas donde los valores

hasta la celebración de la junta general— en la página web de la sociedad la información prescrita en el art. 518 TRLSC.

73 El art. 535 quater 3 c) TRLSC suprime este derecho de oposición de los acreedores cuando la sociedad cotizada con propósito para la adquisición (SPAC) haya limitado sus actividades a la oferta de acciones y las conducentes a la adquisición o fusión según lo establecido en el art. 535 bis del mismo TRLSC.

74 El RDOPA habilita en sus art. 16.5 y art. 17 1. a la CNMV a establecer mediante Circular los modelos a que deberán ajustarse el anuncio de la oferta y la solicitud de autorización de dicha oferta ante la CNMV, respectivamente.

75 Se ha entendido que es suficiente el informe más abreviado exigido en las OPAs por exclusión conforme el art. 10 5 del RDOPA, en lugar del previsto en el art. 24 (Informe del órgano de administración de la sociedad afectada) Cfr. GONZÁLEZ FÉRNÁNDEZ, M.ª B., "La obligación de formular OPA...", *op. cit.*, p. 915; TAPIA HERMIDA, A. J., "Comentario al art. 9", *op. cit.*, p. 253; entendía este autor —respecto del art. 9 del RDOPA de 1991, antecedente del actual art. 12— que resultaba absurda la exigencia cuando la oferente es la misma sociedad afectada.

afectados estén admitidos a negociación y en todas ellas si están integrados en el Sistema de Interconexión Bursátil Español y en la página web de la sociedad[76], dirigida a todos los accionistas, o a la clase que se hubiese acordado entre las existentes, y deberá mantenerse, durante no menos de quince días naturales y no más de setenta (cfr. art. 23.1 RDOPA); aceptación de oferta[77], publicación del resultado y liquidación[78].

En relación con la fijación del precio, la doctrina discute si puede ser fijado libremente por la sociedad, o si debe ajustarse a las exigencias del precio equitativo. Una parte reconoce que, si bien la Exposición de Motivos de este Real Decreto identifica a la OPA por reducción como un supuesto de oferta obliga-

76 Desde el día hábil siguiente a la publicación del primer anuncio de la oferta el oferente pondrá a disposición de los interesados ejemplares del folleto explicativo de la oferta, así como la documentación complementaria, lo que se considerará cumplido cuando tales documentos se publiquen en cualquiera de los medios indicados en el art. 23.3 del RDOPA.

77 Respecto a la regulación aplicable en un eventual exceso de aceptaciones sobre el máximo fijado en el correspondiente acuerdo social, el art. 12.1 del RDOPA ordena la remisión al art. 38 del mismo RD, donde se prevén unas reglas de distribución y prorrateo distintas a las del art. 340. 2 del TRLSC para el caso en cuestión. Así, mientras este último ordena que el sobrante de aceptaciones habrá de eliminarse mediante la reducción de las ofrecidas por cada socio en proporción "al número de acciones cuya titularidad ostente", el art. 38.2 del RDOPA establece que se reducirán en proporción "al número de acciones comprendidas en su aceptación". Frente a este conflicto, algún autor ha entendido que el principio de jerarquía normativa debe conducir a priorizar la aplicación del art. 340.2 TRLSC. Cfr. BONARDEL LENZANO, R., "Comentario al artículo 338. Requisitos de la reducción", en PRENDES CARRIL, P., MARTÍNEZ-ECHEVARRÍA Y GARCÍA DE DUEÑAS, A., CABANAS TREJO, R. (Dirs.), AA.VV., *Tratado de Sociedades de Capital. Comentario Judicial, Notarial, Registral y Doctrinal de la Ley de Sociedades de Capital,* Tomo II, Aranzadi, Navarra, 2017, p. 106 y s. A nuestro modo de ver, la solución debe ser la contraria, y ha de priorizarse la solución específica del art. 38.2 RDOPA cuando se trata de una sociedad cotizada que ha formulado una oferta pública de adquisición por reducción de capital mediante adquisición de acciones propias. En la misma tesitura: GONZÁLEZ FÉRNÁNDEZ, M.ª B., "La obligación de formular OPA...", *op. cit.,* p. 916. El RDOPA no regula el supuesto inverso, esto es, los efectos que se derivan de no alcanzar las aceptaciones a las acciones ofrecidas. En este caso, deberá atenderse a lo previsto en el acuerdo de reducción de capital conforme lo ordena el art. 339.2 del TRLSC y, si no se hubiese establecido otra cosa, conforme el art. 340.3 TRLSC se entenderá que el capital queda reducido en la cantidad correspondiente a las aceptaciones recibidas. En cuanto al plazo de aceptación de la oferta se estará a la previsto en el art. 23 del RDOPA, así como a lo establecido en el capítulo VIII de este RD.

78 Es aplicable también el capítulo VII del RDOPA relativo a la modificación, desistimiento y cesación de los efectos de la oferta. Por lo que se refiere a la obligación de amortizar de la sociedad, atendiendo al art. 37 RDOPA —capítulo VIII del RD— cabe interpretar que el plazo del mes siguiente a la terminación del plazo de la fecha de adquisición contemplado en el art. 342 del TRLSC, deberá computarse a partir de la fecha de la correspondiente operación bursátil, considerándose tal, conforme el art. 37 RDOPA, la de la sesión a la que se refiera el Boletín de Cotización en que se publique el resultado de la oferta.

torio, sistemáticamente la ha excluido del Capítulo II donde se concretan las normas específicas aplicables a las ofertas públicas de adquisición obligatoria, entre ellas, el precio equitativo en su art. 9 aplicable "a las ofertas públicas de adquisición a que se refiere este capítulo". Pese a esta falta de precisión sistemática, y de la literalidad del art. 9, se considera extensible la previsión del precio equitativo a los otros tipos de OPA previstos en el Capítulo III[79]. Con esta misma tesitura, vigente el RDOPA de 1991, se observaba que había razones suficientes para aplicar las previsiones relativas al precio para las OPAs de exclusión, porque si bien la OPA de reducción "carece del contenido expropiatorio de liquidez para el inversor, conserva un aspecto de imposición al mismo que requiere una especial protección sustancial e informativa por parte de la CNMV"[80]. Por el contrario, otra parte de la doctrina comprende que no es aplicable la regla del precio equitativo de la oferta al no estar expresamente incluida en el Capítulo III del RDOPA, y puede así ser libremente fijado por la junta de accionistas, en tanto la aceptación de la oferta es libre para los accionistas y estos podrían vender a precio de mercado si deciden permanecer en la sociedad[81]. En nuestra opinión, si bien es cierto que los accionistas no están obligados a aceptar la oferta, su imposición fuera de los cauces habituales del mercado de valores aconseja cierto control sobre el precio. A este respecto, mientras el legislador no lo precise, ni defina algún criterio específico, cabría aplicar al precio de la OPA de reducción, las previsiones de la OPA de exclusión del art. 10. 6 del RDOPA tendientes a garantizar un precio equitativo. Y también, los arts. 9.4 del RDOPA y el art. 110 de la LMVSI que no sólo delimitan lo que se ha de entender por precio equitativo, sino que autorizan a la CNMV a modificar el precio así calculado en las circunstancias y según los criterios que se establezcan reglamentariamente. Entre estas circunstancias, el art. 9.4 letra f) RDOPA señala "que la sociedad afectada se encuentre, de forma demostrable, en serias dificultades financieras...". De tal manera que, si la sociedad cotizada hubiese recurrido a la reducción de capital teniendo acreditadas dificultades financieras, no sólo le serán aplicables las normas del precio equitativo, sino que además la CNMV podría modificarlo, debiendo motivar su decisión (art.110. 2 y 3. LMVSI).

79 *Vid.* RODRÍGUEZ GONZÁLEZ, A., "Una aproximación a la OPA de reducción de capital", *op. cit.*, ps. 5 y 11.

80 *Vid.* TAPIA HERMIDA, A. J., "Comentario al art. 9", *op. cit.*, p. 253.

81 *Vid.* PAREDES GALEGO, C., PEREDA, C., REDONET SÁNCHEZ DEL CAMPO, J., "Ofertas públicas de adquisición de valores (I)", en SEBASTIÁN QUETGLAS, R, (Dir.), JORDANO LUNA, M. (Coord.), *Manual de fusiones y adquisiciones de empresas,* La Ley, Madrid, 2016, p. 37, versión digital; GONZÁLEZ FERNÁNDEZ, M.ª B., "La obligación de formular OPA...", *op. cit.*, p. 915.

Tratándose de sociedades cotizadas con propósito para la adquisición el precio está tasado en la Ley y será el importe equivalente a la parte alícuota del importe efectivo inmovilizado en la cuenta transitoria a la que se refiere el apartado segundo del art. 535 bis TRLSC en el momento del ejercicio del derecho de reembolso [cfr. art. 535 quater. 3. a) TRLSC].

La contraprestación ofrecida a los accionistas tampoco está definida específicamente[82], y la coordinación de las normas generales aplicables, como las particulares previstas para la OPA de exclusión, suscita alguna duda. En efecto, entre las normas generales del régimen, el art. 14 del RDOPA establece que las OPAs "podrán formularse como compraventa, como permuta, o canje de valores o ambas cosas a la vez"[83]. Por otra parte, el art. 10. 3 prevé que "la oferta de exclusión sólo podrá formularse como compraventa, debiendo consistir en dinero la totalidad del precio". Frente a la disyuntiva, algunos autores comprenden que las tres posibilidades abiertas en la norma general se reducen a la compraventa en la OPA de reducción, en tanto esta dará lugar a tantos contratos de compraventa, como aceptaciones reciba, y la contraprestación debe ser en dinero[84]. Otros autores, por el contrario, no creen que haya que restringir las posibilidades de adquisición del art. 14 del RDOPA, porque no hay razón para aplicar las limitaciones previstas en las OPAs de exclusión en materia de contraprestación[85]. A nuestro modo de ver, no hay motivo para identificar necesariamente la adquisición con la compraventa, entre otras cosas porque el legislador ha dejado de referirse en el art. 338 del TRLSC específicamente a ella —como sí lo hacía en el art. 170 de la LSA de 1989— y ha previsto en el art. 341 TRLSC que en la reducción de capital con amortización de acciones puedan atribuirse bonos de disfrute a los titulares

82 El Proyecto de nueva Ley de los Mercados de Valores y de los Servicios de Inversión 2022 prevé en un nuevo art. 535 quater 3. del TRLSC algunas limitaciones en relación con el valor de reembolso del precio —para las sociedades cotizadas con propósito para la adquisición— así como la posibilidad de aprobar la entrega de las acciones en canje a los accionistas de la sociedad adquirida como contraprestación total o parcial de la adquisición, en lugar de amortizar las acciones adquiridas.

83 Insistiendo a continuación en la necesidad de "asegurar la igualdad de trato de los titulares de valores que se encuentren en iguales circunstancias".

84 *Vid.* TAPIA HERMIDA, A. J., "Comentario al art. 9", *op. cit.*, p. 253; RODRÍGUEZ GONZÁLEZ, A., "Una aproximación a la OPA de reducción de capital", *op. cit.*, p. 10. Esta última apoya su opinión en el art. 164. 2 de la LSA de 1989 (hoy art. 318.2 del TRLSC) que ordenaba al acuerdo de reducción de capital de la junta expresar, entre otras cosas, "la suma que haya que abonarse, en su caso, a los socios".

85 *Vid.* PAREDES GALEGO, C., PEREDA, C., REDONET SÁNCHEZ DEL CAMPO, J., "Ofertas públicas de adquisición de valores (I)" *op. cit*, p. 37; GONZÁLEZ FÉRNÁNDEZ, M.ª B., "La obligación de formular OPA...", *op. cit.*, p. 915.

de las acciones amortizadas. En esta línea, el nuevo art. 535 quater 3. TRLSC autoriza a las sociedades cotizadas con propósito para la adquisición que, en lugar de amortizar las acciones adquiridas, aprueben su entrega en canje a los accionistas de la sociedad adquirida como contraprestación total o parcial de la adquisición. No obstante, hay que advertir que, si la sociedad se encuentra de forma demostrable en serias dificultades financieras, el art. 9. 4 del RDOPA además de habilitar a la CNMV a modificar el precio calculado, ordena que la contraprestación de la oferta sea la que resulte de aplicar los métodos de valoración del art. 10, debiendo consistir la totalidad del precio en dinero.

4. Excepciones a la obligación de formular la OPA por reducción de capital

El segundo párrafo del art. 12 RDOPA exceptúa de la formulación de la OPA por reducción de capital a la compra que la sociedad realice en el marco de programas de recompras y estabilización de instrumentos financieros, que no exceda del diez por ciento del capital con derecho de voto de la sociedad. La norma relaciona esta compra con lo previsto en el Reglamento (CE) N.º 2273/2003 de la Comisión[86], pero habrá que entenderla hecha —porque ha sido derogado— al Reglamento (UE) N.º 596/2014 del Parlamento Europeo y del Consejo[87]. Concretamente esta norma prevé la exención de la aplicación de las prohibiciones de las operaciones con información privilegiada y de la comunicación ilícita de la información privilegiada, como de la manipulación de mercado, contempladas en sus arts. 14 y 15, respectivamente, a la negociación de acciones propias en el marco de programas de recompra, en las condiciones y con algunos de los propósitos previstos en su art. 5. Entre estos propósitos y por lo que a la excepción prevista en el art. 12. 2 se refiere, el Reglamento contempla, entre otros, la reducción del capital del emisor.

86 Reglamento (CE) N.º 2273/2003 de la Comisión de 22 de diciembre de 2003 por el que se aplica la Directiva 2003/6/CE del Parlamento Europeo y del Consejo en lo que se refiere a las exenciones para los programas de recompra y la estabilización de instrumentos financieros.

87 Reglamento (UE) N.º 596 /2014 del Parlamento Europeo y del Consejo de 16 de abril de 2014, sobre el abuso de mercado (Reglamento sobre abuso de mercado) y por el que se derogan la Directiva 2003/6/CE del Parlamento Europeo y del Consejo, y las Directivas 2003/124/CE, 2003/125/CE y 2004/72/CE de la Comisión. Las previsiones de este Reglamento habrán de completarse con lo establecido en el Reglamento Delegado (UE) 2016/1052 de la Comisión, de 8 de marzo de 2016, en lo que respecta a las normas técnicas de regulación relativas a las condiciones aplicables a los programas de recompra y a las medidas de estabilización.

La reducción del capital de la sociedad cotizada a través de este marco de operaciones de recompra y estabilización no le obligará a formular una OPA, por lo que las adquisiciones se realizarán según los cauces habituales de negociación en el mercado en el que coticen sus acciones, mientras, claro está, no superen el 10% del capital con derecho de voto. La actuación de la sociedad en estos programas no requiere de una autorización previa de la CNMV, pero sí que los detalles del programa se hagan públicos antes del comienzo de la negociación —a este respecto se exige que el emisor garantice la información publicada, como las modificaciones posteriores al programa—, que se notifiquen cada una de las operaciones como elementos integrantes del programa de recompra a la autoridad competente del centro de negociación y que, a continuación, sean difundidos al público [cfr. art. 5 Reglamento (UE) n.º 596/2014 del Parlamento Europeo y del Consejo].

III. A MODO DE CONCLUSIÓN

El régimen jurídico aplicable a la reducción de capital de las sociedades cotizadas está distribuido, básicamente, entre las normas del TRLSC relativas a la reducción del capital social —en cuanto resulten compatibles con la propia naturaleza de la sociedad cotizada—, y el RDOPA, de manera no del todo armónica, lo que exige, a veces, una ardua labor de interpretación sistemática, que se complica todavía más por la remisión de este Real Decreto a la Ley de Sociedades Anónimas de 1989. Concretamente, resultan aplicables los arts. 317 a 342 del TRLSC —menos los que se refieren a las SRL—; cuando se proceda a la reducción mediante la compra de sus propias acciones para su amortización se aplicará el art. 12 del RDOPA que ordena la formulación de una oferta pública de adquisición, y se deberá poner en relación con los arts. 144 a) y 338 a 340 del TRLSC.

El art. 12 del RDOPA define cuándo una sociedad cotizada debe formular una OPA en caso de reducción de capital delimitando los elementos subjetivos y objetivos. Por lo que respecta a los subjetivos, cabe destacar que se obliga la “sociedad cotizada española”, sin identificarla necesariamente con la sociedad anónima —como sí lo hace el art. 495 del TRLSC— lo que autoriza a comprender en el supuesto de hecho a las sociedades en comandita por acciones. El art. 1 del RDOPA delimita el concepto de sociedad cotizada española en conexión con la negociación de sus acciones en un mercado secundario español —que hay que entender como mercado regulado español según lo previsto en la LMVSI— y el domicilio en España, a la par que delimita el régimen aplicable a aquellas sociedades cotizadas con un único punto de conexión con el ordenamiento jurídico español, bien la cotización, bien el domicilio. El elemento objetivo del supuesto de hecho de la norma es la reducción de capital mediante la compra de acciones propias para su amortización. La circunstancia de que la amortización de acciones venga precedida de la compraventa por la sociedad revela que se está ante una reducción efectiva de capital, que tiene por objeto devolver a los socios sus aportaciones por las acciones que se amortizan. Este orden de los acontecimientos no impide acudir, a nuestro modo de ver, a la reducción de capital amortizando acciones que ya se tienen en autocartera, si bien en este caso, habrá que habrá que ofrecer las acciones a todos los socios, conforme lo previsto en el art. 338 del TRLSC, no habrá obligación de formular una OPA en los términos previstos por el art. 12 del RDOPA.

El procedimiento de la OPA por reducción de capital ha de seguir, en una primera etapa, la establecido en las normas para modificación de los estatutos de las sociedades anónimas del TRLSC (arts. 194, 201.2, 201.3), así como lo previsto para este tipo específico de reducción de capital (art. 338 y 339.2) y las normas generales sobre el acuerdo de reducción y oposición de acreedores (art. 318.2, 319, 334 y 335). En cuanto a la formulación de la OPA, habrá que estar al procedimiento general establecido para las OPAs obligatorias en el RDOPA, si bien en lo previsto para el precio y la contraprestación se echa en falta una mayor precisión del legislador atendiendo a las circunstancias concretas de la OPA por reducción.

IV. BIBLIOGRAFÍA

ARDIZZONE, L., "La riduzione del capitale mediante anullamento di azioni proprie: spunti e riflessioni da alcuni casi pratici", *Rivista delle società*, 2001, fasc., 2-3, pp. 639-660.

BOCHICCHIO, F., *Buy back e riduzione del capitle sociale. Integrità del capitale e autonomía nella determinazione della compagine societaria*, Cedam, 2000, Padova.

BONARDEL LENZANO, R., "Comentario al artículo 338. Requisitos de la reducción", en PRENDES CARRIL, P., MARTÍNEZ-ECHEVARRÍA Y GARCÍA DE DUEÑAS, A., CABANAS TREJO, R. (Dirs.), AA.VV., *Tratado de Sociedades de Capital. Comentario Judicial, Notarial, Registral y Doctrinal de la Ley de Sociedades de Capital*, Tomo II, Aranzadi, Navarra, 2017, pp. 105-107.

CARBONETTI, F., *L' acquisto di azioni proprie*, Giuffrè, Milano, 1988.

CHIU IRIS H. Y., *The Fondations and Anatomy of Shareholder Activism*, Hart, Oxford, 2010.

DI SABATO, F., *Il capitale sociale, (problema attuali)*, *Riv. dir. imp.*, 1989, 2, pp. 239-254.

— *Diritto delle società*, 2.º ed., Giiuffrè, Milano, 2005.

EMBID IRUJO, J. M., "Reducción de capital y amortización de acciones propias", entrada en la web del Grupo Investigador Commenda, www.commenda.es, el 6 de julio de 2017.

European Commission Internal Market and Services, Report of the Reflection Group on the Future of EU Company Law, de 5 de abril de 2011, versión digital.

FARRANDO DE MIGUEL, I., "Comentario al artículo 495", en PRENDES CARRIL, P., MARTÍNEZ-ECHEVARRÍA Y GARCÍA DE DUEÑAS, A., CABANAS TREJO, R. (Dirs.), AA.VV., *Tratado de Sociedades de Capital. Comentario Judicial, Notarial, Registral y Doctrinal de la Ley de Sociedades de Capital,* Tomo II, Aranzadi, Navarra, 2017, pp. 867-872.

FENGHI, F., *La riduzione del capitale. Premesse per una ricerca sulla funzione del capitale nelle società per azioni,* Giuffrè, Milano, 1974.

FERNÁNDEZ DE LA GÁNDARA, L., "La Sociedad Cotizada: problemas de política y de técnica jurídicas", en VIVES, F, PÉREZ-ARDÁ, J. (coords.), *La sociedad cotizada,* Marcial Pons, Madrid, 2006, pp. 41-74.

FERRARA, F. JR.-CORSI, F., *Gli imprenditori e le società,* 13 ed.,Giuffrè, Milano 2006.

GARRIGUES, J., "Comentario al art. 97", en GARRIGUES, J., y URÍA, R., *Comentario a la Ley de Sociedades Anónimas,* T. II, Madrid, 1953, pp. 271-279.

—*Nuevos hechos, nuevo Derecho de sociedades anónimas,* Civitas, red., 1998.

686 GONZÁLEZ FÉRNÁNDEZ, M.ª B., "La obligación de formular OPA en caso de exclusión y de reducción de capital mediante adquisición de acciones propias", en AA.VV. RODRÍGUEZ ÁRTIGAS, F. Y OTROS (Dirs.) RONCERO SÁNCHEZ, A., (Coord), *Sociedades cotizadas y transparencia en los mercados,* T. II, Aranzadi, 2019, Pamplona, pp. 898-919.

HIGH-LEVEL GROUP OF COMPANY LAW EXPERTS, *Winter Report-Report of the High Level of Company Law Experts on a modern regulatory framework for company law in Europe,* 4 de noviembre, 2002, versión digital

HOPT, K., J, en HIERRRO ANIBARRO, S., (Coord.), *Estudios de Derecho de Sociedades y del Mercado de Valores,* Marcial Pons, Madrid, 2010

—"Comparative Corporate Governance: the State of the Art and the International Regulation", *The American Journal of Comparative Law,* Oxford University Press, en línea, vol. 59, n.º 1, 2011, <https://w.w.w.jstor.org/stable/25766180>. [Consulta: junio 2022].

LARGO GIL, R., "La sociedad anónima europea y el estatuto de la sociedad cotizada", RODRÍGUEZ ÁRTIGAS, F., *et. al.* (Dir.) *Derecho de sociedades anónimas cotizadas,* t. II, Aranzadi, 2006, pp. 1577-1619.

NOBILI, R., SAVERIO SPOLIDORO, M., "La riduzione di capitale", en COLOMBO, G. E., PORTALE, G. B. (Dirs.), AA. VV., *Trattado delle società per azioni,* vol. 6, UTET, Torino 1993, pp. 196-459.

PAREDES GALEGO, C., PEREDA, C., REDONET SÁNCHEZ DEL CAMPO, J., "Ofertas públicas de adquisición de valores (I)", en SEBASTIÁN QUETGLAS, R, (Dir.), JORDANO LUNA, M. (Coord.), *Manual de fusiones y adquisiciones de empresas,* La Ley, Madrid, 2016, pp.1-41, versión digital.

PÉREZ DE LA CRUZ BLANCO, A., *La reducción del capital en sociedades anónimas y de responsabilidad limitada,* Real Colegio de España, Bolonia, 1973.

PÉREZ RENOVALES, J., "Las ofertas públicas de adquisición de valores", en URÍA FERNÁNDEZ, F., (Coord.), AA. VV., *Régimen jurídico de los Mercados de Valores y de las Instituciones de Inversión Colectiva,* La Ley, Madrid, 2007, pp. 615-705.

RODRÍGUEZ GONZÁLEZ, A., "Una aproximación a la OPA de reducción de capital", *Revista de Derecho del Mercado de Valores,* N.º 4, 2009, pp.1-24, versión digital.

SÁNCHEZ ANDRÉS, A., "Teleología y tipología de las Ofertas Públicas de Adquisición en la nueva regulación española", en URQUIJO, J. L., *et. al.* (Dirs.), AA.VV., *La lucha por el control de las grandes sociedades. Las ofertas públicas de adquisición,* Deusto, Bilbao, 1992, pp. 3-16.

—*Estudios jurídicos sobre el mercado de valores,* Aranzadi, Pamplona, 2008.

SÁNCHEZ CALERO, F., "Las sociedades cotizadas o bursátiles en el derecho español", *RDBB* n.º 44, 1991, pp. 909-938.

— *La sociedad cotizada en Bolsa en la evolución del Derecho de Sociedades,* Real Academia de Jurisprudencia y Legislación, Madrid, 2001.

SÁNCHEZ-CALERO GUILARTE, J., "Sociedades cotizadas y Ley de Sociedades de Capital", *RDS,* n.º 36, 2011,1, pp. 1-34, versión digital.

—"Reducción de capital con amortización de acciones propias", entrada en el blog *Juan Sánchez-Calero Guilarte,* https://jsanchezcalero.com/, el 16 de junio de 2017.

SÁNCHEZ-CALERO GUILARTE, J., TAPIA HERMIDA, A. J., "Las Opas en el Mercado español. (Observaciones a partir de la práctica más reciente)", https://eprints.ucm.es/id/eprint/6434/, 2002, pp. 1-43.

SPADA, P., "Tipología della socità e società por azioni quotata", *Riv. dir. civ.,* II, 2000, pp. 211-221.

TAPIA HERMIDA, A. J., "Comentario al art. 9", en SÁNCHEZ CALERO, F. (Dir.), AA.VV., *Régimen jurídico de las ofertas públicas de adquisición (OPAS), Comentario sistemático del RD 1197/1991,* vol. 1, Centro de Documentación Bancaria y Bursátil, 1993, pp. 225-258.

—*Sociedades anónimas cotizadas y ofertas públicas de adquisición,* Revista de Derecho del Mercado de Valores, La Ley, monografía n.º 9, 2012.

VELASCO SAN PEDRO, L., *La adquisición por la sociedad emisora de sus propias acciones,* Lex Nova, Valladolid, 1985.

VENTORUZZO, M., SANDRELLI, J., "Riduzione del capitale sociale. Artt. 2445-2447", en BUSNELLI, F. (Dir.), *Il Codice Civile Commentario,* Giuffrè, Milano, 2013.

VICENT CHULIA, F., *Introducción al Derecho Mercantil,* 24 ed., Tirant lo Blanch, 2022, versión digital.

ZURITA SAÉNZ DE NAVARRETE, J., *La oferta pública de adquisición* (O.P.A.), Bolsa de Madrid, Servicio de Estudios, Madrid, 1980.

—"El régimen español de la OPA: análisis del Real Decreto 1197/1991, de 26 de julio", en URQUIJO, J. L., *et. al.* (Dirs.), AA.VV., *La lucha por el control de las grandes sociedades. Las ofertas públicas de adquisición*, Deusto, Bilbao, 1992, pp. 91-121.

—"Comentario al art. 1", en SÁNCHEZ CALERO, F. (Dir.), AA.VV., *Régimen jurídico de las ofertas públicas de adquisición (OPAS), Comentario sistemático del RD 1197/1991*, vol. 1, Centro de Documentación Bancaria y Bursátil, 1993, pp. 27-62.

Capítulo XIX

LA INSCRIPCIÓN REGISTRAL DEL AUMENTO Y LA REDUCCIÓN DEL CAPITAL SOCIAL

José Carlos González Vázquez
Profesor Titular de Derecho Mercantil (UCM)

I. CONSIDERACIONES GENERALES

El tema de la inscripción de las operaciones sobre el capital parecía hasta hace pocos años, una cuestión ciertamente menor o secundaria dentro de la problemática jurídica —casi inabarcable— en torno a los aumentos y reducciones del capital social y, en buena medida, pacífica, incluso en el aspecto en que centraremos este trabajo que no es otro que el del carácter constitutivo o no de la inscripción registral de la operación[1].

1 O, al menos, así me lo parecía a mí en 2006, cuando afirmé, en relación con el aumento de capital, que "se trata de una cuestión abierta doctrinalmente, aunque creemos que puede considerarse mayoritaria la tesis del carácter constitutivo de la inscripción del aumento, de forma que tampoco a efectos internos puede considerarse como socios de pleno derecho a los suscriptores de las acciones o participaciones hasta que se produzca dicha inscripción, siendo ésta también la doctrina defendida por la jurisprudencia cautelar (entre otras RRDGRN de 28-3-1995, 22-12,1995, 3-3-1998, 6-10-1998, 24-4-1999, 27-10-1999 o 3-12-1999, si bien se afirma lo contrario *obiter dictum*, en la RDGRN de 22-10-2003)"

Sin embargo, la cuestión cobró especial relevancia práctica cuando se introdujo en nuestro derecho de sociedades de capital en 2011 un nuevo supuesto legal de derecho de separación, que se unía a los ya tradicionales en nuestro ordenamiento que venían ligados a concretos y excepcionales casos de modificaciones estatutarias estructurales de la sociedad[2], consistente en la falta de distribución de dividendos (art. 348 bis TRLSC), especialmente cuando la misma empezó realmente a ser efectiva tras diversas suspensiones de su eficacia, es decir, a partir de 1 de enero de 2017[3], puesto que hasta ese momento el efectivo ejercicio del citado derecho de separación había venido siendo algo relativamente anecdótico en la práctica, mientras que en estos últimos 7 años se ha producido un ejercicio masivo en supuestos de sociedades cerradas donde se daba la clásica opresión del minoritario con la sistemática negativa al reparto de dividendos sin justificación económicamente racional sino como mecanismo de opresión sobre dichos socios minoritarios, atesorando abusivamente los beneficios sociales por los mayoritarios, que suelen ver retribuida su inversión por vías alternativas (retribuciones como administradores o directivos, otros beneficios o retribuciones más o menos encubiertas, etc.).

Esta circunstancia ha dado lugar a una atención inusitada a este derecho y su régimen jurídico por la doctrina científica, así como a una ingente profusión de jurisprudencia —sobre todo menor, aunque también de nuestro más Alto Tribunal— sobre el derecho de separación y los numerosos aspectos controvertidos derivados en parte de su incompleta regulación —muy deficiente técnicamente, especialmente en su redacción original—, siendo uno

(GONZÁLEZ VÁZQUEZ, J.C., Voz "Aumento de capital", en AA.VV., *Diccionario de Derecho de Sociedades*, dir. por C. Alonso Ledesma, Madrid, 2.006, p. 268).
Esta misma opinión, la mantuve de forma reiterada en las distintas ediciones del manual *Derecho Mercantil I*, dirigido por J.M. de la Cuesta Rute, publicadas entre 2011 y 2015, en la Lección sobre "Sociedades de Capital (VI). Modificación de estatutos. Aumento y reducción del capital social" (vid., 3.ª Ed., 2015, pp. 421-453, en p. 435).

2 Sustitución del objeto social —luego, sustitución o modificación sustancial del objeto social—, traslado del domicilio social al extranjero y transformación en sociedad colectiva o comanditaria simple para la sociedad anónima (arts. 147, 149 y 225 TRLSA), añadiéndose para la sociedad limitada, la modificación del régimen de transmisión de las participaciones sociales, la prórroga o reactivación de la sociedad, la transformación en cualquier otro tipo social —incluido la SA— y la creación, modificación o extinción anticipada de la obligación de realizar prestaciones accesorias, salvo disposición contraria de los estatutos (art. 95 LSRL), luego generalizadas también para el resto de sociedad de capital al promulgarse la LME en 2009 y el TRLSC en 2010, a excepción de la modificación del régimen de transmisión de las participaciones sociales (art. 346 TRLSC y art. 15 LME).

3 Aunque fue nuevamente suspendida temporalmente a consecuencia de la normativa excepcional aprobada a raíz de la pandemia Covid en 2020.

de los de mayor relevancia práctica la determinación del momento en que debía considerarse que el socio que había ejercido su derecho de separación dejaba de serlo y, por ello, de ostentar los derechos, facultades y obligaciones inherentes a dicha condición, lo que viene a incidir —aunque de forma indirecta o tangencial— en la cuestión del alcance o efectos que se debían atribuir a la inscripción de la correspondiente reducción del capital que se derivaba de la consiguiente amortización de las acciones o participaciones del socio separado, cuando no se hubiera optado expresamente por la forma alternativa de ejecutar la separación mediante la adquisición de dichas acciones o participaciones por la propia sociedad en autocartera.

En este punto, como es sabido, se conformaron principalmente dos teorías o interpretaciones de la normativa vigente en torno al momento de la efectiva pérdida de la condición de socio de aquel que hubiera ejercitado su derecho de separación. Por un lado, la que consideraba que debía atenderse al momento del ejercicio del derecho mediante la comunicación efectuada a la sociedad (*rectius*, a la recepción de la misma por ésta, dado su carácter recepticio, como ya estableció la STS de 23 de enero de 2006) y, por otro lado, la de aquellos que consideraban que el socio que había ejercido dicho derecho de separación los seguía siendo hasta que se satisfacía de forma efectiva dicho derecho con el pago o consignación de la correspondiente cuota de reembolso o del precio de las acciones o participaciones adquiridas por la sociedad, aunque con distintos matices en cuanto al alcance o contenido de la condición de socio durante dicho período de interinidad desde el ejercicio del derecho hasta el pago de dicho importe (titularidad plena o titularidad debilitada por su condición de socio "saliente" y, por ello, no plenamente vinculado ya por el interés social[4]).

En esta polémica, sin embargo, no medió nuestro Tribunal Supremo sino hasta el inicio del 2021, momento en el que dictó varias sentencias (de 15 de enero, 2 de febrero, 9 de febrero y 24 de febrero), fijando como doctrina jurisprudencial que la condición de socio de una sociedad de capital se pierde cuando se produce el reembolso a dicho socio de su correspondiente cuota

4 En este sentido, la SAP de Cádiz de 16 de abril de 2015, donde se afirma que "la declaración de separación no tiene como consecuencia la cesación automática e inmediata de la condición de socio», pero considera que desde ese momento el vínculo entra en una «fase de decadencia o degradación»; en la doctrina, por todos, BRENES CORTÉS, J., "Eficacia de la declaración de separación, pérdida de la condición de socio y clasificación concursal del crédito de reembolso del socio que se separa ex artículo 348 bis LSC. A propósito de las SSTS núm. 4/2021, de 15 de enero, núm. 46/2021, de 2 de febrero y 64/2021, de 9 de febrero)", *RdS*, 2021, n.º 62, p. 333 y ss.

(o pago del precio en caso de adquisición por la propia sociedad)[5] y no, en cambio, en el momento del ejercicio de citado derecho de separación, como había sostenido un sector relevante de la doctrina científica y una parte de nuestra jurisprudencia menor.

Como no podía ser de otra forma, esta doctrina jurisprudencial causó de inmediato un gran revuelo jurídico, dando lugar a numerosas publicaciones donde se analizó críticamente dicha doctrina, aunque —a mi juicio— de forma demasiado focalizada en la mayoría de los casos en las consecuencias o derivaciones que implicaba desde la estricta óptica de la efectividad del derecho de separación, sin —por así decirlo— "abrir el foco" a la problemática general de la pérdida de la condición de socio derivada de toda reducción del capital con amortización de acciones o participaciones sociales o, más ampliamente, a toda modificación de la cifra del capital social de una sociedad de capital (es decir, dando respuesta también al interrogante de cuándo se empieza a ser socio de una sociedad de capital al suscribir o asumir nuevas acciones o participaciones en un aumento del capital social), para otorgarle así una respuesta coherente y unitaria a dicha problemática societaria y, con ello, a la cuestión del carácter constitutivo o no de la inscripción de las modificaciones del capital social en este tipo de sociedades mercantiles[6].

5 Esta solución jurisprudencial, además, venía condicionada por las circunstancias concretas de los tres primeros casos mencionados, ya que la discusión sobre la pérdida de la condición de socio se presentaba —a juicio del tribunal— como presupuesto lógico para resolver la cuestión concursal que era la verdaderamente controvertida en dichos litigios: la calificación concursal del crédito por reembolso del socio que había ejercido su derecho de separación antes de la declaración del concurso pero que, en el momento de dicha declaración, no había recibido todavía el pago de dicha cuota, sin que se discutiera el propio carácter "concursal" del crédito, naturaleza que era aceptada por todas las partes, circunscribiéndose la discusión, por ello, a la clasificación del crédito por el principal de la deuda, bien como ordinario —tal y como solicitaban los respectivos socios separados— o como subordinado con base en el entonces vigente art. 92.5.º LC, al ser su titular persona especialmente relacionada con el sociedad concursada —como sostenía la Administración concursal—. Sobre este aspecto, ya nos pronunciamos en GONZÁLEZ VÁZQUEZ, J.C., "La calificación concursal del crédito del socio que ha ejercido su derecho de separación", *Hay Derecho, Blog jurídico y político*, 6 de mayo de 2.021, https://hayderecho.expansion.com/2021/05/06/calificacion-concursal-del-credito-del-socio-que-ha-ejercido-su-derecho-de-separacion/, donde intentamos justificar como la calificación concursal, en realidad, no dependía del momento en que se considerase que se dejaba de ser socio de la sociedad sino de la propia naturaleza societaria del derecho que, precisamente por ello, debía ser considerado extraconcursal, es decir, postergado en su pago a la íntegra satisfacción de todos los créditos frente a la sociedad, cualquiera que fuera su naturaleza y clasificación concursal.

6 Que fue lo que, de manera temprana, intente hacer en GONZÁLEZ VÁZQUEZ, J.C., "¿Cuándo se deja de (o se empieza a) ser socio de una sociedad de capital?", *Almacén de Derecho*, 20 de abril de 2.021, https://almacendederecho.org/cuando-se-deja-de-o-se-empieza-a-ser-

En este trabajo intentaremos, pues, justificar, desde una perspectiva general, las razones y argumentos que nos llevan a concluir que la inscripción registral tanto de la escritura de ejecución del aumento como de la ejecución de la reducción del capital social tienen carácter constitutivo y no meramente declarativo en nuestro ordenamiento jurídico y, en consecuencia, porqué no nos convence la teoría que vincula la adquisición o pérdida de dicha condición de socio, respectivamente, a la suscripción o asunción de las acciones o participaciones sociales o al pago o consignación de la cuota de reembolso o precio de adquisición de las mismas[7].

II. PLANTEAMIENTO GENERAL: LA TITULARIDAD DE LA ACCIÓN O LA PARTICIPACIÓN SOCIAL COMO CARACTERÍSTICA INDISOLUBLEMENTE LIGADA A LA CONDICIÓN DE SOCIO DE UNA SOCIEDAD DE CAPITAL

En efecto, el planteamiento general de la cuestión del carácter constitutivo o no de la inscripción del aumento o la reducción del capital social se enmarca en realidad en una cuestión más general aun, que no es otra que la de cuándo y cómo se adquiere o se pierde la condición de socio en una sociedad de capital.

Es por ello que, como ya dijimos en su momento[8], tanto las citadas sentencia del Tribunal Supremo de 2021 como las posiciones doctrinales expuestas en el apartado anterior en torno a la efectividad de la pérdida de la condición de socio tras el ejercicio del derecho de separación adolecen, a nuestro juicio, del mismo error conceptual de partida, consistente en sostener "la existencia de una laguna legal (y jurisprudencial) que exige una interpretación integradora (o analógica, para los que defienden la posible aplicación generalizada del art. 13 de la Ley 2/2017, de 15 de marzo, de Sociedades Profesionales), partiendo de ciertos principios o argumentos muy centrados —en ambas posturas— en las normas reguladoras del ejercicio del derecho de separación y sus efectos"[9].

socio-de-una-sociedad-de-capital, apuntando ya las ideas principales que desarrollaremos con mayor detenimiento ahora.

7 Lógicamente, mucho menos aún a la que —por lo que se refiere al derecho de separación— lo vincula a la comunicación a la sociedad del ejercicio de citado derecho.

8 GONZÁLEZ VÁZQUEZ, J.C., ¿Cuándo se deja de (o se empieza a) ser socio..., *cit.*

9 Así, entre otros autores que se han ocupado del tema, cfr. EMPARANZA SOBEJANO, A., "Comentario al art. 353", en AA.VV., *Comentario de la Ley de Sociedades de Capital*, coord. por A.J. Rojo Fernández Río-E.M. Beltrán Sánchez, T. II, Madrid, 2011, p. 2506 y ss.; MU-

En nuestra opinión no existe tal laguna legal[10] puesto que el TRLSC establece expresamente cómo se adquiere y se pierde la condición de socio o accionista de una sociedad de capital —al igual que ya lo hacían con anterioridad el TRLSA y la LSRL— en su art. 91, donde se afirma claramente que "cada participación social y cada acción confieren a su titular legítimo la condición de socio y le atribuyen los derechos reconocidos en esta ley y en los estatutos", cosa que —como no podía ser de otra forma— subraya igualmente cualquier Manual de Derecho Mercantil que se consulte[11], así como cualquier Tratado de Derecho de Sociedades o Comentario al TRLSC (o antes a la LSA y la LSRL), donde también se nos recuerda, como no podía ser de otra forma que," las acciones y participaciones son fracciones o partes alícuotas del

ÑOZ PAREDES, A., "¿Cuándo dejo de ser socio si me separo?", *Legal Today*, 14 de marzo de 2018, https://www.legaltoday.com/practica-juridica/derecho-mercantil/societario/cuando-dejo-de-ser-socio-si-me-separo-2018-03-14/, quien afirmaba que "nuestra legislación societaria ni antes ni ahora nos da una solución"; ROJO ÁLVAREZ-MANZANEDA, R., "Una aproximación al derecho de separación por falta de distribución de dividendos a la luz del deber de lealtad de los socios", en AA.VV., *Derecho de sociedades: cuestiones sobre órganos sociales*, dir. por M.ª B. González Fernández y A. Cohen Benchetrit, Valencia, 2019, p. 343 y ss.; COHEN BENCHETRIT, A, "Ejercicio del derecho de separación y concreción del momento en que se pierde la condición de socio. problemas prácticos", en AA.VV., *Derecho de sociedades: los derechos de socio*, dir. por M.ª B. González Fernández y A. Cohen Benchetrit, Valencia, 2020, p. 1.013 y ss.; MORENO LISO, L., "La efectividad del derecho de separación y la calificación del crédito de reembolso en el concurso de acreedores. Comentario a las STS núm. 4/2021, de 15 de enero", *CCJC*, 2021, n.º 117, p. 119 y ss. en su apartado I (versión on line); GARCÍA ROLDÁN, M., "El derecho de separación del socio por insuficiencia de dividendos (art. 348 bis LSC): estado de la cuestión en la jurisprudencia del Tribunal Supremo", *Actualidad Jurídica Uría*, 2022, n.º 60, p. 67.

10 Lo que sí que no hay en el TRLSC es un régimen legal específico sobre la materia en la regulación del derecho de separación, pero eso no es una laguna sino, simplemente, que resulta aplicable el régimen general recogido en la propia Ley.

11 Así nos lo recuerdan, por ejemplo, los profesores SÁNCHEZ CALERO, F. y SÁNCHEZ-CALERO GUILARTE, J. en sus *Principios de Derecho Mercantil* (27.ª Ed., T. I, 2022), cuando afirman con razón que "la acción confiere a su titular legítimo la condición de socio y le atribuye los derechos reconocidos en la Ley y en los estatutos (art. 93 LSC)" (p. 230) y, más adelante, cuando reiteran —en relación con la SRL— que "la participación social confiere la condición de miembro de la sociedad. Condición que puede adquirir de una forma originaria, participando en la fundación de la sociedad o en una ampliación de capital, o bien de una forma derivada mediante la adquisición de la participación procedente de otro socio" (p. 400).
En términos similares se expresa C. GÓMEZ LLORENTE (*Derecho Mercantil I*, dir. por J.M. de la Cuesta Rute, 3.ª Ed., 2015, p. 325), cuando, de forma unitaria para ambos tipos de sociedades de capital, afirma que "la acción y la participación social, adquiridas de modo originario o derivado, confieren a su titular legítimo la condición de socio de la sociedad, con la consiguiente asunción por parte de éste de las obligaciones, deberes, cargas, derechos y facultades o poderes inherentes a dicha condición y según estén delimitados por la Ley o, en su caso, por los estatutos (art. 91 LSC)".

capital, que sirven para medir la posición del socio"[12], de forma que "la titularidad de las participaciones sociales y de las acciones atribuye la condición de socio... El socio o accionista lo es porque es titular de una o varias participaciones o acciones. Las acciones o participaciones confieren a su titular los derechos de socio"[13].

Y este planteamiento resulta lógicamente válido tanto para la adquisición de la condición de socio como para la pérdida de dicha condición, puesto que "si la condición de socio de una sociedad anónima o limitada va unida a la titularidad de las acciones o participaciones, se pierde también cuando la titularidad de aquellas desaparece"[14].

Y, en consecuencia, desde este mismo planteamiento deberían resolverse, a nuestro juicio, todos los posibles supuestos de adquisición o pérdida de la condición de socio en una sociedad de capital, sea cual sea el acto o negocio jurídico del que derive esa adquisición o pérdida de la titularidad de las correspondientes acciones o participaciones sociales, tanto en los supuestos de adquisición originaria como en los de adquisición derivativa[15] (en los que habrá simultáneamente una adquisición de dicha condición por una persona —el adquirente— y una pérdida por otra —el transmitente—), así como en los de pérdida de dicha condición por extinción o amortización de las correspondientes acciones o participaciones sociales que la otorgaban (sea de todas ellas, en el caso de disolución y liquidación de la sociedad, sea sólo de algunas

12 RECALDE CASTELLS, A.-PÉREZ MILLÁN, D., "Comentario al art. 90", en AA.VV., *Comentarios a la Ley de Sociedades de Capital*, dir. por J.A. García-Cruces y I. Sancho Gargallo, 2021, Valencia, T. II, p. 1.277.

13 RECALDE CASTELLS, A.-PÉREZ MILLÁN, D., *op. cit*, p. 1.278. Igualmente, añaden más adelante estos autores que "la titularidad de las acciones o participaciones confiere la condición de socio. Dicha condición condensa la relación jurídica que une al socio con la sociedad y comprende un haz de derechos subjetivos y de obligaciones individuales. Un socio lo es incluso cuando solo es titular de una acción o participación" ("Comentario al art. 91", en AA.VV., *Comentarios a la Ley de Sociedades de Capital*, dir. por J.A. García-Cruces y I. Sancho Gargallo, 2021, Valencia, T. II, p. 1.295).

14 RECALDE CASTELLS, A.-PÉREZ MILLÁN, D., "Comentario al art. 91", *cit.*, p. 1.296, subrayando como eso sucede tanto cuando se transmiten a un tercero o cuando se anulan como consecuencia de una reducción de capital con amortización de las acciones o participaciones.

15 Por ejemplo, adquisiciones originarias consecuencia del acto fundacional de la sociedad o de una posterior ampliación de capital o como consecuencia de una modificación estructural (fusión, escisión o transformación) o una adquisición derivativa consecuencia de una adquisición *mortis causa* o por actos *inter vivos*, sea voluntaria o forzosa (por ejemplo, consecuencia de la muerte del socio o de su disolución y liquidación, si se trata de una persona jurídica, o de la subasta judicial o administrativa de las acciones o participaciones sociales, de una donación, compraventa, dación en pago, etc.).

de las que componen el capital social de la sociedad, como sucede en las reducciones de capital con amortización de acciones o participaciones sociales y cualquiera que sea la causa o motivo de dicha reducción del capital social, incluidas las que se puedan derivar del ejercicio del derecho de separación o de la facultad de exclusión de un determinado socio, por las causas legal o estatutariamente establecidas en cada caso).

Por tanto, la pregunta que debemos hacernos —en nuestra opinión— en cada supuesto o situación es sencillamente "cuándo se puede afirmar que ha adquirido (o perdido) la titularidad de las correspondientes acciones o participaciones sociales", puesto que "se adquirirá o se perderá la condición de socio cuando se adquiera (o se pierda) la titularidad de una o varias acciones o participaciones sociales de la mercantil correspondiente"[16].

Y en relación con esta primera premisa o idea-fuerza, no está de más recordar dos cosas más, igualmente obvias o comúnmente aceptadas de forma pacífica. Por un lado, que no cabe en Derecho español —a diferencia de otros ordenamientos— que exista divergencia alguna entre la cifra total del capital social y la sumatoria del valor nominal de todas las acciones y participaciones en que el mismo se divide puesto que, como es sabido, "la cifra total del capital es el resultado de multiplicar el número total de acciones o participaciones por el valor nominal, al menos si este es idéntico en todas las participaciones o acciones"[17]; es decir, conceptualmente no puede haber una parte del capital social que no se corresponda con acciones o participaciones en circulación en cada momento, ni puede tampoco haber acciones o participaciones en circulación sin un titular de las mismas que, por ello, sea considerado socio de la correspondiente sociedad[18].

Y, por otro lado, que "la adquisición de la condición material de socio no depende de que se cumplan los requisitos necesarios para que el socio o el accionista se legitime frente a la sociedad", *ex* arts. 104.2 y 116.2 TRLSC, es decir, que figure inscrito en el correspondiente registro de socios o de acciones nominativas[19].

16 GONZÁLEZ VÁZQUEZ, J.C., ¿Cuándo se deja de (o se empieza a) ser socio..., *cit.*
17 RECALDE CASTELLS, A.-PÉREZ MILLÁN, D., "Comentario al art. 90". *cit.*, p. 1.280.
18 RECALDE CASTELLS, A.-PÉREZ MILLÁN, D., "Comentario al art. 90" *cit.*, p. 1.281, subrayando como en nuestro ordenamiento no se admite las participaciones de cuota o porcentaje.
19 Por todos, RECALDE CASTELLS, A.-PÉREZ MILLÁN, D., "Comentario al art. 91", *cit.*, p. 1.297, quienes subrayan como la legitimación "tiene que ver con la necesidad de certeza y garantizar el buen funcionamiento corporativo, aseguran la regularidad de los actos imputables a la persona jurídica y, realizados a través de sus órganos". Como nos recuerda la RDGRN de 24 de enero de 2019, la falta de inscripción del socio en el Libro registro corres-

La segunda idea-fuerza o fundamento de nuestro planteamiento general que nos lleva a concluir que la inscripción de las operaciones de modificación del capital social tiene carácter constitutivo a nuestro juicio, es que la adquisición o pérdida originaria —no así la derivativa— de la condición de socio en una sociedad de capital implica siempre un proceso más o menos complejo, precisamente porque en la creación o extinción de acciones o participaciones sociales, además de la faceta estrictamente contractual de la relación societaria, existe una vertiente institucional o corporativa, por cuanto implica el nacimiento/constitución de una persona jurídica (o la ampliación de su estructura de capital) o su extinción, total o parcial (en el supuesto de la reducción del capital social). Y dicho proceso, como es sabido, no culmina hasta la inscripción de la constitución/ampliación de capital o de la extinción/reducción del capital, de forma que —como trataremos de justificar a lo largo de este trabajo— hasta ese momento no se es, en sentido estricto, accionista o socio de una SA o SRL o no se deja de serlo, de forma que dicha inscripción tiene efectos constitutivos y no meramente de oponibilidad frente a terceros, como es la regla general en las inscripciones registrales, incluidas la mayoría de las que implican una modificación estatutaria (como son las modificaciones de la cifra del capital social).

No es este el lugar, sin embargo, para desarrollar estos planteamientos en relación con la fundación o constitución de las sociedades de capital[20], ni

pondiente "no impide que dicha entidad pueda, a riesgo suyo, permitir el ejercicio de tales derechos a quien según le conste ostente dicha titularidad societaria aunque ésta no haya obtenido el oportuno reflejo librario"; igualmente, RDGRN de 9 de septiembre de 2020.

20 Como sabemos, resulta indubitado el carácter constitutivo de la inscripción de la constitución de las sociedades de capital, establecido de forma expresa por el legislador ya en el art. 7.1 de la LSA de 1989 ("con la inscripción adquirirá la Sociedad Anónima su personalidad jurídica"; e igualmente luego el art. 11.1 LSRL de 1995) y consagrado actualmente en el vigente art. 33 TRLSC al establecer que "con la inscripción la sociedad adquirirá la personalidad jurídica que corresponda al tipo social elegido", de forma que la condición de accionista de una SA o socio de una SRL no se adquiere hasta que se produce dicha inscripción. Antes de ese momento se podrá ser, en todo caso, socio de una sociedad en formación o de una sociedad irregular, pero no socio de una sociedad de capital, precisamente porque no se es todavía titular o propietario de las correspondientes acciones o participaciones sociales ya que no existe todavía una SA o SRL en sentido estricto.
En este sentido, por todos, GIRÓN TENA, J., *Derecho de Sociedades Anónimas (Según la Ley de 17 de julio de 1951)*, Valladolid, 1952, p. 162 o, más recientemente RECALDE CASTELLS, A.-PÉREZ MILLÁN, D., "Comentario al art. 91", *cit.*, p. 1,295, quienes sostienen con acierto que "cuando la escritura de constitución se inscribe en el Registro nace la sociedad de capital y los que fueron parte en el contrato de constitución devienen socios de una sociedad anónima o limitada. Desde ese momento son titulares de las acciones o participaciones en que se divide el capital social".; MORALEJO MENÉNDEZ, I., "Comentario al art.

tampoco por lo que se refiere a su disolución y liquidación[21-22]. Baste ahora con recordar la evidente analogía entre ambas situaciones con respecto a los aumentos y reducciones de capital —en cuanto fundaciones o extinciones parciales de la sociedad— que, obviamente, no autoriza a una extensión *"sic et simpliciter"* de las normas legales establecidas en relación con la inscripción de la constitución o de la cancelación registral de las sociedades de capital, pero que sí creemos que pueden jugar un cierto papel en la argumentación o

55", en AA.VV., *Comentarios a la Ley de Sociedades de Capital*, dir. por J.A. García-Cruces y I. Sancho Gargallo, 2021, Valencia, T. I, p. 911; en contra, no obstante, VELA TORRES, P.J., "Comentario al art. 33", en AA.VV., *Comentarios a la Ley de Sociedades de Capital*, dir. por J.A. García-Cruces y I. Sancho Gargallo, 2021, Valencia, T. I, p. 792.

21 Como afirma la doctrina abrumadoramente mayoritaria, el acuerdo de disolución adoptado en Junta general o la disolución *ex lege* en los casos en que no se requiere dicho acuerdo, no sólo no implica la pérdida de la personalidad jurídica propia del tipo societario (cosa admitida de forma unánime) sino que tampoco implica la extinción del vínculo contractual societario de los socios o accionistas entre sí y con la sociedad.
Al contrario, se abre un proceso de liquidación que llevará a extinguir todas las relaciones con terceros, al pago de todas las deudas de la sociedad y al reparto, en su caso, del remanente entre los socios/accionistas, culminando con la cancelación registral de la SA o SRL.
Pues bien, con dicha cancelación registral es con la que se pierde definitivamente la personalidad jurídica de la entidad como tal SA o SRL (aun en el caso de que hubiera relaciones no extinguidas, bienes o derechos de titularidad de la entidad o deudas impagadas o, incluso, en el caso extremo de que siguieran ejerciendo su actividad social tras dicha cancelación registral por los mismos socios y gestores). En estos casos existirá, después de esa cancelación registral, una cierta personalidad jurídica latente o residual, como ha afirmado nuestro Tribunal Supremo, pero no será ya "su" personalidad jurídica como SA o SRL (cfr. STS de 24 de mayo de 2017).

22 No desconocemos la postura contraria del prof. ALFARO ÁGUILA-REAL en diversos escritos de estos últimos años, donde sostiene que "la disolución es la terminación del contrato de sociedad y, por tanto, la de los vínculos obligatorios entre los socios" (ALFARO ÁGUILA-REAL, J., "L disolución como terminación del contrato de sociedad: teoría y algunas consecuencias prácticas", *RdS,* 2021, n.º 61 p. 93) y, como necesaria consecuencia lógica de dicho planteamiento, que su eventual reactivación supone "la celebración simplificada de un nuevo contrato de sociedad entre todos o parte de los socios de la sociedad disuelta" (ALFARO ÁGUILA-REAL, J., "La reactivación como modificación estructural: celebración de un nuevo contrato de sociedad y sucesión universal", *RdS*, 2021, n.º 62, p. 97), pero no deja de ser una posición minoritaria que, a pesar de su sofisticada elaboración no nos termina de convencer ya que, siendo cierta la existencia de dos facetas, la obligacional y la jurídico-real o de Derecho de cosas —o, como le denominan otros autores, la organizativa— no compartimos la absoluta disgregación o separación entre ambas que defiende el autor. No podemos desarrollar aquí, por razones obvias, este argumento. Baste decir que, en nuestra opinión, resultan inescindibles ambas facetas conforme a nuestro Derecho positivo, de forma que no puede existir acciones o participaciones sociales que no concedan la condición de socio de una sociedad de capital a su titular ni tampoco socios de dichos tipo societarios sin ostentar la propiedad o titularidad de una acción o participación social de la correspondiente sociedad de capital.

interpretación del alcance o efectos de la inscripción de las operaciones sobre el capital social.

III. EL CARÁCTER CONSTITUTIVO DE LA INSCRIPCIÓN DE LA ESCRITURA DE EJECUCIÓN DEL AUMENTO DEL CAPITAL SOCIAL

1. Introducción

Centrándonos ya, en primer lugar, en la inscripción de los aumentos de capital, como hemos expuesto en el primer apartado de este trabajo, consideramos que la misma tiene carácter constitutivo, aunque no se establezca así de forma expresa e indubitada en el TRLSC —a diferencia de cuanto acontece, por ejemplo, respecto de las modificaciones estructurales en el RDL 5/2023— de forma que, a nuestro juicio la condición de socio en una sociedad de capital no se adquiere con la suscripción y desembolso de las acciones o participaciones sociales sino cuando, posteriormente, se produzca —si es que se produce— la inscripción de la escritura de ejecución del aumento de capital, puesto que es en ese momento cuando el capital social queda propiamente aumentado y, por tanto, se puede afirmar que existen las nuevas acciones o participaciones sociales correspondientes a dicha ampliación. Y ello por varias razones o argumentos que pasamos a desarrollar a continuación, siendo el primero,-como hemos expuesto en el apartado anterior— la consideración de que toda operación del aumento de capital es un proceso que se inicia con la adopción del acuerdo de aumento por el órgano competente (junta general normalmente, o administradores en caso de capital autorizado), pero sin que el capital social pueda considerarse realmente aumentado y las nuevas acciones y participaciones como existentes hasta la plena culminación de ese proceso con la completa ejecución de dicho acuerdo, que termina con la inscripción registral de la correspondiente escritura de ejecución[23].

Pero existen en el TRLSC concretos preceptos legales que, en nuestra opinión, apoyan la conclusión expuesta y que pasamos a desarrollar en los apartados siguientes en relación con la operación de aumento del capital social para lo que, en primer lugar, haremos un breve repaso a los antecedentes históricos y a las opiniones vertidas por la doctrina científica más autorizada y la jurisprudencia menor o cautelar al respecto —ya que nuestro Tribunal Su-

23 No de la del mero acuerdo de aumento, cuya inscripción resulta vedada en nuestro ordenamiento desde 1989, con la única excepción de las sociedades anónimas cotizadas *ex* art. 508 LSC, excepción introducida con la Ley 37/1998, a la que haremos referencia más adelante.

premo no se ha pronunciado hasta hoy con claridad sobre la materia, aunque se haya afirmado lo contrario por algunos autores—, para luego incidir en los concretos anclajes legales que nuestro Derecho societario vigente nos ofrece para sostener nuestra posición.

2. Un breve repaso a los antecedentes legislativos y su interpretación por la doctrina y la jurisprudencia

Como es sabido la vieja LSA de 1951 no contenía precepto alguno específico relativo a la inscripción de los aumentos de capital, más allá de la genérica remisión del art. 87 a la aplicación de los requisitos generales de toda modificación estatutaria recogidos en su art. 84, que establecía la necesidad de su otorgamiento en escritura pública para su posterior inscripción registral.

Pues bien, incluso con esa evidente laguna legal, que no atendía a la peculiaridad de las operaciones sobre el capital respecto de otras modificaciones estatutarias, en cuanto suponen un proceso más allá de la mera adopción del acuerdo, ya entonces se manifestaba a favor del carácter constitutivo de la inscripción —tras la ejecución del aumento— doctrina científica muy autorizada[24], aunque seguramente minoritaria.

24 GARRIGUES, J., "Comentario a los arts. 89, 90, 91 y 92", en GARRIGUES, J.-URÍA, R., *Comentario a la Ley de Sociedades Anónimas,* Madrid, 1976, T. II, p. 289-290, donde apuntaba a que "sólo cuando la inscripción fundada en este hecho se haya producido, se podrá decir que los estatutos han sido modificados. Sería incongruente que se inscribiera la nueva cifra de capital social antes de saber si las acciones estaban o no totalmente suscritas. La inscripción tiene aquí indudablemente carácter constitutivo de la reforma estatutaria", por lo que consideraba que el Registrador debía denegar la inscripción hasta que se le demostrara dicha suscripción y desembolso, subrayando como permitir la inscripción del acuerdo de aumento sin su previa ejecución sería un fraude a los acreedores, como ocurría bajo el régimen del Código de comercio con las denominadas "acciones en cartera", aludiendo de nuevo al argumento de que el aumento es "una especie de fundación parcial de la sociedad" por lo que "es lógico que las normas coactivas que regulan la fundación se extiendan a la emisión de nuevas acciones", sosteniendo la aplicación analógica del art. 8 de la LSA de 1951 (suscripción íntegra y desembolso mínimo del 25%).

Aunque de forma más concisa y algo lacónica, parece que esa sería también la opinión del prof. Rubo García-Mina quien, consciente de la necesidad de la ejecución de acuerdo para considerar efectivamente aumentado el capital, entendía que "el problema puede resolverse acudiendo a las reglas que para la fundación establecen los artículos 19 y 20 de la Ley y el artículo 111 del Reglamento de Registro Mercantil, considerando la elevación del capital como equivalente a una fundación parcial", es decir, a las exigencias de suscripción y desembolso mínimo previas a la inscripción (RUBIO, J., *Curso de Derecho de Sociedades Anónimas,* Madrid, 1964, p. 60).

De forma más matizada, otros autores reconocían que la problemática no estaba resuelta en la LSA de 1951 puesto que el art. 84 sólo hacía referencia a la inscripción de todo acuerdo de modificación de estatutos, sin atender a la peculiaridad propia del aumento de capital, donde resulta posible que dicho acuerdo posteriormente no se materialice o se ejecute o bien se realice sólo parcialmente. Así, si bien concluían que esa inscripción registral del acuerdo no puede remitirse "al momento en que la ejecución se haya consumado, porque es el acuerdo el que se constata en la escritura que se ha de inscribir"[25], entendían que —precisamente para conjurar dicho riesgo— debía producirse, tras la ejecución de aumento, una segunda inscripción posterior —de forma semejante a lo que se exigía entonces en otros ordenamientos de nuestro entorno, como Italia y Suiza—, entendiendo que sólo entonces se podía tener por realizada y efectiva la modificación estatutaria, aplicando "por analogía, la doctrina y requerirse la inscripción con todas las consecuencias derivadas del carácter, parcialmente fundacional, del aumento de capital"[26], lo que, a la postre, implicaba igualmente conceder dicho carácter constitutivo a la inscripción, a nuestro juicio, sólo que referida no a la obligada inscripción del acuerdo de aumento *ex* arts. 84 y 87 de la LSA de 1951 sino, como es lógico, a la posterior de su ejecución.

Posteriormente, tras nuestra incorporación a la entonces CEE y la consiguiente necesaria adaptación de nuestro ordenamiento jurídico al acervo comunitario, hubo que transponer las Directivas sobre sociedades lo que dio lugar al TRLSA de 1989, donde ya se adoptó la necesidad de la inscripción simultánea del acuerdo y su ejecución que se ha mantenido hasta la actualidad (art. 162.1). En el Anteproyecto de 1987 se recogía, no obstante, la opción conocida en Derecho comparado de la doble inscripción (primero del acuerdo y luego de su ejecución) y la doctrina más autorizada ya sostuvo, en relación con dicha opción legislativa, que debía "entenderse que la cifra de capital solo queda aumentada a partir de este momento" (la segunda inscripción),

25 GIRÓN TENA, J., *op.cit.* p. 481, añadiendo que la calificación registral venía limitada al acuerdo adoptado y, por ello, podía causarse "una inscripción que luego no tenga correspondencia con la realidad, porque la elevación no se consume".

26 GIRÓN TENA, J, *op.cit.*, p. 501, donde reconocía que "habría que haber reproducido la doctrina sobre la inscripción que se contiene para el momento fundacional y, de acuerdo con ella, extender las reglas sobre la creación y circulación de acciones", añadiendo que "el Balance debiera reflejar la situación del capital, de acuerdo con el Registro Mercantil". Igualmente, DE LA CÁMARA ÁLVAREZ, M., *Estudios de Derecho Mercantil*, 1974, 1.ª Ed, p. 93 ss. consideraba que se debía realizar la inscripción del sólo acuerdo de aumento (por el tenor literal de los arts. 84 y 87 de la LSA de 1951), pero exigía también la inscripción posterior de la ejecución para que se hubieran modificado los estatutos.

es decir, afirmando el carácter constitutivo de la inscripción de la ejecución del aumento[27], de forma similar a lo que se interpretaba ya —como hemos visto— con la LSA de 1951 por aplicación analógica de las normas referidas a la constitución de la sociedad.

Desde la entrada en vigor de la LSA de 1989, resulta ya obligada la inscripción simultánea del acuerdo de aumento y su ejecución (art. 162 de la LSA de 1989 —similar al actual art. 315 LSC— y arts. 165-169 RRM; vid. RDGRN 4 de octubre de 2000), publicándose posteriormente en el BORME los datos esenciales de la operación (art. 338.3.º RRM), dando fin así a la perturbadora práctica anterior de la inscripción de acuerdos de aumentos de capital no ejecutados, con el riesgo de dar publicidad a cifras de capital que no se correspondían con lo efectivamente aportado.

A partir de ese momento la inmensa mayoría de la doctrina pareció inclinarse de inmediato por la consideración del carácter constitutivo de la inscripción de la escritura de ejecución del aumento del capital[28], si bien no

27 SÁNCHEZ ANDRÉS, A., "Aumento y reducción del capital», en AA.VV., *La reforma del Derecho de Sociedades (Reforma y adaptación de la legislación mercantil a la normativa comunitaria en materia de sociedades)*, Madrid, 1987, p. 378, subrayando igualmente como el nuevo capital no debía constar como tal en el Balance hasta ese momento, lo que implicaba asumir igualmente la tesis del carácter constitutivo de la inscripción de la ejecución del aumento. En efecto, el art. 99.3 del Anteproyecto de 1987 que establecía que "sólo a partir de la inscripción de la ejecución del acuerdo de aumento podrá hacerse constar la nueva cifra del capital social en los documentos de la sociedad" (contables y no contables) era uno de los principales argumentos a favor del carácter constitutivo (así, EMBID IRUJO, J.M., "Comentario a la STS de 2 de abril de 1990", *Diario La Ley*, 7 de diciembre de1990, p. 8).
En esta misma línea del Derecho de sociedades proyectado durante la vigencia de la LSA de 1951, conviene subrayar como la solución adoptada por el Anteproyecto de Ley de 1979 establecía en su art. 141.1 que "una vez inscrita la ejecución del acuerdo de aumento de capital quedará éste elevado en la cifra correspondiente, que podrá ser mencionada a partir de ese momento en los documentos de la sociedad", lo que, a nuestro juicio, era igualmente una clara opción por el carácter constitutivo de la inscripción y la doctrina científica subrayaba que esa misma solución del Anteproyecto de 1979 se había mantenido de forma constante en los diferentes anteproyectos y proyectos de ley (GARCÍA VILLAVERDE, R., "La constitución y el capital de las sociedades en la CEE (primera y segunda directrices)", *CDC*, 1989, n.º 5, p. 129).

28 Así, BERCOVITZ RODRÍGUEZ CANO, A., "Modificación de Estatutos. Aumento y reducción del capital", en *El nuevo Derecho de las Sociedades de capital*, dirigido por I. Quintana, Zaragoza, 1989, p. 186: "el capital quedará aumentado solamente después de inscribir la ejecución del acuerdo", añadiendo que "hasta que no se inscribe la ejecución del aumento de capital éste no existe" (p. 187); igualmente, ALONSO ESPINOSA, F.J., "Modificación de estatutos y aumento y reducción del capital", *CDC*, 1990, n.º 8, 57 y ss. p. 80: "se camina así hacia una inscripción constitutiva en materia de sociedades"; también VICENT CHULIÁ, F., *Compendio crítico de Derecho Mercantil*, T., I, vol. 2, Barcelona, 1991, p. 748, afirmaba que "el acuerdo

faltaron autorizadas voces discrepantes que afirmaron que "aunque no faltan argumentos para defender que, incluso entre los socios, el capital se considera aumentado sólo desde la inscripción registral (arg. ex art. 162.2 LSA), debe prevalecer la interpretación contraria a la tesis de la eficacia constitutiva de dicha inscripción: en el plano interno, el aumento produce efectos desde que los administradores constatan que se ha producido el desembolso correspondiente, declarando elevado el valor nominal de las acciones y, por

de capital es sólo parcialmente ejecutivo antes de su inscripción, abriendo el período de suscripción de las nuevas acciones, y los suscriptores quedan obligados a hacer su aportación desde el momento de la suscripción, si bien la plena eficacia de ésta, con la creación y emisión o entrega de las acciones (art. 62) queda condicionada a la efectiva inscripción del aumento en el Registro Mercantil. A estos efectos la inscripción es constitutiva como antes de la reforma"; también p. 764: "Sólo a partir de la inscripción en el Registro Mercantil podrá hacerse constar la nueva cifra de capital en la documentación social"; MARTÍNEZ FERNÁNDEZ, T.A., "El aumento de capital social", en AA.VV., *Las Sociedades de capital conforme a la nueva legislación*, dirigido por V.M. Garrido de Palma y otros, 3.ª Ed., Madrid, 1990, p. 667 ss. quien afirma que "la inscripción sería constitutiva... si se permitiese inscribir separadamente el acuerdo de su ejecución, ocurriría que la inscripción del primero... no podría por sí sola modificar la cifra del capital social, debiendo esperar hasta su ejecución" (p. 669); GIL DEL MORAL, F. MOREU SERRANO, G., "Estudio jurídico y financiero de las ampliaciones de capital en las sociedades anónimas", en AA.VV., *Contratos sobre acciones*, dir. por F. Gil del Moral, G. Moreu Serrano y A. Pascual de Miguel, Madrid, 1994, p. 100: "alcanzada la inscripción, se produce el nacimiento de las acciones que constituyen la contraprestación del suscriptor por la aportación realizada o, en su caso, comprometida, representando, a partir de entonces, partes alícuotas del capital social que confieren a su titular legítimo la condición de socio y le atribuye los derechos reconocidos en la Ley y en los estatutos. Desde la inscripción, conforme al artículo 62, las acciones son perfecto sustrato objetivo de negocios jurídicos traslativos y podrá procederse a su entrega".

Con más dudas, CABANAS TREJO, R., ("La suscripción incompleta del aumento de capital", *RDM*, 1990, p. 791), que habla de inscripción "conformadora" o "configuradora", si bien añade que "una vez inscrito el aumento decaerá la facultad resolutoria y el suscriptor se convertirá en socio de pleno derecho" (p. 782), lo que, a nuestro juicio, es asumir el carácter constitutivo de la inscripción; cfr. también, CABANAS TREJO, R., "Capital mínimo y disolución de la sociedad anónima", *RGD*, 1993, p. 4.933, donde el autor afirma que "para el aumento de capital quizá se pudiera sostener su eficacia constitutiva en orden a la atribución de la condición de socio".

No toma postura clara, reconociendo que es cuestión controvertida, tras exponer diversa doctrina científica y jurisprudencial sobre la materia, BLANCO SARALEGUI, J.M., "Comentario al art. 315", en AA.VV., *Comentarios a la Ley de Sociedades de Capital*, dir. por J.A. García-Cruces y I. Sancho Gargallo, Valencia, 2021, T. IV, p. 4291-97, si bien, más adelante parece sostener su carácter constitutivo cuando suscribe las palabras de Flaquer respecto de que "resulta ciertamente difícil poder calificar a quien asume o suscribe, antes de la inscripción, de auténtico socio o accionista"; también en "Comentario al art. 316", en AA.VV., *Comentarios a la Ley de Sociedades de Capital*, dir. por J.A. García-Cruces y I. Sancho Gargallo, Valencia, 2021, T. IV, p. 4305.

ende, del capital, o adjudicando las nuevas acciones si es ésta la modalidad del aumento, salvo que se deduzca lo contrario del propio acuerdo"[29].

Como es sabido, ni la LSRL de 1995 añadió nada relevante sobre la cuestión, siguiendo miméticamente en esta materia la regulación ya contenida en la LSA de 1989 y, posteriormente, se ha mantenido la misma solución legal en el TRLSC de 2010, siendo el único cambio sustantivo al respecto el régimen especial introducido para la sociedad anónima cotizada en 1998, reformado reciente en 2021.

Por lo que se refiere a la jurisprudencia, si bien tampoco puede afirmarse que exista una posición unívoca en un sentido u otro (y, sobre todo, que hasta ahora no se ha pronunciado con claridad al respecto nuestro más Alto Tribunal[30]), creemos que también hay una cierta inclinación mayoritaria —aunque menos acusada quizá que en la doctrina científica, a nuestro juicio— a favor de su carácter constitutivo.

Así, en la jurisprudencia cautelar es una cuestión controvertida, existiendo pronunciamientos tanto a favor (RRDGRN de 28 de marzo de 1995, 22 de diciembre de 1995, 26 de noviembre de 1996, 4 de abril de 1997, 3 de marzo de 1998, 6 de octubre de 1998, 8 de octubre de 1999, 20 de abril de 1999, 27 de octubre de 1999, 17 de noviembre de 1999, 3 de diciembre de 1999, 6 de septiembre de 2001, 11 de junio de 2002, 27 de agosto de 2002) y también en

29 ROJO FERNÁNDEZ RÍO, A., Voz "Aumento del capital social", en AA.VV., *Enciclopedia jurídica Básica*, Vol. I, Madrid, 1995, p. 665. También a favor de su carácter declarativo, GARCÍA-PITA Y LASTRES, J.L., "Acciones nominativas y acciones al portador", en AA.VV., *Derecho de sociedades anónimas [en homenaje al profesor José Girón Tena], (Capital y acciones)*, coord. por A. Alonso Ureba y otros, Vol. 2, Tomo 1, 1994, págs. 523, pp. 584-586, nota 157; igualmente, PERDICES HUETOS, A.B., *Cláusulas restrictivas de la transmisión de acciones y participaciones*, Madrid, 1997, p. 327, con base a la exigencia de la inscripción de la titularidad de las participaciones sociales en el Libro-Registro de socios como presupuesto de la propia inscripción del aumento de capital en el Registro Mercantil (art. 78 LSRL; hoy recogida en el art. 314 TRLSC) y en que el art. 30.4 LSRL —hoy art. 108.4 TRLSC— establecía el *dies a quo* del plazo de intransmisibilidad de las participaciones durante 5 años en la fecha del otorgamiento de la escritura de ejecución del aumento "lo que supone lógicamente que desde ese momento las participaciones deberán existir y ser susceptibles de transmisión. Una vez ejecutado el aumento no hay una promesa o una expectativa, sino una auténtica participación o acción"; CASTELLANO RAMÍREZ, M.J., "Comentario al art. 315", en AA.VV., *Comentarios a la Ley de Sociedades de Capital*, dir. por A. Rojo-E. Beltrán, Cizur Menor, 2011, p. 2234 y ss.

30 Cfr. SAP de León de 15 de junio de 2017, donde se reconoce la inexistencia de jurisprudencia de la Sala 1.ª del TS que resuelva la cuestión, citando una de la Sala 3.ª, de 16 de enero de 2104 contraria al carácter constitutivo de la inscripción, pero con argumento, a nuestro juicio, inconsistente: que si fuera constitutiva sólo nacería obligación de desembolso desde la inscripción.

contra (RDGRN de 20 de octubre de 2003, si bien con carácter de *obiter dicta*; RRDGRN de 11 de enero de 2005; 18 de junio de 2010, 6 y 25 de mayo de 2010, 22 y 27 de abril de 2010), en aplicación de la LSA de 1989 y la LSRL de 1995, si bien parece mayoritaria la que le concede dicho carácter constitutivo.

Y por lo que se refiere a la jurisprudencia menor, siendo escasos los pronunciamientos expresos en un sentido u otro, también parece que se ha inclinado mayoritariamente por dicho carácter constitutivo, aplicando igualmente la normativa existente con anterioridad al TRLSC de 2010, doctrina que, no obstante, creemos perfectamente trasladable al Derecho vigente tras la refundición de la LSA de 1989 y la LSRL de 1995[31].

En definitiva, ya desde la promulgación de la LSA de 1951 hasta la actualidad, la doctrina científica y la jurisprudencia se ha pronunciado mayoritariamente a favor del carácter constitutivo de la inscripción de la escritura de ejecución del aumento del capital social, incluso cuando nuestra legislación resultaba más deficiente técnicamente, precisamente porque las operaciones sobre el capital, a diferencia de la mayoría de las modificaciones estatutarias, no se consuman con la simple adopción del correspondiente acuerdo social —siendo su posterior inscripción relevante jurídicamente sólo a efectos de oponibilidad frente a terceros de buena fe—, sino que con ello se inicia un proceso que precisa de su completa ejecución para poder considerar efectivamente aumentado el capital social, concluyendo dicho proceso con su inscripción registral, imprescindible para acreditar el control de legalidad de

31 SAP de Almería de 19 de marzo de 2014, donde un socio había asumido participaciones, pero no se había inscrito el aumento, celebrándose junta general universal sin su concurrencia, se pronuncia —reconociendo que no existe unanimidad en la jurisprudencia— a favor por el carácter constitutivo de la inscripción de la escritura de ejecución del aumento y, por ello, en contra de la consideración como socio del que había asumido las participaciones del aumento ejecutado y no inscrito; también la SAP de Baleares de 15 de marzo de 2013 afirmó que "la inscripción del acuerdo es constitutiva por aplicación del artículo 162 de la LSA"; las SSAP de Vizcaya de 8 de marzo de 2002 y de 16 de marzo de 2006, en relación con una SRL; las SSAP de Valencia de 12 de julio de 2005, 11 de octubre de 2007 y de 10 de marzo de 2010, afirman el carácter constitutivo de la inscripción apoyándose en el art. 28 de la entonces vigente LSRL. Más recientemente, la SAP de Valencia de 16 de febrero de 2021, apuntando como argumentos a favor al contenido del art. 28 LSRL y el art. 162 LSA, citando igualmente los arts. 34 y 316 TRLC.
En cambio, la SAP de Madrid de 26 de mayo de 2012 considera que no lo tiene, afirmando que produce efectos en el plano interno desde que es ejecutado, considerando que no puede equipararse con la constitución por mucho que se le aplique la misma norma prohibitiva a la transmisión (arts. 62 LSA y 28 LSRL —hoy recogida en el art. 34 LSC—); también SAP de Madrid de 13 de diciembre de 2012, apuntando a que la STS de 29 de septiembre de 1993 "parece inclinarse por el carácter declarativo", aunque resulta más que discutible dicha conclusión.

dicho proceso de ejecución, quedando elevado el capital social —y, por ello, creadas las correspondientes acciones o participaciones sociales— a partir de dicha inscripción.

Pero, como decimos, desde la promulgación de la LSA de 1989 (y luego también la LSRL de 1995 y el TRLSA de 2010) existen además elementos normativos que permiten sustentar dicha posición con mayor fundamento, demostrando que esa fue —y es— la voluntad consciente de nuestro legislador al regular este concreto aspecto del aumento de capital, cuando podría haber optado por otras igualmente compatibles con la tutela equilibrada de los distintos intereses en juego (de la sociedad, de los socios preexistentes, de los suscriptores y de los acreedores sociales), que pasamos a exponer en los siguientes apartados.

3. El régimen jurídico del aumento de capital incompleto (arts. 310 y 311 TRLSC)

Aunque el legislador ha optado —como ya hiciera en el art. 161 de la LSA de 1989 y el art. 77 de la LSRL— por establecer un régimen distinto para la SA y la SRL en relación con la eficacia del aumento incompleto (es decir, cuando la ejecución del acuerdo no alcanza finalmente a la totalidad de las acciones o participaciones sociales que se previa emitir o crear conforme al contenido del mismo), estableciendo para las sociedades limitadas que "el capital quedará aumentado en la cuantía desembolsada, salvo que en el acuerdo se hubiera previsto que el aumento quedaría sin efecto en caso de desembolso incompleto" (art. 310.1 TRLSC), mientras que para las sociedades anónimas establece la solución contraria, considerando que "el capital sólo se aumentará en la cuantía de las suscripciones efectuadas si las condiciones de la emisión hubieran previsto expresamente esta posibilidad"[32], lo relevante a nuestros efectos es la solución legal adoptada cuando el aumento de capital acordado debe —en aplicación de dichos preceptos— quedar sin efecto, estableciendo clara y expresamente, para la SRL, que "el órgano de administración, dentro del mes siguiente al vencimiento del plazo fijado para el desembolso, deberá restituir las aportaciones realizadas. Si las aportaciones fueran dinerarias, la restitución podrá hacerse mediante consignación del im-

32 Como es sabido, en realidad, la facultad de la sociedad no se constriñe a la elección entre eficacia o ineficacia del aumento incompleto, sino que puede modular su decisión de forma tan matizada como considere oportuno (por ejemplo, supeditando la eficacia del aumento a un determinado porcentaje de suscripción), siempre que quede garantizada la seguridad jurídica de los futuros suscriptores.

porte a nombre de los respectivos aportantes en una entidad de crédito del domicilio social, comunicando a éstos por escrito la fecha de la consignación y la entidad depositaria" (art. 310.2 TRLSC) y, de forma paralela para la SA, que "el órgano de administración lo publicará en el Boletín Oficial del Registro mercantil y, dentro del mes siguiente al vencimiento del plazo de suscripción, deberá restituir las aportaciones realizadas. Si las aportaciones fueran dinerarias, la restitución deberá hacerse directamente a los respectivos aportantes o mediante consignación del importe a nombre de éstos en el Banco de España o en la Caja General de Depósitos".

En definitiva, al margen de las pequeñas diferencias en la forma de proceder a comunicar el fracaso del aumento previamente acordado y ejecutar la obligación de restitución de las aportaciones desembolsadas a las personas que suscribieron o asumieron las respectivas acciones o participaciones sociales, lo significativo, como ya dijimos en otro lugar[33], es que "las consecuencias de la ineficacia del aumento incompleto abogan por la consideración de la inscripción del aumento de capital como constitutiva, de forma que el mero suscriptor de las acciones o participaciones no puede ser considerado como socio, ni siquiera a efectos internos, hasta que dicha inscripción se produzca. De otra forma no se entendería que, al resulta ineficaz el aumento incompleto, se devuelva a dichos suscriptores exactamente lo que aportaron, sin que se realice una "liquidación" de su respectiva cuota en función de la evolución de la actividad social desde la suscripción hasta el momento de la devolución, así como que ésta no venga condicionada al cumplimiento de las medidas de garantía establecidas a favor de terceros cuando se produce la devolución de aportaciones sociales"[34].

Y no se puede, a nuestro juicio, restar importancia a esta expresa regulación por considerarlo aplicable sólo en caso de aumentos dinerarios de capital. Al margen de que, desde el punto de vista práctico, los aumentos dinerarios son cuantitativamente mayoritarios estadísticamente, lo cierto y verdad es que, aunque la suscripción incompleta sea algo más probable que acontezca en dicho tipo de aumentos, no es descartable que se pueda produ-

---

33 GONZÁLEZ VÁZQUEZ, J.C., Voz "Aumento de capital incompleto", en AA.VV., *Diccionario de Derecho de Sociedades*, dir. por C. Alonso, Madrid, 2006, pp. 254-255.

34 Subraya esta idea, CASTELLANO RAMÍREZ, M.J., *La suscripción incompleta del aumento del capital social en la sociedad anónima,* Madrid, 2004, p. 251, quien subraya que "no se trata de un supuesto similar a la restitución de aportaciones en los casos de reducción del capital o de liquidación de la sociedad... no implica liquidación parcial del patrimonio de la sociedad ni afecta a la cuantía del capital social, habida cuenta de que esas "aportaciones" no han llegado nunca a integrarse en la cifra del capital social".

cir en el resto de supuestos de aumento efectivo de capital[35]. Sólo en el caso de aumento nominal o meramente contable (aumento con cargo a reservas o beneficios) no cabe que se produzca[36].

Si fracasa el aumento por esta causa, su ineficacia será total, afectando al propio acuerdo de aumento del capital[37], ya que el desembolso completo (o en la cuantía que se haya estipulado en el acuerdo) se configura "como una condición a la que los socios hacen vincular la eficacia de la operación de aumento globalmente considerada"[38].

El incumplimiento del deber legal de restitución por parte del órgano de administración puede conllevar la responsabilidad personal de los administradores[39] si, por la propia marcha de la sociedad, ésta no pudiera llegado el

35 Como acredita la RDGRN de 12 de septiembre de 2017, en relación con un aumento por capitalización de créditos donde uno de los socios-acreedores no prestó su consentimiento a la conversión de su crédito en capital, tras la adopción del acuerdo por el resto de los socios. En este sentido, BLANCO SARALEGUI, J.M., "Comentario al art. 310", en AA.VV., Comentarios a la Ley de Sociedades de Capital, dir. por J.A. García-Cruces y I. Sancho Gargallo, Valencia, 2021, T. IV, p. 4266.

36 Así, CASTELLANO RAMÍREZ, M.J., *op.loc.ult.citt.*; cfr., no obstante, BLANCO SARALEGUI, J.M., *op.cit.*, quien no considera aplicable la regla más que a los aumentos dinerarios, sin exponer, sin embargo, el fundamento de dicha limitación, que considera "implícita" (p. 4.273).

37 Cfr. STS de 24 de enero de 2008 donde se subraya, acertadamente, que ese hecho no genera la nulidad del acuerdo, sino su ineficacia. Igualmente, RDGRN de 27 de enero de 1999, subraya como la aplicación de esta regla conlleva que "el aumento del capital acordado quedará ineficaz si no ha sido suscrito ni siquiera parcialmente y ha transcurrido el plazo fijado para la suscripción o para que los Administradores ejerciten la facultad que les ha sido atribuida por la Junta para adjudicar a terceros las acciones no suscritas".

38 BLANCO SARALEGUI, J.M., *op.cit.*, p. 267-68. Como subraya CASTELLANO RAMÍREZ, M.J. (*op.ult.cit.*, p. 242), "el aumento del capital constituye una operación compleja que se nutre de una serie de actos dependientes unos de otros... Así se comprende que el hecho de que la Ley haya proyectado de manera expresa la ineficacia por suscripción incompleta sobre el propio acuerdo de aumento, determina que todos los actos realizados en ejecución del mismo... resultan por derivación ineficaces". En este sentido, cfr. RDGRN de 27 de enero de 1999, que subraya como cabrá que la sociedad vuelva a acordar el aumento en los mismos términos, pero "se tratará de un nuevo acuerdo que habrá de observar las normas legales establecidas".

39 Vid. STS de 6 de marzo de 2006, donde se establece con claridad, para una SA, que "los administradores tienen la obligación legal de restituir las cantidades aportados a un aumento de capital incompleto, cuyo incumplimiento genera responsabilidad, y no puede alegarse buena administración, según el artículo 127 LSA, cuando estas cantidades se han invertido en el normal desarrollo de las actividades societarias". Como se ha afirmado con acierto (CASTELLANO RAMÍREZ, M.J., *op.ult.cit.*, p. 256), la sociedad carece de poder de disposición en ese interin sobre las aportaciones desembolsadas porque debe preservar ese derecho a la restitución, aunque no se establezca así de forma expresa como en otros ordenamientos jurídicos, como Francia o Estados Unidos.

momento hacer frente a dicha restitución porque los administradores hubieran hecho uso de esos importes para la actividad social. El suscriptor, precisamente porque no es todavía socio, no está sometido al riesgo derivado de la actividad empresarial y, por ello, es conceptualmente un tercero acreedor que debe recibir el importe íntegro de su desembolso en el plazo legalmente establecido[40] y, en su caso, la correspondiente indemnización por los daños y perjuicios que el incumplimiento o cumplimiento tardío de la obligación de restitución por los administradores le hayan podido causar, en su caso.

En definitiva, estas normas acreditan que esos importes desembolsados no son parte de capital social a efectos de garantía con terceros pues si se produce la ineficacia del aumento por esta circunstancia, los suscriptores pueden retirar sus aportaciones independientemente de la situación de la sociedad con sus acreedores y sin las técnicas de protección de éstos (publicidad y derecho de oposición de los acreedores o responsabilidad solidaria durante 5 años por el importe de la restitución)[41].

Es más, cuando se hayan desembolsado aportaciones "in natura", los administradores estarán obligados a restituir esos mismos bienes al suscriptor y no el importe en efectivo por el que fueron valorados para su aportación al capital social[42].

En definitiva, todo ello acredita que esos suscriptores no han sido nunca socios, condición que sólo adquirirán una vez inscrita la escritura de ejecu-

40 Cfr. CASTELLANO RAMÍREZ, M.J., *op.ult.cit.*, p. 250, quien subraya como "el suscriptor tiene derecho a recibir el importe íntegro de la aportación realizada, de modo que la cantidad a restituir no será inferior al valor que cada suscriptor satisfizo efectivamente por la adquisición de las acciones", no pudiendo detraerse los gastos de la ejecución del aumento u otros gastos en que la sociedad haya incurrido, puesto que "no puede devolver al suscriptor un importe inferior al valor de la aportación efectivamente realizada".

41 CABANAS TREJO, R., "La suscripción incompleta..., *cit.*, p. 791, nota 119, quien añade con acierto que tampoco son socios a efectos internos pues esta posición sólo se puede adquirir de manera definitiva y no bajo condición resolutoria y porque se es socio por ser titular de una acción, de una fracción de capital y todavía ese patrimonio que ha ingresado en la sociedad no tiene esa consideración ni se le aplica jurídicamente su régimen (no se le tendrá en cuenta a efectos de capital autorizado, de límite de emisión de obligaciones o de acciones sin voto, para dotar la reserva legal, etc.); prueba de ello es que al reembolsarse se le devuelve exactamente "lo aportado" y no una cuota dineraria de liquidación (no es una separación), es decir, no ha estado sometido al riesgo social, no es socio y, por ello, tampoco puede contablemente aparecer en la partida correspondiente al capital, aunque tendrá su reflejo correspondiente.

42 Así, CASTELLANO RAMÍREZ, M.J., *op.ult.cit.*, p. 249, quien afirma que "no hay duda de que la sociedad deberá efectuar dicha restitución también in natura, es decir, devolviendo los mismos bienes que fueron entregados", salvo que la restitución en especie sea imposible.

ción del aumento, de forma que "no han adquirido en este caso derechos de socio como consecuencia de la simple suscripción, por lo que sólo cabe devolverles aquello que entregaron en concepto de pago del precio de emisión de las acciones que suscribieron en la operación de aumento fracasada, sin derecho proporcional a las reservas o beneficios sociales por el tiempo que ha mediado entre la suscripción y la devolución"[43].

4. El derecho a la restitución de las aportaciones desembolsadas (art. 316 TRLSC)

De forma similar a lo que ya se establecía el art. 162 de la LSA de 1989 y el art. 78 LSRL, el vigente art. 316.1 TRLSC establece que "cuando hubieran transcurrido seis meses desde la apertura del plazo para el ejercicio de derecho de preferencia sin que se hubieran presentado para su inscripción en el Registro los documentos acreditativos de la ejecución del aumento del capital, quienes hubieran asumido las nuevas participaciones sociales o los suscriptores de las nuevas acciones podrán pedir la resolución de la obligación de aportar y exigir la restitución de las aportaciones realizadas"[44], a lo que se añadirá el interés legal en dinero, "si la falta de presentación de los documentos a inscripción fuere imputable a la sociedad" (art. 316.2 TRLSC).

A diferencia del supuesto de ineficacia del aumento incompleto, en este caso de mero retraso en la presentación en el registro de la escritura de ejecución, no existe una obligación de consignar o devolver las aportaciones a cargo de la sociedad a los suscriptores o personas que hayan asumido las participaciones, por lo que los administradores seguirán obligados a ejecutar el aumento solicitando dicha inscripción, si bien la reclamación de cualquiera de

43 CASTELLANO RAMÍREZ, M.J., *op.ult.cit.*, p. 251, subrayando como en Alemania, incluso, se habla de preaportaciones ("*Vorleistungen*") para diferenciarlas de las aportaciones al capital, propiamente dichas.

44 Vid. STS de 12 de abril de 2006; ese plazo es imperativo, sin que pueda extenderse por acuerdo social en perjuicio de los futuros suscriptores como erróneamente admitió a STS de 28 de noviembre de 2002, aceptando que se estableciera un plazo de 9 meses para completar la suscripción y concluyendo que "que hasta que no estuviera completa la suscripción, no puede computarse el plazo de seis meses que el párrafo segundo del artículo 162 de la Ley de Sociedades Anónimas", denegando el derecho a la restitución con base en que "la inscripción en el Registro Mercantil se produjo antes de concluir el plazo previsto en el referido párrafo segundo, al computar el mismo a partir del cumplimiento completo de la suscripción integradora del aumento de capital social".

ellos situará a la sociedad en el supuesto de suscripción incompleta analizado en el apartado anterior[45].

Pues bien, de forma similar a lo ya expuesto en el apartado anterior —y como ya dijimos hace años con relación a los entonces vigentes arts. 162.2 de la LSA de 1989 y el art. 78.3 de la LSRL[46]—, consideramos que esta regla es un argumento muy fuerte a favor del carácter constitutivo de la inscripción de la escritura de ejecución del aumento del capital social, puesto que viene a acredita igualmente que la persona que suscribió o asumió y desembolso las acciones o participaciones sociales cuyo aumento finalmente no se inscribe "nunca ha sido socio y, por ello, no puede ejercer los derechos de socio en el ínterin que media entre su suscripción y la inscripción del aumento y, en contrapartida, tiene derecho a que se le devuelva exactamente su aportación social —en su caso, más el interés legal— mientras que si tuviera la consideración de socio desde su suscripción debería en buena lógica "liquidársele" su participación de la sociedad durante esos meses, entregándosele la "cuota" que le corresponda, sea esta superior o inferior a la aportación que hubiera efectuado y por ello tampoco se aplica a dicha devolución las medidas legalmente previstas en protección de los terceros (derecho de oposición, responsabilidad personal de socios o administradores) para cuando se produce una devolución de aportaciones a los socios"[47].

45 Hasta tal punto resulta relevante la inscripción que, si el aumento se inscribiera después de que algún suscriptor hubiera solicitado tempestivamente el reembolso, el aumento de capital se habría producido con efectos plenos, de forma que dicho suscriptor se convertiría en socio aun contra su voluntad. Y si la sociedad, posteriormente, quisiera reembolsarle su aportación deberá adquirir sus acciones y participaciones en cartera o amortizarlas, cumpliendo con todas las normas protectoras del capital social que resultan aplicables en cada caso. Cfr. RDGRN de 4 de abril de 2013 y de 23 de noviembre de 2015: una vez inscrita una cifra de capital, "las alteraciones al alza o a la baja, cualquiera que sea la causa que las explique, sólo podrán hacerse valer frente a terceros cuando exista el correspondiente acuerdo social adoptado con los requisitos previstos en la Ley para el aumento o reducción del capital social y una vez el correspondiente acuerdo sea a su vez debidamente inscrito"; igualmente, RDGSJyFP de 7 de febrero de 2023: es terminantemente claro que la sociedad no puede rebajar la cifra de capital social inscrito en perjuicio de terceros sin respetar para ello los requisitos previstos en la Ley para la reducción del capital.
Obviamente, en este supuesto, sí que se procederá a "liquidar" su posición y a aplicar todo el régimen legal correspondiente, sin perjuicio de que el suscriptor —en caso de recibir un importe inferior al que le hubiera correspondido conforme al art. 316 TRLSC- pueda ejercer la correspondiente acción de responsabilidad contra los administradores que solicitaron la inscripción ignorando el previo ejercicio de su derecho a la restitución de su aportación.

46 GONZÁLEZ VÁZQUEZ, J.C., Voz "Aumento de capital social", *cit.*, pp. 268-269.

47 Y lo hemos reiterado posteriormente, ya bajo la vigencia de la LSC, en las distintas ediciones del manual *Derecho Mercantil I* (Lección 17, 3.ª Ed, 2015, p. 435), donde subrayábamos que "por ello, tampoco se aplican a dicha devolución el régimen de la reducción de capital con restitución de

Siguiendo a la SAP de Valencia de 16 de febrero de 2021, debemos tener en cuenta que "la restitución de su aportaciones les va a dejar en la misma situación patrimonial en la que estaban antes de la suscripción por lo que ningún perjuicio se les causa por el hecho de no ser considerados socios" y no parece que tenga sentido que "dichos suscriptores puedan durante el lapso de tiempo anterior al ejercicio del derecho de reembolso, tener la condición de socios y vincular la voluntad social a través de la Junta". En definitiva, "no se puede adquirir la condición de socio sino al momento en el que la ejecución de la ampliación del capital social ha tenido acceso al Registro Mercantil".

5. La prohibición de transmisión de las acciones o participaciones sociales antes de la inscripción del aumento (art. 34 TRLSC)

Creemos que lo ya expuesto hasta aquí justifica sobradamente la conclusión sobre el carácter constitutivo de la inscripción de la ejecución del aumento de capital, pero ello no obsta a que haya otros argumentos adicionales que, si bien por sí solos no serían suficientes, en nuestra opinión, para sustentar con certeza la interpretación aquí defendida, sí que apoyan o corroboran lo acertado de la misma.

En este segundo nivel de argumentos legales a favor de nuestra tesis, situaríamos la prohibición de transmitir las acciones o las participaciones sociales antes de la inscripción de la sociedad o del aumento del capital (art. 34 LSC, que reproduce lo ya establecido por el art. 62 LSA de 1989 —y antes en el art. 14 LSA de 1951— y art. 28 LSRL de 1995) y la terminología que usa el legislador para referirse a las personas que suscriben o asumen el aumento antes de su inscripción, que analizaremos en el apartado siguiente[48].

aportaciones a los socios, ya que no son propiamente tales, sino "acreedores" no sometidos al riesgo empresarial típico de aquellos".

48 En realidad, habría incluso un tercer argumento que sería la exigencia legal de la simultánea inscripción del aumento y la reducción en las operaciones acordeón (arts. 344 y 345 TRLSC). En efecto, la *ratio* de la exigencia de que "la inscripción del acuerdo de reducción en el Registro Mercantil no podrá practicarse a no ser que simultáneamente se presente a inscripción el acuerdo de transformación o de aumento de capital, así como, en este último caso, su ejecución" (art. 345 TRLSC), condicionando la eficacia del acuerdo de reducción "a la ejecución del acuerdo de aumento del capital" (art. 344 TRLSC) no es otra que impedir que el capital social esté en ningún momento por debajo del capital mínimo exigido, puesto que al inscribirse simultáneamente se hace coincidir la eficacia de la reducción por debajo de dicho mínimo con la del aumento a un cifra igual o superior al mismo. De esta forma, el capital social nunca se ha situado realmente por debajo del mínimo legal, cosa que no ocurriría si los efectos de ambas operaciones los desvinculamos del hecho de su inscripción registral.

De hecho, esta prohibición se ha justificado tradicionalmente con base en la inexistencia de la acción o la participación social hasta la inscripción (art. 7.1 LSA y 11.1 LSRL)[49]. Se considera que, en el momento fundacional, esa prohibición protege la seguridad del tráfico en general e impide el fraude en particular[50], dado que no se sabe si la sociedad llegara o no a constituirse[51].

Sin embargo, como se ha apuntado con acierto[52], que las acciones o participaciones no existan hasta la inscripción de la sociedad, no es motivo suficiente para prohibir la celebración de contratos o negocios transmisivos de su titularidad, de la misma forma que se puede celebrar una compraventa sobre cosa futura, una promesa de venta, una compraventa sometida a condición suspensiva, etc.

Por ello, quizá, frente a la interpretación estricta de la norma en el sentido de la nulidad e ineficacia de todo negocio jurídico sobre la posición de socio antes de la inscripción[53], se ha consolidado la interpretación que considera válidos estos contratos, sea como cesión de derechos de fundador, como venta de cosa futura, como venta sometida a condición suspensiva (inscripción de la sociedad) o como ventas obligacionales con diferimiento de la entrega de la cosa[54].

Pero, en todo caso, lo que queremos subrayar aquí, a nuestros efectos, es que esa transmisión no se rige por el régimen legal de transmisibilidad de las acciones y participaciones sociales[55], básicamente porque, como se ha dicho con acierto, "el carácter constitutivo de la inscripción supone que antes de que se lleve a cabo no existen como tales las acciones o las participaciones"[56].

49 BROSETA PONT, M., *Restricciones estatutarias a la libre transmisibilidad de las acciones*, 2.ª Ed., Madrid, 1984, p. 40; GIRÓN TENA, J., *op.cit.*, p. 171; ALONSO LEDESMA., C., "Sociedad anónima en formación y prohibición de transmitir las acciones antes de la inscripción", en AA.VV. *Derecho de Sociedades Anónimas [en homenaje al profesor José Girón Tena], (Capital y acciones)*, coord. por A. Alonso Ureba y otros, T. II, Vol. 2, Madrid, 1994, p. 961 y ss.

50 VICENT CHULIÁ, F., *op.cit.*, p. 215.

51 GARRIGUES, J., *op.cit.*, p. 275.

52 PERDICES HUETOS, A.B., *op.cit.*, p. 316.

53 Adoptada inicialmente por nuestro Tribunal Supremo (SSTS de 5 de mayo de 1987 y de 20 de febrero de 1988, entre otras).

54 BROSETA PONT, M.-VICENT CHULIÁ, F., *La prohibida transmisión de las acciones antes de la inscripción de la sociedad anónima en el Registro Mercantil*, Valencia,1975; cfr. STS de 16 de julio de 1992, de 8 de junio de 1995., 12 de diciembre de 2002 y 18 de marzo de 2005.

55 VELA TORRES, P.J., "Comentario al art. 34", en AA.VV., *Comentarios a la Ley de Sociedades de Capital*, dir. por J.A. García-Cruces y I. Sancho Gargallo, 2021, Valencia, T. I, p. 796.

56 VELA TORRES, P.J., *op.ult.cit.*, p. 797; cfr. SSTS de 121 de diciembre de 2002, 18 de marzo de 2005: "no prohíbe la celebración de negocios sobre estas acciones, dejando para un momento posterior la consumación de los mismo mediante la transmisión de los títulos una

En realidad, lo que persigue la norma en el momento fundacional "es prohibir cambios de socios en el período entre el otorgamiento de la escritura y su inscripción registral que no consten en aquélla. Una vez inscrita la sociedad, los socios se relevarán anónimamente, supuesto que eso es irrelevante, pero antes de inscribirse, toda adquisición regular de la condición de socio debe llevar consigo la del fundador formal (art. 14.1 LSA, art. 12.1 LSRL), con su consiguiente constancia escrituraria e inscripción registral"[57], puesto que socio de la sociedad en formación y socio fundador de la futura SA deben coincidir[58].

En definitiva, como se ha dicho con razón, no cabe duda de "que las participaciones —o acciones— no puedan circular de forma efectiva hasta que existan" tras la inscripción[59].

En realidad, obedece a la idea que hemos repetido ya varias veces a lo largo de este trabajo respecto a que la adquisición originaria de la condición de socio no se produce en un solo acto, sino que implica un proceso complejo que culmina con la inscripción registral, momento en que se producen todos los efectos queridos por los fundadores, como recuerda la doctrina[60].

Pues bien, la norma aplica la misma prohibición en caso de aumento de capital, reforzando la idea —tan repetida por la doctrina— de su asimilación a una "fundación parcial", de forma que en los aumentos de capital se exige igualmente la coincidencia entre el suscriptor originario de las acciones y el socio en el momento de la inscripción, prohibiendo su transmisión en el interin[61].

Este idéntico régimen en ambos supuestos, apunta también al carácter constitutivo de la inscripción del aumento, al igual que lo tiene sin duda la inscripción de la constitución de las sociedades de capital. Como se ha dicho con

vez creados"; STS 4 de febrero de 2009, donde establece que se transmiten derechos incorporales por el mero consentimiento, no verdaderamente acciones de una SA.

57 PERDICES HUETOS, A.B., *op.cit.*, p. 317.

58 PERDICES HUETOS, A.B., *op.cit.*, p. 318.

59 PERDICES HUETOS, A.B., *op.cit.*, p. 316.

60 VELA TORRES, P.J., "Comentario al art. 33... *cit.*, p. 783, quien subraya como "requiere un proceso, de relativa extensión en el tiempo, que va desde los primeros acuerdos entre los futuros socios para fundar la sociedad hasta la inscripción de la sociedad en el Registro Mercantil".

61 De hecho, en Alemania se liga la prohibición, recogida en el parágrafo 191 AktG, al carácter constitutivo del aumento según el parágrafo 189 AktG de forma que, previamente a la inscripción, sólo existe una expectativa derivada de la posición de parte en el contrato de suscripción, que no es susceptible de transmisión.

acierto[62], "se incluye la misma prohibición para la ampliación del capital antes de la inscripción del acuerdo de aumento de capital en el Registro Mercantil... ya que tanto en uno como en otro caso la condición de socio de sociedad anónima sólo surgiría tras la inscripción, previa calificación del Registrador". Hasta ese momento no se puede hablar propiamente de la existencia de las acciones o participaciones sociales y, por tanto, no se puede ser titular de ellas —que es lo que confiere, no lo olvidemos, la condición de socio en las sociedades de capital—, puesto que "de acción entendida como posición jurídica del socio en la sociedad, comprensiva de la participación en el capital social y del conjunto de derechos que confiere la condición de socio, sólo puede hablarse una vez practicada la inscripción"[63].

6. La denominación legal como suscriptores hasta la inscripción

Finalmente, y reconociendo que es un argumento de relevancia menor, no resulta tampoco baladí, a nuestro juicio, que el legislador se resista —de forma constante y reiterada— a denominarles socios o accionistas, sino que se refiere a estas personas como "quienes hubieran asumido las nuevas participaciones" en el caso de la sociedad limitada o como "suscriptores" en el caso de la sociedad anónima (cfr. art. 316.1 TRLSC) o que, al establecer el contenido de la escritura de ejecución del aumento se establezca la necesidad de recoger, "si el aumento se hubiera realizado por creación de nuevas participaciones sociales o por emisión de nuevas acciones, la identidad de las personas a quienes se hayan adjudicado" (art. 314 TRLSC), en lugar de referirse a dichas personas como socios o accionistas[64].

62 ALONSO LEDESMA., C., *op.cit.*, p. 1.011, quien apunta razones de política jurídica para evitar "perturbaciones en el tráfico con especial perjuicio para terceros adquirentes por el hecho de que se realizaran transmisiones sobre derechos que sólo se sabrá si surgen si se produce la inscripción de la sociedad o, en su caso, del aumento del capital" (pp. 1.011-1.012).

63 CABANAS TREJO, R., "La suscripción incompleta..., *cit.*, p. 792 basándose también en el art. 62 LSA —equivalente al actual art. 34 TRLSC— y en la facultad resolutoria del suscriptor en base al art. 162.2 LSA (hoy art. 316 TRLSC), que le hace concluir que viene "anudado en nuestro derecho el momento adquisitivo de la condición de socio al trámite de la inscripción registral" (p. 798).

64 No queremos obviar que, precisamente el tenor literal del art. 314 TRLSC (anteriormente recogido en el art. 78 LSRL) se ha utilizado como argumento a su favor por los defensores de la tesis del carácter declarativo de la inscripción del aumento del capital, puesto que se establece en el mismo que debe constar en la escritura de ejecución,"la declaración del órgano de administración de que la titularidad de las participaciones se ha hecho constar en el Libro-registro de socios o de que la titularidad de las acciones nominativa se ha hecho constar en el Libro-registro de acciones nominativas".
Se argumenta que, esa exigencia de constancia previa en los libros sociales, implica que ya se han creado las correspondientes acciones o participaciones sociales con anterioridad a la

Es más, resulta significativo que esa misma denominación es la que utiliza el legislador en el supuesto análogo de falta de inscripción de la fundación sucesiva, estableciendo en el art. 55 TRLSC que "transcurrido un año desde el depósito del programa de fundación y del folleto informativo en el Registro Mercantil sin haberse procedido a inscribir la escritura de constitución, los suscriptores podrán exigir la restitución de las aportaciones realizadas con los frutos que hubieran producido".

Idéntica denominación se mantiene a nivel reglamentario, por ejemplo, en el art. 131 RRM, cuando se establece que "el Registrador remitirá al Registrador Mercantil Central, para su inmediata publicación en el «Boletín Oficial del Registro Mercantil», un anuncio de que los suscriptores pueden exigir la restitución de las aportaciones realizadas con los frutos que hubieran producido".

Igualmente, el art. 166.4.1.º del RRM, establece que en la escritura de ejecución del aumento de capital de una sociedad anónima se deberá expresar "que el aumento acordado ha sido íntegramente suscrito, desembolsado en los términos previstos y adjudicadas las acciones a los suscriptores o, en su caso, que la suscripción ha sido incompleta, indicando la cuantía de la misma. Y Lo mismo sucede respecto de la sociedad limitada, en el art. 198.4.1.º del RRM[65].

En este sentido, nos parece especialmente significativo que se mantenga esa denominación —suscriptor o personas a quienes se hayan adjudicado— en lugar de llamarles sencillamente accionistas o socios en la misma escritura pública de ejecución del aumento, cuando ya se ha completado la suscripción y desembolso del mismo, y, por ello, cuando sólo falta el trámite final de la inscripción registral[66].

---

inscripción del aumento (así, PERDICES HUETOS, A.B., *op.cit.*, p. 327; SAP de Madrid de 13 de febrero de 2012).

En nuestra opinión se trata un argumento débil que, en su caso, podría tener un valor indiciario para sustentar dicha interpretación si viniera apoyado por otros de más peso. En realidad, es tan débil como el nuestro de la denominación como "suscriptores" o "las personas a quienes se hayan adjudicado". Pero, precisamente por eso, nosotros lo aportamos como un indicio adicional que apoya nuestra interpretación, pero no como "la prueba de cargo" de la misma. Es más, en la práctica, no pocas veces se recoge el compromiso de hacerlo constar (en futuro, no en pasado) sin que dicha fórmula ritual sea objetada por notarios y registradores mercantiles.

65 "Que el aumento acordado ha sido íntegramente desembolsado en los términos previstos, y, en los casos de aumento de capital por creación de nuevas participaciones, la identidad de las personas a quienes se hayan adjudicado, la numeración de las participaciones atribuidas a cada una de ellas".

66 Cuida también esa distinta denominación la SAP de Córdoba de 18 de octubre de 2012, subrayando como, hasta la inscripción, el suscriptor no podrá ejercer plenamente sus derechos derivados de la suscripción.

7. El régimen excepcional de las sociedades anónimas "cotizadas"[67]

Como ya hemos apuntado, con la promulgación de la LSA de 1989 se impuso la obligatoriedad de la inscripción simultánea en el Registro Mercantil del acuerdo de aumento del capital social y la ejecución del mismo (art. 162.1), terminando definitivamente con la anomalía que implicaba la posibilidad de inscribir el acuerdo del aumento sin su previa ejecución, que había sido criticada por la doctrina científica y había dado lugar a diversas interpretaciones correctivas para evitar esa posible distorsión registral derivada de la inscripción de una cifra de capital que, sin embargo, no se había realmente materializado.

Este régimen general, no obstante, se vio modificado en 1998[68] con la introducción de un régimen especial para las sociedades anónimas cotizadas, permitiendo que el acuerdo de aumento del capital social pudiera inscribirse en el Registro Mercantil antes de su ejecución, siempre y cuando se dieran dos circunstancias:

1.º Cuando la emisión de las nuevas acciones hubiera sido autorizada o verificada por la Comisión Nacional del Mercado de Valores.

2.º Cuando en el acuerdo de aumento del capital social se hubiera previsto expresamente la suscripción incompleta.

Los administradores, una vez ejecutado el acuerdo, debían dar nueva redacción a los estatutos sociales a fin de recoger en los mismos la nueva cifra de capital social, a cuyo efecto se entenderán facultados por el acuerdo de aumento (cfr. art. 162.2 LSA de 1989).

Como se puede observar sin dificultad, este régimen singular de las sociedades cotizadas permitía la inscripción del acuerdo de aumento no ejecutado porque, por un lado, se conjuraba uno de los argumentos que hemos puesto de manifiesto y que impiden tener por aumentado definitivamente el capital hasta la inscripción del aumento (su posible ineficacia por suscripción

67 Las comillas se deben a que la nueva D.A. 13.ª del TRLSC —introducida por la Ley 5/2021, de 12 de abril, por la que se modifica el texto refundido de la Ley de Sociedades de Capital, aprobado por el Real Decreto Legislativo 1/2010, de 2 de julio, y otras normas financieras, en lo que respecta al fomento de la implicación a largo plazo de los accionistas en las sociedades cotizadas— ha establecido la extensión de la aplicación de los 496 a 511 TRLSC a las sociedades anónimas cuyas acciones no cotizan en Bolsa, sino que se negocian en alguno de los "sistemas" o "plataformas" multilaterales de negociación reconocidas para operar en los mercados de valores y cuyo funcionamiento es paralelo a los mercados organizados o regulados.

68 Ley 37/1998, de 16 de noviembre, de reforma de la Ley 24/1988, de 28 de julio, del Mercado de Valores.

incompleta) y, en todo caso, exigía una segunda inscripción tras la completa ejecución del aumento "a fin de recoger en los mismos la nueva cifra de capital social", entre otras cosas porque podría no coincidir con la prevista en el acuerdo, precisamente si no era suscrito en su integridad.

Además, respecto a la posible ineficacia del aumento por falta de presentación a inscripción del aumento, se establecía que, en el supuesto de que la emisión de las nuevas acciones hubiera sido autorizada o verificada por la CNMV, "transcurrido un año desde la conclusión del período de suscripción sin que se hubiera presentado a inscripción en el Registro Mercantil la escritura de ejecución del acuerdo, el registrador, de oficio, o a solicitud de cualquier interesado, procederá a la cancelación de la inscripción del acuerdo de aumento del capital social, remitiendo certificación a la propia sociedad ya la Comisión Nacional del Mercado de Valores" (art. 162.4 LSA de 1989). Producida la cancelación registral del aumento, los titulares de las nuevas acciones emitidas podían ejercer el derecho a solicitar la restitución de las aportaciones efectuadas (art. 162.5 LSA de 1989).

Este mismo régimen se recogió posteriormente en los arts. 315.2 y 508 TRLSC en sus aspectos principales: posibilidad de inscripción del acuerdo de aumento (sin ejecución) si se cumplen las condiciones mencionadas, cancelación de oficio o a instancia de parte de la inscripción del acuerdo de aumento si no se presentaba a inscripción su ejecución en el año siguiente a la conclusión del período de suscripción y posterior derecho de reembolso de las aportaciones por los suscriptores de las acciones del aumento cancelado registralmente.

Dicho régimen especial ha sido, no obstante, completado[69], modificado y ampliado por la Ley 5/2021, excluyendo la aplicación del art. 34 TRLSC, permitiendo que las acciones puedan ser entregadas y transmitidas tras la inscripción del acuerdo de aumento del capital, siempre que se hubiera ya

69 Se ha añadido expresamente —derogando el art. 315.2 TRLSC— que "el acuerdo de aumento de capital podrá inscribirse en el Registro Mercantil antes de su ejecución, salvo que se hubiera excluido la posibilidad de suscripción incompleta" (art. 508.1 TRLSC), dando a entender implícitamente que, sin dicha exclusión expresa, se debe considerar admitida dicha posibilidad, lo que es distinto a lo que preveía en el art. 162.2 LSA de 1989, introducido por la Ley 37/1998, que exigía la previsión expresa de la suscripción incompleta para poder proceder a inscribir el acuerdo de aumento antes de su ejecución y, dicho sea de paso, puede que sea contradictorio con la exigencia establecida en 71 de la Directiva (UE) 2017/1132, de codificación del Derecho de sociedades, como ya se ha señalado (CASTELLANO RAMÍREZ, M.J., "La ejecución del aumento del capital de las sociedades cotizadas tras la Ley 5/2021, de 12 de abril", *RDM*, 2022, n.º 326, Apartado II.2)

otorgado la escritura de ejecución del aumento (art. 508.2 TRLSC), añadiendo que "la escritura de ejecución fijará el importe final del aumento de capital sin necesidad de detallar la identidad de los suscriptores y se presentará a inscripción dentro de los cinco días siguientes a la fecha de su otorgamiento" (art. 508.2 párrafo segundo TRLSC).

Finalmente, se añade que, "en el supuesto de que se entreguen las acciones no serán aplicables el artículo 316 ni el artículo 309.1.f)" (art. 508.2, párrafo tercero TRLSC), es decir, en lugar de ampliar el plazo para el ejercicio del derecho de restitución de 6 meses a un año y previa cancelación de la inscripción del acuerdo de aumento de capital —como se preveía hasta 2021— se opta ahora por eliminar directamente ese derecho de forma que el aumento de capital ya ejecutado —si se han "entregado" las acciones con anterioridad— resultará firme y definitivo, aunque no se solicite la inscripción de la escritura de ejecución del aumento dentro del año siguiente a la apertura del período de suscripción, permaneciendo la obligación de inscribir la escritura de ejecución de dicho aumento en todo caso.

Estas últimas modificaciones se justifican por el legislador, junto con otras modificaciones del TRLSC, por el "objetivo principal de hacer más simples y ágiles los procesos de captación de capital en el mercado por parte de sociedades cotizadas", permitiendo con carácter general la entrega y transmisión de las nuevas acciones una vez otorgada la escritura de ejecución del aumento y antes de su inscripción y suprimiendo para las sociedades cotizadas la necesidad de hacer constar en el acuerdo de emisión la posibilidad de suscripción incompleta como requisito para la eficacia del aumento, dando por sentida su admisión salvo que el acuerdo establezca expresamente lo contrario[70].

Por tanto, para las sociedades de cotizadas se establece la posibilidad de un modelo de doble inscripción (primero del acuerdo de aumento y más tarde de la escritura de ejecución), sin vincular la eficacia del aumento a ninguna de las dos inscripciones sino al otorgamiento de la escritura de ejecución, momento a partir de cual podemos considerar que existen ya las acciones que representan dicho aumento, pudiendo ser "entregadas"[71] y ser transmitidas libremente en el mercado organizado correspondiente.

---

70 Cfr. Apartado IX del Preámbulo de la Ley 5/2021.

71 Expresión un tanto singular en este caso donde, como es sabido, las acciones sólo pueden representarse mediante anotaciones en cuenta y no, en cambio, mediante títulos que podrían ser objeto de "entrega", en sentido estricto. Debemos, pues, entender esa referencia como hecha a la inscripción en el Registro contable correspondiente que produce el efecto jurídico de la *traditio* (así, CASTELLANO RAMÍREZ, M.J., *op.cit.*, apartado III.2).

No es este el lugar para analizar en profundidad la justificación, alcance práctico y rigor de esta modificación legal que profundiza en lo excepcional del régimen de la sociedad cotizada en materia de inscripción registral[72], pero sí conviene poner en valor cómo, precisamente para soslayar los graves inconvenientes y contradicciones valorativas que podrían derivarse de la admisión de la inscripción del mero acuerdo de aumento del capital sin la simultánea inscripción de su ejecución, se ha terminado —en dos plazos (1998 y 2021)— por eliminar la aplicación precisamente de los tres bloques normativos en los que hemos fundado nuestra conclusión sobre el carácter constitutivo de la inscripción de la escritura de ejecución del aumento: a) el riesgo de ineficacia derivado de la suscripción incompleta; b) el riesgo de ineficacia derivado de la falta de presentación a inscripción de la escritura de ejecución del aumento en un plazo determinado desde el inicio de período de suscripción; c) la prohibición de transmisión de las acciones hasta que se produzca la inscripción de la escritura de ejecución.

Todo ello, en nuestra opinión, no es sino un argumento más a favor de la tesis del carácter constitutivo de la inscripción de la ejecución del aumento en el resto de supuestos y, por tanto, de que mientras no se produzca la misma ni el capital social puede considerarse aumentado ni las acciones o participaciones sociales pueden considerarse como parte del mismo ni a las personas que las suscriban o asuman como socios de la sociedad con base en su titularidad.

IV. EL CARÁCTER CONSTITUTIVO DE LA INSCRIPCIÓN DE LA REDUCCIÓN DEL CAPITAL SOCIAL

1. La reducción del capital como proceso complejo que culmina con su inscripción

Al igual que acontece con el aumento de capital, en caso de reducción del mismo, la correspondiente modificación estatutaria no se ejecuta o consuma con la mera adopción del acuerdo. En efecto, tras ser acordados los términos de la reducción del capital por la junta general, será necesaria su correspondiente ejecución, es decir, su realización efectiva por el procedimiento que, en cada caso, se haya acordado (mediante la reducción del valor nominal de las acciones o participaciones sociales, mediante su amortización o median-

72 Con más detalle y análisis, CASTELLANO RAMÍREZ, M.J., *op.loc.ult.citt.*

te su agrupación para canje[73]), tras ser "publicado en el Boletín Oficial del Registro Mercantil y en la página web de la sociedad o, en el caso de que no exista, en un periódico de gran circulación en la provincia en que la sociedad tenga su domicilio" (cfr. arts. 319 LSC y 170.3 RRM) y, en su caso, el pago o consignación de su valor a los socios o accionistas si se trata de una reducción con "devolución del valor de las aportaciones" (art. 317.1 TRLSC), lo que exigirá el cumplimiento de las cautelas que se establecen en protección de los intereses de los acreedores sociales, dada la función de garantía del capital social (señaladamente, el derecho de oposición de los acreedores legalmente establecido para las sociedades anónimas y que también puede incluirse en los estatutos sociales para las sociedades limitadas —cfr. arts. 333-337 TRLSC— o, alternativamente, la dotación de la correspondiente reserva legal indisponible)[74]. Por supuesto, una vez ejecutado se deberá otorgar la correspondiente escritura pública, inscribirse en el Registro Mercantil y publicarse en el BORME la reducción (art. 165.2 RRM y art. 172 RRM, donde establecen las menciones obligatorias de la inscripción).

Pues bien, al igual que respecto al aumento de capital, consideramos que dicha inscripción tiene carácter constitutivo "sin que se pueda considerar reducido el capital, ni siquiera a efectos internos, hasta que se produzca su inscripción registral"[75], entre otros motivos por simple coherencia interpretativa[76].

---

73 En cuyo caso, se deberá cumplir lo establecido en el art. 117 TRLSC sobre la sustitución de títulos, en caso de que se hubieran emitido las acciones, pudiéndose anular los no presentados al canje en el plazo establecido.

74 Ya apuntaba GIRÓN TENA, J., *op.cit.*, p. 512, como el acuerdo de reducción "aún no es la reforma" puesto que, aunque no sea necesaria la colaboración de futuros nuevos socios para su ejecución —como sucede con el aumento de capital—, igualmente "la consolidación estatutaria del mismo afecta a los acreedores y, en tal sentido, puede cuestionarse si para su protección se precisa suspender la reforma de los Estatutos".

75 GONZÁLEZ VÁZQUEZ, J.C., Sociedades de Capital (VI). Modificación de estatutos..., *cit.*, p. 445. Ya apuntaba esta idea GIRÓN TENA, J., *op.cit.*, p. 531, incluso bajo el defectuoso régimen de la LSA de 1951, criticando que, "como en el caso del aumento de capital, nos encontramos con que el momento final de la ejecución del acuerdo no es particularmente atendido", pero que, a pesar de ello, consideraba que "la inscripción sobre la base de un documento público que tenga acceso al Registro, en el que constate con la aportación de los debidos justificantes el cumplimiento de los preceptos de la Ley y con la calificación consiguiente del Registrador en todos sus extremos, es necesaria en nuestro Derecho de la misma manera que era precisa en caso de aumento de capital", exigiendo una doble inscripción (del acuerdo primero y de su ejecución después) para considerar efectuada la reducción del capital social

76 Como bien apunta ARIAS VARONA, J., "El momento de eficacia del derecho de separación y la protección de los acreedores sociales (A propósito de la Sentencia del Tribunal Supre-

En efecto, a nuestro juicio, durante todo ese proceso descrito se sigue siendo socio de la sociedad de capital hasta que se produce la amortización de las acciones o participaciones sociales[77] pues, hasta dicha inscripción, el capital no se ha reducido y, por ello, las acciones o participaciones que representan la parte alícuota correspondiente tampoco se han extinguido. Con la inscripción se reduce el capital social y se amortizan las acciones o participaciones cuya titularidad otorgaba la condición de socio a su titular. Mientras tanto, siguen existiendo y, obviamente, siguen teniendo un dueño o titular que, en consecuencia, sigue siendo socio (art. 91 LSC)[78], siendo también un indicio de que esa es la voluntad del legislador el que siga denominándole socio en todos los preceptos que regulan el desarrollo de ese interin entre la comunicación del ejercicio de derecho de separación (o el acuerdo de exclusión) y la amortización de las acciones y participaciones[79].

Ciertamente, en algunos casos —señaladamente en aquellos donde subyace un conflicto societario, como suele suceder cuando se ejerce el derecho de separación y siempre que se produce la exclusión de un socio— el camino hasta la definitiva desvinculación con la sociedad puede ser largo, especialmente si se obstaculiza por las partes mediante su judicialización (existencia

mo 4/2021, de 15 de enero"; *RdS*, 2021, n.º 62, p. 310, no es coherente dar una respuesta distinta respecto a la eficacia de la inscripción del aumento —para establecer el momento de la adquisición de la condición de socio de la sociedad— y de la reducción, ya que, "por coherencia, la respuesta no puede ser distinta para su pérdida".

77 Como bien apuntan JIMÉNEZ SÁNCHEZ, G.J.-PEINADO GRACIA, J.I., "Reflexiones sobre el art. 348 bis de la Ley de Sociedades de Capital", *RDM*, 2021, n.º 321, p. 31, sigue siendo socio "hasta que abandona la sociedad a consecuencia de la adquisición o amortización de sus acciones o participaciones", apoyando tal afirmación en el art. 91 TRLSC, aunque luego se adhieren matizadamente a la tesis del reembolso, aunque poniendo el énfasis en la determinación del precio o valor de reembolso, criterio que no compartimos puesto que tampoco en ese momento se habría consumado la amortización o enajenación de las acciones o participaciones sociales. Es más, es posible que no pueda llegar a consumarse por aplicación de las normas que tutelan el capital, como explicaremos más adelante.

78 Remitimos a lo ya expuesto en el apartado 2 de este trabajo: no puede haber ni capital social que no venga representado por las correspondientes acciones o participaciones sociales en las que se divide, ni tampoco cabe que existan acciones o participaciones sociales sin titular.

79 Apunta esta idea CAMPUZANO, A.B.," El mantenimiento de la condición de socio hasta el reembolso del crédito que genera el ejercicio del derecho de separación (Comentario de las Sentencias del Tribunal Supremo (1.ª) 4/2021, de 15 de enero, 46/2021 de 2 de febrero y 64/2021 de 9 de febrero)", *RDM*, 2021, n.º 321, pp. 504-05, si bien con dudas respecto a que el legislador haya querido darle ese sentido técnico-jurídico. En nuestra opinión, al igual que hemos apuntado al tratar la cuestión respecto del aumento y la utilización de los términos "suscriptor" y "persona que asume las participaciones" en lugar del término socio, no puede considerarse un argumento definitivo, pero sí un indicio más en el sentido apuntado, junto con el resto de elementos interpretativos señalados.

del supuesto de hecho que permite el nacimiento del derecho de separación o la facultad de exclusión, valoración de las acciones o participaciones del socio separado o excluido, etc.)[80], pero ello no puede ser motivo para que se busquen "atajos" interpretativos que no parecen compatibles con nuestro vigente Derecho de sociedades de capital.

Al igual que sucede con el aumento del capital, la modificación estatutaria consistente en su disminución implica un proceso complejo que se inicia normalmente con un acuerdo de la junta general —explícitamente de reducción del capital o bien de exclusión del socio o de adopción de un determinado acuerdo que permite el ejercicio del derecho de separación de los socios disidentes— pero que debe desarrollarse y ejecutarse con unos determinados requisitos, plazos y cautelas, hasta culminar con su inscripción en el Registro Mercantil, momento en el que —si todo se ha realizado de forma satisfactoria, previa su calificación registral— se podrá considerar que el capital social ha quedado reducido en el importe acordado y, en su caso, que determinadas acciones o participaciones que representaban dicho importe han quedado amortizadas y extinguidas, si es esa la forma de ejecución adoptada[81].

Es cierto que, al igual que hemos visto en relación con el aumento, no existe un pronunciamiento legal expreso al respecto al mencionar su obligatoria inscripción registral, pero —como ya hemos dicho— eso no implica un vacío o laguna legal, puesto que sabemos cuándo, con carácter general, un socio de una sociedad deja de serlo: cuando deje de ser titular de, al menos, una

80 En este sentido, MORENO LISO, L., *op.cit.* (versión on line) quien apunta, en relación con el derecho de separación, que puede ser "un camino largo y tortuoso para el socio que quiere abandonar la sociedad"; también, ARIAS VARONA, J., *op.cit.*, p. 304, quien considera que la tesis del reembolso adoptada por el Tribunal Supremo "debilita un instrumento de protección básico de los socios minoritarios, precisamente en su perjuicio"; igualmente, BERMEJO GUTIÉRREZ, N., "El ejercicio del derecho de separación y la condición de socio", en AA.VV., *Estudios jurídicos en Homenaje al profesor Ricardo Alonso Soto*, coord. por A. Martínez Flórez y N. Bermejo Gutiérrez, Madrid, 2022, p. 146, quien subraya que ello puede dejar vacío de contenido el derecho del socio saliente, favoreciendo el desarrollo de comportamientos estratégicos

Sin embargo, esta posibilidad, a nuestro juicio, existe cualquiera que sea la tesis o posición que se asuma, cambiando a lo sumo el sentido de los mismos, como bien apunta CAMPUZANO, A.B., *op.cit.*, p. 494.

81 Ya GIRÓN TENA J., *op.cit.*, p. 513 subrayaba esta idea, apuntando que "de la misma manera que para el aumento se decía que venía a ser una fundación parcial, para la reducción se dice asimismo que parcialmente es una disolución y liquidación de la Sociedad", añadiendo que, ante la defectuosa regulación de la inscripción (arts. 84 y 88 LSA de 1951), "no dejará de ser eficaz prestar atención a las reglas del capítulo dedicado en la Ley a la disolución y liquidación que puedan deducirse, pero con tal de que la analogía se funde muy cuidadosamente".

acción o participación social de aquellas en las que se divide el capital de la correspondiente sociedad[82].

Es igualmente cierto que, por lo que respecta a la reducción de capital, se le ha prestado tradicionalmente mucha menos atención doctrinal a esta cuestión en comparación con lo que ha sucedido con su aumento. Pero ello tiene fácil explicación a nuestro juicio.

Por un lado, es un hecho estadístico conocido que el número de reducciones de capital es, de forma constante en el tiempo, muy inferior al número de aumentos de capital, razón por la cual ha sido una operación menos analizada doctrinalmente, puesto que ha dado lugar, en la práctica, a muchos menos conflictos y pronunciamientos judiciales.

Por otro lado, dentro de las pocas reducciones de capital que se suelen efectuar en nuestra práctica societaria, ha sido y es absolutamente abrumadora la preponderancia de la reducción para compensar pérdidas —en parte por ser la única que puede llegar a ser obligatoria[83]— la cual, por razones conocidas, suele materializarse mediante la reducción del valor nominal de todas las acciones o participaciones sociales por lo que su ejecución se reduce en gran medida a un mero ajuste contable (más allá de su publicación, elevación a público e inscripción registral), de forma que no plantea problemas prácticos respecto a la determinación de la "salida" de los socios afectados[84], ni tampoco exige implementar los mecanismos de tutela de los intereses de los acreedores (señaladamente, el derecho de oposición de los mismos), al no resultar de aplicación en esta modalidad de reducción de capital.

En consecuencia, las pocas reducciones de capital que se venían efectuando en la práctica se ejecutaban casi de forma simultánea a la adopción del acuerdo, pudiéndose elevar a público y presentar a inscripción casi simultáneamente a la adopción del acuerdo mismo, siendo realmente residuales los

82 Como nos recuerda BRENES CORTES, J., *op.cit.*, p. 341, "la adquisición y pérdida del estatus de socio se produce con la adquisición o pérdida de la titularidad sobre sus acciones o participaciones y no antes" con cita de los arts. 1 y 91 TRLSC.

83 Para las sociedades anónimas *ex* art. 327 TRLSC y, en general, como forma más habitual —aunque no obligatoria, en sentido estricto— de salir de la causa de disolución por pérdidas graves *ex* art. 363 e) TRLSC.

84 Afectados lo son todos, dada la aplicación del principio de paridad de trato y, normalmente, ninguno de ellos "sale" de la sociedad, sino que todos permanecen como socios y, incluso, con el mismo porcentaje de capital que ostentaban con anterioridad, salvo en casos excepcionales en los que resulte de aplicación algún privilegio legal o estatutario en relación con la afectación de dicha reducción de capital por pérdidas (por ejemplo, acciones o participaciones sin voto).

supuestos de reducción con devolución de aportaciones o derivados del ejercicio de derecho de separación o de la facultad de exclusión de socios.

Y todo ello explica también —como apuntábamos en el primer apartado de este trabajo— que no haya sido hasta la introducción en nuestro ordenamiento del derecho de separación por falta de distribución de dividendos y su masivo ejercicio a partir de 2017 cuando se han planteado con mayor intensidad, doctrinal[85] y, sobre todo, jurisprudencialmente, la infinidad de problemas técnicos que implica dicho ejercicio y, señaladamente, el problema de la determinación del momento a partir del cual se debe considerar que el socio que ha ejercido ese derecho ha dejado de ostentar dicha condición.

Sin embargo, a nuestro juicio, las distintas respuestas que se han dado a este interrogante se han centrado en exceso en la búsqueda de una solución interpretativa equilibrada para las partes en dicha concreta situación (salida o baja como socio como consecuencia del ejercicio del derecho de separación)[86] —asumiendo la supuesta existencia de una laguna legal que, a nuestro juicio, no existe— sin tener en cuenta que, en realidad, no deja de ser sino un supuesto más de reducción del capital, sometido a las reglas generales que rigen toda modificación de la cifra del capital social de una sociedad de capital y que, por ello, el interrogante sobre cuándo dejará de ser socio de la sociedad se debe responder de manera idéntica al resto de los casos de reducción del capital mediante la amortización de determinadas acciones o participaciones sociales, al menos hasta que no se adopte, en su caso, una solución específica y distinta de forma expresa por nuestro legislador[87].

85 La más amplia y detallada regulación de la separación y exclusión de socios introducida con la LSRL de 1995 y su generalización posterior en muchos aspectos a todas las sociedades de capital con el TRLSC de 2010 también contribuyó significativamente a la mayor atención doctrinal a estas operaciones —e, indirectamente a la reducción de capital que pueden llevar aparejada— a partir de los últimos años del pasado siglo.

86 Apuntan en esta dirección, JIMÉNEZ SÁNCHEZ, G.J.-PEINADO GRACIA, J.I., *op.cit.*, p. 33, nota 71, cuando afirman que la crítica a las SSTS de enero y febrero de 2021 "adolece de un enfoque metodológico inapropiado, por cuanto parte de las consecuencias y luego determina la naturaleza jurídica más acorde a las consecuencias deseadas del autor". Así, por ejemplo, ARIAS VARONA, J., *op.cit.*, p. 319, quien sugiere que debería evitarse una interpretación que condujese a una menor tutela del socio que ejerce el derecho de separación. No podemos compartir este criterio interpretativo, por las razones expuestas. Como, con acierto, subraya BRENES CORTES, J., "Eficacia de la declaración..., *cit.*, p. 341, la respuesta "no puede depender en ningún caso del interés que consideremos que debe protegerse en cada caso concreto (el del socio o la sociedad)".

87 Como sucede, por ejemplo, con el aumento de capital de las sociedades anónimas cotizadas *ex* art. 508 TRLSC, anteriormente analizado o con la separación de socios en las sociedades profesionales *ex* art. 13.1 LSP.

2. Las teorías sobre la salida del socio que ejerce el derecho de separación y su relación con la inscripción de la reducción de capital

2.1. Introducción

Como ya apuntamos en el primer apartado del trabajo, para responder a la pregunta sobre cuándo debe considerarse que el socio que ha ejercido el derecho de separación deja de serlo de forma efectiva, se han elaborado básicamente dos[88] tesis o teorías —la tesis de la comunicación y la tesis del reembolso—, ambas con sólidos apoyos tanto doctrinales como jurisprudenciales.

Ya subrayaba la necesidad de una norma especial expresa, BELTRÁN SÁNCHEZ, E., "La calificación del crédito resultante de la separación de un accionista realizada con anterioridad a la declaración de concurso de la sociedad", *ADC*, 2006, p. 600 y ss.; BRENES CORTÉS, J., "Eficacia de la declaración..., *cit.*, p. 341 también apunta a la necesidad de una regla especial; haciendo su propia propuesta de reforma, FERNÁNDEZ DEL POZO, L., "Una propuesta de reforma legislativa sobre la pérdida del estatus socii en la separación y exclusión", *La Ley Mercantil*, 2020, n.º 75, p. 1 y ss. Apunta también la conveniencia de una regla legal expresa, ARIAS VARONA, J., *op.cit.*, p. 314.

88 En realidad, han sido más, pero las agrupamos en las dos principales, de forma que la tesis de la comunicación abarcaría tanto a los autores que hablan de la emisión como los que se fijan en el momento de la recepción de la misma por la sociedad y también, por lo que se refiere a la exclusión se ha defendido como momento de salida el del acuerdo de exclusión o, al menos, el de la firmeza de la resolución que confirma dicha exclusión, como contrapuesto igualmente a la tesis del pago o reembolso del valor de la participación social. Vid., COHEN BENCHETRIT, A., *op.cit.*, p. 1.013 y ss.; MUÑOZ PAREDES, A., *op.loc.ult.citt*.
Igualmente, dentro de la tesis del reembolso, incluiríamos tanto la de los autores que defienden que el socio lo sigue siendo a todos los efectos hasta el pago o consignación, como de aquellos que consideran que su posición como socio se debilita o degrada en cuanto a los derechos y facultades que ostenta durante ese período de interinidad, limitándolo algunos incluso a solo aquellos que vengan justificados o dirigidos a la defensa de su derecho de reembolso.
Recientemente, se ha planteado también una interpretación no enteramente coincidente con las dos mencionadas, que parte de la comprensión de derecho de separación como un derecho extintivo, considerando que desde su ejercicio se produce la extinción parcial del contrato de sociedad, perdiendo el socio los derechos derivados de dicha condición, debiéndose proceder desde ese momento a la liquidación de dicha relación contractual, pero "al margen ya del contrato social" (BERMEJO GUTIÉRREZ, N., *op.cit.*, p. 143 y p. 156 y ss.). A nuestros efectos, sin embargo, la incluimos igualmente en el "bloque" de la tesis de la comunicación, puesto que liga igualmente a ese momento la pérdida de la condición de socio, aunque con fundamento doctrinal distinto, al disociar la relación contractual de la parte institucional o corporativa, desligando la liquidación, reembolso y amortización de las acciones o participaciones sociales (o su adquisición en autocartera por la sociedad) de la salida como socio, considerando que su ejercicio "extingue el vínculo contractual existente entre ambos desde el momento en que llegue al conocimiento de aquella" (p. 156), "provocando su disolución parcial, sin que dicho efecto pueda limitarse a un determinado tipo social" (p. 17). Esta interpretación, en realidad, enlaza con la posición minoritaria antes apuntada del

De forma sintética, la tesis de la comunicación considera que desde la recepción por la sociedad de la comunicación del socio ejerciendo el derecho de separación, el mismo dejar de serlo y, por ello, de ostentar los derechos, obligaciones y facultades inherentes a dicha condición, convirtiéndose en un tercero-acreedor frente a la sociedad por el crédito de valor de sus acciones o participaciones sociales[89].

Por su parte, la tesis del reembolso —simplificando mucho también— considera que el socio que comunica el ejercicio del derecho de separación lo seguirá siendo hasta que se culmine el proceso que desencadena, con el pago o consignación del valor de las acciones o participaciones sociales del socio saliente[90].

prof. ALFARO ÁGUILA-REAL en relación con la disolución y liquidación de las sociedades de capital.

89 En la jurisprudencia menor, entre otras muchas, SAP de Santa Cruz de Tenerife de 2 de diciembre de 2015: no deja votar en junta sobre la exclusión de dos socios, a los mismos porque habían ejercido el derecho de separación.; SSAP de La Coruña de 15 de enero de 2018 y de 28 de marzo de 2018; SAP de Barcelona de 20 de junio de 2019; RDGSJyFP de 4 de junio de 2020, denegando el derecho a exigir el nombramiento de auditor al socio que ha ejercido el derecho de separación.

En la doctrina científica, igualmente, entre otros muchos, ÁLVAREZ ROYO-VILLANOVA, S., "La protección de los acreedores en el supuesto de separación y exclusión de socios", *RDM*, 2020, n.º 316, p. 9 y ss.; ÁLVAREZ ROYO-VILLANOVA, S.-GONZÁLEZ CORONA, M., "Derecho de separación y subordinación del derecho de reembolso en la STS de 15 de enero de 2021", *Almacén del Derecho*, 22 de febrero de 2021, https://almacendederecho.org/derecho-de-separacion-y-subordinacion-del-derecho-de-reembolso-en-la-sts-de-15-de-enero-de-2021; ARIAS VARONA, F.J., *op.cit.*, p. 296 y ss.; EMPARANZA SOBEJANO, A., *op.cit.*, p. 2506-07; FARRANDO, I., *El derecho de separación del socio en la ley de sociedades anónimas y la ley de sociedades de responsabilidad limitada*, Madrid, 1998, p. 104 y ss., p. 156 y ss..

90 Entre otras, SSAP de Castellón de 8 de julio de 2011 y de 26 de enero de 2017, donde se afirma que "sigue siendo socio y ostentando la titularidad de las participaciones hasta que se le haga efectivo el reembolso, mantiene la plenitud del ejercicio de todos los derechos inherentes a tal condición"; SAP de Cádiz de 16 de abril de 2015, que matiza no obstante que la relación societaria entra "en decadencia o degradación" pero no deja de existir el vínculo societario; SAP de Málaga de 9 de mayo de 2018, que entiende que no cabe la retroacción de efectos al momento de la declaración; SAP de Cádiz de 14 de febrero de 2019, la cual limita el alcance del derecho a las participaciones que tenía cuando lo ejerció, pero no a las suscritas con posterioridad "*ad cautelam*".

En relación con la exclusión de un socio, la RDGSJyFP de 5 de junio de 2020 que sostiene que "tal efecto sólo se produce en el momento en que comienza el pago de dicha cuota liquidativa" y "debe estimarse que hasta ese momento tiene interés en el nombramiento del auditor de cuentas de la sociedad".

En la doctrina científica, sin afán alguno de exhaustividad, BONARDELL LENZANO, R.-CABANAS TREJO, R., *Separación y exclusión de socios en la sociedad de responsabilidad limitada*, Cizur Menor, 1998, p. 147 y ss.; BRENES CORTÉS, J., *El derecho de separación del accionista*, Madrid, 1999, p. 456; MARTÍNEZ SANZ, F., *La separación del socio en la sociedad de res-*

Esta segunda teoría o interpretación ha sido la que, finalmente, ha adoptado nuestro Tribunal Supremo en las sentencias de 2021 que comentábamos al inicio de este trabajo[91], con ciertos matices y, a nuestro juicio, incoherencias valorativas que comentaremos más adelante.

Pues bien, ninguna de las dos nos parece completamente ajustada a nuestro ordenamiento jurídico precisamente porque no son coherentes con el régimen legal que establece, en nuestro Derecho de sociedades, cómo y cuándo se adquiere (o se pierde) la condición de socio en una sociedad de capital, ni tampoco con el régimen legal de las modificaciones —al alza o la baja— del capital social, particularmente con el carácter constitutivo de la inscripción registral de dichas modificaciones, si bien es patente que la teoría del reembolso se acerca más a la respuesta que consideramos adecuada que la de la mera recepción de la comunicación del ejercicio del derecho de separación (o del acuerdo o sentencia firme de exclusión del socio, en su caso).

Entiéndase bien nuestra conclusión. No entramos en la discusión de cuál es la postura que mejor tutela el derecho de separación del socio o de la que pudiera considerarse mejor y más equilibrada solución para todos los intereses en juego (cuestiones éstas sobre las que, por tanto, no nos vamos a pronunciar en este trabajo); simplemente exponemos la única interpretación que nos parece admisible a tenor de la normativa societaria vigente, en la que no se establece ninguna regla especial o diferente sobre la materia al regular la exclusión y separación de socios y sus efectos, debiéndose aplicar, por ello, el régimen general por el que se rige cualquier reducción de capital con devolución del valor de las aportaciones que se articule mediante la amortización de acciones o participaciones sociales (cfr. art. 317.1 y 2 TRLSC)[92].

---

ponsabilidad limitada, Madrid, 1997, p. 142 y ss.; más recientemente, CERDÁ ALBERO, F., "Comentario al art. 356" en AA.VV., *Comentarios a la Ley de Sociedades de Capital,* dir. por J.A. García-Cruces y I. Sancho Gargallo, 2021, Valencia, T. II, p. 4857 y ss.; GONZÁLEZ FERNÁNDEZ, M.ª B., "Separación e impugnación en el artículo 348 bis de la Ley de Sociedades de Capital: ¿acciones compatibles?", *RDM*, 2021, n.º 319, p. 167 y ss.

Esta postura era también la que adoptaba el Proyecto de Código de Sociedades Mercantiles de 2002 en su art. 152 ("el socio quedará separado de la sociedad el día en que tenga lugar el reembolso o la consignación del valor de las partes sociales de que sea titular") e, igualmente, el Anteproyecto de Ley de Código Mercantil de 2014 en su art. 271-23 ("el socio quedará separado o excluido de la sociedad a partir del momento del reembolso o de la consignación del valor de la parte social de la que fuera titular").

91 SSTS de 15 de enero, 2 de febrero, 9 de febrero y 24 de febrero de 2021.

92 Por esta razón, no podemos compartir la opinión de ARIAS VARONA, J., *op.cit.,* p. 310, en el sentido de que resulta difícil "que la solución pueda tener una validez general" y, desde lue-

2.2. Crítica de la teoría de la comunicación

El primer argumento en que se basan los defensores de la teoría de la comunicación es en el carácter recepticio de dicha comunicación de ejercicio del derecho de separación, de la que surge, por tanto, un comportamiento obligatorio para la sociedad (como ya estableció la STS de 23 de enero de 2006). Sin embargo, como bien dice el Tribunal Supremo en sus sentencias de enero y febrero de 2021 —tantas veces citadas ya—, ese ejercicio simplemente inicia un proceso que culminará con la salida del socio, pero no produce ese efecto de forma automática, entre otras cosas porque tienen que operar las normas de protección de los acreedores en el supuesto de amortización de acciones, dada la función de garantía del capital social

Como ya hemos explicado reiteradamente a lo largo del trabajo, no cabe entender bajo ningún concepto que el socio que ejercita el derecho de separación deja de serlo desde el momento mismo en que la sociedad recibe la comunicación por la sencilla razón de que sigue siendo titular de las acciones o participaciones que le conceden dicha condición hasta que las mismas sean amortizadas mediante la correspondiente reducción del capital social (o adquiridas por la propia sociedad en autocartera).

Lo contrario es un imposible lógico, en nuestra opinión, ya que, por un lado, ni se puede entender automáticamente amortizadas las acciones y reducido el capital por esa mera comunicación, puesto que ello exige un proceso que simplemente se inicia con la misma y en el cual resulta imprescindible el previo cumplimiento de los requisitos legalmente exigidos para la salvaguarda de los intereses de socios y terceros (señaladamente, el derecho de oposición de los acreedores), que deberá ser objeto de control de legalidad por el notario y el registrador mercantil y que culmina con su inscripción registral con efectos constitutivos con carácter general, además de que en ese momento ni siquiera se puede saber si el proceso iniciado con dicha comunicación culminará con una efectiva reducción del capital o, por el contrario, se articulará por la vía de la adquisición por la sociedad de las acciones o participaciones sociales del socio en autocartera. Por otro lado, también es un imposible lógico que puedan existir acciones o participaciones sociales sin dueño o titular, como parece que sucedería si al socio que quiere separarse ya no se le considera como tal desde ese momento —y, por ello, se asume que ya no ostenta la titularidad de esas acciones o participaciones sociales—, y tampoco se estable-

go, que ésta pueda variar en función de que la sociedad reconozca o no el derecho ejercitado (también en p. 319).

ce su automática transmisión *ex lege* a otra persona distinta (como podría ser la propia sociedad, en su caso) que pudiera, en consecuencia, ser considerado como su nuevo titular y socio de la sociedad a todos los efectos[93].

En otras palabras, esta posición doctrinal ignora la íntima vinculación, en las sociedades de capital, entre el aspecto contractual y el aspecto institucional de estos tipos societarios en los que se crea una organización independiente y separada de la que se deviene parte a través de la titularidad de las acciones y participaciones y, por ello, que la salida como socio debe necesariamente hacerse conforme a las exigencias imperativas que rigen la vida de dicha organización y no con una mera declaración de voluntad[94]. En definitiva, como ya hemos repetido hasta la saciedad,

---

93 Cfr. no obstante, BERMEJO GUTIÉRREZ, N., *op.cit.*, pp. 162-163, quien, si bien defiende que la relación societaria ente socio y sociedad se extingue con la comunicación del ejercicio del derecho, entiende que tiene derecho a ""retener" la participación en el sentido de impedir su disposición por parte de la sociedad, si no obtiene la satisfacción de su reembolso o el pago del precio. Y esa participación computará a los efectos de que pueda constituirse válidamente una junta general (art. 178 LSC, así como de calcular el quorum y las mayorías necesarias para la adopción de acuerdo sociales (arts. 193, 194, 198, 199 y 201 LSC)". Es decir, la participación o acción existe y sigue siendo el mismo su titular pero, sin embargo, dicho titular ya no sería socio ni, por ello, ostenta los derechos, facultades y deberes inherentes a dicha condición.

94 MASSAGUER J., "La separación del socio de las sociedades de capital como operación societaria", *RdS*, 2022, n.º 64, p. 83, quien subraya como "la liquidación y extinción de la relación entre el socio y la sociedad... se ubica y discurre enteramente en su plano jurídico-institucional"; en sentido similar, CERDÁ ALBERO, F., *op.cit.*, p. 4859, quien subraya como debe analizarse "no sólo en clave jurídico-obligatoria, sino en clave jurídico-real. La titularidad de la participación social o de la acción atribuye la condición de socio, con los derechos reconocidos legal y estatutariamente". En parte también, BERMEJO GUTIÉRREZ, N., *op.cit.*, p. 151, quien subraya "cómo la teoría de la comunicación deja de lado "la dimensión organizativa del contrato de sociedad... olvidando que la parte de socio en que se condensan el haz de derechos y obligaciones que corresponden a este subsiste hasta su amortización o su compra por la sociedad. Mientras esto no suceda, seguirá atribuyendo al socio saliente su condición tal".
Por eso mismo incurren en el mismo error conceptual, a nuestro juicio, las variantes de esta teoría que han defendido que el momento de la salida del socio debería coincidir, al menos, con la sentencia que declare la validez y eficacia del ejercicio del derecho (no tiene sentido, porque no es constitutiva) o cuando se cuantifique el valor de las acciones/participaciones, puesto que el crédito por reembolso sería líquido y exigible. En el fondo, no dejan de ser sino otros hitos o momentos, dentro del proceso complejo dirigido a la salida del socio, pero que tampoco determinan la efectividad plena de dicha pérdida de tal condición: la clave es, como venimos diciendo, la titularidad las acciones o participaciones y ésta no se pierde hasta que son amortizadas o transmitidas.
Por la misma razón, también nos parece erróneo considerar que, en el caso de exclusión de socios que exija resolución judicial firme (por ostentar más del 25% del capital social), la fecha de la sentencia es la que determina la pérdida de la condición se socio y el momento a tener en cuenta a efectos de valoración (STS de 9 de julio de 2007). No establece eso el art. 352 LSC, por lo que no debe ser distinta la solución al resto de los supuestos de amortización

el socio "no pierde de manera automática e inmediata la titularidad de sus participaciones o acciones (esto es no pierde la condición de socio), por la mera circunstancia de haber ejercitado este derecho". Sólo pierde dicha titularidad cuando han "sido amortizadas estas participaciones o acciones... Mientras tanto, las participaciones o acciones siguen perteneciendo al socio afectado". Por ende, éste continúa siendo socio y, como tal le corresponden los derechos de socio que le atribuye la titularidad de dichas participaciones o acciones (art. 93 LSC)"[95].

Y por esa misma razón, tampoco resultan admisibles las críticas que se han realizado desde esta posición doctrinal a la tesis o teoría del reembolso en el sentido de que ésta última sería perjudicial para la tutela de los legítimos intereses del socio que ejerce el derecho de separación[96]. Si así fuera[97], lo que

de acciones o participaciones sociales: deberá procederse a culminar el "proceso" de salida del socio con la consiguiente valoración, reembolso, otorgamiento de la escritura de transmisión o de reducción de capital y, en este último caso, inscripción en el Registro Mercantil.

95 CERDÁ ALBERO, F., *op.cit.*, p. 4879; en este sentido, la STS de 18 de abril de 2023, que, siguiendo la tesis del reembolso, entiende que hasta que no se produzca, el ejercicio del derecho de separación "no priva del derecho de suscripción preferente".
Como se ha dicho, con acierto, "lo que otorga a un sujeto la condición de socio de una sociedad es el hecho de ostentar la titularidad de acciones o participaciones sociales... y, por tanto, lo único que puede hacer que dicha condición se pierda es que tales acciones o participaciones salgan de la esfera patrimonial del socio" (GONZÁLEZ FERNÁNDEZ, M.ª B., "Separación e impugnación en el artículo 348 bis de la Ley de Sociedades de Capital: ¿acciones compatibles?", *RDM,* 2021, n.º 319, p. 182, quien subraya que hasta la amortización o adquisición de las mismas "seguirán siendo de su propiedad y, por tanto, él y sólo él ostentará la condición de socio derivada de las mismas").
Igualmente, MASSAGUER, J., *op.cit.*, p.88-89, donde subraya como la separación es "el resultado de un proceso o sucesión de actuaciones, que seguramente quedan mejor descritas como piezas de una operación societaria compleja... la ejecución de la separación se vincula a operaciones que entrañan una reconfiguración de la estructura financiera y de responsabilidad de la compañía como respuesta a las atribuciones patrimoniales que hace al socio con causa societaria... queda sujeto al cumplimiento de las condiciones propias de estas operaciones, sin perjuicio de su adaptación al contexto de la separación", de forma que "la liquidación de la parte de socio y con ella la propia extinción de la relación jurídico-societaria de la que es parte el socio saliente sólo podrá ejecutarse válidamente si se observan los requisitos de la reducción del capital o de la adquisición de la parte de socio por la sociedad" (MASSAGUER, J., *op.cit.*, p. 89).

96 Cfr. MORENO LISO, L., *op.cit*., Apartado III, considerando injusto que el crédito por reembolso quede así relegado y sosteniendo que la tesis del reembolso "lo deja en un limbo jurídico que pudiera eternizarse a voluntad de la sociedad"; ARIAS VARONA, J., *op.cit.*, p. 304.
Al margen de que, en nuestra opinión, la situación del socio no empeora —quizá todo lo contrario— por seguir siendo socio y de que la situación de interinidad no durará más o menos dependiendo de que se acoja una u otra tesis, la clave es que no existe un régimen especial para estos supuestos que derogue el régimen societario general sobre la reducción de capital y la amortización de las acciones o participaciones.

97 Cuestión sobre la que albergamos serias dudas, dicho sea de paso, pues, en el fondo, la tesis de la extinción automática de la relación contractual societaria acarrea una rigidez

debe proponerse es una reforma legal que establezca un régimen especial y distinto en estos casos concretos, buscando un más justo equilibrio entre los distintos intereses contrapuestos en esos casos, pero no, en cambio, forzar una interpretación jurídica incompatible con el Derecho positivo vigente.

Recientemente, se ha defendido —como ya hemos apuntado— una posición hasta cierto punto ecléctica entre la teoría de la comunicación y la del reembolso, según la cual el socio seguiría siendo titular de sus acciones o participaciones hasta su amortización, computando las mismas a todos los efectos como parte del capital social pero, en cambio, sin concederle a su titular los derechos inherentes a la condición de socio al considerar que esta relación societaria se extingue con el ejercicio del derecho de separación. Es decir, no se desconoce la vertiente organizativa del contrato de sociedad —siguen existiendo las acciones o participaciones— pero se desliga de la vertiente contractual que se considera extinguida. En otras palabras, existen las acciones o participaciones pero sin que "puedan atribuir al socio saliente derecho alguno cuyo origen se encuentre en un contrato al que ha decidido poner fin. La participación del socio ya no puede condensar ninguna relación jurídica entre el socio saliente y la sociedad, porque, respecto de este, dicha relación ya no existe"[98]. En otras palabras, quedan en suspenso hasta su amortización o adquisición por la sociedad o por otro socio o un tercero, poniéndose como ejemplo de que es

aplicativa —una "inexorabilidad"— que puede ser perjudicial, en algunos casos, para todos los intereses en juego, por ejemplo, impidiendo tanto que el socio desista de su ejercicio o que la sociedad lo inactive mediante la revocación del acuerdo del que éste trae causa (cfr. BERMEJO GUTIÉRREZ, N., *op.cit.*, p. 158, al considerarlo "una consecuencia necesaria de entender el derecho de separación como un derecho de carácter extintivo y la declaración de voluntad como la forma en la que el socio ejercita dicho derecho").

En este sentido, también se ha apuntado (GARCÍA ROLDÁN, M., *op.cit.*, p. 71) como, en caso de que la separación sea impugnada por la sociedad con éxito, la tesis de la comunicación, al anticipar los efectos de la salida del socio al momento del ejercicio de derecho presenta también enormes problemas prácticos "ya que la retroacción de los efectos de la separación resultaría en la práctica muy problemática, si no imposible". O, por ejemplo, la respuesta a la pregunta sobre la validez y eficacia de la enajenación de sus acciones o participaciones por el socio tras el ejercicio del derecho de separación (cfr. JIMÉNEZ SÁNCHEZ, G.J.-PEINADO GRACIA, J.I., *op.cit.*, p. 32, quienes dudan de que pudiera considerarse nula dicha transmisión). Según los defensores de la tesis de la comunicación sería una enajenación fraudulenta o en su caso, se transmitiría sólo el derecho de crédito por el reembolso, pero no la posición de socio con todo su contenido, cercenando así la posibilidad de una mejor solución para todos los intereses en juego como sería que el nuevo socio desistiera de la separación y continuara como socio en plenitud evitando el desembolso para la sociedad y la aplicación de las reglas del capital social.

98 BERMEJO GUTIÉRREZ, N., *op.cit.*, p. 165.

algo ya conocido en nuestro Derecho de sociedades de capital, la situación de la autocartera o la del accionista moroso (arts. 83 y 148 TRLSC).

Sin embargo, no nos convence este planteamiento de *lege lata*. Como sucede en los ejemplos que se apuntan, el carácter excepcional de esa suspensión de derechos exige que se establezca de forma expresa por el legislador y que se interpreten de forma restrictiva, debiendo primar en caso contrario el régimen general[99]. Como ha dicho nuestro Tribunal Supremo[100], para que se produzca "la extinción del vínculo entre el socio y la sociedad no basta con ese primer eslabón, sino que debe haberse liquidado la relación societaria... Mientras no llega esa culminación del proceso, el socio lo sigue siendo y mantiene la titularidad de los derechos uy obligaciones inherentes a tal condición (art. 93 LSC)" y, añadiríamos, cualquier otra solución total o parcialmente distinta, exigiría una intervención clara y expresa del legislador marcando el sentido, alcance y justificación de dicha especialidad[101].

---

99 Como ya hemos dicho, no entramos en si ésta debería o no ser una solución legal conveniente para introducir como regulación especial en nuestro ordenamiento societario para la separación y/o exclusión de socios. Simplemente ponemos de manifiesto que, con el Derecho vigente de sociedades de capital, no nos parece defendible, debiendo ser de aplicación —como venimos sosteniendo a lo largo de todo el trabajo— el régimen general sobre reducción del capital social, de forma que hasta la inscripción de la reducción deben considerarse existentes las correspondientes acciones y participaciones y, por ello, a su titular como socio a todos los efectos.
Por esa misma razón tampoco nos parece determinante la remisión al art. 13. 1 LSP y su interpretación como supuesto de baja inmediata tras la comunicación (STS de 14 de abril de 2014). Al margen de que, como se ha dicho, podría resultar discutible que dicho precepto resuelva con claridad las consecuencias del ejercicio del derecho respecto pérdida de la condición de socio (vid. CERDÁ ALBERO, F., *op.cit.*, p. 4863; cfr. RDGSJyFP de 13 de junio de 2022, que considera, a pesar de la literalidad de los arts. 13.1 y 14.3 LSP deben ser interpretadas "en sus justos términos", posibilitando la revocación de acuerdo hasta la notificación, pero que ello no obsta a la "necesaria aplicación de esas otras disposiciones legales y reglamentarias sobre la ejecución e inscripción del acuerdo de exclusión", de forma que no admite la inscripción de la exclusión y reducción del capital sin el previo reembolso de su participación al socio excluido), la clave, a nuestro juicio, estriba en que sería una excepción expresa al régimen general basada en "la singularidad de la sociedad profesional que se refleja en la iliquidez de las participaciones" por el carácter personalísimo del socio profesional y porque "el comportamiento y circunstancias personales de los socios tiene gran incidencia en los demás", como ha dicho nuestro Tribunal Supremo, sin que quepa su aplicación analógica con carácter general, precisamente porque no hay laguna legal alguna que deba ser colmada.
En contra, considerando extensible la regla del art. 13.1 LSP al resto de sociedades de capital, ARIAS VARONA, J., *op.cit.*, p. 312, al considerar que no obedece a las especialidades del tipo; BERMEJO GUTIÉRREZ, N., *op.cit.*, p. 157, texto y nota 62 y, como es notorio, el voto particular a las sentencias del Tribunal Supremo de 2021, tantas veces mencionadas.

100 STS de 18 de abril de 2023.

101 En este sentido, tampoco nos parece un anclaje seguro para esta tesis —como se ha afirmado por algún autor— el art. 46.3 ce la RICAC de 5 de marzo de 2019, por dos razones,

Por último —y éste nos parece un argumento definitivo—, esta teoría, como se ha subrayado con acierto[102], "deja también sin respuesta el problema que se plantea cuando la sociedad no puede reembolsar su participación porque no puede reducir su capital al no poder atender al derecho de oposición ejercitado por los acreedores de la sociedad"[103].

Y tampoco da respuesta a este interrogante, a nuestro juicio, la teoría que sostiene que el socio retiene la titularidad de las acciones o participaciones sociales, pero desprovista ya de los derechos inherentes a dichas partes del capital[104].

como ha apuntado algún autor (vid. ROJI BUQUERAS, J.M., "El derecho de separación y la pérdida de la condición de socio", en AAVV., *El derecho de separación y la exclusión de socios en las sociedades de capital,* dir. por M.ª B. González, Valencia, 2021, p 517 y ss.). En primer lugar, porque, como se ha dicho con acierto (CERDÁ ALBERO, F., *op.cit.,* p. 4877), "la normativa contable tiene el ámbito de aplicación que le es propio y obviamente no prejuzga el mantenimiento o la pérdida de la condición de socio", es decir, tiene relevancia exclusivamente a efectos contables sin que prejuzgue o pueda determinar —y, menos aún, modificar— nuestro régimen societario sustantivo (también ARIAS VARONA, J., *op. cit.,* pp. 315-16, nota 35 que reconoce que "este tipo de normas no puede determinar en absoluto la situación de fondo, desde el punto de vista sustantivo").

Y, en segundo lugar, porque no es tan extraño que el tratamiento fiscal de una operación sea distinto —a veces por exigencias de normas internacionales estandarizadas— del tratamiento jurídico-sustantivo, por lo que no puede ser un argumento sólido para defender una u otra posición. De hecho, pueden citarse más casos de aparente divergencia, como podría ser el tratamiento del aumento por compensación de créditos o la contabilización en el pasivo —y no en los fondos propios— de las acciones rescatables o sin voto, lo que, obviamente, no puede interpretarse en el sentido de que no sean socios de la sociedad, sino meros acreedores (así, FERNANDEZ DEL POZO, L., "La eficacia de la separación y la exclusión de socios", *Almacén de Derecho,* 3 de noviembre de 2020, https://almacendederecho.org/la-eficacia-de-la-separacion-y-exclusion-de-socios; BRENES CORTES, J., "Eficacia de la declaración..., *cit.,* p. 347).

102 BERMEJO GUTIÉRREZ, N., *op.cit.,* p. 150.

103 Cfr. ARIAS VARONA, J., *op.cit.,* p. 320 y 321. quien sugiere, en esos casos, permitir al socio solicitar la disolución de la sociedad, si bien reconoce el difícil —por no decir imposible— encaje de dicha "solución" en nuestro ordenamiento societario, aparte de que sería —si se nos permite la expresión— tanto como "matar moscas a cañonazos", cuando caben soluciones menos drásticas y perjudiciales para los intereses en juego como, sencillamente, la ineficacia o revocación del acuerdo del que trae causa el derecho de separación ejercitado, por poner un ejemplo (sustitución del objeto social, modificación del régimen de transmisibilidad de las participaciones, reactivación de la sociedad, transformación, etc.).

104 BERMEJO GUTIÉRREZ, N., *op.cit.,* p. 173, donde reconoce que el reembolso queda supeditado al ejercicio del derecho de oposición de los acreedores, pero añade que, en caso de que la sociedad no pueda otorgar las garantías necesarias "deberá buscar una alternativa que le permita satisfacerla de otro modo", como la adquisición por otro socio o un tercero. Pero la pregunta es ¿qué sucede si no es capaz de implementar alternativa alguna de forma efec-

En nuestra opinión, sólo hay una respuesta posible: no se puede ejecutar la reducción de capital y, por ello, el socio no podrá separarse hasta que se dé plena satisfacción a las garantías o salvaguardas legalmente establecidas en tutela de la función de garantía del capital social (garantías a satisfacción de los acreedores que han ejercido su derecho de oposición, dotación de una reserva indisponible por el importe nominal de las acciones o participaciones objeto de amortización). Lógicamente, ello implicará que tampoco podrá tener eficacia alguna hasta ese momento el acuerdo del que traiga causa, en su caso, el derecho de separación (sustitución del objeto social, reactivación de la sociedad, etc.), tal y como establece expresamente el art. 349 TRLSC[105]. Pero, precisamente por ello, no cabe, a nuestro juicio, sostener que los derechos como socio quedaron irremediablemente extinguidos con el ejercicio del derecho de separación.

Como es sabido[106], el ejercicio del derecho de oposición impide que la sociedad pueda ejecutar el acuerdo de reducción de capital, y "si dicho ejercicio fuera generalizado, podría acabar impidiendo la ejecución del acuerdo, de forma que, si la sociedad constata la imposibilidad de prestar las garantías,

---

tiva? ¿Se retrotrae la salida del socio y "recupera" sus derechos o seguirá indefinidamente fuera de la sociedad sin recibir el importe del reembolso?
De hecho, nos parece incongruente con la afirmación anterior —supeditación del reembolso al derecho de oposición— que se defienda la posibilidad de ejecución forzosa del crédito de reembolso contra los bienes de la sociedad ya que, precisamente por ello, se exige el previo cumplimiento de las salvaguardas derivadas de la función de garantía del capital social (constitución de reserva indisponible, derecho de oposición de los acreedores) y, de no poder cumplirse, no cabe ejecutar el crédito sobre el patrimonio social puesto que sería tanto como "saltarse" esas cautelas legales en tutela de los acreedores sociales (cfr., no obstante, BERMEJO GUTIÉRREZ, N., *op.cit.*, p. 174).

105 RDGRN de 7 de enero de 2016, en relación con la inscripción de un acuerdo de reactivación, constando ejercido el derecho de separación por un socio y no consta ejecutadas las consecuencias derivadas de dicho ejercicio, siendo preciso "que conste o bien la reducción del capital en los términos previstos en el artículo 358 de la Ley o la adquisición de participaciones sociales en los términos del subsiguiente artículo 359", subrayando la indisoluble vinculación entre ambas cuestiones a la luz del art. 349 TRLSC y el art. 208 RRM.

106 Por todos, ORELLANA CANO, N.A., "Comentario al art. 333", en AA.VV., *Comentarios a la Ley de Sociedades de Capital*, dir. por J.A. García-Cruces y I. Sancho Gargallo, Valencia, 2021, T. IV, p. 4508. En el mismo sentido, MASSAGUER, J., *op.cit.*, p. 106 subraya como la oposición de un acreedor social legitimado "impide la ejecución de la separación hasta que se enerve según se prevé con carácter general (art. 327 LSC), de forma que, no sólo no podrá reducir el capital y amortizar la participación del socio saliente, sino que tampoco podrá reembolsarle la cuota de separación: el tenor y sentido de la norma dejan pocas dudas al respecto (art. 356.3 LSC)"; igualmente, ARIAS VARONA, J., *op.cit.*, p. 325, quien subraya como "el interés del socio debe ceder frente al de los acreedores, dentro del ámbito de aplicación del derecho de oposición"

debe entender que el acuerdo ha sobrevenido inejecutable"[107]. Por tanto, "la función organizativa del capital social sigue calculándose sobre la cifra de capital existente... sin tener en cuenta la reducción"[108] y, a nuestro juicio, la permanencia de la titularidad de dichas acciones o participaciones sociales en manos del socio le confiere el haz de derechos, facultades y obligaciones que resultan inherentes a dicha titularidad, ante la ausencia de una restricción legal expresa que establezca lo contrario.

2.3. Crítica de la teoría del reembolso

De lo expuesto hasta aquí resulta obvio que, aunque nuestra postura no se identifica con ninguna de las dos tesis o teoría expuestas en torno el momento en que se pierde la condición de socio tras el ejercicio del derecho de separación, sí coincide en mayor medida con la teoría del reembolso sostenida por un sector relevante de la doctrina —y, sobre todo, por el Tribunal Supremo en las cuatro famosas sentencias de 2021, tantas veces citadas— aunque, como trataremos de explicar brevemente a continuación, tampoco ésta resulta plenamente convincente y, sobre todo, puede llevar a ciertas incoherencias valorativas en la forma en que ha sido concretada por nuestro más Alto Tribunal.

En efecto, creemos que acertó plenamente nuestro Alto Tribunal cuando afirmó que "cuando se ejercita el derecho de separación se activa un proceso que se compone de varias actuaciones: información al socio sobre el valor de las participaciones o acciones, acuerdo o, en su defecto, informe de un experto que las valore; pago o reembolso (o, en su caso, consignación) del valor establecido y, finalmente otorgamiento de la escritura de reducción del capital social o de adquisición de las participaciones sociales"[109].

Sin embargo, no extrajo la conclusión lógica, a nuestro juicio, de dicha afirmación: sólo se deja de ser socio cuando se completa ese "proceso", es decir, bien con la escritura de compraventa de las acciones o participaciones sociales del socio saliente o bien con la inscripción de la reducción del capital social con amortización de sus acciones o participaciones (cfr. arts. 358 y 359 LSC). En otras palabras, cuando el socio deja de ser titular de las acciones o

107 igualmente, ORELLANA CANO, N.A., "Comentario al art. 337", en AA.VV., *Comentarios a la Ley de Sociedades de Capital*, dir. por J.A. García-Cruces y I. Sancho Gargallo, Valencia, 2021, T. IV, p. 4543-44.

108 ORELLANA CANO, N.A., "Comentario al art. 337..., *cit.*, p. 4544.

109 STS de 15 de enero de 2021.

participaciones sociales que le conferían tal condición, porque mientras esto no suceda, como bien recuerda el propio Tribunal Supremo, "el socio lo sigue siendo y mantiene la titularidad de los derechos y obligaciones inherentes a tal condición (art. 93 LSC)".

En definitiva, el Tribunal simplemente "olvidó" añadir, al describir los hitos de dicho proceso —para el caso de la reducción del capital—, la necesaria publicidad del acuerdo o notificación personal a los acreedores, el eventual ejercicio de derecho de oposición —o dotación de la correspondiente reserva legal indisponible— para las sociedades anónimas y aquellas limitadas que lo hayan incorporado en sus estatutos sociales (art. 356.3 TRLSC) y la necesaria inscripción en el Registro Mercantil.

De hecho, lo reconoció implícitamente en dichas sentencias de 2021 cuando afirmó con acierto que "el buen fin de la separación queda fiado al cumplimiento de los requisitos establecidos para la reducción de capital y adquisición derivativa de las participaciones y acciones propias", puesto que, entre esos requisitos, está el íntegro cumplimiento de las salvaguardas establecidas en tutela de la función de garantía del capital social y su control posterior a través de la calificación registral, que alcanza —como sucede con el aumento de capital— no sólo a la legalidad formal de la adopción de acuerdo sino también a su correcta ejecución en cumplimiento de dichas exigencias. Sólo tras dicha calificación se inscribirá la reducción en el Registro Mercantil y quedarán amortizadas las correspondientes acciones o participaciones sociales.

Aquí, de nuevo, queremos llamar la atención sobre la analogía con la disolución y liquidación societarias: la separación (o exclusión) no deja de ser sino una liquidación parcial, como siempre ha puesto de manifiesto la doctrina científica (incluso con la ubicación sistemática de su régimen en los manuales y en el propio TRLSC). Esto no significa que se trate de una equiparación total que permita una igualdad absoluta entre ambas situaciones, precisamente porque la sociedad pervive en este caso, pero no existe, en cambio, diferencia sustancial en cuanto a la extinción del vínculo societario entre el socio saliente y la sociedad. Durante la liquidación, igualmente, la sociedad mantiene su personalidad jurídica y los socios lo siguen siendo hasta la completa liquidación y extinción de la misma, con su cancelación registral[110]. Durante ese proceso, los socios siguen ostentando la condición de tales, con los derechos y facultades que el TRLSC les concede en dicha fase, los órganos sociales si-

110 Apuntan esta analogía también JIMÉNEZ SÁNCHEZ, G.J.-PEINADO GRACIA, J.I., *op.cit.*, p. 33.

guen funcionando con sus respectivas funciones en cada caso (liquidadores y Junta general) y sólo se dejará de ser accionista o socio de la sociedad limitada, en sentido estricto, cuando se inscriba su cancelación[111].

Por todo ello, la clave de la efectividad de la pérdida de la condición de socio es la efectiva amortización de las acciones o participaciones de las que es titular, vinculada a la inscripción de la reducción del capital, y no tanto el efectivo pago del derecho de reembolso.

Es cierto que el TRLSC presupone ese pago como parte de la ejecución de la reducción del capital (o pago del precio de la adquisición en autocartera) y, por ello, exige que conste en la correspondiente escritura pública pero, en realidad, que se haya o no efectuado dicho desembolso debería ser indiferente. Es más, nada impide, a nuestro juicio, que se pacte entre sociedad y socio un desembolso total o parcialmente aplazado en el momento de la transmisión de las acciones o participaciones sociales (a pesar de la dicción literal del art. 359 LSC)[112] o, incluso, que deba ser así por aplicación de concretas cláusulas estatutarias o pactos parasociales vigentes, de forma que se podrá dejar de ser socio de la sociedad —al no ser ya titular de ninguna acción o participación tras su amortización— aunque no haya recibido en su integridad el valor de su parte alícuota del capital social.

 En este sentido, tampoco creemos —como se ha dicho[113]— que sea una incoherencia defender que el socio saliente ostente el derecho de crédito al reembolso desde la comunicación del ejercicio del derecho, a la vez que man-

---

111 Aun cuando pudiera no coincidir con la total extinción de todas las relaciones contractuales, ni con todas las obligaciones sociales o, incluso, tampoco con la liquidación de todos los bienes y derechos que conforman su patrimonio. Todo ello puede conllevar una cierta pervivencia de la personalidad jurídica de la sociedad o, incluso, del vínculo societario (por ejemplo, si se continuara con el ejercicio de la actividad social), pero ya no sería bajo la forma de sociedad capital ni, por tanto, como titular de unas acciones o participaciones sociales ni sometidos al régimen legal de dichos tipos societarios.

112 En este sentido, MASSAGUER, J., *op.cit.*, p. 113 y 114, quien subraya cómo ello no retrasa la efectividad de la separación y la pérdida de la condición de socio; BRENES CORTES, J., "Eficacia de la declaración..., *cit.*, p. 343; también, BERMEJO GUTIÉRREZ, N., *op.cit.*, p. 163; CERDÁ ALBERO, F., *op.cit.*, p. 4887. Cfr. RDGRN de 9 de septiembre de 2919 lo admite en un supuesto de reducción de capital con devolución del valor de las aportaciones.

113 Como se afirma en el voto particular a la STS de 15 de enero de 2021; también ÁLVAREZ ROYO-VILLANOVA, S.-GONZÁLEZ CORONA, M., *op.loc.ult.citt.;* MORENO LISO, L., *op.cit.*, apartado3, quien sostiene que "el nacimiento del crédito y la pérdida de la condición de socio siendo el primero el origen de la segunda, en nuestra opinión, deberían ser continuos o se desvirtúa uno de los derechos fundamentales de todo accionista o partícipe"; igualmente, ARIAS VARONA, J., *op.cit.*, p. 314, quien afirma que "no se puede ser, al mismo tiempo, socio y tercero porque, en este caso, condiciones incompatibles. O se sigue siendo socio y no hay

tiene la titularidad de las acciones y participaciones sociales[114], de la misma forma que acontece cuando, tras la perfección de una compraventa, el vendedor ostenta el derecho de crédito sobre el precio aunque mantenga la titularidad del bien vendido hasta que no se realice la entrega (*traditio*) con la que se producirá el efecto traslativo de la propiedad del bien vendido. Pero es que, en este caso, ni siquiera se ha perfeccionado el negocio jurídico traslativo de la posición de socio, entre otras cosas porque ni siquiera se sabe en ese momento si se materializará en una reducción de capital con amortización de las acciones o participaciones sociales o en una compraventa en autocartera (por más que lo haya previsto o autorizado el acuerdo de la junta general que origina el nacimiento del derecho de separación), ni ostenta el socio un derecho ejecutable, en sentido estricto, ya que está condicionado al previo cumplimiento de las reglas del capital social que pueden impedir indefinidamente el pago de dicho crédito.

De nuevo aquí la comparación con el régimen de la disolución y liquidación puede resultar ilustrativo: una vez que nace el derecho a la cuota de liquidación con la aprobación del balance final de liquidación tampoco se deja automáticamente de ser socio de la sociedad de capital, hasta el punto de que podría incluso reactivarse por acuerdo de su Junta general mientras no haya comenzado el reparto del haber social.

Por el contrario, sí nos parece una incoherencia con su propia postura, la afirmación, adoptada por el Tribunal Supremo (y por los defensores de la teoría del reembolso), respecto a que el momento de la recepción de la comunicación de ejercicio de derecho "es el momento a tener en cuenta para la valoración de su participación". Eso es, a nuestro juicio, incompatible o incoherente con el mantenimiento de la condición de socio puesto que, si sigue siendo socio, lo debe ser con todas las consecuencias, incluida la de seguir asumiendo el riesgo empresarial que ello implica, afectándole por tanto las variaciones en el valor de su inversión (para bien o para mal)[115].

---

derecho de crédito... o se tiene un derecho ejecutable frente a la sociedad como acreedor... porque el derecho ya no se ostenta como socio"

114 Así, BRENES CORTES, J., "Eficacia de la declaración..., *cit.*, p. 346, subrayando como el derecho al reembolso es un derecho de socio y no de tercero-acreedor; ÁLVAREZ MARTÍNEZ, G., "Algunas consideraciones sobre la pérdida de la condición de socio capitalista como consecuencia del ejercicio de su derecho de separación y la clasificación concursal del crédito de reembolso. A propósito de algunas sentencias del Tribunal Supremo", *RDBB*, 2022, n.º 166, p. 156.

115 Así, MORENO LISO, L.., *op.cit.*, apartado 2; subraya igualmente esta "paradoja" que implica mantener los derechos políticos "sin asumir el riesgo y ventura de los negocios", GARCÍA ROLDÁN, M., *op.cit.*, p. 70. Apunta la coherencia entre la tesis de la comunicación y la fija-

Por tanto, cuando se fije el importe del crédito de reembolso (sea por acuerdo o sea por un experto independiente), se deberá tener en cuenta su valor en el momento mismo de dicha valoración. Esta postura es, a nuestro juicio, la única coherente con el mantenimiento, por ejemplo, del derecho a cobrar los dividendos que, en su caso, se acuerden por la sociedad o de participar en un eventual aumento de capital, entre el momento del ejercicio y el de su efectiva pérdida de la condición de socio[116].

Si ese proceso —como sucedió en los supuestos enjuiciados en las referidas sentencias del Tribunal Supremo— se dilata durante años, en buena medida por la actitud obstaculizadora de la sociedad, y el precio o valor de reembolso hubiera subido, el socio saliente tiene todo el derecho a beneficiarse de ese incremento de valor ya que se le ha obligado a seguir invertido en la sociedad durante esos años y si, por el contrario, el precio o valor hubiera disminuido —o, incluso, desaparecido por completo, como sucedió en los casos enjuiciados en las tres sentencias del Tribunal Supremo de enero y febrero de 2021, al acabar la sociedad en concurso de acreedores— también deberá sufrir ese deterioro, sin perjuicio de la posibilidad de resarcirse de dicho daño a través del ejercicio de las correspondientes acciones de responsabilidad contra los administradores sociales, en su caso, si dicho perjuicio les pudiera resultar imputable por su actuación negligente o directamente dolosa *ex* art. 241 TRLSC[117].

Además, esta posición —tras el ejercicio del derecho de separación se sigue siendo socio a todos los efectos durante todo el proceso hasta la inscripción de la reducción del capital (o adquisición por la sociedad de sus acciones o participaciones sociales)— resuelve también la incoherencia que los defensores de la teoría de la comunicación ven en que el socio separado (o excluido) siga ostentando derechos políticos en la sociedad (asistencia y voto,

---

ción del momento a tener en cuenta para calcular el valor de reembolso establecida por el propio Tribunal Supremo, ARIAS VARONA, J., *op.cit.*, p. 315.
De hecho, como hemos expuesto en relación con el aumento de capital, dos de los principales argumentos que hemos utilizado para defender el carácter constitutivo de su inscripción están relacionados precisamente con el hecho de que el suscriptor de acciones o participaciones no asume el riesgo empresarial en caso de que el aumento devenga ineficaz (aumento incompleto y derecho de restitución), puesto que se le devuelve exactamente lo que aportó en lugar de "liquidarle" el valor de su participación.

116 Así se evita el enriquecimiento injusto que podría resultar de recibir un importe que ha valorado unas reservas que, con posterioridad, se han repartido vía dividendos, de forma que las habría cobrado por partida doble, por ejemplo.

117 Apunta también esta idea, ARIAS VARONA, J., *op.cit.*, p. 325; BRENES CORTÉS, J, "Eficacia de la declaración..., *cit.*, p. 346.

impugnación de acuerdos, etc.) cuando ya no tiene interés en la marcha de la misma[118]. Precisamente porque sigue siendo socio a todos los efectos y el devenir de la sociedad y su gestión siguen impactando en el valor de su participación hasta el último momento (*rectius,* hasta la fijación definitiva de su valoración), tiene todo el sentido que siga ejerciendo todos sus derechos con plenitud durante ese período interino. Es más, como hemos apuntado, es posible que, finalmente, en aplicación de la normativa que tutela la función de garantía del capital social no pueda serle abonado el derecho de reembolso, ni por tanto ejecutada la reducción de capital, por lo que, con más motivo, debe reconocérsele todos los derechos inherentes a la titularidad de las acciones y participaciones que sigue ostentando.

Por ello, también nos parece contradictoria la postura de los defensores de la teoría del reembolso que, no obstante, consideran que, desde el ejercicio del derecho de separación, su posición queda degradada al encontrarse en una situación de pendencia, debiendo limitarse sólo a lo que sea necesario para la tutela o defensa de su derecho de reembolso[119], puesto que —como se ha dicho con acierto[120]— la condición de socio no admite grados (o se es o no se es socio) y, por ello, cualquier limitación a su contenido debería venir, en su caso, expresamente establecida en la Ley, sin que pueda, a nuestro juicio, deducirse de una interpretación doctrinal más que dudosa[121].

118 Así, ARIAS VARONA, J., *op.cit.*, p. 317 que apunta a la incoherencia de que "alguien que carece ya de interés en ella podría influir, quizá determinar con su voto" la vida de dicha sociedad.

119 Cfr. por todos, BRENES CORTÉS, J., *El derecho de separación..., cit., in toto*; BRENES CORTÉS, J., "Eficacia de la declaración..., *cit.*, p. 343 quien, sin embargo, subraya como establecer esa limitación "corresponde en exclusiva al legislador".; también, ÁLVAREZ MARTÍNEZ, G., *op.cit.*, p. 155, donde afirma que se debe "descartar tanto la privación absoluta de sus derechos, como el mantenimiento incólume de ellos", realizando una propuesta "*de lege ferenda*" consistente en considerarles una clase especial, enumerando los derechos que conservaría este socio (cfr. pp. 157 y 158) incluyendo prácticamente todos, aunque apuntando al carácter abusivo de su ejercicio cuando "no se justifique por la conservación y aseguramiento del derecho al reembolso".

120 En este sentido, MARTÍNEZ SANZ, F., *op.cit.*, p. 158; apunta también esta idea, ARIAS VARONA, J., *op.cit.*, p. 318, afirmando con razón que "el socio o lo es y goza de la totalidad de sus derechos, o no lo es y, por tanto, carece de los propios de esa posición".

121 En efecto, nos parece tan poco defendible como pretender, por ejemplo, que tampoco pudieran ejercer con plenitud sus derechos como socio los titulares de acciones rescatables cuando se aproximara el término previsto para su rescate aduciendo que su involucración en el interés social sería tendente a cero en esos últimos meses o años.

V. BIBLIOGRAFÍA

ALFARO ÁGUILA-REAL, J., "La disolución como terminación del contrato de sociedad: teoría y algunas consecuencias prácticas", *RdS*, 2021, n.º 61, p. 91 y ss.

ALFARO ÁGUILA-REAL, J., "La reactivación como modificación estructural: celebración de un nuevo contrato de sociedad y sucesión universal", *RdS*, 2021, n.º 62, p. 95 y ss.

ALONSO ESPINOSA, F.J., "Modificación de estatutos y aumento y reducción de capital" *CDC*, 1990, n.º 8, p. 57 y ss.

ALONSO LEDESMA., C., "Sociedad anónima en formación y prohibición de transmitir las acciones antes de la inscripción", en AA.VV. *Derecho de Sociedades Anónimas [en homenaje al profesor José Girón Tena], (Capital y acciones)*, coord. por A. Alonso Ureba y otros, T. II, Vol. 2, 1994, Madrid, p. 961 y ss.

ÁLVAREZ MARTÍNEZ, G., "Algunas consideraciones sobre la pérdida de la condición de socio capitalista como consecuencia del ejercicio de su derecho de separación y la clasificación concursal del crédito de reembolso. A propósito de algunas sentencias del Tribunal Supremo", *RDBB*, 2022, n.º 166, p. 139 y ss.

ÁLVAREZ ROYO-VILLANOVA, S., "La protección de los acreedores en el supuesto de separación y exclusión de socios", *RDM*, 2020, n.º 316, p. 9 y ss.

ÁLVAREZ ROYO-VILLANOVA, S.-GONZÁLEZ CORONA, M., "Derecho de separación y subordinación del derecho de reembolso en la STS de 15 de enero de 2021", *Almacén del Derecho*, 22 de febrero de 2021, https://almacendederecho.org/derecho-de-separacion-y-subordinacion-del-derecho-de-reembolso-en-la-sts-de-15-de-enero-de-2021.

ARIAS VARONA, F.J., "El momento de eficacia del derecho de separación y la protección de los acreedores sociales (A propósito de la Sentencia del Tribunal Supremo 4/2021, de 15 de enero"; *RdS*, 2021, n.º 62, p. 269 y ss.

BELTRÁN SÁNCHEZ, E., "La calificación del crédito resultante de la separación de un accionista realizada con anterioridad a la declaración de concurso de la sociedad", *ADC*, 2006, p. 600 y ss.

BERCOVITZ RODRÍGUEZ-CANO, A., "Modificación de Estatutos. Aumento y reducción del capital", en AA.VV., *El nuevo Derecho de las Sociedades de capital*, dirigido por I. Quintana, Zaragoza, 1989, p. 171 y ss.

BERMEJO GUTIÉRREZ, N., "El ejercicio del derecho de separación y la condición de socio", en AA.VV., *Estudios jurídicos en Homenaje al profesor Ricardo Alonso Soto*, coord. por A. Martínez Flórez y N Bermejo Gutiérrez, Madrid, 2022, p. 141 y ss.

BLANCO SARALEGUI, J.M., "Comentario a los arts. 310 a 315", en AA.VV., *Comentarios a la Ley de Sociedades de Capital*, dir. por J.A. García-Cruces y I. Sancho Gargallo, Valencia, 2021, T. IV, p. 4265 y ss.

BONARDELL LENZANO, R.-CABANAS TREJO, R., *Separación y exclusión de socios en la sociedad de responsabilidad limitada*, Cizur Menor, 1998.

BRENES CORTÉS, J., *El derecho de separación del accionista*, Madrid, 1999.

BRENES CORTÉS, J., "Eficacia de la declaración de separación, pérdida de la condición de socio y clasificación concursal del crédito de reembolso del socio que se separa ex artículo 348 bis LSC. A propósito de las SSTS núm. 4/2021, de 15 de enero, núm. 46/2021, de 2 de febrero y 64/2021, de 9 de febrero)", *RdS*, 2021, n.º 62, p. 333 y ss.

BROSETA PONT, M., *Restricciones estatutarias a la libre transmisibilidad de las acciones*, 2.ª Ed., Valencia, 1984.

BROSETA PONT, M.-VICENT CHULIÁ, F., *La prohibida transmisión de las acciones antes de la inscripción de la sociedad anónima en el Registro Mercantil*, Valencia,1975.

CABANAS TREJO, R., "La suscripción incompleta del aumento de capital", *RDM*, 1990, p. 729 y ss.

CABANAS TREJO, R., "Capital mínimo y disolución de la sociedad anónima", *RGD*, 1993, p. 4.923 y ss.

CAMPUZANO, A.B., "El mantenimiento de la condición de socio hasta el reembolso del crédito que genera el ejercicio del derecho de separación (Comentario de las Sentencias del Tribunal Supremo (1.ª) 4/2021, de 15 de enero, 46/2021 de 2 de febrero y 64/2021 de 9 de febrero)", *RDM*, 2021, n.º 321, p. 493 y ss.

CASTELLANO RAMÍREZ, M.J., *La suscripción incompleta del aumento del capital social en la sociedad anónima*, Madrid, 2004.

CASTELLANO RAMÍREZ, M.J., "Comentario al art. 315", en AA.VV., *Comentarios a la Ley de Sociedades de Capital*, dir. por A. Rojo-E. Beltrán, Cizur Menor, 2011, o. 2326 y ss.

CASTELLANO RAMÍREZ, M.J., "La ejecución del aumento del capital de las sociedades cotizadas tras la Ley 5/2021, de 12 de abril", RDM, 2022, n.º 326, p. 4 y ss.

CERDÁ ALBERO, F., "Comentario al art. 356" en AA.VV., Comentarios a la Ley de Sociedades de Capital, dir. por J.A. García-Cruces y I. Sancho Gargallo, 2021, Valencia, T. II, p. 4857 y ss.

COHEN BENCHETRIT, A., "Ejercicio del derecho de separación y concreción del momento en que se pierde la condición de socio: problemas prácticos", en AA.VV., *Derecho de sociedades: los derechos de socio*, dir. por M.ª B. González Fernández y A. Cohen Benchetrit, Valencia, 2020, p. 1.013 y ss.

DE LA CÁMARA ÁLVAREZ, M., *Estudios de Derecho Mercantil*, Vol. I, 2.ª Ed., Madrid,1977.

EMBID IRUJO, J.M., "Comentario a la STS de 2 de abril de 1990", *Diario La Ley*, 7 de diciembre de1990, p. 1 y ss.

EMPARANZA SOBEJANDO, A., "Comentario al art. 353", en AA.VV., *Comentario de la Ley de Sociedades de Capital*, coord. por A.J. Rojo Fernández Río-E.M. Beltrán Sánchez, T. II, Madrid, 2011, p. 2506 y ss.

FARRANDO, I., *El derecho de separación del socio en la ley de sociedades anónimas y la ley de sociedades de responsabilidad limitada*, Madrid, 1998.

FERNÁNDEZ DEL POZO, L., "Una propuesta de reforma legislativa sobre la pérdida del estatus socii en la separación y exclusión", *La Ley Mercantil*, 2020, n.º 75, p. 1 y ss.

FERNANDEZ DEL POZO, L., "La eficacia de la separación y la exclusión de socios", *Almacén de Derecho*, 3 de noviembre de 2020, https://almacendederecho.org/la-eficacia-de-la-separacion-y-exclusion-de-socios.

GARCÍA-PITA Y LASTRES, J.L., "Acciones nominativas y acciones al portador", en AA.VV., *Derecho de sociedades anónimas [en homenaje al profesor José Girón Tena], (Capital y acciones)*, coord. por A. Alonso Ureba y otros, Vol. 2, Tomo 1, 1994, págs. 523 y ss.

GARCÍA ROLDÁN, M., "El derecho de separación del socio por insuficiencia de dividendos (art. 348 bis LSC): estado de la cuestión en la jurisprudencia del Tribunal Supremo", *Actualidad Jurídica Uría*, 2022, n.º 60, p. 65 y ss.

GARCÍA VILLAVERDE, R., "La constitución y el capital de las sociedades en la CEE (primera y segunda directrices)", *CDC*, 1989, n.º 5, p. 31 y ss.

GARRIGUES, J., "Comentario a los arts. 89, 90, 91 y 92", en GARRIGUES, J.-URÍA, R., *Comentario a la Ley de Sociedades Anónimas*, Madrid, 1976, 3.ª Ed., T. II, p. 265 y ss.

GIL DEL MORAL, F. MOREU SERRANO, G., "Estudio jurídico y financiero de las ampliaciones de capital en las sociedades anónimas", en AA.VV., *Contratos sobre acciones*, dir. por F. Gil del Moral, G. Moreu Serrano y A. Pascual de Miguel, Madrid, 1994, p. 85 y ss.

GIRÓN TENA, J. *Derecho de Sociedades Anónimas (Según la Ley de 17 de julio de 1951)*, Valladolid, 1952.

GÓMEZ LLORENTE, C., "Sociedades de capital (III). Acciones y participaciones sociales", en AA.VV., *Derecho Mercantil I*, dir. por J.M. de la Cuesta Rute, 3.ª Ed., 2015, p. 323 y ss.

GONZÁLEZ FERNÁNDEZ, M.ª B., "Separación e impugnación en el artículo 348 bis de la Ley de Sociedades de Capital: ¿acciones compatibles?", *RDM*, 2021, n.º 319, p. 167 y ss.

GONZÁLEZ VÁZQUEZ, J.C., Voz "Aumento de capital", en AA.VV., *Diccionario de Derecho de Sociedades*, dir. por C. Alonso Ledesma, Madrid, 2.006, p. 263 y ss.

GONZÁLEZ VÁZQUEZ, J.C., Voz "Aumento de capital incompleto", en AA.VV., *Diccionario de Derecho de Sociedades*, dir. por C. Alonso, Madrid, 2006, p. 254 y ss.

GONZÁLEZ VÁZQUEZ, J.C., "Sociedades de Capital (VI). Modificación de estatutos. Aumento y reducción del capital social", en AA.VV., *Derecho Mercantil I*, dirigido por J.M. de la Cuesta Rute, Barcelona, 3.ª Ed., 2015, pp. 421 y ss.

GONZÁLEZ VÁZQUEZ, J.C., "¿Cuándo se deja de (o se empieza a) ser socio de una sociedad de capital?", *Almacén de Derecho*, 20 de abril de 2.021, https://almacendederecho.org/cuando-se-deja-de-o-se-empieza-a-ser-socio-de-una-sociedad-de-capital.

GONZÁLEZ VÁZQUEZ, J.C., "La calificación concursal del crédito del socio que ha ejercido su derecho de separación", *Hay Derecho, Blog jurídico y político*, 6 de mayo de 2.021, https://hayderecho.expansion.com/2021/05/06/calificacion-concursal-del-credito-del-socio-que-ha-ejercido-su-derecho-de-separacion/.

JIMÉNEZ SÁNCHEZ, G.J.-PEINADO GRACIA, J.I., "Reflexiones sobre el art. 348 bis de la Ley de Sociedades de Capital", *RDM*, 2021, n.º 321, p. 11 y ss.

MARTÍNEZ FÉRNÁNDEZ, T.A., "La modificación de estatutos", en AA.VV., *Las sociedades de capital conforme a la nueva legislación*, dirigido por M. Garrido de Palma y otros, 3.ª Ed., Madrid, 1990, p. 533 y ss.

MARTÍNEZ SANZ, F., *La separación del socio en la sociedad de responsabilidad limitada*, Madrid, 1997.

MASSAGUER, J., "La separación del socio de las sociedades de capital como operación societaria", *RdS*, 2022, n.º 64, p. 81 y ss.

MORALEJO MENÉNDEZ, I., "Comentario al art. 55", en AA.VV., *Comentarios a la Ley de Sociedades de Capital*, dir. por J.A. García-Cruces y I. Sancho Gargallo, 2021, Valencia, T. I, p. 911 y ss.

MORENO, LISO, L., "La efectividad del derecho de separación y la calificación del crédito de reembolso en el concurso de acreedores. Comentario a las STS núm. 4/2021, de 15 de enero", *CCJC*, 2021, n.º 117, p. 119 y ss.

MUÑOZ PAREDES, A., "¿Cuándo dejo de ser socio si me separo?", *Legal Today*, 14 de marzo de 2018, https://www.legaltoday.com/practica-juridica/derecho-mercantil/societario/cuando-dejo-de-ser-socio-si-me-separo-2018-03-14/.

ORELLANA CANO, N.A., "Comentario a los arts. 333 a 337", en AA.VV., *Comentarios a la Ley de Sociedades de Capital*, dir. por J.A. García-Cruces y I. Sancho Gargallo, Valencia, 2021, T. IV, p. 4497 y ss.

PERDICES HUETOS, A.B., *Cláusulas restrictivas de la transmisión de acciones y participaciones*, Madrid, 1997.

RECALDE CASTELLS, A.-PÉREZ MILLÁN, D., "Comentario a los arts.90 a 92", en AA.VV., *Comentarios a la Ley de Sociedades de Capital*, dir. por J.A. García-Cruces y I. Sancho Gargallo, 2021, Valencia, T. II, p. 1277 y ss.

ROJI BUQUERAS, J.M., "El derecho de separación y la pérdida de la condición de socio", en AAVV., *El derecho de separación y la exclusión de socios en las sociedades de capital*, dir. por M.ª B. González, Valencia, 2021, p. 515 y ss.

ROJO FERNÁNDEZ RÍO, A., Voz "Aumento del capital social", en AA.VV., *Enciclopedia Jurídica Básica*, Vol. I, Madrid, 1995, p. 658 y ss.

RUBIO GARCÍA-MINA, J., *Curso de Derecho de Sociedades Anónimas*, Madrid, 1964.

SÁNCHEZ ANDRÉS, A., "Aumento y reducción del capital», en AA.VV., *La reforma del Derecho de Sociedades (Reforma y adaptación de la legislación mercantil a la normativa comunitaria en materia de sociedades)*, Madrid, 1987, p. 363 y ss.

SÁNCHEZ CALERO, F.-SÁNCHEZ-CALERO GUILARTE, J., *Principios de Derecho Mercantil*, 27.ª Ed., T. I, Madrid, 2022

SANJUAN MUÑOZ, E., "La pérdida de la condición de socio y su consideración como acreedor del concurso en ejercicio del derecho de separación. Comentario a las SSTS de 15 de enero, 2 y 9 de febrero de 2021", *RGI&R*, 2021, n.º 1, p. 293 y ss.

VELA TORRES, P.J., "Comentario a los art. 33 y 34", en AA.VV., *Comentarios a la Ley de Sociedades de Capital*, dir. por J.A. García-Cruces y I. Sancho Gargallo, 2021, Valencia, T. I, p. 783 y ss.